DUDEN

Textgrammatik der deutschen Sprache

Harald Weinrich

Textgrammatik der deutschen Sprache

unter Mitarbeit von Maria Thurmair,
Eva Breindl, Eva-Maria Willkop

DUDENVERLAG
Mannheim · Leipzig · Wien · Zürich

Die Deutsche Bibliothek – CIP-Einheitsaufnahme
Weinrich, Harald:
Textgrammatik der deutschen Sprache / Harald Weinrich.
Unter Mitarb. von Maria Thurmair... –
Mannheim; Leipzig; Wien; Zürich: Dudenverl., 1993
ISBN 3-411-05261-9

Druck: Progressdruck GmbH, Speyer
Bindearbeit: Schöneberger Buchbinderei, Berlin
Printed in Germany
ISBN 3-411-05261-9

INHALTSVERZEICHNIS

Ein Käfig ging
einen Vogel suchen.

FRANZ KAFKA

1 Grammatische Theorie

Es ist eine primäre Aufgabe der Linguistik, für die Formen und Strukturen der Grammatik eine klare und einfache Theorie zu entwerfen, die für eine bestimmte Sprache, in diesem Fall die deutsche Sprache, adäquat ist. Das geschieht hier mit den Methoden der Textlinguistik und mit dem vorrangigen Ziel, die Beschreibung der deutschen Sprache gut verstehbar, angenehm lesbar und leicht erlernbar zu machen.

1.1 Methodische Grundlagen

Das Prinzip Text

Diese Grammatik versteht die Phänomene der Sprache von Texten her, da eine natürliche Sprache nur in Texten gebraucht wird. Die Grammatik einer natürlichen Sprache verfolgt daher den Zweck, zum Gebrauch der Sprache in Texten hinzuführen. TEXTE sind sinnvolle Verknüpfungen sprachlicher Zeichen in zeitlich-linearer Abfolge. Das können – so wird der Begriff Text in der Textlinguistik verstanden – mündliche oder schriftliche Texte sein. Die beiden Kommunikationskanäle des mündlichen und des schriftlichen Sprachverkehrs werden folglich in dieser Grammatik gleichrangig berücksichtigt. Dementsprechend sind die Beispieltexte, die sich darin finden, teils dem mündlichen, teils dem schriftlichen Sprachverkehr entnommen. Alle Beispieltexte und Einzelbeispiele verfolgen darüber hinaus den Nebenzweck, landeskundliches Interesse für den deutschen Sprach- und Kulturraum zu wecken oder zu erhalten. Das ist bei der Bezeichnung TEXTGRAMMATIK mitgemeint.

Das Prinzip Dialog

Die Linguistik, die dieser Grammatik zugrunde liegt, nimmt ihr Maß vom DIALOG. Nicht die monologischen Äußerungen eines einsam vorgestellten Sprachbenutzers also, sondern das gemeinsame SPRACHSPIEL von (mindestens) zwei Dialogpartnern dient hier als grammatisches

Denkmodell. Grundeinheit der linguistischen Beschreibung ist daher die KOMMUNIKATIVE DYADE, bestehend aus einem Sprecher und einem Hörer, die im Gespräch miteinander ständig ihre Rollen tauschen. Auch der schriftliche Sprachverkehr, der sich zwischen einem Schreiber (Autor) und einem Leser abspielt, soll dialogisch verstanden werden. In diesem Sinne ist die Textgrammatik gleichzeitig eine DIALOGGRAMMATIK.

Das Prinzip Anschauung

Jede Sprache ist komplex. Diese Komplexität kann in der Beschreibung nur dann gebändigt werden, wenn sich das Sprachdenken von dem Prinzip ANSCHAUUNG leiten läßt. Die Anschauung, die diese Grammatik beherrscht, orientiert sich an der BLICKSTELLUNG (*face-to-face position*). Von Blickstellung soll dann die Rede sein, wenn zwei oder mehr Dialogpartner einander mit ihren Kommunikationsorganen (insbesondere Mund, Ohren, Augen, Händen) so zugewandt sind, daß in dieser POSITION ein optimaler Sprachverkehr möglich ist. Das sind - mit kulturspezifischen Varianten - die leiblichen Bedingungen, von denen alle Anschaulichkeit in der Sprache prototypisch ausgeht. Die vorliegende Grammatik greift daher um der Anschaulichkeit willen an vielen Stellen auf die kommunikations-anthropologische Konfiguration des dialogischen Sprachverkehrs zurück. Insofern kann diese Textgrammatik zugleich eine ANTHROPOLOGISCHE GRAMMATIK genannt werden.

Das Prinzip Instruktion

Ein Sprecher macht in der Regel von der Sprache Gebrauch, um mit einem Hörer zusammen zu handeln. Das ist der »pragmatische« Einschlag im Sprachspiel. Diese Grammatik versteht daher die Bedeutungen der Sprachzeichen (»Wörter«), aus denen ein Text besteht, als Instruktionen, das heißt, als ANWEISUNGEN, die ein Sprecher einem Hörer im Sprachspiel erteilt. Mit diesen Anweisungen instruiert der Sprecher den Hörer, wie dieser den Text verstehen soll, um sich mit seiner Hilfe ein zutreffendes Bild von der jeweiligen Situation machen zu können. Es steht dem Hörer jedoch grundsätzlich frei, dem Ansinnen des Sprechers zu folgen oder nicht. Die Grundform der Bedeutungsbeschreibungen ist demnach in expliziter Form ein hypothetischer Imperativ nach dem Muster: »Lieber Hörer, wenn dieser Text für dich Sinn haben soll, dann ordne ihn so und so der Situation zu!« Für jedes Sprachzeichen der Grammatik gilt dabei, daß es eine einzige (instruktionell verstandene) Bedeutung hat (»*one form, one meaning*«). Mit einer solcherart verstandenen Semantik kann die vorliegende Grammatik gleichzeitig eine streng pragmatische Grammatik oder auch INSTRUKTIONS-GRAMMATIK genannt werden.

Das Prinzip Merkmal

Die leitenden Begriffe dieser Grammatik sind mit Hilfe von 30 einfachen SEMANTISCHEN MERKMALEN gebildet, die jeweils ein Oppositionspaar bilden. Jeder grammatische Begriff wird somit definierbar durch die spezifische Verbindung einiger weniger semantischer Merkmale, oft auch durch ein einziges Merkmal. So wird beispielsweise die Bedeutung des Possessiv-Artikels *mein* durch die beiden Merkmale ⟨BEKANNT⟩ und ⟨SPRECHER⟩, die Bedeutung der Präposition *seit* durch die beiden Merkmale ⟨RÜCKSCHAU⟩ und ⟨ANFANG⟩ beschrieben. Merkmale dieser Art sind, ebenso wie die aus ihnen gebildeten Bedeutungen, als Instruktionen, und zwar als elementare Verhaltens-Anweisungen für den Hörer aufzufassen. Das Inventar der semantischen Merkmale, die der Grammatik der deutschen Sprache zugrunde liegen, ist im Anhang aufgelistet (vgl. S. 1081). Wegen ihrer Fundierung in semantischen Merkmalen kann diese Grammatik daher auch eine MERKMAL-GRAMMATIK genannt werden.

Das Prinzip Sprachkultur

Die deutsche Sprache, die in dieser Grammatik beschrieben wird, ist die deutsche GEGENWARTSSPRACHE, wie sie in Wort und Schrift tatsächlich gebraucht wird. Es handelt sich also nicht um eine normative, sondern um eine DESKRIPTIVE GRAMMATIK. Dementsprechend sind die Texte, die in den einzelnen Kapiteln der Grammatik in ihrer grammatischen Struktur beschrieben werden, den verschiedensten Textsorten entnommen und vor allem durch ihre Vielfalt für die deutsche Sprache repräsentativ. Dabei werden jedoch Texte von kulturellem Rang, wann immer es möglich ist, bevorzugt. Zur deutschen Gegenwartssprache gehören aus diesem Grunde auch solche Texte, die in älterer Zeit entstanden sind, aber für die Kultur der deutschsprachigen Länder nach wie vor maßgebliche Bedeutung haben. Insofern ist dieser Textgrammatik der deutschen Sprache eine deutliche Option für SPRACHKULTUR eingeschrieben.

1.2 Grundbegriffe der Grammatik

Die Linguistik bedient sich, wie jede andere Wissenschaft, einer Fachsprache, und sie könnte ohne linguistische Fachsprache nicht bestehen. Für die Grammatik gibt es insbesondere seit der Antike eine Terminologie, die den Nachteil vieler Inkonsequenzen, aber den Vorteil weltweiter Verbreitung hat. Deren Begriffe werden hier grundsätzlich übernommen, insoweit das nach dem heutigen Stand der linguistischen Kenntnisse wissenschaftlich zu vertreten ist. Gelegentlich müssen sie jedoch durch eine genauere Analyse neu definiert werden. Das geschieht in dieser Grammatik beispielsweise mit den Begriffen Artikel (dieser Begriff wird erweitert), Adverb (dieser Begriff wird eingeengt) und Demonstrativ (dieser Begriff wird von der Vorstellung des Zeigens abgelöst). Einige Begriffe der traditionellen Terminologie, die nichtssagend sind oder leicht in die Irre führen, werden umbenannt; so heißt beispielsweise der Konjunktiv I in dieser Grammatik indirektiver Konjunktiv oder Indirektiv, der Konjunktiv II restriktiver Konjunktiv oder Restriktiv, was eine von der Sprachstruktur her naheliegende und zweckmäßige Beschreibung des letzteren vor dem ersteren möglich macht. Nicht wenige Begriffe aus der Terminologie der nicht-textuellen Grammatik können jedoch ohne Schaden für die Analyse überhaupt weggelassen werden. Dazu gehören solche unzulänglich definierten Begriffe wie Haupt- und Nebensatz, Zeitstufe und Aspekt, Ergänzung und Angabe. Zum Ausgleich führt diese Grammatik aus dem methodischen Ansatz der Textlinguistik einige wenige Begriffe neu ein. Es sind solche (häufig »sprechenden«) Begriffe wie Gesprächsrolle und Handlungsrolle, Horizont und Fokus, Junktor und Adjunkt, die jeweils bei ihrem ersten Auftreten definiert und im Anhang zu einem Register zusammengestellt werden. Einige dieser (alten oder neuen) Begriffe werden jedoch als Grundbegriffe dieser Grammatik gerechnet und im folgenden vorab definiert:

Lexeme und Morpheme

Die Sprachzeichen, die im Text zusammentreten, sind von zweierlei Art. LEXEME sind Sprachzeichen, deren Bedeutungs-Anweisungen das Verhalten in der Welt steuern. Sie sind in jeder Sprache sehr zahlreich und vielgestaltig. Ihre lexikalischen Bedeutungen sind in den Wörterbüchern verzeichnet, beispielsweise unter solchen Einträgen wie *einkaufen* (Verb), *Markt* (Nomen), *billig* (Adjektiv). Von den Lexemen unterscheiden sich die grammatischen MORPHEME, die den Zusammenhalt der Sprachzeichen im Text steuern und mit ihren Anweisungen dem Hörer helfen, sich im Text zu orientieren. Sie sind im ganzen weniger zahlreich als die Lexeme und lassen sich jeweils in überschaubaren Paradigmen ordnen, zum Beispiel als Präpositionen, Frage-Morpheme, Partikeln, Genus-, Kasus- und Numerus-Flexive. Ihre Bedeutungen sind grundsätzlich sehr einfach strukturiert. Die Grenze zwischen Lexemen und Morphemen ist jedoch fließend.

Lexikalische und textuelle Bedeutung

Die LEXIKALISCHE BEDEUTUNG eines Sprachzeichens, wie sie das Wörterbuch verzeichnet, ist eine Abstraktion aus den immer verschiedenen TEXTUELLEN BEDEUTUNGEN (»Meinungen«), die ein Sprachzeichen in unterschiedlichen Texten hat. Denn im jeweiligen Text wird die Bedeutung eines Sprachzeichens durch die Bedeutung anderer Sprachzeichen in dessen Umgebung determiniert, das heißt, in ihrem Bedeutungsumfang (»Extension«) eingegrenzt und in ihrem Bedeutungsinhalt (»Intension«) präzisiert. Die determinierenden Faktoren können entweder im (sprachlichen) Kontext oder in der (nichtsprachlichen) Situation enthalten sein. Kontext und Situation sind in ihren Determinationsleistungen grundsätzlich äquivalent. Die Grammatik stellt nun Anweisungen bereit, aus denen der Hörer entnehmen kann, welches für ein gegebenes determinationsbedürftiges Sprachzeichen (»*determinandum*«) das spezifisch geeignete determinationskräftige Sprachzeichen (»*determinans*«) ist, das mit jenem zusammen ein DETERMINATIONSGEFÜGE im engeren Sinne bildet. Bei einem solchen Determinationsgefüge nennen wir das determinationsbedürftige Element die DETERMINATIONSBASIS, das zugehörige determinationskräftige Element ihre DETERMINANTE.

Anaphorik und Kataphorik

Bei den grammatischen Anweisungen, die in einem Text die passenden Determinationsgefüge finden helfen, sind zwei Verweisungsrichtungen zu unterscheiden. Die eine wird ANAPHORISCH genannt; sie richtet sich auf die im Kontextgedächtnis gespeicherte und aus ihm heraus zu aktivierende Vorinformation. In ihr sollen die geeigneten Determinanten für eine bestimmte Determinationsbasis enthalten sein. Anaphorische Verweisungen gehen zum Beispiel von den Artikelformen *der/die/das* aus. Die Verweisung in der Gegenrichtung wird KATAPHORISCH genannt; sie richtet die Aufmerksamkeit des Hörers auf diejenigen Determinanten, die von der Nachinformation zu erwarten sind. Kataphorische Anweisungen sind zum Beispiel mit den Artikelformen *ein/eine/ein* verbunden. Eine Garantie jedoch, daß der Folgetext die nach einem kataphorischen Artikel zu erwartenden Determinanten auch tatsächlich bringt, ist mit dieser Erwartungs-Instruktion nicht verbunden.

Typen der Basisdetermination

Man kann Determinationsgefüge danach unterscheiden, aus welchen Sprachzeichenklassen die jeweilige Determinationsbasis gebildet ist. Auf diese Weise erhält man drei Determinationstypen: die prädikative, die attributive und die applikative Determination. Die PRÄDIKATIVE DETERMINATION (= PRÄDIKATION) hat ein Subjekt als Determinationsbasis und bewirkt dessen Determination durch ein determinierendes Prädikat (*der Vogel singt*). Dieser Determinationstyp hat den besonderen Rang einer Feststellung. Damit ist eine nachdrückliche Determination gemeint, die geeignet ist, Gegenstand einer Argumentation zu werden. Von ATTRIBUTIVER DETERMINATION (= ATTRIBUTION) sprechen wir, wenn die Determinationsbasis von irgendeinem Nomen gebildet wird, das im Text beiläufig, das heißt, ohne argumentativen Anspruch determiniert wird, etwa durch ein attributiv gebrauchtes Adjektiv (*der blaue Vogel*). Die dritte Basisdetermination wird in der Terminologie dieser Grammatik die APPLIKATIVE DETERMINATION (= APPLIKATION) genannt. Sie kommt dann zustande, wenn eine nicht-nominale Determinationsbasis, die von einem Verb, einem Adjektiv oder einem Adverb gebildet sein kann, im Text determiniert wird, etwa durch ein applikativ gebrauchtes Adjektiv oder Adverb (*er singt kräftig, er singt immer*). Dieser Determinationstyp wird in den meisten anderen Grammatiken »adverbiale Funktion« genannt.

Junktionen

Junktionen sind Determinationsgefüge besonderer Art. In einer Junktion heißt die Determinationsbasis JUNKTIONSBASIS, und die zugehörige Determinante heißt ADJUNKT. Das Besondere einer Junktion gegenüber Determinationsgefügen anderer Art liegt darin, daß an dieser Determination immer ein JUNKTOR beteiligt ist, der als Operator zum Adjunkt gehört und der dessen Determinationsleistung ausdrücklich spezifiziert (»*species determinationis*«). Zu den Junktoren gehören die Präpositionen, die Relativ-Junktoren, die Konjunktionen (»unterordnende Konjunktionen«) und die Parajunktoren (»nebenordnende Konjunktionen«). Basis und Adjunkt einer Junktion können jeweils satzförmig sein (»Hauptsatz« und »Nebensatz«). Auch der Genitiv, der als einziger Kasus nominale Sprachzeichen verbinden kann, wird in dieser Grammatik im Rahmen der Junktion beschrieben. Junktor ist in diesem Fall das Genitiv-Flexiv.

Formen der Wortbildung

Wortbildung heißt Determination im Innern eines Wortes. Die Determinationsbasis, die verbaler, nominaler oder adjektivischer Natur sein kann, wird in diesem Zusammenhang GRUNDFORM genannt. Zu unterscheiden sind vier Wortbildungstypen: Bei der KOMPOSITION (= Zusammensetzung) entsteht aus einer Grundform, die zu determinieren ist, und einer BESTIMMUNGSFORM, von der die Determination ausgeht, ein Kompositum. Sowohl die Grundform als auch die Bestimmungsform sind Lexeme (zum Beispiel: *Rat* und *Haus* in *Rathaus, Bürger* und *Meister* in *Bürgermeister*). Die DERIVATION (= Ableitung) determiniert eine Grundform durch Ableitungsmorpheme. Die Ableitungsmorpheme werden nach ihrer Stellung zur Grundform unterschieden als PRÄFIXE (Stellung vor der Grundform, zum Beispiel: *un-* in *ungesund*) und SUFFIXE (Stellung nach der Grundform, zum Beispiel: *-heit* in *Gesundheit*). Ein dritter Typus der Wortbildung ist die KONVERSION. Sie versetzt eine Grundform aus einer Sprachzeichenklasse, der sie lexikalisch angehört, in eine andere Sprachzeichenklasse, deren Flexive sie annimmt (zum Beispiel: *rot* → *das Rot, das Rote*). Diese Grammatik kennt darüber hinaus noch eine vierte Form der Wortbildung: die KONSTITUTION. In ihr wird eine verbale Grundform mit einem anderen Sprachzeichen zu einem zweiteiligen Verb verbunden, das eine lexikalische Verbalklammer bilden kann. Das klammeröffnende Element soll VORVERB, das klammerschließende Element NACHVERB heißen. Vorverb und Nachverb bilden zusammen das zweiteilig konstituierte Verb (zum Beispiel: *fange – an, nehme – wahr, stelle – in Rechnung*).

Klammern im Text

In der deutschen Sprache beruht die Textualität eines Textes weitgehend auf Klammerbildungen im Text. Die deutsche Sprache kann in diesem Sinne eine Klammersprache genannt werden. Eine TEXTKLAMMER besteht zwischen einem klammeröffnenden und einem klammerschließenden Element, zwischen denen maximal so viele andere Sprachzeichen Platz finden können, wie das Kontextgedächtnis jeweils speichern kann. Eine Klammer ist also eine Gedächtniseinheit. Es sind drei Klammertypen zu unterscheiden: Die VERBALKLAMMER umfaßt alles, was im Text zwischen einem Vorverb und einem Nachverb steht, zum Beispiel: *gehe (x, y, z) fort, bin (x, y, z) gegangen*. Die NOMINALKLAMMER umschließt alles, was im Text zwischen einem Artikel und seinem zugehörigen Nomen steht, zum Beispiel: *der (x, y, z) Tag, eine (x, y, z) Nacht*. Eine weitere Klammerform ist die ADJUNKTKLAMMER. Sie erstreckt sich in einem satzförmigen Adjunkt (»Nebensatz«) vom klammeröffnenden Junktor bis zum Verb in der Endstellung, zum Beispiel: *wenn (x, y, z) beginnt, was (x, y, z) betrifft, wie (x, y, z) bekannt ist*. Alle Formen der Textklammer bauen beim Hörer mit dem klammeröffnenden Sprachzeichen eine Erwartung auf, die erst mit dem klammerschließenden Sprachzeichen erfüllt wird.

Klammerfelder

Unter den Klammertypen ist die Verbalklammer für die memorielle Textstruktur grundlegend. Durch die Verbalklammer, gebildet aus Vorverb und Nachverb, eröffnen sich nämlich für die an das Verb angebundene semantische Information drei KLAMMERFELDER. Zwischen Vorverb und Nachverb liegt das MITTELFELD; es nimmt die lexikalische Hauptinformation auf. Dem Vorverb geht das VORFELD vorauf; es nimmt in der Regel diejenigen Sprachzeichen auf, die an die im Kontext oder in der Situation gegebene Vorinformation anknüpfen. Das NACHFELD, das auf das Nachverb folgt, ist für »Ausklammerungen« und Nachträge da. Bei der Nominalklammer und der Adjunktklammer genügt es, das Mittelfeld zu berücksichtigen. Wir sprechen daher in diesen beiden Fällen nur von einem einfachen, von der Klammer umschlossenen Klammerfeld.

Gesprächsrollen

Konstitutiv für den dialogischen Charakter der Sprache sind in erster Linie die GESPRÄCHSROLLEN (»Kommunikanten«). Die beiden primären Gesprächsrollen sind der SPRECHER (= 1. Person: ›ich‹) und der HÖRER (= 2. Person: ›du‹). Mit den Rollenbezeichnungen Sprecher und Hörer sollen der Schreiber (Autor) und der Leser immer mitgemeint sein. Die Evidenz dieser beiden Gesprächsrollen ergibt sich aus den leiblichen Bedingungen der Blickstellung zweier miteinander sprechender Personen. Alles, was in einer gegebenen Gesprächssituation nicht Sprecher und nicht Hörer ist, wird in dieser Grammatik der REFERENZROLLE zugewiesen (= 3. Person: ›er/sie/es‹). Das ist gegenüber den Gesprächsrollen des Sprechers und des Hörers eine Restkategorie, die vage bleibt, sofern sie nicht durch Referenz schärfere Konturen erhält. REFERENZ bedeutet nominale oder pronominale Determination zur Konturierung einzelner REFERENTEN in der Referenzrolle. Je reichhaltiger diese Referenz ausfällt, umso präziser werden etwaige Referenten konturiert, und umso mehr gleichen sie sich dadurch hinsichtlich ihrer semantischen Präzision den natürlicherweise präzisen Gesprächsrollen des Sprechers und des Hörers an.

Handlungsrollen

Mit den Gesprächsrollen wirken im Text die HANDLUNGSROLLEN zusammen. Die drei Handlungsrollen (»Aktanten«, »Mitspieler«) sind das SUBJEKT, das OBJEKT (»Akkusativ-Objekt«) und der PARTNER (»Dativ-Objekt«). Sie bezeichnen im Text diejenigen Rollen, in denen Nomina oder Pronomina zu einem Verb in eine direkte, das heißt, nicht durch Junktoren vermittelte Determinationsbeziehung treten. Die Handlungsrollen Subjekt, Objekt und Partner werden durch die Flexive der Kasus Nominativ, Akkusativ und Dativ angezeigt, bisweilen auch durch einen Wechsel der Stellung bei den beteiligten Sprachzeichen (Voranstellung für das Subjekt oder Nachstellung für das Objekt).

Valenzen

Verben haben unterschiedliche VALENZEN (»Wertigkeiten«). Diese geben darüber Auskunft, wieviele und welche Handlungsrollen bei einem bestimmten Verb von der Lexik der Sprache her zugelassen sind. Wir unterscheiden vier Valenzen: Die SUBJEKT-VALENZ besagt, daß ein Verb die Handlungsrolle des Subjekts zuläßt (*man lebt*). Das ist bei (fast) allen Verben der Fall. Die Subjekt-Valenz ist daher für sämtliche anderen Valenzen grundlegend. Wenn nun als weitere Handlungsrolle ein Objekt hinzutritt, so wird die Subjekt-Valenz zu einer (zweiwertigen) SUBJEKT-OBJEKT-VALENZ (*man sieht dich*) erweitert. Tritt hingegen statt eines Objekts die Handlungsrolle des Partners hinzu, so entsteht eine (ebenfalls zweiwertige) SUBJEKT-PARTNER-VALENZ (*man hilft dir*). Es können aber auch beide Handlungsrollen, Objekt und Partner, zum Subjekt hinzutreten; dann entsteht eine (dreiwertige) SUBJEKT-PARTNER-OBJEKT-VALENZ (*man sagt dir etwas*). Die jeweilige TEXTUELLE VALENZ, die über das tatsächliche Vorkommen von Handlungsrollen bei einem Verb in einem gegebenen Text Auskunft gibt, kann sich jedoch durch Überwertigkeit oder durch Unterwertigkeit von der bisher besprochenen LEXIKALISCHEN VALENZ unterscheiden.

Stufen der Auffälligkeit

Es erleichtert das Verständnis eines Textes, wenn der Hörer seine Aufmerksamkeit nicht auf alle Sprachzeichen gleichmäßig zu verteilen braucht. Um dem Hörer diese Erleichterung zu verschaffen, kann der Sprecher seinem Text ein bestimmtes Informationsprofil geben, das zwischen einem Minimum und einem Maximum Unterscheidungen der AUFFÄLLIGKEIT ausdrückt. Das Minimum an Auffälligkeit wird HORIZONT genannt. Der Horizont ist die Unauffälligkeit schlechthin. Das Maximum an Auffälligkeit heißt FOKUS. Ein Fokus verlangt die volle Aufmerksamkeit des Hörers. Zwischen diesen beiden Extremen steigt die Auffälligkeit stufenweise an (Thema-Rhema-Struktur). THEMATISCH wird das jeweils weniger Auffällige, RHEMATISCH das jeweils Auffälligere genannt. In einem gegebenen Text kann häufig (jedoch nicht immer) die ältere und bekannte Information thematisch, die neuere und unbekannte Information rhematisch genannt werden.

Signale der Auffälligkeit

Ein Sprachzeichen kann im Text auf dreierlei Art aus der Unauffälligkeit herausgehoben und auffällig gemacht werden (= Fokussierung). Auffälliger als seine Umgebung wird jedes Sprachzeichen erstens durch eine nachdrückliche INTONATION, die graduell dosierbar ist. Ein Sprachzeichen kann zweitens dadurch auffällig gemacht werden, daß es eine bestimmte STELLUNG in der Verbalklammer, vorzugsweise am Ende ihres Mittelfeldes, einnimmt. Auch diese Form der Fokussierung ist graduell dosierbar. Die beiden genannten Signaltypen sind relativ frei miteinander kombinierbar und erlauben dadurch fein nuancierte Abstufungen der Auffälligkeit. Es gibt schließlich drittens bestimmte grammatische Morpheme, die von sich aus Unauffälligkeit oder Auffälligkeit signalisieren, da sie in ihren grammatischen Bedeutungen diese Werte enthalten. Ein Morphem mit dem Merkmal ⟨UNAUFFÄLLIGKEIT⟩ wird Horizont-Morphem genannt (zum Beispiel: das Horizont-Pronomen *es*). Fokus-Morpheme (zum Beispiel: das Fokus-Pronomen *das*) sind hingegen in ihrer Bedeutung durch das Merkmal ⟨AUFFÄLLIGKEIT⟩ charakterisiert.

1.3 Konventionen der Schreibweise

In dieser Grammatik werden alle Beispiele - einzelne Formen oder ganze Texte - durch Kursivdruck ausgezeichnet (zum Beispiel: *heute, am heutigen Tage*). Diejenigen Sprachphänomene, auf die sich die Aufmerksamkeit jeweils besonders richten soll, sind überdies unterstrichen (zum Beispiel: *an<u>ge</u>fangen, <u>auf</u>zuhören*). Beispiele mittlerer Länge, insbesondere wenn sie satzförmig sind, werden in Schrägstriche eingeschlossen und dadurch als Textsegmente gekennzeichnet, zu denen vorher und nachher Kontext hinzugedacht werden soll (zum Beispiel: */es schneit/*). Handelt es sich um ein dialogisches Textsegment mit vorkommendem Sprecherwechsel, so wird dieser Sprecherwechsel durch das Zeichen ÷ markiert (zum Beispiel: */regnet es? ÷ nein/*).

Angaben zur Aussprache folgen der Transkription der Association Phonétique Internationale und stehen in eckigen Klammern (zum Beispiel: *ein* [ae̯n]). Sie streben, um gut lesbar zu bleiben, einen mittleren, nicht den äußerst möglichen Genauigkeitsgrad an. Gelegentlich beschränken sich diese Angaben auf die Bezeichnung der Intonation, wobei jede Silbe durch einen waagerechten Strich und die betonte Silbe durch einen Akzent über dem Strich wiedergegeben ist (zum Beispiel: *übersetze* [- - ´- -]).

Bedeutungsangaben stehen in einfachen Anführungsstrichen (zum Beispiel die archaische Bedeutung des Adverbs *so* ›wenn‹). Sind in einer grammatischen Form mehrere Bedeutungsfunktionen verschmolzen, so werden diese durch Schrägstriche getrennt, zum Beispiel *die* = ›Feminin/Singular/Nominativ‹. In doppelten Anführungszeichen stehen grammatische Begriffe, die in anderen linguistischen Theorien gebräuchlich, aber in der Textlinguistik entbehrlich sind (zum Beispiel: Referenzrolle = »3. grammatische Person«). Diejenigen grammatischen Begriffe, mit denen in dieser Textgrammatik gearbeitet wird, werden in Schaubildern und Tabellen (nicht jedoch im Lauftext) durch Großbuchstaben bezeichnet (zum Beispiel: SUBJEKT). Die Bedeutung grundlegender grammatischer Kategorien wird mit semantischen Merkmalen ausdrückt. Einige Kategorien lassen sich in ihrer Bedeutung durch ein einziges Merkmal charakterisieren (zum Beispiel: ⟨SPRECHER⟩ für die gleichnamige Gesprächsrolle), andere machen zwei oder mehr (immer jedoch wenige!) Merkmale erforderlich (zum Beispiel: ⟨POSITION⟩ + ⟨SPRECHER⟩ für das Adverb *hier*). In diesem Fall steht das grundlegende Merkmal als erstes (oder unterstes) in der Reihe, danach (oder darüber) folgt das spezifizierende Merkmal.

Die Klammerfähigkeit eines Sprachzeichens findet ihren graphischen Ausdruck durch einen Gedankenstrich, der für den mehr oder weniger gedehnten Klammerinhalt steht (zum Beispiel: *stelle – fest*). Inversionen, wie sie bei der Inkorporation einer Klammer in eine dominante Klammer auftreten, haben als graphisches Zeichen einen liegenden eckigen Haken (zum Beispiel: *nehme – an* vs. *an nehmen*).

Zur Angabe von Bedeutungsoppositionen dient die Abkürzung vs. ›versus‹ (zum Beispiel: ›Affirmation‹ vs. ›Negation‹).

2 Das Verb und sein Umfeld

Die Textlinguistik erschließt die Sprache von Texten her. Texte wiederum werden in dieser Grammatik von den Verben her betrachtet. Anders ausgedrückt: die Verben (Symbol: ◇) werden als Organisationszentren der Texte aufgefaßt.

Dieses Prinzip konkretisiert sich in zwei methodischen Vorentscheidungen, deren Berechtigung sich erst im weiteren Verlauf der grammatischen Beschreibung erweisen wird:

(1) Als Standardform des Verbs wird in dieser Grammatik nicht (wie in anderen Grammatiken und den meisten Wörterbüchern) der Infinitiv genommen, sondern diejenige finite Verbform, die sich im Präsens mit dem Ausdruck für die Sprecherrolle, dem Pronomen *ich*, verbindet, also etwa die Formen *sage, schreibe, gehe, stehe.* Solche Verben jedoch, die sich nur mit dem Pronomen *es* verbinden lassen (»unpersönliche Verben«), werden in dieser Konjugationsform aufgeführt, etwa: *regnet, schneit, hagelt.* Mit dem Ausdruck »Verb« ist also immer, wenn nicht ausdrücklich anders vermerkt, eine finite Verbform gemeint.

(2) Die Beschreibungen der verbalen Strukturen gehen in dieser Grammatik von zweiteiligen Verbformen aus. Nun gibt es in der deutschen Sprache zweifellos nicht nur zweiteilige Verben wie *fange – an, höre – auf, gehe – hin, komme – her,* sondern auch einteilige Verben wie die unter (1) aufgeführten Formen. Aber auch diese einteiligen Verben werden unter bestimmten grammatischen Bedingungen, beispielsweise in den »zusammengesetzten Tempora«, zweiteilig gebraucht, zum Beispiel: *habe – gesagt, bin – gegangen, wird – regnen.* Der Gedankenstrich zwischen den beiden Verbteilen deutet hier jeweils an, daß die zweiteiligen Verben und Verbformen klammerfähig sind, anders ausgedrückt, daß zwischen dem jeweiligen Vorverb (*fange, höre, gehe, komme, habe, bin, wird*) und dem jeweiligen Nachverb (*an, auf, hin, her, gesagt, gegangen, regnen*) Platz ist für Textsegmente unterschiedlicher Art und Länge, die von den beiden Verbteilen umklammert werden. Wir nennen das die Verbalklammer. Bei zweiteiligen Verben muß man also in der deutschen Sprache zwischen dem klammeröffnenden Verbteil und dem klammerschließenden Verbteil ein Stück Text hinzudenken. Zweiteilige Verben haben folglich einen höheren Grad virtueller Textualität als einteilige Verben. Das ist der Hauptgrund dafür, daß die Beschreibungen verbaler Strukturen in dieser Textgrammatik prinzipiell von zweiteiligen Verben ausgehen und daß in diesen Beschreibungsrahmen erst in einem nachfolgenden Methodenschritt die einteiligen Verben miteinbezogen werden.

Verbalklammern – und das gilt analog für andere Klammerformen der deutschen Sprache: Nominalklammer und Adjunktklammer – sind Phänomene des Kontextgedächtnisses (oder »Kurzzeitgedächtnisses«). Sie müssen, wenn sie vom Hörer verstanden werden wollen, in ihrer ganzen Ausdehnung im Kontextgedächtnis gespeichert und in ihrer Gesamtstruktur (»Gestalt«) ganzheitlich dekodiert werden. Das klammeröffnende Element ist für den Hörer ein Signal, in seinem Kontextgedächtnis für eine kürzere oder längere Folge von Sprachzeichen einen Speicher zu öffnen. Mit dem klammerschließenden Element erhält der Hörer nach kurzer Verweildauer der Gedächtnisinhalte das Gegensignal, den betreffenden Speicher wieder zu schließen und – gewissen Erwartungen entsprechend, die sich wahrscheinlich in der Sukzession der Sprachzeichen zwischen Anfang und Ende der Klammer aufgebaut haben – die ganze Sprachzeichenfolge in *einem* gedanklichen Zugriff zu dekodieren.

Verbalklammern müssen als dynamische Gebilde aufgefaßt werden, die dem jeweiligen Textsegment eine starke psychische Spannung verleihen. Mit dem klammeröffnenden Element wird die Spannung erzeugt. Sie verstärkt sich in dem Maße, wie die Klammer mehr und länger (im Grenzfall: bis zum Zerreißen) gedehnt ist. Mit dem klammerschließenden Element wird die Spannung abrupt wieder abgebaut. Dieses Zusammenspiel der Klammerelemente macht den Text »spannend«.

Die Verbalklammer wie auch die später zu besprechenden Klammerformen der Nominal- und Adjunktklammer sind also rein memorielle und von Grund auf textuelle Gebilde, über deren prädikativen Status durch die bloße Klammerförmigkeit im einzelnen noch nichts ausgesagt ist. Wir beobachten daher zunächst in genauerer Betrachtung die Verbformen in einem Prosatext der deutschen Sprache, mit besonderer Berücksichtigung der zweiteiligen Verbformen und der von ihnen gebildeten Verbalklammern (2.1). Diese Beobachtungen werden sodann hinsichtlich verschiedener Klammertypen (2.2) und der von ihnen eröffneten Verbfelder (2.3) systematisiert. Die Beschreibung geht danach über zu den Gesprächsrollen (2.4) und den Handlungsrollen (2.5). Damit ist eine Analyse der Verbvalenzen verbunden, mit besonderer Aufmerksamkeit für das Passiv (2.6).

2.1 Eine grammatische Textbeschreibung

Der nachfolgende Text ist einem Reisebericht entnommen, den Elias Canetti unter dem Titel »Die Stimmen von Marrakesch« veröffentlicht hat. Die Szene spielt in Marrakesch, Marokko. Der Text ist, wie das für

Erzählungen charakteristisch ist, verhältnismäßig reich an Verben. Diese sind hier unterstrichen und fortlaufend numeriert, und zwar jeweils hinter der finiten Verbform, bei zweiteiligen Verben also hinter dem Vorverb:

> *Ich ging* (1) *nun auf einer Gasse, die vom Bazar des Eingangs tiefer in die Mellah hineinführte* (2). *Sie war* (3) *dicht belebt. Mitten unter den zahllosen Männern kamen* (4) *mir einzelne Frauen entgegen, unverschleiert. Ein uraltes, völlig verwittertes Weib schlich* (5) *daher, sie sah* (6) *aus wie der älteste Mensch. Ihre Augen waren* (7) *starr in die Ferne gerichtet, sie schien* (8) *genau zu sehen, wohin sie ging* (9). *Sie wich* (10) *niemandem aus, während andere Kurven beschrieben* (11), *um durchzukommen* (12), *war* (13) *um sie immer Platz. Ich glaube* (14), *man fürchtete* (15) *sie: Sie ging* (16) *ganz langsam und hätte* (17) *Zeit gehabt, jedes einzelne Geschöpf zu verwünschen* (18). *Die Furcht, die sie einflößte* (19), *war* (20) *es wohl, die ihr die Kraft zu ihrer Wanderung gab* (21). *Als sie endlich an mir vorüber war* (22), *wandte* (23) *ich mich um und sah* (24) *ihr nach. Sie spürte* (25) *meinen Blick; denn sie drehte* (26) *sich, so langsam wie sie ging* (27), *zu mir zurück und nahm* (28) *mich voll ins Aug. Ich machte* (29) *mich schleunigst davon; und so instinktiv war* (30) *meine Reaktion auf ihren Blick gewesen, daß ich erst später merkte* (31), *wieviel rascher ich nun ging* (32).[1]

Ihrer grammatischen Form nach lassen sich die Verben dieses Textes in zwei Gruppen ordnen:

EINTEILIGE VERBFORMEN	ZWEITEILIGE VERBFORMEN
ging (1)	*hineinführte* (2)
ging (9)	*war – belebt* (3)
beschrieben (11)	*kamen – entgegen* (4)
glaube (14)	*schlich – daher* (5)
fürchtete (15)	*sah – aus* (6)
ging (16)	*waren – gerichtet* (7)
verwünschen (18)	*schien – zu sehen* (8)
gab (21)	*wich – aus* (10)
spürte (25)	*durchzukommen* (12)

1) Elias Canetti: *Die Stimmen von Marrakesch. Aufzeichnungen nach einer Reise,* München 1978, S. 43 f.

ging (27)	*war - Platz* (13)
merkte (31)	*hätte - (Zeit) gehabt* (17)
ging (32)	*einflößte* (19)
	war - die Furcht (20)
	vorüber - war (22)
	wandte mich - um (23)
	sah - nach (24)
	drehte sich - zurück (26)
	nahm - ins Aug (28)
	machte mich - davon (29)
	war - gewesen (30)

Die zweiteiligen Verbformen der rechten Spalte enthalten sämtlich ein Element, das den Verben der linken Spalte gleicht: das ist der eigentlich finite Verbteil. Dieser finite Verbteil ist das Vorverb (Symbol: ◇). Das Vorverb ist Träger der Gesprächsrolle (der »grammatischen Person«) sowie einer Tempus-Determinante, in diesem Text meistens als Präteritum. Vorverben sind beispielsweise die Formen *kamen* (4), *schlich* (5), *sah* (6), *wandte* (23), *drehte* (26), *machte* (29), aber auch die Kopulaformen *war* (3) und *waren* (7).

Das zweite Element dieser zweiteiligen Verbformen ist das Nachverb (Symbol: ◇). Nachverben können von verschiedener Art sein. In unserem Text finden wir beispielsweise Richtungsangaben, die der Form nach Adverbien oder Präpositionen sind: *entgegen* (4), *daher* (5), *aus* (10), *nach* (24), *zurück* (26), *davon* (29). Andere Nachverben sind der Form nach Partizipien, zum Beispiel *gerichtet* (7), *(Zeit) gehabt* (17) und *gewesen* (30). Auch das Nomen *Platz* (13) und den präpositionalen Ausdruck *ins Aug* (28) fassen wir als Nachverben zweiteiliger Verben auf.

Bei den Verbformen der rechten Spalte verdienen noch die Formen *hineinführte* (2), *durchzukommen* (12) und *einflößte* (19) eine besondere Erwähnung. Diese Formen sind nach dem (ortho-)graphischen Eindruck einteilig. Sie sind dennoch bei den zweiteiligen Verben aufgeführt, weil ein zweiteiliges Verb im Deutschen unter bestimmten Bedingungen zu einer komplexen Form gestaut wird, wobei auch die Reihenfolge Vorverb/Nachverb umgekehrt wird (mehr dazu in 2.2.2.2). Um dies bei einer bestimmten Form zu überprüfen, setze man das Verb in die für diese Grammatik konventionell geltende Standardform um (Sprecherrolle ›ich‹, Präsens). Das ergibt bei den zuletzt angeführten Verben die Formen *fahre - hinein, komme - durch, flöße - ein*. Dieser kleine Test begründet, warum auch diese Verbformen bei den zweiteiligen Verben aufgeführt wurden.

Vorverb und Nachverb, die jeweils die beiden Elemente eines zweiteiligen Verbs bilden, sind in den Vorkommensbeispielen unseres Textes unterschiedlich weit voneinander entfernt. Sie können unmittelbar nebeneinander stehen, zum Beispiel *schlich daher* (5), *sah aus* (6). In anderen Fällen sind Vorverb und Nachverb durch ein einziges Sprachzeichen getrennt, zum Beispiel *war dicht belebt* (3), *wich niemandem aus* (10), *sah ihr nach* (24). In den übrigen Fällen finden wir zwischen Vorverb und Nachverb mehrere Sprachzeichen unterschiedlicher Art und Zahl, zum Beispiel die folgenden:

kamen mir einzelne Frauen entgegen (4)
waren starr in die Ferne gerichtet (7)
war um sie immer Platz (13)
wandte ich mich um (23)
drehte sich, so langsam wie sie ging, zu mir zurück (26)
nahm mich voll ins Aug (28)
machte mich schleunigst davon (29)
so instinktiv war meine Reaktion auf ihren Blick gewesen (30)

Die lexikalische oder grammatische, jedenfalls im Kontextgedächtnis gebildete Brücke zwischen dem Vorverb und dem Nachverb als den Elementen eines zweiteiligen Verbs über ein oder mehrere Sprachzeichen hinweg ist im Deutschen ein wichtiger konstitutiver Beitrag zur Textualität eines Textes.

2.2 Die Verbalklammer

Für die weiteren Beschreibungen dieser Grammatik orientieren wir uns primär an den lexikalisch zweiteiligen Verben, die wir mit ihrer Zweiteiligkeit als Standardformen des deutschen Verbs ansehen. Diese methodische Vorentscheidung soll die Beschreibung vereinfachen und hat ihren ersten Grund darin, daß auch die lexikalisch einteiligen Verben der deutschen Sprache virtuell zweiteilig sind. Sie können nämlich durch das Hinzutreten von anderen Formen entweder lexikalisch oder grammatisch erweitert und dadurch zweiteilig gemacht werden.

Eine lexikalische Erweiterung (in der Wortbildung: Konstitution – vgl. 9.3.1) kommt dadurch zustande, daß eine einteilige Verbform als Vorverb aufgefaßt und um ein Nachverb ergänzt wird. So könnte man beispielsweise die erste Verbform des Canetti-Textes *ging* leicht zu einem zweiteilig konstituierten Verb erweitern und etwa durch die folgenden Nachverben ergänzen:

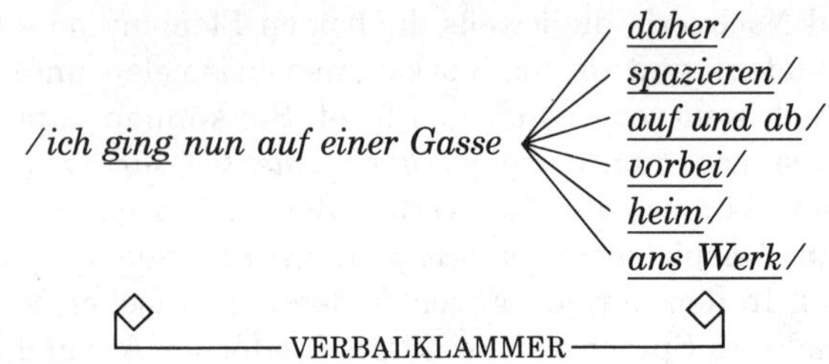

Diese denkbaren Varianten des von Elias Canetti tatsächlich geschriebenen Textsegmentes sind sämtlich dadurch gekennzeichnet, daß die Bedeutung der Verbform *ging* durch einen Ausdruck erweitert wird, der den Status eines Nachverbs hat. Die finite Verbform *ging* wird dadurch zum Vorverb für dieses Nachverb. Man kann sagen, daß sich eine einteilige Verbform wie *ging* durch das Wortbildungsmittel der Konstitution grundsätzlich zu einem Fächer von zweiteiligen Verbformen entfalten kann.

Ist in einer Verbalklammer das Vorverb ein Lexem, so nennen wir diesen Klammertyp eine lexikalische Verbalklammer oder kurz Lexikalklammer (vgl. 2.2.2.1.1).

Ein einteiliges Verb kann seine virtuelle Zweiteiligkeit aber auch grammatisch aktualisieren. So könnte beispielsweise in dem oben besprochenen Canetti-Text die mit (25) bezeichnete einteilige Verbform *spürte* durch die folgenden grammatischen Determinanten zu einer zweiteiligen Verbform erweitert werden:

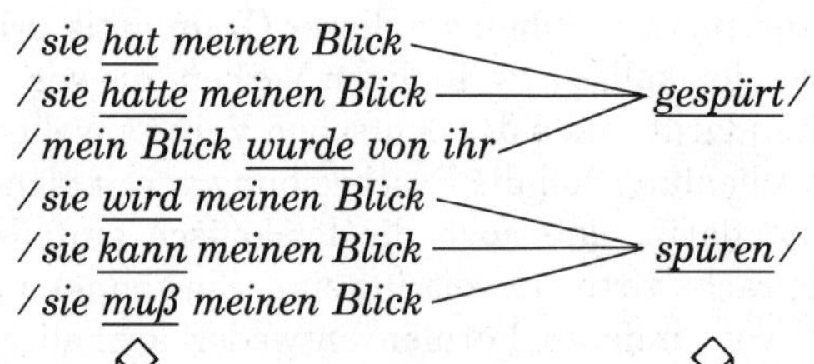

Diese denkbaren Varianten sind sämtlich dadurch gekennzeichnet, daß ein Morphem mit temporaler, passivischer oder modaler Bedeutung zur einteiligen Verbform *spüre* hinzutritt, und zwar in Gestalt eines Vorverbs. Die finite Verbform wird dabei zum Rück-Partizip (»Partizip Perfekt«) oder zum Infinitiv umgebildet und fungiert nun als Nachverb. Man kann wiederum sagen, daß hier eine einteilige Verbform ihre virtuelle

Zweiteiligkeit entfaltet und sich durch grammatische Abwandlung zu einem zweiteiligen Verb erweitert. Verbalklammern dieser Art, die mit einem Hilfsverb oder Modalverb als Vorverb gebildet sind, sollen grammatische Verbalklammern oder kurz Grammatikalklammern heißen (vgl. 2.2.2.1.2).

Zu beachten ist, daß die Entfaltung von der Einteiligkeit zur Zweiteiligkeit gegenläufige Richtung zeigt, je nachdem ob es sich um lexikalische oder um grammatische Determination handelt. Die lexikalische Erweiterung tritt als Nachverb hinzu und macht das bis dahin einteilige Verb zum Vorverb; die grammatische Erweiterung tritt hingegen als Vorverb hinzu und bildet das bis dahin einteilige Verb zum Nachverb um. Es gibt grundsätzlich kein Verb der deutschen Sprache, das nicht entweder durch lexikalische oder durch grammatische Erweiterung zu einem zweiteiligen Verb werden könnte.

Wir greifen nun aus dem oben besprochenen Canetti-Text (vgl. 2.1) ein Textsegment, leicht gekürzt, heraus, das unter (4) ein zweiteiliges Verb enthält. Dieses zweiteilige Verb besteht aus dem Vorverb *kamen* und dem Nachverb *entgegen* (4). Beide Verbteile sind durch mehrere andere Sprachzeichen getrennt und umklammern sie. Man kann daher sagen, daß sie eine Verbalklammer bilden. Das Textsegment, leicht gekürzt und graphisch verdeutlicht, lautet:

/unter den Männern kamen mir einzelne Frauen entgegen, unverschleiert/

VORVERB — NACHVERB

VERBALKLAMMER

Das Schaubild darf jedoch nicht dazu verleiten, sich die Verbalklammer als simultan und statisch vorzustellen. Es handelt sich, wie auch die Ausdrücke Vorverb und Nachverb erkennen lassen sollen, um eine Klammerbildung in der zeitlich-memoriellen Abfolge des Textes. Das Vorverb versetzt dabei den Hörer in eine gewisse Spannung. Wenn der Hörer nämlich das Vorverb vernommen hat, so muß er die Bedeutung, die er nach seiner Kenntnis der Sprache mit diesem Sprachzeichen verbindet, offenhalten für eine mögliche lexikalische Ergänzung, von der er noch nicht mit Sicherheit weiß, in welche Richtung sie sein Verstehen führen wird. So speichert er sie mit provisorischem Verständnis in seinem Kontextgedächtnis (»Kurzzeitgedächtnis«) und bildet eine Erwartung und Spannung aus, wie wohl die Ergänzung durch das Nachverb ausfallen wird. Im Beispiel unseres Textsegments kann man beim Hörer oder Leser eine Erwartung annehmen, die durch das Nachverb *entgegen* im wesentlichen bestätigt und semantisch nur nuanciert wird, denn das

Vorverb *kamen* hat in der Szene dieses orientalischen Markttreibens nach dem vorausgehenden Verb *ging* bereits eine Her-Bewegung signalisiert. Insofern dürfte das Nachverb *entgegen* für den Hörer nicht sehr überraschend kommen. Aber grundsätzlich ist auch in dem gegebenen Kontext für den Hörer nicht auszuschließen, daß die Erwartung, die durch das Vorverb *kamen* geweckt wird, in ganz anderer Weise erfüllt oder sogar enttäuscht wird. Denn man könnte sich eine lexikalische Verbalklammer etwa auch der folgenden Art vorstellen:

/kamen mir einzelne Frauen nach/

/kamen mir einzelne Frauen eigenartig vor/

Man kann also aus der Bedeutung des Vorverbs nicht schon mit Sicherheit das zu erwartende Nachverb und damit die Bedeutung des Gesamtverbs erschließen, und der Hörer muß folglich die Bedeutung des Gesamtverbs bis zum Vernehmen des Nachverbs offenhalten. Das eben macht die semantische Spannung der Verbalklammer aus.

Die große Bedeutung der Verbalklammer für die Textualität der deutschen Sprache erscheint jedoch erst dann in ihrem vollen Licht, wenn man berücksichtigt, daß auch alle Prädikationen mit den Kopulaverben *bin, werde, bleibe* und *scheine* Verbalklammern bilden. Das Kopulaverb ist zwar, isoliert genommen, ein einteiliges Verb. Aber als solches kommt es so gut wie nur in der philosophischen Fachsprache vor. In der Gemeinsprache dient es in der Regel nur dazu, zusammen mit einem nachfolgenden Prädikament, etwa einem Adjektiv oder einem Nomen, eine Prädikation zu bilden. Diese Kopula-Prädikation hat dann wieder die Struktur einer Verbalklammer, in der die jeweilige Form des Kopulaverbs das Vorverb bildet, während das meistens adjektivische oder nominale Prädikat das Nachverb abgibt. Die Verbalklammer, die aus einem Kopulaverb und einem Prädikament (Prädikats-Adjektiv, Prädikats-Nomen . . .) gebildet ist, soll Kopulaklammer heißen.

Ein Beispiel dieser Art, wiederum aus dem Canetti-Text genommen und dort als (3) numeriert, lautet:

/sie war dicht belebt/
VORVERB NACHVERB
VERBALKLAMMER

Die Verbalklammer wird hier gebildet durch das Vorverb *war* und das zugehörige Nachverb *belebt*. Das Vorverb ist eine Form des Kopulaverbs *bin,* das Nachverb ist ein Adjektiv. Das Vorverb besagt lexikalisch wenig, fast nichts; erst das Nachverb ist hier Träger der eigentlichen lexikalischen Information. Der Hörer kann folglich auch, wenn er das Vorverb *war* vernommen hat, noch keine präzise Erwartung hinsichtlich der Bedeutung des Nachverbs ausbilden. Erst wenn dieses geäußert und aufgenommen ist, kann das ganze Verb als vom Hörer verstanden gelten.

2.2.1 Klammerbildung durch Vorverb und Nachverb

Die Verbalklammer wird durch das memorielle Zusammenwirken eines Vorverbs und eines Nachverbs gebildet. Das Vorverb ist grundsätzlich eine finite Verbform. Als finit bezeichnen wir eine Verbform, wenn sie grammatisch dreifach determiniert ist, und zwar nach den folgenden Kategorien:

1. durch die Gesprächsrolle (»grammatische Person«),
2. durch den Numerus (Singular vs. Plural),
3. durch das Tempus-Register (Besprechen vs. Erzählen).

An einem Beispiel erläutert, besagen diese Begriffe das folgende:

/Elias Canetti hat »Die Stimmen von Marrakesch« geschrieben/

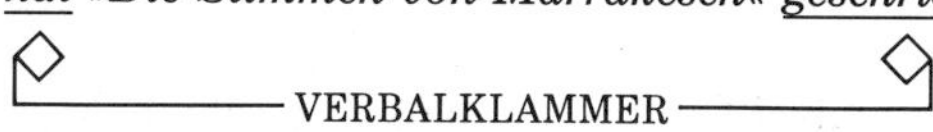

Das Beispiel enthält eine Verbalklammer, sie besteht aus dem Vorverb *hat* und dem Nachverb *geschrieben.* Die grammatischen Determinanten des Vorverbs kann man folgendermaßen beschreiben:

(1) Die Verbform *hat* ist auf ihre Gesprächsrolle (»grammatische Person«) hin determiniert: es kann nicht der Sprecher (»1. Person«) gemeint sein (sonst müßte die Form lauten: *habe, haben*), und es kann nicht der Hörer (»2. Person«) gemeint sein (das wäre: *hast, habt*). So bleibt von dem kleinen Paradigma, das die drei Gesprächsrollen bilden, nur die dritte Gesprächsrolle übrig, die wir in dieser Grammatik Referenzrolle (»3. Person«) nennen. Insofern ist die Form *hat* hinsichtlich der Gesprächsrolle determiniert.

(2) Die Form *hat* ist weiterhin mit Bezug auf die Kategorie ›Numerus‹ determiniert. Sie signalisiert den Singular (sonst müßte sie *haben* lauten) und ist darin mit dem Subjekt *Elias Canetti* kongruent.

(3) Die Form *hat* gibt schließlich noch das Tempus-Register ›Besprechen‹ an in Opposition zum Tempus-Register ›Erzählen‹, das durch die Form *hatte* bezeichnet würde (vgl. 3.1.2).

Sofern also diese drei kategorialen Bedingungen erfüllt sind, wollen wir eine Verbform finit nennen.

Als Vorverben eines zweiteiligen Verbs finden wir in der deutschen Sprache vor allem die folgenden Verben und Verbgruppen:

(1) die Kopula- und Hilfsverben *bin, werde, habe,*

(2) die Modalverben *kann, muß, will, soll, mag, möchte, darf,*

(3) Verben, mit denen Grundformen des menschlichen (oft leiblichen) Verhaltens und elementare Formen des Handelns ausgedrückt werden; hier nur einige Beispiele:

mache	*lasse*	*komme*	*gebe*
gehe	*stehe*	*finde*	*tue*
nehme	*halte*	*stelle*	*falle*
bleibe	*liege*	*bringe*	*teile*
führe	*folge*	*trete*	*setze*
höre	*trage*	*sehe*	*werfe*

Alle Verben dieser drei Gruppen haben eine sehr hohe Frequenz in der Sprache, nicht nur als Verbformen schlechthin, sondern überdies in der hier relevanten Funktion als Vorverben zweiteiliger Verben. Das ist unmittelbar plausibel für die beiden erstgenannten Gruppen, da deren Formen sich als Vorverben mit dem Rück-Partizip (»Partizip Perfekt«) oder dem Infinitiv eines jeden beliebigen Verbs zu grammatisch zweiteiligen Verben zusammenfügen lassen. Aber auch für die dritte Gruppe gilt, daß ihre Formen bei der Bildung zweiteiliger Verben außerordentlich produktiv sind, da sie sehr vielfältig mit Nachverben kombinierbar sind (mehr dazu in 2.2.2.1.1).

Das Nachverb unterscheidet sich vom Vorverb, was die Mehrzahl der Fälle betrifft, in fast jeder grammatischen Hinsicht. Es ist grundsätzlich nicht-finit, das heißt, es weist keine der grammatischen Determinanten auf, die wir oben als Kriterien finiter Verbformen aufgeführt haben: Gesprächsrolle, Numerus und Tempus-Register. Das Nachverb ist im Gegensatz zum Vorverb, das ja hinsichtlich der drei genannten grammatischen Kategorien variabel sein muß, weitgehend invariant.

Von der unterschiedlichen Besetzung des Vorverbs und des Nachverbs hängt das Informationsprofil des Textes ab. Allemal versammelt das Vorverb die stärkere grammatische Information an seinem Klammerpol. In einigen Fällen, abhängig vom jeweiligen Typ der Klammer, kommt beim Vorverb außerdem noch eine lexikalische Information hinzu. Das ist hauptsächlich bei Lexikalklammern der Fall, etwa wenn das Vorverb ein Bewegungsverb ist und das Nachverb nur noch die Richtung der Bewegung präzisiert (*fahre – hin*). Dann ist die Spannung zwischen Vorverb und Nachverb für das Kontextgedächtnis relativ gering. In vielen, ja den meisten Fällen hat das Vorverb jedoch einen weniger spezifischen Bedeutungsinhalt, so daß der Hörer mit erheblicher Spannung auf das Nachverb warten muß, das erst die wesentlichen Bedeutungsmerkmale für das Verständnis des Verbs bringt. Dieses Nachverb bietet dann zum Ausgleich nur eine schwache grammatische Information. Sehr häufig, zum Beispiel bei allen Grammatikalklammern, kann man also eine reziproke und insofern kompensatorische Informationsverteilung auf die beiden Pole eines zweiteiligen Verbs feststellen, wie die folgende Graphik anschaulich zu machen versucht:

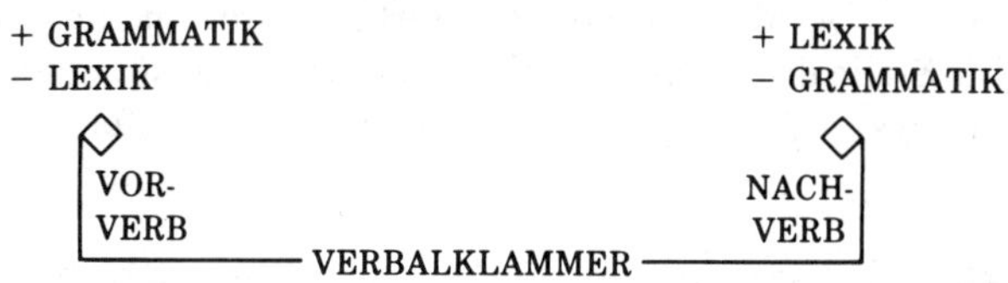

Die textuelle Aufgabenverteilung zwischen mehr Grammatik am Anfang und mehr Lexik am Ende ist ein höchst ökonomisches Verfahren der Informationsverarbeitung und leistet einen erheblichen Beitrag zum Informationsprofil eines Textes, verstanden im Sinne einer Stufung der Auffälligkeit vom weniger Auffälligen zum Auffälligeren (Thema/Rhema-Struktur).

Die Verbalklammer bestimmt auch die Struktur ihres textuellen Umfeldes. Das gilt nicht nur für die Sprachzeichen, die zwischen dem Vorverb und dem Nachverb stehen und von diesen beiden Verbteilen umklammert werden, sondern betrifft auch diejenigen Sprachzeichen, die dem klammeröffnenden Vorverb unmittelbar voraufgehen, sowie diejenigen, die dem klammerschließenden Nachverb unmittelbar folgen. Wir können demnach das textuelle Umfeld der Verbalklammer je nach der Stellung zu ihren Verbteilen einteilen in das Vorfeld, Mittelfeld und Nachfeld der Verbalklammer. Dafür noch ein Blick auf das oben bereits analysierte Beispiel:

/unter den Männern kamen mir einzelne Frauen entgegen, unverschleiert/

VORFELD | VORVERB | MITTELFELD | NACHVERB | NACHFELD

VERBALKLAMMER

Das Mittelfeld, das ja vom Vorverb und vom Nachverb umklammert wird, ist in besonders enger Weise an die Klammerförmigkeit des Verbs gebunden. Es bietet reichlich Raum für lexikalische Information, insbesondere durch Nomina. Dem Vorfeld fällt demgegenüber die Aufgabe zu, die Verbindung zu den Gegebenheiten des voraufgehenden Textes oder der vorgegebenen Situation herzustellen. Das Nachfeld schließlich dient hauptsächlich dazu, die Verbindung zum nachfolgenden Text oder zur anschließenden Situation zu schaffen oder - wie hier - ergänzende Informationen nachzutragen (mehr dazu in 2.3). Vorfeld, Mittelfeld und Nachfeld, in ihrer Abfolge und Anordnung gegliedert durch die aus Vorverb und Nachverb bestehende Verbalklammer, bilden zusammen das textuelle Umfeld des Verbs.

Für die einteiligen Verben der deutschen Sprache gilt grundsätzlich die gleiche Form der Analyse. Einteilige Verben besetzen die Stelle des Vorverbs. Die Stelle des Nachverbs bleibt frei. Dadurch könnte man - als einfachste Analyse - feststellen, daß Mittelfeld und Nachfeld ineinander übergehen.

Da aber auch lexikalisch einteilige Verben, wie oben besprochen, virtuell zweiteilig sind und schon durch eine bestimmte Konjugation, beispielsweise durch die Versetzung ins Perfekt, in zweiteiliger Form aktualisiert werden, ist es in einer genaueren Analyse vertretbar und zweckmäßig, bei einem lexikalisch einteiligen Verb diejenige Stelle durch ein Nullzeichen (Ø) zu markieren, die das Nachverb einnehmen würde, wenn es im Text in Erscheinung träte. So zeigt es die folgende vergleichende Graphik:

VERBALKLAMMER

/sie	*hat*	*meinen Blick so deutlich*	*gespürt*	*wie nie zuvor/*
VORFELD	VORVERB	MITTELFELD	NACHVERB	NACHFELD
/sie	*spürte*	*meinen Blick so deutlich*	*Ø*	*wie nie zuvor/*

VERBALKLAMMER

Die deutlich auf das zweiteilige Verb als konventionelle Standardform des deutschen Verbs bezogene Analyse läßt erkennen, daß in diesem Beispiel das Mittelfeld und das Nachfeld strukturell auch dann getrennt bleiben, wenn das Nachverb eine Nullform ist.

2.2.2 Klammertypen

Je nach der Art des Vorverbs und des Nachverbs sind verschiedene Klammertypen zu unterscheiden. Einfache Verbalklammern bestehen aus einem beliebigen Vorverb und einem einfachen Nachverb (2.2.2.1). Treffen mehrere einfache Klammern zusammen, so werden nach bestimmten Regeln kombinierte Klammern gebildet (2.2.2.2). Einen Sonderfall bilden die Adjunktklammern (2.2.2.3).

2.2.2.1 Einfache Verbalklammern

Die einfachen Verbalklammern bestehen aus einem finiten Vorverb und einem einfachen Nachverb. Je nach der Beschaffenheit von Vorverb und Nachverb können dabei drei Untergruppen unterschieden werden. Diejenigen Klammern, die ein Lexem als Vorverb haben, heißen Lexikalklammern (2.2.2.1.1). Klammern, die mit einem Hilfsverb oder Modalverb als Vorverb gebildet sind, heißen Grammatikalklammern, wobei je nach der Art des Vorverbs und des Nachverbs zwischen Tempusklammern, Passivklammern und Modalklammern zu unterscheiden ist (2.2.2.1.2). Den dritten dieser Klammertypen bilden die Kopulaklammern, die aus einem Kopulaverb als Vorverb und einem Prädikament als Nachverb bestehen (2.2.2.1.3).

2.2.2.1.1 Lexikalklammern

Eine Lexikalklammer wird durch ein Lexem als Vorverb und durch ein Nachverb unterschiedlicher Art konstituiert. Das ist ein Vorgang der Wortbildung, der in dieser Grammatik Konstitution genannt wird (vgl. 9.3.1).

(1) Die Vorverben

Die Vorverben einer Lexikalklammer sind Vollverben, oft mit elementarleiblicher Bedeutung, in der sich Grundformen des menschlichen Verhaltens anzeigen. Als Illustration mögen zwei exemplarische, keineswegs vollständige Listen zweiteiliger Verben dienen, die mit den Verben *gebe* und *halte* als Vorverben gebildet sind.

VORVERB *gebe*	VORVERB *halte*
sie gibt – ab	*er hält – an*
sie gibt – acht	*er hält – auf*
sie gibt – an	*er hält – aus*
sie gibt – auf	*er hält – auseinander*
sie gibt – aus	*er hält – durch*
sie gibt – frei	*er hält – empor*
sie gibt – her	*er hält – fern*
sie gibt – kund	*er hält – fest*
sie gibt – nach	*er hält – frei*
sie gibt – preis	*er hält – geheim*
sie gibt – vor	*er hält – hin*
sie gibt – weg	*er hält – kurz*
sie gibt – weiter	*er hält – maß (Maß)*
sie gibt – zu	*er hält – mit*
sie gibt – in Auftrag	*er hält – in Atem*

Im Gegensatz dazu bilden Verben mit sehr spezifischer Bedeutung, beispielsweise die fachsprachlichen Verben, nur höchst selten Lexikalklammern. Zu denken ist etwa an solche Verben wie *harke, knete, öle, schweiße, löte, röntge, turne* und an fachsprachliche »Fremdwörter« wie *argumentiere, analysiere, diktiere, operiere*. Verben dieser Art findet man kaum als Vorverben zweiteilig konstituierter Verben. Auch kennt die deutsche Sprache bezeichnenderweise eine ganze Reihe von Dubletten, wobei jeweils die gemeinsprachliche (einheimische) Form zweiteilig, die fachsprachliche oder ursprünglich fachsprachliche Form (oft fremdwörtlich auf *-iere*) jeweils einteilig gebildet ist. Zum Vergleich eine Reihe von synonymen Verben:

ZWEITEILIGES VERB: TENDENZIELL GEMEINSPRACHLICH	EINTEILIGES VERB: TENDENZIELL FACHSPRACHLICH
spreche – durch	*erörtere*
halte – sauber	*pflege*
mache – kaputt	*beschädige/zerstöre*
rufe – an	*telefoniere*
stelle – her	*produziere*
schreibe (mich) – ein	*immatrikuliere (mich)*
denke – nach	*reflektiere*
stelle – vor	*präsentiere*
zähle – zu	*addiere*

ziehe – ab	*subtrahiere*
nehme – mal	*multipliziere*
sage – auf	*rezitiere*

Nicht nur zwischen der Gemeinsprache und einer naheliegenden Fachsprache, sondern auch innerhalb der Gemeinsprache sind solche Dubletten zu verzeichnen, wobei das zweiteilige Verb jeweils eher einem umgangssprachlich-alltäglichen, sein einteiliges Synonym eher einem gehobenen Register angehört. Zum Vergleich:

ZWEITEILIGES VERB: TENDENZIELL ALLTÄGLICHES REGISTER	EINTEILIGES VERB: TENDENZIELL GEHOBENES REGISTER
fange – an	*beginne*
höre – auf	*(be-)endige*
bringe – bei	*lehre*
mache – auf	*öffne*
mache – zu	*schließe*
habe – Angst	*fürchte (mich)*
laufe – weg	*fliehe*
esse – auf	*verzehre*
habe – lieb (gern)	*liebe*
gebe – bekannt	*verkünde*
nehme – weg	*entwende*

Es versteht sich, daß der tendenzielle Registerunterschied zwischen den beiden Synonymenreihen im Einzelfall auch mit weitergehenden Unterschieden im Bedeutungsinhalt und -umfang einhergehen kann.

(2) Die Nachverben

Als Nachverben zweiteiliger Verben dienen Sprachzeichen verschiedener Sprachzeichenklassen:

bringe ———	*auf*	PRÄPOSITION
behalte ———	*da*	ADVERB
stelle ———	*zur Verfügung*	PRÄPOSITIONAL-ADJUNKT
erhebe ———	*Anklage*	NOMEN
sitze ———	*still*	ADJEKTIV
lerne ———	*kennen*	VERB IM INFINITIV
VORVERB	NACHVERB	

LEXIKALKLAMMER

Im einzelnen sind die Nachverben wie folgt zu beschreiben:

(A) Präpositionen

Die meisten einfachen Präpositionen der deutschen Sprache eignen sich besonders gut für die Aufgabe, Nachverben einer Lexikalklammer zu sein. Sie sind dafür umso besser geeignet, je deutlicher sie selber in ihrer Bedeutung auf die elementar-leiblichen Bedingungen der Kommunikation von Angesicht zu Angesicht bezogen sind (vgl. 7.1). Präpositionen mit negativer oder abstrakterer Bedeutung hingegen (zum Beispiel: *ohne, wegen, trotz*), insbesondere auch fachsprachliche Präpositionen (zum Beispiel: *bezüglich, kraft, unbeschadet*), eignen sich nicht für diese Aufgabe und treten als Nachverben nicht auf. Beispiele für Präpositionen als Nachverben:

/in seiner »Germania« hält Tacitus den Römern ein Kontrastbild vor/

/er sieht die Germanen als ein kriegerisches Volk an/

/bei den Germanen fällt ihm die Treue auf/

/sie zeichnen sich jedoch nicht durch besonderen Fleiß aus/

/er schreibt ihnen auch Trunksucht zu/

Bei einigen Präpositionen der deutschen Sprache kann man gebundene und freie Formen unterscheiden. In solchen Fällen tritt als Nachverb die freie und nicht die gebundene Form auf, also *ein* statt *in, ab* statt *von.*

/in der Völkerwanderungszeit fielen die Germanen in das Römische Reich ein/

/die Westgoten zogen wieder von Italien ab/

Die Präposition *für* wird in der Funktion eines Nachverbs immer durch die Präposition *vor* vertreten (mit der sie in der älteren Sprache eine Einheit bildete).

(B) Adverbien

Häufig treten als Nachverben auch Positions-Adverbien auf (vgl. 6.4.1). Diese Adverbien dienen dazu, sich im Umfeld des Kommunikationsgeschehens (»deiktisch«) zu orientieren, insbesondere durch die Angabe einer Bewegungsrichtung. Nicht wenige dieser Adverbien sind paarweise geordnet, so zum Beispiel die Adverbienpaare *hin* und *her, da* und *weg/fort, hinaus* und *herein, raus* und *rein.* Beispiele für solche Adverbien als Nachverben:

/oben steckt man das Geld in den Automaten hinein/

/unten kommt die Fahrkarte aus dem Automaten heraus/

(C) Präpositional-Adjunkte

Die deutsche Sprache der Gegenwart hat, zumal in der Fachsprache der Verwaltung, viele lexikalisch zweiteilige Verben konstituiert, deren Nachverben komplex sind. Diese komplexen Nachverben haben einen nominalen Bestandteil, dem meistens eine Präposition voraufgeht. Das Nomen kann einen (anaphorischen) Artikel bei sich haben, zumal wenn dieser mit der Präposition verschmolzen ist (*am, im, zum, zur*). Aus der grundsätzlichen Invarianz der Nachverben folgt auch für diese Nomina, daß ihr Artikelgebrauch fest ist (vgl. 4.5.1), daß sie ferner im Numerus nicht veränderbar sind und daß sie auch nicht durch ein Attribut (beispielsweise ein Adjektiv) determiniert werden können.

Wir nennen die lexikalisch zweiteiligen Verben mit komplexem Nachverb Funktionsverben. (Terminologische Anmerkung: In den meisten Grammatiken und in fast der gesamten sprachwissenschaftlichen Literatur wird nur das Vorverb »Funktionsverb« genannt; das ganze Verb, bestehend aus Vorverb und Nachverb, heißt dort »Funktionsverbgefüge«. Einem solchen Sprachgebrauch kann sich diese Grammatik aus grundsätzlichen textlinguistischen Erwägungen nicht anschließen. Vorverb und Nachverb bilden erst zusammen das zweiteilige Funktionsverb.) Dafür einige Beispiele:

/die Regierung zieht ein Gesetz in Erwägung/

/die Opposition stellt die Notwendigkeit dieses Gesetzes in Abrede/

/die Mehrheit bringt das Gesetz zur Entscheidung/

/der Bundesrat bringt das Gesetz noch einmal zur Sprache/

/der Vermittlungsausschuß tritt in Erscheinung/

/schließlich tritt das Gesetz doch in Kraft/

Ebenso konstituiert – nämlich mit einem Präpositional-Adjunkt als Nachverb – sind auch bestimmte idiomatische Wendungen, die vor allem umgangssprachlich verwendet werden, zum Beispiel: *setze – an die Luft* ›entlasse‹, *stehe – auf der Leitung* ›begreife nicht‹, *hänge – am Tropf* ›leide‹, *gehe – vor die Hunde* ›gehe – zugrunde‹.

(D) Nomina

Das Nachverb einer Lexikalklammer kann auch ein einfaches Nomen sein. Abgesehen von den Fällen einer Prädikation mit Kopula und Prädikats-Nomen ist ein Nomen in seiner Rolle als Nachverb am deutlichsten daran erkennbar, daß es ohne Artikel steht und mit dem Vorverb zusammen eine enge Bedeutungseinheit bildet. Beispiele:

/ich fahre sehr gerne Rad (Auto)/

/noch lieber laufe ich Ski/

/am Skilift steht man oft Schlange/

/dann mache ich einfach mit dem Schilaufen Schluß/

Die enge Bedeutungsgemeinschaft zwischen Vorverb und Nachverb kann auch daran überprüft werden, daß man aus beiden zusammen leicht ein (»deverbales«) Kompositum bildet: *das Radfahren, das Autofahren, das Skilaufen, das Schlangestehen, das Schlußmachen.*

In vielen Fällen unterscheidet sich ein Nomen als Nachverb gerade durch den fehlenden Artikel von einem Nomen als Handlungsrolle, beispielsweise als Objekt. Zum Vergleich:

NOMEN ALS NACHVERB	NOMEN ALS OBJEKT
/liest du schon wieder Zeitung?/	*/ich lese gerade die Frankfurter Allgemeine Zeitung/*
/jeder nimmt an dem Prozeß intensiv Anteil/	*/jeder nimmt sich vom Gewinn seinen Anteil/*

Als Kontrolle der zweiteiligen Konstitution eines Verbs mag wiederum die Nominalisierung dienen; sie ist bei den Beispielen der linken Spalte leicht möglich und ergibt die geläufigen Komposita: *das Zeitunglesen, die Anteilnahme.* Weitere Beispiele für Funktionsverben dieses Typus sind etwa: *stelle – Antrag, leiste – Widerstand, erhebe – Anklage, errege – Aufsehen, nehme – Abschied.* Die Alltagssprache nutzt diese Form der Zweiteiligkeit für manche idiomatischen Ausdrücke, zum Beispiel: *ziehe – Leine* ›laufe – weg‹, *mache – Dampf* ›dränge – auf Eile‹, *rede – Blech* ›rede – Unsinn‹.

Nomina als Nachverben können in der Regel – darin den Präpositional-Adjunkten vergleichbar – nicht durch Attribute determiniert werden; sie lassen sich ferner wie alle anderen Nachverben nur schlecht ins

Vorfeld rücken. In einigen Fällen ist jedoch die Grenze zwischen einem nominalen Nachverb und einem nominalen Objekt nicht ganz scharf zu ziehen.

(E) Adjektive

Ein Adjektiv als Nachverb (vgl. 9.3.1.3) kommt weniger oft vor. Gleichwohl einige Beispiele: *stelle – fest, nehme – wahr, sehe – schwarz, laufe – voll, stehe – leer, komme – frei, mache – tot* ›töte‹ (umgangssprachlich).

(F) Infinitive

Einige Verben, vor allem Verben der sinnlichen Wahrnehmung wie *höre, sehe, spüre,* aber auch andere Verben wie *lasse, mache, heiße,* treten bisweilen mit einem Infinitiv als Nachverb auf. Beispiele: *höre – kommen, sehe – entschwinden, lasse – gehen, lerne – kennen, gehe – spazieren* (vgl. 3.4.4).

2.2.2.1.2 Grammatikalklammern

Grammatikalklammern zeichnen sich dadurch aus, daß ihr Vorverb entweder ein Hilfsverb (bei der Tempus- und Passivklammer) oder ein Modalverb (bei der Modalklammer) ist. Strukturell entsprechen sie den Lexikalklammern, semantisch jedoch nicht. Zur Unterscheidung:

GRAMMATIKALKLAMMER	LEXIKALKLAMMER
/hast du schon gekocht?/	*/ich decke gerade auf/*
/wird schon gleich gegessen?/	*/ich lade dich dazu ein/*
/kann ich sofort kommen?/	*/komm ganz schnell her!/*

In den Beispielen der linken Spalte werden einteilige Verben durch die Versetzung in eine bestimmte grammatische Kategorie wie Perfekt, Passiv oder Modalität (»*positione*«) zweiteilig, in denen der rechten Spalte sind sie kraft ihrer lexikalischen Bedeutung (»*natura*«) zweiteilig. Im einzelnen lassen sich die Grammatikalklammern wie folgt unterscheiden:

(1) Tempusklammern

Alle Tempora außer dem Präsens und dem Präteritum bilden Tempusklammern aus. Als Vorverb dient eines der Hilfsverben *habe, bin* oder *werde,* als Nachverb das Rück-Partizip (»Partizip Perfekt«) oder der Infinitiv eines beliebigen Verbs.

HILFSVERB	*habe*	*gesprochen*	RÜCK-PARTIZIP
HILFSVERB	*bin*	*gelaufen*	RÜCK-PARTIZIP
HILFSVERB	*werde*	*antworten*	INFINITIV
	VORVERB	NACHVERB	

TEMPUSKLAMMER

Ob beim Perfekt das Hilfsverb *bin* oder das Hilfsverb *habe* gewählt wird, hängt von der Valenz und Bedeutung des jeweiligen Rück-Partizips ab (vgl. 3.1.1.2). Die Kombination eines dieser beiden Hilfsverben im Präsens mit einem Rück-Partizip ergibt dieses Tempus. Durch Konjugation des Vorverbs vom Präsens zum Präteritum (*hat* → *hatte, ist* → *war*) wird analog das Plusquamperfekt gebildet, ebenfalls als zweiteilige Tempusform. Das Hilfsverb *werde* (Präsens) kann in der Tempusklammer nur mit einem Infinitiv verbunden werden und bildet dann das ebenfalls zweiteilige Tempus Futur aus. Durch Konjugation des Vorverbs *werde* → *würde* entsteht die analytische Form des restriktiven Konjunktivs, ebenfalls eine Klammerform (*würde – antworten*).

(2) Passivklammern

Das Passiv wird gebildet durch Kombination eines Hilfsverbs (besonders *werde* und *bin*) mit einem Rück-Partizip.

HILFSVERB	*werde*	*eingeladen*	RÜCK-PARTIZIP
HILFSVERB	*bin*	*eingeladen*	RÜCK-PARTIZIP
	VORVERB	NACHVERB	

PASSIVKLAMMER

Durch die beiden Vorverben *werde* und *bin* werden verschiedene Arten des Passivs gebildet: *werde* mit dem Rück-Partizip ergibt das Vorgangs-Passiv, *bin* mit dem Rück-Partizip das Zustands-Passiv (vgl. 2.6.1.1). Durch Konjugation des Vorverbs können außer dem Tempus Präsens auch das Tempus Präteritum (*wurde – eingeladen, war – eingeladen*) und die Formen des Konjunktivs (*werde/würde – eingeladen, wäre/sei – eingeladen*) gebildet werden.

(3) Modalklammern

Modalklammern dienen dazu, die Geltung einer Prädikation semantisch zu flexibilisieren.

kann ——— *singen*
muß ——— *lachen*
will ——— *tanzen*
soll ——— *sprechen*
mag ——— *lernen*
möchte ——— *wissen*
darf ——— *gehen*
VORVERB NACHVERB
MODALKLAMMER

Die verschiedenen Modalverben verbinden sich, wie die Beispiele zeigen, immer mit Verben im Infinitiv. Wie bei den anderen Klammern auch, kann durch Konjugation des Vorverbs die Modalklammer vom Präsens in das Präteritum (*konnte - singen*) oder in den Konjunktiv versetzt werden (*könnte/könne - singen*).

2.2.2.1.3 Kopulaklammern

Die Kopulaverben *bin, werde, bleibe* und *scheine* bilden als Vorverben zusammen mit einem nachfolgenden Nachverb, das die Gestalt eines Nomens, Adjektivs, Adverbs oder Adjunkts hat, eine klammerförmige Prädikation.

bin	*Bäcker*	NOMEN
werde	*blaß*	ADJEKTIV
bleibe	*da*	ADVERB
scheine	*guter Stimmung*	GENITIV-ADJUNKT
VORVERB	NACHVERB	

KOPULAKLAMMER

Auch hier werden durch Konjugation des Vorverbs andere Tempora oder Formen des Konjunktivs gebildet (zur Prädikation vgl. 2.5.1).

2.2.2.2 Kombinierte Klammern

Die verschiedenen Verbalklammern, die bisher besprochen wurden, können miteinander kombiniert werden, sofern sie semantisch kompatibel sind. Beim Zusammentreffen mehrerer Klammern entstehen nach bestimmten Regeln kombinierte Klammern, wobei das Nachverb jeweils einen höheren Komplexitätsgrad als bei einfachen Klammern annimmt. Das Vorverb einer kombinierten Klammer bleibt hingegen immer einfach.

Als Beispiel soll im folgenden zunächst das Zusammentreffen einer Grammatikalklammer mit einer Lexikalklammer dienen. Die erstere soll eine Tempusklammer sein: *werde – hören* (Futur), als Lexikalklammer diene das zweiteilig konstituierte Verb *höre – zu*. Treffen nun diese zwei Verbalklammern zusammen, so kann sich nur eine der beiden Klammern behaupten und ihre Klammerförmigkeit behalten. Strukturdominant bleibt in diesem Fall die Grammatikalklammer, deren Vorverb nun auch für die komplexe Klammer das einfache Vorverb ist; sie bestimmt auch die Form des Nachverbs (Infinitiv, Partizip). Die andere Klammer, hier die Lexikalklammer, verliert hingegen ihre Klammerform und wird als Infinitiv oder Rück-Partizip in die kombinierte Klammer inkorporiert. Dabei wird die Struktur der inkorporierten Klammer in zweifacher Hinsicht verändert, und zwar durch:

(1) Stauung (»Kompression«): Die inkorporierte Klammer wird am Nachverb-Pol zusammengedrängt;

(2) Umkehrung (»Inversion«): Die sonst für alle Verbalklammern geltende Abfolge Vorverb/Nachverb wird zur Abfolge Nachverb/Vorverb umgekehrt.

Auf diese Weise entsteht die kombinierte Verbalklammer *werde – zuhören*. Dafür ein Schaubild, das die kombinierte Klammer im Kontext zeigt:

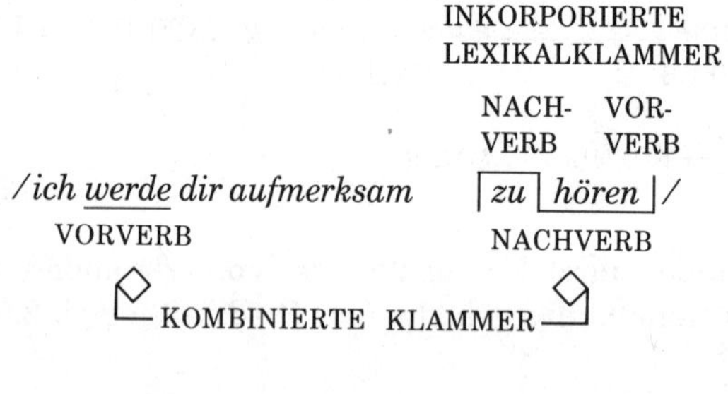

Das Symbol ⌈ ⌉⌊ ⌋ steht in diesem Schaubild für die Strukturmerkmale Stauung und Umkehrung, durch die eine Lexikalklammer (*höre* – *zu*) beim Zusammentreffen mit einer Grammatikalklammer ihre Klammerform verliert und in diese inkorporiert (»eingebettet«) wird, und zwar als deren nunmehr komplexes Nachverb. Will man diese Komplexität im Verstehensprozeß wieder auflösen, muß man das komplexe Nachverb, um die Inversion rückgängig zu machen, rückläufig zum Textverlauf (graphisch: von rechts nach links) lesen und es im Kontextgedächtnis zur Klammer dehnen; dann erhält man die Lexikalklammer wieder in ihrer zweiteiligen Klammerform: *zuhören* (Nachverb/Vorverb) ⟶ *höre* – *zu* (Vorverb/ Nachverb).

Einschränkend ist allerdings anzumerken, daß ein komplexes Nachverb, das durch Stauung und Umkehrung gebildet ist, dennoch auch in dieser Form minimal klammerförmig bleibt. Das (vorangestellte) Nachverb kann nämlich von seinem (nachgestellten) Vorverb bei einigen Formen des Rück-Partizips durch das Partizipial-Morphem *-ge-* und bei einigen Formen des Infinitivs durch den Präpositional-Junktor *-zu-* getrennt werden.

Rück-Partizip: *trete* – *vor* > *bin* |*vor*|(*ge*)|*treten*|

Infinitiv: *laufe* – *weg* > *ohne* |*weg*|(*zu*)|*laufen*|

Diese beiden »Infixe« bilden im komplexen Nachverb, zu dem die inkorporierte Klammer zusammengedrängt ist, eine Art »Rest-Mittelfeld« zwischen dem (vorangestellten) Nachverb und dem (nachgestellten) Vorverb. Andere Morpheme als diese beiden »Infixe« (Symbol: ◯) sind im »Rest-Mittelfeld« dieser gestauten und umgekehrten Lexikalklammer nicht zugelassen.

Die möglichen Klammerkombinationen unterliegen strengen Hierarchieregeln, die im folgenden zunächst als Übersicht dargestellt und im Anschluß daran entsprechend der Numerierung des Schaubildes im einzelnen besprochen werden.

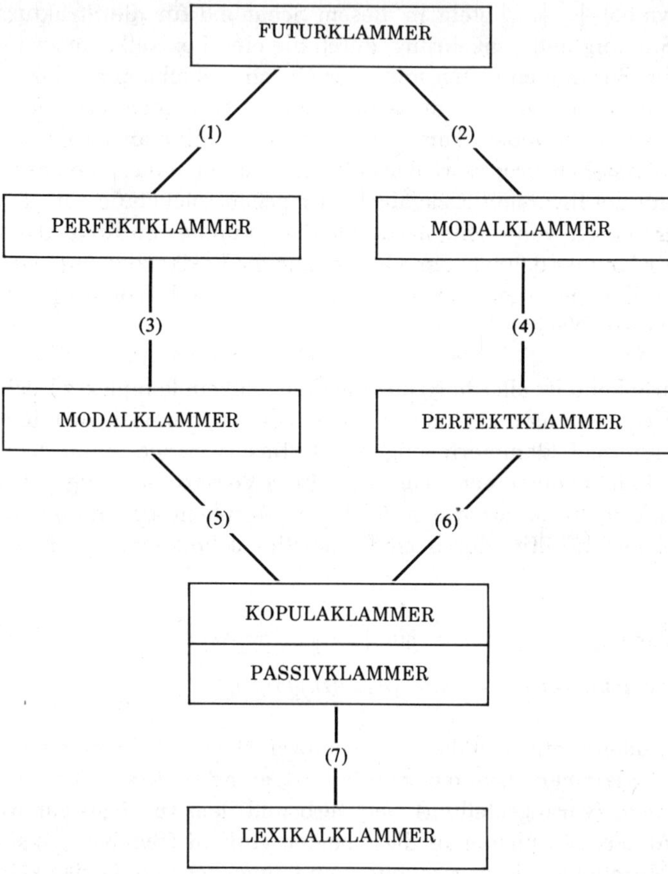

(1) Eine Futurklammer ist strukturdominant gegenüber einer Perfektklammer:

	werde – *lesen*	FUTURKLAMMER
+	*habe* – *gelesen*	PERFEKTKLAMMER
	werde – |*gelesen*| *haben*|	KOMBINIERTE KLAMMER

Die Futurklammer hält ihr Vorverb *werde* durch und bewahrt damit ihre Klammerförmigkeit. Die Perfektklammer wird hingegen in umgekehrter Abfolge am Nachverb-Pol gestaut und in dieser Form in die Futurklammer inkorporiert. Auf diese Weise entsteht das sogenannte Vor-Futur (»futurum exactum«, »Futur II«), ein kombiniertes Tempus. Eine Konjunktivklammer mit *würde* (vgl. 3.2.1.2) nimmt die gleiche hohe Hierarchiestufe ein wie die Futurklammer mit *werde*.

(2) Eine Futurklammer ist in gleicher Weise strukturdominant gegenüber einer Modalklammer:

	werde – schreiben	FUTURKLAMMER
+	*muß – schreiben*	MODALKLAMMER
	werde – schreiben müssen	KOMBINIERTE KLAMMER

Die Inkorporation der gestauten und umgekehrten Modalklammer in die klammerförmig bleibende Futurklammer entspricht der Beschreibung unter (1). Konsequenterweise ist die Futurklammer auch gegenüber den weiteren, in der Klammer-Hierarchie tiefer stehenden Klammertypen strukturdominant, also gegenüber der Kopulaklammer (*werde – aufmerksam sein*), der Passivklammer (Vorgangs-Passiv: *werde – gezwungen werden* oder Zustands-Passiv: *werde – gezwungen sein*) und der Lexikalklammer (*werde – anfangen*).

(3) Eine Perfektklammer *kann* gegenüber einer Modalklammer strukturdominant sein:

	habe – telefoniert	PERFEKTKLAMMER
+	*will – telefonieren*	MODALKLAMMER
	habe – telefonieren wollen	KOMBINIERTE KLAMMER

Die Inkorporation der am Nachverb-Pol gestauten und in der Abfolge umgekehrten Modalklammer in die Perfektklammer, die ihre Klammerförmigkeit bewahrt, folgt dem unter (1) und (2) dargelegten Strukturmuster, jedoch mit der Besonderheit, daß am Nachverb-Pol nicht, wie unter (1) beschrieben, ein Infinitiv und ein Rück-Partizip auftreten, sondern zwei Infinitive. (Der zweite dieser Infinitive wird in manchen Grammatiken »Ersatz-Infinitiv« genannt.) Das Vorverb kann konjugiert werden und auf diese Weise das Tempus Plusquamperfekt (mit *hatte*) sowie bestimmte Konjunktivformen (mit *hätte*) bilden.

(4) Eine Modalklammer *kann* aber auch gegenüber einer Perfektklammer strukturdominant sein:

	kann – faxen	MODALKLAMMER
+	*habe – gefaxt*	PERFEKTKLAMMER
	kann – gefaxt haben	KOMBINIERTE KLAMMER

Hier ist nun – mit gegenüber (3) umgekehrter Strukturdominanz – die

Perfektklammer in die Modalklammer inkorporiert. Das ergibt einen anderen Sinn, da die *kann*-Modalität nun im Sinne einer ›Vermutung‹ aufzufassen ist. Das wird bei der Besprechung der einzelnen Modalverben noch genauer dargestellt (vgl. 3.5.2.7), ändert aber im Prinzip nichts an den Regeln für die Kombination der Klammertypen.

(5) Eine Modalklammer ist strukturdominant gegenüber einer Kopula- oder Passivklammer:

	soll - sein	MODALKLAMMER
+	*bin - schnell*	KOPULAKLAMMER
	soll - schnell sein	KOMBINIERTE KLAMMER

	mag nicht - treiben	MODALKLAMMER
+	*werde - getrieben*	PASSIVKLAMMER
	mag nicht - getrieben werden	KOMBINIERTE KLAMMER

Ungeachtet der Frage, ob es sich beim Zusammentreffen mit einer Modalklammer um eine Kopula- oder eine Passivklammer (hier: Vorgangs-Passiv) handelt, strukturdominant bleibt allemal die Modalklammer, in die sich die andere Klammer in gestauter Form und umgekehrter Anordnung inkorporiert.

(6) Eine Perfektklammer ist ebenfalls strukturdominant gegenüber einer Kopulaklammer oder einer Passivklammer:

	bin - geworden	PERFEKTKLAMMER
+	*werde - zornig*	KOPULAKLAMMER
	bin - zornig geworden	KOMBINIERTE KLAMMER

	habe - geärgert	PERFEKTKLAMMER
+	*werde - geärgert*	PASSIVKLAMMER
	bin - geärgert worden	KOMBINIERTE KLAMMER

Im ersten dieser Beispiele ist eine Kopulaklammer mit *werde* gewählt, damit deutlich erkennbar ist, wohin das Vorverb der Kopulaklammer wandert, nämlich zum Nachverb-Pol der strukturdominanten Perfektklammer. Im zweiten Beispiel ist zu beachten, daß aktives *habe* als Perfektsignal im Passiv zu *bin* wird und daß *werde* als Passivsignal (Vorgangs-Passiv), wenn es in einer inkorporierten Klammer aus der

Vorverbstellung zum Nachverb-Pol wandert, die gekürzte Form *worden* statt *geworden* (wie in dem Kopula-Beispiel) annimmt. Im übrigen folgt auch diese Klammerkombination der allgemeinen Hierarchieregel.

(7) Die Lexikalklammer nimmt in der Hierarchie der Verbalklammern die unterste Stufe ein. Alle anderen Klammertypen (außer der Kopulaklammer, die mit ihr per definitionem nicht kompatibel ist) sind der Lexikalklammer gegenüber strukturdominant, zum Beispiel die Passivklammer:

	werde – geschickt	PASSIVKLAMMER
+	*schicke – fort*	LEXIKALKLAMMER
	werde – ⌈fort⌊(ge)⌊schickt⌋	KOMBINIERTE KLAMMER

Auf diese Weise wird das Passiv der lexikalisch zweiteiligen Verben gebildet.

A fortiori sind gegenüber der Lexikalklammer alle diejenigen Klammertypen strukturdominant, die in der Hierarche noch höher stehen als die Passivklammer und sogar ihr gegenüber strukturdominant sind.

Aus dem Hierarchiemodell ergibt sich ferner, wie Dreifach-Kombinationen strukturiert sind. Bei ihnen wird in eine strukturdominante Verbalklammer eine andere Klammer inkorporiert, in die ihrerseits bereits eine weitere Klammer inkorporiert ist. Das Nachverb wird dabei um eine zusätzliche Stufe komplexer, ist aber nach wie vor in seinem Aufbau durch die Strukturelemente Stauung und Umkehrung gekennzeichnet. Dementsprechend wird auch das Symbol ⌈ ⌊ ⌋ rekurrent angewandt.

Ein Beispiel aus dem linken Zweig des Hierarchiemodells:

	wird – denken	FUTURKLAMMER
+	*muß – denken*	MODALKLAMMER
+	*denkt – nach*	LEXIKALKLAMMER
	wird – ⌈⌈nach⌊denken⌋⌊müssen⌋	KOMBINIERTE KLAMMER

Hier sind drei Klammern aus dem linken Zweig des Hierarchiemodells miteinander kombiniert. Die strukturdominante Futurklammer hat sich die Modalklammer inkorporiert (= großes Symbol ⌈ ⌊ ⌋). In diese aber ist ihrerseits schon die Lexikalklammer inkorporiert, ebenfalls mit Stauung und Umkehrung ihres Vorverbs und Nachverbs. So ist also das komplexe Nachverb gegenläufig zum Textverlauf vom Späteren zum Früheren (»von rechts nach links«) strukturiert und trägt auf diese Weise dazu bei, als klammerschließendes Element der dominanten Klammer die Spannung bis zum Ende zu erhalten.

Ein weiteres Beispiel, nun aus dem rechten Zweig des Hierarchiemodells:

	dürfte – sein	MODALKLAMMER
+	*bin – gewesen*	PERFEKTKLAMMER
+	*bin – genau*	KOPULAKLAMMER
	dürfte – genau gewesen sein	KOMBINIERTE KLAMMER

Hier ist zu beobachten, wie die Klammerkombination von der zweiten über die dritte zur vierten Stufe des Hierarchiemodells »herunterklettert«.

Schließlich ist noch als äußerster (und seltenster!) Fall einer Kombination der hier besprochenen Klammertypen eine Vierfach-Kombination möglich, bei deren Beschreibung die bekannte Regel ein weiteres Mal anzuwenden ist:

	hat – gemußt (müssen)	PERFEKTKLAMMER
+	*muß – werden*	MODALKLAMMER
+	*wird – gerufen*	PASSIVKLAMMER
+	*ruft – an*	LEXIKALKLAMMER
	hat – an ge rufen werden müssen	KOMBINIERTE KLAMMER

Da Kombinationen dieser Art trotz ihrer Komplexität auf einem sehr einfachen und – mit kleinen Varianten – immer gleichen Strukturmuster beruhen, führt auch eine hohe Komplexität im Kontextgedächtnis gemeinhin zu keinen besonderen Verstehens- und Gebrauchsschwierigkeiten.

2.2.2.3 Adjunktklammern, einfach und kombiniert

Zu den bisher besprochenen Verbalklammern (mit dem Verb in »Hauptsatzstellung«) kommt noch eine weitere Klammerform hinzu, die in dieser Grammatik Adjunktklammer heißen soll. Ein Adjunkt ist in einer

Junktion das determinierende Junktionsglied, zu dem auch der Junktor gehört. Das wird im einzelnen im Kapitel 7 besprochen; hier interessiert einstweilen nur der Fall, der dann gegeben ist, wenn bei einem satzförmigen Adjunkt (etwa nach einer Konjunktion oder einem Relativ-Junktor) das Verb die Endstellung einnimmt (»Nebensatzstellung«). Ein Beispiel:

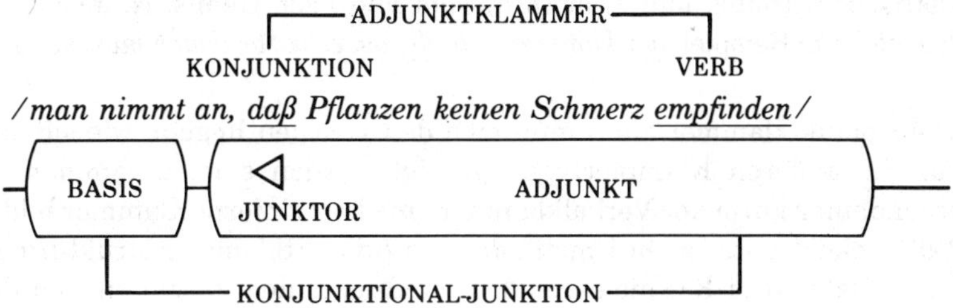

Mit den bisher erörterten Klammern haben Adjunktklammern die folgenden zwei Struktureigenschaften gemeinsam:

(1) Es liegt ein klammeröffnendes Element vor (hier: *daß*) wie auch ein klammerschließendes Element (hier: *empfinden*).

(2) Die Klammer zwischen diesen beiden Polen kann mehr oder weniger gedehnt sein, und zwar in den Grenzen des Kontextgedächtnisses.

Durch ein wichtiges Strukturmerkmal unterscheidet sich die Adjunktklammer jedoch von den anderen Klammertypen. Während in den Verbalklammern (des »Hauptsatzes«) das klammeröffnende Vorverb syntaktisch (nach Numerus, Gesprächsrolle und Tempus-Register) variabel und das Nachverb syntaktisch invariant ist, verhält es sich bei den meisten Adjunktklammern genau umgekehrt: nun ist der klammeröffnende Junktor, etwa eine Konjunktion, syntaktisch invariant, und das klammerschließende Verb in der Endstellung ist variabel. Zur Unterscheidung:

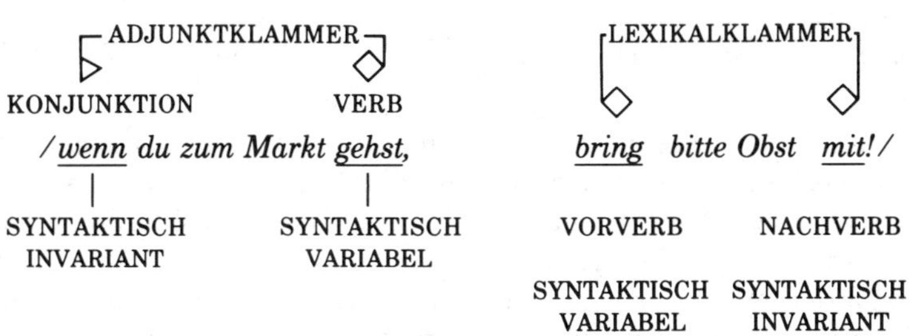

Diese Beschreibung gilt auch für Infinitiv-Adjunkte (nach *um zu, ohne zu, anstatt zu*) sowie für Vergleichs-Adjunkte, etwa mit klammeröffnendem *wie* oder *als,* wie auch schließlich für die meisten indirekten Fragen, etwa mit *ob* oder *wann.* Nur Relativ-Adjunkte (vgl. 7.4) mit spezifischer Referenz weichen von dieser Regel ab und zeigen nicht nur beim finiten Verb in der Endstellung, sondern auch beim klammeröffnenden Junktor syntaktische Varianz, und zwar in diesem Fall nach Genus, Numerus und Kasus (zum Beispiel: *der kommen soll; die ich erwarte; denen man hilft*).

Die Adjunktklammer kann nun nach den gleichen Regeln, wie sie oben für die anderen Klammertypen gezeigt worden sind, zusammen mit irgendeiner Form der Verbalklammer eine kombinierte Klammer bilden. Dabei bleibt unter allen Umständen die Adjunktklammer strukturdominant. Dafür drei Beispiele aus dem niedrigen, dem mittleren und dem oberen Bereich der oben verzeichneten verbalen Klammerhierarchie:

(A) Adjunktklammer + Lexikalklammer

	wenn – tritt	ADJUNKTKLAMMER
+	*tritt – in Erscheinung*	LEXIKALKLAMMER
	wenn – [in Erscheinung] [tritt]	KOMBINIERTE KLAMMER

Strukturdominant ist die Adjunktklammer mit der Konjunktion *wenn* als klammeröffnendem und dem finiten Verb *tritt* als klammerschließendem Element. In diese Klammer wird die Lexikalklammer (hier: als Funktionsverb) nach Stauung und Umkehrung ihrer Bestandteile inkorporiert.

(B) Adjunktklammer + Passivklammer

	das – prüft	ADJUNKTKLAMMER
+	*wird – geprüft*	PASSIVKLAMMER
	das – [geprüft] [wird]	KOMBINIERTE KLAMMER

In diesem Beispiel hat die Adjunktklammer das Relativ-Pronomen *das* als klammeröffnendes und das finite Verb *prüft* in Endstellung als klammerschließendes Element und bleibt in dieser Form strukturdominant. Die Passivklammer, die mit dieser Adjunktklammer zusammentrifft, verliert ihre Klammerförmigkeit und wird am Nachverb-Pol der strukturdominanten Adjunktklammer gestaut und in ihrer Abfolge umgekehrt.

(C) Adjunktklammer + Futurklammer

	falls - geschieht	ADJUNKTKLAMMER
+	*wird - geschehen*	FUTURKLAMMER
	falls - geschehen wird	KOMBINIERTE KLAMMER

Das Beispiel zeigt, daß die Adjunktklammer hierarchisch noch über der hierarchiehöchsten Verbalklammer, der Futurklammer, steht und sogar dieser gegenüber strukturdominant bleibt.

(D) Dreifach-Kombination Adjunktklammer (im Infinitiv) + Modalklammer + Lexikalklammer

	um - zu fahren	ADJUNKTKLAMMER
+	*kann - fahren*	MODALKLAMMER
+	*fahre - vor*	LEXIKALKLAMMER
	um - vor fahren zu können	KOMBINIERTE KLAMMER

Hier ist strukturdominant gegenüber der »subdominanten« Modalklammer und der hierarchieniedrigsten Lexikalklammer die Adjunktklammer mit der Infinitiv-Konjunktion *um - zu*. Diese inkorporiert also eine Klammer, die ihrerseits schon eine Klammer inkorporiert hat.

Es ist jedoch grundsätzlich ein Gebot der kommunikativen Klugheit, den Gesprächspartner nicht durch mehrfach kombinierte Klammern mit allzu komplexer Struktur des Nachverbs zu überfordern. Das gilt im besonderen Maße dann, wenn an der kombinierten Klammer eine Adjunktklammer beteiligt ist. Man wird daher mehrfach kombinierte Klammern nach Möglichkeit auflösen und sie auf einfachere Strukturen reduzieren. Zum Vergleich:

MEHRFACH KOMBINIERTE KLAMMER	AUSWEICHEN AUF EINE WENIGER KOMPLEXE STRUKTUR
/ich würde das gerne noch näher erklärt haben wollen/	*/es wäre schön, wenn mir das noch näher erklärt würde/*
/schlagen Sie das Junktions-Kapitel auf, wo alles noch genauer erklärt werden wird/	*/schlagen Sie das Junktions-Kapitel auf, da wird alles noch genauer erklärt (werden)/*

In beiden Kontrastbeispielen wird eine Dreifach-Kombination (linke Spalte) durch eine Zweifach-Kombination oder sogar eine Einfach-Kombination (rechte Spalte) ersetzt. Die Dreifach-Kombination mit strukturdominanter Adjunktklammer bezeichnet immer eine kommunikative Risikogrenze, wobei es im Einzelfall vom Kontext oder der Situation abhängt, ob diese Grenze unterhalb oder oberhalb der Dreifach-Kombination verläuft.

2.3 Die Klammerfelder

Das Umfeld eines zweiteiligen Verbs (»Satz«) wird durch die Verbalklammer in drei Felder gegliedert: Vorfeld, Mittelfeld und Nachfeld. Das Vorverb und das Nachverb sind die »Grenzsteine« dieser drei Felder. Daraus ergibt sich folgendes Strukturmodell, das für die Textgrammatik der deutschen Sprache grundlegend ist:

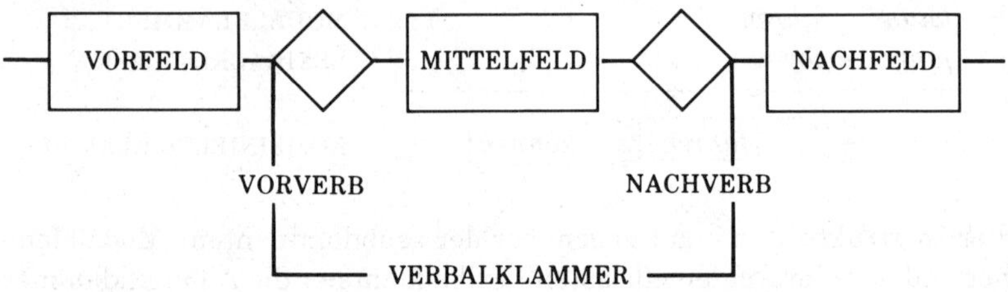

Wir betrachten die Funktion dieser drei Klammerfelder in einem Text. Es handelt sich um den Anfang eines Essays, den Martin Walser unter dem Titel »Heimatkunde« veröffentlicht hat. Die Verben sind durchnumeriert; die Nummer steht jeweils nach dem Verb, bei zweiteiligen Verben nach dem Vorverb. Die Klammern des Textes (Verbalklammern und Adjunktklammern) sind durch Unterstreichungen gekennzeichnet:

> *Wenn es sich um Heimat handelt* (1), *wird* (2) *man leicht bedenkenlos. Volkskundler waren* (3) *eine Zeit lang gefährdet wie Opium-Raucher. Andererseits gibt* (4) *es heute noch Leute, die können* (5) *keinen Gamsbart sehen, ohne sich gleich als schneidige Intellektuelle zu fühlen* (6). *Heimat scheint* (7) *es vor allem in Süddeutschland zu geben. Wo gibt* (8) *es mehr Gamsbärte, Gesangvereine, Gesundbeter, Postkartenansichten, Bauernschränke, Messerstechereien, Trachtengruppen, Melkschemel, Beichtstühle, Bekenntnisschulen usw. Heimat, das ist* (9) *sicher der schönste Name für Zurückgebliebenheit.*

Ach wir geben (10) es doch zu, Hamburg hat (11) mehr Abiture pro Quadratzentimeter, Berlin mehr Bücher pro Brille, Düsseldorf mehr 20. Jahrhundert pro Kopf. Trotzdem sollte (12) man sich in Berlinhamburgdüsseldorf nicht zu viele Sorgen um uns machen. Wir kommen (13) schon noch. Schließlich wurden (14) unsere Ortszeiten erst vor 70 Jahren der mitteleuropäischen Zeit unterworfen. Dafür waren (15) aber auch hiesige Stadttrommeln noch 25 Jahre nach Sedan mit den Farben der Trikolore bemalt; dann erst wurde (16) hier schwarzweißrot getrommelt. In der Schwäbischen Zeitung wiederum steht (17) seit Jahr und Tag DDR ohne Anführungszeichen. Allerdings, man kann (18) so etwas hier nicht notieren, ohne das Gefühl zu haben (19), man hätte (20) die Zeitung dadurch beim Bischof denunziert.[1]

Der Text hat zwanzig Verben. Von diesen sind acht einteilige Verben, zwölf zweiteilige Verben. Eines der finiten Verben ist von einer Konjunktion abhängig und steht in der Endstellung einer Adjunktklammer: *wenn – handelt* (1), zwei Verben sind Infinitive in Abhängigkeit von Infinitiv-Konjunktionen, stehen also ebenfalls in Adjunktklammern: *ohne – zu fühlen* (6), *ohne – zu haben* (19). Von einem Verb (19) ist ein weiteres Verb in indirekter Rede (Konjunktiv!) abhängig: *man hätte* (20) – *denunziert*. Diese vier Verben werden in der nachfolgenden Analyse bei der Besprechung des Mittelfeldes mitbehandelt. Wir besprechen nacheinander das Vorfeld (2.3.1), das Mittelfeld (2.3.2) und das Nachfeld (2.3.3).

2.3.1 Das Vorfeld

Da von den zwanzig Verben dieses Textes vier Verben nicht selbständig, sondern in syntaktischer Abhängigkeit von anderen Verben gebraucht und folglich in deren Verbfelder einbezogen sind, bilden die verbleibenden 16 Verben 16 mal 3 Felder. Was die 16 Vorfelder betrifft, so sind sie sämtlich lexikalisch besetzt. Wie unterschiedlich diese Besetzung ausfällt, zeigt die folgende Übersicht:

1) Martin Walser: »Heimatkunde«, in: *Heimatkunde. Aufsätze und Reden*, Frankfurt a. M. 1968, S. 40.

VORFELD	VORVERB	NACHVERB
wenn es sich um Heimat handelt,	*wird* (2)	*bedenkenlos*
Volkskundler	*waren* (3)	*gefährdet*
andererseits	*gibt* (4)	∅
die	*können* (5)	*sehen*
Heimat	*scheint* (7)	*zu geben*
wo	*gibt* (8)	∅
Heimat, das	*ist* (9)	*der schönste Name*
wir	*geben* (10)	*zu*
Hamburg, Berlin, Düsseldorf	*hat* (11)	∅
trotzdem	*sollte* (12)	*machen*
wir	*kommen* (13)	∅
schließlich	*wurden* (14)	*unterworfen*
dafür	*waren* (15)	*bemalt*
dann erst	*wurde* (16)	*getrommelt*
in der Schwäbischen Zeitung wiederum	*steht* (17)	∅
man	*kann* (18)	*notieren*

Die Besetzungen des jeweiligen Vorfeldes sind nicht nur in ihrem Umfang, sondern auch ihrem grammatischen und lexikalischen Charakter nach höchst unterschiedlich. Wir wollen sie zunächst nach Typen ordnen und in der Rangfolge ihrer Frequenz kommentieren:

Am häufigsten, nämlich achtmal, das heißt in der Hälfte aller Fälle, ist das Vorfeld von einem Subjekt besetzt. Dieses Subjekt kann ein Nomen sein wie: *Volkskundler, Heimat, Hamburg* oder ein Pronomen wie: *die, wir, man.* Im Vorfeld eines der Verben ist das Subjekt sowohl durch ein Nomen (*Heimat*) als auch durch ein weiterführendes Pronomen (*das*) vertreten. Sehr häufig ist ferner das Vorfeld eines Verbs von einem Adverb oder einem Präpositional-Adjunkt besetzt (hier: *andererseits, trotzdem, schließlich, dafür, dann erst, in der Schwäbischen Zeitung wiederum*). Die an letzter Stelle genannte Vorfeldbesetzung besteht aus zwei Elementen, einem Präpositional-Adjunkt (*in der Schwäbischen Zeitung*) und einem Adverb (*wiederum*). Aufmerksamkeit verdienen auch die Vorfeldbesetzungen (10) und (18). In beiden Fällen haben wir es zunächst mit Sprachzeichen zu tun, die noch vor dem Vorfeld stehen; das ist einmal die Interjektion *ach,* das andere Mal das Adverb *allerdings* (vgl. 6.4.4.2). Diese Ausdrücke gehören nicht zum Vorfeld und gelten für die ganze nachfolgende Verbalklammer mit ihren drei Feldern. Außerdem gibt es in unserem Text, mit geringerer Frequenz, die folgenden Vorfeldbesetzungen: ein Frage-Morphem (*wo*?) und ganz am Anfang des Textes, als Vorfeld des Vorverbs *wird,* ein satzförmiges Konjunktional-Adjunkt (»Nebensatz«).

In jedem Einzelfall stellen nun die verschiedenen Vorfeldbesetzungen einen bestimmten Zusammenhang mit dem Gesamttext her. In einer ersten Annäherung kann man sagen, daß die Subjekt-Ausdrücke mehr die inhaltliche Thematik, die anderen Ausdrücke (Adverbien, Adjunkte) mehr die Argumentationslinie bezeichnen. Für eine genauere Betrachtung muß man die Vorfeldbesetzungen einzeln mit ihrer Semantik kommentieren:

(2) *wenn es sich um Heimat handelt*: Dem Textanfang geht der Titel vorauf. Er lautet: »Heimatkunde«. Der Text soll folglich von dieser Thematik handeln. Dies ist die Bedingung für den nachfolgenden Text. So schließt also die erste Vorfeldbesetzung des Textes inhaltlich an den Titel an. Der Form nach handelt es sich um ein Konjunktional-Adjunkt (»Nebensatz« - vgl. 7.3).

(3) *Volkskundler*: Diese Subjekt-Besetzung des Vorfeldes bezieht sich inhaltlich auf das pragmatische Vorwissen, denn der Essay wendet sich an Leser, denen bekannt ist, daß die Behandlung der Thematik Heimat zu den Aufgaben der Volkskunde gehört.

(4) *andererseits*: Das argumentative Adverb (vgl. 6.4.4.2) führt ein Gegenargument ein; das Nomen *Intellektuelle* soll adversativ auf das vorher genannte Nomen *Volkskundler* bezogen werden.

(5) *die*: Das Pronomen *die* (vgl. 2.4.2.1) führt das unmittelbar voraufgehende Nomen *Leute* fort.

(7) *Heimat*: Das nominale Subjekt *Heimat* setzt die bereits eingeführte Thematik fort.

(8) *wo*: Kurz vorher hat der Autor eine Ortsangabe eingeführt: *in Süddeutschland*. An diese knüpft das Frage-Morphem *wo*? semantisch an. Es handelt sich um eine rhetorische Frage.

(9) *Heimat, das*: Das bereits eingeführte Thema *Heimat* wird lexikalisch bestätigt und anschließend mit einem fokussierenden Pronomen weitergeführt.

(10) *wir*: Mit dem Subjekt-Pronomen *wir* im Vorfeld tritt das Subjekt des Autors, eingebunden in die Gruppe der Süddeutschen, erstmalig hervor. Der textuelle Einschnitt ist durch die dem Vorfeld voraufgehende Interjektion *ach* sowie typographisch durch einen neuen Absatz gekennzeichnet.

(11) *Hamburg*: Dem Verb *hat* sind drei gereihte Subjekte zugeordnet, in paralleler Konstruktion: die drei »nicht-süddeutschen« Städte *Hamburg,*

Berlin und *Düsseldorf*. Sie beziehen sich sämtlich kontrastiv auf den vorher eingeführten Ausdruck *Süddeutschland* als »Heimat-Land«.

(12) *trotzdem*: Das argumentative Adverb *trotzdem* schränkt die vorher erwähnte Einräumung adversativ wieder ein und bezieht sich insofern auf diese.

(13) *wir*: Das Subjekt-Pronomen *wir* ist bereits eingeführt; es hat auch hier die prägnante Bedeutung ›wir Süddeutschen‹.

(14) *schließlich*: Dieses argumentative Adverb bezieht sich auf die vorher erwähnte Einschränkung der Einräumung und kündigt dafür eine Begründung an.

(15) *dafür*: Es handelt sich gleichfalls um ein argumentatives Adverb, das sich adversativ auf die im voraufgehenden Kontext erwähnte angebliche Rückständigkeit bezieht und dieser eine tatsächliche Fortschrittlichkeit gegenüberstellt.

(16) *dann erst*: Die adverbiale Zeitbestimmung nimmt die vorher erwähnte Zeitbestimmung *noch 25 Jahre nach Sedan* wieder auf.

(17) *in der Schwäbischen Zeitung wiederum*: Es handelt sich um eine doppelte Besetzung des Vorfeldes, wie sie bei Applikaten bisweilen möglich ist (vgl. 2.3.4.1.1), wenn der eine Ausdruck an das inhaltliche Thema, der andere an die Argumentationslinie des Vorfeldes anschließt. So ist es auch hier: Eingangs steht das Präpositional-Adjunkt *in der Schwäbischen Zeitung*. Dieser applikative Ausdruck bezieht sich textsemantisch einerseits auf Süddeutschland, andererseits auf das kurz vorher angeschlagene politische Thema. Das anschließende Adverb *wiederum* führt die bis dahin im Text entwickelte Argumentation mit einem neuen Argument weiter.

(18) *man*: Das Subjekt-Pronomen *man* kam schon vorher vor (2). Es bezeichnet hier wie dort in vager Neutralisierung den Autor in seiner sozialen Rolle als Schriftsteller.

Als Ergebnis des textgrammatischen Kommentars können wir folgendes festhalten: Die erörterten Vorfeldbesetzungen beziehen sich sämtlich auf das jeweils gegebene Vorwissen. Das ist im Regelfall der voraufgehende Kontext, was sogar für die texteinleitende Vorfeldbesetzung gilt, die auf den Titel verweist. Das Vorfeld erscheint daher insgesamt als dasjenige Feld, das den textuellen Anschluß an das gegebene Vorwissen garantiert.

Das kann insbesondere ein thematischer oder ein argumentativer Anschluß sein. In mündlichen Sprachspielen schließt eine Vorfeldbesetzung oft auch an die aktuelle Situation an.

2.3.2 Das Mittelfeld

Wir beziehen uns weiterhin auf den Text »Heimatkunde« von Martin Walser. Die 16 syntaktisch selbständigen Verben des Textes eröffnen ebensoviele Mittelfelder. Fünf dieser Verben, nämlich die Formen *gibt* (4) und (8), *hat* (11), *kommen* (13) und *steht* (17), sind einteilig, so daß man bei ihnen die Grenze zwischen Mittelfeld und Nachfeld ohne den Test einer Erweiterung zum grammatisch zweiteiligen Verb (»Erweiterungsprobe«) nicht festlegen kann. In der folgenden Übersicht werden im Zweifelsfall alle Textelemente zunächst zum Mittelfeld gerechnet.

VORVERB	MITTELFELD	NACHVERB
wird (2)	*man leicht*	*bedenkenlos*
waren (3)	*eine Zeit lang*	*gefährdet*
gibt (4)	*es heute noch Leute*	Ø
können (5)	*keinen Gamsbart*	*sehen*
scheint (7)	*es vor allem in Süddeutschland*	*zu geben*
gibt (8)	*es mehr Gamsbärte . . .*	Ø
ist (9)	*sicher*	*der schönste Name*
geben (10)	*es doch*	*zu*
hat (11)	*mehr Abiture pro Quadratzentimeter, (. . .) mehr Bücher pro Brille, (. . .) mehr 20. Jahrhundert pro Kopf*	Ø
sollte (12)	*man sich in Berlinhamburgdüsseldorf nicht zu viele Sorgen um uns*	*machen*
kommen (13)	*schon noch*	Ø
wurden (14)	*unsere Ortszeiten erst vor 70 Jahren der mitteleuropäischen Zeit*	*unterworfen*
waren (15)	*aber auch hiesige Stadttrommeln noch 25 Jahre nach Sedan mit den Farben der Trikolore*	*bemalt*
wurde (16)	*hier schwarzweißrot*	*getrommelt*
steht (17)	*seit Jahr und Tag DDR ohne Anführungszeichen*	Ø
kann (18)	*so etwas hier nicht*	*notieren*

Alle Mittelfelder des Textes sind besetzt. Im einzelnen ist die Besetzung aber sehr unterschiedlich, wie der folgende Kommentar zeigt:

(2) *man leicht*: Das Mittelfeld der Kopulaklammer (*wird – bedenkenlos*) ist vom Subjekt (*man*) und einem applikativ gebrauchten Adjektiv (*leicht*) besetzt.

(3) *eine Zeitlang*: Im Mittelfeld der Kopulaklammer (*waren – gefährdet*) findet sich nur eine applikative Zeitbestimmung.

(4) *heute noch Leute*: Das Verb *gibt (es)* ist hier einteilig; insofern ist zunächst nicht eindeutig zu entscheiden, wo die Grenze zwischen Mittelfeld und Nachfeld verläuft. Führt man jedoch die »Erweiterungsprobe« durch und bildet zum Beispiel eine Tempusklammer, so zeigt sich, daß nur das Mittelfeld besetzt ist und das Nachfeld leer bleibt (*wird es heute noch Leute geben*). Vier Sprachzeichen verschiedener Sprachzeichenklassen füllen dieses Mittelfeld: zuerst das Horizont-Pronomen *es* als Subjekt, dann das Tempus-Adverb *heute*, das Sequenz-Adverb *noch* und schließlich das Nomen *Leute* als Objekt.

(5) *keinen Gamsbart*: Im Mittelfeld der Modalklammer (*können – sehen*) steht ein (durch den Negations-Artikel verneintes) Objekt.

(7) *es vor allem in Süddeutschland*: Wir finden im Mittelfeld der Kopulaklammer (*scheint – zu geben*) wiederum das Horizont-Pronomen *es* als Subjekt, ferner eine Ortsbestimmung (*in Süddeutschland*), die durch den formelhaft gewordenen Ausdruck *vor allem* argumentativen Nachdruck erhält. Man beachte hier auch das Informationsprofil. Das ausdrucksschwache Morphem *es*, das unspezifisch auf den Horizont verweist, steht am Anfang des Mittelfeldes. Die sowohl vom Zeichenumfang als auch vom Zeicheninhalt her gewichtige Ortsbestimmung *in Süddeutschland* steht an seinem Ende und wird überdies noch durch das fokussierende *vor allem* der besonderen Aufmerksamkeit des Hörers empfohlen. Der Hörer soll also im Mittelfeld progressiv seine Aufmerksamkeit steigern.

(8) *es mehr Gamsbärte ...*: Wie in (4) kann man auch hier an dem einteiligen Verb *gibt (es)* die »Erweiterungsprobe« durchführen, um die Grenze zwischen Mittelfeld und Nachfeld festzulegen. Es eröffnen sich hier allerdings zwei Möglichkeiten: Das Nachverb kann entweder nach dem Nomen *Gamsbärte* stehen, so daß die lange Reihe heimatkundlicher Devotionalien ins Nachfeld rückt, oder das Nachverb kommt an das Ende der Aufzählung, so daß ein sehr reichhaltig besetztes Mittelfeld vorliegt. In jedem Fall wird der Hörer jedoch angehalten, seine Aufmerksamkeit

zum Ende des Mittelfeldes hin zu steigern, denn am Anfang dieses Feldes findet er nur das ausdrucksschwache Horizont-Pronomen *es* vor, so daß sich der ganze Nachdruck auf die lange Aufzählung legt.

(9) *sicher*: Das Mittelfeld der Kopulaklammer (*ist - der schönste Name*) wird mit dem Adverb *sicher* (vgl. 6.4.4.1), das die Geltung des dargestellten Sachverhalts bekräftigt, besetzt.

(10) *es doch*: Die Form *es*, die als erste das Mittelfeld der Lexikalklammer (*geben - zu*) besetzt, ist wiederum das schon erwähnte Horizont-Pronomen, diesmal als Objekt des zweiteiligen Verbs. Damit ist der Horizont bezeichnet, vor dem sich der Inhalt der nachfolgenden Einräumung abhebt. Die anschließende Modal-Partikel *doch* bezieht sich ebenfalls auf diese Argumentationslage. Sie drückt hier eine Beschwichtigung gegenüber einer negativen Erwartung aus.

(11) *mehr Abiture pro Quadratzentimeter, mehr Bücher pro Brille, mehr 20. Jahrhundert pro Kopf*: Das klammeröffnende Verb *hat* ist hier einteilig. Dadurch fallen wieder Mittelfeld und Nachfeld zusammen. Wäre das Verb grammatisch zweiteilig, beispielsweise durch eine Versetzung ins Perfekt (*hat - gehabt*), so könnte der Sprecher zwischen mehreren Stellungen für das Nachverb wählen. Er könnte es etwa ganz ans Ende setzen (nach *pro Kopf*), dann bliebe das Nachfeld unbesetzt. Er könnte aber auch schon nach dem Ausdruck *mehr Abiture* oder noch einmal nach dem Ausdruck *pro Quadratzentimeter* das Nachverb setzen, dann würde ein großer Teil des jetzigen Mittelfeldes ins Nachfeld abwandern, mit einer für das Informationsprofil interessanten Verteilung der drei parallel konstruierten Objektausdrücke. Aber auch bei dem tatsächlich belegten einteiligen Verb *hat* ist zu beobachten, daß die drei parallelen Objektausdrücke so aufeinander folgen, daß sie sich von einer banalen und etwas lächerlichen Statistik über eine witzige Anschaulichkeit hin zu einer ironischen Bedeutsamkeit steigern. Auch hier soll also die vom Hörer im Mittelfeld geforderte Aufmerksamkeit zunehmen.

(12) *man sich in Berlinhamburgdüsseldorf nicht zu viele Sorgen um uns*: Das Mittelfeld der Modalklammer (*sollte - machen*) ist reich besetzt. An seinem Anfang steht wieder ein schwach konturiertes Morphem: das neutrale Pronomen *man*. Schwach konturiert ist auch das Reflexiv-Pronomen *sich*, das auf das Pronomen *man* bezogen ist und also auch nicht mehr Aufmerksamkeit auf sich ziehen kann als dieses. Solche konturschwachen Morpheme findet man besonders oft am Anfang des Mittelfeldes. Erheblich mehr Aufmerksamkeit des Hörers verdient dann die applikative Ortsbestimmung, witzig verfremdet: *in Berlinhamburgdüssel-*

dorf. Allerdings war von den Städten Berlin, Hamburg und Düsseldorf vorher schon die Rede, deshalb findet man diese Ortsbestimmung »nur« in der Mitte des Mittelfeldes. Die stärkste Aufmerksamkeit soll derjenige Ausdruck auf sich ziehen, der am Ende des Mittelfeldes steht. Er ist überdies durch die Negation (*nicht*) markiert, die im Zusammenhang unseres Textes einen hohen argumentativen Wert hat: sie wehrt gegenläufige Erwartungen und Vorurteile ab. Nun wendet sich das Blatt der Argumentation, und der Autor geht zum Gegenangriff gegen die Norddeutschen über. Hier hat nun das negierte Objekt *(nicht) zu viele Sorgen (um uns)* besonderes Gewicht. Je reicher also ein Mittelfeld besetzt ist, umso deutlicher zeigt sich das zunehmend auffällige Informationsprofil dieses Feldes.

(13) *schon noch*: Wieder erlaubt die Verbform *kommen* als einteilige Tempusform keine Abgrenzung von Mittelfeld und Nachfeld. Die Entscheidung indes, die beiden Tempus-Adverbien *schon* und *noch* dem Mittelfeld und nicht dem Nachfeld zuzuweisen, rechtfertigt sich durch die allgemein in der deutschen Sprache zu beobachtende Tatsache, daß Adverbien besonders häufig im Mittelfeld auftreten, wo sie sich dann untereinander und mit den anderen Besetzungen des Mittelfeldes arrangieren. Diese Entscheidung wird durch die »Erweiterungsprobe« einwandfrei bestätigt: Wäre nämlich das Verb grammatisch zweiteilig, beispielsweise als Futurform *werden - kommen,* so könnten die beiden Adverbien nur vor dem Nachverb, also im Mittelfeld, stehen: *werden schon noch kommen.* Das Nachfeld bliebe unbesetzt.

(14) *unsere Ortszeiten erst vor 70 Jahren der mitteleuropäischen Zeit*: Dies ist wiederum eine recht komplexe Besetzung des Mittelfeldes, das zur Passivklammer (*wurden - unterworfen*) gehört. Am Anfang des Mittelfeldes steht hier das Subjekt: *unsere Ortszeiten.* Dann kommt eine Zeitbestimmung (*vor 70 Jahren*), nuanciert durch ein Tempus-Adverb (*erst*). Schließlich folgt der Ausdruck *der mitteleuropäischen Zeit,* der die Handlungsrolle des Partners (»Dativ-Objekt«) ausfüllt. Somit steht das Subjekt vor dem Partner. Das ist häufig so im Mittelfeld. Es gibt aber keine grammatische Regel in der deutschen Sprache, die besagt, das Subjekt müsse im Mittelfeld immer vor dem Partner stehen. Die Stellung der lexikalischen Elemente im Mittelfeld einer Verbalklammer ist relativ frei und richtet sich in erster Linie nach der Strategie der Informationsprofilierung, die der Sprecher in einem gegebenen Text für angemessen hält. Dabei muß er jedoch, wenn er seinen Redezweck nicht verfehlen will, die Gegebenheiten des voraufgehenden Textes und der Situation beachten. Unser Text ist beispielsweise in seiner ganzen Textstruktur dadurch gekennzeichnet, daß der Autor von seiner süddeutschen »Heimat« aus-

geht und dann erst kontrastiv Norddeutschland und schließlich Europa in die Argumentation einführt. Diese Argumentationsrichtung spiegelt sich auch in der Kleinstruktur unseres Mittelfeldes wider (*unsere Ortszeiten/mitteleuropäische Zeit*). In einem anderen Text könnte das Mittelfeld anders gegliedert werden. Allgemein läßt sich jedoch - wie auch in diesem Beispiel - beobachten, daß das Subjekt, welches sehr häufig die thematische Grundlinie eines Textes repräsentiert, dazu neigt, die Anfangsstelle des Mittelfeldes einzunehmen.

(15) *aber auch hiesige Stadttrommeln noch 25 Jahre nach Sedan mit den Farben der Trikolore*: Nun folgt, eingebunden in eine Passivklammer (*waren – bemalt*), sogleich ein Beispiel dafür, daß das Subjekt des Mittelfeldes (*hiesige Stadttrommeln*) nicht unbedingt ganz am Anfang zu stehen braucht. Hier ist ihm die Adverbienfolge *aber auch* vorgeschaltet. Sie kennzeichnet ein zusätzlich eingeführtes Gegenargument und steht daher zweckmäßigerweise am Anfang des Mittelfeldes, damit der Hörer die ganze Argumentationskette richtig ordnen kann. Danach folgt wieder eine komplexe Zeitbestimmung, nuanciert durch das Tempus-Adverb *noch*, das mit dem unter (14) vorkommenden Tempus-Adverb *erst* korrespondiert. Am Ende des Mittelfeldes steht schließlich ein Präpositional-Adjunkt (*mit den Farben der Trikolore*), das eng zum Nachverb gehört, weil es mit diesem zusammen eine Junktion bildet (vgl. 7.1.2). Unter semantischen Gesichtspunkten steigert sich im Informationsprofil dieser Mittelfeldbesetzung der Appell an die Aufmerksamkeit des Rezipienten; denn nicht die *Stadttrommeln* transportieren hier die aufregende Information, sondern die französischen Nationalfarben der *Trikolore*.

(16) *hier schwarzweißrot*: Die erste Stelle des Mittelfeldes, das von der Passivklammer *wurde – getrommelt* umschlossen wird, nimmt das Positions-Adverb *hier* ein, ein kurzes (»deiktisches«) Sprachzeichen, das dem Hörer nur bestätigt, daß er sich mit seinen Gedanken weiterhin in Süddeutschland aufhalten soll. Viel mehr Aufmerksamkeit soll er der Adjektivbildung *schwarzweißrot* zuwenden, die ja zum Blauweißrot der Trikolore in scharfem und - zur damaligen Zeit - feindlichem Kontrast steht.

(17) *seit Jahr und Tag DDR ohne Anführungszeichen*: Da das klammeröffnende Verb *steht* einteilig ist, nehmen wir zur Probe an, das Verb stehe nicht im Präsens, sondern im Perfekt und laute: *hat – gestanden*. Dann müßte das Nachverb *gestanden* unbedingt nach dem Ausdruck *ohne Anführungszeichen* genannt werden. Alle Sprachzeichen zwischen *seit* und *Anführungszeichen* gehören folglich zum Mittelfeld. Diese Mittelfeldbesetzung ist nun dadurch interessant, daß die Zeitbestimmung *seit Jahr*

und Tag am Anfang steht, vor dem Subjekt *DDR*. Es ist eben eine relativ ausdrucksschwache Zeitbestimmung, die ja nicht ein bemerkenswertes Ereignis markiert, sondern eine Gewohnheit. So rückt das Subjekt, das sonst gerne die Anfangsstellung einnimmt, diesmal mehr in die Mitte des Mittelfeldes. Am Ende des Mittelfeldes steht dann die eigentlich wichtige und überraschende Information in Gestalt des Präpositional-Adjunkts *ohne Anführungszeichen*.[1]

Bei den Verben, die in Adjunktklammern stehen - es mögen finite Verben oder Infinitive sein - wollen wir nicht die genannten drei Felder unterscheiden, da diese Verben syntaktisch abhängig und somit in andere Feldstrukturen eingefügt sind. Es ist jedoch auch bei diesen Verben ohne weiteres möglich, zwischen dem klammeröffnenden Junktor und dem klammerschließenden Verb, das die Endstellung einnimmt, ein memorielles Mittelfeld zu erkennen. Beispiele aus dem besprochenen Text:

wenn	*es sich um Heimat*	*handelt* (1)
ohne	*sich gleich als schneidige Intellektuelle*	*zu fühlen* (6)
ohne	*das Gefühl*	*zu haben* (19)

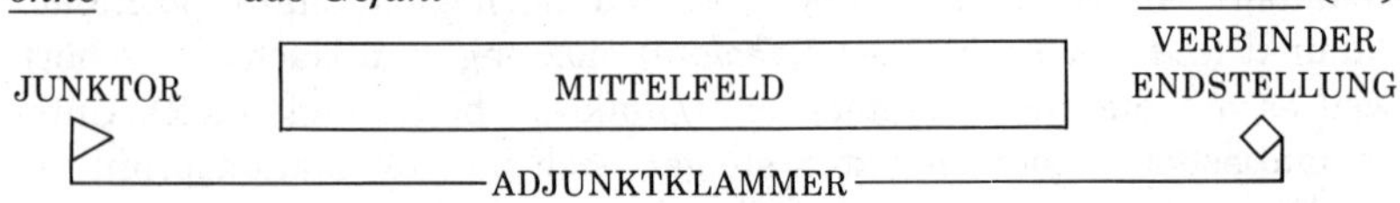

Die Beispiele zeigen, daß das Mittelfeld von Adjunktklammern grundsätzlich in gleicher Weise (und mit gleichen Bedingungen für das Informationsprofil) besetzt werden kann wie die Mittelfelder der Verbalklammern.

2.3.3 Das Nachfeld

Wir beziehen uns nach wie vor auf den Text »Heimatkunde« von Martin Walser. Dieser Text hat, wie bereits erwähnt, 16 (selbständige) Verben. Das bedeutet im Prinzip ebensoviele Nachfelder. Da aber drei dieser 16 Verben einteilig sind, läßt sich in diesen drei Fällen das Nachfeld nicht ohne Erweiterungsprobe vom Mittelfeld trennen. Von den verbleibenden 13 Nachfeldern sind nur drei besetzt, wie die folgende Übersicht zeigt:

1) In der Presse des Springer-Konzerns galt bis Anfang 1989 die Schreibregelung, den Staatsnamen DDR zum Zweck der Distanzierung immer in Anführungszeichen zu setzen.

VORVERB	NACHVERB	NACHFELD
wird (2)	*bedenkenlos*	∅
waren (3)	*gefährdet*	*wie Opium-Raucher*
gibt (es) (4)	∅	∅
können (5)	*sehen*	*ohne sich gleich als schneidige Intellektuelle zu fühlen*
scheint (7)	*zu geben*	∅
gibt (es) (8)	∅	∅
ist (9)	*der schönste Name*	∅
geben (10)	*zu*	∅
hat (11)	∅	∅
sollte (12)	*machen*	∅
kommen (13)	∅	∅
wurden (14)	*unterworfen*	∅
waren (15)	*bemalt*	∅
wurde (16)	*getrommelt*	∅
steht (17)	∅	∅
kann (18)	*notieren*	*ohne das Gefühl zu haben, man hätte die Zeitung dadurch beim Bischof denunziert*

Die Nachfeldbesetzungen können wie folgt kommentiert werden:

(3) *wie Opium-Raucher*: Das Nachfeld, dem das Nachverb *gefährdet* voraufgeht, enthält einen Vergleich. Vergleichs-Adjunkte stehen in der deutschen Sprache in den meisten Fällen im Nachfeld (vgl. 2.3.4.3).

(5) *ohne sich gleich als schneidige Intellektuelle zu fühlen*: Vorauf geht eine Modalklammer (*können – sehen*), die als Basis einer Infinitiv-Junktion dient. Das Adjunkt dieser Junktion ist selber klammerförmig (*ohne – zu fühlen*). Es ist ins Nachfeld ausgeklammert, weil es für eine Mittelfeldbesetzung zu lang ist.

(18) *ohne das Gefühl zu haben, man hätte die Zeitung dadurch beim Bischof denunziert*: Dies ist eine besonders komplexe Nachfeldbesetzung. Ihr geht wiederum eine Modalklammer (*kann – notieren*) vorauf. Diese ist, ebenso wie im Beispiel (5), Basis einer Infinitiv-Junktion, deren Adjunkt (*ohne – zu haben*) selber klammerförmig ist. Von dem Nomen *Gefühl* ist noch einmal eine Ausklammerung abhängig; sie hat die Form einer indirekten Rede im Konjunktiv (*hätte – denunziert*).

Man kann die Ergebnisse dieser Textanalyse wie folgt verallgemeinern: Im Nachfeld einer Verbalklammer finden sich vorzugsweise Ergänzungen und Nachträge, zumal wenn sie Adjunktform und eine gewisse Länge haben (vgl. 2.3.4.3).

2.3.4 Regeln der Wortstellung

Die von der Verbalklammer eröffneten Felder stehen den verschiedenen Sprachzeichen und ihren Funktionen nicht in der gleichen Weise offen. Das hat schon die Besprechung des Textes »Heimatkunde« als Fallstudie ergeben. Hier sollen nun die Regeln zur Besetzung dieser Felder und die dabei zu beachtenden Restriktionen noch einmal zusammenfassend dargestellt werden, wiederum getrennt nach dem Vorfeld (2.3.4.1), Mittelfeld (2.3.4.2) und Nachfeld (2.3.4.3).

2.3.4.1 Funktionen der Vorfeldbesetzung

Bei der Vorfeldbesetzung kommt es in besonderem Maße auf die Funktionen der Sprachzeichen an (2.3.4.1.1). Wenn es zu einer Nullbesetzung des Vorfeldes kommt, ist die Stellung im Ablauf des Dialogs besonders zu berücksichtigen (2.3.4.1.2).

2.3.4.1.1 Restriktionen bei der Vorfeldbesetzung

Bei der Besetzung des Vorfeldes mit Sprachzeichen stehen drei verschiedene Funktionen zur Wahl. Nur eine dieser Funktionen kann jeweils im Vorfeld einer Verbalklammer zum Ausdruck kommen, dann aber mit fast beliebig vielen Sprachzeichen. Diese Bedingungen können in einer dreiteiligen Selektionsregel fixiert werden. Ihr zufolge stehen für das Vorfeld drei Besetzungsmöglichkeiten zur Wahl:

(1) Eine nominal oder pronominal ausgedrückte Handlungsrolle mitsamt all ihren Determinanten
oder

(2) ein verbbezogenes Applikat mitsamt all seinen Determinanten
oder

(3) das zum Vorverb gehörige Nachverb mitsamt all seinen Determinanten.

Diese drei Besetzungsmöglichkeiten, von denen jeweils nur eine wählbar ist, können wie folgt erläutert werden:

Zu 1)
Für eine Vorfeldbesetzung kommt, je nach der Ausdrucksintention und dem angestrebten Informationsprofil, jede der drei Handlungsrollen in Frage, aber wiederum jeweils nur eine von ihnen: Subjekt oder Objekt oder Partner. Die gewählte Rolle kann nominal oder pronominal ausgedrückt sein. Im Falle einer nominal ausgedrückten Handlungsrolle kommen alle thematischen Determinanten, die ein Nomen als Attribute bei sich haben kann, mit ins Vorfeld. Beispiele:

▶ Subjekt im Vorfeld

/*Kaiser Franz Josef weilte gerne in Bad Ischl; dieser langlebigste aller österreichischen Monarchen zog auch viele Künstler dorthin*/

▶ Objekt im Vorfeld

/*den österreichischen Erzherzog-Thronfolger, den ein serbischer Terrorist in Sarajewo erschoß, hatten manche Österreicher als Hoffnung für den Vielvölkerstaat betrachtet*/

▶ Partner im Vorfeld

/*der sensiblen Kaiserin Elisabeth war das steife Hofzeremoniell eine schwere Last*/

Die Beispiele zeigen im Kontext der Nomina in ihrer jeweiligen Handlungsrollenfunktion die verschiedensten Attribute, insbesondere attributive Adjektive, Appositionen sowie Genitiv- und Relativ-Adjunkte. Alle diese Determinanten nehmen zusammen mit ihrem Nomen, das sie determinieren, die Vorfeldstellung ein. Die jeweils anderen Handlungsrollen, nämlich im ersten Beispiel das Objekt (*viele Künstler*), im zweiten und dritten Beispiel die Subjekte (*manche Österreicher, das steife Hofzeremoniell*), werden in das Mittelfeld verwiesen.

In selteneren Fällen wird die Handlungsrolle des Subjekts oder des Objekts (nicht aber des Partners) im Vorfeld auch von einem satzförmigen Relativ- oder Konjunktional-Adjunkt (»Nebensatz«) wahrgenommen. Beispiele:

/*wer gar keine Heimat hat* (= personales Subjekt), *ist zu bedauern*/

/*was die einen ihre zweite Heimat nennen* (= sächliches Subjekt), *bleibt für andere zeitlebens die Fremde*/

/*daß manche Leute so an ihrer Heimat hängen* (= Objekt), *können andere nicht verstehen*/

Sofern das Verb seiner Bedeutung nach ein Kommunikationsverb ist, kann auch eine kürzere oder längere Meinungsäußerung, als direkte (wörtliche) oder indirekte Rede zitiert, die Subjekt- oder Objektrolle einnehmen. Beispiele:

/*»bei uns Deutschen geht alles fein langsam vonstatten«, hat Goethe einmal gesagt*/

/*»der Deutsche soll alle Sprachen lernen«, schrieb Goethe auch, »damit ihm zuhause kein Fremder unbequem, er aber in der Fremde überall zuhause sei«*/

/*anstatt sich in sich selbst zu beschränken, solle der Deutsche die Welt in sich aufnehmen, um auf die Welt zu wirken, war gleichfalls Goethes Meinung*/

Hier nimmt die direkte Rede der ersten beiden Beispiele Objektfunktion für die Verbformen *hat – gesagt* und *schrieb* wahr, während die indirekte Rede des dritten Beispiels für die Kopula-Prädikation *war – Goethes Meinung* die Subjektfunktion wahrnimmt. Beim zweiten Beispiel ist noch zu beachten, daß die zitierte Meinung auf das Vor- und Nachfeld des Verbs aufgeteilt ist.

Von diesen aufwendigeren Wahrnehmungen der Handlungsrollen abgesehen, gilt für deren einfache Wahrnehmung durch Nomina und Pronomina die Frequenzregel, daß in den meisten Fällen das Vorfeld von einem Subjekt besetzt ist. Das Subjekt repräsentiert am deutlichsten den thematischen Anschluß an den Vortext oder die vorgegebene Situation.

Zu 2)
Verbbezogene Applikate sind Sprachzeichen, die in applikativer (»adverbialer«) Funktion eine verbale Basis determinieren. (Außer einem Verb kann für eine Applikation sonst auch ein Adjektiv oder ein Adverb als Basis dienen, doch kommt diese Möglichkeit hier nicht in Betracht.) Für alle Applikate gilt die Regel, daß sie sehr häufig das Vorfeld eines (von ihnen determinierten) Verbs einnehmen und damit gleichzeitig den kontextuellen oder situativen Anschluß an die Vorinformation herstellen. In applikativer Funktion treten vor allem die folgenden Sprachzeichen im Vorfeld auf:

▶ Applikatives Adverb im Vorfeld:
/heute ist mir etwas Seltsames passiert/

▶ Applikatives Adjektiv im Vorfeld:
/langsam beginne ich, an Wunder zu glauben/

▶ Applikatives Präpositional-Adjunkt im Vorfeld:
/auf der ganzen Welt gibt es das nicht noch einmal/

▶ Applikatives Konjunktional-Adjunkt im Vorfeld:
/auch wenn ich hundert Jahre alt werde, wird das nicht wieder vorkommen/

▶ Applikatives Vergleichs-Adjunkt im Vorfeld:
/wie ich damit fertig werden soll, weiß ich noch nicht/

Steht eines dieser Applikate im Vorfeld, kann keine Handlungsrolle mehr das Vorfeld besetzen. Diese Regel gilt auch in der Umkehrung, doch ist dabei vorgreifend zu beachten, daß Adverbien auch in attributiver Funktion gebraucht werden können (zum Beispiel: *die Leute hier, die Jugendlichen heute* - vgl. 6.1). In diesem Fall gehören sie als Determinanten zu einem Nomen und können zusammen mit ihm in einer beliebigen Handlungsrolle das Vorfeld besetzen (zum Beispiel: *die Leute hier sind konservativ*).

Zu 3)
Bei zweiteiligen Verben jeglicher Art kann auch das Nachverb einer Verbalklammer, gegebenenfalls mitsamt seinen Determinanten, in das Vorfeld versetzt werden; es kommt dann also vor das Vorverb zu stehen. Das ist eine Inversion, jedoch von anderer Art als diejenige, die bei einer inkorporierten Klammer zu beobachten ist (vgl. 2.2.2.2). Bei einer Voranstellung des Nachverbs im Vorfeld einer Verbalklammer erhält das Nachverb einen emphatischen Ausdruckswert, der oft durch einen Intensitätsakzent unterstrichen wird. Beispiele:

/ab [´] geht die Post!/ (Redensart)

/Spaß macht die Literatur immer/

/groß ist der Realismus nur im Roman/

/zur Sprache kommt in der Dichtung das Leben selber/

/arbeiten muß man, lesen darf man/

/gelesen habe ich viel, geschrieben wenig/

/<u>auf</u> [⁻́] steigt der Strahl und fallend gießt er voll der Marmorschale Rund/ (C. F. Meyer, Römischer Brunnen)

Auch hier gehören alle Determinanten des Nachverbs mit ins Vorfeld, wenn dieses selber ins Vorfeld tritt. Beispiele:

/<u>besonders gut geschlafen</u> habe ich heute nacht nicht/

/<u>noch einmal in die Stadt gehen</u> will ich erst am Nachmittag/

Statt der beschriebenen Vorfeldbesetzungen können im Vorfeld auch Fragewörter stehen, die den Gesprächspartner zu einer Antwort im Sinne einer Handlungsrolle, eines Applikats oder eines Nachverbs animieren:

(1) Erfragte Handlungsrollen:

/<u>wer</u> hat dich geschickt? ÷ mein Vater (hat mich geschickt)/

/<u>wen</u> suchst du hier? ÷ meinen kleinen Bruder (suche ich hier)/

(2) Erfragte Applikate:

/<u>wo</u> bist du geboren? ÷ in Görlitz (bin ich geboren)/

/<u>in welchem Jahr</u> bist du nach Dresden gezogen? ÷ im Jahre 1991 (bin ich nach Dresden gezogen)/

(3) Erfragte Nachverben:

/<u>was</u> hast du den ganzen Tag gemacht? ÷ gearbeitet (habe ich den ganzen Tag)/

/<u>was</u> willst du jetzt tun ÷ mich ausruhen (will ich)/

Mit den Pro-Verben *gemacht* und *tun* werden hier die Verben *gearbeitet* und *mich ausruhen* erfragt.

Negative Äußerungen können im Vorfeld ebensogut stehen wie affirmative:

/<u>kein Mensch</u> muß müssen/ (Lessing, Nathan der Weise)

/<u>nie</u> sollst du mich befragen/ (Wagner, Lohengrin)

Doch meidet man in dieser Stellung (außer veraltet im deklamativen Stil nach lateinischem Muster) die einfache Negation *nicht*.

Vorfeldbesetzungen sind darüber hinaus nach folgenden Regeln erweiterungsfähig:

(1) Alle Vorfeldbesetzungen der gleichen grammatischen Funktion können gereiht werden:

/*Hänsel und Gretel verliefen sich im Wald*/ (Subjekt-Reihung)

/*im Märchen, in der Sage und in der Legende ist das Wunderbare erwartbar*/ (Applikat-Reihung)

/*gelobt und gepriesen oder auch verurteilt und verdammt wird man schnell, wenn man anders lebt oder sich anders verhält als die andern*/ (Nachverb-Reihung)

(2) Applikate können darüber hinaus gestuft werden, wobei auch zeitlich-räumliche oder räumlich-zeitliche Stufungen möglich sind:

/*hier in Deutschland geht nicht immer alles streng logisch zu*/ (Stufung Adverb/Präpositional-Adjunkt, beide mit räumlicher Bedeutung)

/*im Jahre 1945, in der »Stunde Null«, wurde ein neues Blatt der deutschen Geschichte aufgeschlagen*/ (Stufung zweier Präpositional-Adjunkte, beide mit zeitlicher Bedeutung)

/*unter den Völkern Europas, am Ende des 20. Jahrhunderts, wird endlich das Gemeinsame stärker empfunden als das Trennende*/ (räumlich-zeitliche Stufung zweier Präpositional-Adjunkte)

(3) Bei der Vorfeldbesetzung durch eine der drei Handlungsrollen (Subjekt oder Objekt oder Partner) ist eine Doppelbesetzung nominal-pronominal oder pronominal-nominal zugelassen (Kommasetzung!):

/*die Vöglein im Walde, die sangen so wunder-, wunderschön*/ (Frühlingslied)

/*gehabte Schmerzen, die hab' ich gern*/ (Wilhelm Busch)

/*dir, meinem einzigen Sohn, brauche ich wohl nicht zu sagen, daß . . .*/

Das gleiche gilt für die verstärkende Wiederaufnahme eines Applikats mit räumlicher oder zeitlicher Bedeutung durch das Adverb *da*:

/*im Walde, da ist es finster*/

/*in der Jugend, da ist man noch mutig*/

2.3.4.1.2 Leeres Vorfeld

Alle drei Felder der Verbalklammer können grundsätzlich frei bleiben (Null-Besetzung). Besonders auffällig für die Stellung einer Äußerung im Dialog ist jedoch immer ein unbesetztes Vorfeld. Denn wenn das Vorfeld frei bleibt, so nimmt das Vorverb (bei einteiligen Verben: das Verb schlechthin) die Spitzenstellung ein. Diese Stellung ist, meistens in Verbindung mit steigender Intonation, charakteristisch für die Geltungsfrage (»Entscheidungsfrage«, »Satzfrage« - vgl. 8.3.1). Auch die Imperativ-Form des Verbs steht regelmäßig in Spitzenstellung. Beispiele:

/*hast du zur Nacht gebetet, Desdemona?*/ (Shakespeare, Othello)

/*kennst du das Land, wo die Zitronen blühn?*/ (Goethe, Wilhelm Meister)

/*greift nur hinein ins volle Menschenleben!*/ (Goethe, Faust)

/*lebt wohl, ihr Berge, ihr geliebten Triften!*/ (Schiller, Jungfrau von Orleans)

Desgleichen lassen viele Exklamationen und Wunschausdrücke (die letzteren mit einem Verb im Konjunktiv (vgl. 3.2.1.4)) ihr Vorfeld leer, sofern sie ohne Konjunktionen gebildet sind. In beiden Fällen treten jedoch bestimmte Intonationskonturen und häufig auch Modalpartikeln als zusätzliche Signale hinzu (vgl. 8.1.4):

/*ist das vielleicht schön!*/
/*muß das interessant sein!*/

/*hätte ich doch Flügel!*/
/*könnte ich doch zu dir fliegen!*/

Die gesprochene (und manchmal auch die geschriebene) Umgangssprache macht darüber hinaus von der Möglichkeit, das Vorfeld leer zu lassen, noch einen wesentlich häufigeren Gebrauch. Aus diesem Sprachgebrauch haben sich viele stereotype Ausdrücke entwickelt, mit denen man in mündlicher Wechselrede auf eine vorher geäußerte Meinung, Frage oder Aufforderung reagiert, zustimmend oder ablehnend (vgl. 8.2):

ZUSTIMMUNG	ABLEHNUNG
hast ja recht	*stimmt ja gar nicht*
ist schon klar	*kommt gar nicht in Frage*
stimmt, find' ich auch	*kann ich mir nicht vorstellen*
wird gemacht	*gibt's ja gar nicht*
mein(e) ich auch	*läßt sich leider nicht machen*

hab(e) ich mir gedacht
glaub(e) ich wohl
kenn(e) ich schon

muß ich mir erst noch überlegen
denkste (= denkst du)
weiß ich nicht

Das folgende moderne Prosagedicht unter dem Titel »Eins zu eins« von Wolfdietrich Schnurre bildet diese Stellungsmöglichkeiten literarisch nach:

Schlaf gut.
Glaub, nich.
Nanu.
Hab Angst.
Wovor.
Vorm Einschlafen.
Wieso.
Is so wie Sterben.
Kannst du doch gar nicht wissen.
Weißt d u s?[1]

Das erste und das letzte Verb dieses kleinen Textes gehorchen in ihrer Stellung auch schriftsprachlichen Normen, und zwar als Imperativ *schlaf* und als Geltungs-Frage *weißt du.* Die anderen vier Verbformen lassen mit umgangssprachlicher Spitzenstellung des (Vor-)Verbs das Vorfeld leer, und zwar in unterschiedlichen Gesprächsrollen. Bei den Verben *glaub* und *hab* kann man aus der Gesprächssituation das Pronomen *ich* ergänzen. Bei der Verbform *is* (umgangssprachlich für *ist*) kann man das Pronomen *das* ergänzen. Die Verbform *kannst* hat ihr (Subjekt-)Pronomen *du* im Mittelfeld bei sich, als Besetzung des Vorfeldes kann man hier das Pronomen *das* in der Objektrolle ergänzen. Der an dem Schnurre-Text vorgestellte Sprachgebrauch findet sich besonders häufig in lebhaften Gesprächen. Die Anknüpfung an den voraufgehenden Kontext, der in schriftlichen Texten hauptsächlich dem Vorfeld obliegt (vgl. 2.3.1), kann in diesem Fall unterbleiben, da eine lebhafte Wechselrede durch eine starke Situationsbindung gekennzeichnet ist. Der rasche Sprecherwechsel macht besondere Strategien der Anknüpfung überflüssig.

In der älteren Literatur kommt Spitzenstellung des Verbs in einigen Gedichten und Liedern der klassischen Zeit als poetische Lizenz ziemlich oft vor:

1) Wolfdietrich Schnurre: »Eins zu eins«, in: *Ich frag ja bloß*, Frankfurt a. M. 1977, S. 24.

Kommt ein Vogel geflogen
setzt sich nieder auf mein' Fuß. (Volkslied)

Sah ein Knab ein Röslein stehn,
Röslein auf der Heiden,
war so jung und morgenschön,
lief er schnell, es nah zu sehn,
sah's mit vielen Freuden. (Goethe, Heideröslein)

2.3.4.2 Informationsprofil im Mittelfeld

Das Mittelfeld ist in der Verbalklammer der eigentliche Informationsspeicher. Hier gibt es auch von den Sprachzeichenklassen und ihren Funktionen her fast keine Restriktionen - außer der einen, für die Klammerstruktur der Verbalklammer zentralen Restriktion, daß die Klammer keine größere Dehnung verträgt, als sie vom Kontextgedächtnis verarbeitet werden kann. In positiver Beschreibung sind im Mittelfeld also zugelassen:

(1) alle drei Handlungsrollen, nominal oder pronominal besetzt, mitsamt ihren Determinanten:

/*gestern abend hat der Vater* (Subjekt) *den Kindern* (Partner) *eine abenteuerliche Geschichte* (Objekt) *erzählt*/

(2) alle Arten von applikativen Adverbien:

/*ein Geschichtenerzähler muß wahrscheinlich* (Geltungs-Adverb) *manchmal* (Frequenz-Adverb) *sein Gedächtnis sehr* (Grad-Adverb) *anstrengen*/

(3) alle Arten von applikativen Adjunkten, sofern diese nicht zu lang sind (was allerdings bei satzförmigen Adjunkten meistens der Fall ist):

/*die Kinder hörten mit Hingabe* (Präpositional-Adjunkt) *und ohne zu ermüden* (Infinitiv-Adjunkt) *dem Geschichtenerzähler zu*/

(4) alle Arten von Partikeln, die sich unter die anderen Sprachzeichen des Mittelfeldes mischen und dabei oft auch gehäuft auftreten:

/*haben wir denn nicht eigentlich diese Geschichte doch schon mal von dir gehört?*/

(5) die einfache Negation *nicht* (neben negierten Handlungsrollen und negierten Applikaten):

/*wir haben die alten Geschichten nicht vergessen*/

Für die Anordnung und Abfolge der Sprachzeichen im Mittelfeld gilt grundsätzlich die bereits erwähnte Regel, daß am Anfang des Mittelfeldes eher die unauffälligere (thematische), an seinem Ende eher die auffälligere (rhematische) Information untergebracht wird. Auf diese Weise erhält das Mittelfeld ein charakteristisches Informationsprofil, das im Fortgang des Textes vom Unauffälligen zum Auffälligen übergeht und insofern dem Hörer eine progressive Steigerung seiner Aufmerksamkeitsleistung nahelegt. Dem Informationsprofil folgt auch in den meisten Fällen das Intonationsprofil: das am Ende des Mittelfeldes plazierte und seiner textuellen Bedeutung nach auffällige Sprachzeichen enthält im Normalfall den Intensitätsakzent:

/ich bin gestern abend ziemlich früh ins Bett [´] *gegangen/*

VERBALKLAMMER

Im Einzelfall kann die Intonation jedoch von den Regularitäten der Wortstellung zur Erzeugung einer interessanten Auffälligkeit abweichen.

Bei der Stellung im Mittelfeld spielt auch die Länge der Sprachzeichen sowie die Zahl und Bedeutung der mit ihnen verbundenen Determinanten eine Rolle. Kürzere und weniger bedeutsame Sprachzeichen haben ihren Platz eher am Anfang des Mittelfeldes, längere und gewichtigere stehen eher am Ende. Dafür einige Beispiele:

(1) Handlungsrollen:

/zum Monatsersten hat die Firma (Subjekt) *dem neuen Angestellten* (Partner) *pünktlich das erste Gehalt* (Objekt) *überwiesen/*

Die Abfolge der Handlungsrollen, sämtlich im Mittelfeld, gibt hier dem Hörer zu verstehen, daß die Hauptinformation beim pekuniären Objekt liegt, das die letzte Stelle im Mittelfeld einnimmt.

Generell kann man sagen, daß man das Subjekt, das häufig in einem Text die Konstanz der durchlaufenden Thematik repräsentiert, mit hoher Wahrscheinlichkeit am Anfang des Mittelfeldes findet, sofern es nicht bereits im Vorfeld der Verbalklammer seinen Platz gefunden hat. Zieht man die (fast gleiche) Wahrscheinlichkeit beider Stellungen in Betracht, so kann man vom Subjekt sagen, daß es sich um das Vorverb wie um eine Türangel bewegen kann. Beispiel:

/das Leben / */mit Schreien* → *fängt* ← *mit Schreien* / *das Leben* → *an/*

VORVERB NACHVERB

Welche dieser beiden Stellungen im Einzelfall gewählt wird, hängt vom Informationsprofil des ganzen Textes ab.

(2) Applikate (Adverbien und Adjunkte):

/Steuervergünstigungen kann man nach deutschem Recht (Adjunkt) *auch noch nachträglich* (Adverb) *am Jahresende* (Adjunkt) *beantragen/*

Hier ist die Abfolge der Applikate als progressiver Übergang vom Allgemeinen (Rechtslage) zum Besonderen (Antragsmodus) geregelt. Das temporale Adjunkt enthält die Information mit der größten Spezifik und steht daher am Ende des Mittelfeldes.

(3) Handlungsrollen und Applikate gemischt. Zum Vergleich:

AUFFÄLLIGKEIT DER HANDLUNGSROLLE

/die Bank hat in Neuruppin eine neue Filiale (Objekt) *eröffnet/*

AUFFÄLLIGKEIT DES APPLIKATIVEN ADJUNKTS

/die Bank hat eine neue Filiale in Neuruppin (Applikat) *eröffnet/*

Im Beispiel der linken Spalte wird durch die Stellung am Ende des Mittelfeldes die Handlungsrolle (das Objekt), in dem der rechten Spalte das Applikat (ein Adjunkt mit Positions-Bedeutung) auffällig gemacht.

Werden die Handlungsrollen im Mittelfeld einer Verbalklammer nicht nominal, sondern pronominal bezeichnet, so gilt für die thematischen Pronomina (*er/sie/es*-Reihe – vgl. 4.4.2.1) als feste Stellungsregel die Abfolge gemäß nachfolgendem Beispiel:

/heute hat sie (Subjekt) *es* (Objekt) *ihm* (Partner) *endlich gesagt/*

Für die rhematischen Pronomina (*der/die/das*-Reihe – vgl. 4.4.2.2) und alle spezifischen Pronomina (vgl. 4.5.2) gilt diese Obligatorik nicht.

Besondere Beachtung verdient die Stellung des einfachen Negations-Morphems *nicht*. Es steht grundsätzlich unmittelbar vor dem auffälligsten Mittelfeldinhalt, also in der Regel zum Ende des Mittelfeldes hin. Ist ein besonders auffälliges Element im Mittelfeld nicht auszumachen, so steht das Negations-Morphem *nicht* unmittelbar vor dem Nachverb. Beispiele:

/heute bin ich wegen der vielen Störungen nicht zum Arbeiten gekommen/

/ich habe das alles vorher nicht gewußt/

Die Stellungsbedingungen der anderen, mit spezifischerer Bedeutung versehenen Negations-Morpheme werden im Zusammenhang der Negation besprochen (vgl. 8.2.2.2).

2.3.4.3 Ergänzungen im Nachfeld

Das Nachfeld einer Verbalklammer, das allerdings in vielen Fällen von Sprachzeichen überhaupt frei bleibt, dient in manchen anderen Fällen zur Aufnahme von ergänzenden Informationen, insbesondere wenn diese eine gewisse Länge haben, so daß sie im Mittelfeld nicht mehr Platz finden können, ohne dieses bis an die Belastungsgrenze des Kontextgedächtnisses oder über sie hinaus zu dehnen. Ergänzende Informationen im Nachfeld haben daher oft die Form eines satzförmigen Adjunkts, doch können auch andere Sprachzeichen und Sprachzeichengruppen aus dem Mittelfeld ins Nachfeld versetzt (»ausgeklammert«) werden, wenn bei Änderung der Sprechplanung im Sprechen ein Zusatz oder Nachtrag der Information angebracht ist, vor allem im mündlichen Gespräch. Im einzelnen findet man im Nachfeld die nachfolgenden Besetzungen:

(1) Satzförmige Adjunkte mit der Inhalts-Konjunktion *daß* oder ihrem interrogativen Äquivalent *ob*:

/der Wetterbericht hat gemeldet, daß schönes Wetter zu erwarten ist/

/wir wollen den Straßenzustandsbericht hören, ob mit Verkehrsstaus zu rechnen ist/

(2) Satzförmige Adjunkte mit anderen Konjunktionen und Adjunkte mit den Infinitiv-Konjunktionen *um zu, ohne zu, anstatt zu,* soweit diese Adjunkte nicht schon im Vorfeld der Verbalklammer Platz gefunden haben:

/wir nehmen die Autobahn, obwohl Staus gemeldet sind/

/sollen wir (nicht) vielleicht doch eine Bundesstraße wählen, um dem Verkehr auszuweichen?/

(3) Vergleichs-Adjunkte, auch wenn sie nicht satzförmig sind:

/*wir kommen auf Nebenstraßen genau so schnell voran wie auf der Autobahn*/

/*die Fahrt hält uns viel länger auf, als wir gedacht hatten*/

(4) Präpositional-Adjunkte, zumal wenn sie eine gewisse Länge haben und sich auf das Prädikats-Adjektiv einer Kopulaklammer beziehen:

/*wir waren diesmal nicht sehr zufrieden mit dem Verlauf unserer Urlaubsreise*/

/*wir sind jetzt nicht mehr so versessen auf stundenlange Autoreisen*/

(5) Zitate in direkter oder indirekter Rede, auch in Verteilung auf das Vor- und Nachfeld:

/*»der Staat«, hat Bundespräsident Gustav Heinemann einmal gesagt, »ist nicht meine Frau«*/

/*bis zu unserer Scheidung hat mein Mann gedacht, die Firma sei seine Frau*/

(6) Aufzählungen beliebiger Sprachzeichen:

/*was haben wir nicht in der Jugend alles besessen: Gesundheit, Kraft, Optimismus!*/

/*wir wollen zufrieden sein, heute, morgen und bis ans Ende unserer Tage*/

(7) Nominale Appositionen als nachträgliche Spezifizierung eines kasuskongruenten Pronomens im Vorfeld oder Mittelfeld, nicht selten in Verbindung mit einer besonderen Konnotation (hauptsächlich in der mündlichen Umgangssprache):

/*ich kann ihn nicht leiden, den neuen Bürgermeister*/

/*mit dem habe ich schon zusammen die Schulbank gedrückt, diesem Streber!*/

Ohne pronominales Vorsignal im Vor- oder Mittelfeld ist ein Nomen in der Objekt- oder Partnerrolle heute nur noch bei älteren literarischen Autoren im Nachfeld zu finden, besonders bei Lyrikern:

/ich habe genossen das irdische Glück/ (Schiller)

(8) Korrekturen, Einschränkungen, Bekräftigungen oder Abschwächungen, hauptsächlich bei Änderungen der Sprechplanung, also wiederum vor allem in der mündlichen Umgangssprache:

/ich komme im Betrieb mit allen Kollegen gut aus, nur mit dem Meister nicht (oder: *außer mit dem Meister*)*/*

/ich kann nichts dafür, bestimmt nicht/

(9) Nachträgliche Attribute mit einem Artikel oder Pronomen:

/ich trete im nächsten Monat meine neue Stelle an, eine sehr aussichtsreiche, wie es scheint/

/das da ist meine Abteilungsleiterin, die mit dem Fahrrad/

Zu erinnern ist hier daran, daß bei einteiligen Verben das Mittelfeld ohne hörbare Grenze in das Nachfeld übergeht.

Daß die mündliche Umgangssprache bei der »allmählichen Verfertigung der Gedanken beim Reden« (Heinrich von Kleist) besonders häufig das Nachfeld mit Nachträgen besetzt, kann am nachfolgenden Textbeispiel gezeigt werden. Es handelt sich um einen Alltagsdialog. Die Nachfeldbesetzungen sind unterstrichen und durchlaufend numeriert.

> *Ich hab dir ja schon erzählt, den Gag, als diese alte Frau reinkam* (1). *Das haste noch nich gehört. Da is so ne Kirchenökumene. Also da ich glaube da treffen die katholischen, evangelischen und noch so n paar Nebenkirchen die evangelischen Freikirchen zusammen, halten gemeinsame Gottesdienste ab. Und da is hier eine alte Frau gekommen in s Haus* (2). *Die hat schon mal Studentinnen eingeladen gehabt, weißt du, zu so nem Nachmittag, so ne alte ganz alte Schwester* (3). *Ne evangelische is das, glaub ich, so fünfundsiebzig Jahre alt* (4). *Und Sibylle war nich da. Werner war nich da. Und da hat man mich runtergeklingelt. Und ich mußte hingehen. Sie hatte nen Zettel, ja, ich möchte Sie doch ganz freundlich wieder einladen vom Nansen-Haus* (5), *hat se erzählt.*[1]

1) »Erzählung über den Missionsversuch einer älteren Dame«, in: *Texte gesprochener deutscher Standardsprache*, erarbeitet im Institut für deutsche Sprache, Forschungsstelle Freiburg i.Br., Bd. I, München 1971, S. 79. (Die Textfassung ist hier standardsprachlich leicht normiert.)

Das Nachfeld ist in diesem Text fünfmal besetzt, und in allen fünf Fällen geht die Nachfeldbesetzung weit über das Maß dessen hinaus, was in der geschriebenen Sprache (also mit mehr Zeit für die Textplanung) die Norm ist. Die Fälle im einzelnen:

NACHVERB	NACHFELD
erzählt (1)	*den Gag, als diese alte Frau reinkam*
gekommen (2)	*in s Haus*
eingeladen gehabt (3)	*zu so nem Nachmittag, so ne alte ganz alte Schwester*
ne evangelische (4)	*so fünfundsiebzig Jahre alt*
einladen (5)	*vom Nansen-Haus*

(1) *hab – erzählt den Gag, als diese alte Frau reinkam*: Die Schriftform würde verlangen, das Objekt *den Gag* [gɛːg] in das Mittelfeld zu nehmen. Für einen spontan geäußerten mündlichen Text liegt aber ein Objekt, das als Nachtrag in das Nachfeld versetzt ist, durchaus noch im Toleranzbereich der Norm. Die Plazierung des daran anschließenden satzförmigen *als*-Adjunkts im Nachfeld ist dann durchaus auch nach schriftsprachlichen Maßstäben wieder normgemäß.

(2) *is hier – gekommen in s Haus*: Zu dem Verb gehören im Text zwei applikative Bestimmungen: das morphematische Positions-Adverb *hier* im Mittelfeld und das präpositionale Adjunkt *in s Haus* im Nachfeld. Das letztere präzisiert das erstere der Richtung nach und lexikalisch. Die Verteilung des Morphems auf das Mittelfeld und des lexematischen Adjunkts auf das Nachfeld schafft ein günstiges Informationsprofil. Die Stellung des präpositionalen Adjunkts im Nachfeld ist allerdings nur mündlich üblich.

(3) *hat – eingeladen gehabt zu so nem Nachmittag, so ne alte ganz alte Schwester*: Dies ist ein doppelter Nachtrag. Das präpositionale Adjunkt *zu so nem Nachmittag* trägt eine Zeitbestimmung nach und ist eine in mündlicher Rede nicht unübliche Nachfeldbesetzung. Dann aber folgt eine weitere Nachfeldbesetzung in Gestalt einer Apposition zu dem pronominalen Subjekt *die* im Vorfeld der Verbalklammer. Die Apposition *so ne alte ganz alte Schwester* spezifiziert das bis dahin nur pronominal gekennzeichnete Subjekt lexikalisch näher. Appositionen aller Art kommen als Nachfeldbesetzungen sehr häufig vor.

(4) *ne evangelische is das, glaub ich, so fünfundsiebzig Jahre alt*: Die Nachfeldbesetzung ist wiederum eine Apposition, die das vorangestellte Prädikats-Nomen *ne evangelische* nachträglich erläutert.

(5) *möchte – einladen vom Nansen-Haus*: Hier dient ein *von*-Adjunkt als Besetzung des Nachfeldes. Hinsichtlich ihrer Bedeutung kann man diese Nachfeldbesetzung als eine Art Korrektur ansehen. Die Sprecherin hatte sich nämlich zuerst selber als Subjekt der Einladung ausgegeben und fügt nun als halbe Richtigstellung an, daß eigentlich nicht sie, sondern das Nansen-Haus die einladende Instanz ist. Für spontane, unmittelbar anschließende Selbstkorrekturen ist das Nachfeld gut geeignet. Kürzere Präpositional-Adjunkte läßt jedoch nur die mündliche Spontansprache im Nachfeld zu.

2.4. Die Gesprächsrollen

Zum textuellen Umfeld des Verbs gehören auch die Gesprächsrollen (die »grammatischen Personen«). Sie bilden die prototypische Gesprächssituation mit Blickstellung in der Grammatik (»selbstähnlich«) ab. Eine prototypische Gesprächssituation ist dann gegeben, wenn eine Person die Rolle des Sprechers (»ich«) und eine andere Person die Rolle des Hörers (»du«) einnimmt. In schriftlicher Kommunikation wird die Rolle des Sprechers vom Schreiber (Autor), die des Hörers vom Leser wahrgenommen. Wir legen dieser Grammatik jedoch die Gegebenheiten der mündlichen Kommunikation zugrunde und bezeichnen die beiden genannten Gesprächsrollen als Sprecher (»1. Person«) und Hörer (»2. Person«), auch wenn es sich im Einzelfall um schriftliche Kommunikation handelt.

Der Sprecher und der Hörer sind die primären Gesprächsrollen der Sprache. Ihre Rollenbedeutungen werden mit den gleichnamigen semantischen Merkmalen ⟨SPRECHER⟩ und ⟨HÖRER⟩ angegeben.

Alles, was sonst noch zur Gesprächssituation gehört, es mag sich dabei um Personen oder um Sachen handeln, fassen wir in einer großen Restkategorie zusammen, die wir Referenzrolle (»3. Person«) nennen. Die Bezeichnung Referenzrolle soll zum Ausdruck bringen, daß diese Rolle von sich aus nur negativ definiert ist, insofern sie in fast völliger Vagheit alles das umfaßt, was in einer gegebenen Gesprächssituation nicht die primären Gesprächsrollen des Sprechers und des Hörers wahrnimmt. Die Referenzrolle ist folglich auf Referenz angewiesen, das heißt, auf Zufuhr weiterer Information aus dem Kontext oder der Situation, durch die innerhalb der Referenzrolle einzelne Referenten bezeichnet werden. Diesem Zweck dienen hauptsächlich die Nomina und Referenz-Pronomina (vgl. 4.4). Jedes Nomen ist folglich ein virtueller Referent und dient insofern dazu, durch seine Lexik der Referenzrolle eine semantische Kontur zu geben. Zur Veranschaulichung:

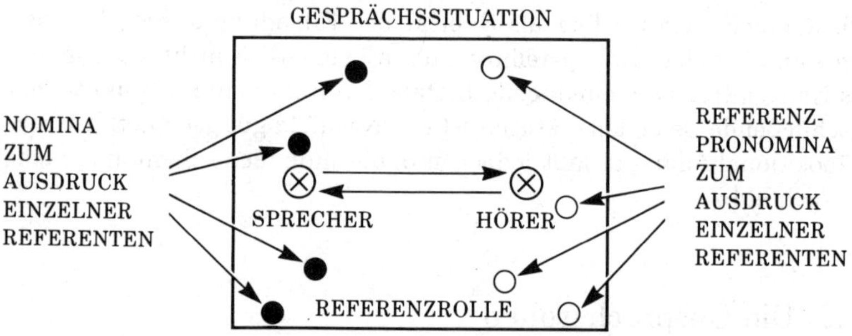

Wir bezeichnen die Rollenbedeutung der Referenzrolle mit dem semantischen Merkmal ⟨REFERENZ⟩. Dieses Merkmal hat die Referenzrolle des Verbs mit allen Nomina der Sprache sowie mit allen Referenz-Pronomina (= Pronomina der »3. Person«, unter Ausschluß der primären Pronomina wie *ich* und *du*) gemeinsam. Diese Gemeinsamkeit garantiert das Ineinandergreifen des verbalen und nominalen Bereichs der Sprache.

Die Gesprächsrollen manifestieren sich in der deutschen Sprache auf verschiedene Weise. Sie zeigen sich erstens mit flexivischen Mitteln in der Rollen-Konjugation des Verbs (2.4.1) und zweitens mit morphematischen Ausdrücken in den Pronomina (2.4.2).

2.4.1 Die Rollen-Konjugation

Konjugation heißt Flexion des Verbs. Wir unterscheiden zwei Formen der Konjugation: die Rollen-Konjugation und die Tempus-Konjugation (vgl. 3.1.1.1). Zur Rollen-Konjugation werden alle diejenigen Flexive gerechnet, die am (finiten) Verb die Gesprächsrollen kennzeichnen oder zu deren Kennzeichnung beitragen.

Die Rollen-Konjugation ist in der deutschen Sprache eine Subjekt-Konjugation. Denn von den drei Handlungsrollen (»Aktanten«: Subjekt, Objekt, Partner; vgl. 2.5) kommt nur die Subjektrolle in der Flexion des

Verbs zum Ausdruck. Auch das Genus bleibt für die Rollen-Konjugation außer Betracht. So wird eine Verbform durch die Rollen-Konjugation nur in zweifacher Hinsicht gekennzeichnet:

- nach der Gesprächsrolle des Subjekts: Sprecher vs. Hörer vs. Referenzrolle,
- nach dem Numerus des Subjekts: Singular vs. Plural.

Dafür ein einfaches Beispiel:

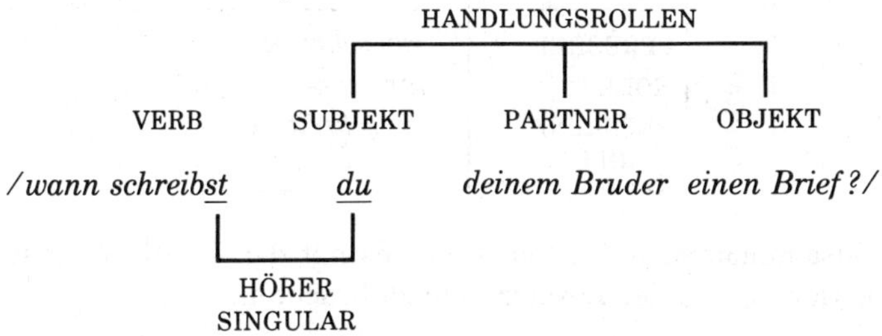

In diesem Beispiel ist die Gesprächsrolle des Subjekts, nämlich Hörer/ Singular, durch die Subjekt-Konjugation redundant gekennzeichnet, und zwar einmal durch das Rollen-Flexiv *-st* an der Verbform *schreibst* und einmal durch das Pronomen *du.*

Die beiden anderen Handlungsrollen, nämlich Partner (*deinem Bruder*) und Objekt (*einen Brief*), nehmen an der Rollen-Konjugation nicht teil.

In die Rollen-Konjugation zwischen dem Subjekt und dem Verb ist auch die Numerus-Opposition einbezogen:

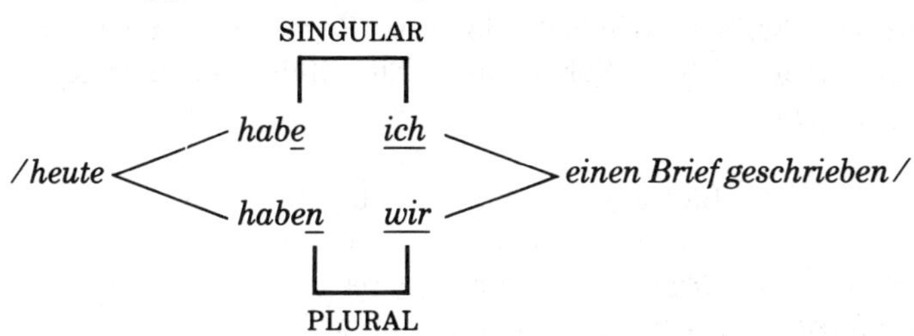

Die Plural-Kongruenz mit dem Verb gilt auch bei zwei oder mehr gereihten Singularformen. Bei den Pronominalformen der primären Gesprächsrollen Sprecher und Hörer schiebt man jedoch in der Regel ein pluralisches Pronomen dazwischen:

/der Bundestag und der Bundesrat haben heute das neue Rentengesetz verabschiedet/

/Sie und ich, wir werden beide noch davon Nutzen haben/

Die Rollen-Konjugation hat in der deutschen Sprache die folgenden Grundformen:

SINGULAR	SPRECHER HÖRER REFERENZ-ROLLE	*ich schreibe* *du schreibst* *er/sie/es schreibt*
PLURAL	SPRECHER HÖRER REFERENZ-ROLLE	*wir schreiben* *ihr schreibt* *sie schreiben*

Beim Zusammentreten des Verbstammes mit den Flexiven der Rollen-Konjugation sind einige Zusatzregeln zu beachten:

(1) Gleitvokal

Nach den dentalen Verschlußlauten *t* und *d* im Auslaut des Verbstammes steht grundsätzlich der Gleitvokal [-ə-], geschrieben *-e-:*

er/ihr wartet	[vartət]
du badest	[ba:dəst]

Das Flexiv *-n* kann, je nach der Endung des Verbstammes, mit oder ohne Gleitvokal [-ə] gesprochen werden. In der Schrift wird das Vorhandensein dieses Gleitvokals jedoch als feste Regel genommen, und man schreibt immer *-e-*, ob der Vokal nun im Einzelfall tatsächlich gesprochen wird oder nicht:

wir hören	[hø:rən]	oder	[hø:ɐn]
sie reden	[re:dən]	oder	[re:dn]
wir lachen	[laχən]	oder	[laχn]
um zu weinen	[vaenən]	oder	[vaen:]

(2) Vokalkürzung

In der Gesprächsrolle Sprecher/Singular (»ich«) fällt das vokalische Flexiv *-e* [-ə] in der mündlichen Umgangssprache oft aus, soweit es nicht nach einer schweren Konsonanz am Ausgang des Verbstammes als Gleitvokal gebraucht wird. Unabhängig davon nun, ob das Flexiv [-ə] tatsächlich gesprochen wird oder nicht, wird es in der Schrift fast immer bewahrt, außer wenn umgangssprachliche Lautung »gemalt« werden soll (Apostroph!):

ich sehe	[ze:ə]	oder	*ich seh'*	[ze:]
ich tue	[tu:ə]	oder	*ich tu'*	[tu:]
ich hoffe	[hɔfə]	oder	*ich hoff'*	[hɔf]
ich singe	[zɪŋə]	oder	*ich sing'*	[zɪŋ]

Aber nach schwerer Konsonanz: *ich fürchte* [fʏrçtə], *ich herrsche* [hɛrʃə].

Die Frage, ob in diesen Fällen der Vokal gekürzt wird oder nicht, entscheidet auch darüber, ob ein stimmhafter Verschluß- oder Reibelaut im Auslaut des Verbstamms stimmlos wird oder nicht (»Auslautverhärtung«):

ich lebe	[le:bə]	oder	*ich leb'*	[le:p]
ich lade	[la:də]	oder	*ich lad'*	[la:t]
ich trage	[tra:gə]	oder	*ich trag'*	[tra:k]
ich lese	[le:zə]	oder	*ich les'*	[le:s]

(3) Konsonantenkürzung

Nach einem stammauslautenden *S*-Laut, entweder stimmhaft (Lautform [-z], Schriftform *s*) oder stimmlos (Lautform [-s], Schriftform *ss, ß, z, tz* oder *x*), wird das Flexiv *-st* zu *-t* gekürzt:

ich hasse	*ich reise*	*ich reiße*	*ich reize*	*ich feixe*
du haßt	*du reist*	*du reißt*	*du reizt*	*du feixt*
er haßt	*er reist*	*er reißt*	*er reizt*	*er feixt*
ihr haßt	*ihr reist*	*ihr reißt*	*ihr reizt*	*ihr feixt*

Bei dieser konsonantischen Konstellation fallen also in der Rollen-Konjugation die Gesprächsrollen Hörer/Singular, Referent/Singular und Hörer/Plural lautlich zusammen. Die Rollen-Opposition wird dann nur durch die pronominalen Rollen-Besetzungen ausgedrückt. Die sonst bestehende Redundanz wird aufgehoben. Nur bei dennoch drohenden Mißverständnissen oder in einem sehr gehobenen Stilregister schreibt man (seltener: sagt man) statt dessen im Hörer/Singular mit Gleitvokal: *du hassest, du reisest, du reißest, du reizest, du feixest.*

(4) Verschleifung (»*bistu/hastu*-Regel«)

Da sich die Rollen-Konjugation in erheblichem Ausmaß dentaler Flexive bedient, entsteht das phonetische Problem einer schwer sprechbaren Konsonanz nicht nur im Anschluß an den Verbstamm, sondern unter bestimmten textuellen Bedingungen auch im Übergang zum nächsten im Text anschließenden Wort. Das ist besonders oft dann der Fall, wenn an ein Verb mit der Gesprächsrolle Hörer/Singular (Flexiv *-st*) das Pronomen *du* anschließt, das einen weiteren dentalen Konsonanten bringt. Dieses konsonantische Problem kann in der deutschen Sprache nicht durch einen Gleitvokal gelöst werden. In diesem Fall läßt man bei der Form *du* (und entsprechend in ähnlichen phonetischen Kontexten) den anlautenden Konsonanten weg und spricht wie folgt:

/wer bist du?/	[bɪstu]	*/wann kommst du?/*	[kɔmstu]
/was hast du?/	[hastu]	*/was willst du?/*	[vɪlstu]

In der älteren deutschen Schreibtradition hat man die Formen oft auch so geschrieben, wie es hier die phonetische Transkription zeigt. Umgangssprachlich sagt und schreibt man noch heute, mit scherzhafter Konnotation:

/haste was, so biste was/   */denkste!/*

(5) Umstellung (»Metathese«)

Diese Regel betrifft Verben auf *-ln* (Typus *lächeln*) oder *-rn* (Typus *ändern*) im Infinitiv. Vom Infinitiv wird hier ausnahmsweise deshalb ausgegangen, weil im Präsens die Gesprächsrolle Sprecher/Singular, die sonst als Normalform genommen wird, gerade bei diesen Verben verschiedene Varianten im Stilregister zeigt, je nach der Stellung des Gleitvokals *-e-* [-ə-]. Das zeigt folgende Übersicht, zunächst mit *-l-*:

ich lächle	[lɛçlə] oder [lɛçəl] oder [lɛçl]
du lächelst	[lɛçəlst]
er/sie/es/ihr lächelt	[lɛçəlt]
sie lächeln	[lɛçəln]
lächle!	[lɛçle] oder [lɛçəl] oder [lɛçl]

Ebenso gehen die Verben: *blödle, düble, gurgle, handle, hoble, juble, kegle, klingle, kurble, radle, regle, rodle, schmeichle, schwafle, segle, stammle, tadle, tafle, veredle, wandle, wirble* (. . .).

Ferner die Verben mit *-r-*:

ich ändere	[ɛndərə] oder [ɛndrə] oder [ɛndɐ]
du änderst	[ɛndərst]
er/sie/es/ihr ändert	[ɛndərt]
sie ändern	[ɛndərn]
ändere!	[ɛndrə] oder [ɛndɐ]

Ebenso gehen die Verben: *ärgere (mich), erobere, feiere, folgere, fordere, hindere, hungere, jammere, kellnere, knabbere, knausere, liefere, opfere, rudere, säubere, scheitere, schlendere, schustere, (ver-)sichere, verbessere, wandere, weigere mich, wildere, wundere mich, zaubere, zögere* (. . .).

(6) Umlaut

In der deutschen Sprache kann man schwache und starke Verben unterscheiden. Diese Unterscheidung betrifft hauptsächlich die Tempus-Konjugation und wird im nächsten Kapitel genauer besprochen (vgl. 3.1.1). Auf die Rollen-Konjugation wirkt sich die Strukturgrenze zwischen schwachen und starken Verben zwar nur gering aus, sie zeigt sich jedoch im Präsens dadurch, daß einige starke Verben die Gesprächsrollen durch Umlautung ihres Stammvokals kennzeichnen. Es handelt sich um die folgenden zwei Fallgruppen:

(A) Umlaut *a > ä, o > ö, au > äu*

Dieser Umlaut betrifft nur zwei Gesprächsrollen: Hörer/Singular und Referent/Singular. Es werden umgelautet:

[a:] > [ɛ:]	[a] > [ɛ]
ich schlafe [a:]	*ich fange – an* [a]
du schläfst [ɛ:]	*du fängst – an* [ɛ]
er/sie/es schläft [ɛ:]	*er/sie/es fängt – an* [ɛ]

Weitere Beispiele: *rate, lade, trage, fahre, halte, lasse, falle* (. . .). Ausgenommen von dieser Umlautung ist nur das Verb *schaffe*. Die Schreibung des Umlauts ist immer *ä* (historische Schreibung).

Zu beachten ist bei diesem Umlaut noch, daß er die Gleitvokal-Regel (1) außer Kraft setzt – vgl. *du hältst* [həltst] oder [həlst] vs. du *faltest, er rät* [rɛ:t] vs. *er schaltet*. Das stammauslautende *-t* und das Flexiv *-t* fallen im letzten Beispiel zusammen.

[o:] > [ø:]	[ao] > [ɔɪ]
ich stoße	*ich laufe*
du stößt	*du läufst*
er/sie/es stößt	*er/sie/es läuft*

Für den *o/ö*-Umlaut ist *stoße* einziges Beispiel, beim *au/äu*-Umlaut gibt es den Umlaut noch bei *saufe.*

(B) Umlaut *e* > *i* (»Hebung«)

Dieser Umlaut betrifft außer den beiden Gesprächsrollen Hörer/Singular und Referent/Singular auch den Imperativ/Singular. Es werden umgelautet:

[e:] > [i:]	[ɛ] > [ɪ]
ich lese	*ich spreche*
du liest	*du sprichst*
er/sie/es liest	*er/sie/es spricht*
lies!	*sprich!*

Bei *gebe* [e:] hat der Umlaut die Form [i:] oder [ɪ]; geschrieben wird jedoch immer *-i-* (*gibst/gibt/gib!*). Weitere Beispiele: *esse, fresse, fechte, nehme, lese, messe.* Ausgenommen von diesem *e/i*-Umlaut sind die folgenden starken Verben: *gehe, stehe, bewege, hebe, schere* und *genese.* Doch folgt dem Umlaut-Muster auch das Verb *gebäre* [ɛ:] mit den (seltenen) Flexionsformen *gebierst* und *gebiert,* beide mit [i:].

Einige weitere Auswirkungen der Unterscheidung schwacher und starker Verben auf die Rollen-Konjugation werden beim Präteritum mitbesprochen (vgl. 3.1.1).

2.4.2 Die Pronomina

Die Pronomina (Singular: das Pronomen) sind Morpheme, die in besonderer Weise auf die Gesprächsrollen (»grammatische Personen«) bezogen sind. So erklärt sich auch ihre traditionelle Bezeichnung als »Personal-Pronomina«. Da sie aber durch ihre Kasusdifferenzierung auch die Handlungsrollen (»Aktanten«) ausdrücken, sind sie in expliziter Benennung besser als »Rollen-Pronomina« zu bezeichnen. Eine interne Strukturgrenze trennt die Pronomina zum Ausdruck der primären Gesprächsrollen Sprecher (»ich«) und Hörer (»du«) von den Pronomina zum Ausdruck von Referenten in der Referenzrolle (»3. Person«). Letztere können wir deshalb die Referenz-Pronomina (»Personal-Pronomina der 3. Person«) nennen.

Wir besprechen zunächst Form und Bedeutung der Pronomina (2.4.2.1), dann verschiedene Neutralisierungen im Pronominal-Paradigma, insbesondere das neutrale Pronomen *man* (2.4.2.2), schließlich die Distanzformen der Pronomina (2.4.2.3).

2.4.2.1 Form und Bedeutung der Pronomina

Der Form nach sind die (Rollen-)Pronomina einfache, kurze Morpheme. In diesen sind jedoch grammatische Bedeutungen der verschiedensten Art miteinander verschmolzen (»amalgamiert«), so daß man die Pronomina auf vier oppositiv organisierte Markierungen hin beobachten muß:

(1) Opposition der Gesprächsrollen: Sprecher vs. Hörer vs. Referenzrolle. Hinsichtlich dieser Markierung sind die Pronomina mit den Flexiven der Rollen-Konjugation kongruent, sofern es sich um die Handlungsrolle des Subjekts handelt (Subjekt-Konjugation).

(2) Opposition im Numerus: Singular vs. Plural. Auch diese Markierung findet sich in Kongruenz bei den Pronomina und den Formen der Rollen-Konjugation, jedoch ebenfalls nur insofern es sich um die Subjekt-Konjugation handelt.

(3) Opposition im Genus: Maskulin vs. Feminin vs. Neutrum. Diese Markierung findet sich nur am Referenz-Pronomen und dort auch nur im Singular; in den Pluralformen des Pronomens und in der flexivischen Rollen-Konjugation ist diese Opposition neutralisiert.

(4) Opposition im Kasus: Nominativ vs. Akkusativ vs. Dativ vs. Genitiv. Diese Opposition ist allerdings nur am Pronomen markiert; in der flexivischen Rollen-Konjugation des Verbs ist ja schon die Handlungsrolle des Subjekts und damit der Nominativ-Kasus implizit enthalten.

Ein Beispiel für die unterschiedlich möglichen Verschmelzungen dieser maximal vier Markierungen:

/*wenn* *<u>sie</u>* *das doch zuerst* *<u>mir</u>* *gesagt* *<u>hätte</u>!*/

REFERENZROLLE SINGULAR FEMININ NOMINATIV	SPRECHER SINGULAR – DATIV	REFERENZROLLE SINGULAR

Das Referenz-Pronomen *sie* gibt in diesem Beispiel Auskunft über vier grammatische Bedeutungen. Bei dem Pronomen *mir* erhält der Hörer nur über drei Parameter Informationen; es bleibt von der Form her offen, welches Genus (Sexus) dem Sprecher zuzuweisen ist, doch wird diese Frage meistens durch den Kontext oder die Situation (Aussehen, Stimme, Kleidung ...) entweder für das Maskulin oder das Feminin entschieden. Die Verbform bestätigt schriftlich redundant die Referenzrolle im Singular.

Das Referenz-Pronomen kommt in der deutschen Sprache in einer doppelten Formenreihe vor, einmal als thematisches und einmal als rhematisches Pronomen. Die damit ausgedrückte Thema/Rhema-Differenzierung (Informationsprofil) betrifft die Referenzrolle im Singular (wo auch noch die Genus-Differenzierung hinzukommt) und die Referenzrolle im Plural. Das vollständige Paradigma lautet:

NUMERUS	KASUS / GESPRÄCHSROLLEN	NOMINATIV	AKKUSATIV	DATIV	GENITIV
SINGULAR	SPRECHER	*ich*	*mich*	*mir*	*meiner*
	HÖRER	*du*	*dich*	*dir*	*deiner*
	REFERENZROLLE – THEMA	*er/sie/es*	*ihn/sie/es*	*ihm/ihr/ihm*	*seiner/ihrer*
	REFERENZROLLE – RHEMA	*der/die/das*	*den/die/das*	*dem/der/dem*	*dessen/derer*
PLURAL	SPRECHER	*wir*	*uns*	*uns*	*unser*
	HÖRER	*ihr*	*euch*	*euch*	*euer*
	REFERENZROLLE – THEMA	*sie*	*sie*	*ihnen*	*ihrer*
	REFERENZROLLE – RHEMA	*die*	*die*	*denen*	*derer*

Das Schaubild läßt die folgenden Beobachtungen zu:

(1) Die meisten Formen haben in diesem Paradigma nur eine Funktion (*ich, du, er, wir, mich, dich, ihn, den, mir, dir, ihnen, denen, meiner, deiner, unser, euer*). Andere Formen haben mehrere Funktionen (*sie, es, der, die, das, ihm, ihr, dem, ihrer, derer*).

(2) Der Singular ist stärker differenziert als der Plural.

(3) Die Referenzrolle ist stärker differenziert als die anderen Gesprächsrollen. Nur bei ihr gibt es eine Thema/Rhema-Differenzierung (vgl. 4.4).

(4) Hinsichtlich der Sprecherrolle im Plural ist zu vermerken, daß die deutsche Sprache bei der Formenreihe *wir/uns/uns/unser* nicht zwischen Inklusiv- und Exklusiv-Plural unterscheidet. Man sagt also:

/*du und ich, wir sind der Meinung, daß . . .*/ (= Inklusiv-Plural)

/*im Gegensatz zu euch und allen andern sind wir der Meinung, daß . . .*/ (= Exklusiv-Plural)

Die Bedeutungen der (Rollen-)Pronomina ergeben sich direkt oder indirekt aus der prototypischen Kommunikations-Situation eines Gesprächs mit Blickstellung. Das Pronomen *ich* (*mich/mir/meiner*) bezeichnet also die Gesprächsrolle des Sprechers, und das semantische Merkmal, mit dem seine Bedeutung beschrieben wird, lautet demzufolge: ‹SPRECHER›. Die Gesprächsrolle des ›Hörers‹ wird durch das Pronomen *du* (*dich/dir/deiner*) bezeichnet; das semantische Merkmal lautet demzufolge: ‹HÖRER›. Beide Gesprächsrollen und ihre Pronomina sind durch die kommunikative Evidenz der Blickstellung in aller Regel scharf konturiert und bedürfen zu ihrer Kennzeichnung keiner weiteren Determination.

Aus den Bedeutungen ›Sprecher‹ und ›Hörer‹ ergibt sich weiterhin für die Pronomina *ich* und *du* mit ihren Kasusformen, daß sie grundsätzlich Personen bezeichnen, also lebende Wesen, die der sprachlichen Kommunikation fähig sind. Das sind im Regelfall menschliche Wesen, doch können unter bestimmten Kontextbedingungen, zum Beispiel in der Fabel, auch Tiere und Dinge wie sprech- und hörfähige Personen behandelt werden. In der Umkehrung dieses Arguments kann die Kategorie ›Person‹ als Inbegriff aller derjenigen Wesen definiert werden, die in einem Sprachspiel die Rollen des Sprechers oder des Hörers einnehmen können.

Anders verhält es sich mit der Referenzrolle. Sie ist gegenüber den primären Gesprächsrollen des Sprechers und des Hörers eine Restkategorie, die in einer gegebenen Situation ›alles Mögliche‹ bedeuten kann, außer denjenigen Personen, die bereits die Sprecher- und die Hörerrolle innehaben. Damit können also alle anderen Personen oder auch alle möglichen Sachen gemeint sein. Im Gegensatz zu den Kategorien des Sprechers und des Hörers ist die Referenzrolle indifferent gegenüber der Unterscheidung von Personen und Sachen.

Die Referenzrolle ist von sich aus sehr viel schwächer konturiert als die beiden primären Gesprächsrollen. Führt man ihr jedoch Referenz zu, das heißt, Determination in Gestalt von Nomina oder Pronomina, so manifestieren sich innerhalb dieser weiten und vagen Referenzrolle einzelne Referenten, es seien Personen oder Sachen, die im Grenzfall, bei sehr determinationskräftiger Referenz (zum Beispiel durch Eigennamen), genauso scharf konturiert sein können wie die primären Gesprächsrollen. Wir beschreiben die allgemeine Bedeutung der Referenzrolle mit dem semantischen Merkmal ⟨REFERENZ⟩.

Diese kommunikativen Bedingungen spiegeln sich im Paradigma der Referenz-Pronomina wider. Ihre vergleichsweise stärkere Determination nach dem Genus und nach dem Informationsprofil zeigt bereits die Richtungen an, aus denen weitere Referenz zur Konturierung der Referenzrolle zu erwarten ist. Es sind der Kontext und die Situation. Das wird im einzelnen im 4. Kapitel besprochen (vgl. 4.4).

2.4.2.2 Das neutrale Pronomen *man*

Die Opposition der drei Gesprächsrollen sowie die damit verbundenen Oppositionen des Genus und Numerus sind im Paradigma der Pronomina neutralisierbar. Als neutrale Form dient das Pronomen *man*. Da die Neutralisierung der drei Gesprächsrollen außer in der Referenzrolle, die von Personen oder Sachen besetzt sein kann, auch die Sprecher- und Hörerrolle umfaßt, die nur von Personen besetzt sein können, gilt auch für das neutrale Pronomen *man*, daß es nur Personen und nicht Sachen bezeichnen kann. Es ist daher seiner Bedeutung nach mit dem (neutralen) Merkmal ⟨PERSON⟩ zu beschreiben.

Das Pronomen *man* ist eine gebundene Form, das heißt, es tritt nur im Kontext eines finiten Verbs auf. Eine entsprechende freie Form, die ohne Verb im bloßen Situationskontext stehen könnte, gibt es nicht. Die Form *man* wird nur im Nominativ gebraucht; im Akkusativ und Dativ treten suppletiv die (ebenfalls genusneutralen) Formen *einen* und *einem* hinzu. Eine Genitivform ist nicht vorhanden. Das Paradigma des neutralen Pronomens lautet also sehr einfach:

NEU-TRALI-SIERUNGEN \ KASUS	NOMINATIV	AKKUSATIV	DATIV
GESPRÄCHSROLLEN GENUS NUMERUS	*man*	*einen*	*einem*

Während die Nominativform *man* sehr häufig gebraucht wird, sind die beiden anderen Kasusformen *einen* und *einem* recht selten und finden sich fast nur in der mündlichen Umgangssprache, wo es zum Beispiel heißen kann:

/*man ist schon zufrieden, wenn der Chef einen in Ruhe läßt*/

/*man sagt einfach, was einem so einfällt*/

In der Schriftsprache weicht man statt dessen eher in andere Konstruktionen aus, beispielsweise ins Passiv. Aber auch die Pronominalform *uns* (Sprecher/Plural) oder ein Nomen mit sehr weiter Bedeutung (*die Leute, die Menschen*) können als Ersatzformen dienen:

/*man möchte wissen, warum uns manchmal ein Gesicht besonders sympathisch oder unsympathisch ist*/

/*es ist mir unerklärlich, was die Leute* (oder: *die Menschen*) *oft so vertrauensselig macht*/

Als Subjekt eines Verbs bildet das neutrale Pronomen *man* die Numerus-Kongruenz mit dem Verb im Singular:

/*man ist zufrieden, wenn man sein Auskommen hat*/

Das Beispiel zeigt auch, daß das Pronomen *man* im Text durch sich selber oder eine seiner Kasusformen fortgeführt wird. In keinem Fall ist das neutrale Pronomen im Text betonbar.

Viele Sprichwörter und Redensarten, die allgemeine und nach einzelnen Personen nicht weiter spezifizierte Lebenserfahrungen ausdrücken, benutzen das neutrale Pronomen *man*, zum Beispiel:

/wie man sich bettet, so liegt man/ (Sprichwort)

/was man sich eingebrockt hat, muß man auch auslöffeln/ (Sprichwort)

/wenn man nicht mehr weiter kann, fängt man wieder von vorne an/ (Redensart)

Wegen seiner neutralen Bedeutung ist das Pronomen *man* auch besonders geeignet, gesellschaftliche Konventionen und Normen auszudrükken. Was »man« tut oder tun soll, gilt für alle oder die meisten Menschen, ohne Rücksicht auf Gesprächsrolle, Geschlecht und Zahl. Charakteristisch dafür ist der folgende Textabschnitt aus dem berühmten Anstandsbuch »Über den Umgang mit Menschen« (1788) von Adolph Freiherr von Knigge. Die Vorkommen von *man* sind mit einer durchgehenden Linie, die von Ersatzformen im Akkusativ und Dativ mit einer unterbrochenen Linie unterstrichen:

TEXT:

Man kommt oft in nicht geringe Verlegenheit, wenn unsre Lage uns zwingt, mit Leuten umzugehn, die einander feind sind, wo man es also gar leicht mit einer Partei verdirbt, sobald man mit der andern gut steht, und es mit beiden verdirbt, wenn man sich ungebeten oder auf unvorsichtige Weise in diese Händel mischt; ich empfehle dabei folgende Vorsichtigkeitsmaßregeln:

Soviel man kann, vermeide man die Unannehmlichkeit, mit zwei Parteien zu gleicher Zeit umzugehn, die miteinander in Zwist leben.

Kann man dies aber nicht ändern, zum Beispiel ohne plötzlich ein Verhältnis aufzuheben, in welchem man lange Zeit gestanden, so setze man sich womöglich auf den Fuß, durchaus nicht eingeflochten zu werden in die obwaltenden Streitigkeiten! Man bitte sich's vielmehr aus, daß in den

TEXTGRAMMATISCHER KOMMENTAR:

Es handelt sich, wie leicht zu erkennen ist, um eine »moralistische« Beschreibung der Art und Weise, wie Menschen miteinander umgehen, verbunden mit einigen Empfehlungen, die durch den Konjunktiv kenntlich gemacht sind (*vermeide, setze, bitte, werde*). Der Geltungsbereich der Beschreibung wird durchgehend mit dem neutralen Pronomen *man* ausgedrückt, das zehnmal vorkommt, immer als Subjekt. Die Kasusformen *einen/einem* werden nicht gebraucht; sie passen offenbar nach dem Stilempfinden des Autors nicht zum gepflegt literarischen Charakter des Textes. Das neutrale Pronomen *man* steht für eine unbestimmte Zahl von Personen, zu denen auf jeden Fall der Autor und der Leser zu rechnen sind. Das Pronomen steht aber nicht für alle Menschen schlechthin, denn ein Mensch hat im Leben Umgang mit

Gesprächen diese Sache nie berührt werde. Diese Regel findet vorzüglich dann statt, wenn Menschen, die ehemals vertrauete Freunde gewesen sind, nun auf einmal in Feindschaft miteinander geraten.[1]

anderen Menschen, die folglich aus dem Bedeutungsbereich des Pronomens *man* ausgegrenzt sind. Diese Personen werden im Text durch verschiedene Nomina mit sehr weiter Bedeutung bezeichnet (*Leute, Parteien, Menschen*). Unter diesen Bedingungen sind nun für die nicht gebrauchten Kasusformen *einen/einem* die folgenden Ersatzformen zu verzeichnen:

(1) Das Pronomen *uns* (Akkusativ), vorbereitet schon durch den voraufgehenden Possessiv-Artikel (*unsre Lage*). Unter allen Formen des Pronominal-Paradigmas hat das Pronomen mit der Gesprächsrolle Sprecher/Plural die am wenigsten konturierte Bedeutung, da es offen läßt, welche der beiden anderen Gesprächsrollen zur Sprecherrolle hinzutritt.

(2) Ein Verb im Passiv (*eingeflochten zu werden*). Es erlaubt, das neutrale Pronomen *man* als Subjekt für das Verb im Infinitiv weitergelten zu lassen.

Wegen seiner vergleichsweise undeutlichen Konturen ist das neutrale Pronomen *man* besonders für verhüllende, verschleiernde oder sonstwie konturenverwischende Rede geeignet. Auf diese Weise kann das Pronomen *man* im geeigneten Kontext alle anderen Gesprächsrollen, und zwar sowohl im Singular als auch im Plural, vertreten, allerdings immer mit unscharfen Konturen. Beispiele:

(Situation: Der Lehrer ist mit einem Schüler nicht recht zufrieden)
/*darf <u>man</u> einmal fragen, was heute mit dir los ist?*/ (*man* = ›ich‹)

(Situation: Die Entschuldigung des Schülers fällt unbefriedigend aus)
/*hat <u>man</u> vielleicht in der letzten Zeit etwas gefaulenzt?*/ (*man* = ›du‹)

(Situation: Der Schüler schiebt die Verantwortung auf seine Umgebung)
/*ach so, <u>man</u> hat es dir also recht schwer gemacht im Leben!*/ (*man* = pluralisch ›sie‹)

Die Verwendung des verallgemeinernden und insofern konturenverwischenden Pronomens *man* für die nicht-neutralisierten Gesprächsrollen steht häufig im Dienst der Höflichkeit. Es gilt hier die allgemeine Regel,

1) Adolph Freiherr von Knigge: *Über den Umgang mit Menschen*, 11. Kapitel, Abschnitt 2, hg. von Gert Ueding, Frankfurt 1977, S. 253. Der heute veraltete Ausdruck *so setze man sich womöglich auf den Fuß* bedeutet: 'so versetze man sich möglichst in die Lage'.

daß indirekte Ausdrücke höflicher sind als entsprechende direkte Ausdrücke und daß man mit konturschwachen Sprachzeichen am wenigsten der Gefahr ausgesetzt ist, dem Gesprächspartner ungebührlich nahezutreten. In vielen Fällen, so auch in den Beispielen oben, ist diese Höflichkeit jedoch nur scheinbar und drückt in Wirklichkeit Ironie aus.

Für eine andere Form der Neutralisierung von Gesprächsrollen benutzt man die Referenz-Pronomina des Plurals, also entweder das thematische Pronomen *sie* oder das rhematische Pronomen *die*. Von diesen Formen macht man dann Gebrauch, wenn unbestimmte Personen gemeint sind, unter denen sich nicht der Sprecher und nicht der Hörer befindet:

/im Fernsehen haben sie heute gesagt, daß die Arbeitslosenquote stark gesunken ist/

/was die da sagen, darauf kann man sich auch nicht immer verlassen/

Diese Form der Neutralisierung ist jedoch sehr viel seltener als der Gebrauch des neutralen Pronomens *man* und bleibt im allgemeinen auf die gesprochene Umgangssprache beschränkt.

Einige Vertreterinnen und Vertreter der »feministischen Linguistik« haben gelegentlich Anstoß daran genommen, daß das neutrale Pronomen *man*, das etymologisch auf das Nomen *Mann* zurückgeht, sowohl für Männer als auch für Frauen gebraucht wird, da es ja die Opposition Maskulin vs. Feminin neutralisiert. Scherzhaft oder ernsthaft findet man daher in einigen, hauptsächlich journalistischen Texten bisweilen das neugebildete Kunst-Pronomen *frau* für textuelle Zusammenhänge, in denen sich die Reichweite der Neutralisierung tatsächlich nur auf Personen weiblichen Geschlechts erstreckt.

2.4.2.3 Pronominale Höflichkeitsformen

Zum Ausdruck der Höflichkeit gibt es viele sprachliche und außersprachliche Formen. Eine elementare Form der Höflichkeit, die auf Distanz beruht (»negative Höflichkeit«), kann jedoch bereits mit Pronomina zum Ausdruck gebracht werden, vorwiegend in der Hörerrolle. Der Hörer kann nämlich entweder mit der Vertrautheitsform *du/ihr* oder mit der Distanzform *Sie* (Majuskel!) bezeichnet werden. Das vollständige Paradigma lautet im Kontrast:

NUMERUS	HÖFLICHKEITSGRENZE / KASUS	VERTRAUTHEITSFORM	DISTANZFORM
SINGULAR	NOMINATIV	*du*	*Sie*
	AKKUSATIV	*dich*	*Sie*
	DATIV	*dir*	*Ihnen*
	GENITIV	*deiner*	*Ihrer*
PLURAL	NOMINATIV	*ihr*	*Sie*
	AKKUSATIV	*euch*	*Sie*
	DATIV	*euch*	*Ihnen*
	GENITIV	*euer*	*Ihrer*

Das Schaubild ist wie folgt zu kommentieren:

(1) Zur Bildung der Distanzformen dienen nur die (weniger direkten!) thematischen, nicht die rhematischen Referenz-Pronomina.

(2) Die Distanzformen sind nicht nach Singular und Plural unterschieden (*Sie* entspricht den Formen *du* oder *ihr*).

(3) Die Formen für den Nominativ und den Akkusativ sind bei der Distanzform gleich (*Sie* für *du* und *dich, ihr* und *euch*).

(4) Die Distanzform der Pronomina in der Hörerrolle unterscheidet sich nur durch das orthographische Kennzeichen der Großschreibung des Anfangsbuchstabens von den thematischen Referenz-Pronomina im Plural (*sie/sie/ihnen/ihrer),* von denen sie historisch abstammen. Mit diesen Referenz-Pronomina teilen sie auch die Verbkongruenz im Plural, unabhängig davon, ob die Bedeutung der Distanzform singularisch oder pluralisch ist. Diese Kongruenz erfaßt jedoch nicht das Prädikats-Nomen einer Kopula-Prädikation, das auch nach dem Distanz-Pronomen *Sie* die Numerus-Kennzeichnung des Singulars oder Plurals zeigt. Zum Vergleich:

SINGULAR	PLURAL
/sind Sie Deutscher?/	*/sind Sie hier alle Katholiken?/*
/Sie sind gewiß Medizin-Studentin/	*/Sie sind gewiß mehrheitlich Touristen/*

Die Distanzform *Sie* (Nominativ) ist das einzige Pronomen, das auch im Imperativ beibehalten wird. Zum Vergleich:

DISTANZFORM	VERTRAUTHEITSFORM
/kommen Sie mal her!/	*/komm mal her!/*
/gehen Sie bitte nicht weg!/	*/geht bitte nicht weg!/*

Außer bei den bisher besprochenen (Referenz-)Pronomina gibt es eine Distanzform auch im Possessiv-Paradigma, mit entsprechender Kongruenz. Zum Vergleich:

	dich		*deine*	
/darf ich		*bitten, mir*		*Telefonnummer aufzuschreiben?/*
	Sie		*Ihre*	

Diese Übereinstimmung ergibt sich aus der Tatsache, daß auch die Possessiv-Artikel und -Pronomina eine Gesprächsrollen-Referenz enthalten (vgl. 4.5.2.1).

Zur Vertrautheitsform des Pronomens gehört in der Anrede meistens der Vorname, in der Distanzform der Familienname mit *Herr* oder *Frau* und gegebenenfalls weitere Titel und Amtsbezeichnungen.

Der Gebrauch dieser beiden Formen des Hörer-Pronomens richtet sich grundsätzlich nach dem sozialen Verhältnis, in dem die beteiligten Gesprächspartner zueinander stehen. Dabei ist zwischen symmetrischen und asymmetrischen Anredeformen zu unterscheiden. In der Regel des Sprachgebrauchs ist die pronominale Anrede symmetrisch, dergestalt daß die beteiligten Gesprächspartner einander entweder »siezen« oder »duzen«.

Das *Sie* ist diejenige Form der pronominalen Anrede, die bei erwachsenen Sprechern der deutschen Sprache immer dann üblich ist, wenn kein spezifisches Sozialverhältnis besteht, das Vertrautheit rechtfertigt. So werden grundsätzlich alle unbekannten erwachsenen Personen mit *Sie* angeredet. Das Pronomen *Sie* erhalten weiterhin alle Erwachsenen, denen gegenüber man einen bestimmten Sozialabstand wahrt. Auch langjährige Bekannte, Kollegen, Geschäftspartner und Hausgenossen können durchaus bei der Distanzform *Sie* bleiben und damit zu erkennen geben, daß sie einen gewissen sozialen Abstand beibehalten wollen.

Die Vertrautheitsform *du* gebrauchen demgegenüber alle Personen, die miteinander blutsverwandt oder verschwägert sind, auch bei entfernterem Verwandtheitsgrad. »Angeheiratete« Verwandte, die neu in die Verwandtschaft eintreten, werden sogleich in das Duzen miteinbezogen. Es duzen einander weiterhin alle Kinder und Jugendlichen, Schüler, Lehrlinge und seit Ende der sechziger Jahre auch die meisten Studenten.

Unter Erwachsenen, die nicht miteinander verwandt sind, ist die gegenseitige Du-Anrede ferner allgemein üblich bei all denen, die sich der Arbeiterklasse zurechnen. Das Duzen ist hier ein Signal der Klassensolidarität. Dieses »Solidaritäts-Du« oder »Genossen-Du« hat sich von seiner sozialen Basis aus auch in vielen politisch links orientierten Parteien, Gewerkschaften und anderen Gruppierungen dieser politischen Richtung ausgebreitet. Unter den skizzierten Bedingungen hat die Vertrautheitsform *du* also eine bestimmte politische Konnotation und ist in ihrem Vordringen oder Zurückweichen in der deutschen Sprachgemeinschaft von bestimmten politischen und gesellschaftlichen Konstellationen abhängig.

Eine asymmetrische Verteilung zwischen der Vertrautheitsform und der Distanzform findet man insbesondere in der Kommunikation zwischen Erwachsenen und Kindern. Kinder werden etwa bis zum Ende der Pubertät und manchmal auch noch einige Zeit darüber hinaus von allen Erwachsenen geduzt. Sie selber werden jedoch angehalten, die Erwachsenen zu siezen. Nur kleinen Kindern im Vorschulalter sieht man es nach, daß sie diese Signale der Höflichkeit nicht beherrschen und auch fremde Erwachsene mit *du* anreden.

In älteren Zeiten erlaubten sich auch sozial höherstehende Personen, ihre Untergebenen zu duzen, während diese ihre Herren zu siezen hatten. In einigen gesellschaftlichen Nischen, etwa bei vorhandenem Hauspersonal, hält sich dieser Sprachgebrauch bisweilen noch heute, dann oft mit jovial-herablassender Konnotation. In manchen Betrieben nimmt sich auch der Chef gegenüber (meist jüngeren) Angestellten diese Freiheit heraus, häufiger jedoch in der konturenschwächeren Gruppenanrede mit *ihr* als in der Einzelanrede mit *du*.

Personen, die nach den oben skizzierten Regeln einander das Sie geben, können zum Du übergehen, wenn sie in ein vertrauteres Verhältnis zueinander treten wollen. Dieser Übergang vom Sie zum Du war früher ein recht förmlicher Akt, der eine gewisse feierliche Form verlangte: man »trank Brüderschaft«. Heute vollzieht sich dieser Übergang weniger formell, doch ist es nach wie vor die Regel, nicht beiläufig vom Sie zum Du überzugehen, sondern diesen Übergang sprachlich (genauer gesagt: metakommunikativ) bewußtzumachen. Das geschieht meistens in der Form, daß einer der Gesprächspartner das Du vorschlägt oder anbietet. Das Recht dazu hat grundsätzlich der Ältere oder sozial Höherstehende.

Die Initiative zum Du geht jedoch eher von männlichen als von weiblichen Gesprächspartnern aus. Allemal hat der Übergang vom Sie zum Du den Charakter eines kleinen Privatvertrages, der in der Regel nicht wieder rückgängig zu machen ist. Er impliziert Freundschaft, manchmal Liebe. Auch wenn daraus im Laufe der Zeit und durch den Wechsel der Verhältnisse Feindschaft und Haß entstehen sollten, folgt daraus nicht automatisch die Rückkehr zum Sie, es sei denn als ausdrücklich feindseliger Akt.

Die Distanzform *Sie* hat sich in Deutschland in der Goethezeit durchgesetzt. Eine ältere Distanzform, die vom Mittelalter bis zum 18. Jahrhundert im Dienste der Höflichkeit stand, ist der Hörer/Plural *Ihr* (ebenfalls mit großem Anfangsbuchstaben geschrieben). Daneben und danach war im 18. Jahrhundert eine Zeitlang die Anrede im Referenten/Singular üblich, also je nach Geschlecht *Er* oder *Sie* (ebenfalls mit großem Anfangsbuchstaben). Als bloße pronominale Anrede hatte die Form *Er/Sie* eine Zeitlang in Konkurrenz zu dem noch höflicheren Plural-*Sie* eine eher herablassend distanzierte Bedeutung. Für die respektvolle Anrede »von unten nach oben« wurde früher auch oft statt der pronominalen eine nominale Anrede gefordert. Einige Beispiele für beide Formen aus der klassischen deutschen Literatur:

/spät kommt Ihr, doch Ihr kommt, Graf Isolan/ (Schiller, Wallenstein)

/mit Euch, Herr Doktor, zu spazieren, ist ehrenvoll und ist Gewinn/ (Goethe, Faust)

/meint Er, daß ein abgedankter Offizier nicht auch ein Offizier ist?/ (Lessing, Minna von Barnhelm)

/was will Sie denn, Frauenzimmerchen?/ (Lessing, Minna von Barnhelm)

/was steht dem Herrn zu Diensten?/ (Goethe, Faust)

/will der Herr Graf ein Tänzchen nun wagen, mag Er's nur sagen, ich spiele Ihm auf/ (Da Ponte/Mozart, Figaros Hochzeit)

Auch die heutige Sie-Anrede ist die pronominale Abkürzung einer ursprünglich höchst respektvollen nominalen Anrede im Plural, wie noch das folgende Beispiel aus Lessings »Minna von Barnhelm« erkennen läßt. Der Wirt redet das »gnädige« Fräulein von Barnhelm an:

/was sollten Ihro Gnaden nicht – ich muß Ihnen einen Ring zeigen, einen kostbaren Ring/

Auch mit anderen Pronomina als der Distanzform in der Hörerrolle kann man in der deutschen Sprache Nuancen der Höflichkeit zum Ausdruck bringen. So wird die Vertrautheitsform der Hörerrolle in Briefen, öffentlichen Bekanntmachungen und in der Werbung immer großgeschrieben, sowohl im Singular (*Du, Dich, Dir*) als auch im Plural (*Ihr, Euch, Ihnen*). Diese Großschreibung der Anfangsbuchstaben gilt auch analog für die Possessiv-Artikel und Possessiv-Pronomina der Hörerrolle (*Dein, Ihre* . . . - vgl. 4.5.2.1).

Was die Gesprächsrolle des Sprechers betrifft, so wurde es früher und bis in den Anfang des 20. Jahrhunderts hinein als unschicklich angesehen, sich selber allzuoft mit dem Pronomen *ich* zu bezeichnen, insbesondere am Anfang eines Briefes, eines Lebenslaufes oder eines anderen persönlichen Textes. Das Problem wurde in der Regel durch eine Ellipse des *ich* oder eine applikative Vorfeldbesetzung gelöst. Einige Beispiele aus der Literatur:

/*Habe nun, ach, Philosophie, Juristerei und Medizin und leider auch Theologie durchaus studiert* . . ./ (Goethe, Anfang des »Faust«)

/*Bin ein schwaches, törichtes Mädchen* . . ./ (Chamisso, »Peter Schlemihl«, Anfang des Briefes der Mina)

/*Mit aller Bestimmtheit will ich versichern, daß* . . ./ (Thomas Mann, Anfang des Romans »Doktor Faustus«)

Im heutigen Sprachgebrauch besteht diese höfliche Ich-Scheu nicht mehr so auffällig, doch sind auch heute noch manche Autoren, vor allem Wissenschaftler, ziemlich zurückhaltend in der Verwendung des Pronomens *ich* und ersetzen es durch unpersönlichere Ausdrücke wie *der Autor, die Verfasserin, der Rezensent.*

Der Sprecher/Plural zeigt ebenfalls unter dem Gesichtspunkt der Höflichkeit eine verwirrende Fülle von Nuancen. Besonderes historisches Gewicht hat der majestätische Plural (*pluralis maiestatis*) in Gestalt des Pronomens *Wir* (mit großem Anfangsbuchstaben geschrieben), den regierende Fürsten und andere hohe Herrschaften zum Ausdruck ihrer eigenen Würde gebrauchten. Andererseits finden wir in der älteren wie auch in der neueren Zeit das Pronomen *wir* als Ausdruck eines bescheidenen Autoren-Plurals (*pluralis auctoris, pluralis modestiae*), der deshalb bescheiden wirkt, weil er den Leser mit einbezieht (Inklusiv-Plural). Zwei Beispiele für diese gegenläufige Bedeutung des Sprecher/Plurals:

/*Wir, Ludwig II., von Gottes Gnaden König von Bayern,* . . ./

/ wir behandeln in diesem Kapitel die Stellung Bismarcks zu Ludwig II. /

Da in der Sprecherrolle nicht mit grammatischen Mitteln zwischen einem Inklusiv-Plural und einem Exklusiv-Plural unterschieden werden kann (vgl. 2.4.2.1), gilt es als wenig höflich, im Gespräch mit älteren oder höhergestellten Personen, mit denen man nicht in einem Vertrautheitsverhältnis steht, das Pronomen *wir* zu gebrauchen. Höflicher ist es, *Sie und ich* zu sagen. Ziemlich verbreitet ist hingegen das Pronomen *wir* in Situationen herablassender Rede. Unter diesen Bedingungen kann das Pronomen *wir* sogar, und zwar mit gönnerhafter Konnotation, den Hörer bezeichnen. Eltern sprechen bisweilen so mit ihren Kindern, Lehrer mit ihren Schülern, Ärzte und Krankenschwestern mit ihren Patienten. Beispiele:

/ na, haben wir uns denn heute auch schon die Zähne geputzt? / (*wir* = ›du‹)

/ ach, sind wir heute schon wieder einmal zu spät zur Schule gekommen? / (*wir* = ›du‹)

/ noch eine Woche Geduld, dann sind wir bestimmt wieder gesund! / (*wir* = ›Sie‹)

Erwachsenen gegenüber wirkt diese Anrede häufig plump-vertraulich und stößt daher nicht selten auf ärgerliche Ablehnung.

2.5 Die Handlungsrollen

Von den Gesprächsrollen unterscheiden sich die Handlungsrollen (»Aktanten«, »Mitspieler des Verbs«). Diese werden hauptsächlich durch den Kasus des Nomens oder Pronomens und gegebenenfalls zusätzlich durch bestimmte Stellungen in der Sprachzeichenfolge kenntlich gemacht. Die deutsche Gegenwartssprache kennt drei Handlungsrollen:

(1) Subjekt (Kasusmarkierung: Nominativ)
(2) Objekt (Kasusmarkierung: Akkusativ, »Akkusativ-Objekt«)
(3) Partner (Kasusmarkierung: Dativ, »Dativ-Objekt«)

Die Kasuskongruenz, die in einem Text zwischen gleichen Handlungsrollen besteht, ist ein wichtiges Element für die Textualität eines Textes.

Während die drei Gesprächsrollen prototypisch in einer elementaren Gesprächssituation mit Blickstellung des Sprechers und Hörers gründen, sind die drei Handlungsrollen prototypisch aus einer elementaren Handlungssituation abgeleitet, die dann gegeben ist, wenn zwei Personen gegenstandsbezogen miteinander handeln, wenn also beispielsweise eine Person einer anderen etwas gibt. In diesem elementaren Handlungsmodell wollen wir diejenige Rolle, von der die Handlung ausgeht, das Subjekt der Handlung nennen. Die Rolle, auf die sich die Handlung richtet, soll Partner heißen (»Dativ-Objekt«). Und der Gegenstand ihres Handelns soll Objekt (»Akkusativ-Objekt«) genannt werden.

Gesprächsrollen und Handlungsrollen sind in der deutschen Sprache immer miteinander verschmolzen (»Formen-Synkretismus«, »amalgamierte Formen«). So repräsentieren in dem nachfolgenden Beispiel die Ausdrücke *ich, dir* und *meinen Wagen* jeweils eine der drei Gesprächsrollen und eine der drei Handlungsrollen:

	SPRECHER / SUBJEKT	HÖRER / PARTNER	REFERENZROLLE / OBJEKT	
/natürlich stelle	*ich*	*dir*	*meinen Wagen*	*zur Verfügung/*

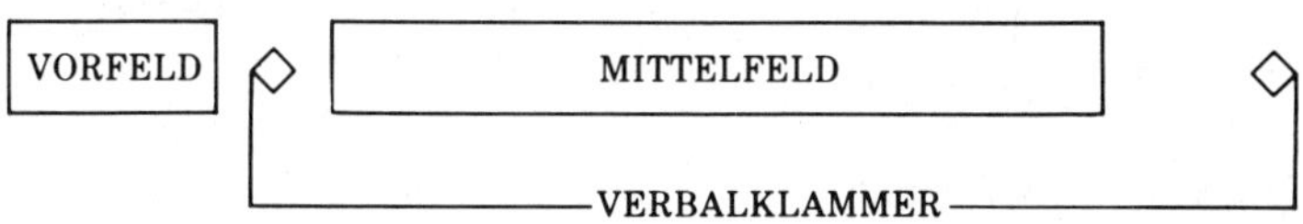

In diesem Beispiel haben alle drei Handlungsrollen und die mitbezeichneten Gesprächsrollen ihren Ausdruck im Mittelfeld gefunden; die Stellungsbedingungen hinsichtlich der Verbalklammer könnten jedoch auch anders als hier geregelt sein.

Es sind maximal neun verschiedene Kombinationen aus Gesprächsrollen und Handlungsrollen möglich:

SPRECHER / SUBJEKT	SPRECHER / PARTNER	SPRECHER / OBJEKT
HÖRER / SUBJEKT	HÖRER / PARTNER	HÖRER / OBJEKT
REFERENZROLLE / SUBJEKT	REFERENZROLLE / PARTNER	REFERENZROLLE / OBJEKT

Die Verben der deutschen Sprache unterscheiden sich also danach, wieviele und welche Handlungsrollen sie bei sich haben können. Diese unterschiedlichen Eigenschaften werden in dem Begriff Valenz (»Wertigkeit«) ausgedrückt. Jedes Verb hat eine spezifische Valenz. Die Zahl der bei einem Verb jeweils zugelassenen Handlungsrollen bezeichnet seine quantitative Valenz, die Art der zugelassenen Handlungsrollen seine qualitative Valenz. Die Valenz eines jeden Verbs charakterisiert die in diesem Verb ausgedrückte Handlungssituation nach einem bestimmten Grundmodell. Welche Valenz ein Verb jeweils hat, ist im Vokabular der Sprache vorentschieden und wird im Wörterbuch, speziell im »Valenz-Wörterbuch«, verzeichnet. Die spezifische Valenz gehört zu den lexikalischen Merkmalen eines jeden Verbs und bildet deren Grundlage. Wir unterscheiden die folgenden vier Valenzen:

VERB-VALENZEN

SUBJEKT-VALENZ (S-VALENZ)	SUBJEKT-OBJEKT-VALENZ (S-O-VALENZ)	SUBJEKT-PARTNER-VALENZ (S-P-VALENZ)	SUBJEKT-OBJEKT-PARTNER-VALENZ (S-O-P-VALENZ)

Zur Erläuterung:

(1) Subjekt-Valenz (S-Valenz):
Verben, die laut Wörterbuch diese Valenz haben, lassen nur eine Handlungsrolle in ihrer Umgebung zu (Einwertigkeit), und zwar das Subjekt, zum Beispiel: *er* (S) *sitzt; sie* (S) *steht auf.*

(2) Subjekt-Objekt-Valenz (S-O-Valenz):
Verben mit dieser Valenz können ebenfalls zwei Handlungsrollen bei sich haben (Zweiwertigkeit), nun aber Subjekt und Objekt, zum Beispiel: *sie* (S) *schaut ihn* (O) *an; er* (S) *kauft Disketten* (O) *ein.*

(3) Subjekt-Partner-Valenz (S-P-Valenz):
Verben mit dieser Valenz können zwei Handlungsrollen bei sich haben (Zweiwertigkeit); die beteiligten Handlungsrollen sind Subjekt und Partner (»Dativ-Objekt«), zum Beispiel: *sie* (S) *hilft ihm* (P); *er* (S) *stimmt ihr* (P) *zu.*

(4) Subjekt-Partner-Objekt-Valenz (S-P-O-Valenz):
Verben mit dieser Valenz können alle drei Handlungsrollen bei sich haben (Dreiwertigkeit), also Subjekt, Objekt und Partner, zum Beispiel: *sie* (S) *gibt ihm* (P) *ihre Adresse* (O); *er* (S) *schreibt ihr* (P) *einen Brief* (O).

Verben, die ein Objekt zulassen (S-O-Valenz und S-P-O-Valenz), werden objektwertig genannt. Nicht-objektwertig sind hingegen diejenigen Verben, die kein Objekt zulassen (S-Valenz und S-P-Valenz). Diese Klassifizierung deckt sich ungefähr mit den Klassen der transitiven und intransitiven Verben, mit dem Unterschied jedoch, daß nur diejenigen objektwertigen Verben als transitiv gerechnet werden, deren Objekte nicht Habitus-Objekte, Maß-Objekte oder Reflexiv-Pronomina sind (vgl. 2.5.4.2, 2.5.4.3 und 2.5.7). Zur Übersicht:

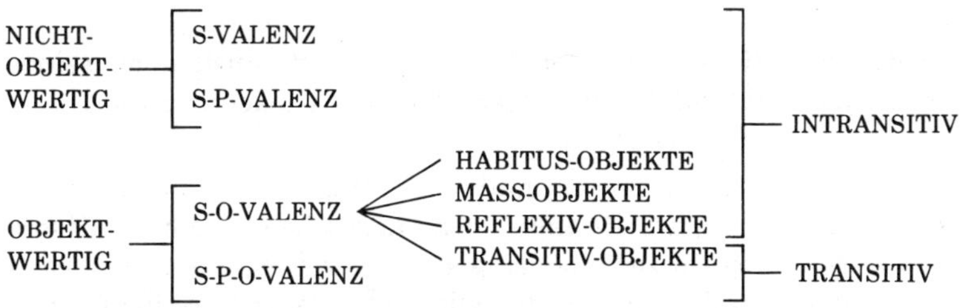

Nur wenige Verben der deutschen Sprache stehen als Ausnahmen außerhalb dieser Valenzstruktur. Es sind einige Verben mit subjektfreier Objekt- oder Partner-Valenz, zum Beispiel:

SUBJEKTFREIE OBJEKT-VALENZ	SUBJEKTFREIE PARTNER-VALENZ
/mich friert (fröstelt)/	*/mir schwindelt/*
/mich hungert (dürstet)/	*/Heinrich, mir graut's vor dir/* (Goethe, Faust)

Üblicher sind heute statt dessen Ausdrücke wie: *ich friere, ich habe - Hunger (Durst), ich bin - schwindelig, ich habe - Angst vor dir.*

Unter den Handlungsrollen hat das Subjekt eine besondere Bedeutung für die Prädikation. Diese Rolle ist daher im folgenden vorrangig zu besprechen (2.5.1). Danach werden die verschiedenen Valenzen in der Reihenfolge S-Valenz (2.5.2), S-P-Valenz (2.5.3), S-O-Valenz (2.5.4) und S-P-O-Valenz (2.5.5) besprochen. Es ist nicht gefordert, daß die einzelnen Verben in jedem Text immer mit derjenigen Valenz gebraucht werden, die ihnen im Vokabular der Sprache zugesprochen wird. Sie können auch überwertig oder unterwertig gebraucht werden, so daß zwischen lexikalischer Valenz und textueller Valenz unterschieden werden muß (2.5.6). Die Reflexivität kann in gewisser Hinsicht als unterwertiger Gebrauch eines Verbs angesehen werden (2.5.7). Das Passiv, das unter bestimmten Voraussetzungen ebenfalls als unterwertiger Gebrauch einer gegebenen

Verb-Valenz angesehen werden kann, wird gesondert behandelt (vgl. 2.6). Das gleiche gilt für die Ergänzung der Handlungsrollen durch Präpositional- und Genitiv-Adjunkte, die in dieser Grammatik nicht zur Valenz gerechnet, sondern im Zusammenhang der Junktion eigens behandelt werden (vgl. Kap. 7).

2.5.1 Prädikation

Unter den drei Handlungsrollen hat das Subjekt hinsichtlich seines Verbs einen besonderen Rang. Dieser ist dreifach gekennzeichnet:

(1) Jedes Verb - von den vorerwähnten veralteten Verbformen mit subjektfreier Objekt- oder Partner-Valenz abgesehen - läßt die Handlungsrolle des Subjekts zu, unabhängig von der Frage, ob sonst noch weitere Handlungsrollen hinzutreten oder nicht. Jedes Verb hat folglich eine Subjekt-Valenz.

(2) Jede finite Verbform ist mit ihrem Subjekt - nicht jedoch mit den anderen Handlungsrollen - über die Kongruenzbrücke der Rollen-Konjugation verbunden. Diese Kongruenz erstreckt sich auf die Gesprächsrolle und den Numerus.

(3) Eine finite Verbform bildet mit ihrem Subjekt ein Determinationsgefüge, in dem das Subjekt determinationsbedürftig (»determinandum«) und das Verb determinationskräftig (»determinans«) ist. Es handelt sich hier um ein Determinationsgefüge besonderer Art, das als satzförmig gilt und Prädikation genannt wird. Im Unterschied zu allen anderen Determinationsgefügen geschieht die Bedeutungsbestimmung in einer Prädikation nicht beiläufig, sondern hat den bindenden Charakter einer ausdrücklichen Feststellung (»Fest-Stellung«). Wenn der Sprecher, indem er eine Prädikation äußert, einem gegebenen Subjekt ausdrücklich eine bestimmte Verbbedeutung als Prädikat (»Satzaussage«) zuspricht, so geht er damit gegenüber seinem Hörer die Verpflichtung ein, diese Feststellung, falls der Hörer es wünscht, argumentativ zu verteidigen. In den meisten Fällen wird der Hörer zwar die Prädikationen des Sprechers ohne Einspruch und Rückfrage durchgehen lassen; wenn er jedoch mit einer gegebenen Feststellung nicht einverstanden ist, so muß der Sprecher ihm hinsichtlich seiner behaupteten Prädikation Rede und Antwort stehen und sie beispielsweise begründen, erläutern, abändern oder im Grenzfall zurückziehen. Auf diese Weise enthält jede Prädikation in sich den Keim eines argumentativen Sprachspiels.

Auf der Ebene der semantischen Merkmale beschreiben wir die Prädikation mit dem Merkmal ⟨FESTSTELLUNG⟩, das Subjekt mit dem Merkmal ⟨FESTSTELLBAR⟩, das Prädikat mit dem Merkmal ⟨FESTSTELLEND⟩.

Durch weitere Determinanten im Kontext (Frage-Morpheme, Tempus-Morpheme, Modalverben, Negations-Morpheme . . .) kann die ausdrückliche Feststellung, die in einer Prädikation zum Ausdruck kommt, situationsspezifisch abgewandelt und dabei gegebenenfalls auch eingeschränkt oder zurückgewiesen werden. Solche Verfahren werden im einzelnen in späteren Kapiteln dieser Grammatik besprochen. Im folgenden wird zunächst der Regelfall einer schlicht feststellenden Prädikation zugrunde gelegt.

2.5.2 Subjekt-Valenz

Die Verben mit Subjekt-Valenz (S-Valenz) können nur eine einzige Handlungsrolle bei sich haben, und zwar das Subjekt. Die Handlungsrollen des Objekts und des Partners sind nicht zugelassen. Verben mit dieser Valenz sind also einwertig.

Alle Verben mit Subjekt-Valenz sind in der Lage, eine einfache Prädikation zu bilden. Wir unterscheiden im folgenden die Klasse der einfachen Prädikationen nach zwei Subklassen, die dadurch definiert sind, daß entweder das Verb für sich allein das Prädikat ausdrückt (2.5.2.1) oder für die Zwecke der Prädikation um ein Prädikament erweitert wird (2.5.2.2).

2.5.2.1 Prädikation mit einfachem Prädikat

Ein einfaches Prädikat liegt dann vor, wenn die Bedeutung eines Verbs bereits ausreicht, um als Prädikat die Bedeutung eines Subjekts zu determinieren, und zwar als ausdrückliche, argumentationsbereite Feststellung. So besteht beispielsweise die folgende Prädikation aus einem Subjekt und einem einfachen Prädikat:

/*der Prozeß*	*fängt – an*/
SUBJEKT	PRÄDIKAT

Das Verb *fängt – an* ist seiner Lexik nach einwertig, es hat hier als einzige Handlungsrolle das Subjekt *der Prozeß* bei sich (S-Valenz). Die

Prädikation mit einfachem Prädikat besagt nun in einer Valenz-Analyse, daß die Bedeutung des Verbs *fängt – an* determinationskräftig genug ist, um die Bedeutung des Subjekts festzustellen. Das heißt semantisch, daß dem ›Prozeß‹ hier der Handlungszug des ›Anfangens‹ ausdrücklich zugesprochen werden soll, so daß man diese Zusprechung zum Gegenstand eines argumentativen Sprachspiels machen kann. Die Subjekt-Valenz eines Verbs kann daher in ihrer Bedeutung erschöpfend durch die Feststellungs-Anweisung der Prädikation ausgedrückt werden. Diese Anweisung ist zugleich das gemeinsame Grundmerkmal in der lexikalischen Bedeutung aller Verben mit Subjekt-Valenz.

In der Bedeutung des Verbs *bin* ist die Subjekt-Valenz rein, das heißt, ohne Spezifikation durch weitere lexikalische Merkmale, ausgedrückt. Dieses Verb bedeutet Feststellung schlechthin. Es tritt jedoch verhältnismäßig selten und fast nur fachsprachlich als einfaches Prädikat, also ohne weitere Determinanten auf. Beispiele:

/wenn ich bin, ist der Tod nicht; wenn der Tod ist, bin ich nicht/ (Lukrez)

/ich denke, also bin ich/ (Descartes)

/werde, der du bist/ (Goethe)

Bei den Bedeutungen anderer Verben mit Subjekt-Valenz treten zu dem grammatischen Grundmerkmal ⟨FESTSTELLUNG⟩ weitere lexikalische Merkmale hinzu, nach denen sich die Bedeutungen der einzelnen Verben spezifizieren. Alle Verben mit Subjekt-Valenz bleiben aber durch das genannte Grundmerkmal, das die Prädikation als solche konstituiert, untereinander verbunden. Auch in den weiteren spezifizierenden Merkmalen sind darüberhinaus bei den einwertigen Verben gewisse verwandtschaftliche Bezüge erkennbar, so daß man sie zu lexikalischen Gruppen ordnen (»subkategorisieren«) kann. Diese Gruppen haben jedoch keine ganz scharfen Grenzen. Wir unterscheiden die folgenden drei lexikalischen Gruppen, dargestellt an einfachen Beispielen:

(1) Verben des physischen und psychischen Lebens:

die Natur lebt	*niemand arbeitet*
manche Arten sterben – aus	*alle schlafen*
die Menschheit überlebt	*viele träumen*
das Glück vergeht	*der Baum wächst*
das Heilmittel wirkt	*die Blume blüht*

(2) Verben der Bewegung und Phasierung:

wir kommen - her	*ich fange - an*
ihr geht - weg	*du hörst - auf*
ich reise - ab	*machen wir - weiter!*
ihr kehrt - heim	*sie schlafen - ein*
tritt - ein!	*sie wachen - auf*
die Rose erblüht	*die Rose verblüht*

(3) Verben mit dem Horizont-Pronomen *es*, die ein Naturgeschehen, insbesondere die Witterung bezeichnen (vgl. 4.4.4.1):

es regnet	*es friert*
es schneit	*es taut (- auf)*
es blitzt	*es zieht*
es donnert	*es spritzt*
es hagelt	*es brennt*

Diese Verben werden hier also ebenfalls als einwertig, nicht als »nullwertig« angesehen.

Unter den Verben mit Subjekt-Valenz befinden sich nicht wenige, die durch ihre spezifische Bedeutung eine so starke prädikative Kraft haben, daß sie überhaupt nur ganz bestimmte Nomina als ihre Subjekte zulassen. Das gilt beispielsweise für die folgenden subjektwertigen Verben:

er bellt (der Hund)	*es klirrt (das Glas)*
es wiehert (das Pferd)	*sie läutet (die Glocke)*
es grunzt (das Schwein)	*es scheppert (das Metall)*

2.5.2.2 Prädikation mit Prädikamenten

Einige Verben mit Subjekt-Valenz sind von ihrer Bedeutung her zu wenig spezifisch, um für sich allein, außer in fachsprachlichem Sondergebrauch, die Bedeutung des Subjekts feststellen zu können. Wir nennen sie die Kopulaverben. Es sind im Deutschen die Verben *bin, werde, bleibe, scheine* und unter bestimmten Kontextbedingungen *heiße*. In den meisten Fällen bedürfen die Kopulaverben in ihrer prädikativen Funktion einer lexikalischen Ergänzung. Eine solche Ergänzung nennen wir Prädikament. Unter dem Oberbegriff des Prädikaments fassen wir das Prädikats-Nomen, das Prädikats-Adjektiv, das Prädikats-Adverb und das Prädikats-Adjunkt zusammen.

Prädikats-Nomen:

/er ist Grieche/

/sie will Rechtsanwältin werden/

Prädikats-Adjektiv:

/sie ist krank gewesen/

/er wird wieder gesund/

Prädikats-Adverb:

/er bleibt hier/

/sie ist überall/

Prädikats-Adjunkt:

/er ist ohne Wohnung/

/sie ist guten Mutes/

Das wichtigste Kopulaverb ist das Verb *bin*. Es weist den Hörer an, eine Prädikation schlicht zu vollziehen, das heißt, einem Subjekt ein bestimmtes Prädikat ausdrücklich zuzusprechen. Die Bedeutung des Kopulaverbs *bin* ist also durch das semantische Merkmal ⟨FESTSTELLUNG⟩ erschöpfend zu beschreiben. Da die Bedeutung dieses Verbs durch keine weiteren lexikalischen Merkmale spezifiziert ist, bedarf es, wenn es nicht mit fachsprachlicher Spezifik gebraucht wird, unbedingt einer Ergänzung durch ein Prädikats-Nomen, ein Prädikats-Adjektiv, ein Prädikats-Adverb oder ein Prädikats-Adjunkt.

In den meisten Kopula-Prädikationen steht das Prädikament hinter dem Kopulaverb, so daß die ganze Prädikation die Abfolge Subjekt/Kopulaverb/Prädikament hat. Das Kopulaverb und das Prädikament bilden dann zusammen eine Verbalklammer, die Kopulaklammer (vgl. 2.2). In dieser Kopulaklammer ist das Kopulaverb *bin* das Vorverb und das jeweilige Prädikament das Nachverb. Beispiele:

/Ludwig II. war seit dem Jahre 1864 König/

/während seiner ganzen Regierungszeit war er selten in München/

/Richard Wagner war oft bei ihm zu Gast/

/der König war eher ein Künstler als ein Staatsmann/

Außer dem Verb *bin* dienen auch die Verben *werde, bleibe* und (seltener) *scheine* als Kopulaverben. Sie fügen der Prädikation jeweils noch ein Bedeutungsmerkmal hinzu, und zwar:

werde: ⟨FESTSTELLUNG⟩ + ⟨VORAUSSCHAU⟩
bleibe: ⟨FESTSTELLUNG⟩ + ⟨VERLAUF⟩
scheine: ⟨FESTSTELLUNG⟩ + ⟨WAHRSCHEINLICHKEIT⟩

Beispiele:

/*sie ist Sängerin und will Solistin werden*/

/*er ist Hornist im städtischen Orchester, will aber nicht immer Orchestermusiker bleiben*/

Bei dem Kopulaverb *scheine* kommt nur ein kurzes Prädikament in Frage; sonst weicht man eher auf die Erweiterung *scheine – zu sein* aus. Beispiele:

/*du scheinst begabt*/

/*du scheinst eine besondere künstlerische Begabung zu sein*/

Von den genannten vier Kopulaverben haben *bin* und *werde* unregelmäßige Rollen-Konjugation:

NUMERUS	VERBEN / ROLLEN	KOPULAVERB *bin*	KOPULAVERB *werde*
SINGULAR	SPRECHER	*ich bin*	*ich werde*
	HÖRER	*du bist*	*du wirst*
	REFERENZROLLE	*er/sie/es ist*	*er/sie/es wird*
PLURAL	SPRECHER	*wir sind*	*wir werden*
	HÖRER	*ihr seid*	*ihr werdet*
	REFERENZROLLE	*sie sind*	*sie werden*

Die Präteritumformen *war* und *wurde* werden hinsichtlich ihrer Rollen-Konjugation regelmäßig gebildet.

Schließlich ist unter besonderen Gebrauchsbedingungen noch das Verb *heiße* als Kopulaverb zu verzeichnen. Es tritt in dieser Funktion jedoch nur mit einem (meistens artikellosen) Eigennamen als Prädikats-Nomen auf:

/*wie heißt du? ÷ Lohengrin*/

/*der Schriftsteller Jean Paul hieß eigentlich Johann Paul Friedrich Richter*/

/*die Flüsse Werra und Fulda heißen nach ihrem Zusammenfluß (die) Weser*/

Je nach der Form des Prädikaments nun, mit dem eines dieser Kopulaverben eine Prädikation bildet, erhält die Kopula-Prädikation einen je verschiedenen Charakter:

(1) Das Prädikament als Prädikats-Nomen

Prädikament kann ein Prädikats-Nomen sein. Dieses kann seinerseits durch seinen Kontext unterschiedlich determiniert sein. Besonders fest ist die aus einem Kopulaverb und einem Prädikats-Nomen gefügte Prädikation, wenn das Nomen ohne Artikel steht. Solche Prädikate gebraucht man insbesondere dann, wenn eine klassifikatorische Feststellung getroffen werden soll, etwa wenn eine Person nach ihrem Beruf, ihrer Nationalität oder ihrer Religion eingeordnet werden soll. Beispiele:

/ich bin Staatsanwalt/

/sie scheint Französin (zu sein)/

/er ist Freimaurer/

/wir sind Schülerinnen/

/ihr seid Studenten/

/Sie sind alle Nichtraucher?/

Das Prädikats-Nomen kann aber auch den anaphorischen oder kataphorischen Artikel bei sich haben und darüber hinaus durch weitere kontextuelle Determinanten in seiner Bedeutung eingegrenzt werden. Beispiele:

/sie ist die erfolgreichste Ärztin der Stadt/

/er ist ein sehr tüchtiger Hausmann geworden/

/das wird bestimmt eine glückliche Ehe/

/Männer und Frauen sind gleichberechtigte Personen/

In einer Kopula-Prädikation mit Prädikats-Nomen besteht grundsätzlich Genus- und Numerus-Kongruenz zwischen dem (selbständig oder flexivisch ausgedrückten) Subjekt und dem Prädikats-Nomen:

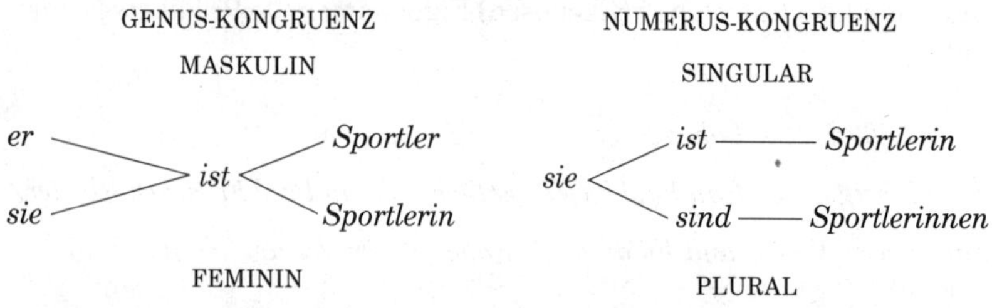

Wird das Prädikats-Nomen in einer Kopula-Prädikation durch ein spezifizierendes Adjektiv oder ein anderes Attribut näher bestimmt, so kommt oft eine klassifizierende Definition zustande. Das Prädikats-Nomen dient dann als nächster Oberbegriff (*genus proximum*), das Attribut als artbildender Unterschied (*differentia specifica*). Beispiele:

/die Bundesrepublik Deutschland ist ein föderatives Staatswesen/

/das Grundgesetz ist eine demokratische Verfassung/

(2) Das Prädikament als Prädikats-Adjektiv

Prädikament kann auch ein Adjektiv sein. Wir sprechen dann von einem Adjektiv in prädikativer Funktion oder Prädikats-Adjektiv. Es ist der Form nach invariant und hat keine Flexive. Beispiele:

/Luther war tief religiös/

/die protestantische Kirche in Deutschland ist größtenteils lutherisch/

/die Reformation schien schon in ganz Deutschland erfolgreich, als die Gegenreformation große Teile des Landes für den Katholizismus zurückeroberte/

In seltenen Fällen und unter bestimmten kontextuellen Bedingungen (vgl. 5.1.3) findet man an Stelle eines unflektierten Prädikats-Adjektivs auch eines mit Flexiven. Beispiel:

/das Proletariat der Zukunft wird vielleicht ein akademisches, kein industrielles sein/

(3) Das Prädikament als Prädikats-Adverb

Von den verschiedenen Subklassen der Sprachzeichenklasse Adverb treten vor allem Positions- und Direktions-Adverbien sowie einige Tempus-Adverbien als Prädikats-Adverbien auf. Beispiele:

/ich bin noch hier/

/bleibst du immer da?/

/die Prüfung war gestern/

/bist du schon weg?/

/ich bin gleich zurück/

/die Party ist erst heute/

Die anderen Subklassen der Sprachzeichenklasse Adverb werden nur gelegentlich zur Bildung eines Prädikats-Adverbs herangezogen und das auch nur unter bestimmten kontextuellen Bedingungen, zum Beispiel: *das ist so und nicht anders.*

(4) Das Prädikament als Prädikats-Adjunkt

Das Prädikament kann ein Prädikats-Adjunkt sein, das durch eine Präposition angeschlossen wird. Das Kopulaverb kann dann als Basis dieser Junktion aufgefaßt werden (vgl. 2.2.2.1.3). Beispiele:

/er ist ganz außer Atem/   */er ist nicht bei Trost/*

/er ist ohne jede Hilfe geblieben/   */er ist schon immer gegen jede Art von Geselligkeit gewesen/*

Auch der Genitiv wird in dieser Grammatik als Junktor analysiert (vgl. 7.2). Daher können auch genitivische Ausdrücke nach dem Kopulaverb *bin* als Prädikats-Adjunkte aufgefaßt werden. Beispiele:

/sie ist immer guter Dinge/   */sie scheint guten Mutes/*

/sie ist anderer Meinung/   */ist sie denn des Teufels?/*

Viele dieser genitivischen Ausdrücke sind formelhaft oder wenigstens stereotyp.

Bei dem Kopula-Verb *werde* ist eine Sonderform des Prädikats-Adjunkts zu beobachten, die sich der Präposition *zu* bedient und damit den Endpunkt einer Entwicklung bezeichnet:

/Lots Frau wurde zur Salzsäule/

/soll ich an meinen Verwandten zum Bettler werden?/

Unter bestimmten kontextuellen Bedingungen kann in einer Prädikation auch ein Null-Morphem die Aufgaben des Kopulaverbs *bin* übernehmen. Dann entsteht eine Kopula-Prädikation ohne Verb. In einer solchen »elliptischen« Prädikation sorgen andere syntaktische (bisweilen zur Unterstützung auch intonatorische) Signale im Kontext dafür, daß von zwei Sprachzeichen, die in enger Kontextnachbarschaft stehen, eines als Subjekt und das andere als Prädikament aufgefaßt wird. In vielen Fällen handelt es sich dabei um zwei Nomina, von denen das eine die Subjektrolle ausfüllt und das andere als Prädikats-Nomen dient. Besonders wichtig für das richtige Verständnis einer solchen Kopula-Prädikation trotz des fehlenden Verbs ist die Verteilung der Artikel. Wenn beispielsweise von zwei nebeneinander stehenden Nomina das erste den anaphorischen (»bestimmten«), das zweite den kataphorischen (»unbestimmten«) Artikel bei sich hat, so entsteht schon durch die Artikelform eine Thema/Rhema-Struktur, die eine Interpretation als Kopula-Prädikation mit diesem Informationsprofil nahelegt. Beispiele:

/*das Leben ein Traum*/ (Calderón)	/*dieser Dramatiker – ein Genie!*/
/*der Traum ein Leben*/ (Grillparzer)	/*diese Inversion des Titels: eine glänzende Idee!*/

Prädikationen ohne Kopula sind auch mit Prädikats-Adjektiven, Prädikats-Adverbien und Prädikats-Adjunkten möglich. Hier einige Beispiele:

KOPULAFREIE PRÄDIKATION MIT PRÄDIKATS-ADJEKTIV	KOPULAFREIE PRÄDIKATION MIT PRÄDIKATS-ADVERB ODER -ADJUNKT
/*die Zugspitze – einfach herrlich!*/	/*Seilbahn heute gratis*/
/*Hotels alle belegt*/	/*Skilift außer Betrieb*/

Die Beispiele lassen schon erkennen, daß ein Verzicht auf das Kopulaverb in einer Prädikation vor allem bei plakativen Äußerungen zu finden ist, wie sie bei öffentlichen Ankündigungen oder in der Werbung vorkommen. Auch Zeitungsüberschriften verzichten aus Platzgründen und um der größeren Prägnanz willen nicht selten auf das Kopulaverb. Einige Beispiele:

/*Bundeskanzler heute wieder im Amt*/

/*Koalitionspartner wegen Informationspolitik verstimmt*/

In all diesen Fällen kann der Hörer aus den Signalen des Kontextes, gegebenenfalls auch aus der Situation, das fehlende Kopulaverb leicht einsetzen und auf diese Weise die »Ellipse« überbrücken. Es wird dann immer das Kopulaverb *bin* in die strukturelle Lücke eingesetzt, da dieses Verb unter allen Kopulaverben die einfachste Bedeutung hat, die nur auf dem semantischen Merkmal ⟨FESTSTELLUNG⟩ beruht.

2.5.3 Subjekt-Partner-Valenz (Zuwendung)

Die mehrwertigen Verben der deutschen Sprache können sämtlich als Überformungen einwertiger Verben angesehen werden. Anders ausgedrückt: alle Verben, die zwei- oder dreiwertig sind, sind immer auch einwertig, haben also eine zugrunde liegende Subjekt-Valenz. Denn die anderen Handlungsrollen Partner und Objekt, die bei den zwei- oder dreiwertigen Verben entweder einzeln oder zusammen zugelassen sind, treten zum Subjekt als der fundamentalen, die Prädikation konstituierenden Handlungsrolle hinzu. Wir besprechen nun zunächst diejenigen zweiwertigen Verben, die zusätzlich zur Handlungsrolle des Subjekts noch die Handlungsrolle des Partners zulassen. Diese Verben bezeichnen wir als Verben mit einer Subjekt-Partner-Valenz oder abgekürzt S-P-Valenz. Ob ein bestimmtes Verb diese Valenz hat, ist eine Grundeigenschaft seiner lexikalischen Bedeutung und durch die Lexik der Sprache vorentschieden. Es steht im (Valenz-)Wörterbuch verzeichnet.

Bei Verben mit Subjekt-Partner-Valenz kann also zur Handlungsrolle des Subjekts noch die Handlungsrolle des Partners hinzutreten. Die Partnerrolle ist am Kasus-Signal Dativ erkennbar, unter der zusätzlichen Bedingung allerdings, daß dem Dativ keine Präposition mit Dativ-Rektion voraufgeht (vgl. 7.1.3.2). Man bezeichnet in vielen Grammatiken die Partnerrolle daher auch als »Dativ-Objekt«.

Die Relation zum Partner, die bei einem Verb mit Subjekt-Partner-Valenz zu der grundlegenden Subjekt-Valenz hinzutritt und diese überformt, soll mit dem semantischen Merkmal ⟨ZUWENDUNG⟩ beschrieben werden. Diese Bezeichnung drückt die spezifische Relation aus, die zwischen der vom Verb her prädikativ determinierten Handlungsrolle des Subjekts und der des Partners besteht. In dieser Relation wird das Subjekt auf der Merkmalebene als ⟨ADRESSANT⟩, der Partner als ⟨ADRESSAT⟩ der im Verb ausgedrückten Handlung charakterisiert. Allen Verben mit zusätzlichem Partner ist die Relation ›Adressant/Adressat‹ in die lexikalische Bedeutung eingeschrieben. Wir können daher alle Verben mit Subjekt-Partner-Valenz auch lexikalisch zu einer Klasse zusammenfassen.

Die Valenz-Struktur der ›Zuwendung‹ kann man erläutern am Beispiel des Verbs *widerspreche*, das eine Subjekt-Partner-Valenz hat. Das besagt: bei diesem Verb ist außer der Handlungsrolle Subjekt auch die Handlungsrolle Partner zugelassen:

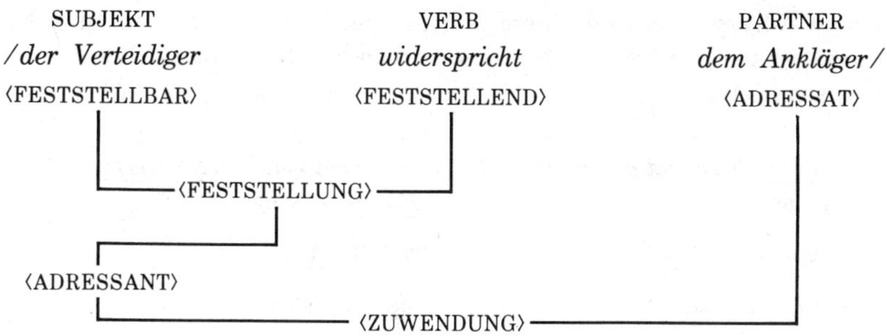

Das Schaubild läßt für die Rolle des Subjekts eine doppelte Funktion erkennen, die sich aus der Zweiwertigkeit des Verbs *widerspreche* ergibt. Das Subjekt *der Verteidiger* steht einerseits als ›feststellbar‹ in einer Prädikations-Relation zum ›feststellenden‹ Verb *widerspricht,* durch das es in dieser determinierten Bedeutung festgestellt wird. Das ist eine Prädikation. Sie beruht auf einer von der Lexik des Verbs *widerspreche* her zugelassenen Subjekt-Valenz. Kraft der ebenfalls von dieser Verbbedeutung her zugelassenen Partner-Valenz ist dasselbe Subjekt *der Verteidiger* aber gleichzeitig ›Adressant‹ für einen ›Adressaten‹ im Dativ: *dem Ankläger.* Das ist eine weitere, über die bloße Feststellung einer Widerspruchshandlung hinausgehende Determinationsbeziehung ganz anderer Art, die ›Zuwendung‹ heißen soll.

Trotz der gemeinsamen, in der Valenz-Relation ›Zuwendung‹ ausgedrückten Bedeutung unterscheiden sich die einzelnen Verben, die dieser Bedeutungsklasse angehören, voneinander durch die weiteren lexikalischen Merkmale, aus denen die spezifische Bedeutung der verschiedenen Verben mit gemeinsamer Subjekt-Partner-Valenz gebildet ist. Dabei lassen sich Subklassen bilden je nach einigen fundamentalen lexikalischen Merkmalen, die zur Bedeutungsbildung beitragen. Subklassen dieser Valenz entstehen beispielsweise durch die Besetzung der beteiligten Handlungsrollen entweder mit Personen oder mit Sachen oder mit beiden. Zum Vergleich:

/der Lehrling hilft dem Meister/ (Person / Person)

/Rost schadet dem Eisen/ (Sache / Sache)

/die Angestellten trauen der Rechenanlage nicht/ (Person / Sache)

/das Großraumbüro mißfällt den Angestellten/ (Sache / Person)

In den meisten Fällen ist jedoch die Partnerrolle von einer Person besetzt: das ergibt sich schon aus der Determinations-Relation zwischen einem Adressanten und einem Adressaten. Viele Verben mit Subjekt-Partner-Valenz drücken daher eine soziale Einstellung zwischen Personen aus. Beispiele:

/Dr. Faust begegnet einem jungen Mädchen/	*/Gretchen gefällt dem Herrn Professor sehr/*
/er schmeichelt ihr/	*/er folgt ihr nach/*
/sie hört ihm zu/	*/sie widersteht ihm nicht/*
/er schaut (sieht) ihr nach/	*/sie mißtraut seinem Begleiter/*

Weitere Verben mit Subjekt-Partner-Valenz, die vorwiegend, aber nicht ausschließlich mit personaler Besetzung dieser Handlungsrollen gebraucht werden, sind: *helfe, danke, drohe, zürne, grolle, weiche, schaue – zu, sehe – zu, lausche, komme – zu Hilfe, bin – zugetan, bin – gut, komme – entgegen, wende mich – zu* (. . .).

Nicht wenige Verben der deutschen Sprache, die als einteilige Verben eine bloße Subjekt-Valenz haben, erhalten durch das Wortbildungsverfahren der Konstitution als zweiteilige Verben eine Subjekt-Partner-Valenz. Zum Vergleich:

EINTEILIGE VERBEN (S-VALENZ)	ZWEITEILIGE VERBEN (S-P-VALENZ)
/ich fahre morgen/	*/ich fahre dir morgen entgegen/*
/ich laufe nicht gerne/	*/glaub' nur nicht, daß ich dir nachlaufe!/*

Während im allgemeinen die spezifische Valenz eines Verbs in einem gegebenen Text sowohl unterschritten als auch überschritten werden kann (vgl. 2.5.6), ist die spezifische Bedeutung einiger Verben mit Subjekt-Partner-Valenz so beschaffen, daß ein unterwertiger Gebrauch ausgeschlossen ist. Das gilt beispielsweise für die folgenden Verben mit relationaler Bedeutung:

/der Sohn gleicht dem Vater/

/die Tochter ähnelt der Mutter/

/das Haus gehört den Großeltern/

/das Rederecht steht Ihnen zu/

/wir wenden uns einem neuen Thema zu/

Eine besondere Bedeutung erhält die Subjekt-Partner-Valenz dann, wenn entweder als Subjekt oder als präpositionales Adjunkt ein Körperteil bezeichnet ist. Es entsteht dann eine Teil-Ganzes-Beziehung. Beispiele:

PERSON IN PARTNERROLLE KÖRPERTEIL IN SUBJEKTROLLE	PERSON IN PARTNERROLLE KÖRPERTEIL ALS ADJUNKT
/vor Kopfschmerzen brummt mir der Schädel ganz entsetzlich/	*/er schlug seinem Freund kräftig auf die Schultern/*
/die Haare stehen mir vor Schreck zu Berge/	*/sie schaut ihm fest in die Augen/*
/dem Kind ist ein Zahn ausgefallen/	*/der Erfolg ist euch zu Kopf gestiegen/*

Im ganzen hat die Subjekt-Partner-Valenz keine sehr hohe Frequenz in der deutschen Sprache.

2.5.4 Subjekt-Objekt-Valenz (Disposition)

Die Verben mit Subjekt-Objekt-Valenz sind dadurch definiert, daß sie zusätzlich zur Subjektrolle noch die Handlungsrolle des Objekts bei sich haben können. Ob ein bestimmtes Verb diese Valenz hat, ist eine Grundeigenschaft seiner Bedeutung und durch die Lexik der Sprache vorentschieden. Es steht im (Valenz-)Wörterbuch verzeichnet.

Die zur Subjekt-Valenz eines Verbs hinzutretende Objekt-Valenz gibt dem Hörer die Anweisung, das Subjekt als ›verfügend‹ (Merkmal: ⟨DISPONENT⟩) und das Objekt als ›verfügbar‹ (Merkmal: ⟨DISPONIBEL⟩) aufzufassen. Alle objektwertigen Verben haben die Grundbedeutung gemeinsam, daß ein Subjekt gemäß der lexikalischen Bedeutung des Verbs über ein Objekt verfügt. Es handelt sich demnach um eine Verfügungs-Relation, deren grammatische Bedeutung mit dem Merkmal ⟨DISPOSITION⟩ ausgedrückt werden kann.

Die Klasse der Verben mit Subjekt-Objekt-Valenz ist in der deutschen Sprache sehr umfangreich. Die meisten dieser Verben sind transitiv (2.5.4.1). Objektwertig, jedoch nicht transitiv sind hingegen die Verben mit Habitus-Objekt (2.5.4.2) oder Maß-Objekt (2.5.4.3). Auch reflexive Verben mit Subjekt-Objekt-Reflexität gelten nicht als transitiv.

2.5.4.1 Verben mit transitiven Objekten

Von einem transitiven Verb sprechen wir dann, wenn das Subjekt mit seiner Handlung, die durch die lexikalische Bedeutung des Verbs bezeichnet ist, auf ein Objekt ausgreift (»übergeht«) und sich auf diese Weise einen Verfügungsbereich verschafft. Das Verb *wähle* ist ein solches transitives Verb, das aufgrund seiner Subjekt-Objekt-Valenz ein verfügbares Objekt bei sich haben kann. Es begründet kraft seiner Valenz, über die elementare Prädikation hinaus, eine Relation, die mit dem semantischen Merkmal ⟨DISPOSITION⟩ beschrieben werden kann.

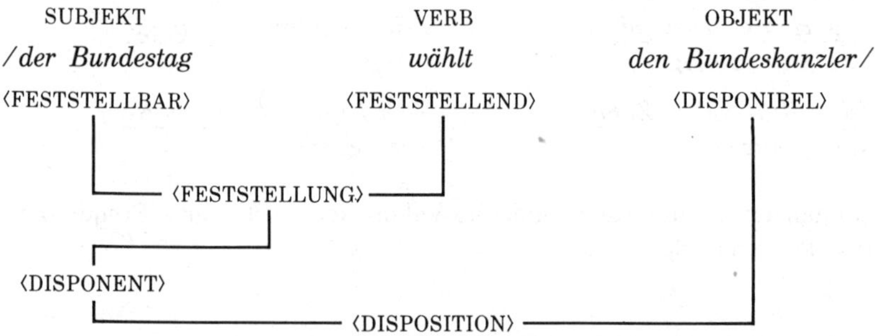

In diesem Beispiel hat das Verb *wähle* zunächst einmal eine Subjekt-Valenz, wie sie für alle Verben grundlegend ist. Es kann also mit einem Subjekt zusammen eine Prädikation bilden, die eine ›Feststellung‹ ausdrückt. Da nun aber das Verb *wähle* als zweiwertiges Verb zusätzlich zu seiner Subjekt-Valenz eine Objekt-Valenz hat, wird die Prädikation um eine Verfügungs-Relation erweitert, die nach ihren semantischen Merkmalen als ›Disposition‹ gekennzeichnet wird. Auch diese Relation ist über das Verb vermittelt, da das disponierende Subjekt ja bereits vermittels der Prädikation an sein Verb gebunden ist.

Erkennbar ist die Handlungsrolle des Objekts primär an ihrem Kasus, dem Akkusativ, unter der Voraussetzung allerdings, daß der Akkusativ nicht durch die Akkusativ-Rektion einer Präposition gefordert ist.

In der Valenz-Klasse der Verben mit Subjekt-Objekt-Valenz gibt es schließlich eine kleine Gruppe von Verben, die eine doppelte Besetzung der Objektrolle fordern (»Gleichsetzungs-Akkusativ«). Gebräuchlichstes Mitglied dieser Gruppe ist das Verb *nenne.* Beispiel:

/der Journalist nannte den Minister einen Lügner/

Das doppelte Objekt dieses Beispiels impliziert eine eigene Prädikation, die in expliziter Form lauten würde: *der Minister ist ein Lügner*. Die nicht ausgesprochene Kopula *ist* (»Ellipse«) ist in der Bedeutung des Verbs *nenne* enthalten. Die prädikative Feststellung ist somit hier für den Journalisten verfügbar. Von dieser Besonderheit abgesehen, verhält sich die Subjekt-Objekt-Valenz wie in dem oben analysierten einfachen Beispiel für diese Relation.

Weitere (seltener gebrauchte) Verben dieser Untergruppe sind: *heiße* (mit objektwertiger Valenz), *schelte, schimpfe*. Ein doppeltes Objekt findet man auch, jedoch mit gewissen Einschränkungen, bei dem Verb *lehre*. Zunächst ein Beispiel:

/wer hat ihn diese Kunst gelehrt?/

Ein pronominales und ein nominales Objekt stehen in diesem Beispiel nebeneinander. Hier ist aber die folgende Gebrauchsbeschränkung zu beachten. Das Verb *lehre* verrät, wenn es mit doppeltem Objekt gebraucht wird, immer ein sehr angestrengtes und etwas pedantisches Stilregister. Gebrauchsüblich ist hingegen die Verwendung dieses Verbs entweder ohne Objekt (*sie lehrt an der Universität*) oder mit einfachem Objekt (*sie lehrt Deutsch als Fremdsprache*). Andernfalls weicht man auf das umgangssprachliche Verb *bringe – bei* aus (Subjekt-Partner-Objekt-Valenz).

2.5.4.2 Verben mit Habitus-Objekten

Die Verfügungs-Relation, auf der die Objekt-Valenz beruht, kommt am reinsten in dem hochfrequenten Verb *habe* zum Ausdruck, das seiner Form nach eine unregelmäßige Rollen-Konjugation aufweist:

SINGULAR	SPRECHER HÖRER REFERENZROLLE	*ich habe (hab')* *du hast* *er/sie/es hat*
PLURAL	SPRECHER HÖRER REFERENZROLLE	*wir haben* *ihr habt* *sie haben*

Das Verb *habe* bedeutet nämlich ›Verfügung‹ – und sonst nichts. Seine Bedeutung ist daher mit dem Bedeutungsmerkmal ⟨DISPOSITION⟩ erschöpfend beschrieben, das heißt, seine lexikalische Bedeutung entspricht der grammatischen Bedeutung seiner Objekt-Valenz. Es erweist sich nun, daß Objekte, die zu dem Verb *habe* hinzutreten können, in verschiedener Hinsicht ein anderes Verhalten zeigen als die Objekte der transitiven Verben. Wir wollen sie zur Unterscheidung Habitus-Objekte (vgl. lat. *habere, habitus*) nennen. Auf Habitus-Objekte greift das Subjekt nicht wie auf transitive Objekte (»übergehend«) aus, sondern es ordnet sie sich selber als Beschaffenheit, Befindlichkeit oder sonstige Form der Vernetzung zu. Das ist eher ein Festhalten als ein Ausgriff und Übergang. Insofern steht das Verb *habe* mit seinen Habitus-Objekten den feststellenden Kopulaverben, insbesondere dem Verb *bin*, semantisch nahe. Man bezeichnet diese besondere Relation gelegentlich auch als »Haben-Perspektive«.

/du hast dunkles Haar und braune Augen/

/ich habe leichtes Fieber und Schmerzen in den Gliedern/

/manche Leute haben selten Hunger, aber immer Durst/

/wir haben manchmal Sorgen und Probleme, aber nie Angst/

/ihr habt ein Haus und einen Garten, aber hohe Schulden/

Die Beispiele zeigen, wie der körperliche, seelische und soziale Habitus von Personen, mit anderen Worten: ihre jeweilige Lebensumwelt, mit Hilfe des Verbs *habe* und seiner verschiedenen Habitus-Objekte in allen Aspekten dargestellt werden kann. Dabei ist die Handlungsrolle des Subjekts häufig von einer Person und die des Habitus-Objekts von einer Sache besetzt.

Es ist aber bei dem Verb *habe* auch eine andere Besetzung seiner Handlungsrollen möglich. Relativ häufig findet man eine Besetzung beider Handlungsrollen durch Personen, wenn nämlich die Person der Objektrolle zur Lebensumwelt der Person in der Subjektrolle gehört. Beispiele:

/ich habe zwei Schwestern und einen Bruder/

/die Gewerkschaftsvorsitzende hat zwei Stellvertreter/

Seltener sind demgegenüber die Rollenbesetzungen Sache/Sache oder erst recht Sache/Person:

/der Motor hat einen Vergaser/

/das Verwaltungsgebäude hat einen Hausmeister/

Außer bei dem Verb *habe* findet man Habitus-Objekte auch bei den Verben *bekomme* und *kriege*, die um das semantische Merkmal ⟨VORAUSSCHAU⟩ spezifischer sind. Beispiele:

/ich habe einen Sohn bekommen/

/hast du ein Kind gekriegt oder deine Frau?/

Das Verb *kriege* gehört dem mündlich-umgangssprachlichen Register an.

Von den transitiven Objekten unterscheiden sich die Habitus-Objekte nun weiterhin dadurch, daß sie auch ohne das Verb *habe* oder ein anders bedeutungsverwandtes Verb gebraucht werden können. Es muß sich aber um ein Nomen oder Pronomen handeln, das an der betreffenden Textstelle als Habitus-Objekt des Verbs *habe* dienen kann, so daß man ein Partizip *habend* (das aber nicht sprachüblich ist) ergänzend hinzudenken kann. Das besagt, es muß sich bei dem Objekt um ein Nomen handeln, dessen Bedeutung zu der Lebensumwelt einer Person gehört, wie es oben als semantische Bedingung für das Habitus-Objekt festgelegt worden ist. Auf diese Weise entsteht ein freies, von seinem Verb abgelöstes Habitus-Objekt (»absoluter Akkusativ«), das als nachgestellte oder vorangestellte Apposition gebraucht werden kann. Beispiele:

/aufgeregt, den Mund weit offen, kam ein junger Mann auf den Bahnsteig gelaufen/

/mit hastigen Worten berichtete er, daß ein Unbekannter, den Revolver in der Hand, ihm die Brieftasche abgenommen habe/

Da das Verb *habe* in der deutschen Sprache nicht nur selbständiges Verb ist, sondern auch als Hilfsverb zur Bildung des Perfekts dient (vgl. 3.1.1.2), kann ein freies Habitus-Objekt auch dann gebraucht werden, wenn ein Rück-Partizip als verkürzter Ausdruck eines mit *habe* gebildeten finiten Verbs im Perfekt aufzufassen ist. Auch hier kann man sich das (unübliche) Partizip *habend* ergänzend hinzudenken. Der latente *habe*-Kontext ist vor allem daran zu erkennen, daß dieses Rück-Partizip nicht, wie es bei attributivem Gebrauch meistens der Fall ist, eine passivische, sondern eine aktivische Bedeutung hat. Beispiele:

/den Hut tief in die Stirn gezogen, stand der Detektiv in der Bahnhofshalle/

/ein junger Mann, den Rucksack geschultert, ging verdächtig schnell in den Wartesaal/

/der Kommissar, seinen starken Willen fest auf das Ziel gerichtet, den Verbrecher zu finden, kochte sich einen weiteren Kaffee/

In diesen Beispielen sind die Verben *ziehe, schultere* und *richte* von ihrer jeweiligen lexikalischen Bedeutung her keine Verben der »Haben-Perspektive«, sondern zweiwertige Verben mit gewöhnlicher Objekt-Valenz, die dementsprechend transitive Objekte zulassen. Ins Rück-Partizip versetzt und attributiv verwendet, haben diese Verben sonst passive Bedeutung: *ein gezogener Hut, ein geschulterter Rucksack, ein gerichteter Wille.* Wenn es sich jedoch, wie hier, um Nomina handelt, deren Bedeutungen zur physischen oder psychischen Lebensumwelt einer Person zu rechnen sind, so können sie als freie Habitus-Objekte eines aktiven Verbs im Perfekt (mit *habe*) gebraucht und als Appositionen einem Subjekt zugeordnet werden.

2.5.4.3 Verben mit Maß-Objekten

Verschiedene Verbgruppen der deutschen Sprache verlangen zu ihrer Ergänzung ein Maß-Objekt, zum Beispiel: *das kostet einen Schilling.* Ohne die Preisangabe, ausgedrückt in dem Maß-Objekt *einen Schilling* (Akkusativ!), wäre das Verb *koste* unvollständig. Bei den Maß-Objekten unterscheiden wir natürliche und standardisierte Maß-Objekte:

(1) Natürliche Maß-Objekte

Von natürlichen Maß-Objekten sprechen wir dann, wenn die Bedeutung eines Verbs ein leiblich passendes (»angemessenes«) Maß impliziert, das als Maß-Objekt expliziert werden kann. Dementsprechend lautet das semantische Merkmal, mit dem diese Relation beschrieben wird, nicht ⟨DISPOSITION⟩, sondern ⟨MASS⟩. Beispiele:

/kannst du diesen Baum hochklettern?/

/ich steige lieber den Berg da hinauf/

/komm doch den bequemeren Weg herunter!/

/am liebsten wandere ich den Fluß entlang/

In diesen Beispielen ist der Baum ein natürliches, das heißt leiblich passendes Maß für das Hochklettern, der Berg für das Hinaufsteigen, der Weg für das Herunterkommen, der Fluß für das Entlangwandern. Anders ausgedrückt, die Verben *klettere – hoch, steige – hinauf, komme – herunter* und *wandere – entlang*, auf Menschen bezogen, umschließen in ihrer Bedeutung ein leiblich passendes Maß als ihr inneres Objekt. Wenn dieses dann im Text expliziert wird, erhält das Verb ein natürliches Maß-Objekt und wird damit überwertig gebraucht.

Hat das Verb aufgrund seiner objektwertigen Valenz bereits ein anderes Objekt bei sich, so tritt das Maß-Objekt als weiteres Objekt hinzu:

/wir tragen den Schlitten den Hang hinauf/

VORVERB OBJEKT MASS-OBJEKT NACHVERB

VERBALKLAMMER

Beide Objekte, *den Schlitten* als transitives Objekt und *den Hang* als Maß-Objekt, sind der gleichen Verbform *tragen – hinauf* zugeordnet, und beide stehen sie im Mittelfeld der Verbalklammer. Dabei gilt die Stellungsregel, daß dem Maß-Objekt, da es mit dem Verb als dessen natürliches Maß eine enge Bedeutungsgemeinschaft bildet, die Stellung möglichst nahe beim Nachverb zukommt.

In einer eindeutigen Gesprächs- und Handlungssituation kann das Vorverb eines Maß-Objektes (nicht das Nachverb!) auch fehlen und durch situative Merkmale vertreten werden, insbesondere bei imperativischen Anweisungen. In den folgenden Beispielen wird als Situation ein Versteckspiel angenommen:

/los, die Treppe hinab!/

/dann den Gang (hin-)durch!/

/aber nicht die Leiter rauf!/

In diesen Beispielen wird ein zweiteiliges Verb mit dem weggelassenen Vorverb *laufe* jeweils durch seine zugehörigen Nachverben *hinab, durch, rauf* vertreten, die zusammen mit den Determinanten der Situation die Bedeutung vollständig klarmachen.

Das Maß-Objekt eines Verbs muß von Präpositional-Adjunkten unterschieden werden. Zum Vergleich:

VERBEN MIT MASS-OBJEKTEN	PRÄPOSITIONAL-JUNKTIONEN
/ich gehe die Schienen entlang/	*/ich gehe neben den Schienen her/*
/sollen wir wirklich diesen Turm hinauf(-steigen)?/	*/ich werde heute nicht auf diesen Turm (hinauf-)steigen/*

(2) Standardisierte Maß-Objekte (Maßeinheiten)

Von den natürlichen Maß-Objekten, die sich an dem Grundmaß der Leiblichkeit orientieren, wollen wir die standardisierten Maß-Objekte unterscheiden, deren Geltung durch Konvention festgelegt ist. Eine Zwischenstufe bilden solche älteren Maßeinheiten wie *Fuß, Elle, Handbreit,* denen die Herkunft aus der leiblichen Anschauung noch deutlich anzusehen ist. Die neueren, zunächst nur fach- und wissenschaftssprachlich eingeführten Maßeinheiten hingegen (zum Beispiel das »Urmeter« in Paris als Grundmaß der Längenmessung) lassen den Zusammenhang mit der Leiblichkeit nicht mehr unmittelbar erkennen, haben aber dennoch die syntaktische Struktureigenschaft beibehalten, daß sie einem Verb als Maß-Objekte beigegeben werden können, immer jedoch vorausgesetzt, daß Verb und standardisiertes Maß-Objekt semantisch zueinander passen.

Die standardisierten Maß-Objekte können als Maßeinheiten verschiedenen Meßbereichen entstammen, zum Beispiel: Länge, Breite, Höhe, Fläche, Körper, Hohlraum, Gewicht, Geschwindigkeit, elektrische Leistung und – besonders wichtig für die Alltagssprache – Wert und Preis. Dabei ist allerdings zu beachten, daß diese Maß-Objekte in weitaus den meisten Fällen mit kataphorischen Kardinalzahlen verbunden werden, die nur bei der Mengenzahl mit dem Zahlwert ›1‹ den Kasus erkennen lassen und das auch nur, sofern die Maßeinheit durch ein Nomen im Maskulin (etwa: *ein Zentner* vs. *einen Zentner*) ausgedrückt wird. In allen anderen Fällen ist der Akkusativ vom Nominativ nicht zu unterscheiden. Beispiele:

/die Kiste wiegt einen halben Zentner/

/die Sendung kostet tausend Mark (einen Tausender)/

/die Flasche faßt einen Liter/

/die Lichtmaschine leistet fünfhundert Watt/

Der Bedeutungszusammenhang zwischen den hier verwendeten Verben des Messens (*wiege, koste, fasse, leiste*) und den standardisierten Maß-Objekten (*einen halben Zentner, tausend Mark, einen Liter, fünfhundert Watt*) zeigt sich auch darin, daß diese Verben ohne ihre Maß-Objekte nicht sinnvoll gebraucht werden können.

In den meisten Fällen stehen standardisierte Maß-Objekte als einzige Objekte bei einwertigen Verben. Sie sind jedoch auch bei zweiwertigen Verben der Subjekt-Objekt-Valenz möglich und stehen dann neben den (äußeren) Objekten als zweite Objekte. Das gilt besonders für das vielgebrauchte Wort *koste*. Zum Vergleich:

MASS-OBJEKT	OBJEKT UND MASS-OBJEKT
/*das kostet* (auch: *macht*) *hundert Mark*/	/*das kostet mich wohl hundert Mark*/

In der Umgangssprache ist dieser »doppelte Akkusativ« jedoch nicht sehr beliebt, und man gebraucht in der Regel das Maß-Objekt allein. Redensartlich hat sich jedoch das doppelt gesetzte Objekt stärker gehalten:

/*das kostet mich ja ein Vermögen!*/

/*die Angelegenheit hat mich schon meinen ganzen Schlaf gekostet*/

Wird das Verb *koste* bei Maßangaben durch das Pro-Verb *mache* vertreten, so kann außer dem Maß-Objekt kein anderes Objekt stehen:

/*wieviel macht das für mich?* ÷ *einen Franken und achtzig Rappen*/

2.5.5 Subjekt-Partner-Objekt-Valenz (Interaktion)

Verben mit Subjekt-Partner-Objekt-Valenz (S-P-O-Valenz) sind dreiwertig. Diese Verben können im Text alle drei Handlungsrollen bei sich haben. Die Subjekt-Partner-Objekt-Valenz kann als eine Vereinigung der Subjekt-Partner-Valenz und der Subjekt-Objekt-Valenz und daher als ›Interaktion‹ aufgefaßt werden. Sie stellt insofern eine doppelte Überformung der grundlegenden Subjekt-Valenz dar. Wir setzen daher für die Bedeutung der Subjekt-Partner-Objekt-Valenz keine eigenen semantischen Merkmale an, sondern bedienen uns der Merkmale, die bereits zur Beschreibung der Subjekt-Partner-Valenz und der Subjekt-Objekt-Valenz gedient haben. Für das Subjekt eines dreiwertigen Verbs ergibt sich daraus die folgende komplexe Bedeutung: Es ist im Hinblick auf sein Verb in seiner Bedeutung ›feststellbar‹, gleichzeitig ist es hinsichtlich seines Partners ›Adressant‹ und hinsichtlich seines Objekts ›Disponent‹. Die beiden anderen Handlungsrollen, die bei dieser Valenz im Spiel sind, nämlich Partner und Objekt, haben demgegenüber nur je eine einfache Bedeutung: ›Adressat‹ oder ›disponibel‹. Beispiel:

SUBJEKT	VERB	PARTNER	OBJEKT
/*die Firma*	*gibt*	*der Bank*	*den Auftrag*/
⟨FESTSTELLBAR⟩	⟨FESTSTELLEND⟩	⟨ADRESSAT⟩	⟨DISPONIBEL⟩

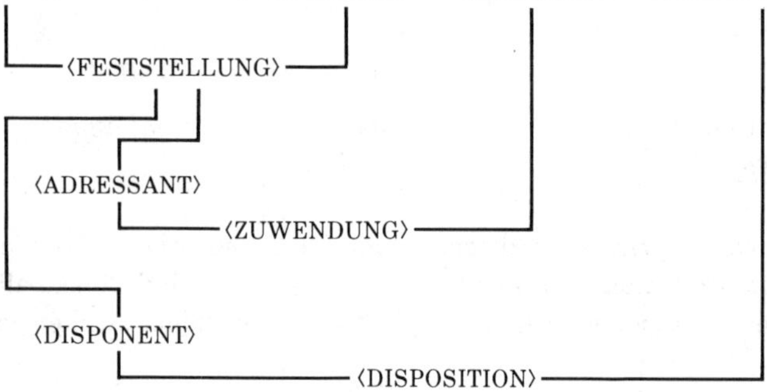

Das Verb *gebe* ist in diesem Beispiel dreiwertig; von ihm geht also eine dreifache Instruktion aus, die als ›Feststellung‹ + ›Zuwendung‹ + ›Disposition‹ beschrieben werden kann. Kraft dieser dreifachen Bedeutungsanweisung ist das Subjekt *die Firma* gleichzeitig ›feststellbar‹ für sein Prädikat *gibt*, ›Adressant‹ für seinen Partner *der Bank* und ›Disponent‹ für sein Objekt *einen Auftrag*. Das Subjekt hat also eine wesentlich komplexere Funktion als die beiden anderen Handlungsrollen.

Grundsätzlich sind alle drei Handlungsrollen, die ein Verb mit Subjekt-Partner-Objekt-Valenz bei sich haben kann, ebensogut von Personen wie von Sachen besetzbar. In den meisten Fällen sind jedoch Personen und Sachen so auf diese Valenzstruktur verteilt, daß die Handlungsrollen des Subjekts und des Partners von Personen besetzt sind, während die Handlungsrolle des Objekts von einer Sache eingenommen wird.

Die Verben mit Subjekt-Partner-Objekt-Valenz haben in der deutschen Sprache eine mittlere Frequenz. Zusammen bilden sie, da sie drei semantische Merkmale gemeinsam haben, eine lexikalische Valenz-Klasse. Diese läßt sich um der besseren Übersicht willen nach zwei Subklassen ordnen:

(1) Verben des Gebens und Nehmens

Bei den Verben dieser Subklasse sind die Subjekt- und die Partner-Rolle gewöhnlich von Personen (oder Institutionen) besetzt; das Objekt ist eine Sache, die von der einen Person zur anderen übermittelt wird (im Geben oder Nehmen):

- ▶ *gebe, reiche, überreiche, händige - aus* (. . .)
- ▶ *nehme, stehle, entziehe* (. . .)
- ▶ *schenke, überlasse, vererbe, leihe, borge* (. . .)
- ▶ *kaufe, verkaufe, trete - ab, vermiete* (. . .)
- ▶ *schicke, sende* (. . .)

(2) Verben der Mitteilung

Auch in dieser Subklasse sind Subjekt und Partner gewöhnlich Personen, die an einem Sprachspiel teilnehmen; das Objekt bezeichnet ihren Kommunikationsgegenstand:

- ▶ *sage, erzähle, berichte, schildere, teile - mit* (. . .)
- ▶ *trage - vor, singe - vor, mache - vor* (. . .)
- ▶ *erlaube, verbiete, gestehe - zu, erschwere, erleichtere* (. . .)

In vielen Fällen wird die Objekt-Funktion allerdings von *daß*-Adjunkten wahrgenommen. Dann überlappen sich Valenz- und Junktionsstrukturen, und eine Analyse ist von beiden Aspekten her möglich (vgl. Kap. 7).

Die skizzierten Subklassen bilden im Grunde das gleiche Handlungsmodell ab. Es macht für die Struktur des Handlungsspiels nur einen geringen Unterschied aus, ob eine Sache oder ein Zeichen(-körper) getauscht wird. Zwischen den beiden Formen der Übermittlung besteht eine Analogie: zwei Personen treten mittels eines Gegenstandes zueinander in Beziehung und handeln auf diese Weise miteinander. Es folgen einige Beispiele, die gleichzeitig mögliche Unterschiede in der textuellen Abfolge der drei beteiligten Handlungsrollen illustrieren sollen:

/der Papst setzte dem Kaiser die Krone auf/
(Abfolge: Subjekt/Partner/Objekt)

/einen Treueid schworen dem Kaiser alle Fürsten des Reiches/
(Abfolge: Objekt/Partner/Subjekt)

/dem Lehnsherren schuldeten alle Vasallen Dienstleistungen/
(Abfolge: Partner/Subjekt/Objekt)

Auch wenn bei einem dreiwertigen Verb alle zugelassenen Handlungsrollen besetzt sind, ist dennoch eine Erweiterung durch Adjunkte möglich (vgl. Kap. 7).

2.5.6 Lexikalische und textuelle Valenz

Die Valenz eines Verbs gibt nicht an, wieviele und welche Handlungsrollen ein Verb in einem gegebenen Text tatsächlich bei sich *hat,* sondern wieviele und welche Handlungsrollen es in einem beliebigen Text bei sich *haben kann.* Wir wollen die mögliche Valenz eines Verbs seine lexikalische Valenz, die tatsächliche Valenz eines Verb in einem gegebenen Text seine textuelle Valenz nennen. Es entspricht den methodologischen Prinzipien der Textlinguistik, die textuelle Valenz als primär anzusehen. Der Linguist findet (mündliche oder schriftliche) Texte vor, in denen Verben eine bestimmte Valenz haben, das heißt von bestimmten Handlungsrollen umgeben sind. Diese Valenzen sind in gewissen Grenzen unterschiedlich, lassen jedoch bei längerer Beobachtung gewisse Konvergenzen erkennen, die als Normen des Sprachgebrauchs interpretiert und insofern als lexikalische Valenzen aufgefaßt werden können. Hat man auf diese Weise für ein bestimmtes Verb eine lexikalische Valenz ermittelt (und sie im Valenz-Wörterbuch kodifiziert), so darf man jedoch den Abstraktionsprozeß, der von der textuellen Valenz zur lexikalischen Valenz geführt hat, nicht vergessen und muß immer darauf gefaßt sein, daß die textuelle Valenz eines gegebenen Verbs in gewissen Grenzen und nach gewissen Regeln von der lexikalischen Valenz abweicht, und zwar entweder durch Unterwertigkeit (2.5.6.1) oder durch Überwertigkeit (2.5.6.2).

2.5.6.1 Unterwertigkeit

Unterwertigkeit bedeutet Valenz-Minderung im Text. Sie ist dann gegeben, wenn ein Verb in einem Text eine niedrigere textuelle Valenz hat, als sie ihm vom Lexikon her zugeschrieben wird. Die Bedingungen für den unterwertigen Gebrauch eines Verbs sind unterschiedlich je nach der lexikalischen Valenz dieses Verbs. Am größten ist der Spielraum der Unterwertigkeit bei dreiwertigen Verben (S-P-O-Valenz), die durch Unterwertigkeit zu zweiwertigen Verben (S-O-Valenz oder S-P-Valenz) oder sogar zu einwertigen Verben (S-Valenz) reduziert werden können. Für zweiwertige Verben (S-O-Valenz oder S-P-Valenz) ist der Spielraum geringer; ein Verb dieser Valenz kann nur zu einem einwertigen Verb (S-Valenz) reduziert werden.

Der unterwertige Gebrauch eines mehrwertigen Verbs ist immer dann ohne weiteres möglich, wenn der Hörer die im Text nicht genannten Handlungsrollen aus dem Kontext oder aus der Situation leicht ergänzen kann. Die Unterwertigkeit ist dann auch Ausdruck eines ökonomischen Sprachgebrauchs. Zum Vergleich:

AUSSCHÖPFUNG DER LEXIKALISCHEN VALENZ	UNTERSCHREITUNG DER LEXIKALISCHEN VALENZ
ich sage es dir (S-P-O)	*ich sage es zum letzten Mal* (S-O)
ich widerspreche dir (S-P)	*widersprich nicht dauernd!* (S)
ich beobachte dich (S-O)	*stör mich nicht, ich beobachte!* (S)

Manchmal soll der Hörer jedoch die nicht bezeichneten Handlungsrollen gar nicht von sich aus ergänzen. Der Verzicht auf die Besetzung aller Handlungsrollen, die von der lexikalischen Valenz her zugelassen sind, soll vielmehr die Aufmerksamkeit des Hörers auf die verbleibenden Handlungsrollen und auf das Verb konzentrieren. Die Bedeutung des Verbs kommt dabei häufig emphatisch zur Geltung (»absoluter Gebrauch«). Beispiele:

/sie ist sehr begabt und vor allem: sie kann schreiben!/

/sie ist sehr großzügig und schenkt gerne/

/sie war lange Jahre fast blind, nun sieht sie wieder/

/geh zu diesem Arzt, der hilft!/

In all diesen Beispielen bezeichnet das unterwertig gebrauchte Verb nicht eine gelegentliche Handlung, sondern eine solche, die der handelnden Person eigentümlich ist und sie oder ihre Situation charakterisiert.

Ein unterwertiger Gebrauch von Verben ist ferner für viele Fachsprachen charakteristisch, da diese einen verhältnismäßig festgefügten Handlungsrahmen setzen, auf den man sich verlassen kann, so daß die Handlungsrollen als selbstverständlich bekannt gelten können:

/ein guter Richter verurteilt nicht leicht/

/manche Professoren lehren gut, prüfen aber schlecht/

Für den unterwertigen Gebrauch eines Verbs ist also in erster Linie immer der Kontext oder die umgebende Situation maßgeblich, die für ergänzende Informationen sorgen.

2.5.6.2 Überwertigkeit

Die textuelle Valenz eines Verbs kann auch durch Überwertigkeit von der lexikalischen Valenz abweichen. Überwertigkeit bedeutet okkasionelle Valenz-Erhöhung. Sie zeigt sich insbesondere bei einwertigen Verben (Subjekt-Valenz), die durch überwertigen Gebrauch eine zusätzliche Partner- oder Objekt-Rolle annehmen. Doch kann auch ein Verb mit Subjekt-Objekt-Valenz durch eine zusätzliche Partnerrolle, ein Verb mit Subjekt-Partner-Valenz durch eine zusätzliche Objektrolle überwertig werden. Die folgenden Formen von Überwertigkeit sind zu unterscheiden:

(1) Zusätzliche Partnerrolle (»freier Dativ«)

Unter geeigneten Kontext- oder Situationsbedingungen, nämlich wenn okkasionell eine Zuwendung ausgedrückt werden soll, kann ein Verb mit Subjekt-Valenz oder Subjekt-Objekt-Valenz zusätzlich die Handlungsrolle des Partners annehmen. Zum Vergleich:

VALENZKONFORMER GEBRAUCH	ÜBERWERTIGER GEBRAUCH
/ich lebe ganz allein/	*/du lebst nur deinem Vergnügen/*
/ich dressiere einen Hund/	*/ich dressiere dir einen Hund/*

Die Verben dieser Beispiele haben ihrer lexikalischen Valenz nach eine Subjekt-Valenz (*lebe*) oder eine Subjekt-Objekt-Valenz (*dressiere*). Sie nehmen hier aber jeweils okkasionell eine zusätzliche Partnerrolle an (*deinem Vergnügen, dir*), werden also überwertig gebraucht.

(2) Zusätzliche Objektrolle

Ein Verb mit Subjekt-Valenz oder mit Subjekt-Partner-Valenz kann eine zusätzliche Objektrolle annehmen. Das geschieht vor allen Dingen dann, wenn zwischen der Bedeutung des Verbs und dem zusätzlichen Objekt eine gewisse Ähnlichkeit besteht. Zwei Fallgruppen sind zu unterscheiden:

(A) Inneres Objekt

Im strengen Sinne hat das innere Objekt mit seinem Verb die lexikalische Bedeutung gemeinsam:

/sein Leben muß jeder selber leben/

/jetzt spielen wir unser Spiel/

/er tanzt immer den gleichen Tanz/

/sie schläft einen tiefen Schlaf/

/ihr habt einen schweren Gang zu gehen/

Das innere Objekt kann jedoch auch von einem anderen bedeutungsverwandten Lexem gebildet sein und hat dann häufig im Vergleich zum Verb eine (etwas) spezifischere Bedeutung, mit der es zur Determination des Verbs beiträgt. Beispiele:

/wir weinten Tränen vor Lachen/

/wir starben tausend Tode vor Angst/

Wenn weder Bedeutungsgleichheit noch Bedeutungsähnlichkeit vorliegt und somit kein inneres Objekt gebildet werden kann, ist ein überwertiger Gebrauch des Verbs nicht möglich. Es kann allenfalls das Verb mit den Mitteln der verbalen Wortbildung, vor allem durch solche Präfixe wie *be-*, *er-* und *ver-* (vgl. 9.3.2), in seiner Valenz so verändert werden, daß es seiner lexikalischen Valenz nach ein normales Objekt ohne weiteres zuläßt, zum Beispiel *warte* > *erwarte (ihn).*

(B) Temporal-Objekt

Alle finiten Verben haben eine Tempus-Komponente (vgl. 3.1). Kraft dieser Eigenschaft können sie zusätzlich zu ihrer lexikalischen Valenz okkasionell ein Temporal-Objekt annehmen, sofern dieses mit dem Tempus des Verbs semantisch verträglich ist. Einige Beispiele:

► Perfekt
/sie haben letzten Monat nur gearbeitet/

► Präsens
/er hilft ihr den ganzen Tag bei der Arbeit/

► Futur
/sie werden uns nächsten Sonntag besuchen/

Diese Beispiele lassen zunächst erkennen, daß nicht nur Verben mit Subjekt-Valenz (*arbeite*) oder Subjekt-Partner-Valenz (*helfe*), sondern auch objektwertige Verben (*besuche*) ein zusätzliches Temporal-Objekt annehmen können. Sie zeigen weiterhin, daß ein semantischer Zusammenhang zwischen dem Tempus des Verbs und dem Temporal-Objekt besteht, denn nach dem Tempus Perfekt (*haben - gearbeitet*) wäre das Temporal-Objekt *nächsten Sonntag* und nach dem Tempus Futur (*werden - besuchen*) das Temporal-Objekt *letzten Monat* nicht möglich.

Temporal-Objekte müssen sowohl von Maß-Objekten (vgl. 2.5.4.3) als auch von Präpositional-Adjunkten (vgl. 7.1.2) unterschieden werden. Zur ersten Unterscheidung:

TEMPORAL-OBJEKT	MASS-OBJEKT
/es regnet schon den ganzen Morgen/	*/der Regen dauert schon den ganzen Morgen/*

Der Unterschied zwischen beiden Beispielen liegt in der Bedeutung des Verbs. Das Verb *dauere* im Beispiel der rechten Spalte hat bereits lexikalisch eine temporale Bedeutung und verlangt nach einer Ergänzung in Form eines Maß-Objektes (es sei denn, *dauere* würde unterwertig und dementsprechend mit emphatischer Bedeutung gebraucht: *das dauert heute aber wieder!* - vgl. 2.5.6.1). Das Verb *regnet* im Beispiel der linken Spalte ist hingegen lexikalisch auf eine temporale Ergänzung nicht angewiesen. Gleichwohl kann es kraft seiner grammatischen Tempus-Komponente (hier: Präsens) ein Temporal-Objekt annehmen. Es wird dann überwertig gebraucht.

Statt eines Temporal-Objekts kann auch ein Präpositional-Adjunkt mit zeitlicher Bedeutung gebraucht werden:

TEMPORAL-OBJEKT	PRÄPOSITIONAL-ADJUNKT
/sie haben letztes Jahr geheiratet/	*/sie haben im letzten Jahr geheiratet/*
/den ganzen Juli machen sie Ferien/	*/im Juli machen sie Ferien/*

Mit makrosyntaktischer Geltung gebraucht man Temporal-Objekte bei der Angabe des Datums im Briefkopf, zum Beispiel:

/Leipzig, 8. 11. 1989/ (lies: *den achten, elften*)

/Berlin, 3. 10. 1990/ (lies: *den dritten, zehnten*)

Zu ergänzen sind dabei die maskulinen Nomina *Tag* und *Monat* im Akkusativ.

2.5.7 Reflexivität

Reflexivität betrifft zunächst das Verhältnis der Gesprächsrollen zu den Handlungsrollen im Hinblick auf Identität und Alterität. Dabei ist die Strukturgrenze zwischen den primären Gesprächsrollen (Sprecher, Hörer) und der Referenzrolle zu beachten (2.5.7.1). Man unterscheidet fakultativ reflexive und obligatorisch reflexive Verben (2.5.7.2). Die Reflexivität kann sich auf Personen oder auf Sachen beziehen (2.5.7.3). Von der einfachen ist die reziproke Reflexivität zu unterscheiden (2.5.7.4). Zum Abschluß dieses Kapitels wird die Reflexivität in einem Text betrachtet (2.5.7.5).

2.5.7.1 Reflexivität und Rollen

Unter dem Gesichtspunkt der Reflexivität ist die Frage zu behandeln, wie man in einem Text bei wechselnden Handlungsrollen, insbesondere beim Übergang vom Subjekt zum Objekt oder vom Subjekt zum Partner, die Bedingungen der Gesprächsrollen konstant halten und eine Identität in der Rolle anzeigen kann. Diese Frage muß für die primären Gesprächsrollen des Sprechers und des Hörers anders beantwortet werden als für die Referenzrolle.

(1) Reflexivität in den primären Gesprächsrollen

Bei den primären Gesprächsrollen Sprecher und Hörer, die durch die Evidenz der Gesprächssituation immer scharf konturiert sind, impliziert die Konstanz der Gesprächsrolle auch eine Gleichheit der jeweiligen Bedeutung, verstanden als Identität der sprechenden oder hörenden Person über einen Wechsel der Handlungsrolle hinweg. Man gebraucht dementsprechend auch die gleichen Pronomina, nur mit unterschiedlichem Kasus:

/ich habe mich versprochen/

/du könntest dir schaden/

/wir lassen uns nicht betrügen/

/ihr müßt euch die Folgen selber zuschreiben/

In diesen Beispielen mit ihrem Wechsel der Handlungsrolle entweder vom Subjekt zum Objekt oder vom Subjekt zum Partner liegt Reflexivität vor, weil nicht nur die jeweilige Gesprächsrolle, sondern mit ihr zugleich die Person, die diese ausdrückt, gleich bleibt.

(2) Reflexivität in der Referenzrolle

Die dritte Gesprächsrolle, Referenzrolle genannt, ist im Unterschied zu den beiden primären Gesprächsrollen des Sprechers und des Hörers, die von Natur aus scharf konturiert sind, eine nur schwach konturierte Restkategorie, die unspezifisch alles das umfaßt (Personen oder Sachen), was in einer gegebenen Gesprächssituation nicht Sprecher und nicht Hörer ist. Sobald jedoch dieser Referenzrolle nominale oder pronominale Referenz zugeführt wird, nehmen in ihr ein oder mehrere Referenten Gestalt an. Sind es in einem Text mehrere Referenten, die genannt werden, so stellt sich auch für sie das Problem der Identität oder Alterität. Das zeigt sich insbesondere im Übergang von der Handlungsrolle Subjekt zu den Handlungsrollen Objekt oder Partner sowie im Übergang von der Basis zum Adjunkt einer Präpositional- oder Infinitiv-Junktion. Dann kann nämlich ein Referent (nominal oder pronominal ausgedrückt) in anderer grammatischer Form wieder auftreten und doch seiner Bedeutung nach derselbe sein. Das bezeichnen wir als Referenz-Identität oder Selbstreferenz, verstanden als Reflexivität in der Referenzrolle. Davon zu unterscheiden ist die Referenz-Alterität, die dann vorliegt, wenn zwei verschiedene Nomina oder Pronomina verschiedene Referenten bezeichnen. Entsprechend lauten auch die semantischen Merkmale: zum Grundmerkmal ⟨REFERENZ⟩ tritt differenzierend entweder das Merkmal ⟨IDENTITÄT⟩ oder das Merkmal ⟨ALTERITÄT⟩ hinzu. Man unterscheidet also:

REFERENZ-IDENTITÄT	REFERENZ-ALTERITÄT
/*Narziß sieht sich im Spiegel*/	/*Narziß sieht ihn im Spiegel*/
/*Narziß ist mit sich zufrieden*/	/*Narziß ist mit ihm zufrieden*/
/*Narziß mißfällt sich nicht*/	/*Narziß mißfällt ihm nicht*/

In den nicht-reflexiven Beispielen der rechten Spalte ist jeweils von zwei verschiedenen Referenten (hier: Personen) die Rede. Die Beispiele der linken Spalte zeigen hingegen an, daß eine Referenz-Identität besteht, obwohl der Referent jeweils unterschiedlich benannt ist (*Narziß/sich*). Das leistet die Benennung des Referenten durch das Reflexiv-Pronomen *sich*. Referenz-Identität (oder auch: Selbstreferenz) bedeutet also Reflexivität unter den besonderen Determinationsbedingungen der Referenzrolle. Nur für diesen Fall bedient man sich des Reflexiv-Pronomens *sich*.

Das Reflexiv-Pronomen *sich* ist eine Form, in der drei Oppositionen neutralisiert sind.

(A) Neutralisierung der Genus-Opposition:

/ein Mann sieht
/eine Frau schaut → *sich alles in Ruhe an/*
/ein Kind hört

(B) Neutralisierung der Numerus-Opposition:

/der Verkäufer denkt
→ *sich allerhand/*
/die Kunden wünschen

(C) Neutralisierung der Kasus-Opposition: Akkusativ vs. Dativ (nicht Nominativ!)

/er traut nur
→ *sich allein/*
/sie respektiert nur

Auch die Neutralform *man* läßt die Form *sich* als Reflexiv-Pronomen zum Ausdruck einer unspezifischen Referenz-Identität zu:

/man muß sich immer nach der Decke strecken/ (Redensart: ›man muß sich den Gegebenheiten anpassen‹)

Da die Distanzform *Sie* (Singular und Plural) ursprünglich ein (pluralisches) Referenz-Pronomen gewesen ist und sich auch heute noch in der Kongruenz der Subjekt-Konjugation wie ein solches verhält (*Sie gehen*), benutzt sie ebenfalls die Form *sich* (aber kleingeschrieben!) als Reflexiv-Pronomen, obwohl sie die Hörerrolle ausdrückt. Zum Vergleich:

VERTRAUTHEITSFORM	DISTANZFORM
/du hast dich wieder mal vertan, mein Lieber/	*/Sie haben sich wieder einmal geirrt, Herr Kollege/*
/ihr werdet euch alle noch wundern, meine Freunde/	*/Sie werden sich noch wundern, meine Herrschaften/*

2.5.7.2 Reflexive Verben

Okkasionell können fast alle mehrwertigen Verben reflexiv gebraucht werden. Bei einigen Verben gehört jedoch die Reflexivität besonders eng zur lexikalischen Bedeutung. Diese unterscheiden wir nach fakultativ reflexiven und obligatorisch reflexiven Verben.

(1) Fakultativ reflexive Verben

Für die Verben dieser Gruppe ist charakteristisch, daß sie in einer reflexiven und einer nicht-reflexiven Variante existieren, wobei die reflexive Variante durchaus die häufigere Form sein kann. Einige Verben zum Vergleich:

REFLEXIVE FORM	NICHT-REFLEXIVE FORM
/sie versteckt sich/	*/sie versteckt das Geschenk/*
/er erhebt sich/	*/er erhebt das Glas/*
/du setzt dich hierher/	*/wir setzen dich hierher/*
/legt euch da hin!/	*/legt das Paket da hin!/*
/befreit euch!/	*/befreit uns! (macht uns frei!)/*
/ich stelle mich um/	*/ich stelle die Uhr um/*
/drehen Sie sich um!/	*/drehen Sie den Hörer um/*
/wir entfernen uns/	*/wir entfernen das Pflaster/*
/er erlaubt sich alles/	*/er erlaubt ihr nichts/*
/sie widerspricht sich/	*/sie widerspricht ihm/*
/arbeite dich ein!/	*/arbeite ihn (den Kollegen) ein!/*
/sie überanstrengt sich/	*/sie überanstrengt alle/*
/wir beschäftigen uns/	*/wir beschäftigen viele Leute/*
/sie versuchen, sich zu ändern/	*/sie versuchen, uns zu ändern/*
/das Kind beruhigt sich/	*/der Vater beruhigt das Kind/*

Die reflexiven Formen dieser Verben drücken häufig einen physischen oder psychischen Prozeß aus, der nach innen, auf den eigenen Körper oder die eigene Psyche, gerichtet ist. In diesem Sinne bezeichnet die Reflexivität (wörtlich »Rückbeugung«) die Gegenrichtung zur Transitivität.

(2) Obligatorisch reflexive Verben

Während die bisher genannten Verben fakultativ reflexiv sind, da sie sowohl reflexiv als auch nicht-reflexiv gebraucht werden können, sind einige andere Verben obligatorisch reflexiv. Bei ihnen ist die Reflexivität lexikalisiert. Die meisten dieser Verben haben eine Subjekt-Objekt-Reflexivität, das heißt, im Wechsel der Handlungsrolle vom Subjekt zum Objekt bleibt die Gesprächsrolle identisch besetzt. Einige Beispiele, differenziert nach den verschiedenen Gesprächsrollen:

/ich freue mich/	*/ihr macht euch verdient (um)/*
/er bewirbt sich/	*/schämen Sie sich nicht?/*
/ich sehne mich (nach)/	*/sie begnügt sich (mit)/*
/wir machen uns auf den Weg/	*/er entschließt sich/*
/ihr verspätet euch/	*/du sorgst dich (um)/*
/melden Sie sich zu Wort!/	*/weigert euch doch einfach!/*
/wehrt euch!/	*/bemühen Sie sich ruhig hierher!/*
/ich verbeuge mich/	*/setzt euch zur Wehr!/*
/er hält sich (an)/	*/du verneigst dich/*
/ich nehme mich in Acht/	*/sie behilft sich (mit)/*
/er besinnt sich/	*/sie irrt sich/*
/ihr vergnügt euch/	*/ihr müßt euch erholen/*
/wir haben uns erkältet/	*/ich gräme mich (über)/*
/niemand kümmert sich (um)/	*/man muß sich bescheiden/*

Noch deutlicher als bei den fakultativ reflexiven Verben ist bei vielen obligatorisch reflexiven Verben eine nach innen gewandte Handlung, meistens als psychischer Prozeß, zu beobachten, die das gemeinsame semantische Merkmal dieser Gruppe von Verben bildet. Die grammatische Reflexivität bildet hier die Reflexion des Bewußtseins ab.

Eine wesentlich geringere Zahl von reflexiven Verben hat eine Subjekt-Partner-Reflexivität. Es sind insbesondere die folgenden:

/ich überlege mir, ob . . ./	*/nimm dir nicht zu viel vor!/*
/du leistest dir nichts/	*/du bildest dir etwas ein/*
/ich verbitte mir das/	*/ich bitte mir aus, daß/*
/überleg dir das noch mal!/	*/stell dir meine Lage vor!/*
/nimm es dir nicht zu Herzen!/	*/laß dir nichts anmerken!/*
/ich habe mir etwas ausgedacht/	*/darf ich mir etwas ausbitten?/*

Die Beispiele sind in dieser Fallgruppe so gewählt, daß die Reflexivität immer nur entweder den Sprecher oder den Hörer betrifft, und zwar jeweils im Singular. Denn nur bei diesen Gesprächsrollen gibt es unterschiedliche Formen für die Partner- und Objektrolle (*mir* vs. *mich, dir* vs. *dich*), während die entsprechenden Pronomina im Plural *(uns, euch)* und das Reflexiv-Pronomen *sich* im Akkusativ und Dativ die gleiche Form haben. Dennoch kann auch in diesen Fällen die Subjekt-Partner-Reflexivität von der Subjekt-Objekt-Reflexivität unterschieden werden, beispielsweise wenn die bei der Reflexivität nicht beteiligte dritte Handlungsrolle so besetzt ist, daß deren Kasus erkennbar ist. Zum Vergleich:

SUBJEKT-PARTNER-REFLEXIVITÄT	SUBJEKT-OBJEKT-REFLEXIVITÄT
/sie besorgt sich den Vertrag/	*/sie stellt sich den Vorwürfen/*
DATIV AKKUSATIV	AKKUSATIV DATIV

Diese Regel bedarf jedoch einer Einschränkung für das doppelte Objekt (vgl. 2.5.4.1). Bei denjenigen Verben nämlich, die ein doppeltes Objekt zulassen, kann eines dieser Objekte durch ein Reflexiv-Pronomen besetzt sein. Beispiel:

/er nennt sich oft (einen) Melancholiker/ (*sich* = Akkusativ)

Einige Verben sind nur als zweiteilig konstituierte Verben reflexiv. Zum Vergleich:

EINTEILIGES VERB: NICHT-REFLEXIV	ZWEITEILIGES VERB: REFLEXIV
/sie arbeitet den ganzen Tag/	*/sie arbeitet sich ab/*
/er schläft nicht genug/	*/er schläft sich nicht aus/*
/er fragt mancherlei/	*/er fragt sich durch/*
/sie liest gerne/	*/sie liest sich erst ein/*
/wir leben ganz für uns/	*/wir leben uns aus/*

Eine weitere Gruppe von reflexiven Verben ist dadurch gekennzeichnet, daß dem Verb ein applikatives Adjektiv beigegeben ist, mit dem zusammen es erst reflexiv wird. Beispiele:

VERB OHNE APPLIKATIVES ADJEKTIV: NICHT-REFLEXIV	VERB MIT APPLIKATIVEM ADJEKTIV: REFLEXIV
/ich esse/	*/ich esse mich satt/*
/sie schläft/	*/sie schläft sich gesund/*
/er schreit/	*/er schreit sich heiser/*
/wir lachen/	*/wir lachen uns tot/*

Wenn solche Adjektive mit ihren Verben fest verbunden sind, kann man sie mit diesen zusammen auch als zweiteilige reflexive Verben ansehen, die eine Lexikalklammer bilden.

Bei einigen Verben, die eine feste Verbindung mit Präpositional-Adjunkten eingehen, ist das Adjunkt ebenfalls obligatorisch reflexiv.

/er schlägt um sich/
/er geht in sich/
/er kommt zu sich/
/das nehme ich auf mich/
/ich bringe das nicht über mich/
/sie ist schnell außer sich/
/ich weise das von mir/
/ich lasse alles hinter mir/
/sie hält immer an sich/
/er ist nicht mehr ganz bei sich/

2.5.7.3 Reflexivität bei Sachen

Es ist für das Zustandekommen von Reflexivität grundsätzlich gleichgültig, ob die beteiligten Handlungsrollen von Personen oder von Sachen besetzt sind. Die Reflexivität ist jedoch, je nachdem ob Personen oder Sachen beteiligt sind, verschieden zu interpretieren.

Sach-Reflexivität wird, da Sachen nur in der Referenzrolle, nicht in den Gesprächsrollen des Sprechers oder Hörers zugelassen sind, immer durch das Reflexiv-Pronomen *sich* angezeigt. Dieses Signal gibt zu verstehen, daß ein sächlicher Referent, der in einem Determinationsgefüge unterschiedlich benannt ist, dieselbe Sache bezeichnet. Insofern liegt Referenz-Identität genau wie bei Personen vor. Die erste Gruppe der nachfolgenden Beispiele ist dadurch gekennzeichnet, daß die im Subjekt genannte und im Objekt referenzidentisch wiederaufgenommene Sache ein Stück Natur ist:

/die Alpen erstrecken sich von Westen nach Osten/

/die Norddeutsche Tiefebene dehnt sich weit aus

/ein Gewitter entlädt sich über der Eifel/

/der Gipfel des Brocken verliert sich in den Wolken/

/vor uns erhebt sich die Zugspitze/

/die Elbe ergießt sich in die Nordsee/

/die Möhnetalsperre füllt sich mit Wasser/

/der Rhein teilt sich an seiner Mündung in mehrere Arme/

Weiterhin hat die deutsche Sprache viele Ausdrücke mit Sach-Reflexivität, bei denen die Subjekt-Rolle entweder durch das Horizont-Pronomen *es* (enklitische Kurzform *'s*) oder durch das Fokus-Pronomen *das* besetzt ist (vgl. 4.4.4.1-2). Beispiele:

SACH-REFLEXIVITÄT MIT *es*	SACH-REFERENZ MIT *das*
/es macht sich gut, daß . . ./	*/das versteht sich von selber/*
/es tut sich heute nichts/	*/das wird sich bald zeigen/*
/damit hat sich's/ (›Schluß!‹)	*/das hört sich nicht übel an/*

Auch Konventionen und Normen werden gerne durch die Sach-Reflexivität *es/sich* oder *das/sich* ausgedrückt. Beispiele:

/es lohnt sich, daß . . ./	*/das lohnt sich nicht/*
/es gehört sich nicht, daß . . ./	*/das trifft sich gut/*
/es macht sich gut, daß . . ./	*/das hat sich anders abgespielt/*

Argumentative Verläufe, Regeln und (wissenschaftliche) Gesetzmäßigkeiten zeigen ebenfalls häufig Sach-Reflexivität. Das gehört zum intersubjektiven (»objektiven«) Bild der fachlichen und wissenschaftlichen Kommunikation. Beispiele:

/die Hypothese hat sich nicht bestätigt/

/die Angelegenheit muß sich noch entwickeln/

/heute entscheidet sich hier nicht viel/

Die Sach-Reflexivität steht hier im Dienste der »Sachlichkeit«.

Ähnlich muß eine weitere Form der Sach-Reflexivität gesehen werden, die durch eine modale Nuance der Möglichkeit gekennzeichnet ist. Zum Vergleich:

MODALE SACH-REFLEXIVITÄT	MODALITÄT (TYPUS: *kann*)
/das Thema bearbeitet sich gut/	*/man kann das Thema gut bearbeiten/*
/die Rechenanlage bedient sich leicht/	*/man kann die Rechenanlage leicht bedienen/*

Weitere Beispiele für Sach-Reflexivität:

/der Stoff verkauft sich gut/	*/diese Lösung bietet sich an/*
/im eigenen Bett schläft es sich besonders gut/	*/mit der neuen Schreibmaschine schreibt es sich wie von selber/*

Auch bei diesen Beispielen entsteht der Eindruck, als ob alles schon von den Sachen selbst besorgt würde, ohne daß handelnde Personen das Geschehen zu beeinflussen brauchten. Das wird in vielen Fällen auch durch eine Konstruktion mit *lasse* unterstrichen.

/manches läßt sich von verschiedenen Seiten betrachten/

/das läßt sich ohne Mühe erklären/

Reflexiv gebraucht, bleibt die Bedeutung des Verbs *lasse* zwischen ›veranlasse‹ und ›lasse - zu‹ in der Schwebe.

2.5.7.4 Reziproke Reflexivität

Im Plural hat Reflexivität bisweilen eine gewisse Unschärfe, wie sie überhaupt für die Konturen des Plurals kennzeichnend ist (vgl. 4.2.2). Ist die Pluralität nur minimal ausgeprägt, das heißt, mit nur zwei Elementen (Personen oder Sachen) gegeben, so kann unter bestimmten semantischen Bedingungen der Sonderfall reziproker Reflexivität auftreten wie in dem folgenden Beispiel:

/Hänsel und Gretel halten sich bei der Hand/

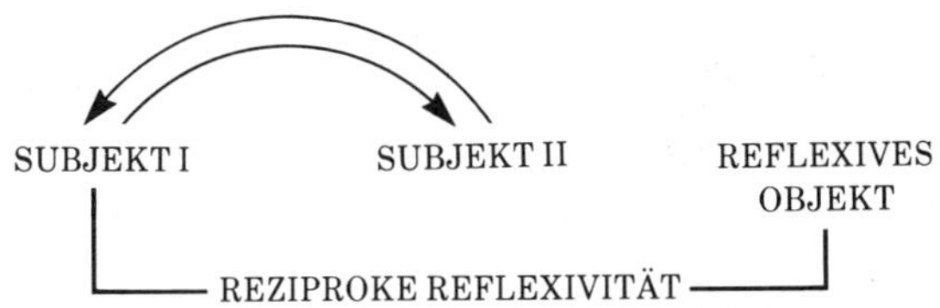

Das Reflexiv-Pronomen *sich* bezieht sich hier zurück auf ein pluralisches Subjekt, ausgedrückt durch zwei mit dem Junktor *und* verbundene Eigennamen, so daß auch die Kongruenz zum Verb (*halten*) im Plural gebildet ist. Der Kontext legt nun ein reziprokes Verständnis dieser Reflexivität nahe: Hänsel hält Gretel und Gretel hält Hänsel bei der Hand (semantisches Merkmal: ⟨TAUSCH⟩). Auch bei einem einzelnen Nomen im Plural (etwa: *die Kinder*) oder einem Kollektiv-Singular (etwa: *das Paar*) ist reziproke Reflexivität möglich, immer jedoch vorausgesetzt, daß der Kontext mit dieser Auffassung kompatibel ist. An der Reflexivitätsform allein ist Reziprozität nicht ablesbar. Weitere Beispiele:

/die beiden Staatschefs haben sich getroffen/

/sie wollen sich friedlich verständigen/

/die Völker wollen sich nicht schlagen/	*/die Nationen wollen sich nicht bekriegen/*

Weitere Beispiele: *lernen sich – kennen, freunden sich – an, verachten sich, lieben sich, hassen sich, verloben sich, verheiraten sich, vermählen sich, streiten sich, zanken sich, trennen sich, prügeln sich, versöhnen sich, sprechen sich – aus, begrüßen sich, umarmen sich, küssen sich, vereinigen sich* (. . .).

Alle diese Verben nun, die bei reflexivem Gebrauch im Plural von ihrer Bedeutung her ein reziprokes Verständnis der Reflexivität nahelegen, bilden zusammen eine semantische Gruppe, in der eine sehr enge und häufig engagierte und intime Form des Zusammenhandelns zweier Personen ausgedrückt wird. Der reziproke Charakter dieses Zusammenhandelns kann noch durch das Adverb *gegenseitig* verstärkt werden, zumal wenn sonst Zweifel an der Reziprozität auftauchen könnten. Beispiel:

/die beiden Gauner verachteten sich gegenseitig/

Bei reziproker Reflexivität sind zwar meistens nur zwei Personen beteiligt, es können jedoch auch mehr als zwei Personen in ein reziprokes Verhältnis eintreten. Zum Vergleich:

EINFACHE REFLEXIVITÄT	REZIPROKE REFLEXIVITÄT
/die drei Schwestern langweilen sich in der Provinz/	*/die drei Schwestern unterhalten sich über Moskau/*

Das Beispiel der linken Spalte ist so zu verstehen, daß jede der drei Schwestern sich (selber) langweilt. Im Beispiel der rechten Spalte hingegen unterhält sich jede der drei Schwestern mit den beiden anderen Schwestern.

Es gibt jedoch Grenzfälle der Verbbedeutung, die eine eindeutige Unterscheidung zwischen einfacher und reziproker Reflexivität erschweren. Im Beispiel oben könnte jede der drei Schwestern auch die beiden anderen Schwestern langweilen und sich mit sich selber unterhalten. Wann immer solche Unklarheiten drohen, kann die reziproke Reflexivität mit dem ausdrücklich reziproken Reflexiv-Pronomen *einander* verdeutlicht werden. Beispiele:

/die drei Schwestern ähneln einander/

/die Geschwister lieben sich zwar nicht, aber sie ertragen einander/

Die beiden Beispiele lassen erkennen, daß in der Form *einander* die Opposition zwischen der Partner- und der Objektrolle neutralisiert ist; dieses reziproke Pronomen kann ebenso wie *sich* für beide Handlungsrollen gebraucht werden. Es wird aber insgesamt recht selten gebraucht und gehört eher einem gepflegten Stil an. In der Umgangssprache zieht man das einfache Reflexiv-Pronomen *sich* vor und verläßt sich zur Klärung des reziproken Charakters der Reflexivität auf den Kontext oder die Situation. Notwendig ist das reziproke Reflexiv-Pronomen jedoch immer dann, wenn sich die Reflexivität auf das Objekt bezieht:

/die Abteilungsleiterin stellt die beiden Neuen einander vor/

Sehr viel häufiger, auch in der Umgangssprache, wird jedoch das reziproke Reflexiv-Pronomen *einander* in enger Verbindung mit einer vorangestellten Präposition als Adjunkt gebraucht. Solche Verbindungen, die man in genauer Beschreibung reziproke Reflexiv-Adjunkte nennen kann, treten mit allen elementaren Präpositionen auf und werden auch häufig nominalisiert. Beispiele:

REZIPROKE REFLEXIV-ADJUNKTE	NOMINALISIERTE FORMEN
/wir müssen alle miteinander leben/	*/es kommt auf das Miteinander an/*
/Sie dürfen nicht immer gegeneinander arbeiten/	*/das ständige Gegeneinander wird Sie noch alle ruinieren/*
/bei uns geht alles durcheinander/	*/welch ein schreckliches Durcheinander!/*

Die reziproken Reflexiv-Adjunkte können auch neben dem Reflexiv-Pronomen *sich* gebraucht werden, wenn dieses ebenfalls reziproke Bedeutung hat. Beispiele:

/die beiden Geschwister beschäftigen sich gern miteinander/

/allerdings reiben sie sich auch oft aneinander/

2.5.7.5 Reflexivität im Text

Wir beobachten verschiedene Formen der Reflexivität in einem Text. Es handelt sich um einen Ausschnitt aus dem Roman »Effi Briest« von Theodor Fontane. Die hohe Frequenz des Reflexiv-Pronomens *sich* in diesem Textabschnitt ist ein Zeichen für das psychologische Raffinement der Erzählung. Die reflexiven Verben sind jeweils auf eine Person bezogen, anfangs auf die Romanheldin Effi Briest, dann auf ihren Ehemann Baron von Instetten. Zum Verständnis des Textes muß man noch wissen, daß Effi Briest sich für den Baron Crampas interessiert. Die Formen des Reflexiv-Pronomens *sich* sind unterstrichen und durchnumeriert.

TEXT:

Effi war unzufrieden mit sich (1) und freute sich (2), daß es nunmehr feststand, diese gemeinschaftlichen Ausflüge für die ganze Winterdauer auf sich (3) beruhen zu lassen. Überlegte sie, was während all dieser Wochen und Tage gesprochen, berührt und angedeutet war, so fand sie nichts, um dessentwillen sie sich (4) direkte Vorwürfe zu machen gehabt hätte. Crampas war ein kluger Mann, welterfahren, humoristisch, frei, frei auch im Guten, und es wäre kleinlich und kümmerlich gewesen, wenn sie sich (5) ihm gegenüber aufgesteift und jeden Augenblick die Regeln strengen Anstandes befolgt hätte. Nein, sie konnte sich (6) nicht tadeln, auf seinen Ton eingegangen zu sein, und doch hatte sie ganz leise das Gefühl einer überstandenen Gefahr und beglückwünschte sich (7), daß das alles nun mutmaßlich hinter ihr läge. Denn an ein häufigeres Sichsehen (8) en famille war nicht wohl zu denken, das war durch die Crampasschen Hauszustände so gut wie ausgeschlossen und Begegnungen bei den benachbarten adligen Familien, die freilich für den Winter in Sicht standen, konnten immer nur sehr vereinzelt und sehr flüchtige sein. Effi rechnete sich (9) dies alles mit wachsender Befriedigung heraus und fand

TEXTGRAMMATISCHER KOMMENTAR:

(1) *Effi war unzufrieden mit sich*: Wir haben eine Kopula-Prädikation vor uns. In der Subjektrolle finden wir eine weibliche Person: *Effi*. Das Prädikats-Adjektiv *unzufrieden* ist seinerseits durch ein Adjunkt mit der Präposition *mit* erweitert. In diesem Adjunkt ist das Reflexiv-Pronomen *sich* mit dem Subjekt *Effi* referenzidentisch.

(2) *Effi freute sich*: Das Verb *freue mich* ist ein reflexives Verb; in ihm ist die Reflexivität obligatorisch, das heißt, das Reflexiv-Pronomen gehört fest zum Verb. Der Inhalt der Freude wird durch ein Adjunkt mit der Konjunktion *daß* angegeben, das seinerseits durch eine Infinitiv-Konstruktion erweitert ist.

(3) *auf sich beruhen zu lassen*: Dies ist ein fester Ausdruck, in dem das Reflexiv-Pronomen *sich* in Abhängigkeit von der Präposition *auf* lexikalisiert ist und eine Sach-Reflexivität ausdrückt. Die Referenz-Identität besteht hier ausnahmsweise nicht mit dem Subjekt, sondern mit dem Objekt.

(4) *um dessentwillen sie sich direkte Vorwürfe zu machen gehabt hätte*: Subjekt ist weiterhin *Effi Briest*, hier vertreten durch das Referenz-Pronomen *sie*. Die Objektrolle ist durch den Ausdruck *direkte Vorwürfe* besetzt. Daraus ist zu ent-

schließlich, daß ihr der Verzicht auf das, was sie dem Verkehr mit dem Major verdankte, nicht allzu schwer ankommen würde. Dazu kam noch, daß Instetten ihr mitteilte, seine Fahrten nach Varzin würden in diesem Jahre fortfallen: der Fürst gehe nach Friedrichsruh, das ihm immer lieber zu werden scheine; nach der einen Seite hin bedauere er das, nach der anderen sei es ihm lieb – er könne sich (10) *nun ganz seinem Hause widmen, und wenn es ihr recht wäre, so wollten sie die italienische Reise, an der Hand seiner Aufzeichnungen, noch einmal durchmachen. Eine solche Rekapitulation sei eigentlich die Hauptsache, dadurch mache man* sich (11) *alles erst dauernd zu eigen, und selbst Dinge, die man nur flüchtig gesehen und von denen man kaum wisse, daß man sie in seiner Seele beherberge, kämen einem durch solche nachträglichen Studien erst voll zu Bewußtsein und Besitz.*[1]

nehmen, daß das Reflexiv-Pronomen *sich* die Partnerrolle einnimmt. Wir haben also eine Subjekt-Partner-Reflexivität vor uns. Das Verb ist fakultativ reflexiv.

(5) *wenn sie sich ihm gegenüber aufgesteift hätte*: Das sonst in der deutschen Sprache nicht übliche und hier um der psychologischen Eindringlichkeit willen gebildete Verb *steife mich – auf* ist ein zweiteiliges Verb mit obligatorischer Reflexivität. Es ist jedoch durch das Adjunkt *ihm gegenüber* erweitert.

(6) *sie konnte sich nicht tadeln*: Hier haben wir wieder eine fakultative Reflexivität vor uns, denn das Verb *tadle* kann auch nicht-reflexiv verwendet werden (*sie tadelt ihn*). Als nicht-reflexives Verb hat *tadle* eine Subjekt-Objekt-Valenz. So ist auch bei reflexivem Gebrauch, wie in diesem Fontane-Text, das Reflexiv-Pronomen *sich* als Besetzung der Objektrolle zu identifizieren. Es handelt sich um eine Subjekt-Objekt-Reflexivität. Der Inhalt des Tadels wird durch eine angeschlossene Infinitiv-Konstruktion angegeben.

(7) *sie beglückwünschte sich*: Es handelt sich, ebenso wie in (6), um eine fakultative Subjekt-Objekt-Reflexivität. Der Inhalt des Glückwunsches wird durch ein Inhalts-Adjunkt mit der Konjunktion *daß* angefügt. Hier, wie auch in dem vorhergehenden Beispiel, wird recht deutlich, daß reflexiv gebrauchte Verben bei personaler Besetzung der Subjektrolle gut geeignet sind, einen psychischen Prozeß der Selbstbespiegelung auszudrücken.

(8) *Denn an ein häufigeres Sichsehen war nicht zu denken*: Zugrunde liegt die Infinitiv-Form des Verbs *sehe.* Dieses Verb kann reflexiv gebraucht werden: *sehe mich.* Der Infinitiv lautet: *sich sehen.* In dieser Form ist der

1) Theodor Fontane: »Effi Briest«, Kap. 18, in: *Werke, Schriften und Briefe,* hg. von Walter Keitel und Helmut Nürnberger, Abteilung I, Bd. IV, München ²1974, S. 142 f.

Infinitiv hier nominalisiert (Konversion). Der nominalisierte Infinitiv wird nun mit seinem Reflexiv-Pronomen orthographisch zusammengeschrieben. Er hat einen kataphorischen (»unbestimmten«) Artikel und ein attributives Adjektiv im Komparativ bei sich und wird überdies noch durch ein (französisches) attributives Adjunkt (*en famille* ›in der Familie‹) weitergeführt. Bei dem nominalisierten Infinitiv wird keine Handlungsrolle ausdrücklich genannt. Man kann sie aber aus dem Kontext erschließen. Offensichtlich gehören zu dem *Sichsehen* mindestens zwei Personen. Das sind nach dem voraufgehenden Kontext Effi Briest und ihr Liebhaber. Daraus folgt, daß reziproke Reflexivität vorliegt.

(9) *Effi rechnete sich dies alles heraus*: Das Verb *rechne – heraus* (eine seltene Variante des geläufigeren Verbs *rechne – aus*) ist hier (fakultativ) reflexiv gebraucht: *rechne mir – heraus*. Es handelt sich um eine Subjekt-Partner-Reflexivität. Die Subjektrolle ist weiterhin personal mit *Effi*, die Objektrolle sächlich mit dem Ausdruck *dies alles* besetzt. Parallel fortgeführt wird die Verbform *rechnete sich heraus* durch die Verbform *fand*. Dieses Verb hat ein Inhalts-Adjunkt mit der Konjunktion *daß* bei sich. Zu beachten ist hier, daß in diesem *daß*-Adjunkt das (nicht-reflexive) Referenz-Pronomen *ihr* (nicht *sich*!) auftritt, obwohl Referenz-Identität mit der vorher genannten Person Effi besteht. Das satzförmige Konjunktional-Adjunkt hat jedoch ein anderes Subjekt, so daß kein Reflexiv-Pronomen auftreten kann.

(10) *er könne sich nun ganz seinem Hause widmen*: Das Subjekt hat gewechselt. Diese Handlungsrolle ist nun von Baron Instetten besetzt, hier vertreten durch das diese Person bezeichnende Referenz-Pronomen *er*. Die Verbform *widme mich* ist fakultativ reflexiv, denn man kann dieses Verb auch ohne das Reflexiv-Pronomen *sich* gebrauchen (*ich widme ihm das Buch*). Es handelt sich um eine Subjekt-Objekt-Reflexivität, denn die Partnerrolle ist anders besetzt (*seinem Hause*).

(11) *dadurch mache man sich alles erst zu eigen*: Wir befinden uns hier in der indirekten Rede, die durch die Konjunktivform *mache* angezeigt wird. Nun wird innerhalb dieser indirekten Rede ein neues Subjekt eingeführt: das neutrale Pronomen *man*. Mit diesem neuen Subjekt kann *sich* zum Ausdruck einer neuen Reflexivität auftreten. Es handelt sich um eine Subjekt-Partner-Reflexivität; das Reflexiv-Pronomen *sich* besetzt die Partnerrolle, während die Objektrolle nicht-reflexiv besetzt ist (*alles*).

2.6 Das Passiv

Unter dem Oberbegriff des Verbalgenus (*genus verbi*) unterscheidet man Aktiv und Passiv. Diese Unterscheidung besagt, daß man viele Verben (nicht alle!) entweder aktivisch oder passivisch gebrauchen kann. Damit ist jedoch kein Gegensatz von (»dynamischer«) Aktivität und (»lethargischer«) Passivität gemeint. Mit diesen beiden Verhaltens-»Kategorien« (im Sinne der aristotelischen Kategorienlehre) hat das Verbalgenus der Grammatik nichts zu tun. Auch mit passivisch gebrauchten Verben kann ohne weiteres dynamisch-aktives Verhalten ausgedrückt werden, sogar sehr nachdrücklich.

Das grammatische Passiv unterscheidet sich vom grammatischen Aktiv statt dessen als eine spezifische Form der Unterwertigkeit. Verglichen mit den bisher besprochenen aktivischen Formen zeigen die passivischen Formen des Verbs gewisse Reduktionen im Bereich der zugelassenen Handlungsrollen. Je nach den im Passiv zugelassenen Handlungsrollen unterscheiden wir das Objekt-im-Subjekt-Passiv (2.6.1), das Partner-im-Subjekt-Passiv (2.6.2) und das Subjekt-im-Verb-Passiv (2.6.3). Neben diesen Grundformen des Passivs gibt es in der deutschen Sprache eine größere Zahl von verschiedenartig gebildeten quasi-passivischen Formen, die am Ende des Kapitels 2.6.1 besprochen werden (2.6.1.1.3). Schließlich betrachten wir die Formen des Passivs in einem Text (2.6.4).

2.6.1 Das Objekt-im-Subjekt-Passiv

Von einem Objekt-im-Subjekt-Passiv sprechen wir dann, wenn dem Subjekt eines Verbs Objekt-Bedeutung zukommt. Ein Objekt-im-Subjekt-Passiv kann man nur von einem Verb bilden, das überhaupt ein »richtiges«, nämlich ein transitives Objekt zuläßt (vgl. 2.5.4.1). Verben mit Habitus- und Maß-Objekten sowie reflexive Verben lassen eine Bildung dieses Passivs nicht zu.

Man kann die Besonderheit des Objekt-im-Subjekt-Passivs am besten erfassen, wenn man es mit dem Aktiv vergleicht:

OBJEKT-IM-SUBJEKT-PASSIV	AKTIV (S-O-VALENZ)
/soziale Phänomene werden am besten mit den Methoden der Feldforschung untersucht/	*/Wissenschaftler untersuchen soziale Phänomene am besten mit den Methoden der Feldforschung/*

Es handelt sich bei diesem Vergleichsbeispiel um ein transitives Verb (*untersuche*). Dementsprechend hat es im Aktiv-Beispiel der rechten Spalte ein Subjekt (*Wissenschaftler*) und ein transitives Objekt (*soziale Phänomene*). Das Passiv-Beispiel der linken Spalte unterscheidet sich vom Aktiv durch einen Subjekt-Objekt-Ausgleich, der zwei komplementäre Seiten hat und dementsprechend durch zwei gegenläufige Regeln beschrieben werden kann:

(1) Im Subjekt des passivisch gebrauchten Verbs ist die lexikalische Bedeutung des Handlungsträgers (*Wissenschaftler*) getilgt; die formale Handlungsrolle Subjekt ist erhalten.

(2) Das Objekt der Handlung ist beim passivisch gebrauchten Verb als formale Handlungsrolle getilgt; seine lexikalische Bedeutung (*soziale Phänomene*) ist jedoch erhalten und in die (lexikalisch geleerte) Handlungsrolle des Subjekts eingegangen.

In genauerer Beschreibung handelt es sich also beim Objekt-im-Subjekt-Passiv um ein Passiv, dessen Subjekt die semantischen Merkmale ⟨FESTSTELLBAR⟩ und ⟨DISPONIBEL⟩ (nicht ⟨DISPONENT⟩!) vereinigt.

Von der Bildung des Objekt-im-Subjekt-Passivs bleibt die Partnerrolle, sofern sie - bei einem dreiwertigen Verb - zugelassen und ausgedrückt ist, grundsätzlich unbetroffen. Beispiel:

/Eilbriefe werden den Empfängern durch Boten zugestellt/

Das Passiv läßt den Ausdruck der Partnerrolle (*den Empfängern*) genau so bestehen, wie diese bei dem gleichen Verb im Aktiv ausgedrückt wäre (*stelle den Empfängern - zu*).

Da das Objekt-im-Subjekt-Passiv das bei weitem häufigste Passiv der deutschen Sprache ist, soll es im folgenden, wenn nicht ausdrücklich anders vermerkt, schlicht Passiv genannt werden. Es ist jedoch zwischen verschiedenen Formen des Passivs, nämlich dem Vorgangs-, Zustands- und Modal-Passiv zu unterscheiden (2.6.1.1). Diese Unterscheidungen sind dann an einem Text genauer zu beobachten (2.6.1.3).

2.6.1.1 Formen des Passivs

Das Grundgesetz der Bundesrepublik Deutschland verfügt in Art. 63 über die Wahl des Bundeskanzlers folgendes:

> *Der Bundeskanzler wird auf Vorschlag des Bundespräsidenten vom Bundestage ohne Aussprache gewählt. Gewählt ist, wer die Stimmen der Mehrheit der Mitglieder des Bundestages auf sich vereinigt. Der Gewählte ist vom Bundespräsidenten zu ernennen.*

Der Text enthält drei verschiedene Formen des Passivs, die mit unterschiedlichen sprachlichen Mitteln gebildet sind. Man benennt sie wie folgt:

(1) Vorgangs-Passiv: *Der Bundeskanzler wird - gewählt.*
(2) Zustands-Passiv: *Gewählt ist, wer . . .*
(3) Modal-Passiv: *Der Gewählte ist - zu ernennen.*

Hinzu kommen die Formen des Funktional-Passivs und einige quasipassivische Formen.

In dieser Reihenfolge (2.6.1.1.1-3) sollen auch im folgenden die Formen des Objekt-im-Subjekt-Passivs behandelt werden.

2.6.1.1.1 Vorgangs-Passiv

Das Vorgangs-Passiv bildet die Passivklammer mit dem Hilfsverb *werde* als Vorverb und dem Rück-Partizip eines transitiven Verbs als Nachverb. Das Rück-Partizip ist invariant, während das Hilfsverb *werde* als Vorverb hinsichtlich Gesprächsrolle, Numerus und Tempus-Register variant ist. Beispiel:

/der Antrag wird einstimmig angenommen/

PASSIVKLAMMER

Das zugrunde liegende Verb lautet in seiner aktivischen Standardform *nehme - an.* Es ist ein transitiv-objektwertiges Verb. Passivisch gebraucht, als Vorgangs-Passiv, lautet es in diesem Beispiel *wird - angenommen.* In dieser zweiteiligen Form bildet es eine Grammatikalklammer, die Passivklammer (vgl. 2.2.2.1.2).

Die passivische Bedeutung der ganzen Verbalklammer kommt nun dadurch zustande, daß die Lexik eines zu diesem Verb passenden Objekts (Akkusativ: *den Antrag*) hier in die Form des Subjekts (Nominativ: *der Antrag*) eingegangen ist, so daß ein Objekt-im-Subjekt-Passiv entsteht.

In spezifischer Betrachtung ist dieses Passiv ein Vorgangs-Passiv: die ›Annahme‹ des Antrags soll als Vorgang erscheinen – was nach unserem Weltwissen verschiedene Verfahrensschritte umfaßt: der Antrag steht zunächst zur Abstimmung, dann schreitet man zum Wahlgang, und schließlich wird das Ergebnis der Abstimmung festgestellt und bekanntgegeben. Die Bedeutung ›Vorgang‹ als Spezifikum des Vorgangs-Passivs kommt durch das Zusammenspiel des Vorverbs *wird* mit dem Rück-Partizip des Verbs, hier also mit der Verbform *angenommen,* zustande. Denn das Vorverb *wird* enthält in seiner lexikalischen (!) Bedeutung das Merkmal ⟨VORAUSSCHAU⟩. Das Nachverb *angenommen* ist hingegen, insofern es ein Rück-Partizip ist, in seiner grammatischen (!) Bedeutung durch das Merkmal ⟨RÜCKSCHAU⟩ gekennzeichnet. Durch das Zusammenwirken dieser beiden gegenläufigen semantischen Merkmale, also des (lexikalischen) Merkmals ⟨VORAUSSCHAU⟩ beim Vorverb und des (grammatischen) Merkmals ⟨RÜCKSCHAU⟩ beim Nachverb, kommt die spezifische Verlaufs-Bedeutung des Vorgangs-Passivs zustande. Denn ein ›Vorgang‹ ist etwas, das zugleich von seinem Anfang vorausschauend und von seinem Ende rückschauend aufgefaßt werden kann.

Das Vorgangs-Passiv hat im Präsens und Präteritum die folgenden Formen:

NUMERUS	TEMPUS / ROLLE	PASSIV IM PRÄSENS	PASSIV IM PRÄTERITUM
SINGULAR	SPRECHER HÖRER REFERENZ-ROLLE	*ich werde – gesehen* *du wirst – gesehen* *er/sie/es wird – gesehen*	*ich wurde – gehört* *du wurdest – gehört* *er/sie/es wurde – gehört*
PLURAL	SPRECHER HÖRER REFERENZ-ROLLE	*wir werden – gesehen* *ihr werdet – gesehen* *sie werden – gesehen*	*wir wurden – gehört* *ihr wurdet – gehört* *sie wurden – gehört*

Beispiele für die beiden Tempora:

/wer nicht Abgeordneter ist, wird auch nicht zum Bundeskanzler gewählt/

/Adenauer wurde mit nur einer Stimme Mehrheit, seiner eigenen, zum Bundeskanzler gewählt/

In den anderen Tempora bildet das Vorgangs-Passiv kombinierte Klammern, wobei alle Tempusklammern dem Passiv gegenüber strukturdominant sind. Das gleiche gilt für die Modalklammern. Nur der Lexikalklammer gegenüber bleibt die Passivklammer als Grammatikalklammer strukturdominant (vgl. 2.2.2.2). Beispiele:

Futur + Passiv: *werde – geholt werden*
Perfekt + Passiv: *bin – geholt worden*
Modalität + Passiv: *kann – geholt werden*
Passiv + zweiteiliges Verb: *werde – ab ge holt*

Im einzelnen ist jedoch bei der Klammerkombination mit einer Passivklammer folgendes zu beachten:

(1) Wird eine Passivklammer in eine strukturdominante Perfektklammer inkorporiert, so tritt unter allen Bedingungen die Klammerform *bin – worden* (nicht: *geworden*) auf. Beispiel:

/Adenauer ist als Bundeskanzler noch zweimal wiedergewählt worden/

Man muß also bei dem Verb *werde*, das zur Bildung des Vorgangs-Passivs dient, den Gebrauch als Kopulaverb (vgl. 2.5.2.2) vom Gebrauch als Hilfsverb bei der Bildung des Passivs unterscheiden. In beiden Fällen handelt es sich zwar um das gleiche Verb mit dem spezifischen Merkmal ⟨VORAUSSCHAU⟩, es tritt jedoch im Perfekt in zwei verschiedenen Formen auf: als Hilfsverb mit der Kurzform *worden* oder als Kopulaverb mit der Langform *geworden*. Zur Unterscheidung:

VORGANGS-PASSIV	KOPULA-PRÄDIKATION
/zum ersten sozialdemokratischen Bundeskanzler ist Willy Brandt gewählt worden/	*/Willy Brandt ist der erste sozialdemokratische Bundeskanzler geworden/*

(2) Wird eine Passivklammer in eine ebenfalls strukturdominante Futurklammer inkorporiert, so hat das Verb *werde* zwei verschiedene Hilfsverb-Aufgaben wahrzunehmen:

- Als Futur-Signal steht *werde* mit dem Infinitiv.
- Als Passiv-Signal steht *werde* mit dem Rück-Partizip.

Kommt es nun zu einer aus Futur und Passiv kombinierten Klammer, so bleibt das Futur-Morphem *werde* Vorverb. Das Passiv-Morphem *werde* läßt sich hingegen von der Strukturdominanz der Futurklammer an den Nachverb-Pol abdrängen und wird zum Infinitiv. Beispiel:

/*wann wird wohl die erste Frau zum Bundeskanzler* (oder: *zur Bundeskanzlerin*) *ernannt werden?*/

Der doppelte Gebrauch des Hilfsverbs *werde,* einmal als Futur- und einmal als Passiv-Morphem, gilt jedoch unter Sprachnormgesichtspunkten als steif und wird immer dann möglichst vermieden, wenn das Futur nicht unerläßlich ist und ohne Gefahr für das Verständnis des Textes durch das Präsens ersetzt werden kann. Das gilt analog für die analytischen Formen des restriktiven Konjunktivs mit *würde* (vgl. 3.2.1.2). Beispiele:

/*am nächsten Sonntag wird der neue Bundestag gewählt*/

/*wenn am nächsten Sonntag der neue Bundestag gewählt würde, welche Partei würden Sie dann wählen?*/

Übertrieben genau und daher zwar möglich, aber wenig sprachüblich wäre es, im ersten Beispiel zu sagen: *wird – gewählt werden,* im zweiten: *wenn – gewählt werden würde.*

2.6.1.1.2 Zustands-Passiv

Das Zustands-Passiv unterscheidet sich vom Vorgangs-Passiv formal dadurch, daß als Vorverb der Passivklammer nicht das Hilfsverb *werde,* sondern das Hilfsverb *bin* gebraucht wird. Beispiel:

/*die Rechtsprechung ist an die Gesetze gebunden*/

PASSIVKLAMMER

In dieses Passiv bringt das Vorverb *ist* sein lexikalisches Bedeutungsmerkmal ⟨FESTSTELLUNG⟩ ein, während vom Rück-Partizip *gebunden,* das zu dem transitiven Verb *binde* gehört, das grammatische Bedeutungsmerkmal ⟨RÜCKSCHAU⟩ stammt. Beide zusammen lassen etwas als ›Zustand‹, das heißt als ›Resultat eines Vorgangs‹ erscheinen. Zur Unterscheidung:

ZUSTANDS-PASSIV	VORGANGS-PASSIV
/die Bundesminister sind vom Bundespräsidenten ernannt/	*/die Bundesminister werden vom Bundespräsidenten ernannt/*

In beiden Beispielen liegt eine Passivform (Objekt-im-Subjekt-Passiv) vor. Aber die Bedeutung des passivisch gebrauchten Verbs *ernenne* wird in verschiedener Perspektive gesehen. Zwar bringt in beiden Passivformen das Rück-Partizip seine Rückschau-Perspektive ins Passiv ein. Aber nur im linken Beispiel bleibt es bei dieser Perspektive: diese ›Rückschau‹ kann als Zustand ›festgestellt‹ werden. Es gibt also die Bundesminister bereits, und sie sind im Besitz ihrer Ernennungsurkunden. Im rechten Beispiel hingegen wird statt des Zustands ein Vorgang festgestellt, der sich – was das Passiv jedoch nicht spezifiziert – entweder jetzt gerade abspielt oder sich jederzeit abspielen kann. In beiden Fällen kann man sich sowohl vorausschauend als auch rückschauend darauf beziehen: der ›Vorgang‹ ist zwischen diese beiden Perspektiven eingespannt.

Die Formen der Rollen-Konjugation lauten beim Zustands-Passiv für die beiden Tempora Präsens und Präteritum:

NUMERUS	TEMPUS / ROLLE	PASSIV IM PRÄSENS	PASSIV IM PRÄTERITUM
SINGULAR	SPRECHER	*ich bin – zugelassen*	*ich war – eingeladen*
	HÖRER	*du bist – zugelassen*	*du warst – eingeladen*
	REFERENZ-ROLLE	*er/sie/es ist – zugelassen*	*er/sie/es war – eingeladen*
PLURAL	SPRECHER	*wir sind – zugelassen*	*wir waren – eingeladen*
	HÖRER	*ihr seid – zugelassen*	*ihr wart – eingeladen*
	REFERENZ-ROLLE	*sie sind – zugelassen*	*sie waren – eingeladen*

Außer dem Hilfsverb *bin* können auch die Verben *bleibe* und *scheine* (letzteres ohne *zu*) als Hilfsverben zur Bildung des Zustands-Passivs dienen:

/die Zensur bleibt abgeschafft/

/der Sozialstaat scheint noch unvollendet/

In diesen Beispielen wird ebenfalls eine passivische Verfügbarkeit statisch festgestellt, jedoch mit einigen verschiedenen Nuancen je nach der spezifischen Bedeutung dieser Hilfsverben: ›Dauer‹ bei *bleibe* und ›Vagheit‹ bei *scheine.*

Auch beim Zustands-Passiv kann die Passivklammer nach den bekannten Regeln (vgl. 2.2.2.2) mit anderen Verbalklammern kombiniert werden. Dafür nur ein paar Beispiele:

/Polen ist in seiner Geschichte schon mehrfach geteilt gewesen/

/wahrscheinlich wird Korea eines Tages wiedervereinigt sein/

Wann immer es jedoch vom Textverständnis her ohne Risiko ist, vermeidet man diese Klammer-Komplexität. Man kann ihr beispielsweise wie folgt ausweichen:

(1) Perfekt (*ist – geteilt gewesen*) → Präteritum (*war – geteilt*).
(2) Futur (*wird – wiedervereinigt sein*) → Präsens (*ist – wiedervereinigt*).

Im Gegensatz zu dem mit *werde* gebildeten Vorgangs-Passiv lassen sich von dem mit *bin* oder *bleibe* gebildeten Zustands-Passiv imperativische Verbformen bilden:

/bleiben Sie weiterhin mit guter Gesundheit gesegnet!/

/seien Sie herzlich gegrüßt von Ihrem . . ./ (Briefschlußformel)

Da das Hilfsverb *bin,* das zusammen mit dem Rück-Partizip transitiver Verben das Zustands-Passiv bildet, noch mehrere andere Funktionen in der Sprache wahrnimmt, sind die folgenden Unterscheidungen zu beachten:

ZUSTANDS-PASSIV	KOPULA-PRÄDIKATION
/ich bin von allen verlassen/	*/ich bin hier sehr einsam/*

Im linken Beispiel ist *verlassen* Rück-Partizip des transitiv-objektwertigen Verbs *verlasse*; *bin* ist also Hilfsverb eines Zustands-Passivs. Im rechten Beispiel ist *bin* Kopulaverb und bildet mit dem (unflektierten) Adjektiv *einsam* eine Kopula-Prädikation. Weitere Unterscheidung:

ZUSTANDS-PASSIV	PERFEKT AKTIV
/wir sind von hier verbannt/	*/wir sind schon abgereist/*

Im linken Beispiel liegt wieder ein Zustands-Passiv vor, da die Form *verbannt* Rück-Partizip des transitiv-objektwertigen Verbs *verbanne* ist. Im rechten Beispiel ist *abgereist* zwar auch Rück-Partizip, gehört jedoch zu dem einwertigen, also nicht objektwertigen Verb *reise - ab*, das sein Perfekt nicht mit *habe*, sondern mit *bin* bildet (vgl. 3.1.1.2).

Auch einige (fakultativ oder obligatorisch) reflexive Verben (vgl. 2.5.7) lassen eine Bildung des Perfekts mit *bin* zu (zum Beispiel: *bin - erfreut, bin - erholt, bin - verliebt*) und müssen daher von den Formen des Zustands-Passivs unterschieden werden.

2.6.1.1.3 Modal-Passiv, Funktional-Passiv und quasi-passivische Konstruktionen

Der oben zitierte Text des Grundgesetzes, Art. 63, enthält eine weitere Form des Passivs: *Der Gewählte ist vom Bundespräsidenten zu ernennen.* Diese Form ist ein Modal-Passiv. Bei einem Modal-Passiv wird die jeweilige Modalität, die sonst auch äußerlich mit einer Passivform kombiniert werden kann (vgl. 2.2.2.2. und 2.6.1.1.1), in die Passivform semantisch integriert. Das Modal-Passiv besteht ebenfalls aus einer Passivklammer mit Vorverb und Nachverb. Das Vorverb ist wieder, wie beim Zustands-Passiv, eine Form des Hilfsverbs *bin* (in unserem Beispiel: *ist*). Das Nachverb besteht aus zwei invarianten Elementen, nämlich der Präposition *zu* und der Infinitivform eines transitiven Verbs (in unserem Beispiel: *ernennen*). Die besondere, hier als »modal« benannte Bedeutung dieses Passivs wird hauptsächlich durch die Bedeutung der Präposition *zu* hervorgebracht, die mit dem semantischen Merkmal ⟨ZIEL⟩ angegeben werden kann (vgl. 7.1.3.2.6). Ein Beispiel dieses Modal-Passivs ist daher wie folgt zu analysieren:

/*der Haushaltsplan ist in Einnahme und Ausgabe auszugleichen*/

PASSIVKLAMMER (*ist* … *auszugleichen*)

Die Passivklammer *ist - auszugleichen* (hier mit komplexem Nachverb wegen der inkorporierten Lexikalklammer *gleiche - aus*) drückt ebenso wie die vorher analysierten Beispiele des Vorgangs- und Zustands-Passivs ein Objekt-im-Subjekt-Passiv aus. Dieses Passiv hat mit dem Zustands-Passiv, formal gesehen, den Gebrauch des Hilfsverbs *bin* in der Funktion des Vorverbs gemeinsam. Sowohl vom Vorgangs- als auch vom Zustands-Passiv unterscheidet es sich jedoch formal darin, daß es als

sein + zu + inf. -> MODAL-PASSIV

Nachverb nicht das Rück-Partizip, sondern von einem beliebigen transitiven Verb den Infinitiv mit *zu* nimmt. Die Präposition *zu* trägt zu dieser Konstruktion ihre Bedeutung ⟨ZIEL⟩ bei, so daß in unserem Beispiel die Verfügbarkeit des *Haushaltsplans* für eine ausgeglichene Bilanz nicht als Zustand festgestellt, sondern »nur« als Handlungsziel formuliert wird, das sonst auch - ungefähr - mit den Modalverben *soll* oder *muß* bezeichnet werden könnte. So entsteht die modale Bedeutung ›der Haushaltsplan *soll* (oder *muß*) ausgeglichen werden‹. Da es sich bei diesem Passiv um etwas handelt, das noch nicht zustande gekommen ist, haben wir beim Modal-Passiv, in genauerer Beschreibung, ein modales Vorgangs-Passiv (trotz des Hilfsverbs *bin*!) vor uns.

Bei einer anderen Anordnung des Kontextes kann man mit dem Modal-Passiv auch die Bedeutungen einiger anderer (nicht aller!) Modalverben abdecken. Beispiele:

/*ein reiner Sozialstaat ist kaum zu verwirklichen*/
(Bedeutung: ›kann kaum verwirklicht werden‹)

/*ein totaler Versorgungsstaat ist auf keinen Fall anzustreben*/
(Bedeutung: ›darf auf keinen Fall angestrebt werden‹)

Bei den Funktionsverben kann man zwei Passivtypen unterscheiden. Sie lassen sich einerseits, soweit sie transitiv sind, genau wie andere transitive Verben behandeln. Sie gestatten folglich ohne weiteres, ein Objekt-im-Subjekt-Passiv zu bilden. Dieses ist, weil die Passivklammer dabei eine Lexikalklammer einzubetten hat, natürlich eine kombinierte Klammer mit relativ komplexem Nachverb. Beispiele mit den Funktionsverben *bringe - zur Aufführung* und *bringe - zur Sprache* (*bringe* ist transitiv):

/*das neue Stück wird in Schwerin* |*zur Aufführung*|*gebracht*|/

/*die Probleme werden verfremdet* |*zur Sprache*|*gebracht*|/

Geläufiger ist jedoch andererseits in solchen Fällen die Bildung eines Funktional-Passivs durch lexikalische Übersetzung des Vorverbs eines Funktionsverbs aus der Hin-Bedeutung in die konverse Her-Bedeutung, jedoch mit stereotyper Verwendung einiger bestimmter Verben. Die beiden letztbesprochenen Beispiele lassen sich also wie folgt ins Funktional-Passiv übersetzen:

OBJEKT-IM-SUBJEKT-PASSIV BEI FUNKTIONALVERBEN	FUNKTIONAL-PASSIV BEI FUNKTIONSVERBEN
/das Stück wird zur Aufführung gebracht/	*/das Stück kommt zur Aufführung/*
/Probleme werden verfremdet zur Sprache gebracht/	*/Probleme kommen verfremdet zur Sprache/*

Ähnliche Aktiv/Passiv-Oppositionen von Funktionsverben können mit anderen konversen Verbpaaren realisiert werden, zum Beispiel:

AKTIV	PASSIV
gebe – zu Protokoll	*nehme – zu Protokoll*
bringe – zum Abschluß	*komme – zum Abschluß*
stelle – zur Diskussion	*stehe – zur Diskussion*
versetze – in Begeisterung	*gerate – in Begeisterung*
ziehe – in Betracht	*komme – in Betracht*
führe – in Versuchung	*falle – in Versuchung*
schenke – Beachtung	*finde – Beachtung*
leiste – Hilfe	*finde – Hilfe*

Quasi-passivische Konstruktionen (als »Passiv-Ersatz«) findet man im verbalen Bereich mit *man* (vgl. 2.4.2.2), *es* (vgl. 4.4.4) und *läßt sich* (vgl. 2.5.7.3). Außerhalb des verbalen Bereichs können auch Adjektive und Modal-Partizipien mit passivischer Bedeutung gebildet werden. Das wird im einzelnen an anderer Stelle besprochen. Hier nur zwei knappe Hinweise:

(1) Deverbale Adjektive mit dem Suffix *-bar,* abgeleitet von einem transitiven Verb (vgl. 9.2.1.1.1). Beispiele:

/Sie haben deutlich erkennbare Fortschritte gemacht/
(Bedeutung des attributiven Adjektivs: ›die Fortschritte können erkannt werden‹)

/gewisse Schwierigkeiten sind unvermeidbar/
(Bedeutung des prädikativen Adjektivs: ›können nicht vermieden werden‹)

(2) Das sogenannte Modal-Partizip oder »Gerundiv«, gebildet nach dem Muster des Modal-Passivs vom oben besprochenen Typus *ist zu wählen* und mit entsprechender Bedeutung (vgl. 5.5.3.2). Beispiele:

/*das ist eine nicht zu rechtfertigende Handlung*/
(Bedeutung: ›sie kann nicht gerechtfertigt werden‹)

/*ich kenne die hier anzuwendenden Gesetze genau*/
(Bedeutung: ›die hier angewandt werden müssen‹)

2.6.1.2 Einfaches und erweitertes Passiv

Wir haben das Objekt-im-Subjekt-Passiv kennengelernt als eine Form des unterwertigen Verbgebrauchs, bei der die *Form* des Subjekts und die *Bedeutung* des Objekts ineinsgesetzt werden. Man kann den gleichen Sachverhalt auch umgekehrt ausdrücken: Die *Bedeutung* des Subjekts und die *Form* des Objekts werden getilgt. Ebendarin liegt die Unterwertigkeit, die in manchen Situationen dem Ausdruckszweck entgegenkommen kann. Bisweilen ist es nämlich einem Sprecher nicht besonders daran gelegen, über das Subjekt einer Handlung genauere Auskunft zu geben, sei es daß er es nicht genau kennt, sei es daß er es nicht nennen will. Man findet das Passiv daher vorzugsweise in solchen Sprachspielen, in denen eine Handlung nicht so sehr von ihrem Urheber (»Agens«) her, sondern in den Bedingungen ihres Verlaufs (Vorgangs-Passiv) oder Verlaufsresultats (Zustands-Passiv) gesehen werden soll. Das ist zumal in Fachsprachen der Fall. So findet man beispielsweise in der technisch-industriellen oder naturwissenschaftlich-medizinischen Fachsprache nicht selten Vorgänge oder Zustände beschrieben, die in ihrem Verlauf oder Verlaufsresultat nicht ohne weiteres erkennen lassen, welche Personen oder welche Kräfte (als ›Disponenten‹) über sie verfügen:

VORGANGS-PASSIV	ZUSTANDS-PASSIV
/*in den siebziger Jahren wurde in fast allen Druckereien die elektronische Setzmaschine eingeführt*/	/*in vielen modernen Betrieben sind heute Großraumbüros eingerichtet*/
/*einfache Laboruntersuchungen werden in der Praxis durchgeführt*/	/*viele Arztpraxen sind mit eigenem Labor ausgestattet*/

Der passivische Sprachgebrauch führt sowohl bei den Beispielen mit Vorgangs-Passiv als auch bei denen mit Zustands-Passiv dazu, daß die Aufmerksamkeit des Hörers nicht auf die handelnden Personen (die Unternehmer, die untersuchenden Ärzte und Praxishelferinnen), sondern auf den Vorgang oder dessen Ergebnis gelenkt wird. Das Handlungsgeschehen oder sein Ergebnis sind hier für das Verständnis wichtiger als die handelnden Personen.

Die gleichen Beobachtungen gelten, sogar in verstärktem Maße, für die Fachsprachen des Rechts und der Verwaltung. Denn auch wenn die juristischen oder administrativen Handlungen im Einzelfall von einem bestimmten Notar oder einem bestimmten Verwaltungsbeamten ausgeführt werden, so handeln diese Personen dennoch nicht aus eigener Macht und Autorität, sondern im Namen und Auftrag der Institution, die sie vertreten. In diesem Sinne ist eine moderne Verwaltung weitgehend anonym. Diese Anonymität kommt durch das Objekt-im-Subjekt-Passiv zum Ausdruck, das sich dementsprechend mit hoher Frequenz in Texten der Rechts- und Verwaltungssprache findet.

Nun sind aber andererseits auch Ausdruckszwecke denkbar, bei denen zwar eine passivische Konstruktion dienlich ist, wo aber gleichwohl die lexikalische Bedeutung des Subjekts nicht verlorengehen soll. Dann kann das Passiv erweitert werden, und zwar um ein Präpositional-Adjunkt, das die Lexik des Subjekts in sich aufnimmt (»Subjekt-im-Adjunkt-Erweiterung«). Als Junktoren dienen dabei hauptsächlich die Präpositionen *von* und *durch*, doch kommen in selteneren Fällen bei geeignetem Kontext auch einige andere Präpositionen in Betracht. Insgesamt wird jedoch das einfache Passiv wesentlich öfter gebraucht als das erweiterte Passiv, und zwar im Durchschnitt des Sprachgebrauchs viermal bis fünfmal so oft wie dieses. Zum Vergleich:

EINFACHES PASSIV	ERWEITERTES PASSIV
/der Angestellte wurde entlassen/	*/der Angestellte wurde <u>von der Direktion</u> entlassen/*
/die Wiedereinstellung des Angestellten ist verfügt worden/	*/<u>durch einen Spruch des Arbeitsgerichts</u> ist die Wiedereinstellung des Angestellten verfügt worden/*

In den Beispielen der linken Spalte ist die jeweils handelnde Instanz, nämlich entweder die Direktion oder das Arbeitsgericht, nicht ausdrücklich genannt, sie ergibt sich aber im Einzelfall aus dem Kontext oder aus der Situation. Die Handlung wird dargestellt, als ob die Vorgänge der Entlassung und Wiedereinstellung sozusagen von selber abliefen. In den Beispielen der rechten Spalte liegt grundsätzlich die gleiche passivische Konstruktion vor; auch hier handelt es sich um Formen des Vorgangs-Passivs. Jetzt ist aber zusätzlich die jeweils handelnde Instanz in Form eines Adjunkts angefügt, vermittelt im ersten Fall durch die Präposition *von,* im zweiten Fall mittels der Präposition *durch.* Wir können uns etwa denken, daß der Sprecher diese Erweiterungen des Passivs auf eine explizite oder implizite Anfrage hin vorgenommen hat.

Der Unterschied zwischen einer Passiv-Erweiterung mittels der Präposition *von* und einer solchen mittels der Präposition *durch* ergibt sich aus der unterschiedlichen Bedeutung dieser beiden Präpositionen (vgl. 7.1.3.2.5; 7.1.3.3.1). Denn die Bedeutung der Präposition *von* ist durch das semantische Merkmal ⟨ABLÖSUNG⟩, die Bedeutung der Präposition *durch* hingegen durch das semantische Merkmal ⟨STRECKE⟩ gekennzeichnet. Demzufolge bedient man sich bei der Passiv-Erweiterung eines *von*-Adjunkts, wenn man die Quelle und Herkunft einer Handlung kennzeichnen will. Das ist in den meisten Fällen eine Person oder Institution. Hingegen bedient man sich eines *durch*-Adjunkts, wenn die Handlung über eine Zwischenstrecke hinweg ausgedehnt und gegebenenfalls über eine Zwischeninstanz vermittelt werden soll. Das wird genauer bei den Präpositionen *von* und *durch* besprochen. Hier nur einige charakteristische Beispiele:

ERWEITERTES PASSIV MIT *von*-ADJUNKT	ERWEITERTES PASSIV MIT *durch*-ADJUNKT
/die Bibel wird von den Protestanten mehr gelesen als von den Katholiken/	*/die deutsche Literatur ist durch das protestantische Pfarrhaus geprägt worden/*
/die Heiligen werden hauptsächlich von den Katholiken verehrt/	*/die Trennung zwischen Katholiken und Protestanten ist durch die katholische Marienverehrung verstärkt worden/*
/die evangelischen Gemeinden sind stark von der protestantischen Theologie geformt (worden)/	*/die Beziehungen zwischen der katholischen Kirche und dem Staat sind durch das Konkordat geregelt/*

Die Beispiele lassen recht deutlich erkennen, wie die Erweiterungen der passivischen Ausdrücke je nach den verwendeten Präpositionen eine unterschiedliche Bedeutungsrichtung erhalten. In den Beispielen der linken Spalte (*von*-Adjunkte) erfährt man jeweils die Quellen, aus denen ein bestimmter Vorgang oder Zustand sich herleitet. In den Beispielen der rechten Spalte hingegen erhält man Informationen kausaler oder instrumentaler Art, die für einen bestimmten Vorgang oder Zustand maßgeblich geworden sind. Es ist auch möglich, beide Erweiterungen nebeneinander zu verwenden. Beispiel:

/die katholischen Priester sind von ihrer Kirche durch die Standespflicht des Zölibats zur Ehelosigkeit verpflichtet/

Man könnte in diesem Beispiel die Präpositionen *von* und *durch* in den beiden Erweiterungen des Zustands-Passivs nicht umkehren. Die katholische Kirche erscheint hier als Quelle, der Pflichtenkatalog des Kirchenrechts als Instrument eines institutionellen Handelns, das zu dem besagten Resultat geführt hat.

In der traditionellen Grammatik hat man seit der Antike das erweiterte Passiv (unter Vernachlässigung des sehr viel häufigeren einfachen Passivs) als Standardform des Passivs angesehen und es als Umformung (»Transformation«) einer angeblich gleichbedeutenden aktivischen Konstruktion aufgefaßt. Nach dieser Auffassung hat man sich etwa in den nachfolgenden Beispielen den passivischen Ausdruck der rechten Spalte als »Passiv-Transformation« des aktivischen Ausdrucks der linken Spalte vorzustellen. Zum Vergleich:

EINFACHES AKTIV	ERWEITERTES PASSIV
/Bonifatius hat das Christentum nach Deutschland gebracht/	*/das Christentum ist von Bonifatius nach Deutschland gebracht worden/*

Die Auffassung einer völligen Bedeutungsgleichheit zwischen dem einfachen Aktiv der linken Spalte und dem erweiterten Passiv der rechten Spalte ist aber grammatisch nicht gerechtfertigt. Das Subjekt *Bonifatius* hat nämlich mit dem *von*-Adjunkt nur die lexikalische Bedeutung gemeinsam. Grammatisch unterscheiden sie sich von Grund auf durch ihren verschiedenen Status als Subjekt des Verbs im Aktiv-Beispiel und als Adjunkt im Passiv-Beispiel. Man darf also das erweiterte Passiv nicht einfach als die Umkehrung des Aktivs ansehen, auch wenn eine mehr als zweitausendjährige »kategoriale« Tradition der Grammatik eine solche Auffassung nahezulegen scheint.

Der erhebliche Unterschied zwischen dem Aktiv und dem mit einem *von*- oder *durch*-Adjunkt erweiterten Passiv zeigt sich auch bei vielen Gelegenheiten im Text. Es hängt vielfach von der Textstruktur, insbesondere von seinem Informationsprofil (Thema/Rhema-Struktur) ab, ob an einer bestimmten Textstelle das Aktiv oder das (erweiterte) Passiv gesetzt wird. Dafür zwei einfache Beispiele:

/wer sein Leben lang nur spart, wird sogar von seinen Erben gründlich verachtet/

/ich kenne manche, die werden durch ihren eigenen Geiz zugrunde gerichtet/

In beiden Fällen könnte man sich statt des mit einem *von-* oder *durch-*Adjunkt erweiterten Passivs auch eine Formulierung im Aktiv vorstellen; sie würde im ersten Beispiel lauten: *den verachten sogar seine Erben gründlich,* im zweiten: *die richtet ihr eigener Geiz zugrunde.* Aber in den oben gewählten Beispielen entsteht ja durch das Passiv eine Verbalklammer, in der die rhematisch wichtigen Verbteile in die ausdrucksstarke Nachverb-Position gebracht werden, und so enden die beiden Äußerungen semantisch intensiv, im ersten Beispiel: *gründlich verachtet,* im zweiten: *zugrunde gerichtet.*

2.6.1.3 Das Passiv in einem Text

Der nachfolgende Textabschnitt stammt aus einem wissenschaftlichen Werk aus dem Gebiet der Volkswirtschaft. Er handelt von der Inflationstheorie. Der ausgewählte Abschnitt steht in einem Kapitel unter der Überschrift »Arten der Inflation und historische Bezüge«. Dieser Text zeichnet sich durch einen verhältnismäßig hohen Anteil passivischer Verbformen aus. Das ist kein Zufall. In fachsprachlichen, insbesondere wissenschaftlichen Texten hat das Passiv eine sehr viel höhere Frequenz als in alltagssprachlichen oder literarischen Texten. Die Gründe dafür haben wir bereits in allgemeiner Form besprochen, sie sollen hier fallweise noch einmal im Textzusammenhang erörtert werden. Die vorkommenden Formen des Passivs sind unterstrichen und fortlaufend durchnumeriert.

TEXT:

Nach dem Erscheinungsbild lassen sich (1) *sehr unterschiedliche Inflationsformen unterscheiden. Das moderne Phänomen der schleichenden Inflation ist* (2) *hier einzuordnen: Von schleichender Inflation wird gesprochen* (3), *wenn die Preissteigerungsraten »gering« sind und über mehrere Perioden hinweg ohne nennenswerte Beschleunigung zu beobachten sind* (4). *Dabei sind hinsichtlich der Obergrenze des Preisan-*

TEXTGRAMMATISCHER KOMMENTAR:

(1) *lassen sich – unterscheiden*: Das reflexiv gebrauchte Verb *lasse* in Verbindung mit dem Infinitiv eines Verbs ist das Äquivalent eines Modal-Passivs: ›können unterschieden werden‹. Diese »Umschreibung« eines Passivs ist in Texten mit einem hohen Anteil passivischer Verbformen als Mittel zum Wechsel im Ausdruck sehr beliebt (vgl. 2.5.7.3).

(2) *ist – einzuordnen*: Es handelt

stiegs, bis zu der noch von »schleichender« Inflation gesprochen wird (5), *im Zeitverlauf und von Land zu Land erhebliche Wandlungen feststellbar* (6). *Im Gegensatz zur schleichenden Inflation ist die galoppierende Inflation gekennzeichnet* (7) *durch sehr hohe Preissteigerungsraten, die laufend zunehmen. (...)*

Eine offene Inflation liegt vor, wenn ein tatsächlicher Preisniveauanstieg eintritt und statistisch festzustellen ist (8). *Im Fall der zurückgestauten* (9) *(verdeckten* [10]*) Inflation wird dieser Preisniveauanstieg, obwohl er sich bei freiem Spiel der Marktkräfte ergeben würde – durch Eingriffe staatlicher (oder sonstiger) Instanzen in den Preisbildungsprozeß verhindert* (11).

Schließlich kann zwischen absoluter und relativer Inflation unterschieden werden (12). *Im Fall der relativen Inflation wären von der Seite der Kostenentwicklung her Preissenkungen möglich, die jedoch faktisch nicht realisiert werden* (13). *Bereits im Fall der Preisniveaukonstanz kann auf diese Weise von relativer Inflation gesprochen werden* (14). *Bei absoluter Inflation handelt es sich demgegenüber stets um eine Erhöhung des Preisniveaus.*[1]

sich ebenfalls um ein Modal-Passiv, gebildet aus dem Hilfsverb *ist* und einem Infinitiv mit der Präposition *zu*, die hier als »Infix« in das zweiteilige Verb *ordne – ein* eingeschoben ist. Die modale Bedeutung ist vage, jedoch in den Grenzen, die durch das Paradigma der Modalverben gesetzt sind (vgl. 3.5.2). Sie oszilliert zwischen ›kann eingeordnet werden‹ und ›muß eingeordnet werden‹.

(3) *wird – gesprochen*: Offenbar ist hier der typische Wirtschaftswissenschaftler gemeint, der unter bestimmten Bedingungen von schleichender Inflation spricht. Insofern kann dieses vage Subjekt lexikalisch ungenannt bleiben. So richtet sich die Aufmerksamkeit ganz auf die Sache, hier auf den Sprachgebrauch bezüglich des Begriffs *schleichender Inflation.*

(4) *wenn – zu beobachten sind*: Dies ist wieder ein Modal-Passiv, gebildet aus dem Hilfsverb *sind* und einer Infinitiv-Form mit der Präposition *zu*. Die Endstellung dieser Elemente ergibt sich aus der Abhängigkeit von der Konjunktion *wenn* (satzförmige Adjunktklammer). Die Modal-Bedeutung ist eine *kann*-Modalität. Dieses Modal-Passiv bedeutet also: ›wenn die Preissteigerungsraten (...) beobachtet werden können‹.

1) Joachim Klaus: *Inflationstheorie*, Darmstadt 1974, S. 4 f.

(5) *bis zu der – gesprochen wird*: Es geht weiterhin um den Sprachgebrauch des typischen Wirtschaftswissenschaftlers. Das ist für die in Frage stehende Textstelle so gut wie selbstverständlich und kann daher im Text aus Ökonomiegründen fortgelassen werden. Gleichzeitig kann der Autor auf diese Weise die Aufmerksamkeit des Lesers wieder, wie es dem Ethos der Wissenschaft entspricht, auf die Sache und den Sachverhalt lenken. Der wissenschaftliche Sprachgebrauch, von dem hier die Rede ist, gilt eben intersubjektiv, also brauchen keine personalen Handlungsträger genannt zu werden.
(6) *sind – feststellbar*: Das prädikativ gebrauchte Adjektiv *feststellbar* hat, wie schon an seinem Suffix *-bar* abzulesen ist, eine passivische Bedeutung. Es handelt sich also um eine Passiv-Prädikation. Sie hat modale Bedeutung im Sinne des Modalverbs *kann,* so daß die Bedeutung dieser Prädikation wie folgt umschrieben werden kann: ›kann festgestellt werden‹.
(7) *ist – gekennzeichnet durch*: Dies ist nun ein Zustands-Passiv in Form einer Passivklammer mit dem Hilfsverb *ist* als Vorverb und dem Rück-Partizip *gekennzeichnet* als Nachverb. Das Passiv ist hier erweitert durch ein Adjunkt mit der Präposition *durch.* Von den bisher angetroffenen Formen des Vorgangs- und Modal-Passivs weicht der Autor hier durch ein Zustands-Passiv ab, da er nun nicht mehr von dem (üblichen oder zweckmäßigen) Sprachgebrauch der Wirtschaftswissenschaftler spricht, sondern von objektiven Merkmalen, die »an der Sache selbst« festzustellen sind.
(8) *wenn – festzustellen ist*: Es ist charakteristisch für diesen und viele andere wissenschaftliche Texte, daß der Autor von Feststellung zu Feststellung, anders ausgedrückt, von Prädikation zu Prädikation fortschreitet. In diesem Fall handelt es sich wieder um eine modale Prädikation mit passivischer Bedeutung. Durch die kontextuelle Abhängigkeit von der Konjunktion *wenn* engt sich die modale Bedeutung auf die Bedeutung des Modalverbs *kann* ein und läßt sich wie folgt umschreiben: ›wenn festgestellt werden kann‹.
(9/10) *Im Fall der zurückgestauten (verdeckten) Inflation*: Die Rück-Partizipien *zurückgestauten* und *verdeckten* sind flektierte Rück-Partizipien (also im weiteren Sinne Adjektive) mit passivischer Bedeutung (vgl. 5.5.2). Wenn man die Nominalgruppe (re-)verbalisiert, indem man die konditionale Präposition *im Fall (der)* durch die konditionale Konjunktion *wenn* ersetzt, muß man sich zwischen einem Vorgangs-Passiv (*wenn – zurückgestaut / verdeckt wird*) und einem Zustands-Passiv (*wenn – zurückgestaut / verdeckt ist*) entscheiden. Dieser Entscheidung ist man bei den passivischen Rück-Partizipien enthoben. In ihnen ist also die Opposition zwischen Vorgangs- und Zustands-Passiv neutralisiert.
(11) *wird – verhindert durch*: Erweitertes Vorgangs-Passiv. Als Erweite-

rung dient ein Präpositional-Adjunkt: *durch Eingriffe staatlicher (oder sonstiger) Instanzen.* Man sieht schon der Lexik an, daß der Handlungsträger (das »Agens«) nicht sehr deutlich konturiert ist. So eignet er sich wenig für die grammatische Subjektrolle, die er bei einem aktivischen Verbgebrauch einnehmen müßte.

(12) *kann - unterschieden werden*: Nun macht sich der Autor wieder die Sprachgewohnheiten eines (Wirtschafts-)Wissenschaftlers zu eigen, und er benutzt dazu aufs neue, wie schon mehrfach vorher, das Vorgangs-Passiv. Es ist inkorporiert in eine Modalklammer mit dem Modalverb *kann* und bildet gestaut - und in der Abfolge umgekehrt - dessen komplexes Nachverb. Im Mittelfeld der kombinierten Verbalklammer steht der Inhalt der Unterscheidung.

(13) *die - nicht realisiert werden*: Wollte der Autor sich an dieser Stelle mittels einer aktivischen Verbform ausdrücken, so müßte er sagen, wer es ist, der die möglichen Preissenkungen nicht realisiert. Er müßte also beispielsweise die Erzeuger, die Großhändler oder die Kleinhändler nennen. So genau will (oder kann) er diese Verantwortlichen aber nicht beim Namen nennen, da er im Sinn hat, die Kosten- und Preisentwicklung als regelhafte und von spezifischen Personen und Personengruppen unabhängige Prozesse zu betrachten. Aus diesem Grund bietet sich ihm das nicht erweiterte Vorgangs-Passiv an. Inkorporiert in eine Adjunktklammer mit dem Relativ-Junktor *die* steht das zweiteilige Verb *realisiert werden,* das diese passivische Form bildet, in der Endstellung des strukturdominanten Relativ-Adjunkts.

(14) *kann - gesprochen werden*: Es geht weiterhin um den typischen Sprachgebrauch eines wissenschaftlichen Textes. Das Vorgangs-Passiv *gesprochen werden* ist (gestaut, umgekehrt) inkorporiert in eine Modalklammer mit dem Modalverb *kann.* Der Inhalt dessen, was gesprochen wird, steht im Mittelfeld der solcherart gebildeten Verbalklammer.

Insgesamt finden wir also in diesem Textabschnitt 14 Formen des Passivs. Zieht man davon das reflexiv gebildete »Quasi-Passiv« (1: *lassen sich - unterscheiden*) und die beiden Formen des passivischen Rück-Partizips (9: *zurückgestauten,* 10: *verdeckten*) ab, so verbleiben 11 passive Verbformen. Kein einziges transitives Verb präsentiert sich anders als in passivischer Form. So hoch ist nun freilich die Konzentration des Passivs nicht in allen fachsprachlichen und fachwissenschaftlichen Texten. Aber relativ hoch ist sie im Vergleich zur Alltags- und Literatursprache immer. Das gehört zu den auffälligsten Eigenschaften der Fachsprachen.

2.6.2 Das Partner-im-Subjekt-Passiv

Die Gesprächsrolle des Partners ist bei zwei Verbvalenzen zugelassen: bei der Subjekt-Partner-Valenz und bei der Subjekt-Partner-Objekt-Valenz. Diese beiden Valenzen bedingen zwei verschiedene Formen des Passivs.

Wir besprechen zunächst das Partner-im-Subjekt-Passiv. Es kann nur von transitiven dreiwertigen Verben gebildet werden (Subjekt-Partner-Objekt-Valenz). Zwar bleibt bei der Bildung dieses Passivs die (transitive) Objektrolle unbetroffen, doch ist ihre Anwesenheit (»katalysatorisch«) nötig. Das Partner-im-Subjekt-Passiv ist immer ein Vorgangs-Passiv. Es kann, genauso wie das Objekt-im-Subjekt-Passiv, durch Präpositional-Adjunkte, hauptsächlich mit *von* oder *durch,* erweitert werden.

Das Partner-im-Subjekt-Passiv bildet eine Passivklammer, nicht anders als es auch beim Objekt-im-Subjekt-Passiv der Fall ist. Aber das Vorverb und das Nachverb sind hier von anderer Beschaffenheit. Das Vorverb der Klammer besteht beim Partner-im-Subjekt-Passiv aus einer Form der Verben *kriege* oder *bekomme* (seltener: *erhalte*), sein Nachverb aus dem Rück-Partizip eines dreiwertigen Verbs. Beachtenswert ist, daß alle drei (Hilfs-)Verben, die zur Bildung eines Partner-Passivs dienen, eine ›Her‹-Bedeutung haben: ›auf das Subjekt zu‹.

Der besondere Charakter des Partner-im-Subjekt-Passivs liegt nun, mit genauer Strukturanalogie zum Objekt-im-Subjekt-Passiv, darin, daß die lexikalische Bedeutung einer möglichen Partnerrolle in die grammatische Handlungsrolle Subjekt eingeht. Es verbinden sich also in ihr die grammatische *Form* eines Subjekts und die lexikalische *Bedeutung* eines bestimmten Partners. Auch das ist eine Art Unterwertigkeit, da zwei Handlungsrollen zusammengelegt werden. Das Subjekt ist nun durch die semantischen Merkmale ⟨FESTSTELLBAR⟩ und ⟨ADRESSAT⟩ (nicht ⟨ADRESSANT⟩ !) gekennzeichnet. Signal dieses Passivs ist die Passivklammer mit *kriege, bekomme* oder (seltener) *erhalte* als Vorverb und dem Rück-Partizip eines Verbs mit Subjekt-Partner-Objekt-Valenz als Nachverb. Beispiel:

/der Versicherte bekommt die Krankenhauskosten erstattet/

In diesem Beispiel ist das Verb *erstatte* ein dreiwertiges Verb (Subjekt-Partner-Objekt-Valenz: *ich erstatte sie dir*). Die in ihr enthaltene Objektwertigkeit ist transitiv. Folglich ist die Bildung eines Partner-im-Subjekt-Passivs möglich. Es hat hier die Form einer Passivklammer mit dem Vorverb *bekommt* und dem invarianten Rück-Partizip *erstattet.* Wem werden nun die Krankenhauskosten erstattet? Das kann man beim aktivischen Gebrauch des Verbs durch die Partnerrolle ausdrücken: *man erstattet dem Versicherten die Krankenhauskosten.* Hier nun, beim Partner-im-Subjekt-Passiv, findet sich die lexikalische Bedeutung dieses virtuellen Partners in der Subjektrolle wieder (Nominativ: *der Versicherte*). Die grammatische Partnerrolle selber bleibt unbezeichnet. Was hingegen die Objektrolle betrifft (Akkusativ: *die Krankenhauskosten*), so ist ihre Anwesenheit zwar notwendig, doch nimmt sie selber an diesem Rollenausgleich zwischen Subjekt und Partner nicht Anteil.

Da das Partner-im-Subjekt-Passiv nur von dreiwertigen Verben gebildet werden kann, die als transitiv-objektwertige Verben immer auch das Objekt-im-Subjekt-Passiv zulassen, stehen sich also bei den Verben dieser Valenzklasse zwei konkurrierende Passivformen gegenüber. Zum Vergleich:

PARTNER-IM-SUBJEKT-PASSIV	OBJEKT-IM-SUBJEKT-PASSIV
/wann kriege ich endlich meine Krankenhauskosten erstattet?/	*/wann werden mir endlich meine Krankenhauskosten erstattet?/*

Das Beispiel der rechten Spalte läßt als Objekt-im-Subjekt-Passiv die Partnerrolle unbetroffen (Dativ: *mir*). Beim Partner-im-Subjekt-Passiv der linken Spalte verhält es sich umgekehrt. Nun bleibt die Objektrolle unbetroffen (Akkusativ: *meine Krankenhauskosten*). Aber der Partner ist hier als grammatische Handlungsrolle getilgt, nicht jedoch ohne seine lexikalische Bedeutung an das Subjekt abzugeben (Nominativ: *ich*). Welche der beiden Passivformen an einer gegebenen Textstelle gewählt wird, hängt weitgehend vom textadäquaten Informationsprofil ab. Auch die stilistische Konnotation ist unterschiedlich. Das Partner-im-Subjekt-Passiv, zumal wenn es sich des Verbs *kriege* bedient, ist stärker in der mündlichen Umgangssprache zu Hause, das Objekt-im-Subjekt-Passiv wirkt demgegenüber gepflegter.

Das Partner-im-Subjekt-Passiv mit *kriege, bekomme* oder *erhalte* läßt sich von allen Verben mit Subjekt-Partner-Objekt-Valenz bilden, ausgenommen das Verb *gebe,* das eine Bildung dieses Passivs nicht zuläßt.

Von (intransitiven) Verben mit Subjekt-Partner-Valenz (statt einer Subjekt-Partner-Objekt-Valenz) kann man ein Partner-im-Subjekt-Passiv dieses Typus nicht bilden. Es besteht jedoch die Möglichkeit eines Subjekt-im-Verb-Passivs, wie es auch bei Verben mit bloßer Subjekt-Valenz vorkommt. Das wird im nachfolgenden Abschnitt bei der Besprechung des einfachen Subjekt-im-Verb-Passivs mitbesprochen.

2.6.3 Das Subjekt-im-Verb-Passiv

Neben dem Objekt-im-Subjekt-Passiv und dem Partner-im-Subjekt-Passiv gibt es in der deutschen Sprache das Subjekt-im-Verb-Passiv (»unpersönliches Passiv«). Es ist meistens ein Vorgangs-Passiv. Formal hat es wie die anderen Formen des Passivs den Charakter einer Passivklammer mit dem (Hilfs-)Verb *werde* als Vorverb und dem Rück-Partizip des betreffenden Verbs als Nachverb.

Ein Subjekt-im-Verb-Passiv kann man von allen Verben bilden, die ein Subjekt, jedoch kein Objekt zulassen. Das sind also die (intransitiven) Verben mit Subjekt-Valenz und mit Subjekt-Partner-Valenz. Daß die (transitiven) Verben mit Subjekt-Objekt-Valenz und Subjekt-Partner-Objekt-Valenz nicht für das Subjekt-im-Verb-Passiv in Betracht kommen, ergibt sich aus der oben beschriebenen Tatsache, daß diese Verben bereits andere Passivformen haben, nämlich das Objekt-im-Subjekt- und das Partner-im-Subjekt-Passiv.

Das Subjekt-im-Verb-Passiv ist dadurch gekennzeichnet, daß es alle verschiedenen lexikalischen Bedeutungen, die ein Subjekt in den drei Gesprächsrollen haben kann, neutralisiert und sie in dieser neutralisierten Form dem Verb zuschlägt. Vielfach entspricht die Neutral-Bedeutung des Subjekts, die in das Verb eingeht, dem neutralen Pronomen *man* mit der Bedeutung ›unbestimmte Personengruppe‹. Ein Subjekt-im-Verb-Passiv hat dann die allgemeine Bedeutung: ›ein Vorgang, ausgeführt von einer unbestimmten Personengruppe‹. Beispiel:

/heute wird in unserem Betrieb gefeiert/

PASSIVKLAMMER

Das Verb *feiere* ist ein einwertiges Verb (Subjekt-Valenz). Aber ein formales Subjekt ist in diesem Beispiel nicht erkennbar, weshalb dieses Passiv auch oft »unpersönliches Passiv« genannt wird. Unpersönlich ist es jedoch nur insofern, als die bei diesem Verb möglichen drei Gesprächsrollen (»Personen«) im Singular und Plural neutralisiert und in dieser reduzierten Form in der passivischen Verbform *wird – gefeiert* »versteckt« sind. Daher entspricht dieses Passiv semantisch einem aktivischen Verb mit *man*. Es hat jedoch grammatisch eine andere Struktur, die auch ein anderes Informationsprofil mit sich bringt (rhematische Endstellung des bedeutungsstarken Nachverbs!).

Da das Subjekt-im-Verb-Passiv kein formales Subjekt hat, ist der Hörer in besonderem Maße auf ergänzende Informationen der umgebenden Situation angewiesen. So erklärt sich die starke Situationsbindung, die für den Gebrauch des Subjekt-im-Verb-Passivs charakteristisch ist (häufiger Imperativ!). Mit kategorialer »Passivität« als Haltung im Sinne eines Handlungsverzichts hat das nichts zu tun. Häufig, so auch in diesem Beispiel, wird gerade eine sehr dynamische »Aktivität« mit den Ausdrucksmitteln dieses Passivs gekennzeichnet. Beispiele:

/was wird denn hier schon wieder gemacht?/

/jetzt wird endlich mal gearbeitet!/

/zum Donnerwetter, nun wird aber hiergeblieben!/

Reflexiv gebrauchte Verben in der Referenzrolle lassen ebenfalls die Bildung eines Subjekt-im-Verb-Passivs zu. Das Reflexiv-Pronomen *sich* bleibt dabei erhalten. Das reflexive Subjekt-im-Verb-Passiv ist jedoch noch stärker situationsgebunden, als das ohnehin für jedes Passiv dieses Typus gilt, und findet sich daher fast nur in der gesprochenen Umgangssprache. Beispiele:

/jetzt wird sich aber endlich hingelegt!/

/wann wird sich endlich mal gekämmt?/

Das Subjekt-im-Verb-Passiv tritt noch seltener, als das schon bei den anderen Formen des Passivs zu verzeichnen ist, als erweitertes Passiv auf. Doch ist eine Erweiterung, meistens mit einem *von*-Adjunkt, grundsätzlich möglich. Beispiel:

/heute wird nicht mehr viel gesungen, weder von den Alten noch von den Jungen/

/heute wird eher durch das Telefon als durch Briefe kommuniziert/

Als situativer Imperativ gebraucht, kann das bloße Rück-Partizip eines einwertigen Verbs als Kurzform eines Subjekt-im-Verb-Passivs mit imperativischer Bedeutung angesehen werden. Dafür spricht insbesondere die überaus starke Situationsbindung dieser Formen. Zum Vergleich:

SUBJEKT-IM-VERB-PASSIV ALS RÜCK-PARTIZIP	SUBJEKT-IM-VERB-PASSIV ALS PASSIVKLAMMER
/aufgepaßt!/	*/jetzt wird aber aufgepaßt!/*
/weggeschaut!/	*/nun wird bitte weggeschaut!/*

Rück-Partizipien dieses Typus können jedoch nicht ganz frei gebildet werden, sondern sind weitgehend lexikalisiert.

Verben mit Subjekt-Partner-Valenz (zum Beispiel *helfe*) werden nun im Passiv ähnlich behandelt wie die ebenfalls intransitiven Verben mit reiner Subjekt-Valenz. Es wird also auch bei ihnen das Subjekt neutralisiert und dem Verb zugeschlagen, die Partnerrolle hingegen bleibt davon unberührt. Beispiele:

/wann wird mir endlich geholfen?/

/ist dir damit geholfen, daß ich dir einen Weg zur Selbsthilfe zeige?/

/ich glaube, uns ist nicht zu helfen/

Die Beispiele zeigen, daß beim Subjekt-im-Verb-Passiv, sofern die Partnerrolle beteiligt ist, ähnlich wie beim Objekt-im-Subjekt-Passiv die drei Formen des Vorgangs-, Zustands- und Modal-Passivs zu unterscheiden sind. Doch ist dieser Passivgebrauch relativ selten. Auch die Situationsbindung ist bei einer Partner-Beteiligung geringer als beim reinen Subjekt-im-Verb-Passiv.

Bei dem Verb *kündige* (Subjekt-Partner-Valenz) ist noch zu beachten, daß es in der mündlichen Umgangssprache oft ein Objekt-im-Verb-Passiv bildet: *ich bin gekündigt worden* statt: *mir ist gekündigt worden* (Analogie nach dem objektwertigen Verb *entlasse*).

2.6.4 Formen des Passivs in einem Text

Wichtige Funktionen des Passivs, insbesondere im Dienste des Informationsprofils (Thema/Rhema-Struktur), zeigen sich erst beim Gebrauch in einem Text. Der nachfolgende Text, dem man nicht gerade eine (im kategorialen Sinn) passive Schreibintention vorhalten kann, zeichnet sich durch einen relativ hohen Anteil passivischer Verbformen aus. Es handelt sich um einen Abschnitt aus den Thesen über den materialistischen Philosophen Ludwig Feuerbach von Karl Marx. Die Formen des Passivs sind durchnumeriert.

TEXT:

Die Produktion der Ideen, Vorstellungen, des Bewußtseins <u>*ist*</u> *zunächst unmittelbar* <u>*verflochten*</u> (1) *in die materielle Tätigkeit und den materiellen Verkehr der Menschen, Sprache des wirklichen Lebens. Das Vorstellen, Denken, der geistige Verkehr der Menschen erscheinen hier noch als direkter Ausfluß ihres materiellen Verhaltens. Von der geistigen Produktion, wie sie in der Sprache der Politik, der Gesetze, der Moral, der Religion, Metaphysik usw. eines Volkes sich darstellt, gilt dasselbe. Die Menschen sind die Produzenten ihrer Vorstellungen, Ideen pp, aber die wirklichen, wirkenden Menschen, wie sie* <u>*bedingt sind*</u> (2) *durch eine bestimmte Entwicklung ihrer Produktivkräfte und des denselben entsprechenden Verkehrs bis zu seinen weitesten Formationen hinauf. Das Bewußtsein kann nie etwas Andres sein als das bewußte Sein, und das Sein der Menschen ist ihr wirklicher Lebensprozeß. Wenn in der ganzen Ideologie die Menschen und ihre Verhältnisse, wie in einer Camera obscura, auf den Kopf* <u>*gestellt erscheinen*</u> (3), *so geht dies Phäno-*

TEXTGRAMMATISCHER KOMMENTAR:

(1) *ist – verflochten*: Objekt-im-Subjekt-Passiv als Zustands-Passiv. In der Tat gibt der Autor hier eine Zustandsanalyse der menschlichen Gesellschaft. Die Wahl des Passivs statt des Aktivs erlaubt es dem Autor, für diesen Zustand keinen verantwortlichen Urheber zu nennen. Die Passivklammer ist eng gehalten; in ihrem Mittelfeld steht nur *zunächst unmittelbar.* Ein langes Präpositional-Adjunkt, eingeleitet von der Präposition *in,* ist ins Nachfeld ausgeklammert und ermöglicht somit einen hochkomprimierten Nominalstil, wie ihn Karl Marx liebte.

(2) *wie sie bedingt sind durch*: Der Autor führt seine Zustandsanalyse fort und bedient sich dazu weiterhin eines Objekt-im-Subjekt-Passivs in der Form des Zustands-Passivs. *Die Menschen* treten hier zwar in der Handlungsrolle des Subjekts auf, aber eben als passive, »verdinglichte« Subjekte, was gut zum Gesamtsinn des Textabschnittes paßt. Textuell ist wieder wie in (1) zu bemerken, daß der Autor die Passivklammer sehr eng

men ebensosehr aus ihrem historischen Lebensprozeß hervor, wie die Umdrehung der Gegenstände auf der Netzhaut aus ihrem unmittelbar physischen.
Ganz im Gegensatz zur deutschen Philosophie, welche vom Himmel auf die Erde herabsteigt, wird hier von der Erde zum Himmel gestiegen (4). *D. h. es wird nicht ausgegangen* (5) *von dem, was die Menschen sagen, sich einbilden, sich vorstellen, auch nicht von den gesagten, gedachten, eingebildeten, vorgestellten Menschen, um davon aus bei den leibhaftigen Menschen anzukommen; es wird von den wirklich tätigen Menschen ausgegangen* (6) *und aus ihrem wirklichen Lebensprozeß auch die Entwicklung der ideologischen Reflexe und Echos dieses Lebensprozesses dargestellt* (7).[1]

faßt, hier sogar mit einem Null-Mittelfeld, so daß die Erweiterung des Passivs in Gestalt eines langen und sehr verschachtelten *durch*-Adjunkts in das Nachfeld ausgeklammert werden kann. Anders wäre auch hier dieser extreme Nominalstil nicht durchzuhalten.

(3) *auf den Kopf gestellt erscheinen*: Zustands-Passiv mit dem (heute seltenen) Hilfsverb *erscheine*, kombiniert mit einer Lexikalklammer, die von dem Funktionsverb *stelle – auf den Kopf* gebildet ist, sowie einer Adjunktklammer mit der Konjunktion *wenn* (strukturdominant). Dadurch entsteht ein hochkomplexes Nachverb.

(4) *wird – gestiegen*: Subjekt-im-Verb-Passiv, erkennbar am Fehlen eines formalen Subjekts bei diesem Verb. Daß der Autor an dieser Stelle vom Subjekt-im-Verb-Passiv Gebrauch macht und folglich auf die Nennung eines formalen Subjekts verzichtet, ist Ausdruck eines (höflichen) Stilwillens. Wenn er hier nämlich ein Subjekt nennte, müßte er sich selber nennen, also entweder *ich* oder *wir* (Autoren-Plural) sagen. In der Tat skizziert der Autor an dieser Textstelle seiner Schrift seine wissenschaftliche Methode, durch die er sich von der Tradition der »deutschen Philosophie« absetzen will. Das Subjekt-im-Verb-Passiv erspart ihm die Unschicklichkeit, sein Ich allzusehr in den Vordergrund zu rücken, zumal er sich ja einiges darauf zugute hält, die »objektiven« Verhältnisse zu Worte kommen zu lassen. Im Zweifel über die »subjektive« Bedeutung dieses subjektlosen Passivs kann der Leser dennoch nicht sein; die ausgesparte personale Deixis (*ich*) wird durch eine positionale Deixis (*hier*) vertreten. Zur Stellung ist noch anzumerken, daß die Passivklammer mit dem Rück-Partizip *gestiegen* als Nachverb eine Parallelisierung mit dem vorher gebrauchten Rück-Partizip *herabsteigt* erlaubt, das in der Relativ-Klammer nach *welche* ebenfalls die Endstellung einnimmt.

1) Karl Marx: »Die deutsche Ideologie«, in: *Marx/Engels Gesamtausgabe,* im Auftrage des Marx-Engels-Lenin-Instituts Moskau hg. von V. Adoratskij, Erste Abteilung, Bd. V, 1845-1846, Glashütten im Taunus 1970, S. 15 f.

(5/6) *es wird (nicht) ausgegangen von*: Zweimaliges Subjekt-im-Verb-Passiv, einmal negativ und ein zweites Mal, in korrigierender Formulierung, affirmativ. Beim ersten Vorkommen hat die Passivklammer ein unbesetztes Mittelfeld, zum Ausgleich ist aber wieder das Nachfeld von einem sehr langen, mehrfach gestuften *von*-Adjunkt besetzt. Dieses bereitet an seinem Ende (*bei den leibhaftigen Menschen*) schon auf die parallel gebaute Korrektur vor (*von den wirklich tätigen Menschen*), die das Mittelfeld der zweiten Passivklammer ausfüllt. Daß es bei diesem Subjekt-im-Verb-Passiv, das sein Subjekt nicht nennt, doch um die Person des Autors und ihr durchaus subjektives und subjektivistisches Methodenbewußtsein geht, zeigt noch der Schluß des ausgeklammerten *von*-Adjunkts mit seinem angeschlossenen Final-Adjunkt. Ein finales Adjunkt mit *um zu* setzt eigentlich Subjektgleichheit zwischen Basis und Adjunkt voraus. Diese ist hier deshalb problematisch, weil die Basis im Subjekt-im-Verb-Passiv ja gerade gar keine Form für das Subjekt enthält. Man muß also schon das latente Subjekt des Subjekt-im-Verb-Passivs nehmen, um die Fortsetzung mit *um zu* rechtfertigen zu können.
(7) *(es wird) die Entwicklung – dargestellt*: Dies ist ein sehr interessanter Fall. Der Autor hat vorher das Subjekt-im-Verb-Passiv gebraucht (5/6) und setzt es nun, ohne es als Form noch einmal auszudrücken, als Vorverb eines anschließenden Objekt-im-Subjekt-Passivs fort, da das Verb *stelle – dar,* anders als das einwertige Verb *gehe – aus,* transitivobjektwertig ist. Stilistisch ist diese Doppelfunktion des Hilfsverbs *werde* in zwei verschiedenen Formen des Passivs nicht ganz zufriedenstellend. Sie erlaubt dem Autor jedoch, seine Methode in ihren beiden Hauptaspekten in einer syntaktischen Konstruktion zusammenzufassen und am Ende des Abschnitts noch einmal in der Verbform *dargestellt* auszudrücken, worum es ihm in diesem Abschnitt gegangen ist.

3 Das Verb und seine Einstellungen

Es ist eine wichtige Aufgabe des Verbs, dem Hörer Instruktionen darüber zu geben, welche Einstellung er zu dem Gesagten und Gemeinten einnehmen soll. Einstellungen (»*attitudes*«) sind Grundformen des Verhaltens. In der Grammatik betreffen sie die Geltungsweise der mit den Verben und ihren Tempus-Morphemen ausgedrückten Prädikationen.

Eine Prädikation haben wir als ein Determinationsgefüge besonderer Art bezeichnet, in dem einem Subjekt ein Prädikat zugesprochen wird, und zwar mit dem Geltungsanspruch einer ausdrücklichen Feststellung. Damit ist gegenüber dem Gesprächspartner die implizite Garantie verbunden, die Geltung dieser Feststellung, wenn der Gesprächspartner an ihr zweifelt oder aus einem sonstigen Grund an ihr Anstoß nimmt, argumentativ zu vertreten, das heißt, sie zu begründen und gegen Einsprüche zu verteidigen (vgl. 2.5.1).

Die Einstellungen zur Geltungsweise lassen sich nach fünf Gesichtspunkten gruppieren:

- ▶ Tempora des Indikativs: feste Geltung (3.1)
- ▶ Formen des Konjunktivs: unfeste Geltung (3.2)
- ▶ Formen des Imperativs: gebotene Geltung (3.3)
- ▶ Formen des Infinitivs: neutralisierte Geltung (3.4)
- ▶ Modalverben: modalisierte Geltung (3.5)

3.1 Der Indikativ und seine Tempusformen

Der Begriff Tempus (Plural: Tempora) ist ein komplexer Einstellungsbegriff. Mit seiner Hilfe gliedert man den Oberbegriff ›Indikativ‹, das heißt, eine Einstellung, die für eine Prädikation feste Geltung beansprucht. Die Komplexität des Tempusbegriffs kommt dadurch zustande, daß in den einzelnen Formen der Tempus-Konjugation (3.1.1) zwei verschiedene Einstellungs-Instruktionen miteinander verbunden sind (»Formen-Synkretismus«). Es sind dies die Anweisungen des Tempus-Registers (3.1.2) und der Tempus-Perspektive (3.1.3), die wir als die beiden grundlegenden Dimensionen des Tempus-Systems ansehen können. Die unterschiedlichen Kombinationen dieser beiden Einstellungen machen den Bedeutungsunterschied der einzelnen Tempora aus (3.1.4).

3.1.1 Die Tempus-Konjugation

Neben der Rollen-Konjugation (vgl. 2.4.1) und in enger morphologischer Verschränkung mit ihr ist die Tempus-Konjugation eine Flexion des Verbs zum Ausdruck temporaler Einstellungen. Bei der Tempus-Konjugation unterscheiden wir wiederum zwei Formen: die einfache Tempus-Konjugation (3.1.1.1) und die klammerbildende Tempus-Konjugation (3.1.1.2).

3.1.1.1 Einfache Tempus-Konjugation

Mit den flexivischen Mitteln der einfachen Tempus-Konjugation unterscheidet die deutsche Sprache zwischen den Tempora Präsens und Präteritum. Dabei sind, wie schon gelegentlich bei der Rollen-Konjugation (vgl. 2.4.1), die schwachen Verben und die starken Verben gesondert zu besprechen. Der Unterschied zwischen den schwachen und den starken Verben ist rein morphologischer Natur; schwache Verben machen in ihren Konjugationsformen mehr von konsonantischen, starke Verben mehr von vokalischen Flexiven Gebrauch. Auch die Form des Rück-Partizips ist bei schwachen und starken Verben unterschiedlich.

(1) Schwache Verben

Die schwachen Verben benutzen zur Kennzeichnung des Präteritums und des Rück-Partizips das konsonantische Flexiv *-t-*. Hinsichtlich der Gesprächsrollen sind die Formen weitgehend identisch mit denen des Präsens und in diesem Sinne regelmäßig (vgl. 2.4.1.):

GESPRÄCHSROLLEN / TEMPORA		PRÄSENS	PRÄTERITUM
SINGULAR	SPRECHER HÖRER REFERENZROLLE	*ich mache* *du machst* *er/sie/es macht*	*ich machte* *du machtest* *er/sie/es machte*
PLURAL	SPRECHER HÖRER REFERENZROLLE	*wir machen* *ihr macht* *sie machen*	*wir machten* *ihr machtet* *sie machten*
	machen INFINITIV	*machend* NEUTRAL-PARTIZIP	*gemacht* RÜCK-PARTIZIP

Zu beachten ist bei diesem Paradigma im Vergleich der Tempusformen des Präsens und des Präteritums vor allem, daß es in der Referenzrolle im Singular zu einem Zusammentreffen des Rollen-Flexivs *-t* (Präsens: *macht*) mit dem Präteritum-Flexiv *-t-* kommt. Die deutsche Sprache löst das Problem durch eine in diesem Tempus (und nur bei schwachen Verben!) abweichende Bildung der Referenzrolle im Singular mittels des Vokals *-e* [-ə], so daß die Tempus-Opposition hörbar erhalten bleibt (*macht* vs. *machte*). Man kann diesen Vokal *-e* mit dem gleichlautenden Gleitvokal identifizieren, den die Formen des Präteritums in den anderen Gesprächsrollen einfügen, wenn anders das Präteritum-Flexiv *-t-* mit einem dentalen Rollen-Flexiv (*-st, -t, -n*) zusammentreffen würde. Hat das Verb überdies selber auch noch dentalen Stammauslaut, so tritt der Gleitvokal *-e-* [-ə-] zweifach auf:

ihr wartetet [vártətət] *du badetest* [bá:dətəst]

Das Rück-Partizip (»Partizip Perfekt«) der schwachen Verben wird durch das Tempus-Flexiv *-t* im Auslaut gekennzeichnet, meistens in Verbindung mit dem Partizipial-Präfix *ge-* (zum Beispiel: *gemacht, gelebt, gefeiert, getanzt*). Das Präfix *ge-* fehlt jedoch beim Perfekt aller Verben auf *-iere* (»Fremdwörter«, zum Beispiel: *musiziert, marschiert, organisiert, elektrifiziert*). Bei den Präfixverben auf *be-, ent-, er-, ge-, ver-* und *zer-* fällt ebenfalls das Partizipial-Präfix *ge-* weg und wird durch jene Präfixe mitvertreten (zum Beispiel: *bestellt, entzündet, genehmigt, verkauft, zerstört*). Bei zweiteiligen Verben steht das Morphem *-ge-* des Rück-Partizips als »Infix« (zum Beispiel: *angestellt, zurückgelegt, hochgerechnet, zur Strecke gebracht*).

Verbale Neubildungen haben in der deutschen Sprache immer die schwache Konjugation. Einige Beispiele:

jogge/joggte/gejoggt
faxe/faxte/gefaxt
programmiere/programmierte/programmiert

(2) Starke Verben

Die starken Verben – sie sind nicht sehr zahlreich, haben aber fast alle wegen ihrer oft elementar-leiblichen Bedeutung eine hohe Frequenz im Sprachgebrauch – kennzeichnen das Präteritum und das Rück-Partizip durch einen Vokalwechsel im Verbstamm, den man Ablaut nennt. Als Beispiel diene zunächst das Verb *liege*:

GESPRÄCHSROLLEN \ TEMPORA		PRÄSENS	PRÄTERITUM
SINGULAR	SPRECHER HÖRER REFERENZROLLE	*ich liege* [i:] *du liegst* [i:] *er/sie/es liegt* [i:]	*ich lag* [a:] *du lagst* [a:] *er/sie/es lag* [a:]
PLURAL	SPRECHER HÖRER REFERENZROLLE	*wir liegen* [i:] *ihr liegt* [i:] *sie liegen* [i:]	*wir lagen* [a:] *ihr lagt* [a:] *sie lagen* [a:]
	liegen [i:] INFINITIV	*liegend* [i:] NEUTRAL-PARTIZIP	*gelegen* [e:] RÜCK-PARTIZIP

Die Tempus-Konjugation des starken Verbs *liege* zeigt hier die Ablautreihe *i/a/e* [i:/a:/e:]. Hinsichtlich der Rollen-Konjugation ist im Präteritum der starken Verben zweimal ein Null-Flexiv zu verzeichnen:

(1) im Sprecher/Singular (*lag*), in Opposition zum Flexiv *-e* [-ə] der entsprechenden Präsensform (*liege*),

(2) in der Referenzrolle/Singular (ebenfalls: *lag*), in Opposition zum Flexiv *-t* der entsprechenden Präsensform (*liegt*).

Das Rück-Partizip des starken Verbs *liege* zeigt, in Verbindung mit dem Ablautvokal *e* [e:], die Endung *-en* [-ən] und dazu, da es nicht als Präfixverb mit *be-, ent-, ge-, ver-* oder *zer-* gebildet ist, das Partizipial-Präfix *ge-*. Bei zweiteiligen Verben steht dieses als »Infix« (*angefangen, zurückgeblieben, festgefahren, in Verruf gekommen*).

Zum vokalischen Ablaut treten bei einigen starken Verben konsonantische Veränderungen des Verbstammes hinzu, zum Beispiel bei dem Verb *sitze*:

GESPRÄCHSROLLEN \ TEMPORA		PRÄSENS	PRÄTERITUM
SINGULAR	SPRECHER HÖRER REFERENZ-ROLLE	*ich sitze* [ɪ] *du sitzt* [ɪ] *er/sie/es sitzt* [ɪ]	*ich saß* [a:] *du saßest* [a:] *er/sie/es saß* [a:]
PLURAL	SPRECHER HÖRER REFERENZ-ROLLE	*wir sitzen* [ɪ] *ihr sitzt* [ɪ] *sie sitzen* [ɪ]	*wir saßen* [a:] *ihr saßet* [a:] *sie saßen* [a:]
	sitzen [ɪ] INFINITIV	*sitzend* [ɪ] NEUTRAL-PARTIZIP	*gesessen* [ɛ] RÜCK-PARTIZIP

Die konsonantischen Veränderungen bei der Tempus-Konjugation der starken Verben (hier *tz/ß/ss* in Verbindung mit dem Ablaut *i/a/e*) folgen keinen allgemeinen Regeln und müssen mit den einzelnen »unregelmäßigen Verben« gelernt werden.

Die deutsche Sprache kennt im Vokabular ihrer starken Verben insbesondere die folgenden Ablautreihen:

(1) *a/i/a* »Aida«

schlafe/schlief/geschlafen [a:/i:/a:]; ebenso: *blase, brate, rate*

lasse/ließ/gelassen [a/i:/a]; ebenso: *falle, halte*

fange/fing/gefangen [a/ɪ/a]; ebenso: *empfange*

(2) *a/u/a* »Matura«

fahre/fuhr/gefahren [a:/u:/a:]; ebenso: *grabe, lade, schlage, trage*

wachse/wuchs/gewachsen [a/u:/a]; ebenso: *schaffe, wasche*

(3) *e/a/e* »Gelage«

gebe/gab/gegeben [e:/a:/e:]; ebenso: *geschehe/geschieht, lese, sehe, trete*

esse/aß/gegessen [ɛ/a:/ɛ]; ebenso: *fresse, messe, vergesse*

(4) *e/a/o* »Senator«

empfehle/empfahl/empfohlen [e:/a:/o:]; ebenso: *befehle, stehle*

nehme/nahm/genommen [e:/a:/ɔ]

spreche/sprach/gesprochen [ɛ/a:/ɔ]; ebenso: *breche, erschrecke, steche, treffe*

sterbe/starb/gestorben [ɛ/a/ɔ]; ebenso: *berge, gelte, helfe, verderbe, werbe, werfe*

(5) *e/o/o* »Tremolo«

hebe/hob/gehoben [e:/o:/o:]; ebenso: *bewege, schere*

schmelze/schmolz/geschmolzen [ɛ/ɔ/ɔ]; ebenso: *fechte, flechte, quelle, schwelle*

(6) *i/a/e* »Zigarre«

liege/lag/gelegen [i:/a:/e:]
bitte/bat/gebeten [ɪ/a:/e:]
sitze/saß/gesessen [ɪ/a:/ɛ]

(7) *i/a/o* »Picasso«

beginne/begann/begonnen [ɪ/a/ɔ]; ebenso: *besinne mich, gewinne, rinne, schwimme, sinne, spinne*

(8) *i/a/u* »Signatur«

singe/sang/gesungen [ɪ/a/ʊ]; ebenso: *binde, dringe, empfinde, finde, gelingt, klinge, mißlingt, ringe, schlinge, schwinde, schwinge, sinke, springe, stinke, trinke, winde, zwinge*

(9) *i/o/o* »Kimono«

fliege/flog/geflogen [i:/o:/o:]; ebenso: *biege, biete, fliehe, friere, schiebe, verliere, wiege, ziehe/zog*

schließe/schloß/geschlossen [i:/ɔ/ɔ]; ebenso: *fließe, genieße, gieße, rieche, krieche, schieße, sprieße, verdrieße*

(10) *ei/i/i* »freiwillig«

schreibe/schrieb/geschrieben [a͜e/i:/i:]; ebenso: *bleibe, gedeihe, leihe, meide, preise, reibe, scheide, scheine, schreie, schweige, steige, treibe, verzeihe, weise*

greife/griff/gegriffen [a͜e/ɪ/ɪ]; ebenso: *beiße, gleiche, gleite, kneife, leide, pfeife, reiße, reite, scheiße, schleiche, schleife, schmeiße, schneide, schreite, streiche, streite, verschleiße, weiche*

Nur punktuell aktualisiert sind die folgenden 14 Ablautreihen:

e/a/a	[e:/a/a]	*stehe/stand/gestanden*
e/i/a	[e:/ɪ/a]	*gehe/ging/gegangen*
ä/i/a	[ɛ/ɪ/a]	*hänge/hing/gehangen*
ä/a/o	[ɛ:/a:/o:]	*gebäre/gebar/geboren*
ä/o/o	[ɛ:/o:/o:]	*erwäge/erwog/erwogen*
o/a/o	[ɔ/a:/ɔ]	*komme/kam/gekommen*
o/i/o	[o:/i:/o:]	*stoße/stieß/gestoßen*
u/a/a	[u:/a:/a:]	*tue/tat/getan*
u/i/u	[u:/i:/u:]	*rufe/rief/gerufen*
ö/o/o	[ø:/o:/o:]	*schwöre/schwor/geschworen*
ü/o/o	[y:/o:/o:]	*lüge/log/gelogen, betrüge/betrog/betrogen*
au/i/au	[a͜o/i:/a͜o]	*laufe/lief/gelaufen*
au/o/o	[a͜o/ɔ/ɔ]	*saufe/soff/gesoffen*
ei/i/ei	[a͜e/i:/a͜e]	*heiße/hieß/geheißen* (oder: *gehießen*)

Eine kleine Zahl weiterer »unregelmäßiger Verben«, die im Sprachgebrauch selten geworden sind, findet man im Wörterbuch verzeichnet.

Einige Verben der deutschen Sprache zeigen im Präteritum und Rück-Partizip zwei Varianten, die eine nach den Konjugationsregeln der schwachen und die andere nach denen der starken Verben gebildet:

sende <	*sendete/gesendet* *sandte/gesandt*	*wende* <	*wendete/gewendet* *wandte/gewandt*
bewege <	*bewegte/bewegt* *bewog/bewogen*	*erschrecke* <	*erschreckte/erschreckt* *erschrak/erschrocken*
schaffe <	*schaffte/geschafft* *schuf/geschaffen*	*hänge* <	*hängte/gehängt* *hing/gehangen*
wiege <	*wiegte/gewiegt* *wog/gewogen*	*schleife* <	*schleifte/geschleift* *schliff/geschliffen*

Das Verb *stecke* ist nur im Präteritum differenziert zwischen der geläufigen Form *steckte* und der stilistisch sehr gewählten Form *stak.*

Die Ausbildung einer schwachen und einer starken Formenreihe bei den aufgeführten Verben geht in fast jedem Falle mit einer Bedeutungsdifferenzierung einher, wie die folgenden Beispiele zeigen:

SCHWACHE FORMEN	STARKE FORMEN
/sie <u>wendete</u> den Wagen am Ende des Parkstreifens/	*/sie <u>wandte</u> zornig den Kopf (<u>ab</u>)/*
/der Rundfunk hat ein neues Hörspiel <u>gesendet</u>/	*/ein Sonderbotschafter wurde nach Korea <u>gesandt</u>/*
/die Äste <u>bewegten</u> sich leise im Wind/	*/erst eine Bronchitis <u>bewog</u> den Patienten, das Rauchen einzustellen/*
/er <u>schaffte</u> Tag und Nacht/	*/Gott <u>schuf</u> Himmel und Erde/*
/der Vater <u>wiegte</u> das Kind in seinen Armen/	*/die Verkäuferin <u>wog</u> das Fleisch ab/*
/das Licht <u>erschreckte</u> den Einbrecher/	*/der Einbrecher <u>erschrak</u>/*
/er <u>hängte</u> den Mantel an den Haken/	*/der Mantel <u>hing</u> am Haken/*
/ihr Umhang <u>schleifte</u> am Boden/	*/in Idar-Oberstein werden Edelsteine <u>geschliffen</u>/*

(3) Gemischte Tempus-Konjugation

Einige Verben der deutschen Sprache zeigen im Paradigma ihrer Tempus-Konjugation eine Mischung schwacher und starker Formen. So findet man in der nachfolgenden Gruppe, zusätzlich zu dem für die schwachen Verben charakteristischen konsonantischen Flexiv *-t-*, einen Ablaut in der Form *e/a/a* [ɛ/a/a]. Es sind die (häufig gebrauchten!) Verben:

kenne/kannte/gekannt *brenne/brannte/gebrannt*

nenne/nannte/genannt *renne/rannte/gerannt*

Den insgesamt nur einmal belegten Ablaut *ei/u/u* [a̯e/ʊ/ʊ] hat das sonst schwach konjugierte Verb *weiß* mit den Formen: *weiß/wußte/gewußt* (Infinitiv: *wissen*).

Mit zusätzlicher Abwandlung der Konsonanz und (nur einmal belegt) der Ablautvariante *i/a/a* [ɪ/a/a] statt *e/a/a* [ɛ/a/a] gehören auch dazu:

denke/dachte/gedacht	*bringe/brachte/gebracht*

Schwache Formen im Präteritum und starke Formen im Rück-Partizip haben die Verben:

backe/backte/gebacken	*spalte/spaltete/gespalten*
mahle/mahlte/gemahlen	*salze/salzte/gesalzen*

Das Verb *backe* hat im Präteritum die (veraltete, seltene) Nebenform *buk* von der starken Konjugation.

3.1.1.2 Klammerbildende Tempus-Konjugation

Außer dem Präsens und dem Präteritum sind alle Tempora der deutschen Sprache »zusammengesetzte Tempora«. Sie sind in dieser Form klammerförmig und bilden eine Grammatikalklammer, die Tempusklammer (vgl. 2.2.2.1.2). Als Vorverb einer Tempusklammer dient eine Form der Hilfsverben *habe, bin* und *werde,* als Nachverb tritt das betreffende Verb, einfach oder komplex, im Rück-Partizip oder im Infinitiv auf. Beispiele:

/gestern habe ich meine Freundin getroffen/

/heute bin ich mit ihr ins Kino gegangen/

/morgen werde ich mit ihr essen gehen/

TEMPUSKLAMMER

Die als Hilfsverben der klammerbildenden Tempus-Konjugation gebrauchten Verben *habe, bin* und *werde* zeigen selber eine unregelmäßige Konjugation:

GESPRÄCHSROLLEN \ TEMPORA		PRÄSENS	PRÄTERITUM
SINGULAR	SPRECHER HÖRER REFERENZ-ROLLE	*ich habe* *du hast* *er/sie/es hat*	*ich hatte* *du hattest* *er/sie/es hatte*
PLURAL	SPRECHER HÖRER REFERENZ-ROLLE	*wir haben* *ihr habt* *sie haben*	*wir hatten* *ihr hattet* *sie hatten*
	haben INFINITIV	*habend* NEUTRAL-PARTIZIP	*gehabt* RÜCK-PARTIZIP

GESPRÄCHSROLLEN \ TEMPORA		PRÄSENS	PRÄTERITUM
SINGULAR	SPRECHER HÖRER REFERENZ-ROLLE	*ich bin* *du bist* *er/sie/es ist*	*ich war* *du warst* *er/sie/es war*
PLURAL	SPRECHER HÖRER REFERENZ-ROLLE	*wir sind* *ihr seid* *sie sind*	*wir waren* *ihr wart* *sie waren*
	sein INFINITIV	*seiend* NEUTRAL-PARTIZIP	*gewesen* RÜCK-PARTIZIP

GE-SPRÄCHS-ROLLEN / TEMPORA		PRÄSENS	PRÄTERITUM
SINGULAR	SPRECHER HÖRER REFERENZ-ROLLE	*ich werde* *du wirst* *er/sie/es wird*	*ich wurde* *du wurdest* *er/sie/es wurde*
PLURAL	SPRECHER HÖRER REFERENZ-ROLLE	*wir werden* *ihr werdet* *sie werden*	*wir wurden* *ihr wurdet* *sie wurden*
	werden INFINITIV	*werdend* NEUTRAL-PARTIZIP	*geworden/worden* RÜCK-PARTIZIP

Die Tempora der klammerbildenden Tempus-Konjugation sind Perfekt, Plusquamperfekt und Futur.

3.1.1.2.1 Formen des Perfekts

Das Perfekt wird mit einer Tempusklammer gebildet, die als Vorverb eine Präsensform der Hilfsverben *habe* oder *bin* und als Nachverb das Rück-Partizip eines Verbs benutzt:

VORVERB IM PRÄSENS — NACHVERB IM RÜCK-PARTIZIP

/wir < *haben die Altstadt besichtigt/*
sind als Touristen gekommen/

TEMPUSKLAMMER

Die Wahl entweder des Hilfsverbs *habe* oder des Hilfsverbs *bin* als Vorverb der Tempusklammer im Perfekt richtet sich nach der Valenz und Bedeutung der Verben. Dafür gelten die folgenden Regeln:

(A) Hilfsverb *habe*

Die meisten Verben der deutschen Sprache bilden ihr Perfekt mit dem Hilfsverb *habe*. Dieses steht immer bei objektwertigen Verben:

/haben Sie schon den Naumburger Dom besucht?/ (S-O-Valenz)

/hat man Ihnen vom »Naumburger Meister« erzählt?/
(S-P-O-Valenz)

/haben Sie sich die »Uta von Naumburg« angesehen?/
(S-P-O-Valenz mit S-P-Reflexivität)

Bei nicht-objektwertigen Verben gebraucht man ebenfalls das Hilfsverb *habe* in all denjenigen Fällen, die nicht der nachfolgend beschriebenen Regel zum Gebrauch des Hilfsverbs *bin* unterworfen sind, zum Beispiel:

/ich habe in Rostock studiert/ (S-Valenz)

/wie hat Ihnen diese alte Universität gefallen?/ (S-P-Valenz)

Auch alle Modalverben bilden ihr Perfekt mit *habe,* allein oder zusammen mit einem anderen Verb im Infinitiv (dann als doppelter Infinitiv – vgl. 2.2.2.2):

/was ich eigentlich als Studium gewollt habe, das habe ich leider nicht studieren können/

(B) Das Hilfsverb *bin*

Das Hilfsverb *bin* dient zur Bildung des Perfekts bei intransitiven Verben, sofern diese eine Veränderung der Position und elementaren Befindlichkeit ausdrücken. Das betrifft insbesondere Körperbewegungen und schließt auch die existentiellen Übergänge des Geborenwerdens und Sterbens mit ein, während einfaches Anfangen, Fortsetzen und Aufhören nicht dazugehören. Die Kopulaverben *bin, werde* und *bleibe* bilden ebenfalls ihr Perfekt mit *bin* als Hilfsverb. Beispiele:

/Martin Luther ist 1483 in Eisleben geboren (worden)/

/im Jahre 1505 ist er in das Kloster der Augustiner-Eremiten in Erfurt eingetreten/

/auch nach Rom ist er einmal gereist oder vielmehr gepilgert/

/als Doktor der Theologie und Universitätslehrer ist er 1512 nach Wittenberg gegangen/

/an der neuen Universität Wittenberg ist er in jungen Jahren zum Reformator geworden/

/als Bibeltheologe ist er immer auch ein guter Philologe gewesen/

/Luther ist 1546 in seiner Geburtsstadt Eisleben gestorben/

Auch einige intransitive, reziprok-reflexive Verben bilden ihr Perfekt mit *bin*, sofern sie eine Bewegung oder sonstige elementare Veränderungen des physischen oder psychischen Zustands ausdrücken. Zur Unterscheidung zwei Beispiele mit unterschiedlicher Reflexivität:

SUBJEKT-PARTNER-REFLEXIVITÄT	SUBJEKT-OBJEKT-REFLEXIVITÄT
/wann seid ihr euch zum ersten Mal begegnet?/	*/wann habt ihr euch zum ersten Mal getroffen?/*

Das reziprok-reflexive Verb im Beispiel der linken Spalte hat Subjekt-Partner-Valenz (*euch* = Dativ), während bei dem reziprok-reflexiven Verb im Beispiel der rechten Spalte Subjekt-Objekt-Valenz vorliegt (*euch* = Akkusativ). So wird das Perfekt einmal mit *bin* und einmal mit *habe* gebildet.

Das Kriterium der Positionsveränderung gilt prototypisch für den elementar-leiblichen und existentiellen Bereich. Es ist aber darüber hinaus auch auf psychische und soziale Positionsveränderungen übertragbar, ohne daß sich dadurch am Gebrauch des Hilfsverbs *bin* etwas ändert. Dafür einige Beispiele:

/zu diesem Thema ist mir noch nichts eingefallen/

/im Semester bin ich leider zu gar nichts gekommen/

(C) Grenzbereiche

Der Kontext kann die Bedeutung eines Verbs so beeinflussen, daß es sein Perfekt einmal mit *habe* und einmal mit *bin* bildet. Schwankungen zwischen beiden Hilfsverben sind insbesondere bei den Bewegungsverben zu verzeichnen. Diese bilden ihr Perfekt zwar in aller Regel mit *bin*. Handelt es sich jedoch bei demselben Verb in anderem Kontext nicht um eine Positionsveränderung, so gebraucht man nicht *bin*, sondern *habe*. Beispiele:

bin-PERFEKT	*habe*-PERFEKT
/ich bin gestern den ganzen Tag durch die Einkaufsstraßen gebummelt/	*/ich habe bei meiner Arbeit in der letzten Zeit ziemlich viel gebummelt/*

Im linken Beispiel *ist* der Sprecher ›spazieren gegangen‹, im rechten Beispiel *hat* er ›langsam gearbeitet‹. Auch wo es nicht um die leibliche Bewegung und räumliche Veränderung, sondern um das bloße Faktum eines sozialen Verhaltens geht, selbst wenn dieses eine Bewegung einschließt, steht *habe,* zum Beispiel:

bin-PERFEKT	*habe*-PERFEKT
/sie ist gestern abend wie eine Feder durch den Saal getanzt/	*/sie hat gestern abend nur mit ihrem Freund getanzt/*

Auch Grenzbereiche der Valenz, wie sie etwa bei natürlichen Maß-Objekten und inneren Objekten gegeben sind, lassen unter Umständen bei den gleichen Verben die beiden Hilfsverben *bin* und *habe* zu, etwa in den folgenden Beispielen:

bin-PERFEKT	*habe*-PERFEKT
/als das Wasser noch nicht verschmutzt war, bin ich oft durch die Elbe geschwommen/	*/ich habe in meiner Jugend die 100 Meter in Bestzeit geschwommen/* (= Maß-Objekt)
/ich bin in meinem Leben schon über manches Hindernis (hinweg-)gesprungen/	*/ich habe heute einen tollen Rekordsprung gesprungen/* (= inneres Objekt)

Läßt ein Verb, je nach dem Kontext, verschiedene Valenzen zu, so kann sich damit ebenfalls die Bildung des Perfekts verändern:

bin-PERFEKT	*habe*-PERFEKT
/ich bin mit dem Wagen nach Jena gefahren/	*/ich habe den Wagen zur Inspektion in die Werkstatt gefahren/*

Das gleiche Verb *fahre* hat im Beispiel links Subjekt-Valenz, im Beispiel rechts Subjekt-Objekt-Valenz.

Ein Wechsel zwischen *habe* und *bin* bei der Bildung des Perfekts kann sich auch aus der verbalen Wortbildung ergeben. Zum Vergleich:

bin-PERFEKT	*habe*-PERFEKT
/die ersten Rosen sind schon erblüht (aufgeblüht, verblüht)/	*/in diesem Jahr haben die Rosen besonders üppig geblüht/*

Das Beispiel der linken Spalte gibt Auskunft über eine physische Veränderung der Blumen; im Beispiel der rechten Spalte wird keine Veränderung angezeigt.

Im süddeutschen Sprachraum bildet man auch bei den (keine Bewegung anzeigenden) Verben *liege, sitze* und *stehe* das Perfekt mit *bin* und sagt also: *bin - gelegen, bin - gesessen, bin - gestanden*. Und in einigen Sprachgebieten Nord- und Westdeutschlands sagt man *bin - angefangen* (aber immer: *habe - begonnen*).

3.1.1.2.2 Formen des Plusquamperfekts

Die Bildung des Plusquamperfekts geschieht analog zur Bildung des Perfekts, mit dem einzigen Unterschied, daß die Tempusklammer nicht von der Präsensform, sondern von der Präteritumform der Hilfsverben *habe* oder *bin* eröffnet wird. Die Verteilung der Hilfsverben *habe* und *bin* folgt wieder den Regeln, wie sie oben für das Perfekt verzeichnet sind:

PRÄTERITUM RÜCK-PARTIZIP

/sie < *hatten sich der Lösung schon sehr angenähert/*
waren der Lösung schon sehr nahegekommen/

TEMPUSKLAMMER

3.1.1.2.3 Formen des Futurs und des Vor-Futurs

Das Futur wird ebenfalls nach den Regeln der klammerbildenden Tempus-Konjugation gebildet, jedoch nicht mit dem Rück-Partizip, sondern mit dem Infinitiv eines beliebigen Verbs als Nachverb. Als Vorverb dient eine Präsensform des Hilfsverbs *werde*.

/wir werden unseren Enkeln ein schweres Erbe hinterlassen/

TEMPUSKLAMMER

Kombiniert mit einer Perfektklammer, die mit *habe* oder mit *bin* gebildet sein kann, entsteht das - allerdings selten und fast nur mit der modalen Bedeutung ›Wahrscheinlichkeit‹ gebrauchte - Vor-Futur (»Futur II«,

»Exakt-Futur«). In der kombinierten Tempusklammer des Vor-Futurs ist die Futurklammer strukturdominant (vgl. 2.2.2.2), die Perfektklammer wird durch Stauung und Umkehrung zum komplexen Nachverb und in dieser Form in die dominante Futurklammer inkorporiert. Das komplexe Nachverb, bestehend aus einem Rück-Partizip und einem Infinitiv, kann man Rück-Infinitiv (»Infinitiv Perfekt«) nennen:

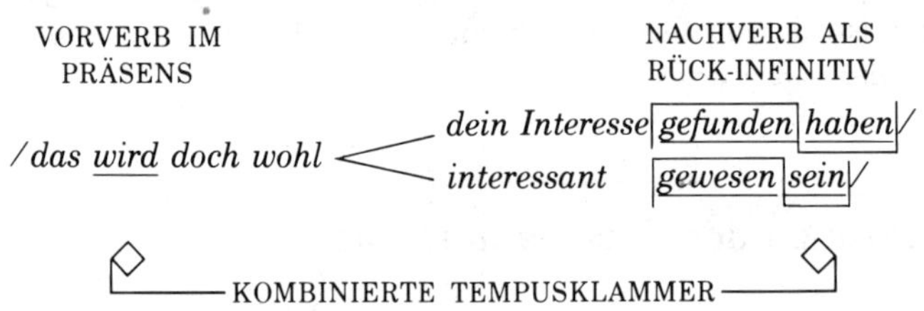

3.1.2 Das Tempus-Register

Das Tempus-Register (»Sprechhaltung«) ist eine Kategorie der Einstellung, mit der die Geltungsweise einer Prädikation festgelegt wird. Wir unterscheiden zwei Tempus-Register: Besprechen und Erzählen. Zwischen ihnen besteht eine binäre Opposition.

Die einzelnen Tempora, die diesen beiden Tempus-Registern zugeordnet sind, sollen die besprechenden Tempora (auch: Tempora der besprochenen Welt) und die erzählenden Tempora (auch: Tempora der erzählten Welt) genannt werden. Zur Übersicht:

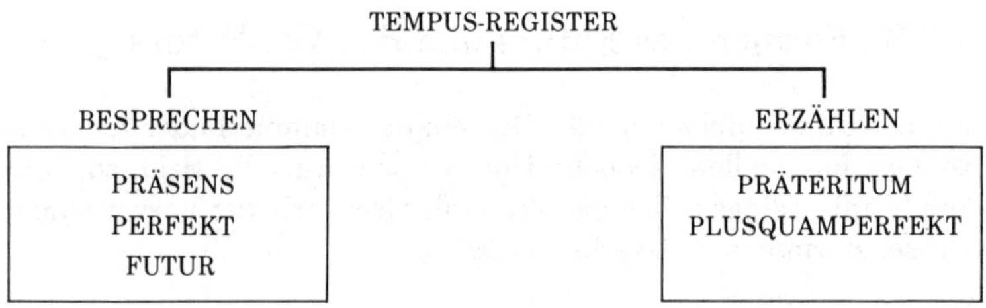

Die Tempora des besprechenden Tempus-Registers, also Präsens, Perfekt und Futur, sind Instruktionen, die dem Hörer eine gespannte Rezeptionshaltung nahelegen. In binärer Opposition dazu geben die Tempora des erzählenden Tempus-Registers, also Präteritum und Plusquamperfekt, dem Hörer zu verstehen, daß eine entspannte Rezeptionshaltung angebracht ist.

Die Opposition dieser beiden Einstellungsanweisungen bezieht sich auf die Geltungsweise der Prädikation, die mit dem tempustragenden Verb ausgesagt wird. Jede Prädikation ist ein Determinationsgefüge besonderer Art, durch das für die Zusprechung eines Prädikats zu einem Subjekt ein Geltungsanspruch (mit Ja oder Nein) erhoben wird. Im Indikativ wird ein fester Geltungsanspruch erhoben. Zu diesem festen Geltungsanspruch kann sich der Gesprächspartner in unterschiedlicher Weise verhalten. Er kann insbesondere die geäußerte Feststellung hinnehmen, indem er sie entweder ausdrücklich bejaht oder sie einfach durchgehen läßt. Er kann sie aber auch in Frage oder in Abrede stellen. Dann ist der Sprecher grundsätzlich verpflichtet, die mit festem Geltungsanspruch getroffene Feststellung mit argumentativen Mitteln zu verteidigen, indem er sie begründet, bekräftigt, abschwächt oder im Grenzfall auch zurücknimmt.

Mit einem Tempus des besprechenden Tempus-Registers wird ebendies dem Hörer ausdrücklich signalisiert. Der Hörer soll also die geäußerte Prädikation ernst nehmen und sich darauf einstellen, daß sie auch für ihn gilt, wenn er nicht, nötigenfalls durch Unterbrechung des Textflusses, Einspruch gegen sie erhebt, um damit die erklärte Argumentationsbereitschaft des Sprechers abzurufen.

Im allgemeinen bleibt dieses Argumentationsspiel virtuell, denn es wäre für die Gesprächspartner viel zu aufwendig und unökonomisch, jede einzelne Prädikation mit ihren Argumenten und Gegenargumenten auf ihre Stichhaltigkeit hin zu prüfen. Dennoch muß der Hörer grundsätzlich auf der Hut sein, daß er sein Einspruchsrecht und die damit verbundene Rechtfertigungspflicht des Sprechers nicht verspielt. Darum ist also beim Hörer, wenn er ein Tempus der besprochenen Welt vernimmt, eine gespannte Rezeptionshaltung angezeigt. Das kann man mit dem semantischen Merkmal ⟨BEREITSCHAFT⟩ ausdrücken, das allen Tempora des besprechenden Tempus-Registers zukommt.

In binärer Opposition zu den besprechenden Tempora können die erzählenden (»narrativen«) Tempora in ihrer Gesamtheit durch das semantische Merkmal ⟨AUFSCHUB⟩ gekennzeichnet werden. Damit ist folgendes gemeint: Die Tempora der erzählten Welt, Präteritum und Plusquamperfekt, sind ebenfalls Instruktionen, mit denen die Einstellung des Hörers zur Geltungsweise der betreffenden Prädikation gesteuert wird. Zwar soll, auch wenn ein Verb die Tempus-Morpheme des erzählenden Registers bei sich hat, die Prädikation feste Geltung haben. Es handelt sich ja auch hier um indikativische Tempora. Aber mit der spezifischen Instruktion des erzählenden Tempus-Registers bittet der Sprecher den Hörer um einen ›Aufschub‹ der sonst mit jeder Prädikation verbundenen Argumentationspflicht. Der Sprecher ist zwar auch bei erzählenden Prädikationen grundsätzlich willens, auf Wunsch und Verlangen des Hörers seine Prädikation mit Gründen zu stützen und sich möglichen Gegengründen zu stellen, aber nicht sofort. Sein Ansinnen an den Hörer geht dahin, ihm einen gewissen Vertrauensvorschuß zu gewähren und die Prädikation in entspannter Rezeptionshaltung provisorisch gelten zu lassen. Die Begründungs- und Verteidigungspflicht für die erzählend geäußerte Prädikation wird damit nicht aufgehoben, sondern nur aufgeschoben, und zwar bis zu einem - in der Regel nahen - Zeitpunkt, der für das eventuell nötige argumentative Sprachspiel besser geeignet ist.

Warum wird dieser Aufschub erbeten? Die auf einen Aufschub der Argumentationspflicht zielende Instruktion des erzählenden Tempus-Registers hängt damit zusammen, daß die Tempora dieses Registers grundsätzlich dazu geeignet sein müssen, einen Text als Erzählung zu kennzeichnen, entweder alleine oder in Verbindung mit anderen sprachlichen oder nichtsprachlichen Signalen einer narrativen Textsorte. Eine Erzählung aber, selbst wenn es sich um alltägliches Erzählen handelt, braucht eine gewisse Zeit, um sich zu entfalten. Wer also überhaupt erzählen will, muß sich von seinem Gesprächspartner ein gewisses Detaillierungsrecht zugestehen lassen. Das hebt die Erzählung für eine Zeitlang aus dem ständigen Sprecherwechsel des Dialogs heraus und erlaubt dem Sprecher, der seine Sprecherrolle nun als Erzähler wahrnimmt, dem Hörer, der sich nun mit der entspannten Zuhörerrolle bescheiden muß, in Ruhe etwas zu erzählen.

Dabei könnte es nun eine unangebrachte Störung des narrativen Sprachspiels mit sich bringen, wenn der Hörer/Zuhörer bei jeder Prädikation von seinem Recht Gebrauch machen wollte, den Sprecher/Erzähler an seine - grundsätzlich weiterbestehende - Begründungspflicht für seine Prädikationen zu erinnern. Die erzählte Geschichte könnte sich dann gar nicht entwickeln. Deswegen also gibt der Sprecher/Erzähler dem Hörer/Zuhörer mit den Anweisungen der erzählenden Tempora zu verstehen, er möge sein Interventionsrecht eine Zeitlang zurückstellen, nämlich bis zum Ende der Geschichte. Das ist eine »Entlastung« im anthropologischen Sinne des Wortes. Darin liegt zugleich die spezifische Zeitlichkeit eines erzählenden Sprachspiels.

Nun wird zwar nicht jede Prädikation, deren Verb morphologisch durch die Morpheme des erzählenden Tempus-Registers gekennzeichnet ist, immer auch integrierender Bestandteil einer förmlichen Erzählung. Es gibt, gerade im Alltag, viele Formen des fragmentarischen Erzählens, und auch das bloß informierende Erzählen der Zeitungs-, Hörfunk- und Fernsehnachrichten begnügt sich oft mit bloßen Erzählbrocken. Aber grundsätzlich, von der Grammatik her, sind alle erzählenden Tempora dafür da, als grammatisches Gerüst förmlicher Erzählungen zu dienen.

Die Instruktionsleistungen des Tempus-Registers zeigen sich am besten in Texten. Dabei ist zu beachten, daß besprechende und erzählende Tempora in Texten gemeinhin gemischt vorkommen. Sie werden jedoch nicht wahllos gemischt. Dafür nun zwei Textbeispiele. Der erste Text zeigt eine Dominanz besprechender Tempora mit dem Leittempus Präsens (3.1.2.1), der zweite eine Dominanz erzählender Tempora mit dem Leittempus Präteritum (3.1.2.2).

3.1.2.1 Besprechen

Wenn ein Text oder Textabschnitt ganz oder zum größten Teil aus besprechenden Tempusformen besteht, können wir ihn insgesamt der besprochenen Welt zurechnen. Von dieser Art ist Nietzsches Essay »Schopenhauer als Erzieher«. Der nachfolgende Abschnitt aus diesem Essay enthält - die Formen des Konjunktivs, Infinitivs und Imperativs vorerst nicht gerechnet - 27 Tempusformen. Von ihnen gehören weitaus die meisten, nämlich 23, dem besprechenden Register an. Sie sind im Text einfach durchnumeriert. Nur vier Tempusformen, mit E durchnumeriert, sind in diesen vorwiegend besprechenden Text aus dem erzählenden Tempus-Register eingeblendet.

TEXT:

Ich *gehöre* (1) *zu den Lesern Schopenhauers, welche, nachdem sie die erste Seite von ihm* *gelesen haben* (2), *mit Bestimmtheit* *wissen* (3), *daß sie alle Seiten* *lesen* (4) *und auf jedes Wort* *hören werden* (5), *das er überhaupt* *gesagt hat* (6). *Mein Vertrauen zu ihm* *war* (E1) *sofort* *da* *und* *ist* (7) *jetzt noch dasselbe wie vor neun Jahren. Ich* *verstand* (E2) *ihn, als ob er für mich geschrieben hätte: um mich verständlich, aber unbescheiden und töricht auszudrükken. Daher* *kommt* (8) *es, daß ich nie*

TEXTGRAMMATISCHER KOMMENTAR:

(1/3) *gehöre, wissen*: Diese beiden Verben im Präsens bezeichnen eingangs das besprechende Register schlechthin. Sie stellen die argumentative Grundlage her.
(2/6) *gelesen haben, gesagt hat*: Das Perfekt ist ebenfalls ein Tempus der besprochenen Welt. Mit dem Präsens ist es morphologisch dadurch verwandt, daß es mit dem Präsens des Hilfsverbs *habe* gebildet ist (hier: *haben, hat*).
(4/5) *lesen (werden), hören werden*: Das Futur, das gleichfalls zum

in ihm eine Paradoxie gefunden habe (9), *obwohl hier und da einen kleinen Irrtum; denn was sind* (10) *Paradoxien anderes als Behauptungen, die kein Vertrauen einflößen* (11), *weil der Autor sie selbst ohne echtes Vertrauen machte* (E3), *weil er mit ihnen glänzen, verführen und überhaupt scheinen wollte* (E4)*? Schopenhauer will* (12) *nie scheinen: denn er schreibt* (13) *für sich, und niemand will* (14) *gern betrogen werden, am wenigsten ein Philosoph, der sich sogar zum Gesetze macht* (15)*: betrüge niemanden, nicht einmal dich selbst!*
Selbst nicht mit dem gefälligen gesellschaftlichen Betrug, den fast jede Unterhaltung mit sich bringt (16) *und welchen die Schriftsteller beinahe unbewußt nachahmen* (17)*; noch weniger mit dem bewußteren Betrug von der Rednerbühne herab und mit den künstlichen Mitteln der Rhetorik. Sondern Schopenhauer redet* (18) *mit sich: oder, wenn man sich durchaus einen Zuhörer denken will* (19), *so denke man sich den Sohn, welchen der Vater unterweist* (20). *Es ist* (21) *ein redliches, derbes, gutmütiges Aussprechen, vor einem Hörer, der mit Liebe hört* (22). *Solche Schriftsteller fehlen* (23) *uns.*[1]

Tempus-Register der besprochenen Welt gehört, wird mit einer Präsensform des Hilfsverbs *werde* gebildet, was seine Verwandtschaft mit dem Präsens morphologisch unterstreicht.
(E1/E2) *war – da, verstand*: Kurzer erzählender Einschub, Erzählfragment mit einem knapp skizzierten Lektüre-Ereignis, das neun Jahre früher stattgefunden hat. Es dient zur Beglaubigung der Argumentation. Daher auch beim zweiten Verb die ausdrückliche Nennung der eigenen Person: *ich verstand ihn.*
(7) *ist – dasselbe*: Auch mitten im Erzählfragment (E1, E2) wird das besprechende Tempus-Register durchgehalten. Das Vertrauen zum Autor Schopenhauer, einmal festgestellt, behält feste Geltung.
(8) *daher kommt es*: Ein Verb, das mit seiner Bedeutung eine Argumentationsstruktur nach Grund/Folge ausdrückt. Es leitet einen längeren Abschnitt des Besprechens ein.
(9) *gefunden habe*: Rekapitulierender Rückblick im Perfekt, negiert, als besprechende Grundlage der folgenden Überlegungen zum Thema Sein und Scheinen.
(10/11) *sind – Behauptungen, die – einflößen*: Eine Definition, bestehend aus genus proximum (*Behauptungen*) und differentia specifica (*kein Vertrauen*). Das Definieren ist eine besprechende Tätigkeit.
(E3/E4) *machte, wollte*: Der Autor nimmt wieder die Sprechhaltung des Erzählens ein, nun zum erstenmal nicht von seinem eigenen Standpunkt

1) Friedrich Nietzsche: »Schopenhauer als Erzieher«, in: *Unzeitgemäße Betrachtungen III. Kritische Gesamtausgabe*, hg. von Giorgio Colli und Mazzino Montinari, Dritte Abteilung, Erster Band, Berlin 1972, S. 342 f. (Der Text ist orthographisch leicht verändert.)

aus, sondern aus der Sicht Schopenhauers (»Innenschau«). Diese Einblendungen haben hier Hintergrundwert.
(12/13) *will, schreibt*: Nachdem die Innenschau erzählend eingeführt ist, setzt der Autor sie besprechend fort. Die Konjunktion *denn* stellt zwischen den beiden Verbformen eine besprechende Verbindung her.
(14) *will*: Wiederaufnahme der modalen Verbform *will* (12), nun aber nicht mehr als Innenschau, sondern als moralistische Maxime, nach wie vor über die Konjunktion *denn* angebunden und somit als Stützung des Versuchs einer Innenschau zu verstehen.
(15) *sich zum Gesetze macht*: Präsens eines reflexiven Funktionsverbs, in eine Relativklammer eingebettet. Das »Gesetz« soll natürlich zeitlos gültig sein. Die nachfolgende Lebensmaxime, in imperativischer Form formuliert, drückt aus, was Schopenhauer nicht nur für sich persönlich, sondern für alle Welt aus der Rolle eines typischen Philosophen ableitet.
(16) *mit sich bringt*: Eine allgemeine Feststellung, hier von »jeder Unterhaltung« getroffen. Sie gilt ohne zeitliche Begrenzung, nicht nur für die Gegenwart.
(17) *nachahmen*: Fortsetzung der allgemeinen Feststellung (16) und gültig für »die« Schriftsteller - Schopenhauer natürlich ausgenommen. Nietzsche bespricht Schopenhauers Denk- und Schreibstil im Kontrast zum schlechten Stil.
(18) *redet mit sich*: Wiederaufnahme der besprechenden Innenschau des Verbs (13), nun variiert vom Schreiben zum Reden, im Kontrast zur schlechten Rhetorik.
(19) *will*: Indirekte (»man«) Leseranrede. Hier, wo nun sogleich von Schopenhauers Adressaten die Rede sein soll, bezieht auch Nietzsche den Leser in seine Besprechung des Schopenhauerschen Stils mit ein. Hier steht die Prädikation allerdings unter einem Rahmenvorbehalt (*wenn* - vgl. 7.3.5).
(20) *unterweist*: Vorgestellte und in einem Relativ-Adjunkt auf die Relation zwischen Vater und Sohn bezogene und insofern eingegrenzte Situation, die jederzeit realisiert werden kann. Auf sie bezieht sich die nachfolgende Prädikation.
(21) *ist ein - Aussprechen*: Prädikation als Charakterisierung der im voraufgehenden Kontext vorgestellten Situation. Indem der Autor diese Situation bespricht, bereitet er die abschließende Sentenz vor.
(22) *der mit Liebe hört*: Es geht hier um einen Hörer als den idealen Adressaten für eine philosophische Botschaft. Man versteht, daß Nietzsche diesen Typus hier - mit Blick auf Schopenhauer - bespricht, weil er sich selber auch solche Leser wünscht.
(23) *Solche Schriftsteller fehlen uns*: In dieser Sentenz kulminiert Nietzsches Lobrede auf Schopenhauer als Erzieher. Sie ist das prädikative Fazit dessen, was im voraufgehenden Kontext im einzelnen besprochen

und punktuell auch erzählt worden ist. In ihr ist daher auch der Geltungsanspruch des ganzen, von Prädikation zu Prädikation fortschreitenden Textes resümiert.

3.1.2.2 Erzählen

Wenn ein Text in seiner Tempusstruktur deutlich von den Tempora der erzählten Welt geprägt ist - was nicht ausschließt, daß auch hier und dort einige Tempusformen der besprochenen Welt in ihm vorkommen -, können wir ihn einen erzählenden (»narrativen«) Text nennen, was jedoch mindestens dann, wenn es sich um eine wohlgeformte Erzählung handelt, zusätzlich noch mit anderen Erzählsignalen zum Ausdruck gebracht wird. Von dieser Art ist der nachfolgende Textabschnitt, der dem Anfang des Romans »Der Mann ohne Eigenschaften« von Robert Musil entnommen ist und schon durch sein erklärtes Gattungsmerkmal »Roman« als narrativer Text unverkennbar ist. Wie jedoch oft am Anfang eines solchen Textes, so finden sich auch hier neben den erzählenden Tempusformen (im Text einfach durchnumeriert) relativ viele besprechende Tempusformen (im Text mit B durchnumeriert). Diese dienen dem Erzähler dazu, nicht-narrative Rahmeninformationen und allgemeine Betrachtungen in die eigentliche Erzählung einzublenden. Die Formen des Infinitivs und des Konjunktivs werden auch hier einstweilen nicht oder nur beiläufig kommentiert.

TEXT:

Der Mann ohne Eigenschaften, von dem hier erzählt wird (B1), *hieß* (1) *Ulrich, und Ulrich – es ist* (B2) *nicht angenehm, jemand immerzu beim Taufnamen zu nennen, den man erst so flüchtig kennt* (B3)*! aber sein Familienname soll* (B4) *aus Rücksicht auf seinen Vater verschwiegen werden – hatte* (2) *die erste Probe seiner Sinnesart schon an der Grenze des Knaben- und Jünglingsalters in einem Schulaufsatz abgelegt, der einen patriotischen Gedanken zur Aufgabe hatte* (3). *Patriotismus war* (4) *in Österreich ein ganz besonderer Gegenstand. Denn deutsche Kin-*

TEXTGRAMMATISCHER KOMMENTAR:

(B1) *von dem hier erzählt wird*: Dies ist der Anfang des Kapitels, in dem die Hauptperson des Romans eingeführt wird. Das geschieht auf der »Meta-Ebene«: der Autor bespricht seine Erzählkunst. Das wird durch das Positions-Adverb *hier* unterstrichen.

(1) *Der Mann ohne Eigenschaften hieß Ulrich*: Mit dieser narrativen Erklärung des Titels befinden wir uns schon in der eigentlichen Erzählung: die Hauptperson ist nunmehr in der Erzählung anwesend. Dafür steht das Präteritum als Leittempus der erzählten Welt.

der lernten (5) einfach die Kriege der österreichischen Kinder verachten, und man brachte (6) ihnen bei, daß die französischen Kinder die Enkel von entnervten Wüstlingen seien, die zu Tausenden davonlaufen (B5), *wenn ein deutscher Landwehrmann auf sie zugeht* (B6), *der einen großen Vollbart hat* (B7). *Und mit vertauschten Rollen sowie wünschenswerten Änderungen lernten* (7) *ganz das gleiche die auch oft siegreich gewesenen französischen, russischen und englischen Kinder. Nun sind* (B8) *Kinder Aufschneider, lieben* (B9) *das Spiel Räuber und Gendarm und sind* (B10) *jederzeit bereit, die Familie Y aus der Großen X-Gasse, wenn sie ihr zufällig angehören* (B11), *für die größte Familie der Welt zu halten. Sie sind* (B12) *also leicht für den Patriotismus zu gewinnen. In Österreich aber war* (8) *das ein wenig verwickelter. Denn die Österreicher hatten* (9) *in allen Kriegen ihrer Geschichte zwar auch gesiegt, aber nach den meisten dieser Kriege hatten* (10) *sie irgend etwas abtreten müssen. Das weckt* (B13) *das Denken, und Ulrich schrieb* (11) *in seinem Aufsatz über die Vaterlandsliebe, daß ein ernster Vaterlandsfreund sein Vaterland niemals das beste finden dürfe.*[1]

(B2/B3/B4) *ist, kennt, soll*: Wiederaufnahme der besprechenden »Meta-Ebene« des ersten Verbs (B1), durch Gedankenstriche deutlich vom Gang der Erzählung abgesetzt. Der Leser wird mit einem Erzähler konfrontiert, der die Bedingungen des kunstvollen Erzählens skrupulös mit sich (und dem Leser) bespricht. Das verleiht dem Erzählen einen Anschein von Authentizität.

(2) *hatte – abgelegt*: Gleich nach der Einführung seines Helden schaut der Erzähler auf dessen Jugendzeit als Vorgeschichte des Romans zurück und benutzt dazu das Plusquamperfekt, das ebenfalls ein erzählendes Tempus ist. Es erweist seine Verwandtschaft mit dem Präteritum auch dadurch, daß es morphologisch mit einer Präteritumform gebildet ist (*hatte*).

(3) *der zur Aufgabe hatte*: Obwohl es sich um den gleichen Zeitpunkt handelt wie bei (2), werden nun die näheren Umstände jenes Schulaufsatzes im Präteritum mitgeteilt. Es genügt offenbar, den Rückgriff auf die Vorgeschichte nur einmal zu signalisieren; er gilt dann auch für das angeschlossene Relativ-Adjunkt weiter. Das ist charakteristisch für das Erzählen: wann immer die zeitliche Perspektive klar ist, wird sie nicht eigens angegeben, und man erzählt im Präteritum als dem Leittempus der erzählten Welt.

(4) *war – ein ganz besonderer Gegenstand*: Historisch-Zuständliches wird

1) Robert Musil: »Der Mann ohne Eigenschaften«, Erstes Buch, Erster Teil, Kap. 5, in: *Gesammelte Werke in neun Bänden,* hg. von Adolf Frisé, Bd. I, Reinbek bei Hamburg 1978, S. 18.

in der deutschen Sprache genauso mit dem Präteritum erzählt wie fiktionale Ereignisse im Erzählfluß. So wird hier also vom üblichen deutsch-österreichischen Geschichtsunterricht erzählt als dem historischen Hintergrund für die fiktionale Erzählhandlung um Ulrich.
(5/6) *lernten, brachte - bei*: Die Hintergrundschilderung von (4) wird zur Begründung (*denn*) weiter ausgemalt, was weiterhin zur Erzählung gehört.
(B5/B6/B7) *davonlaufen, zugeht, Vollbart hat*: Diese Präsensformen stehen alle in satzförmigen Adjunkten (»Nebensätzen«) und sind abhängig von einer Konjunktion (*wenn*) oder einem Relativ-Junktor (*die, der*). Als Tempusformen der besprochenen Welt bilden sie hier in der Erzählung einen Einschub, der den Inhalt der »Nationalerziehung« mitteilt. Da die Stereotypen dieser Erziehung allgemeine Geltung beanspruchen (»Alle Franzosen sind ...«), nimmt der Erzähler karikierend selber auch diesen Standpunkt ein. Das gehört zu seiner Ironietechnik.
(7) *lernten*: Ironischer Parallelismus mit dem gleichlautenden Verb (5), nun wieder im Register des Erzählens. Wir befinden uns weiterhin im historischen Hintergrund der Erzählung, der detaillierter ausgemalt wird.
(B8/B9/B10/B11/B12) *sind, lieben, sind, angehören, sind*: Weitere besprechende Einblendung in die Erzählung mit dem Präsens. Thema ist die Wirkung einer solchen lächerlichen und dennoch gefährlichen Nationalerziehung auf Kinder generell. Der Leser soll hier neugierig werden, wie Ulrich wohl mit dieser stereotypen Erziehung zurechtgekommen ist. Das wird später ein zentraler Erzählstrang des Romans.
(8) *war - verwickelter*: Wiederaufnahme des Erzählfadens, zugleich im steigernden Rückgriff (Komparativ) auf die bedeutungsähnliche Prädikation (4). Die historische Erzählung tatsächlicher österreichischer Verhältnisse steht im Kontrast zu den vorher mitgeteilten National-Stereotypen.
(9) *hatten - gesiegt*: Weiterführung der historischen Hintergrunderzählung mit Wechsel der Perspektive zum Plusquamperfekt. Diese ironisch zu verstehenden »Siege« sind die Voraussetzung der vorher erzählten Verwicklungen und erklären sie kausal.
(B13) *Das weckt das Denken*: Resümierendes Fazit im Präsens, die Hintergrunderzählung abschließend.
(11) *Ulrich schrieb*: Rückkehr zur fiktionalen Hauptgeschichte und Rückgriff auf das Verb (2). Der Schulaufsatz, auf den der Erzähler dort zurückschaut (*hatte - abgelegt*), ist damit perspektivisch ausreichend situiert und kann jetzt mit dem Präteritum als dem Leittempus der erzählten Welt in den Vordergrund der Erzählung rücken. Dazu gehört auch der überraschende Inhalt des Aufsatzes, der im Konjunktiv der indirekten Rede (*dürfe*) mitgeteilt wird.

Zusammenfassend kann die Tempus-Struktur des ausgewählten Textabschnitts wie folgt charakterisiert werden: Es wird an dieser Stelle des Romans offensichtlich erzählt; das sagt der Sprecher ausdrücklich, und so können wir ihn schlicht den Erzähler nennen. Die von ihm zu erzählende Welt wird hier in einem wesentlichen Zug dadurch konstituiert, daß die Hauptperson eingeführt und von einer wichtigen Begebenheit in ihrer Vorgeschichte her charakterisiert wird. Diese Begebenheit, ein gegen die Erwartungen seiner Umwelt geschriebener Schulaufsatz, verbindet die Romanperson Ulrich, den Mann ohne Eigenschaften, mit dem Erzähler und Leser, im Kontrast zu den stereotypen Meinungen seiner Epoche und seines Landes. Diese Verbindung wird nicht oder nicht nur durch »naives« Erzählen, sondern gleichzeitig durch »sentimentalisches« Bedenken und Besprechen des Erzählten hergestellt. Deswegen die vielen besprechenden Verben, die in den erzählenden Text eingeschoben sind. Denn diese besprechenden Einschübe beziehen sich einerseits auf die Problematik der fiktionalen Geltung, wie man denn als Erzähler einfach einen Helden erfinden und ihm einen Namen geben kann, andererseits auf das kritische Potential, das gegenüber nationalen Stereotypen bereitgestellt werden muß. Die Gegenstände aber, auf die sich diese Reflexionen richten, einerseits der fiktionale Romanheld und andererseits das historische Phänomen des deutsch-österreichischen Patriotismus der Zeit kurz vor dem Weltkrieg, werden vom Autor narrativ eingeführt und noch lange fortgeführt. Das ist der rote Faden der Erzählung.

Somit beansprucht das, was hier von Ulrich, dem Romanhelden, am Anfang der Romanerzählung ausgesagt wird, zwar feste Geltung, aber doch nicht in der Weise, daß der Leser jetzt schon in eine Diskussion über Ulrichs Verhalten eintreten sollte. Zunächst einmal soll er - weiterlesen.

3.1.3 Die Tempus-Perspektive

Die Tempus-Perspektive ist eine Kategorie der Einstellung, mit der die Geltungsweise einer Prädikation zeitlich festgelegt wird. Bei den meisten Prädikationen (etwa 80 % der Vorkommen) spielt die zeitliche Perspektive jedoch keine Rolle, und so gebraucht man, je nach dem Tempus-Register, entweder das besprechende Neutral-Tempus Präsens oder das erzählende Neutral-Tempus Präteritum. Bei diesen beiden Tempora ist also hinsichtlich der Tempus-Perspektive nichts Besonderes zu bemerken (»Null-Perspektive«).

Anders verhält es sich mit den Tempora, die eine Differenz-Perspektive zum Ausdruck bringen, und zwar entweder die Rück-Perspektive, die durch das semantische Merkmal ⟨RÜCKSCHAU⟩ gekennzeichnet ist, oder die Voraus-Perspektive, für deren Kennzeichnung das semantische Merkmal ⟨VORAUSSCHAU⟩ gewählt wird. Zur Übersicht:

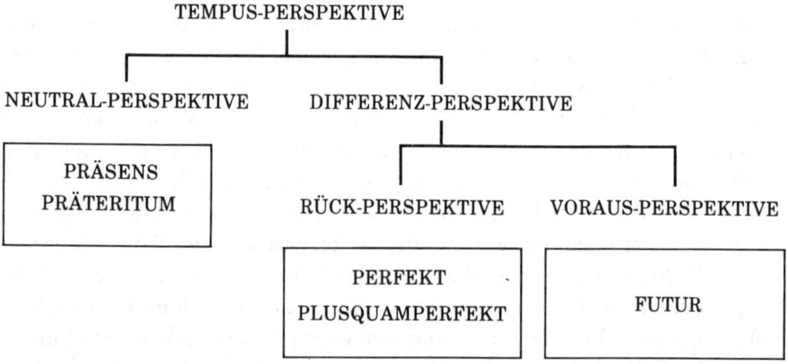

Es handelt sich bei den Bedeutungen der perspektivischen Tempora Perfekt, Plusquamperfekt und Futur ebenfalls, wie auch beim Tempus-Register, um Instruktionen, die sich auf die Geltungsweise der jeweiligen Prädikation beziehen.

Die Instruktion der Rück-Perspektive (Perfekt, Plusquamperfekt) legt dem Hörer nahe, die Feststellung der jeweiligen Prädikation als einen Gedächtnisinhalt anzusehen. Der damit verbundene Geltungsanspruch, der entweder sofort (= Perfekt) oder mit Aufschub (= Plusquamperfekt) einzulösen ist, braucht also »nur« hinsichtlich seiner memoriellen Geltung begründet zu werden, falls der Hörer dies verlangt. Gemeint ist mit dem Gedächtnis hier das kurz- und mittelzeitige Arbeitsgedächtnis (*working memory*), in dem satz- und textförmige Einheiten gespeichert sind, nicht das Langzeitgedächtnis (*long term memory, semantic memory*), in dem die Wörter und Wortgebrauchsregeln der ganzen Sprache gespeichert sind. Dieses Arbeitsgedächtnis folgt wie eine Heckwelle der Textprogression.

Analog zum (Arbeits-)Gedächtnis ist jeder Text von einer Erwartung umgeben, die dem Text in seiner Progression wie eine Bugwelle voraufgeht. Auf diese Erwartung bezieht sich das Futur als Tempus der Voraus-Perspektive. Es gehört zum besprechenden Tempus-Register; für das erzählende Register gibt es im Deutschen kein indikativisches Tempus mit dieser Perspektive, doch werden dessen Funktionen im Text von Formen des analytisch-restriktiven Konjunktivs (»*würde*-Konjunktiv«)

wahrgenommen (vgl. 3.2.1.3). Das Futur ist demnach ein Tempus, das dem Hörer die Instruktion gibt, die Geltung einer bestimmten Prädikation »nur« zu erwarten. So braucht der Sprecher folglich auch, wenn der Hörer es verlangen sollte, die Geltung einer mit dem Tempus Futur gebildeten Prädikation nicht schlechthin zu verteidigen, sondern nur hinsichtlich ihrer Erwartbarkeit. Das ist immer eine unsichere Geltung.

In den meisten Fällen (aber nicht immer!) bezieht sich der Gedächtnisinhalt, den man mit einem Tempus der Rück-Perspektive vergegenwärtigt, auf Vergangenes. Und analog dazu ist in den meisten Fällen (aber nicht immer!) das Erwartete, auf das sich ein futurischer Ausdruck richtet, ein Zukünftiges. Da dies aber nicht absolut sicher ist, muß man hinsichtlich der zeitlichen Kategorien Vergangenheit und Zukunft nicht nur auf die Tempora, sondern zusätzlich auf manche anderen Ausdrücke der Zeitlichkeit achten.

Wir erläutern die Probleme der Tempus-Perspektive an einem kleinen Text, den Kurt Tucholsky im Jahre 1930, drei Jahre vor Hitlers Machtübernahme, als Emigrant unter dem Titel »Blick in ferne Zukunft« veröffentlicht hat. Es kommen die Tempora Präsens (Neutral-Perspektive), Futur (Voraus-Perspektive), Perfekt (Rück-Perspektive) und Plusquamperfekt (Rück-Perspektive) vor. Sie sind im Hinblick auf die in ihnen ausgedrückte Tempus-Perspektive mit den Buchstaben N (= Neutral-Perspektive), V (= Voraus-Perspektive) und R (= Rück-Perspektive) durchnumeriert. Die Kennzeichnungen stehen jeweils hinter der finiten Verbform:

TEXT:

Und wenn alles <u>vorüber ist</u> (N1) *–; wenn sich das alles <u>totgelaufen hat</u>* (R1)*: der Hordenwahnsinn, die Wonne, in Massen aufzutreten, in Massen zu brüllen und in Gruppen Fahnen zu schwenken, wenn diese Zeitkrankheit <u>vergangen ist</u>* (R2), *die die niedrigen Eigenschaften des Menschen zu guten <u>umlügt</u>* (N2)*; wenn die Leute zwar nicht klüger, aber müde <u>geworden sind</u>* (R3)*; wenn alle Kämpfe um den Faschismus <u>ausgekämpft</u>* (R4) *und wenn die letzten freiheitlichen Emigranten <u>da-</u>*

TEXTGRAMMATISCHER KOMMENTAR:

(N1) *vorüber ist*: Der Titel des Textes wie auch das Adverb *vorüber* lassen keinen Zweifel daran, daß sich die Präsensform *ist* tatsächlich auf einen Zeitpunkt in der Zukunft bezieht. Das wird hier mit lexikalischen Mitteln, nicht mit der Verbform ausgedrückt.
(R1/R2/R3/R4/R5) *totgelaufen hat, vergangen ist, müde geworden sind, ausgekämpft (sind), dahingeschieden sind*: Fünf Formen des Perfekts, eine mit *habe*, vier mit *bin* gebildet. (Die letzte Hilfsverb-

hingeschieden sind (R5) *–: dann wird* (V1) *es eines Tages wieder sehr modern werden, liberal zu sein. Dann wird* (V2) *einer kommen, der wird* (V3) *eine gradezu donnernde Entdeckung machen: er wird* (V4) *den Einzelmenschen entdecken. Er wird* (V5) *sagen: Es gibt* (N3) *einen Organismus, Mensch geheißen, und auf den kommt* (N4) *es an. Und ob der glücklich ist* (N5), *das ist* (N6) *die Frage. Daß der frei ist* (N7), *das ist* (N8) *das Ziel. Gruppen sind* (N9) *etwas Sekundäres – der Staat ist* (N10) *etwas Sekundäres. Es kommt* (N11) *nicht darauf an, daß der Staat lebe – es kommt* (N12) *darauf an, daß der Mensch lebe.*
Dieser Mann, der so spricht (N13), *wird* (V6) *eine große Wirkung hervorrufen. Die Leute werden* (V7) *seiner These zujubeln und werden* (V8) *sagen: »Das ist* (N14) *ja ganz neu! Welch ein Mut! Das haben* (R6) *wir noch nie gehört! Eine neue Epoche der Menschheit bricht* (N15) *an! Welch ein Genie haben* (N16) *wir unter uns! Auf, auf! Die neue Lehre –!«*
Und seine Bücher werden (V9) *gekauft werden oder vielmehr die seiner Nachschreiber, denn der erste ist* (N17) *ja immer der Dumme.*
Und dann wird (V10) *sich das auswirken, und hunderttausend schwarzer, brauner und roter Hemden werden* (V11) *in die Ecke fliegen und auf den Misthaufen. Und die Leute werden* (V12) *wieder Mut zu sich selber bekommen, ohne Mehrheitsbeschlüsse und ohne Angst vor dem Staat, vor dem sie gekuscht hatten* (R7) *wie geprügelte Hunde. Und*

form *sind* gilt auch für das voraufgehende Rück-Partizip *ausgekämpft.*) Der Zeitpunkt, auf den der Autor sich mit diesen Verbformen bezieht, ist gleichfalls die Zukunft (»nach Hitler«). Dennoch stehen die Perfektformen zum Ausdruck der Rück-Perspektive, da der Autor von dem mit (N1) gewählten zukünftigen Zeitpunkt aus auf die »Zeitkrankheit« des Faschismus zurückschaut. Die deutsche Sprache setzt also in einem solchen Fall normalerweise kein Vor-Futur (»Exakt-Futur«) – dieses wird so gut wie ausschließlich zu Vermutungen in der Rück-Perspektive gebraucht (zum Beispiel: *das wird wohl so gewesen sein*).
(N2) *umlügt*: Die präsentische Verbform mit ihrer Neutral-Perspektive steht hier in einem Relativ-Adjunkt, das eine Art Definition des Ausdrucks *Zeitkrankheit* bringt und insofern außerhalb der den Text beherrschenden Zeit-Perspektive steht.
(V1) *wird – modern werden*: An dieser Textstelle springt der Autor in die Gegenperspektive und schaut nun in die (ferne) Zukunft voraus. Das wird auch durch die Zeitbestimmung *eines Tages* unterstrichen. Umgangssprachlich wird die zweiteilige Verbform *werde – werden* (auch aus euphonischen Gründen) häufig zur Präsensform *werde* gekürzt. Nicht so in diesem Text, da die ausdrückliche Voraus-Perspektive hier den Sinn des Textes konstituiert.
(V2/V3/V4/V5) *wird – kommen, wird – machen, wird – entdecken,*

das wird (V13) *dann so gehen, bis eines Tages...*[1]

wird - sagen: Weiterführung der Zukunfts-Perspektive von (V1), mit deutlichem Parallelismus der zweiteiligen Verbformen. Deswegen vermeidet der Autor auch nach dem Relativ-Junktor *der* eine Endstellung des Verbs (V3).

(N3 - N12) *gibt, ist* (fünfmal), *sind, kommt - an* (dreimal): Dies ist, nach dem redeeinleitenden Kommunikationsverb *wird - sagen* und typographisch durch einen Doppelpunkt abgesetzt, eine direkte Rede, wie sie von dem zukünftigen Wiederentdecker der Freiheit zu erwarten ist. Der Inhalt dieser Rede: Setzungen, Definitionen, Postulate. Sie gelten zeitlos, ohne besondere Zeitperspektive und sind nur widerrechtlich für die Dauer jener »Zeitkrankheit« außer Kraft gesetzt gewesen und in Vergessenheit geraten. Die Redewiedergabe ahmt den hämmernden Rhythmus einer politischen Rede nach. Daher auch der auffällige Parallelismus der Formen. Die zwei gleichlautenden Konjunktivformen *lebe,* die von den ebenfalls gleichlautenden Verbformen *kommt - an* syntaktisch abhängig sind, decken die Voraus-Perspektive mit ab (vgl. 3.2).

(N13) *der - spricht:* Dieses Kommunikationsverb in der Neutral-Perspektive schließt die direkte Redewiedergabe ab und korrespondiert in ihrer ausleitenden Funktion mit der redeeinleitenden Verbform *wird - sagen.* Es genügt hier, daß die Voraus-Perspektive einmal deutlich bezeichnet wird. Dann gilt dieses Perspektivensignal weiter, solange es durch den Parallelismus der Bedeutungen (*sage/spreche*) bestätigt wird. Daher also die Fortführung der Futurform *wird sagen* durch die Präsensform *spricht,* wobei auch eine gewisse Beiläufigkeit des Relativ-Adjunkts zu berücksichtigen ist.

(V6/V7/V8) *wird - hervorrufen, werden - zujubeln, werden sagen*: Der Autor schildert nun, wiederum in ziemlich paralleler Konstruktion, die mutmaßliche Wirkung der Freiheitsrede. Das Vorverb *werden* des dritten Verbs (V8) könnte auch fehlen und durch das gleichlautende Vorverb des Verbs (V7) mitvertreten werden, doch würde das die vorausschauende Perspektive abschwächen, was diesem Text nicht dienlich wäre.

(N14) *ist - neu*: Nach dem erneuten Kommunikationsverb (V8) folgt wieder eine direkte Redewiedergabe: die vermutlich zu vernehmende Reaktion des Redepublikums, als Ausruf formuliert. Die Zuhörer stehen noch unmittelbar unter dem Eindruck der Rede, die für sie zeitlose Geltung hat.

(R6) *haben - gehört*: Nun schauen die Zuhörer selber auf die überwundene Diktatur zurück. Diese Rück-Perspektive gehört zur direkten Rede-

1) Kurt Tucholsky: »Blick in ferne Zukunft«, in: *Gesammelte Werke,* hg. von Mary Gerold-Tucholsky und Fritz J. Raddatz, Bd. III, Reinbek bei Hamburg 1960, S. 580f. Der Text endet mit den drei Punkten.

wiedergabe, die ihrerseits an die vorher mit dem Kommunikationsverb gesetzte Voraus-Perspektive angebunden ist.
(N15/N16) *bricht an, haben*: Die emotional konnotierten Reaktionen der Zuhörer beziehen sich unmittelbar, folglich ohne Perspektivenangabe, auf die Offenbarungen des Redners.
(V9) *werden – gekauft werden*: Als Abschlußsignal der direkten Redewiedergabe wird die Voraus-Perspektive, die für den Text thematisch ist, wiederaufgenommen. Umgangssprachlich würden die beiden gleichlautenden Formen *werden* in den meisten Fällen zu einer einzigen Form gekürzt, so daß die Präsensform *werden – gekauft* die Voraus-Perspektive mitvertreten müßte. Nicht so in diesem Text, der den sonst unwillkommenen Gleichklang der Formen in Kauf nimmt, um die textkonstitutive Zukunfts-Perspektive nicht zu schwächen.
(N17) *ist – der Dumme*: Die Begründung (*denn*) hat nur Erklärungswert, wenn sie allgemein gilt. Daher die Neutral-Perspektive.
(V10/V11/V12) *wird sich – auswirken, werden – fliegen, werden – bekommen*: Die Voraus-Perspektive greift mit diesen drei Verben im Futur noch weiter in die Zukunft aus und schreitet von der Wirkung der Rede auf ihre »Auswirkung« fort. Die Wirkungskette wird durch das mehrfache *und* in Spitzenstellung unterstrichen, was dem Text den spezifischen Geltungswert einer (biblischen) Prophezeiung verleiht.
(R7) *gekuscht hatten*: Dies ist die einzige Tempusform der erzählten Welt in diesem Text (Plusquamperfekt). Es handelt sich um den gleichen Rückblick auf die überstandene Diktatur, der vorher mit einer Perfektform, also einem Tempus der besprochenen Welt, ausgedrückt war (R6). Der Wechsel im Register unterstreicht die »ferne« Vergangenheit, von der man sich nur noch erzählt.

3.1.4 Die einzelnen Tempora

Die einzelnen Tempora sind in ihrer jeweiligen Bedeutung durch unterschiedliche Kombinationen der Tempus-Merkmale gekennzeichnet. Wir haben in der deutschen Sprache zwei Tempora, deren Bedeutung nur durch ihr Tempus-Register gekennzeichnet ist, also durch die Opposition Besprechen vs. Erzählen. Das sind die Tempora Präsens (3.1.4.1) und Präteritum (3.1.4.2). Es sind zugleich von ihrer Form her die einfachen, nur durch flexivische Konjugation gekennzeichneten Tempora. Die übrigen Tempora Perfekt (3.1.4.3), Plusquamperfekt (3.1.4.4), Futur und Vor-Futur (3.1.4.5) sind in ihrer Bedeutung durch komplexere Merkmal-Kombinationen definiert. Sie sind formal durch die Ausdrucksmittel der Grammatikalklammer gekennzeichnet.

3.1.4.1 Präsens

Das Präsens ist das Leittempus der besprochenen Welt und das am häufigsten gebrauchte Tempus überhaupt. Es repräsentiert das besprechende Tempus-Register schlechthin. Eine Einstellung zur Tempus-Perspektive (Rückschau vs. Vorausschau) wird in diesem Tempus nicht ausgedrückt. Das besagt zugleich, daß der Gebrauch des Präsens an keine bestimmte »Zeitstufe« (Vergangenheit, Gegenwart, Zukunft) gebunden ist. Das Präsens ist also von sich aus keine »Gegenwartsform«. Es drückt im besprechenden Tempus-Register eine Neutral-Perspektive (»Null-Perspektive«) aus.

Kraft des semantischen Merkmals ⟨BEREITSCHAFT⟩, das die Bedeutung des Präsens ausmacht, erklärt sich der Sprecher, wenn er eine Verbform mit diesem Tempus versieht, gegenüber dem Hörer bereit, die Geltung der mit dem Verb ausgedrückten Prädikation gegen einen etwaigen Einspruch argumentativ zu vertreten. Durch diesen Geltungsanspruch kommt eine Prädikation, die ihre Feststellung im Präsens ausspricht, grundsätzlich einer Handlung gleich. Es empfiehlt sich also für den Hörer, diese Prädikation in gespannter, handlungsbereiter Rezeptionshaltung aufzunehmen, also mit derjenigen Einstellung, wie er sie gewöhnlich Handlungen gegenüber aufbringt, die seine Reaktion oder sein Mitwirken verlangen (»tua res agitur«).

Am deutlichsten kommt die mit dem Präsens verbundene Instruktion der Handlungsbereitschaft in solchen Sprachspielen zum Ausdruck, in denen unter bestimmten sozialen Bedingungen eine Prädikation gleichzeitig selber eine Handlung *ist,* in denen also eine Handlung rein sprachlich »vollzogen« wird. Man nennt solche sprachlichen Handlungen »performative Sprechakte« (Austin). Beispiele:

/ich taufe dich auf den Namen .../

/ich eröffne hiermit die Sitzung des Fakultätsrates und rufe Punkt 1 der Tagesordnung auf/

/der Angeklagte wird von allen Punkten der Anklage freigesprochen/

Die Beispiele, die aus dem Sprachgebrauch verschiedener Institutionen (Kirche, Universität, Gericht) stammen, setzen bereits voraus, daß der Sprechhandelnde (Pfarrer, Dekan, Richter) über die mit seiner Amtsautorität verbundene gesellschaftliche Macht verfügt. Was er in Ausübung seines Amtes sagt, gilt. Unter diesen Voraussetzungen steht hinter dem Geltungsanspruch einer mit dem Präsens ausgezeichneten Prädikation ein Machtanspruch, der diese, sofern die Autorität nicht in Frage gestellt wird, in den Rang einer wirklichen Handlung erhebt.

Nicht alle präsentischen Prädikationen sind jedoch »performative Sprechakte«. In den meisten Fällen drückt das Präsens den Geltungsanspruch ohne einen damit verbundenen Machtanspruch aus. Die betreffende Prädikation braucht daher vom Hörer nur »wie« eine Handlung rezipiert zu werden, aber doch jedenfalls in handlungsbereiter Rezeptionshaltung. Immerhin können auch direkte Handlungsanweisungen, statt im Imperativ (vgl. 3.3), im Präsens ausgedrückt werden; sie haben dann sogar einen sehr starken und bisweilen suggestiven Befehlscharakter. Beispiele:

/*Sie gehen jetzt sofort nach Hause und legen sich ins Bett!*/

/*Sie kommen mir nicht eher wieder ins Geschäft, bis Sie ganz gesund sind!*/

Es kommt nun wohl häufig vor, daß die durch ein Verb im Präsens ausgedrückten Inhalte in der Situation eines Sprachspiels anwesend und also im zeitlichen Sinne des Wortes »gegenwärtig« sind. Die zeitliche Gegenwart ist aber kein notwendiger Bestandteil der Präsens-Bedeutung. Oft ist der Inhalt eines Verbs im Präsens unter zeitlichen Gesichtspunkten gar nicht zu beurteilen (»Zeitlosigkeit«, »Ewigkeit«). Die folgenden Beispiele lassen den weiten zeitlichen Spielraum der Präsens-Bedeutung erkennen:

/*Frau von Staël ist eine der besten Kennerinnen Deutschlands in der Goethezeit*/

/*ihr Buch »Über Deutschland« liest sich noch heute wie ein Roman*/

/*du kannst dich auf meine Empfehlung verlassen, das Buch gefällt dir bestimmt*/

/*das glaube ich wohl, aus der Außenperspektive versteht man ein Land immer am besten*/

Die vier Beispiele lassen erkennen, daß man sich mit einem Präsens ohne weiteres auf Vergangenes, Gegenwärtiges, Zukünftiges oder auch auf zeitlos Gültiges beziehen kann. Daß man überhaupt bei einem Verb im Präsens Zeitunterschiede machen kann, ergibt sich aus dem Kontext, und zwar am eindeutigsten aus begleitenden Ausdrücken mit zeitlicher Bedeutung (hier zum Beispiel: *in der Goethezeit, heute, Empfehlung, immer*), oder aus der Situation.

Das Präsens wird auch für kürzere oder längere Beschreibungen verwendet. Dabei eignet sich das Präsens besonders gut für die vielfältigen deskriptiven und analytischen Zwecke der Fachsprachen:

/eine Primzahl ist durch keine andere Zahl teilbar/

/Wasser besteht aus Wasserstoff und Sauerstoff, deren anteiliges Verhältnis 2:1 ist/ (lies: *zwei zu eins*)

/der Mensch zählt zur Gattung der Säugetiere/

Insbesondere in wissenschaftlichen Texten, in denen keine aktuellen oder einmaligen Ereignisse, sondern Sachverhalte oder regelhaft ablaufende Vorgänge dargestellt werden, ist das Präsens das absolut dominierende Tempus.

Wir beobachten im folgenden das Präsens als Leit-Tempus der besprochenen Welt in einem Text von Hans Magnus Enzensberger. Es handelt sich um den Anfang des Essays »Über die Schwierigkeiten, ein Inländer zu sein«. Die Formen des Präsens sind unterstrichen und durchnumeriert (bei zweiteiligen Verben nur die Vorverben).

TEXT:

Ich habe nie recht verstanden, wozu Nationen da sind (1). *Jene Leute, die am liebsten von ihnen sprechen* (2), *haben mir's am allerwenigsten erklären können, ja, sie haben es nicht einmal versucht. Ich meine* (3) *die enragierten Nationalisten und ihre Widersacher, die enragierten Anti-Nationalisten.*
Seit ungefähr dreißig Jahren höre (4) *ich die einen wie die anderen sagen, daß ich ein Deutscher bin* (5). *Ich verstehe* (6) *ihre Emphase nicht recht, denn was sie mir versichern* (7), *das bezweifle* (8) *ich gar nicht, ich will* (9) *es gerne glauben, es ist* (10) *mir seit geraumer Zeit durchaus geläufig. Dennoch werden* (11) *die Leute es nicht müde, jene bescheidene Tatsache immer wieder*

TEXTGRAMMATISCHER KOMMENTAR:

Kein Zweifel, daß dies ein besprechender Text ist. Der Autor bespricht ja die Schwierigkeiten, ein Deutscher zu sein. Leittempus des Textes ist das Präsens mit 26 Formen (gegenüber vier Formen des Perfekts und drei Formen des restriktiven Konjunktivs). Mit den Formen des Präsens drückt der Autor die Einstellung des Besprechens schlechthin aus, ohne jede besondere zeitliche Perspektive. Mit der Kategorie »Gegenwart« ist das nicht zu erfassen. Denn schon mit der ersten Präsensform: *wozu Nationen da sind* (1) ist offenbar eine zeitlose Bestimmung gemeint – wenigstens solange es Nationen gibt. Später ist die Gegenwart eingegrenzt auf den Zeitraum einer

vorzubringen. Ich sehe (12) *es ihren Gesichtern an, daß sie das Gefühl haben* (13), *als hätten sie damit etwas bewiesen, als hätten sie mich aufgeklärt über meine eigene Natur und als wäre es nun an mir, mich entsprechend, nämlich als Deutscher, zu verhalten.*
Aber wie? Soll (14) *ich stolz sein? Soll* (15) *ich mich genieren? Soll* (16) *ich die Verantwortung übernehmen, und wenn ja, wofür? Soll* (17) *ich mich verteidigen, und wenn ja, wogegen? Ich weiß* (18) *es nicht, aber wenn ich das Gesicht meines Gegenübers aufmerksam betrachte* (19), *kann* (20) *ich erraten, welche Rolle er mir zugedacht hat. Ich kann* (21) *diese Rolle ausschlagen oder akzeptieren. Aber selbst indem ich sie ausschlage* (22), *werde* (23) *ich sie nicht los; denn in der Miene meines Gegenübers zeichnet* (24) *sich bereits die Reaktion auf meine Reaktion ab: Empörung oder Genugtuung, Billigung oder Wut, nämlich darüber, daß ich mich,* als Deutscher, *so oder anders verhalte* (25).
Meine Nationalität ist (26) *also keine Qualität, sondern eine Erwartung, die andere in mich setzen* (27).[1]

Generation (*seit ungefähr dreißig Jahren*), was etwa dem damaligen Lebensalter des Autors (geb. 1931) entspricht. Die Verbformen im Präsens, die in diesem Zeitraum das Verhalten der Nationalisten und Anti-Nationalisten sowie ihres sich ratlos stellenden Adressaten Hans Magnus Enzensberger charakterisieren, müssen als »iterativ« aufgefaßt werden (*immer wieder*). Das Ansinnen dieser Leute richtet sich jedoch auf das zukünftige Verhalten unseres Autors (*als wäre es nun an mir*), und dieser stellt mit dem Modalverb *soll* (14–17) zum Schein Überlegungen an, wie er in Zukunft mit der Nationalität umgehen soll. Am Ende des Textes, durch eine Absatzgrenze abgetrennt, stehen dann wieder zwei Präsensformen (*ist* (26), *setzen* (27)) mit zeitlosem Wert, zum Ausdruck der Schlußfolgerung (*also*) nämlich, deren Geltung ja zeitlich nicht begrenzt ist. Damit hat dieser besprechende Text sein Argumentationsziel erreicht.

Mit hoher Frequenz tritt das Präsens auch auf, wenn die kleineren oder größeren Probleme des täglichen Lebens zu besprechen sind. Dazu gehören die in mehr oder weniger naher Zukunft anstehenden Handlungen, soweit sie in besprechenden Reden planend vorweggenommen werden. Dafür möge das Beispiel eines Dienstleistungsdialogs, genauer eines Auskunftsgesprächs dienen. Die Auskunft wird hier telefonisch einge-

1) Hans Magnus Enzensberger: »Über die Schwierigkeit, ein Inländer zu sein«, in: *Deutschland, Deutschland unter anderm. Äußerungen zur Politik*, Frankfurt a. M. 1967, S. 7.

holt. Die besprechenden Tempusformen (nur Präsens) sind durchnumeriert. Die Nachschrift des Gesprächs lautet, mit beigestelltem grammatischen Kommentar:

Beamter:	(meldet sich am Telefon) *Auskunft Hauptbahnhof München.*
Anrufer:	*Guten Tag, können* (1) *Sie mir sagen, wann morgen abend der letzte Zug nach Oberrain von München abfährt* (2)*?*
Beamter:	*Moment.* (Pause) *Achtzehn Uhr neunzehn.*
Anrufer:	*Achtzehn Uhr neunzehn.*
Beamter:	*Der ist* (3) *zwanzig fünfzehn in Nürnberg, und dort geht's* (4) *weiter zwanzig vierzig mit'm Omnibus, zwanzig vierundfünfzig in Oberrain.*
Anrufer:	*Gut, vielen Dank.*
Beamter:	*Bitte.*
Anrufer:	*Wiederhören.*
Beamter:	*Wiederhören.*[1]

Die erste Tempusform dieses Textes, mit dem Modalverb *können* verbunden, bezieht sich auf die Auskunftssituation. Die drei nachfolgenden Verbformen im Präsens (2–4) enthalten dann diese Auskunft. Es ist dabei für die beiden Teilnehmer des Gesprächs irrelevant, daß der Anrufer sich für einen Zug interessiert, den er am nächsten Tag (*morgen abend*) benutzen will. Für den auskunftgebenden Beamten ist diese Zeitangabe nur insofern wichtig, als er zu berücksichtigen hat, ob der vorgeschlagene Zug an dem angegebenen Wochentag auch tatsächlich fährt. Abgesehen von diesem Gesichtspunkt sehen beide Gesprächspartner von der Zeit ab und besprechen die günstigste Zugverbindung ohne zeitliche Perspektive. Am Ende hat der Anrufer eine Auskunft, die gilt.

Manchmal nimmt das Präsens, ohne seine Struktureigenschaften aufzugeben, auch am Erzählen teil, und zwar nicht nur in beschreibenden Einschüben. Für dieses Präsens gibt es in der Geschichte der erzählenden Literatur eine lange Tradition seit der Antike. Man nennt es das historische Präsens (auch: »dramatisches« oder »szenisches« Präsens). Dabei wird von der größeren Handlungsnähe des besprechenden Tempus Gebrauch gemacht mit dem Ziel, einer Erzählung ein größeres Maß an Unmittelbarkeit, Lebhaftigkeit und Spannung zu verleihen. Dafür ein kleines Textbeispiel aus Eichendorffs romantischer Novelle »Aus dem Leben eines Taugenichts« (1826). In den Gang der Erzählung, die vor

1) *Texte gesprochener deutscher Standardsprache,* erarbeitet im Institut für deutsche Sprache, Forschungsstelle Freiburg i. Br., Bd. IV, München 1979, S. 65. (Die Textfassung ist hier standardsprachlich leicht normiert.)

allem durch erzählende Tempora charakterisiert ist (im Text einfach durchnumeriert), wird ein kurzer Abschnitt im historischen Präsens (im Text mit B durchnumeriert) eingeblendet.

TEXT:

Als ich die Augen aufschlug (1), *stand* (2) *der Wagen still unter hohen Lindenbäumen, hinter denen eine breite Treppe zwischen Säulen in ein prächtiges Schloß führte* (3). *Seitwärts durch die Bäume sah* (4) *ich die Türme von Wien. Die Damen waren* (5), *wie es schien* (6), *längst ausgestiegen, die Pferde abgespannt. Ich erschrak* (7) *sehr, da ich auf einmal so allein saß* (8), *und sprang* (9) *geschwind in das Schloß hinein, da hörte* (10) *ich von oben aus dem Fenster lachen.*
In diesem Schlosse ging (11) *es mir wunderlich. Zuerst, wie ich mich in der weiten, kühlen Vorhalle umschaue* (B1), *klopft* (B2) *mir jemand mit dem Stocke auf die Schulter. Ich kehre* (B3) *mich schnell um, da steht* (B4) *ein großer Herr in Staatskleidern, ein breites Bandelier von Gold und Seide bis an die Hüften übergehängt, mit einem oben versilberten Stabe in der Hand, und einer außerordentlich langen gebogenen kurfürstlichen Nase im Gesicht, breit und prächtig wie ein aufgeblasener Puter, der mich fragt* (B5), *was ich hier will* (B6). *Ich war* (12) *ganz verblüfft und konnte* (13) *vor Schreck und Erstaunen nichts hervorbringen.*[1]

TEXTGRAMMATISCHER KOMMENTAR:

(1–11): Im Gesamttext der Erzählung dominieren die erzählenden Tempora. Leittempus ist das Präteritum. So auch in diesem Abschnitt. Nur eine der Tempusformen (5), mit allerdings zwei Rück-Partizipien als Nachverben, steht im Plusquamperfekt. Mit der Tempusform 11 (*ging es mir*) greift das Erzählen noch kurz in den nächsten Abschnitt über.
(B1–6): Nun folgen sechs Formen des historischen Präsens, die in dieser Erzählung (wir befinden uns an ihrem Anfang) die erste unerhörte Begebenheit bringt, die für den romantischen Helden, so darf der Leser vermuten, eine interessante Wendung seines Taugenichtslebens bringt: eine unverhoffte Begegnung. Die Verbformen stehen alle im Präsens. Die erste (B1) und die letzte (B6) von ihnen beziehen sich auf den Erzähler, die übrigen (B2–5) auf die überraschend auftretende Person des »großen Herrn«. Der Ereignischarakter der Begegnung wird durch Signale der Unmittelbarkeit unterstützt (*schnell, da, hier*). Alle diese Präsensformen sollen die Geltung des Erzählten beglaubigen und suggerieren dem Leser

1) Joseph von Eichendorff: »Aus dem Leben eines Taugenichts«, in: *Neue Gesamtausgabe der Werke und Schriften in vier Bänden*, hg. von Gerhard Baumann in Verbindung mit Siegfried Grosse, Bd. II, Stuttgart 1957, S. 351.

für einen Moment der Erzählung den Eindruck der unmittelbaren Handlungswelt. So wird das Erzählen »spannend«.
(12/13): Nach dieser mit einer kurzen Folge von Präsensformen ausgedrückten Begebenheit nimmt der Erzähler, der dem Leser nun offenbar eine kleine Entlastung von seiner Spannung gönnen will, mit zwei (und weiteren) Formen des Präteritums den ruhigen Erzählfluß wieder auf. Die ersten beiden hier noch abgedruckten Verbformen nehmen jedoch den lexikalischen Ausdruck der Verblüffung und des schreckhaften Erstaunens mit in die Erzählung hinüber.

3.1.4.2 Präteritum

Das Präteritum ist das Leittempus der erzählten Welt. Es drückt das erzählende Tempus-Register schlechthin aus. Zum Präsens als dem Leittempus der besprochenen Welt steht es in binärer Opposition. Gegenüber der Tempus-Perspektive verhält sich das Präteritum ebenso gleichgültig wie das Präsens. Es hat eine Neutral-Perspektive (»Null-Perspektive«), in der die Opposition ›Rückschau‹ vs. ›Vorausschau‹ neutralisiert ist.

Die Bedeutung des Präteritums kann mit dem semantischen Merkmal ⟨AUFSCHUB⟩ erschöpfend charakterisiert werden. Die mit diesem Merkmal bezeichnete Bedeutungs-Instruktion legt dem Hörer nahe, die erzählte Prädikation »einstweilen« gelten zu lassen und dem Sprecher/Erzähler für seine Geschichte ein Detaillierungsrecht und, damit verbunden, einen Aufschub seiner eventuell abzurufenden Argumentationspflicht zu gewähren. Der Hörer soll also seine Handlungsbereitschaft eine Zeitlang ruhen lassen und entspannt, mit Gelassenheit zuhören.

Der Bedeutungsunterschied zwischen dem Präsens und dem Präteritum, zwischen ⟨BEREITSCHAFT⟩ und ⟨AUFSCHUB⟩, ist also ein Gegensatz der Einstellung, nicht notwendig der Zeit. Anders ausgedrückt: Es handelt sich um einen (sprach-)anthropologischen, nicht einen chronologischen Unterschied. Mit dem erzählenden Tempus Präteritum erzählt man Geschichten, das ist seine erste und prototypische Funktion.

Die Abfolge von Prädikationen mit dem Präteritum drückt in einer Geschichte den Fortgang der Handlung aus, von der »Exposition« der Ausgangslage über das »Ereignis« (um dessentwillen die Geschichte erzählt wird) bis zum »Schluß«, der die neue, durch die erzählte Handlung veränderte Situation charakterisiert. Nicht in jedem Fall erzählt man sich jedoch förmliche, nach der Elementarregel dieses »narrativen Dreischritts« organisierte Geschichten. Zumal im Alltag bleibt eine Geschichte oft im Dialog stecken oder kommt erst gar nicht recht in Gang. Auch die »Informationen« der Medien sind vielfach nur Bruchstücke oder Ansätze von Erzählungen. In solchen Fällen ist das Erzähltempus Präteritum gleichwohl dienlich, wenn es – manchmal allerdings vergeblich – einen ›Aufschub‹ der Argumentationspflicht erbittet, damit erst einmal die bloße ›Nachricht‹ übermittelt werden kann.

Das Präteritum ist vielfach, aber keineswegs immer, ein »Vergangenheitstempus«. Man erzählt zwar meistens Vergangenes, vor allem im Alltag, und auch die Nachrichten der Medien informieren vielfach über Vergangenes, zumal Jüngstvergangenes. Dennoch ist die Charakterisierung des Präteritums als »Vergangenheitstempus« inadäquat und allenfalls akzidentell zutreffend, und zwar aus zwei Gründen:

(1) Man kann sich auf Vergangenes auch mit anderen Tempora beziehen, zum Beispiel mit dem Perfekt und sogar mit dem Präsens (vgl. 3.1.4.3 und 3.1.4.1).

(2) Man kann sich mit dem Präteritum auch auf Nicht-Vergangenes beziehen und tut es oft, zum Beispiel in allen fiktionalen Geschichten, und aus solchen besteht ein großer Teil der Weltliteratur. Selbst Geschichten, die von Zukünftigem handeln, beispielsweise Utopien und Science-fiction-Romane, werden im Deutschen in der Regel im Präteritum erzählt. Nur im Grenzfall einer »wahren Geschichte« (aber wieviel Fiktion enthalten nicht auch wahre Geschichten!) fällt die erzählte Zeit mit einer Phase der Vergangenheit zusammen.

Als eine »wahre Geschichte« kann der nachfolgende Text von Max Frisch angesehen werden. Er ist überschrieben »Erinnerungen an Brecht« und ist Bestandteil seines »Tagebuches 1966–1971«. Die Formen des Präteritums sind unterstrichen und werden im Zusammenhang mit den anderen Tempusformen des Textes fortlaufend kommentiert:

TEXT:	TEXTGRAMMATISCHER KOMMENTAR:
Wie ich Brecht im November 1947, wenige Tage nach seinem Eintreffen in Europa, zum ersten Mal gesehen habe: in der kleinen bücherreichen Wohnung von Kurt Hirschfeld, Dramaturg des Zürcher Schauspielhau-	In der Einleitung des Textes findet man die charakteristischen Signale der Authentizität: Eigennamen (*Kurt Hirschfeld*), Daten (*November 1947*), Ortsangaben (*Europa, Zürich, Schauspielhaus*).

ses, das drei Brecht-Stücke in deutscher Sprache uraufgeführt hat. Brecht saß da (1), wie man ihn von raren Fotos kannte (2), auf der Bank ganz in der Ecke: grau, still, schmal, etwas verkrochen, ein Mann in der Fremde, die seine Sprache spricht. Er schien (3) froh um die Wände an seinen Schultern links und rechts. Ein Bericht über die »Hearings«, die Brecht gerade hinter sich hatte (4), wurde abgebrochen (5), als ich dazukam (6). Ich war (7) damals 36, Architekt. Da er Zürich nicht kannte (8), zeigte (9) ich ihm den Weg hinunter zum Stadelhofen. Die Stadt, wo er sich auf unbestimmte Zeit niederzulassen gedachte (10), beachtete (11) er mit keinem Blick. Ich berichtete (12) ihm von Deutschland, soweit ich es von Reisen kannte (13), vom zerstörten Berlin. Ich solle bald nach Herrliberg kommen, um mehr zu berichten. »Vielleicht kommen Sie auch einmal in diese interessante Lage«, sagte (14) Brecht auf dem Bahnsteig, »daß Ihnen jemand von Ihrem Vaterland berichtet und Sie hören zu, als berichtete man Ihnen von einer Gegend in Afrika.«[1]

Dazu gehört auch das Tempus Perfekt als Rückschau-Tempus der besprochenen Welt (*gesehen habe, uraufgeführt hat*).

(1) *saß da*: Beginn der erzählten Szene. Die »Kamera« schwenkt auf die Hauptperson der Geschichte.

(2) *kannte*: Hintergrunderzählung aus der Sicht des Erzählers, davon abhängig eine Präsensform (*spricht*) für eine Bemerkung von allgemeiner Geltung.

(3) *schien froh*: Eine »coniectura animi« des Erzählers, die zur Hauptperson zurücklenkt.

(4) *hinter sich hatte*: Rückblende auf die (amerikanische) Vorgeschichte, weiterhin im Präteritum. Die Rück-Perspektive ist der Präposition *hinter* überlassen.

(5/6) *wurde abgebrochen/dazukam*: Rückkehr zur Ereigniserzählung mit interner Inzidenzstruktur: zwei Ereignisse greifen ineinander.

(7) *war 36, Architekt*: Hintergrund-Erzählung mit Beglaubigungswert, bestehend aus einer Kopulaklammer mit zwei Prädikamenten.

(8/9) *nicht kannte/zeigte*: Fortführung der Ereignisgeschichte mit interner Kausalität.

(10/11) *gedachte/beachtete*: Ereignisgeschichte nun mit interner, grammatisch nicht markierter Adversativität (›obwohl‹).

(12/13) *berichtete/kannte*: Fortführung der Vordergrundgeschichte mit einer einschränkenden Hintergrund-Bemerkung (»soweit«).

(14) *sagte*: Kommunikationsverb im Präteritum als Rahmen für eine direkte Rede mit Präsensformen (*kommen, berichtet, hören zu*) und einer

1) Max Frisch: »Tagebuch 1966–1971«, in: *Gesammelte Werke in zeitlicher Folge*, hg. von Hans Mayer unter Mitwirkung von Walter Schmitz, Band VI, 1, Frankfurt a. M. 1976, S. 20 f.

Konjunktivform (*berichtete*). Dies ist zugleich die »Pointe« der Geschichte.

In der Alltagssprache, in der man sich - außer in den süddeutschen Mundarten - ebenfalls des Präteritums als Leittempus des Erzählens bedient, treten auch in besprechender Rede gelegentliche kurze Einblendungen mit dem Präteritum auf. Sie haben den Zweck, dem Besprechen ein gewisses Relief zu geben. Die Prädikationen mit dem Präteritum charakterisieren dann nämlich in einem besprechenden Kontext einen Hintergrund, dessen Geltung nicht unmittelbar zur Disposition gestellt werden soll, häufig im Zusammenwirken mit grammatischen oder lexikalischen Negationen. Diese Erscheinung, die man als Tempus-Metapher kennzeichnen kann (Definition: ein Tempus in einem konterdeterminierenden Tempus-Kontext), verhilft außerdem dazu, die Komplexität einer Klammer-Kombination um eine Stufe zu vermindern (vgl. 2.2.2.2). Sie tritt nämlich vor allem in den folgenden drei Fallgruppen auf:

(1) Kopula-Prädikation mit *bin*
(zum Beispiel: *war – krank, war – Patient*),

(2) *Habe*-Prädikation mit einem Habitus-Objekt
(zum Beispiel: *hatte – Husten*),

(3) Modalverb-Prädikation mit dem Infinitiv
(zum Beispiel: *wollte – aufstehen, mußte – liegenbleiben, durfte – nicht arbeiten*).

In all diesen Fällen ist das besprechende Tempus Perfekt zwar auch möglich, aber nicht üblich. Man setzt statt dessen, auch und gerade im Perfekt-Kontext, das Präteritum. Beispiele:

/warum hast du nicht an unserem Ausflug teilgenommen? ÷ ich war stark erkältet/

/hast du zu unserem Faschingsfest keine Einladung erhalten? ÷ doch, aber ich hatte keine Zeit zu kommen/

/warum bist du denn so schnell abgereist? ÷ ich wollte ohnehin nur übers Wochenende bleiben/

Weitere Beispiele und Erläuterungen zu diesem Tempusgebrauch folgen im nächsten Kapitel.

3.1.4.3 Perfekt

Das Perfekt ist eine klammerbildende Tempusform; das Vorverb der Tempus-Klammer besteht aus einer Präsensform der Hilfsverben *habe* oder *bin* (vgl. zur Verteilung 3.1.1.2.1), das Nachverb aus dem Rück-Partizip des betreffenden Verbs. In seiner Bedeutung ist das Perfekt durch zwei Einstellungs-Merkmale bestimmt, und zwar durch das Register-Merkmal ⟨BEREITSCHAFT⟩ und das Perspektiven-Merkmal ⟨RÜCKSCHAU⟩. Vom Präsens unterscheidet es sich also durch sein Merkmal ⟨RÜCKSCHAU⟩, vom Präteritum ebenfalls durch dieses Merkmal, aber noch zusätzlich durch das Merkmal ⟨BEREITSCHAFT⟩. Wir behalten die traditionelle Bezeichnung bei, unter der Bedingung allerdings, daß aus der wörtlichen Bedeutung des Ausdrucks Perfekt (lat. *perfectum* ›vollendet‹) keinerlei Schlüsse auf die Bedeutung dieses Tempus gezogen werden.

In den meisten Sprachspielen bezieht sich die Rück-Perspektive des Perfekts auf Vergangenes. Die zeitliche Bestimmung gehört jedoch nicht zu den absoluten Gebrauchsbedingungen dieses Tempus. Es kann sich bei geeignetem Kontext ohne weiteres auch auf Gegenwärtiges oder Zukünftiges beziehen, wenn der Sprecher dem Hörer eine Einstellung nahelegen will, die – diesen Zeitstufen vorauseilend – einen Rückgriff auf Gegenwärtiges oder Zukünftiges ermöglicht. Beispiele:

/ich habe meine Arbeit gestern abgeschlossen/

/welche Erleichterung, mir morgen sagen zu können, daß ich die Arbeit heute eingereicht habe!/

/ich rechne allerdings nicht damit, daß der Professor die Arbeit noch in diesem Monat gelesen hat/

Die Beispiele sind so gewählt, daß sie durch ihren Kontext (*gestern, heute, noch in diesem Monat*) die Handlung als eine vergangene, gegenwärtige oder zukünftige erscheinen lassen. Am bloßen Tempus Perfekt kann man diese chronologischen Informationen nicht ablesen.

Dennoch bleibt die Tatsache bestehen, daß man sich mit dem Perfekt in weitaus den meisten Fällen auf Vergangenes bezieht. Dadurch kommt es zu einer gewissen Überlappung und Konkurrenz mit dem Präteritum, insofern dieses Tempus (in einer »wahren Geschichte«) ebenfalls Vergangenes zum Gegenstand hat. Das ist aber dennoch ein ganz anderer Ausgriff auf die Vergangenheit. Denn im Gegensatz zum Präteritum bringt das Perfekt vergangene Zustände und Ereignisse nicht erzählend zur Sprache, sondern spielt sie im Rückgriff auf das Gedächtnis in den Informationshaushalt einer besprechenden Situation ein. Zustände und Begebenheiten, ja ganze Ereignisketten, können daher im Perfekt zwar zusammengefaßt und als »Fazit« zum Thema eines besprechenden Sprachspiels gemacht werden, sie werden aber deshalb noch nicht im Perfekt »erzählt«. Im Gegensatz zu dem eher gemächlichen Erzählfluß, der mit dem Präteritum hergestellt wird, hat das Perfekt daher häufig raffende Eigenschaften. Es wird aus diesem Grunde eher punktuell und gelegentlich gebraucht und ist von sich aus zum wiederholten Gebrauch in reihender Verwendung wenig geeignet (vgl. jedoch 3.1.4.6). Aus diesem Grund findet man das Perfekt häufig als Tempus des Übergangs an den Gelenkstellen zwischen besprechender und erzählender Rede, und zwar sowohl als Einleitung wie als Ausleitung einer Erzählung. Ein berühmtes Beispiel dafür ist Goethes »Werther« in den Umrahmungen dieses Briefromans. Das Vorwort beginnt:

> *Was ich von der Geschichte des armen Werther nur habe auffinden können, habe ich mit Fleiß gesammelt und lege es euch hier vor, und weiß, daß ihr mir's danken werdet.*

Und das Nachwort endet nach einer Reihe von Formen des Präteritums mit einem abschließenden Perfekt:

> *Der Alte folgte der Leiche und die Söhne, Albert vermocht's nicht. Man fürchtete für Lottens Leben. Handwerker trugen ihn. Kein Geistlicher hat ihn begleitet.*

Als Rückschau-Tempus der besprochenen Welt kommt das Perfekt recht häufig in der gesprochenen Umgangssprache vor und wird immer dann gebraucht, wenn man in eine Situation des Besprechens schnell Informationen aus der Vergangenheit einbringen will, ohne damit sogleich in die Einstellung des Erzählens zu verfallen. Es wird dann nicht die Andersheit (»Alterität«) einer erzählten Welt betont, sondern vielmehr die gleiche Geltung des Vergangenen und des Gegenwärtigen in ihrer Bedeutung für die zu besprechende Situation. Das Perfekt unterstreicht also nicht die Trennungslinie zwischen der Vergangenheit und der Gegenwart, sondern schließt das Vergangene für das Besprechen in der gegenwärtigen Situation auf. Die Vergangenheit, auf die man sich mit dem Perfekt beziehen kann, ist folglich eine Vergangenheit, die zur Gegenwart gehört, weil sie zu deren Geltungsbereich gehört und in ihr nachwirkt. Das wird besonders deutlich an Situationen, in denen sich jemand für vergangene Handlungen zu verantworten hat.

Das zeigt der nachstehende Text. Es handelt sich um die (orthographisch leicht normierte) Nachschrift eines Gesprächs, das auf dem Rechtsamt einer deutschen Stadt zwischen einem Justizangestellten dieses Amtes und einer Frau stattgefunden hat, die als Fahrerin eines Personenwagens einen Verkehrsunfall verschuldet hat. Das Gespräch findet statt, um die Rechtsfolgen dieses Unfalls zu besprechen, so daß vielleicht eine Gerichtsverhandlung vermieden werden kann. In diesen Dialog, in dem es um die Rechtsgeltung des Sachverhalts und damit um die Zurechnung und Verantwortung der Fahrerin geht, werden nun die Fakten des Verkehrsunfalls als ein Stück Vergangenheit eingespielt. Zu diesem Zweck nehmen die Gesprächspartner punktuell die Rück-Perspektive ein, ohne dabei die besprechende Einstellung aufzugeben. Die Personen des Dialogs sind der Justizangestellte (= J) und die Fahrerin des Wagens (= F). Die Perfektformen sind unterstrichen und durchnumeriert.

TEXT:

J.: *Es handelt sich um einen Verkehrsunfall, der am 28. Oktober gegen 15 Uhr 50 auf der Kreuzung der Bahnhof- und Christianstraße*

F.: *Ja*

J.: *in Heidenheim sich abgespielt hat* (1), *und Sie sind* (2) *von der Polizei angezeigt worden, weil – äh – Sie eine Ordnungswidrigkeit begangen haben sollen* (3).

F.: *Ja*

J.: *Jetzt haben Sie das Wort*

F.: *Also, ich bin bloß net mit dem einig, daß Personen gefährdet wurden.*

J.: *Sie halten sich an dem Wort Gefährdung auf?*

F.: *Ja, oder überhaupt, daß die Personen, weil da weit und breit keine Personen waren,*

J.: *Mhm, an dem halten Sie sich auf?*

F.: *Ja*

TEXTGRAMMATISCHER KOMMENTAR:

(1) *abgespielt hat*: Dies ist ein summarischer Ausdruck, der die ganze Ereignisfolge des Verkehrsunfalls raffend zusammenfaßt und die Grundlage des besprechenden Argumentationsganges bildet.

(2/3) *sind angezeigt worden/begangen haben sollen*: Auch dies sind vergangene Ereignisse, die man erzählend entfalten könnte. Der Unfall soll hier jedoch besprochen werden, da sich daraus Konsequenzen für die aktuelle Rechtslage ergeben.

(4) *falsch gemacht haben*: Nun steuert das Gespräch auf den entscheidenden Punkt zu, der einen neuen »Status« bezeichnet. Es geht um das »Geständnis«. Die entscheidende Frage ist also, und dadurch legitimiert sich das Perfekt, ob das vergangene Ereignis des Verkehrsunfalls der »Täterin« zugerechnet werden kann und damit als justi-

J.: *Also, äh, an und für sich sagen oder geben Sie zu, daß Sie etwas falsch gemacht haben* (4)*?*
F.: *Ah ja, das geb ich freilich zu*
J.: *daß Sie die Vorfahrt nicht beachtet haben* (5), *das gestehen Sie ein?*[1]

tiabel gilt oder nicht. Diese Frage wird bejaht, und zwar mit einem Präsens. Damit ist die Einordnung des Vergangenen in die gegenwärtige Rechtslage gültig vollzogen.
(5) *nicht beachtet haben*: Das Geständnis wird nun nur noch inhaltlich präzisiert, und die Ordnungswidrigkeit erhält ihren rechtlichen Fachausdruck »Nichtbeachtung der Vorfahrt«. Auch dieses vergangene Faktum kann einer Person zugerechnet werden und wird, wiederum im Präsens, eingestanden.

Nun ist jedoch das Faktum nicht zu übersehen, daß unser Dialogtext auch zwei Tempusformen der erzählten Welt enthält, und zwar die folgenden Formen des Präteritums:

/daß Personen gefährdet wurden/

/weil da weit und breit keine Personen waren/

Es handelt sich in beiden Vorkommensbeispielen um das Zusammentreffen zweier verschiedener Klammmertypen. Im ersten Fall trifft eine Passivklammer (Vorgangs-Passiv) mit einer Adjunktklammer (Konjunktion *daß*) zusammen. Im zweiten Fall liegt das Zusammentreffen einer Kopulaklammer (*waren – keine Personen*) und einer Adjunktklammer (Konjunktion *weil*) vor. Das bringt in beiden Fällen schon bei einem einfachen Tempus eine Komplexität des Nachverbs in der kombinierten Klammer mit sich:

daß – *gefährdet wurden* *weil* – *Personen waren*

Träte jetzt noch mit dem Perfekt als weitere Klammer eine Tempusklammer hinzu, so würde sich die Komplexität des Nachverbs jeweils noch um eine weitere Stufe erhöhen:

daß – *gefährdet worden sind* *weil* – *Personen gewesen sind*

Es ist nun generell eine Neigung der deutschen Sprache zu beobachten, einer Mehrfach-Kombination von Verbalklammern, soweit das Tempus Perfekt daran mit einer Tempusklammer beteiligt ist, durch Ausweichen auf das einteilige Präteritum aus dem Wege zu gehen (vgl. 2.2.2.2).

1) *Texte gesprochener deutscher Standardsprache,* erarbeitet im Institut für deutsche Sprache, Forschungsstelle Freiburg i. Br., Bd. III, München 1975, S. 126. (Die Textfassung ist hier standardsprachlich leicht normiert.)

In mündlichen Gesprächen der Alltagssprache und in schriftlichen Texten, die sich aus dem einen oder anderen Grund an der gesprochenen Sprache orientieren, in Briefen beispielsweise oder in Zeitungsreportagen, findet man das Perfekt als Tempus der okkasionellen Rückschau recht häufig. Besonders gern verbindet sich dieses Tempus mit den Tempus-Adverbien *noch* und *schon*, die eine vorgegebene Erwartung korrigieren, wie auch mit anderen Tempus-Ausdrücken, die von ihrer Bedeutung her einen Rückgriff auf das Gedächtnis und eine raffende Zusammenfassung des Geschehenen nahelegen:

/hast du schon einmal geraucht?/

/ich habe noch nie geraucht/

/ich habe den Tabak seit je als Droge angesehen/

/gegen Drogen hat man immer schon vergebens gepredigt/

Hier wird Vergangenes nicht erzählt, sondern ein gegenwärtiges Problem im erinnernden Rückgriff auf Vergangenes besprochen.

3.1.4.4 Plusquamperfekt

Das Plusquamperfekt ist, wie das Perfekt, eine klammerbildende Tempusform und bildet eine Tempusklammer aus. Diese besteht im Vorverb aus einer Präteritumform der Hilfsverben *habe* oder *bin* und im Nachverb aus dem Rück-Partizip des betreffenden Verbs. In seiner Bedeutung ist das Plusquamperfekt durch zwei semantische Merkmale gekennzeichnet: das Register-Merkmal ⟨AUFSCHUB⟩ und das Perspektiven-Merkmal ⟨RÜCKSCHAU⟩. Vom Perfekt unterscheidet es sich durch sein Merkmal ⟨AUFSCHUB⟩, gleicht ihm aber im Merkmal ⟨RÜCKSCHAU⟩. Durch dieses Merkmal wiederum unterscheidet es sich vom Präteritum als dem Leittempus der erzählten Welt, das gar kein Perspektiven-Merkmal aufweist. Seiner Frequenz nach verhält sich das Plusquamperfekt zum Präteritum etwa so, wie sich in der Schriftsprache das Perfekt zum Präsens verhält. Es wird im ganzen relativ selten gebraucht und eignet sich nicht für den wiederholten Gebrauch in der Reihung.

Beim Erzählen gebraucht man das Plusquamperfekt hauptsächlich, um die Vorgeschichte mitzuteilen. Mit dieser erzählenden Rückschau ist häufig gleichzeitig eine Raffung oder Zusammenfassung des vorher Geschehenen verbunden. Man findet das Plusquamperfekt daher mit einer gewissen Häufung am Anfang einer Geschichte, wenn die Kenntnis der

Vorgeschichte zum Verständnis der erzählten Handlung notwendig oder wünschenswert ist. Auch im weiteren Verlauf der Erzählung erhält man durch das Plusquamperfekt oft Hintergrundinformationen, die eigentlich schon zum Vorverständnis gehört hätten und nun im Verlauf der Geschichte nachgetragen werden. Diese Rück-Perspektive in der Erzählung darf jedoch nicht mit einer bestimmten Zeitstufe, etwa »Vorvergangenheit«, identifiziert werden. Grundsätzlich ist das Plusquamperfekt, ebenso wie das Präteritum, an eine bestimmte Zeitstufe nicht gebunden und kann sich innerhalb der Erzählfolge nicht nur auf Vorzeitiges, sondern auch auf Nachzeitiges beziehen, wenn es nur im ganzen aus der Rück-Perspektive des Erzählers gesehen wird. Man kann also sagen:

PLUSQUAMPERFEKT VORZEITIG ZUM PRÄTERITUM	PLUSQUAMPERFEKT NACHZEITIG ZUM PRÄTERITUM
/als es dem Alchimisten J. F. Böttger in den ersten Jahren des 18. Jahrhunderts gelang, Porzellan herzustellen, hatten die Chinesen schon Jahrhunderte ihr Porzellan hergestellt/	*/Böttger machte seine Versuche in Dresden so lange, bis er die richtige Mischung aus Kaolin, Quarz und Kalifeldspat gefunden hatte/*

In der Regel gehört zum Plusquamperfekt jedoch die Vorzeitigkeit bezüglich der Haupthandlung.

Mit dem nachfolgenden Text fängt Goethes Erzählung »Der ehrliche Prokurator« an. Die Geschichte versetzt den Leser in eine erzählte Welt, die *vor Zeiten* in einem vage beschriebenen Italien angesiedelt ist. Es handelt sich bei dem ausgewählten Textabschnitt um den typischen Erzähleingang einer klassischen Erzählung. Die Erzählung beginnt mit der Schilderung eines Charakters in seiner charakteristischen Umwelt und läßt dann mit Beginn der Haupthandlung eine »unerhörte Begebenheit« in diesen ruhigen Zustand hineinplatzen. Der Zustand wird mit Formen des Präteritums dargestellt und ausgemalt, wobei die Ruhe des kontinuierlichen Zustands noch durch den zweimaligen Gebrauch des Verbs *pflege* lexikalisch unterstrichen wird. Mit dem einmaligen Gebrauch einer Präsensform (*verstehen*) läßt der Erzähler überdies durchblicken, daß er dieses ruhige Bürgerleben selber wohl kennt. Das ist ein besprechendes Einsprengsel in den ruhigen Gang der Erzählung.

Zu diesem behäbig ausgemalten Gemälde eines ruhigen und stetigen, erfolggesegneten Bürgerlebens gehören auch die Rückblicke auf die Art und Weise, wie dieses Lebensglück zustandegekommen ist. Das sind

Rückblicke in der erzählten Welt. Sie richten sich auf die Vorgeschichte. Um sie zu kennzeichnen, gebraucht der Erzähler an vier Stellen (sie sind im Text durchnumeriert) das Plusquamperfekt. Es kommt also ungefähr eine Form des Plusquamperfekts auf je drei Formen des Präteritums.

TEXT:

In einer italienischen Seestadt lebte vor Zeiten ein Handelsmann, der sich von Jugend auf durch Tätigkeit und Klugheit auszeichnete. Er war dabei ein guter Seemann und hatte (1) *große Reichtümer erworben, indem er selbst nach Alexandria zu schiffen, kostbare Waren zu erkaufen oder einzutauschen pflegte, die er alsdann zu Hause wieder abzusetzen oder in die nördlichen Gegenden Europas zu versenden wußte. Sein Vermögen wuchs von Jahr zu Jahr um so mehr, als er in seiner Geschäftigkeit selbst das größte Vergnügen fand und ihm keine Zeit zu kostspieligen Zerstreuungen übrigblieb.*
Bis in sein fünfzigstes Jahr hatte (2) *er sich auf diese Weise emsig fortbeschäftigt und ihm war* (3) *von den geselligen Vergnügungen wenig bekannt worden, mit welchen ruhige Bürger ihr Leben zu würzen verstehen; ebensowenig hatte* (4) *das schöne Geschlecht, bei allen Vorzügen seiner Landsmänninnen, seine Aufmerksamkeit weiter erregt, als insofern er ihre Begierde nach Schmuck und Kostbarkeiten sehr wohl kannte und sie gelegentlich zu nutzen wußte.*
Wie wenig versah er sich daher auf die Veränderung, die in seinem Gemüte vorgehen sollte, als eines Tages sein reich beladen Schiff in den Hafen seiner Vaterstadt einlief, eben an

TEXTGRAMMATISCHER KOMMENTAR:

(1) *hatte – erworben*: Der Handelsmann wird als ein reicher Mann eingeführt. Sein Reichtum wird durch eine Rückschau auf den Erwerb der Reichtümer, eine Rückschau in der Erzählung, motiviert.

(2) *hatte – fortbeschäftigt*: Hier kommt deutlich der raffende und zusammenfassende Charakter des Plusquamperfekts zum Ausdruck, da im Text ein Zeitraum von etwa dreißig Jahren in einem resümierenden Ausdruck zusammengefaßt wird.

(3) *war – bekannt worden*: Durch die Verbindung des Junktors *und* gilt die raffende Zeitbestimmung von (2) weiter. Vor dem Rück-Partizip *worden* (hier veraltet für *geworden*) ist das Vorverb der zweiteiligen Form des Plusquamperfekts das Hilfsverb *bin*, nicht wie in den vorhergehenden Beispielen das Hilfsverb *habe*.

(4) *hatte – erregt*: Das Plusquamperfekt resümiert als Tempus mit der Rück-Perspektive weiterhin die ereignisleere Vorgeschichte, so daß der Leser um so mehr auf die unerhörte Begebenheit der nachfolgenden Geschichte gespannt sein darf, die nun, angekündigt durch grammatische Signale (*eines*

einem jährlichen Feste, das besonders der Kinder wegen gefeiert wurde.[1]

Tages) und inhaltliche Andeutungen (*Veränderung*), sogleich eingesetzt.

In der Alltagssprache jedoch, in der vielfach nicht (mehr) so förmlich erzählt wird wie in Goethes Novelle, wo folglich auch das Plusquamperfekt weniger zum erzählenden Rückgriff auf eine Vorgeschichte gebraucht wird, findet man dieses Tempus gleichwohl mit einer gewissen Frequenz gebraucht, auch als okkasionelles Einsprengsel in einem sonst ziemlich kohärent besprechenden Text. Es steht dann – ähnlich wie das Präteritum (vgl. 3.1.4.2) – als Tempus-Metapher und gibt in dieser kontextuellen Funktion einer besprechend geäußerten Prädikation ein Geltungsrelief, indem es einen kontrastierenden Sachverhalt »tief« in den Hintergrund versetzt. Diese punktuelle Reliefgebung kommt vor allem dann zustande, wenn eine neue Prädikation eine alte Vormeinung als falsch entwertet oder eine vorher geltende Auffassung über- oder unterbietet. Die Kontextbedingungen sind also in der Regel Negation oder Komparation. Dann steht das Plusquamperfekt als okkasionelles Hintergrundtempus. Beispiele:

/*ich bin hier auf dem Lande längst nicht so glücklich, wie ich mir erhofft hatte*/

/*hier ist ja alles ganz anders, als ich früher immer gedacht hatte*/

/*am Ende ist der Urlaub doch noch viel schöner geworden, als ich ihn mir anfangs vorgestellt hatte*/

Die trügerische Hoffnung, das irrige Denken und die übertroffene Vorstellung sind in der neuen Situation nicht mehr handlungsrelevant; der Hörer kann sie daher als bloßes »Hintergrundwissen« außer Geltung setzen. Das geschieht mit dem Plusquamperfekt als Tempus-Metapher noch um eine Stufe drastischer als durch das bloße Präteritum in ähnlicher Funktion.

3.1.4.5 Futur und Vor-Futur

Das Futur ist seiner Form nach gleichfalls eine zweiteilige Verbform, die sich als Grammatikalklammer realisiert. Das Vorverb der Futurklammer besteht aus einer präsentischen Form des Hilfsverbs *werde*, ihr Nachverb

1) Johann Wolfgang von Goethe: »Unterhaltungen deutscher Ausgewanderten«, in: *Goethes Werke*, Hamburger Ausgabe, textkritisch durchgesehen von Erich Trunz, Bd. VI, Hamburg 1960, S. 167.

aus dem Infinitiv des betreffenden Verbs. Die Bedeutung des Futurs resultiert aus zwei Einstellungs-Merkmalen, nämlich dem Register-Merkmal ⟨BEREITSCHAFT⟩ und dem Perspektiven-Merkmal ⟨VORAUSSCHAU⟩. Daraus ergibt sich, daß man sich mit diesem Tempus auf Zukünftiges (noch nicht Realisiertes) beziehen kann, wenn man es besprechend vorwegnehmen will. Mit diesen Einstellungs-Merkmalen ist das Futur aber auch ein Tempus der Erwartung. Denn das Zukünftige steht ja noch aus, weshalb jede Prädikation über die Zukunft auf bloßer Wahrscheinlichkeit beruht. Trotzdem liegt es oft nahe, in einer gegenwärtigen Situation zu versuchen, die Zukunft wünschend, planend oder befürchtend vorwegzunehmen. Dabei macht es nun in der deutschen Sprache einen großen Unterschied aus, ob es sich bei dem Zukünftigen um den nächsten Schritt in der Handlungsfolge, den nächsten Zug in der Argumentation, das nächste Ziel der Bestrebungen handelt oder um etwas, das noch in ferner Zukunft liegt. Bei leichter oder scheinbar leichter Erreichbarkeit im unmittelbaren Handlungsraum der Gesprächsteilnehmer setzt man in der deutschen Sprache nicht das Futur, sondern das Präsens in seiner Funktion als Leittempus der besprochenen Welt. Man sagt also, insbesondere in den mündlichen Gesprächen des Alltags:

USO del PRESENTE per azioni future

/*gehst du gleich mit mir ins Kino?*/

/*ja, gerne, ich laufe nur noch schnell einmal zum Briefkasten und komme dann bei dir vorbei*/

/*ob wir wohl für die Abendvorstellung noch Karten bekommen?*/

/*ach, wir versuchen es einfach mal; wenn nicht, gehen wir in die Disco*/

In all diesen Fällen wird das Präsens und nicht das Futur gebraucht, weil die Gesprächspartner nur den nächsten Zug ihres Handlungsspiels besprechen. Hier wird daher keine vorausschauende Perspektive eingenommen, sondern schlicht die Handlungskette aus der gegenwärtigen Situation heraus weiterentwickelt. Daß diese Handlungskette in die (meistens unmittelbar bevorstehende) Zukunft hineinläuft, ergibt sich oft schon aus der Situation, wird aber bisweilen durch begleitende Adverbien (wie etwa *gleich*) zusätzlich gekennzeichnet.

Anders verhält es sich in der deutschen Sprache, wenn das zukünftige Geschehen außerhalb des verläßlich überschaubaren Handlungsraums liegt. Dann nimmt der Sprecher oft ausdrücklich die vorausschauende Perspektive ein und setzt das Futur. Das geschieht zumal dann, wenn bei der Ausführung einer Absicht Hindernisse oder Schwierigkeiten zu befürchten sind. Dann verlangt der Vorgriff auf die Zukunft eine größere Anstrengung, und man sagt beispielsweise:

Il FUTURO si usa per eventi PROBABILI (ma non sicuri) e LONTANI (rispetto alla situazione del dialogo)

/*ich glaube, ich werde nächstes Jahr anfangen, Chinesisch zu lernen*/

/*na, wie ich dich kenne, wirst du dir die Sache noch dreimal überlegen*/

/*wenn ich mir das einmal vorgenommen habe, werde ich das unter allen Umständen tun*/

Je größer die Anstrengung ist, die mit der Vorausschau in die Zukunft verbunden ist, umso regelmäßiger tritt das Futur auf. So ist das Futur auch das Tempus der Prognose (außer in der Routine der Wettervorhersage) und der Prophezeiung. Beispiele:

/*Konflikte zwischen Nord und Süd werden so schnell nicht der Vergangenheit angehören*/

/*die Regierungen zivilisierter Staaten werden sich hoffentlich mit all ihrer Kraft für den Schutz der Umwelt einsetzen*/

Jedenfalls ist das Futur fest etabliert als Tempus der Zukunftsplanung, und zwar umso fester, je förmlicher geredet oder geschrieben wird.

Dafür nun wieder ein Textbeispiel. Es handelt sich um Artikel 1 und 2 des für die Vereinigung Deutschlands maßgeblichen Vertragswerks aus dem Jahre 1990. Die Futurformen, die unterstrichen und numeriert sind, werden fortlaufend textgrammatisch kommentiert:

TEXT:

Art. 1. Das vereinte Deutschland wird (1) *die Gebiete der Bundesrepublik Deutschland, der Deutschen Demokratischen Republik und ganz Berlins umfassen. Seine Außengrenzen werden* (2) *die Grenzen der Bundesrepublik Deutschland und der Deutschen Demokratischen Republik sein und werden* (3) *am Tage des Inkrafttretens dieses Vertrags endgültig sein. Die Bestätigung des endgültigen Charakters der Grenzen des vereinten Deutschland ist ein wesentlicher Bestandteil der Friedensordnung in Europa.*

(2) Das vereinte Deutschland und

TEXTGRAMMATISCHER KOMMENTAR:

(1) *wird – umfassen*: Das Futur nimmt den politischen Zustand des vereinten Deutschlands, das bei Vertragsabschluß noch nicht bestand, als feste Erwartung vorweg.

(2/3) *werden – sein*: Futur zweier Kopula-Prädikationen, einmal mit einem identifizierenden Prädikats-Nomen und einmal mit einem Prädikats-Adjektiv.

(4) *wird – erheben*: Negiertes Futur in deutlicher Tempus-Opposition zu einem voraufgehenden Präsens.

(5/6) *werden sicherstellen, daß –*

die Republik Polen bestätigen die zwischen ihnen bestehende Grenze in einem völkerrechtlich verbindlichen Vertrag.
(3) Das vereinte Deutschland hat keinerlei Gebietsansprüche gegen andere Staaten und wird (4) *solche auch nicht in Zukunft erheben.*
(4) Die Regierungen der Bundesrepublik Deutschland und der Deutschen Demokratischen Republik werden sicherstellen (5), *daß die Verfassung des vereinten Deutschland keinerlei Bestimmungen enthalten wird* (6), *die mit diesen Prinzipien unvereinbar sind. Dies gilt dementsprechend für die Bestimmungen, die in der Präambel und in den Artikeln 23 Satz 2 und 146 des Grundgesetzes für die Bundesrepublik Deutschland niedergelegt sind.*
(5) Die Regierungen der Französischen Republik, der Union der Sozialistischen Sowjetrepubliken, des Vereinten Königreichs Großbritannien und Nordirland und der Vereinigten Staaten von Amerika nehmen die entsprechenden Verpflichtungen und Erklärungen der Regierungen der Bundesrepublik Deutschland und der Deutschen Demokratischen Republik förmlich entgegen und erklären, daß mit deren Verwirklichung der endgültige Charakter der Grenzen des vereinten Deutschland bestätigt wird (7).
Art. 2. Die Regierungen der Bundesrepublik Deutschland und der Deutschen Demokratischen Republik bekräftigen ihre Erklärungen, daß von deutschem Boden nur Frieden ausgehen wird (8). *Nach der Verfassung des vereinten Deutschland sind*

enthalten wird: Junktion mit der Inhalts-Konjunktion *daß*, wobei das Futur in beiden Junktionsgliedern steht. Das ist eine Redundanz, wie man sie in der Gemeinsprache kaum finden dürfte, denn das Futur der Basis gilt bei einer Inhalts-Junktion mit *daß* ohne weiteres auch für das Adjunkt. Hier will es die juristische Vertragssprache ganz genau nehmen. Allerdings läßt auch sie zu, daß in dem weiterhin anschließenden Relativ-Adjunkt das Präsens steht, obwohl es sich auch auf einen zukünftigen Rechtszustand bezieht.
(7) *bestätigt wird*: Formal gesehen, ist dies ein Vorgangs-Passiv im Präsens. Inhaltlich bezieht sich dieser Textabschnitt jedoch genau so auf die zukünftige, in diesem Vertragswerk anvisierte Rechtslage wie alle Futurformen vorher. Es handelt sich folglich um die Futurform *bestätigt werden wird* (Passivklammer, in eine Futurklammer inkorporiert), die zur Reduktion der Komplexität beim Nachverb und zur Vermeidung der unschönen Formendoppelung *werden wird* zum Präsens hin vereinfacht ist. Der Futurkontext des ganzen Rechtstextes läßt diese Vereinfachung zu, und die juristischen Textverfasser brauchen kein schlechtes Gewissen zu haben.
(8) *ausgehen wird*: Da die Basis dieser Inhalts-Junktion ein Kommunikationsverb enthält (*erklären*), ist das Futur im *daß*-Adjunkt unerläßlich, zumal bei einer so wichtigen Angelegenheit.
(9) *einsetzen wird*: Der Futur-

Handlungen, die geeignet sind und in der Absicht vorgenommen werden, das friedliche Zusammenleben der Völker zu stören, insbesondere die Führung eines Angriffskrieges vorzubereiten, verfassungswidrig und strafbar. Die Regierungen der Bundesrepublik Deutschland und der Deutschen Demokratischen Republik erklären, daß das vereinte Deutschland keine seiner Waffen jemals einsetzen wird (9), *es sei denn in Übereinstimmung mit seiner Verfassung und der Charta der Vereinten Nationen.*[1]

gebrauch entspricht dem von (8), hier adverbial verstärkt durch die negative Zeitbestimmung *keine Waffen – jemals*. Dieses Futur gilt für alle Zeiten.

In vielen Fällen, allerdings vorzugsweise in der Gemeinsprache und weniger in den Fachsprachen, wird das Futur auch zum Ausdruck einer bloßen Vermutung gebraucht (»modales Futur«). Es ist dies aber kein Grund, von zwei verschiedenen Arten des Futurs zu sprechen, denn jeder Vorausschau in die Zukunft haftet notwendig eine gewisse Unsicherheit an. Dabei braucht es sich nicht einmal unbedingt um eine Unsicherheit über Zukünftiges zu handeln; auch eine Unsicherheit über Gegenwärtiges kann mit dem Futur zum Ausdruck gebracht werden. Daß auf diese Weise auch die Gegenwart, sofern sie unsicher ist, mit dem Tempus Futur erreicht werden kann, braucht nicht zu verwundern, da wir dieses Tempus, wie auch alle anderen Tempora, ohnehin nicht an eine bestimmte »Zeitstufe« gebunden haben. Aussagen über Gegenwärtiges können insbesondere dann durch ein futurisches Tempus als unsicher gekennzeichnet werden, wenn die Unsicherheit darauf beruht, daß eine Bestätigung (noch) aussteht. Beispiel:

/wenn Sie meinen, bei der Politik ginge es nicht oft auch um Geld, dann werden Sie sich wohl irren/

Oft wird eine solche Vermutung zusätzlich durch Morpheme wie *wohl* und *vermutlich* gekennzeichnet, zum Beispiel:

/wo ist denn der Dolmetscher? ÷ der Dolmetscher wird wohl schon im Konferenzraum sein/

1) »Vertrag über die abschließende Regelung in bezug auf Deutschland (»Zwei-plus-Vier-Vertrag«) vom 12. 9. 1990«, in: *Die Verträge zur Einheit Deutschlands*, hg. von Ingo von Münch, München 1991, S. 30f.

/*wie weit sind denn die Verhandlungen gediehen?* ÷ *die Tarifpartner werden vermutlich in dieser Stunde die Entscheidung treffen*/

Zum Ausdruck von Vermutungen, die sich rückschauend auf Vergangenes beziehen und deren Unsicherheit auf einem Mangel an verläßlichen Nachrichten beruht, steht ergänzend zum Futur das Vor-Futur (»Futur II«) zur Verfügung. Es wird jedoch in der deutschen Sprache recht selten gebraucht und dient, außer in sehr pedantischem Sprachgebrauch, ausschließlich zum Ausdruck der rückschauenden Vermutung. Das Vor-Futur hat die Form einer kombinierten Tempusklammer; in eine strukturdominante Futurklammer ist eine Perfektklammer inkorporiert. Diese nimmt - gestaut und in der Abfolge umgekehrt - die Form eines Rück-Infinitivs an. Beispiele:

/*der Einbruch ist so fachmännisch durchgeführt, das wird wohl ein professioneller Dieb gewesen sein*/

/*das fürchte ich auch, dann wird es aber auch bestimmt nicht das letzte Mal gewesen sein*/

Das Vor-Futur wird oft durch Modalpartikeln oder Adverbien in seiner unsicheren Geltung abgestützt, so auch in diesen Beispielen (*wohl, bestimmt*).

3.1.4.6 Ein Sonderfall: Erzählen ohne Erzähltempora

Die Tempora des erzählenden Tempus-Registers sind nicht die einzigen Erzählsignale der Sprache. Andere Sprachzeichen, vor allem Tempus-Adverbien sowie Präpositional- und Konjunktional-Adjunkte mit temporaler Bedeutung, wirken bei der Konstitution von Erzählungen mit. Unter diesen Bedingungen ist es auch möglich, ohne Erzähltempora zu erzählen, wenn diese aus irgendeinem Grunde für Erzählzwecke nicht zur Verfügung stehen.

Das ist beispielsweise im Sprachgebiet der süddeutschen Mundarten der Fall und gilt auch für die Stadtmundarten und umgangssprachlichen Varietäten auf süddeutscher Sprachbasis. In diesem Sprachraum sind seit der frühen Neuzeit die Erzähltempora Präteritum und Plusquamperfekt - ausgenommen bisweilen solche sehr gebräuchlichen Tempusformen wie *war* und *hatte* - aus dem Gebrauch gekommen, allerdings nur im mündlichen Sprachgebrauch. In schriftlichen Texten haben sich die standardsprachlichen Erzähltempora gehalten und werden durch die

Schulnorm gestützt. Literarische Texte jedoch, die süddeutsche Umgangssprache »realistisch« wiedergeben wollen, verzichten häufig auf die Erzähltempora und erzählen mit dem Perfekt.

So ist es in dem nachfolgenden Textabschnitt aus den »Chiemgauer Gschichten« des bayerischen Schriftstellers Franz Xaver Kroetz zu beobachten. Es handelt sich um eine vorgeblich realistische Umfrage unter dem Titel »Liebe auf den ersten Blick – und dann?« Der Text ist nicht nur in seiner Tempus-Struktur, sondern auch in manchen anderen grammatischen und lexikalischen Eigenheiten stark mündlich-süddeutsch geprägt. Alle Tempusformen des Textes sind unterstrichen und durchnumeriert. Sie werden fortlaufend kommentiert.

TEXT:

Franz: *Wie habt ihr euch denn kennengelernt* (1)*?*
Ute: *Ja, kennengelernt* (2)*! Da bin ich mit meiner Schwester in die Eisdiele gegangen* (3)*, und er ist dringesessen* (4)*, hat damals eine rote Samtjacke angehabt* (5)*, also so ein Feincordsakko, Sonnenbrille aufgehabt* (6)*, und damals ist für mich einer aufgekommen* (7)*, der Ulli Martin. Und da hat meine Schwester gesagt* (8)*, schau* (9)*, Ute, der schaut aus* (10) *wie der Ulli Martin, und wennst ihn du nicht nimmst* (11)*, dann heirat* (12) *ich ihn. Ja, und da hab ich ihm immer nachspioniert* (13)*, still und heimlich, ja, und er hat immer einen Freund getroffen* (14)*, mit dem ist er spazierengefahrn* (15)*, immer, und dann hat er mich gefragt* (16)*, ob ich mitgeh* (17)*. Hab ich gesagt* (18)*, nein, und die Mama hat gesagt* (19)*, wenn er was will* (20)*, soll er zu uns kommen* (21)*, und dann bin ich mitm Radl wieder abgehaut* (22)*, wie er aufgestanden ist* (23)*. Und einmal hab ich fortgehen dürfen* (24)*, weil er ist im Park*

TEXTGRAMMATISCHER KOMMENTAR:

(1/2) Erzählrahmen im Perfekt. Die vollständige Perfektform *habt – kennengelernt* des Interviewers wird von der Interviewten im Nachverb wiederaufgenommen.
(3/4) Die Erzählung setzt nach dem Situations-Adverb *da* sogleich mit dem Ereignis ein, dem Zusammentreffen. Sowohl das Bewegungsverb *bin – gegangen* als auch das Zustandsverb *ist – dringesessen* (das Hilfsverb *ist* hier als süddeutscher Regionalismus) stehen im Perfekt.
(5/6) Beschreibungen in der Rück-Perspektive im Perfekt.
(7) Hintergrunderzählung im Perfekt. Hintergrundsignal ist das Tempus-Adverb *damals.*
(8/9/10/11/12) Wiederaufnahme der Vordergrunderzählung (Signal: *und da*) mit dem Perfekt des Kommunikationsverbs *hat – gesagt,* das für einen Imperativ (9) und drei Präsensformen, letztere (12) mit Zukunftsbedeutung, den Rahmen abgibt. Es handelt sich, wie meistens bei volkstümlichem

gesessen (25), *und wir haben damals zum Park rüberschaun können* (26), *und da hat meine Schwester gesagt* (27), *schau* (28), *Mama, des ist* (29) *der Ute ihr Freund! Naja, da hat sie zuerst noch ein bißchen gemeutert* (30), *die Mama, und dann ham wir fortgehen dürfen* (31). *Ja ... da hab ich ihn kennengelernt* (32), *hab dann das alles ausgekundschaftet mit meinen Schwestern, wo er wohnt* (33) *und wie alt daß er ist* (34), *und sie sagt* (35), *zweiunddreißig Jahr alt ist* (36) *er, er sagt* (37) *zu mir achtundzwanzig, ich dacht* (38), *mich trifft* (39) *der Herzschlag!*
Peter: *Ja, ja, so ists* (40).
Ute: *Ja, ich weiß* (41) *nicht, ob er mich damals für interessant gehalten hat* (42), *denn ich war damals recht mollig* (43), *da hat er gemeint* (44), *ich such* (45) *einen Papa, daß ich in andere Umstände bin* (46), *und so ...*[1]

(oder sich so gebendem) Erzählen, um direkte Rede.
(13/14/15) Fortgang der Erzählhandlung (Signal: *ja, und da*) mit Perfektformen, die Ereignisse wiedergeben.
(16/17/18/19/20/21) Erzählter Dialog mit Perfektformen für den Rahmen, Präsensformen für den Inhalt des Dialogs.
(22/23) Veränderung der erzählten Situation durch neue Ereignisse (Signal: *und dann*). Es wird weiterhin mit dem Perfekt erzählt.
(24/25) Szenenwechsel (Signal: *und einmal, da*) mit neuen Ereignissen, ebenfalls im Perfekt erzählt.
(26) Eingeblendete Hintergrunderzählung (Signal: *damals*), ohne daß es zu einem Tempuswechsel kommt.
(27/28/29) Erzählter Dialog mit einem Rahmen (*hat – gesagt*) im Perfekt und einem Inhalt im Imperativ und Präsens.
(30/31) Fazit der neuen Situation, eine auch standardsprachliche Verwendung des Perfekts.
(32) Wiederaufnahme des Interviewrahmens (1/2) mit dem gleichen Verb im Perfekt (*hab – kennengelernt*).
(33/34/35/36/37) Zeitraffende Erzählung im Perfekt (*hab alles ausgekundschaftet*) und Gegenstand dieses Tuns im Präsens.
(38/39) Die Form *dacht* (standardsprachlich *dachte*) als eine der sehr seltenen Präteritumformen in dieser sonst erzähltempusfreien Erzählung. Man kann diese Inkonsequenz als Tempus-Metapher verstehen, denn der (im Präsens gegebene) Inhalt dieser Gedanken wird durch den Gesamtkontext in seiner Geltung entwertet: die Geschichte geht ja gut aus.
(40/41/42) Besprechender Einschub in die Erzählung, mit dem letzten Verb im Perfekt und dem Adverb *damals* wieder in die Erzählung zurücklenkend.

1) Franz Xaver Kroetz: »Liebe auf den ersten Blick – und dann?«, in: *Chiemgauer Gschichten*, Köln 1977, S. 30.

(43) Kopula-Prädikation mit einer Präteritumform: *war – mollig*, durch das Adverb *damals* deutlich als Hintergrunderzählung gekennzeichnet. Die Präteritumform *war* findet sich in dieser Funktion oft auch in solchen Dialektaltexten, in denen sonst das Präteritum ungebräuchlich ist. (44/45/46) Erzählte Meinung im Perfektrahmen mit dem Meinungsinhalt im Präsens.

Zusätzlich zu den hier kommentierten Formen eines Erzählens (fast) ohne Erzähltempora ist eine gelegentlich vorkommende Tempusform zu erwähnen, die dazu dient, in einer vom Perfekt als Leittempus beherrschten Erzählung die Rück-Perspektive auszudrücken. Das ist das Rück-Perfekt. Beispiele:

/als er seine Arbeit gemacht gehabt hat, ist er gleich fortgegangen/

/er hat mir gar nichts davon gesagt gehabt/

Dieses »doppelte Perfekt« ist jedoch relativ selten und wird nicht als normgerecht akzeptiert.

Außer in regionalen Varietäten der deutschen Sprache findet man ein Erzählen ohne Erzähltempora auch in der frühkindlichen Phase des Spracherwerbs. Das hat aber den umgekehrten Grund. Während die süddeutschen Mundarten die Erzähltempora *nicht mehr* haben, verfügen Kinder bis zum Alter von acht, neun Jahren im allgemeinen *noch nicht* oder nur ansatzweise über die Erzähltempora. Auch sie versuchen daher, (fast) ohne Erzähltempora zu erzählen. Dafür als Beispiel die Nachschrift einer mündlichen Erzählung, die ein achtjähriges Kind von einem kleinen Unfall gegeben hat. Zu beachten ist hier insbesondere die sehr hohe Frequenz von Signalen der Erzählfolge, die mit den Tempusformen zusammenwirken, um den erzählenden Charakter des Textes hervorzubringen. Die Perfektformen sind einfach unterstrichen und durchnumeriert, zwei Präteritumformen überdies mit E gekennzeichnet. Präsensformen sind nicht berücksichtigt:

TEXT:

Wie ich Ostern aus 'er Kirche gekommen bin (1), *da bin ich so rumgehopst* (2). *Und auf einmal lag ich da* (E1). *Und das hat geblutet* (3), *überall geblutet. Und da bin ich nach Hause gegangen* (4). *Und da*

TEXTGRAMMATISCHER KOMMENTAR:

Die sprachliche Entwicklung dieses Kindes befindet sich in einer Übergangsphase hinsichtlich des Tempusgebrauchs. Die erzählenden Tempora sind im Prinzip bereits erworben, und zwei Formen

ham wer das Blut abgemacht (5). *Und da ham wer so 'n Waschlappen, so'n nassen, draufgemacht* (6). *Da hat's abgekühlt* (7). *Und 'n nächsten Tag sind wer zu meiner Tante gefahren* (8), *in 'n Hopfengarten. Und die und ihr Kind war da* (E2). *Das hat gesagt* (9): *»Ute, du hast Wasser im Knie.« Und da sind* (10) *wer ins, ham se gesagt* (11): *»Fahr mal ins Rote Kreuz.« Und da sind wer ins Rote Kreuz gefahrn* (12). *Und die und da sind wer drangekommen* (13). *Und die Ärztin hat gesagt* (14): *»Gut, daß Se gekommen sind* (15).*« Da hab ich eine Tetanusspritze kriegen müssen* (16). *Dann hab ich paar Tage immer das Bein verbunden gehabt* (17). *Da habe ich noch 'n Eis gekriegt* (18), *weil ich nich geheult hab* (19) *bei der Spritze. Und wie wer dann wieder da noch was hingebracht haben* (20) *zur Ärztin, da ham wer noch so ein großes Familieneis gekauft* (21). *Und da hab ich noch mal Eis essen können* (22).[1]

des Präteritums kommen im Text auch vor: *lag* (E1) und *war* (E2). Die Form *war* ist immer die erste Präteritumform, die von Kindern erworben wird. Von diesen beiden erzählenden Präteritumformen abgesehen, wird die Geschichte mit 22 Perfektformen erzählt. Die hohe Frequenz dieses Tempus deutet schon darauf hin, daß das Perfekt hier nicht zur gelegentlichen Rückschau in einer besprechenden Situation verwendet wird, sondern als Hilfstempus zur Herstellung einer erzählten Welt dient, solange die eigentlichen Erzähltempora erst in Ansätzen zur Verfügung stehen. Es fällt nun aber auf, daß fast jede Verbform von einem Erzählsignal begleitet ist. Nicht weniger als 19 Signale der Erzählfolge sind im Text zu verzeichnen. Es sind, in absteigender Rangfolge (Häufigkeit in Klammern), die Signale: *und da* (6), *da* (5), *und* (4), *und dann* (2), *dann* (1), *und auf einmal* (1). Der grammatischen Form nach handelt es sich also um Junktoren (*und*), Adverbien (*da, dann*) und um Junktor-Adverb-Verbindungen (*und da, und dann, und auf einmal*). Offensichtlich haben diese Signale die Aufgabe, den Erzählfluß herzustellen, mit gewissen Nuancen je nach ihrer Form. Besonders zu beachten ist das Erzählsignal *und auf einmal.* Es hat makrosyntaktische Funktion und bezeichnet den Einsatz der Haupthandlung. Daß gerade dieses Erzählsignal bei einer Präteritumform steht (E1: *und auf einmal lag ich da*), charakterisiert das plötzliche Daliegen als den veränderten Zustand, von dem alle nachfolgenden Ereignisse ausgehen.

1) Dietrich Pregel/Gert Rickert: *Kindliche Redetexte*, Düsseldorf 1975, S. 68.

3.2 Der Konjunktiv

Der Konjunktiv steht mit all seinen Formen in Opposition zu den Tempusformen des Indikativs. Während die indikativischen Tempusformen dem Hörer eine feste, jedoch nach den Tempusgruppen und deren einzelnen Tempora unterschiedlich nuancierte Geltungsweise der betreffenden Prädikation anzeigen, drücken die Formen des Konjunktivs für ihre Prädikationen eine unfeste Geltung aus. Durch sie erfährt der Hörer, daß er sich in seiner Einstellung nicht ohne weiteres auf die Geltung der betreffenden Prädikation verlassen kann.

Die meistgebrauchte Konjunktivform ist der restriktive Konjunktiv oder Restriktiv. Er drückt eine eingeschränkte Geltung aus (3.2.1). Wesentlich seltener und vorwiegend in einem gepflegten Stil wird der indirektive Konjunktiv oder Indirektiv gebraucht (3.2.2).

3.2.1 Der restriktive Konjunktiv (Restriktiv)

Von den beiden Arten des Konjunktivs hat der restriktive Konjunktiv oder Restriktiv (»Konjunktiv II«) den reicheren Formenbestand. Er tritt in zwei verschiedenen Formenreihen auf: als synthetischer Restriktiv (3.2.1.1) und als analytischer Restriktiv (3.2.1.2). Beide Formenreihen haben jedoch die gleiche Bedeutung und unterscheiden sich nur durch verschiedene Gebrauchsbedingungen (3.2.1.3).

3.2.1.1 Die Konjugationsformen des synthetischen Restriktivs

Beim synthetischen Restriktiv sind zwei Tempus-Perspektiven zu unterscheiden, die Neutral-Perspektive (die hier die Voraus-Perspektive mitvertritt) und die Rück-Perspektive. Den Restriktiv mit Neutral-Perspektive (»Konjunktiv Imperfekt«) nennen wir schlicht Restriktiv, den mit der Rück-Perspektive (»Konjunktiv Plusquamperfekt«) bezeichnen wir als Rück-Restriktiv. Formal lehnt sich der Restriktiv an das Tempus Präteritum, der Rück-Restriktiv an das Plusquamperfekt des Indikativs an. Das gilt sowohl für die schwachen als auch für die starken Verben der Tempus-Konjugation. Zunächst im Vergleich die Formen des Restriktivs und des Präteritums, getrennt nach schwachen und starken Verben:

(1) Schwache Verben

GESPRÄCHSROLLEN \ EINSTELLUNGEN		RESTRIKTIV	PRÄTERITUM
SINGULAR	SPRECHER	*ich machte*	*ich machte*
	HÖRER	*du machtest*	*du machtest*
	REFERENZROLLE	*er/sie/es machte*	*er/sie/es machte*
PLURAL	SPRECHER	*wir machten*	*wir machten*
	HÖRER	*ihr machtet*	*ihr machtet*
	REFERENZROLLE	*sie machten*	*sie machten*

Das Schaubild zeigt völlige Identität der Formen im restriktiven Konjunktiv und im Präteritum des Indikativs.

(2) Starke Verben

Mit den starken Verben verhält es sich im restriktiven Konjunktiv anders. Bei ihnen gibt es sehr wohl formale Differenzierungen zwischen Restriktiv und Präteritum, jedoch in unterschiedlichem Ausmaß je nach den Formtypen. Als Beispiel diene zunächst das starke Verb *laufe*:

GESPRÄCHSROLLEN \ EINSTELLUNGEN		RESTRIKTIV	PRÄTERITUM
SINGULAR	SPRECHER	*ich liefe*	*ich lief*
	HÖRER	*du liefest*	*du liefst*
	REFERENZROLLE	*er/sie/es liefe*	*er/sie/es lief*
PLURAL	SPRECHER	*wir liefen*	*wir liefen*
	HÖRER	*ihr liefet*	*ihr lieft*
	REFERENZROLLE	*sie liefen*	*sie liefen*

Vom Präteritum unterscheidet sich der Restriktiv hier, wie das Schaubild zeigt, nur durch einen ausgedehnteren Gebrauch des Vokals *-e* [-ə] als Flexiv, und zwar in vier Formen des Paradigmas. Bei denjenigen starken Verben jedoch, die aus phonetischen Gründen im Präteritum der Gesprächsrollen Hörer/Singular und Hörer/Plural den Gleitvokal *-e-* [-ə-] einschieben, reduziert sich die Formendifferenz auf zwei Formen des Paradigmas, wie die Formenreihe des Verbs *streite* (mit dentalem Auslaut des Verbstammes!) zeigt: *ich stritte, du strittest, er/sie/es stritte, wir stritten, ihr strittet, sie stritten.*

Bei einer größeren Anzahl starker Verben wird jedoch die Hörbarkeit bzw. Sichtbarkeit des Restriktivs im Vergleich zum Präteritum wesentlich dadurch erhöht, daß die Formen des Restriktivs im Gegensatz zu denen des Präteritums Umlaut des Stammvokals zeigen. Als Beispiel diene das Verb *tue*:

GESPRÄCHSROLLEN / EINSTELLUNGEN		RESTRIKTIV	PRÄTERITUM
SINGULAR	SPRECHER	*ich täte*	*ich tat*
	HÖRER	*du tätest*	*du tatest*
	REFERENZROLLE	*er/sie/es täte*	*er/sie/es tat*
PLURAL	SPRECHER	*wir täten*	*wir taten*
	HÖRER	*ihr tätet*	*ihr tatet*
	REFERENZROLLE	*sie täten*	*sie taten*

Obwohl dieses Verb wegen seines dentalen Auslauts im präteritalen Verbstamm *tat* nur in zwei Formen des Paradigmas durch ein auslautendes Flexiv *-e* [-ə] den Restriktiv vom Präteritum trennt, ist dennoch die Unterscheidung der beiden Formenreihen im ganzen Paradigma gesichert durch den hinzutretenden Umlaut.

Es treten im Restriktiv die folgenden drei Umlauttypen auf, hier jetzt nur an den jeweils identischen Formen der Gesprächsrollen Sprecher/Singular und Referenz/Singular (= 1. Form) sowie Sprecher/Plural und Referenz/Plural (= 2. Form) dargestellt. In Klammern stehen dahinter jeweils die Indikativform des Präsens:

(A) *a > ä*

war/waren (bin) > wäre/wären [a: > ɛ:]

Ebenso: *äße/äßen (esse), bräche/brächen (breche), gäbe/gäben (gebe), käme/kämen (komme), läge/lägen (liege), läse/läsen (lese), nähme/nähmen (nehme), sähe/sähen (sehe), säße/säßen (sitze), spräche/sprächen (spreche), träfe/träfen (treffe), träte/träten (trete), vergäße/vergäßen (vergesse).*

hatte/hatten (habe) > hätte/hätten [a > ɛ]

Ebenso: *brächte/brächten (bringe), fände/fänden (finde), sänge/sängen (singe).*

(B) | *o > ö* |

zog/zogen (ziehe) > zöge/zögen [oː > øː]

Ebenso: *böge/bögen (biege), böte/böten (biete), flöhe/flöhen (fliehe), fröre/frören (friere), höbe/höben (hebe), löge/lögen (lüge), schöbe/schöben (schiebe), verlöre/verlören (verliere), wöge/wögen (wiege).*

schloß/schlossen (schließe) > schlösse/schlössen [ɔ > œ]

Ebenso: *flösse/flössen (fließe), genösse/genössen (genieße), gösse/gössen (gieße), röche/röchen (rieche), kröche/kröchen (krieche), schösse/schössen (schieße), sprösse/sprössen (sprieße), verdrösse/verdrössen (verdrieße).*

(C) | *u > ü* |

fuhr/fuhren (fahre) > führe/führen [uː > yː]

Ebenso: *grübe/grüben (grabe), lüde/lüden (lade), schüfe/schüfen (schaffe), schlüge/schlügen (schlage), trüge/trügen (trage), wüchse/wüchsen (wachse).*

wurde/wurden (werde) > würde/würden [ʊ > ʏ]

Ebenso: *wüßte/wüßten (weiß).*

Bei einigen Verben sind im Restriktiv Doppelformen zu verzeichnen; die erste bildet den Umlaut auf *ä*, die zweite auf *ö* oder *ü* aus:

begann/begannen < *begänne/begännen* / *begönne/begönnen*

gewann/gewannen < *gewänne/gewännen*, *gewönne/gewönnen*

half/halfen < *hälfe/hälfen*, *hülfe/hülfen*

stand/standen < *stände/ständen*, *stünde/stünden*

Diese Doppelformen unterscheiden sich semantisch nicht voneinander. Über die Formen des Restriktivs bei einigen weiteren, sehr selten gebrauchten Verben unterrichtet das Wörterbuch.

(3) Gemischte Konjugation

Bei den Verben, die in ihren Formen die Konjugationsmuster der schwachen und der starken Verben mischen, ist zu beachten, daß die Verben *sende* und *wende,* anders als beim Präteritum, im synthetischen Restriktiv nur die (schwachen) Formen *sendete* und *wendete* haben. Durch Umlaut *a* > *ä* [a > ɛ] differenzieren sie sich jedoch bezüglich Präteritum und Restriktiv:

dachte vs. *dächte (denke)* *brachte* vs. *brächte (bringe)*

Bei einer weiteren Gruppe kommt im restriktiven Konjunktiv der gleiche Umlaut [a > ɛ] durch andere Schreibung zum Ausdruck, nämlich in der Form *a* > *e*:

kannte vs. *kennte (kenne)* *brannte* vs. *brennte (brenne)*

nannte vs. *nennte (nenne)* *rannte* vs. *rennte (renne)*

(4) Eine Sonderform: der Rück-Restriktiv

Der Rück-Restriktiv (»Konjunktiv Plusquamperfekt«) bringt seine Rück-Perspektive mit den Mitteln der Tempusklammer zum Ausdruck, lehnt sich also insofern formal an das Plusquamperfekt des Indikativs an. Klammeröffnend steht eine Restriktivform der Hilfsverben *habe* oder *bin,* klammerschließend das Rück-Partizip eines beliebigen Verbs. Die Verteilung von *habe* und *bin* ist die gleiche wie beim Perfekt:

RESTRIKTIV RÜCK-PARTIZIP

/das < *hätte ich mir ganz anders gedacht*/
wäre mir nie in den Sinn gekommen/

TEMPUSKLAMMER

er wäre Präsident geworden

Da die Restriktivformen *hätte* und *wäre* durch ihren Umlaut als Konjunktive gut erkennbar sind, ist der Rück-Restriktiv in allen Gesprächsrollen seines Paradigmas sehr deutlich vom Plusquamperfekt unterschieden.

3.2.1.2 Die Konjugationsformen des analytischen Restriktivs

Vom synthetischen Restriktiv unterscheidet sich der analytische Restriktiv durch eine völlig andere Bildungsweise seiner Formen, nicht jedoch durch eine andere Bedeutung. Es sind wieder, wie beim synthetischen Restriktiv, zwei Tempus-Perspektiven zu berücksichtigen: die Neutral-Perspektive, die auch hier die Voraus-Perspektive mitvertritt, und die Rück-Perspektive. So können wir also auch bei analytischer Bildung der Formen einen Restriktiv und einen Rück-Restriktiv unterscheiden.

Analytische Bildung bedeutet beim Restriktiv immer Bildung einer Verbalklammer. Die Klammer spannt sich zwischen einer klammeröffnenden Form des Hilfsverbs *würde* und dem klammerschließenden Infinitiv eines beliebigen Verbs. Beispiel:

HILFSVERB INFINITIV

/wir würden ja gerne heiraten, wenn . . ./

VERBALKLAMMER

Das klammeröffnende Vorverb ist nur hinsichtlich der Gesprächsrolle variant (*würde/würdest/würde/würden/würdet/würden*). Es lehnt sich der Form nach an das Präteritum des Hilfsverbs *werde,* also an die Form *wurde,* an und unterscheidet sich von dieser nur durch den Umlaut *u* > *ü*. Nachverb ist, wie beim Futur, ein Infinitiv (*würde – heiraten* ≈ *werde – heiraten*).

Der analytische Rück-Restriktiv unterscheidet sich vom (Neutral-) Restriktiv durch Inkorporation einer Perfektklammer in die Konjunktivklammer, die auch darin der Futurklammer gleicht, daß sie strukturdominant bleibt. Dabei entsteht am Nachverb-Pol durch Stauung und Umkehrung der inkorporierten Perfektklammer die komplexe Form des Rück-Infinitivs. Das Beispiel oben verändert sich dadurch wie folgt:

HILFSVERB RÜCK-INFINITIV

/*wir würden* *ja längst* |*geheiratet* | *haben*|, *wenn* .../

KOMPLEXES NACHVERB

KOMBINIERTE KLAMMER

3.2.1.3 Zum Gebrauch des synthetischen und des analytischen Restriktivs

Der synthetisch und der analytisch gebildete restriktive Konjunktiv haben – bei grundsätzlich gleicher Bedeutung – unterschiedliche Gebrauchsbedingungen.

Die Regel des Gebrauchs besagt generell, daß die analytischen Formen des Restriktivs mit hoher Wahrscheinlichkeit dann auftreten, wenn sich die synthetischen Formen des Restriktivs formal nicht von denen des Präteritums unterscheiden oder wenn sie sonstwie ungebräuchlich sind, vor allem in den Gesprächsrollen Hörer/Singular und Hörer/Plural. Diese Regel kann wie folgt spezifiziert werden:

(1) Mit hoher Regelmäßigkeit werden die Formen des analytischen Restriktivs bei den schwachen Verben gewählt, da diese für das (indikativische) Präteritum und den restriktiven Konjunktiv die gleiche Formenreihe haben. Beispiele:

/*er sagte mir, er würde diese Arbeit gerne machen, wenn* .../

/*sie dachte, daß er das wohl nicht sagen würde, wenn nicht* .../

Die synthetischen Restriktivformen *machte* und *sagte* wären in diesen Beispielen von den Präteritumformen nicht zu unterscheiden.

(2) Bei den gebräuchlichsten starken Verben, nämlich den Kopula- und Hilfsverben *bin* und *habe* sowie den Modalverben *kann, muß, brauche (nicht), darf, will, soll, mag (nicht)*, ist dagegen der synthetische Restriktiv viel häufiger als der analytische Restriktiv. Beispiele:

/*wenn ich ein Vöglein wär' und auch zwei Flügel hätt'* .../ (Volkslied)

/*wenn ich immer so könnte, wie ich wollte* .../

Diese Regel gilt auch, wie das letzte Beispiel bei seiner zweiten Verbform zeigt, für die Modalverbformen *wollte, sollte* und *brauchte* (neben *bräuchte*), die im indikativischen Präteritum und im synthetischen Restriktiv gleichlautend sind. Ein Sonderfall ist das Kopula- und Hilfsverb *werde*. Bei ihm ist zu beachten, daß die *würde*-Form selber eine Form des Verbs *werde* ist, und zwar deren synthetischer (!) Restriktiv. Ein analytischer Restriktiv von *werde* erübrigt sich dadurch in den meisten Fällen.

(3) Bei den anderen starken Verben, die in ihren Formen zwischen dem Präteritum und dem synthetischen Restriktiv unterschieden sind, kann man im Prinzip zwischen den synthetischen und den analytischen Formen wählen. Doch fällt die Wahl nur bei den Verben mit hohem Gebrauchswert (etwa: *komme, sitze, stehe, verstehe, liege, gebe, nehme*) einigermaßen häufig zugunsten des synthetischen Restriktivs aus. Bei selteneren Verben wird auch der synthetische Restriktiv seltener gebraucht. Dieser kann aber in allen Fällen dieser Fallgruppe ohne Normrisiko durch den analytischen Restriktiv ersetzt werden. Man kann also zwar sagen:

/ich gäbe mir gewiß alle Mühe mit dieser Besorgung, wenn . . ./

Aber auch in diesem Fall sagt man öfter und selbstverständlicher: *ich würde mir – geben*. Schon die Tatsache, daß eine synthetische Restriktivform im allgemeinen Sprachgebrauch selten vorkommt oder Schwankungen im Umlaut zeigt, ist für die meisten Sprecher Grund genug, den analytischen statt des synthetischen Restriktivs zu wählen, zum Beispiel:

/ich würde dir auf der Stelle fünfhundert Mark bieten, wenn du . . ./ (statt: *ich böte dir*)

/überleg mal, was du gewinnen würdest, wenn . . ./ (statt: *was du gewännest/gewönnest*)

/hast du vielleicht gemeint, daß wir dich betrügen würden?/ (statt: *daß wir dich betrögen*)

(4) Beim Rück-Restriktiv ist hingegen der synthetische Restriktiv die Regel. Er wird ja immer mit Formen der Hilfsverben *habe* oder *bin* gebildet. Deren synthetische Restriktivformen *hätte* und *wäre* sind durch ihren Umlaut *a* > *ä* gut von den rollengleichen Formen des Präteritums unterschieden und haben überdies eine hohe Frequenz im Sprachgebrauch. So besteht kein Grund, auf die komplexen Klammerformen des analytischen Restriktivs auszuweichen, und man sagt demnach geläufig:

/*was hättest du denn an meiner Stelle getan?*/ (statt: *was würdest du – getan haben?*)

/*wärst* (oder: *wärest*) *du denn damit einverstanden gewesen?*/ (statt mit hoher Klammer-Komplexität: *würdest du denn damit einverstanden gewesen sein?*)

3.2.1.4 Die Bedeutung des Restriktivs

Der restriktive Konjunktiv hat in beiden Formenreihen, der synthetischen wie der analytischen, die gleiche Bedeutung: ›eingeschränkte Geltung‹. Diese Bedeutung kann mit dem semantischen Merkmal ⟨EINSCHRÄNKUNG⟩ ausgedrückt werden. Es bleibt beim restriktiven Konjunktiv in der Schwebe, ob eine Prädikation nun gilt (Affirmation: ›ja‹) oder nicht gilt (Negation: ›nicht‹). Wie eng oder wie weit dabei die Geltungsbeschränkung ausgedehnt ist, hängt vom Kontext ab.

Das wird an dem nachfolgenden Textabschnitt deutlich, der einem Brief des Dichters Heinrich von Kleist an seine Braut Wilhelmine von Zenge entnommen ist. Die Formen des restriktiven Konjunktivs sind unterstrichen und fortlaufend durchnumeriert:

TEXT:

Mein Plan in diesem Falle wäre (1) *dieser. Wir hielten* (2) *uns irgendwo in Frankreich auf, etwa in dem südlichen Teile, in der französischen Schweiz, in dem schönsten Erdstriche von Europa – und zwar aus diesem Grunde, um Unterricht dort in der deutschen Sprache zu geben. Du weißt, wie überhäuft mit Stunden hier bei uns die Emigrierten sind; das möchte* (3) *in Frankreich noch mehr der Fall sein, weil es da weniger Deutsche gibt und doch von der Akademie und von allen französischen Gelehrten unaufhörlich die Erlernung der deutschen Sprache anempfohlen wird, weil man wohl einsieht, daß jetzt von keinem Volke*

TEXTGRAMMATISCHER KOMMENTAR:

(1) *wäre dieser*: Kleist bespricht hier mit seiner Braut gemeinsame Zukunftspläne, deren Geltung für die Wirklichkeit sehr unsicher ist. (Sie sind auch nicht verwirklicht worden.) Der Vorbehalt, den Kleist selber hegt, wird durchgehend mit Formen des restriktiven Konjunktivs ausgedrückt. Hier in dieser ersten Form handelt es sich um das Kopulaverb *bin*, das den Restriktiv fast immer synthetisch bildet.
(2) *wir hielten uns – auf*: Die Form *hielten* ist als Form des synthetischen Restriktivs nicht von der entsprechenden Präteritumform des Verbs *halte* unterschieden. Daß der Briefschreiber sie den-

der Erde mehr zu lernen ist als von den Deutschen. Dieser Aufenthalt in Frankreich wäre (4) mir aus drei Gründen lieb. Erstlich, weil es mir in dieser Entfernung leicht werden würde (5), ganz nach meiner Neigung zu leben, ohne die Ratschläge guter Freunde zu hören, die mich, und was ich eigentlich begehre, ganz und gar nicht verstehen; zweitens, weil ich so ein paar Jahre lang ganz unbekannt leben könnte (6) und ganz vergessen werden würde (7), welches ich recht eigentlich wünsche; und drittens, welches der Hauptgrund ist, weil ich mir da recht die französische Sprache aneignen könnte (8) . . .[1]

noch ohne Gefahr eines Mißverständnisses setzen kann, hängt damit zusammen, daß im unmittelbar voraufgehenden Kontext mit der Form *wäre* die restriktive Geltungsweise klar bezeichnet worden ist, wobei das Demonstrativ-Pronomen *dieser* in der Endstellung deutlich die Weiterwirkung des Restriktivs signalisiert. Dennoch würde der heutige Sprachgebrauch hier eher auf den analytischen Restriktiv ausweichen und also die Form *würden uns – aufhalten* gebrauchen.

(3) *möchte – sein*: Durch die Versetzung des (modal) vermutenden Ausdrucks *das mag der Fall sein* in den synthetischen Restriktiv mit *möchte* wird die Unsicherheit der Geltung noch stärker betont. In der heutigen Sprache würde man allerdings eher sagen: *das dürfte der Fall sein,* weil sich die Form *möchte* in der neueren Sprachentwicklung stärker auf die Wunschbedeutung spezialisiert hat.

(4) *wäre mir – lieb*: Wieder eine synthetische Form des Restriktivs. Die eingeschränkte Geltung all dieser Überlegungen wird durchgehalten: der zukünftige Frankreich-Aufenthalt bleibt zwischen Ja und Nein in der Schwebe.

(5) *weil es – leicht werden würde*: Hier steht, alternierend mit den bisher besprochenen Formen des synthetischen Restriktivs, eine Form des analytischen Restriktivs. Das bringt eine Mehrfach-Kombination der Klammerformen und eine entsprechende Komplexität des Nachverbs mit sich. Kombiniert werden: 1) eine Adjunktklammer mit *weil* (dominant), 2) eine Kopulaklammer und 3) die Konjunktivklammer des analytischen Restriktivs. Ein Ausweichen vor dem Komplexitätsproblem durch Rückgriff auf den synthetischen Restriktiv *leicht würde* könnte die Komplexität hier um eine Stufe vermindern.

(6) *unbekannt leben könnte*: Bei dem Modalverb *kann* wird die synthetische Form des Restriktivs geläufig gebildet, da sie von der Präteritumform *konnte* durch den Umlaut deutlich unterschieden ist. Das Modalverb *kann* wird überhaupt gerne in den Restriktiv gesetzt.

1) Heinrich von Kleist: Brief an Wilhelmine von Zenge vom 13. 11. 1800, in: *Sämtliche Werke und Briefe,* hg. von Helmut Sembdner, Bd. II, München ²1961, S. 602 f.

(7) *vergessen werden würde*: Für die Form dieses analytischen Restriktivs gilt ähnliches wie für (5). Das Passiv *werde – vergessen* ist ein Vorgangs-Passiv. Man bildet es folglich mit dem Hilfsverb *werde*. Dadurch daß der Autor neben dem *werde*-Passiv den mit *würde* gebildeten analytischen Restriktiv zur Bezeichnung der eingeschränkten Geltung gebraucht (was die moderne Umgangssprache nicht um jeden Preis tun würde), ergibt sich eine hohe Komplexität des Nachverbs in der Mehrfach-Kombination dreier Klammern: Adjunktklammer mit *weil* (dominant), eine Passivklammer mit *werde* und die Konjunktivklammer des analytischen Restriktivs mit *würde*.
(8) *aneignen könnte*: Gleiche Überlegung wie zu (6). Da sich bei dem Modalverb *kann* ohne weiteres ein synthetischer Restriktiv bilden läßt, treffen jetzt nur drei (und nicht vier!) Klammern zusammen: 1) die Adjunktklammer mit *weil* (dominant), 2) die Modalklammer mit *kann* und 3) die Lexikalklammer (*eigne – an*).

Da alle Prädikationen, insofern sie die Geltung einer Feststellung behaupten, mit dem Risiko behaftet sind, daß der Sprecher gegebenenfalls für sie mit Argumenten geradezustehen hat, ist es in vielen Sprachspielen angebracht, den Geltungsanspruch von vornherein einzuschränken – aus Vorsicht, Diskretion, Höflichkeit, Schüchternheit oder aus welchen Gründen auch immer. Daher findet man den restriktiven Konjunktiv auch insbesondere in den folgenden grammatisch-lexikalischen Bereichen:

(1) Modalitäten

Die Modalitäten, wie sie primär in den Modalverben ihren Ausdruck finden, flexibilisieren die Prädikationen (vgl. 3.5). Die Modalverben verbinden sich zu diesem Zweck gerne mit dem restriktiven Konjunktiv, wie der Kleist-Text schon an einigen Stellen gezeigt hat. Weitere Beispiele, bei denen auch das Mitwirken von Modalpartikeln beobachtet werden kann:

/ich möchte wohl (ein-)mal mit einem Drachensegler fliegen/

/da müßten Sie aber schwindelfrei sein/

/vielleicht sollte ich schon (ein-)mal mit einem Ballon üben/

/das dürfte wohl auch ziemlich schwierig sein/

(2) Wünsche

Die Einschränkung, mit der die Geltung einer Feststellung versehen wird, kann sich als Wunsch (auch als »Negativwunsch«: Befürchtung) manifestieren. Denn Wünsche stellen noch nicht fest. Oft stehen ihrer Verwirklichung mehr oder weniger starke Hindernisse entgegen, die eben mit dem Wunsch weggewünscht werden. Solange das noch nicht geschehen ist, unterscheidet sich das Gewünschte von dem Verwirklichten durch seine eingeschränkte Geltung. Es gilt nur im Wunschrahmen, der seine Geltung »konditioniert«. Daher werden Wünsche prototypisch durch das Zusammenspiel dreier Signale zum Ausdruck gebracht:

- ▶ Restriktiver Konjunktiv: eingeschränkte Geltung der Feststellung,

- ▶ Konditionale Konjunktion *wenn*: ein explizit als Adjunkt formulierter Bedingungsrahmen,

- ▶ Partikel *doch*: als Affirmation einer vorab bestehenden Negation »widersprechend« entgegengesetzt. Statt *doch* können auch die Partikeln *nur* oder *bloß* eintreten, zumal bei negativen Wünschen.

So sind die folgenden Beispiele zu verstehen:

/*wenn sich doch Hänsel und Gretel aus der Gewalt der Hexe befreien könnten!*/

/*wenn doch alle Hexen so leicht zu besiegen wären!*/

Von anderen Junktionen mit der konditionalen Konjunktion *wenn* unterscheiden sich Wunsch-Junktionen mit dieser Konjunktion dadurch, daß die Basis (der »Hauptsatz«) unausgesprochen bleibt. Sie wird nur vertreten durch die negative Präsupposition, die in der Partikel *doch* (oder auch: *bloß, nur*) enthalten ist. So erklärt sich auch die Obligatorik dieses Partikelsignals: der Wunsch geht gegen eine widerständige Wirklichkeit an, ohne diese jedoch durch das bloße Wünschen ändern zu können.

So wie eine konditionale Junktion außer durch die Konjunktion *wenn* auch durch Spitzenstellung des Verbs ausgedrückt werden kann (*hilfst du mir, so helfe ich dir* – vgl. 7.3.5), so lassen sich auch Wünsche in dieser Weise formulieren, sofern andere Signale, namentlich der restriktive Konjunktiv und die Widerspruchs-Partikel *doch*, an dem Wunsch mitwirken. Dafür einige weitere Beispiele:

/hätte ich doch bloß ein Horoskop zur Verfügung!/

/wäre doch die Realität nicht immer so langweilig!/

/gäbe es doch mehr Menschen, die sich ihren Kinderglauben bewahrt haben!/

/würde doch eine gute Fee an mein Fenster klopfen und mit freundlicher Stimme sagen: . . .!/

Vorzugsweise werden Wünsche von solchen Verben gebildet, die einen phonetisch-orthographisch erkennbaren synthetischen Restriktiv bilden können; das letzte Beispiel der Reihe zeigt jedoch, daß die Wunschform auch mit dem analytischen Restriktiv möglich ist, wenn das Verb (hier das schwache Verb *klopfe*) keine Form des Restriktivs hat, die sich vom Präteritum unterscheidet.

Der Wunsch, der hier gegen erwartbare Hindernisse und Widerstände (Partikel *doch*!) formuliert wird, erstreckt sich aus der widerständigen Gegenwart in eine bessere Zukunft hinein, deshalb wird auch der Gegensatz zwischen einer neutralen Perspektive und einer vorausschauenden Perspektive im Restriktiv des Wunsches nicht ausgedrückt. Die Rück-Perspektive ist hingegen mit der eingeschränkten Geltung des restriktiven Konjunktivs vereinbar, drückt dann allerdings die Vergeblichkeit des Wunsches aus:

/wenn doch die Kinder nicht alleine in den Wald gegangen wären!/

/wenn das Wünschen doch auch uns geholfen hätte!/

/hätte ich nur nicht meinen Kinderglauben verloren!/

Das komplexe Nachverb der ersten beiden Beispiele ist ein Rück-Restriktiv.

(3) Bedingungsgefüge (Konditional-Junktion)

Ein Bedingungsgefüge nennt eine Bedingung und knüpft daran eine Folge. Die Verknüpfung hat die Form einer satzförmigen Junktion und wird prototypisch durch eine konditionale Konjunktion (meistens *wenn*) zustande gebracht. Wir drücken die Bedingung mit dem semantischen Merkmal ⟨RAHMEN⟩ aus (vgl. 7.3.5). In diesem Rahmen kann die Wenn-dann-Beziehung eines Bedingungsgefüges ohne weiteres Geltung beanspruchen. Dann drückt man sowohl die Bedingung als auch die Folge mit den indikativischen Tempora aus, die dafür nach Lage der Dinge in

Betracht kommen. Das können ebensowohl Tempora der besprochenen als auch der erzählten Welt sein. Beispiele:

/wenn du willst, nehme ich dich mit in die Stadt/

/(immer) wenn ich es wollte, nahm sie mich mit in die Stadt/

Sehr häufig ist nun aber ein Sprachspiel so beschaffen, daß der Rahmen eines Bedingungsgefüges gar nicht real gegeben, sondern nur angenommen (gewünscht, befürchtet, angedroht . . .) ist, so daß auch das Eintreten der Folge nicht gesichert ist. Um das auszudrücken, setzt man sowohl in der Bedingung als auch in der Folge einer Konditional-Junktion das Verb in den restriktiven Konjunktiv. Man drückt damit die eingeschränkte Geltung aus, die einer irrealen (»abwegigen«) Bedingung zukommt. Im Gegensatz dazu nennt man alle anderen Arten des Bedingungsgefüges, die eine »annehmbare Bedingung« ausdrücken, ein reales Bedingungsgefüge. Zur Unterscheidung:

REALE BEDINGUNG	IRREALE BEDINGUNG
/wenn ich einmal groß bin, kaufe ich mir eine Eisenbahn/	*/wenn ich schon groß wäre, würde ich mir eine Eisenbahn kaufen/*
/wenn du immer artig bist, kriegst du von mir einen schönen Malkasten/	*/wenn du immer artig wärst (wärest), würdest du von mir einen schönen Malkasten kriegen/*
/wenn du willst, kannst du ja ganz lieb sein/	*/wenn du nur wolltest, könntest du ja ganz lieb sein/*

Es ist zwar in allen Beispielen, sowohl in denen der linken als auch in denen der rechten Spalte, fraglich, ob dieses Kind dem Verlangen der Eltern nachkommt. Aber dennoch zeigt sich schon in den Bedingungen ein merklicher Unterschied. In den Beispielen der linken Spalte erscheint der Bedingungsrahmen jeweils als durchaus annehmbar und die Geltungsweise in diesem Sinne als real, so daß man auch ohne weiteres mit den angegebenen Folgen rechnen kann. Aus diesem Grunde sind bei den Verben der linken Beispiele jeweils uneingeschränkt geltende indikativische Tempusformen gesetzt. In den Beispielen der rechten Spalte hingegen erscheinen die gleichen Bedingungen als abwegig und in ihrer Geltungsweise irreal, so daß auch die daran geknüpften Folgen wahrscheinlich nicht eintreten werden. Dieser Unterschied ist dadurch zustandegekommen, daß an Stelle der vorher gebrauchten Tempusformen nun Formen des restriktiven Konjunktivs gesetzt sind, mit denen die Geltung des ganzen Bedingungsgefüges eingeschränkt wird. Der sogenannte »Modus der Irrealität« (oder »Irrealis«) ist also ein Sonderfall der mit dem restriktiven Konjunktiv immer verbundenen eingeschränkten Geltung im kontextuellen Rahmen eines Bedingungsgefüges.

Ein Bedingungsgefüge (konditionale Junktion) kann auch ohne konditionale Konjunktion auskommen und drückt dann die Bedingung nur dadurch aus, daß das konditionale Adjunkt mit Spitzenstellung des Verbs (im restriktiven Konjunktiv) der Basis (ebenfalls im Restriktiv) vorangestellt wird. Ein irreales Bedingungsgefüge lautet dann wie folgt:

/*hätten wir auf dieser Straße eine Geschwindigkeitsbegrenzung, (dann) würden nicht so viele Unfälle passieren*/

/*wäre die Fahrbahn nicht naß gewesen, hätten die Bremsen vielleicht gegriffen*/

Ebenso wie nach der konditionalen Konjunktion *wenn,* so steht auch nach der konzessiven Konjunktion *wenn auch* der restriktive Konjunktiv. Selbst ein (integriertes) *auch* allein kann bei Spitzenstellung des Verbs im Verein mit dem Restriktiv eine Konzessivität ausdrücken:

/*wenn ich auch wüßte, daß morgen die Welt unterginge, würde ich doch heute noch einen Baum pflanzen*/ (frei nach Luther)

/*und würden die Stürme auch toben, ich ließe mich dadurch nicht beirren*/

Da nun im irrealen Bedingungsgefüge, das ja als Junktion aus zwei Junktionsgliedern besteht, immer auch zwei Formen des restriktiven Konjunktivs vorkommen, die als Bedingung und Folge aufeinander bezogen sind, können hier öfter als in anderen Kontexten auch diejenigen synthetischen Formen des restriktiven Konjunktivs auftreten, beispielsweise die Restriktivformen der »schwachen Verben«, die formal sonst nicht vom Präteritum unterschieden sind. Diese Formen findet man jedoch weit eher im Adjunkt (nach *wenn*) als in der Basis. Beispiele:

/*wenn sie mich fragte, gäbe ich ihr zur Antwort* (oder: *würde ich ihr zur Antwort geben*): . . ./

/*wenn ich ihr antwortete, wüßte sie sofort* (oder: *würde sie sofort wissen*), *daß* . . ./

Die eindeutigen Konjunktivformen in der Basis (*gäbe, wüßte* oder *würde – geben, würde – wissen*) lassen hier in Verbindung mit der konditionalen Konjunktion *wenn* keinen Zweifel daran, daß auch die Verbformen im *wenn*-Adjunkt (*fragte, antwortete*), obwohl sie formal nicht von den Präteritumformen dieser Verben unterschieden sind, als Formen des restriktiven Konjunktivs aufzufassen sind.

Da sich dies gerade in Bedingungsgefügen mit *wenn* so verhält, ist der analytische Restriktiv nach *wenn* in vielen Fällen entbehrlich, auch wo er sonst um der Deutlichkeit willen angebracht wäre. Für ein sehr normenstrenges Sprachbewußtsein gilt *würde* nach *wenn* sogar als »würdelos« - was in dieser Grammatik aber nicht zur Norm erhoben werden soll.

(4) Fiktive Vergleiche

Vergleiche, die mit einem Fiktions-Signal versehen sind und damit ausdrücklich die Geltung einschränken (*als ob, als wenn, als* - vgl. 7.5.1.2), stehen ebenfalls regelmäßig mit dem restriktiven Konjunktiv. Die Vergleichs-Konjunktionen *als ob* und *als wenn* versetzen das konjunktivische Verb in die Endstellung des Adjunkts, während *als* alleine mit dem restriktiven (bisweilen auch dem indirektiven) Konjunktiv die Verbform unmittelbar anschließen läßt. Auch hier findet man vorwiegend den synthetischen Restriktiv, wo er irgend möglich ist, doch ist der analytische Restriktiv durchaus auch möglich. Beispiele:

/*sie tat so, als ob sie mit der ganzen Angelegenheit nichts zu tun hätte*/

/*er gab sich, als ginge ihn die ganze Sache nichts an*/

/*ihr spielt eure Familienrollen, als wenn ihr noch im Biedermeier leben würdet*/

Auch andere Formen des Vergleichs können durch den Gebrauch des restriktiven Konjunktivs unterstreichen, daß sich eine Sache sehr weit von einer bis dahin geltenden Meinung oder Vorstellung entfernt hat:

/*das ist so unglaublich, daß kein anderer auf den Gedanken käme*/

/*sie setzt mehr Ideen in die Tat um, als mir überhaupt einfallen würden*/

Das betrifft in ähnlicher Weise den Vergleich in der Exzessiv-Stufe (vgl. 5.3), der durch den Restriktiv eine Abweichung von der geltenden Norm als abwegig kennzeichnet:

/*das ist einfach viel zu verrückt, als daß ich daran glauben könnte*/

/*die Lösung mancher Probleme ist zu einfach, als daß man sofort darauf käme*/

Ähnlich gelagert sind Fälle, in denen aus der Sicht einer Person die mögliche Handlungsweise einer anderen Person dargestellt wird:

/ich (an deiner Stelle) würde lieber gleich die Wahrheit sagen/

/sie hätte bestimmt nicht so gehandelt, wie er es getan hat/

In der Kindersprache tritt der restriktive Konjunktiv sogar als reines Fiktionssignal auf, zum Beispiel:

/wir spielen jetzt Vater und Mutter, und ich wär' mal die Mutter, und du wärst mal der Vater .../

Dies ist zugleich die Art, wie Kinder den Gebrauch des Restriktivs im Rollenspiel lernen.

(5) Negationsinhalte

Junktionen mit der Inhalts-Konjunktion *daß*, die eine Negation in der Basis haben, nennen gleichwohl im Adjunkt noch den Inhalt, von dem schon im vorhinein festgestellt ist, daß er nicht gelten soll. Diese leichte Paradoxie wird dadurch unterstrichen, daß man in der Regel das Verb eines solchen *daß*-Adjunkts in den restriktiven Konjunktiv versetzt. Die ›eingeschränkte Geltung‹ besteht darin, daß noch einmal (positiv) ausgesprochen wird, was gleichwohl (negativ) nicht gelten soll. In diesem Fall ist der Restriktiv nicht obligatorisch; er wird in der Umgangssprache oft eingespart. Beispiele:

/ich behaupte nicht etwa, daß ich auf diese neue Aufgabe besonders versessen wäre/ (oder: *versessen bin*)

/ich bin keineswegs der Ansicht, daß ich meine Lage dadurch verbessern würde/ (oder: *verbessere*)

/nicht daß man mich für ehrgeizig hielte!/ (oder: *hält*)

So verbinden sich auch die Adverbien *fast* und *beinahe*, die zwischen Affirmation und Negation stehen und schon von sich aus eine Einschränkung der (faktischen) Geltung signalisieren, gerne mit dem restriktiven Konjunktiv. Auf diese Weise wird die eingeschränkte Geltung doppelt, also mit Redundanz ausgedrückt. Diese Redundanz ist jedoch nicht obligatorisch. Beispiele:

/*jetzt wäre* (oder: *bin*) *ich doch beinahe über meine eigenen Füße gestolpert!*/

/*da hätte* (oder: *habe*) *ich ja fast mein eigenes Unglück verschuldet!*/

(6) Diskretion und Höflichkeit

Mit seiner eingeschränkten Geltung ist der restriktive Konjunktiv auch ein wichtiges Signal diskreten Verhaltens und steht häufig im Dienste der Höflichkeit. Diskret und höflich ist ein Verhalten dann, wenn man dem Gesprächspartner nicht zu nahe tritt und ihn in seinem Handlungsraum nicht zu sehr einengt. Der andere fühlt sich wahrscheinlich wohler, wenn ihm ein gewisser Spielraum des Handelns bleibt. Dieses Ziel erreicht ein Sprecher am leichtesten, wenn er dem, was er sagt, ein Signal beigibt, das die Geltung des Gesagten einschränkt. Es kann natürlich auch sein, daß jemand von seiner Veranlagung her zaghaft und schüchtern ist, so daß es seiner Natur entspricht, seine Äußerungen mit Signalen eingeschränkter Geltung zu versetzen. Das wird man im Einzelfall dem Kontext entnehmen und an der begleitenden Gestik und Mimik ablesen können. Wir befinden uns hier im Reich der Nuancen, in dem viele Zeichen zusammenwirken. Beispiele:

/*hätten Sie wohl einen Augenblick Zeit für mich?*/

/*würden Sie mir wohl einen Gefallen tun?*/

/*wäre es Ihnen wohl möglich, diesen Brief für mich in den Briefkasten zu werfen?*/

Dabei spielen auch wieder die Modalverben eine wichtige Rolle, die das höfliche Verhalten noch weiter abfedern, zum Beispiel:

/*dürfte ich Sie einmal um die Uhrzeit bitten?*/

/*könnten Sie mir wohl (ein-)mal erklären, wie dieser Fahrkartenautomat funktioniert?*/

Gemeinsam haben alle diese Formen der höflichen Rede, daß der Sprecher sein Ansinnen mit eingeschränkter Geltung vorträgt, um seinen Gesprächspartner durch das Begehren so wenig wie möglich einzuengen und ihm die Freiheit zu lassen, nein zu sagen – was dieser jedoch, da er ebenfalls höflich ist, in der Regel nicht tun wird.

(7) Indirekte Rede

Die indirekte Rede benutzt normgerecht eine spezifische Form des Konjunktivs, den indirektiven Konjunktiv oder Indirektiv (vgl. 3.2.2). Da aber das Paradigma des Indirektivs unvollständig (»defektiv«) ist, muß der Restriktiv in vielen Fällen des Sprachgebrauchs suppletiv in die Funktion des Indirektivs eintreten und die eingeschränkte Geltung des Referierten unspezifisch zum Ausdruck bringen. In der Umgangssprache ist der Gebrauch des Restriktivs zur Kennzeichnung der indirekten Rede über diese Suppletionen hinaus weit verbreitet und fast als einzige Konjunktivform üblich. Beispiele:

/*im Rundfunk wurde soeben gemeldet, es wäre mit Smog-Alarm zu rechnen*/

/*wer hat denn eigentlich behauptet, das Fahrrad hätte im Großstadtverkehr keine Chance?*/

In beiden Fällen gibt es Formen des indirektiven Konjunktivs, die hier eintreten könnten und nach den Normen des guten Sprachgebrauchs auch eintreten müßten (*sei, habe*), aber es ist im Alltag nicht zu überhören, daß die meisten Sprecher auch in einem solchen Fall dem Restriktiv den Vorzug geben. Weiteres zur indirekten Rede steht im nächsten Abschnitt (vgl. 3.2.2) und im 8. Kapitel (vgl. 8.4.2.3).

3.2.2 Der indirektive Konjunktiv (Indirektiv)

Der indirektive Konjunktiv oder Indirektiv teilt mit dem restriktiven Konjunktiv oder Restriktiv die grundsätzliche Einstellung zur Geltungsweise, bringt jedoch die ›eingeschränkte Geltung‹ spezifischer zum Ausdruck als dieser. Zum Ausgleich ist sein Gebrauch wesentlich stärker begrenzt, auch aus formalen Gründen. In seinem Formenbestand ähnelt der Indirektiv dem synthetischen Restriktiv, eine damit konkurrierende analytisch gebildete Formenreihe gibt es nicht (3.2.2.1). Die Bedeutung des Indirektivs wird mit den beiden semantischen Merkmalen ⟨EINSCHRÄNKUNG⟩ und ⟨REFERENZ⟩ angegeben (3.2.2.2).

3.2.2.1 Die Konjugationsformen des Indirektivs

Der indirektive Konjunktiv oder Indirektiv (»Konjunktiv I«) hat einen wesentlich begrenzteren Formenbestand als der Restriktiv. Bei der Mehrzahl der Verben wird der Indirektiv nur im Singular der Referenzrolle gebraucht, weil er sich nur in dieser Form von der rollengleichen Präsensform unterscheidet, an die er sich sonst formal anlehnt. Das gilt sowohl für schwache als auch für starke Verben. Zum Beispiel:

INDIREKTIV	PRÄSENS
er/sie/es rede	*er/sie/es redet*
er/sie/es schweige	*er/sie/es schweigt*

Die Beispiele zeigen, daß sich der Indirektiv einerseits formal an das Präsens anlehnt und sich andererseits von dessen konsonantischem Flexiv *-t* durch sein vokalisches Flexiv *-e* [-ə] unterscheidet, das auch eine eventuelle »Auslautverhärtung« verhindert. Bei den starken Verben mit den Umlauten *e* > *i* (»Hebung«) und *a* > *ä* im Präsens kommt noch eine vokalische Differenzierung hinzu:

INDIREKTIV	PRÄSENS
er/sie/es werde	*er/sie/es wird*
er/sie/es gebe	*er/sie/es gibt*
er/sie/es nehme	*er/sie/es nimmt*
er/sie/es halte	*er/sie/es hält*
er/sie/es falle	*er/sie/es fällt*

Bei dem Verb *werde* erstreckt sich die Differenzierung auch noch auf den – selten gebrauchten – Hörer/Singular: *du werdest* (Indirektiv) vs. *du wirst* (Präsens).

Eine vokalische Differenzierung zeigt ferner das Verb *weiß*; sie erstreckt sich außer auf den Referenten auch auf den Sprecher im Singular:

INDIREKTIV	PRÄSENS
ich wisse	*ich weiß*
er/sie/es wisse	*er/sie/es weiß*

Selten gebraucht werden die Formen der Hörerrolle *du wissest* und *ihr wisset*.

Bei dem Verb *habe* (auch als Hilfsverb) tritt eine konsonantische Kennzeichnung verdeutlichend hinzu, so daß eine Differenzierung vom indikativischen Präsens in drei Formen möglich ist, wobei allerdings die eingeklammerten Formen selten gebraucht werden:

INDIREKTIV	PRÄSENS
(du habest)	*du hast*
er/sie/es habe	*er/sie/es hat*
(ihr habet)	*ihr habt*

Eine noch vollständigere Kennzeichnung des Indirektivs im Vergleich zum Präsens zeigt das Kopula- und Hilfsverb *bin*. Bei ihm erfaßt die Differenzierung alle Gesprächsrollen des Paradigmas:

GESPRÄCHSROLLEN / EINSTELLUNGEN		INDIREKTIV	PRÄSENS
SINGULAR	SPRECHER	*ich sei*	*ich bin*
	HÖRER	*du seist (seiest)*	*du bist*
	REFERENZROLLE	*er/sie/es sei*	*er/sie/es ist*
PLURAL	SPRECHER	*wir seien*	*wir sind*
	HÖRER	*ihr seiet*	*ihr seid*
	REFERENZROLLE	*sie seien*	*sie sind*

Die Differenzierung ist deshalb so vollständig, weil die Formen des Indirektivs bei dem Verb *bin* teilweise von einem anderen Verbstamm genommen sind als die Präsensformen.

Eine weitgehende Kennzeichnung der Formen des Indirektivs, unterschieden von denen des Präsens, zeigen auch die Modalverben, wie in einem späteren Abschnitt genauer beschrieben wird (vgl. 3.5).

Außer dem bisher besprochenen Indirektiv mit neutraler Tempus-Perspektive gibt es auch Indirektivformen mit der Rück-Perspektive (Rück-Indirektiv) und – anders als beim Restriktiv – auch mit der Voraus-Perspektive (Voraus-Indirektiv). Der Rück-Indirektiv lehnt sich formal an das Perfekt, der Voraus-Indirektiv an das Futur an. Von diesen indikativischen Tempora unterscheiden sich die entsprechenden Indirektive formal im gleichen Maße, wie die zu ihrer Bildung gebrauchten Hilfsverben *habe, bin* und *werde* von den entsprechenden Perfekt- und Futurformen lautlich verschieden sind. Das ist bei *habe* und *werde* nur in einigen Gesprächsrollen, bei *bin* in allen Gesprächsrollen der Fall:

/*er sagte, man* — *habe die Sache schon geregelt*/
/*er sagte, man* — *sei schon übereingekommen*/
/*er sagte, man* — *werde noch darauf zurückkommen*/

Die beiden ersten Konjunktivverwendungen zeigen einen Rück-Indirektiv, die letzte einen Voraus-Indirektiv.

Von den perspektivischen Formen des Indirektivs kann man folglich einen reichlicheren Gebrauch machen als von denen mit neutraler Tempus-Perspektive.

3.2.2.2 Die Bedeutung des Indirektivs

In seiner Bedeutung ist der Indirektiv mit dem Restriktiv verwandt, da er mit ihm die Bedeutung teilt, eine Feststellung in ihrer Geltung einzuschränken, und zwar auf einen bestimmten Geltungsrahmen hin. Beide Konjunktive haben daher das semantische Merkmal ⟨EINSCHRÄNKUNG⟩ gemeinsam.

Beim Indirektiv kommt nun noch das zusätzliche semantische Merkmal ⟨REFERENZ⟩ hinzu, das den Geltungsbereich von einer Referenz abhängig macht. Das geschieht am deutlichsten in der indirekten Rede, von der auch der Name des Indirektivs genommen ist. Heutzutage dient der Indirektiv in der deutschen Sprache fast nur (noch) zur Kennzeichnung der indirekten Rede. Zwar kann sich die indirekte Rede immer auch des – weniger spezifischen – Restriktivs bedienen, da auch ohne Beteiligung des Indirektivs mit seinem spezifischen ›Referenz‹-Merkmal gewöhnlich schon durch den Kontext oder die Situation klar wird, daß es sich um eine referierte Mitteilung »aus zweiter Hand« handelt. Die Sprachnorm hinsichtlich der indirekten Rede besagt jedoch in ihrer strengsten Fassung, daß man zum Ausdruck der indirekten Rede immer dann den indirekten Konjunktiv benutzen *soll,* wenn dieser über eigene Formen verfügt, die von den entsprechenden Formen des Präsens hörbar unterschieden sind. In allen anderen Fällen tritt suppletiv der (weniger spezifische) restriktive Konjunktiv ein (vgl. 3.2.1). Diese strenge Regel wird von normbewußten Sprechern der deutschen Sprache auch tatsächlich mehr oder weniger befolgt, vorzugsweise jedoch in schriftlichen Texten und in einem anspruchsvollen Stilregister.

Solche Texte findet man vor allem in der Literatur. Das zeigt sich beispielsweise an einem Textabschnitt aus der Autobiographie »Die Fackel im Ohr« von Elias Canetti. Es ist die Rede von der Fama, die dem Wiener Sprach- und Kulturkritiker Karl Kraus vorauseilt. Der ganze Abschnitt ist in indirekter Rede abgefaßt. Die Formen des Indirektivs sind mit einer durchgehenden Linie, drei Formen des Restriktivs mit einer unterbrochenen Linie unterstrichen.

TEXT:

Der Name aber, den ich bei den Asriels am häufigsten hörte, war der von Karl Kraus. Das sei der strengste und größte Mann, der heute in Wien lebe. Vor seinen Augen finde niemand Gnade. In seinen Vorlesungen greife er alles an, was schlecht und verdorben sei. Er gebe eine Zeitschrift heraus, die er ganz allein schreibe. Alle Zusendungen seien unerwünscht, von niemandem nehme er einen Beitrag an, auf Briefe gebe er keine Antwort. Jedes Wort, jede Silbe in der ›Fackel‹ sei von ihm selbst. Darin gehe es zu wie vor Gericht. Er selber klage an und er selber richte. Verteidiger gäbe es keinen, das sei überflüssig, er sei so gerecht, daß niemand angeklagt werde, der es nicht verdiene. Er irre sich nie, er könne sich gar nicht irren. Alles was er vorbringe, stimme haargenau, eine solche Genauigkeit habe es in der Literatur noch nie gegeben. Um jedes Komma kümmere er sich persönlich, und wer einen Druckfehler in der ›Fackel‹ finden wolle, der könne sich wochenlang plagen. Das klügste sei, man suche gar nicht danach. Er hasse

TEXTGRAMMATISCHER KOMMENTAR:

Der nebenstehende Textabschnitt hat erzählenden Charakter. Die erzählenden Tempusformen des Präteritums bilden daher auch seinen Rahmen, einleitend (*hörte, war*) wie ausleitend (*trug*). Durch diese Verbformen wird das ganze übrige Textstück als indirekte Rede gekennzeichnet (vgl. 8.4.2.3). Der Hörer oder Leser kann also wissen, daß der Autor hier Gehörtes referiert. Und das Referierte gilt nur, insofern die Ohrenzeugen, auf die sich der Autor beruft, verläßlich sind. Das ist der Geltungsrahmen des Textabschnitts.
Die 50 Konjunktivformen des Textes lassen den Rezipienten über die Mitteilungsform der indirekten Rede nicht im unklaren. Es sind 47 Formen des Indirektivs und drei Formen des Restriktivs, zwei davon mit Neutral-Perspektive (*gäbe, stünden*) und eine mit Rück-Perspektive (*gehalten hätten*). Daß dem Autor aus dem beschränkten Paradigma des Indirektivs überhaupt soviele Formen anscheinend mühelos zur Verfügung stehen, hängt damit zusammen, daß der

den Krieg und während des Weltkriegs sei es ihm gelungen, trotz der Zensur vieles in der ›Fackel‹ zu drukken, das gegen den Krieg war. Er habe Übelstände aufgedeckt, Korruptionen bekämpft, über die alle anderen den Mund gehalten hätten. Daß er nicht im Gefängnis gelandet sei, sei ein Wunder. Es gebe ein 800 Seiten langes Drama von ihm, ›Die letzten Tage der Menschheit‹, worin alles vorkomme, was im Krieg passiert sei. Wenn er daraus vorlese, sei man wie erschlagen. Da rühre sich nichts im Saal, man getraue sich kaum zu atmen. Alle Rollen lese er selbst, Schieber und Generale, die Schalek wie die armen Teufel, die die Opfer des Krieges seien, alle höre man von ihm so echt, als stünden die Leute vor einem. Wer ihn gehört habe, der wolle nie mehr ins Theater gehen, das Theater sei langweilig verglichen mit ihm, er allein sei ein ganzes Theater, aber besser, und dieses Weltwunder, dieses Ungeheuer, dieses Genie trug den höchst gewöhnlichen Namen Karl Kraus.[1]

Autor von einer einzigen Person spricht und somit durchgehend vom Singular der Referenzrolle Gebrauch machen kann. Das ist zugleich diejenige Gesprächsrolle, die zwischen dem Indirektiv und dem Präsens die beste Unterscheidung erlaubt. Das sei hier nur für die ersten zehn Formen des Indirektivs in der Opposition zum Präsens dargestellt. Die rollengleichen Oppositionen lauten: *sei/ist, lebe/lebt, finde/findet, greife – an/greift – an, sei/ist, gebe – heraus/gibt – heraus, schreibe/schreibt, seien/sind, nehme – an/nimmt – an, gebe/gibt.* Von den 47 Formen des Indirektivs stehen, wie auch schon neun dieser zehn ersten Vorkommen zeigen, nicht weniger als 45 in der »bequemen« Referenzrolle/Singular.

Nur zwei Formen haben die Referenzrolle im Plural. Es ist zweimal die Form *seien,* die als Form des Kopulaverbs *bin* einem Paradigma angehört, das nicht nur im Singular der Referenzrolle, sondern in seiner ganzen Formenreihe nach Indirektiv und Präsens differenziert ist.

Interessant sind in diesem Kontext auch die drei Formen des Restriktivs. Die erste Form *gäbe* steht an einer Stelle, wo nach der Norm der Indirektiv *gebe* stehen sollte. Von der »richtigen« Form *gebe* ist *gäbe* nach der standarddeutschen Aussprachenorm (die in Norddeutschland allerdings wenig befolgt wird) durch seinen offenen *e*-Vokal [ɛ:] und durch die Umlautschreibung differenziert. Unter diesen Umständen ist damit zu rechen, daß hier entweder der Autor oder der Setzer von der Form *gebe* in die eigentlich nicht normgerechte Nebenform *gäbe* »abgerutscht« ist. Die beiden anderen Formen des Restriktivs sind Pluralformen: *gehalten hätten, stünden.* In diesen beiden Fällen bleibt keine andere Wahl, als auf

1) Elias Canetti: *Die Fackel im Ohr. Lebensgeschichte 1921–1931,* München 1980, S. 77f.

den hier weniger spezifischen Restriktiv auszuweichen, da die entsprechenden Formen des Indirektivs (sie würden lauten: *gehalten haben, stehen*) vom Präsens Indikativ nicht zu unterscheiden sind, folglich nicht zur Kennzeichnung einer eingeschränkten Geltung in der indirekten Rede gebraucht werden können.

Stilistisch bemerkenswert ist weiterhin, daß der Autor den indirekten Konjunktiv auch in satzförmigen Adjunkten (»Nebensätzen«) durchhält, sowohl nach Konjunktionen (*daß, wenn, als*) als auch – besonders oft – nach Relativ-Junktoren. Das wird von der Norm der deutschen Sprache nicht unbedingt verlangt; und man kann sonst die Reihe der Konjunktive in einem solchen Fall ohne weiteres für eine indikativische Tempusform unterbrechen. Eine der Verbfolgen des Textabschnittes könnte also beispielsweise ohne weiteres lauten:

/er sei so gerecht, daß niemand angeklagt wird, der es nicht verdient/

Die Wirkung des Indirektivs *sei* erstreckt sich in diesem Falle auch auf die grammatisch abhängigen Verbformen *wird* und *verdient,* auch wenn diese im indikativischen Präsens stehen. Der Autor hat jedoch von dieser Möglichkeit keinen Gebrauch gemacht und den Konjunktiv (mit der einzigen, »historisch« zu begründenden Abweichung: *das gegen den Krieg war*) über den ganzen Text hinweg durchgehalten, sicherlich mit der Absicht, die Intensität des Gerüchts, das diesem erstaunlichen Mann vorauseilt, durch die Häufung der indirektiven Konjunktivformen zu »malen«.

Im Vergleich zur indirekten Rede sind alle anderen Verwendungen des indirektiven Konjunktivs in der deutschen Gegenwartssprache sehr begrenzt und reduzieren sich in den meisten Fällen auf formelhafte Ausdrücke oder Formen einer sehr gewählten Ausdrucksweise. Wunschformeln mit dem indirektiven Konjunktiv sind beispielsweise:

/Friede sei mit dir!/	*/Gott sei meiner Seele gnädig!/*
/Gott gebe es!/	*/Gott sei Dank!/*
/er ruhe in Frieden!/	*/das verhüte der Himmel!/*
/(Amen,) so sei es!/ (Gebetssprache)	*/so wahr mir Gott helfe!/* (Eidesformel)

Die Spezifik der Wünsche im Indirektiv im Vergleich zu den als Konjunktiv weniger spezifischen, aber auch weniger stereotypen Wunschausdrücken im Restriktiv liegt darin, daß bei den Wünschen im Indirektiv, wie die Beispiele auch zeigen, an das Wirken einer helfenden Macht appelliert wird, damit dem Wunsch Geltung verschafft wird.

Ein Sonderfall des indirektiven Konjunktivs liegt dann vor, wenn das Modalverb *mag* in den Indirektiv gesetzt wird, und zwar mit der ganzen Formenreihe *möge/mögest/möge/mögen/möget/mögen.* Diese Formen sind fast ganz zu Indikatoren des Wünschens (»Optativ«) geworden, allerdings nur bei stereotyp-formelhaftem Gebrauch:

/*möge Ihnen das Glück stets gewogen sein!*/

/*mögen (doch) alle Ihre Wünsche in Erfüllung gehen!*/

/*mögest du in deinem neuen Lebensabschnitt alles das verwirklichen, was du dir in deinen kühnsten Träumen ausgemalt hast!*/

Da der indirektive Konjunktiv aber im Rahmen des Wünschens bereits ein Stück zukünftiger Wirklichkeit vorwegnimmt, kann er auch als Suppletivform in das Paradigma des Imperativs eintreten und dort als »konjunktivischer Imperativ« (vgl. 3.3.1) für diejenigen Gesprächsrollen verwendet werden, die keine eigenen Imperativformen ausgebildet haben. Das wird im einzelnen beim Imperativ besprochen, hier nur ein Beispiel:

/*seien wir doch ehrlich und glauben wir doch nicht an solche Märchen!*/

Da die Gesprächsrolle des Sprechers im Plural (»wir«) nur im vollständigen Paradigma des Verbs *bin* eine eigene Form für den indirekten Konjunktiv hat, gibt es bei dem Verb *glaube* keine vom Präsens unterscheidbare Form des Konjunktivs. Man kann daher in diesem Beispiel eine konjunktivische Bedeutung der Verbform *glaube* allenfalls aus der Nachbarschaft der (imperativischen) Konjunktivform *seien wir* in Verbindung mit der Modalpartikel *doch* erschließen.

Ein älterer Gebrauch des indirektiven Konjunktivs in der Referenzrolle als Suppletivform des Imperativ-Paradigmas ist heute durch den Gebrauch von Formen des Modalverbs *soll* abgelöst. Zur Unterscheidung:

ARCHAISCHER SPRACHGEBRAUCH	HEUTIGER SPRACHGEBRAUCH
/*der Bote trete ein und überbringe seine Botschaft!*/	/*sagen Sie dem Mann, er soll reinkommen und seine Sache vortragen!*/

Veraltet ist der Gebrauch des indirektiven Konjunktivs auch in Kochrezepten und Gebrauchsanweisungen. Gelegentlich findet man ihn jedoch noch in alten Kochbüchern oder auf den Begleitzetteln von Arzneipakkungen:

/man nehme ein Pfund Mehl, 100 g Butter, 100 g Zucker, drei Eier . . ./

/die Magentropfen nehme man dreimal täglich, morgens, mittags und abends nach den Mahlzeiten/

Ein ähnlicher, jedoch ebenfalls fast auf den formelhaften Gebrauch reduzierter Anwendungsbereich des indirektiven Konjunktivs liegt bei einer weiteren Gruppe von Ausdrücken, deren Geltung von sich aus begrenzt ist, über deren Begrenzung sich der Sprecher allerdings hinwegsetzt. Der indirektive Konjunktiv verstärkt die Einschränkung der Geltung:

/dieses Erlebnis hat auf mich einen großen Eindruck gemacht, da sage nur einer, daß es keine Wunder mehr gibt!/

/ich verlasse mich immer auf mein Glück, möge kommen, was (da) wolle/

/und komme mir auch der Teufel höchst persönlich in die Quere, ich lasse mich von dieser Idee nicht abbringen/

/ich kann nicht immer nur auf meine Sicherheit achten, und sei es auch zu meinem Schaden/

Vollständig lexikalisiert ist der indirektive Konjunktiv in dem zweiteiligen Alternativ-Junktor *sei es daß – sei es daß*. Beispiel:

/unsere Gäste kommen wohl nicht mehr, sei es daß sie die Einladung vergessen haben, sei es daß sie im Verkehr steckengeblieben sind/

Formelhaft ist schließlich auch die Verwendung des indirektiven Konjunktivs in gewissen Fachsprachen, insbesondere in der Fachsprache der Mathematik. Dort sagt oder schreibt man beispielsweise:

/gegeben sei ein Kreis mit dem Durchmesser 5 cm/

/es sei a die Strecke zwischen den Punkten A und B/

Diese Festlegungen sollen nicht auf Dauer, sondern nur für eine bestimmte Rechenaufgabe gelten.

3.3 Der Imperativ

Der Imperativ drückt mit seinen Formen eine gebotene Geltung aus. Diese Instruktion besagt, daß eine Prädikation erst dann gilt, wenn der Hörer sie als Handlung ausgeführt hat. Ihre Geltung ist also ganz auf die Kooperation von Sprecher und Hörer angewiesen. Der Imperativ wendet sich folglich in besonderem Maße an den Hörer, dessen Gesprächsrolle den Grundformen des Imperativs eingeschrieben ist.

In seinem Formenbestand ist das Paradigma des Imperativs unvollständig ausgebildet. Seine Konjugationsformen sind daher recht einfach (3.3.1). Die Bedeutung des Imperativs als Handlungs-Instruktion zeigt sich in außersprachlichen Situationen ebenso wie in Texten (3.3.2).

3.3.1 Die Konjugationsformen des Imperativs

Im Singular wird der Imperativ durch den reinen Verbstamm ausgedrückt. Anders gesagt: der Imperativ hat im Singular ein Null-Flexiv (-Ø). In der Schrift steht als Signal des Imperativs ein Ausrufungszeichen. Beispiele:

komm!, geh!, lauf!, fahr!, such!, schreib!, spiel!, hör - zu!, schau - her!, faß - an!, komm - zurück!, nimm dich - zusammen!, halt - fest!, tritt - in Aktion!

Fakultativ kann bei den meisten Verben im Imperativ/Singular der Vokal *-e* [-ə] als Flexiv hinzutreten; obligatorisch ist er bei einem Verb, das mehr als zwei Silben hat, und nach schwerer Konsonanz (es kann ja das nächste Sprachzeichen auch konsonantisch einsetzen!). Beispiele:

öffne!, atme!, fürchte!, seufze!, vollende!, gehorche!, entscheide!, studiere!, rechne - ab!, denke - nach!, freue dich!, schäme dich!, verteidige dich!, rechtfertige dich!

Verben mit *-l-* und *-r-*Stamm haben zwei Imperativformen, eine standardsprachliche vom Typus *sammle!, feiere!* und eine mündlich-umgangssprachliche vom Typus [zaməl], [faeɐ]. Obligatorisches Ø-Flexiv findet man bei den Verben mit Umlaut *e* > *i* (»Hebung«) in den Gesprächsrollen Hörer/Singular und Referenzrolle/Singular:

lies! (ich lese/du liest/er liest)
gib! (ich gebe/du gibst/er gibt)

nimm! (ich nehme/du nimmst/er nimmt)
tritt – ein! (ich trete – ein/du trittst – ein/er tritt – ein)

Von dieser Gruppe abgesehen, bevorzugt die mündliche Umgangssprache, in der dieser Imperativ sein Hauptanwendungsfeld hat, die Form mit Null-Flexiv. Dabei ist immer auch die Desonorisierung (»Auslautverhärtung«) eines in den Auslaut tretenden stimmhaften Konsonanten zu berücksichtigen, die dann eintritt, wenn es zu diesem stimmhaften Konsonanten ein stimmloses Gegenstück gibt, zum Beispiel:

FLEXIV -Ø	FLEXIV *-e*
sag mir! [za:k]	*sage mir!* [za:gə]
red mit mir! [re:t]	*rede mit mir!* [re:də]
lob mich mal! [lo:p]	*lobe mich mal!* [lo:bə]

Im Plural entspricht der Imperativ der Gesprächsrolle Hörer/Plural im Präsens und teilt mit diesem das Flexiv *-t* (ohne oder mit Gleitvokal *-e-* [-ə-] je nach der phonetischen Umgebung). Zum Vergleich:

PLURAL DES IMPERATIVS	HÖRER/PLURAL DES PRÄSENS
kommt mal her!	*ihr kommt mal her*
ratet mal!	*ihr ratet mal*

Die Distanzform des Imperativs entspricht formal der Distanzform des Präsens mit dem Unterschied, daß dem Verb das Pronomen nicht voraufgeht, sondern nachfolgt. Zum Vergleich:

DISTANZFORM IMPERATIV	DISTANZFORM PRÄSENS
treten Sie – ein!	*Sie treten – ein*
setzen Sie sich!	*Sie setzen sich*

Dabei wird im Imperativ ebensowenig wie im Präsens zwischen Singular und Plural unterschieden. Wenn in einem Sprachspiel mit Imperativen die Numerus-Unterscheidung wichtig ist, muß sie der Situation oder dem Kontext (Anrede!) entnommen werden. Zum Vergleich:

SINGULAR	PLURAL
/essen Sie mehr Gemüse, Herr Meier!/	*/trinken Sie auf das Wohl des Geburtstagskindes, meine Damen!/*

Bei dem Verb *bin* hat der Imperativ in der Vertrautheits- und Distanzform seine Formen mit dem indirektiven Konjunktiv gemeinsam.

SINGULAR	PLURAL
/sei still!/	*/seien Sie vernünftig!/*
/sei zufrieden!/	*/seien Sie vorsichtig!/*

Im Unterschied zur Distanzform wird in der Vertrautheitsform das Pronomen der Hörerrolle in der Regel nicht gesetzt. Nur wenn die angesprochene Person besonders hervorgehoben oder von anderen Personen unterschieden werden soll, kann das Pronomen (*du* oder *ihr*) hinzutreten, und zwar in der Nachstellung und mit dem Kontrastakzent versehen, zum Beispiel:

/ich habe heute keine Zeit, geh du (´) doch bitte einkaufen!/

/he, ihr da hinten, hört ihr (´) doch endlich auch mal zu!/

Auch in der Gesprächsrolle des Sprecher/Plurals (*wir*) kann man ein Gebot ausdrücken, insofern diese Gesprächsrolle als inklusiver Plural die Gesprächsrolle des Hörers umfassen kann. Für diesen Ausdruckszweck steht jedoch keine eigene Imperativform zur Verfügung, sondern man nimmt die Indirektivform des Sprecher/Plurals, allerdings mit obligatorisch nachgestelltem Pronomen (während dieses sonst, beim Gebrauch im Präsens, dem Verb vor- oder nachgestellt sein kann). Zum Vergleich:

IMPERATIV DES SPRECHER/ PLURALS	PRÄSENS DES SPRECHER/ PLURALS
/gehen wir heim!/	*/wir gehen heim/*
/bleiben wir noch hier!/	*/noch bleiben wir hier/*
/seien wir doch froh!/	*/wir sind doch froh/*

In den meisten Fällen, so hier in dem Beispiel *bleiben wir*, ist die Indirektivform mit der Präsensform des Sprecher/Plurals identisch.

Aufgrund der Formengleichheit mit der rollengleichen Präsensform ist eine Aufforderung mit dem Imperativ sowohl in der Distanzform als auch im Sprecher/Plural manchmal nur durch die Intonation oder durch Informationen aus dem Kontext oder – in der Schrift – durch ein Ausrufungszeichen von einer Feststellung, einer Geltungsfrage oder einem Ausruf zu unterscheiden.

Imperativ und Passiv schließen einander nicht völlig aus. Da jedoch die Verwendung eines Imperativs voraussetzt, daß der Hörer, an den sich diese Instruktion richtet, einen Einfluß auf die Veränderbarkeit der Situation haben muß, sind Fälle einer passivischen Imperativform recht selten. Derartige Vorkommen beschränken sich auf das Zustands-Passiv. Beispiele:

/*sei vielmals gegrüßt von Deinem . . .*/ (Briefschlußformel)

/*seid umschlungen, Millionen, diesen Kuß der ganzen Welt!*/ (Schiller, Ode an die Freude)

Häufiger findet sich statt dessen der Ausdruck des Imperativs im Passiv mit Hilfe des reflexiv gebrauchten Verbs *lasse*. Beispiele:

/*laß dich hier nicht mehr sehen!*/

/*laßt euch bloß nicht erwischen!*/

Für die Referenzrolle im Singular und im Plural gibt es in der deutschen Gegenwartssprache keine Formen des Imperativs. Ein Gebot oder Verbot, das sich an einen Dritten wendet, wird vielmehr mit Hilfe des Modalverbs *soll (soll nicht)* oder höflicher *möge (möge nicht)* ausgedrückt. Beispiele:

/*sagen Sie dem Herrn, er soll* (oder: *solle*) *noch einen Augenblick draußen warten!*/

/*bitten Sie die Dame, sie möge sich noch einen Augenblick gedulden!*/

In der älteren Literatur und in anderen Texten mit archaischem Sprachgebrauch findet man ziemlich häufig den indirektiven Konjunktiv als Suppletivform für den nichtexistenten Imperativ in der Referenzrolle, jedoch fast nur im Singular. Beispiele:

/*es nehme sich jeder so viel, wie er tragen kann!*/

/*mein Wunsch sei euch Befehl!*/

Der Indirektiv mit imperativischer Bedeutung tritt ferner in Gebeten und formelhaften Ausdrücken des religiösen Lebens auf. Zum Beispiel:

/*rette sich wer kann!*/

/*gelobt sei der Herr, der Gott Israels*/ (Lukas-Evangelium)

/geheiligt werde Dein Name, zu uns komme Dein Reich, Dein Wille geschehe!/ (Vaterunser)

Zu beachten ist hier, daß diese Form des Suppletiv-Imperativs sowohl das Zustands-Passiv als auch das Vorgangs-Passiv ermöglicht.

Dadurch, daß der Imperativ entweder gar kein Pronomen zur Bezeichnung der Gesprächsrolle bei sich hat oder dieses Pronomen nachstellt, bleibt das Vorfeld des Verbs beim Imperativ meistens frei (»Verbspitzenstellung«). Auf diese Weise wird ein unmittelbarer Anschluß an den Kontext oder die Situation hergestellt. Solche Sprachzeichen jedoch, die eine Verbindung zur Vorinformation schaffen, können ohne weiteres vor der Imperativform stehen und deren Vorfeld besetzen. Es handelt sich dabei aber meistens um relativ kurze Sprachzeichen wie zum Beispiel Pronomina oder bestimmte Adverbien. Komplexere Vorfeldbesetzungen sind vor dem Imperativ wenig üblich.

IMPERATIV MIT BESETZTEM VORFELD	IMPERATIV MIT FREIEM VORFELD
/jetzt erklärt mir mal, was ihr da geschrieben habt!/	*/erklärt mir jetzt mal, was ihr da geschrieben habt!/*
/so sag doch endlich was!/	*/sag doch endlich was!/*
/das laß bleiben!/	*/laß das bleiben!/*

Das Kontakt-Morphem *bitte,* das man einem Imperativ gerne zur höflichen Milderung des Gebots oder Verbots beigibt, kann im Vorfeld, Mittelfeld oder Nachfeld auftreten. Beispiele:

/bitte nehmen Sie mir das nicht übel!/

/seien Sie mir bitte nicht böse!/

/tragen Sie mir das nicht nach, bitte!/

Nur im letzten Fall, also bei einer Plazierung des Kontakt-Morphems *bitte* im Nachfeld, trennt man dieses Morphem in der Schrift durch ein Komma ab.

3.3.2 Die Bedeutung des Imperativs

Die Bedeutung des Imperativs ist zu verstehen als Anweisung an den Hörer, einer Prädikation des Sprechers dadurch Geltung zu verschaffen, daß er sie als Handlung ausführt. Wir beschreiben diese Bedeutung daher mit dem semantischen Merkmal ⟨GEBOT⟩. Im Falle eines ›Verbots‹ tritt zu diesem Merkmal noch das Negations-Merkmal ⟨EINSPRUCH⟩ hinzu (vgl. 8.2.2).

Das mit dem Imperativ ausgesprochene Gebot richtet sich prototypisch an den Hörer. Dieser soll in die Handlungsrolle des Subjekts eintreten und die mit dem Verb ausgedrückte Handlung ausführen, und zwar – je nach der Situation – als Tathandeln oder als Denk- und Sprechhandeln. Erst wenn die Handlung ausgeführt ist (was der Hörer allerdings verweigern kann), *gilt* die Prädikation. Beispiele:

IMPERATIVISCHES GEBOT →		→ GELTENDE PRÄDIKATION
/schlagen Sie bitte die Grammatik auf!/	HANDLUNG	*/sie schlägt die Grammatik auf/*
/denken Sie einmal genau nach!/	HANDLUNG	*/sie denkt jetzt genau nach/*
/erklären Sie bitte den Imperativ!/	HANDLUNG	*/sie erklärt mir den Imperativ/*

Das erste Beispiel kann man als Tathandeln, das zweite als Denkhandeln, das dritte als Sprechhandeln charakterisieren.

In den nachfolgenden Beispielen wollen wir einen Situationsrahmen annehmen, der durch den Besuch in der Praxis eines Arztes gekennzeichnet ist. Das ist eine grundsätzlich asymmetrische Situation. Der Arzt ist normalerweise derjenige, der die Handlungsanweisungen gibt, und der Patient derjenige, der sie ausführt oder jedenfalls ausführen soll, um ihnen damit Geltung zu verschaffen. In dieser Situation kann der Arzt also beispielsweise zu seinem Patienten sagen:

/bitte nehmen Sie dort Platz!/

/machen Sie bitte den Oberkörper frei!/

/jetzt legen Sie sich einmal dort hin!/

/nehmen Sie die Tabletten, die ich Ihnen hier aufschreibe, dreimal täglich vor den Mahlzeiten ein!/

In der Kombination mit einem negativen Ausdruck wird aus dem Gebot ein Verbot:

/*ich kann Ihnen nur raten: rauchen Sie nicht so viel!*/

/*lassen Sie sich nicht auch noch am Wochenende mit Arbeit eindecken!*/

Die Bindung an eine konkrete Situation tritt beim Imperativ zwar sehr häufig auf, gehört jedoch nicht zu den unerläßlichen Gebrauchsbedingungen dieser grammatischen Form. Die Situation, auf die sich der Sprecher mit dem Imperativ bezieht, um sie durch Handeln zu verändern, kann auch unspezifisch gemeint sein. Es kann sich um irgendeinen Hörer oder sogar das Gattungswesen Mensch als möglichen Hörer der imperativischen Instruktion handeln. Dann löst sich der Imperativ von jeder konkreten Einzelsituation ab und wird Ausdruck eines allgemeinen Gebots oder Verbots, das für alle denkbaren Situationen gelten soll. Mit dieser Bedeutung finden wir den Imperativ nicht selten in Sprichwörtern, Maximen, Ratschlägen und politischen Appellen. Beispiele:

/*üb immer Treu und Redlichkeit, bis an dein kühles Grab!*/ (Volkslied)

/*was du ererbt von deinen Vätern hast, erwirb es, um es zu besitzen!*/ (Goethe, Faust)

/*trinkt, oh Augen, was die Wimper hält, von dem goldnen Überfluß der Welt!*/ (Gottfried Keller, Abendlied)

/*freut euch des Lebens, weil noch das Lämpchen glüht; pflücket die Rose, eh' sie verblüht!*/ (Lied von Usteri/Nägeli)

/*Proletarier aller Länder, vereinigt euch!*/ (Karl Marx, Kommunistisches Manifest)

/*Völker, hört die Signale . . .*/ (Internationale)

Der Imperativ kann sich jedoch auch auf eine Kommunikations-Situation beziehen und fordert dann den Hörer/Leser zu einem metakommunikativen Handeln auf.

Das zeigt der nachfolgende Text. Er ist besonders reich an Imperativen, sämtlich in der Vertrautheitsform. Mit ihnen wendet sich der Sprachphilosoph Ludwig Wittgenstein in seinen *Philosophischen Untersuchungen* an »den« Leser und lädt ihn auf diese Weise ein, bestimmte Methodenschritte zu tun und andere zu unterlassen. Die einzelnen Formen des Imperativs sind im Text unterstrichen und durchnumeriert.

TEXT:

Betrachte (1) z. B. einmal die Vorgänge, die wir »Spiele« nennen. Ich meine Brettspiele, Kartenspiele, Ballspiel, Kampfspiele, usw. Was ist allen diesen gemeinsam? – Sag (2) nicht: »Es muß ihnen etwas gemeinsam sein, sonst hießen sie nicht ›Spiele‹« – sondern schau (3), ob ihnen allen etwas gemeinsam ist. – Denn, wenn du sie anschaust, wirst Du zwar nicht etwas sehen, was allen gemeinsam wäre, aber Du wirst Ähnlichkeiten, Verwandtschaften, sehen, und zwar eine ganze Reihe. Wie gesagt: denk (4) nicht, sondern schau (5)! – Schau (6) z. B. die Brettspiele an, mit ihren mannigfachen Verwandtschaften. Nun geh (7) zu den Kartenspielen über: hier findest Du viele Entsprechungen mit jener ersten Klasse, aber viele gemeinsame Züge verschwinden, andere treten auf. Wenn wir nun zu den Ballspielen übergehen, so bleibt manches Gemeinsame erhalten, aber vieles geht verloren. – Sind sie alle ›unterhaltend‹? Vergleiche (8) Schach mit dem Mühlfahren. Oder gibt es überall ein Gewinnen und Verlieren, oder eine Konkurrenz der Spielenden? Denk (9) an die Patiencen. In den Ballspielen gibt es Gewinnen und Verlieren; aber wenn ein Kind den Ball an die Wand wirft und wieder auffängt, so ist dieser Zug verschwunden. Schau (10), welche Rolle Geschick und Glück spielen. Und wie verschieden ist Geschick im Schachspiel und Geschick im Tennisspiel. Denk (11) nun an die Reigenspiele: Hier ist das Ele-

TEXTGRAMMATISCHER KOMMENTAR:

(1) *betrachte*: Die Form dieses Imperativs ist hier nach der Doppelkonsonanz [-χt-] im Verbstammauslaut mit dem Flexiv *-e* gebildet. Der Imperativ als Handlungsanweisung an den Leser wird durch die Formel *z. B.* (= *zum Beispiel*) und die anschließende Modalpartikel *einmal* (Nebenform der Modalpartikel *mal*) abgeschwächt.
(2) *sag*: Der Autor wählt hier die in der gesprochenen Sprache übliche Imperativform mit Ø-Flexiv (und mit »Auslautverhärtung«: [-k]) statt der sonst beim schriftlichen Sprachgebrauch auch möglichen Form *sage*. Der negative Imperativ ist durch Nachstellung des Negations-Morphems *nicht* gekennzeichnet und wehrt ein mögliches (Sprach-) Handeln des Hörers ab.
(3) *schau*: Die beiden Imperative *sag!* und *schau!* sind einander durch den zweiteiligen Korrektur-Junktor *nicht – sondern* zugeordnet als Ausdruck einer zu vermeidenden und einer anderen an ihrer Statt auszuführenden Handlung. Es steht wieder eine Imperativform mit Ø-Flexiv, die bei einem vokalischen Ausgang des Verb-Lexems die Regel ist.
(4/5) *denk, schau*: Noch einmal die gleiche Argumentationsfigur mit der Abfolge Negation/Affirmation. Zu beachten ist hier auch, daß der Autor an dieser Stelle, die im Zentrum seiner Argumentation steht, zum ersten Mal ein Ausrufungszeichen verwendet. Bis dahin hatte er (1–3) entgegen den ortho-

ment der Unterhaltung, aber wie viele der anderen Charakterzüge sind verschwunden! Und so können wir durch die vielen, vielen anderen Gruppen von Spielen gehen, Ähnlichkeiten auftauchen und verschwinden sehen.
Und das Ergebnis dieser Betrachtung lautet nun: Wir sehen ein kompliziertes Netz von Ähnlichkeiten, die einander übergreifen und kreuzen. Ähnlichkeiten im Großen und Kleinen.
Ich kann diese Ähnlichkeiten nicht besser charakterisieren als durch das Wort »Familienähnlichkeiten«.[1]

graphischen Regeln der deutschen Sprache auf ein Ausrufungszeichen verzichtet, offenbar in der Absicht, den Gebotscharakter seiner Imperative möglichst wenig zu betonen und sie als bloße Empfehlungen erscheinen zu lassen.
(6/10) *schau*: Wie in (1) dient in (6) auch hier der Ausdruck *zum Beispiel* (*z. B.*) dazu, dem Leser etwas nur beiläufig vor Augen zu führen. Die Aufforderung wird dadurch abgeschwächt. Beim zweiten Vorkommen der gleichen Imperativform (10) fehlt diese Abschwächung.
(7) *geh – über*: In allen bisher besprochenen Fällen (1–6) hatte der Imperativ die Spitzenstellung inne. Das Vorfeld war unbesetzt geblieben. Hier ist nun das Vorfeld vor dem Imperativ (genauer: vor dem Vorverb des zweiteiligen Imperativs *geh – über!*) von einem Adverb besetzt. Dieses Adverb *nun* stellt eine minimale Besetzung dieses Vorfeldes dar und schafft einen Übergang zwischen dem vorhergehenden Kontext und dieser Imperativform.
(8) *vergleiche*: Hier steht der Imperativ wieder in der Spitzenstellung. Der Autor hat bei der Form *vergleiche* offenbar die Form mit *e*-Flexiv gewählt, um das Zusammentreffen des Konsonanten [ç] mit dem Konsonanten [ʃ] zu vermeiden.
(9/11) *denk*: Der Autor äußert hier kurz nacheinander zwei sehr ähnliche Anweisungen und unterstreicht das sprachlich durch die zweimalige Verwendung derselben Imperativform *denk*.

Gebote und Verbote, Aufforderungen und Befehle brauchen nicht immer mit Formen des Imperativs ausgedrückt zu werden. Es gibt viele andere grammatische Formen, die gleichfalls den skizzierten Ausdruckszwekken dienen können, beispielsweise die folgenden:

/*Sie gehen jetzt diese Straße geradeaus bis zur zweiten Ampel, dann gehen Sie rechts ab und nehmen die zweite Straße links ...*/ (Präsens)

/*Sie werden diese unverschämt überhöhte Rechnung sofort zurückziehen, sonst ...*/ (Futur)

1) Ludwig Wittgenstein: »Philosophische Untersuchungen«, Nr. 66/67, in: *Schriften 1–7*, Bd. I, Frankfurt a. M. 1969, S. 324 f.

/*aufgepaßt!*/ (Rück-Partizip)

/*würden Sie bitte das Fenster schließen?*/ (Frage)

/*Fahrkarten am Automaten lösen!*/ (Infinitiv)

Diese Imperativ-Vertreter werden im einzelnen bei der Beschreibung der jeweiligen Formen miterörtert.

3.4 Der Infinitiv

Der Infinitiv ist keine »finite« Verbform, das heißt, er kann für sich alleine nicht mit einem Subjekt eine Prädikation bilden. Die Frage der Geltung bleibt folglich beim Infinitiv in der Schwebe. Doch kann er mit einem finiten Verb zusammenwirken und dessen Feststellung mit semantischer Spezifikation übernehmen und fortführen.

Zunächst werden die Formen des Infinitivs beschrieben (3.4.1). Beim Gebrauch des Infinitivs sind zu unterscheiden: der Infinitiv im Lexikon (3.4.2), in der Situation (3.4.3) und im verbalen Kontext (3.4.4).

3.4.1 Die Konjugationsformen des Infinitivs

In seiner Form ist der Infinitiv durch das Flexiv *-en* [-ən] gekennzeichnet, das an den Verbstamm angehängt wird. Beispiele: *fragen, antworten, lachen, weinen* ... Nach betontem Vokal und Diphthong wird das Flexiv in der mündlichen Umgangssprache meistens zu *-n* gekürzt, doch wird in der Schreibung das *-e-* meistens normgerecht beibehalten. Beispiele: *gehen* [ge:n], *fliehen* [fli:n], *ruhen* [ru:n], *schreien* [ʃraen], *bauen* [baon]. Nur wenn der Ton der Umgangssprache in der Schrift gemalt werden soll, schreibt man bisweilen *geh'n* oder *gehn*. Einen Infinitiv auf *-n* bilden auch die Verben des Typus *lächle* und *feiere* (vgl. 2.4.1), er lautet *lächeln* und *feiern* und ist folglich identisch mit der Präsensform der Sprecher- und Referenzrolle im Plural (*wir lächeln, sie feiern*).

Eine unregelmäßige Bildung des Infinitivs findet man bei dem Kopula- und Hilfsverb *bin* mit dem Infinitiv *sein*. Das Verb und Pro-Verb *tue* hat als Infinitiv die Form *tun*. Auch die Modalverben bilden ihre Infinitive in mehreren Fällen unregelmäßig: *kann/können, muß/müssen, will/wollen, darf/dürfen, mag/mögen*, doch sind die Stammvokale, mit denen hier der Infinitiv gebildet ist, auch sonst im Paradigma der Modalverben vertreten (*wir können/müssen/wollen/dürfen/mögen*).

Während das Subjekt nicht als Handlungsrolle des Infinitivs auftreten kann, lassen sich die beiden anderen Handlungsrollen im Verein mit dem Infinitiv ausdrücken. Sie stehen dann - gegebenenfalls beide - vor dem Infinitiv:

Objekt: *jemanden* (oder: *etwas*) *beobachten*

Partner: *jemandem vertrauen*

Partner und Objekt: *jemandem etwas übermitteln*

Auch das Reflexiv-Pronomen steht vor dem Infinitiv und gegebenenfalls vor seinem Objekt oder Partner: *sich freuen, sich etwas vornehmen.*

Alle zweiteiligen Verben bilden ihren Infinitiv mit Inversion ihrer Verbteile zur Abfolge Nachverb/Vorverb, wobei die Rechtschreibnorm, außer bei Funktionsverben, die Zusammenschreibung fordert (aber nicht immer ganz konsequent - man konsultiere im Einzelfall das Rechtschreib-Wörterbuch). Beispiele:

anfangen, aufhören, hinhalten, zurückkehren, zusammenschreiben, stillhalten, radfahren (aber: *Auto fahren*), *in Gang setzen, zur Rechenschaft ziehen.*

Hat der Infinitiv die Präposition *zu* bei sich, so wird diese als Infix zwischen (vorangestelltem) Nachverb und (nachgestelltem) Vorverb in den Infinitiv (orthographisch auch in die Zusammenschreibung) eingefügt:

einzustellen, wegzulaufen, festzustellen, Ski zu fahren, in Kraft zu setzen.

Der Infinitiv ist in seiner Flexionsform hinsichtlich der Tempus-Perspektive (jedoch nur Rück-Perspektive) und hinsichtlich des Verbalgenus variabel, wie die folgende Übersicht zeigt:

VERBALGENUS →	AKTIV	PASSIV
INFINITIV (NEUTRAL-PERSPEKTIVE)	*liefern*	VORGANG: *geliefert werden* ZUSTAND: *geliefert sein*
RÜCK-INFINITIV	*habe*-PERFEKT: *geliefert haben* *bin*-PERFEKT: *gefahren sein*	VORGANG: *geliefert worden sein* ZUSTAND: *geliefert gewesen sein*

An diesem Paradigma ist folgendes zu beobachten:

(1) Im Rück-Infinitiv (= Infinitiv der Rück-Perspektive) steht das Rück-Partizip des betreffenden Verbs vor der Infinitivform des Hilfsverbs *habe* oder *bin*. Die Setzung von *haben* oder *sein* folgt den gleichen Regeln, wie sie auch im Perfekt und Plusquamperfekt gelten (vgl. 3.1.1.2.1).

(2) Die Passivformen des Infinitivs können entweder als Vorgangs-Passiv (= vorangestelltes Rück-Partizip + *werden*) oder als Zustands-Passiv (= vorangestelltes Rück-Partizip + *sein*) gebildet werden. Eine Bildung des Infinitivs vom Partner-im-Subjekt-Passiv ist ebenfalls möglich (*etwas geliefert kriegen, etwas geliefert bekommen*), kommt jedoch selten vor.

(3) Auch der Rück-Infinitiv kann ins Passiv gesetzt werden. Dann wird das Passiv nach den Regeln der Klammer-Kombination in den Rück-Infinitiv inkorporiert (vgl. 2.2.2.2). Der Infinitiv hat dabei die Form *worden sein* im Vorgangs-Passiv und *gewesen sein* im Zustands-Passiv.

3.4.2 Der lexikalische Infinitiv

Will man in einem Text die Bedeutung eines Verbs frei von allen Determinanten des Kontextes oder der Situation schlicht zum Ausdruck bringen, so benutzt man den Infinitiv (im Aktiv, Neutral-Perspektive). In dieser Form kann der Infinitiv selber auch in die Subjektrolle eintreten und sich ein Prädikat zusprechen lassen. Beispiele:

/jung sein ist herrlich/

/verliebt sein bleibt allemal ein Abenteuer/

/heiraten, bevor man einen Beruf hat, wird immer riskanter/

/geben ist seliger denn nehmen/ (Bibel)

Oft findet man in diesem Fall Großschreibung des Infinitivs nach den Regeln der Konversion (Nominalisierter Infinitiv - vgl. 9.1.4.1):

/Reden ist Silber, Schweigen ist Gold/ (Sprichwort)

Wird nun die Bedeutung eines Verbs zum Gegenstand des Nachdenkens oder Besprechens gemacht, so steht der Infinitiv in einer Prädikation mit *heiße* oder *bedeute*, zum Beispiel:

/was bedeutet das Verb »studieren«? ÷ (es bedeutet:) ›eine Hochschule besuchen‹/

/was heißt Forschen? ÷ Forschen heißt mit wissenschaftlichen Methoden nach neuer Erkenntnis streben/

Zu beachten ist im letzten Beispiel wiederum die orthographische Konvention, die Infinitivform, wenn sie nicht wie im ersten Beispiel ausdrücklich als Zitatform gekennzeichnet ist, mit großem Anfangsbuchstaben zu schreiben, das heißt, sie als eine Nominalisierung zu behandeln.

Bedeutungs-Prädikationen dieser Art sind auch die Grundlage dafür, daß die Wörterbücher, einsprachig oder zweisprachig, die Verben mit Vorliebe in ihrer Infinitivform verzeichnen. Ein Beispiel aus dem Rechtschreibduden:

> pro|gram|mie|ren *([im Ablauf] festlegen; [einen Computer] mit Informationen, mit einem Programm versorgen)*[1]

Sowohl das zu erklärende Verb (*programmieren*) als auch die zur paraphrasierenden Erklärung herangezogenen Verben (*festlegen, versorgen*) stehen im Infinitiv.

3.4.3 Der Infinitiv in der Situation

Der Infinitiv als die am schwächsten determinierte Verbform wird gerne in Situationen gebraucht, die von sich aus eine stark determinierende Kraft haben. In diesem Falle einen Infinitiv zu setzen, ist Ausdruck ökonomischen Sprachverhaltens. Beispiele:

Verkehrsschilder und öffentliche Hinweise:

/Baustelle! Langsam fahren!/

/Nicht hinauslehnen!/

1) *Duden. Rechtschreibung der deutschen Sprache und ihrer Fremdwörter,* Mannheim [20]1991, s. v. *Programm.* Die senkrechten Striche bezeichnen orthographische Silbengrenzen; unterstrichen ist der betonte Vokal.

Gebrauchs- und Konstruktionsanweisungen:

/Flasche nach Gebrauch wieder fest verschließen!/

/Boden- und Seitenwände mit dem beigefügten Winkeleisen fest verschrauben!/

Ärztliche Rezepte und Anwendungsvorschriften für Medikamente:

/bei Bedarf ein bis drei Tabletten täglich nach den Mahlzeiten mit etwas Wasser einnehmen/

/die Wunde gut reinigen und die Salbe Vitasan dünn auftragen, dann die Wunde mit einem Verband gut verschließen/

Dienstleistungsdialoge:

/Haare schneiden? ÷ ja, aber bitte nicht zuviel wegschneiden!/

/womit kann ich dienen? ÷ bitte zweihundert Mark in Dollar umwechseln/

Knappe Verständigungs- und Orientierungsdialoge:

/links einbiegen? ÷ nein, besser erst zurücksetzen!/

/so, jetzt alle mal herhören und genau aufpassen!/

Notizen und Aufzeichnungen:

/morgen das Gesundheitsamt anrufen!/

/Freitag die Fotos abholen, nicht vergessen!/

Pläne und Vorsätze:

/von der bestandenen Prüfung an nicht mehr rauchen!/

/Ferien: keinen Telefonhörer mehr abnehmen müssen!/

Intensive Wünsche und Befürchtungen:

/nur einmal richtig ausschlafen können!/

/ach, immer die gleiche Klage anhören müssen!/

Bei diesen Verwendungen des Infinitivs ist zu beachten, daß sämtliche Determinanten, die der Infinitiv in seinem Kontext bei sich hat, ihm vorangestellt sind. Man versteht diese Stellungsbedingungen, wenn man sich den Infinitiv in der Situation als Nachverb einer Verbalklammer denkt, deren Vorverb eine Nullform ist, so daß alle Determinanten das Mittelfeld ausfüllen:

/Ø *bezahlen*/

/Ø *die Rechnung bezahlen*/

/Ø *beim Schneider die Rechnung bezahlen*/

/Ø *morgen beim Schneider die Rechnung bezahlen*/

Dazu paßt auch, daß alle zweiteiligen Verben sich im Infinitiv wie ein typisches Nachverb verhalten (Merkmale: Stauung der Klammer und Umkehrung ihrer Teile: *zahle – an* → *anzahlen*).

Eine charakteristische Verwendung und hohe Frequenz des Infinitivs findet man in der Textsorte »Küchenrezept«. Dort dient der Infinitiv durchgehend als (höflich abgemilderte) Anweisungsform, wie das nachfolgende Textbeispiel zeigt. Die Infinitivformen sind unterstrichen und werden zusammenfassend kommentiert. Es handelt sich um den »Kaiserschmarren«, eine bayerisch-österreichische Spezialität:

TEXT:

Drei Eigelb mit drei Eßlöffeln Mehl, einem Eßlöffel Zucker, 50 g Butter, einer Prise Salz 10 Minuten rühren. Zwei Eßlöffel Sultaninen untermischen, den Teig 15 Minuten ruhen lassen. Den steifen Schnee von drei Eiweiß unter den Teig ziehen. Eine eiserne Stielpfanne sehr heiß werden lassen, 50 g Butter darin schmelzen, den Teig einfüllen. Den Schmarren auf einer Seite knusprig backen, beim Wenden mit zwei Gabeln in größere Stücke zerreißen, goldgelb backen. Das Schmarrenbacken muß sehr schnell gehen, sonst wird der zarte Teig ledern. Mit Puderzucker bestäuben, zu Kompott servieren oder zu Kopfsalat, der mit Nüssen und Rahm angemacht wurde.[1]

TEXTGRAMMATISCHER KOMMENTAR:

Das Küchenrezept ist eine Textsorte mit starker Situationsbindung. Seine Modalität hat den Charakter einer Empfehlung, wie sie in älteren Kochbüchern durch die stereotype Formel »Man nehme . . .« ausgedrückt war. Hier kommt die Modalität nur einmal explizit in dem Modalverb *muß* zum Ausdruck, jedoch abgemildert durch die Fortsetzung mit *sonst,* die das Gebot begründet.

Zu beachten ist bei den Infinitivformen wieder vor allen Dingen die grundsätzliche Endstellung, mit teilweise sehr vielen Determinanten in der Stellung vor dem Infinitiv. Der Infinitiv selber ist vielfach als Nachverbform sehr komplex, zum Beispiel: *untermischen* [´ - - -], *ruhen lassen, heiß werden lassen.*

1) Lilo Aureden: *Was Männern so gut schmeckt,* München 1973, S. 64 f.

3.4.4 Der Infinitiv im verbalen Kontext

Da der Infinitiv selber nur minimal determiniert ist, kann er gut mit finiten Verbformen zusammentreten und deren kontextuelle Determinanten übernehmen und fortsetzen. Formal sind diese Verwendungen danach zu unterscheiden, ob ein reiner Infinitiv (3.4.4.1) oder ein Infinitiv mit der Präposition *zu* (3.4.4.2) gebraucht wird.

3.4.4.1 Verben mit dem reinen Infinitiv

Eine Reihe von Verben läßt es im Deutschen zu, von einem reinen Infinitiv (ohne die Präposition *zu*) fortgesetzt zu werden. Dabei gilt in den meisten Fällen die Handlungsrolle Subjekt für den Infinitiv weiter. In einigen anderen Fällen wechselt die Handlungsrolle vom Subjekt auf das Objekt oder auf den Partner. Das ist fallweise wie folgt zu beschreiben:

(1) Die Kopulaverben *bin* und *bleibe* mit dem Infinitiv

Eine Subjekt-Fortsetzung lassen die Kopulaverben *bin* und *bleibe* zu, wobei als Infinitive insbesondere (semantisch passende) Verben mit elementar-leiblicher Bedeutung in Frage kommen. Mit ihnen bilden die genannten Kopulaverben eine Verbalklammer aus. Beispiele:

/wo ist dein Bruder? ÷ er ist mit seinen Freunden schwimmen/

/warum bist du nicht mitgefahren? ÷ ach, ich bleibe lieber noch etwas im Bett liegen/

Das Kopulaverb *werde* steht für eine Verbindung dieses Typus nicht zur Verfügung, da es vor einem reinen Infinitiv als Futur-Morphem grammatikalisiert ist.

(2) Das Pro-Verb *tue* mit dem Infinitiv

Auch das Pro-Verb *tue* (nur dieses Pro-Verb!) kann mit einem Infinitiv zusammentreten, allerdings nur im mündlich-umgangssprachlichen Stilregister. Dadurch kann man der Bedeutung des Verbs im Infinitiv ein auffälliges textuelles Profil geben (Rhematisierung), oft verbunden mit einer Stellung des Infinitivs im Vorfeld der Verbalklammer. Beispiele:

/denkst du schon wieder über deine neue Bekanntschaft nach? ÷ ach, denken tue ich gar nicht soviel dabei/

/essen tust du nicht, trinken tust du nicht, was ist eigentlich mit dir los?/

(3) Elementare Bewegungsverben mit dem Infinitiv

Verben mit elementar-leiblicher Bedeutung, die eine Positionsveränderung ausdrücken, verbinden sich gerne mit Infinitiven, die diese Bewegung spezifizieren:

/gehst du mit mir ein Stündchen bummeln? ÷ gern, kommst du mich zu Hause abholen?/

/ich fahre noch schnell ein paar Getränke einkaufen ÷ ich lege mich lieber schlafen/

(4) Das Verb *lerne* mit dem Infinitiv

In den meisten Fällen seines Gebrauchs steht das Verb *lerne* mit dem einfachen Infinitiv:

/man lernt eine Fremdsprache am besten sprechen, wenn man ohne Rücksicht auf Fehler möglichst viel redet/

Wenn das Mittelfeld zwischen dem Vorverb *lerne* und dem Infinitiv-Nachverb sehr gedehnt oder dieses sehr komplex ist, kann auch ein Infinitiv mit *zu* stehen:

/man muß lernen, von seinen Artikulationsorganen auch in der Fremdsprache einen aktiven Gebrauch zu machen/

(5) Das Verb *habe* mit dem Infinitiv

Das Verb *habe* ist ein objektwertiges Verb. Es kann ein Habitus-Objekt bei sich haben (vgl. 2.5.4.2). Dieses Objekt kann nun wiederum als Subjekt eines Infinitivs aufgefaßt werden. Beispiel:

/ich habe meinen Koffer noch am Bahnhof stehen/

In diesem Beispiel sind zwei Prädikationen in eine zusammengeschoben:

- */ich habe meinen Koffer/* (Objekt)
- */mein Koffer* (Subjekt) *steht am Bahnhof/*

Man kann diesen Infinitiv einen Objekt-Infinitiv (»Akkusativ mit dem Infinitiv«, »A.c.I.«) nennen.

(6) Verben der sinnlichen Wahrnehmung (»verba sentiendi«) mit dem Infinitiv

Die Verben dieser Gruppe lassen ebenfalls Objekt-Infinitive zu. Beispiele:

/*ich sehe dich schon den ganzen Tag gedankenvoll hin und her gehen, was hast du eigentlich?*/

/*ich fühle* (oder: *spüre*) *da so einiges auf mich zukommen, das mich sehr beunruhigt*/

In dieser Konstruktion sind die Objekte *dich* und *einiges* gleichzeitig Subjekte der Verbformen *gehen* und *zukommen.*

Die doppelte Handlungsrolle des Objekts/Subjekts kann auch von dem Horizont-Pronomen *es* wahrgenommen werden.

/*ich höre es regnen*/ (= ›ich höre: es regnet‹)

(7) Das Verb *lasse*

Eine besondere Beachtung verdient das objektwertige Verb *lasse.* Es ermöglicht ebenfalls die Bildung eines »Akkusativs mit dem Infinitiv«, wenn es mit dem Infinitiv eines beliebigen Verbs zusammentritt. In ihr ist das Objekt des Verbs *lasse* gleichzeitig als Subjekt des jeweiligen Infinitivs aufzufassen. Beispiele:

/*ich lasse dich nicht im Regen warten*/

/*du kannst mich hier nicht einfach herumsitzen lassen*/

Bei dem Verb *lasse* mit nachfolgendem Infinitiv gibt der Kontext normalerweise darüber Auskunft, ob dabei die Bedeutung ›lasse – zu‹ oder ›veranlasse‹ gemeint ist. Zum Vergleich:

BEDEUTUNG ›lasse – zu‹	BEDEUTUNG ›veranlasse‹
/*wenn man einen Dieb nicht festhalten kann, muß man ihn laufen lassen*/	/*wenn man einen Diebstahl befürchtet, muß man sein Eigentum versichern lassen*/

Die Opposition dieser beiden Bedeutungen kann jedoch in bestimmten Kontexten - absichtlich oder unabsichtlich - in der Schwebe gehalten werden, zum Beispiel:

∕manche Leute lassen den lieben Gott den Himmel putzen∕

Ist kein Objekt ausgedrückt, so kann der Hörer den unspezifischen Ausdruck ›man‹ als Subjekt des Infinitivs ergänzen oder den Ausdruck passivisch verstehen:

∕ich lasse heute im Unterricht eine Novelle lesen∕ (= ›ich veranlasse, daß man liest‹ oder: ›daß - gelesen wird‹)

Im passivischen Sinne ist auch reflexives *lasse* mit dem Infinitiv zu verstehen, und zwar sowohl bei einer Person als auch bei einer Sache als Subjekt:

∕der Professor läßt sich von seinen Studenten hofieren∕ (= ›läßt zu / veranlaßt, daß er - hofiert wird‹)

∕der Skandal läßt sich nicht länger vertuschen∕ (= ›kann nicht länger vertuscht werden‹)

Bei einer Sache als Subjekt nimmt das Passiv hier, wie das letzte Beispiel zeigt, eine modale Bedeutung an.

Ebenfalls mit modaler Bedeutung wird nicht-reflexives *lasse* im Imperativ mit nachfolgendem Infinitiv bisweilen in der Sprache der Höflichkeit gebraucht, jedoch eher mit einer Registernuance des Stereotyp-Zeremoniellen:

∕lassen Sie mich noch hinzufügen, meine Damen und Herren, daß ich diesen neuen Aufschwung unseres Vereins außerordentlich begrüße∕

∕lassen Sie mich nun, hochverehrter Jubilar, alle unsere Wünsche für Sie noch einmal zusammenfassen und ausrufen: . . .∕

(8) Die objektwertigen Verben *schicke, lehre, heiße*

Das Verb *schicke* wird geläufig mit einem Objekt-Infinitiv verbunden:

∕ich schicke den Jungen gleich ein paar Flaschen Mineralwasser holen∕

Demgegenüber werden die Verben *lehre* und *heiße* nur zeremoniell oder stereotyp mit dem Infinitiv gebraucht:

/*Herr, lehre uns beten!*/ (Bibel)

/*wir heißen euch hoffen*/ (religiöse Sprache)

Wird von diesen Verb-Infinitiv-Verbindungen ein Perfekt gebildet, so steht nur bei den Verben der sinnlichen Wahrnehmung und bei *lasse* der »doppelte Infinitiv«:

/*das habe ich kommen sehen!*/

/*das hätte ich nie mit mir geschehen lassen*/

(9) Das partnerwertige Verb *helfe*

Als Verb mit einer Subjekt-Partner-Valenz kann *helfe* einen Infinitiv bei sich haben, der die Partnerrolle des voraufgehenden Verbs als Subjektrolle übernimmt und weiterführt:

/*ich helfe dir gleich die Kartoffeln schälen*/

Allerdings kann hier auch, wenn das Verb und der Infinitiv durch einen längeren Kontext getrennt sind, der Infinitiv mit *zu* stehen. Zum Vergleich:

REINER INFINITIV	INFINITIV MIT *zu*
/*sie hilft ihm das Baby baden*/	/*er hilft ihr, die Unterlagen für die Einkommenssteuererklärung zusammenzustellen*/

3.4.4.2 Verben, die den Infinitiv mit *zu* bei sich haben

Eine Reihe von Verben hat statt des reinen Infinitivs eine Infinitivform bei sich, der die Präposition *zu* voraufgeht. Diese hat die Bedeutung ⟨ZIEL⟩; sie gibt dem Hörer die Instruktion, daß eine im finiten Verb und seinem Subjekt ausgedrückte Prädikation erst in ihrem angeschlossenen Infinitiv zu ihrem Ziel kommt (vgl. 7.1.3.2.6). Bei den Verben, die einen Infinitiv mit *zu* bei sich haben können, sind die folgenden Fallgruppen zu unterscheiden:

(1) Die Kopulaverben *bin, bleibe* und *scheine*

Bei dem Kopulaverb *scheine,* das mit einem Prädikats-Nomen, Prädikats-Adjektiv oder Prädikats-Adjunkt eine einfache Kopula-Prädikation bilden kann (vgl. 2.5.2.2), findet man häufig, zumal bei reichlichen weiteren Determinanten des Verbs, einen Infinitiv mit *zu,* ohne daß sich dadurch die Bedeutung der Prädikation nennenswert ändert:

/er scheint ein Aussiedler aus Polen zu sein/

/der Betrieb scheint an ihm sehr interessiert zu sein/

Bei den Kopulaverben *bin* und *bleibe* entsteht hingegen, wenn ein Infinitiv mit *zu* folgt, eine Prädikation im Passiv mit modaler Bedeutung (vgl. 2.6.1.1.3):

/bin ich nicht zu beneiden?/ (= ›kann/muß ich nicht beneidet werden?‹)

/diese Frage bleibt noch zu beantworten/ (= ›muß noch beantwortet werden‹)

Das Kopulaverb *werde* duldet keinen Infinitiv mit *zu* bei sich.

(2) Die Habitus-Verben *habe, kriege* und *bekomme*

Wenn eines dieser Verben einen Infinitiv mit *zu* an sich bindet, so entsteht eine Prädikation mit modal-aktivischer Bedeutung:

/störe mich nicht, ich habe dringend zu arbeiten!/ (= ›ich muß arbeiten‹)

/ich hoffe, du kriegst (oder: *bekommst*) *in Zukunft nicht mehr so viel zu tun/* (= ›man gibt dir nicht mehr so viel, das du tun sollst‹)

(3) Verben der Phasierung einer Handlung

Von Phasierung einer Handlung sprechen wir dann, wenn diese nach ihrem Anfang, Verlauf oder Ende spezifiziert wird. Verben, die das zum Ausdruck bringen und eine Handlungsweise nach ihren Phasen gliedern, haben vielfach einen Infinitiv mit *zu* bei sich, der die betreffende Handlung bezeichnet. Beispiele:

/ich fange allmählich an (oder: *beginne*) *zu verzweifeln/*

/das pflegen Sie bei jeder Gelegenheit zu sagen/

/ich fahre fort, mir über Sie Sorgen zu machen/

/hören Sie endlich auf, mir Angst einzujagen/

(4) Verben mit lexikalischer Geltungsbedeutung

Verben, die in ihrer lexikalischen Bedeutung eine bestimmte Geltungsweise zum Ausdruck bringen, haben ebenfalls gern einen Infinitiv mit *zu* bei sich, wodurch sie die betreffende Prädikation inhaltlich kennzeichnen. Beispiele:

/jetzt glaube ich endlich, dieses mathematische Problem verstanden zu haben/ (= Rück-Infinitiv)

/ich zweifle daran, es je zu verstehen/

/ich hoffe, es von dir richtig beigebracht zu kriegen/ (= Passivischer Infinitiv mit Partner-im-Subjekt-Passiv, umgangssprachliches Stilregister)

Orthographisch ist hier die Regel zu beachten, daß vor einem »einfachen Infinitiv mit *zu*« kein Komma gesetzt wird, wohl aber vor einem »erweiterten Infinitiv mit *zu*«. Zur Unterscheidung:

EINFACHER INFINITIV MIT *zu*	ERWEITERTER INFINITIV MIT *zu*
/was gedenkst du zu tun?/	*/ich rechne damit, Besuch zu bekommen/*
/du verstehst zu leben/	*/ich habe Angst, allein zu leben/*

Darüber hinaus können Infinitiv-Adjunkte mit *zu* die Stelle eines satzförmigen Adjunkts mit der Inhalts-Konjunktion *daß* einnehmen. Zum Vergleich:

INFINITIV-ADJUNKT	*daß*-ADJUNKT
/freut mich, Sie wieder mal gesehen zu haben/	*/es freut mich, daß ich sie wieder einmal gesehen habe/*

Während der erweiterte Infinitiv mit *zu* in aller Regel das Nachfeld einer Verbalklammer besetzt, findet man den (kurzen!) einfachen Infinitiv mit *zu* gelegentlich auch im Mittelfeld und in seltenen Fällen sogar im Vorfeld. Zum Vergleich:

EINFACHER INFINITIV MIT *zu* IM MITTELFELD	ERWEITERTER INFINITIV MIT *zu* IM NACHFELD
/du hast mir das zu tun versprochen/	*/du hast mir doch versprochen, das immer für mich zu tun/*

3.5 Die Modalverben

Die Modalverben sind eine Gruppe von sehr häufig vorkommenden Verben, die im allgemeinen einen reinen Infinitiv (auch als Rück-Infinitiv oder Infinitiv des Passivs) in ihrem Gefolge haben und mit diesem zusammen eine besondere Form der Grammatikalklammer bilden, die Modalklammer (vgl. 2.2.2.1.2). Wir besprechen zunächst die Konjugationsformen der Modalverben (3.5.1) und erörtern dann ihre Bedeutungen (3.5.2).

3.5.1 Die Konjugationsformen der Modalverben

Mit der sehr hohen Frequenz der Modalverben geht eine relativ große Zahl von »unregelmäßigen« Konjugationsformen einher. Was zunächst die Rollen-Konjugation betrifft, so ist vor allem bemerkenswert, daß die Modalverben des Präsens Indikativ in den Gesprächsrollen Sprecher/Singular und Referenzrolle/Singular ein Null-Flexiv [-Ø] haben, statt der Flexive *-e* [-ə] und *-t* [-t], die bei den sonstigen Verben für diese Gesprächsrollen charakteristisch sind. Zum Vergleich:

MODALVERBEN	SCHWACHE UND STARKE VERBEN
ich will [-Ø]	*ich rede* [-ə]
er/sie/es kann [-Ø]	*er/sie/es schreibt* [-t]

Dieses flexivische Verhalten teilen die Modalverben mit den Präteritumformen der starken Verben, weshalb man sie auch gelegentlich »Präterito-Präsentien« nennt. (Historisch *sind* sie tatsächlich präteritale Formen.) Zum Vergleich:

MODALVERBEN IM PRÄSENS	STARKE VERBEN IM PRÄTERITUM
ich soll [-Ø]	*ich stand* [-Ø]
er/sie/es muß [-Ø]	*er/sie/es saß* [-Ø]

Hinsichtlich der Tempus-Konjugation ist vor allem das konsonantische Flexiv *-t-* auffällig, das zur Bildung des Präteritums, Rück-Partizips und restriktiven Konjunktivs dient und die Modalverben im Prinzip als schwache Verben kennzeichnet. Hinzu kommen in der Tempus-Konjugation der einzelnen Modalverben verschiedene Formen des Ablauts und Umlauts als vokalische Flexive, wie sie sonst eher für die starken Verben charakteristisch sind (*ich will / wir wollen, ich darf / wir dürfen*). Der indirektive Konjunktiv ist nicht in allen Formen vom Präsens unterschieden; an seiner Stelle treten daher Suppletivformen des Restriktivs auf, die in den nachfolgenden Paradigmen durch einen hochgestellten Kreis (°) kenntlich gemacht sind. In einigen Fällen stehen schwach markierte Indirektivformen und suppletive Restriktivformen nebeneinander. Der analytische Restriktiv ist bei allen Modalverben sehr selten. Einen Imperativ kennen die Modalverben nicht. Nur fachsprachlich philosophisch gibt es die Form *wolle/wollet!*, etwa in dem Beispiel: *wolle immer das Gute!*

Wegen der großen Zahl »unregelmäßiger« Bildungen muß man sich die Konjugationsformen in ihren vollständigen Paradigmen merken:

(1) Das Modalverb *kann* (Infinitiv: *können*, Rück-Partizip: *gekonnt*)

TEMPUS	GESPRÄCHSROLLEN \ GELTUNGSWEISE		INDIKATIV	KONJUNKTIV	
PRÄSENS	SINGULAR	SPRECHER	*ich kann*	*ich könne*	INDIREKTIV
		HÖRER	*du kannst*	*du könnest*	
		REFERENZROLLE	*er/sie/es kann*	*er/sie/es könne*	
	PLURAL	SPRECHER	*wir können*	*wir °könnten*	
		HÖRER	*ihr könnt*	*ihr könnet, °könntet*	
		REFERENZROLLE	*sie können*	*sie °könnten*	
PRÄTERITUM	SINGULAR	SPRECHER	*ich konnte*	*ich könnte*	RESTRIKTIV
		HÖRER	*du konntest*	*du könntest*	
		REFERENZROLLE	*er/sie/es konnte*	*er/sie/es könnte*	
	PLURAL	SPRECHER	*wir konnten*	*wir könnten*	
		HÖRER	*ihr konntet*	*ihr könntet*	
		REFERENZROLLE	*sie konnten*	*sie könnten*	

Flexive der Tempus-Konjugation sind in diesem Paradigma der Konsonant *-t-* der schwachen Verben und der Ablaut *a/o,* verbunden mit dem Umlaut *o* > *ö*. Einige Formen des Indirektivs zeigen (obligatorische oder fakultative) Suppletion durch den Restriktiv.

(2) Das Modalverb *muß* (Infinitiv: *müssen,* Rück-Partizip: *gemußt*)

TEMPUS	GESPRÄCHSROLLEN \ GELTUNGSWEISE		INDIKATIV	KONJUNKTIV	
PRÄSENS	SINGULAR	SPRECHER	*ich muß*	*ich müsse*	INDIREKTIV
		HÖRER	*du mußt*	*du müssest*	
		REFERENZROLLE	*er/sie/es muß*	*er/sie/es müsse*	
	PLURAL	SPRECHER	*wir müssen*	*wir °müßten*	
		HÖRER	*ihr müßt*	*ihr müsset, °müßtet*	
		REFERENZROLLE	*sie müssen*	*sie °müßten*	
PRÄTERITUM	SINGULAR	SPRECHER	*ich mußte*	*ich müßte*	RESTRIKTIV
		HÖRER	*du mußtest*	*du müßtest*	
		REFERENZROLLE	*er/sie/es mußte*	*er/sie/es müßte*	
	PLURAL	SPRECHER	*wir mußten*	*wir müßten*	
		HÖRER	*ihr mußtet*	*ihr müßtet*	
		REFERENZROLLE	*sie mußten*	*sie müßten*	

Neben dem konsonantischen Flexiv *-t-* tritt nur der Umlaut *u/ü* auf. Einige Pluralformen des Indirektivs werden durch rollengleiche Suppletivformen des Restriktivs vertreten.

(3) Das Modalverb *darf* (Infinitiv: *dürfen*, Rück-Partizip: *gedurft*)

TEMPUS	GESPRÄCHSROLLEN		GELTUNGSWEISE: INDIKATIV	KONJUNKTIV	
PRÄSENS	SINGULAR	SPRECHER	*ich darf*	*ich dürfe*	INDIREKTIV
		HÖRER	*du darfst*	*du dürfest, °dürftest*	
		REFERENZROLLE	*er/sie/es darf*	*er/sie/es dürfe*	
	PLURAL	SPRECHER	*wir dürfen*	*wir °dürften*	
		HÖRER	*ihr dürft*	*ihr dürfet, °dürftet*	
		REFERENZROLLE	*sie dürfen*	*sie °dürften*	
PRÄTERITUM	SINGULAR	SPRECHER	*ich durfte*	*ich dürfte*	RESTRIKTIV
		HÖRER	*du durftest*	*du dürftest*	
		REFERENZROLLE	*er/sie/es durfte*	*er/sie/es dürfte*	
	PLURAL	SPRECHER	*wir durften*	*wir dürfen*	
		HÖRER	*ihr durftet*	*ihr dürftet*	
		REFERENZROLLE	*sie durften*	*sie dürften*	

Für die Konjugation dieses Modalverbs stehen das *-t-* als konsonantisches Flexiv der schwachen Verben sowie die vokalischen Flexive Ablaut (*a/u*) und Umlaut (*u* > *ü*) zur Verfügung. Suppletion des Indirektivs durch den Restriktiv tritt auch bei einigen Formen des Paradigmas auf.

(4) Das Modalverb *will* (Infinitiv: *wollen*, Rück-Partizip: *gewollt*)

TEMPUS	GE-SPRÄCHS-ROLLEN / GELTUNGS-WEISE		INDIKATIV	KONJUNKTIV	
PRÄSENS	SINGULAR	SPRECHER	*ich will*	*ich wolle*	INDIREKTIV
		HÖRER	*du willst*	*du wollest*	
		REFERENZ-ROLLE	*er/sie/es will*	*er/sie/es wolle*	
	PLURAL	SPRECHER	*wir wollen*	*wir °wollten*	
		HÖRER	*ihr wollt*	*ihr wollet, °wolltet*	
		REFERENZ-ROLLE	*sie wollen*	*sie °wollten*	
PRÄTERITUM	SINGULAR	SPRECHER	*ich wollte*	*ich wollte, würde – wollen*	RESTRIKTIV
		HÖRER	*du wolltest*	*du wolltest, würdest – wollen*	
		REFERENZ-ROLLE	*er/sie/es wollte*	*er/sie/es wollte, würde – wollen*	
	PLURAL	SPRECHER	*wir wollten*	*wir wollten, würden – wollen*	
		HÖRER	*ihr wolltet*	*ihr wolltet, würdet – wollen*	
		REFERENZ-ROLLE	*sie wollten*	*sie wollten, würden – wollen*	

Flexive sind das *-t-* (der schwachen Verben) und der Ablaut *i/o* (der starken Verben). Da der synthetische Restriktiv mit dem Präteritum formengleich ist, tritt oft (nicht immer!) der analytische Restriktiv ein. Einige Pluralformen des Indirektivs werden auch durch Formen des Restriktivs vertreten. Die Restriktivform *ich wollte* wird mündlich-umgangssprachlich oft zu *ich wollt'* gekürzt.

(5) Das Modalverb *soll* (Infinitiv: *sollen,* Rück-Partizip: *gesollt*)

<table>
<tr><td>TEMPUS</td><td colspan="2">GELTUNGSWEISE / GESPRÄCHSROLLEN</td><td>INDIKATIV</td><td>KONJUNKTIV</td><td></td></tr>
<tr><td rowspan="2">PRÄSENS</td><td>SINGULAR</td><td>SPRECHER
HÖRER
REFERENZROLLE</td><td>ich soll
du sollst
er/sie/es soll</td><td>ich solle
du sollest, °solltest
er/sie/es solle</td><td rowspan="2">INDIREKTIV</td></tr>
<tr><td>PLURAL</td><td>SPRECHER
HÖRER
REFERENZROLLE</td><td>wir sollen
ihr sollt
sie sollen</td><td>wir °sollten
ihr sollet, °solltet
sie °sollten</td></tr>
<tr><td rowspan="2">PRÄTERITUM</td><td>SINGULAR</td><td>SPRECHER
HÖRER
REFERENZROLLE</td><td>ich sollte
du solltest
er/sie/es sollte</td><td>ich sollte
du solltest
er/sie/es sollte</td><td rowspan="2">RESTRIKTIV</td></tr>
<tr><td>PLURAL</td><td>SPRECHER
HÖRER
REFERENZROLLE</td><td>wir sollten
ihr solltet
sie sollten</td><td>wir sollten
ihr solltet
sie sollten</td></tr>
</table>

Das Modalverb *soll* kennt keinen Ablaut und keinen Umlaut; einziges Flexiv ist das *-t-* der schwachen Verben. So sind auch die Formen des Präteritums und des Restriktivs gleichlautend. Einige Formen des Indirektivs im Plural werden durch die rollengleichen Suppletivformen des Restriktivs ersetzt.

(6) Das Modalverb *mag* (Infinitiv: *mögen*, Rück-Partizip: *gemocht*)

TEMPUS		GELTUNGSWEISE / GESPRÄCHSROLLEN	INDIKATIV	KONJUNKTIV	
PRÄSENS	SINGULAR	SPRECHER	*ich mag*	*ich möge*	INDIREKTIV
		HÖRER	*du magst*	*du mögest*	
		REFERENZROLLE	*er/sie/es mag*	*er/sie/es möge*	
	PLURAL	SPRECHER	*wir mögen*	*wir °möchten*	
		HÖRER	*ihr mögt*	*ihr möget, °möchtet*	
		REFERENZROLLE	*sie mögen*	*sie °möchten*	
PRÄTERITUM	SINGULAR	SPRECHER	*ich mochte*	*ich möchte*	RESTRIKTIV
		HÖRER	*du mochtest*	*du möchtest*	
		REFERENZROLLE	*er/sie/es mochte*	*er/sie/es möchte*	
	PLURAL	SPRECHER	*wir mochten*	*wir möchten*	
		HÖRER	*ihr mochtet*	*ihr möchtet*	
		REFERENZROLLE	*sie mochten*	*sie möchten*	

Die Konjugation des Modalverbs *mag* bedient sich des konsonantischen Flexivs *-t-* der schwachen Verben sowie der vokalischen Flexive Ablaut (*a/o*) und Umlaut (*o* > *ö*). Suppletivleistungen des Restriktivs treten ebenfalls bei einigen Pluralformen des Indirektivs auf. Die Restriktivformen des Paradigmas können in mancherlei Hinsicht schon fast als eigenes Modalverb aufgefaßt werden; sie haben jedenfalls eine besonders hohe Frequenz im Sprachgebrauch.

(7) Das Modalverb *brauche (nicht)* (Infinitiv: *brauchen,* Rück-Partizip: *gebraucht*)

TEMPUS	GESPRÄCHSROLLEN \ GELTUNGSWEISE		INDIKATIV	KONJUNKTIV	
PRÄSENS	SINGULAR	SPRECHER	*ich brauche*	*ich °brauchte/ bräuchte*	INDIREKTIV
		HÖRER	*du brauchst*	*du °brauchtest/ bräuchtest*	
		REFERENZ-ROLLE	*er/sie/es braucht*	*er/sie/es brauche*	
	PLURAL	SPRECHER	*wir brauchen*	*wir °brauchten/ bräuchten*	
		HÖRER	*ihr braucht*	*ihr °brauchtet/ bräuchtet*	
		REFERENZ-ROLLE	*sie brauchen*	*sie °brauchten/ bräuchten*	
PRÄTERITUM	SINGULAR	SPRECHER	*ich brauchte*	*ich brauchte/ bräuchte*	RESTRIKTIV
		HÖRER	*du brauchtest*	*du brauchtest/ bräuchtest*	
		REFERENZ-ROLLE	*er/sie/es brauchte*	*er/sie/es brauchte/ bräuchte*	
	PLURAL	SPRECHER	*wir brauchten*	*wir brauchten/ bräuchten*	
		HÖRER	*ihr brauchtet*	*ihr brauchtet/ bräuchtet*	
		REFERENZ-ROLLE	*sie brauchten*	*sie brauchten/ bräuchten*	

Als Flexive treten in der Konjugation dieses Modalverbs nur der Konsonant *-t-* der schwachen Verben und das vokalische Flexiv Umlaut (*au* > *äu*) auf. Im Indirektiv gibt es nur eine Form, die vom Präsens lautlich differenziert ist; alle anderen Formen werden durch Suppletivformen des Restriktivs vertreten. Bei diesen sind die Formen ohne und mit Umlaut regionale Varianten; im süddeutschen Sprachraum sind die Umlautformen häufiger.

3.5.2 Die Bedeutung der Modalverben

Die Modalverben dienen dazu, die Bedeutungs-Feststellung einer Prädikation zu modalisieren, das heißt, in ihrer Geltung zu flexibilisieren. Es kommt dabei zu einer Arbeitsteilung mit den Infinitiven, die ihnen beigeordnet sind. Das Modalverb bezeichnet nämlich als Vorverb der Modalklammer die Art und Weise, wie die Geltung der Prädikation zu flexibilisieren ist, während die Infinitivform des Verbs als Nachverb der Modalklammer den semantischen Inhalt der Prädikation zum Ausdruck bringt. Die Flexibilisierung der mit einem Modalverb versehenen Prädikation betrifft insbesondere die physischen, psychischen oder sozialen Bedingungen, unter denen die betreffende Feststellung der Bedeutung gilt. Unter einigen Kontextbedingungen lassen sich die Modalverben auch ohne anschließenden Infinitiv verwenden. Das wird genauer bei der nachfolgenden Bedeutungsbeschreibung der einzelnen Modalverben (3.5.2.1-6) mitbesprochen. Dabei verdient besondere Beachtung, daß bei geeignetem Kontext sämtliche Modalverben auch zum Ausdruck einer Unsicherheit oder Ungewißheit hinsichtlich der Geltung einer Nachricht gebraucht werden können (3.5.2.7). Dabei tritt bei den quasi-modalen Verben auch der Infinitiv mit *zu* wieder auf (3.5.2.8).

3.5.2.1 Das Modalverb *kann*

Das Modalverb *kann* ist das häufigste Modalverb der deutschen Sprache. Wir geben seine Bedeutung mit dem Merkmal ⟨DISPOSITION⟩ an. Wenn dieses Modalverb einem Infinitiv voraufgeht und mit ihm zusammen eine Modalklammer bildet, so steht die Feststellung einer Bedeutung zur Verfügung. Es ergibt sich jeweils aus dem Kontext oder aus der Situation, aufgrund welcher Bedingungen die Geltung einer Prädikation für das Subjekt verfügbar ist. Der Gebrauch des Modalverbs *kann* beruht auf der Erfahrung, daß einer Handlung in ihrem Umfeld oft Hindernisse entgegenstehen. Diese Hindernisse können in der Natur der Sache, in gesellschaftlichen Normen, moralischen Prinzipien oder in einer sonstwie begrenzten Handlungsfähigkeit des Subjekts bestehen. Das Modalverb *kann* gibt dann zu erkennen, daß solche grundsätzlich erwartbaren Hindernisse der Handlung in diesem Fall nicht entgegenstehen. Dabei bleibt offen, um was für Hindernisse es sich gegebenenfalls gehandelt hätte. Offen bleibt weiterhin, ob die Feststellung tatsächlich in Geltung tritt. Die Abwesenheit von Hindernissen führt ja nicht automatisch einen Sachverhalt herbei, der mit seiner Feststellung gilt. Beispiele:

/*du kannst diese Einladung ohne weiteres annehmen*/ (kein gesellschaftlich-moralisches Hindernis)

/*ihr könnt diese Aufgabe bestimmt lösen*/ (kein Hindernis durch begrenzte geistige Fähigkeit)

/*der Atomkern kann heute gespalten werden*/ (kein physisches oder technisches Hindernis)

/*der Bundespräsident kann einmal wiedergewählt werden*/ (kein politisch-rechtliches Hindernis)

Ist das Modalverb *kann* jedoch verneint, so stehen einer gültigen Feststellung doch Hindernisse entgegen, wobei wiederum offenbleibt, um was für Hindernisse es sich handelt. Beispiele:

/*die Wirtschaft kann nicht ewig wachsen*/ (Hindernisse in der Natur der Sache: Grenzen des Wachstums)

/*kein Gesetz kann die Menschenrechte abschaffen*/ (naturrechtlich-moralische Hindernisse)

/*du kannst doch nicht einfach jeden Menschen duzen!*/ (gesellschaftlich-konventionelle Hindernisse)

/*er schreibt so nachlässig, daß niemand seine Schrift entziffern kann*/ (Hindernisse durch fehlende Sorgfalt)

Die hier gegebenen Spezifikationen der entweder fehlenden oder, bei verneintem Modalverb, vorhandenen Hindernisse sind im Einzelfall aus dem jeweiligen Kontext abgeleitet und lassen sich dem Modalverb *kann* als solchem nicht ansehen. Wenn man also nur hört: *sie kann schreiben,* so mag das je nach dem Kontext Verschiedenes bedeuten, zum Beispiel:

- ›sie hat die Kulturtechnik des Schreibens erlernt und besitzt nun die Fähigkeit zu schreiben‹
- ›sie hätte eigentlich persönlich gratulieren müssen, nun erlauben ihr die gesellschaftlichen Konventionen noch den Ausweg, wenigstens zu schreiben‹
- ›sie ist im Gefängnis, hat aber das Recht, unbeschränkt Briefe zu schreiben‹
- ›sie ist Schriftstellerin und verfügt über eine große Schreibbegabung‹

Ist der Kontext so beschaffen, daß man den Infinitiv erraten oder erschließen kann, so ist das Modalverb *kann* auch ohne Infinitiv verwendbar. Insbesondere im Dialog erspart man sich oft eine Wiederholung des Infinitivs. Auch bei Ausdrücken, die eine Bewegungsrichtung oder eine intellektuelle Fähigkeit eindeutig bezeichnen, kann der Infinitiv fehlen. Beispiele:

/Sie können mich doch nicht einfach mitten in der Nacht anrufen ÷ natürlich kann ich, ich habe ja eine wichtige Nachricht/

/ich habe meine Schlüssel verloren, jetzt kann ich nicht nach Hause/

/ich werde mich um diese Stelle bewerben, ich kann ja recht gut Französisch/

Da die Formen des restriktiven Konjunktivs bei dem Modalverb *kann* durch ihren Vokalwechsel deutlich von den Formen des Präteritums unterschieden sind, steht ihrem Gebrauch kein formaler Grund entgegen. Hinzu kommt aber der inhaltliche Grund, daß die Restriktionen, die dieser Konjunktiv zum Ausdruck bringt, recht gut auf die Hindernisse im Umfeld zu beziehen sind, von denen das Modalverb *kann* positiv oder negativ handelt. Unter diesen Umständen spielen die Restriktiv-Formen dieses Modalverbs auch eine große Rolle in der Sprache der Höflichkeit. Beispiele:

/entschuldigen Sie bitte, könnten Sie mir wohl sagen, wie ich zu Goethes Haus am Frauenplan komme?/

/Sie könnten mir einen großen Gefallen erweisen, wenn Sie einen Augenblick auf mein Gepäck achten würden/

/das könnte ich natürlich tun, aber .../

/mancher könnte, wenn er nur wollte/

Mit dem Infinitiv *leiden* als Nachverb bildet das Modalverb *kann* gerne eine lexikalische Verbalklammer und nimmt dann eine Bedeutung an, die dem Modalverb *mag* nahekommt (vgl. 3.5.2.6). Beispiele:

/wenn du meine Meinung hören willst, ich kann diesen Mann nicht leiden/

/da verstehe ich dich nicht, ich kann ihn eigentlich recht gut leiden/

3.5.2.2 Die Modalverben *muß* und *brauche (nicht)*

Das Modalverb *muß* ist das zweithäufigste der deutschen Sprache. Es modalisiert eine Prädikation dadurch, daß es Zwänge feststellt, welche die Geltung einer Prädikation verlangen (oder negativ: dieser Geltung entgegenstehen). Wir beschreiben die Bedeutung des Modalverbs *muß* mit dem gleichen semantischen Merkmal ‹GEBOT›, das auch zur Bedeutungsbeschreibung des Imperativs gedient hat (vgl. 3.3).

Der Geltungsdruck, der von dem Modalverb *muß* ausgeht, kann auf dem Wirken physischer, psychischer oder sozialer Kräfte beruhen. Allemal bleibt jedoch unentschieden, ob diese Kräfte ausreichen, einer Feststellung tatsächlich Geltung zu verschaffen. Was man zu tun verpflichtet oder gezwungen ist, tut man ja keineswegs immer. Auch ist es für die Bedeutung des Modalverbs *muß* gleichgültig, von welcher Macht oder Instanz der ›Druck‹ ausgeht und ob die damit verbundenen Handlungszwänge als »Normen« verinnerlicht sind oder nicht. Das hängt vom Kontext des Einzelfalls ab. Beispiele:

/*jeder Staatsbürger muß Steuern zahlen*/ (gesetzliche und moralische Verpflichtung)

/*wenn du eine fremde Sprache lernen willst, mußt du Vokabeln lernen*/ (zwingende Folgerung aus einer Prämisse)

/*hör mal, du mußt mir heute unbedingt dein Motorrad leihen*/ (dringende Bitte und Aufforderung)

/*zum Geburtstag muß man seinen Freunden gratulieren*/ (gesellschaftliche Regel)

Wie bei dem Modalverb *kann* ist auch bei dem Modalverb *muß* der Infinitiv entbehrlich, wenn der Kontext keinen oder nur geringen Zweifel an der mitzuverstehenden Bedeutung läßt. Beispiele:

/*ich glaube, ich muß mich bei dir entschuldigen ÷ ja, das mußt du tatsächlich*/

/*wenn es dunkel wird, müssen kleine Kinder ins Bett*/

In der Negation des Gebots tritt oft an die Stelle des Modalverbs *muß* das Modalverb *brauche (nicht)*, das ohne negativen Kontext nicht vorkommt (außer als »Vollverb«: *wir brauchen Geld*). Aber auch ein partiell negierender Kontext reicht schon aus als Vorkommensbedingung für dieses

Modalverb, zum Beispiel: *brauche nur.* Die Bedeutung des Modalverbs *brauche (nicht)* kann, ebenso wie bei *muß,* mit dem semantischen Merkmal ⟨GEBOT⟩ angegeben werden, jedoch mit dem negativen Zusatzmerkmal ⟨EINSPRUCH⟩. Zum Vergleich:

AFFIRMATION	NEGATION
/*muß ich mir diese indiskreten Fragen von meinem Kollegen gefallen lassen?*/	/*Sie brauchen sich diese indiskreten Fragen nicht gefallen zu lassen*/
/*ein guter Computer macht alles allein: Sie müssen nur auf den Knopf drücken*/	/*ein guter Computer macht alles allein: Sie brauchen nur auf den Knopf zu drücken*/

Das letzte Beispiel läßt in der linken und rechten Spalte erkennen, daß man bei *nur* zwischen einer Auffassung als Teil-Affirmation (mit *muß*) oder als Teil-Negation (mit *brauche*) wählen kann.

Als einziges Modalverb der deutschen Sprache steht *brauche (nicht)* nach der Norm des guten Sprachgebrauchs immer vor einem Infinitiv mit vorangestellter Präposition *zu,* doch weicht die Umgangssprache nicht selten von dieser Regel ab. Beispiele:

/*keiner braucht mehr (zu) geben, als er hat*/

/*du brauchst mir das nicht unbedingt (zu) glauben*/

Da nun das Modalverb *brauche (nicht)* durch seine (normgemäße) Verwendung mit *zu* einen Sonderfall im System der Modalverben bildet, ist in der deutschen Gegenwartssprache eine starke Tendenz zu verzeichnen, das Modalverb *muß* auch negiert weiterzugebrauchen. Damit entfällt auch das von der Schule stark betonte Normproblem (Trivialregel: »Wer *brauchen* nicht mit *zu* gebraucht, braucht *brauchen* gar nicht zu gebrauchen«). Beispiele:

/*Sie müssen ja zum Geburtstag nicht unbedingt hundert Leute einladen*/

/*es muß nicht immer Alkohol sein*/

3.5.2.3 Das Modalverb *darf (nicht)*

Das Modalverb *darf* kombiniert in seiner Bedeutung die Bedeutungen der beiden Modalverben *muß* und *kann.* Wir beschreiben seine Bedeutung daher mit den zwei semantischen Merkmalen ⟨GEBOT⟩ und ⟨DISPOSI-

TION⟩. Damit wird zum Ausdruck gebracht, daß zwar Zwänge und Hindernisse festzustellen sind, daß diese sich aber nicht auf das im Infinitiv bezeichnete Handeln auswirken.

Es ist für die Bedeutung des Modalverbs *darf* gleichgültig, von welcher Art das Gebot ist. Solche Unterscheidungen brauchen deshalb keine Rolle zu spielen, weil das Modalverb *darf* ohnehin zum Ausdruck bringt, daß dieses Gebot, obwohl mit ihm zu rechnen ist, dennoch nicht die Geltung der Prädikation verhindert. Beispiele:

/*ich darf doch gewiß vor Ihrer Haustür parken?*/ (keine entgegenstehenden Normen des Straßenverkehrs und der Höflichkeit)

/*Sie dürfen Ihr Fahrzeug auch bei mir im Hof abstellen*/ (kein entgegenstehendes Hausrecht)

/*jeder Deutsche, der die Hochschulreife erworben hat, darf an einer Hochschule studieren*/ (keine entgegenstehende Zulassungsbedingung)

/*der Kranke darf schon wieder Besuch empfangen*/ (keine entgegenstehende ärztliche Anordnung)

Verneint oder teilverneint drückt das Modalverb *darf* umgekehrt aus, daß es sehr wohl Zwänge gibt, die dem Handeln als Hindernisse entgegenstehen. Jetzt tritt noch das Negationsmerkmal ⟨EINSPRUCH⟩ zu den anderen semantischen Merkmalen hinzu. Beispiele:

/*eine Gerichtsverhandlung darf nicht gefilmt werden*/ (gesetzliche Bestimmung)

/*Sie dürfen dieses Buch nur in der Bibliothek benutzen*/ (institutionelle Regelung)

/*wir dürfen die Stereoanlage nur so laut aufdrehen, daß es den Nachbarn nicht stört*/ (moralisches Gebot und Hausordnung)

Ebenso wie die Modalverben *kann* und *muß* läßt sich auch das Modalverb *darf* bei eindeutig determinierendem Kontext ohne Infinitiv gebrauchen. Beispiele:

/*darf ich diesen Prospekt mitnehmen? ÷ ja, das dürfen Sie gerne*/

/*verdammt, ich darf heute wieder nicht ins Kino!*/

/*mir geht es genauso, ich darf überhaupt nie etwas!*/

Da sich das Modalverb *darf*, negiert oder nicht negiert, auf Zwänge und Hindernisse bezieht, spielen seine Formen eine große Rolle in der Sprache der Höflichkeit. Man gibt mit dem Gebrauch dieses Modalverbs zu erkennen, daß man die Normen der Höflichkeit kennt und respektiert. Auch in der Fachsprache der Wissenschaft gebraucht man dieses Modalverb gelegentlich zum Ausdruck einer gewissen Diskretion und Bescheidenheit den Normen der wissenschaftlichen Kommunikation gegenüber. Beispiele:

/*darf ich Sie wohl (höflich) darauf aufmerksam machen, daß hier das Rauchen nicht gestattet ist?*/

/*rufen Sie mich doch morgen einmal an, wenn ich bitten darf*/

/*Ihr neuer Mitarbeiter ist manchmal ein recht frecher Bursche, wenn ich so sagen darf*/

/*ich darf vielleicht an dieser Stelle die Bemerkung machen, daß in Ihrer Ausarbeitung ein Fehler steckt*/

Auch bei dem Modalverb *darf* werden gerne die Formen des restriktiven Konjunktivs zur Einschränkung der Geltung gebraucht, zumal in Alltagsdialogen. Ein höflicher Ausdruck wird durch die Restriktivformen dieses Modalverbs noch um eine Nuance höflicher als durch die Formen des Präsens:

/*dürfte ich Sie wohl einmal um eine Gefälligkeit bitten?*/

/*du dürftest deinem Patenonkel eigentlich wieder einmal einen Brief schreiben!*/

3.5.2.4 Das Modalverb *will*

Das Modalverb *will* ist das dritthäufigste Modalverb der deutschen Sprache. Es ist in seiner Bedeutung durch das Merkmal ⟨INTERESSE⟩ zu beschreiben. Das Subjekt hat ein Interesse daran, einer Feststellung Geltung zu verschaffen. Dieses Interesse kann sich je nach dem Kontext oder der Situation in verschiedener Weise äußern, etwa als Wunsch, Absicht, Entschluß, Plan, Bereitschaft, Motivation, Ankündigung oder eben als »Wille«. In den meisten Fällen ist Subjekt dieses Modalverbs eine Person, deren Antrieb sich auf das eigene Handeln richtet. Dann steht das Modalverb *will* mit einem nachfolgenden Infinitiv. In verhältnismäßig seltenen Fällen kann sich das Interesse des Subjekts jedoch auch auf das Handeln einer anderen Person richten. Dann muß ein Inhalts-Adjunkt mit *daß* stehen, in dem die andere Gesprächsrolle genannt wird. Zur Unterscheidung:

MODALVERB MIT DEM INFINITIV	MODALVERB MIT *daß*-ADJUNKT
/ich will meine Ruhe haben/	*/ich will, daß du deine Ruhe hast/*
/wir wollen etwas lernen/	*/wir wollen, daß ihr etwas lernt/*

Das mit dem Modalverb *will* bezeichnete Interesse kann positiver oder negativer Natur sein. Beispiele:

/alle vernünftigen Menschen wollen den Frieden/

/ich will dir jetzt mal was sagen, hör gut zu!/

/ich will jetzt kurz die Vorgeschichte erzählen und komme später auf das eigentliche Problem zu sprechen/

/ich empfehle äußerste Vorsicht; wenn hier ein Unglück geschieht, will ich nicht der Verantwortliche (gewesen) sein/ (= Rück-Infinitiv)

/ich erwarte von Ihnen keine besonderen Gefälligkeiten, will aber bei Ihren Planungen berücksichtigt werden/ (= Infinitiv Passiv)

Auch einer Sache als Subjekt kann ein Interesse zugeschrieben werden, das dann beispielsweise als biologische Kraft zu verstehen ist. Steht dabei das Verb im Passiv, so richtet sich diese Zuschreibung auf eine unbekannte Instanz:

/Bäume wollen dem Licht entgegenwachsen/

/ein guter Garten will auch gut gepflegt werden/ (= Infinitiv Passiv)

Manchmal führt das Interesse unmittelbar an die Geltung der Prädikation heran. Es braucht dann nur noch ein einziger Schritt getan (oder eben nicht getan) zu werden. Das kann ebenfalls mit dem Modalverb *will* zum Ausdruck gebracht werden:

/setzt euch zu Tisch, wir wollen jetzt essen/

/es sieht schon die ganze Zeit nach Regen aus, aber es will und will nicht regnen/

Bei eindeutigem Kontext kann das Modalverb *will* auch ohne nachfolgenden Infinitiv (oder nachfolgendes *daß*-Adjunkt) gebraucht werden. Beispiele:

<u>/willst</u> du deiner Schwester nicht einen Brief <u>schreiben</u>? ÷ ich <u>will</u> zwar nicht, aber ich muß wohl/

/du bist doch eben erst gekommen, <u>willst</u> du schon wieder <u>weg</u>?/

/alles was er <u>will</u>, ist ihr Geld/

Da in der Bedeutung des Modalverbs *will* in der Regel psychische Antriebe des Handelns angesprochen sind, können mit ihm recht gut verschiedene Nuancen der Höflichkeit ausgedrückt werden, vor allem als Frage oder Aufforderung, wobei insbesondere die Form *willst du/wollen Sie* vielfach zwischen der Frage und der Aufforderung in der Schwebe bleibt. Beispiele:

/<u>willst du</u> mir (nicht) den Gefallen <u>tun</u>, einen Augenblick auf das Baby aufzupassen?/

/<u>wollen Sie</u> bitte hier <u>Platz nehmen</u>!/

Da die Präteritumformen des Modalverbs *will* wegen des fehlenden Ab- und Umlauts mit den Formen des restriktiven Konjunktivs homonym sind, werden sie in der Regel nur dann mit konjunktivischer Bedeutung gebraucht, wenn der Kontext diese Bedeutung stützt. Das ist vor allem im Wunsch und im irrealen Bedingungsgefüge (Konditional-Junktion) der Fall. Beispiele:

WUNSCH	BEDINGUNGSGEFÜGE
/ich <u>wollte</u> (oder: *<u>wollt'</u>*), *ich <u>wäre</u> immer mit dir zusammen!/*	*/wenn du wirklich <u>wolltest</u>, wärst du schon hier/*

Die Präteritumformen des Modalverbs *will* stehen auch bisweilen im Dienste der Höflichkeit, wenn eine Feststellung abzuschwächen ist. Beispiele:

/ich <u>wollte</u> mich mal <u>erkundigen</u>, ob mein Antrag schon bearbeitet ist/

/ich <u>wollte</u> nur <u>fragen</u>, wann die Verhandlung nun stattfindet/

3.5.2.5 Das Modalverb *soll*

Das Modalverb *soll* hat ebenfalls eine sehr hohe Frequenz im deutschen Sprachgebrauch. Es ist mit dem Modalverb *will* darin bedeutungsverwandt, daß es ebenfalls ein Interesse an der Geltung bezeichnet, mit dem

Unterschied jedoch, daß nicht das eigene Interesse gemeint ist, sondern das Interesse, das eine andere Instanz vom Subjekt der Handlung verlangt. Wir beschreiben daher die Bedeutung dieses Modalverbs mit den zwei semantischen Merkmalen ⟨GEBOT⟩ und ⟨ZUWENDUNG⟩. Beispiele:

/*warum soll ich eigentlich schon aufstehen?*/

/*du sollst aufstehen, weil um 8 Uhr die Schule beginnt*/

Die Zehn Gebote sind im Deutschen ebenfalls mit dem Modalverb *soll* formuliert, wenigstens in der Mehrzahl der Gebote und Verbote:

/*du sollst Vater und Mutter ehren, ...*/

/*du sollst nicht töten*/

Hier nähert sich das Modalverb in seiner Bedeutung dem Imperativ, drückt dessen ›Gebot‹ jedoch in vermittelter Form aus, da ja das (eigene) Interesse, obwohl es Zwängen ausgesetzt ist, am Zustandekommen der Geltung mitwirken soll. Daher kann das Modalverb *soll* auch Suppletionsaufgaben im Paradigma des Imperativs wahrnehmen, vor allem in der Referenzrolle und zumal in der indirekten Rede, also in beiden Fällen unter Bedingungen, die einem indirekt wirkenden Gebot entgegenkommen. Beispiele:

/*sagen Sie dem Mann, er soll* (oder: *solle*) *mich in Ruhe lassen!*/

/*die Kollegin hat mich gebeten, ich solle ihrem Sohn Nachhilfestunden geben*/

Wenn der Kontext keinen Zweifel am Sinnzusammenhang läßt, kann das Modalverb *soll* auch ohne Infinitiv stehen. Beispiele:

/*deine Eltern haben gesagt, du sollst nach Hause kommen ÷ was soll ich denn da?*/

/*du weißt doch, daß du noch mit in die Stadt sollst ÷ unglaublich, was man nicht alles soll!*/

Ebenso wie die anderen Modalverben verbindet sich auch *soll* mit dem Konjunktiv, insbesondere mit dem Restriktiv, obwohl dessen Formen mit den rollengleichen Formen des indikativischen Präteritums identisch sind. Dadurch wird für das ›gebotene Interesse‹ eine gewisse Einschränkung des Gebots verfügt, was häufig zu einer psychischen Entlastung der Situation führt. Beispiele:

/ich sollte Sie vielleicht noch darauf aufmerksam machen, daß Ihr Ausweis abgelaufen ist/

/Sie sollten sich überlegen, ob Sie wirklich auf Ihren Forderungen bestehen wollen/

/das hätten Sie sich vorher überlegen sollen!/

3.5.2.6 Das Modalverb *mag (nicht) / möchte*

Das Modalverb *mag*, dem wir mit Hilfe des semantischen Merkmals ⟨ZUWENDUNG⟩ die Bedeutung ›(Zu-)Neigung‹ zuschreiben wollen, kommt indikativisch vor einem Infinitiv fast nur negiert (*mag nicht*) oder teilnegiert (*mag nur*) vor, konjunktivisch jedoch sowohl affirmiert als auch negiert, und zwar im Restriktiv (*möchte, möchte nicht*) oder auch (bei diesem allerdings fast nur stereotyp und formelhaft) im Indirektiv (*möge, möge nicht*). Affirmativ-indikativisch ist jedoch für *mag* ein Gebrauch ohne Infinitiv (als »Vollverb«, oft mit dem Adverb *gern* zusammen) und als Vorverb eines zweiteiligen Verbs *mag (gern) – leiden* zu verzeichnen; letzteres wird oft als diskret-abgeschwächtes Synonym des Verbs *liebe* gebraucht. Beispiele:

/er mag sie offenbar (gern) und sie ihn auch/

/habe ich dir schon gesagt, daß ich dich gern (leiden) mag?/

/ich mag Freundschaften lieber als Bekanntschaften/

Sehr viel geläufiger ist das negierte oder teilnegierte Modalverb *mag*, das eine ›Abneigung‹ ausdrückt:

/ich mag unter dieser Betriebsleitung nicht arbeiten/

/ich mag mir gar nicht ausmalen, was passieren wird, wenn . . ./

In der Sprache der Diskretion und Höflichkeit spielt der indirekte Konjunktiv des Modalverbs *mag* eine beträchtliche Rolle, und zwar nicht nur in denjenigen Formen, die hörbar von den rollengleichen Präsensformen unterschieden sind *(ich möge/du mögest/er möge/ihr möget)*, sondern auch in den anderen Formen, die sich nicht vom Präsens unterscheiden *(mögen wir/mögen sie/mögen Sie)*. Gerade die an letzter Stelle genannte Distanzform ist in diesem Zusammenhang besonders wichtig. Beispiele:

/mögen Sie hier bitte einen Augenblick Platz nehmen?/

/schreiben Sie der Kollegin bitte, sie möge sich nach einer Urlaubsvertretung umsehen!/

Nur zeremoniellen Gebrauch haben (»optativische«) Wunschausdrücke mit dem indirektiven Konjunktiv *möge/mögen:*

/möge Ihnen das Neue Jahr nur Gutes bringen!/

/mögen alle Ihre Wünsche in Erfüllung gehen!/

Sehr viel häufiger als der Indikativ begegnet jedoch der restriktive Konjunktiv des Modalverbs *mag,* also die Form *möchte* in allen Gesprächsrollen, so daß einige Beobachter der deutschen Sprache sich schon gefragt haben, ob nicht ein eigenes Modalverb *möchte* anzusetzen ist. Dieser Auffassung wollen wir hier nicht folgen, da es genügt, zum Verständnis der Bedeutung von *möchte* die semantischen Merkmale ⟨ZUWENDUNG⟩ und ⟨EINSCHRÄNKUNG⟩ zusammen ins Auge zu fassen. Bei der ebenfalls sehr häufigen Negationsform *möchte nicht (möchte nur)* kommt noch ⟨EINSPRUCH⟩ als drittes semantisches Merkmal hinzu. Der Grundbedeutung der ›Neigung‹ entsprechend, verbindet sich die Modalform *möchte* vielfach mit dem Adverb *gern.*

In der Sprache der Diskretion und Höflichkeit ist *möchte (gern)* unentbehrlich. Es schwächt die eigene Neigung, wenn sie zutage treten will, gebührend ab. Beispiele:

/ich möchte (gerne) mal fragen, ob die neuen Reiseprospekte schon eingetroffen sind/

/ich möchte nicht gerade behaupten, daß dies der schönste Ferienort ist, aber . . ./

/heute möchte ich meine Ferienreise noch nicht fest buchen, vielleicht nach Weihnachten/

Auch der reine Wunsch kann mit *möchte* zum Ausdruck kommen:

/ach, möchten diese Ferien doch nie zu Ende gehen!/

Das Modalverb *will* und die modale Restriktivform *möchte* unterscheiden sich deutlich in der Intensität des mentalen Vorgriffs auf die Geltung der Prädikation. Die Form *möchte* ist wesentlich zurückhaltender und zaghafter; sie gilt allemal als höflicher. Beispiele:

MODALFORM *möchte*	MODALVERB *will*
/ich möchte gern irgendwann einmal nach Nepal reisen/	*/ich will meinen nächsten Urlaub in Mecklenburg verbringen/*

Kinder lernen Diskretion und Höflichkeit sehr früh an diesen Modalverben. Typische Erziehungsreplik:

/ich will noch ein Eis haben ÷ wie sagt man? ÷ ich möchte noch (gerne) ein Eis haben/

3.5.2.7 Modalverben und die Geltung von Nachrichten

Unter bestimmten Kontextbedingungen können alle Modalverben dazu dienen, die modalisierte Einstellung zur Geltung einer Prädikation auf die Geltung einer Nachricht zu beziehen. Eine Nachricht ist eine Feststellung, deren Geltung von einer Nachrichtenquelle abhängig ist. Diese kann zuverlässig oder weniger zuverlässig sein.

Die Kontextfaktoren, unter deren Einfluß die Geltung einer Prädikation im Zusammenwirken mit den einzelnen Modalverben als je spezifische Geltung einer Nachricht aufzufassen ist, sind insbesondere die folgenden:

(1) Verwendung des Modalverbs mit dem Rück-Infinitiv statt mit dem (Neutral-)Infinitiv, zum Beispiel: *soll - gewesen sein*. Formal gesehen, handelt es sich hier um die Inkorporation einer Perfektklammer in eine strukturdominante Modalklammer (nicht umgekehrt! - vgl. 2.2.2.2).

(2) Verwendung des Modalverbs in der Referenzrolle mit einer Sache als Subjekt, insbesondere mit *es* oder *das* in der Subjektrolle (zum Beispiel: *es dürfte - sein*).

(3) Verwendung und gegebenenfalls gehäufte Verwendung gewisser Modalpartikeln, die von ihrer Einzelbedeutung her zur jeweiligen Bedeutung des Modalverbs nicht recht passen, etwa die Kombinationen *wohl* und *muß*, *ja* und *mag*, *doch* und *darf nicht* (zum Beispiel: *das muß wohl so sein*). Hier kommt es besonders auf Nuancen an.

(4) Verwendung von Lexemen im Kontext, die von ihrer Lexembedeutung her eine Kontext-Determination der Modalverben im Sinne einer Nachricht oder Nachrichtenübermittlung nahelegen. Es ist an solche Lexeme zu denken wie: *Meldung, Gerücht, Zweifel* sowie an solche Ausdrücke wie: *mit eigenen Augen, dem Vernehmen nach, wie man hört.*

Je mehr von diesen kontextuellen Faktoren zusammenkommen, um so deutlicher wird die Anweisung an den Hörer, die Geltung einer Prädikation, die durch das jeweilige Modalverb zu modalisieren ist, als Geltung einer Nachricht zu verstehen. Im einzelnen ist zu diesem »epistemischen« Kontextwert der Modalverben folgendes zu bemerken:

(1) Das Modalverb *kann*

Wird das Modalverb *kann* von einigen der oben aufgeführten Kontextfaktoren auf den Bereich ›Nachricht‹ hin determiniert, so bleibt die Geltung der Nachricht zwischen den Polen Affirmation (›ja‹) und Negation (›nein‹) in der Schwebe. Beispiele:

/das kann sich ja wohl so verhalten, wie Sie sagen, aber es fehlen dafür einstweilen die Beweise/ (Kontextfaktoren: *das, ja, wohl, wie Sie sagen, Beweise*)

/es könnte im Frühjahr, vielleicht auch im Sommer gewesen sein/ (Kontextfaktoren: *es,* Restriktiv, *vielleicht,* Rück-Infinitiv)

/das können doch nur unsere lieben Nachbarn gewesen sein!/ (Kontextfaktoren: *das, doch,* Rück-Infinitiv)

Zu beachten sind hier (und bei allen Modalverben) die Regeln der Inkorporation bei der Kombination einer Modalklammer und einer Tempusklammer. Zum Vergleich:

MODALKLAMMER INKORPORIERT IN EINE PERFEKTKLAMMER	PERFEKTKLAMMER INKORPORIERT IN EINE MODALKLAMMER
/der Student hat das Buch ohne weiteres lesen können/	*/der Student kann das Buch ohne weiteres gelesen haben/*

Wird die Modalklammer in die strukturdominante Perfektklammer inkorporiert (= linkes Beispiel), so behält das Modalverb in der Nachverbposition seine volle Bedeutung ›Disposition‹. Der Geltung der Prädikation *der Student hat das Buch gelesen* stehen demnach keine Hindernisse entgegen. Bei einer Inkorporation der Perfektklammer in die Modalklammer hingegen (= rechtes Beispiel) wird das Modalverb in der Vorfeldposition auf die »epistemische« Bedeutung eingeengt, das heißt, der Geltung der Prädikation *der Student hat das Buch gelesen* steht keine anderslautende Nachricht entgegen.

(2) Die Modalverben *muß* und *brauche (nicht)*

Unter dem Einfluß der oben aufgeführten Kontextfaktoren oder einiger von ihnen drückt das Modalverb *muß* für die Geltung einer Prädikation eine starke Vermutung aus. Die Lage ist dann so, daß sie eine entsprechende Nachricht (die allerdings noch aussteht) geradezu erzwingt. Beispiele:

/*es ist kaum ein Zweifel möglich, es muß ein Dieb gewesen sein*/ (Kontextfaktoren: *Zweifel*, Rück-Infinitiv)

/*ja, das muß wohl tatsächlich so sein*/ (Kontextfaktoren: *das, wohl, tatsächlich*)

Besonders determinationsrelevant ist gerade bei diesem Modalverb die Frage, ob die Modalklammer in eine Perfektklammer oder die Perfektklammer in eine Modalklammer eingebettet wird. Zum Vergleich:

MODALKLAMMER INKORPORIERT IN EINE PERFEKTKLAMMER	PERFEKTKLAMMER INKORPORIERT IN EINE MODALKLAMMER
/*sie hat diesen Brief schreiben müssen*/	/*sie muß diesen Brief geschrieben haben*/

Auch hier hat das Modalverb *muß* im linken Beispiel in der Infinitivform *müssen* seine volle Bedeutung ›Gebot‹: es gibt Zwänge, den Brief zu schreiben. Im rechten Beispiel sorgt die kontextuelle Determination des Rück-Infinitivs dafür, daß der Hörer das Modalverb *muß* in der Vorfeldposition der strukturdominanten Modalklammer auf den Nachrichtenwert der modalisierten Prädikation bezieht, und man versteht: Die Nachricht ist zwingend zu erwarten, und dann gilt auch die Prädikation definitiv.

Ebenso wie das Modalverb *muß* im affirmativen Kontext, so kann auch das Modalverb *brauche (nicht)* im negativen Kontext die Geltungsweise einer Nachricht ausdrücken. Beispiel:

/*trotz der vorliegenden Zeugenaussagen braucht sich der Unfall ja nicht unbedingt so abgespielt zu haben*/ (Kontextfaktoren: Lexik der Zeugenaussagen, Einbettung einer Perfektklammer, Modalpartikel *ja*)

Das Beispiel besagt: ›der Nachrichtenwert der Zeugenaussagen kann hinsichtlich seiner Geltung angezweifelt werden‹.

(3) Das Modalverb *darf*

Bei dem Modalverb *darf* wird die eingeschränkte Geltungsweise fast immer mit der Restriktivform *dürfte* zum Ausdruck gebracht. Der Konjunktiv besagt von sich aus schon ›eingeschränkte Geltung‹; durch einen entsprechend determinierenden Kontext wird die Bedeutung des Modalverbs auf die Nuance einer ›ziemlich zwingenden Vermutung‹ festgelegt. Nach Eintreffen der immerhin erwartbaren Nachricht gilt dann die Prädikation. Beispiele:

/wenn ich meiner Tochter Vorschriften über die Frisur machen wollte, dürfte es eine kleine Revolution in der Familie geben/ (Kontextfaktoren: *wollte/dürfte,* starke Metapher *Revolution*)

/ich weiß immer noch nicht, wer ihr diese Frisur aufgeschwatzt hat, der Friseur dürfte es jedenfalls nicht gewesen sein/ (Kontextfaktoren: *aufgeschwatzt, jedenfalls,* Rück-Infinitiv)

(4) Das Modalverb *will*

Wenn das Modalverb *will* unter dem Einfluß diverser Kontextfaktoren seine Bedeutung ›Interesse‹ auf die spezifische Bedeutung ›Interesse an der Geltung einer Nachricht‹ eingrenzt, wirkt dabei wieder in besonderem Maße die mit dem Rück-Infinitiv verbundene Rück-Perspektive. Wo also bei einem Zusammentreffen einer Modalklammer und einer Perfektklammer die erstere strukturdominant bleibt, entsteht eine gewisse Unvereinbarkeit zwischen der vollen Bedeutung des Modalverbs als Vorverb und dem Infinitiv *getroffen haben* als Nachverb, so daß in dieser Prädikation die Geltung einer diesbezüglichen Nachricht in Zweifel gezogen wird. Auch darin äußert sich ein (negatives) Interesse. Zum Vergleich:

MODALKLAMMER INKORPORIERT IN EINE PERFEKTKLAMMER	PERFEKTKLAMMER INKORPORIERT IN EINE MODALKLAMMER
/sie hat diese Entscheidung immer schon treffen wollen/	*/sie will diese Entscheidung erst jetzt getroffen haben/*

Im Beispiel der rechten Spalte lehnt der Sprecher für die Geltung der Nachricht jede Mitverantwortung ab und distanziert sich von der Nachrichtenquelle.

(5) Das Modalverb *soll*

Hinsichtlich der Geltungsweise einer Nachricht ist *soll* unter allen Modalverben das wichtigste. Wenn dieses Modalverb von einigen der genannten Kontextfaktoren determiniert wird, macht es die Geltung einer Prädikation von einer unsicheren Nachrichtenquelle abhängig. Hinter dem ›Gebot‹, dieser Quelle Vertrauen zu schenken, steckt vielleicht eine interessegeleitete ›Zuwendung‹, so daß Vorsicht und Zurückhaltung angezeigt sind. Beispiele:

/*in der Innenstadt soll, wie man hört, ein absolutes Parkverbot verhängt werden*/ (Kontextfaktoren: *wie man hört,* Sache als Subjekt)

/*bei diesem Verkehr soll das wohl nötig geworden sein*/ (Kontextfaktoren: *das, wohl,* Rück-Infinitiv)

Besonders verläßlich ist auch beim Modalverb *soll,* wie das zweite Beispiel zeigt, der Kontextfaktor Rück-Infinitiv.

Eine besondere Funktion hat das Modalverb *soll* zur Bezeichnung einer Geltungsweise im Kontextzusammenhang eines Bedingungsgefüges (Konditional-Junktion). Die konditionale Konjunktion *wenn* drückt schon von sich aus als Junktor eine eingeschränkte Geltung aus (vgl. 7.3.5). Das gleiche ist vom restriktiven Konjunktiv zu sagen (vgl. 3.2.1.4). Beide Kontextfaktoren zusammen sind starke Indikatoren für eine Bedeutung von *soll* im Sinne der Nachrichtengeltung. Da nun eine konditionale Junktion nicht nur mittels einer konditionalen Konjunktion wie *wenn,* sondern auch durch Spitzenstellung des Verbs in einem vorangestellten Adjunkt zum Ausdruck gebracht werden kann, kann auch die Restriktivform *sollte* in dieser Stellung als verläßlicher Indikator für eine Geltung als ›unsichere Nachricht‹ genommen werden. Beispiele:

/*wenn Sie das tatsächlich so gesagt haben sollten, bin ich doch sehr von Ihnen enttäuscht*/ (Kontextfaktoren: *wenn, tatsächlich,* Restriktiv)

/*sollte das wirklich wahr sein, (so) glaube ich Ihnen nichts mehr*/ (Kontextfaktoren: Spitzenstellung, Restriktiv, *wirklich*)

In beiden Fällen hat das Modalverb *soll* in der Restriktivform eine kontextuell gut gesicherte Bedeutung im Sinne einer Geltung, die von einer unsicheren Nachricht abhängig ist.

(6) Das Modalverb *mag*

Auch die Bedeutung des Modalverbs *mag* kann durch einen bestimmten Kontext aus dem Bereich der Prädikationsgeltung auf den der Nachrichtengeltung eingegrenzt werden. Dadurch erhält das Modalverb eine konzessive Bedeutung, zu verstehen als eine ›Neigung‹, die sich auch gegenüber neuen (widerständigen) Nachrichten behauptet. Beispiele:

/*ich werde heute den Telefonhörer nicht abnehmen, mag das Telefon auch noch so oft klingeln*/ (Kontextfaktoren: »konditionale« Spitzenstellung des Verbs, Sache als Subjekt, Partikelkombination *auch noch so*)

/*ich kann Ihre Wünsche leider nicht erfüllen, und mögen sie auch noch so berechtigt sein*/ (Kontextfaktoren: *und*, Spitzenstellung des Verbs, Sache als Subjekt, Partikelkombination *auch noch so*).

Formelhaft verfestigt ist die konzessive Redensart: *mag kommen, was (da) will* (oder: *wolle*).

Wie schon bei den anderen Modalverben zu beobachten war, so erweist sich auch bei *mag* die Inkorporation einer Perfektklammer in die Modalklammer als zuverlässigster Indikator für die auf den Bereich der Nachrichten hin eingegrenzte Bedeutung. Zum Vergleich:

MODALKLAMMER INKORPORIERT IN EINE PERFEKTKLAMMER	PERFEKTKLAMMER INKORPORIERT IN EINE MODALKLAMMER
/*einen so bösen Brief zu schreiben, haben Sie das wirklich tun mögen?*/	/*sie mag diesen bösen Brief ja wohl geschrieben haben, aber . . .*/

Die geltende Prädikation würde lauten: *sie hat einen bösen Brief geschrieben.* Im linken Beispiel wird diese Prädikation modalisiert hinsichtlich der bloßen Neigung zu einer Handlung, die sich in dieser Prädikation feststellen läßt. Im rechten Beispiel geht es hingegen nur um die Frage, ob der Hörer wohl ›geneigt‹ sein kann, der entsprechenden Nachricht Geltung zuzusprechen.

3.5.2.8 Quasi-modale Verben

Im semantischen Umfeld der Modalverben gibt es eine Reihe von Verben, die ebenfalls oft mit einem Infinitiv zusammentreten, allerdings immer vermittelt durch die Präposition *zu*. Wir nennen sie wegen dieser formalen und semantischen Verwandtschaft quasi-modale Verben.

Man kann die quasi-modalen Verben nach Gruppen ordnen, die den Modalverben entsprechen und diese als ihre Bedeutungsebene haben:

(1) Modalverb *kann*

Quasi-modale Verben: *vermag zu, weiß zu, verstehe zu, bin – imstande zu*

(2) Modalverben *muß* und *brauche (nicht)*

Quasi-modale Verben: *habe (nicht) – nötig zu, bin – gehalten zu, bin – verpflichtet zu, bin* (oder: *sehe mich*) – *gezwungen zu, bin – davon befreit* (oder: *dispensiert*) zu

(3) Modalverb *darf*

Quasi-modale Verben: *wage zu, erlaube (mir) zu, gestatte (mir) zu, genehmige (mir) zu*

(4) Modalverb *will*

Quasi-modale Verben: *gedenke zu, plane zu, beabsichtige zu, nehme mir – vor zu, sinne darauf zu, verspreche zu*

(5) Modalverb *soll*

Quasi-modale Verben: *bin* (oder: *sehe mich*) – *veranlaßt zu, bin – gehalten zu*

(6) Modalverb *mag (nicht)*

Quasi-modale Verben: *wünsche zu, hoffe zu, neige dazu zu, zögere zu, bin – besorgt zu, fürchte zu, habe – Angst (davor) zu, schrecke davor – zurück zu.*

Beispiele:

/ich vermag nicht einzusehen, daß du Recht hast/

/ich nehme mir vor, das alles noch einmal zu überprüfen/

/ich hoffe sehr, das alles bald richtigstellen zu können/

Rein formal gesehen, gehört auch das Modalverb *brauche (nicht)* wegen des von ihm normgerecht geforderten Infinitivs mit *zu* in die Gruppe der quasi-modalen Verben.

4 Das Nomen und sein Umfeld

Das Nomen (zum Beispiel: *Mädchen, Großmutter, Wolf, Märchen, Jacob Grimm . . .*) ist diejenige Sprachzeichenklasse, die bei weitem die meisten Sprachzeichen umfaßt. Je nachdem, bis zu welchem Grade man die Fachsprachen mitrechnet, kann man sagen, daß von zehn Wörtern des deutschen Wortschatzes bis zu neun Nomina (»Substantive«) sind. Die verschiedenen Nomina sind von allen Sprachzeichenklassen die stärksten Informationsträger der Sprache.

Nach den Regeln der deutschen Orthographie zeichnen sich Nomina durch Großschreibung aus. Diese orthographische Kennzeichnung bringt beim Lesen den Vorteil mit sich, daß die wichtigsten Informationsträger eines Textes durch ihre großen Anfangsbuchstaben auffällig gemacht und aus dem Textfluß herausgehoben werden. Besonders bei fachsprachlichen Texten, die in der Regel einen noch viel höheren Anteil nominaler Sprachzeichen aufweisen als gemeinsprachliche Texte, kann man aus einem Inventar der Nomina, die der Text enthält, mit großer Wahrscheinlichkeit den Informationsgehalt des Textes, zumindest aber seinen Gegenstandsbereich erraten.

Die Sprachzeichenklasse des Nomens ist semantisch nicht scharf von anderen Sprachzeichenklassen abgrenzbar. Einige charakteristische Bedeutungsbereiche können jedoch hervorgehoben werden (4.1). Umso wichtiger sind die formalen Kennzeichen dieser Sprachzeichenklasse (4.2). Das Nomen kann durch viele verschiedene Determinanten in seiner Nominalgruppe näher bestimmt werden (4.3). Mit anderen Nomina oder Pronomina des Textes steht es in einem Referenzzusammenhang (4.4). Die verschiedenen Formen des Artikels tragen mit ihren Instruktionen wesentlich zur Determination eines Nomens bei (4.5).

4.1 Zur Bedeutung des Nomens

Die Sprachzeichenklasse der Nomina läßt sich in zwei große Subklassen unterteilen: die Eigennamen und die Gattungsnamen. Beide Subklassen können ihrerseits weiter aufgefächert werden. Zunächst sollen die Eigennamen (4.1.1), sodann die Gattungsnamen (4.1.2) und schließlich ihre Kombinationen (4.1.3) behandelt werden.

4.1.1 Eigennamen

Eigennamen oder auch kurz Namen (»nomina propria«) sind Nomina, die der Kennzeichnung einzelner Personen oder Sachen dienen. Man kann also diese »Namensträger« an ihren Namen identifizieren. Im

Idealfall besteht zwischen dem Namensträger (Person oder Sache) und dem Namen eine Eins-zu-Eins-Beziehung (*Christus, Jerusalem, Jordan*...). Die meisten Eigennamen benötigen allerdings zur zweifelsfreien Identifikation einer individuellen Person oder Sache noch kontextuelle oder situative Determinanten wie die Juxtaposition von Namen oder determinierende Zusätze zu ihnen, zum Beispiel: *Conrad Ferdinand Meyer, Frankfurt an der Oder, Glatzer Neiße* ... (vgl. dazu genauer 4.1.3). Es lassen sich die folgenden Arten von Eigennamen unterscheiden:

(1) Personennamen

Im deutschen Sprachraum haben Personen in der Regel zwei Namen in Juxtaposition: den Vornamen und den Familiennamen (oder Hausnamen). Beispiele: *Martin Luther, Clara Schumann, Eduard Mörike.* Man kann jedoch auch mehrere Vornamen haben (*Johann Sebastian Bach, Wilhelm Conrad Röntgen*), und auch der Familienname kann aus zwei Elementen bestehen, die dann in der Regel durch einen Bindestrich verbunden sind (*Annette von Droste-Hülshoff, Elly Heuss-Knapp*). Vornamen werden den Kindern durch Erklärung auf dem Standesamt oder bei der Taufe gegeben. Bei mehreren Vornamen muß einer von ihnen zum Rufnamen erklärt werden. Männliche Personen, die einen männlichen Rufnamen haben, können einen weiblichen Nebennamen tragen, in der Regel *Maria* (*Carl Maria von Weber, Rainer Maria Rilke*). Bei der Eheschließung behalten beide Partner ihren Familiennamen oder nehmen (eventuell zusätzlich zum eigenen Namen) den Namen des anderen Partners an.

Der Gebrauch des Familiennamens (nach dem Anredetitel *Herr, Frau,* veraltend: *Fräulein*) geht in der Regel einher mit dem Gebrauch der Distanzform *Sie.* Mit dem Gebrauch des Vornamens geht meistens die Vertrautheitsform *du* einher. Vornamen werden bisweilen, besonders im mündlichen Gebrauch, zu Rufnamen verkürzt, die bei männlichen Vornamen oft einsilbig sind (*Maximilian/Max, Friedrich/Fritz, Johannes/Hans*), bei weiblichen Vornamen hingegen meistens zweisilbig (*Gabriele/Gabi, Ingeborg/Inge, Friederike/Rieke*). Diese Kurzformen werden häufig durch Diminutiv-Suffixe nuanciert und dadurch ins Neutrum versetzt. Sie erhalten dabei eine spielerische oder zärtliche Konnotation (*Hänschen, Gabilein*). Bei noch weitergehender Vertrautheit können Vornamen oder ihre nuancierten Formen ganz durch Phantasieausdrücke mit dem Wert von Kosenamen (»Hypokoristika«) ersetzt werden (*Mäuschen, Spätzchen, Lämmchen, Wölkchen, Knöpfchen* ...). Im affektiven Gegensatz dazu stehen die Schimpfnamen, die ebenfalls manchmal aus dem Tierreich genommen und in der beschimpfenden Anrede gebraucht werden (zum Beispiel: *Sie Hornochse!, du dumme Kuh!, du alter Holzkopf!*).

Als (männlicher) Personenname sind auch der Eigenname *Gott* und andere Namen Gottes anzusehen. Personennamen sind auch die Namen der Engel und Heiligen. Alle diese Namen gehen mit der *du*-Anrede einher.

(2) Ortsnamen

Bei den Ortsnamen (Toponymika) können verschiedene Subkategorien unterschieden werden:

- Städtenamen (nebst Stadtteil- und Dorfnamen): *(königliches) Dresden, (das alte) Schwabing, (das verschneite) Sils-Maria;*
- Ländernamen (nebst Landschaftsnamen): *(das ferne) China, (liebliches) Südtirol, die Niederlande* (Plural), *die USA* (Plural);
- Gebirgsnamen im Singular oder Plural: *der Harz, die Rhön, der Watzmann, die Alpen, die Pyrenäen;*
- Gewässernamen: *der Rhein, die Donau, die Oder, der Belt, die Adria, der Atlantik;*
- die Namen der Himmelsrichtungen: *der Norden, der Südwesten;*
- Astronomische Namen, von unterschiedlicher Art je nach ihrer historischen Namengebung: *der Orion, die Kassiopeia, der große Wagen.*

(3) Völkernamen

Völkernamen (Bewohnernamen) sind semantisch mit den Ländernamen verwandt und werden im Plural gebraucht, zum Beispiel: *die Deutschen, die Franzosen, die Japaner, die Sachsen, die Mecklenburger.*

Der Gebrauch des Artikels bei Eigennamen wird in einem späteren Abschnitt dieses Kapitels besprochen (vgl. 4.5.1.4).

4.1.2 Gattungsnamen

Außer den Eigennamen gibt es die Gattungsnamen (»Appellativa«, »nomina communia«). Diese können sich ihrer Bedeutung nach sowohl im Umfang (»Extension«) als auch im Inhalt (»Intension«) unterscheiden. Umfang und Inhalt der Bedeutung stehen dabei in einer konversen Relation, das heißt: je weiter der Umfang, umso vager der Inhalt - und umgekehrt. Zwischen einem semantischen Pol, der durch maximalen Umfang und minimalen Inhalt gekennzeichnet ist, und dem Gegenpol, der durch minimalen Umfang und maximalen Inhalt gekennzeichnet ist, erstreckt sich eine weite Skala von Zwischenbedeutungen und Nuancen.

Außerhalb eines Textes betrachtet, zeichnen sich Gattungsnamen in der Regel durch einen relativ weiten Bedeutungsumfang und dementsprechend vagen Bedeutungsinhalt aus. Mit diesen semantischen Eigenschaften sind sie geeignet, Gattungen (oder Klassen) von Gegenständen zu bezeichnen. Ein solcher Gattungsname ist beispielsweise das Nomen *Hund.* Solange man außer diesem Nomen keine andere textuelle oder situative Information zur Verfügung hat, umfaßt seine Bedeutung (mindestens) alle denkbaren Hunderassen und alle einzelnen Hunde. Der lange Eintrag, den man unter dem Stichwort (»Lemma«) ›Hund‹ in einem Wörterbuch oder Lexikon findet, ist ein Abbild dieser weiten und infolgedessen vagen Bedeutung. Die getroffene Feststellung hat jedoch nur relative Geltung. Die Bedeutung des Wortes *Hund* ist nämlich weiter und vager als die Bedeutung des Wortes *Dackel,* jedoch enger/präziser als die Bedeutung des Wortes *Tier.* Man sagt: *Tier* ist Hyperonym zu *Hund,* und *Hund* ist wiederum Hyperonym zu *Dackel.* In umgekehrter Blickrichtung sagt man: *Dackel* ist Hyponym zu *Hund,* und *Hund* ist Hyponym zu *Tier.* Auf diese Weise kann man Hierarchien von Bedeutungen und eine »Begriffspyramide« bilden. Das ist vor allem in denjenigen Bereichen des Lexikons praktikabel, die zu klassifikatorischen Zwecken in Nomenklaturen geordnet worden sind (beispielsweise in der Zoologie und Botanik). Auch außerhalb solcher Nomenklaturen kann man häufig eine Reihe von Gattungsnamen nach ihrer unterschiedlichen Extension/Intension miteinander vergleichen und sie auf diese Weise an verschiedenen Stellen einer semantischen Skala anordnen.

Alle diese Feststellungen gelten aber nur, wenn man die Gattungsnamen in textueller und situativer Isolierung betrachtet. Meistens sind jedoch die Sprachzeichen, hier die Gattungsnamen, in einen Text eingebettet, und dieser Text gehört wiederum zu einer Situation (»Text-in-der-Situation«). Der Kontext und die Situation, im Grenzfall auch nur eines von beiden, determinieren die Bedeutung des Nomens und machen aus der relativ weiten und vagen Lexikonbedeutung eine relativ enge und präzise Textbedeutung (»Meinung«). Die Textbedeutung eines Nomens weist demzufolge eine präzisere Intension und engere Extension auf.

So kann beispielsweise schon die Wahl entweder des Adjektivs *groß* oder des Adjektivs *klein* im Kontext des Gattungsnamens *Hund* dessen Bedeutung in ihrem Umfang begrenzen und in ihrem Bedeutungsinhalt präzisieren. Das eben ist mit Determination gemeint.

Gattungsnamen werden oft auch danach unterschieden, ob sie eine konkrete Bedeutung (wie *Hund, Hütte, Futter*) oder eine abstrakte Bedeutung (wie *Treue, Dressur, Schutz*) haben. Als konkret gelten im allgemeinen Gegenstände der äußeren Erfahrung (Sinneserfahrung), als abstrakt hingegen Dinge der inneren Wahrnehmung. Bei den einfachen Gattungsnamen des Kernwortschatzes kann allerdings nicht immer eindeutig unterschieden werden, ob die Bedeutung konkret oder abstrakt ist. Deutlicher als Abstrakta zu erkennen sind hingegen Nomina mit bestimmten Suffixen (vgl. genauer 9.1.3.2) wie zum Beispiel:

ABSTRAKT-SUFFIXE	ABSTRAKTE GATTUNGSNAMEN
-ung:	*Beziehung, Besprechung, Entstehung*
-nis:	*Kenntnis, Gedächtnis, Besorgnis*
-heit/-keit/-igkeit:	*Freiheit, Heiterkeit, Neuigkeit*
-schaft:	*Wissenschaft, Gesellschaft, Gemeinschaft*
-tum:	*Christentum, Bürgertum, Altertum*

Zwischen den konkreten und den abstrakten Gattungsnamen stehen die Sammelnamen, die man auch Kollektivnamen (»Kollektiva«) nennt. Sammelnamen bezeichnen eine Menge von Gegenständen, wobei es sich sowohl um Lebewesen (Menschen, Tiere) als auch um Sachen handeln kann:

MENGE VON LEBEWESEN		MENGE VON SACHEN	
die Bevölkerung	*das Publikum*	*der Wald*	*das Getreide*
die Jugend	*die Polizei*	*das Gewölk*	*der Fuhrpark*
der Adel	*die Herde*	*das Besteck*	*das Laub*

Den Sammelnamen stehen die Stoffnamen (»Kontinuativa«) nahe. Stoffnamen bezeichnen konkrete Gegenstände, die als Mengen aufgefaßt, aber normalerweise nicht nach Elementen unterschieden werden. Die durch sie bezeichneten »Stoffe« haben keine erkennbaren Binnengrenzen. Unter ihnen findet man viele Ausdrücke für Nahrungsmittel.

NAHRUNGSMITTEL		ANDERE STOFFE	
Milch	*Wein*	*Erde*	*Luft*
Brot	*Kaffee*	*Feuer*	*Tinte*
Fleisch	*Butter*	*Blut*	*Gift*

Abstrakta, Sammelnamen und Stoffnamen zeigen gewisse Beschränkungen bei der Pluralbildung. Diese werden beim Numerus (vgl. 4.2.2) ausführlich behandelt.

4.1.3 Kombinationen von Eigennamen und Gattungsnamen

Bei den Eigennamen sind es insbesondere die Personennamen, die oft einer näheren Determination durch Gattungsnamen bedürfen. Dafür gibt es einige Standardformen. Abgesehen von der bereits erwähnten Juxtaposition von Vor- und Nachnamen (vgl. 4.1.1) sind hier vor allem die folgenden Kombinationen von Personen- und Gattungsnamen zu nennen:

(1) Anredeformen

Die Anredeformen, die auch als Referenzformen gebraucht werden, sind auf erwachsene Personen begrenzt und nach dem Geschlecht unterschieden: *Herr* vs. *Frau* (daneben auch veraltend für unverheiratete Personen weiblichen Geschlechts: *Fräulein*). Diese Anredeformen werden fast nur mit dem Nachnamen kombiniert:

/guten Tag, Herr Meyer!/ *⁄kennen Sie Frau Müller?/*

(2) Titulaturen

Titulaturen vor Personennamen gehen mit diesen eine mehr oder weniger feste Verbindung ein. Beim Doktortitel (nur bei diesem!) ist diese Verbindung sogar gesetzlich verankert: der Titel wird Bestandteil des Namens (zum Beispiel im Paß) - nach dem Muster der Adelsprädikate, die von Geburt zum Namen gehören. In der Regel verbindet sich die Titulatur mit dem Nachnamen (*Dr. Zeitblom, Graf Keyserling*). Tritt ein Vorname hinzu, so steht dieser hinter dem Doktortitel (*Dr. Serenus Zeitblom*), aber vor dem Adelsprädikat (*Harry Graf Keyserling*). Bei regierenden Fürsten, in religiösen Orden und - davon abgeleitet - in Krankenhäusern gibt es auch Titulaturen in Verbindung mit dem Vornamen (*Kaiser Franz-Joseph, Herzog Heinrich, Pater Johannes, Bruder Jakob, Schwester Ingeborg*).

(3) Berufsbezeichnungen

Die Kombination von Berufsbezeichnungen und Personennamen ist weniger fest gefügt als die von Titeln und Personennamen. Man verwendet die Berufsbezeichnungen außer bei Respektspersonen und bei militärischen Vorgesetzten (zum Beispiel: *Herr Bundespräsident, Herr Major*) normalerweise nicht in der Anrede, sondern nur, wenn man von ihnen spricht (Referenzform). Beispiele:

REFERENZFORM	ANREDEFORM
Frau Prof. Meitner	*Frau Meitner*
(Herr) Ministerialrat Vogel	*Herr Vogel*
Bäckermeister Mönnig	*Herr Mönnig*

Charakterisierende Berufsbezeichnungen, bisweilen mit weiteren Determinanten, eignen sich nur für die Referenzform, zum Beispiel:

der romantische Dichter Eichendorff

der expressionistische Maler Ernst Ludwig Kirchner

(4) Bezeichnungen für die Verwandtschaft oder die Beziehung zu anderen Personen

Bei dieser Art der Determination von Personennamen steht mit zwei Ausnahmen (*Onkel* und *Tante*) immer der Possessiv-Artikel. Die mit dem Personennamen bezeichnete Person wird hier über ihre Beziehung zu einer anderen Person, vorzugsweise der des Sprechers, identifiziert:

Onkel Fritz	*meine Schwester Veronika*
Tante Käthe	*meine geliebte Freundin Franzi*

Durch Juxtaposition können auch Angehörige einer Familie oder einer Organisation kollektiv benannt werden. Der Familien- oder Gruppenname steht dabei immer im Singular, und nur der Gattungsname zeigt an, daß mehrere Personen gemeint sind:

die Brüder Grimm	*Herr und Frau Brentano*
die Schwestern Brontë	*die Familie Bach*
die Geschwister Oppermann	*die Widerstandsgruppe »Weiße Rose«*

Ähnlich wie Personennamen können im Einzelfall auch Ortsnamen, Zeitnamen, Werknamen oder Namen von Produkten durch einen vorangestellten Gattungsnamen determiniert werden. Diese Gattungsnamen haben klassifizierende Funktion und geben dem Hörer an, welcher Klasse der durch den Eigennamen bezeichnete Gegenstand angehört. Die Gattungsnamen können ihrerseits durch vorangestellte Determinanten erweitert sein:

die Bundesrepublik Deutschland

das Bundesland Mecklenburg-Vorpommern

die alte Hansestadt Rostock

das reizende Weinviertel Grinzing

Goethes Drama »Egmont«

die Tageszeitung »Frankfurter Rundschau«

der Apfelwein »Maintröpfchen«

im Monat Mai

Unter den Juxtapositionen Gattungsname/Eigenname ist ein spezieller Fall hervorzuheben, bei dem nicht der Eigenname durch den vorangestellten Gattungsnamen, sondern vielmehr der Gattungsname durch den nachgestellten Eigennamen determiniert wird. Der Gattungsname ist dabei im Unterschied zu den bisher besprochenen Fällen keine Personenbezeichnung, sondern ein Nomen mit abstrakter Bedeutung, mit dem die im Eigennamen genannten Personen in einem Handlungszusammenhang stehen. Die Art des Zusammenhangs ist nicht expliziert und muß vom Hörer selbst erschlossen werden; insofern könnte man solche Juxtapositionen als Verdichtungen von Junktionsgefügen mit nicht genanntem Junktor verstehen:

die Regierung Kohl

der Fall Honecker

der Prozeß Eichmann

die Streitsache Meier/Mayer

die Allianz London-Washington

das Länderspiel England-Italien

4.2 Formen des Nomens

Das Nomen hat grundsätzlich die Möglichkeit, die grammatischen Kategorien Genus, Numerus und Kasus anzuzeigen. In den meisten Fällen kommt diese Anzeige jedoch nur im Zusammenwirken mit anderen Sprachzeichen zustande. Beispiel:

/*wie man in den Wald hineinruft, so schallt es heraus*/

Bei dieser Sprachzeichenfolge, einem Sprichwort, ist dem Nomen *Wald*, wenn man es von seinem Kontext isoliert, nur anzusehen (oder anzuhören), daß es eine Singular-Bedeutung hat, da der Plural *Wälder* lauten würde. Das Genus (Maskulin) und der Kasus (hier: Akkusativ) sind hingegen nur dem Kontext, insbesondere der Artikelform *den*, zu entnehmen. Dabei haben das Genus (4.2.1) und der Numerus (4.2.2) einen unterschiedlichen Status für das Nomen. In der Nominal-Flexion (Deklination) kommt hauptsächlich der Numerus zum Ausdruck, in geringerem Umfang auch der Kasus (4.2.3).

4.2.1 Genus des Nomens

Die deutsche Sprache kennt drei Genera: Maskulin, Feminin und Neutrum. Das Genus ist jedoch für das Nomen eine verdeckte Kategorie, die zur Lexik des jeweiligen Nomens gehört und vom Wortschatz her (»nur«) gewußt wird. Erst der Kontext der Nominalklammer, insbesondere der Artikel, den man entsprechend dem gewußten Genus setzt, macht das Genus zu einer hörbaren Kategorie:

Wald (gewußt: Maskulin) → *der Wald* / *ein Wald, der . . .* / *unser schöner Wald*

Für das heutige Sprachbewußtsein ist das Genus der meisten Nomina (Gattungsnamen) willkürlich. Man muß es als grammatische Tatsache mit dem Nomen lernen (4.2.1.1). Bei vielen Nomina jedoch, die als Gattungsnamen oder Eigennamen Menschen oder (größere) Tiere bezeichnen, nimmt das biologische Geschlecht (Sexus) einen bestimmenden Einfluß auf das grammatische Geschlecht (4.2.1.2).

4.2.1.1 Grammatisches Geschlecht (Genus)

Obwohl man bei einer historischen Betrachtung der Sprache in einzelnen Fällen und Fallgruppen hier und da Gründe für das jeweilige Genus entdecken kann, ist es für eine Grammatik der Gegenwartssprache zweckmäßig, das Genus, soweit es sich um das grammatische, biologisch nicht motivierte Geschlecht handelt, als eine von der Lexik her vorentschiedene Tatsache zu nehmen und »blind« zu lernen (am besten mit dem Artikel):

MASKULIN	FEMININ	NEUTRUM
der Löffel	*die Gabel*	*das Messer*
der Bleistift	*die Schere*	*das Papier*
der Palast	*die Villa*	*das Haus*
der Rock	*die Hose*	*das Hemd*
der Mond	*die Sonne*	*das Wetter*

Im Plural ist allerdings die dreiteilige Genus-Opposition Maskulin vs. Feminin vs. Neutrum neutralisiert. Keine Sprachzeichenklasse der deutschen Sprache, auch nicht der Artikel, ist in ihren pluralischen Formen nach dem Genus unterschieden. Es heißt ohne Unterscheidung der Artikelformen, also genusneutral: *die Löffel, die Gabeln, die Messer.*

Als willkürlich (arbiträr) gesetzte und für den Sprecher der Sprache »blind« vorgegebene Kategorie haben die drei Genera keine andere Bedeutung außer der, daß sie die Grundlage der Genus-Kongruenz bilden, die immer vom Nomen ausgeht. Genus-Kongruenz besagt, daß zwei oder mehr Sprachzeichen der gleichen Sprachzeichenklasse oder verschiedener Sprachzeichenklassen im Text unter dem Gesichtspunkt des Genus übereinstimmen. Die Genus-Kongruenz trägt wesentlich zur Herstellung von Textualität in einem Text bei.

Obwohl man grundsätzlich einem Nomen nicht anhören oder ansehen kann, welches sein Genus ist, ist es bei einigen Wörtern oder Wortgruppen gleichwohl möglich, von der Form oder der Bedeutung her das Genus vorherzusagen. Dafür gelten die folgenden Regeln, die vielfach nur Wahrscheinlichkeitsregeln sind:

(1) Morphologische Genus-Regeln

Abgeleitete Nomina (Derivate) sind in ihrem Genus oft durch ihr Suffix bestimmt (vgl. 9.1.3.2). Das gilt auch für verschiedene Suffixe der Bildungssprache, die aus dem Griechischen, Lateinischen, Französischen oder Italienischen stammen. Dafür einige Beispiele:

(A) Nominalsuffixe im Maskulin

-er:	*der Schüler*	*-ier* [je:]:	*der Bankier*
-ling:	*der Schmetterling*	*-ier* [i:ɐ]:	*der Offizier*
-and:	*der Doktorand*	*-iker:*	*der Zyniker*
-ant:	*der Fabrikant*	*-ismus:*	*der Realismus*
-är:	*der Revolutionär*	*-ist:*	*der Realist*
-eur:	*der Friseur*	*-or:*	*der Autor*
-ent:	*der Student*	*-us:*	*der Zyklus*

(B) Nominalsuffixe im Neutrum

-chen:	*das Häuschen*	*-um:*	*das Datum*
-lein:	*das Bächlein*	*-ma:*	*das Klima*
-at:	*das Sekretariat*	*-ment:*	*das Firmament*

(C) Nominalsuffixe im Feminin

▶ Einheimische Suffixe:

-ung:	*die Werbung*	*-heit:*	*die Kindheit*
-schaft:	*die Gemeinschaft*	*-keit:*	*die Höflichkeit*
-e:	*die Klage*	*-igkeit:*	*die Nettigkeit*
-ei:	*die Bücherei*	*-(er)ei:*	*die Rennerei*

▶ Lehnsuffixe:

-ade:	*die Olympiade*	*-ik:*	*die Musik*
-age:	*die Garage*	*-ine:*	*die Maschine*
-anz:	*die Eleganz*	*-ion:*	*die Nation*
-ation:	*die Information*	*-isse:*	*die Prämisse*
-enz:	*die Konsequenz*	*-ität:*	*die Universität*
-esse:	*die Raffinesse*	*-itis:*	*die Bronchitis*
-ette:	*die Etikette*	*-ive:*	*die Alternative*
-euse:	*die Friseuse*	*-ose:*	*die Neurose*
-ie [-iə]:	*die Materie*	*-sis:*	*die Genesis*
-ie [-í:]:	*die Theorie*	*-ur:*	*die Kultur*

(2) Semantische Genus-Regeln

Bei einer Reihe von Nomina kann man auch aus der Bedeutung ziemlich sichere Schlüsse auf das Genus ziehen. Regelmäßige Zusammenhänge zwischen der Bedeutung und dem Genus der Nomina bestehen insbesondere in den folgenden Bereichen:

(A) Maskulin

▶ Die Wochentage: *der Montag, der Dienstag, der Mittwoch, der Donnerstag, der Freitag, der Samstag (der Sonnabend), der Sonntag.*

▶ Die Monate: *der Januar, der Februar, der März, der April, der Mai, der Juni, der Juli, der August, der September, der Oktober, der November, der Dezember.*

▶ Die Jahreszeiten: *der Frühling, der Sommer, der Herbst, der Winter.*

▶ Die Himmelsrichtungen: *der Norden, der Süden, der Westen, der Osten.*

▶ Einige Witterungserscheinungen: *der Wind, der Regen, der Schnee, der Hagel* (aber: *die Brise, das Gewitter*).

- Die Namen der Berge (meistens): *der Großglockner, der Vesuv, der Ätna, der Montblanc, der Mount Everest* (aber: *die Zugspitze*).

- Mineralien und Gesteine: *der Sand, der Fels, der Ton, der Granit.*

- Die Automarken (meistens): *der Mercedes, der Golf, der BMW.*

(B) Feminin

- Die Namen der Zahlen: *die Eins, die Sieben, die Dreizehn* (als Sammelnamen sind die hohen Zahlen Neutra: *das erste Hundert, das zweite Tausend*).

- Die Namen der Schiffe: *die Bremen, die Berlin, die Bismarck.*

- Die Namen der Flugzeuge: *die Boeing 747, die DC 7, die Cessna* (aber: *der Airbus*).

- Die Namen vieler Bäume: *die Eiche, die Tanne, die Erle* (aber: *der Ahorn*).

- Viele Blumennamen: *die Rose, die Wicke, die Kamelia, die Akelei* (aber: *das Veilchen, der Goldregen*).

- Die Motorradmarken: *die BMW, die Suzuki, die Vespa.*

(C) Neutrum

- Die Farbnamen: *das Blau, das Lila, das Weiß-blau, das Himbeerrot.*

- Metalle und chemische Elemente: *das Eisen, das Zinn, das Uran, das Kadmium.*

- Die Städtenamen: *das liebliche Dinkelsbühl, das ewige Rom, das zerstörte Dresden.*

- Die Ländernamen (meistens): *das ganze Deutschland, das südliche Italien, das geheimnisvolle China* (aber: *die Türkei, der Senegal, die Ukraine* . . .). Ohne Artikel gebraucht, wie es bei den meisten Nomina ohne Attribut die Regel ist, bleibt das Genus eine verdeckte Kategorie.

- Die Namen der Kontinente: *das alte Europa, das unruhige Afrika, das ferne Australien.*

▶ Die Namen der Buchstaben, auch als Namen der musikalischen Noten: *das h, das große X, das ABC ...*

▶ Da die Gattungsnamen *Hotel, Café, Kino* Neutra sind, werden auch die Eigennamen dieser Einrichtungen vielfach im Neutrum gebraucht: *das (Hotel) Ritz, das (Café) Kranzler, das (Kino) Monopol.*

(3) Doppeltes Genus

Einige Nomina der deutschen Sprache haben doppeltes Genus, was bisweilen eine Veränderung der Bedeutung anzeigt. Beispiele:

▶ Genus-Varianten ohne Bedeutungsunterschiede

der Filter/das Filter
der Gummi/das Gummi
der Kalkül/das Kalkül
der Korpus/das Korpus
der Liter/das Liter
der Meter/das Meter
der Primat/das Primat
der Spind/das Spind
der Tabernakel/das Tabernakel
der Virus/das Virus

▶ Genus-Varianten mit Bedeutungsunterschieden

das Band (zum Binden)/
  der Band (des Buches)/
  die Band [ɛ] *(Musikkapelle)*
der Flur (im Haus)/
  die (Gemeinde-)Flur
der (thematische) Gehalt/
  das (monatliche) Gehalt
der Heide (Ungläubiger)/
  die Heide (als Landschaft)
der (Ober-)Kiefer/
  die Kiefer (im Wald)
der Kunde (im Laden)/
  die Kunde (Nachricht)
der Leiter (der Firma)/
  die Leiter (aus Holz)
die (Deutsche) Mark/
  das Mark (des Knochens)
der (Fahnen-)Mast/
  die (Rinder-)Mast
der (zeitliche) Moment/
  das (wichtigste) Moment
das (Orts-)Schild/
  der Schild (des Odysseus)
der See (Binnengewässer)/
  die See (das Meer)
das Steuer (des Wagens)/
  die Steuer (des Finanzamts)
der Stift (zum Schreiben)/
  das (Kloster-)Stift
der Tau (auf der Wiese)/
  das Tau (beim Schiff)
der Tor (Narr)/
  das Tor (der Stadt)

Lehnwörter, die aus anderen Sprachen in die deutsche Sprache übernommen werden, erhalten in der deutschen Sprache eines der drei Genera. Dafür ergeben sich verschiedene Möglichkeiten.

(A) Das Genus der Herkunftssprache wird beibehalten:

ho logos (Maskulin im Griechischen) > *der Logos*
ingenium (Neutrum im Lateinischen) > *das Ingenium*
la cavalleria (Feminin im Italienischen) > *die Kavallerie*
la raison (Feminin im Französischen) > *die Raison*

(B) Das Genus wird aus morphologischen Gründen verändert:

le garage (Maskulin im Französischen) > *die Garage* [-ə]

le groupe (Maskulin im Französischen) > *die Gruppe* [-ə]

In beiden Beispielen hat das Flexiv *-e* [-ə], das man bei vielen femininen Nomina der deutschen Sprache findet (zum Beispiel: *die Straße, die Bande*), das feminine Genus des Lehnwortes per Analogie an sich gezogen. Auch Suffixe können sich auf das Genus auswirken (*der Computer/der Rechner, mein Darling/mein Liebling*).

(C) Das Genus wird neu gebildet:

Wenn die Herkunftssprache selber kein Genus aufweist oder das Genus im Artikel verdeckt hält, was insbesondere für die englische Sprache charakteristisch ist, so erhält ein Lehnwort aus dieser Sprache im Deutschen ein Genus, das sich häufig an einem passenden Gattungswort (Hyperonym) oder an einem Synonym orientiert, zum Beispiel:

the smog > *der Smog* (vgl. *der Nebel*)
the box > *die Box* (vgl. *die Schachtel*)
the dinner > *das Dinner* (vgl. *das Essen*)
the grapefruit > *die Grapefruit* (vgl. *die Frucht, die Pampelmuse*)
the image > *das Image* (vgl. *das Bild*)
the jazz > *der Jazz* (vgl. *der Tanz*)
the level > *das Level* (vgl. *das Niveau*)
the story > *die Story* (vgl. *die Geschichte*)

4.2.1.2 Biologisch motiviertes Geschlecht (Sexus)

Bei Menschen und solchen Tieren, deren biologisches Geschlecht für den Menschen pragmatisch relevant ist, wird das Genus der Nomina (Gattungsnamen oder Eigennamen), mit denen diese Lebewesen bezeichnet werden, vom biologischen Geschlecht (Sexus) her motiviert. Dabei wird das männliche Geschlecht durch das maskuline Genus, das weibliche Geschlecht durch das feminine Genus abgebildet. Das Neutrum steht außerhalb dieser Relation.

(1) Biologisch motiviertes Genus bei Menschen

Die elementar-biologischen Geschlechtsrollen werden durch unterschiedliche Wortstämme für männliche und weibliche Personen bezeichnet. Das gilt auch für die Vornamen, die nach den Gesetzesvorschriften des Standesamtes das Geschlecht erkennen lassen müssen:

der Mann/die Frau	*der Neffe/die Nichte*
der Vater/die Mutter	*der Vetter/die Cousine*
der Onkel/die Tante	*Hermann/Dorothea*

Manche weibliche Vornamen sind jedoch durch Derivation von männlichen Vornamen gebildet: *Karl/Karla, Franz/Franziska, Ulrich/Ulrike.*

Im Unterschied zu den meisten biologischen Geschlechtsrollen werden die sozialen Geschlechtsrollen in der Regel durch Movierung gekennzeichnet (vgl. 9.1.3.2.1.3). Unter Movierung versteht man die Bezeichnung der weiblichen Geschlechtsrolle durch Ableitung von der männlichen Geschlechtsrolle, und zwar in den meisten Fällen mit Hilfe des Movierungs-Suffixes *-in* (Plural: *-innen*). Viele Berufe werden auf diese Weise geschlechtsspezifisch gekennzeichnet. Beispiele:

BERUFE	ANDERE GESCHLECHTSROLLEN
der Lehrer/die Lehrerin	*der Partner/die Partnerin*
der Schüler/die Schülerin	*der Kollege/die Kollegin*
der Student/die Studentin	*der Besitzer/die Besitzerin*
der Arbeiter/die Arbeiterin	*der Zuschauer/die Zuschauerin*
der Beamte/die Beamtin	*der Kunde/die Kundin*
der Professor/die Professorin	*der Helfer/die Helferin*
der Minister/die Ministerin	*der Autor/die Autorin*
der Chef/die Chefin	*der Buddhist/die Buddhistin*
der Trainer/die Trainerin	*der Franzose/die Französin*

Ärzte/Ärztinnen *Wähler/Wählerinnen*

Künstler/Künstlerinnen *Sportler/Sportlerinnen*

Tänzer/Tänzerinnen *Asylanten/Asylantinnen*

Gelegenheits- und Momentanrollen werden hingegen nur selten moviert, und man kann beispielsweise sagen:

/*die älteste Tochter ist ein großer Langschläfer*/

/*die jüngste Tochter ist bekannt als Feinschmecker*/

Tritt ein solches Nomen allerdings in einer Handlungsrolle auf, so ist ohne weiteres auch hier die Geschlechterdifferenzierung durch Movierung möglich:

/*nun wollen wir aber einmal unsere Langschläferin wecken*/

/*unsere Feinschmeckerin merkt sofort, wenn etwas Besonderes gekocht wird*/

Bei gewissen Prestigeberufen hat sich die weibliche Form bisher noch nicht oder nur zögernd durchgesetzt. So kann man alternativ sagen:

/*der Bundesminister* (oder: *die Bundesministerin*) *für Bildung und Wissenschaft, Frau xy, hat vor der Presse erklärt . . .*/

/*die Abgeordnete yz wurde zum Bundeskanzler* (oder: *zur Bundeskanzlerin*) *gewählt*/

Schwankend ist der Sprachgebrauch auch (noch) in der Anredeform, und man sagt *Frau Minister* oder *Frau Ministerin*.

Besonders in Stellenanzeigen wird jedoch im Interesse der Gleichstellung von Frauen und Männern neben der maskulinen heute grundsätzlich auch die feminine Berufsbezeichnung verwendet:

/*wir stellen ein: erfahrene Maschinenbautechnikerinnen oder -techniker*/

/*wir suchen zum nächstmöglichen Termin eine(n) qualifizierte(n) Werbeassistenten (-in)*/

/*wenn Sie eine solide journalistische Ausbildung haben, bewerben Sie sich als Redakteur/in bei uns!*/

Bisweilen findet man auch die Schreibung *StudentInnen,* zu lesen als: *Studenten und Studentinnen.*

Daneben werden zum Teil auch geschlechtsneutrale Berufsbezeichnungen mit dem Halbsuffix *-kraft* verwendet:

eine tüchtige Fachkraft	*eine echte Spitzenkraft*
eine studentische Hilfskraft	*unsere neuen Lehrkräfte*

Als geschlechtsneutrale Nomina bieten sich auch in manchen Fällen Partizipien an:

der Betroffene/die Betroffene/die Betroffenen

der Studierende/die Studierende/die Studierenden

der Auszubildende/die Auszubildende/die Auszubildenden

Der letztgenannte Ausdruck ist administrativ eingeführt worden, damit bei »dem« Lehrling nicht zwischen einem *männlichen* und einem *weiblichen Lehrling* unterschieden zu werden braucht.

Wann immer jedoch eine Spezifizierung nach dem biologischen Geschlecht nicht situationsnotwendig ist, hat sich in der Sprache die Gewohnheit herausgebildet, die männliche Form mit geschlechtsneutraler Bedeutung zu gebrauchen – was gelegentlich zum Gegenstand feministischer Sprachkritik geworden ist. Beispiele:

/*die Fremdsprachendidaktik muß die Bedürfnisse des Lerners* (oder: *der Lerner*) *berücksichtigen*/

/*ein strenger Lehrer ist oft ein humorloser Lehrer* (oder: *strenge Lehrer sind oft humorlose Lehrer*)/

In beiden Fällen wäre es pedantisch, die Nomina mit Hilfe des Movierungssuffixes zu »splitten«. Doch kann man in manchen Fällen leicht in geschlechtsneutrale Ausdrücke ausweichen:

MASKULIN/GENERISCH	GESCHLECHTSNEUTRAL
/*ein Arzt muß immer das Wohl des Kranken im Auge haben*/	/*ein Arzt(!) muß immer das Wohl der Kranken im Auge haben*/
/*ich habe jetzt auf der Rednerliste drei Namen: . . .*/	/*ich habe jetzt auf der Redeliste drei Namen: . . .*/

Soll hingegen in einer Situation das Geschlecht ausdrücklich markiert werden, so muß man (»frau«) pointiert von dieser Regel abweichen. Beispiel:

/seit dem Hochmittelalter gibt es den Leser in einer neuen Gestalt: als Leserin/

Im Gegensatz zu Berufs- und Funktionsbezeichnungen nehmen Ehrentitel, insbesondere auch akademische Titel, keine weibliche Endung an. Man beachte in den folgenden Beispielen die Unterschiede zwischen der Titulatur und dem Prädikats-Nomen:

/Frau Professor Kaufmann ist noch nicht lange Professorin/

/Frau Dr. (sprich: *Doktor*) *Winterfeld ist Herzspezialistin/*

In einigen Fällen stimmen in der deutschen Sprache das grammatische und das biologische Geschlecht nicht überein. Das betrifft insbesondere einige Neutra zur Bezeichnung weiblicher Personen:

das Mädchen (süddeutsch auch: *das Mädel/Madel*)

das Fräulein (veraltend)

In diesen beiden Nomina stammt das Neutrum von den Diminutiv-Suffixen *-chen* und *-lein* (*-el*), die ein Nomen mit beliebigem Genus immer ins Neutrum versetzen. So zeigt es sich auch bei Gelegenheitsbildungen wie *Frauchen, Töchterchen, Mütterchen, Büblein*. Hinzu kommt als Neutrum noch das veraltete Nomen *das Weib* (früher: ›die Frau‹, heute ›die nichtswürdige Frau‹).

Die Nah-Kongruenz zwischen Nomen und Artikel wird bei diesen Nomina im Neutrum gebildet, beispielsweise beim Relativ-Anschluß:

/das Mädchen, das ich getroffen habe/

/das Fräulein, mit dem ich gesprochen habe/

In der Fern-Kongruenz, beginnend schon bei der nächsten pronominalen Referenz, setzt sich jedoch das weibliche Geschlecht mit dem femininen Pronomen durch:

/ich kenne dieses Mädchen recht gut, sie wohnt gleich nebenan/

Nah- und Fern-Kongruenz findet man nebeneinander im folgenden Beispiel:

/*es gab eine Zeit, in der ich Tag um Tag in eine Kirche ging, denn ein Mädchen, in das ich mich verliebt hatte, betete dort kniend eine halbe Stunde am Abend, unterdessen ich sie in Ruhe betrachten konnte*/ (Kafka)

In der erzählenden Literatur, insbesondere in den Kinder- und Hausmärchen der Brüder Grimm, wird auch bei der Fern-Kongruenz manchmal das Neutrum beibehalten:

/*Schneewittchen aber wuchs heran und wurde immer schöner, und als es sieben Jahre alt war, war es so schön wie der klare Tag und schöner als die Königin selbst*/

Diese grammatische statt der biologischen Kongruenz gibt dem Text eine archaische Stilnuance. Weitere Beispiele für Inkongruenzen zwischen Genus und Sexus:

MÄNNLICHE PERSONEN	WEIBLICHE PERSONEN
die (Schild-)Wache	*der Blaustrumpf* (historisch)
die Ordonnanz	*der Backfisch* (veraltet)
die Kanaille [-aljə]	*das Model* [mɔdəl]/*Mannequin*

(2) Biologisch motiviertes Genus bei Tieren

Bei Tieren wird das biologische Geschlecht nur insofern durch das Genus abgebildet, als es für das Handeln des Menschen relevant ist. Es gibt daher bei allen Tieren grundsätzlich eine Bezeichnung, die geschlechtsneutral ist und sowohl maskulines wie feminines Genus haben kann. Die geschlechtsdifferenzierenden Bezeichnungen der geschlechtsreifen Tiere haben, ebenso wie beim Menschen, bald verschiedene Wortstämme, bald werden sie durch das Movierungs-Flexiv *-in* differenziert. Die geschlechtsneutrale Bezeichnung kann einen eigenen Wortstamm haben, kann aber auch mit einem der geschlechtsdifferenzierenden Ausdrücke wörtlich übereinstimmen. Einige Beispiele zum Vergleich:

GESCHLECHTSNEUTRAL	MÄNNLICH	WEIBLICH
das Huhn	*der Hahn*	*die Henne*
das Schwein	*der Eber*	*die Sau*
der Hund	*der Rüde*	*die Hündin*
die Katze	*der Kater*	*die Katze*
das Pferd	*der Hengst*	*die Stute*
die Biene	*die (!) Drohne*	*die Königin/die Arbeitsbiene*
das Rind	*der Stier/Bulle/Ochse*	*die Kuh*
der Wolf	*der Wolf*	*die Wölfin*
der Löwe	*der Löwe*	*die Löwin*
die Nachtigall	–	–
der Delphin	–	–
das Wiesel	–	–

Wenn nur eine geschlechtsneutrale Bezeichnung da ist, kann man wie folgt differenzieren: *das Pinguinmännchen/das Pinguinweibchen; der Elefantenbulle/die Elefantenkuh.* Jungtiere vor der Geschlechtsreife haben meistens das Neutrum: *das Kalb, das Lamm, das Ferkel, das Fohlen, das Füllen, das Küken.*

4.2.2 Numerus des Nomens

Der Begriff Numerus umfaßt die binäre Opposition Singular vs. Plural. Im Gegensatz zum Genus (vgl. 4.2.1) ist der Numerus bei keiner Sprachzeichenklasse durch lexikalischen Zwang festgelegt. Er kann nach den Erfordernissen des Textes frei gewählt werden, so daß alle diejenigen Sprachzeichen, die überhaupt eine Numerus-Charakterisierung zulassen, entweder im Singular oder im Plural stehen können. Man braucht also für den Numerus in der Regel kein Wörterbuch zu befragen. Von dieser Regel gibt es aber einige Ausnahmen.

Die Numerus-Opposition tritt in der deutschen Sprache regelmäßig bei allen Sprachzeichen auf, die überhaupt flektiert werden, also in den Lexemklassen der Nomina, Adjektive, Verben und in den Morphemklassen der Artikel, Pronomina, Relativ-Junktoren.

Das Vorkommen der Numerus-Opposition bei verschiedenen Sprachzeichenklassen ist die Grundlage der Numerus-Kongruenz. Diese besagt, daß im Text zwei oder mehr Sprachzeichen hinsichtlich des Numerus übereinstimmen. Singularformen werden also in Kongruenz mit anderen Singularformen, Pluralformen in Kongruenz mit anderen Pluralformen gebraucht.

Zunächst ist zu besprechen, welche Bedeutung die Numerus-Opposition hat (4.2.2.1), sowie Nomina, die nur entweder Singular oder Plural zulassen (4.2.2.2). Danach werden die Formen der Numerus-Deklination behandelt (4.2.2.3), und schließlich sind einige Besonderheiten der Numerus-Deklination zu verzeichnen (4.2.2.4).

4.2.2.1 Numerus-Bedeutung: Singular vs. Plural

In der Kategorie Numerus weist der Singular den Hörer an, die Bedeutung eines Nomens als Menge (von Elementen) aufzufassen. Eine Menge kann eine größere oder geringere Zahl unterscheidbarer Elemente umfassen; davon soll der Hörer aber, wenn er eine Singular-Anweisung erhält, absehen und sich die Menge als »Bündel« vorstellen. Wir beschreiben die Bedeutung des Singulars daher mit dem Merkmal ⟨BÜNDELUNG⟩.

In binärer Opposition zum Singular weist der Plural den Hörer an, die Bedeutung eines Nomens als Elemente (einer Menge) aufzufassen. Der Hörer soll diese Elemente nicht zu einer Menge bündeln, sondern sie in ihrer Verschiedenheit gereiht ins Auge fassen. Zur Beschreibung der Bedeutung des Plurals dient daher das Merkmal ⟨REIHUNG⟩.

Singular bedeutet also nicht ohne weiteres »Einzahl«. Eine Menge kann zwar im unteren Grenzfall aus nur einem einzigen Element bestehen, so daß man sie ein-elementige Menge oder kurz Einermenge nennen kann. In anderen Fällen kann die Menge jedoch eine mehr oder weniger große Zahl von Elementen umfassen, im oberen Grenzfall die größte jeweils überhaupt vorstellbare Menge, die von der Sprache her bei einem bestimmten Nomen zugelassen ist. Man kann dann von einer Gesamtmenge sprechen. Das alles ist aber für die Numerus-Kategorie Singular, die nur an der Menge als Bündel interessiert ist, gleichgültig. Denn Singular heißt gerade, daß man bei der Bildung einer Menge nicht darauf achten soll, ob sie möglicherweise aus mehreren unterscheidbaren Elementen besteht. Diese Elemente sollen gebündelt werden, und nur auf die Einheit des Bündels kommt es an.

Umgekehrt ist für die Numerus-Kategorie Plural, die nur an den unterscheidbaren Elementen einer Menge interessiert ist, jede Bündelung zur Menge irrelevant. Sofern also verschiedene Elemente zu einer Menge gebündelt sind, wird diese Bündelung für die Kommunikation aufgelöst, und die Elemente werden der Reihe nach betrachtet, vom oberen Grenzfall »aller möglichen« Elemente, die überhaupt jeweils unterscheidbar sind, bis zum unteren Grenzfall zweier unterscheidbarer Elemente einer Menge. Die Einermenge, die nur ein Element umfaßt, läßt keine Reihung mehr zu und ist daher mit der Kategorie Plural nicht vereinbar.

Anmerkung: Die aus der Mathematik bekannte »leere Menge« ist für die Grammatik keine reine Numerus-Kategorie, sondern eine Kombination aus den grammatischen Kategorien Numerus und Negation.

4.2.2.2 Nur-Singulare und Nur-Plurale

Während man im allgemeinen von jedem Nomen je nach den Erfordernissen des Textes oder der Situation eine singularische oder eine pluralische Form bilden kann, lassen einige Nomina nur den Singular oder nur den Plural zu. Wir nennen sie Nur-Singulare (»singularia tantum«) und Nur-Plurale (»pluralia tantum«).

(1) Nur-Singulare

Die folgenden Subklassen der Sprachzeichenklasse Nomen sind Nur-Singulare oder Fast-nur-Singulare:

- Personennamen bezeichnen – einzeln oder kombiniert – individuelle Personen. Sie nehmen daher in der Regel kein Pluralzeichen an. Das gilt insbesondere für Vornamen. Familiennamen können jedoch mit umgangssprachlicher Konnotation in den Plural gesetzt werden, und zwar mittels des Plural-Flexivs *-s*; sie bezeichnen dann die einzelnen Angehörigen der Familie: *die Müllers, die Brückmanns.* Bei Dynastie-Namen wird eines der anderen Plural-Flexive genommen, zum Beispiel: *die Welfen, die Stauffer, die Hohenzollern.*

- Geographische und astronomische Namen stehen meistens im Singular (*München, die Isar, Bayern, Deutschland, der Orion ...*). Sie nehmen in der Regel keinen Plural an. Einige geographische und astronomische Namen haben jedoch pluralische Form (*die Alpen, die Zwillinge*); diese lassen normalerweise keinen Singular zu. Insgesamt sind also die geographischen und astronomischen Namen hinsichtlich des Numerus unbeweglich.

- Die Namen der Fest- und Feiertage stehen im Singular und lassen keinen Plural zu (*Neujahr, Himmelfahrt*), auch wenn sie alte Pluralformen sind (*Weihnachten, Ostern, Pfingsten*).

- Abstrakta sind generell pluralfeindlich. Man muß jedoch unterscheiden: Einige abstrakte Nomina lassen gar keinen Plural zu; wenn man dennoch eine pluralische Bedeutung ausdrücken will, muß man zu Mitteln der Wortbildung greifen, die aber gleichzeitig die Bedeutung des Nomens interpretieren (zum Beispiel: *die Liebe/die Liebesbeziehungen* oder *Liebschaften, das Glück/die Glücksempfindungen* oder *Glücksfälle, der Dank/die Danksagungen*). Einige andere abstrakte Nomina lassen hingegen Pluralformen zu, diese haben dann jedoch im Verhältnis zum singularischen Abstraktum eine relativ konkrete Bedeutung (zum Beispiel: *der Zwang/die Zwänge, die Freiheit/die Freiheiten, die Hoffnung/die Hoffnungen*).

- Sammelnamen (Kollektiva) lassen häufig keinen Plural zu (*das Obst, das Gewölk, das Gedränge . . .*); in anderen Fällen ist zwar ein Plural möglich, der aber selten gebraucht wird (zum Beispiel: *die Bevölkerung/die Bevölkerungen*).

- Stoffnamen (Kontinuativa) sind generell pluralfeindlich, wenigstens in der Gemeinsprache (*die Milch, das Mehl, die Butter . . .*). Fachsprachlich gibt es jedoch bei einigen Stoffnamen Pluralformen zur Bezeichnung verschiedener Stoffsorten (zum Beispiel: *der Wein/die Elsässer Weine, das Salz/die verschiedenen Salze*). Sonst gebraucht man eher Komposita (zum Beispiel: *das Fleisch/die Fleischwaren, das Mehl/die Mehlsorten*).

- Nominalisierte Infinitive bleiben im Singular (zum Beispiel: *das Lachen, das Weinen, das Sich-selber-loben*).

- Nominalisierte Adjektive im Neutrum haben ebenfalls nur eine Singularform (zum Beispiel: *das Wahre, Gute und Schöne*).

- Maßbezeichnungen für standardisierte Längenmaße, Flächenmaße, Hohlmaße und Gewichte nehmen vielfach kein Pluralzeichen an:

/kauf du zwei <u>Pfund</u> Tomaten, ich kaufe fünf <u>Kilo</u> Kartoffeln/

/wer zwei Maß Bier oder vier Glas Wein getrunken hat, ist absolut fahruntüchtig/

Handelt es sich jedoch bei den Maßbezeichnungen um feminine Nomina auf *-e,* so treten sie in den Plural:

/wenn du abends drei Tassen Kaffee trinkst, wirst du schlecht schlafen/

Bei nicht-standardisierten Maßbezeichnungen sind bisweilen Singular und Plural nebeneinander möglich:

/bring bitte vom Supermarkt zwei Kasten (oder: *zwei Kästen*) *Mineralwasser mit!/*

Bei der Numerus-Kongruenz gilt in all diesen Fällen der Plural:

/zwei Pfund Tomaten kosten vier Mark/

/ich nehme diese drei Bund Radieschen/

▶ Die Währungseinheiten *die Mark* (*Deutsche Mark, D-Mark*), *das Pfund* und *der Dollar* stehen immer im Singular (*2 Mark, 3 Pfund, 4 Dollar*). Das gilt auch für die Währungseinheiten *Schilling* und *Pfennig,* sofern nicht – mit einer Nuance der Geringfügigkeit – die einzelnen Münzen betont werden sollen (*20 Pfennig,* aber: *meine letzten Pfennige*). Manche andere Währungseinheiten lassen den Numerus nicht erkennen (*der Franken, der Rappen, der Groschen, der Gulden, der Rubel . . .*). Ausländische Währungseinheiten auf *-e* nehmen hingegen das Pluralzeichen *-n* an (*2 Kronen, 3 Peseten*) oder behalten ihr einheimisches Pluralzeichen (*2 francs, 3 lire*).

(2) Nur-Plurale

Nur-Plurale sind zum Beispiel die folgenden Nomina:

die Auslagen
die Einkünfte
die Eltern
die Ferien
die Geschwister
die Kosten
die Lebensmittel
die Leute
die Personalien
die Trümmer

Hinzu kommen einige Fast-nur-Plurale, wie zum Beispiel:

die Gewissensbisse	*die Zinsen*
die Immobilien	*die Zutaten*
die Möbel	*die Vorfahren*

Darüber unterrichtet im Einzelfall das Wörterbuch.

4.2.2.3 Numerus-Deklination

Die Numerus-Opposition Singular vs. Plural wird in der deutschen Sprache hauptsächlich mit den Mitteln der Nominal-Flexion zum Ausdruck gebracht. Zur Unterscheidung von der Verbal-Flexion, die man Konjugation nennt, wird die Nominal-Flexion als Deklination bezeichnet. Bei der Numerus-Deklination des Nomens bleibt der Singular in der Regel ohne besonderes Kennzeichen, er ist die unmarkierte Form. Der Plural ist demgegenüber markiert. Seine Formen werden formal durch Morpheme von zweierlei Art hervorgebracht:

(1) Fünf Flexive, davon vier hörbar und ein Null-Flexiv (mnemotechnisch: das NERS/Null-System):

N	*-n*	*die Straße/die Straßen*
	-en	*die Bahn/die Bahnen*
E	*-e*	*der Kreis/die Kreise*
R	*-er*	*das Feld/die Felder*
S	*-s*	*das Auto/die Autos*
Null	-Ø	*der Fahrer/die Fahrer* [Ø]

(2) Vier Umlaute, davon drei Vokale und ein Diphthong, die drei Vokale jeweils in zwei phonetischen (nicht orthographischen!) Varianten als Kurz- und Langvokale:

ä	[ɛ:]	*der Vater/die Väter*
	[ɛ]	*die Hand/die Hände*
ö	[ø:]	*der Sohn/die Söhne*
	[œ]	*das Horn/die Hörner*
ü	[y:]	*das Buch/die Bücher*
	[Y]	*der Mund/die Münder*
äu	[ɔ̯Y]	*die Braut/die Bräute*

Die Singularvokale *a* [a:, a], *o* [o:, ɔ], *u* [u:, ʊ] und *au* [a͜o], die im Plural die genannten Umlaute als ihre Oppositionspartner haben, sind aber nur grundsätzlich umlautfähig. Ob sie tatsächlich umgelautet werden, ist in jedem Einzelfall dem Wörterbuch zu entnehmen.

In der Numerus-Deklination bestimmen die fünf Flexive die fünf Deklinationstypen, während der Umlaut nur bei dreien von ihnen und auch nur verdeutlichend hinzutritt. Die fünf Deklinationstypen sind, wie die nachfolgende, nach dem Genus differenzierte Matrix zeigt, die *N-*, *E-*, *R-*, *S-* und die Null-Deklination, mit gelegentlicher Umlaut-Unterstützung (je nach dem Wortstamm als *ä, ö, ü,* oder *äu)* bei der *E-*, *R-* und Null-Deklination. Zu beachten ist dabei, daß ein Null-Flexiv nur dort angesetzt wird, wo bei anderen Nomina ein hörbares Flexiv steht, also nur im Plural, nicht im Singular, der bei der Bestimmung des Deklinationstyps als Grundform gilt. Das Symbol ▶ ◀ macht auf eine hohe Frequenz des betreffenden Deklinationstyps aufmerksam:

N-DEKLINATION: *-n* oder *-en*		
MASK.	*der Junge/die Jungen*	
	der Staat/die Staaten	
NEUTR.	*das Auge/die Augen*	
	das Bett/die Betten	
FEM.	▶ *die Rose/die Rosen* ◀	
	▶ *die Frau/die Frauen* ◀	
E-DEKLINATION: *-e*		MIT UMLAUT (*ä, ö, ü, äu*)
MASK.	▶ *der Tag/die Tage* ◀	▶ *der Sohn/die Söhne* ◀
NEUTR.	▶ *das Brot/die Brote* ◀	
FEM.	*die Kenntnis/ die Kenntnisse*	▶ *die Frucht/die Früchte* ◀
R-DEKLINATION: *-er*		MIT UMLAUT (*ä, ö, ü, äu*)
MASK.	*der Leib/die Leiber*	*der Mann/die Männer*
NEUTR.	▶ *das Kind/die Kinder* ◀	▶ *das Haus/die Häuser* ◀
NULL-DEKLINATION: -Ø		MIT UMLAUT (*ä, ö, ü, äu*)
MASK.	▶ *der Lehrer/die Lehrer* (Ø) ◀	▶ *der Vogel/die Vögel* ◀
NEUTR.	*das Zeichen/die Zeichen* (Ø)	
S-DEKLINATION: *-s*		
MASK.	*der Park/die Parks*	
NEUTR.	*das Foto/die Fotos*	
FEM.	*die Kamera/die Kameras*	

Die Pluralformen dieser Matrix gelten für die Kasus Nominativ, Akkusativ und Genitiv. Für den Dativ gilt eine Zusatzregel zum Dativ-*N* (vgl. 4.2.3).

Folgende Regelmäßigkeiten sind im Paradigma der Numerus-Deklination zu beobachten:

(1) Die *N*-Deklination

Die *N*-Deklination, die sich nie mit dem Umlaut verbindet, hat eine sehr hohe Frequenz bei femininen Nomina, und zwar sowohl mit der Variante *-n* als auch mit der Variante *-en*. Der Gebrauch dieser beiden Varianten richtet sich nach dem Stammauslaut. Die Variante *-n* steht nach unbetontem *-e* (*die Rosen*), *-el* (*die Regeln*) oder *-er* (*die Schwestern*). In allen anderen Fällen steht die Variante *-en* (*die Frauen*).

Sehr viele feminine Nomina, die mit Hilfe von Suffixen abgeleitet sind, folgen der *N*-Deklination:

-heit:	*die Einzelheiten*	*-ei:*	*die Karteien*
-keit:	*die Kostbarkeiten*	*-schaft:*	*die Meisterschaften*
-igkeit:	*die Neuigkeiten*	*-ung:*	*die Drohungen*

Das Movierungs-Flexiv *-in*, das gleichfalls zur *N*-Deklination gehört, lautet im Plural immer *-innen*: *die Arbeiterin/die Arbeiterinnen* [ˊ - - - -], die Studentin/die Studentinnen [- ˊ - -].

Auch viele Lehnsuffixe folgen der *N*-Deklination, vor allem bei femininen Nomina:

-ade:	*die Promenaden*	*-anz:*	*die Bilanzen*
-age [-áʒə]*:*	*die Garagen*	*-ät:*	*die Kapazitäten*
-elle:	*die Bagatellen*	*-enz:*	*die Konferenzen*
-esse:	*die Delikatessen*	*-ik:*	*die Kritiken*
-ie [-í]*:*	*die Demokratien*	*-ion:*	*die Nationen*
-ie [ˊ jə]*:*	*die Tragödien*	*-on:*	*die Personen*
-ose:	*die Diagnosen*	*-ur:*	*die Zensuren*

Hinzu kommen die maskulinen Handlungsträger (»nomina agentis«), die an den folgenden Suffixen kenntlich sind:

-and:	*die Doktoranden*	*-et:*	*die Propheten*
-ant:	*die Kommandanten*	*-ist:*	*die Linguisten*
-at:	*die Soldaten*	*-loge:*	*die Philologen*
-ent:	*die Studenten*	*-soph:*	*die Philosophen*

Beim Handlungsträger-Suffix *-or* wechselt im Plural der Akzent:

der Autor [ˊ –] / *die Autoren* [– ˊ –]
der Lektor [ˊ –] / *die Lektoren* [– ˊ –]
der Doktor [ˊ –] / *die Doktoren* [– ˊ –]
der Professor [– ˊ –] / *die Professoren* [– – ˊ –]

Ohne sich sonst der deutschen Wortbildung anzupassen, bilden viele Lehnwörter der Bildungs- und Wissenschaftssprache, die im Singular die Form ihrer Ausgangssprache beibehalten, ihren Plural ebenfalls mit dem deutschen Flexiv *-en*. Es sind insbesondere die nachfolgenden Pluralformen:

-a:	*das Dogma/die Dogmen*	*das Prisma/die Prismen*
	das Drama/die Dramen	*die Skala/die Skalen*
	die Firma/die Firmen	*die Villa/die Villen*
	das Paradigma/die Paradigmen	*das Thema/die Themen*
-us:	*der Archaismus/die Archaismen*	*der Globus/die Globen*
	der Mechanismus/die Mechanismen	*der Kaktus/die Kakteen* [é:ən]
	der Organismus/die Organismen	*der Radius/die Radien* [ˊ – –]
	der Rhythmus/die Rhythmen	*der Typus/die Typen*
	das/der Virus/die Viren	*der Zyklus/die Zyklen*
-um:	*das Studium/die Studien*	*das Museum/die Museen* [é:ən]
	das Datum/die Daten	*das Stipendium/die Stipendien*
	das Zentrum/die Zentren	*das Kolloquium/die Kolloquien*
-is:	*die Basis/die Basen*	*die Praxis/die Praxen* (konkret) /*die Praktiken* (abstrakt)
	die Dosis/die Dosen	
-o:	*das Konto/die Konten*	*das Risiko/die Risiken*
-os:	*das Epos/die Epen*	*der Mythos/die Mythen*
-ion:	*das Stadion/die Stadien*	
-as:	*der (Schul-)Atlas* [ˊ –] /*die Atlanten* [– ˊ –]	

Die folgenden Nomina ohne charakteristischen Auslaut bilden den Plural auf *-ien* [ˊ jən]:

das Adverb/die Adverbien	*die Ingredienz/die Ingredienzien*
das Fossil/die Fossilien	*das Material/die Materialien*
das Indiz/die Indizien	*das Prinzip/die Prinzipien*

(2) Die *E*-Deklination

Dieser Deklinationstyp hat seine höchste Frequenz beim Maskulin und Neutrum. Die relativ wenigen Feminina dieses Deklinationstyps haben fast immer einen Umlaut (zum Beispiel: *die Hand/die Hände*). Im Neutrum gibt es als einziges Nomen mit Umlaut *das Floß/die Flöße*. Charakteristisch ist der Plural auf *-e* für viele Suffixe. Es sind zunächst einige weniger geläufige einheimische Suffixe:

MASKULIN		NEUTRUM	
-ling:	*die Lieblinge*	*-sal:*	*die Schicksale*
-teil:	*die Vorteile*	*-zeug:*	*die Werkzeuge*

Das Suffix *-nis*, das ebenfalls den Plural auf *-e* bildet (*-nisse*), tritt im Feminin und im Neutrum auf (*die Bewandtnis, das Verhältnis*). Hinzu kommt eine größere Zahl von Lehnsuffixen:

MASKULIN		NEUTRUM	
-al:	*die Kanäle*	*-al:*	*die Signale*
-är:	*die Funktionäre*	*-ar:*	*die Exemplare*
-an:	*die Dekane*	*-at:*	*die Zitate*
-ar:	*die Bibliothekare*	*-ent:*	*die Dokumente*
-ier:	*die Offiziere*	*-ett:*	*die Skelette*
-in:	*die Termine*	*-iv:*	*die Motive*
-iv:	*die Konjunktive*	*-ix:*	*die Suffixe*
-eur:	*die Exporteure*	*-on:*	*die Telefone*
-on:	*die Spione*	*-ut:*	*die Institute*

(3) Die *R*-Deklination

Von diesem Deklinationstyp, der immer durch das Flexiv *-er* realisiert wird, ist zu sagen, daß er seine höchste Frequenz im Neutrum hat, oft mit Umlaut. Das Maskulin kommt bei der *R*-Deklination ebenfalls ziemlich oft vor, mit oder ohne Umlaut. Zu diesem Deklinationstyp gehören auch die Derivate mit dem Suffix *-tum: der Reichtum/die Reichtümer*. Nomina mit femininem Genus hat die *R*-Deklination nicht.

(4) Die Null-Deklination

Dieser Deklinationstyp hat eine sehr hohe Frequenz durch viele maskuline Wörter mit dem Suffix *-er* bei Handlungsträgern (*der Fahrer/die Fahrer*) oder bei Geräten und Werkzeugen (*der Computer/die Computer*). Auch die Suffixe *-ler* und *-ner*, die gleichfalls Handlungsträger bezeichnen, leisten einen erheblichen Beitrag zur hohen Frequenz dieses Deklinationstyps (*der Wissenschaftler/die Wissenschaftler, der Gärtner/die Gärtner*).

Im Neutrum ist die Null-Deklination weniger häufig, doch folgen ihr alle Diminutive auf *-chen* (*das Mädchen/die Mädchen*) und *-lein* (*das Fräulein/die Fräulein*). Mit Umlaut findet sich die Null-Deklination recht häufig im Maskulin (*der Vater/die Väter*); im Neutrum gibt es nur einen Fall (*das Kloster/die Klöster*), im Feminin zwei – allerdings wichtige – Fälle (*die Mutter/die Mütter, die Tochter/die Töchter*).

Der Null-Deklination folgen auch die Bewohnernamen auf *-er*: *der Schweizer/die Schweizer; der Berliner/die Berliner*. Wenn die Endung *-er* jedoch zum Stamm gehört, folgen sie der *N*-Deklination, zum Beispiel: *der Bayer/die Bayern* (Stamm: *Bayer*).

(5) Die *S*-Deklination

Wir finden die *S*-Deklination, und zwar bei allen drei Genera, hauptsächlich in den folgenden Bereichen:

► Lehnwörter, oft aus anderen Sprachen übernommen und mit den Auslautvokalen *-a, -e* (nicht [-ə]!), *-i, -o, -u*:

das Sofa/die Sofas	*das Café/die Cafés*
der Kolibri/die Kolibris	*die Party/die Partys*
das Büro/die Büros	*der Guru/die Gurus*

Unter ihnen sind auch viele Kurzformen:

das Auto/die Autos	*das Kino/die Kinos*
die Uni/die Unis	*der Pulli/die Pullis*

- Kurzformen von Verwandtschaftsnamen auf *-a* und *-i*:

die Mama/die Mamas	*der Papa/die Papas*
die Oma/die Omas	*der Opa/die Opas*
die Mutti/die Muttis	*der Vati/die Vatis*

- Familiennamen zur Bezeichnung aller Angehörigen einer Familie: *die Buddenbrooks* (Th. Mann), *die Poggenpuhls* (Th. Fontane). Endet der Name jedoch bereits auf einen *S*-Laut, so wird das Flexiv entweder um *-en* erweitert (*die Straußens*) oder vermieden und durch eine andere Form umschrieben (*die Familie Lenz*).

- Einige Personenbezeichnungen, die neben ihrem regulären Plural einen *S*-Plural mit umgangssprachlich-familiärer Konnotation haben:

  der Junge/die Jungen (oder: *die Jungens, die Jungs*)

  das Mädel/die Mädel (oder: *die Mädels*)

- Abkürzungen jeder Art:

  der LKW/die LKWs ›Lastkraftwagen‹

  die Kripo/die Kripos ›Kriminalpolizei, -polizisten‹

- Nominalisierte Farb-Adjektive im Neutrum:

  das Blau/die verschiedenen Blaus

- Nominalisierte Buchstaben, auch zur Bezeichnung musikalischer Noten: *das A/die A's* [a:s], *das b/die b's* [be:s].

Bei den Lehn- und Fremdwörtern zeigen vor allem viele Wörter französischer, spanischer oder englischer Herkunft einen *S*-Plural (*der Salon/die Salons* [-ɔŋs], *der Torero/die Toreros, der Start/die Starts* [ʃtarts]).

4.2.2.4 Besonderheiten der Numerus-Deklination

Die Numerus-Deklination zeigt im Bereich der Pluralbildung einige Unregelmäßigkeiten hinsichtlich der im Abschnitt 4.2.2.3 formulierten Regeln. Es sind die folgenden:

(1) Bedeutungsverschiedene Doppelformen

Einige bedeutungsverschiedene Nomina haben identische Singularformen, aber unterschiedliche Pluralformen. Beispiele:

die Bank (im Garten)	*die Bank (zum Sparen)*
die Bänke	*die Banken*
die Mutter (der Kinder)	*die Mutter (zur Schraube)*
die Mütter	*die Muttern*
der Strauß (von Blumen)	*der (Wüstenvogel) Strauß*
die Sträuße	*die Strauße*
das Land (politische Einheit)	*das Land (Landschaft)*
die Länder	*die Lande*

(2) Genus- und bedeutungsverschiedene Doppelformen

Einige Paare von Nomina, die im Singular identische Lautgestalt, aber unterschiedliches Genus und unterschiedliche Bedeutung haben, differieren ebenfalls in ihren Plural-Flexiven. Beispiele:

SINGULAR	PLURAL
das Band (im Haar)	*die Bänder*
der Band (Gedichte)	*die Bände*
der (Ober-)Kiefer	*die Kiefer*
die (Wald-)Kiefer	*die Kiefern*
der (Geschäfts-)Leiter	*die Leiter*
die Leiter (aus Holz)	*die Leitern*
der (Haus-)Flur	*die Flure*
die (Gemeinde-)Flur	*die Fluren*
das (Haus-)Tor	*die Tore*
der (einfältige) Tor	*die Toren*
das (Orts-)Schild	*die Schilder*
der Schild (des Ritters)	*die Schilde*

(3) Plural des Nomens *Mann*

Das Nomen *Mann* hat mehrere Pluralformen. In der Bedeutung ›männliches Lebewesen‹ bildet es den Plural *Männer*. Als Grundform eines Kompositums, das einen Beruf bezeichnet, erscheint der Plural *-leute* (*Seemann/Seeleute, Kaufmann/Kaufleute*). Hat *Mann* die archaisch-historische Bedeutung ›Dienstmann, Lehnsmann‹, bildet es den Plural *Mannen*. Schließlich kann das Nomen in Kombination mit einem Numeral-Artikel auch unflektiert erscheinen: *zwei Mann werden vermißt*.

(4) Plural des Nomens *Wort*

Das Nomen *Wort* hat die zwei Pluralformen *Wörter* und *Worte*. *Wörter* ist die Pluralform für das Einzelwort als sprachliche Einheit von Laut und Bedeutung (Beispiel: *die Fremdwörter*); *Worte* ist die Pluralform für ein Wort im sinnvollen Textzusammenhang (Beispiel: *seine letzten Worte waren* . . .).

(5) Lehnwörter mit fremdsprachlichen Plural-Flexiven

Die meisten Lehnwörter passen sich im Plural den Deklinationstypen der deutschen Sprache an, mit deutlicher Bevorzugung entweder der *N*- oder der *S*-Deklination (vgl. 4.2.2.3). Nur relativ wenige Lehnwörter bilden den Plural mit einem Flexiv der Herkunftssprache:

▶ Plural auf *-a* (bisweilen mit Erweiterung)

Insbesondere im Bereich der grammatischen Terminologie folgen viele Nomina diesem Plural.

das Abstraktum/die Abstrakta
das Lexikon/die Lexika
das Maskulinum/die Maskulina
das Neutrum/die Neutra
das Nomen/die Nomina

das Genus/die Genera
das Lemma/die Lemmata
das Tempus/die Tempora
das Corpus/die Corpora
das Komma/die Kommata (oder: *Kommas*)

▶ Plural auf *-i* (lateinisch oder italienisch)

der Terminus/die Termini
der Modus/die Modi
der Numerus/die Numeri

das Tempo/die Tempi (Musik)
das Solo/die Soli (Solos)
das Cello/die Celli

▶ Plural auf *-es*

der Appendix/die Appendices

der Index/die Indices

Das Nomen *Kasus* [-ʊs] hat den lateinischen Plural *Kasus* [-u:s] beibehalten.

4.2.3 Kasus des Nomens und die Kasus-Deklination

Die deutsche Sprache kennt vier Kasus, die in der vorliegenden Grammatik, abweichend von der herkömmlichen Anordnung, in dieser Reihenfolge angeordnet werden:

(1) NOMINATIV (2) AKKUSATIV (3) DATIV (4) GENITIV

Die vier Kasus versehen in der Grammatik verschiedene Aufgaben:

- Die drei Kasus Nominativ, Akkusativ und Dativ dienen in Verbindung mit dem Verb zum Ausdruck der drei Handlungsrollen Subjekt, Objekt und Partner (vgl. 2.5).
- Die drei Kasus Akkusativ, Dativ und Genitiv drücken in Verbindung mit bestimmten Präpositionen deren Rektion aus (vgl. 7.1.3).
- Der Kasus Akkusativ kann bestimmte Maß- und Zeitverhältnisse ausdrücken (vgl. 2.5.4.3 und 2.5.6.2).
- Der Kasus Genitiv kann selbst als ein flexivischer Junktor angesehen werden (vgl. 7.2).

Die vier Kasus werden in der deutschen Sprache hauptsächlich durch die Flexion der Artikelformen bezeichnet. Das Nomen nimmt nur fragmentarisch (»defektiv«) an der Kasus-Deklination teil, die im übrigen in der Gegenwartssprache noch weiter zurückgeht. Die Kasus-Deklination manifestiert sich in den folgenden vier Formen:

(1) Das Genitiv-*S* (»Regel des Kaisers und Reiches«)

Alle Nomina im Maskulin und Neutrum, soweit sie nicht unter die »Regel des Menschen und Löwen« fallen (s. unten, Ziffer 3), erhalten im Singular ein *S*-Flexiv als Genitiv-Signal. Es ist das gleiche Genitiv-*S*, das auch an den Formen des Artikels auftritt, so daß der Genitiv redundant am Artikel und am Nomen markiert wird: *des/eines/meines/dieses Vaters*. Das Genitiv-*S* wird meistens als *-s* realisiert (*das Auto/des Autos, das Fahrrad/des Fahrrads*), kann aber durch den Gleitvokal *-e-* [-ə] zu *-es* erweitert werden. Die Erweiterung ist obligatorisch nach einem *S*-Auslaut des Nomens (*das Haus/des Hauses, der Blitz/des Blitzes*). Eine fakultative Erweiterung zu *-es* findet sich hauptsächlich nach betonter Silbe mit konsonantischem Auslaut:

des Mannes/des Manns	*des Verstandes/des Verstands*
des Kindes/des Kinds	*des Verrates/des Verrats*
des Sohnes/des Sohns	*des Betruges/des Betrugs*
des Brotes/des Brots	*des Gerätes/des Geräts*

Eine besondere Bedeutung hat das Genitiv-*S* im Bereich der Eigennamen, zumal wenn diese prädeterminierend gebraucht werden. Hier nehmen auch feminine Eigennamen ein Genitiv-*S* an. Wir unterscheiden mehrere Untergruppen:

- Männliche oder weibliche Vornamen, vorangestellt:

MASKULIN	FEMININ
Roberts Mantel	*Karlas Schirm*
Fritzens Geige	*Annes Schuhe*
Klaus' Fahrrad	*Agnes' Auto*

Zu beachten ist hier nach einem *S*-Auslaut des Stammes die Erweiterung zu *-ens* (mit archaischer Konnotation) oder die »Auslassung« (Apostroph!) des Genitiv-*S*. In der Nachstellung steht suppletives *von* (*der Mantel von Robert, der Schirm von Karla*).

- Familiäre Verwandtschaftsnamen, ebenfalls männlich oder weiblich, vorangestellt, zumal in ihren vielgebrauchten Kurz- und Koseformen:

MASKULIN	FEMININ
Vaters (Vatis, Papas) Geburtstag	*Mutters (Muttis, Mamas) Namenstag*
Großvaters (Opas) Lehnstuhl	*Großmutters (Omas) Geschichten*
Brüderchens Nähzeug	*Schwesterchens Schreibmaschine*

In der Nachstellung gebraucht man suppletives *von* (*der Hochzeitstag von Opa und Oma*).

- Familiennamen, voran- oder nachgestellt, auch in Begleitung von Vornamen oder Titulaturen:

Gullivers Reisen	*Wilhelm Meisters Lehrjahre*
Casanovas Heimkehr	*die Gedichte Karoline von Günderodes*
Dantons Tod	*Doktor Murkes gesammeltes Schweigen*
die Tochter Farinatas	*Herrn Keuners Ansichten*

Zu beachten ist im letzten Beispiel der rechten Spalte das Flexiv *-n* in der Form *Herrn* als zusätzliches Genitiv-Signal vor einem Eigennamen im Genitiv.

- Historische Namen aus der Zeit vor der Einführung von Familiennamen, voran- oder nachgestellt:

die Gedichte Walthers von der Vogelweide

Wolfram von Eschenbachs »Parzival«

Hier nimmt, wie die Beispiele zeigen, in der Nachstellung der Individualname, in der Voranstellung die Herkunftsangabe das Genitiv-*S* an.

- Herrschernamen, auch in Verbindung mit den entsprechenden Titulaturen, meistens nachgestellt:

die Bildungsreform Kaiser Karls des Großen

die Enzyklika Papst Pauls VI. (lies: *des Sechsten*)

- Bildungsnamen mit *S*-Auslaut, zu unterscheiden nach der Voranstellung (Apostroph oder *-ens*) und der Nachstellung (anaphorischer Artikel als Träger des Genitiv-*S*):

GENITIV-*S* AM NOMEN	GENITIV-*S* AM ARTIKEL
Sokrates' Tod	*der Tod des Sokrates*
Aristoteles' Werke	*die Werke des Aristoteles*
Horaz' Ars poetica	*die Ars poetica des Horaz*
Hans Sachsens Knittelverse	*die Knittelverse des Hans Sachs*

- Geographische Namen im Maskulin oder Neutrum, meistens nachgestellt:

das Wasser des Rheins
die Schönheiten des Engadins
die Gebirgslandschaft Vorarlbergs

Weniger vertraute geographische Namen lassen hingegen das Genitiv-*S* am Nomen meistens weg und zeigen es nur am Artikel (Redundanz-Reduktion), zum Beispiel:

die Ausbrüche des Ätna
die Besteigungen des Himalaya

(2) Das Dativ/Plural-*N* (»Regel mit den besten Grüßen«)

Die Nomina der *E*-, *R*- und Null-Deklination nehmen im Dativ/Plural ein *n*-Flexiv als Kasus-Signal an. Beispiele aus diesen drei Deklinationstypen:

E-Deklination:	*der Fisch/die Fische/den Fischen*
R-Deklination:	*das Kind/die Kinder/den Kindern*
Null-Deklination:	*der Vogel/die Vögel/den Vögeln*

Ausgenommen von dieser Regel sind diejenigen Nomina der Null-Deklination, die in ihrem Wortstamm bereits auf *-en* auslauten: *das Zeichen/die Zeichen/den Zeichen.*

(3) Das Obliquus-*N* (»Regel des Menschen und Löwen«)

Diejenigen maskulinen Nomina der *N*-Deklination, die ein Lebewesen bezeichnen, nehmen das *N*-Flexiv (*-n* oder *-en*) auch im Singular an, und zwar als Kasus-Signal für die »obliquen« Kasus Akkusativ, Dativ und Genitiv:

der Mensch/die Menschen
den Menschen
dem Menschen
des Menschen

der Löwe/die Löwen
den Löwen
dem Löwen
des Löwen

Das Nomen *Herr* hat im Plural die Form *die Herren,* im Singular die Form *den/dem/des Herrn,* auch ohne Artikel in der brieflichen Anrede: *Herrn Tonio Kröger, Lübeck.*

Ein Obliquus-*N* in der Form *-n* haben im Singular auch viele maskuline Bevölkerungsnamen auf *-e*:

der Deutsche/die Deutschen
den Deutschen
dem Deutschen
des Deutschen

der Franzose/die Franzosen
den Franzosen
dem Franzosen
des Franzosen

Im Dativ und Genitiv gilt das auch für die entsprechenden Sprachennamen:

das Englische/dem Englischen/des Englischen

das Chinesische/dem Chinesischen/des Chinesischen

Ein Obliquus-*N* im Singular haben ferner einige Nomina der *N*-Deklination, die ihrer Bedeutung nach zum Bereich der Lebewesen gehören, sowie im Dativ und Genitiv auch das Nomen *Herz*:

der Name/die Namen	*das Herz/die Herzen*
den Namen	*das Herz*
dem Namen	*dem Herzen*
des Namens	*des Herzens*

Dem Muster des Nomens *der Name* folgen auch einige weitere maskuline Nomina wie *Buchstabe, Friede, Funke, Gedanke, Glaube, Wille,* bei denen sich das Flexiv *-n* gelegentlich auch im Nominativ/Singular zeigt (besonders: *der Frieden*). Bei dem Nomen *Herz* lautet der Dativ/Singular fachsprachlich-medizinisch meistens *dem Herz.*

(4) Das Dativ-*E* (»Regel im alten Sinne«)

Im Singular können die Nomina mit dem Genus Maskulin oder Neutrum, die ihren Plural nach der *N*-, *E*- oder *R*-Deklination bilden, ein Flexiv *-e* als Dativ-Signal annehmen. Dieses Dativ-*E* ist jedoch in der Gegenwartssprache nur bei stereotypem Gebrauch (also grammatikalisiert, lexikalisiert oder phraseologisiert) oder aber mit archaischer Konnotation üblich:

OHNE DATIV-*E*	MIT DATIV-*E*
/man schläft am besten im Bett/ (= *N*-Deklination)	*/im breiten Bette fließt die Zeit dahin/* (archaisch-poetisch: Hofmannsthal)
/was haben Sie heute wieder mit mir im Sinn?/ (= *E*-Deklination)	*/das ist nicht im Sinne des Erfinders/* (Redensart)
/schöne Grüße habe ich von meinem Mann auszurichten/ (= *R*-Deklination)	*/hat nicht mich zum Manne geschmiedet die allmächtige Zeit, das ewige Schicksal?/* (arachaisch-poetisch: Goethe)

Ausgenommen von dieser Regel sind diejenigen Nomina, die bereits im Stamm auf *-e* auslauten, sowie die Nomina mit Obliquus-*N* (siehe oben Ziffer 3).

4.3 Das Nomen und die Nominalgruppe

Nomina können im Text vielfältig determiniert werden, wobei die Determinanten des Nomens ihrerseits weiter determinierbar sind. Alle Determinanten eines Nomens bezeichnet man als Attribute. Ihre Determinationsleistung heißt Attribution.

Die Attribute eines Nomens können prädeterminierend vor dem Nomen oder postdeterminierend nach dem Nomen stehen. Dementsprechend haben sie unterschiedliche grammatische Form. Zusammen mit seinen prädeterminierenden und postdeterminierenden Attributen bildet das Nomen die Nominalgruppe. Beispiel:

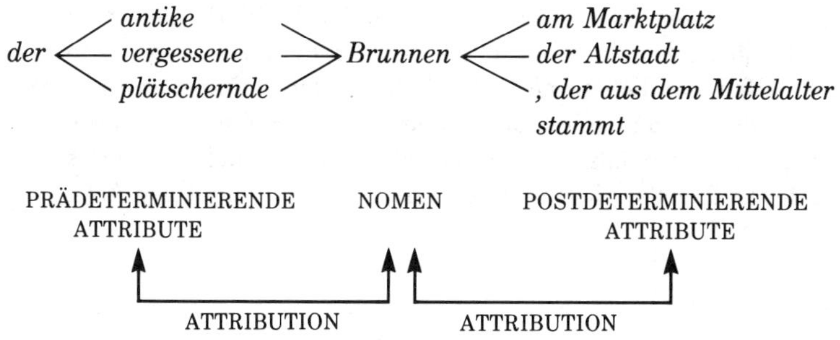

Prädeterminierende Attribute des Nomens *Brunnen* sind in diesem Beispiel drei flektierte Adjektive (davon zwei Partizipien). Als postdeterminierende Attribute zeigt das Beispiel drei Adjunkte: ein Präpositional-, ein Genitiv- und ein Relativ-Adjunkt.

Die prädeterminierenden Attribute stehen in einer Nominalklammer mit klammeröffnendem Artikel und klammerschließendem Nomen (4.3.1). Die postdeterminierenden Attribute sind in den meisten Fällen Adjunkte (4.3.2). Postdeterminierend stehen zum Nomen jedoch auch die Appositionen (4.3.3). Eine Textanalyse zeigt das Zusammenwirken verschiedener Determinanten des Nomens in einem Text (4.3.4).

4.3.1 Die prädeterminierenden Attribute und die Nominalklammer

Alle prädeterminierenden Attribute eines Nomens stehen in einer Nominalklammer. Diese wird gebildet von einer klammeröffnenden Artikelform und einem klammerschließenden Nomen. Zwischen dem Artikel und dem Nomen besteht Genus-, Numerus- und Kasus-Kongruenz. In der Klammer ist Platz für das attributive Adjektiv, das mit seinen Flexiven an der Genus-, Kasus- und Numerus-Kongruenz von Artikel und Nomen Anteil hat. Beispiel:

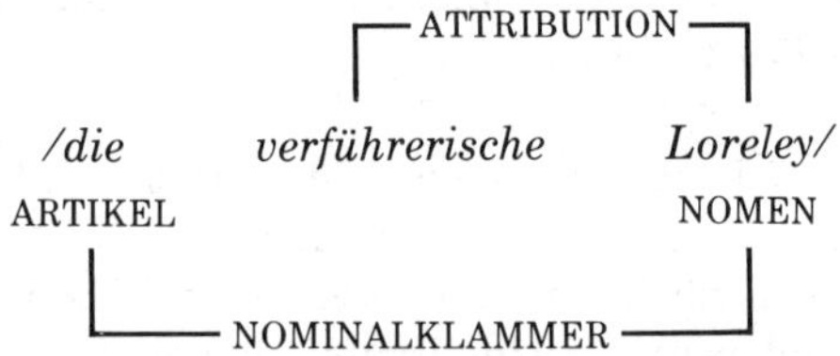

Die Nominalklammer ist eine Organisationsform des Kontextgedächtnisses und mit dieser Eigenschaft ein Analogon zur Verbalklammer (vgl. 2.2). Wie diese, ist sie mehr oder weniger dehnbar. Das attributive Adjektiv kann nämlich seinerseits vielfältig determiniert werden. Das nachfolgende Beispiel zeigt mit seinen Varianten eine fortschreitende Dehnung der Nominalklammer durch schrittweise zunehmende Determination des (selber das Nomen determinierenden) attributiven Adjektivs:

ein Mann
ein junger Mann
ein recht junger Mann
ein noch recht junger Mann
ein immer noch recht junger Mann
ein anscheinend immer noch recht junger Mann
ein trotz seiner grauen Haare anscheinend immer noch recht junger Mann

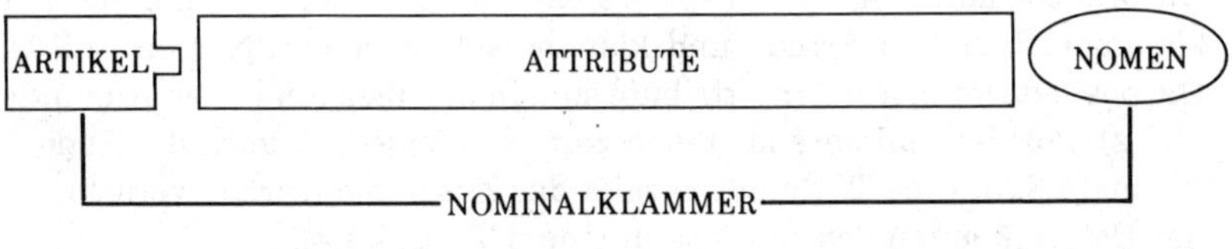

Ebenso wie die Verbalklammer erzeugt auch die Nominalklammer beim Hörer eine bestimmte Spannung. Der Hörer muß nämlich, wenn er die Nominalklammer als ganze verstehen will, alle Sprachzeichen, die im Klammerfeld zwischen dem Artikel als dem klammeröffnenden Element und dem Nomen als dem klammerschließenden Element stehen, so lange in seinem Kontextgedächtnis speichern, bis er das Nomen selber rezipiert hat. Dann erst löst sich die Spannung. Daraus folgt als gedächtnispsychologisch begründete Sprachnorm, daß die Klammer nur so weit gedehnt werden darf, wie es die Kapazität des Kontextgedächtnisses zuläßt.

Mit einer relativ reichhaltigen (Sekundär-)Determination des attributiven Adjektivs und entsprechend starken Dehnung der Nominalklammer ist insbesondere immer dann zu rechnen, wenn es sich bei dem attributiven Adjektiv um ein Partizip (Neutral- oder Rück-Partizip) handelt oder wenn das Adjektiv selber eine Valenz hat und folglich ein Objekt oder einen Partner bei sich haben kann. Beispiele:

/die in keiner Prognose vorhergesehene Entwicklung/

/die alle Vorhersagen übertreffende Entwicklung/

/die sich aus der neuen Wirtschaftslage zwangsläufig ergebende Entwicklung/

/die einigen Leuten eher unangenehme Entwicklung/

Bei einer derartig gedehnten Nominalklammer kann sogar der Fall eintreten, daß eine Nominalklammer eine andere Nominalklammer umschließt:

/die dem städtischen Finanzamt eingereichten Unterlagen/

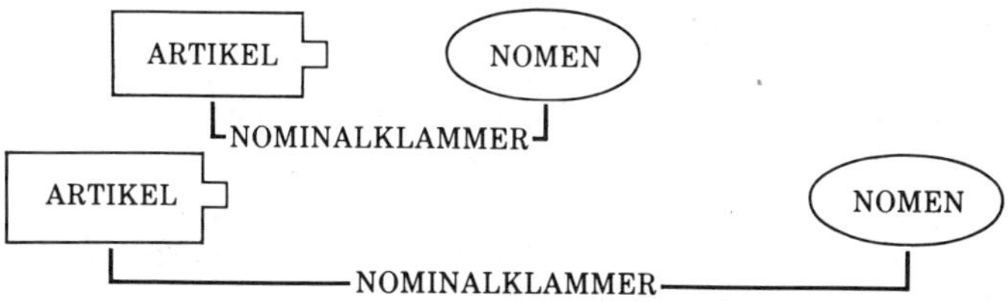

Die kleine Nominalklammer im Dativ gehört hier als Ausdruck der Partnerrolle zu dem Rück-Partizip *eingereichten* der großen Nominalklammer.

Für die Abfolge der determinierenden Elemente der Nominalklammer gilt, daß diese nach dem Prinzip steigender Bedeutungsfülle angeordnet sind. Je mehr ein Sprachzeichen oder eine Gruppe von Sprachzeichen zur Bedeutungsdetermination des Nomens beiträgt, umso weiter hinten in der Nominalklammer – also umso näher am Nomen – ist es zu finden. Unmittelbar vor dem Nomen steht insbesondere das attributive Adjektiv (Partizip) als seine wichtigste Determinante. So wie das Adjektiv als Determinante des Nomens diesem voraufgeht, so gehen auch die Determinanten des Adjektivs diesem vorauf und stehen niemals zwischen Adjektiv und Nomen.

Besonders komplexe und für den Hörer komplizierte Attributionen kommen in einer Nominalklammer immer dann zustande, wenn Präpositional-Adjunkte auftreten, die ihrerseits auch noch verschachtelt sein können. Beispiele wie das folgende gehören zu den oft kritisierten Überdehnungen der Nominalklammer im »Nominalstil« der Behördensprache:

/die von den für die Volkszählung zuständigen Beamten ausgearbeiteten Fragebögen/

In einer Nominalklammer können auch mehrere attributive Adjektive auftreten. Dabei sind Reihung und Stufung zu unterscheiden:

REIHUNG	STUFUNG
/die erfreuliche und günstige Entwicklung/	*/die erfreuliche wirtschaftliche Entwicklung/*

Im Beispiel der linken Spalte wird das Nomen von beiden Attributen gleichrangig determiniert. Das Beispiel der rechten Spalte zeigt hingegen eine gestufte Determination. Das Adjektiv *wirtschaftliche* determiniert nämlich das Nomen, während das Adjektiv *erfreuliche* die Gruppe *wirtschaftliche Entwicklung* determiniert (vgl. 5.4.3).

Hinsichtlich des klammeröffnenden Artikels sind in der Nominalklammer die folgenden Besonderheiten zu verzeichnen:

(1) Die Nominalklammer kann unter bestimmten Bedingungen von einem Null-Artikel eröffnet werden (vgl. 4.5.1.5):

Ø	*frisches*	*Obst*
Ø	*frische*	*Früchte*

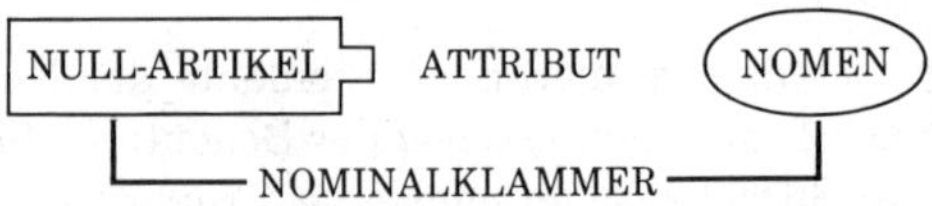

(2) In Präpositional-Adjunkten können mitunter die Präposition und der anaphorische Artikel zu einem einheitlichen Morphem verschmolzen werden (*in* + *dem: im letzten Jahr, zu* + *der: zur Zufriedenheit, in* + *das: ins Grüne* - vgl. 7.1.1).

4.3.2 Die postdeterminierenden Attribute

In der Nominalklammer stehen als Determinanten des Nomens nur die attributiven Adjektive und deren Sekundär-Determinanten. Alle anderen Attribute des Nomens stehen außerhalb der Nominalklammer. Ihre wichtigste Stellung ist postdeterminierend nach dem Nomen. Beispiel:

/die Verwaltung der Stadt Stendal/

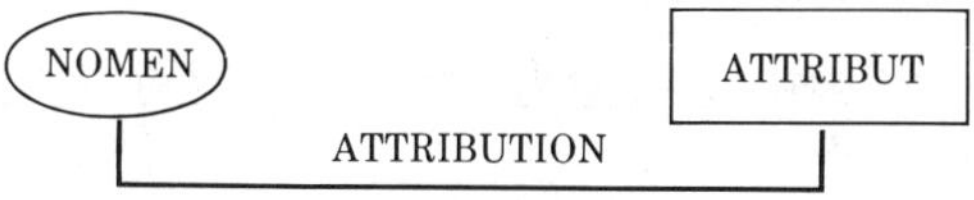

In diesem Beispiel wird das Nomen *Verwaltung* von einem ihm nachgestellten Genitiv-Adjunkt determiniert. Es handelt sich also um ein postdeterminierendes Attribut.

Postdeterminierende Attribute eines Nomens treten insbesondere in den folgenden Formen auf:

(1) Genitiv-Adjunkte

Genitiv-Adjunkte (vgl. genauer 7.2) werden in der deutschen Gegenwartssprache vorwiegend attributiv gebraucht und können folglich in dieser Funktion Genitiv-Attribute genannt werden. Das Genitiv-Attribut steht nach dem Nomen; nur Eigennamen im Genitiv können auch vor dem Nomen auftreten:

/das Rathaus der Stadt ist für sein Glockenspiel berühmt/

/Rostocks Bürgermeister will das Rathaus renovieren lassen/

Steht das Genitiv-Attribut nach dem Nomen, so geht es in dieser Stellung allen Präpositional-Adjunkten vorauf:

/der Giebel des Rathauses in Münster/

(2) Präpositional-Adjunkte

Präpositional-Adjunkte (vgl. genauer 7.1.2) in attributiver Funktion treten unmittelbar nach dem zu determinierenden Nomen auf.

/der Brunnen vor dem Tor war in früheren Zeiten ein Treffpunkt für die jungen Mädchen aus dem Ort/

(3) Konjunktional-Adjunkte

Attributive Konjunktional-Adjunkte kommen nur bei einigen Nomina vor, und zwar vorwiegend bei deverbaler Wortbildung. Sie stehen immer nach dem Nomen; dabei können sie auch in das verbale Nachfeld ausgeklammert werden (vgl. 7.3):

/die Frage, ob die Stadt am Fluß ihren alten Glanz je wiederfinden würde, beschäftigte viele Einwohner/

/allen machte die Tatsache, daß viele junge Leute aus der kleinen Stadt weggezogen, große Sorgen/

/heute muß man die Hoffnung aufgeben, daß die jungen Leute eines Tages zurückkehren/

(4) Infinitiv-Adjunkte

Infinitiv-Adjunkte, die attributiv ein Nomen determinieren, stehen immer nach diesem Nomen (vgl. genauer 3.4):

/der Vorschlag, den Marktplatz neu zu pflastern, wurde in der Stadtverordnetenversammlung positiv aufgenommen/

(5) Relativ-Adjunkte

Relativ-Adjunkte (vgl. genauer 7.4) stehen unmittelbar nach dem Nomen oder werden ins verbale Nachfeld ausgeklammert:

/die Stadt, die im 12. Jahrhundert gegründet wurde, war lange Zeit ein wichtiger Knotenpunkt/

/wir haben die Brücke besichtigt, die ebenfalls im Mittelalter gebaut wurde/

(6) Attributive Adverbien

Die Adverbien einiger Subklassen können attributiv gebraucht werden und stehen dann postdeterminierend zum Nomen. Es handelt sich insbesondere um Adverbien mit temporaler oder positionaler Bedeutung (vgl. genauer 6.3):

/das Stadtteilfest heute abend ist ein wichtiges Ereignis/

/die Leute hier freuen sich schon sehr darauf/

Für die Stellung mehrerer postdeterminierender Attribute gilt die folgende Stellungsregel:

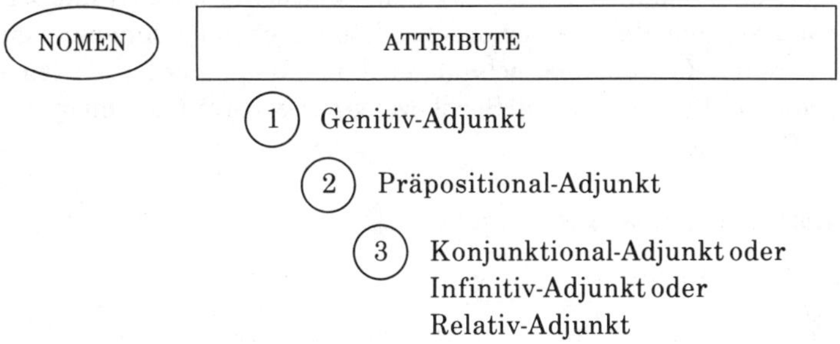

Beispiele:

/*die Kinder* (N) *der Bauern* (1) *aus den Dörfern* (2), *die auf die höhere Schule gingen* (3), *mußten früher oft einen weiten Weg in Kauf nehmen*/

/*die Bekanntmachung* (N) *des Direktors* (1) *in der Lehrerkonferenz* (2), *daß ein Schulbus eingeführt wird* (3), *wurde mit Erleichterung aufgenommen*/

4.3.3 Die Apposition

Die Apposition ist ein Sonderfall der postdeterminierenden Attribution. Bei der Apposition wird ein Nomen durch ein anderes, ihm beigestelltes Nomen, das Appositiv, ›referenzidentisch‹ determiniert. Semantische Merkmale: ⟨REFERENZ⟩ und ⟨IDENTITÄT⟩. Das Nomen des Appositivs kann dabei selber weiter determiniert und zur Nominalgruppe ausgebildet sein.

/*Albert Einstein,*
- *ein berühmter deutscher Physiker*/
- *der Erfinder der Relativitätstheorie*/
- *der Nobelpreisträger für Physik des Jahres 1921*/
- *ein weißhaariger Mann mit den Augen eines neugierigen Kindes*/
- *einer der vielen deutschen Emigranten, die vor Hitler fliehen mußten*/

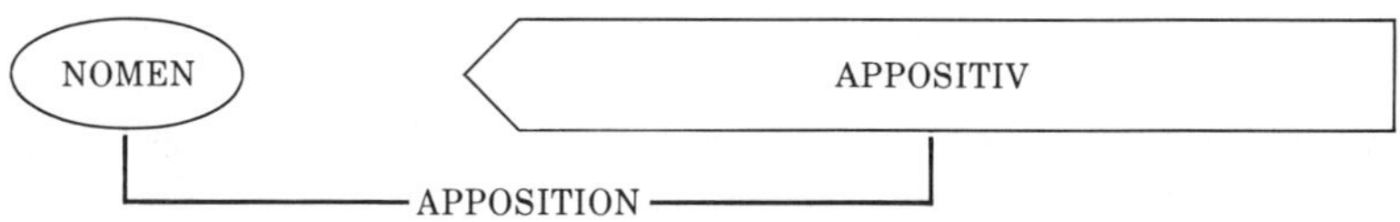

Das Appositiv bezieht sich hier auf einen Eigennamen als Basis und rekodiert diesen referenzidentisch in Form eines determinierten Gattungsnamens, der zur Identifikation und genaueren Kenntnis des Namensträgers eine Beihilfe leistet. Das Nomen und sein Appositiv müssen der gleichen Nominalklasse angehören: so können etwa Personennamen nur mit anderen Personenbezeichnungen kombiniert werden, Ortsnamen nur mit Ortsbezeichnungen, Sachbezeichnungen nur passend untereinander. Beispiele:

/*Franz Kafka, ein prophetischer Autor, ...*/

/*Prag, die Stadt Kafkas, ...*/

/*Kafkas Briefe an Milena, diese Literatur- und Lebensdokumente, ...*/

In der Regel stimmen das determinationsbedürftige Nomen und das ihm appositiv beigestellte Nomen auch im Kasus überein:

/*ich lerne Jiddisch, die Sprache der Juden in den Gettos Mittel- und Osteuropas*/ (Akkusativ)

/*ich befasse mich mit dem Jiddischen, einer eigenständigen germanischen Sprache*/ (Dativ)

/*die Erlernung des Jiddischen, dieser vom Aussterben bedrohten Sprache*/ (Genitiv)

In der Gegenwartssprache zeigt sich allerdings eine gewisse Tendenz, den Dativ als allgemeinen Appositionskasus zu gebrauchen; doch steht dieser Sprachgebrauch (noch) außerhalb der grammatischen Norm.

Um ein appositiv gebrauchtes Nomen deutlich von dem zu determinierenden Nomen zu unterscheiden, setzt man die ganze Apposition gern durch kurze Sprechpausen von ihrem umgebenden Kontext ab. In der geschriebenen Sprache gibt man diese Sprechpausen, wie die Beispiele zeigen, durch Kommasetzung wieder.

Das Appositiv liefert für seine nominale Basis nicht selten eine »nachgetragene« Information, mit der, ähnlich wie bei der Prädikation mit einem Prädikats-Nomen, ein Referent in einer seiner Eigenschaften charakterisiert wird. Bei Personenbezeichnungen und Eigennamen, die vom Sprecher als bekannt eingeführt sind, ist eine solche appositive Charakterisierung oft gleichbedeutend mit der Beleuchtung eines bestimmten Aspekts aus der Biographie der betreffenden Person. Solche Aspekte können etwa sein: physische oder psychische Eigenschaften; Umstände, aus denen die Beziehung der genannten Person zum Hörer oder Sprecher deutlich wird; sie können auch Daten aus dem Leben der Person betreffen, insbesondere wenn es sich dabei, wie häufig im Fall von Berühmtheiten, um historische Daten handelt. Dabei sind die Leistungen der Apposition recht unterschiedlich: mitunter dient das Appositiv zu einem als bekannt eingeführten Nomen nur als Orientierungshilfe, die dem Hörer vom Sprecher angeboten wird, damit er die betreffende Person oder Sache schneller an sein Vorwissen anschließen kann; in anderen Fällen gibt das Appositiv in seiner typischen Hintergrundfunktion eine persönliche Wertung des Sprechers wieder, die jedoch im weiteren Gesprächsverlauf nicht zum zentralen Gesprächsgegenstand gemacht werden soll. Im Einzelfall kann die Beziehung des Appositivs zum umgebenden Kontext durch appositionstypische Partikeln, Adverbien und andere aufmerksamkeitssteuernde Ausdrücke wie *übrigens, bekanntlich, nämlich, insbesondere, hauptsächlich, und zwar, nebenbei gesagt, vor allem, zum Beispiel* (*z. B.*), *das heißt* (*d. h.*) näher bestimmt werden.

Handelt es sich bei dem zu determinierenden Nomen um einen Eigennamen, so hat man die (postdeterminierende) Apposition von der (prädeterminierenden) Juxtaposition eines Gattungsnamens zu unterscheiden (vgl. 4.1.3):

APPOSITION	JUXTAPOSITION
/ein Aufsatz über Goethe, den Dichter und Weintrinker, der . . ./	*/der Weintrinker Goethe schrieb auch herrliche Trinklieder/*
/die Leistung des ersten deutschen Shakespeare-Übersetzers, Christoph Martin Wielands, ist zu wenig gewürdigt worden/	*/die Shakespeare-Übersetzer Schlegel und Tieck werden oft als deutsche Inkarnationen von Shakespeare angesehen/*

Als Basis einer Apposition kann außer einem Nomen auch ein Pronomen auftreten:

/und ich, die einzige Zeugin des Unfalls, bin dann selber krank geworden/

/er hatte sie, die (oder: *eine*) *überzeugte Radfahrerin, zu einem Autoausflug eingeladen/*

Zwischen der pronominalen Basis und dem Appositiv wird bisweilen der Vergleichsjunktor *als* eingeschoben. Das geschieht besonders oft bei einem Pronomen der Hörerrolle:

/wie konntest du als Bergsteigerin bloß den Lift nehmen!/

In den Gesprächsrollen des Sprecher- und Hörer-Plurals besteht daneben noch die Möglichkeit der engen Apposition nach folgendem Muster:

/wir langjährigen Leistungssportler sind an harte Trainingsarbeit gewöhnt/

/für euch unerfahrene Anfänger werden erst einmal gymnastische Übungen angesetzt/

Im Singular oder Plural der Sprecher- und Hörerrolle kann eine pronominale Basis auch durch ein lobendes oder tadelndes, scherzendes oder spottendes enges Appositiv determiniert werden:

/na, ihr Süßen, wollt ihr nicht ein bißchen näher kommen?/

/na, da kannst du Glückspilz dich ja freuen!/

/nun mach schon ein bißchen schneller, du Schnecke du!/

/ich alter Esel hab das tatsächlich ernst genommen!/

/und wir Trottel sind tatsächlich drauf reingefallen!/

Appositive dienen ferner in manchen Fällen als erklärende Einschübe im Text:

/ihr beiden, (also) Irene und du, (ihr) spielt in dem Stück die Zwillinge/

/wenn sie die Bühne betritt, (ich meine) die fremde Frau, müßt ihr furchtbar erschreckt tun/

/wenn sie das sehen, die Zuschauer, werden sie bestimmt lachen/

Eine wichtige Rolle spielen Appositive ferner bei der Redewiedergabe, wenn die Referenzrolle nicht eindeutig determiniert ist:

/Irene hat dann (der) Anne später erzählt, wie sie, Irene, ihre große Schauspielbegabung entdeckt hat/

Es können unter bestimmten Bedingungen auch Adjektive appositiv gebraucht werden. Sie stehen dann ebenfalls, flektiert oder unflektiert, in postdeterminierender Stellung zum Nomen (vgl. 5.4.4).

4.3.4 Der »Nominalstil« im Text

Die verschiedenen Möglichkeiten, ein Nomen durch Attribute zu determinieren, zeigen sich am reichhaltigsten in modernen fach- und wissenschaftssprachlichen Texten. Von dieser Art ist der folgende Text aus der

Feder des Anthropologen Arnold Gehlen, der als charakteristisches Beispiel für einen hier textsortenspezifischen »Nominalstil« gelten kann. Die Nominalgruppen des Textes sind unterstrichen und numeriert. Sie werden fortlaufend kommentiert:

TEXT:

Wenn man bemerkt, daß die Kultursphäre des Menschen (1) *in der Tat eine biologische Bedeutung* (2) *hat, so liegt es nahe, den für die Zoologie bewährten Begriff der Umwelt* (3) *auch hier anzuwenden, wie es meistens geschieht. Aber es besteht doch ein wesentlicher Unterschied* (4)*: ohne Zweifel muß man ja die organische Mittellosigkeit des Menschen* (5) *und auf der anderen Seite* (6) *seine kulturschaffende Tätigkeit* (7) *aufeinander beziehen und als biologisch eng sich gegenseitig bedingende Tatsachen* (8) *fassen. Von einer »Einpassung« des Menschen in einen dieser Gattung von Natur her zugeordneten speziellen Komplex natürlicher Lebensbedingungen* (9), *wie dies im exakten Begriff der Umwelt* (10) *gedacht wird, kann gar keine Rede sein. So wie sich die tierische, organische Spezialisierung* (11) *und die ihr jeweils zugeschnittene Umwelt* (12) *zueinander verhalten, so muß man die Unspezialisiertheit und morphologische Hilflosigkeit des Menschen in seiner Kultursphäre* (13) *sehen. Da diese aber ein Inbegriff urwüchsiger Tatbestände* (14) *ist, die der Mensch ins Lebensdienliche verändert hat, so gibt es von vornherein gar keine natürlichen Grenzbedingungen menschlicher Lebensfähigkeit* (15), *sondern nur technische Grenzbedingungen*

TEXTGRAMMATISCHER KOMMENTAR:

(1) Nominalgruppe mit nachgestelltem Genitiv-Adjunkt als Attribut des Nomens.

(2) Nominalklammer mit attributivem Adjektiv.

(3) Komplexe Nominalgruppe. Die Nominalklammer umschließt ein attributives Adjektiv, das seinerseits durch das Präpositional-Adjunkt *für die Zoologie* determiniert ist. Dem Nomen folgt ein attributiv gebrauchtes Genitiv-Adjunkt.

(4) Nominalklammer mit attributivem Adjektiv.

(5) Prä- und postdeterminiertes Nomen; prädeterminierend steht das attributive Adjektiv in der Nominalklammer, während das Genitiv-Adjunkt als postdeterminierendes Attribut dem Nomen folgt.

(6) Einfache Nominalklammer.

(7) Ebenfalls einfache Nominalklammer, mit einem Possessiv-Artikel in klammeröffnender Position. Das attributive Adjektiv ist ein Partizipial-Kompositum.

(8) Nominalklammer mit einem Null-Artikel (= Plural des kataphorischen Artikels) als Eröffnung der Klammer. Als Attribut steht ein reziprok-reflexives (Neutral-) Partizip: *sich gegenseitig bedingende*. Das Partizip ist seinerseits durch zwei gestufte Adjektive in applikativer Funktion determiniert.

(16): *nicht in der Natur, sondern in den Graden der Bereicherung und Verbesserung seiner kulturschaffenden Tätigkeit, zuerst der Denkmittel und Sachmittel* (17), *liegen die Grenzen menschlicher Ausbreitung* (18).
Der Mensch ist also organisch »Mängelwesen« (Herder), er wäre in jeder natürlichen Umwelt (19) *lebensunfähig, und so muß er sich eine zweite Natur* (20), *eine künstlich bearbeitete und passend gemachte Ersatzwelt, die seiner versagenden organischen Ausstattung entgegenkommt* (21), *erst schaffen, und er tut dies überall, wo wir ihn sehen. Er lebt sozusagen in einer künstlich entgifteten, handlich gemachten und von ihm ins Lebensdienliche veränderten Natur, die eben die Kultursphäre ist* (22). *Man kann auch sagen, daß er biologisch zur Naturbeherrschung gezwungen ist.*[1]

(9) Hochkomplexe Nominalgruppe an der Grenze der guten Verständlichkeit. Alle Attribute des Nomens *Einpassung* stehen postdeterminierend und sind in dieser Stellung mehrfach gestuft. Es steht als erstes ein Genitiv-Adjunkt (*des Menschen*). Von ihm ist eine innere Nominalgruppe (*einen – Komplex*) abhängig, deren Nomen seinerseits prä- und postdeterminiert ist. Für ihre prädeterminierenden Attribute ist hier wiederum eine Nominalklammer gebildet, mit einem attributiven Rück-Partizip (*zugeordneten*), das durch ein Nomen in der Partnerrolle (*dieser Gattung*) und durch ein Präpositional-Adjunkt (*von Natur her*) determiniert ist. Es folgt dem Nomen *Komplex* ein Genitiv-Adjunkt als postdeterminierendes Attribut, selbst auch als Nominalklammer mit klammeröffnendem Null-Artikel (= Plural des kataphorischen Artikels) und dem Adjektiv *natürlicher* als Attribut.

(10) Nominalgruppe mit prä- und postdeterminierendem Attribut. Das prädeterminierende Adjektiv *exakten* steht als Attribut in einer Nominalklammer, die von der Form *im* eröffnet wird, also einem Artikel, der mit der Präposition *in* verschmolzen ist. Postdeterminierendes Attribut ist ein Genitiv-Adjunkt (*der Umwelt*).
(11) Nominalklammer mit zwei gereihten Adjektiven als Attributen des Nomens.
(12) Nominalklammer mit einem Rück-Partizip als Attribut. Dieses ist seinerseits determiniert durch ein Pronomen in der Partnerrolle (*ihr*) und ein Adverb (*jeweils*).

1) Arnold Gehlen: »Ein Bild vom Menschen«, in: *Philosophische Anthropologie und Handlungslehre. Gesamtausgabe*, hg. von Karl-Siegbert Rehberg unter Mitwirkung von Heinrich Wahlen und Albert Bilo, Bd. IV, Frankfurt a. M. 1983, S. 55.

(13) Nominalgruppe mit zwei gereihten Nomina, das letztere seinerseits als Nominalklammer mit dem weitergeltenden Artikel *die* als Klammeröffner ausgebildet. Es folgen zwei gestufte Attribute, ein Genitiv-Adjunkt und ein Präpositional-Adjunkt.
(14) Nominalgruppe mit einem Genitiv-Adjunkt als postdeterminierendem Attribut. Dieses ist seinerseits als Nominalklammer mit klammeröffnendem Null-Artikel (= Plural des kataphorischen Artikels) ausgebildet.
(15) Nominalgruppe, bestehend aus zwei Nominalklammern. Die erste hat den Negativ-Artikel *keine* als Klammeröffner und das Adjektiv *natürlichen* als Attribut. Weiteres Attribut des Nomens *Grenzbedingungen* ist das postdeterminierende Genitiv-Adjunkt *menschlicher Lebensfähigkeit*, das als ganzes die Form einer Nominalklammer mit klammeröffnendem Null-Artikel hat.
(16) Parallel gebaute Nominalklammer mit klammeröffnendem Null-Artikel.
(17) Nominalgruppe mit zahlreichen postdeterminierend gestuften Attributen für das Basis-Nomen *Graden*. Es folgen zunächst zwei gereihte Genitiv-Adjunkte. Von ihnen ist ein weiteres Genitiv-Adjunkt abhängig, das seinerseits als Nominalklammer ausgebildet ist (*seiner - Tätigkeit*), mit einem klammeröffnenden Possessiv-Artikel und einem Partizipial-Kompositum als Attribut. Dieses Genitiv-Adjunkt wird dann noch zur Erläuterung in zwei weitere Genitiv-Adjunkte auseinandergelegt.
(18) Nominalgruppe mit einem Genitiv-Adjunkt als Attribut. Es ist wieder als Nominalgruppe mit klammeröffnendem Null-Artikel ausgebildet.
(19) Nominalklammer mit einem klammeröffnenden Summativ-Artikel.
(20) Nominalklammer mit einer Ordinalzahl als Attribut. Man kann auch die Morpheme *eine zweite* als Einheit betrachten und sie als die kataphorische Form des ordinalen Numeral-Artikels auffassen (vgl. 4.5.2.3.1.2).
(21) Nominalgruppe zur Determination des Nomens *Ersatzwelt*. Prädeterminierend stehen zwei gereihte Rück-Partizipien, die ihrerseits determiniert sind, in der Nominalklammer. Postdeterminierendes Attribut ist ein Relativ-Adjunkt (*die - entgegenkommt*), das seinerseits eine Nominalklammer mit zwei adjektivischen Attributen umschließt.
(22) Nominalgruppe zur Determination des Nomens *Natur*. Prädeterminierend stehen in der Nominalklammer drei gereihte und ihrerseits verschieden determinierte Rück-Partizipien als Attribute. Postdeterminierendes Attribut ist ein Relativ-Adjunkt (*die - ist*).

4.4 Die Nominalgruppe und ihre Referenzen

Unter den drei Gesprächsrollen ist im Verhältnis zu den primären Gesprächsrollen Sprecher und Hörer die Referenzrolle eine Restkategorie, die als Gesprächsrolle nur negativ determiniert ist (vgl. 2.4). Sie umfaßt in einer gegebenen Situation alles das, was in ihr nicht Sprecher und nicht Hörer ist. Um diese Gesprächsrolle zu präzisieren, ist weitere Information nötig: die Referenz. Als Referenz zur semantischen Präzisierung der Referenzrolle kommen alle Nomina (Personen- oder Sachbezeichnungen) in Frage sowie alle Pronomina, die diese gegebenenfalls im Text vertreten.

Nomina oder Pronomina bezeichnen in der Referenzrolle, wenn sie im Text in diese eintreten, einzelne Referenten. In der Referenzrolle eines Textes ist für viele verschiedene Referenten (Personen oder Sachen) Platz. Beispiel:

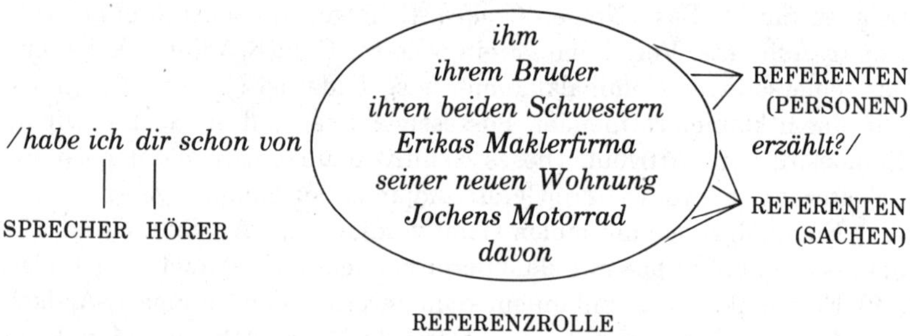

Je reichhaltiger die – weite und vage – Referenzrolle mit nominaler oder pronominaler Referenz gefüllt wird, umso mehr nähern sich die einzelnen Referenten, die dadurch in Erscheinung treten, den primären Gesprächsrollen Sprecher und Hörer an und werden im Grenzfall ebenso präzise wie diese.

In einem gegebenen Text kann die Referenzrolle, je nach der Referenz, mit unterschiedlich vielen Referenten gefüllt sein. Im maximalen Grenzfall sind es soviele Referenten, wie in einem Text verschiedene Nomina vorhanden sind. In den meisten Fällen enthält ein Text in seiner Referenzrolle jedoch nur eine begrenzte Zahl unterschiedlicher Referenten, da eine gewisse Zahl von Referenten – Personen oder Sachen – im Textverlauf wiederkehrt. Die einmalige oder mehrmalige Wiederkehr des gleichen Referenten im Text wird als textuelle Rekurrenz bezeichnet. Textuelle Rekurrenz kann mit nominalen (4.4.1) oder mit pronominalen

Mitteln (4.4.2) ausgedrückt werden. Dabei sind auch gewisse Neutralisierungen der Referenz zu beobachten (4.4.4).

4.4.1 Nominale Rekurrenz

Jeder Text, der verstanden werden will, hat ein Thema. Es können auch mehrere Themen sein, die miteinander verwoben oder kontrapunktisch gegeneinandergesetzt sind. Ein Text ganz ohne Thema wäre ein Unsinnstext.

Am deutlichsten wird die Thematik eines Textes an der textuellen Rekurrenz einiger seiner Referenten erkennbar. Die einfachste Form der Rekurrenz ist die wörtliche Wiederholung des gleichen Nomens. Aber auch die referenzidentische Fortführung eines Nomens durch ein anderes Nomen mit ähnlicher Bedeutung wollen wir als Rekurrenz im angegebenen Sinne ansehen und als konstitutiv für die textuelle Thematik in Rechnung stellen.

In dem nachfolgenden Text finden wir eine bemerkenswerte Rekurrenz der wichtigsten Nomina. Es handelt sich um den Anfang der Erzählung »Vor dem Gesetz« von Franz Kafka. In der Referenzrolle treten verschiedene Referenten (Personen, Sachen) auf, die jedoch durch mehrfache Wiederholung deutlich in mehrere semantische Gruppen zerfallen. Diese Gruppen werden hier in der Reihenfolge ihres ersten Auftretens mit den Buchstaben a, B, C, d, e und f bezeichnet. Die Großbuchstaben stehen für Personen, die Kleinbuchstaben für Sachen und Sachverhalte. Innerhalb dieser Gruppen werden die einzelnen Nomina fortlaufend numeriert:

TEXT:

Vor dem <u>*Gesetz*</u> (a1) *steht ein* <u>*Türhüter*</u> (B1). *Zu diesem* <u>*Türhüter*</u> (B2) *kommt ein* <u>*Mann*</u> (C1) *vom Lande und bittet um* <u>*Eintritt*</u> (d1) *in das* <u>*Gesetz*</u> (a2). *Aber der* <u>*Türhüter*</u> (B3) *sagt, daß er ihm jetzt den* <u>*Eintritt*</u> (d2) *nicht gewähren könne. Der* <u>*Mann*</u> (C2) *überlegt und fragt dann, ob er also später werde eintreten dürfen. »Es ist möglich«, sagt der* <u>*Türhüter*</u> (B4), *»jetzt aber nicht.« Da das* <u>*Tor*</u> (e1) *zum* <u>*Gesetz*</u> (a3) *offensteht*

TEXTGRAMMATISCHER KOMMENTAR:

Am häufigsten kehrt in diesem Text das Nomen *Türhüter* wieder, nämlich nicht weniger als achtmal. Der Leser darf also annehmen, daß dieses Nomen thematische Bedeutung hat. So stark ist die durch die achtmalige Wiederholung des gleichen Nomens befestigte Thematik, daß der Leser auch bei den »elliptischen« Ausdrücken *einer mächtiger als der andere* und *des dritten* dieses Nomen ohne weite-

wie immer und der Türhüter (B5) *beiseitetritt, bückt sich der Mann* (C3), *um durch das Tor* (e2) *in das Innere zu sehn. Als der Türhüter* (B6) *das merkt, lacht er und sagt: »Wenn es dich so lockt, versuche es doch, trotz meines Verbotes hineinzugehn. Merke aber: Ich bin mächtig. Und ich bin nur der unterste Türhüter* (B7). *Von Saal* (f1) *zu Saal* (f2) *stehn aber Türhüter* (B8), *einer mächtiger als der andere. Schon den Anblick des dritten kann nicht einmal ich mehr ertragen.« Solche Schwierigkeiten hat der Mann* (C4) *vom Lande nicht erwartet; das Gesetz* (a4) *soll doch jedem und immer zugänglich sein, denkt er . . .*[1]

res ergänzen kann. Durch viermalige Wiederholung ist ferner das Nomen *Mann* (zweimal ergänzt durch die attributive Bestimmung *vom Lande*) als thematisch relevant gekennzeichnet. Der Türhüter und der Mann vom Lande sind offenbar die Protagonisten dieser Handlung. Ebenso häufig tritt jedoch das Nomen *Gesetz* auf, und da das Gesetz nach der Metaphorik dieses Textes ein Tor ist, das zu einem Saal führt, finden wir auch diese Metaphernwörter wie auch das ihm zugeordnete Nomen *Eintritt* je zweimal.

Die Häufigkeit in der Rekurrenz der gleichen Nomina gehört zu den besonderen Stilmitteln dieser Erzählung von Franz Kafka, ist aber in weniger dichter Form ein allgemeines Textbildungsmittel und dient in jeder Form zur Herstellung thematischer Konstanz im Text.

In vielen Texten finden wir indes die Konstanz des Themas weniger durch eine wortgleiche Rekurrenz seiner Nomina als vielmehr durch eine Abfolge verschiedener Nomina mit gleicher oder ähnlicher Bedeutung gesichert. Durch diese »Quasi-Rekurrenz« läßt sich das Durchhalten der textuellen Thematik mit lexikalischer Variation vereinbaren. Als Beispiel dafür diene der Anfang einer Geschichte, die Bertolt Brecht unter dem Titel »Odysseus und die Sirenen« geschrieben hat. Bei der Markierung des Textes werden hier nur die Nomina (Eigennamen oder Gattungsnamen) für menschliche Personen berücksichtigt. Sie gliedern sich nach den drei semantischen Gruppen A, B und C, innerhalb derer die Nomina unterstrichen und fortlaufend numeriert werden:

1) Franz Kafka: »Vor dem Gesetz«, in: *Gesammelte Werke,* hg. von Max Brod, Bd. II, New York, 1953, S. 158.

TEXT:

Bekanntlich ließ der listige Odysseus (A1), *als er die Insel jener menschenfressenden Sängerinnen* (B1), *der Sirenen* (B2), *sichtete, sich an den Mast seines Fahrzeuges binden, aber den Ruderern* (C1) *verstopfte er mit Wachs die Ohren, so daß sein Kunstgenuß durch ihr Wachs und seine Stricke ohne schlimme Folgen bleiben konnte. In Hörweite an der Insel vorbeirudernd, sahen die tauben Knechte* (C2), *wie unser Held* (A2) *sich am Mastbaum wand, als strebte er davon loszukommen, und wie die verführerischen Weiber* (B3) *ihre Hälse blähten. Es verlief also scheinbar alles nach Verabredung und Voraussage. Das ganze Altertum glaubte dem Schlauling* (A3) *das Gelingen seiner List. Sollte ich der erste sein, dem Bedenken aufsteigen?*[1]

TEXTGRAMMATISCHER KOMMENTAR:

(A1/A2/A3) Der Eigenname *Odysseus* wird durch zwei Gattungsnamen variiert und textuell fortgeführt, und zwar zuerst durch den literarischen Ausdruck *Held,* dann durch das psychologisch kommentierende Nomen *Schlauling.* Die Bedeutungskonstanz *Odysseus/Held* ist gesichert durch den Titel des Prosastücks. Für die Bedeutungskonstanz *Odysseus/Schlauling* sorgt das Adjektiv *listige* als traditionelles Epitheton des Odysseus.

(B1/B2/B3) Der Eigenname *Sirenen* wird als Appositiv eingeführt. Er ist im Text umgeben von zwei Eigennamen-Periphrasen (»Paronomasien«), die in ihrem jeweiligen Kontext keinen Zweifel daran lassen, daß sie ebendiese Sirenen bezeichnen.

(C1/C2) Da von den *Ruderern* gesagt wird, daß ihnen mit Wachs die Ohren verstopft worden sind, kann der Leser die *tauben Knechte* mit ihnen identifizieren. Die Bedeutungskonstanz ist trotz des Wechsels im Ausdruck gesichert.

Außer durch die hier kommentierten drei personalen Referenten wird die Referenzrolle dieses Textes noch durch weitere Nomina mit sächlicher Bedeutung gefüllt, die zum Teil ihrerseits Rekurrenzen bilden, wörtlich (*Insel – Insel*) oder variiert (*Mast – Mastbaum*). Durch all diese Referenten mit ihren Determinanten bildet sich die Textualität des Textes heraus (vgl. lat. textus ›Gewebe‹), die dann im Zusammenwirken mit den Verben und ihren Determinanten auch prädikativ verfestigt wird.

1) Bertolt Brecht: »Odysseus und die Sirenen«, in: *Gesammelte Werke in acht Bänden,* hg. vom Suhrkamp Verlag in Zusammenarbeit mit Elisabeth Hauptmann, Bd. V, Frankfurt a. M. 1967, S. 207.

4.4.2 Pronominale Referenz (Pronominalisierungen und Renominalisierungen)

Die Bedeutung von Textualität in Form von thematischer Konstanz im Text durch wörtliche Rekurrenz oder semantische Variation eines Nomens ist verhältnismäßig aufwendig. Einfacher und ökonomischer hält ein Sprecher die Thematik eines Textes dadurch konstant, daß er ein Nomen pronominalisiert. Pronominalisierung heißt Stellvertretung und semantische Fortführung eines Nomens durch ein referenzidentisches Pronomen. Dem Pronomen kommt daher das semantische Merkmal ⟨BEKANNT⟩ zu. Wird das Nomen nacheinander von mehreren mit ihm referenzidentischen Pronomina vertreten und fortgeführt, so spricht man von einer Pronominalisierungskette.

Die Vertretung eines Nomens durch ein Pronomen kann aufgefaßt werden als Anweisung des Sprechers an den Hörer, die besagt: Laß die Bedeutung dieses Nomens, so wie sie in der Referenzrolle einen Referenten gebildet hat und im Kontext bewußt ist, im Text weitergelten!

Die Referenz-Identität einer Pronominalisierung oder Pronominalisierungskette gilt jeweils für das Nomen mit der besonderen Bedeutung, die es im Text (nicht im Lexikon!) hat, das heißt, für das Nomen mit allen Determinanten seiner Nominalgruppe (also nicht nur »pro nomine«!). Beispiel:

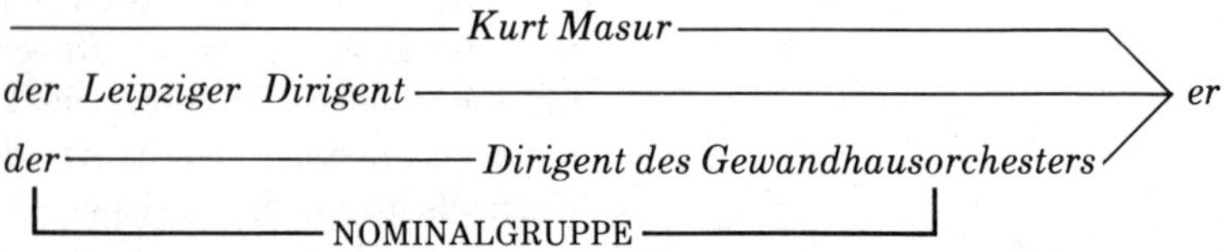

Die drei verschiedenen Nominalgruppen können in gleicher Weise durch das Referenz-Pronomen *er* vertreten werden. Im folgenden sollen die Determinanten der Nominalgruppe immer mitgemeint sein, wenn gesagt wird, daß ein Nomen pronominalisiert wird.

Bedingung für diese und für jede Art von Pronominalisierung ist, daß das Pronomen mit dem Nomen, das es im Text vertritt und semantisch fortführt, nach Genus und Numerus übereinstimmt. Im Beispiel oben stimmt das Pronomen *er* in den Merkmalen Maskulin und Singular mit dem Nomen *Dirigent* und dem Eigennamen *Kurt Masur* überein. Diese

Pronominalisierung ist möglich und kann im Text als Pronominalisierungskette fortgesetzt werden, solange der Hörer das Pronomen *er*, ohne zu zweifeln und zu zögern, auf das von ihm vertretene und fortgesetzte Nomen, gegebenenfalls mit seiner gesamten Nominalgruppe, beziehen und es als bekannten Referenten in der Referenzrolle fortsetzen kann.

In den oben gewählten drei Beispielen stimmt das Pronomen *er* mit seinem referentiell identischen Nomen auch im Kasus überein, nämlich im Nominativ. Das ist jedoch für eine Pronominalisierung nicht unbedingt erforderlich. Man kann beispielsweise gleichzeitig vom Nomen zum Pronomen und vom Akkusativ zum Nominativ übergehen (*den Dirigenten - er*). Eine Gleichheit im Kasus begünstigt jedoch die Pronominalisierung und trägt dazu bei, daß man die Referenz-Identität zwischen Nomen und Pronomen zweifelsfrei erkennt.

Es gibt verschiedene Arten von Pronomina. Sie unterscheiden sich durch ihre mehr oder weniger spezifischen Bedeutungen. Deswegen können sie einander auch im Text wechselseitig vertreten. Dabei gilt die allgemeine Regel, daß im Normalfall ein spezifischeres Pronomen durch ein weniger spezifisches Pronomen fortgeführt wird. Spezifischer als die einfachen Pronomina sind beispielsweise die possessiven, demonstrativen, numeralen und indefiniten Pronomina.

Die Pronomina mit der geringsten Spezifik bezeichnen wir als Referenz-Pronomina. Diese Bezeichnung soll zum Ausdruck bringen, daß diese Pronomina für die bloße Referenz im Text zu sorgen haben. Da jeder Text aber immer auch ein bestimmtes Informationsprofil hat, so daß man an ihm thematische (unauffällige) und rhematische (auffällige) Aspekte unterscheiden kann, können wir auch bei den Referenz-Pronomina zwei Klassen unterscheiden: die thematischen Referenz-Pronomina der *er/sie/es*-Reihe (4.4.2.1) und die rhematischen Referenz-Pronomina der *der/die/das*-Reihe (4.4.2.2). Fast immer sind diese Pronomina, und das gilt sowohl für die thematische wie die rhematische Subklasse, auf einen bekannten Referenten des voraufgehenden Textes bezogen. Sie sind anaphorische Pronomina. Unter bestimmten Bedingungen können die anaphorischen Pronomina jedoch dem nominalen Referenten, auf den sie verweisen, im Text voraufgehen. Wir sprechen dann von einer Prä-Pronominalisierung (4.4.2.3).

4.4.2.1 Thematische Pronominalisierung (*er/sie/es*)

Im Text schreitet die Information vom Bekannten zum Unbekannten voran. Die bekannte Information ist in der Regel wegen ihrer Bekanntheit unauffällig, die unbekannte Information meistens auffällig. Die unauffällige Information nennen wir Thema, die auffällige Information Rhema. Wenn nun ein Nomen im Text durch ein Pronomen vertreten und fortgeführt wird, so ist es jetzt, da es von einem Pronomen fortgesetzt werden soll, schon bekannt und insofern textuell unauffällig. Daher sind Referenz-Pronomina in der Mehrzahl der Fälle thematisch. Sie konstituieren ihre Bedeutung mit den semantischen Merkmalen ⟨BEKANNT⟩ und ⟨UNAUFFÄLLIGKEIT⟩. Die thematischen Referenz-Pronomina bilden das folgende Paradigma:

NUMERUS	SINGULAR			PLURAL
GENUS / KASUS	MASKULIN	NEUTRUM	FEMININ	GENUS-NEUTRAL
NOMINATIV	*er*	*es*	*sie*	*sie*
AKKUSATIV	*ihn*	*es*	*sie*	*sie*
DATIV	*ihm*	*ihm*	*ihr*	*ihnen*
GENITIV	*seiner*	*seiner*	*ihrer*	*ihrer*

Man sieht an dieser Matrix, daß verschiedene Formen mehrfach vertreten sind. Dabei zeigen sich deutliche Übereinstimmungen zwischen Maskulin/Singular und Neutrum/Singular einerseits, zwischen Feminin/Singular und Genusneutral/Plural andererseits – deshalb auch diese Anordnung der Matrix. Die Form *sie* ist im Paradigma der Referenz-Pronomina viermal vertreten, die Formen *es* und *ihm* je zweimal. Es handelt sich also jeweils um homonyme Formen. Eine Gefahr für die Eindeutigkeit der Referenz bei der Pronominalisierung entsteht daraus jedoch nicht, da die pronominalen Formen in den meisten Fällen nicht für sich alleine stehen, sondern zusammen mit Verbformen gebraucht werden, die nach den Merkmalen der Subjekt-Konjugation unterschieden sind. Die Formen *sie* und *es* als Nominativformen unterscheiden sich also von den Formen *sie* und *es* als Akkusativformen schon dadurch, daß bei den ersteren nach den Regeln der Subjekt-Konjugation eine Numerus-Kongruenz zur Verbform besteht, bei den letzteren nicht. Dadurch wird zugleich die Form *sie* (Feminin/Singular/Nominativ) von der homonymen Form *sie* (Genusneutral/Plural/Nominativ) unterschieden. Nur die Form *sie* (Feminin/Singular/Akkusativ und Genusneutral/Plural/Akkusativ) wie auch die Form *ihm* (Maskulin/Singular/Dativ und Neutrum/Singular/Dativ) sind, weil außerhalb der Subjekt-Konjugation stehend, nicht durch zusätzliche Kennzeichen am Verb differenziert. Sie sind tatsächlich Homonyme und tragen bisweilen in die Pronominalisierung eine gewisse Unsicherheit der Referenz.

Bei der Form *es* (Neutrum/Nominativ oder Neutrum/Akkusativ) ist anzumerken, daß sie in mündlicher Rede vielfach enklitisch gebraucht, das heißt, bei unmittelbarem Anschluß an eine finite Verbform oder ein anderes Pronomen zu [-s] verkürzt wird. Das ist eine lässige, aber keineswegs normwidrige Verkürzung. Wird diese enklitische Ausdrucksweise in der Schrift abgebildet, so steht ein Apostroph, zum Beispiel:

/na, wie geht's dir heute? ÷ bei mir hat's heute viel Ärger gegeben, wenn du's genau wissen willst/

In der mündlichen Umgangssprache wird ferner die Form *sie* (Feminin/ Singular und Genusneutral/Plural) bisweilen zu [zə] abgeschwächt (zum Beispiel: *ham'se was gesagt?*). Diese Ausdrucksweise gilt jedoch nicht als normgerecht.

Der nachfolgende Text dient als Beispiel für Pronominalisierungen und Pronominalisierungsketten. Es handelt sich um den Anfang des Romans »Die Jugend des Königs Henri Quatre« von Heinrich Mann. Die Pronomina sind gekennzeichnet durch den Anfangsbuchstaben des nominalen Referenten, den sie vertreten und durch die fortlaufende Nummer in der Pronominalisierungskette. So ist beispielsweise das erste Pronomen *er* gekennzeichnet als K 1, weil es das erste Pronomen ist, das für das Nomen *Knabe* eintritt und es fortsetzt. Nur die thematischen Referenz-Pronomina sind hier einstweilen berücksichtigt.

TEXT:

Der Knabe war klein, die Berge waren ungeheuer. Von einem der schmalen Wege zum anderen kletterte er (K1) *durch eine Wildnis von Farnen, die besonnt dufteten oder im Schatten ihn* (K2) *abkühlten, wenn er* (K3) *sich hineinlegte. Der Fels sprang vor, und jenseits toste der Wasserfall, er* (W1) *stürzte herab aus Himmelshöhe. Die ganz bewaldeten Berge mit den Augen messen, scharfe Augen, sie* (A1) *fanden auf einem weit entfernten Stein zwischen den Bäumen die kleine graue Gemse! Den Blick verlieren in der Tiefe des blau schwebenden*

TEXTGRAMMATISCHER KOMMENTAR:

Der Textabschnitt enthält sechs verschiedene Pronominalisierungen von unterschiedlicher Länge.

K1 - K12: Dies ist die längste Pronominalisierungskette. Sie ist gesichert durch die Kongruenz im Maskulin/Singular. Das Pronomen steht zehnmal im Nominativ (*er*), zweimal im Akkusativ (*ihn*). Sowohl durch die Länge der Pronominalisierungskette als auch durch die Häufung des Pronomens im Nominativ erhält der Leser Hinweise darauf, daß dieser *Knabe* eine für das Romangeschehen wichtige Rolle spielt. Es darf ver-

Himmels! Hinaufrufen mit heller Stimme aus Lebenslust! Laufen, auf bloßen Füßen immer in Bewegung! Atmen, den Körper baden innen und außen mit warmer, leichter Luft! Dies waren die ersten Mühen und Freuden des Knaben, er (K4) *hieß Henri. Er* (K5) *hatte kleine Freunde, die waren nicht nur barfuß und barhäuptig wie er* (K6), *sondern auch zerlumpt oder halb nackt. Sie* (F1) *rochen nach Schweiß, Kräutern, Rauch, wie er* (K7) *selbst; und obwohl er* (K8) *nicht, gleich ihnen* (F2), *in einer Hütte oder Höhle wohnte, roch er* (K9) *doch gern seinesgleichen. Sie* (F3) *lehrten ihn* (K10) *Vögel fangen und sie* (V1) *braten. Mit ihnen* (F4) *zusammen buk er* (K11) *zwischen heißen Steinen sein Brot und aß es* (B1), *nachdem er* (K12) *es* (B2) *mit Knoblauch eingerieben hatte. Denn vom Knoblauch wurde man groß und blieb immer gesund.*[1]

mutet werden, daß es sich um den Helden handelt. Zwischen dem Pronomen K3 und dem Pronomen K4 wird die Pronominalisierungskette für ein längeres Textstück unterbrochen. Bei ihrer Wiederaufnahme wird die Referenzidentität daher durch eine Wiederaufnahme des Nomens *Knabe* gesichert.

W1: Das Nomen *Wasserfall* wird nur einmal pronominalisiert, und zwar in seiner unmittelbaren Kontextnachbarschaft. Ein weiterer Ausbau dieser Pronominalisierung könnte das Textverständnis gefährden, da sie ebenfalls auf einer Kongruenz im Maskulin/Singular beruht. Diese Pronominalisierung fällt überdies in die eben erwähnte Unterbrechung der Pronominalisierung *Knabe – er,* die bei ihrer Wiederaufnahme durch eine Rekurrenz des Nomens *Knabe* gestützt wird.

F1 – F4: Die vier Pronominalisierungen des Nomens *Freunde* sind durch ihre Kongruenz im Plural deutlich von den beiden bisher besprochenen Pronominalisierungen im Maskulin/Singular unterschieden. Das Pronomen steht zweimal im Nominativ (*sie*) und zweimal im Dativ (*ihnen*). Durch die unterschiedliche Kongruenz im Numerus und Genus kann sich diese Pronominalisierungskette ohne weiteres mit der Pronominalisierungskette des Nomens *Knabe* mischen.

V1: Gefährlicher für das Verständnis des Textes ist die Pronominalisierung des pluralischen Nomens *Vögel* durch das Pronomen *sie* im Akkusativ. Die Unterscheidung der Pronominalisierung *Freunde – sie – ihnen* von der Pronominalisierung *Vögel – sie* beruht nicht auf der Syntax, sondern auf der Semantik des Textes. Es versteht sich von selbst, daß nicht die Freunde, sondern die Vögel gebraten werden und daß der Knabe nicht mit den Vögeln, sondern mit den Freunden Brot backt.

1) Heinrich Mann: *Die Jugend des Königs Henri Quatre,* Hamburg 1959, S. 7f.

Wenn die Referenz von der Bedeutung der beteiligten Nomina so klar ist wie hier, können sich Pronominalisierungsketten auch bei gleicher syntaktischer Form mischen.
B1 - B2: Bei dem Nomen *Brot* haben wir eine kleine Pronominalisierungskette im Neutrum/Singular. Beide Pronomina stehen im Akkusativ. Sowohl die Kürze der Kette als auch der Kasus Akkusativ deuten darauf hin, daß es sich an dieser Stelle nur um ein Nebenthema des Textes handelt.

Stellt man sich vor, daß an Stelle dieser insgesamt 21 Referenz-Pronomina jeweils der nominale Referent selber oder eine seiner möglichen semantischen Varianten stände, so hätte der Text dadurch etwas Mühsames und Ermüdendes an sich. Die Pronominalisierungen geben dem Text demgegenüber eine gewisse Leichtigkeit und Behendigkeit und erleichtern dem Leser das Verständnis des ganzen Textes durch ihren deutlichen Beitrag zur thematischen Konstanz des jeweiligen Referenten.

Es hat sich bereits gezeigt, daß Pronominalisierungen und Pronominalisierungsketten nur dann die Eindeutigkeit der Referenz nicht gefährden, wenn die Verweisung auf den nominalen Referenten, den sie im Text vertreten und fortführen, keinen Anlaß zu Zweifeln gibt. Sobald diese Eindeutigkeit gefährdet ist, kehrt der Sprecher in der Regel wieder vom Pronomen zum Nomen zurück. Diese Rückkehr zum Nomen (Gattungs- oder Eigennamen) nach einer Pronominalisierung oder Pronominalisierungskette wollen wir Renominalisierung nennen. In diesem Begriff ist jedoch nicht unbedingt gefordert, daß das Referenz-Nomen wortwörtlich wiederaufgenommen wird. Es kann auch in diesem Fall durch eine semantische Variante wiederaufgenommen werden, sofern nur der Hörer erkennen kann, daß tatsächlich der gleiche Referent (Person oder Sache) gemeint ist. Besonders häufig kommt es zu Renominalisierungen, wenn im Text Pronomina mit gleichen Kongruenz-Merkmalen interferieren. Das ist beispielsweise dann der Fall, wenn in einer Erzählung von zwei Personen desselben Geschlechts die Rede ist. So zeigt es besonders deutlich der folgende Text. Er stammt aus dem Roman »Erfolg« von Lion Feuchtwanger (1930). Die beiden thematischen Reihen, die sich aus der Interaktion der beiden Personen Flaucher und Kutzner ergeben, werden durch die Großbuchstaben *F* und *K* für die nominalen, die Kleinbuchstaben *f* und *k* für die pronominalen Ausdrücke, mit jeweiliger Numerierung in der Reihenfolge ihres Auftretens, gekennzeichnet. Die possessiven Morpheme (*seine, seiner, unsern, meiner*), die ebenfalls an der Referenzbildung teilnehmen, werden fürs erste noch nicht berücksichtigt (vgl. 4.5.2.1).

TEXT:

Als dann der Abend da war, hielt, im Saal des Kapuzinerbräus, der Generalstaatskommissar Flaucher (F1) *die langerwartete große Rede zur Lage. Alle vaterländischen Vereine waren geladen, der riesige Saal war gefüllt bis auf den letzten Platz. Einleitend sprach Flaucher* (F2) *über die zersetzenden Wirkungen des Marxismus. Einziges Mittel dagegen sei Ordnung, eiserne Disziplin. Er* (f1) *hob die Stimme, er* (f2) *wollte seine These verkünden: von allen somit, auch von den bestgesinnten Patrioten, sei zu fordern unbedingte Unterordnung unter die gottgewollten Organe des Staates, unter die Regierung, unter den Staatskommissar* (F3), *unter ihn* (f3).

Da, an der entscheidenden Stelle seiner Rede, wurde er (f4) *unliebsam unterbrochen durch Unruhe am Saaleingang. Kommandos, Geschrei, ein Schuß. Mit rauchender Pistole auf einmal steht neben ihm* (f5) *auf der Rednertribüne der Führer Rupert Kutzner* (K1). *Er* (k1) *trägt einen neuen, streng geschnittenen, uniformartigen Sportrock. Um den Hals hat er* (k2) *einen weißen, gestärkten, sehr hohen Kragen; scharf bis zum Nacken trennt sein Scheitel die Haare. Auf der Brust trägt er* (k3) *ein geschweiftes Kreuz aus Eisen, eine Kriegsauszeichnung, verliehen nur für die Erreichung sehr hoher Ämter oder sehr großen Reichtums und für wirkliche Heldentaten. In der Hand die Pistole hält er* (k4) *hoch erhoben. So stand*

TEXTGRAMMATISCHER KOMMENTAR:

Der Text erzählt von zwei handelnden Personen, die mit ihren Eigennamen *Flaucher* und *Kutzner* sowie mit hinzutretenden Gattungsnamen (*Generalstaatskommissar, Führer*) bezeichnet werden. Beide sind männlichen Geschlechts. Sie werden daher mit dem Referenz-Pronomen *er* (*ihm, ihn*) pronominalisiert.

Zuerst wird im Text von dem *Generalstaatskommissar Flaucher* (F1) erzählt. Dieser nominale Ausdruck wird sogleich danach mit dem einfachen Eigennamen *Flaucher* (F2) weitergeführt. Da zwischen diesen beiden Formen kein Pronomen steht, wollen wir in diesem Fall nicht von Renominalisierung sprechen, sondern von einer einfachen Fortführung des Nomens im Sinne nominaler Rekurrenz (vgl. 4.4.1).

Danach aber folgt eine Pronominalisierungskette mit fünf pronominalen Formen (f1 - f5: *er - er - ihn - er - ihm*).

Dann tritt *der Führer Rupert Kutzner* (K1) auf. Er wird in seinem Aussehen und Verhalten beschrieben. Das geschieht ebenfalls mit einer Pronominalisierungskette, die diesmal aus dem vierfach vorkommenden Referenz-Pronomen *er* (k1 - k4) besteht.

Nachdem solcherart die beiden handelnden Personen eingeführt sind, kommt es zur Interaktion zwischen ihnen. An dieser Stelle treten für beide Personen Renominalisierungen auf, im ersten Fall mit dem Familiennamen *Flaucher*

auf der Bühne des Münchner Hoftheaters der Schauspieler Konrad Stolzing vor dem Adel Genuas, verkündend den Sturz der Tyrannei, in der Rolle des Grafen Fiesco von Lavagna, einer Figur des Bühnendichters Schiller.
Den bestürzten, erbitterten Flaucher (F4) *leicht beiseite schob Rupert Kutzner* (K2). *Dem totenstillen Saal mit schmetternder Stimme verkündete er* (k5)*: »Die nationale Revolution ist ausgebrochen. Der Saal ist von sechshundert Schwerbewaffneten umzingelt. Reichswehr und Landespolizei unter unsern Fahnen sind im Anmarsch. Die bayrische Regierung und die Reichsregierung sind abgesetzt. Eine provisorische Reichsregierung unter meiner Leitung wird gebildet. Der Morgen findet entweder eine deutsche nationale Regierung oder mich tot.« Dann, mit starker Stimme, befahl er* (k6)*: »Maßkrug her«, trank tief.*[1]

(F4), im zweiten Fall mit dem Vor- und Familiennamen *Rupert Kutzner* (K2).
Dem folgt schließlich, von der direkten Rede abgesehen, noch einmal eine Pronominalisierungskette, die aus zwei Gliedern (k5/k6: *er* - *er*) besteht.

Pronominalisierungen und ihre Abbrüche oder Unterbrechungen durch Renominalisierungen gehören zu den wichtigsten Sprachmitteln im Dienste der Textbildung und Textgliederung. In Erzählungen sind Renominalisierungen häufig Knotenpunkte der Interaktion.

1) Lion Feuchtwanger: *Erfolg. Drei Jahre Geschichte einer Provinz,* Fünftes Buch, Kap. 7, München/Wien 1955, S. 697ff. Der ausgewählte Abschnitt ist auch historisch höchst interessant, weil Feuchtwanger hier in romanesker Form den Hitlerputsch vom 9. November 1923 nacherzählt. Hinter dem Generalstaatskommissar Flaucher verbirgt sich Gustav Ritter von Kahr, in Rupert Kutzner ist Adolf Hitler zu erkennen. Feuchtwanger sah in Hitler damals noch eine komische Figur.

4.4.2.2 Rhematische Pronominalisierung (*der/die/das*)

Als Rhema bezeichnen wir eine auffällige Information, die sich von einer unauffälligen Information (Thema) abhebt. Häufig (jedoch nicht immer) ist die unauffällige zugleich die alte und bekannte, die auffällige demgegenüber die neue Information. Wenn nun ein Nomen mitsamt seiner Nominalgruppe im Text pronominalisiert wird, so wird es dadurch in den meisten Fällen thematisch, also unauffällig weitergeführt. In diesem Fall soll ja eine schon bekannte Bedeutung einfach weitergelten (vgl. 4.4.2.1). In besonderen Fällen kann der Sprecher jedoch wollen, daß eine bestimmte Information für den Hörer, obwohl sie pronominalisiert wird und insofern Bekanntheit voraussetzt, dennoch ihren Auffälligkeitswert bewahrt. Dann verwendet der Sprecher statt der thematischen die rhematischen Referenz-Pronomina. Deren Bedeutung beschreiben wir mit den semantischen Merkmalen ⟨BEKANNT⟩ und ⟨AUFFÄLLIGKEIT⟩. Mit Hilfe dieser Pronomina weist der Sprecher den Hörer an, einerseits die Bedeutung eines nominalen Referenten im Text weitergelten zu lassen, andererseits gleichwohl deren Auffälligkeitswert nicht verfallen oder sogar neu aufleben zu lassen. Auch bei einer situativen Vorinformation, die sich deutlich erkennbar auf eine bestimmte Person oder Sache bezieht, ist eine rhematische Pronominalisierung möglich und sogar recht häufig. Das Paradigma der rhematischen Referenz-Pronomina lautet:

NUMERUS	SINGULAR			PLURAL
GENUS / KASUS	MASKULIN	NEUTRUM	FEMININ	GENUS-NEUTRAL
NOMINATIV	*der*	*das*	*die*	*die*
AKKUSATIV	*den*	*das*	*die*	*die*
DATIV	*dem*	*dem*	*der*	*denen*
GENITIV	*dessen*	*dessen*	*deren*	*derer*

Ebenso wie in der thematischen Formenreihe finden wir auch bei den rhematischen Referenz-Pronomina verschiedene homonyme Formen, und zwar an den gleichen Stellen des Paradigmas und mit den gleichen Übereinstimmungen zwischen Maskulin und Neutrum einerseits, Feminin und Genusneutral andererseits wie bei den thematischen Referenz-Pronomina.

In ihren Stellungsbedingungen unterscheiden sich die rhematischen Referenz-Pronomina jedoch deutlich von ihren thematischen Gegenstükken. Wir finden sie besonders häufig als Besetzung des verbalen Vorfeldes, insbesondere im Dialog. Beispiele:

/wenn Sie in Berlin gewohnt haben, kennen Sie natürlich auch den Wannsee ÷ ja, den kenne ich von vielen Sonntagsausflügen/

/wissen Sie auch, wo die Pfaueninsel liegt? ÷ na klar, die liegt in der Havel/

/haben Sie schon einmal Schloß Tegel, das »Humboldt-Schlößchen«, besucht? ÷ nein, das ist so selten für Besucher geöffnet/

/können Sie mir sagen, wo die meisten Museen zu finden sind? ÷ die findet man auf der Museumsinsel/

Durch die auffällige Spitzenstellung des rhematischen Referenz-Pronomens im Vorfeld der Verbalklammer ist ein möglichst naher kontextueller Anschluß an den Referenten gewährleistet, dessen Aufmerksamkeitswert erhalten bleiben soll.

Wir betrachten die textuelle Funktion der rhematischen Referenz-Pronomina an einem Text, der dem Roman »Berlin Alexanderplatz« von Alfred Döblin entnommen ist. Im Mittelpunkt des Romans steht Franz Biberkopf. Sein auffälliger Charakter und sein rätselhaftes Verhalten werden in dem ausgewählten Textabschnitt aus verschiedenen Perspektiven beleuchtet, wobei die Mutmaßungen seiner Umgebung (Meck, die Viehhändler) bald in direkter, bald in erlebter Rede wiedergegeben werden. In eben diesen Formen der Redewiedergabe häufen sich auch die rhematischen Referenz-Pronomina (mit *R* durchnumeriert), während die thematischen Referenz-Pronomina (mit *T* durchnumeriert) eher im unauffälligen Bericht des Erzählers zu finden sind oder aber ein auffällig-rhematisches Referenz-Pronomen thematisch unauffällig fortsetzen. Insgesamt zeigt der Text 13 rhematische und 12 thematische Referenz-Pronomina. Das ist eine überdurchschnittlich hohe Frequenz für die rhematischen Pronomina und muß der Tatsache zugeschrieben werden, daß die Person des Romanhelden hier als besonders interessant vorgestellt werden soll. Dazu paßt auch, daß fast alle rhematischen Referenz-Pronomina die auffällige Stellung im Vorfeld der Verbalklammer einnehmen und dementsprechend betont sind.

TEXT:

Am Abend wohnte dieser Biberkopf nicht mehr in der Kammer. Wo er (T1) *hingezogen war, konnte Meck nicht feststellen. Er* (T2) *nahm den kleinen Lüders, der bösartig entschlossen war, in sein Lokal zu den Viehhändlern mit. Die* (R1) *sollten Lüders ausfragen, was denn gewesen wäre und was mit dem Brief gewesen ist, den der Budiker bekommen hat. Lüders blieb hartherzig, er* (T3) *sah so tückisch aus, daß sie* (T4) *den armen Deibel laufen ließen. Meck sagte selbst: »Der* (R2) *hat sein Fett weg.«*
Meck spintisierte vor sich: Der Franz, den (R3) *hat entweder die Lina betrogen, oder er* (T5) *hat sich über Lüders geärgert oder was anderes. Die Viehhändler sagten: »Der Lüders ist ein Gauner, was der* (R4) *erzählt, davon ist kein Wort wahr. Vielleicht ist er* (T6) *auch verrückt, der Biberkopf. Einfälle hat er* (T7) *schon damals gehabt mit dem Gewerbeschein und hat noch nicht mal Ware gehabt. So was kommt dann mit einmal raus bei Ärger.« Meck blieb dabei: »Das* (R5) *kann auf die Galle schlagen, aber doch nicht auf den Kopp. Kopp ist total ausgeschlossen. Der* (R6) *ist doch Athlet, Schwerarbeiter, der* (R7) *war erstklassiger Möbeltransportör, Klaviere und so, bei dem* (R8) *schlägt es* (T8) *nicht auf den Kopf.« »Gerade bei dem* (R9) *schlägt es* (T9) *auf den Kopf. Der* (R10) *ist empfindlich. Da arbeitet der Kopf zu wenig, und wenn, dann schnappt es* (T10) *gleich.« »Na, und wie ists* (T11) *bei*

TEXTGRAMMATISCHER KOMMENTAR:

(R1): Das Pronomen *die* pronominalisiert das pluralische Nomen *Viehhändler,* das kurz vorher, nur durch das Nachverb *mit* von ihm getrennt, neu eingeführt worden ist. Der Leser ahnt schon, daß die Viehhändler für die Handlung wichtig werden sollen, da er durch das rhematische Referenz-Pronomen (mit Wechsel in die Subjektrolle!) darauf aufmerksam gemacht wird.
(R2): Das Pronomen *der* bezieht sich auf Lüders, auf eine Person also, deren Eigenname vorher schon einmal durch das thematische Referenz-Pronomen *er* (T3) unauffällig pronominalisiert worden war. Nach dieser ersten Pronominalisierung wird der Name nun rhematisiert, denn der Kommentar Mecks bringt einen neuen Sachverhalt ins Spiel, eine auffällige moralische Bewertung.
(R3): Hier steht das rhematische Pronomen *den* unmittelbar hinter dem Referenten *der Franz* und besetzt mit diesem zusammen das Vorfeld des Verbs *hat – betrogen.* Diese Doppelbesetzung des Vorfeldes, die vor allem in der gesprochenen Umgangssprache sehr häufig ist, gibt dem Nomen noch in der Vorfeld-Position rhematischen Wert, denn in den »spintisierenden« Gedanken Mecks wird Franz Biberkopf hier in einen neuen, wiederum auffälligen Erklärungszusammenhang gestellt. Bald danach aber, schon bei der zweiten Hypothese der Argumentationskette,

euch Viehhändler und mit eure Prozessen? Ihr seid doch alle auf dem Damm.« »Ein Viehhändler hat ne harte Hirnhaut. Nanu. Wenn *die* (R11) *erst anfangen wollten, sich zu ärgern, könnten* *sie* (T12) *alle nach Herzberge. Wir ärgern uns gar nicht. Ware bestellen und einen dann sitzen lassen oder nicht zahlen wollen,* *das* (R12) *passiert unsereins doch alle Tage. Die Leute haben eben nie Geld.« »Oder* *sie* (T13) *sind gleich flüssig.« »Auch.«*[1]

wird die Pronominalisierung mit dem thematischen Referenz-Pronomen *er* (T5) unauffällig fortgesetzt. Nun hat die Argumentation schon keinen besonderen Auffälligkeitswert mehr.

(R4): Stünde statt des rhematischen Referenz-Pronomens *der* das entsprechende thematische Referenz-Pronomen *er,* dann würde nur der Eigenname *(der) Lüders* pronominalisiert. Von diesem (bekannten) Lüders ist aber vorher schon in einer Prädikation die auffällige Information gegeben worden, daß er offenbar ein Gauner ist. Das rhematische Referenz-Pronomen *der* knüpft an diese Rhematik an und setzt sie fort, denn nun wird erklärt, warum er ein Gauner ist.

(R5/R12): Das rhematische Referenz-Pronomen *das* wird gesondert besprochen (vgl. 4.4.4.2).

(R6/R7/R8/R9/R10): Hier haben wir, unterbrochen vom Sprecherwechsel im Dialog, eine Reihenbildung rhematischer Referenz-Pronomina (dreimal *der,* zweimal *dem*). Die Hypothese der Verrücktheit des Protagonisten wird hier zurückgewiesen; Indikator dafür ist die Modalpartikel *doch,* die eine Erwartung durchkreuzt (vgl. 8.1.4). Die sonst eher ungewöhnliche Reihenbildung rhematischer Referenz-Pronomina gibt der Argumentation erhebliches Gewicht (die auch noch durch die Intonation verstärkt werden kann) und unterstreicht den Auffälligkeitswert der (Gegen-)Argumente.

(R11): Das rhematische Pronomen *die* pronominalisiert wieder das pluralische Nomen *Viehhändler* (vgl. oben R1). Die Partikel *nanu,* die zwischen dem Nomen und dem Pronomen steht und Überraschung anzeigt, ist bereits ein Signal für die auffällige Information, die dann durch das rhematische Referenz-Pronomen eine Zeitlang auffällig gehalten wird. Die Pronominalisierung wird danach mit dem thematischen Referenz-Pronomen *sie* unauffällig fortgesetzt.

---

1) Alfred Döblin: »Berlin Alexanderplatz«, Drittes Buch, in: *Ausgewählte Werke in Einzelbänden.* In Verbindung mit den Söhnen des Dichters herausgegeben von Walter Muschg, Bd. V, Olten/ Freiburg i. Br. 1961, S. 127. In den Dialogpartien bedient sich der Autor der Berliner Stadtmundart, die hier nicht verändert ist, auch wenn sie an einigen Stellen der deutschen Sprachnorm zuwiderläuft.

Wie dieser Text bereits gezeigt hat, werden die rhematischen Referenz-Pronomina gerne im Dialog gebraucht, wobei man mit ihnen besonders oft auf ein irgendwie auffälliges Situationselement, vielfach eine Person, verweist. Einige Beispiele dafür:

(Situation: Beim Einfädeln in eine Autokolonne):
/ob der mich wohl reinläßt?/

(Situation: Vor einer abzweigenden Straße):
/ich glaube, die muß ich jetzt nehmen/

(Situation: Das Benzin geht zur Neige):
/Mensch, ist das schon wieder alle?/

(Situation: Man wird ständig überholt):
/daß die es heute alle so eilig haben!/

In Situationen dieser Art hat ein bestimmtes Situationselement für den Sprecher einen gewissen Auffälligkeitswert, der auch sprachlich manifest werden soll. Ein thematisches Referenz-Pronomen würde dieser Auffälligkeit nicht gerecht und wäre hier folglich grammatisch fehl am Platze.

Im Gegensatz zu den thematischen Referenz-Pronomina, die im allgemeinen nur durch Appositionen determiniert werden können (vgl. 4.3.3), lassen die rhematischen Referenz-Pronomina Determinanten verschiedener Art zu. Besonders beliebt ist die Verbindung mit den Positions-Adverbien *da* (sehr häufig), *hier* und *dort*. Beispiele:

/schau mal dort, kennst du die da?/

/was soll denn das hier bedeuten?/

Unter bestimmten Bedingungen, nämlich wenn sich unmittelbar ein Adjunkt anschließt, kann das rhematische Referenz-Pronomen auch die Rhematik dieses ganzen Adjunkts anzeigen. Beispiele:

/wie heißt eigentlich der mit dem roten Kombiwagen?/

/die Sache ist die, daß ich lieber mit dem Fahrrad als mit dem Auto fahre/

/mit denen, die das Autofahren als Sport betrachten, will ich nichts zu tun haben/

Wenn man die thematischen und die rhematischen Referenz-Pronomina miteinander vergleicht, findet man, außer den beschriebenen Bedeutungsunterschieden, weitere Unterschiede im Gebrauch. Die rhematischen Pronomina treten, insgesamt gesehen, wesentlich seltener auf als die thematischen Pronomina. Das erklärt sich aus dem Prinzip der Ökonomie, das in der Sprache wie in jedem erfolgreichen Zeichensystem waltet. Mit Auffälligkeiten muß man sparsam umgehen, sonst nutzen sie sich ab. Am seltensten sind die rhematischen Referenz-Pronomina in Texten, die ein Thema (oder mehrere Themen) streng durchhalten. Das gilt für alle fachsprachlichen und wissenschaftlichen Texte, aber auch für die meisten Texte der journalistischen Information. In der Literatur gilt es in besonderem Maße für Erzählungen. Relativ häufig (aber dennoch in der Regel nicht häufiger als die thematischen Referenz-Pronomina) sind die rhematischen Referenz-Pronomina in mündlichen Dialogen, insbesondere dann, wenn Neuigkeiten mit hohem Auffälligkeitswert ausgetauscht werden. Das ist gerade für viele Alltagsdialoge charakteristisch. Aus der Verteilung der beiden Sorten von Referenz-Pronomina auf verschiedene Textsorten, wie sie sich zwanglos aus den unterschiedlichen Funktionen dieser Pronomina ergibt, hat sich vielfach im deutschen Sprachnormbewußtsein die (falsche) Vorstellung verbreitet, daß die thematischen Referenz-Pronomina die Standard-Pronomina der deutschen Sprache und die rhematischen Referenz-Pronomina Nicht-Standard-Varianten dieser Pronomina seien. Diese Auffassung wird jedoch dem wirklichen Sprachgebrauch nicht gerecht und kann keine normative Geltung beanspruchen. Beide pronominalen Gruppen, sowohl die thematischen als auch die rhematischen Referenz-Pronomina, sind gleichermaßen normgerecht. Sie dienen jedoch mit ihren unterschiedlichen Bedeutungen unterschiedlichen Ausdrucksbedürfnissen.

Zu beachten ist allerdings, daß die rhematischen Referenz-Pronomina in bestimmten Situationen wegen der Auffälligkeit, die sie einer Bedeutung verleihen, in Konflikt mit den Konventionen der Höflichkeit geraten können. Als unhöflich gilt beispielsweise der folgende Sprachgebrauch:

(Situation: Eine Reiseleiterin wird zum x-ten Mal von einer Touristin bemüht und löst damit eine mürrische Reaktion aus):
/was die schon wieder von mir will!/

(Situation: Die Touristin hat die Worte gehört und ist empört, wird aber von einer anderen Touristin besänftigt):
/ach, die ist doch immer schlecht gelaunt!/

In beiden Fällen liegt ein erster Verstoß gegen die Höflichkeit darin, daß statt der direkten Anrede in der Hörerrolle ein Referenz-Pronomen gewählt wird. Der Verstoß wird zweitens dadurch verschärft, daß beide das konturenscharfe rhematische Pronomen nehmen und damit den latenten Konflikt noch auffälliger machen.

4.4.2.3 Prä-Pronominalisierung

In der Regel verweisen die Referenz-Pronomina, und das gilt sowohl für die thematische als auch die rhematische Reihe, auf ein im Text voraufgehendes Nomen mitsamt den Determinanten seiner Nominalgruppe oder auf sein Äquivalent in einer gegebenen Situation. Sie sind also anaphorische Sprachzeichen.

Unter bestimmten textuellen Bedingungen kann jedoch ein Referenz-Pronomen auch *vor* das Nomen treten, auf das es sich im Text bezieht. Der Hörer kann dann mit der Referenz-Anweisung des Pronomens zunächst nichts anfangen und muß es in seinem Kontextgedächtnis speichern, bis es nachträglich durch einen nominalen Referenten erklärt wird. Auf diese Weise entsteht beim Hörer im Prozeß des Verstehens eine kleine Spannung, die der Sprecher zu verschiedenen stilistischen Zwecken ausnutzen kann. Solange dieser Spannungsbogen zwischen einem vorangestellten Referenz-Pronomen und seinem nachfolgenden Referenten anhält, muß der Hörer mit einem provisorischen Verständnis operieren, das sich nur an der vagen Referenzrolle und ihren Numerus- und Genus-Merkmalen orientiert.

Wir nennen diese Form des Umgangs mit Referenz-Pronomina Prä-Pronominalisierung. Zu beachten ist dabei, daß die Voranstellung nicht etwa die grundsätzliche Anaphorik dieser Pronomina außer Kraft setzt, sondern sie nur durch Umstellung (»Inversion«) verzögert.

Für bestimmte Junktionstypen ist diese Prä-Pronominalisierung typisch. Das gilt insbesondere für konditionale Junktionen mit der Inversions-Stellung Adjunkt/Basis (vgl. 7.3). Beispiele:

/*wenn <u>er</u> will, kann <u>der Bundespräsident</u> die ihm vorgeschlagene Ernennung eines Ministers verweigern*/

/*vorausgesetzt, <u>sie</u> ist tatsächlich beschlußfähig, wählt <u>die Bundesversammlung</u> den Bundespräsidenten*/

/*sofern <u>sie</u> keine ausdrückliche Anweisung des Bundeskanzlers erhalten haben, führen <u>die Minister</u> ihren Geschäftsbereich selbständig*/

/*ist <u>er</u> erst einmal aufgelöst, kann <u>der Bundestag</u> keine Gesetze mehr beschließen*/

In modernen Erzählungen und Romanen machen manche Schriftsteller gerne von den Möglichkeiten der Prä-Pronominalisierung Gebrauch, um am Anfang der Geschichte eine gewisse Spannung zu erzeugen, insbesondere wenn es sich um die Hauptperson handelt. Diese wird also pronominal eingeführt und erhält erst nachträglich Namen und Eigenschaften. Es ist darüber hinaus charakteristisch für moderne literarische Prosa, daß manche Autoren über längere Strecken des Textes und manchmal über einen ganzen Roman hinweg mit (thematischen) Referenz-Pronomina erzählen, ohne daß sie diesen überhaupt eine nominale Referenz voraufgehen oder nachfolgen lassen. In diesem Fall kann man zwischen Pronominalisierung und Prä-Pronominalisierung nicht mehr unterscheiden. Dennoch handelt es sich nach wie vor um das Phänomen der Stellvertretung eines Nomens durch Referenz-Pronomina, nur daß dieses Nomen durch eine Leerstelle (»Ellipse«) repräsentiert wird. Von dieser Leerstelle geht an den Hörer der Appell aus, sie mit Bedeutung zu füllen. Ein Text, der konsequent nach diesem Prinzip aufgebaut ist, hat den Charakter eines Rätsels.

4.4.3 Zur Stellung der Pronomina

Während für nominale Ausdrücke die liberale Regel gilt, daß ihre Stellung im Vorfeld oder Mittelfeld einer Verbalklammer ziemlich frei gewählt werden kann, wie es gerade das Informationsprofil des Textes verlangt, gibt es für die Pronomina strengere Stellungsregeln, soweit sie im Mittelfeld der Verbalklammer stehen. Die Regeln betreffen in erster Linie die Pronomina in den drei Handlungsrollen. Hier ist die Abfolge der thematischen Referenz-Pronomina auf die Abfolge Subjekt/Objekt/Partner festgelegt. Beispiel:

/wie oft habe *ich* *es* *dir* *schon gesagt/*

In der Reduktion zur enklitischen Form *'s* [-s] kann das Objekt-Pronomen allerdings statt an das Subjekt- auch an das Partner-Pronomen angeschlossen werden: *ich's dir* oder *ich dir's*. Der Anschluß an das Subjekt ist aber geläufiger.

Will man von dieser regelmäßigen Abfolge um des Informationsprofils willen abweichen, so muß man die thematischen Referenz-Pronomina

(Reihe *er/sie/es*) durch die entsprechenden rhematischen Referenz-Pronomina (Reihe *der/die/das*) oder durch nominale Referenten ersetzen. Mit ihnen ist eine Umstellung der Abfolge Objekt/Partner zu der Abfolge Partner/Objekt geboten, zum Beispiel:

das

/wie oft habe ich dir schon erzählt!/

das Abenteuer

SUBJEKT PARTNER OBJEKT

Das Subjekt hingegen, auch wenn seine Rolle von einem rhematischen Referenz-Pronomen besetzt ist, tendiert immer dahin, die erste Stelle im Mittelfeld einzunehmen:

/wie oft hat der dir das nun schon gesagt!/

SUBJEKT PARTNER OBJEKT

Pronomina können überdies die Vorfeldposition einnehmen, jedoch mit gewissen Einschränkungen je nachdem, ob es sich um thematische oder rhematische Pronomina handelt. In der Subjektrolle sind beide Subklassen des Referenz-Pronomens zugelassen:

/sie
/die *hat dir das schon zehnmal gesagt!/*

SUBJEKT PARTNER OBJEKT

Handelt es sich jedoch um die Objekt- oder Partnerrolle, so nimmt das Referenz-Pronomen, wenn es das Vorfeld besetzen soll, in aller Regel die rhematische Form an, zum Beispiel:

/dem habe ich es aber deutlich gesagt!/

/die habe ich noch nie so zornig gesehen!/

Die entsprechenden thematischen Referenz-Pronomina (*ihm, sie*) würden diese Stellung normalerweise nicht einnehmen und eher an einer weniger exponierten Stelle im Mittelfeld der Verbalklammer bleiben.

Bezieht man überdies noch das Reflexiv-Pronomen *sich* in die Stellungsregeln ein, so folgt es im allgemeinen unmittelbar auf das Subjekt-Pronomen, ziemlich am Anfang des Mittelfeldes; nur die Form *es* als Objekt geht dem Reflexiv-Pronomen noch vorauf. Beispiele:

/heute hat er sich ihr erklärt/

/überraschenderweise hat sie es sich gefallen lassen/

Im Vorfeld der Verbalklammer kann das Reflexiv-Pronomen nicht stehen.

4.4.4 Neutralisierungen in der Referenz: *es* und *das*

Im Bereich der Gesprächsrollen kennt die deutsche Sprache zwei verschiedene Formen der Neutralisierung. Sie unterscheiden sich im Umfang. Die erste umfaßt alle drei Gesprächsrollen (Sprecher, Hörer, Referenzrolle) im Singular und Plural und benutzt als neutrale Form das Pronomen *man* (vgl. 2.4.2.2).

Die zweite, hier zu besprechende Neutralisierung ist im Umfang beschränkter und umfaßt nur die Referenzrolle mit ihren Oppositionen des Genus (Maskulin vs. Feminin vs. Neutrum) und Numerus (Singular vs. Plural). Der Kasus wird hier nicht neutralisiert. Als neutrale Formen dienen die Pronomina *es* und *das*. Diese beiden Neutral-Pronomina unterscheiden sich ebenso, wie sich die thematischen und die rhematischen Referenz-Pronomina (vgl. 4.4.2.) unterscheiden. Die Form *es* ist ein thematisches, die Form *das* ein rhematisches Neutral-Pronomen. Statt dieser umständlichen Ausdrücke verwenden wir im folgenden für das Pronomen *es* mit seiner thematischen Funktion die Bezeichnung Horizont-Pronomen (4.4.4.1) und für das Pronomen *das* mit seiner rhematischen Funktion die Bezeichnung Fokus-Pronomen (4.4.4.2).

4.4.4.1 Das Horizont-Pronomen *es*

Das Horizont-Pronomen *es* ist eine Neutralisierungsform. Es neutralisiert in der Referenzrolle die Genus- und Numerus-Opposition und darf nicht verwechselt werden mit der gleichlautenden Form *es*, die als thematisches Referenz-Pronomen einen Referenten im Neutrum/Singular bezeichnet (vgl. 4.4.2.1). Zur Unterscheidung:

HORIZONT-PRONOMEN	REFERENZ-PRONOMEN
/es ist bekannt, daß Richard Wagner selber die Pläne für das Bayreuther Festspielhaus entworfen hat/	*/von wem stammt das Festspielhaus in Bayreuth? ÷ es ist von Richard Wagner selber entworfen/*

Im Beispiel der linken Spalte ist das Pronomen *es* eine neutrale Form, ohne Genus- und Numerus-Kongruenz mit einem nominalen Element des Kontextes. Daher handelt es sich um das Horizont-Pronomen *es*. Im Beispiel der rechten Spalte hingegen ist die Form *es* ein Referenz-Pronomen, das mit seinem Referenten *das Festspielhaus* durch eine Kongruenz im Neutrum/Singular verbunden ist.

Das Horizont-Pronomen *es* (das ebenso wie das homonyme Referenz-Pronomen *es* nicht betonbar ist und enklitisch zu *'s* [-s] verkürzt werden kann) kommt nur im Singular und in den Kasus Nominativ und Akkusativ vor. Die Form lautet in beiden Fällen *es*. Zur Unterscheidung:

NOMINATIV	AKKUSATIV
/es ist noch kein Meister vom Himmel gefallen/	*/man hat es* (enklitisch: *hat's*) *nicht leicht in der Lehrzeit/*
/nun ist es (enklitisch: *ist's*) *Zeit, an einen Beruf zu denken/*	*/ich bin es* (enklitisch: *bin's*) *leid, immer nur zu studieren/*

In diesen Beispielen ist der Kasus des Horizont-Pronomens *es* nur dem Kontext zu entnehmen. Im Nominativ kann das Horizont-Pronomen *es* im Vorfeld oder Mittelfeld einer Verbalklammer stehen, im Akkusativ nur im Mittelfeld, und zwar in dessen Anfangsbereich. Horizont bedeutet in der Grammatik soviel wie komplexe Menge von Daten, die unauffällig gegeben sind. Wir benutzen zur Beschreibung dieser Bedeutung die semantischen Merkmale ⟨UNAUFFÄLLIGKEIT⟩ und ⟨BÜNDELUNG⟩. Der Horizont, den das Horizont-Pronomen ausdrückt, kann von verschiedener Art sein. Wir unterscheiden den einfachen textuellen oder situativen Horizont (4.4.4.1.1) von einer Horizont-Fokus-Korrelation (4.4.4.1.2).

4.4.4.1.1 Textueller und situativer Horizont

Das linguistische Axiom von der allgemeinen Äquivalenz von Kontext und Situation gilt auch für das Horizont-Pronomen *es*. Wir können demnach eine textuelle und eine situative Horizontbildung unterscheiden.

(1) Textueller Horizont

Von einem textuellen Horizont ist dann zu sprechen, wenn sich das Horizont-Pronomen *es* als genus-, numerus- und kasusneutrale Form in unspezifischer Weise auf kürzere oder längere Abschnitte des Vortextes bezieht:

/er war schon immer ein erfolgreicher Geschäftsmann und wird es auch bleiben/ (es = ein erfolgreicher Geschäftsmann)

/manchmal arbeitet er auch am Wochenende, aber er tut es nicht gern/ (es = am Wochenende arbeiten)

/er liest nicht, er spielt nicht, er geht nicht ins Kino, er treibt keinen Sport: es ist ganz schrecklich mit ihm/ (es = Reihung negativer Prädikationen)

In all diesen Beispielen wird ein größerer oder kleinerer Abschnitt des voraufgehenden Textes ungesondert in der Form *es* zusammengefaßt und vage pronominalisiert.

(2) Situativer Horizont

Ebensogut wie auf einen textuellen Horizont kann sich das Horizont-Pronomen *es* auch auf eine komplexe Informationslage beziehen, die in einer Situation unauffällig gegeben ist. Dieser Situations-Horizont kann von verschiedener Art sein:

(A) Natur-Horizont

Mit dem Horizont-Pronomen *es* verbinden sich viele »unpersönliche« Verben, die ein Naturgeschehen, insbesondere eine gegebene Witterung, bezeichnen, zum Beispiel:

es regnet
es schneit
es hagelt
es blitzt
es donnert
es ist warm (heiß)

es friert	*es ist kalt*
es stürmt	*es zieht (am Fenster)*
es ist schön (schönes Wetter)	*es blüht (im Garten)*

Die Natur- und Witterungserscheinungen, die in diesen Beispielen ausgedrückt sind, unterscheiden sich dadurch von anderem Geschehen, daß sie in einem Sprachspiel weder einem Sprecher noch einem Hörer als Handlungen zugeschrieben werden können. So bleibt nur die weite und vage Referenzrolle übrig. Aber auch innerhalb dieser Rest-Kategorie wird eine Differenzierung nach Numerus und Genus bei Naturerscheinungen nicht vorgenommen. Es werden also keine Referenten singularisiert, und als einzige Besetzung dieser Rolle bleibt das Horizont-Pronomen *es* übrig. So muß sich der Hörer bei diesem Pronomen auf den weitesten Horizont einstellen, der ihm von der Bedeutung der betreffenden Verben her nahegelegt wird. Das ist hier der Horizont des Naturgeschehens.

(B) Zeit-Horizont

Auch der Zeit-Horizont gehört als Gegebenheit zur Situation. Er wird in der deutschen Sprache besonders häufig ausgedrückt durch eine Kombination des Horizont-Pronomens *es* mit der Form *ist* des Kopulaverbs *bin* und nachfolgendem Prädikats-Nomen oder Prädikats-Adjektiv (vgl. 2.5.2.2):

es ist noch früh (früh am Morgen)	*es ist sieben Uhr*
es ist schon spät (spät am Abend)	*es ist zehn nach acht (Uhr)*
es ist tiefe Nacht (Mitternacht)	*es hat eben drei (Uhr) geschlagen*
es ist Mittag	*es dauert (noch) lange*
es ist bald Weihnachten	*es ist (höchste) Zeit*
es sind bald Ferien	*es ist (schon) lange her*

Bei einer anderen Vorfeldbesetzung kann das Horizont-Pronomen *es* entfallen:

bald ist Frühling	*morgen ist Sonntag*

(C) Leiblich-seelischer Horizont

Leiblich-seelische Zustände und komplexe Befindlichkeiten können ebenfalls den Horizont für Sprechhandlungen abgeben und werden daher gerne mit Hilfe des Horizont-Pronomens *es* ausgedrückt, vor allem in dem stereotypen Frage-Antwort-Spiel bei der Aufnahme eines Gesprächskontakts:

/*wie geht es* (oder: *geht's*) *Ihnen?* ÷ *danke, es geht mir gut* (oder: *mir geht's vorzüglich, besser, schlecht*)/

/*tut es Ihnen immer noch weh?* ÷ *ja, ich hab es* (oder: *hab's*) *im Hals*/

/*und wie steht es* (oder: *steht's*) *mit Ihrem Examen?* ÷ *fragen Sie bitte nicht weiter, mir steht es* (oder: *steht's*) *bis zum Hals*/

(D) Sinnes-Horizont

Während die soeben besprochenen Ausdrücke der leiblich-seelischen Befindlichkeit dem Individuum über die Kanäle der inneren Wahrnehmung gemeldet werden, gibt es eine Reihe von Ausdrücken der äußeren Sinneswahrnehmung, die ebenfalls mit dem Horizont-Pronomen *es* gebildet werden.

Gesichtssinn:

es blendet, es glänzt, es ist (wird) hell, es ist (wird) dunkel, es flimmert mir vor den Augen

Gehörsinn:

es klopft, es schellt, es klappert, es dröhnt, es pfeift, es knallt, es lärmt, es raschelt, es läutet

Geschmackssinn:

es schmeckt (gut, schlecht, süß, salzig)

Geruchssinn:

es riecht (gut, schlecht, nach ...), es duftet (nach ...), es stinkt

Tastsinn:

es drückt, es juckt, es kribbelt, es läuft mir kalt über den Rücken

(E) Gesellschafts-Horizont

Das Insgesamt einer komplexen gesellschaftlichen Situation (»die Zustände«, »die Verhältnisse«) wird gleichfalls häufig mit Hilfe des Horizont-Pronomens *es* ausgedrückt, zum Beispiel:

/*seid ihr gerne an der Ostsee?* ÷ *ja, es ist immer recht nett in Warnemünde*/

/*hat es etwas Besonderes auf sich mit diesem Gedränge auf der Kurpromenade?* ÷ *es ist heute* (oder: *heute ist*) *eine Segelregatta angesetzt*/

In der Fachsprache des Sports wird der Spielstand mit *es* erfragt und angegeben:

/*wie steht es* (oder: *steht's*)? ÷ *es steht jetzt 4 : 2* (lies: *vier zu zwei* oder: *vier zwei*)/

In allgemeinster Form wird der Gesellschafts-Horizont etwa wie folgt bezeichnet, gegebenenfalls resignativ:

/*es ist (nun mal) so (, wie es ist)*/

/*was macht's schon, wenn's nur nicht so bleibt!*/

/*es kommt ja doch immer anders, als man denkt* (mit Alltagshumor: *erstens kommt es anders, zweitens als man denkt*)/

/*es ist mir alles gleich* (oder umgangssprachlich: *egal, schnuppe*)/

Ein Sonderfall des Gesellschafts-Horizonts kommt dann zustande, wenn das Horizont-Pronomen *es* mit dem Reflexiv-Pronomen *sich* zusammenwirkt. In dieser (»mediopassiven«) Kombination wird der Gesellschafts-Horizont auf eine unbestimmte Gruppe von Personen bezogen; beide Morpheme zusammen haben also ungefähr die Bedeutung von *man*. Beispiele:

/*es lebt sich gut in einer Kleinstadt*/ (= ›man lebt gut‹)

/*es feiert sich gut im Kreis der Familie*/ (= ›man feiert gut‹)

4.4.4.1.2 Horizont/Fokus-Korrelationen

Da die Oppositionen des Genus und Numerus, die in den Referenz-Pronomina der *er/sie/es*-Reihe noch vorliegen, beim Horizont-Pronomen *es* neutralisiert sind, kann man von diesem sagen, daß es noch unauffälliger ist als jene. Der Horizont ist Inbegriff der Unauffälligkeit schlechthin. Vor diesem schlechthin unauffälligen Horizont können sich nun andere Sprachzeichen deutlicher abheben, als das sonst im gleichmäßigen Textfluß möglich ist. Das geschieht in der Thema/Rhema-Korrelation, hier mit besonders deutlichem Informationsprofil als Horizont/Fokus-Korrelation. Diese benutzt in den meisten Fällen das Pronomen *es* als Anzeiger des Horizonts, bedient sich jedoch verschiedener Formen der Fokusbildung vor diesem unauffälligen Hintergrund. Wir besprechen im einzelnen die *es/daß*-Korrelationen mit ihren Varianten (4.4.4.1.2.1), dann das Horizont-Pronomen *es* als Platzhalter eines Subjekts (4.4.4.1.2.2), schließlich den präsentativen Ausdruck *es gibt* (4.4.4.1.2.3).

4.4.4.1.2.1 Die *es/daß*-Korrelation

Die Horizont/Fokus-Korrelation nimmt in der deutschen Sprache oft die Form einer Junktion an, deren Basis von dem Horizont-Pronomen *es* als Vorsignal und deren Adjunkt von der Inhalts-Konjunktion *daß* eingeleitet wird (vgl. 7.3.2.2). Auffällig gemacht wird hier der im *daß*-Adjunkt ausgedrückte Inhalt, für den die *es*-Basis den (unauffälligen) Horizont abgibt. Semantisch kann man die Horizontbildung wie folgt unterscheiden:

- Faktizitäts-Horizont

  /*es ist bekannt, daß ein Mensch sowohl durch Vererbung als auch durch Erziehung geformt wird*/

- Informations-Horizont

  /*es steht in der Zeitung, daß die Produktivität der Wirtschaft nachgelassen hat*/

- Argumentations-Horizont

  /*es leuchtet mir ein, daß ein Einzelbeispiel nicht schon als Beweis gelten kann*/

- Normativitäts-Horizont

  /*es versteht sich von selbst, daß man einem Behinderten hilft*/

Hinsichtlich der Verbalklammer kann das Horizont-Pronomen *es* im Vorfeld oder Mittelfeld stehen. Tritt jedoch ein *daß*-Adjunkt ins Vorfeld (= Inversionsstellung Adjunkt/Basis der Inhalts-Junktion), so wird das Pronomen *es* ganz verdrängt. Zum Vergleich:

/*es* kommt oft vor, *daß* man sich irrt/
/*oft* kommt *es* vor, *daß* man sich irrt/
/*daß* man sich irrt, kommt oft vor/

Bei Subjektgleichheit, das heißt, wenn nach *es* mit *man* weitergedacht wird, kann statt des *daß*-Adjunkts ein Infinitiv-Adjunkt mit *zu* stehen:

/*es ist nicht fair, beim Kartenspielen zu mogeln*/

Auch eine fragende Fortführung mit *ob* oder einem Frage-Pronomen ist bei geeignetem Kontext möglich, zum Beispiel:

/*es ist sehr zu überlegen, ob Konventionen auch Normen sind*/
/*es ist auch strittig, was als Konvention gelten kann*/

Bei einer Versetzung des Adjunkts ins Vorfeld verschwindet auch in diesen Beispielen das Horizont-Pronomen *es*.

4.4.4.1.2.2 Das Horizont-Pronomen *es* als Platzhalter des Subjekts

Eine Horizont/Fokus-Korrelation besonderer Art liegt dann vor, wenn das Horizont-Pronomen *es* die Subjektstelle im Vorfeld einer Verbalklammer (nur dort!) einnimmt, dabei aber nur als Vorsignal und Platzhalter für ein nachfolgendes Subjekt dient. Dieses Subjekt bestimmt auch die Numerus-Kongruenz in der Subjekt-Konjugation. Beispiel:

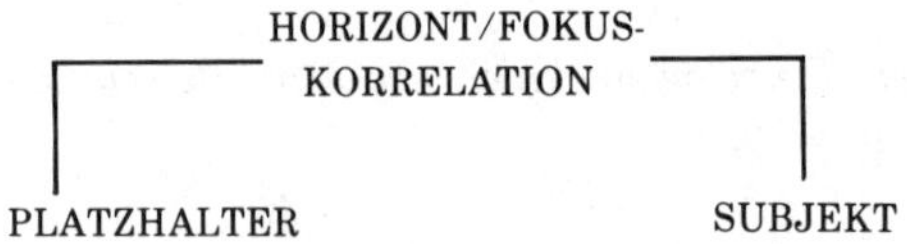

/*es* *haben* *heute schon viele Leute nach Ihnen gefragt*/

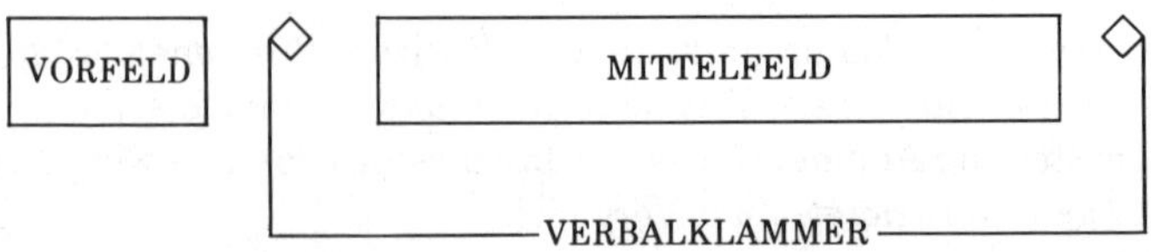

In diesem Beispiel ist das Subjekt *viele Leute* in die Mitte des Mittelfeldes versetzt und bildet mit seiner pluralischen Form auch die Numerus-Kongruenz mit der pluralischen Verbform *haben* nach den Regeln der Subjekt-Konjugation (vgl. 2.4.1). Vorreiter dieses Subjekts ist (nun aber ohne Numerus-Kongruenz!) das Horizont-Pronomen *es* im Vorfeld der Verbalklammer. Auf diese Weise entsteht eine Horizont/Fokus-Korrelation (*es* - *viele Leute*), die das nominale Subjekt viel auffälliger macht, als wenn es selber ohne Horizont-Pronomen die Vorfeldposition einnähme - was aber grundsätzlich, unter Verzicht auf Fokussierung, auch möglich ist:

/viele Leute haben heute schon nach Ihnen gefragt/

Wird ein Subjekt von dem Horizont-Pronomen *es* als Vorreiter auffällig gemacht, so steht es charakteristischerweise oft mit dem kataphorischen Artikel, der ja in seiner Kategorie ebenfalls ein Aufmerksamkeitssignal ist, da er die Erwartung des Hörers auf die Nachinformation lenkt. So auch in vielen Sprichwörtern, wie zum Beispiel:

/es ist noch nie ein Toter zurückgekehrt/

/es ist nicht alles [Ø] Gold, was glänzt/

Als horizontbildendes Morphem ist das Pronomen *es* auch hervorragend geeignet, den absoluten Textanfang zu bilden. Es drückt dann den gattungstypischen Erwartungshorizont aus, besonders deutlich und formelhaft im Märchen, mit einer Horizont/Fokus-Korrelation zum nachfolgenden Subjekt mit kataphorischem Artikel:

/Es war einmal ein König, der hatte .../

Eine Horizont/Fokus-Korrelation kann auch beim Subjekt-im-Verb-Passiv realisiert werden (vgl. 2.6.3). Dabei fällt ebenfalls das Horizont-Pronomen weg, wenn das Vorfeld anderweitig besetzt ist. Beispiele:

/es wurde früher viel weniger telefoniert als heute/

/jetzt wird aber endlich mit dem Telefonieren Schluß gemacht!/

4.4.4.1.2.3 Das Präsentativ-Syntagma *es gibt*

Das Syntagma *es gibt* ist ein mit dem Horizont-Pronomen *es* gebildeter Horizont-Ausdruck, der ein anschließendes Nomen auffällig präsentiert. Als Objekt des unpersönlichen Verbs *gibt* steht das Fokus-Nomen (oder Pronomen) im Akkusativ. Beispiel:

/es gibt in jeder Stadt einen Marktplatz/

HORIZONT FOKUS

In diesem Beispiel soll die Aufmerksamkeit des Hörers auf den Marktplatz fallen. Das leistet das Präsentativ-Syntagma *es gibt.* Zu beachten ist auch der kataphorische Artikel bei dem auffällig gemachten Nomen: *einen Marktplatz.* So ist es sehr häufig zu finden und leicht erklärlich; denn sowohl die Kataphorik als auch die Fokussierung mit *es gibt* sind Aufmerksamkeitssignale.

Das Präsentativ-Syntagma *es gibt* ist im Numerus unveränderlich und läßt nur eine Variation im Tempus zu. Neben der Form *es gibt* kommen nämlich, allerdings seltener, auch die Formen *es gab, es hat – gegeben, es wird – geben* und andere temporale Varianten dieses Syntagmas vor. Sie können auch durch Modalverben abgewandelt werden (zum Beispiel: *es kann – geben, es mag – geben, es muß – geben*). Wenn das Vorfeld einer Verbalklammer anderweitig besetzt ist, steht das Horizont-Pronomen *es* im Mittelfeld nach dem Verb *gibt* (*morgen gibt es . . .*).

Da nach dem Präsentativ-Syntagma *es gibt* das fokussierte Nomen (oder Pronomen) immer im Akkusativ steht, muß es bisweilen im weiteren Textverlauf in einen anderen Kasus überführt werden. Besonders oft ist eine Überführung in den Nominativ zu verzeichnen, weil das auffällig präsentierte Nomen nun Subjektaufgaben wahrnehmen soll. Diese Überführung in einen anderen Kasus geschieht in der Regel durch eine Relativ-Junktion, zum Beispiel:

/es hat einmal einen deutschen Kaiser gegeben, der wegen seines roten Bartes Barbarossa genannt wurde/

Das Präsentativ-Syntagma *es gibt* wird umgangssprachlich überaus häufig gebraucht und findet sich daher auch in vielen Redensarten, zum Beispiel:

/na, was gibt es (gibt's) Neues?/

/das gibt es (gibt's) doch gar nicht!/

/also, so etwas (oder: *so was*) *hat es ja noch nie gegeben!/*

/das kann es nicht und das darf es nicht geben!/

/das ist ja unglaublich, es gibt anscheinend nichts, was es nicht gibt!/

/morgen, Kinder, wird's was geben . . . / (Weihnachtslied)

4.4.4.1.3 Das Horizont-Pronomen *es* im Text

Das Zusammenspiel des Horizont-Pronomens *es* mit seinem Kontext soll nun an einem Textbeispiel aus der Erzählung »Ein Hungerkünstler« von Franz Kafka gezeigt werden. Der Textabschnitt, dessen Horizont-Pronomina unterstrichen und durchnumeriert sind, bildet den Anfang der Erzählung.

TEXT:

In den letzten Jahrzehnten ist das Interesse an Hungerkünstlern sehr zurückgegangen. Während es (1) *sich früher gut lohnte, große derartige Vorführungen in eigener Regie zu veranstalten, ist dies heute völlig unmöglich. Es* (2) *waren andere Zeiten. Damals beschäftigte sich die ganze Stadt mit dem Hungerkünstler; von Hungertag zu Hungertag stieg die Teilnahme; jeder wollte den Hungerkünstler zumindest einmal täglich sehn; an den spätern Tagen gab es* (3) *Abonnenten, welche tagelang vor dem kleinen Gitterkäfig saßen; auch in der Nacht fanden Besichtigungen statt, zur Erhöhung der Wirkung bei Fackelschein; an schönen Tagen wurde der Käfig ins Freie getragen, und nun waren es* (4) *besonders die Kinder, denen der Hungerkünstler gezeigt wurde. (. . .)*

TEXTGRAMMATISCHER KOMMENTAR:

(1) *es sich früher lohnte*: Fokussierende Korrelation *es* / Infinitiv bei Subjektgleichheit im Sinne von »man«.

(2) *Es waren andere Zeiten*: Alles, was von »früher« bekannt ist, wird in seiner Alterität zusammengefaßt und bildet den textuellen (Kontrast-)Horizont für das in der Geschichte zu erzählende Ereignis.

(3) *gab es Abonnenten*: Präsentativ-Syntagma für das auffällig zu machende Nomen, ebenfalls mit kataphorischem Artikel (Nullform!). Die Nachinformation folgt im Relativ-Adjunkt.

(4) *nun waren es die Kinder*: Fokussierung des Subjekts, das auch die Plural-Kongruenz mit dem Verb in der Subjekt-Konjugation bestimmt. Das Horizont-Prono-

Außer den wechselnden Zuschauern waren auch ständige, vom Publikum gewählte Wächter da, merkwürdigerweise gewöhnlich Fleischhauer, welche, immer drei gleichzeitig, die Aufgabe hatten, Tag und Nacht den Hungerkünstler zu beobachten, damit er nicht etwa auf irgendeine heimliche Weise doch Nahrung zu sich nehme. Es (5) *war das aber lediglich eine Formalität, eingeführt zur Beruhigung der Massen, denn die Eingeweihten wußten wohl, daß der Hungerkünstler während der Hungerzeit niemals, unter keinen Umständen, selbst unter Zwang nicht, auch das geringste nur gegessen hätte; die Ehre seiner Kunst verbot dies. Freilich, nicht jeder Wächter konnte das begreifen, es* (6) *fanden sich manchmal nächtliche Wachgruppen, welche die Bewachung sehr lax durchführten, absichtlich in eine ferne Ecke sich zusammensetzten und dort sich ins Kartenspiel vertieften, in der offenbaren Absicht, dem Hungerkünstler eine kleine Erfrischung zu gönnen, die er ihrer Meinung nach aus irgendwelchen geheimen Vorräten hervorholen konnte. Nichts war dem Hungerkünstler quälender als solche Wächter; sie machten ihn trübselig, sie machten ihm das Hungern entsetzlich schwer; manchmal überwand er seine Schwäche und sang während dieser Wachzeit, solange er es* (7) *nur aushielt . . .*[1]

men *es* steht im Mittelfeld, da das Vorfeld von dem Adverb *nun* besetzt ist. Das Subjekt (*die Kinder*) hat den anaphorischen Artikel, weil für dieses Nomen bereits ein semantischer Rahmen gegeben ist (*die ganze Stadt*).

(5) *Es war das aber*: Das Horizont-Pronomen schafft einen unauffälligen Hintergrund, vor dem sich dann das Nomen (*eine Formalität*) nach einem dazwischengeschalteten Fokus-Pronomen in der Form *das* (vgl. 4.4.4.2) um so auffälliger abhebt.

(6) *es fanden sich*: Fokussiert wird wiederum durch das Platzhalter-*es* das ins Mittelfeld gerückte und mit dem kataphorischen Artikel (Nullform im Plural!) versehene Nomen (*nächtliche Wachgruppen*), das auch die textuelle Plural-Kongruenz mit der Verbform *fanden sich* bestimmt.

(7) *solange er es nur aushielt*: Horizont-Pronomen im Akkusativ; die Form *es* steht als globale Referenz auf die vorher im einzelnen aufgezählten Leiden des Hungerns und hat daher in diesem Kontext die vage Bedeutung ›allerhand Quälendes‹.

1) Franz Kafka: »Ein Hungerkünstler«, in: *Gesammelte Werke*, hg. von Max Brod, Bd. II, New York 1953, S. 255 f.

4.4.4.2 Das Fokus-Pronomen *das*

Das Fokus-Pronomen *das* ist das auffällige Gegenstück zum unauffälligen Horizont-Pronomen *es*. Zur Reihe der rhematischen Referenz-Pronomina (*der/die/das*) verhält es sich ebenso, wie das Horizont-Pronomen *es* sich zur Reihe der thematischen Referenz-Pronomina (*er/sie/es*) verhält. Die Bedeutung des Fokus-Pronomens *das* ist mit den semantischen Merkmalen ⟨AUFFÄLLIGKEIT⟩ und ⟨BÜNDELUNG⟩ zu beschreiben.

Im Gegensatz zu dem Horizont-Pronomen *es* ist das Fokus-Pronomen *das* betonbar und kann selber Determinanten der verschiedensten Art bei sich haben. Beispiele:

/*was ist denn das da schon wieder!*/

/*also das, was Sie da sagen, das glaube ich niemals!*/

/*ach, weißt du, das von gestern, das wollen wir heute vergessen*/

Das Fokus-Pronomen *das* wird mit gleicher Form im Nominativ und Akkusativ gebraucht. Eine Genitivform gibt es nicht, und eine Dativform kommt nur noch in wenigen archaischen Ausdrücken vor (*dem ist nicht so; das ist nicht an dem*).

4.4.4.2.1 Zum Gebrauch des Fokus-Pronomens *das*

Das Fokus-Pronomen *das* wird oft – ohne Rücksicht auf Gesprächsrolle, Genus und Numerus – für auffällige Identifikationen gebraucht.

(Situation: Anschauen eines Fotoalbums:)

/*das da bin ich, und das bist du*/

/*das hier seid ihr, und das sind wir)*

/*das ist der Naumburger Dom, die Marburger Elisabethkirche, das Ulmer Münster*/

/*das sind die Münchner Propyläen*/

Man vergleiche zur Unterscheidung unauffälliger und auffälliger Identifikation:

UNAUFFÄLLIGE IDENTIFIKATION	AUFFÄLLIGE IDENTIFIKATION
(das Telefon läutet, Martha meldet sich:) */Martha Putz ÷ ich bin's, (die) Maria/*	*/wer hat denn da schon wieder angerufen? ÷ das war die Maria/*

Eine globale Referenz auf textuelle oder situative Gegebenheiten, wie sie für das Horizont-Pronomen *es* charakteristisch ist (vgl. 4.4.4.1), kann auch von dem Fokus-Pronomen *das* geleistet werden, unter der Voraussetzung jedoch, daß an dieser Referenz irgend etwas auffällig gemacht werden soll.

(1) Textuelle Fokusbildung

Beispiele für eine auffällige Bündelung komplexer Informationen des Vortextes:

/wir sind hier alle ein bißchen verrückt, das könnt ihr euch ja denken/

/er schläft am Tage und arbeitet nachts, er hat drei Katzen und spielt Dudelsack ÷ also, das kann doch nicht wahr sein!/

/sie ist Boxerin, raucht Pfeife, züchtet Goldfische und liebt den Briefträger ÷ na, das soll ich alles glauben?/

Das Fokus-Pronomen *das* wird besonders häufig im Dialog gebraucht, zumal im Frage-Antwort-Spiel. Durch die Frage wird hier ein Gegenstand auffällig gemacht, und die Aufmerksamkeit dafür besteht so lange, bis die Antwort gegeben ist. Es handelt sich insbesondere um Fragen, die auf die Beschaffenheit oder Bedeutung eines Gegenstands gerichtet sind. Beispiele:

/was ist das? ÷ das ist eine Karte des Heiligen Römischen Reiches Deutscher Nation/

/was heißt das: Römisches Reich Deutscher Nation? ÷ das heißt, daß sich das Deutsche Reich im Mittelalter als Fortsetzung des Imperium Romanum ansah/

/gilt das auch für das Wilhelminische Reich? ÷ das nicht, wenigstens nicht direkt/

/Hitlers »Drittes Reich«, was besagt das? ÷ das ist ein Name, der die deutsche Reichsidee zum Mythos hochstilisieren wollte/

Nicht selten findet man das Fokus-Pronomen *das* im Vorfeld einer Verbalklammer zusammen mit einem Referenten, der dadurch auffällig gemacht wird:

/Heimat, das ist der schönste Name für Zurückgebliebenheit/ (Martin Walser, vgl. oben 2.3)

Die nominale Besetzung des Vorfeldes wird hier mitsamt der textuellen Referenz, auf die sie verweist, in dem Fokus-Pronomen *das* gebündelt und gleichzeitig rhematisiert. Damit ist die Voraussetzung geschaffen für die anschließende interessante Definition.

(2) Situative Fokusbildung

Relativ selten findet man das Fokus-Pronomen *das* bei Ausdrücken, die sich auf die natürliche Umwelt beziehen. Doch kann das Wetter beispielsweise, obwohl es normalerweise nur als Horizont des Handelns wahrgenommen wird, unter den Bedingungen besonderer Auffälligkeit und emotionaler Besetzung ohne weiteres mit dem Fokus-Pronomen *das* statt des Horizont-Pronomens *es* verbunden werden. Zum Vergleich:

UNAUFFÄLLIGES WETTER	AUFFÄLLIGES WETTER
/es regnet heute wieder/	*/wie das heute wieder regnet!/*

Das Beispiel der linken Spalte ist eine bloße sachliche Feststellung, das Beispiel der rechten Spalte hingegen eine auffällige Beobachtung, die als Exklamation die Aufmerksamkeit und Emotion des Hörers auf sich ziehen soll.

In Alltagsgesprächen wird das Fokus-Pronomen *das* besonders häufig gebraucht, um eine Situation gleichzeitig zu bündeln und sie der Aufmerksamkeit des Gesprächspartners zu empfehlen. Solche Gesprächszüge kommen insbesondere dann vor, wenn Folgerungen aus einer Situation abgeleitet werden sollen oder wenn eine Situation zu kommentieren ist. Beispiele:

(Situation: Jemand hat auf dem Markt Waren ausgesucht und deutet nun auf die ausgesuchten Waren mit einer Frage an den Verkäufer:)
/was kostet das nun? ÷ das macht fünfzehn Mark fünfzig/

(Situation: Jemand hat Fisch eingekauft und fragt nun den Verkäufer:)
/reicht das für zwei Personen? ÷ ich glaube, das ergibt eine reichliche Mahlzeit/

(Situation: Jemand findet, daß die Apfelsinen recht günstig angeboten werden und fragt den Verkäufer:)

/ist das heute ein Sonderangebot? ÷ ja, das ist es ÷ ach, das freut mich aber/

In Verbindung mit dem Pro-Verb *tue* lenkt das Fokus-Pronomen *das* die Aufmerksamkeit des Hörers in besonderem Maße auf den verbalen Bereich des Textes und trägt zur Pro-Verbalisierung dieses Verbs bei:

/bitte helfen Sie mir! ÷ ja, das tue ich gern, aber wie?/

4.4.4.2.2 Das Fokus-Pronomen *das* im Text

Wir schauen uns nun den Gebrauch des Fokus-Pronomens *das* im Kontrast zu dem Horizont-Pronomen *es* in einem Text an. Es handelt sich um die Nachschrift eines mündlichen Erziehungsgesprächs von Eltern über ihr Kind, das Angst vor einem Wolf hat. Auf die genaue Partiturnachschrift des Gesprächs wird hier jedoch verzichtet. Das Fokus-Pronomen *das* hat in diesem Text manchmal die dialektale Form *des*, das Horizont-Pronomen *es* manchmal die enklitische Kurzform *'s*. Die Formen des Fokus-Pronomens sind mit F, die des Horizont-Pronomens mit H gekennzeichnet. Beide Pronomina sind unterstrichen und durchnumeriert und werden nebenstehend kommentiert.

TEXT:

Frau K.:
Man muß das Kind stark machen gegen die Angst. Also mindestens des (F1) *hab ich doch irgendwo in so ner pädagogischen Zeitschrift gelesen mit Kindern.*
Herr K.:
Stark machen gegen die Angst ist richtig.
Frau K.:
Ja.
Herr K.:
Richtig. Aber nur die Frage –
Frau K.:
Wie?

TEXTGRAMMATISCHER KOMMENTAR:

(F1) *des hab ich – gelesen*: Die Angst ist in diesem Gespräch thematisch. Die auffällige Information, auf die der Gesprächspartner seine Aufmerksamkeit richten soll, steht in einer pädagogischen Zeitschrift. Das Fokus-Pronomen *des* (dialektale Form von *das*) bezieht sich auf die vorher erwähnte pädagogische Maxime und gibt insofern eine unspezifische Referenz. Für diese Referenz wird aber gleichzeitig die Aufmerksamkeit des Hörers gefordert; die in der Maxime enthaltene neue Informa-

Herr K.:
zu stellen dann
Frau K.:
und nie sagen, es (H1) *is kein Wolf da, sondern*
Herr K.:
Ähm
Frau K.:
sagen, du bist stärker als der Wolf
Herr K.:
Kann man denn nicht von vornherein das Kind dazu erziehn, äh, ihm das (F2) *klar zu machen? Äh, daß in Wohnungen keine Wölfe sind?*
Frau K.:
Dann probier 's (H2) *doch mal! Das, das (F3) kannst du mal probieren.*
Herr K.:
Ja, ja, ich mein, das (F4) *geht jetzt nicht von heut auf nun. Und das* (F5) *er- ergibt sich nicht, äh, als ähäh, Erziehungsergebnis von heut auf morgen, sondern das* (F6) *ist ne Sache, die, äh, eben von Anfang an, äh, die die Weichen sind jetzt anders gefällt*[1]*, die Weichen sind jetzt anders gestellt.*
Frau K.:
Ja, nun, die Kinder haben eine magische Phase, und für die Kinder gibt's (H3) *des* (F7).[2]

tion soll also auffällig bleiben und nicht aus dem Lichtkegel der Aufmerksamkeit herausfallen.

(H1) *es is kein Wolf da*: Das Pronomen *es* bezeichnet hier in unspezifischer Form einen Situations-Horizont, der das ganze Haus einschließt, in dem das Kind Angst vor einem Wolf hat. Vor diesem Horizont profiliert sich dann die in diesem gedachten Zusammenhang neue Information (*kein Wolf*).

(F2) *ihm das klar machen*: Das Fokus-Pronomen *das* steht hier in einer Korrelation mit der Inhalts-Konjunktion *daß*, die ein satzförmiges Adjunkt einleitet (*daß in Wohnungen keine Wölfe sind*). Für dieses *daß*-Adjunkt ist das Fokus-Pronomen *das* ein Vorsignal.

(H2) *probier's doch mal*: Das Horizont-Pronomen *es*, hier in der enklitischen Kurzform *'s*, bezieht sich auf die gesamte vorhergehende Gesprächsreplik, das heißt auf den pädagogischen Vorschlag des Mannes. Frau K. resümiert die ganze Replik in dem Pronomen als Ausdruck eines textuellen Horizonts.

(F3) *das kannst du probieren*: Die Frau wiederholt ihre Stellungnahme, nun aber mit Nachdruck. Offensichtlich will sie die Aufmerksamkeit ihres Mannes darauf richten, daß sich erst in der Durchführung des pädagogischen Vorschlags sein Wert erweisen kann. So verwendet sie nun statt des Horizont-Pronomens *es* das Fokus-Pronomen *das*, sogar mit Wiederholung der Form. Der größere Nachdruck, der auf diesem an die Aufmerksamkeit des Gesprächspartners appellierenden Fokus-Pro-

1) Ein Versprecher, der sogleich im Anschluß korrigiert wird (*gefällt → gestellt*)
2) *Texte gesprochener deutscher Standardsprache,* erarbeitet im Institut für deutsche Sprache, Forschungsstelle Freiburg i. Br., Bd. III, München 1975, S. 30f. (Die Textfassung ist hier standardsprachlich leicht normiert.)

nomen liegt, kommt auch darin zum Ausdruck, daß die (gedoppelte) Form *das* im Vorfeld des Verbs steht, während das Horizont-Pronomen *es* in der enklitischen Form *'s* an die imperativische Verbform *probier* angehängt ist.

(F4) *das geht jetzt nicht*: Herr K. nimmt das von seiner Frau gebrauchte Fokus-Pronomen *das* mit gleicher Referenz und gleicher Vorfeld-Stellung auf. Der Dialog ist offenbar an einen kritischen Punkt gekommen, und beide Gesprächspartner konzentrieren ihre Aufmerksamkeit auf das auffällige, weil hier neue Problem der Durchführbarkeit der pädagogischen Maßnahme.

(F5) *das ergibt sich nicht*: Die Aufmerksamkeit für die Frage der Durchführung hält an, hier mit einer Wendung in die Zeitperspektive.

(F6) *das ist ne Sache*: Hier ist das Fokus-Pronomen *das*, das wiederum in Vorfeld-Position steht, Vorsignal für die nachfolgende, in der Sprechplanung abgebrochene Erklärung (»von Anfang an«).

(H3/F7) *gibt's des*: Das Präsentativ-Syntagma *es gibt* (vgl. auch 4.4.4.1.2.3) richtet einen textuellen Horizont auf, vor dem die Aufmerksamkeit auf das abschließende Fokus-Pronomen *des* (wieder dialektal für *das*) fällt, welches die vorher gegebene Feststellung über die magische Phase der Kinder zugleich zusammenfaßt und auffällig macht.

4.5 Der Artikel in der Nominalklammer

Artikel sind Morpheme, die im Text die Aufgabe haben, Nomina zu begleiten und dem Hörer Anweisungen zu geben, wo im Text Determinanten für diese Nomina zu finden sind. Die Artikelformen stehen vor ihren zugehörigen Nomina und bilden mit ihnen zusammen eine Nominalklammer (vgl. 4.3.1). Mit ihren Nomina sind sie im Genus, Numerus und Kasus kongruent.

Allen Artikelformen kommt hinsichtlich des Nomens, zu dem sie gehören, das semantische Merkmal ⟨BESTIMMBAR⟩ zu, da die Determinanten, denen das Merkmal ⟨BESTIMMEND⟩ zukommt, erst noch nach den Suchanweisungen der Artikel zu finden sind. Artikel sind folglich nicht selber Determinanten, sondern »Determinationshelfer«.

Die Klasse der Artikel setzt sich aus den beiden Unterklassen der einfachen Artikel (4.5.1) und der spezifischen Artikel (4.5.2) zusammen. Die Formen des spezifischen Artikels unterscheiden sich von denen des einfachen Artikels dadurch, daß sie in ihren Bedeutungen zusätzlich spezifizierende Merkmale enthalten.

4.5.1 Der einfache Artikel

Der einfache Artikel bildet eine binäre Opposition zwischen dem anaphorischen (»bestimmten«) und dem kataphorischen (»unbestimmten«) Artikel. Der anaphorische Artikel hat die folgenden Formen:

NUMERUS	SINGULAR			PLURAL
GENUS / KASUS	MASKULIN	NEUTRUM	FEMININ	GENUS-NEUTRAL
NOMINATIV	*der Mann*	*das Kind*	*die Frau*	*die Männer / Kinder / Frauen*
AKKUSATIV	*den Mann*	*das Kind*	*die Frau*	*die Männer / Kinder / Frauen*
DATIV	*dem Mann(e)*	*dem Kind(e)*	*der Frau*	*den Männern / Kindern / Frauen*
GENITIV	*des Mannes*	*des Kindes*	*der Frau*	*der Männer / Kinder / Frauen*

An diesem Paradigma sind hinsichtlich des Artikels (zu den Formen des Nomens vgl. 4.2.2.3 und 4.2.3) folgende Regelmäßigkeiten zu beobachten:

- ▶ Die Formen stimmen im Maskulin und Neutrum einerseits, im Feminin und Genusneutral/Plural andererseits weitgehend überein. (Deswegen auch die entsprechende Anordnung der Genera im Paradigma.)
- ▶ Nominativ und Akkusativ sind nur im Maskulin/Singular unterschieden.
- ▶ Die Formen des anaphorischen Artikels sind weitgehend identisch mit den Formen des rhematischen Referenz-Pronomens (vgl. 4.4.2.2). Die einzigen Unterschiede betreffen die Genitivreihe und den Dativ/Plural, wo das Pronomen statt der kurzen Artikelformen *des, der, den* die Langformen *dessen, derer, denen* hat.

Unter bestimmten Bedingungen kann der anaphorische Artikel mit einer Präposition zu einer einzigen Form verschmelzen, zum Beispiel *von + dem → vom, in + das → ins, zu + der → zur*. Das wird im einzelnen bei den Präpositionen besprochen (vgl. 7.1.1).

Vom Artikel her gesehen, können die Referenz-Pronomina, und zwar sowohl diejenigen der thematischen *er/sie/es*-Reihe als auch diejenigen der rhematischen *der/die/das*-Reihe, als freie Formen des anaphorischen Artikels aufgefaßt werden. Diese treten dann auf, wenn unter dem Einfluß des Kontextes oder der Situation die Referenz eindeutig ist, so daß man auf die Nennung des Nomens verzichten kann. Beispiele:

/kennst du den neuen Pfarrer näher, oder hast du ihn nur einmal gesehen? ÷ o ja, den kenne ich recht gut/

/dies ist die alte Barockkirche, wie findest du sie? ÷ in der singen die Engel mit/

Der kataphorische Artikel hat die folgenden Formen:

NUMERUS	SINGULAR			PLURAL
GENUS / KASUS	MASKULIN	NEUTRUM	FEMININ	GENUS-NEUTRAL
NOMINATIV	*ein Mann*	*ein Kind*	*eine Frau*	Ø *Männer* *Kinder* *Frauen*
AKKUSATIV	*einen Mann*	*ein Kind*	*eine Frau*	Ø *Männer* *Kinder* *Frauen*
DATIV	*einem Mann(e)*	*einem Kind(e)*	*einer Frau*	Ø *Männern* *Kindern* *Frauen*
GENITIV	*eines Mannes*	*eines Kindes*	*einer Frau*	*von Männern* *Kindern* *Frauen*

An diesem Paradigma sind folgende Regelmäßigkeiten zu beobachten:

- ► Die ohne Flexiv gebildete Form *ein* findet sich an drei Stellen des Paradigmas: im Maskulin/Singular/Nominativ, im Neutrum/Singular/Nominativ und im Neutrum/Singular/ Akkusativ.

▶ Die mit Flexiven gebildeten Formen im Singular haben die gleichen Flexive wie die entsprechenden Formen des anaphorischen Artikels.

▶ Der Plural des kataphorischen Artikels ist eine Null-Form. Nur im Genitiv/Plural steht statt dessen die Präposition *von,* die hier suppletiv in das Artikelparadigma eintritt (vgl. auch 7.2.1.2).

In der gesprochenen Umgangssprache werden die Formen des kataphorischen Artikels häufig um ihren Diphthong gekürzt:

ein Mann / einen Mann	→	*'n*	*Mann*	[nman]
ein Kind (Nom. und Akk.)	→	*'n*	*Kind*	[ŋkɪnt]
einem Bruder	→	*'nem*	*Bruder*	[nəmbruːdɐ]
eine Schwester	→	*'ne*	*Schwester*	[nəʃvɛstɐ]
einer Tante	→	*'ner*	*Tante*	[nɐtantə]

Bei eindeutiger Referenz kann der kataphorische Artikel auch »frei«, das heißt als Pronomen gebraucht werden. Dabei tritt im Plural die Form *welche/welchen/welcher* suppletiv in das Paradigma ein und ersetzt dort den Null-Artikel. Die Formen lauten dann:

NUMERUS	SINGULAR			PLURAL
GENUS / KASUS	MASKULIN	NEUTRUM	FEMININ	GENUS-NEUTRAL
NOMINATIV	*einer*	*eines/eins*	*eine*	*welche*
AKKUSATIV	*einen*	*eines/eins*	*eine*	*welche*
DATIV	*einem*	*einem*	*einer*	*welchen*
GENITIV	(*eines*)	(*eines*)	(*einer*)	(*welcher*)

Die eingeklammerten Formen des Genitivs werden selten gebraucht. Beispiele für den Gebrauch des gebundenen und des freien kataphorischen Artikels:

/ist für mich ein Brief angekommen? ÷ nein, nur einer für deinen Bruder/

/ich erwarte ein Päckchen mit Büchern ÷ von wem erwartest du denn eines (oder: *eins*)? /

/fehlen dir für deine Arbeit noch [Ø] Bücher? ÷ ich habe zwar welche, aber nicht die richtigen/

Ihrer Bedeutung nach unterscheiden sich der anaphorische und der kataphorische Artikel durch die Opposition ihrer Verweisungsrichtungen (4.5.1.1). Dabei sind Vorinformation und Nachinformation zu unterscheiden (4.5.1.2). Sonderfälle des Artikelgebrauchs betreffen den Artikel in Prädikationen (4.5.1.3), bei Eigennamen (4.5.1.4) sowie bei Stoffnamen und Nomina mit abstrakter Bedeutung (4.5.1.5). Die Nullformen des kataphorischen Artikels dürfen nicht mit dem artikellosen Gebrauch des Nomens verwechselt werden (4.5.1.6).

4.5.1.1 Anaphorik und Kataphorik

Der anaphorische (»bestimmte«) Artikel ist eine Anweisung des Sprechers an den Hörer, für das mit dem Artikel in der Nominalklammer verbundene Nomen rückläufig zum Textverlauf geeignete Determinanten in der Vorinformation zu suchen. Als Vorinformation bezeichnen wir diejenige Information, die dem Hörer bereits bekannt ist und ihm im Kontext-Gedächtnis grundsätzlich zur Verfügung steht. Alle Formen des anaphorischen Artikels haben daher - zusätzlich zu ihrem Grundmerkmal ⟨BESTIMMBAR⟩ - das semantische Merkmal ⟨BEKANNT⟩ gemeinsam.

Von einem kataphorischen (»unbestimmten«) Artikel erhält der Hörer die Gegenanweisung. Er soll nun nach geeigneten Determinanten für das betreffende Nomen nicht in der Vorinformation suchen, sondern diese von der ihm noch unbekannten Nachinformation erwarten. Er muß sich also mit seiner Erwartung auf den nachfolgenden Text in seinem Verlauf einstellen. Es ist wahrscheinlich, daß diese Nachinformation tatsächlich eintrifft, doch ist das keine Bedingung für den Gebrauch des kataphorischen Artikels. Als ein Morphem, das den Hörer für das Nomen, mit dem dieser Artikel eine Nominalklammer bildet, auf geeignete Determinanten in der Nachinformation verweist, haben alle Formen des kataphorischen Artikels - neben dem Grundmerkmal ⟨BESTIMMBAR⟩ - das Merkmal ⟨UNBEKANNT⟩ gemeinsam. Im Verhältnis zum anaphorischen Artikel hat der kataphorische Artikel eine Frequenz wie 1 : 7. Nur durch sein relativ seltenes Vorkommen kann er nämlich die Aufgabe erfüllen, die Aufmerksamkeit des Hörers für die zu erwartende Nachinformation zu wecken.

Grundsätzlich gilt auch für die Erwartungsinstruktion des kataphorischen Artikels, daß der Textumfang, den der Hörer für die Nachinformation berücksichtigen soll, nicht begrenzt ist. Im allgemeinen wird die Suchanweisung jedoch in der Reichweite der Kontexterwartung erfüllt, die sich zum Kontextgedächtnis spiegelbildlich verhält.

Man kann die unterschiedlichen und in der Verweisungsrichtung gegenläufigen Instruktionen, die mit dem anaphorischen und dem kataphorischen Artikel verbunden sind, am besten an Textanfängen studieren (wobei allerdings immer ein eventuell voraufgehender Titel mitberücksichtigt werden muß). So lautet zum Beispiel der Anfang des »Manifests der kommunistischen Partei« von Karl Marx und Friedrich Engels:

Ein Gespenst geht um in Europa – das Gespenst des Kommunismus

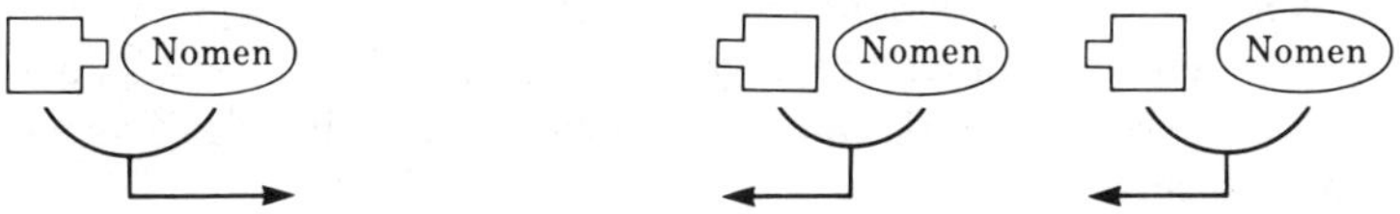

Was »der« Kommunismus sein soll, weiß die Leserschaft dieses Manifestes bereits; es handelt sich ja, wie auch der Titel zu erkennen gibt, um das Programm der kommunistischen Partei. Auf dieses Vorwissen kann der anaphorische Artikel vor dem Nomen *Kommunismus* also verweisen. Anders verhält es sich mit dem Nomen *Gespenst.* Es ist den Lesern dieses Textes nur als Lexem des Wortschatzes bekannt, nicht jedoch in der (ironischen) Textbedeutung, die es im Kontext dieses politischen Manifestes annehmen soll. Deshalb wird es am Anfang des Textes mit dem kataphorischen Artikel eingeführt. Der Leser soll auf die Nachinformation achten: das ist die Instruktion dieser kataphorischen Artikelform. Die damit ausgedrückte Erwartung wird nun alsbald eingelöst durch die determinierende Nominalgruppe *das Gespenst des Kommunismus.* Das Nomen *Gespenst* kann nun bereits, da es ja schon eingeführt ist, den anaphorischen Artikel erhalten, mit dem der Leser auf die Ersterwähnung zurückverwiesen wird. Die eigentliche, das kleine Metaphernrätsel auflösende Erklärung steckt dann im Genitiv-Attribut *des Kommunismus,* durch das der metaphorische Textanfang in den Situationszusammenhang dieser politischen Bewegung gerückt wird.

Die anaphorische oder kataphorische Verweisung braucht jedoch nicht, wie in diesem Beispiel, auf eine Rekurrenz des gleichen Wortes Bezug zu nehmen. Die vom Artikel stimulierte Suche nach Determinanten in der Vor- oder Nachinformation kann auch dann zum Erfolg führen, wenn ein Referent semantisch variiert wird. Dabei sind insbesondere drei Regeln zu beachten:

(1) Die Regel des Oberbegriffs

Ist ein Nomen textuell eingeführt, so gilt auch sein Oberbegriff (also ein bedeutungsverwandtes Nomen mit weiterem Bedeutungsumfang und vagerem Bedeutungsinhalt, ein »Hyperonym«) als miteingeführt und erhält den anaphorischen Artikel. Beispiel:

/ich habe mir ein Segelboot gekauft ÷ na, wo liegt denn das Schiff?/

(2) Die Regel des Rahmens

Ist ein Nomen textuell eingeführt, dessen Bedeutung für die Bedeutung anderer Nomina einen pragmatischen Rahmen abgibt, so gelten alle rahmenfüllenden Nomina als miteingeführt und erhalten ebenfalls den anaphorischen Artikel. Häufig handelt es sich hier um eine Teil-Ganzes-Beziehung. Beispiel:

/ich habe mir ein Segelboot gekauft: der Rumpf ist aus Holz, die Segel sind weiß, und in der Kajüte ist Platz für vier Personen/

In seltenen Fällen kann ein Rahmen auch von einem Rahmeninhalt aus eingeführt werden.

(3) Die Regel des Titels

Titel und Überschriften aller Art gehen dem Textanfang noch voraus. So können sie selber keine Vorinformation voraussetzen. Gleichwohl stehen Titel in weitaus den meisten Fällen mit dem anaphorischen Artikel. Beispiele:

Die Entführung aus dem Serail (Mozart)

Der Besuch der alten Dame (Dürrenmatt)

Die Plebejer proben den Aufstand (Grass)

Sehr viel seltener ist in Titeln der kataphorische Artikel, zum Beispiel:

Ende einer Dienstfahrt (Böll)

Sinn (und List!) des anaphorischen Artikels in Titeln ist es, dem potentiellen Leser (und Käufer des Buches!) eine im kollektiven Gedächtnis bestehende Vorinformation zu suggerieren, die diesem in seinem individuellen Gedächtnis zwar noch fehlt, die er sich aber (nachträglich) verschaffen kann, wenn er den Text liest.

Im nachfolgenden narrativen Text soll nun noch genauer das Ineinandergreifen des anaphorischen und des kataphorischen Artikels gezeigt werden. Der Textabschnitt ist einer Erzählung mit dem Titel »Der Weg zum Friedhof« von Thomas Mann entnommen und steht dort ziemlich am Anfang. (Man beachte auch die anaphorischen Artikelformen des Titels!) »Die« Chaussee, von der im Text sogleich die Rede sein wird, ist im ersten Abschnitt der Erzählung bereits eingeführt worden, und der Leser weiß, daß sie zur Hälfte gepflastert ist und zur Hälfte nicht. Die Formen des anaphorischen Artikels (*der/die/das*) sind mit A, die Formen des kataphorischen Artikels (*ein/eine/eine*) mit K durchnumeriert. Die spezifischen Artikel sind hier einstweilen noch nicht berücksichtigt.

TEXT:

Auf der (A1) *Chaussee schlich ein* (K1) *Wagen vom* (A2) *nächsten Dorfe her gegen die* (A3) *Stadt, er fuhr zur* (A4) *Hälfte auf dem* (A5) *gepflasterten, zur* (A6) *anderen Hälfte auf dem* (A7) *nicht gepflasterten Teile der* (A8) *Straße. Der* (A9) *Fuhrmann ließ seine Beine zu beiden Seiten der* (A10) *Deichsel hinabhängen und pfiff aufs* (A11) *unreinste. Am* (A12) *äußersten Hinterteile aber saß ein* (K2) *gelbes Hündchen, das ihm den* (A13) *Rücken zuwandte und über sein spitzes Schnäuzchen hinweg mit unsäglich ernster und gesammelter Miene auf den* (A14) *Weg zurückblickte, den es gekommen war.*
Es war ein (K3) *unvergleichliches Hündchen, Goldes wert, tief erheiternd; aber leider gehört es nicht zur* (A15) *Sache, weshalb wir uns von ihm abkehren müssen.*[1]

TEXTGRAMMATISCHER KOMMENTAR:

(A1) *Auf der Chaussee*: Die Landstraße ist, was der Textausschnitt nicht erkennen läßt, im Vortext bereits eingeführt, und der Leser kann auf diese Vorinformation verwiesen werden.
(K1) *ein Wagen*: Der Wagen ist noch nicht eingeführt, so weckt nun der kataphorische Artikel Aufmerksamkeit für dieses Gefährt, und der Leser weiß, daß er auf die Nachinformation achten muß.
(A2/A3) *vom nächsten Dorfe; gegen die Stadt*: In der Form *vom* sind die Präposition *von* und der anaphorische Artikel miteinander verschmolzen. Dorf und Stadt sind zwar nicht namentlich eingeführt, aber nach der Regel des Rahmens durch die Erwähnung der Chaussee im Weltwissen des Hörers mitgegeben; sie können also in allgemeiner Form als Bestandteile der Vorinformation gelten.

(A4/A6) *zur Hälfte; zur anderen Hälfte*: Lexikalisierte Wendungen. Als Bestandteile des Lexikons gelten sie grundsätzlich als bekannt und sind durch die allgemeine Vorinformation des Sprachwissens eingeführt.

1) Thomas Mann: »Der Weg zum Friedhof«, in: *Gesammelte Werke in Einzelbänden,* Frankfurter Ausgabe, hg. von Peter de Mendelssohn, Bd. IV, Frankfurt a. M. 1981, S. 188.

(A5/A7) *auf dem (nicht) gepflasterten Teile*: Von dieser Besonderheit der Straße war bereits im Vortext die Rede.
(A8) Das Wort *Straße* tritt hier erstmalig auf. Es ist aber nur ein allgemeinerer Ausdruck (Hyperonym) für das bereits eingeführte Wort *Chaussee* und setzt insofern nach der Regel des Oberbegriffs dessen Vorinformation als nominale Referenz fort (vgl. auch A14).
(A9/A10) *Der Fuhrmann; (zu beiden Seiten) der Deichsel*: Mit der Nennung des Wagens (K1) gilt nach der Regel des Rahmens alles das als textuell eingeführt und durch die Vorinformation gesichert, was normalerweise zu einem Wagen gehört, der Fuhrmann ebenso wie die Deichsel.
(A11/A12) *Aufs unreinste; am äußersten Hinterteile*: Der Superlativ steht grundsätzlich mit dem anaphorischen Artikel (vgl. 5.3.3). Der hintere Teil (des Wagens) gilt überdies nach der Regel des Rahmens als mit dem Wagen eingeführt.
(K2) *ein gelbes Hündchen*: Ein gelbes Hündchen gehört normalerweise nicht zu einem Wagen, und von ihm war auch noch nicht die Rede. So wird nun der Hörer durch das Signal des kataphorischen Artikels auf diesen ungewöhnlichen Insassen des Wagens aufmerksam gemacht.
(A13) *den Rücken*: Nachdem das Hündchen eingeführt ist, gelten nach der Regel des Rahmens auch alle seine Körperteile als miteingeführt, daher der anaphorische Artikel in Verbindung mit dem Rücken des Hündchens.
(K3) *ein unvergleichliches Hündchen*: Das Aufmerksamkeitssignal (K2) wird hier noch einmal aufgegriffen und verstärkt. Der Leser wird ein zweites Mal auf die Nachinformation verwiesen und findet tatsächlich im unmittelbaren Anschluß an die Nominalklammer wichtige Determinanten für das Nomen *Hündchen* vor. Nach diesen beiden Aufmerksamkeitssignalen darf der Leser erwarten, daß dieses Hündchen in der Erzählung eine besondere Rolle spielen wird. Gleich darauf streicht aber der Erzähler diese Erwartung wieder durch. Das gehört zu Thomas Manns humoristischer Erzähltechnik.
(A15) *zur Sache*: In der Form *zur* haben wir wieder einen Artikel vor uns, der mit einer Präposition verschmolzen ist. Der ganze Ausdruck *zur Sache* ist eine lexikalisierte Wendung (vgl. A4, A6).

4.5.1.2 Vorinformation und Nachinformation

Vor- und Nachinformation können in dreierlei Form vorliegen: als Kontext, als Situation oder als allgemeines Sprach- und Weltwissen. Für den anaphorischen Artikel gibt es also drei Formen der Vorinformation:

(1) Kontextuelle Vorinformation (Vortext)

Wenn ein Vortext vorhanden ist, kann der Hörer aufgrund der Suchanweisung des anaphorischen Artikels den im Kontextgedächtnis gespeicherten (mündlich oder schriftlich aufgenommenen) Vortext rückläufig zum Textverlauf durchmustern, um geeignete Determinanten für das betreffende Nomen zu finden. Das ist bereits an Textbeispielen besprochen worden (vgl. 4.5.1.1).

(2) Situative Vorinformation

Ein Text ist gewöhnlich von einer Situation umgeben. Das ist die nichtsprachliche Umgebung, in der das Sprachspiel stattfindet. Der Text ist in diesem Sinne ein Text-in-der-Situation. Auch in dieser nichtsprachlichen Situation können Elemente enthalten sein, die zur Determination eines Nomens im Text geeignet sind. Als Beispiele können die folgenden Zwischenrufe bei einer politischen Versammlung dienen:

(Situation: Ein Redner will vor einer politischen Versammlung das Wort ergreifen und hat vergessen, das Mikrophon einzuschalten):

/wo bleibt das Mikrophon?/

(Situation: Der Redner nennt Steuererhöhungen unvermeidlich):

/was ist mit den Versprechungen vor den Wahlen?/

Die Vorinformation für diese Nomina liegt jeweils außer im Kontext auch in der Situation; im ersten Fall ist es das sichtbare, aber nicht hörbare Mikrophon, im zweiten Fall sind es die im Gedächtnis gespeicherten Wahlversprechungen, die an frühere politische Situationen gebunden sind.

(3) Vorinformation aus dem Sprach- und Weltwissen

Wenn weder Kontext noch Situation geeignete Determinanten für ein Nomen angeben, kann der Sprecher dennoch den anaphorischen Artikel verwenden und noch auf eine andere Art Vorinformation aufmerksam machen. Der Hörer wird dann auf sein sprachliches Wissen, das jedem Sprachspiel vorgegeben ist, oder auch auf allgemeines Weltwissen verwiesen.

Zum Weltwissen gehören insbesondere die elementaren Gegebenheiten der Zeitlichkeit. So steht der anaphorische Artikel regelmäßig bei Zeitbestimmungen, oft mit einer Präposition verschmolzen, zum Beispiel:

- die Tageszeiten: *der Morgen, am Abend, zur Nacht*
- die Daten: *am 1. April, zum 31. Dezember*
- die Wochentage: *der Montag, am Dienstag, bis zum Mittwoch*
- die Monate: *der Januar, im Februar, bis zum März*
- die Jahre und Jahrhunderte: *im Jahr* (oder: *im Jahre*) *2000, im 21. Jahrhundert*
- die Jahreszeiten: *der Frühling, im Sommer, seit dem Herbst, bis zum Winter*
- die üblichen Mahlzeiten: *das Frühstück, beim Mittagessen, zum Abendbrot*
- Lebensalter: *das dreißigste Jahr, seit der Jugend(zeit), im hohen Alter*

Unter den Begriff des zeitlichen Weltwissens fallen auch die historischen Orientierungspunkte, die – freilich in unterschiedlichem Ausmaß – im Bildungswissen gespeichert sind:

- Historische Ereignisse: *die Reformation, der Fall der Mauer*
- Historische Daten: *der 14. Juli (1789), der 3. Oktober (1990)*
- Historische Epochen: *in der Antike, vom Mittelalter bis zur Neuzeit*

In ähnlicher Weise orientiert sich das Weltwissen an räumlichen Gegebenheiten, insbesondere an »Unikaten«:

- Astronomische Orientierung: *die Sonne, der Mond, die Sterne*
- Terrestrische Orientierung: *die Erde, der Äquator, die Tropen*
- Nautische Orientierung: *der Norden, der Golfstrom, die Passatwinde*

Hinzu kommen viele geographische Eigennamen, die den anaphorischen Artikel fest bei sich haben:

- Gebirge: *die Alpen, die Pyrenäen, der Himalaja, die Anden*
- Flüsse: *der Rhein, die Donau, der Ganges, der Nil*

▶ Einige Länder und Landschaften: *die Schweiz, die Türkei, die Vereinigten Staaten (von Amerika)*

Weltwissen und Sprachwissen kommen zusammen, wenn - insbesondere in Fach- und Wissenschaftssprachen - Nomina zu Begriffen verfestigt werden. Solche Begriffe sollen in fach- und wissenschaftlich normierter (»standardisierter«) Bedeutung, also kontext- und situationsunabhängig gebraucht werden. Dieser Gebrauch des anaphorischen Artikels ist sowohl im Singular als auch im Plural möglich. Beispiele aus dem Kontext der Anthropologie:

/der Mensch steht den Tieren an Stärke und Sicherheit des Instinkts weit nach/ (Herder)

/die Menschen haben lange gebraucht, ehe sie sich das Feuer dienstbar gemacht haben/

Es handelt sich in beiden Fällen um allgemeine Aussagen, die teils das Gattungswesen Mensch, teils die Gesamtheit aller Exemplare dieser Gattung meinen. Das wird hier weder vom Kontext noch von der Situation her eingegrenzt. Die erwähnten Aussagen sollen nämlich unabhängig von jedem beliebigen Kontext und jeder beliebigen Situation gelten. Eben darum sind sie »allgemein«. Aber das Wort *Mensch* hat beispielsweise in der deutschen Sprache eine bestimmte Lexikon-Bedeutung, die sich im Bewußtsein der Sprecher durch Abstraktion aus vielen verschiedenen Text-Bedeutungen gebildet hat und die man sich immer vergegenwärtigen kann, wenn man den betreffenden Wörterbuch-Artikel in seiner Gesamtheit auf sich wirken läßt. Auf dieses Bedeutungswissen, das jedem konkreten Sprachspiel in der Sprachkompetenz der Gesprächspartner vorgegeben ist, verweist der anaphorische Artikel, wenn er kontext- und situationsunabhängig gebraucht wird. Der dabei noch bestehende Unterschied zwischen dem singularischen Ausdruck *der Mensch* und dem pluralischen Ausdruck *die Menschen* betrifft nicht die Bedeutungsanweisung des anaphorischen Artikels, sondern die mit ihm verbundene, weil in der gleichen Form verschmolzene Bedeutungsanweisung des Numerus mit der Opposition Singular (Menge von Elementen) vs. Plural (Elemente einer Menge).

Analog zum anaphorischen Artikel sind beim kataphorischen Artikel drei Formen der Nachinformation zu unterscheiden: Nachinformation im Kontext, in der Situation oder im Welt- und Sprachwissen. Dabei ist jedoch in allen drei Fällen zu beachten, daß der kataphorische Artikel »nur« eine Erwartungsanweisung gibt. Diese impliziert keine Garantie, daß die angekündigte Nachinformation auch tatsächlich eintrifft. Der Sprecher kann ja im Verlauf seiner Rede immer noch seine Textplanung ändern, so daß der Hörer gegebenenfalls auf seiner Erwartung »sitzen bleibt«.

(1) Kontextuelle Nachinformation (Nachtext)

Die vom kataphorischen Artikel angekündigte Nachinformation im Nachtext ist bereits erörtert worden (vgl. 4.5.1.1). Hier soll nur ergänzend darauf hingewiesen werden, daß sich Expositionen, wie man sie oft am Anfang eines Textes findet, durch eine besonders hohe Frequenz kataphorischer Artikelformen auszeichnen. So fängt beispielsweise Heinrich von Kleists Erzählung »Michael Kohlhaas« an:

> *An den Ufern der Havel lebte, um die Mitte des sechzehnten Jahrhunderts, ein Roßhändler, namens Michael Kohlhaas, Sohn eines Schulmeisters, einer der rechtschaffensten zugleich und entsetzlichsten Menschen seiner Zeit. – Dieser außerordentliche Mann würde bis in sein dreißigstes Jahr für das Muster eines guten Staatsbürgers haben gelten können. Er besaß in einem Dorfe, das noch von ihm den Namen führt, einen Meierhof, auf welchem er sich durch sein Gewerbe ruhig ernährte; . . .*[1]

Die ganze Kleistsche Erzählung bildet den Nachtext für die vielen kataphorischen Artikelformen dieser Exposition.

Des weiteren zeigt sich gerade bei Erzählungen, daß der kataphorische Artikel häufig als Bestandteil in makrosyntaktische Gliederungssignale eingeht, sofern diese die ganze Erzählung oder einen ihrer (Groß-)Abschnitte einleiten. Bekannte Beispiele sind: *es war einmal* (Märchenanfang), *eines schönen Tages, an einem Frühlingstag des Jahres . . .* Solche Gliederungssignale sind verläßliche Hinweise an den Hörer, daß etwas Neues beginnt.

(2) Situative Nachinformation

Der kataphorische Artikel kann auch gebraucht werden, wenn der Hörer durch die Instruktion dieses Sprachzeichens auf eine Nachinformation in der Situation verwiesen werden soll. Beispiele:

1) Heinrich von Kleist: »Michael Kohlhaas«, in: *Sämtliche Werke und Briefe,* hg. von Helmut Sembdner, Bd. II, München ²1961, S. 1.

/hier habe ich ein kleines Geschenk für dich/
(Nach-Situation: Nun muß der Empfänger das Geschenk annehmen, es vielleicht auspacken, es jedenfalls betrachten und etwas dazu sagen. Das ist die erwartbare Nachinformation.)

/eben hat schon wieder ein Unbekannter für dich angerufen/
(Nach-Situation: Wahrscheinlich wird sich aus der weiteren Entwicklung der Situation ergeben, was es mit diesem Anrufer auf sich hat.)

Für den Gebrauch des kataphorischen Artikels als Ankündigung einer situativen Nachinformation ist auch charakteristisch, daß ein Text mit einem Nomen enden kann, das den kataphorischen Artikel bei sich hat. Arthur Schnitzlers Novelle »Die Toten schweigen« endet beispielsweise mit der folgenden versöhnlichen Wendung:

> *Und während sie mit ihrem Jungen langsam durch die Tür schreitet, immer die Augen ihres Gatten auf sich gerichtet fühlend, kommt eine große Ruhe über sie, als würde vieles wieder gut . . . .* [1]

Arthur Schnitzler füllt am Ende seiner Erzählung, wie hier wiedergegeben, die ganze Zeile mit Punkten aus und legt dem Leser auf diese Weise nahe, dem Geschehen weiter nachzusinnen und den Text in eine Situation - vielleicht seine persönliche Situation - hinein zu verlängern. Ebendies kommt aber auch durch den kataphorischen Artikel der Nominalklammer *eine große Ruhe* zum Ausdruck. Von Ruhe war in der Erzählung vorher nicht die Rede, im Gegenteil, die ganze Erzählung ist eine große Unruhe. Aber am Ende kommt die Versöhnung zustande, als *eine* große Ruhe, und damit beginnt für die Heldin *ein* neues Leben, das in dieser Novelle nicht mehr erzählt wird. Hier kommt, da die Geschichte zu Ende ist, keine kontextuelle Nachinformation mehr in Frage, aber es gibt die für den Leser aus seiner eigenen Erfahrungswelt vorstellbare Nachinformation einer beruhigten und insofern nicht mehr erzählenswerten Situation.

(3) Nachinformation des allgemeinen Sprach- und Weltwissens

Auf eine Nachinformation in bezug auf das allgemeine Sprach- und Weltwissen verweist der kataphorische Artikel insbesondere bei Benennungen und Umbenennungen. Beispiele:

/ein Gewitter kommt dadurch zustande, daß . . ./

1) Arthur Schnitzler: »Die Toten schweigen«, in: *Meistererzählungen,* Frankfurt a. M. 1969, S. 120.

/wenn Sie das ein Unwetter nennen, so ist das eine Übertreibung/

Man kann sich vorstellen, daß die beiden Gesprächspartner, wenn sie den kleinen Streit um das Wort *Unwetter* ernst nehmen wollen, im Wörterbuch nachschlagen, um ihn zu schlichten.

4.5.1.3 Der Artikel in Prädikationen

Der Artikelgebrauch ist insbesondere in solchen Prädikationen interessant, in denen einem Subjekt ein Prädikats-Nomen zugesprochen wird. Hier sind vier Kombinationen möglich:

/für mich ist *der* / *ein* *Mensch immer* *die* / *eine* *Welt/*

Ob ein Nomen in der Subjektrolle mit dem anaphorischen oder dem kataphorischen Artikel versehen wird, hängt weitgehend vom Kontext ab und ist in seinen regelhaften Aspekten bereits besprochen worden. Was jedoch den Artikelgebrauch beim Prädikats-Nomen betrifft, so sind einige zusätzliche Regeln zu beachten. Sie betreffen verschiedene Arten von Prädikationen:

(1) Identifizierende Prädikation

Hat das Prädikats-Nomen den anaphorischen Artikel bei sich, so nimmt die Prädikation dadurch den Charakter einer identifizierenden Feststellung an, zumal wenn das Subjekt eine individuelle Textbedeutung hat:

/sind Sie vielleicht der Hausbesitzer?/

/ich bin hier der Hausmeister, Hausbesitzer ist der Herr im grauen Mantel/

Identifizierende Bedeutung haben auch solche Prädikationen, die als Subjekt das Horizont-Pronomen *es* oder (häufiger) das Fokus-Pronomen *das* haben. In diesem Fall richtet sich der Numerus des Kopulaverbs nach dem Numerus des Prädikats-Nomens:

/wer reitet so spät durch Nacht und Wind? ÷ es ist der Vater mit seinem Kind/ (Goethe, Erlkönig)

/wie hieß noch der bekannte Zwerg am Hofe des bayerischen Kurfürsten Max Emanuel? ÷ das war der berühmte Rokoko-Baumeister Cuvilliés/

/und das hier sind die Reste der Berliner Mauer/

(2) Evaluierende Prädikation

Prädikationen mit kataphorischem Artikel beim Prädikats-Nomen haben oft den Charakter von evaluierenden Prädikationen, zumal bei individuellem Subjekt:

/König Ludwig I. von Bayern war ein sehr kunstsinniger König/

/für Heinrich Heine war Ludwig I. nur ein Reaktionär/

Der kataphorische Artikel beim Prädikats-Nomen verweist hier auf das vorstellbare Streitgespräch, das jede evaluierende Feststellung zwischen Sprecher und Hörer auslösen kann.

(3) Definierende Prädikation

Hat in einer Prädikation das Subjekt generische Bedeutung (anaphorischer Artikel bei fehlender Kontext- oder Situations-Determination - vgl. 4.5.1.2), so entsteht bei einem Prädikats-Nomen mit kataphorischem Artikel eine definierende Prädikation oder kurz gesagt Definition. Beispiel:

/der Mensch ist ein lachfähiges Wesen/

Definitionsbedürftig (»definiendum«) ist in diesem Beispiel das Gattungswesen *Mensch*. Definitionskräftig (»definiens«) ist das Prädikats-Nomen *Wesen* in Verbindung mit dem attributiven Adjektiv *lachfähiges*. Das Prädikats-Nomen *Wesen* ist unmittelbarer Oberbegriff (»genus proximum«) für *Mensch* und wird durch sein Attribut (»differentia specifica«) an die Spezifikationsebene *Mensch* angeglichen. In einer solchen definierenden Prädikation steht vor der Nominalgruppe des Prädikats regelmäßig der kataphorische Artikel. Er verweist auf mögliche Nachinformation in Gestalt eines argumentativen Sprachspiels, das sich an diese Prädikation anschließen kann, wenn der Hörer die definierende Bedeutungs-Feststellung des Sprechers nicht problemlos durchgehen läßt. Weitere Beispiele:

/jeder Mensch ist ein Fremder – fast überall/

/für viele Menschen ist die Fremde eine zweite Heimat geworden/

Im ersten Beispiel steht das Prädikats-Nomen ohne spezifizierendes Attribut (»differentia specifica«), im zweiten dient als solches eine Ordinalzahl.

Die gleiche Signalwirkung kann auch erzielt werden, wenn die Kopula fehlt, so daß ein Nomen mit kataphorischem Artikel als Appositiv unmittelbar auf ein Nomen mit anaphorischem Artikel folgt (vgl. 4.3.3). Beispiele:

/das Leben ein Traum/ (Dramentitel von Calderón)

/der Traum ein Leben/ (Dramentitel von Grillparzer)

In beiden Fällen gehört es »eigentlich« nicht zur Bedeutung des Lebens, als Traum, und nicht zur Bedeutung des Traumes, als Leben aufgefaßt zu werden. Die definitorische Apposition behauptet jedoch ebendies und kann damit leicht eine Argumentation zur Prüfung dieses Geltungsanspruchs auslösen. Die beiden Theaterstücke können dann als Beispiele einer solchen Argumentation und insofern als »Nachspiel« ihrer definitorischen Titel aufgefaßt werden.

(4) Charakterisierende Prädikation

Prädikationen mit individuellem Subjekt (Singular oder Plural) erhalten eine charakterisierende Bedeutung, wenn das Prädikats-Nomen mit dem Null-Artikel steht und eine Nationalität, einen Beruf, ein Amt, eine Religionsgemeinschaft oder dergleichen ausdrückt. Beispiele:

/er ist [Ø] *Deutscher, aber all die andern hier sind* [Ø] *Ausländer/*

/sie ist [Ø] *Schülerin und möchte* [Ø] *Ärztin werden/*

/bist du eigentlich [Ø] *Katholikin oder* [Ø] *Protestantin?/*

In diesen Beispielen wird die als Subjekt genannte Person oder Mehrzahl von Personen durch die Prädikation in ihrer Zugehörigkeit zu einer charakteristischen sozialen Gruppe determiniert.

Wenn allerdings eine Person von dieser charakteristischen Gruppe durch eine bestimmte Eigenart abweicht, steht der kataphorische Artikel. Er weckt eine Erwartung, über die Art der Abweichung unterrichtet zu werden:

/sie ist eine Gewerkschaftlerin, wie es nicht viele gibt/

Dem Muster mit Prädikats-Nomen und Null-Artikel folgen auch die entsprechenden prädikativen Appositionen (vgl. 4.3.3), zum Beispiel:

/Konrad Adenauer, Bundeskanzler von 1949 bis 1963, hat die deutsche Nachkriegspolitik entscheidend beeinflußt/

Man vergleiche die entsprechende Prädikation:

/Konrad Adenauer war Bundeskanzler von 1949 bis 1963/

4.5.1.4 Der Artikel bei Eigennamen

Eigennamen haben einen besonderen semantischen Status. Sie gehören - abgesehen von solchen historisch bekannten Eigennamen wie *Jesus* und *Caesar* - nicht zum allgemeinen Lexikon einer Sprache. Sie werden aber dennoch im begrenzten Umkreis derjenigen Personen, die sich eines bestimmten Eigennamens bedienen, als in ihrer Bedeutung bekannt angesehen, sofern sich dieser Eigenname mit einem individuellen »Träger« verbinden läßt.

Unter diesen semantischen Voraussetzungen brauchen Eigennamen »eigentlich« keinen Artikel als Begleiter bei sich zu haben, weder den anaphorischen noch den kataphorischen Artikel. Gleichwohl kommt der Artikel unter bestimmten Bedingungen auch bei Eigennamen vor.

(1) Der anaphorische Artikel bei Personennamen

Der anaphorische Artikel steht bisweilen bei Familiennamen, um deren besonders hohen Bekanntheitsgrad zu unterstreichen, manchmal mit einer umgangssprachlichen, familiär-vertraulichen Nuance, zum Beispiel:

- *die Droste* (= ›die bekannte Dichterin Annette von Droste-Hülshoff‹)
- *die Dietrich* (= ›die bekannte Filmschauspielerin Marlene Dietrich‹)
- *der Adenauer* (= ›der aus vielen Geschichten und Anekdoten vertraute Bundeskanzler Konrad Adenauer‹)

- *der Gründgens* (= ›der aus vielen Theateraufführungen und Filmen bekannte Schauspieler Gustaf Gründgens‹)

Eine Nuance der familiären Vertrautheit erhalten aber insbesondere Vornamen in der Kombination mit dem anaphorischen Artikel. Dieser Sprachgebrauch herrscht in der gesprochenen Umgangssprache vor, vor allem im Süddeutschen:

/du, den Olaf, den kann ich nicht ausstehen/

/das sagt die Karin auch immer/

Diese Ausdrucksweise breitet sich besonders in der heutigen Jugendsprache sehr stark aus und kennzeichnet diese Sprachvarietät.

Auch wenn ein Personenname durch ein attributives Adjektiv näher bestimmt wird, tritt der anaphorische Artikel auf: *die kleine Alice, der junge Schiller*. Mitunter dient der anaphorische Artikel nur zur Kennzeichnung eines Kasus (Genitiv und Dativ), der am Eigennamen selbst nicht deutlich wird:

/die Ironie des Sokrates/

/das Grab des Petrus/

/könntest du mal den Fritz der Irene vorstellen?/

/ich erzähle das morgen dem Hans/

/sie hat die Monika auch eingeladen/

(2) Der anaphorische Artikel bei sonstigen Eigennamen

Unter den sonstigen Eigennamen haben verschiedene Gruppen den anaphorischen Artikel (fast) regelmäßig bei sich, zumal wenn sie für die räumliche und zeitliche Orientierung in der Welt relevant sind und insofern zum allgemeinen Welt- und Bildungswissen gehören. Es sind insbesondere die folgenden Gruppen:

- Flüsse und Gebirge: *die Elbe, der Lech, die Rhön, die Karpaten*
- Bekannte Bauwerke: *die Pyramiden, die Propyläen, der Eiffelturm, das Brandenburger Tor*
- Historische Ereignisse und Epochen: *die Französische Revolution, der Zweite Weltkrieg, der Expressionismus, die Postmoderne, der 9. November*

- ▶ Titel literarischer und künstlerischer Werke: *der Faust* (Goethe), *die Blechtrommel* (Günter Grass), *die Goldberg-Variationen* (Johann Sebastian Bach), *die Nachtwache* (Rembrandt), *der Panzerkreuzer Potemkin* (Eisenstein)

(3) Der kataphorische Artikel bei Personennamen

Mit dem kataphorischen Artikel sind Personennamen prinzipiell unverträglich. Es besteht ein semantischer Widerspruch zwischen der Bekanntheit eines Personennamens und der Anweisung, zum Verständnis eines Nomens auf Nachinformation zu achten. Kommt es dennoch vor, daß ein kataphorischer Artikel vor einen Personennamen tritt, so verändert sich dadurch sein semantischer Status. In bestimmten Kontexten erhält der Personenname (oft im Genitiv) durch den kataphorischen Artikel eine emphatische Bedeutung, als wäre er ein Gattungsname:

/die richtungweisenden Forschungen eines Wilhelm Röntgen, eines Robert Koch/

Noch häufiger geschieht es, daß der Personenname, vor dem ein kataphorischer Artikel steht, überhaupt seine Namen-Eigenschaften (seine »Proprietät«) verliert. Er wird zum Gattungsnamen, häufig mit stark abweichender und sogar metaphorischer Bedeutung. Zur Unterscheidung:

PERSONENNAME	GATTUNGSNAME
/Goethe sprach in Erfurt mit Napoleon/	*/Fichte wird von Heine als ein Napoleon der Philosophie bezeichnet/*
/Ludwig II. baute das Schloß Neuschwanstein/	*/jeder Romantiker baut einmal in seinen Träumen ein Neuschwanstein/*

Auch wenn ein Personenname dazu verwendet wird, eine Klasse von Gegenständen zu bezeichnen, zum Beispiel die Werke eines Künstlers, kann der Artikel *ein* verwendet werden:

/dies hier ist ein echter Tizian/

(4) Der kataphorische Artikel bei sonstigen Eigennamen und bei Unikaten.

Das gleiche gilt für die eigennamenähnlichen Unikate der räumlichen oder zeitlichen Orientierung in der Welt, von denen oben gesagt worden ist, daß sie regelmäßig den anaphorischen Artikel bei sich haben. Ist aber etwas Besonderes oder Abweichendes bei ihnen zu verzeichnen, so steht der kataphorische Artikel als Aufmerksamkeitssignal:

/über der Stadt stand ein blutroter Mond/

/ein Rhein, in dem Fische nicht mehr existieren können, ist kein Rhein/

/das war ein schwarzer Freitag/

/wir hatten dieses Jahr einen völlig verregneten Mai/

4.5.1.5 Der Artikel bei Stoffnamen und Abstrakta

Ein auf den ersten Blick abweichender, bei genauerer Betrachtung jedoch die bisher formulierten Regeln bestätigender Artikelgebrauch findet sich bei Nomina mit unscharfen Bedeutungskonturen, insbesondere bei Stoffnamen, und bei Nomina mit abstrakter Bedeutung. Dabei ist immer auch der Numerus zu berücksichtigen.

Stoffnamen (»Kontinuativa«, »mass nouns«) sind ihrem Numerus nach Fast-nur-Singulare. Sie bezeichnen eine Menge, an der keine Elemente zu unterscheiden und zu zählen sind. Solche Stoffnamen können ohne weiteres mit dem anaphorischen Artikel gebraucht werden: *das Brot, das Wasser, die Luft, das Benzin, das Gift.* Wenn sie aber auf eine Nachinformation verweisen sollen, so steht als kataphorischer Artikel nicht die Form *ein* oder eine ihrer flexivischen Nachbarformen, sondern der Null-Artikel (Ø). Es ist die gleiche Form, die sonst beim Plural des kataphorischen Artikels gebraucht wird. Im Genitiv tritt, genau wie im Plural, die Präposition *von* suppletiv hinzu.

NOMINATIV:	*/Brot ist reichlich da/*
AKKUSATIV:	*/wir brauchen aber auch Bier/*
DATIV:	*/mit Wein schmeckt der Fisch besser/*
GENITIV:	*/ich empfehle sparsamen Gebrauch von Pfeffer und Salz/*

Den Null-Artikel als Form des kataphorischen Artikels im Singular haben auch globale Witterungserscheinungen:

/für morgen ist Regen angesagt/

/bei Hagel und Glatteis bitte langsam fahren!/

Und schließlich richten sich nach diesem Muster auch viele Nomina mit abstrakter Bedeutung:

/hast du denn noch Hoffnung?/

/du bist ein Ausbund an Selbstvertrauen/

/mit Optimismus bin ich hergekommen, mit Pessimismus reise ich wieder ab/

Alle Stoffnamen, die überhaupt – entweder mit den Mitteln der Flexion oder denen der Wortbildung – einen Plural bilden können (was im Einzelfall dem Wörterbuch zu entnehmen ist), werden im Plural zu konturenschärferen, relativ konkreten Gattungsnamen umgebildet, zum Beispiel:

- *Fett / pflanzliche Fette* (= ›Fettsorten‹, fachsprachlich)
- *Bier / echt bayerische Biere* (= ›Biersorten‹, fachsprachlich)
- *Angst / tief sitzende Ängste*
- *Freiheit / individuelle Freiheiten*
- *Treue / Treuebekundungen*
- *Schnee / langanhaltende Schneefälle*
- *Hagel / schwere Hagelschauer*

Der gleiche Wechsel zwischen Abstrakt und Konkret ist nun auch im Singular möglich, und zwar ebenfalls beim kataphorischen Artikel. Soll nämlich der Stoffname nicht Stoff und das Abstraktum nicht abstrakt bleiben, sondern das Nomen durch irgendeine Determination konkretisiert werden, so steht – wie bei den anderen Nomina mit konkreter Bedeutung – die Form *ein* als Aufmerksamkeitssignal für eine vom Normalen abweichende und insofern überraschende Nachinformation. Zum Vergleich:

GLOBALE BEDEUTUNG	SORTEN-SPEZIFIK
/ich möchte [Ø] Wein einkaufen/	*/ich suche einen trockenen Wein/*
/trinken Sie doch lieber [Ø] Wasser!/	*/diese Stadt hat ein wunderbares Wasser/*
/hier wird künstlich [Ø] Regen erzeugt/	*/ich wünsche mir einen schönen warmen Regen/*
/ich verlange von Ihnen [Ø] Chancengleichheit/	*/eine allgemeine Chancengleichheit gibt es nicht/*

Zusammenfassend kann man die Verteilung von Abstrakt und Konkret auf das Artikel-Paradigma wie folgt darstellen:

<table>
<tr><td></td><td>ABSTRAKT</td><td>KONKRET</td></tr>
<tr><td>NUMERUS / ARTIKEL</td><td>SINGULAR</td><td>PLURAL</td></tr>
<tr><td>ANAPHORISCH</td><td>die Wahrheit</td><td>die Wahrheiten</td></tr>
<tr><td rowspan="2">KATAPHORISCH</td><td>Ø Wahrheit</td><td rowspan="2">eine Wahrheit</td></tr>
<tr><td>Ø Wahrheiten</td></tr>
</table>

Entsprechendes gilt für die Stoffnamen.

4.5.1.6 Das Nomen ohne Artikel

Vom Null-Artikel (Ø), wie er im Plural des gesamten kataphorischen Artikel-Paradigmas sowie im Singular der Stoffnamen und Abstrakta auftritt, ist das schlichte Fehlen einer Artikelform zu unterscheiden, das gegenüber Anaphorik und Kataphorik neutral ist. Dafür können die folgenden Bedingungen formuliert werden:

(1) Anredeformen

Die Anrede einer Person (vgl. 8.1.1) setzt in der Regel voraus, daß diese Person in der Gesprächssituation anwesend ist. Durch die Anrede wird die Person in ihrer Hörerrolle bestätigt. Diese Rolle ist im Sprachspiel eine eindeutig fixierte Gesprächsrolle und bedarf insofern keiner Determination durch die Vor- oder Nachinformation und somit auch keines

Verweises auf sie mit dem anaphorischen oder dem kataphorischen Artikel. Bei der einfachen Anrede wird deshalb auf den Artikel verzichtet. Beispiele:

/*guten Morgen, Mutter* (oder: *Mutti, Mama*)/

/*guten Tag, Herr Meistermann*/

/*grüß Gott, Frau Dr. Schering*/

/*auf Wiederhören, verehrte Hörerinnen und Hörer*/

(2) Personennamen

Wie bereits erwähnt, wird auch bei Personennamen der Artikel im Regelfall ausgelassen. In einer familiären Situation sind auch *Mutter* und *Vater* ohne Artikel möglich:

/*Was macht (Herr) Professor Meyer in den Ferien?*/

/*Franz und Ilse kommen heute abend zu Besuch*/

/*Vater tut, was Mutter sagt*/

(3) Kommentierte Wörter

Will man ein Nomen zum Gegenstand eines metasprachlichen Kommentars machen und es zu diesem Zweck im Text isolieren, so läßt man ebenfalls den Artikel weg. Die Isolierung des zu kommentierenden Wortes von seinem Kontext kommt durch diesen Determinations-Verzicht zustande:

/*mit dem Wort »Lüge« muß man vorsichtig umgehen*/

/*»Verrat« ist ein Wort mit sechs Buchstaben*/

(4) Zweiteilige Verben mit nominalem Nachverb

/*beim Arbeitsamt steht man oft stundenlang Schlange*/

/*wenn eine neue Regierung gewählt wird, faßt man zuerst Mut, aber dann . . .*/

Das gilt auch für manche (nicht für alle!) Funktionsverben mit einem Präpositional-Adjunkt als Nachverb:

/ich stelle bei meinem Urteil in Rechnung, daß . . ./

/wenn sich die Verhältnisse nicht bald ändern, treten wir in Streik/

(5) Bestimmte nominale Ausdrücke im Akkusativ oder Genitiv

Manche Ausdrücke zur Bezeichnung der Zeit enthalten Nomina im Akkusativ ohne Artikel; auch bei bestimmten lexikalisierten Wendungen im Genitiv wird das Nomen oft ohne Artikel verwendet, jedoch nur wenn es (im Maskulin oder Neutrum) das Genitiv-*S* bei sich hat.

NOMEN IM AKKUSATIV	NOMEN IM GENITIV
letzten Sommer	*leichten Herzens*
kommenden Dienstag	*guten Gewissens*
vorigen Sonntag	*schweren Herzens*
nächstes Jahr	*frohen Mutes*

(6) Sprichwörter und feste Wendungen

Sprichwörter können als Texte in einem Text aufgefaßt werden. Sie bedürfen keines Verweises auf Vor- oder Nachinformation und stehen daher häufig ohne Artikel:

/Ende gut, alles gut/

/Not kennt kein Gebot/

/Reden ist Silber, Schweigen ist Gold/

/Glück und Glas, wie leicht bricht das!/

Auch Zwillingsformen und andere lexikalisierte Wendungen stehen oft ohne Artikel:

mit Kind und Kegel	*aus Vorsicht*
auf Gedeih und Verderb	*von (altem) Adel*
Haus und Hof verspielen	*zu Fuß*
Stein und Bein schwören	*vor (lauter) Freude*
das hat Hand und Fuß	*gegen Nachnahme*

(7) Reihungen

Reihungen von Nomina im Singular, insbesondere Paarbildungen, stehen häufig ohne Artikel:

/du sollst Vater und Mutter ehren, auf daß es dir wohl ergehe auf Erden/ (Viertes der Zehn Gebote)

/Feuer, Wasser, Luft und Erde sind die vier Elemente/

/Vater, Mutter, Schwestern, Brüder hab' ich auf der Welt nicht mehr/ (Arie von Lortzing)

(8) Nomina mit nachgestellter Zahl

Auch bei Nomina, die durch eine nachgestellte Zahl näher bestimmt werden, wird meistens der Artikel ausgelassen:

/Stellwerk 4 ist heute ausgefallen/

/auf Seite 23 ist ein Druckfehler/

/in Halle 5 wird morgen wieder gearbeitet/

(9) Schlagzeilen in Zeitungen und Bekanntmachungen

Bei den Schlagzeilen der Zeitungen handelt es sich um Äußerungen, die durch eine besondere Typographie vom übrigen Zeitungstext abgesondert und insofern relativ isoliert sind. Dabei ist oft der Raum für die Schlagzeile oder den Titel knapp.

/Bundestag aufgelöst/

/Arbeitsmarkt: stürmische Entwicklung/

/Neue Verhandlungsrunde zwischen Arbeitgeberverband und Gewerkschaft/

Öffentliche Bekanntmachungen, vielfach in Form von Plakaten, stehen gleichfalls unter dem doppelten Gebot, Aufmerksamkeit zu erregen und Platz zu sparen. Dabei wird auch oft der Artikel eingespart:

/Hund entlaufen! Wiederbringer erhält Belohnung!/

/Benzin billiger!/

(10) Telegrammstil

Der Telegrammstil ist hauptsächlich durch Sparsamkeit motiviert. Auf der Post zählt auch der Artikel als ein Wort und kostet Geld. Der Absender des Telegramms spart daher gern die Artikelformen ein:

/Haus verkauft stop Abreise morgen/

/Verlobung verschoben stop Glückwunsch unnötig/

4.5.2 Der spezifische Artikel

Die verschiedenen Arten des spezifischen (»gezielten«) Artikels unterscheiden sich von dem bisher behandelten einfachen Artikel dadurch, daß sie jeweils weitere spezifische Merkmale enthalten. Bei den spezifischen Artikeln lassen sich Possessiv-Artikel (4.5.2.1), Demonstrativ-Artikel (4.5.2.2), Quantitativ-Artikel (4.5.2.3) und Identifikativ-Artikel (4.5.2.4) unterscheiden. Die Formen des Negativ-Artikels (*kein*) werden im Zusammenhang der Negation behandelt (vgl. 8.2.2).

4.5.2.1 Possessiv-Artikel

Der Possessiv-Artikel ist ein spezifischer Artikel, nach dessen Anweisung für ein bestimmtes Nomen eine Determinante im Bereich der Gesprächsrollen zu suchen ist. Man könnte ihn daher »Gesprächsrollen-Artikel« nennen. Welche Gesprächsrolle jeweils gemeint ist, zeigt sich an der Form des Possessiv-Artikels.

Alle Formen des Possessiv-Artikels haben in ihrer Bedeutung das semantische Merkmal ⟨BESTIMMUNG⟩ gemeinsam. Dieses ist ein neutrales Merkmal gegenüber der Merkmal-Opposition ⟨BESTIMMBAR⟩ vs. ⟨BESTIMMEND⟩. Das entspricht der doppelseitigen Funktion des Possessiv-Artikels: er kennzeichnet sein zugehöriges Nomen als determinationsbedürftig (Merkmal: ⟨BESTIMMBAR⟩) und bietet dafür gleichzeitig eine nach der Gesprächsrolle differenzierte Determinante als determinationskräftig (Merkmal: ⟨BESTIMMEND⟩) an. Hinzu kommt das jeweilige Gepsrächsrollen-Merkmal: ⟨SPRECHER⟩, ⟨HÖRER⟩ oder für die Referenzrolle ⟨BEKANNT⟩.

Entsprechend diesen drei Gesprächsrollen gibt es auch drei Grundformen des Possessiv-Artikels: den Sprecher-Artikel (*mein, unser*), den Hörer-Artikel (*dein, euer, Ihr*) und den Referenz-Artikel (*sein, ihr*). Dabei ist wieder der strukturelle Unterschied zwischen den primären, schon von sich aus präzisen Gesprächsrollen (Sprecher, Hörer) und der Referenzrolle als einer von sich aus vagen Restkategorie zu beachten. Die letztere wird erst durch zusätzliche Referenz auf einen oder mehrere Referenten hin spezifiziert. Auf diese beziehen sich dann auch die Possessiv-Artikel. Das nachfolgende Beispiel besteht aus einem Paulus-Zitat im Hörer/Plural und seiner in die Referenzrolle übersetzten Variante:

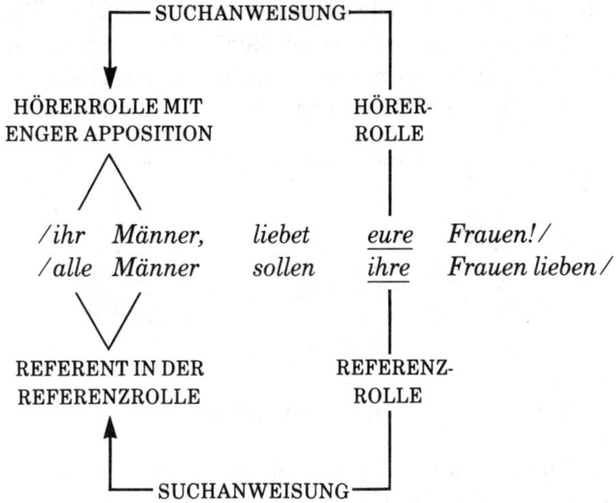

In beiden Beispielen wird die mit dem Possessiv-Artikel verbundene Anweisung, im Vortext nach Determinanten für das Nomen *Frauen* zu suchen, durch die jeweilige Gesprächsrolle kanalisiert. Während diese aber im ersten Beispiel als Hörerrolle von sich aus scharf konturiert ist, so daß ihr sprachlicher Ausdruck ohne weiteres fehlen und durch die Sprechsituation vertreten sein könnte, ist im zweiten Beispiel die Anwesenheit eines (nominalen) Referenten notwendig, auf den sich der Possessiv-Artikel beziehen kann. Das Beispiel läßt überdies erkennen, daß der Ausdruck »Possessiv-Artikel«, in deutscher Terminologie auch gelegentlich »besitzanzeigendes Fürwort« genannt, in die Irre führt, wenn man ihn wörtlich nimmt. Mit Besitz und Eigentum hat der Possessiv-Artikel nichts zu tun. Nur wenn bestimmte zusätzliche Bedingungen erfüllt sind, nämlich ein Determinationsgefüge Person/Sache und ein Kontext, der eine besitz- oder eigentumsbezogene Auffassung nahelegt, kann mit dem Possessiv-Artikel auch ein Eigentumsverhältnis ausgedrückt werden:

/ich habe mein Motorrad verkauft/

/kannst du mir dein Fahrrad leihen?/

Das sind aber Grenzfälle für den Gebrauch des Possessiv-Artikels.

Während bei den scharf konturierten primären Gesprächsrollen Sprecher und Hörer im allgemeinen die Instruktionen des Possessiv-Artikels problemlos zu realisieren sind, müssen in der Referenzrolle besondere Zusatzinstruktionen dazu verhelfen, daß für einen Possessiv-Artikel der richtige Referent (unter vielen anderen in der gleichen Referenzrolle) herausgefunden werden kann. Dazu dient außer der Numerus-Kongruenz, die es auch bei den primären Gesprächsrollen gibt, die Genus-Kongruenz, die nur bei den Possessiv-Artikeln der Referenzrolle auftritt.

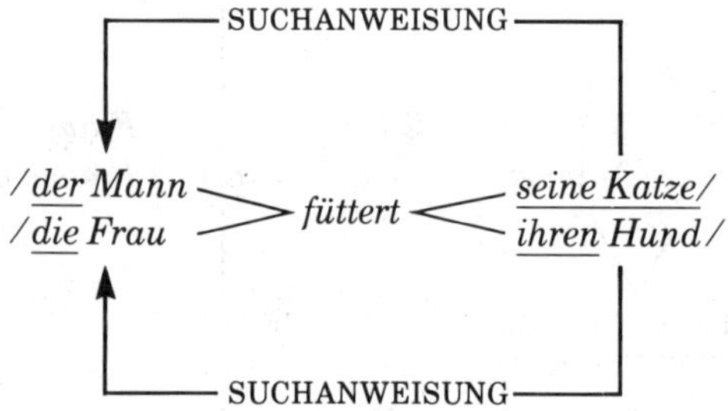

Durch die Genus-Kongruenz Maskulin/Maskulin und Feminin/Feminin ist hier gesichert, daß die Katze zu dem Mann, der Hund zu der Frau gehört. Sind aber der Mann und die Frau im Vortext beide eingeführt, dann kann auch wohl einmal der Mann *ihren* Hund (nämlich den der Frau), die Frau *seine* Katze (nämlich die des Mannes) füttern, ohne daß die Suchanweisung der Possessiv-Artikel dadurch in die Irre führen würde.

Zu beachten ist bei allen Possessiv-Artikeln, daß sie außer den beschriebenen Verweisungen auf die Vorinformation natürlich auch, da sie ja Artikelformen sind, mit ihrem jeweils zugehörigen Nomen, dem sie in der Nominalklammer voraufgehen, durch Kongruenzen verbunden sind:

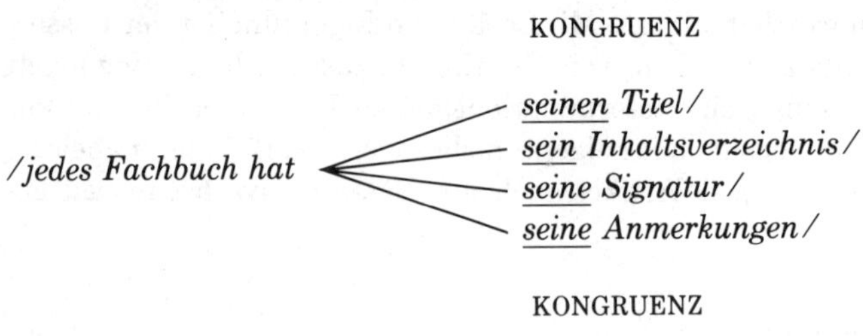

Die Form des Possessiv-Artikels variiert hier, wie bei jedem Artikel, nach dem Genus, Numerus und Kasus des Nomens, für das er die Determinanten suchen soll.

Dementsprechend ist das Paradigma des Possessiv-Artikels relativ reich an Formen. Allein für den Kasus Nominativ sind es die folgenden:

KONGRUENZ / VERWEISUNG			SINGULAR			PLURAL
			MASKULIN	NEUTRUM	FEMININ	GENUS-NEUTRAL
SINGULAR	SPRECHER		*mein Betrieb*	*mein Geschäft*	*meine Firma*	*meine Kunden*
	HÖRER	VER-TRAUTHEIT	*dein Betrieb*	*dein Geschäft*	*deine Firma*	*deine Kunden*
		DISTANZ	*Ihr Betrieb*	*Ihr Geschäft*	*Ihre Firma*	*Ihre Kunden*
	REFERENZ-ROLLE	MASKULIN NEUTRUM	*sein Betrieb*	*sein Geschäft*	*seine Firma*	*seine Kunden*
		FEMININ	*ihr Betrieb*	*ihr Geschäft*	*ihre Firma*	*ihre Kunden*
PLURAL	SPRECHER		*unser Vorstand*	*unser Personal*	*unsere Chefin*	*unsere Lieferanten*
	HÖRER	VER-TRAUTHEIT	*euer Vorstand*	*euer Personal*	*eure Chefin*	*eure Lieferanten*
		DISTANZ	*Ihr Vorstand*	*Ihr Personal*	*Ihre Chefin*	*Ihre Lieferanten*
	REFERENZROLLE		*ihr Vorstand*	*ihr Personal*	*ihre Chefin*	*ihre Lieferanten*

Die Formen dieses Paradigmas sind zugleich diejenigen des Akkusativs, außer im Maskulin/Singular (*einen*), der durch sein zusätzliches Flexiv *-en* vom Neutrum/Singular (*ein*) verschieden ist. Das Paradigma zeigt überdies, ebenso wie beim einfachen Artikel, eine starke Übereinstimmung der Formen zwischen Maskulin und Neutrum einerseits, Feminin und Genusneutral/Plural andererseits.

Hinsichtlich der Kongruenz zum nachfolgenden Nomen ist außerdem immer auch noch die Kasus-Kongruenz zu berücksichtigen, deren Flexive denen des einfachen Artikels entsprechen. Das wird im nachfolgenden Paradigma für den Sprecher-Artikel *mein* gezeigt, der sich formal an den kataphorischen Artikel *ein* anlehnt, jedoch anders als dieser auch hörbare Pluralformen, also keine Null-Form hat:

NUMERUS	SINGULAR			PLURAL
GENUS / KASUS	MASKULIN	NEUTRUM	FEMININ	GENUS-NEUTRAL
NOMINATIV	*mein Betrieb*	*mein Geschäft*	*meine Firma*	*meine Kunden*
AKKUSATIV	*meinen Betrieb*	*mein Geschäft*	*meine Firma*	*meine Kunden*
DATIV	*meinem Betrieb*	*meinem Geschäft*	*meiner Firma*	*meinen Kunden*
GENITIV	*meines Betriebs*	*meines Geschäfts*	*meiner Firma*	*meiner Kunden*

Die Formen des Possessiv-Artikels in der Hörer- und Referenzrolle zeigen hinsichtlich des Kasus die gleichen Flexive wie die des Possessiv-Artikels in der Sprecherrolle.

Da der Possessiv-Artikel mit der Gesprächsrolle zu tun hat, nimmt er ebenso wie die Pronomina unterschiedliche Formen zum Ausdruck der Höflichkeit an. Als Distanzform, die immer groß geschrieben wird, dient der Plural der Referenzrolle, zum Beispiel:

VERTRAUTHEITSFORM	DISTANZFORM
/also, mein Bester, du kennst wohl deinen alten Freund nicht mehr?/	*/nun, Herr Klein, Sie kennen wohl Ihren alten Nachbarn gar nicht mehr?/*
/na, Schwesterchen, was machen deine Halsschmerzen?/	*/Frau Giesecke, hat denn Ihr Rheuma etwas nachgelassen?/*

In Briefen und manchmal auch in der Werbesprache wird die Vertrautheitsform des Possessiv-Artikels ebenfalls groß geschrieben:

/Lieber Vater! Wenn Du diesen Brief erhältst, befindet sich Dein Sohn schon auf der anderen Seite des Atlantiks . . ./

/Denk an Deine Frau, fahr vorsichtig!/

Der Possessiv-Artikel kann auch als Pronomen verwendet werden. Er verweist dann auf ein Nomen im voraufgehenden Kontext oder dessen Äquivalent in der Situation:

/dies ist mein Aufgabenbereich, und das da ist deiner/

/sie hat ihren Teil der Arbeit schon fertig, wir unseren noch nicht/

Die Pronominalformen des Possessivs sind an zwei Stellen des Paradigmas gegenüber den Artikelformen gelängt, und zwar wie hier am Beispiel des Hörer-Artikels dargestellt:

MASKULIN/SINGULAR/NOMINATIV: *dein Laden → deiner*

NEUTRUM/SINGULAR/NOMINATIV: *dein Büro → deines (deins)*

Das Possessiv-Pronomen kann auch mit vorangestelltem anaphorischen Artikel verwendet und so nominalisiert werden:

/er hält mein Arbeitsgebiet für hochinteressant und ich das seine/

/sie hat ihre Auffassung begründet, er die seine nicht/

Zu dieser nominalisierten Form vom Typus *der meine/das meine/die meine/die meinen* und ihren Entsprechungen in den anderen Gesprächsrollen gibt es erweiterte Wortbildungen mit dem Suffix *-ig*: *der meinige/das meinige/die meinige/die meinigen*. Im Plural haben sich die Form *die Meinen* und ihre Entsprechungen in den anderen Gesprächsrollen auf die Bedeutung ›meine Familienangehörigen‹ eingeengt.

Beim Possessiv-Artikel sind noch einige weitere Besonderheiten zu verzeichnen:

(1) Wenn im Text die Form *man* (vgl. 2.4.2.2) als neutralisierte Form des Pronomens gebraucht wird, so ist sie mit einem Possessiv-Artikel im Singular/Maskulin der Referenzrolle kongruent:

/Hauptsache, man braucht sich um seine Zukunft keine Sorgen zu machen/

Hier kommt die Suchanweisung, die mit dem Possessiv-Artikel verbunden ist, in dem voraufgehenden neutralisierten Pronomen *man* ans Ziel.

(2) Es ist beim Possessiv-Artikel grundsätzlich gleichgültig, ob er sich auf eine thematische oder eine rhematische Vorinformation bezieht. Er selber ist in den bisher besprochenen Formen immer thematisch. Beim Possessiv-Artikel in der Referenzrolle besteht jedoch die Möglichkeit, ein vorangegangenes Auffälligkeitssignal auch possessiv weiterzuführen. Man verwendet dann statt der bisher besprochenen Possessiv-Artikel den Genitiv des rhematischen Referenz-Pronomens und drückt das Possessiv-Verhältnis wie folgt aus:

/sehen Sie diese ältere Dame dort? ÷ ja, und? ÷ mit deren Tochter bin ich zur Schule gegangen/

/schau dir mal den Mann da an! ÷ na, und, was ist mit dem? ÷ dessen Frau ist meine Kollegin/

/was für ungezogene Zwillinge: deren Eltern haben es bestimmt nicht leicht!/

In all diesen Beispielen würde die thematische Form des Possessiv-Artikels (*seine, ihre*) die bestehende Auffälligkeit der Redeweise abbauen. Die genitivischen Formen des rhematischen Referenz-Pronomens als Ergänzungen des Possessiv-Paradigmas verlängern hingegen die Auffälligkeitsgeste.

(3) In der gesprochenen Umgangssprache hört man bisweilen, allerdings ebenfalls nur in der Referenzrolle, eine andere – nicht normgerechte – Form des rhematischen Possessiv-Artikels. Sie ist zusammengesetzt aus dem Dativ des rhematischen Referenz-Pronomens und dem kontextuell passenden Kasus des thematischen Possessiv-Artikels und bildet auf diese Weise Formen wie die folgenden:

/ich kenne diesen Mann ganz gut, aber noch besser dem seine Tochter/

/also die da hinten, denen ihr Geschrei kann ich nicht mehr ertragen!/

Auch als Pronomina hört man diese Formen, sie sind jedoch ebenfalls nicht normgerecht, zum Beispiel: *das ist nicht meiner, sondern dem seiner.*

(4) Der Genitiv nimmt auch sonst gewisse suppletive Aufgaben im Possessiv-Paradigma wahr. Wenn nämlich trotz der zusätzlichen Präzisierung durch das Genus die Identität zwischen einem Possessiv-Artikel in der Referenzrolle und einem im Text voraufgehenden nominalen oder pronominalen Referenten nicht zu einer eindeutigen Referenz führt, so kann diese durch eine ergänzende nominale Apposition im Genitiv hergestellt werden. Beispiel:

/er schrieb ihm einen Brief, nachdem seine, des Schreibenden, Lage geklärt war/

Dieser Sprachgebrauch ist jedoch auf ein pedantisch-genaues Stilregister beschränkt.

(5) Der Possessiv-Artikel kann mit anderen spezifischen Artikeln zusammen verwendet werden. In Verbindung mit dem Demonstrativ- oder dem Summativ-Artikel folgt er diesem nach, beim Numeral-Artikel geht er vorauf. Beispiele:

/mit diesen meinen Freunden habe ich schon viele Reisen gemacht/

/alle meine Entchen schwimmen auf dem See/ (Anfang eines bekannten Kinderliedes)

/dies sind meine beiden Kinder, das Mädchen ist mein älteres und der Junge mein jüngeres Kind/

(6) Zu den Ritualen der Höflichkeit gehören die folgenden Verwendungsweisen des Possessiv-Artikels:

/Meine (sehr verehrten) Damen und Herren!/ (Vortrags-Anrede)

/mit freundlichen Grüßen Ihr (sehr ergebener...)/ (Briefschluß, formell)

/herzlich grüßend (immer, stets) Deine.../ (Briefschluß, vertraut)

(7) Der Prä-Pronominalisierung beim Referenz-Pronomen entsprechend (vgl. 4.4.2.3) kann auch der Possessiv-Artikel seinem Referenz-Nomen oder -Pronomen vorangestellt werden. Das löst beim Hörer einen kleinen Erwartungsstau aus, ändert sonst aber nichts an der Dekodierung der Referenz:

/mit seinen schwarzen Gedanken steckt der Menschenfeind alle anderen Menschen an/

Wir sprechen bei dieser Stellung des Possessiv-Artikels vor seinem nachfolgenden Referenz-Pronomen nach wie vor von einer Verweisung auf die Vorinformation, da hier eine Präpositional-Junktion mit Inversion vorliegt. Das Präpositional-Adjunkt *mit seinen schwarzen Gedanken* geht der Basis der Junktion voran. Aus der Inversion der ganzen Junktion folgt die Inversionsstellung des Possessiv-Artikels. Nur unter dieser Bedingung kommt die beschriebene Erscheinung vor.

4.5.2.2 Demonstrativ-Artikel

Der Demonstrativ-Artikel ist wie der Possessiv-Artikel ein spezifischer Artikel. Wie alle Artikel ist der Demonstrativ-Artikel mit dem Nomen, mit dem zusammen er eine Nominalklammer bildet, nach Genus, Numerus und Kasus kongruent. Seine spezifische Leistung kann als Aufmerksamkeitssignal für eine auffällige Referenz angesehen werden. Wir beschreiben seine Bedeutung mit dem Merkmal ⟨AUFFÄLLIGKEIT⟩, das er mit dem rhematischen Referenz-Pronomen gemeinsam hat. Mit dieser Funktion dient der Demonstrativ-Artikel häufig dazu, zwischen dem Text und der ihn umgebenden Situation eine auffällige Referenz von eigener Art herzustellen. Als spezifischer, vom Hörer eine besondere Leistung verlangender Artikel wird der Demonstrativ-Artikel bei weitem nicht so häufig gebraucht wie der einfache Artikel. Das Verhältnis ist im Durchschnitt wie 1 : 10. Die nachstehende Übersicht zeigt die Formen des Demonstrativ-Artikels.

NUMERUS	SINGULAR			PLURAL
GENUS / KASUS	MASKULIN	NEUTRUM	FEMININ	GENUS-NEUTRAL
NOMINATIV	*dieser Tag*	*dieses (dies) Jahr*	*diese Nacht*	*diese Tage*
AKKUSATIV	*diesen Tag*	*dieses (dies) Jahr*	*diese Nacht*	*diese Jahre*
DATIV	*diesem Tag*	*diesem Jahr*	*dieser Nacht*	*diesen Nächten*
GENITIV	*dieses Tages*	*dieses Jahres*	*dieser Nacht*	*dieser Zeiten*

Die Formen des Demonstrativ-Pronomens (= freie Formen des Demonstrativ-Artikels) sind den Formen dieses Paradigmas gleich.

Der Demonstrativ-Artikel dient der Referenz im Text, aber auf eine besondere Weise. Eine normale thematische Referenz wird bei einem Nomen hauptsächlich durch ein nachfolgendes Referenz-Pronomen hergestellt, etwa: *das Haus – es – es – ihm – es* (Pronominalisierung – vgl. 4.4.2). Bisweilen stellt sich jedoch das Bedürfnis ein, trotz fortbestehender Referenz-Identität im Ausdruck zu variieren, beispielsweise durch den Gebrauch eines neuen Nomens mit anderer (und meistens weiterer) Bedeutung. Der Sprecher wählt beispielsweise das Wort *Gebäude,* das zu *Haus* ein Hyperonym ist. Dann erhält die Referenzkette einen semantischen Knick. Das gibt dem Hörer, der den Text verstehen muß, ein Dekodierungsproblem auf, denn er muß herausfinden, ob die beiden Nomina *Haus* und *Gebäude,* obwohl sie eine verschiedene lexikalische Bedeutung haben, dennoch an dieser Textstelle den gleichen Referenten meinen. Für dieses Verstehensproblem sind die Demonstrativ-Artikel da. Sie können als Aufmerksamkeits- und Warnsignale aufgefaßt werden, die dem Hörer einen Knick in der Referenz und somit eine mögliche Gefahr des Mißverstehens signalisieren. Die Referenzkette lautet nunmehr zum Beispiel:

/das Haus – es – ihm – es
dies Gebäude – ihm – es – es/

Das Aufmerksamkeitssignal des Demonstrativ-Artikels vermittelt dem Hörer die Instruktion, das in der Referenzrolle neu auftretende Nomen *Gebäude* nicht als Sprachzeichen für einen neuen Referenten, sondern als kontextuelle Rekodierung (»recoding«) des im Text schon eingeführten und im Kontextgedächtnis gespeicherten Referenten *Haus* aufzufassen – welches auch immer die Gründe dieser Rekodierung sein mögen. Das macht diese Referenz gegenüber der sonstigen Referenzroutine auffällig.

Die freien Formen des Demonstrativ-Artikels, also die Demonstrativ-Pronomina, werden oft in präsentierenden Prädikationen gebraucht (vgl. 4.5.1.3). Dabei wird ohne Rücksicht auf Genus und Numerus die invariante Form *dies* gebraucht:

mein Mann/
/dies — ist — meine Frau/
mein Kind/
sind — meine Angehörigen/

Etwa in einer Vorstellungssituation gebraucht, signalisiert das Demonstrativ-Pronomen *dies* hier die Rekodierung der situativ anwesenden Personen zu ihren sprachlich gefaßten Familienrollen.

Auch eine zusammenfassende Sammelreferenz kann mit der Form *dies* ausgedrückt werden:

/ein Haus besitzen, ein Auto kaufen, ein Vermögen verwalten: dies alles reizt mich nicht/

Im (schroffen) Übergang von den Einzelheiten zu dem Sammelausdruck *alles* liegt hier der vom Demonstrativ-Pronomen *dies* signalisierte Knick in der Referenz.

Wir wollen im folgenden den Gebrauch des Demonstrativ-Artikels in einem Text beobachten und wählen zur Veranschaulichung einen Abschnitt aus der Erzählung »Kannitverstan« von Johann Peter Hebel. Die einzelnen Formen sind unterstrichen und fortlaufend numeriert.

TEXT:

Auf dem seltsamsten Umweg kam ein deutscher Handwerksbursche in Amsterdam durch den Irrtum zur Wahrheit und zu ihrer Erkenntnis. Denn als er in <u>*diese*</u> (1) *große und reiche Handelsstadt voll prächtiger Häuser, wogender Schiffe und geschäftiger Menschen gekommen war, fiel ihm sogleich ein großes und schönes Haus in die Augen, wie er auf seiner ganzen Wanderschaft von Tuttlingen bis nach Amsterdam noch keines erlebt hatte. Lange betrachtete er mit Verwunderung* <u>*dies*</u> (2) *kostbare Gebäude, die sechs Kamine auf dem Dach, die schönen Gesimse und die hohen Fenster, größer als an des Vaters Haus daheim die Tür. Endlich konnte er sich nicht entbrechen, einen Vorübergehenden anzureden. »Guter Freund,« redete er ihn an, »könnt Ihr mir nicht sagen, wie der Herr heißt, dem* <u>*dieses*</u> (3) *wunderschöne Haus gehört mit den Fenstern voll Tulipanen, Sternblumen und Levkojen?« – Der Mann aber, der vermutlich etwas Wichtigeres zu tun hatte und zum Unglück gerade so viel von der deutschen Sprache verstand als der Fragende von der holländischen, nämlich nichts, sagte kurz und schnauzig:*

TEXTGRAMMATISCHER KOMMENTAR:

(1) *in diese große und reiche Handelsstadt*: Der Demonstrativ-Artikel *diese* bildet mit dem Nomen *Handelsstadt* eine Nominalklammer. Der Leser hat im Text kurz vorher erfahren, welche Stadt das ist, nämlich Amsterdam. Auf diesen Städtenamen verweist der Demonstrativ-Artikel *diese* und ermöglicht damit das genauere Verständnis des Nomens. Wir sehen, daß dieselbe Stadt einmal durch einen Eigennamen und einmal durch einen (allerdings von verschiedenen Determinanten umgebenen) Gattungsnamen bezeichnet wird. Der Leser soll nun erfahren, daß es sich trotz verschiedener Bezeichnungen um denselben Gegenstand handelt. Er muß insbesondere dem bereits vernommenen und im Kontextgedächtnis gespeicherten Eigennamen in einen Gattungsnamen (mit seinen Determinanten) übersetzen. Wir bezeichnen diesen Übersetzungsvorgang, zu dem er durch den Demonstrativ-Artikel angewiesen wird, als Rekodierung, das heißt, als Umschichtung im Speicher des Kontextgedächtnisses. Und wir verstehen grundsätzlich den Demonstra-

»Kannitverstan« und schnurrte vorüber. Dies (4) war nur ein holländisches Wort oder drei, wenn man's recht betrachtet, und heißt auf deutsch soviel als: Ich kann euch nicht verstehen.[1]

tiv-Artikel als Rekodierungsanweisung.

(2) *dies kostbare Gebäude*: Demonstrativ-Artikel im Singular/Neutrum. Es besteht eine Genus-, Numerus- und Kasus-Kongruenz zwischen *dies* (Kurzform von *dieses*) und dem zugehörigen Nomen *Gebäude*. Auch hier ist von dem Gebäude schon im Vortext die Rede gewesen; es heißt dort: *ein großes und schönes Haus*. In dieser Form ist der Gegenstand im Kontextgedächtnis gespeichert. Er wird aber nun durch das Rekodierungssignal des Demonstrativ-Artikels umbenannt und mit anderen, hier synonymen Ausdrücken neu im Gedächtnis gespeichert. Der Demonstrativ-Artikel ist für den Hörer ein Hinweis, daß es sich trotz dieser Umbenennung um identische Referenz handelt.

(3) *dieses wunderschöne Haus*: Erneute Rekodierung desselben Gegenstandes, wobei die zuerst gebrauchten Wörter zum Teil wiederholt werden (Renominalisierung).

(4) *Dies war nur ein holländisches Wort*: Es handelt sich nun um das Demonstrativ-Pronomen im Singular/Neutrum in verkürzter Form. Das Pronomen *dies* besetzt in der vorliegenden Prädikation die Subjekt-Stelle und bezieht sich offensichtlich auf den geheimnisvollen Ausdruck *Kannitverstan*, der nun zu erklären ist. Die Erklärung hat anfangs den Charakter einer metasprachlichen Beschreibung des Wortes und seiner Zusammensetzung und dann den einer deutschen Übersetzung. Auch das ist eine Rekodierung. Der holländische Ausdruck wird mit seiner metasprachlichen Erklärung und mit seiner Übersetzung referenzidentisch rekodiert und in dieser Form neu gespeichert.

Die wichtigsten Formen »demonstrativer« Rekodierung, zum Teil schon an Hebels Text belegt, sind im folgenden noch einmal zusammengefaßt:

- ▶ Ein Eigenname wird als Gattungsname, oft mit den Determinanten seiner Nominalgruppe, weitergeführt. Beispiel: *Amsterdam – diese große Stadt*.

- ▶ Ein Nomen (Gattungsname) wird durch ein bedeutungsverwandtes Nomen mit weiterer Bedeutung (Hyperonym) weitergeführt. Beispiel: *das Haus – dieses Gebäude*.

1) Johann Peter Hebel: »Kannitverstan«, in: *Erzählungen und Aufsätze des Rheinländischen Hausfreunds.* (1811 veröffentlicht als »Schatzkästlein des rheinischen Hausfreunds«). *Gesamtausgabe,* hg. von Wilhelm Zentner, Bd. I, Karlsruhe 1968, S. 185 ff.

- Eine detaillierte, aus mehreren Elementen bestehende Beschreibung oder Aufzählung wird durch einen zusammenfassenden Sammelausdruck (oder auch durch das bloße Demonstrativ-Pronomen) verdichtet und in ökonomischerer Form weitergeführt. Beispiel: *Zucker, Kaffee, Reis – diese Waren.*

- Zitierte Worte oder Gedanken, vorher in direkter, indirekter oder erlebter Rede geäußert, werden durch einen zusammenfassend charakterisierenden und insofern metakommunikativen Ausdruck (Redeerwähnung) ersetzt und in dieser veränderten Form im Text weitergeführt. Beispiel: *»Armer Kannitverstan« – mit diesem Gedanken.*

- Eine (objektive) Beschreibung wird in eine (subjektive) Bewertung überführt und erhält dadurch einen anderen Geltungswert. Dieser Übergang findet sich oft bei Appositionen. Beispiel: *der Dichter Johann Peter Hebel, dieser weltkundige Provinzler.*

- Ein Nomen wird von einem nominalen Appositiv mit veränderter Bedeutung beiläufig klassifiziert, bleibt aber selber für die thematische Linie des Textes maßgeblich. Beispiel: *Hebels »Kannitverstan« – diese köstliche Geschichte.*

Diese Übersicht erfaßt jedoch nicht alle, sondern nur die wichtigsten Formen der Rekodierung, wie sie einem Hörer zur Umorganisation seines Gedächtnisses vom Sprecher durch ein Demonstrativ nahegelegt werden kann.

Von besonderer Bedeutung zum Verständnis der Funktion von Demonstrativ-Artikeln und -Pronomina ist die Rekodierung an der Kode-Grenze zwischen Situation und Text. Daraus hat die »Deixis«-Theorie und die ihr folgende Grammatik hauptsächlich ihr Verständnis der Demonstrativ-Probleme abgeleitet, meistens mit Orientierung an einem stereotypen Schulbeispiel:

(Situation: Der Lehrer nimmt ein Buch in die Hand, deutet mit dem Zeigefinger auf das Buch und sagt dazu:)
/dies ist ein Buch/

Damit will der Lehrer zweierlei beweisen, erstens daß es sich beim Demonstrativ um ein »Zeigewort« handelt, zweitens daß es (im Regelfall) von einer Zeigegeste begleitet ist.

In dieser Grammatik wird jedoch das Demonstrativ-Morphem (Artikel oder Pronomen) nicht vom isolierten Zeigeakt, sondern vom gesamten Text-in-der-Situation her verstanden. Es wird grundsätzlich als eine dem Hörer übermittelte Rekodierungsanleitung zur Bewältigung eines bestimmten Problems in der Referenz angesehen. Bei dem zitierten Schulbeispiel liegt ein Knick in der Referenz beim Übergang von dem irgendwie auffälligen Situationselement »Buch« zu dem Wort *Buch,* das ein Bestandteil des sprachlichen Kodes (Wortschatzes) und des anstehenden Sprachspiels ist. Auf dieses Referenzproblem macht das Demonstrativ aufmerksam. Das Demonstrativ selber »zeigt« trotz seines Namens nichts.

Daraus folgt ferner, daß Demonstrativ-Morpheme keineswegs von Zeigegesten der Hand und des »Zeigefingers« begleitet zu sein brauchen. Sie *können* jedoch von solchen Gesten begleitet sein. Viele andere Sprachzeichen, beispielsweise Verben, Adjektive oder Adverbien und auch Nomina ohne Demonstrativ-Artikel, treten ebenfalls nicht selten zusammen mit Zeigegesten auf, und andererseits können demonstrative Ausdrücke ohne weiteres auch ohne begleitende Zeigegesten auftreten. Wer beispielsweise die Erzählung »Kannitverstan« hört, liest oder vorliest, braucht bei der Lektüre keineswegs von Zeigegesten Gebrauch zu machen und schon gar nicht an den Textstellen, an denen sich Demonstrativ-Artikel finden.

Die Rekodierungsanweisungen des Demonstrativ-Artikels an der Grenze von Text und Situation erklären auch, warum der Demonstrativ-Artikel und das Demonstrativ-Pronomen ziemlich häufig durch nachgestellte Positions-Adverbien wie zum Beispiel *hier, da, dort* näher determiniert werden:

(Situation: Beim Betrachten eines Fotos)
/das kleine Haus auf dem Foto links ist mein Elternhaus ÷ meinst du dieses hier?/

Im allgemeinen ist der Demonstrativ-Artikel, ebenso wie seine freie Form, das Demonstrativ-Pronomen, ein anaphorischer Artikel. Der Hörer erhält durch sie die Anweisung, eine gegebene Vorinformation sinngemäß zu rekodieren. Dabei kommt allerdings nur eine textuelle oder situative Vorinformation in Betracht. Die generische Vorinformation durch das Sprachwissen scheidet beim Demonstrativ aus. Das lexikalische Wissen (der Kode) ist ja immer selbstverständlich gegeben und hat von sich aus nie etwas Auffälliges an sich. Auch durch diese Besonderheit ist der Demonstrativ-Artikel von größerer Spezifik als der einfache

Artikel und das Demonstrativ-Pronomen von größerer Spezifik als das (einfache) Referenz-Pronomen.

Unter bestimmten kontextuellen Bedingungen, nämlich bei einer auffälligen und oft noch durch eine nachdrückliche Intonation betonten Endstellung des Demonstrativs, kann von ihm jedoch auch eine kataphorische Rekodierungsanweisung ausgehen. Beispiele:

/oh, ich kenne diese neunmalklugen Leute: sie wissen immer schon die Antwort, ehe die Frage gestellt ist!/

/merk dir dies, mein Freund, in einem Kollegium erfahren alle alles/

Mit dieser Verweisungsrichtung kommt das Demonstrativ jedoch recht selten vor.

Der Demonstrativ-Artikel dient auch dann dazu, Aufmerksamkeit für die nachfolgende Information zu wecken, wenn er – ähnlich wie beim Possessiv-Artikel – im Genitiv/Plural (umgangssprachlich auch als Junktion mit suppletivem *von*) an den einfachen kataphorischen Artikel angeschlossen wird.

/Rothenburg ob der Tauber ist eine dieser Städte, in denen die Geschichte stehengeblieben ist/

/Berlin-Kreuzberg ist eins von diesen Stadtvierteln, wo die Geschichte sich zusammenballt/

Der Demonstrativ-Artikel *dieser/diese/dies(es)* hat eine relativ seltene und nur in einem ziemlich gepflegten Stilregister gebrauchte Nebenform in Gestalt des Demonstrativ-Artikels *jener/jene/jenes* (auch als Pronomen). Zwischen den beiden Demonstrativ-Artikeln besteht jedoch keine Opposition, sondern nur ein Kontrast. Der Demonstrativ-Artikel *jener/jene/jenes* ist nämlich ebenfalls als Rekodierungs-Anweisung zu verstehen, bei der jedoch zu dieser Anweisung noch die Bedingung der Fernstellung, manchmal sogar der Verfremdung, hinzukommt. Wir beschreiben dieses Spezifikum mit dem Merkmal ⟨FERNE⟩. Es handelt sich also um eine ebenfalls auffällige Rekodierung, die aber relativ weitab liegt und insofern nicht ohne weiteres zu erwarten ist. Am häufigsten (aber immer noch recht selten) verwendet man die Formen *dieser* und *jener* zusammen und benutzt sie zur Kontrastbildung. Die Form *dieser* verweist dann auf eine zu leistende Rekodierung im näheren Kontext (rückläufig zum Textverlauf gerechnet), die Form *jener* auf den ferneren Kontext (ebenfalls rückläufig zum Textverlauf gerechnet). Entsprechendes gilt für Rekodierungen, die zwischen Situation und Text zu leisten sind; hier verweist ebenfalls der Demonstrativ-Artikel *dieser* auf den Nahbereich, der Demonstrativ-Artikel *jener* auf den Fernbereich. Beispiele:

/*ich habe viele Freunde und wenig Feinde; mit diesen (= den Feinden) werde ich schon fertig, aber wer schützt mich vor jenen? (= den Freunden)*/

/*meine Eltern wohnen in Italien, meine Schwiegereltern hier, und so sehe ich diese viel öfter als jene*/

Der Kontrast zwischen den beiden Formen des Demonstrativ-Artikels kann durch eine stereotype Junktion mit *und* oder *oder* wieder verwischt werden:

/*kennst du viele Leute hier?* ÷ *ach, ich kenne so diesen und jenen*/

/*ich kann mich nicht lange damit abgeben, was dieser oder jener so redet*/

Der Demonstrativ-Artikel *jener* kann jedoch auch ohne die Kontextnachbarschaft des Demonstrativ-Artikels *dieser* gebraucht werden. Man verwendet ihn besonders (aber insgesamt immer sehr selten und nur in gepflegter Sprache), wenn ein Relativ-Adjunkt folgt, das die Rekodierung zum Ausdruck bringt. Beispiele:

/*mit jenen Leuten, die nur an sich selbst denken, will ich nichts zu schaffen haben*/

/*hüte dich vor jenen, die alle deine Handlungen erklären können!*/

In beiden Beispielen ist der Gebrauch des Demonstrativs *jener* statt des Demonstrativs *dieser* ein Distanzierungsmittel. Damit braucht sich jedoch keine pejorative Konnotation zu verbinden. Insbesondere in literarischer Sprache kann der Gebrauch des Demonstrativ-Artikels *jener* auch ein Stilmittel der Verfremdung sein. Beispiel:

/*jene Bilder aus dem Mittelalter, die Viktor von Scheffel in seinem Roman »Ekkehard« entworfen hat, . . .*/

/*in jenen Tagen trat Jesus zu seinen Jüngern . . .*/ (= liturgischer Anfang des Evangeliums im christlichen Gottesdienst)

Die zusammengesetzten Formen *derjenige/diejenige/dasjenige* werden dazu verwendet, ein Relativ-Adjunkt anzukündigen (vgl. 7.4.1).

4.5.2.3 Quantitativ-Artikel

Quantitativ-Artikel dienen einer quantitativen Determination des ihnen zugehörigen Nomens. Kennzeichnend für das Paradigma der Quantitativ-Artikel ist, daß es in erheblichem Maße suppletiv durch Adjektive aufgefüllt wird. Wir unterscheiden sie nach den Subklassen der Numeral-Artikel (4.5.2.3.1), Schätzartikel (4.5.2.3.2) und Summativ-Artikel (4.5.2.3.3).

4.5.2.3.1 Numeral-Artikel (Zahlen)

Zahlen sind, linguistisch gesprochen, Numeral-Artikel. Als solche sind sie ebenso wie die Possessiv- und Demonstrativ-Artikel zu den spezifischen Artikeln zu rechnen. Sie geben eine quantitative Determination des zu ihnen gehörigen Nomens. Die Zahlen selber sind in der Verweisungsrichtung neutral, also gleichgültig gegenüber der textuellen Anaphorik und Kataphorik. Durch Kombination mit Formen des einfachen Artikels können sie jedoch zu anaphorischen oder kataphorischen Numeral-Artikeln werden.

In beiden Fällen weisen die Numeral-Artikel die Numerus-Opposition Singular vs. Plural auf. Diese wird durch die Kardinalzahlen spezifiziert (4.5.2.3.1.1). Von den Kardinalzahlen lassen sich - wie in der Algebra - die Ordinalzahlen unterscheiden (4.5.2.3.1.2).

4.5.2.3.1.1 Kardinalzahlen

Im Unterschied zur Algebra, die alle Kardinalzahlen in einer kontinuierlichen Zahlenreihe anordnet, darf in der Grammatik die Strukturgrenze zwischen Singular (= Menge von Elementen) und Plural (= Elemente einer Menge) nicht vernachlässigt werden (vgl. 4.2.2.1). Wir unterscheiden daher zwischen Kardinalzahlen, die mit einem Nomen im Singular kombiniert werden, und solchen, die den Plural verlangen.

(1) Kardinalzahlen im Singular

Nur mit einem Nomen im Singular kombiniert werden kann die Kardinalzahl mit dem Zahlenwert ›1‹. Sie hat daher auch mit der Numeral-Kategorie ›Singular‹ das semantische Merkmal ⟨BÜNDELUNG⟩ gemeinsam. Die singularische Kardinalzahl ist ihrer Form nach mit dem einfachen kataphorischen Artikel identisch (vgl. 4.5.1), kann jedoch durch eine besondere Betonung, durch ein Fokus-Adverb (*nur, allein*) oder durch ein singularisierendes Adjektiv (*einzig*) hervorgehoben und dadurch von dem einfachen Artikel unterschieden werden. Beispiel: *ein* [´] *Stuhl, nur ein Hocker, eine einzige Bank.* Die Formen des entsprechenden Numeral-Pronomens (= freie Formen des Numeral-Artikels) lauten: *(nur) einer/eine/eines (eins).* Beim Rechnen und Abzählen wird nur die pronominale Kurzform *eins* gebraucht:

/eins und eins ist zwei/ ›1 + 1 = 2‹

/los, macht schnell, eins, zwei, drei!/

Den anaphorischen Numeral-Artikel kann man dadurch bilden, daß man der Kardinalzahl eine anaphorische Artikelform voranstellt:

/wir haben leider die eine richtige Lösung noch nicht gefunden/

/diese eine kleine Schwierigkeit hat sich schon von selbst erledigt/

In der Kombination mit einem anaphorischen Artikel flektiert die Kardinalzahl *ein* wie ein Adjektiv (vgl. genauer 5.2):

GENUS / KASUS	MASKULIN	NEUTRUM	FEMININ
NOMINATIV	*der eine Stuhl*	*das eine Fenster*	*die eine Tür*
AKKUSATIV	*den einen Stuhl*	*das eine Fenster*	*die eine Tür*
DATIV	*dem einen Stuhl*	*dem einen Fenster*	*der einen Tür*
GENITIV	*des einen Stuhls*	*des einen Fensters*	*der einen Tür*

Hier zeigt sich, daß im Bereich der Zahlausdrücke die Strukturgrenze zwischen dem Artikel und dem Adjektiv unscharf wird.

(2) Kardinalzahlen im Plural

Die Grenze zwischen dem Zahlenwert ›1‹ und den Zahlenwerten ›größer als 1‹ ist gleichzeitig die Numerus-Grenze zwischen Singular und Plural und bezeichnet insofern auch die Grenze zu den Numeral-Artikeln im Plural, die Elemente einer Menge bezeichnen. Diese haben mit der Numerus-Kategorie ›Plural‹ das semantische Merkmal ⟨REIHUNG⟩ gemeinsam und bilden insgesamt eine Zahlenreihe.

Das Paradigma der Kardinalzahlen im Plural ist nach unten hin von der Zahl mit dem Zahlenwert ›2‹ begrenzt, weil in einer Menge mindestens zwei Elemente vorhanden sein müssen, damit man diese als Elemente unterscheiden kann. Nach oben hin ist die Reihe der Kardinalzahlen unbegrenzt. Hohe Zahlenwerte erreicht man jedoch in natürlichen Sprachen mit den Kardinalzahlen nur dann, wenn man sie miteinander kombiniert. Der Formenbestand ist nämlich bei den Zahlen, wie bei allen anderen grammatischen Paradigmen, begrenzt und überschaubar.

Das Zahlen-Paradigma besteht aus genau 21 Zahl-Morphemen:

ZAHLEN-WERT	SCHRIFT-FORM	ZAHLEN-WERT	SCHRIFT-FORM	ZAHLEN-WERT	SCHRIFT-FORM
›2‹	*zwei*	›9‹	*neun*	›50‹	*fünfzig*
›3‹	*drei*	›10‹	*zehn*	›60‹	*sechzig*
›4‹	*vier*	›11‹	*elf*	›70‹	*siebzig*
›5‹	*fünf*	›12‹	*zwölf*	›80‹	*achtzig*
›6‹	*sechs*	›20‹	*zwanzig*	›90‹	*neunzig*
›7‹	*sieben*	›30‹	*dreißig*	›100‹	*hundert*
›8‹	*acht*	›40‹	*vierzig*	›1000‹	*tausend*

Alle diese Zahlen können auch als freie Formen, also als Pronomina verwendet werden. Das alltägliche Rechnen gebraucht die Kardinalzahlen meistens als Numeral-Artikel, die »reine« Mathematik eher als Numeral-Pronomina. Zur Unterscheidung:

ALLTÄGLICHES RECHNEN	»REINE« MATHEMATIK
/*drei Flaschen Wein und zwei Flaschen Bier sind* (oder: *das macht*) *zusammen fünf Flaschen*/	/*3 + 2 = 5*/ (lies: *drei plus zwei gleich fünf*)

Zu den Formen dieser Kardinalzahlen und zu ihrem Gebrauch in der deutschen Sprache sind folgende Anmerkungen zu machen:

▶ Zur Bezeichnung der Kardinalzahl mit dem Zahlenwert ›2‹ gibt es neben dem Numeral-Artikel *zwei/die zwei* noch die weitere Form *beide/die beiden*. Die Form *zwei/die zwei* gebraucht man, wenn man aus einer mehr-elementigen Menge zwei Elemente herausgreift. Die Form *beide* oder *die beiden* verwendet man hingegen, wenn die ganze Menge nur zwei Elemente umfaßt (»Dualis«), insbesondere bei Personenpaaren und paarigen Körperteilen.

/er hat sich bei dem Unfall beide Arme gebrochen. Aber die zwei anwesenden Ärzte konnten ihm schnell helfen/

Zu der Form *beide* (nicht zu der Form *zwei*) gibt es ein Neutrum in der Form *beides*:

/Meer und Gebirge, in den Ferien will ich beides haben/

- ▶ Die Kardinalzahlen *zwei* und *drei* werden im Genitiv der kataphorischen (nicht der anaphorischen!) Form flektiert (*die Beobachtungen zweier (beider) Kinder*, aber: *die Ähnlichkeit der drei Ringe*).

- ▶ Zur deutlicheren Unterscheidung von der Zahl *drei* sagt man am Telefon (sonst nicht!) meistens *zwo* anstelle von *zwei*.

- ▶ In pronominaler Verwendung werden die Kardinalzahlen von *zwei* bis *zwölf* im Dativ flektiert (*ein Skat mit zweien, ein Verräter aus zwölfen*).

- ▶ In bestimmten idiomatischen Ausdrücken werden auch sonst einige Kardinalzahlen flektiert:

alle viere von sich strecken ›sich hinlegen‹

alle neune! ›alle neun Kegel umwerfen‹ (beim Kegelspiel)

- ▶ Kardinalzahlen bis zum Zahlenwert ›12‹ werden in Texten üblicherweise in Buchstabenform geschrieben.

- ▶ Die Kardinalzahlen zwischen *zwanzig* und *neunzig* sind – mit gewissen Varianten des Wortstammes – durch Ableitung mit dem Suffix *-zig* gebildet. Dieses kann auch für sich allein zur Bezeichnung einer unbestimmten, jedoch höheren Zahl gebraucht werden (*sie besitzt zig Häuser*).

(3) Zahlen-Komposition

Aus den aufgeführten 21 Kardinalzahlen werden in der deutschen Sprache durch Komposition die (»unendlich«) vielen Zahlen zusammengesetzt. Dabei gelten folgende Wortbildungsregeln:

(A) Additive Kombinatorik

Im Bereich unter dem Zahlenwert ›100‹ werden die Einer den Zehnern vorangestellt, und zwar zwischen den Zahlenwerten ›13‹ und ›19‹ ohne Junktor (zum Beispiel: *fünfzehn*), zwischen ›21‹ und ›99‹ mit dem Junktor *und* (zum Beispiel: *siebenundzwanzig*). Dieses Wortbildungsverfahren stammt aus der uralten Praxis des Fingerrechnens. Die Einer sind die einfachen Fingerzahlen, sie wurden als sinnlich näherstehend empfunden. Die Zehner mußten auf kompliziertere Weise mit eingewinkelten Fingergliedern (»articuli«) an der »Merkhand« memoriert werden; das war um eine Stufe weiter von der sinnlichen Anschauung entfernt.

Jenseits des Zahlenwerts ›100‹ werden in der additiven Kombinatorik der deutschen Sprache die Kompositionselemente umgekehrt angeordnet: die Tausender gehen den Hundertern vorauf (*zweitausenddreihundert*), die Hunderter den Zehnern, gegebenenfalls mit deren vorangestellten Einern (*vierhundertfünfzig, neunhundertdreiundsechzig*). Diese veränderte Anordnung entspricht der Ziffern-Notation indisch-arabischer Herkunft. Der historische Grund für diesen Wechsel in der numerischen Wortbildung ist darin zu sehen, daß ab ›100‹ nicht mehr mit den Fingern, sondern mit dem Rechenbrett (Abakus) gerechnet wurde. Hier einige Beispiele für die additive Kombinatorik:

ZAHLENWERT	KOMPOSITUM	KOMBINATORIK
›13‹	*dreizehn*	3 + 10
›17‹	*siebzehn*	7 + 10
›18‹	*achtzehn*	8 + 10
›21‹	*einundzwanzig*	1 + 20
›54‹	*vierundfünfzig*	4 + 50
›76‹	*sechsundsiebzig*	6 + 70
›102‹	*(ein-)hundertzwei*	100 + 2
›150‹	*(ein-)hundertfünfzig*	100 + 50
›175‹	*(ein-)hundertfünfundsiebzig*	100 + (5 + 70)
›1069‹	*(ein-)tausendneunundsechzig*	1000 + (9 + 60)

Zu beachten ist, daß bei den Komposita *sechzehn* und *siebzehn* die Einer in der Form verkürzt sind. Bei Werten über ›100‹ wird im mündlichen Zählen bisweilen der Junktor *und* dazwischengeschoben: *hundertzwei* oder: *hundertundzwei, tausenddrei* oder: *tausendunddrei.*

(B) Multiplikative Kombinatorik

Geht den pluralischen Zahlen *hundert* oder *tausend* eine kleinere Kardinalzahl (Simplex oder Kompositum) vorauf, so wird sie ihr multiplikativ zugerechnet (*fünfhundert* ›500‹ = 5 mal 100). Die Operation der Multiplikation, wie sie auch in der Mathematik üblich ist (Symbole: x oder ·), entspricht der Anweisung, eine Handlung mehrmals auszuführen.

ZAHLENWERT	KOMPOSITUM	KOMBINATORIK
›200‹	*zweihundert*	2 x 100
›5000‹	*fünftausend*	5 x 1000
›16000‹	*sechzehntausend*	16 x 1000
›80000‹	*achtzigtausend*	80 x 1000

Bei der Schreibung in Ziffern werden im geschäftlichen Rechnen die Tausender gerne durch einen Punkt abgetrennt (8.000, 16.000, 120.000).

(C) Additiv-multiplikative Kombinatorik

In komplexen Kardinalzahlen können die additive und die multiplikative Operation mehrfach und kombiniert ausgeführt werden; dabei geht die multiplikative Anweisung immer der additiven vorauf.

ZAHLEN-WERT	KOMPOSITUM	KOMBINATORIK
›502‹	*fünfhundert(und)zwei*	(5 x 100) + 2
›917‹	*neunhundert(und)siebzehn*	(9 x 100) + (7 + 10)
›3200‹	*dreitausendzweihundert*	(3 x 1000) + (2 x 100)
›12025‹	*zwölftausendfünfundzwanzig*	(12 x 1000) + (5 + 20)
›1990‹	*(ein)tausendneunhundert-neunzig*	(1 x 1000) + (9 x 100) + 90

Auf folgendes ist noch hinzuweisen:

► In der Kombination mit anderen Zahlen wird am Anfang eines Zahlen-Kompositums für die einfachen Hunderter und Tausender die Form *ein* gebraucht *(einhundert, eintausend),* während man am Ende bei einer Verwendung als Pronomen immer und bei einer Verwendung als Artikel meistens die Form *eins* verwendet *(zweihunderteins)*.

- Bei den Jahreszahlen des 2. Jahrtausends der christlichen Zeitrechnung benutzt man die Zahlen von *elf* bis *neunzehn* als Multiplikatoren der Hunderter. Man spricht und liest also:

  /(im Jahre) 1789: siebzehnhundertneunundachtzig/

  /(im Jahre) 1848: achtzehnhundertachtundvierzig/

  /(im Jahre) 1990: neunzehnhundertneunzig/

- Sehr große Zahlen werden mit den Nomina *(die) Million* (abgekürzt: *Mio.*), *(die) Milliarde* (abgekürzt: *Mrd.*) und manchmal *(die) Billion* und *(die) Trillion* bezeichnet. Kombinatorisch werden sie wie die Hunderter und Tausender behandelt. Gelegentlich wird die Nicht-Zahl *Null* auch als Kardinalzahl aufgefaßt und in der gesprochenen Sprache als Numeral-Artikel mit einem Nomen im Plural kombiniert:

  /in seinem Leben spielten viele Frauen eine Rolle, aber null Ehefrauen/

  Das Paradigma der Kardinalzahlen kennt eine Reihe von Nebenformen, die durch Ableitung (Derivation) gebildet sind und im Prinzip das ganze Paradigma umfassen. Diese Nebenformen werden jedoch hauptsächlich in den niedrigen Zahlenwerten und insgesamt überhaupt recht selten gebraucht. Es sind insbesondere die folgenden:

- Iterative Kardinal-Adverbien mit dem Suffix *-mal* (Beispiele: *einmal, zweimal, dreimal, zwanzigmal, hundertmal*)

- Iterative Kardinal-Adjektive, gebildet mit dem Doppelsuffix *-malig* (Beispiele: *die zweimalige Wiederholung, ein dreimaliges Wunder*)

- Multiplikative Kardinal-Adjektive, gebildet mit dem Suffix *-fach* und attributiv oder applikativ gebraucht (Beispiele: *der dreifache Olympiasieger, ich schicke meine Bewerbungen zehnfach*). Statt der Form *zweifach,* die mehr fachsprachlich gebraucht wird, verwendet man in der Gemeinsprache häufiger die Form *doppelt*:

  /das doppelte Lottchen/ (Romantitel von Erich Kästner)

  /doppelt genäht hält besser/ (Sprichwort)

► Nicht durch Derivation, sondern durch Voranstellung der Partikel *je* werden die Distributionszahlen gebildet:

/wir beide brauchen je ein Zimmer/

/je vier stellen sich in eine Reihe/

Diese Formen kommen nur als kataphorische Zahlen vor.

4.5.2.3.1.2 Ordinalzahlen

Wie schon bei den Kardinalzahlen erwähnt, ist im Bereich der Quantitativ-Morpheme die Grenze zwischen Artikeln und Adjektiven unscharf. Die Ordinalzahlen sind nun – sowohl was ihre Stellung und Flexion als auch was ihre Kombinatorik mit den Artikeln betrifft – formal als Adjektive aufzufassen. Wegen ihrer Funktionsgemeinschaft mit den Kardinalzahlen werden sie jedoch in diesem Kapitel behandelt.

Ordinalzahlen greifen aus einer Menge Elemente heraus und ordnen sie im Nacheinander. Zum semantischen Merkmal ⟨BÜNDELUNG⟩ oder ⟨REIHUNG⟩ kommt also noch das Merkmal ⟨ÜBERGANG⟩ hinzu. Ihrer Form nach werden die Ordinalzahlen durch das Suffix *-te* (von ›2‹ bis ›19‹: *der zweite, der neunzehnte*) oder dessen Variante *-ste* (ab ›20‹: *der zwanzigste, der dreißigste*) gebildet.

Die Ordinalzahlen treten meistens in Kombination mit dem einfachen anaphorischen Artikel auf, werden also dadurch selber anaphorisierte Numeral-Artikel. Beispiel: *der zweite Becher, mit der vierten Tasse, wegen des achten Glases.* Kataphorische Formen, die mit dem einfachen kataphorischen Artikel gebildet werden, sind möglich, kommen aber seltener vor: *ein zweiter Wagen, ein fünftes Rad, eine hundertste Reparatur.*

Als Reihe mit geordneten Übergängen ist das Paradigma der Ordinalzahlen nach unten und nach oben begrenzt. Die untere Begrenzung besteht in der (mit abweichender Form gebildeten) Ordinalzahl *der erste/die erste/das erste,* die obere Begrenzung aus der (nicht mehr von einer Kardinalzahl abgeleiteten) Ordinalzahl *der letzte/die letzte/das letzte.* Vom Ende der Zahlenreihe kann man dann zurückschauend auch sagen: *der/die/das zweitletzte* oder *vorletzte, der/die/das drittletzte* oder *vorvorletzte.* In abweichender Form ist ferner die Ordinalzahl mit dem Zahlenwert ›3‹ gebildet: *der dritte/die dritte/das dritte.* Auch der Plural ist bei allen diesen Formen möglich: *die ersten, die zweiten, die letzten.* Die nachfolgende Matrix gibt einen Überblick über die im Paradigma auftretenden Formtypen (nur Singular):

SYMBOLISCHE NOTATION	ORDINALZAHLEN
1.	*der/die/das erste*
2.	*der/die/das zweite*
3.	*der/die/das dritte*
7.	*der/die/das siebte*
14.	*der/die/das vierzehnte*
20.	*der/die/das zwanzigste*
33.	*der/die/das dreiunddreißigste*
100.	*der/die/das hundertste*
119.	*der/die/das hundertneunzehnte*
1000.	*der/die/das tausendste*
1000000.	*der/die/das millionste*

In der symbolischen Notation unterscheidet man, wie die Matrix zeigt, die Ordinalzahlen von den Kardinalzahlen dadurch, daß man ihnen einen Punkt nachstellt. Das ist sowohl bei arabischen als auch bei lateinischen Ziffern so üblich. Man schreibt also:

/das 19. Jahrhundert/ (sprich: *das neunzehnte Jahrhundert*)

/Karl V./ (sprich: *Karl der Fünfte*)

Von den Ordinalzahlen kann man auch Adverbien bilden. Sie werden als geschriebene Ziffern ebenfalls durch einen nachgesetzten Punkt gekennzeichnet und in der gesprochenen Sprache nach folgendem Muster gebildet: *erstens* (*1.*), *zweitens* (*2.*), *drittens* (*3.*). Höhere Ordinal-Adverbien werden seltener gebraucht. Das Ende der ordinalen Reihe kann durch den applikativen Ausdruck *an letzter Stelle* bezeichnet werden.

Mit dem Suffix *-tel* (zwischen den Zahlenwerten ›4‹ und ›19‹) oder seiner Variante *-stel* (ab ›20‹) bildet man den Nenner der Bruchzahlen. Der Zähler wird von den Kardinalzahlen gebildet. Für die ersten drei Zahlenwerte gibt es jedoch besondere Formen: *ein Ganzes* (mathematisch auch: *ein Eintel* ›1/1‹), *ein Halbes* ›1/2‹, *zwei Drittel* ›2/3‹, *drei Viertel* ›3/4‹, *fünf Siebtel* ›5/7‹, *dreiundzwanzig Hundertstel* ›23/100‹, *einhundertzwei Tausendstel* ›102/1000‹. Wenn man im Zähler statt der Kardinalzahlen Ordinalzahlen verwendet, erhält man ordinale Bruchzahlen. Der unterste Wert für die Reihe der ordinalen Bruchzahlen hat den Nennerwert ›2‹

mit der nominalen Form *Hälfte*. Ordinale Bruchzahlen werden nur in der Buchstabenschrift geschrieben (zum Beispiel: *die erste Hälfte, das zweite Drittel, das dritte Viertel, das letzte Zehntel*).

Sehr häufig ist in der Sprache die Verbindung der Ordinalzahlen mit dem Nomen *Mal*, mit dem die untersten Ordinalzahlen auch eine feste Verbindung eingehen können. Diese Ausdrücke haben iterative Bedeutung. Beispiele:

/das erste Mal, zum erstenmal/

/das dreizehnte Mal, zum letztenmal/

Mit der Präposition *zu* und Kurzformen der Ordinalzahlen wird die Reihe der Kollektiv-Zahlen gebildet, die bei dem Zahlenwert ›2‹ beginnt (Beispiele: *wir kommen zu zweit, wir vergnügen uns am besten zu dritt, zu viert nimmt uns kein Auto mit*). An den beiden äußersten Enden der Reihe stehen die Formen *zuerst* (verstärkt: *zuallererst*) und *zuletzt* (verstärkt: *zuallerletzt*).

4.5.2.3.1.3 Zahlen im Text

Die »reine« Mathematik gebraucht die Zahlen in der Regel als Pronomina. In der Gemeinsprache werden Zahlen jedoch in der Regel als Numeral-Artikel vor wechselnden Referenten gebraucht. Dabei ist der anaphorische ebenso wichtig wie der kataphorische Gebrauch dieser Numeral-Artikel. Das zeigt auch der nachfolgende Text aus dem Lukas-Evangelium: die bekannte Geschichte von der wunderbaren Brotvermehrung nach der Lutherschen Übersetzung, jedoch in leicht modernisierter Sprachform.[1] Die Kardinalzahlen des Textes sind unterstrichen und durchnumeriert, wobei die anaphorischen Zahlen durch den Buchstaben A, die kataphorischen Kardinalzahlen durch den Buchstaben K gekennzeichnet werden.

1) Lukas-Evangelium IX, 12-17. Den authentischen Text findet man bei: D. Martin Luther: *Biblia. Das ist die gantze Heilige Schrifft. Deudsch auffs new zugericht,* hg. von Hans Volk, Bd. 3, München 1974, S. 2095.

TEXT:

Da traten zu ihm die zwölf (A1) *und sprachen zu ihm: »Laß das Volk von dir, daß sie hingehen in die Märkte umher und in die Dörfer, daß sie Herberge und Speise finden; denn wir sind hier in der Wüste.«*
Er aber sprach zu ihnen: »Gebt ihr ihnen zu essen!« Sie sprachen: »Wir haben nicht mehr als fünf (K1) *Brote und* zwei (K2) *Fische. Es sei denn, daß wir hingehen sollen und Speise kaufen für so viel Volk« (denn es waren an die* fünftausend (A2) *Mann). Er sprach aber zu seinen Jüngern: »Lasset sie sich setzen in Reihen zu je* fünfzig und fünfzig (K3). *Und sie taten so und setzten sich alle. Da nahm er die* fünf (A3) *Brote und* zwei (A4) *Fische und sah auf zum Himmel und dankte darüber, brach sie und gab sie den Jüngern, daß sie dem Volk vorlegten. Und sie aßen und wurden alle satt. Und es wurde aufgehoben, was von ihnen an Brocken überblieb:* zwölf (K4) *Körbe.*

TEXTGRAMMATISCHER KOMMENTAR:

(A1) *die zwölf*: Die anaphorische Kardinalzahl wird hier als Pronomen verwendet. An dem Gebrauch dieses Pronomens ist abzulesen, daß diesem Textabschnitt eine Vorinformation voraufgeht, die hier nicht mitgeteilt ist (»Präsupposition«), nämlich die Erwählung von zwölf Jüngern zu Aposteln. Davon ist in der Vorgeschichte berichtet worden, und zwar mittels einer kataphorischen Kardinalzahl (vgl. Luk. VI, 13). Auf diese Vorinformation verweist die an ihrem Artikel *die* als anaphorisch gekennzeichnete Kardinalzahl *die zwölf* zurück.
(K1, K2) *fünf Brote und zwei Fische*: Von den Broten und den Fischen war noch nicht die Rede. So gebraucht Luther die kataphorische Form der beiden Kardinalzahlen, und zwar in Verbindung mit den Nomina *Brote* und *Fische*, also als Numeral-Artikel. Die beiden Kardinalzahlen sind durch den (negativen) Ausdruck *nicht mehr als* begrenzt.
(A2) *an die fünftausend Mann*: Von dem Volk war bisher nur in unbestimmter Quantität die Rede: *so viel Volk*. Nun folgt in einem Erzähler-Kommentar zu den Reden der Apostel die genauere Zahlenangabe, allerdings immer noch in ihrer Genauigkeit eingeschränkt durch die verfestigte Wendung *an die* (= ›ungefähr‹).
(K3) *zu je fünfzig und fünfzig*: Es handelt sich um eine Distributionszahl als Variante der Kardinalzahl, als solche gekennzeichnet durch das Morphem *je*. Von der Verteilung der Volksmenge auf die verschiedenen Ränge, in denen sie sich lagern sollten, war bisher noch nicht die Rede; daher die kataphorische Form der Zahl. Distributionszahlen (mit dem Morphem *je*) treten überhaupt nur in kataphorischer Form auf. Die pronominale Verwendung ist möglich, da das Nomen *Mann* (Plural!) aus dem voraufgehenden Kontext ergänzt werden kann.

(A3, A4) *die fünf Brote und zwei Fische* (Luther wörtlich: *die fünff Brot vnd zween Fisch*): Im Luther-Text gilt der anaphorische Artikel *die* auch für die zweite Kardinalzahl weiter; im heutigen Deutsch würde man eher den anaphorischen Artikel wiederholen, um auch bei der zweiten Kardinalzahl deutlich zu machen, daß es sich um einen anaphorischen Numeral-Artikel handelt. Denn von den fünf Broten und den zwei Fischen war schon im vorangehenden Kontext die Rede. So kann der Erzähler sich auf diese Vorinformation rückbeziehen und diese Kardinalzahl als bekannt ansehen.
(K4) *zwölf Körbe*: Nun kommt wieder eine kataphorische Kardinalzahl, denn von der Zahl der Körbe war bisher noch nicht die Rede. So wird ihre Zahl als bis dahin unbekannt angesehen und mit einem kataphorischen Numeral-Artikel eingeführt.

Der nachfolgende Textabschnitt stammt ebenfalls aus der Bibel. Es handelt sich um das bekannte Gleichnis vom gütigen Hausvater (Matth. XX, 1-6). Dieses Gleichnis soll hier zeigen, wie Ordinalzahlen im Text gebraucht werden. Sie sind im Text unterstrichen. Der Text, der gleichfalls gegenüber Luther leicht modernisiert ist[1], lautet:

> *Das Himmelreich ist gleich einem Hausvater, der am Morgen ausging, Arbeiter einzustellen für seinen Weinberg. Und da er mit den Arbeitern eins ward um einen Groschen als Tagelohn, sandte er sie in seinen Weinberg. Und er ging hinaus um <u>die dritte</u> Stunde und sah andere auf dem Markt müßig stehen und sprach zu ihnen: Geht auch ihr in den Weinberg. Ich will euch geben, was recht ist. Und sie gingen hin. Abermals ging er hinaus um <u>die sechste</u> und <u>die neunte</u> Stunde und tat ebenso. Um <u>die elfte</u> Stunde ging er nochmals hinaus und fand andere müßig stehen und sprach zu ihnen: Was steht ihr hier den ganzen Tag müßig? Sie sprachen zu ihm: Es hat uns niemand eingestellt. Er sprach zu ihnen: Geht auch ihr hin in den Weinberg, und was recht sein wird, soll euch bezahlt werden. Da es nun Abend ward, sprach der Herr des Weinbergs zu seinem Verwalter: Rufe die Arbeiter und gib ihnen den Lohn, und beginne mit <u>den letzten</u> bis hin zu <u>den ersten</u>. Da kamen die, die um <u>die elfte</u> Stunde eingestellt waren, und es empfing ein jeglicher seinen Groschen. Da aber <u>die ersten</u> kamen, meinten sie, sie würden mehr empfangen. Und sie empfingen auch jeglicher seinen Groschen. Und da sie den empfingen, murrten sie wider den Hausvater und sprachen: <u>Diese letzten</u> haben nur eine*

1) Matthäus-Evangelium XX, 1-16. Den authentischen Text findet man bei: D. Martin Luther: *Biblia. Das ist die gantze Heilige Schrifft. Deudsch auffs new zugericht*, hg. von Hans Volk, Bd. 3, München 1974, S. 2006.

Stunde gearbeitet, und du hast sie uns gleich gemacht, da wir des Tages Last und die Hitze getragen haben. Er antwortete aber und sagt zu einem unter ihnen: Mein Freund, ich tue dir nicht unrecht. Bist du nicht mit mir eins geworden um einen Groschen? Nimm, was dein ist und gehe hin! Ich will aber diesem letzten geben gleich wie dir. Oder habe ich nicht die Macht zu tun was ich will mit dem Meinen? Siehst du darum scheel, daß ich so gütig bin? Also werden die letzten die ersten und die ersten die letzten sein.

Der Text enthält eine Grundmenge: die zwölf Stunden des (Arbeits-) Tages. Es handelt sich um eine nach damaligem Zeitverständnis bereits geordnete Menge, denn die Stunden als ihre Elemente folgen in bekannter Anzahl und in gleichem Abstand aufeinander. Der Bibel-Übersetzer greift nun mit Hilfe von Ordinalzahlen vier Tagesstunden *(die dritte, die sechste, die neunte, die elfte Stunde)* heraus und bestimmt auf diese Weise die neue, leicht unregelmäßige Reihenfolge der gestuften Einstellungstermine mit den Endmarkierungen *die ersten* und *die letzten*. Die Erntearbeiter leiten aus den abgestuften Einstellungsterminen die Erwartung ab, daß die Menge des zu verteilenden Lohnes ebenfalls dementsprechend abgestuft bestimmt wird. In dieser Erwartung werden sie enttäuscht. Der Hausvater entlohnt sie alle gleich. Sein Verteilungsprinzip heißt: Güte. Das Gleichnis endet mit der Umkehrung der erwarteten Reihenfolge von den Extremen der Skala her.

4.5.2.3.1.4 Messen und Rechnen mit Zahlen

Die Kardinalzahlen werden hauptsächlich zum Messen und Rechnen gebraucht. Dabei sind einige besondere Regeln zu beachten, die sich insbesondere im fachsprachlichen Gebrauch herausgebildet haben.

(1) Uhrzeit

Die Uhrzeit wird, außer bei den runden Stunden des Vormittags, umgangssprachlich und fachsprachlich verschieden angegeben. Zur Unterscheidung:

DIGITALE ZIFFERN	UMGANGSSPRACHLICH	FACHSPRACHLICH
7.00 h	*sieben Uhr (morgens)*	*sieben Uhr*
7.05 h	*fünf nach sieben*	*sieben Uhr fünf*
7.10 h	*zehn nach sieben*	*sieben Uhr zehn*
7.15 h	*viertel nach sieben* (regionale Variante: *viertel acht*)	*sieben Uhr fünfzehn*
7.20 h	*zwanzig nach sieben* (selten auch: *zehn vor halb acht*)	*sieben Uhr zwanzig*
7.25 h	*fünf vor halb acht*	*sieben Uhr fünfundzwanzig*
19.30 h	*halb acht (abends)*	*neunzehn Uhr dreißig*
19.35 h	*fünf nach halb acht*	*neunzehn Uhr fünfunddreißig*
19.40 h	*zwanzig vor acht* (selten auch: *zehn nach halb acht*)	*neunzehn Uhr vierzig*
19.45 h	*viertel vor acht* (regionale Variante: *dreiviertel acht*)	*neunzehn Uhr fünfundvierzig*
19.50 h	*zehn vor acht*	*neunzehn Uhr fünfzig*
19.55 h	*fünf vor acht*	*neunzehn Uhr fünfundfünfzig*
20.00 h	*acht Uhr (abends)*	*zwanzig Uhr*
12.00 h	*zwölf Uhr (Mittag)*	*zwölf Uhr*
0.00 h	*zwölf Uhr (Mitternacht)*	*null Uhr*

Während die fachsprachliche Zeitangabe (der auch die Zeitansage im Hörfunk und Fernsehen folgt) von den vollen Stunden die Minuten weiterzählt und additiv anfügt, orientiert sich die umgangssprachliche Zeitangabe zuerst an den Viertelstundeneinheiten, wie sie von den Kirchturmuhren durch Glockenschläge markiert werden. Dabei sind regionale Unterschiede zu beobachten, die dadurch entstehen, daß die Viertelstundeneinheiten nach verschiedenen Regeln auf die ganzen Stunden bezogen werden. Die kleineren Minuteneinheiten werden entweder additiv (»nach«) oder subtraktiv (»vor«) auf die vollen und die halben Stunden (Glockenschläge!) bezogen.

(2) Datum

Die Tage des Monats werden mit Ordinalzahlen bezeichnet:

/der 1. April (sprich: *der erste April*)*/*

/*der 11. November* (sprich: *der elfte November*)/

In Briefen und Dokumenten können auch die Monate statt mit ihrem Monatsnamen durch ihre Stellung in der Monatsreihe bezeichnet werden. Das geschieht gleichfalls durch Ordinalzahlen. Beispiele:

/*Rita Lorenz, geboren (am) 8.10.* (sprich: *am achten, zehnten*) *1970*/

/*Berlin, 1.12.* (sprich: *den ersten, zwölften*) *1985*/

Jahreszahlen werden durch Kardinalzahlen ausgedrückt, wobei man im zweiten Jahrtausend mit den Hundertern weiterzählt. Beispiele:

/*753 v.Chr.* (sprich: *siebenhundertdreiundfünfzig vor Christus*)/

/*1517 n.Chr.* (sprich: *fünfzehnhundertsiebzehn nach Christus*)/

Der Jahreszahl kann man zur Verdeutlichung den Ausdruck *im Jahre* (religiöse Variante: *im Jahre des Herrn,* archaische Variante: *anno* oder *Anno Domini*) voranstellen.

Die Jahrzehnte der Zeitrechnung oder des Lebensalters werden mit adjektivischen Ableitungen der Kardinalzahlen bezeichnet:

/*die 30er Jahre* (sprich: *die dreißiger Jahre*)/

/*sie scheint in den Dreißigern zu sein* (= ›sie ist zwischen 30 und 40‹)/

Jahrhunderte werden mit Ordinalzahlen gezählt:

/*das 20. Jahrhundert* (sprich: *das zwanzigste Jahrhundert*)/

/*das 21. Jahrhundert* (sprich: *das einundzwanzigste Jahrhundert*)/

Idiomatisches:

/*vor acht (!) Tagen* (= ›vor einer Woche‹)/

/*vor 14 Tagen* (= ›vor zwei Wochen‹)/

/*heute in acht (!) Tagen* (= ›heute in einer Woche‹)/

/*heute in 14 Tagen* (= ›heute in zwei Wochen‹)/

(3) Maße und Gewichte

2 cm/m/km	sprich:	*zwei Zentimeter/Meter/Kilometer*
4 m²	sprich:	*vier Quadratmeter*
160 m³	sprich:	*(ein)hundertsechzig Kubikmeter*
75 l/hl	sprich:	*fünfundsiebzig Liter/Hektoliter*
23 mg/g/kg	sprich:	*dreiundzwanzig Milligramm/ Gramm/Kilogramm*
1/2 kg	sprich:	*ein halbes Kilo(gramm),* häufiger jedoch: *ein Pfund*
1,5 kg	sprich:	*anderthalb* (seltener: *eineinhalb*) *Kilo(gramm),* häufiger jedoch: *drei Pfund*
0,37 m	sprich:	*null Komma drei sieben Meter*

(4) Temperaturen

Temperaturen werden im deutschen Sprachraum nach Celsius gerechnet. Temperaturwerte unterhalb des Gefrierpunktes (0° = *Null Grad*) werden mit dem Minus-Zeichen (-) kenntlich gemacht. Beispiele:

/*wieviel Grad hat es hier im Zimmer?* ÷ *es hat 21°* (sprich: *einundzwanzig Grad*)/

/*und was zeigt das Thermometer für draußen an?* ÷ *draußen ist es –4°* (sprich: *minus vier Grad* oder: *vier Grad unter Null*)/

(5) Preisangaben

Die Grundeinheit der Währung ist in der Bundesrepublik Deutschland die Deutsche Mark. Diese Währungseinheit wird nach dem Kasus flektiert *(für die Deutsche Mark, mit der Deutschen Mark)*. Die offizielle Abkürzung, die man auf Schecks und Rechnungen verwendet, ist *DM*. Man schreibt und spricht jedoch auch mit halber Abkürzung *D-Mark*. Umgangssprachlich sagt man meistens nur *Mark*. Geldbeträge unter einer Mark werden nach *Pfennigen* berechnet. Ein Pfennig ist 1/100 D-Mark. Im Rechnungswesen erscheinen Pfennigbeträge jedoch grundsätzlich als Dezimalzahlen der Markbeträge. Bei sehr großen Rechnungsbeträgen verwendet man gelegentlich als Grundeinheit 1000 Mark mit der Abkürzung TDM. Beispiele:

30,– DM (sprich: *dreißig Mark*)

DM 0,20 (sprich: *zwanzig Pfennig*)

DM 49,90 DM (sprich: *neunundvierzig Mark neunzig*)

30 TDM (sprich: *dreißigtausend Mark*)

Die Nomina *Mark* und *Pfennig* als Angaben der Währungseinheit werden im allgemeinen nicht in den Plural gesetzt. Die einzelnen Pfennigmünzen werden jedoch *Pfennige* genannt.

In Österreich heißt die Grundeinheit der Währung *Schilling* (offizielle Abkürzung: *ÖS*); ein Hundertstel Schilling heißt *Groschen*. Die Währungseinheit der Schweiz heißt im deutschsprachigen Teil des Landes *der Schweizer Franken* (offizielle Abkürzung *SF*) mit dem *Rappen* als seinem hundertsten Teil.

Beim Rechnen mit Zahlen gelten ebenfalls die Regeln der Textgrammatik. Denn auch die mathematischen Rechnungen oder Kalküle sind Texte im Sinne der Textlinguistik. Sie unterscheiden sich von anderen Texten jedoch im wesentlichen durch die folgenden Einschränkungen:

- Kalküle verwenden als Schrift nur die symbolische Ziffern-Notation, nicht die Buchstabenschrift. Sie sind daher nur in der Lautform einzelsprachlich differenziert. In der symbolischen Ziffern-Notation sind sie übereinzelsprachlich (»universal«) gültig.

- Es werden entweder überhaupt keine Referenten verwendet oder nur solche kunstsprachlichen »variablen« Referenten wie *x* oder *y*. Wenn in einem Kalkül (nur) die »Variablen« *x* und *y* vorkommen, bedeutet *x*: ›alle möglichen Referenten, außer *y*‹, und *y* bedeutet: ›alle möglichen Referenten, außer *x*‹.

- Die übrigen Morpheme der Grammatik werden in der Mathematik nur in beschränkter Zahl und mit formalisierter Instruktions-Bedeutung zugelassen. So bildet beispielsweise der Junktor *und*, formalisiert zu dem Operator » + « (*plus*), die Operationsbasis der Addition. Für bestimmte Rechenarten werden auch vereinzelt Lexeme mit formalisierter Bedeutung zugelassen (zum Beispiel: *Wurzel, Quadrat, Potenz*).

Die folgenden Rechenbeispiele repräsentieren mit den Grundrechenarten zugleich die Grundtypen mathematischer Texte:

SYMBOLISCHE ZIFFERN-NOTATION	MÜNDLICHES RECHNEN (FACHSPRACHLICH)
$2 + 3 = 5$	*zwei plus drei gleich fünf*
$8 - 1 = 7$	*acht minus eins gleich sieben*
$4 \times 13 = 52$	*vier mal dreizehn gleich zweiundfünfzig*
$72 : 6 = 12$	*zweiundsiebzig (geteilt) durch sechs gleich zwölf*
$10{,}0 - 0{,}9 = 9{,}1$	*zehn Komma null minus null Komma neun gleich neun Komma eins*
$\frac{1}{6} + \frac{2}{9} = \frac{3}{18} + \frac{4}{18}$	*ein Sechstel plus zwei Neuntel gleich drei Achtzehntel plus vier Achtzehntel*
$1\frac{1}{4} + 2\frac{3}{8} = 3\frac{5}{8}$	*ein ein Viertel plus zwei drei Achtel gleich drei fünf Achtel*
$80\,\% = \frac{80}{100} = \frac{8}{10}$	*achtzig Prozent gleich achtzig Hundertstel gleich acht Zehntel*
$3^2 = 3 \times 3 = 9$	*drei hoch zwei* (oder: *zum Quadrat*) *gleich drei mal drei gleich neun*
$4^3 = 4 \times 4 \times 4 = 64$	*vier hoch drei gleich vier mal vier mal vier gleich vierundsechzig*
$\sqrt[2]{36} = 6$	*(Quadrat-)Wurzel aus sechsunddreißig gleich sechs*
$\sqrt[3]{27} = 3$	*Wurzel drei* (oder: *Kubikwurzel*) *aus siebenundzwanzig gleich drei*
$7x + 8y = 0$	*sieben x plus acht y gleich null*
$(a+b)^2 = a^2 + 2ab + b^2$	*a plus b in Klammern zum Quadrat gleich a Quadrat plus zwei a b plus b Quadrat*

Statt des Multiplikationszeichens x ist in diesen Beispielen immer auch das Zeichen »·« möglich.

Bei einfachen Rechenoperationen sind die folgenden Ausdrucksgewohnheiten zu unterscheiden:

ALLTÄGLICHES RECHNEN	MATHEMATISCHES RECHNEN
zwei und zwei ist (selten: *sind* oder: *macht*) *vier*	*zwei plus zwei gleich vier*
neun weniger zwei ist (selten: *sind, bleibt, bleiben*) *sieben*	*neun minus zwei gleich sieben*
einundzwanzig (geteilt) durch sieben ist drei	*einundzwanzig (dividiert) durch sieben gleich drei*

Alle Rechnungen, die das Gleichheitszeichen »=« enthalten, gehören der Textsorte Gleichung an.

4.5.2.3.2 Schätz-Artikel

In der Klasse der Quantitativ-Artikel bilden die Schätz-Artikel eine Subklasse, deren Formen gemeinsam haben, daß sie die Bedeutung des nominalen Referenten nur einer quantitativen Schätzung unterwerfen, im Unterschied zu den Numeral-Artikeln, die eine genaue Zählung ausdrücken.

Der durch die Schätz-Artikel angezeigten Schätzung liegt die Vorstellung eines Mengenfeldes zugrunde, das nach einem großen und einem kleinen Teilbereich gegliedert ist. Dementsprechend haben die Schätz-Artikel auch entweder das semantische Merkmal ⟨VIEL⟩ oder ⟨WENIG⟩ gemeinsam. Je nach dem Numerus wird das Mengenfeld verschieden interpretiert. Im Singular, verstanden als gebündelte Menge von Elementen, ist es in eine große und eine kleine Teilmenge gegliedert. Im Plural hingegen, verstanden als gereihte Elemente einer Menge, ist die Gesamtzahl der Elemente im Mengenfeld nach einer großen und einer kleinen Zahl von Elementen gegliedert:

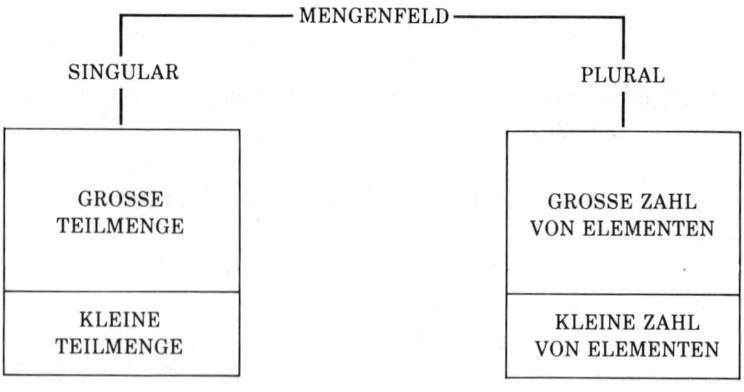

Die Schätzung dieser Artikel erstreckt sich nun in erster Linie darauf, ob der Referent eher dem großen oder dem kleinen Teilbereich des Mengenfeldes zuzuordnen ist. Im Singular taxieren diese Artikel also die Bedeutung des Nomens im Hinblick auf eine große oder eine kleine Teilmenge, im Plural im Hinblick auf eine große oder kleine Zahl von Elementen.

Im Bereich der Schätz-Artikel finden sich auch Sprachzeichen aus anderen Klassen (vor allem Adjektive), die das Paradigma suppletiv auffüllen:

SINGULAR	PLURAL
GROSSE TEILMENGE	GROSSE ZAHL VON ELEMENTEN
viel Betrieb *eine (Un-)Menge Verkehr*	*viele Sommertage* *eine (große) Menge Staus* *zahlreiche Unfälle* *zahllose Touristen* *Massen von Autos*
KLEINE TEILMENGE	KLEINE ZAHL VON ELEMENTEN
(ein) wenig Erholung *etwas Aufregung* *ein (klein) bißchen Ärger*	*einige Polizisten* *einzelne Radfahrer* *ein paar Wanderer*

Die Schätz-Artikel verhalten sich unterschiedlich in bezug auf ihre Flexion und ihre Kombinierbarkeit mit dem Singular und Plural. Grundsätzlich können singularische Schätz-Artikel nur vor solchen Referenten gebraucht werden, die auf Grund ihrer Bedeutung als Sammelnamen oder Abstrakta eine quantitative Schätzung als Menge zulassen.

Unflektiert gebraucht werden die Formen *etwas* (immer verbunden mit einem Nomen im Singular), *mehr, genug, lauter* sowie Bildungen auf *-lei*, (wie *vielerlei, mancherlei*), die alle mit einem geeigneten Nomen im Singular oder im Plural auftreten können:

mit etwas Glück *aufgrund vielerlei Hinweise*

mit genug Beispielen *wegen lauter Verpflichtungen*

Die Schätz-Artikel *viel* und *wenig* sind – verbunden mit einem nominalen Referenten im Singular, beispielsweise einem Stoffnamen – unflektiert. Mit einem Nomen im Plural können *viel* und *wenig* sowohl unflektiert als auch flektiert auftreten: *ein Ort mit wenig Bewohnern, ein Ort mit vielen*

Bewohnern. In Verbindung mit dem anaphorischen Artikel werden die Schätz-Artikel *viel* und *wenig* immer flektiert (*die vielen Ausgaben, das wenige Geld*), ebenso in pronominaler Verwendung (*die vielen/die wenigen*).

Ausdrücke, die eine quantitative Schätzung angeben, sind - wie die Zahlen - grundsätzlich neutral gegenüber der Verweisungsrichtung. Sie können jedoch im Einzelfall durch die Kombination mit Artikelformen zu kataphorischen oder anaphorischen Artikelformen werden:

KATAPHORISCHER SCHÄTZ-ARTIKEL	ANAPHORISCHER SCHÄTZ-ARTIKEL
viele Verpflichtungen	*die vielen Verpflichtungen*
ein paar Schwierigkeiten	*die paar Schwierigkeiten*
zahlreiche Angebote	*diese zahlreichen Angebote*

Alle genannten Schätz-Artikel (auch die kombinatorisch gebildeten) können auch als Pronomina gebraucht werden (*viele Leute? ÷ nein, wenige*). Der Schätz-Artikel *etwas* wird besonders in der gesprochenen Sprache häufig zu *was* verkürzt:

/ich erzähle dir was, ich weiß was Schönes/

Der Schätz-Artikel *mehrere* (Plural!) bleibt zwischen der großen und der kleinen Zahl von Elementen in der Schwebe, und die zu schätzende Quantität bleibt offen:

/mehrere Orte im deutschen Sprachraum haben das Wort »Bad« in ihre Ortsnamen aufgenommen, zum Beispiel: Bad Homburg, Bad Mergentheim, Bad Ischl/

Neben dem meistens pluralischen Schätz-Artikel *mehrere* gibt es noch den Schätz-Artikel *mancher/manche/manches*, der ebenfalls zwischen dem größeren und dem kleineren Teil des Mengenfeldes in der Schwebe bleibt. Zu diesem Schätz-Artikel gibt es noch die unflektierte Form *manch*, die gerne zusammen mit dem kataphorischen Artikel gebraucht wird. Beispiele:

/ich kenne (so) manche Leute, die sagen immer: . . ./

/an manchen Tagen (oder: *an manch einem Tag) bist du nicht wiederzuerkennen/*

Zu beachten ist der Unterschied zwischen dem invarianten Schätz-Artikel *ein paar* (nur vor pluralischen Referenten!) und dem singularischen Nomen *ein Paar* (Plural: *Paare*). Die letztgenannte Form wird nur bei menschlichen oder tierischen Paarbildungen (meist mit Geschlechtsdifferenzierung) oder bei Kleidungsstücken mit Rechts-Links-Unterscheidung gebraucht. Zur Unterscheidung:

SCHÄTZ-ARTIKEL	NOMEN
/im Zoo ließen sich bei dem schlechten Wetter nur ein paar Büffel sehen/	*/Noah nahm von jeder Tierart ein Paar in seine Arche/*

Von den Schätz-Artikeln werden die meistgebrauchten Formen *viel/viele* und *wenig/wenige* häufig durch Adverbien und Partikeln nuanciert oder durch Negations-Morpheme in ihr Gegenteil verkehrt. Beispiele:

sehr
so
zu
ziemlich → *viel/viele*
recht
nicht

sehr
so
zu
ziemlich → *wenig/wenige*
recht
nicht

Diese Schätz-Artikel sind auch steigerungsfähig und können sich durch Überbietung oder Unterbietung auf eine inadäquate Erwartung beziehen. Es lassen sich dabei eine Komparativ- und eine Superlativ-Stufe unterscheiden (vgl. 5.3).

STEIGERUNG DURCH ÜBERBIETUNG	STEIGERUNG DURCH UNTERBIETUNG
viel Arbeit	*wenig Lohn*
mehr Arbeit	*weniger Lohn*
die meiste Arbeit	*der geringste (wenigste) Lohn*
viele Arbeitsplätze	*wenige Urlaubstage*
mehr Arbeitsplätze	*weniger Urlaubstage*
die meisten Arbeitsplätze	*die wenigsten Urlaubstage*

Die Gleichheit wird mit dem Schätz-Artikel *ebensoviel* ausgedrückt (Beispiel: *sie hat ebensoviele Verpflichtungen wie er*).

Der in seiner Form unveränderliche Schätz-Artikel *genug* (seltenere Variante: *genügend*) bezieht das zu determinierende Nomen ebenfalls auf eine Norm, bestätigt aber deren Erfüllung oder Nichterfüllung:

/*wir haben zwar genügend Räume, aber dennoch nicht genug Unterricht*/

4.5.2.3.3 Summativ-Artikel

Eine weitere Subklasse der Quantitativ-Artikel wird von den Summativ-Artikeln gebildet; mit ihrer Hilfe kommt es zu einer quantitativen Determination des nominalen Referenten im Hinblick auf die Gesamtheit seiner Bedeutung. Alle Summativ-Artikel haben daher das semantische Merkmal ⟨GANZHEIT⟩ gemeinsam. Mit diesen Artikelformen instruiert der Sprecher den Hörer, daß die Bedeutung des Referenten die gesamte in der Sprache zugelassene Menge (im Singular) oder ihre sämtlichen Elemente (im Plural) angibt. Die Summativ-Artikel können danach unterschieden werden, ob sie sich den Kardinalzahlen oder den Ordinalzahlen zuordnen lassen.

(1) Kardinale Summativ-Artikel

Die kardinalen Summativ-Artikel fassen die ganze Reihe der Kardinalzahlen in einer Ganzheit zusammen. Im Singular (= Menge von Elementen) bedeutet der kardinale Summativ-Artikel also: ›die ganze Menge, wie sie lexikalisch zugelassen ist‹. Im Plural (= Elemente einer Menge) bedeutet er: ›alle Elemente, soweit sie lexikalisch zugelassen sind‹. Die Summativ-Artikel mit ihrer Referenz auf die Gesamtheit des sprachlichen Wissens sind in ihrer Verweisungsrichtung grundsätzlich anaphorisch. Der häufigste Summativ-Artikel ist *alle*; dieser kann auch in Kombination mit dem anaphorischen Artikel auftreten:

SINGULAR	PLURAL
alles Licht	*alle Lampen*
all das Licht	*all die Lampen*
das ganze Licht	*die ganzen Lampen*
das gesamte Licht	*die gesamten Lampen*
sämtliches Licht	*sämtliche Lampen*

Die anderen Summativ-Artikel werden durch Kombination eines quantifizierenden Adjektivs mit dem anaphorischen Artikel gebildet. Auch bei den Summativ-Artikeln wird das Paradigma also suppletiv differenziert.

Dabei gilt der umgangssprachlich recht häufige Ausdruck *die ganzen Lampen* bisweilen als nicht ganz normgerecht, da *ganz* auch in Opposition zu *halb* und (umgangssprachlich) zu *entzwei, kaputt* steht.

Im Plural kann der Artikel *alle* dem Nomen mit dem anaphorischen Artikel auch nachfolgen und in dieser Stellung von ihm sogar durch andere Sprachzeichen getrennt werden. *Alle* wird dann trotzdem flektiert. Zur Unterscheidung:

VORANSTELLUNG	NACHSTELLUNG
/*ich kenne all* (oder: *alle*) *die Leute hier*/	/*ich kenne die Leute hier alle* (oder: *die Leute kenne ich alle*)/

Als Pronomina werden meistens Formen von *alle* ohne Artikel verwendet. Im Neutrum kommt allerdings auch die Kombination mit dem anaphorischen Artikel als Pronomen vor, und zwar entweder *all das / alles das* oder *das alles*. Beispiele:

/*hast du alles Geld ausgegeben?* ÷ *ja, alles*/

/*habt ihr an alle Leute gedacht?* ÷ *ja, ganz bestimmt an alle*/

/*das ist alles sehr wichtig* ÷ *Ach, all das* (oder: *das alles*) *weiß ich längst*/

Das Pronomen im Neutrum/Singular kann auch als kollektiver Ausdruck für eine Gesamtheit von Personen gebraucht werden, insbesondere in der (militärischen) Kommandosprache:

/*alles mal herhören!*/

/*alles hört auf mein Kommando!*/

Der Summativ-Artikel *alle* wird ferner häufig mit anderen spezifischen anaphorischen Artikeln kombiniert; diese stehen dabei nach (*alle meine Entchen, alle diese Gänse, alle drei Schwäne*).

(2) Ordinale Summativ-Artikel

Während die bisher besprochenen Formen des Summativ-Artikels den Kardinalzahlen zugeordnet werden können, ist der Summativ-Artikel *jeder/jede/jedes* den Ordinalzahlen zuzuordnen. Die Form *jeder* ist ein anaphorischer Summativ-Artikel, der nur im Singular verwendet wird. Er hat die seltene, um den einfachen kataphorischen Artikel erweiterte Form *ein jeder/eine jede/ein jedes* sowie die kaum mehr gebräuchliche Nebenform *ein jeglicher/eine jegliche/ein jegliches*.

Wenn es sich um eine Reihe handelt, die männliche und weibliche Personen umfaßt, wird die maskuline Form des ordinalen Summativ-Artikels *jeder* (veraltend: *jedermann*) genusneutral gebraucht. Als regionale Variante, besonders im süddeutschen Sprachraum, findet man auch das Neutrum *jedes* in genusneutraler Funktion.

Seiner Bedeutung nach bezieht sich der ordinale Summativ-Artikel auf eine geordnete Menge von Zahlen, die man im Sinne der ordinalen Zahlenreihe aufzählen kann. Er bietet dem Hörer an, der Reihe nach nicht nur einzelne bestimmte Elemente, sondern jedes beliebige Element herauszugreifen. Von den kardinalen Summativ-Artikeln unterscheiden sich die ordinalen Summativ-Artikel in der gleichen Weise, wie sich die Kardinalzahlen von den Ordinalzahlen unterscheiden. Zum Vergleich:

KARDINALER SUMMATIV-ARTIKEL	ORDINALER SUMMATIV-ARTIKEL
alle Jugendlichen	*jeder Jugendliche*
wirklich alle	*wirklich jeder*

Der Summativ-Artikel der linken Spalte ist ein kardinaler Summativ-Artikel, denn man kann ihn durch fortgesetzte Reihung aus der kardinalen Zahlenreihe aufbauen (*zwei Jugendliche, fünf Jugendliche, zehn Jugendliche ... alle Jugendlichen*). Den Summativ-Artikel der rechten Spalte kann man hingegen nur durch geregelte Übergänge aus der ordinalen Zahlenreihe aufbauen (*der erste Jugendliche, der zweite Jugendliche, der dritte Jugendliche ... jeder Jugendliche*); er ist daher als ordinaler Summativ-Artikel anzusehen.

Der ordinale Summativ-Artikel ist mit den Ordinalzahlen kombinierbar (Beispiele: *jeder erste Versuch, jede dritte Probe, jedes letzte Experiment*).

4.5.2.4 Identifikativ-Artikel

Identifikativ-Artikel sind spezifische Artikel, die dem Hörer ermöglichen sollen, eine Person oder eine Sache durch die Herstellung einer Referenz zu identifizieren. Semantisches Grundmerkmal ist ⟨IDENTITÄT⟩, wozu je nach der Form das Merkmal ⟨BEKANNT⟩ oder ⟨UNBEKANNT⟩ hinzutreten kann. Identifikativ-Artikel existieren nämlich als anaphorische und als kataphorische Artikel, je nachdem ob die Referenz zur Vorinformation oder zur Nachinformation gelten soll. Sie können auch als Pronomina gebraucht werden.

Am eindeutigsten kommt die Identifikation dann zustande, wenn die völlige Identität eines Referenten (Person oder Sache) mit einem anderen Referenten festgestellt werden kann. Diesem Zweck dient der (anaphorische) Identifikativ-Artikel *derselbe/dieselbe/dasselbe* mit der selteneren Variante *ein und derselbe/ein und dieselbe/ein und dasselbe.* Bei dieser Variante bleibt das Element *ein* in der Regel unflektiert; in einem gepflegteren Register findet man jedoch gelegentlich Flexion dieses Elements. Beispiele:

/haben Sie ebenfalls die Schweriner Aufführung dieses Stückes gesehen? ÷ ja, wir haben beide dieselbe Aufführung gesehen/

/die Inszenierungen dieses Stücks sind oft sehr unterschiedlich, und trotzdem ist es dasselbe Stück/

/wenn zwei Personen etwas tun, so ist es selten (ein und) dasselbe/

Im (»logisch«) strengen Sprachgebrauch darf man den Identifikativ-Artikel *derselbe/dieselbe/dasselbe/dieselben* nur dann verwenden, wenn tatsächlich vollständige Identität zwischen den betreffenden Referenten besteht. Erstreckt sich die Identität hingegen nur auf die Art, Gattung oder Klasse, so sagt man: *der gleiche/die gleiche/das gleiche/die gleichen.* Das semantische Merkmal lautet dann: ⟨GLEICHSTELLUNG⟩. Da hier für den Identifikativ-Artikel der semantische Spielraum größer ist, muß häufig auch die Nachinformation zur Determination herangezogen werden, und wir finden also bisweilen die kataphorischen Formen *ein gleicher/eine gleiche/ein gleiches* sowie vor allem die Formen *ein ähnlicher/eine ähnliche/ein ähnliches,* die überhaupt nur kataphorisch möglich sind. Beispiele:

/ich habe einen Kombiwagen ÷ den gleichen Wagen fahre ich auch/

/das ist ja interessant, was du da erzählst; eine ähnliche Geschichte habe ich auch schon mal erlebt/

Die »logische« Grenze zwischen der Übereinstimmung in allen Merkmalen (*derselbe*) und in fast allen Merkmalen (*der gleiche*) wird jedoch außerhalb der Fachsprachen nicht immer streng eingehalten.

Historisch-stilistische Anmerkung: In der älteren Schriftsprache, insbesondere im Kanzleistil, hat es das Pronomen *derselbe/dieselbe/dasselbe/dieselben* gegeben, das wie ein einfaches Pronomen zur anaphorischen Referenz gebraucht wurde. Beispiel:

/der Bürgermeister hat eine Eingabe bei der Regierung gemacht, und es ist demselben unmittelbar geantwortet worden/

Dieser Sprachgebrauch, der von der normativen Stilistik sehr bekämpft worden ist, gilt heute als veraltet.

Zur Feststellung einer Alterität dient der negative Identifikativ-Artikel *der andere/die andere/das andere/die anderen* mit seinem kataphorischen Partner *ein anderer/eine andere/ein anderes/andere,* durch die eine Identität ausgeschlossen wird. Dieser negative Identifikativ-Artikel ist also ein »Alterativ-Artikel«. Beispiele:

/heute wird die Rolle des Nathan von einem anderen Schauspieler gespielt als gestern/

/dieser Schauspieler spielt gewiß nicht schlecht, aber der andere gefiel mir doch besser/

/andere Länder, andere Sitten!/ (Redensart)

Zur unterscheidenden Aufzählung gebraucht man den diskontinuierlichen Doppel-Artikel *der eine ... der andere* mit seiner selteneren Variante *einer ... ein anderer*. Beispiele:

/der eine glaubt dies, der andere glaubt das: jeder hält seinen Glauben für richtig/

/einer will dies, und ein anderer will das: man kann es nicht allen recht machen/

Eine Identifikation, die sich ausdrücklich nur auf eine bestimmte Eigenart erstreckt, wie sie durch ein gemeinsames Attribut zum Ausdruck kommen kann, wird durch den Identifikativ-Artikel *solch ein/solch eine/solch ein/solche* ausgedrückt. In der mündlichen Umgangssprache sagt man statt dessen meistens *so ein/so eine/so ein* (im Plural *solche* und gelegentlich normwidrig: *so welche*). Vor Adjektiven wird meistens die Kurzform *solch* gebraucht. Das Paradigma dieses Identifikativ-Artikels wird durch das Adjektiv *derartig* ergänzt. Beispiele:

/solch (oder: *so*) *ein Wetter wie heute habe ich lange nicht erlebt/*

/und das nach solch einer (oder mit verstärkter Bedeutung: *einer solchen*) *Wettervorhersage!/*

/an derartige Unstimmigkeiten muß man sich eben gewöhnen!/

Die genannten Formen des Identifikativ-Artikels stellen nur eine Identifikation zwischen den Attributen fest, die für ein Nomen in Frage kommen. Man findet sie häufig auch in Exklamationen (vgl. 8.3.4).

Zu den Artikeln mit identifizierender Bedeutung gehört auch der Identifikativ-Artikel *derjenige/diejenige/dasjenige/diejenigen,* der nur vor nachfolgendem Relativ-Junktor gebraucht wird. Zwar bedarf ein Nomen, das durch ein Relativ-Adjunkt determiniert wird, nicht unbedingt eines solchen Signals, doch wird es durch den genannten Identifikativ-Artikel für die Determination besonders herausgehoben. Das macht den Stil bisweilen etwas beschwerlich, so daß man von diesem Artikel eher in fachsprachlichen als in gemeinsprachlichen Texten Gebrauch macht. Beispiele:

/das Adjektiv ist <u>diejenige</u> Form des Attributs, <u>die</u> vor dem Nomen steht/

/am wenigsten determinationsbedürftig ist <u>dasjenige</u> Nomen, <u>das</u> schon von sich aus eine engumgrenzte Bedeutung hat: der Eigenname/

In diesen beiden Beispielen steht der Identifikativ-Artikel im Dienste der Präzision, wie sie von der wissenschaftlichen Fachsprache gefordert wird.

Während alle bisher genannten Identifikativ-Artikel in der einen oder anderen Weise einen Beitrag zur individuellen oder spezifischen Identifikation des determinationsbedürftigen Referenten leisten, gibt es eine weitere Gruppe von Identifikativ-Artikeln, die insofern ein Grenzphänomen bilden, als sie diese Identifikation nicht selber bewirken, sondern sie dem Hörer anheimstellen. Der Sprecher läßt von sich aus die Identität im Ungewissen. Es steht im Belieben des Hörers, ob er seinerseits von dem Angebot Gebrauch macht, die Leerstelle auszufüllen. Signal für die beliebige Identität ist das Morphem *irgend* in (auch orthographischer) Verbindung mit dem einfachen kataphorischen Artikel: *irgendein/irgendeine/irgendein/irgendwelche.* Es ist einsichtig, daß hier nur eine Verbindung mit dem kataphorischen und nicht dem anaphorischen Artikel in Frage kommt; die Identifikation soll ja in das Belieben des Hörers gestellt sein, kommt also – wenn überhaupt – erst hinterher zustande. Die genannten Formen können auch als Pronomina gebraucht werden. Im letzteren Fall gibt der Sprecher jedoch entweder einen Personen- oder einen Sachrahmen vor und sagt dann: *(irgend-)jemand* (umgangssprachlich auch: *irgendwer*) bei einer zu identifizierenden Person und *(irgend-) etwas* oder umgangssprachlich *(irgend-)was* für eine zu identifizierende Sache:

/können Sie mir für diese Regel irgendein Beispiel sagen?/

/wenn jemand ein Beispiel haben will, will er (irgend-)etwas genauer wissen/

Das Identifikativ-Pronomen *jemand* wird im Text mit dem Pronomen *er* (mit genusneutraler Bedeutung) fortgeführt, wie das zweite Beispiel zeigt.

5 Das Adjektiv

Die Sprachzeichenklasse des Adjektivs umfaßt etwa ein Sechstel des lexikalischen Wortschatzes der deutschen Sprache. Adjektive sind Sprachzeichen, die vorwiegend der Determination anderer Sprachzeichen dienen. Das können Nomina, Verben oder andere Adjektive sein. Außerdem wirken Adjektive als Prädikamente bei der Kopula-Prädikation mit. Je nachdem, ob Adjektive als determinierende Sprachzeichen gebraucht werden oder selber determiniert werden, haben sie die semantischen Merkmale ⟨BESTIMMEND⟩ oder ⟨BESTIMMBAR⟩.

Das Adjektiv tritt in verschiedenen Funktionen auf (5.1). Zu besprechen ist im besonderen die Flexion des Adjektivs (5.2). Eigens zu beachten sind die Vergleichsformen des Adjektivs (5.3) und die verschiedenen Determinanten, die ein Adjektiv im Kontext bei sich haben kann (5.4). Bei der Sprachzeichenklasse des Adjektivs sollen Partizipien grundsätzlich mitverstanden werden; sofern jedoch bei den Partizipien abweichende Strukturen auftreten, sind sie gesondert zu besprechen (5.5). Zum Abschluß werden die wichtigsten Beobachtungen zum Adjektiv noch einmal im grammatischen Kommentar zu einem ausgewählten Text zusammengefaßt (5.6).

5.1 Funktionen des Adjektivs

Adjektive treten in drei syntaktischen Funktionen auf. Unter syntaktischen Funktionen sind Determinationstypen zu verstehen, die nach der Basis der jeweiligen Determination, also nach dem jeweils determinationsbedürftigen Ausdruck unterschieden sind.

Diese drei syntaktischen Funktionen sind:

- ▶ die attributive Funktion (Attribution)
- ▶ die applikative Funktion (Applikation)
- ▶ die prädikative Funktion (Prädikation)

Die attributive Funktion oder Attribution kann als die Hauptfunktion des Adjektivs aufgefaßt werden (5.1.1). Die applikative Funktion (5.1.2) und die prädikative Funktion (5.1.3) ergänzen sie.

5.1.1 Die attributive Funktion

Die attributive Funktion oder Attribution ist ein Determinationstyp, bei dem ein Adjektiv ein Nomen determiniert. Es handelt sich hier also um ein Determinationsgefüge, in dem das Nomen determinationsbedürftig

(»determinandum« - Merkmal ⟨BESTIMMBAR⟩), das Adjektiv determinationskräftig (»determinans« - Merkmal ⟨BESTIMMEND⟩) ist. Die Verbindung zwischen den beiden Gliedern des Determinationsgefüges wird durch die Flexionsmorpheme des Adjektivs angezeigt, denn in attributiver Funktion ist das Adjektiv in der Regel flektiert, und zwar nach Genus, Numerus und Kasus.

Das nominale »determinandum« einer Attribution wird Basis der Attribution genannt, ihr adjektivisches »determinans« heißt Attribut. In der Regel steht das adjektivische Attribut vor der Basis:

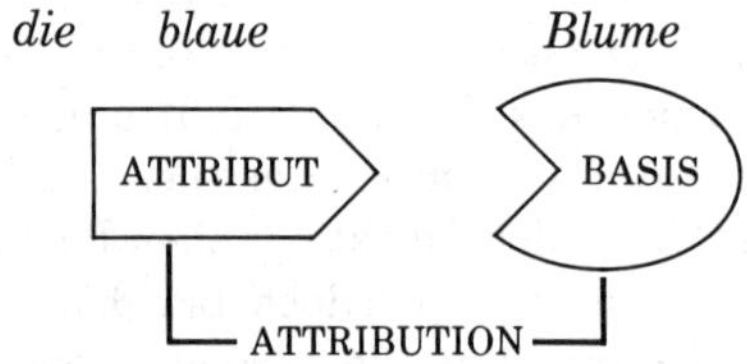

Die Determination, die das Nomen *Blume* als Basis hier von dem (flektierten, vorangestellten) Adjektiv *blaue* als Attribut erfährt, ist eine Anweisung des Sprechers an den Hörer, für die genaue Textbedeutung des Nomens *Blume* die Bedeutung des Adjektivs *blau* als verdeutlichenden Gesichtspunkt heranzuziehen. Das wird auch durch das Symbol  für die Sprachzeichenklasse des Adjektivs zum Ausdruck gebracht, wobei die (hier nach rechts gerichtete) Spitze des Symbols die Determinationsrichtung andeutet.

Nur wenn ein Lexem grundsätzlich die attributive Funktion wahrnehmen und folglich auch flektiert werden kann, soll dieses Lexem Adjektiv genannt werden.

5.1.2 Die applikative Funktion

Die applikative (»adverbiale«) Funktion oder Applikation ist ein Determinationstyp, bei dem ein Adjektiv entweder ein Verb, ein anderes Adjektiv oder ein Adverb determiniert. Das determinationsbedürftige Verb, Adjektiv oder Adverb wird Basis der Applikation genannt, das determinationskräftige Adjektiv trägt die Bezeichnung Applikat. In applikativer Funktion wird das Adjektiv nicht flektiert. Es steht bei einem (zweiteiligen) Verb als Basis meistens im verbalen Mittelfeld:

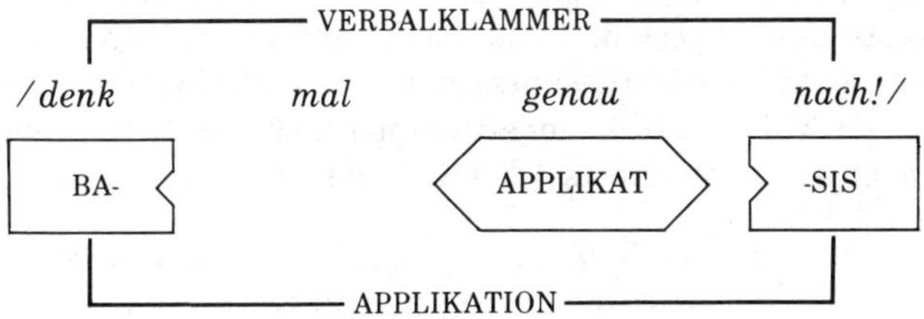

Das zweiteilige Verb im Imperativ *denk - nach* als Basis der Applikation erfährt hier durch das nichtflektierte Adjektiv *genau,* das als Applikat im Mittelfeld der Verbalklammer steht, eine Determination, die der Hörer als verdeutlichenden Gesichtspunkt berücksichtigen soll, wenn er die Textbedeutung des Verbs richtig verstehen will. Die zwei Spitzen des Adjektiv-Symbols ⬭ deuten an, daß die Determination sich auf beide Bestandteile des zweiteiligen Verbs (Verbalklammer) erstreckt. Eine Applikation mit adjektivischer Basis ist wie folgt zu analysieren:

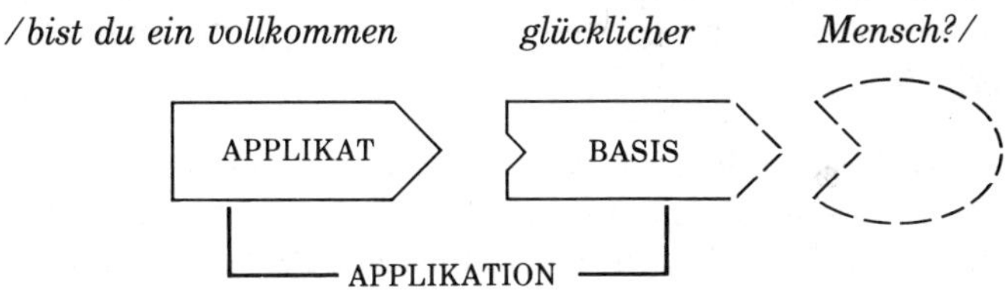

In diesem Beispiel bildet das flektierte Adjektiv *glücklicher* die Basis einer Applikation mit dem unflektierten Adjektiv *vollkommen* als Applikat. Applikate zu einer adjektivischen Basis gehen dieser immer im Text vorauf. Die ganze Applikation *vollkommen glücklicher* ist darüber hinaus ein komplexes Attribut für das nachfolgende Nomen *Mensch.*

5.1.3 Die prädikative Funktion

Die prädikative Funktion oder Prädikation ist aus der Perspektive des Verbs bereits im Kap. 2 behandelt worden. Hier ist sie noch einmal vom Adjektiv her zu besprechen. Denn das Prädikament einer Prädikation kann ein Adjektiv sein. Es heißt dann Prädikats-Adjektiv und determiniert durch die Vermittlung eines Kopulaverbs ein Subjekt, das als Basis der Prädikation zu verstehen ist (vgl. 2.5.2.2). In der prädikativen Funktion erhält die Determination eine besondere Qualität: sie wird ausdrücklich festgestellt (»fest-gestellt«) und damit zum Gegenstand einer möglichen Argumentation erklärt. Zum semantischen Merkmal ⟨BESTIMMEND⟩ tritt dann noch das Prädikations-Merkmal ⟨FESTSTELLEND⟩ hinzu. Als Prädikament ist das Prädikats-Adjektiv in der Regel unflektiert:

/ich bin heute mit meiner Arbeit unzufrieden/

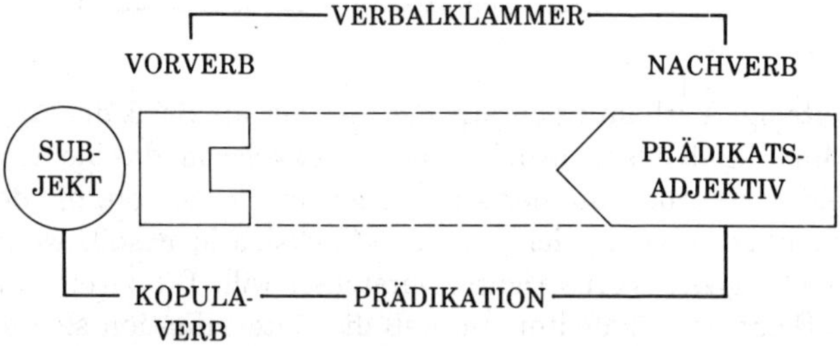

Der Hörer erhält in diesem Beispiel vom Sprecher die Anweisung, dem Subjekt *ich* (= Basis der Prädikation) die lexikalischen Merkmale des Prädikats-Adjektivs *unzufrieden* zuzusprechen, und zwar als ausdrückliche, argumentativ relevante Feststellung. Signal dieser Feststellung ist das Kopulaverb *bin*.

Neben der Subjekt-Prädikation, wie sie bisher besprochen worden ist, gibt es auch eine Objekt-Prädikation, bei der ein Objekt die Basis der Prädikation bildet. In der Objekt-Prädikation ist das Prädikats-Adjektiv ebenfalls unflektiert. Beispiele:

/meinen Urlaub wünsche ich mir abenteuerlich/

/du stellst dir deinen Beruf wohl ziemlich erholsam vor/

In diesen Beispielen werden die Prädikats-Adjektive *abenteuerlich* und *erholsam* den jeweiligen Objekten *meinen Urlaub* und *deinen Beruf* zugesprochen. Das setzt ein objektwertiges Verb voraus. Bei reflexiven Verben fallen Subjekt- und Objekt-Prädikation zusammen:

/ich fühle mich ganz gesund/

/halte dich weiterhin fit!/

5.2 Flexion des Adjektivs

Adjektive existieren in der deutschen Sprache in unflektierter und in flektierter Form. Die unflektierte Form (anders ausgedrückt: mit Null-Morphem Ø) gebraucht man in prädikativer und in applikativer Funktion sowie in der textuellen Isolierung einschließlich der Zitierform. Die flektierte Form ist dem attributiven Gebrauch vorbehalten, wie er im Regelfall in der Nominalklammer auftritt. In dieser Funktion ist das Adjektiv – und das gilt gleichermaßen für alle Arten von Partizipien – mit seinen Flexiven (= Flexions-Morphemen) in Kongruenz zum Artikel und zum Nomen der Nominalklammer Anzeiger für Genus, Numerus und Kasus. Zur Unterscheidung:

UNFLEKTIERTES ADJEKTIV	FLEKTIERTES ADJEKTIV
/viele Städte sind alt/	*/ich liebe alte Städte/*
/jeder will billig wohnen/	*/die billigen Wohnungen/*
/sehr günstig!/	*/zu günstigem Preis/*
/wir kaufen preiswert ein/	*/ein preiswerter Kauf/*
/das Adjektiv »sparsam«/	*/ein sparsames Verhalten/*

Die Beispiele der linken Spalte lassen das Null-Flexiv, die der rechten Spalte die fünf hörbaren Flexive des deutschen Adjektivs erkennen. Es sind insgesamt die folgenden:

-Ø -*e* [ə] -*n* -*m* -*r* -*s*

(Mnemotechnisches Merkwort für die Reihe der Flexive: Null/EiN/MaRS. Das Merkwort ist abweichend von dem Merkwort NERS/Null der Numerus-Deklination des Nomens gewählt, damit die Adjektiv-Flexive nicht mit den Nominal-Flexiven verwechselt werden.)

Für den Gebrauch der Adjektiv-Flexive sind eine Kürzungsregel, eine Erweiterungsregel und einige Sonderfälle zu beachten:

(1) Kürzungsregel

Endet die unflektierte Form des Adjektivs bereits auf unbetontes -*e* [-ə], so wird das gleichlautende Flexiv -*e* [-ə] zu [Ø] gekürzt, und die Flexionsreihe lautet dann etwa bei den Adjektiven *müde* und *weise*:

müde, müden, müdem, müder, müdes

weise, weisen, weisem, weiser, weises

(2) Erweiterungsregel

Endet die unflektierte Form des Adjektivs auf betonten Vokal (auch Diphthong) oder auf Konsonant (außer den unter Ziffer 3 beschriebenen Sonderfällen), so tritt vor die konsonantischen Flexive der Gleitvokal *-e*, und die Flexionsreihe der Adjektive *frei* und *gut* lautet dann beispielsweise:

freie, freien, freiem, freier, freies

gute, guten, gutem, guter, gutes

Bei der Aussprache ist hier zu beachten, daß der mit dem Buchstaben *-e* geschriebene Gleitvokal im Wortauslaut sowie vor *-n, -m* und *-s* als [-ə] gesprochen wird, vor *-r* jedoch in der Standardaussprache mit diesem Flexiv zu [-ɐ] verschmilzt, zum Beispiel: *freier* [fra͜eɐ], *guter* [guːtɐ].

(3) Sonderfälle

In einer besonderen Weise ist die Form der Flexive bei den folgenden Adjektivgruppen geregelt:

(A) Adjektive, die in unflektierter Form auf *-el* [-əl] enden, kehren in flektierter Form diese beiden Laute um und verhalten sich dann wie Adjektive auf *-e* [-ə]. So ergibt sich beispielsweise für die Adjektive *dunkel* und *edel* die Flexionsreihe:

dunkle, dunklen, dunklem, dunkler, dunkles

edle, edlen, edlem, edler, edles

(B) Vier Adjektive, die in unflektierter Form auf *-er* [-ɐ] enden, kehren als flektierte Adjektive diese beiden Lautzeichen um, und zwar zu *-re* [-rə], und werden dann hinsichtlich der Flexion ebenfalls wie Adjektive auf *-e* [-ə] behandelt. Es sind dies die folgenden vier Adjektive mit ihren Formenreihen:

teure, teuren, teurem, teurer, teures

saure, sauren, saurem, saurer, saures

ungeheure, ungeheuren, ungeheurem, ungeheurer, ungeheures

integre, integren, integrem, integrer, integres

Diesem Flexionsmuster folgt auch der Possessiv-Artikel *euer* mit der Formenreihe:

eure, euren, eurem, eurer, eures

(C) Einen weiteren Sonderfall bildet das Adjektiv *hoch* [hoːχ] mit der Formenreihe:

hohe [hoːə], *hohen, hohem, hoher, hohes*

Nicht flektiert werden die von Ortsnamen abgeleiteten Adjektiv-Derivate auf *-er* [-ɐ] vom Typus *Hamburger, Salzburger, Zürcher, Leipziger*. Sie sind auch in attributiver Funktion invariant. Zum Vergleich:

der/den/dem/den — *Berliner* — *Alexanderplatz*
das/das/dem/das — *Berliner* — *Zeughaus*
die/die/der/der — *Berliner* — *Humboldt-Universität*
die/die/den/der — *Berliner* — *Museen*

Diese Ortsnamen-Adjektive werden immer großgeschrieben.

Bei der Flexion der Adjektive ist in der deutschen Sprache die große von der kleinen Flexion zu unterscheiden (5.2.1). Deren Gebrauch hängt von bestimmten Auslösern ab (5.2.2).

5.2.1 Kleine und große Adjektiv-Flexion

In der deutschen Sprache wird die Funktion einer Nominalklammer im Text nur zu einem Teil am Nomen selbst und zum anderen Teil am Artikel und gegebenenfalls am Adjektiv gekennzeichnet. Dabei zeichnet sich folgende Arbeitsteilung ab: Während die Flexive des Nomens hauptsächlich die Numerus-Opposition Singular vs. Plural zum Ausdruck bringen, zeigen Artikel und Adjektiv vor allem Genus und Kasus des nominalen Ausdrucks an.

Beim Adjektiv gilt es nun die kleine und die große Flexion zu unterscheiden. Auf diese beiden Flexionstypen verteilen sich die zur Verfügung stehenden Adjektiv-Flexive wie folgt:

KLEINE FLEXION	GROSSE FLEXION
-e -n	-e -n
	-m -r -s

Die Übersicht zeigt, daß die kleine Flexion, die nur zwei Flexive hat, und die große Flexion, die fünf Flexive umfaßt, teilidentisch sind. Sie haben die beiden Flexive *-e* und *-n* gemeinsam, so daß sie nicht bei allen Formen scharf unterschieden werden können. Aus der Übersicht ist aber gleichfalls zu entnehmen, daß die Flexive *-m, -r, -s* einen besonderen Erkennungswert für die große Flexion haben. Sie sollen daher im folgenden, repräsentiert durch die Großbuchstaben *M, R* und *S*, die Kenn-Konsonanten der großen Flexion genannt werden (mnemotechnisches Merkwort: MaRS).

(1) Die große Adjektiv-Flexion

Die große Adjektiv-Flexion verfügt über alle fünf Flexive, die beim Adjektiv möglich sind. Ihre Verteilung zeigt sich in dem folgenden Paradigma:

NUMERUS	SINGULAR			PLURAL
GENUS / KASUS	MASKULIN	NEUTRUM	FEMININ	GENUS-NEUTRAL
NOMINATIV	*Ø kühler Wein*	*Ø frisches Brot*	*Ø alte Liebe*	*Ø gute Zeiten*
AKKUSATIV	*Ø kühlen Wein*	*Ø frisches Brot*	*Ø alte Liebe*	*Ø gute Zeiten*
DATIV	*(mit) Ø kühlem Wein*	*(von) Ø frischem Brot*	*(aus) Ø alter Liebe*	*Ø guten Zeiten*
GENITIV	*(der Genuß) Ø kühlen Weines*	*(der Geschmack) Ø frischen Brotes*	*(die Zeichen) Ø alter Liebe*	*(der Anfang) Ø guter Zeiten*

DIESER KÜHLE WEIN DIESES FRISCHE B. DIESE ALTE FRAU

DIESEN KÜHLEN DIESES " " DIESE ALTE "
DIESEM KÜHLEN DIESEM FRISCHEN B. DIESER ALTEN "
DIESES KÜHLEN WEINES | DIESES FRISCHEN BROTES DIESER ALTEN "

Zum Vergleich das Paradigma des anaphorischen Artikels:

NUMERUS	SINGULAR			PLURAL
GENUS / KASUS	MASKULIN	NEUTRUM	FEMININ	GENUS-NEUTRAL
NOMINATIV	*der*	*das*	*die*	*die*
AKKUSATIV	*den*	*das*	*die*	*die*
DATIV	*dem*	*dem*	*der*	*den*
GENITIV	*des*	*des*	*der*	*der*

An diesen beiden Paradigmen sind folgende Beobachtungen zu machen:

(A) Die Verteilung der Flexive bei der großen Adjektiv-Flexion richtet sich grundsätzlich nach der Verteilung der Flexive im Paradigma des anaphorischen Artikels.

Zu beachten ist hier allerdings, daß das Flexiv *-e* in der Artikelform *die* nur orthographisch erscheint.

(B) In einer bestimmten Hinsicht weicht das Paradigma der großen Adjektiv-Flexion jedoch von dem des anaphorischen Artikels ab. Bei den Genitiv-Formen des Maskulin/Singular und des Neutrum/Singular zeigt sich das Flexiv *-S* nämlich nicht am Adjektiv, sondern »wandert weiter« zum Nomen:

GEN.

/*der Genuß kühlen Weines*/

/*der Geschmack frischen Brotes*/

(C) Vor einem Genitiv-*S* des Nomens hat ein attributives Adjektiv immer das (kleine) Flexiv *-n*, wie die voraufgehenden Beispiele gleichfalls zeigen.

(2) Die kleine Adjektiv-Flexion

Die kleine Adjektiv-Flexion verfügt nur über die zwei Flexive *-e* und *-n*, ist also gegenüber der großen Flexion um die Flexive *-m*, *-r* und *-s* (Kenn-Konsonanten MaRS) reduziert. Die Flexive *-e* und *-n*, mit denen sich die kleine Adjektiv-Flexion begnügt, kommen zwar auch im Paradigma der großen Adjektiv-Flexion vor, zeigen sich dort aber in einer anderen Verteilung. Die für die kleine Adjektiv-Flexion charakteristische Verteilung geht aus dem folgenden Schaubild hervor:

NUMERUS	SINGULAR			PLURAL
GENUS / KASUS	MASKULIN	NEUTRUM	FEMININ	GENUS-NEUTRAL
NOMINATIV	*der treue Hund*	*das edle Pferd*	*die wilde Katze*	*die zahmen Tiere*
AKKUSATIV	*den treuen Hund*	*das edle Pferd*	*die wilde Katze*	*die zahmen Tiere*
DATIV	*dem treuen Hund(e)*	*dem edlen Pferd(e)*	*der wilden Katze*	*den zahmen Tieren*
GENITIV	*des treuen Hundes*	*des edlen Pferdes*	*der wilden Katze*	*der zahmen Tiere*

An diesem Schaubild sind folgende Regelmäßigkeiten zu beobachten:

(A) In den meisten Feldern des Paradigmas nimmt das Adjektiv das Flexiv *-n* an. Das gilt für den ganzen Plural und für den ganzen Bereich Dativ und Genitiv sowie für die Form Maskulin/Singular/Akkusativ.

(B) Das Flexiv *-e* erscheint nur an fünf Stellen des Adjektiv-Paradigmas: im Singular/Nominativ aller drei Genera und im Singular/Akkusativ von Neutrum und Feminin. (Mnemotechnisches Merkbild: Das kleinere *E*-Feld hat die Form eines Schlüssels, der im Schloß des größeren *N*-Feldes steckt).

(C) Nach einem Nasal-Flexiv (*-m* oder *-n*) beim klammeröffnenden Artikel folgt immer ein *-n* des Adjektivs (Beispiele: *mit dem letzten Bus, einen freundlichen Gruß*).

(D) Vor dem Genitiv-*S* eines Nomens steht, wie auch bei der großen Flexion, immer ein *-n* des Adjektivs (Beispiel: *eines schönen Tages*).

Als Ausnahme von der großen und kleinen Adjektiv-Flexion ist zu verzeichnen, daß gelegentlich vor einem Nomen im Neutrum ein flexivloses Adjektiv stehen kann, was allerdings der ganzen Attribution eine archaisch-poetische Konnotation gibt und fast nur in festen Wendungen vorkommt:

/ein hübsch Gesicht und ein freundlich Wesen finden immer Gefallen/

/immer ruhig Blut!/ (Redensart)

/gut Ding will Weile haben/ (Sprichwort)

/Kein schöner [Komparativ!] *Land in dieser Zeit. . . /* (Liedanfang)

/lieb Vaterland, magst ruhig sein!/ (Refrain eines alten patriotischen Liedes)

/Deutschland, einig Vaterland/ (politischer Slogan 1989, listig der Nationalhymne der DDR von Johannes R. Becher entnommen)

5.2.2 Die Auslöser der Adjektiv-Flexion

Die kleine und die große Flexion wirken in der Nominalklammer in charakteristischer Weise zusammen. Aus diesem Grund darf man die Flexion des attributiven Adjektivs nicht isoliert betrachten, sondern muß immer zugleich mit ihr die Flexion des Artikels und des Nomens berücksichtigen, die in einer Nominalklammer das klammeröffnende und das klammerschließende Element bilden. Wir nennen das die Klammerflexion (»Monoflexion«, »monoflexivische Kooperation«):

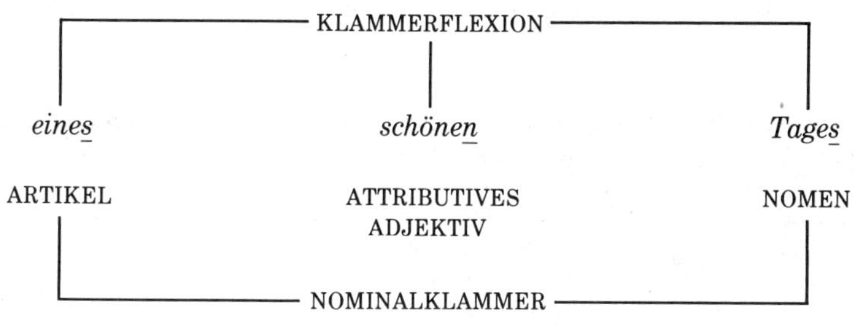

In diesem Beispiel erstreckt sich das Zusammenwirken der Klammerflexion auf den klammeröffnenden Artikel, das klammerschließende Nomen und das attributive Adjektiv innerhalb der Nominalklammer. Beteiligt sind an diesem Beispiel einer Klammerflexion beim Artikel und Nomen das Flexiv *-s,* das immer zur großen Flexion gehört, sowie beim attributiven Adjektiv das Flexiv *-n,* das vom Paradigma her zu beiden Flexionstypen gehören kann, hier aber im Zusammenhang der Klammerflexion zur kleinen Adjektiv-Flexion gehört.

Besonders zu beachten ist bei der Klammerflexion das Zusammenwirken des Artikels und des attributiven Adjektivs. Der Artikel ist nämlich, je nach seiner eigenen Form, Auslöser entweder der kleinen oder der großen Adjektiv-Flexion. Entscheidendes Kriterium ist, ob der Artikel selber flexivhaltig ist oder nicht.

In seinem ganzen Paradigma flexivhaltig (mit allen fünf Flexiven!) ist der einfache anaphorische Artikel *der/die/das/die*. Er ist daher prototypischer Auslöser der kleinen Adjektiv-Flexion, das heißt, er löst beim nachfolgenden Adjektiv immer die kleine Flexion aus, also entweder das Flexiv *-e* oder das Flexiv *-n*. Beispiele:

ANAPHORISCHER ARTIKEL FLEXIVHALTIG (MIT FÜNF FLEXIVEN)	ATTRIBUTIVES ADJEKTIV (MIT NUR ZWEI FLEXIVEN)	NOMEN
die	*heitere*	*Serenade*
in den	*klassischen*	*Symphonien*
mit dem	*Philharmonischen*	*Orchester*
in der	*Komischen*	*Oper*
für das	*festliche*	*Konzert*

Alle diejenigen Formen des einfachen oder spezifischen Artikels, die selber nicht flexivhaltig sind, lösen hingegen die große Adjektiv-Flexion aus. Es treten dann also, von diesen Formen ausgelöst, alle fünf Flexive am Adjektiv auf.

Als Prototyp eines Auslösers der großen Adjektiv-Flexion kann der Null-Artikel gelten. Er ist flexivlos schlechthin:

NULL-ARTIKEL (KEINE FORM, FOLGLICH FLEXIVLOS)	ATTRIBUTIVES ADJEKTIV (MIT FÜNF FLEXIVEN)	NOMEN
Ø	*volle*	*Verantwortung*
mit Ø	*verteilten*	*Rollen*
aus Ø	*eigenem*	*Antrieb*
trotz Ø	*reiflicher*	*Überlegungen*
für Ø	*grenzenloses*	*Vertrauen*

Die Beispiele zeigen, daß es für die Auslösung der großen Adjektiv-Flexion keinen Unterschied ausmacht, ob es sich um einen Null-Artikel im singularischen oder im pluralischen Kontext handelt.

Das Paradigma des kataphorischen Artikels nimmt hinsichtlich der Adjektiv-Flexion eine Zwischenstellung ein. Es umfaßt sowohl flexivlose Formen (die Form *ein* und die natürlich flexivlosen Null-Formen im Plural) als auch flexivhaltige Formen (*eine, einen, einem, einer, eines*). Je nachdem nun, ob die Nominalklammer von einer flexivlosen oder einer flexivhaltigen Form eröffnet wird, zeigt deshalb das nachfolgende Adjektiv entweder die große oder die kleine Flexion. Zur Verdeutlichung sei hier noch einmal das gesamte Flexionsparadigma des Adjektivs nach dem kataphorischen Artikel angeführt. Die flexivlosen Formen des Artikels sind im Schaubild mit Ø gekennzeichnet.

NUMERUS	SINGULAR			PLURAL
GENUS / KASUS	MASKULIN	NEUTRUM	FEMININ	GENUS-NEUTRAL
NOMINATIV	*einØ treuer Hund*	*einØ edles Pferd*	*eine wilde Katze*	*Ø schöne Tiere*
AKKUSATIV	*einen treuen Hund*	*einØ edles Pferd*	*eine wilde Katze*	*Ø schöne Tiere*
DATIV	*einem treuen Hund(e)*	*einem edlen Pferd(e)*	*einer wilden Katze*	*Ø schönen Tieren*
GENITIV	*eines treuen Hundes*	*eines edlen Pferdes*	*einer wilden Katze*	*Ø schöner Tiere*

Die spezifischen Artikel verhalten sich als Auslöser der Adjektiv-Flexion ebenfalls unterschiedlich, je nachdem, ob ihre Formen flexivhaltig sind oder nicht. Zur Unterscheidung:

FLEXIVHALTIGE ARTIKELFORMEN: KLEINE ADJEKTIV-FLEXION	FLEXIVLOSE ARTIKELFORMEN: GROSSE ADJEKTIV-FLEXION
/jene süddeutsche Stadt/	*/lauter appetitliche Häppchen/*
/mit vielen schönen Biergärten/	*/etwas geschnittenen Käse/*
/bei manchem bayerischen Bier/	*/mit allerlei frischem Gemüse/*

/jeder genießerische Mensch/	*/reichlich gekühlter Saft/*
/alles erdenkliche Gute/	*/allerhand süßes Gebäck/*

Die Beispiele zeigen, daß nach den flexivhaltigen Artikelformen der linken Spalte (*-e, -n, -m, -r, -s*) bei den Adjektiven nur die Flexive der kleinen Flexion (*-e, -n*) auftreten, während nach den flexivlosen Artikelformen der rechten Spalte (-Ø) bei den Adjektiven alle fünf Flexive der großen Flexion auftreten (*-e, -n, -m, -r, -s*).

Im einzelnen ist bei den Subklassen des spezifischen Artikels folgendes Auslöseverhalten zu beobachten:

(1) Die D-Gruppe ist immer flexivhaltig und löst beim Adjektiv die kleine Flexion aus. Es handelt sich um Auslöser mit dem Anlaut *d-*, nämlich:

- alle Demonstrativ-Artikel des Typus *dieser,*
- alle Identifikativ-Artikel des Typus *derselbe, derjenige.*

Beim Neutrum/Singular *dieses* ist zu beachten, daß auch die Kurzform *dies* die kleine Flexion auslöst (*dies ganze Gedränge*). Beispiele:

/diese verkehrsreiche Straße/

/an denjenigen gefährlichen Kreuzungen, die . . . /

/dasjenige riskante Fahrverhalten, das . . . /

(2) Die JE-Gruppe, die Auslöser-Artikel mit dem Anlaut *je-* umfaßt, löst, da sie immer flexivhaltig ist, ebenfalls die kleine Adjektiv-Flexion aus. Dazu gehören:

- alle Demonstrativ-Artikel des Typus *jener,*
- alle Summativ-Artikel des Typus *jeder (jeglicher, jedweder).*

Beispiele für den Gebrauch dieser Formen:

/jene glückliche Zeit/

/an jedem neuen Tag/

/jegliches/jedwedes echte Vergnügen/

Zum Auslöseverhalten des Summativ-Artikels *alle* vgl. unter Ziffer 8.

(3) Dem differenzierten Muster des einfachen kataphorischen Artikels folgen die Possessiv-Artikel und Negations-Artikel. Die flexivlosen Formen *mein, dein, sein, unser, euer, ihr* (Singular und Plural), *Ihr* (Singular und Plural) und *kein* fordern beim Adjektiv die große Flexion. Flexivhaltige Formen wie *meine, deinen, seiner, unserem, eures, ihren, Ihrem, keiner* lösen hingegen die kleine Adjektiv-Flexion aus. Zum Vergleich:

FLEXIVHALTIGE FORM: KLEINE ADJEKTIV-FLEXION	FLEXIVLOSE FORM: GROSSE ADJEKTIV-FLEXION
/seine ehrgeizige Frau/	*/ihr arbeitsloser Mann/*
/Ihre tüchtige Mitarbeiterin/	*/dein anstrengendes Leben/*
/mit euren kühnen Ideen/	*/euer bedeutendes Talent/*
/bei meinem kleinen Gehalt/	*/unser klügster Kopf/*
/keine genauen Fragen/	*/kein klares Konzept/*

Zu beachten ist, daß die Endung *-er* in den Formen *unser* und *euer* kein Flexiv ist, sondern zum Lexem selber gehört (vgl. die flexivhaltigen Formen *unserer* und *eurer*). Auch die rhematischen Formen des Possessiv-Artikels *deren* und *denen* gelten als flexivlos (*deren jüngster Sohn, dessen liebstes Spielzeug*).

(4) Die flexivlosen Artikelformen *welch, solch, manch* und *was für*, gegebenenfalls in Kombination mit *ein*, ziehen die große Adjektiv-Flexion nach sich; in ihren flexivhaltigen Formen (*welche, welcher, solches, manchem, manchen*) lösen sie jedoch die kleine Flexion aus:

FLEXIVHALTIGE FORMEN: KLEINE ADJEKTIV-FLEXION	FLEXIVLOSE FORMEN: GROSSE ADJEKTIV-FLEXION
/welche schaurigen Nachrichten/	*/welch (ein) heftiger Schauer!/*
/mit solchen schlechten Voraussagen/	*/solch (ein) klarer Himmel!/*
/aufgrund mancher guten Ratschläge/	*/manch optimistisches Planen!/*
/manches glückliche Treffen/	*/was für reizende Aussichten!/*

(5) Bei den Numeral-Artikeln verhalten sich die Kardinalzahlen unterschiedlich, je nachdem ob sie mit dem anaphorischen Artikel kombiniert

sind oder nicht. Die kataphorischen Kardinalzahlen der Zahlenreihe *zwei, drei, vier* gelten als flexivlos und lösen daher die große Adjektiv-Flexion aus (*drei kleine Schwestern*). Die entsprechenden anaphorischen Numeral-Artikel gehören hingegen zur D-Gruppe und lösen die kleine Adjektiv-Flexion aus (*die beiden großen Brüder, die drei kleinen Schwestern*).

(6) Ein attributives Adjektiv kann auch auf ein Rollen-Pronomen folgen. In dieser Stellung wird das Adjektiv in den meisten Fällen groß flektiert; lediglich die Formen *wir* und *ihr/Ihr* ziehen die kleine Flexion nach sich.

ROLLEN-PRONOMEN MIT GROSSER ADJEKTIV-FLEXION	ROLLEN-PRONOMEN MIT KLEINER ADJEKTIV-FLEXION
/*ich armer Kerl*/	/*wir aktiven Mitglieder*/
/*du freches Ding*/	/*ihr treuen Gäste*/
/*Sie alter Spötter!*/	/*Ihr Lieben*/ (Briefanrede bei Verwandten und Freunden)
/*für dich nette Person*/	
/*mit euch guten Spielern*/	

(7) Wird eine Nominalklammer von einem vorangestellten, meistens personalen (»sächsischen«) Genitiv eröffnet, so löst dieser bei einem nachfolgenden attributiven Adjektiv die große Flexion aus:

/*Kaiser Barbarossas roter Bart*/

/*Doktor Fausts dunkles Studierzimmer*/

/*Weimars enge Gassen*/

Der vorangestellte Genitiv erübrigt in dieser Funktion einen klammeröffnenden Artikel. So steht nun vor dem attributiven Adjektiv ein Null-Artikel (*Kaiser Barbarossas (Ø) roter Bart*), der die große Flexion auslöst.

(8) Wird ein Nomen im Text von mehreren attributiven Adjektiven determiniert (wobei es keine Rolle spielt, ob diese Adjektive gereiht oder gestuft sind – vgl. 5.4.3), so zeigen alle Adjektive die gleichen Flexive. Anders ausgedrückt, das große oder kleine Flexiv des ersten Adjektivs wird von allen weiteren Adjektiven »imitiert«. Zum Vergleich:

KLEINE FLEXION	GROSSE FLEXION
/*mit seinem klaren und unbestechlichen Urteil*/	/*aufgrund starker emotionaler Eindrücke*/

Diese Regel betrifft auch solche Adjektive, die häufig vor anderen Adjektiven stehen, und zwar die folgenden:

(A) Ordinalzahlen mit oder ohne Artikel

KLEINE FLEXION	GROSSE FLEXION
/das Zehnte Internationale Germanistentreffen/	*/Zehntes Internationales Germanistentreffen/*
/die ersten angemeldeten Teilnehmer/	*/ein erster einführender Vortrag/*

In den Beispielen der linken Spalte haben nach flexivhaltigem Artikel beide Adjektive, also sowohl die Ordinalzahl als quantifizierendes Adjektiv wie auch das nachfolgende Adjektiv, jeweils die gleichen Flexive (*-e/-e, -n/-n*). In der rechten Spalte wird das erste Beispiel von einem Null-Artikel, das zweite von der Form *ein* eröffnet, also in keinem Fall von einem flexivhaltigen Artikel. So haben beide Adjektive die gleichen Flexive der großen Flexion (*-s/-s, -r/-r*), und das betrifft das quantifizierende Adjektiv (Ordinalzahl) ebenso wie das ihm nachfolgende Adjektiv.

(B) Adjektive der *einige/mehrere*-Gruppe und der *viele/wenige*-Gruppe

Diese ebenfalls quantifizierenden Adjektive gehören als suppletive Sprachzeichen zum Paradigma des Schätz-Artikels (vgl. 4.5.2.3.2). Auch hier hängt für beide Adjektive die Wahl der kleinen oder der großen Flexion von den vorhandenen oder nicht vorhandenen Flexiven des Auslösers ab. Doch ist zu beachten, daß bei den Adjektiven der *einige/mehrere*-Gruppe (linke Spalte) immer, bei denen der *viele/wenige*-Gruppe (rechte Spalte) meistens ein Null-Artikel voraufgeht:

/ein Treffen einiger guter Freunde/	*/trotz vieler langer Gespräche/*
/mit mehreren aktiven Mitgliedern/	*/wenige unzufriedene Gäste/*
/verschiedene herausragende Spieler/	*/zahlreiche interessante Ausflüge/*
/etliche kleinere Verzögerungen/	*/ein beträchtliches finanzielles Wagnis/*

Aber, nach flexivhaltigem Artikel: *die wenigen begründeten Reklamationen* (kleine Flexion beider Adjektive).

Die flexivlosen Formen der *viele/wenige*-Gruppe, wie zum Beispiel die Formen *viel* und *wenig*, sind demgegenüber selber spezifische Artikelformen und lösen als solche die große Flexion des nachfolgenden Adjektivs (oder mehrerer nachfolgender Adjektive) aus:

/viel echtes, natürliches Interesse/

/mehr unkonventionelles und unbürokratisches Denken/

Besondere Beachtung verdient die Tatsache, daß der Summativ-Artikel *alle* in keiner Form seines Paradigmas den Status eines quantifizierenden Adjektivs hat. Er ist kein Adjektiv, sondern selber eine flexivhaltige Artikelform und löst als solche immer die kleine Flexion aus. Zur Unterscheidung:

ZWEI ADJEKTIVE, BEIDE KLEIN ODER GROSS FLEKTIERT	SUMMATIV-ARTIKEL ALS AUSLÖSER FÜR KLEINE FLEXION
/viele böse Geister/	*/alle guten Geister/*
/die schrecklich vielen bösen Geister/	*/von allen guten Geistern verlassen/*
/die Anwesenheit vieler böser Geister/	*/die Abwesenheit aller guten Geister/*

(C) Situierende Adjektive

Adjektive des Typus *andere/die anderen, weitere/die weiteren, sonstige/die sonstigen, folgende/die folgenden* werden ebenfalls, jeweils groß oder klein flektiert, von nachfolgenden Adjektiven in den Flexiven »imitiert«:

KLEINE FLEXION	GROSSE FLEXION
/wegen der sonstigen dringenden Verpflichtungen/	*/trotz anderer dringender Verpflichtungen/*
/die Namen der übrigen anwesenden Teilnehmer/	*/die Namen folgender fehlender Teilnehmer/*

Die Form *folgendes* wird gelegentlich auch als flexivhaltiger Artikel angesehen, der die kleine Adjektiv-Flexion auslöst (*wir unterbreiten Ihnen folgendes günstige Angebot*).

(9) Die bisher behandelten Regeln über die Auslöser der kleinen und der großen Adjektiv-Flexion gelten auch dann, wenn ein Adjektiv nominali-

siert wird (vgl. 9.1.4.2). Die nominalisierte Form behält dann in den meisten Fällen die Flexive, die sie auch als attributives Adjektiv hätte (*ein alter Mann/ein Alter*). Sie kann daher, je nach dem Auslöser, die Flexive der kleinen oder der großen Flexion zeigen. Zu den Auslösern kommt in diesem Fall allerdings noch das Negations-Morphem *nichts* hinzu, das ebenso wie *etwas* die große Adjektiv-Flexion auslöst. Zur Unterscheidung:

KLEINE ADJEKTIV-FLEXION	GROSSE ADJEKTIV-FLEXION
/die Angestellte/	*/für Angestellte/*
/einen Abgeordneten/	*/bei Abgeordneten/*
/mit vielem Nützlichen/	*/mit etwas Nützlichem/*
/dieser Reisende/	*/ein Reisender/*
/alles Gute!/	*/nichts Gutes/*

Auch das Adjektiv *deutsch* zeigt in der Nominalisierung, je nach dem Auslöser, die Flexive entweder der kleinen oder der großen Flexion. Zum Vergleich:

KLEINE ADJEKTIV-FLEXION	GROSSE ADJEKTIV-FLEXION
/der Deutsche/	*/ein Deutscher/*
/diese Deutsche/ (Fem./Sing.)	*/∅ Deutsche/* (Plur.)
/alle Deutschen/	*/einige Deutsche/*
/der kleine Deutsche/	*/ein kleiner Deutscher/*

Schwankenden Sprachgebrauch verzeichnet man bei dem Ausdruck *wir Deutschen/wir Deutsche.* Die an zweiter Stelle genannte Variante ist heute weniger üblich.

Wenn adjektivische Sprachennamen nominalisiert werden, so erscheinen sie entweder ohne Flexive oder mit den Flexiven der kleinen Flexion im Neutrum. Zum Vergleich:

OHNE FLEXIVE	MIT FLEXIVEN
/sprechen sie Deutsch?/	*/im Deutschen sagt man so/*
/ich kann gut Polnisch/	*/das Spanische/*
/Wörterbuch Deutsch/Schwedisch/	*/aus dem Französischen übersetzen/*

/hier wird Plattdeutsch gesprochen/	*/ins Chinesische übertragen/*
/das kraftvolle Deutsch Luthers/	*/Strukturen des Portugiesischen/*

Man kann nebeneinander sagen: *mit Deutsch/mit dem Deutschen habe ich keine Schwierigkeiten mehr.* Nach der Präposition *auf* folgen solche Sprachennamen immer ohne Flexive und werden dann normgerecht kleingeschrieben: *auf englisch, auf griechisch, auf japanisch.* Man findet jedoch manchmal auch Großschreibung. Zu beachten ist weiterhin die Unterscheidung zwischen dem Sprachennamen und dem Namen des zugehörigen Lehrfaches:

SPRACHE	LEHRFACH
/im Deutschen/	*/eine Prüfung in Deutsch/*
/auf (gut) deutsch/	*/im Fach Deutsch (als Fremdsprache)/*

Werden nominalisierte Adjektive ihrerseits durch ein attributives Adjektiv determiniert, so zeigen beide Lexeme die gleichen Flexive: *ein großer Dicker, die kleine Dünne, die Streiche frecher Jugendlicher.*

5.3 Adjektive im Vergleich

Wenn zwei oder mehr Gegenstände miteinander verglichen werden, so kann das Ergebnis dieses Vergleichs die Feststellung von Gleichheit oder von Ungleichheit sein. Zwischen vollständiger Gleichheit und vollständiger Ungleichheit erstreckt sich eine weite Skala der Ähnlichkeit, deren Grade mit sprachlichen Mitteln in vielfältiger Nuancierung bezeichnet werden können. Für diesen Zweck steht eine größere Zahl von Adverbien und Vergleichs-Junktoren zur Verfügung, die im Adverb-Kapitel (Kap. 6) und im Junktions-Kapitel (Kap. 7) zusammenhängend besprochen werden. Von besonderer Wichtigkeit sind Vergleiche für die Sprachzeichenklasse des Adjektivs. Insbesondere unter den Gesichtspunkten der Quantität und der Qualität werden adjektivisch ausgedrückte Eigenschaften gerne verglichen. Man kann drei Vergleichsstufen unterscheiden: die Positiv-Stufe (5.3.1), die Komparativ-Stufe (5.3.2) und die Superlativ-Stufe (5.3.3). Im Hinblick auf Vergleichsnormen sind einige besondere Gebrauchsweisen des Komparativs und Superlativs zu beachten (5.3.4). Die drei Vergleichsstufen des Adjektivs sind grundsätzlich frei kombinierbar mit den drei Funktionen des Adjektivs, also der attributiven, der prädikativen und der applikativen Funktion; im Einzelfall kommt es jedoch zu Kombinationsbeschränkungen.

5.3.1 Positiv-Stufe

Die Positiv-Stufe des Adjektivs ist formgleich mit seiner (entweder unflektierten oder flektierten) Grundform, wie sie oben beschrieben worden ist (vgl. 5.2). Die Bedeutung des Adjektivs läßt sich auf dieser Stufe vielfältig determinieren, insbesondere durch andere Adjektive in applikativer Funktion oder durch Adverbien verschiedener Art:

APPLIKATIVE ADJEKTIVE

/bist du wieder richtig gesund/?

/du bist aber schon wieder ganz schön munter/

ADVERBIEN

/ich fühle mich noch sehr krank/

/aber zum Arbeiten bin ich noch zu schwach/

Auch das Adverb *so* kann zu einem Adjektiv auf der Positiv-Stufe hinzutreten; es wird nicht selten emphatisch betont:

/ich bin ja so (lautmalerisch: *sooo*) *glücklich, daß du mich besuchen kommst!/*

Des weiteren wird die Positiv-Stufe des Adjektivs häufig durch explizite Vergleiche mit anderen Sprachzeichen determiniert, zum Beispiel:

/ich war (genau) so krank wie du/

/ich bin nicht so gesund, wie du meinst/

Die Vergleichsjunktoren, mit deren Hilfe solche Vergleiche zustande gebracht werden, werden im Junktions-Kapitel im einzelnen besprochen (vgl. 7.5.1.1).

5.3.2 Komparativ-Stufe

Die komparativische Vergleichsstufe des Adjektivs beruht auf einem Vergleich zwischen der vom Sprecher im Text gemeinten Adjektiv-Bedeutung und einer abweichenden Bedeutungserwartung, die beim Hörer besteht oder vermutet wird. Die Bedeutung des Komparativs baut sich aus den semantischen Merkmalen ⟨GLEICHSTELLUNG⟩ und ⟨KORREKTUR⟩ auf. Wenn nämlich der Sprecher den Eindruck hat, daß die vom Hörer erwartete Gleichstellung inadäquat ist, so kann er diese Erwartung korrigieren, indem er das Adjektiv »steigert«, das heißt, seine Bedeutung im Text höherstuft. Zum Ausdruck der Steigerung dient das Komparativ-Morphem *-r*, das nach einem Konsonanten oder einem betonten Vokal um ein vokalisches Element zu *-er* [-ɐ] erweitert wird (zum Beispiel: *fein* → *feiner, roh* → *roher*). Beim unflektierten Adjektiv wird dieses Morphem am Ende angehängt; beim flektierten Adjektiv wird es mit der Lautform [-ər-] zwischen das Adjektiv-Lexem und seine Flexive eingeschoben:

POSITIV UND KOMPARATIV DES UNFLEKTIERTEN ADJEKTIVS

ich bin zufrieden →
du bist zufriedener

du lebst bequem →
ich lebe bequemer

POSITIV UND KOMPARATIV DES FLEKTIERTEN ADJEKTIVS

ein gemütliches Leben →
ein gemütlicheres Leben

sympathische Menschen →
sympathischere Menschen

Bei vielen Adjektiven der deutschen Sprache, vor allem bei einfachen, nicht abgeleiteten Adjektiven, wird die Form des Komparativs mit Umlaut gebildet. Beispiele:

stark → *stärker*

groß → *größer*

lang → *länger*

alt → *älter*

schwach → *schwächer*

klug → *klüger*

kurz → *kürzer*

jung → *jünger*

Ob der Komparativ bei einem gegebenen Adjektiv mit oder ohne Umlaut gebildet wird, ist jeweils dem Wörterbuch zu entnehmen. Diejenigen Adjektive auf *-el* und *-er*, die bei einer Verbindung mit Flexiven diese beiden Laute umkehren (*dunkel* → *ein dunkler Keller* – vgl. 5.2.1), verfahren ebenso vor dem Komparativ-Morphem (*der linke Keller ist dunkel, der rechte ist dunkler*).

Einen formal unregelmäßigen Komparativ bildet das vielgebrauchte Adjektiv *gut* mit der Komparativform *besser*. Einige aus unterschiedlichen Herkunftssprachen übernommene Lehn-Adjektive haben keine normgerechten Komparativformen ausgebildet, zum Beispiel: *chic, fit*, doch findet man mündlich-umgangssprachlich auch: [ʃɪkɐ], [fɪtɐ]. Relativ selten werden Komparativformen von Partizipien gebildet.

Die Minderung einer Adjektiv-Bedeutung (»Steigerung nach unten«) wird nicht mit an- oder eingefügten Morphemen (»synthetisch«) zum Ausdruck gebracht. Stattdessen bildet man den Minderungs-Komparativ (»analytisch«) mit dem - selber komparativisch gebildeten - Adverb *weniger*, zum Beispiel:

gut → *weniger gut*

frei → *weniger frei*

aufrichtig → *weniger aufrichtig*

demokratisch → *weniger demokratisch*

Die nachfolgenden Beispiele zeigen einige Varianten des Komparativs je nach adverbialen und sonstigen Nuancierungen:

(1) Komparativ + *immer*

/unsere Schulden werden immer (ständig, täglich) größer/

Der Komparativ steht hier mit dem Adverb *immer* (oder einem anderen Ausdruck mit ähnlicher Bedeutung), wenn die Korrektur der Erwartung den vom Verb bezeichneten Vorgang kontinuierlich begleiten soll. Besonders häufig findet sich die Verbindung eines Komparativs mit dem Adverb *immer* nach dem Kopulaverb *werde*, wie das Beispiel oben zeigt.

(2) Komparativ + *noch*

/jetzt müssen wir noch (viel, weitaus) sparsamer leben als im vorigen Jahr/

Von dem Adverb *noch* wird der Komparativ begleitet, wenn er sich auf eine ausgesprochene oder unausgesprochene Erwartung des Hörers bezieht, die selber schon komparativischen Charakter hat.

(3) Komparativ + *je - um so (desto)*

/je unverschämter die Preise sind, um so (oder: *desto*) *zögernder kaufen die Leute ein/*

Der zweiteilige Vergleichsjunktor *je - um so* mit der Variante *je - desto* (archaisch auch: *je - je*) wird gebraucht, wenn zwei Komparative in ein Verhältnis der gleichbleibenden Entsprechung gesetzt werden sollen (vgl. 7.5.1.3).

(4) Komparativ + *als wenn*

/alleine kauft er besser ein, als wenn ich dabei wäre/

Nach dem Komparativ *besser* wird hier das Vergleichsadjunkt ausdrücklich genannt, jedoch durch den Vergleichsjunktor *als wenn* in Verbindung mit dem restriktiven Konjunktiv in einen hypothetischen Rahmen versetzt (vgl. 7.5.1.2).

Komparative können selbstverständlich auch verneint werden. Dann wird die mit dem Komparativ ausgedrückte Korrektur einer Erwartung wieder gestoppt, und die alte Erwartung stellt sich neu ein. Beispiel:

/du bist auch nicht klüger als dein Vorgänger/

Die alte und zugleich neue Erwartung besagt, daß der Nachfolger höchstens ebenso klug ist wie der Vorgänger.

In denjenigen Fällen, in denen sich die Korrektur einer Erwartung ausdrücklich auf den mehr oder weniger angemessenen Wortgebrauch des Adjektivs richtet, wird statt des Komparativ-Morphems das zweiteilige (selber komparativisch gebildete) Adverb *mehr - als* gebraucht, an dessen Stelle bei einer Korrektur nach unten (Minderung) das Adverb *weniger - als* tritt. Beispiel:

/ich fand dein Verhalten mehr als tollkühn/

/aus diesem Abenteuer bist du mehr tot als lebendig herausgekommen/

/ich finde das alles weniger lustig als ärgerlich/

Man kann diese Formen als »analytische« Komparativformen bezeichnen.

5.3.3 Superlativ-Stufe

Der Superlativ ist die zweite Steigerungsstufe. Während der Komparativ als Anweisung an den Hörer darauf abzielt, eine durch den Kontext oder die Situation gegebene Gleichstellungs-Erwartung nach oben oder nach unten zu korrigieren, erhält der Hörer mit dem Superlativ die weitergehende Anweisung, jede beliebige Erwartung dieser Art bezüglich der Adjektiv-Bedeutung zu über- oder zu unterbieten. Insofern ist der Superlativ die äußerste Vergleichsstufe.

In den meisten Fällen wird der Superlativ durch das Morphem *-st* ausgedrückt, das zwischen das Adjektiv-Lexem und seine Flexive eingefügt wird. Nach einem Adjektiv-Lexem, das auf *-s, -ß, -sch, -z, -t* oder auf betonten Vokal auslautet, wird dieses Morphem zu *-est* gelängt. Zum Vergleich:

NORMALFORM	LANGFORM
der wärmste Tag	*die leiseste Musik*
die klarste Sicht	*die heißeste Sonne*
die längste Nacht	*der frischeste Wind*
der schönste Ausflug	*der stolzeste Blick*
die lustigste Stimmung	*das lauteste Lachen*
die fröhlichsten Geschichten	*die treueste Seele*

Beim Superlativ des Adjektivs *groß* wird das Superlativ-Morphem ausnahmsweise zu *-t* gekürzt (*der größte Andrang*). Der Umlaut (vgl. in den Beispielen die Formen *wärmste, längste, größte*) folgt beim Superlativ im allgemeinen den Umlautregeln des Komparativs (vgl. 5.3.2). Darüber unterrichtet im einzelnen das Wörterbuch. Eine unregelmäßige Superlativbildung zeigt, ebenso wie beim Komparativ, das Adjektiv *gut: das gute Obst → das bessere Obst → das beste Obst.* Bei zwei Adjektiven zeigt der Superlativ einen vom Komparativ abweichenden Konsonanten:

hoch [hoːχ] *der hohe Baum → der höhere Baum*
→ der höchste [høːçstə] *Baum/*

nahe [naːə]: *die nahe Stadt → die nähere* [nɛərə] *Stadt*
→ die nächste [nɛçstə] *Stadt*

Es hängt mit der Bedeutung des Superlativs als Anweisung zur Steigerung jeder beliebigen Intensitätserwartung zusammen, daß er beim attributiven Adjektiv besonders gern nach dem anaphorischen Artikel steht. Denn da nach der Anweisung des Superlativs jede beliebige Erwartung überboten werden soll, ist es in der Regel beim Gebrauch dieser Form nicht nötig, auf Nachinformation aufmerksam zu machen. Es ist jedoch auch eine Verbindung mit dem kataphorischen Null-Artikel möglich, zum Beispiel: *niedrigste Preise, beste Qualität.*

Beim nichtflektierten Adjektiv hat der Superlativ eine andere Form. Er ist dann zweiteilig und hat die invariante Form *am -sten,* die das betreffende Adjektiv-Lexem umklammert. Das gilt sowohl für den prädikativen als auch für den applikativen Gebrauch des Adjektivs. Man unterscheidet also:

FLEKTIERTER SUPERLATIV	NICHTFLEKTIERTER SUPERLATIV
/der köstlichste Wein/	*/so ist es am bequemsten/*
/das schmackhafteste Brot/	*/hier schmeckt es am besten/*
/süßeste Früchte/	*/am einfachsten ist es, wenn . . ./*
/schwärzester Kaffee/	*/am glücklichsten war ich, als . . ./*

Es gibt beim unflektierten Adjektiv eine weitere Superlativ-Form, die allerdings nur in gehobener Sprache gebraucht wird. Sie ist an den folgenden, auch vom Kontext her etwas archaisch gewählten Beispielen zu erkennen:

/in der Welt ist alles aufs wunderbarste eingerichtet/

/das haben Sie aber aufs trefflichste ausgedrückt!/

Partizipien werden relativ selten in den Superlativ gesetzt. Sollen sie gesteigert werden, so bedient man sich eher der üblichen Wortbildungsmittel (vgl. 9.2.1.2.2) und sagt zum Beispiel:

/die höchstgefährdeten Betriebe/	*/die meistbietenden Käufer/*
/die dichtestbevölkerten Städte/	*/die längstvergangenen Zeiten/*

Grundsätzlich ist aber auch bei Partizipien die gewöhnliche Bildung des Superlativs möglich; sie wird insbesondere dann gewählt, wenn das Partizip in seiner semantischen Entwicklung bereits sehr stark als Adjektiv empfunden wird. Beispiele: *rührendste Erinnerungen, in gedrücktester Stimmung.* Das Modal-Partizip (»Gerundiv«) läßt keine grammatische Superlativbildung zu.

Da der Superlativ gegenüber einer bestehenden Erwartung die äußerste Steigerung, also eine sehr weitgehende Korrektur ausdrückt, zieht er leicht Emotionen auf sich, die emphatisch zum Ausdruck gebracht werden wollen. Dann kann der Superlativ noch einmal emotional bekräftigt werden, und zwar entweder durch das vorangestellte Morphem *aller-* oder durch die meistens nachgestellten Präpositional-Adjunkte *von allen* oder *auf der ganzen Welt,* seltener auch durch das voran- oder nachgestellte Adverb *überhaupt.* Beispiele:

/das war für mich die allerschönste Reise/

/war es wirklich für dich die interessanteste Unternehmung von allen?/

/es war für mich die lustigste Sache von der (ganzen) Welt/

Adjektive der Superlativ-Stufe können wie alle anderen Adjektive nominalisiert werden. Beispiele:

/die Klügsten sind nicht immer die Tapfersten/

/ich wünsche dir das Allerbeste/

Die unflektierte Form des Superlativs kann jedoch nicht nominalisiert werden.

5.3.4 Norm-Komparative und Norm-Superlative

Komparativ- und Superlativformen der Adjektive können sich auch auf Erwartungsnormen beziehen. Dann entstehen, ohne daß sich die Formen ändern, Norm-Komparative und Norm-Superlative. Sie haben anstatt des Merkmals ⟨GLEICHSTELLUNG⟩ das Merkmal ⟨NORM⟩.

Der Norm-Komparativ (»absoluter Komparativ«) setzt voraus, daß sich das betreffende Adjektiv in einer gegebenen Situation auf eine Gewohnheitsnorm (Normalitätsnorm) bezieht, die er mit steigernder oder mindernder Bedeutung umspielt. Da die Gewohnheitsnorm als allgemein bekannt gelten kann, erübrigt sich die ausdrückliche Nennung eines bestimmten Vergleichsadjunkts. So bezeichnet der komparativische Ausdruck *eine längere Reise* eine Reise, die etwas mehr Zeit in Anspruch nimmt, als in einer gegebenen Situation üblich ist. Mit dem Ausdruck *an kühleren Tagen* bezieht man sich auf eine Temperatur, die etwas unter dem liegt, was für die Jahreszeit normal ist. Und *eine größere Geldsumme* ist ein Betrag, der etwas über dem liegt, was in der betreffenden Situation die Regel ist. Wichtig ist in all diesen Fällen, daß die Gewohnheitsnorm durch die Steigerung des Norm-Komparativs nicht ganz außer Kraft gesetzt, sondern nur um ein Geringes über- oder unterboten und in diesem Sinne umspielt wird.

Handelt es sich jedoch um eine ausdrückliche Sollensnorm (Normativitätsnorm), bei der es etwa um Gut und Böse geht, so kann der Norm-Komparativ nicht gebraucht werden. Dementsprechend bezeichnet auch der Komparativ *ein besserer Herr* nicht einen Mann von besonderer moralischer Güte, sondern den Angehörigen einer bestimmten Gesellschaftsschicht, die »höher« als normal eingestuft wird.

Man kann in der deutschen Sprache nicht ein für allemal sagen, von welchen Adjektiven Norm-Komparative gebildet werden können. Das hängt jeweils davon ab, was in einer gegebenen Situation als normal gilt. Immerhin besteht zwischen dem Norm-Komparativ und einigen Adjektiven, die gesellschaftliche Gewohnheiten ausdrücken und daher als besonders normempfindlich gelten können, eine gewisse Affinität. Es handelt sich dabei oft um Adjektivpaare, beispielsweise die folgenden:

/ein älterer Herr/	*/eine jüngere Dame/*
/die reicheren Familien/	*/die ärmeren Leute/*
/die höheren Ideale/	*/tiefere Gefühle/*
/eine größere Stadt/	*/eine kleinere Insel/*
/die nähere Umgebung/	*/entferntere Verwandte/*
/ein ausführlicherer Brief/	*/eine kürzere Ansprache/*
/die ältere Germanistik/	*/die neuere Musik/*

Das gilt auch unter den Bedingungen der Nominalisierung. Zum Vergleich:

/die Besserverdienenden/	*/die Schlechtergestellten/*

In verschiedenen Fällen tritt der Norm-Komparativ auch in lexikalisierter Form auf. Bekannte Beispiele sind: *die reifere Jugend* (euphemistischer Ausdruck mit der Bedeutung ›die älteren Leute‹) und *die Höhere Schule* (Bezeichnung einer Schulform, die über der historischen – jedoch inzwischen anachronistischen – Gewohnheitsnorm der »Volksschule« als Normalschule liegt).

Auch der Superlativ kann, ohne seine Form zu verändern, als Norm-Superlativ (»absoluter Superlativ«, »Elativ«) gebraucht werden, sofern er sich über- oder unterbietend auf jede beliebige Erwartungsnorm richtet. Solche Erwartungsnormen sind in den meisten Fällen Qualitätsnormen. Wenn nun, vor allem in der Sprache der Wirtschaft, solche gewohnheitsmäßigen Qualitätsnormen überboten werden sollen, kann man sagen:

/dieser Gebrauchtwagen ist noch in bestem Zustand/

/wir haben uns bei der Reparatur die größte Mühe gegeben/

Beim Norm-Superlativ des unflektierten Adjektivs hat sich durch Lexikalisierung auch noch die alte Form erhalten:

/dann ist ja alles aufs beste geregelt/

Für die Sprache der herzlichen oder höflichen Zuwendung, zumal im Briefstil, ist der Norm-Superlativ ebenfalls sehr gebräuchlich. So kann etwa ein Brief beginnen mit der Anrede *Liebste Mutter*, und er kann enden mit Ausdrücken wie *Beste Wünsche* oder *Schönste Grüße*. Da aber in all diesen Fällen keine konkreten, sondern nur konventionelle Erwartungen überboten werden, nutzt sich der Norm-Superlativ durch den Gebrauch leicht ab und wird formelhaft. Einer solchen Formelhaftigkeit kann man wiederum mit den Mitteln der adjektivischen Wortbildung entgehen. Beispiele: *eine wildbewegte Vergangenheit, ein tieftrauriger Blick*. Als lexikalische Norm-Superlative können auch Adjektiv-Komposita mit nominaler Bestimmungsform angesehen werden, zum Beispiel: *bildschön, stocksteif, knochentrocken, abgrundtief* (vgl. 9.2.1.2.2).

Als Grenzfall der Steigerung im Bereich des Adjektivs kann schließlich die Exzessivstufe verstanden werden. Sie wird dann erreicht, wenn man der Positivstufe des Adjektivs das Adverb *allzu* voranstellt. Es wird oft, besonders vor prädikativ oder applikativ gebrauchtem Adjektiv, durch die Kurzform *zu* vertreten, die wiederum durch das Adverb *viel* verstärkt werden kann. Beispiele:

/ich kaufe oft zu teuer ein und verkaufe zu billig/

/ich bin kein allzu geschickter Geschäftsmann/

/ich bin viel zu arglos, um gute Geschäfte zu machen/

Das letzte Beispiel gibt im angeschlossenen Infinitiv-Adjunkt mit *um – zu* gleichzeitig die durchbrochene Norm zu erkennen.

5.3.5 Komparative und Superlative im Text

Der nachfolgende Text aus der Novelle »Die Frau des Richters« von Arthur Schnitzler läßt einige Verwendungsweisen des Komparativs im Kontext erkennen. Die Komparativformen sind durch Kursivdruck hervorgehoben und fortlaufend numeriert:

TEXT:

Jedenfalls war er weit herumgekommen, hatte trotz mangelnder Vorbildung an verschiedenen deutschen Universitäten studiert und randaliert, später (1) – niemand wußte, unter welchen Feldherrn und auf welchen Kriegsschauplätzen – als Soldat gefochten, war mit einem jungen Baron in Spanien, Portugal und England als Reisebegleiter oder Hofmeister umhergezogen und in allerlei mehr oder minder ehrenvolle (2) Händel verwickelt gewesen, wobei er öfters (3) mit der Polizei und den Gerichten, wohl auch mit den Gefängnissen nähere (4) Bekanntschaft gemacht haben sollte. Noch etliche Jahre vor dem Tod des alten Herzogs war er sehr vornehm, fast kavaliermäßig angetan, in Karolsmarkt aufgetaucht, hatte seiner Mutter Leinenzeug und Tuch aus Holland, sowie ein Halbdutzend silberne Teller mitgebracht, an der Tafel beim Goldenen Ochsen eine Woche lang alle Bekannten freigehalten, und war eines Abends mittels einer alten Kutsche, in der eine nicht mehr ganz junge, reichgekleidete Dame saß, aus dem Wirtshaus abgeholt worden; seither aber war er von einem Mal zum anderen in immer verschlissenerem (5) Gewand, in immer verdrossenerer (6) Laune und mit trotzdem immer loserem (7) Maul – stets nur zu kurzem Aufenthalt – in Karolsmarkt aufgetaucht; – und so hatte es sich gefügt, daß er gerade an dem Tage, da man den alten Herzog in der Gruft seiner Ahnen beisetzte, in schlimmerem (8)

TEXTGRAMMATISCHER KOMMENTAR:

(1) *später:* Das erste Komparativ-Beispiel zeigt die nichtflektierte Komparativform des applikativ gebrauchten Adjektivs *spät,* das die Verbform (*hatte* –) *gefochten* determiniert.

(2) *mehr oder minder ehrenvolle:* Hier handelt es sich um einen formelhaften Gebrauch der Komparativ-Morpheme *mehr oder minder,* die eine Steigerung nach oben oder nach unten offen lassen.

(3) *öfters*: Diese Form (= Nebenform von *öfter*) ist Norm-Komparativ eines Frequenz-Adverbs (vgl. 6.4.2.3)

(4) *nähere*: Bei dem komparativischen Attribut *nähere Bekanntschaft* handelt es sich um einen Norm-Komparativ (vgl. 5.3.4), der die Tatsache, daß man normalerweise nicht im Gefängnis sitzt, ironisch umspielt.

(5/6/7) *verschlissenerem/verdrossenerer/loserem*: Drei parallele Komparative, die jeweils mit dem Adverb *immer* verbunden sind. Dieses kennzeichnet die Steigerung als kontinuierlich.

(8) *schlimmerem:* Die letzte Komparativform des Textes *in schlimmerem Zustand* hat das formelhafte Vergleichsadjunkt *als je* bei sich, das den Komparativ an die Grenze des Superlativs heranführt.

Zustand als je, beinahe zerlumpt, in Karolsmarkt eingetroffen war, und sich nun als dreiunddreißigjähriger Mensch anschickte, seiner alten Mutter, die sich längst auch von dem letzten silbernen Teller hatte trennen müssen und sich ihren Unterhalt mühselig durch Näh- und Flickarbeiten in fremden Häusern verdiente, in der Tasche zu liegen.[1]

Der weitere Text stammt aus Knigges berühmter Schrift »Über den Umgang mit Menschen« (1788). Knigge macht von Superlativformen einen besonders reichlichen Gebrauch, um die solcherart gesteigerten Eigenschaften umso besser in Kontrast zu anderen erwartbaren Eigenschaften setzen zu können. Der Text, der in seiner Sprachform leicht veraltet ist, lautet:

TEXT:

Wir sehen die klügsten (1), *verständigsten* (2) *Menschen im gemeinen Leben Schritte tun, wozu wir den Kopf schütteln müssen. Wir sehen die feinsten* (3) *theoretischen Menschenkenner das Opfer des gröbsten* (4) *Betrugs werden. Wir sehen die erfahrensten* (5), *geschicktesten* (6) *Männer bei alltäglichen Vorfällen unzweckmäßige Mittel wählen, sehen, daß es ihnen mißlingt, auf andre zu wirken* (. . .).
Wir sehen die witzigsten (7), *hellsten* (8) *Köpfe in Gesellschaften, wo aller Augen auf sie gerichtet waren und jedermann begierig auf jedes Wort lauerte, das aus ihrem Munde kommen würde, eine nicht vorteilhafte Rolle spielen, sehen, wie sie verstummen oder lauter gemeine Dinge sa-*

TEXTGRAMMATISCHER KOMMENTAR:

Es gehört zu den stilistischen Merkmalen dieses Textabschnittes, daß der Autor besonders viele Superlativformen verwendet. Das sind zum Teil Superlative von elementaren Adjektiven, bisweilen mit Umlaut, zum Beispiel: *die klügsten Menschen* (1), *die feinsten Menschenkenner* (3), *des gröbsten Betruges* (4), *die hellsten Köpfe* (8). Zu einem weiteren Teil sind sie von abgeleiteten Adjektiven gebildet, zum Beispiel: *die verständigsten Menschen* (2), *geschicktesten Männer* (6), *die witzigsten Köpfe* (7). Auch bei abgeleiteten Adjektiven mit dem Negations-Präfix *un-*, zum Beispiel: *die untüchtigsten Männer* (12), greift der Autor zu Superlativen, und er tut es ebenso bei Adjek-

1) Arthur Schnitzler: »Die Frau des Richters«, in: *Meistererzählungen,* Frankfurt a. M. 1969, S. 264 f.

gen, indes ein andrer äußerst leerer (9) *Mensch seine dreiundzwanzig Begriffe, die er hie und da aufgeschnappt hat, so durcheinander zu werfen und aufzustutzen versteht, daß er Aufmerksamkeit erregt und selbst bei Männern von Kenntnissen für etwas gilt.*
Wir sehen, daß die glänzendsten (10) *Schönheiten nicht allenthalben gefallen, indes Personen, mit weniger äußern Annehmlichkeiten ausgerüstet, allgemein interessieren. –*
Alle diese Bemerkungen scheinen uns zu sagen, daß die gelehrtesten (11) *Männer, wenn nicht zuweilen die untüchtigsten* (12) *zu allen Weltgeschäften, doch wenigstens unglücklich genug sind, durch den Mangel einer gewissen Gewandtheit zurückgesetzt zu bleiben, und daß die Geistreichsten* (13), *von der Natur mit allen innern und äußern Vorzügen beschenkt, oft am wenigsten zu gefallen, zu glänzen verstehen.*[1]

tiven partizipialer Herkunft, zum Beispiel: *die erfahrensten Männer* (5), *die glänzendsten Schönheiten* (10), *die gelehrtesten Männer* (11). Einmal bildet der Autor den Superlativ mit einem Adverb: *ein äußerst leerer Mensch* (9). Der Ausdruck *die Geistreichsten* (13) zeigt schließlich einen nominalisierten Superlativ. Fast alle Superlative dieses Textes können als Norm-Superlative aufgefaßt werden, da sie sich nach der Intention des Autors auf eine gesellschaftliche Norm bezüglich des »Umgangs mit Menschen« beziehen.

5.4 Adjektive im Kontext

Adjektive dienen hauptsächlich zur Determination anderer Sprachzeichen. Für diese Funktion bringen sie unterschiedliche Voraussetzungen mit, je nach ihrer eigenen Bedeutung (5.4.1). Doch sind Adjektive selber auch determinierbar (5.4.2). In manchen Texten, zumal wenn es sich um Beschreibungen handelt, treten Adjektive gerne gereiht oder gestuft auf (5.4.3). Unter bestimmten Bedingungen können Adjektive auch als Appositionen gebraucht werden (5.4.4).

1) Adolph Freiherr von Knigge: *Über den Umgang mit Menschen,* hg. von Gert Ueding, Frankfurt a. M. 1977, S. 19f.

5.4.1 Zur Semantik der Adjektive

Die Bedeutungen der Adjektive sind vielfältig. Sie können eine Quantität oder eine Qualität, eine Relation oder eine Klassenzugehörigkeit bezeichnen, sie können zur Orientierung und Dimensionierung, zur Charakterisierung oder Situierung, zur Beschreibung oder Unterscheidung, zur Einschätzung oder Beurteilung und zu manchem anderen dienen. Je nachdem, ob das Adjektiv eine engere oder weitere Bedeutung hat, trägt es stärker oder schwächer zur Determination seines Kontextes bei. Dabei ist besonders zu beobachten, daß viele Adjektive Oppositionspaare bilden, die als Pole einer Skala aufgefaßt werden können (5.4.1.1). Unter bestimmten Bedingungen sind diese binären Oppositionen neutralisierbar (5.4.1.2).

5.4.1.1 Adjektiv-Paare

Unter den einfachen, das heißt, nicht abgeleiteten Adjektiven der deutschen Sprache haben eine besonders hohe Frequenz diejenigen Adjektive, die eine Dimension der Leiblichkeit ausdrücken. Für diese Dimensions-Adjektive, die sich primär an der kommunikativen Dyade orientieren, kann als charakteristisch gelten, daß sie als Adjektivpaare in binären Paradigmen angeordnet sind und insofern Polaritäten ausdrücken. Die wichtigsten unter den Dimensions-Adjektiven sind die folgenden:

groß vs. *klein*	*fern (weit)* vs. *nahe*
hoch vs. *tief (niedrig)*	*breit* vs. *schmal*
lang vs. *kurz*	*dick* vs. *dünn*
weit vs. *eng*	*schwer* vs. *leicht*

Die Klammerausdrücke bezeichnen jeweils kontextuelle Varianten dieser Adjektivpaare.

Im weiteren Sinne gehören zur leiblich-kommunikativen Orientierung die folgenden Adjektivpaare, die ebenfalls manche kontextuellen Varianten aufweisen:

hell vs. *dunkel*	*klar* vs. *trübe*
stark (kräftig) vs. *schwach*	*trocken* vs. *naß*
steil vs. *flach*	*laut* vs. *leise*

fest vs. *lose (locker)*

hart vs. *weich*

voll vs. *leer*

schnell vs. *langsam*

alt vs. *jung (neu)*

gesund vs. *krank*

grob vs. *fein*

süß vs. *sauer*

scharf (spitz) vs. *stumpf*

rund vs. *eckig*

glatt vs. *rauh*

früh vs. *spät*

Diesem Muster folgen weiterhin einige Adjektivpaare, die zur elementaren Wertorientierung dienen.

gut vs. *schlecht (böse)*

schön vs. *häßlich*

klug (schlau) vs. *dumm*

richtig vs. *falsch*

fleißig vs. *faul*

munter vs. *träge*

streng vs. *sanft (milde)*

frech vs. *brav (artig)*

teuer vs. *billig*

reich vs. *arm*

ernst vs. *heiter*

lustig (fröhlich) vs. *traurig*

Die genannten Adjektivpaare können im Text auch selber, beispielsweise durch Grad-Adverbien, vielfältig determiniert und dadurch in ihrer Bedeutung differenziert werden. Auf diese Weise kann aus der Polarität des binären Adjektivpaares eine mehr oder weniger nuancierte Skala entstehen:

sehr gut/gut/recht gut/noch gut/ziemlich schlecht/schlecht/ganz schlecht (oder ähnlich)

Die Zahl der oppositionsbildenden Adjektivpaare im Wortschatz der deutschen Sprache ist begrenzt. Es gibt aber Situationen, in denen ein Bedürfnis nach einer binären Opposition besteht, ohne daß es dafür ein passendes Adjektivpaar gäbe. Dann kann man ad hoc ein binäres Adjektiv-Paradigma bilden, indem man einem gegebenen Adjektiv sein mit einem Negations-Präfix gebildetes Gegenwort gegenüberstellt, zum Beispiel: *berufstätig* vs. *nichtberufstätig, versichert* vs. *nichtversichert, wissenschaftlich* vs. *nichtwissenschaftlich* (zu *un-* vgl. 9.2.1.2.1).

5.4.1.2 Neutralisierungen

Will man einen Gesprächspartner nach der genauen Einordnung einer Adjektivbedeutung auf einer polar begrenzten Skala fragen, so stellt man gewöhnlich eine *Wie*-Frage und fragt beispielsweise: *Wie klug ist er?* Es ist bemerkenswert, daß man bei dieser Frage normalerweise eines der Adjektive des jeweiligen Adjektivpaares wählt, im Falle des Adjektivpaares *klug* vs. *dumm* das Adjektiv *klug,* nicht das Adjektiv *dumm.* Im Kontext einer *Wie*-Frage dient das Adjektiv *klug* also gleichzeitig als Neutralisierungsform, die für die ganze Opposition und die aus ihr als polaren Grenzwerten gebildete Skala steht, so daß man auf die Frage *Wie klug ist er?* auch antworten kann: *Ziemlich dumm.*

Man bezeichnet die in einem gegebenen Kontext, wie hier beispielsweise im Kontext der *Wie*-Frage, gebrauchte Neutralisierungsform gelegentlich als das »unmarkierte« Oppositionsglied, im Gegensatz zu dem nicht als Neutralisierungsform zu gebrauchenden »markierten« Oppositionsglied.

Je enger ein Adjektivpaar an die Gegebenheiten der leiblichen Orientierung in der kommunikativen Dyade gebunden ist, umso eindeutiger kann man für ein bestimmtes Adjektivpaar vorhersagen, welches die unmarkierte Neutralisierungsform ist, die in der *Wie*-Frage für das Adjektivpaar und schlechthin die ganze von ihm gebildete semantische Skala steht. Man fragt also immer:

/wie weit ist der Weg zum Bahnhof?/

/ wie schwer ist der Koffer? /

/ wie groß (oder: *wie stark) bist du? /*

Die Wahl der Adjektive *weit, schwer, groß (stark)* statt ihrer Gegenwörter (Antonyme) *nahe, leicht, klein (schwach)* ist hier anthropologisch motiviert: die in der *Wie*-Frage gewählten Neutralisierungsformen bezeichnen grundsächlich die Richtung, in der eine physische oder psychische Anstrengung des Handelnden gefordert ist. Ein *naher* Bahnhof und ein *leichter* Koffer verlangen dem Handelnden keine besondere Anstrengung ab, im Gegensatz zu einem *weiten Weg* und einem *schweren Koffer.*

Diese allgemeine Neutralisierungsregel für Adjektivpaare ist jedoch immer situationsabhängig zu interpretieren. Wenn sich beispielsweise in einer gegebenen Situation eine Gefahr ankündigt und nur kurze Zeit zur

Rettung bleibt, so kann man zwar nach wie vor mit einer der üblichen Neutralisierungsformen (*weit, lang*) fragen; da aber nun eine Anstrengung in der Gegenrichtung gefordert ist, wählt man jetzt in der Regel das andere Glied der Opposition als Neutralisierungsform. Zum Vergleich:

ÜBLICHE NEUTRALISIERUNGSFORM	UNÜBLICHE NEUTRALISIERUNGSFORM
/wie weit ist der Feind noch weg?/	*/wie nahe ist der Feind schon heran?/*
/wie lang ist die Frist, die noch zur Flucht bleibt?/	*/wie kurz ist die Frist geworden, die zur Flucht bleibt?/*

In der besonderen Situation, wie sie hier angenommen wird, muß sich die Anstrengung des Handelnden auf die *Nähe* des Feindes und die *Kürze* der verbleibenden Frist richten, daher die Umkehrung in der Wahl der Neutralisierungsform. Je weniger deutlich nun im Einzelfall bestimmt werden kann, in welcher Richtung die Anstrengung eines Handelnden gefordert ist, um so weniger deutlich ist auch die Wahl eines der Adjektive aus dem oppositiven Adjektivpaar als Neutralisierungsform vorhersehbar. So kann man also beispielsweise bei dem Adjektivpaar *trocken* vs. *naß (feucht)* mit gleichem Recht fragen: *Wie trocken ist die Wäsche?* oder *Wie naß ist die Wäsche?* Erst eine genaue Kenntnis der Situation kann hier klären, wo das jeweilige Problem liegt, das eine Anstrengung erfordert, denn davon hängt die Wahl des Adjektivs in der *Wie*-Frage ab.

5.4.2 Determination von Adjektiven

Ungeachtet der Determinationsleistungen, die sie für andere Sprachzeichen erbringen, können Adjektive selber auf vielfältige Weise determiniert werden. Das gilt für alle drei syntaktischen Funktionen, die das Adjektiv wahrnehmen kann. Man vergleiche die folgenden Beispiele, in denen das Adjektiv *gut* in jeder der drei Funktionen durch das Adverb *sehr* determiniert wird:

PRÄDIKATIVE FUNKTION	APPLIKATIVE FUNKTION	ATTRIBUTIVE FUNKTION
/die Arbeit ist sehr gut/	*/Sie haben sehr gut gearbeitet/*	*/eine sehr gute Arbeit/*

Die unterschiedlichen Arten der Determination (5.4.2.1) sowie im besonderen die Kontextbedingungen, die für determinierte Adjektive in der Nominalklammer bestehen (5.4.2.2), sollen im folgenden genauer betrachtet werden.

5.4.2.1 Arten der Adjektiv-Determination

Die nachfolgende Übersicht zeigt charakteristische Determinanten von Adjektiven, die in verschiedener Funktion gebraucht werden:

(1) Adjektive determiniert durch Adverbien

/Vorsicht ist immer richtig/

/fahren Sie diesmal besonders langsam!/

Durch die Adverbien *immer* und *besonders* werden hier zwei unflektierte Adjektive determiniert, und zwar im ersten Beispiel ein prädikativ gebrauchtes Adjektiv (*richtig*), im zweiten Beispiel ein applikativ gebrauchtes Adjektiv (*langsam*). Die determinierenden Adverbien stehen vor den determinierten Adjektiven.

(2) Adjektive determiniert durch applikative Adjektive

/Sie sind heute ja stark beschäftigt/

/ich werde in kritischen Situationen schnell nervös/

Zwei Adjektive in prädikativer Funktion (*beschäftigt, nervös*) werden in diesen Beispielen durch andere Adjektive in applikativer Funktion (*stark, schnell*) determiniert. Wieder gehen die Determinanten voran.

(3) Adjektive determiniert durch Präpositional-Adjunkte

/die seit längerer Zeit fertigen Pläne wurden jetzt veröffentlicht/

/sie zeigten sich mit den Neuerungen einverstanden/

Mit Präpositional-Adjunkten kann man attributiv oder prädikativ gebrauchte Adjektive recht genau determinieren. Bei attributiven Adjektiven geht das Präpositional-Adjunkt den Adjektiven voran. Werden prädikative Adjektive determiniert, so ist die Wahl der Adjunkt-Stellung meist frei; das Präpositional-Adjunkt kann entweder vor oder nach dem Adjektiv stehen. Welche Stellung im jeweiligen Text bevorzugt wird, hängt einerseits von der Länge des Adjunkts, andererseits vom Informationsprofil des Textabschnittes ab. Unter annähernd gleichen Kontextbedingungen sind beide Stellungen möglich. Zum Vergleich:

VORANGESTELLTES PRÄPOSITIONAL-ADJUNKT	NACHGESTELLTES PRÄPOSITIONAL-ADJUNKT
/sie ist zu großen Anstrengungen entschlossen/	*/er ist begeistert von ihren Energien/*

In beiden Beispielen könnte, wenn es der Kontext ratsam erscheinen ließe, ohne Verstoß gegen die Regeln der Grammatik auch die jeweils andere Stellung des Adjunkts gewählt werden.

Einige Adjektive, die aus der Verwaltungssprache stammen und eine Orientierungs-Bedeutung haben, sind ohne ein passendes Präpositional-Adjunkt kaum sinnvoll zu gebrauchen; man spricht dann von obligatorischen Determinanten (»Ergänzungen«). Auch in diesem Fall sind beide Stellungen möglich, wie die folgenden Beispiele zeigen:

VORANGESTELLTES PRÄPOSITIONAL-ADJUNKT	NACHGESTELLTES PRÄPOSITIONAL-ADJUNKT
/seit einigen Jahren ist sie in Berlin wohnhaft/	*/sie ist gebürtig aus Dresden/*

Das Präpositional-Adjunkt des ersten Beispiels könnte auch *nach*, das des zweiten Beispiels auch *vor* dem jeweiligen Prädikats-Adjektiv stehen.

Ein Adjektiv kann ferner gleichzeitig durch mehrere Präpositional-Adjunkte determiniert werden. Beispiel:

/die Bundesrepublik Deutschland ist mit ihren Produkten vom Export abhängig/

In diesem Beispiel stehen die beiden verschiedenen Präpositional-Adjunkte im Mittelfeld der Kopulaklammer *vor* dem Prädikats-Adjektiv *abhängig*, das als Nachverb die Verbalklammer schließt. Dieses Adjektiv drückt nun seiner Bedeutung nach eine Relation aus und verlangt folglich nach einer Determination, durch welche diese Relation spezifiziert wird. Das geschieht in erster Linie durch das Präpositional-Adjunkt *vom Export*, und dann gilt die Regel, daß dieses Adjunkt, weil es vom Sinn her besonders notwendig (»obligatorisch«) ist, dem klammerschließenden Prädikats-Adjektiv am nächsten steht.

Bei einer Überlastung des Determinationsgefüges, wenn etwa in dem besprochenen Beispiel noch ein weiteres Präpositional-Adjunkt (*ins Ausland*) hinzukommen soll, weicht man eher auf ein satzförmiges Adjunkt aus, dem im Nachfeld der Verbalklammer mehr Raum geboten wird, zum Beispiel:

/die Bundesrepublik Deutschland ist davon abhängig, daß ein Großteil ihrer Produkte ins Ausland exportiert wird/

Man beachte hier auch das Vorsignal *davon*, das ein satzförmiges Adjunkt in der Nachstellung ankündigt.

(4) Adjektive determiniert durch Genitiv-Adjunkte

Adjektive, die zu ihrer Determination ein Genitiv-Adjunkt bei sich haben – man findet sie vorwiegend in prädikativer Funktion –, sind im allgemeinen auf ein sehr gepflegtes und etwas steif-pedantisches Stilregister beschränkt. Sie bilden eine semantisch ziemlich deutlich abgrenzbare Gruppe, bei der es um die Teilhabe oder Nichtteilhabe an Besitz, oft auch Wissensbesitz geht:

/ich bewundere dich, wie du der deutschen Sprache mächtig bist/

/ich bin zwar des Deutschen kundig, aber der Grammatik überdrüssig/

Weitere Adjektive dieser Gruppe sind: *bar, bedürftig, gewärtig, eingedenk, fähig, froh, ledig, teilhaftig, würdig.* Aus der Fachsprache des Rechts, jedoch mit Auswirkungen auf die Gemeinsprache, kommen einige weitere Adjektive mit dem Genitiv hinzu, vor allem solche wie die folgenden:

/ein des Diebstahls verdächtiger Mann wurde festgenommen/

/sie ist einer schweren Unterschlagung schuldig/

Das Genitiv-Adjunkt gibt hier für das zu determinierende Adjektiv den Inhalt der (gerichtlichen) Bezichtigung an.

Überhaupt findet man Genitiv-Adjunkte zur Determination eines Adjektivs in der älteren Sprache viel häufiger als in der Gegenwartssprache, die dahin tendiert, Adjektive mit Genitiv-Adjunkten durch Wendungen mit Präpositional-Adjunkten zu ersetzen. Zum Vergleich:

GEPFLEGT-ARCHAISCHES STILREGISTER	NEUTRAL-MODERNES STILREGISTER
/*wir sind aller Sorgen ledig* (oder: *bar*)/	/*wir sind von allen Sorgen frei*/
/*ich bin mir deiner Lage wohl bewußt*/	/*ich bin mir über deine Lage im klaren*/

(5) Adjektive determiniert durch satzförmige (klammerförmige) Adjunkte

/*sind Sie nun (davon) überzeugt, daß die Vorschläge annehmbar sind?*/

/*ich bin erfreut, endlich Ergebnisse zu sehen*/

Von allen Determinanten, die ein Adjektiv bei sich haben kann, erlauben satzförmige Adjunkte (»Nebensätze«) oder andere zwar nicht satzförmige, aber doch klammerförmige Adjunkte (»Infinitivsätze«) die größte semantische Vielfalt der Determination. Satz- und klammerförmige Adjunkte sind meistens relativ umfangreich und werden deshalb dem determinationsbedürftigen Adjektiv in der Regel nachgestellt. Man vergleiche jedoch als Grenzfall:

VORANGESTELLTES INFINITIV-ADJUNKT	NACHGESTELLTES INFINITIV-ADJUNKT
/*sind Sie nun endlich zu kommen entschlossen?*/	/*ich bin schon lange entschlossen zu kommen*/

Die Voranstellung wirkt hier gepflegter als die Nachstellung, die als Normalstellung gelten kann. Sobald aber das Infinitiv-Adjunkt selber erweitert ist, ist die Nachstellung des Adjunkts die Regel.

(6) Adjektive determiniert durch Handlungsrollen (Adjektiv-Valenz)

Bestimmte Adjektive können auch eine Handlungsrolle bei sich haben, jedoch nur entweder die Partner- oder die Objektrolle, nicht die Subjektrolle. Das Adjektiv nimmt dadurch Valenz-Eigenschaften an, so daß man von einer Adjektiv-Valenz sprechen kann. Diese kann natürlich beim prädikativen Adjektiv, das ja als Nachverb einer Verbalklammer (näherhin: Kopulaklammer) fungiert, auch als Valenz des Verbs aufgefaßt werden. Adjektive mit determinierenden Handlungsrollen findet man daher nur selten in anderer als prädikativer Funktion. Wir besprechen zunächst Determinanten in der Partnerrolle, sodann in der Objektrolle.

(A) Adjektive determiniert durch die Partnerrolle

/das ist den Kunden gar nicht lieb/

/das mir höchst peinliche Gespräch hatte keine unangenehmen Folgen/

In diesen Beispielen kann man den Adjektiven *lieb* und *peinlich* Subjekt-Partner-Valenz zuschreiben (vgl. 2.5.3). Die meisten dieser Adjektive mit einer Partnerrolle drücken eine Bewertung aus. Zu den Adjektiven dieser Gruppe gehören auch *ungeheuer, unheimlich, fremd, unangenehm, unbegreiflich, bekannt, angeboren.*

Die unterschiedliche Valenz kann die Bedeutung des Prädikats-Adjektivs unter Umständen stark beeinflussen. Zum Vergleich:

OHNE PARTNERROLLE	MIT PARTNERROLLE
/dieser Mensch ist böse/ (= ›er ist von bösem Charakter‹)	*/dieser Mensch ist mir böse/* (= ›er hegt Unwillen gegen mich‹)

Bei einigen – vorwiegend prädikativ gebrauchten – Adjektiven findet man ein eigenes Handlungsrollenprofil, das durch die Anwesenheit der Partnerrolle und die Abwesenheit der Subjektrolle gekennzeichnet ist. Man kann diese Adjektive als reine Partner-Adjektive bezeichnen. Beispiele:

/mir war ganz kalt, und dann wurde mir plötzlich ganz warm (heiß)/

/da konnte einem wohl angst und bange werden/ (Die Form *einem* ist Dativ von *man.*)

Partner-Adjektive wie diese geben Auskunft über das Befinden der mit der Partnerrolle bezeichneten Person.

Der heutige Sprachgebrauch tendiert jedoch dahin, reine Partner-Adjektive durch andere Ausdrücke zu ersetzen, die ihrer Struktur nach weniger auffällig sind, zum Beispiel: *ich friere, ich habe Angst, ich bin besorgt.*

(B) Adjektive determiniert durch die Objektrolle

/ich bin die ganze Sache leid/

/du bist das einfach nicht gewohnt/

In diesen Beispielen hat das Adjektiv (*leid, gewohnt*) zum Ausdruck der Handlungsrolle ein Objekt bei sich, das im ersten Fall nominal, im zweiten Fall pronominal besetzt ist. Auch in diesem Fall kann man von Adjektiv-Valenz sprechen; es liegt jedoch gleichzeitig, da das Prädikats-Adjektiv mit dem Kopulaverb zusammen eine Kopulaklammer bildet, eine Verbvalenz vor, nämlich die Subjekt-Objekt-Valenz. Diese Verbindung kann sich zu einem zweiteiligen Verb lexikalisch verfestigen:

/wann bin ich nur den Ärger endlich los?/

/Sie werden das noch rechtzeitig gewahr werden/

Der lexikalische Status eines zweiteiligen Verbs (*bin – los, werde – gewahr*) ist dann erreicht, wenn das Adjektiv nur noch prädikativ und in keinem Fall mehr applikativ oder attributiv gebraucht werden kann.

(C) Adjektive determiniert durch Maß-Objekte

Eine besondere Gruppe der Adjektive mit Objektrolle bilden die Dimensions-Adjektive, die eine Orientierung im kommunikativen Raum ermöglichen (vgl. 5.4.1.1). Sie treten oft zusammen mit einem Maß-Objekt (vgl. 2.5.4.3) auf. Diese mit einem Quantitativ-Artikel verbundenen Nomina im Akkusativ geben das Maß einer räumlichen oder zeitlichen Erstrekkung an. Das Adjektiv, das durch ein Maß-Objekt determiniert wird, kann in allen drei Funktionen auftreten; meist handelt es sich aber um ein Adjektiv in prädikativer Form.

/der Eingang ist genau einen Meter breit/

/an der 25 Meter langen Hausfront wird ein Gerüst errichtet/

/sie verlegen die Rohre nur einige Zentimeter tief in die Erde/

Auch verschiedene andere Adjektive wie *alt, schnell* oder *teuer*, die nur im weiteren Sinne zu den leiblich-kommunikativen Adjektiven gehören, können ein Maß-Objekt bei sich haben (*das elf Jahre alte Kind*). Da nun die Adjektive mit leiblich-kommunikativer Bedeutung Wortpaare bilden, tritt das Maß-Objekt in der Regel als Determinante zu der unmarkierten Neutralisierungsform eines solchen Adjektivpaares hinzu (vgl. 5.4.1.2.):

das Haus ist hoch
das Haus ist niedrig → *das Haus ist 6 Meter hoch*

das Brett ist dick
das Brett ist dünn → *das Brett ist 2 cm dick*

der schwere Stein → *der 2 Kilo schwere Stein*
der leichte Stein → *der 2 Kilo schwere Stein*

Bei den meisten Adjektivpaaren kann man jedoch auch das markierte Oppositionsglied mit einem Maß-Objekt verbinden, sofern die Maßbezeichnung auffällig ist; zum Beispiel:

/das nur 2 cm dünne Brett zerbrach sofort/

/der Rock ist zwei Nummern zu eng/

/das Wasser ist einige Grad kälter als für die Jahreszeit üblich/

In derartigen Fällen wird mit dem Adjektiv und seinem Maß-Objekt ausgedrückt, daß ein mit dem Objekt angezeigtes Maß nicht der Normerwartung entspricht.

5.4.2.2 Determinierte Adjektive im Innern der Nominalklammer

Attributiv gebrauchte und folglich flektierte Adjektive haben ihren normalen Platz im Klammerfeld der Nominalklammer. Sie sind dort eingerahmt vom Artikel als dem klammeröffnenden Element (der aber eine Null-Form sein kann!) und dem Nomen als dem klammerschließenden Element. In den meisten Fällen findet man im Text, wenn die Nominalklammer überhaupt lexikalisch gefüllt ist, nur ein einziges attributives Adjektiv in diesem Klammerfeld, zum Beispiel: *die bequemen Schuhe*. Dieses Adjektiv kann aber nun, wie jedes andere Adjektiv in prädikativer oder applikativer Funktion, selber auf verschiedene Art determiniert sein oder sonstwie Kontext an sich binden. Dadurch entstehen besondere Probleme hinsichtlich der nominalen Klammerstruktur.

Die deutsche Sprache gestattet nämlich ohne weiteres, das Klammerfeld einer Nominalklammer auch mit einer größeren Zahl von Sprachzeichen zu besetzen. Dadurch wird die Nominalklammer mehr oder weniger gedehnt. Es gibt keine absolut geltende grammatische Regel, durch die eine unverrückbare Grenze für die Dehnbarkeit einer Nominalklammer gesetzt würde. Es gilt nur die allgemeine kommunikative Regel, daß der Sprecher bei seiner Textplanung alles vermeiden muß, was dem Hörer das Verstehen unnötig erschwert. Da nun jede Klammer im Text, da sie ja im Verstehensprozeß *als ganze* dekodiert werden muß, eine funktionale Belastung des Kontextgedächtnisses darstellt, darf sie grundsätzlich nur so weit gedehnt werden, wie es dem Kontextgedächtnis des Rezipienten zugemutet werden kann. Wo aber im Einzelfall die Grenze dieser Zumutbarkeit liegt, hängt von vielen Umständen ab, in erster Linie davon, ob es sich um mündlichen oder um schriftlichen Sprachverkehr handelt. In einem geschriebenen Text kann man sich größere Klammerdehnungen erlauben als in einem gesprochenen Text. Auch die jeweilige Textsorte spielt in dieser Hinsicht eine große Rolle, da zum Beispiel einige Fachsprachen gegenüber stark gedehnten Nominalklammern ziemlich tolerant sind. Ein besonderes Komplexitätsproblem entsteht nun für die Nominalklammer dann, wenn ein attributives Adjektiv in ihrem Klammerfeld komplex determiniert wird. Alle Determinanten nämlich, ganz gleich welcher Art, durch die dieses Adjektiv seinerseits determiniert wird, gehen ihm in der Nominalklammer vorauf, wodurch das Kontextgedächtnis mehr oder weniger stark belastet wird. In der nachfolgenden Beispielreihe wird eine Nominalklammer, beginnend mit einer Füllung des Klammerfeldes durch ein einzelnes Adjektiv, immer stärker gedehnt, und zwar durch Determinanten verschiedener Art:

WENIG GEDEHNTE NOMINALKLAMMER

ARTIKEL NOMEN

deine kurzen Briefe

deine sehr kurzen Briefe

deine immer sehr kurzen Briefe

deine für meine Begriffe immer sehr kurzen Briefe

ARTIKEL NOMEN

STARK GEDEHNTE NOMINALKLAMMER

Die Beispielreihe zeigt zwischen dem Possessiv-Artikel *deine* und dem Nomen *Briefe* und bezogen auf das attributive Adjektiv *kurzen* eine zunehmende Dehnung der Nominalklammer, die im letzten Beispiel noch keineswegs ihr äußerst mögliches Maß erreicht hat. In den meisten Texten wird jedoch eine Nominalklammer durch die Determinanten des attributiven Adjektivs in ihrem Klammerfeld nur maßvoll gedehnt.

Im sogenannten Nominalstil, der für viele moderne Fach- und Wissenschaftssprachen charakteristisch ist, findet man allerdings viele Nominalklammern mit weiten und oft übermäßig weiten Dehnungen. Daran haben nicht selten die Dehnungen durch Präpositional-Adjunkte (die ja selber auch noch wieder durch Determinanten erweitert sein können) einen erheblichen Anteil.

Als Textbeispiel dafür kann ein Abschnitt des Grundgesetzes der Bundesrepublik Deutschland dienen. Es handelt sich um den Artikel 104, Absatz 1–3, der die Rechtsgarantien bei einem Freiheitsentzug regelt. In diesem Text kommen mehrere attributive Adjektive (hier: Partizipien) vor, die auf verschiedene Art determiniert sind, was dann jeweils zu einer beträchtlichen Dehnung der betreffenden Nominalklammern führt. Die determinierten Adjektive sind unterstrichen und fortlaufend numeriert und werden zum Gegenstand des mitlaufenden textgrammatischen Kommentars gemacht.

TEXT:

Die Freiheit der Person kann nur auf Grund eines förmlichen Gesetzes und nur unter Beachtung der darin vorgeschriebenen (1) *Formen beschränkt werden. Festgehaltene Personen dürfen weder seelisch noch körperlich mißhandelt werden.*
Über die Zulässigkeit und Fortdauer einer Freiheitsentziehung hat nur der Richter zu entscheiden. Bei jeder nicht auf richterlicher Anordnung beruhenden (2) *Freiheitsentziehung ist unverzüglich eine richterliche Entscheidung herbeizuführen. Die Polizei darf aus eigener Machtvollkommenheit niemanden länger als bis zum Ende des Tages nach dem Ergreifen in eigenem Gewahrsam halten. Das Nähere ist gesetzlich zu regeln.*
Jeder wegen des Verdachtes einer strafbaren Handlung vorläufig Festgenommene (3) *ist spätestens am Tage nach der Festnahme dem Richter vorzuführen, der ihm die Gründe der Festnahme mitzuteilen, ihn zu vernehmen und ihm Gelegenheit zu Einwendungen zu geben hat. Der*

TEXTGRAMMATISCHER KOMMENTAR:

(1) Nominalklammer im Genitiv/Plural. Das in ihrem Klammerfeld stehende attributive Adjektiv in Gestalt des Rück-Partizips *vorgeschriebenen* ist durch das vorangestellte Präpositional-Adverb *darin* determiniert.
(2) Nominalklammer im Dativ/Singular mit einem klammeröffnenden Summativ-Artikel. In ihrem Klammerfeld steht als attributives Adjektiv das Neutral-Partizip *beruhenden.* Dieses wird durch das vorangestellte negierte Präpositional-Adjunkt *nicht auf richterlicher Anordnung* determiniert, was zu einer beträchtlichen Dehnung der Nominalklammer führt.
(3) Hier handelt es sich um das nominalisierte Rück-Partizip *Festgenommene,* das auch in der Nominalisierung nach dem Summativ-Artikel *jeder* seine adjektivische Flexion (Maskulin/Singular/Nominativ) behält. Es vereinigt also in sich die Eigenschaften eines attributiven Adjektivs und ei-

Richter hat unverzüglich entweder einen mit Gründen versehenen schriftlichen (4) *Haftbefehl zu erlassen oder die Freilassung anzuordnen.*[1]

nes Nomens. Determinanten sind das Temporal-Adverb *vorläufig* sowie das Präpositional-Adjunkt *wegen des Verdachtes,* das selber durch das Genitiv-Adjunkt *einer strafbaren Handlung* erweitert ist.

Alle diese Determinanten sind dem Adjektiv vorangestellt und führen in ihrer Häufung zu einer erheblichen Dehnung der Nominalklammer.
(4) Nominalklammer im Akkusativ/Singular mit einem kataphorischen Artikel als Klammeröffner. Das attributive Adjektiv *versehenen,* ein Rück-Partizip, wird determiniert durch das vorangestellte Präpositional-Adjunkt *mit Gründen.*

5.4.3 Reihungen und Stufungen von Adjektiven

In einem Text können auch zwei oder mehr Adjektive (sie können selber noch weiter determiniert sein) einander zugeordnet werden. Dabei sind Reihungen (5.4.3.1) und Stufungen (5.4.3.2) zu unterscheiden.

5.4.3.1 Reihungen

Von einer Reihung sprechen wir dann, wenn mehrere Adjektive bei der Determination eines Sprachzeichens gleichrangig zusammenwirken (»Koordination«). Zur Bedeutungsbeschreibung verwenden wir das semantische Merkmal ⟨REIHUNG⟩. Beispiel:

/eine fremde, verwirrende Stadt/

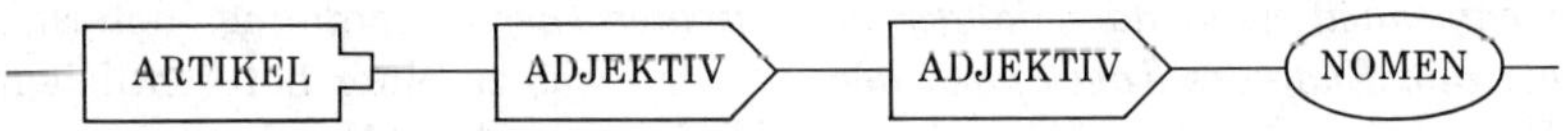

Die beiden Adjektive *fremd* und *verwirrend* sind bedeutungsverwandt. Sie determinieren daher gleichrangig das nachfolgende Nomen und zeigen auch die gleichen Flexive (hier der kleinen Flexion). Sie unterscheiden sich in ihrem Determinationswert für das Nomen nur dadurch, daß das zweite Adjektiv in seiner Bedeutung noch spezifischer ist als das erste Adjektiv. Das Adjektiv *verwirrend* ist überdies als Ableitung (*ver-*) und als

1) *Grundgesetz mit Deutschlandvertrag, Grundvertrag u.a.* Textausgabe mit ausführlichem Sachverzeichnis und einer Einführung von Universitätsprofessor Dr. Günter Dürig, München 1986, S. 68.

Partizip um zwei Silben länger als das einfache Adjektiv *fremd*. Aus diesen beiden Gründen reiht man die Adjektive meistens so, wie es dieses Beispiel zeigt, nämlich nach dem Prinzip ansteigender Spezifik und Wortlänge. Diese Reihenfolge ist aber mehr ein stilistisches Prinzip als eine grammatische Regel.

Gereihte Adjektive können unverbunden (»asyndetisch«) nebeneinanderstehen; sie werden dann durch Kommasetzung getrennt. Sie können jedoch auch durch Koordinativ-Junktoren (»syndetisch«) verbunden werden. Besonders häufig ist die Verbindung durch *und* oder durch *oder*. Bei einer durch *und/oder* verbundenen Reihung setzt man kein Komma. Sollen mehr als zwei Adjektive verbunden gereiht werden, so steht der Koordinativ-Junktor *und/oder* im allgemeinen nicht (»polysyndetisch«) zwischen sämtlichen, sondern nur zwischen den beiden letzten Adjektiven der Reihung; er gilt dann aber für die ganze Reihung. Beispiele:

/sie denkt klar, nüchtern, rational/

/er ist eher romantisch und gefühlsbetont/

/eine interessante, lebendige und nicht ganz spannungsfreie Freundschaft/

Das erste Beispiel zeigt drei unverbunden gereihte Adjektive in applikativer Funktion. Beim zweiten Beispiel sind zwei Adjektive in prädikativer Funktion gereiht und dabei durch *und* verbunden (kein Komma!). Und im dritten Beispiel schließlich sind drei Adjektive in attributiver Funktion ebenfalls verbunden gereiht, wobei jedoch der Junktor *und* nur zwischen den beiden letzten Adjektiven gesetzt wird, aber für die Verbindung des ersten und des zweiten Adjektivs mitgilt.

In allen drei Beispielen gehören die Adjektive jeweils dem gleichen Bedeutungsfeld an. Ihre Abfolge ist, wie schon in dem vorher analysierten Beispiel, nach dem Prinzip geregelt, daß der Text in den Bedeutungen seiner Sprachzeichen vom weniger Spezifischen zum Spezifischeren und in der Lautung vom kürzeren zum längeren Sprachzeichen übergeht (was in der Mehrzahl der Fälle zusammenpaßt). Dabei sind jedoch außer den Adjektiven selber auch ihre jeweiligen Determinanten zu berücksichtigen, zum Beispiel beim dritten Adjektiv des letzten Beispiels die ganze Applikation: *nicht ganz spannungsfreie*.

Besonders häufig findet man gereihte Adjektive in attributiver Funktion im Dienste von Beschreibungen (als »Epitheta«). Beispiele:

/ein Korb mit frischen, knackigen Äpfeln/

/ein Strauß zarter und nach Frühling duftender Veilchen/

/ein Meer von blauen, gelben und roten Blüten/

Grundsätzlich gilt, daß nur solche Adjektive, die dem gleichen Bedeutungsfeld angehören, im Text gereiht werden. Das schließt jedoch nicht nur Synonyme (= Wörter mit ähnlicher Bedeutung), sondern auch Antonyme (= Wörter mit gegensätzlicher Bedeutung) ein. Diese besonderen Bedeutungsbeziehungen in den betreffenden Bedeutungsfeldern können durch entsprechende Junktoren verdeutlicht werden, zum Beispiel:

/Stoffe in ebenso hellen wie zarten Farben/

/trockene, fruchtige oder liebliche Weine/

/viele teure, aber auch einige preiswerte Angebote/

Die Wahl des jeweiligen Junktors (hier: *ebenso – wie, oder, aber auch*) gibt also in diesen Beispielen Auskunft über das nähere Bedeutungsverhältnis der gereihten Adjektive zueinander.

5.4.3.2 Stufungen

Wenn mehrere Adjektive verschiedenen Bedeutungsfeldern angehören, so können sie ebenfalls im Text einander zugeordnet werden, jedoch nicht als Reihung, sondern als Stufung. Zu dem semantischen Merkmal ⟨REIHUNG⟩ tritt dann das Merkmal ⟨BESTIMMUNG⟩ hinzu. Stufungen treten nur bei attributiven Adjektiven auf. Von einer Stufung ist dann zu sprechen, wenn die in einer Nominalklammer zusammenwirkenden attributiven Adjektive ein Nomen nicht gleichrangig determinieren, sondern zu ihm in ein abgestuftes Determinationsverhältnis treten. In ihrer attributiven Funktion zeigen auch die gestuften Adjektive sämtlich die gleichen Flexive, wie die folgenden Beispiele zeigen:

/eine hübsche kleine ländliche Party/

/mit vielen netten ausländischen Gästen/

Gestufte Adjektive werden nicht durch solche Koordinativ-Junktoren wie *und/oder* verbunden; sie werden aber auch nicht durch Kommasetzung getrennt.

Die semantische Determination in einer Stufung attributiver Adjektive muß rückläufig zum Textverlauf vom klammerschließenden Nomen her verstanden werden, denn dieses soll ja letzten Endes determiniert werden. So zeigt es auch das folgende Schaubild:

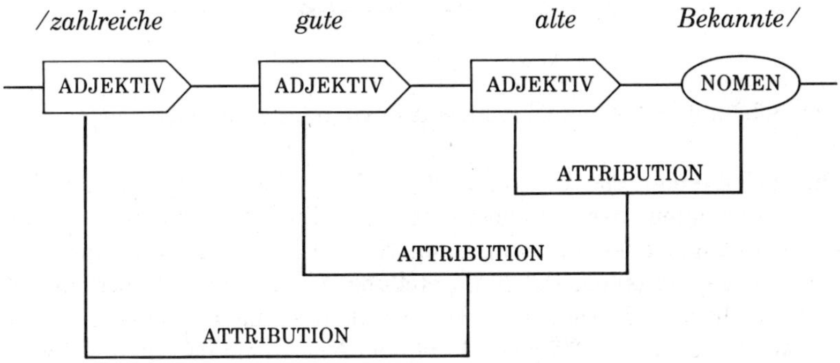

Zu determinieren ist in dieser Nominalklammer das Nomen *Bekannte,* ein nominalisiertes Adjektiv, das die Klammer schließt. Ihm steht am nächsten, unmittelbar voraufgehend, das Adjektiv *alte,* das mit dem Nomen die engste Determinationsverbindung eingeht. Das dann - rückläufig betrachtet - nächste Adjektiv *gute* bezieht sich nun nicht, wie es in einer Reihung der Fall wäre, gleichrangig auf das determinationsbedürftige Nomen, sondern auf das Determinationsgefüge *alte Bekannte,* stellt somit eine zweite Stufe der Determination dar. Dieses Determinationsspiel wiederholt sich - ebenfalls rückläufig betrachtet - noch einmal mit dem nunmehr nächsten, dem drittletzten Adjektiv *zahlreiche,* das als Attribut das komplexe Determinationsgefüge *gute alte Bekannte* noch weiter determiniert. Die Determination des Nomens ist in diesem Fall also, da die Nominalklammer drei attributive Adjektive umfaßt, dreifach gestuft.

Gestufte Adjektive stehen somit unter anderen Stellungsbedingungen als gereihte Adjektive. Sie sind weit stärker als diese in die Klammerstruktur der Nominalklammer einbezogen und definieren ihre Stellung grundsätzlich mit Bezug auf die Klammer. Eine Nominalklammer eröffnet maximal fünf Plätze für Adjektive, wie das folgende Schaubild zeigt:

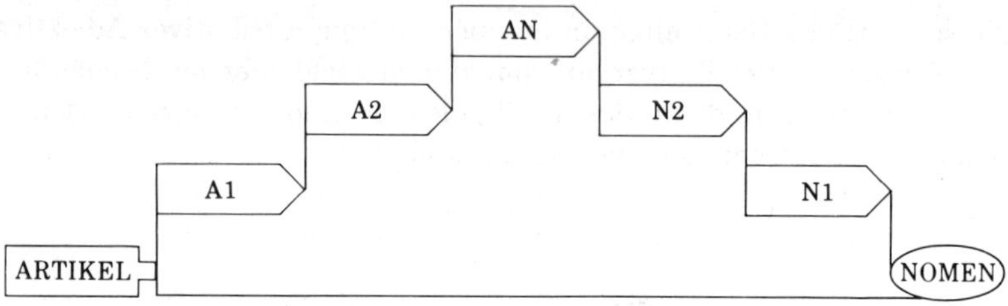

Das Schaubild ist - zunächst formal - wie folgt zu lesen:

Die beiden ersten Plätze A1 und A2 - links im Schaubild - sind Adjektiven vorbehalten, deren Bedeutungen grammatischer Natur sind, die folglich dem Artikel als dem grammatischen Pol der Nominalklammer besonders nahestehen, wobei die Stellung A1 dem Artikel noch einmal näher steht als A2. Ähnliches gilt - rückläufig zum Text gesehen - für die Adjektive auf den Plätzen N1 (= dem Nomen am nächsten stehend) und N2 (= dem Nomen etwas ferner stehend). Diese Plätze sind solchen Adjektiven vorbehalten, die von ihrer Bedeutung her das Nomen als den lexikalischen Pol der Nominalklammer unmittelbar determinieren können, N1 noch unmittelbarer als N2.

Genau in der Mitte zwischen dem grammatischen und dem lexikalischen Pol der Nominalklammer steht das Adjektiv in der Stellung AN. Es bringt in die Nominalklammer eine Determination eigener Art ein. Die Besetzung der fünf Plätze A1, A2, AN, N2, N1 richtet sich im einzelnen nach fünf Stufungsklassen, in die alle Adjektive der deutschen Sprache eingeordnet werden können, und zwar wie folgt:

(A1) Quantifizierende Adjektive

Bei den quantifizierenden Adjektiven handelt es sich um solche singularischen oder pluralischen Adjektive wie *einige, zahllose, die meisten,* die als adjektivische Suppletionen im Paradigma der Numeral- und Schätz-Artikel ihren Platz haben. Sie stehen den Formen des Artikels, zu denen ja auch die Numeral- und Schätz-Artikel gehören, semantisch am nächsten.

(A2) Situierende Adjektive

Situierende Adjektive gleichen den unter A1 besprochenen quantifizierenden Adjektiven darin, daß sie dem grammatischen Pol der Nominalklammer relativ nahestehen und insofern ebenfalls noch als grammatische Adjektive angesehen werden können. Sie stehen jedoch dem Artikel als dem grammatischen Pol der Nominalklammer um eine Stufe ferner als die quantifizierenden Adjektive, da sie nicht wie diese ein ausdrückliches Artikel-Paradigma ergänzen. Sie beziehen sich stattdessen auf andere Paradigmen der Grammatik. Zur Stufungsklasse der situierenden Adjektive gehören nämlich solche Temporal-Adjektive wie *gestrig, heutig, künftig* und solche Positions-Adjektive wie *hiesig, dortig, obig*. Gleichermaßen situierend sind Adjektive, die ein Nomen hinsichtlich seines Ranges in der Ereignisfolge (*weiter, folgend, anschließend*) oder im Argumentationsgang (*allgemein, sonstig, übrig*) determinieren.

(N1) Klassifizierende Adjektive

So wie die unter A1 besprochenen quantifizierenden Adjektive dem Artikel als dem grammatischen Pol der Nominalklammer am nächsten stehen, so stehen - spiegelbildlich - die klassifizierenden Adjektive dem Nomen als dem lexikalischen Pol der Nominalklammer am nächsten, da sie mit ihrer klassifizierenden Determination am unmittelbarsten zur Spezifizierung von dessen Bedeutung beitragen. Klassifizierende Adjektive geben meistens für das determinationsbedürftige Nomen einen Zugehörigkeitsbereich an; besonders häufig handelt es sich dabei um institutionelle Zuordnungen im organisatorischen Rahmen. Auch nach der Herkunft kann die Zugehörigkeit definiert werden. Viele Adjektive dieser Gruppe gehören Fachsprachen an oder stehen an der Grenze zwischen einer Fachsprache und der Gemeinsprache. Oft handelt es sich um Adjektiv-Ableitungen auf *-isch, -lich, -al, -er, -ell, -ar* oder *-är* (zum Beispiel: *organische Strukturen, kommunale Verwaltung, interdisziplinäre Forschung* - vgl. 9.2.1.1). Klassifizierende Adjektive gehen mit ihren Nomina gerne eine enge semantische Verbindung ein und lassen sich oft mit ihnen zusammen lexikalisieren (zum Beispiel: *friedliche Koexistenz, rhetorische Figur, rheinischer Karneval*).

Auch die von Eigennamen, insbesondere Länder- und Staatennamen, abgeleiteten Adjektive auf *-isch/-sch* sind in den meisten Fällen klassifizierende Adjektive (zum Beispiel: *eine französische Außenpolitik, der Bismarcksche Rückversicherungsvertrag, die Europäische Gemeinschaft*).

(N2) Charakterisierende Adjektive

Charakterisierende Adjektive stehen dem Nomen als dem lexikalischen Pol der Nominalklammer ungefähr so nahe, wie die unter A2 beschriebenen situierenden Adjektive zum Artikel als ihrem grammatischen Pol stehen. Sie kennzeichnen das zu determinierende Nomen insbesondere hinsichtlich der Form (*groß, rund, schlank*) oder der Farbe (*gelb, schwarz, blau*) oder auch der stofflichen Beschaffenheit (*hölzern, metallisch, durchsichtig*). Charakterisierend können ferner solche Adjektive genannt werden, die einen Zustand (*lebendig, flüssig, kochend*) oder eine Befindlichkeit (*müde, nervös, heiter*) ausdrücken.

(AN) Evaluierende Adjektive

Gleich weit entfernt von beiden Polen der Nominalklammer steht die Stufungsklasse der evaluierenden Adjektive. Diese determinieren das Nomen unter verschiedenen, frei zu wählenden Gesichtspunkten möglicher Bewertung. Gesichtspunkte der Bewertung können beispielsweise sein: die Qualität (*nützlich, zweckmäßig, schlecht*), die Moral (*gut, edel, anständig*), die Intelligenz (*klug, schlau, dumm*), die Ästhetik (*schön, hübsch, wunderbar*) oder auch eine subjektive Zu- oder Abneigung (*lieb, blöde, widerwärtig*). Adjektive dieser Stufungsklasse werden dem determinationsbedürftigen Nomen nach Belieben zu- oder abgesprochen und müssen daher nicht selten, wenn der Gesprächspartner sie prädikativ aufgreift, argumentativ verteidigt werden, zum Beispiel:

/*da hängt ja ein schönes romantisches Bild!* ÷ *was, das soll schön sein?* ÷ *ja, es ist wirklich schön!*/

Mit dieser Stufungseigenschaft bewahren die evaluierenden Adjektive die größtmögliche Freiheit gegenüber dem grammatischen Pol der Nominalklammer (Artikel) wie auch gegenüber ihrem lexikalischen Pol (Nomen).

Zusammengefaßt: Es folgen aufeinander, in der Richtung vom klammeröffnenden Artikel als dem grammatischen Pol zum klammerschließenden Nomen als dem lexikalischen Pol der Nominalklammer betrachtet: quantifizierende, situierende, evaluierende, charakterisierende und klassifizierende Adjektive. (Mnemotechnisches Merkwort: QUANTI SIT EVA CHARA KLASS)

Nur selten kommt es jedoch in einem Text vor, daß sämtliche fünf Plätze einer Nominalklammer von attributiven Adjektiven besetzt sind. Ist das nicht der Fall, so gelten dennoch die beschriebenen Stellungsregeln unter Überspringung der nicht besetzten Plätze. Dafür zunächst ein Beispiel, am vollständigen Schaubild erläutert:

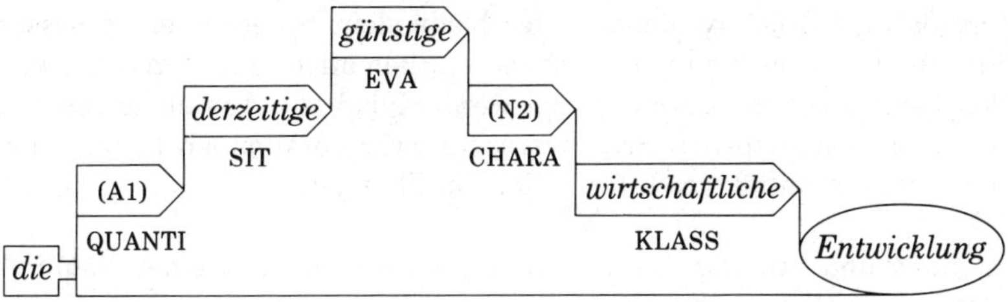

Es sind bei diesem Beispiel drei der fünf möglichen Plätze von attributiven Adjektiven besetzt, und zwar die Plätze A2, A und N1. Das sind die Plätze für situierende (A2), evaluierende (A) und klassifizierende (N1) Adjektive. Nicht besetzt sind die Plätze A1 und N2, vorgesehen für quantifizierende und charakterisierende Adjektive, die daher in der Regelung der Abfolge einfach übergangen werden. Weitere Beispiele:

/viele heutige Verhältnisse/
QUANTI SIT

/die folgenden seltsamen Vorfälle/
SIT EVA

/eine schwierige wirtschaftliche Lage/
EVA KLASS

/wenige durchgreifende Änderungen/
QUANTI CHARA

/diese bekannte britische Haltung/
SIT KLASS

/eine anschließende heiße Diskussion/
SIT CHARA

/zahlreiche weitere große Anstrengungen/
QUANTI SIT CHARA

/eine interessante neue europäische Perspektive/
EVA CHARA KLASS

/zahlreiche sonstige neunmalkluge journalistische Kommentare/
QUANTI SIT EVA KLASS

Natürlich haben die fünf Stufungsklassen, die diesen Stellungsregeln zugrunde liegen, wie das für alle anderen semantischen Klassen auch gilt, keine absolut trennscharfen Grenzen. So kann beispielsweise das Adjektiv *groß*, je nach dem Kontext und der dadurch vermittelten Konnotation, als charakterisierendes (›großformatig‹) oder als evaluierendes

(›großartig‹) Adjektiv dienen. Hier bleibt dem Sprecher ein gewisser Freiraum, der auch zu überraschenden Rhematisierungen genutzt werden kann. Insgesamt kann gesagt werden, daß alle Abweichungen von den hier beschriebenen Stufungsregeln zwar vorkommen können, immer aber ein auffälliges Informationsprofil erzeugen.

Reihung und Stufung attributiver Adjektive können in einer Nominalklammer zusammenwirken:

/*herrliche blaue und gelbe Trauben*/
EVA CHARA CHARA

/*ein geschmackvoller leichter, trockener Wein*/
EVA CHARA CHARA

/*bestimmte für den Weinbau ideale sonnige, windgeschützte Hanglagen*/
QUANTI EVA CHARA CHARA

In diesen Beispielen findet man jeweils zuerst eine Stufung zweier attributiver Adjektive, und zwar mit der Stellungsfolge AN/N2: auf ein evaluierendes folgt ein charakterisierendes Adjektiv. Dieses aber steht mit einem weiteren Adjektiv im Verhältnis der Reihung, im ersten Beispiel durch *und* verbunden, in den beiden anschließenden Beispielen unverbunden (Komma!).

5.4.4 Adjektiv-Appositionen

Wie jede andere Textklammer, so kann auch die Nominalklammer durch Ausklammerungen entlastet werden. Immer wenn eine Nominalklammer nicht über die Grenze der kommunikativen Zumutbarkeit hinaus gedehnt werden soll, wird ein Adjektiv oder eine Häufung von Adjektiven, gegebenenfalls mitsamt ihren Determinanten, in die Stellung nach dem klammerschließenden Nomen versetzt.

Das ausgeklammerte und in die Stellung nach dem Nomen verwiesene Adjektiv wird üblicherweise Adjektiv-Apposition genannt. Damit ist aber nicht eine eigene Funktion, sondern nur eine besondere Stellung des determinierenden Adjektivs bezeichnet. Es handelt sich weiterhin um die attributive Funktion. Allerdings ist das Adjektiv in appositiver Stellung, anders als es für die attributiven Adjektive innerhalb der Nominalklammer sonst die Regel ist, in den meisten Fällen nicht flektiert. (Man beachte auch die Interpunktionsregel: Appositionen werden durch Kommasetzung abgetrennt oder eingeschlossen.)

Da die Dehnung einer Nominalklammer hauptsächlich durch Häufung von Adjektiven oder durch deren Kombination mit verschiedenen Determinanten zustande kommt, findet man als Appositionen vorwiegend Adjektive, die diesen Bedingungen entsprechen. Zum Vergleich:

ATTRIBUTIVE ADJEKTIVE IN DER APPOSITION	ATTRIBUTIVE ADJEKTIVE IN DER NOMINALKLAMMER
/die Berliner, ebenso warmherzig wie scharfzüngig, lassen sich nicht gerne für dumm verkaufen/	*/die ebenso warmherzigen wie scharfzüngigen Berliner lassen sich nicht gerne für dumm verkaufen/*
/die Gedächtniskirche, architektonisch nicht besonders bemerkenswert, ist als Ruine zu einem Wahrzeichen Berlins geworden/	*/die architektonisch nicht besonders bemerkenswerte Gedächtniskirche ist als Ruine zu einem Wahrzeichen Berlins geworden/*

Die Appositionen sind hier für das Informationsprofil auffälliger als die integrierten Adjektive. Bei Rollen-Pronomina sind attributive Adjektive nur als Appositionen möglich. Beispiele:

/ich, nicht faul, habe sofort die günstige Gelegenheit ergriffen/

/ihr, schläfrig wie immer, habt natürlich wieder die Gelegenheit verpaßt/

Die literarische Prosa verwendet Adjektiv-Appositionen gerne in Erzählungen, zumal in Verbindung mit Vergleichen. Einige Beispiele von deutschen Prosaschriftstellern:

/wo damals noch Wälder standen, alt und verbraucht, . . ./ (G. Grass)

/der arme Herr Angiolieri, still und kahl, . . ./ (Th. Mann)

/die kleinen, weißen Boote, so winzig wie Federn junger Vögel, so leicht auch und so schnell verweht, . . ./ (H. Böll)

Die beiden letzten Beispiele illustrieren die Tendenz zur Entlastung des nominalen Klammerfeldes, da dieses ja schon durch andere attributive Adjektive besetzt ist. Gleichzeitig erhalten auch hier die Adjektive in der Apposition eine bestimmte grammatische Selbständigkeit und werden dadurch in ihrer Bedeutung auffällig gemacht (Rhematisierung).

Partizipien lassen komplexere und umfangreichere Determinanten zu als andere Adjektive. Man findet daher in appositiver Stellung besonders viele Partizipien. Das gilt nicht nur für die Literatursprache, sondern auch für verschiedene Fachsprachen.

▶ Verwaltung

/diese Organisationsform, geschaffen im Jahre 1989, hat sich bewährt/

▶ Meteorologie

/ein Hochdruckkeil, von Süden kommend, wird unser Gebiet überqueren/

▶ Geschichtsschreibung

/eine Notiz von Brecht, geschrieben anläßlich seiner Übersiedlung nach Berlin, ist in verschiedener Hinsicht bemerkenswert/

▶ Werbung

/Pistazien, geröstet und gesalzen, im Sonderangebot/

▶ Kochrezept

/zwei kleine Schalotten, gewürfelt, hinzugeben/

Das letzte Beispiel läßt erkennen, daß auch ein einzelnes Adjektiv (Rück-Partizip) in der Apposition stehen kann, zumal wenn das Klammerfeld der Nominalklammer schon durch ein anderes Adjektiv besetzt ist, doch ist das eher die Ausnahme; im Normalfall sind Adjektiv-Appositionen auf irgendeine Weise komplex und mehrgliedrig.

In einigen Fällen hat sich in der deutschen Sprache noch eine archaische Nachstellung des unflektierten Adjektivs gehalten, jedoch nur in bestimmten festen Verbindungen, die fast als lexikalisiert gelten können. Bekannte Beispiele aus Liedern und literarischen Texten: *Hänschen klein, Röslein rot, bei einem Wirte wundermild.* Die neuere Werbesprache nimmt jedoch diesen Sprachgebrauch gelegentlich wieder auf, desgleichen die journalistische Mediensprache für den Gebrauch in Titeln und Ankündigungen. Beispiele:

WERBESPRACHE	MEDIENSPRACHE
/Schaumasan mild/	*/Rock-Konzert international/*
/Weißburgunder trocken/	*/Fernsehen total/*
/Rum 60prozentig/	*/Fasching diesmal ganz irre/*

Es können jedoch in selteneren Fällen auch flektierte Adjektive als Appositionen nachgestellt werden. Man findet diese Form der Adjektiv-Apposition besonders dann, wenn das zu determinierende Nomen im Plural steht und als kataphorischen Artikel den Null-Artikel bei sich hat. Dann steht auch die Adjektiv-Apposition mit dem Null-Artikel. Bei den nachfolgenden Beispielen ist wieder zu beobachten, daß die flektierten Adjektiv-Appositionen vorwiegend mehrgliedrig sind. Das haben sie mit den nichtflektierten Adjektiv-Appositionen gemeinsam:

/der Internationale Germanistenkongreß behandelte wissenschaftliche Kontroversen, alte und neue/

/viele Gestalten der deutschen Literatur, tragische und komische und solche, die weder der einen noch der anderen Kategorie zuzurechnen sind, spielten eine besondere Rolle/

/es gab viele Vorträge zu hören, gute und weniger gute, interessante und langweilige/

Besonders beliebt ist die Apposition des flektierten Adjektivs dann, wenn zwei Adjektive ein Kontrastpaar bilden, wie mehrere dieser Beispiele zeigen.

Seltener ist die Apposition flektierter Adjektive nach einem Nomen, wenn dieses nicht einen Null-Artikel, sondern eine hörbare Artikelform bei sich hat. In diesem Fall wird der Artikel vor dem appositiven Adjektiv wiederholt, und zwar kongruent nach Genus, Numerus und Kasus. Beispiele:

/die andere Untersuchungsmethode, die neuere, liegt mir mehr/

/hier sind die Ergebnisse, die seltsamsten, die ich je gefunden habe/

/an der neuen Kollegin haben wir eine Wissenschaftlerin, eine wirkliche, nicht eine, die ihren Beruf nur als Broterwerb betreibt/

In gewissen Grenzen kann bei der Apposition eines flektierten Adjektivs zwischen den Subklassen des Artikels gewechselt werden, beispielsweise vom anaphorischen zum kataphorischen, vom possessiven zum einfachen oder vom einfachen zum demonstrativen Artikel. Dabei muß aber immer die Kongruenz nach Genus, Numerus und Kasus aufrechterhalten bleiben. Beispiele:

/ich kenne die verschiedenen Zusammenhänge, ziemlich komplizierte, und stelle sie in Rechnung/

/unsere Verwaltung, die immer pedantische, hat schon wieder einen Fragebogen geschickt/

/die Kritiker wissen immer alles besser, diese neunmalklugen/

Im allgemeinen kommt die Apposition eines flektierten Adjektivs häufiger in geschriebener als in gesprochener Sprache vor. Aus dem mündlichen Sprachgebrauch stammt jedoch eine Art Apposition des flektierten Adjektivs, die dann gebraucht wird, wenn ein attributives Adjektiv einen emotionalen Ausdruckswert erhalten soll, und zwar entweder mit positiver oder mit negativer Konnotation, insbesondere also als Kosewort oder als Schimpfwort. Beispiele:

LIEBKOSENDER AUSDRUCK	BESCHIMPFENDER AUSDRUCK
/guten Morgen, meine Freundin, meine allerbeste!/	*/mach, daß du fortkommst, du frecher Kerl, hundsgemeiner!/*
/Mütterchen, liebstes, jetzt hör mir mal gut zu!/	*/hätte ich nur nicht auf dich gehört, Idiot, saublöder!/*
/komm schnell, du kleiner Teufel, (du) verrückter/	*/du altes Dreckschwein, (du) verdammtes!/*

Natürlich können auf diese Weise auch zahlreiche Zwischentöne der affektischen Rede ausgedrückt werden.

5.5 Besondere Strukturen des Partizips

Vom Partizip mit allen seinen Formen wurde bereits gesagt, daß es grundsätzlich als Adjektiv anzusehen ist. Fast alles, was bisher zum Adjektiv bemerkt worden ist, gilt daher gleichermaßen für das Partizip, und in den Beispielen war das Partizip immer schon mitvertreten. Allerdings ist zu beachten, daß dem Partizip, das ja als Flexionsform ein Verbal-Adjektiv darstellt, aufgrund seiner verbalen Abkunft bestimmte Eigenschaften zukommen, die es aus der Gruppe der übrigen Adjektive herausheben. Es handelt sich in einigen Fällen um Begrenzungen, in anderen um Erweiterungen der Gebrauchsregeln für das Adjektiv. Sie werden im folgenden als Sonderbedingungen beschrieben. Wir behandeln diese Sonderbedingungen zunächst, insoweit sie für sämtliche Formen des Partizips gelten (5.5.1), sodann getrennt für das Rück-Partizip (5.5.2) und das Neutral-Partizip mitsamt dem Modal-Partizip (5.5.3).

5.5.1 Das Partizip zwischen Adjektiv und Verb

Partizipien (zum Beispiel: *geschrieben, lesend*) sind Adjektive, die nach bestimmten Flexionsregeln von Verben gebildet sind und jederzeit gebildet werden können. Das unterscheidet sie von deverbalen Adjektiv-Ableitungen, etwa auf *-lich* (zum Beispiel: *schriftlich, verzeihlich*) oder auf *-bar* (zum Beispiel: *lesbar, erkennbar*), die als Adjektiv-Ableitungen lexikalisiert sind und nicht ohne weiteres von jedem beliebigen Verb neu gebildet werden können (vgl. 9.2.1.1). Auch von einigen Partizipien gilt allerdings, daß sie lexikalisiert sind und folglich als Adjektive im Wörterbuch aufgeführt werden. Einige Beispiele für solche lexikalisierten Partizipien:

LEXIKALISIERTE RÜCK-PARTIZIPIEN	LEXIKALISIERTE NEUTRAL-PARTIZIPIEN
/gelehrte Studien/	*/fließend deutsch sprechen/*
/geschickte Hände/	*/ein reizendes Kind/*
/vereinzelte Hinweise/	*/ein blendender Einfall/*
/sein begrenzter Verstand/	*/eine spannende Geschichte/*
/ein zerknirschtes Gesicht/	*/zündende Parolen/*
/ein verstörtes Aussehen/	*/wütende Leserbriefe/*

Diese lexikalisierten Partizipien sind in vielen Fällen alte Metaphern, die durch häufigen Gebrauch verblaßt sind und daher nicht mehr ohne weiteres mit ihrer verbalen Abkunft in Zusammenhang gebracht werden können. Für alle anderen, nicht-lexikalisierten Partizipien gilt, daß sie bei Bedarf, etwa zur Variation im Kontext, leicht in finite Verbformen übersetzt werden können, wie auch der umgekehrte Weg leicht zu beschreiten ist. Zum Vergleich:

PARTIZIPIEN	FINITE VERBFORMEN
/hast du die verlorenen Schlüssel wiedergefunden?/	*/ja, aber ich habe sie aufs neue verloren/*
/soll ich jetzt dazu ein paar tröstende Worte sagen?/	*/danke, ich tröste mich schon selber/*

Aufgrund ihrer verbalen Abkunft können Partizipien reicher determiniert werden als andere Adjektive. Sie lassen nämlich fast alle Determinanten zu, die auch bei Verben gebräuchlich sind, oft auch in der Häufung mehrerer Determinanten. Das führt dann, wenn die Partizipien in attributiver Funktion gebraucht werden, zu einer beträchtlichen Dehnung der Nominalklammer oder eben, wenn diese vermieden werden soll, zu Ausklammerungen. Zu der oben (vgl. 5.4.4) schon besprochenen Apposition als Nachstellung kommt nun bei Partizipien eine häufig praktizierte vorangestellte Apposition hinzu. Man vergleiche die folgenden drei Stellungsmöglichkeiten für ein Partizip, das durch ein determinierendes Präpositional-Adjunkt erweitert ist:

► Klammerfeld der Nominalklammer

/die vom Glück begünstigten Blauen haben diesmal die Wahl gewonnen/

► Nachgestellte Apposition

/diesmal haben die Blauen, vom Glück begünstigt, die Wahl gewonnen/

► Vorangestellte Apposition

/diesmal haben, vom Glück begünstigt, die Blauen die Wahl gewonnen/

Die vorangestellte Apposition wird insbesondere dann gewählt, wenn das zu determinierende Nomen (hier: *die Blauen*) die Handlungsrolle des Subjekts innehat. Dann kann nämlich das Vorfeld der Verbalklammer (hier: *haben – gewonnen*) von der vorangestellten Apposition besetzt werden (»unverbundenes Partizip«). In berichtenden oder erzählenden Texten kommen solche vorangestellten Appositionen ziemlich häufig vor, auch als Mehrfach-Appositionen, zum Beispiel:

/in der Öffentlichkeit mit Spannung erwartet und von der in- und ausländischen Presse aufmerksam beobachtet, fanden gestern die Wahlen zum Deutschen Bundestag statt/

/einem langen Wahlkampf ein Ende setzend, hat der Wahltag zwischen zwei ungefähr gleich starken politischen Kräften die Entscheidung gebracht/

Die gesprochene Sprache macht von diesen Ausdrucksmöglichkeiten nur selten Gebrauch.

5.5.2 Das Rück-Partizip

Das Rück-Partizip (»Partizip Perfekt«, »Partizip II«) wird so genannt, weil zu seiner grammatischen Bedeutung die Rück-Perspektive gehört (Merkmal ⟨RÜCKSCHAU⟩ – vgl. 3.1.3). Es ist ein Verbal-Adjektiv, wie es von jedem deutschen Verb gebildet werden kann. Seine Flexive umschließen den Lexemstamm mit vorangestelltem *ge-* und nachgestelltem *-t* (bei schwachen Verben) oder *-en* (bei starken Verben, oft in Verbindung mit dem Ablaut). Ihren Gebrauch zeigt die folgende Matrix:

	EINTEILIGE VERBEN	ZWEITEILIGE VERBEN
SCHWACHE VERBEN	*hole → geholt*	*bringe - hin → hingebracht* *stelle - zur Verfügung → zur Verfügung gestellt*
STARKE VERBEN	*finde → gefunden*	*biete - an → angeboten* *nehme - zur Kenntnis → zur Kenntnis genommen*

Verben oder Vorverben, die nicht auf der ersten Silbe betont sind, erhalten das Flexiv *ge-* nicht, seien es nun Lehnwörter auf *-iere* (zum Beispiel: *marschiere - ab → abmarschiert*) oder Präfixverben (zum Beispiel: *vertreibe → vertrieben*).

Das Rück-Partizip kommt in der deutschen Sprache nicht nur als Adjektiv vor, sondern ist auch regelmäßiger Bestandteil verschiedener zweiteiliger Verbformen sowohl in Lexikalklammern (*komme - gelaufen, gehe - verloren*) als auch in Grammatikalklammern, insbesondere beim Perfekt (*habe - geschlafen*) und beim Plusquamperfekt (*war - aufgewacht*) sowie beim Passiv (*bin/werde/bleibe - bestellt*). Das blockiert den Gebrauch des Partizips in prädikativer Funktion, da ein prädikativ gebrauchtes Rück-Partizip nach einem Kopulaverb (*bin, werde, bleibe*) auch als Nachverb verstanden würde. So kommen für das Rück-Partizip nur die attributive und die applikative Funktion in Frage.

Rück-Partizipien haben entweder aktivische oder passivische Bedeutung. Am wichtigsten, weil am häufigsten gebraucht, sind die Rück-Partizipien mit passivischer Bedeutung. Sie werden von transitiven Verben gebildet. Von intransitiven Verben, die kein Objekt zulassen, werden Rück-Partizipien mit passivischer Bedeutung in der Regel nicht gebildet.

Reflexive Verben lassen ebenfalls keine Bildung von Rück-Partizipen mit passivischer Bedeutung zu; doch gibt es zu einigen reflexiven Verben lexikalisierte Rück-Partizipien. Diese Adjektive mit partizipialer Form sind auf die Alternative Aktiv oder Passiv nicht festzulegen, zum Beispiel *verliebt, verirrt, betrunken.*

Was die intransitiven Verben betrifft, so kann von ihnen entweder gar kein Rück-Partizip oder aber nur ein Rück-Partizip mit aktivischer Bedeutung gebildet werden. Welche dieser beiden Möglichkeiten zutrifft, hängt davon ab, ob das betreffende Verb, das eine Subjekt-Valenz (S-Valenz) oder eine Subjekt-Partner-Valenz (S-P-Valenz) haben kann, sein Perfekt mit dem Hilfsverb *habe* oder mit *bin* bildet. Wenn es sein Perfekt mit *habe* bildet (zum Beispiel: *habe – gelebt*), so kann, außer überwertig bei innerem Objekt (vgl. 2.5.6.2), das Rück-Partizip nicht als Adjektiv gebraucht werden. Bildet hingegen ein intransitives Verb sein Perfekt mit *bin* (zum Beispiel: *bin – geboren*), so erlaubt das bei einer Reihe von Verben die Bildung eines Rück-Partizips, das nun aber aktivische Bedeutung hat. Beispiele für beide Formen des Rück-Partizips:

RÜCK-PARTIZIP MIT PASSIVISCHER BEDEUTUNG	RÜCK-PARTIZIP MIT AKTIVISCHER BEDEUTUNG
/die verkaufte Braut/	*/die zurückgekehrte Braut/*
/der getäuschte Liebhaber/	*/der verzweifelt geflohene Bräutigam/*
/die wiederaufgeführte Oper/	*/die von weither angereisten Kritiker/*
/das neuübersetzte Libretto/	*/die längst vergangenen Befürchtungen/*
/die vielbewunderte Aufführung/	*/die voll zu ihrem Recht gekommenen Zuschauer/*

Die Rück-Partizipien der linken Spalte sind sämtlich von transitiven Verben gebildet und haben daher passivische Bedeutung, während die Rück-Partizipien der rechten Spalte aktivische Bedeutung haben, da sie von intransitiven Verben gebildet sind, und zwar von solchen, die ein Perfekt mit *bin* haben. Zu den Rück-Partizipien der rechten Spalte, also denen mit aktivischer Bedeutung, ist allerdings einschränkend zu bemerken, daß sie in den meisten Fällen, wie auch die Beispiele erkennen lassen, entweder von einem zweiteiligen Verb gebildet sind (zum Beispiel: *zurückgekehrt*) oder sonstwie als Partizipien in irgendeiner Weise durch Determinanten erweitert sind. Nicht erweiterte, einteilige Rück-Partizipien mit aktivischer Bedeutung werden höchst selten gebildet. Diese Einschränkung gilt jedoch nicht unter den Bedingungen der Überwertigkeit, zum Beispiel bei »innerem Objekt«: *unser glücklich gelebtes Leben, alle vergebens geweinten Tränen.*

In Fachsprachen, zumal in der Verwaltungsspr
pien sehr beliebt, da mit ihrer Hilfe verbale Ausd
für viele Fachsprachen charakteristischen Nomin
können. Beispiele aus einer Handwerkerrechnun

> *93* m^2 *abgeräumte und gesäuberte Dachfläc*
> *bahn als Schutzlage abgedeckt, anschließe*
> *einer Lage Dachfolie lose verlegt, die Nä*
> *schweißt und mit Flüssigfolie gesichert und*
> *Schutz der Abdichtung eine Lage Isolierschu*

Die beiden ersten Rück-Partizipien dieses Text
braucht und dementsprechend flektiert; die übrig

5.5.3 Das Neutral-Partizip

Das Neutral-Partizip (»Partizip Präsens«, »Partizip
weil es hinsichtlich seiner Tempus-Perspektive ne
Voraus- noch Rück-Perspektive aufweist (neutrales
TIVE)). Es kommt ebenfalls mit aktivischer oder mit
tung vor. Von jedem Verb kann, unabhängig von
aktivisches Neutral-Partizip gebildet werden (5.5.3.
zip, das heißt, ein passivisches Neutral-Partizip mit
auch Gerundiv genannt, setzt hingegen Transitivitä
(5.5.3.2).

5.5.3.1 Das aktivische Neutral-Partizip

Das aktivische Neutral-Partizip (im folgenden einfach
ist, wie das Rück-Partizip, ein Verbal-Adjektiv, das h
das gleichzeitig als verbale Flexionsform anzusehen
ohne weiteres von jedem beliebigen Verb gebildet wer
Hilfe des Flexivs *-end,* das bei der unflektierten Form
zips dem Verbstamm angehängt wird (*schweige* → *schw*
benenfalls mit weiteren Flexiven versehen werden
Verben sind als Neutral-Partizipien immer gestaut und
umgekehrt (Kompression + Inversion: *lese – vor* → *v*

Von den drei Funktionen des Adjektivs nimmt das Ne
die attributive und die applikative Funktion wahr. Bei

N	NEUTRAL-PARTIZIP IN APPLIKATIVER FUNKTION
ı/	/*lachend grüßt sie hinauf*/
	/*triumphierend schwenkt er den Brief*/
de/	/*alle reden gestikulierend auf sie ein*/

on wird das Neutral-Partizip nicht gebraucht. (Es nicht wie im Englischen eine »progressive form«: l-umgangssprachlich (norddeutsch) gibt es jedoch *sen,* die aber nicht als normgerecht gilt und so gut raucht wird (daher auch die orthographische Unsi-usdruck nicht eher in der Form *ich bin am Lesen* zu xikalisierte Neutral-Partizipien, die im Wörterbuch nnet sind, gilt diese Einschränkung nicht; man sagt

a ganz rührend (spannend, entzückend, betörend, ent-d)/

n Rück-Partizipien können Neutral-Partizipien auch en gebildet werden. Sie behalten dann das Reflexiv-le:

ende Zukunftsaussicht/

llende Prophezeiung/

doch erschöpfenden Hoffnungen/

Beispiele zeigen gleichzeitig, daß zwischen dem Refle-rten Form des Neutral-Partizips verschiedene Determi-nnen.

ipien weder Voraus- noch Rück-Perspektive aufweisen, xt mit jeder dieser beiden Perspektiven und natürlich tral-Perspektive verbunden und dementsprechend mit us-Adverbien kombiniert werden. Man kann also bei-ı:

ı die einst (gestern, heute, morgen, demnächst, in Zukunft, ltenden Gesetze/

Unter diesen Umständen sind Neutral-Partizipi
gen interessant, die einen Sachverhalt von zeit
halten wollen. Das gilt beispielsweise für technis
daher fachsprachlich einen hochfrequenten Geb
zipien machen. So läßt es beispielsweise der nac
einer Patentschrift erkennen, bei der es um ein K
Neutral-Partizipien des Textes sind unterstriche
meriert.

TEXT:

Die im Düsenrohr mantelseitig angeordnete Dampf-Austrittsdüse ist mit einem nach innen <u>*ragenden*</u> (1) *Kragen versehen. Das sich an den Innenwänden des Düsenrohres* <u>*bildende*</u> (2) *Kondenswasser läuft in den Bereich des unteren Rohrscheitels. Um dieses Kondenswasser in das Gerät zurückzuführen, ist die Achse zumindest des Düsenrohrs zur Düsenöffnung hin* <u>*ansteigend*</u> (3) *angeordnet. Das sich im unteren Rohrscheitel* <u>*sammelnde*</u> (4) *Wasser umströmt demzufolge den Düsenkragen, ohne in die Düse selbst eintreten zu können.*[1]

TEXTGRAMM

(1) *nach inn*
tes Neutral-I
Funktion, d
erweitert un
ner Nominalk
(2/4) *sich bild*
In beiden Fä
um flektierte
die von reflex
und durch det
gaben stark er
weiterungen si
len des refle
zips eingeklam
(3) *ist – ansteig*
ses Neutral-Pa
tiv zu der zweit
– *angeordnet,*
bar vor dem N
chend der appl
ist die Form de
nicht flektiert.

1) Patentschrift, aus: Hans-Martin Dederding: »Wortbildung und Text«, in:
stische Linguistik 11 (1983), S. 49–64, Anhang.

tiven haben Neutral-Partizipien gemeinsam, no-
e behalten aber in der Nominalisierung eine von
abstammende Kontext- oder Situationsbindung,
andlungs-Nomina (»nomina agentis«) abheben.

NOMINALISIERTE
NEUTRAL-PARTIZIPIEN

/die Lesende/

/ein Lehrender/

/alle Lernenden/

ngs-Nomina der linken Spalte eine habituelle, das enommene Rolle bezeichnen, geben die nominalizipien der rechten Spalte zu erkennen, daß eine r gelegentlich (okkasionell) wahrgenommen wird. g kann sich jedoch unter bestimmten Bedingungen, erung und Terminologisierung, verwischen. So ist Tendenz zu verzeichnen, das movierungsbedürftige *'die Studentin/die Studenten/die Studentinnen* durch g zu verwendende Neutral-Partizip *der Studierende/ Studierenden* zu ersetzen.

odal-Partizip (passivisches Neutral-p)

utral-Partizip hat immer modale Bedeutung und kann zip genannt werden. Es heißt in der älteren Grammandiv. Als Form mit passivischer Bedeutung kann es n, das heißt, im engeren Sinne objektwertigen Verben . Seiner Form nach gleicht das passivische dem aktivitizip, vermehrt um das Präpositional-Morphem *zu*. Diem einteiligen Verb vor der Verbform (orthographisch *treffende Entscheidung*); bei einem zweiteiligen Verb d Inversion!) steht es zwischen Nachverb und Vorverb verbunden, außer bei Funktionsverben: *die anzustre- in Rechnung zu stellenden Schwierigkeiten*).

zip kommt nur in attributiver, nicht in prädikativer oder ktion vor. In prädikativer Funktion wird es durch einen v mit *zu* vertreten. Zur Unterscheidung:

MODAL-PARTIZIP IN ATTRIBUTIVER FUNKTION	INFINITIV MIT *zu* IN PRÄDIKATIVER FUNKTION
/vielfach anzutreffende Unsicherheiten/	*/vielfach sind Unsicherheiten anzutreffen/*
/die von Ihnen unbedingt zu leistende Arbeit/	*/die Arbeit haben Sie unbedingt zu leisten/*
/die zu beanstandende/ Ausführung/	*/die Ausführung ist zu beanstanden/*

Das Modal-Partizip verhält sich – auch darin gleicht es dem modalen Infinitiv mit *zu* – neutral gegenüber den meisten einzelnen Modalitäten, wie sie in den unterschiedlichen Bedeutungen der Modalverben zum Ausdruck kommen (vgl. 3.5.2). Man kann sagen, daß in der Bedeutung des Modal-Partizips alle Modalitäten außer der des Wollens und Mögens neutralisiert sind, so daß dem Kontext entnommen werden muß, ob eine bestimmte Form des Modal-Partizips im Sinne eines Könnens, Dürfens, Sollens oder Müssens aufzufassen ist. Dabei ist auch das jeweilige Zusammenwirken mit der Negation (insbesondere im Sinne eines Nichtdürfens oder Nichtbrauchens) von Bedeutung. Zum Vergleich:

MODAL-PARTIZIPIEN MIT NEUTRALISIERTER MODALITÄT	MODALVERBEN MIT EXPLIZITER MODALITÄT
/die leicht zu verstehende Gebrauchsanweisung/	*/die Gebrauchsanweisung kann leicht verstanden werden/*
/die unbedingt zu bezahlende Rechnung/	*/die Rechnung muß unbedingt bezahlt werden/*
/die nach seiner Meinung noch zu berücksichtigenden Gesichtspunkte/	*/die Gesichtspunkte sollen nach seiner Meinung noch berücksichtigt werden/*

Bei diesen Beispielen ergibt sich jeweils aus dem Kontext, im Sinne welcher Modalität oder, anders ausgedrückt, in Übereinstimmung mit welchem Modalverb die Formen des Modal-Partizips zu verstehen sind.

Modal-Partizipien können wie alle anderen Adjektive nominalisiert werden und behalten dabei alle Möglichkeiten der modalen Ausdifferenzierung. Beispiele: *der/die Auszubildende* (= ›ein männlicher oder weiblicher auszubildender Lehrling‹). Nur bei zweiteiligen Verben, wie in diesem Falle, wird die ganze Form orthographisch zusammengeschrieben, mit *zu* zwischen Nachverb und Vorverb (Inversion!). Bei einteiligen Verben wird nach den Regeln der Orthographie nur die eigentliche Verbform des Modal-Partizips großgeschrieben, und das Morphem *zu* wird ihr kleingeschrieben vorangestellt. Beispiel: *das von mir zu Verantwortende.* Getrenntschreibung findet man allerdings auch bei denjenigen Formen des Modal-Partizips, die aus Funktionsverben gebildet sind. Beispiel: *das hier in Rechnung zu Stellende.* Steigerungsformen gibt es nur adverbial (»analytisch«): *das noch am ehesten zu Glaubende, das am wenigsten zu Erwartende.*

5.6 Adjektive im Text

Die verschiedenen Arten und Funktionen des Adjektivs, einschließlich des Partizips, sind gut an dem nachfolgenden Text erkennbar, der einen leiblichen und seelischen Zustand beschreibt und sich durch eine überproportional große Zahl und Vielfalt von Adjektiven auszeichnet. Er stammt aus dem Roman »Rita Münster« von Brigitte Kronauer. Die Adjektive des Textes sind unterstrichen und nach ihren Funktionen gekennzeichnet, und zwar mit den folgenden Siglen: At = attributive Funktion, P = prädikative Funktion, Ap = applikative Funktion, N = Nominalisierungen. Innerhalb dieser Funktionsklassen sind die Adjektive durchlaufend numeriert.

TEXT:

Es gab eine schöne (At1) *Art, krank* (P1) *zu sein, an Alltagen. Ich lag oder saß im Bett, hatte es so kühl* (P2) *oder warm* (P3), *wie ich wollte, sah mir ein Buch meines Großvaters mit vielen Bildern an, extra reserviert* (At2) *für diese Gelegenheit. Ab und zu brachte meine Mutter ein Glas Saft, einen Apfel, ich träumte mir Geschichten zusammen, und wenn ich die Augen aufschlug, war es hell* (P4). *Ich fühlte mich gesund* (P5), *nur etwas schwach* (P6), *weil man behauptete, ich sei ein wenig krank* (P7). *Ich hob einen Arm und richtig* (P8), *schlapp* (Ap1) *fiel er herab. Es war eine angenehme* (At3) *Mattigkeit, die sich auf das Zimmer erstreckte, auch der blaue* (At4)

TEXTGRAMMATISCHER KOMMENTAR:

(At1) *schöne*: attributives Adjektiv, flektiert, in der Nominalklammer.
(P1) *krank*: Prädikats-Adjektiv mit einem Kopulaverb im Infinitiv.
(P2/P3) *kühl/warm*: Prädikats-Adjektive einer Objekt-Prädikation mit dem Horizont-Pronomen *es* als Objekt-Vertreter.
(At2) *reserviert*: Passives Rück-Partizip als Attribut des Nomens *Buch*, zusammen mit seinen Erweiterungen in das verbale Nachfeld ausgeklammert (Apposition).
(P4) *hell*: Prädikats-Adjektiv, unflektiert, mit dem Horizont-Pronomen *es* als Subjekt-Vertreter.
(P5/P6) *gesund/schwach*: Zwei parallele Prädikats-Adjektive eines reflexiven Verbs.

Schrank verlor die Kräftigkeit seines Anstrichs und stand in einem leichten (At5), schläfrigen (At6) *Dunst. In der Schule saßen sie in ihren Reihen und schwitzten wieder, ich lebte* bequem (Ap2) *für mich,* ungestört (Ap3), *niemand rief mich auf, niemand ertappte mich bei einer Abwesenheit. Ich reckte mich,* gut (Ap4) aufgehoben (P9) *an einem* vertrauten (At7), freundlichen (At8) *Platz, nichts fehlte mir. Mitunter erschienen Sonnenflecken an den Wänden. Sie standen* ruhig (Ap5) *da, sie zitterten, sie erweiterten sich auf* polierten (At9) *Flächen zu einem* allgemeinen (At10) *Glanz. Wenn meine Mutter den* blauen (At11) *Schrank öffnete, tauchten sie sogar darinnen, in den Fächern auf,* springende (At12) *Punkte. Ich lag noch immer, wie vorher, in meinem Bett, aber das Zimmer begann Luft zu holen und besann sich auf etwas anderes als mein* kleines (At13) *Unwohlsein, auf etwas* Heiteres (N1), *das draußen war und das nun über Boden und Decke glitt und die Wände auseinanderrückte, daß sie beinahe* durchsichtig (P10) *wurden,* lebendiger (P11) *als eben noch und nicht mehr etwas vor allem um mich* schützend (Ap6) Herumgestelltes (N2), *sondern etwas, das* ganz (Ap7) *auf die Welt draußen gesammelt war und sie* flackernd (Ap8) *spiegelte.*[1]

(P7) *krank*: Prädikats-Adjektiv, unflektiert und durch ein vorausgehendes Schätz-Adverb eingeschränkt.
(P8) *richtig*: Prädikats-Adjektiv, unflektiert, dessen Kopulaverb nicht genannt ist (»Ellipse«).
(Ap1) *schlapp*: Unflektiertes Adjektiv, das in applikativer Funktion das nachfolgende Verb determiniert.
(At3) *angenehme*: Attributives Adjektiv in der Nominalklammer, flektiert.
(At4) *blaue*: Attributives Farb-Adjektiv in der Nominalklammer, flektiert.
(At5/At6) *leichten/schläfrigen*: Zwei attributive Adjektive in unverbundener Reihung, beide flektiert.
(Ap2/Ap3) *bequem/ungestört*: Zwei gereihte Adjektive in applikativer Funktion, das zweite als Apposition ins verbale Nachfeld ausgeklammert.
(Ap4) *gut*: Unflektiertes Adjektiv als Applikat des nachfolgenden Rück-Partizips.
(P9) *aufgehoben*: Passives Rück-Partizip als Apposition des pronominalen Subjekts *ich*.
(At7/At8) *vertrauten/freundlichen*: Zwei attributive Adjektive in unverbundener Reihung, beide flektiert in der Nominalklammer. Das erste dieser beiden Adjektive ist ein lexikalisiertes Rück-Partizip.

1) Brigitte Kronauer: *Rita Münster,* Stuttgart 1983, S. 240.

(Ap5) *ruhig*: Unflektiertes Adjektiv in applikativer Funktion, eingerahmt von der zweiteiligen Verbform *standen – da*.
(At9) *polierten*: Flektiertes Rück-Partizip als Attribut in der Nominalklammer (mit Null-Artikel).
(At10) *allgemeinen*: Flektiertes Adjektiv-Attribut in der Nominalklammer.
(At11) *blauen*: Flektiertes Adjektiv-Attribut in der Nominalklammer.
(At12) *springende*: Neutral-Partizip als Attribut in der Nominalklammer mit einem Null-Artikel.
(At13) *kleines*: Flektiertes Adjektiv-Attribut in der Nominalklammer.
(N1) *Heiteres*: nominalisiertes Adjektiv in starker Flexion, ausgelöst durch den Schätz-Artikel *etwas*.
(P10/P11) *durchsichtig/lebendiger*: Zwei parallele Prädikats-Adjektive, beide unflektiert, die zu dem Kopulaverb *wurden* gehören. Das zweite der beiden Adjektive steht im Komparativ. Es ist ausgeklammert mit nachfolgendem Vergleichs-Junktor *als*.
(Ap6) *schützend*: Neutral-Partizip als Applikat des nachfolgenden nominalisierten Rück-Partizips.
(N2) *Herumgestelltes*: Nominalisiertes Rück-Partizip mit passiver Bedeutung, gebildet von dem zweiteiligen Verb *stelle – herum*.
(Ap7) *ganz*: Applikatives Adjektiv, nichtflektiert, zur Determination der passivischen Verbform *gesammelt war* (Zustands-Passiv).
(Ap8) *flackernd*: Neutral-Partizip, unflektiert, als Applikat des nachfolgenden Verbs.

Insgesamt zeigt der Text ein recht ausgewogenes Verhältnis der drei Funktionen des Adjektivs mit dreizehn Attributionen, elf Prädikationen und acht Applikationen sowie zwei Nominalisierungen. Das sind, die letzteren mitgerechnet, insgesamt 34 Adjektive. Bezogen auf die graphische Einheit Wort, ist also ungefähr jedes zehnte Wort des Textes ein Adjektiv. Sechs dieser Adjektive sind Partizipien, und zwar vier Rück-Partizipien und zwei Neutral-Partizipien. Für einen gemeinsprachlichen Text mit hohem stilistischen Anspruch ist das ein Verhältnis, das dem Üblichen entspricht. In Fachtexten findet man jedoch oft sehr viel höhere Frequenzen von Partizipien.

6 Das Adverb

Das Adverb (Plural: Adverbien) ist eine Sprachzeichenklasse, deren Formen hinsichtlich der Flexion invariant sind. Sie dienen hauptsächlich der Determination anderer Sprachzeichen. Diese Aufgabe läßt sich mit dem semantischen Merkmal ⟨BESTIMMEND⟩ beschreiben.

Für Adverbien ist die applikative Determination zentral (6.1). Einige Besonderheiten der Form (6.2) und der Stellung (6.3) sind beim Adverb zu berücksichtigen. Im wesentlichen unterscheiden sich die Adverbien jedoch nach ihren semantischen Subklassen (6.4).

6.1 Funktionen des Adverbs

Adverbien treten vor allem in applikativer Funktion auf. Das ist ihr Funktionszentrum. Als Basis der applikativen Determination dienen Verben, Adjektive oder auch andere Adverbien. Zunächst ein Beispiel mit verbaler Applikationsbasis und einem Situations-Adverb als Applikat:

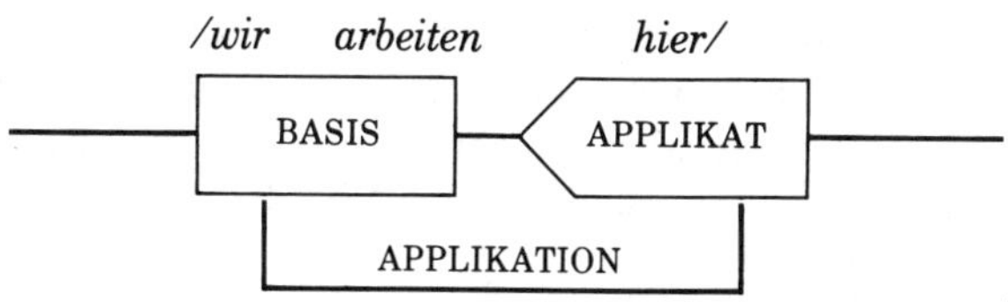

Die Applikation ist in diesem Beispiel ein einfaches Determinationsgefüge, bei dem eine Verbform (*wir arbeiten*) von einem Adverb (*hier*) hinsichtlich der Situation determiniert wird. Ebenso verhält es sich in Applikationen, in denen als Basis ein Adjektiv dient:

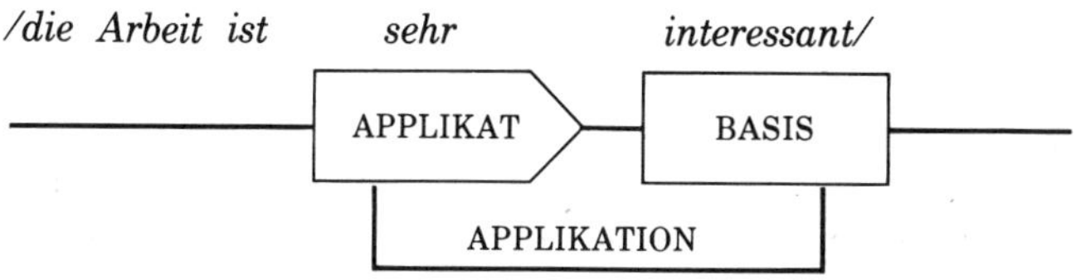

Basis ist hier das Prädikats-Adjektiv *interessant.* Es wird in der Applikation determiniert durch das vorangestellte Applikat *sehr,* das zu den Grad-Adverbien gehört.

Schließlich kann auch ein Adverb als Basis einer Applikation dienen und von einem anderen Adverb applikativ determiniert werden:

/wir arbeiten am liebsten morgens/

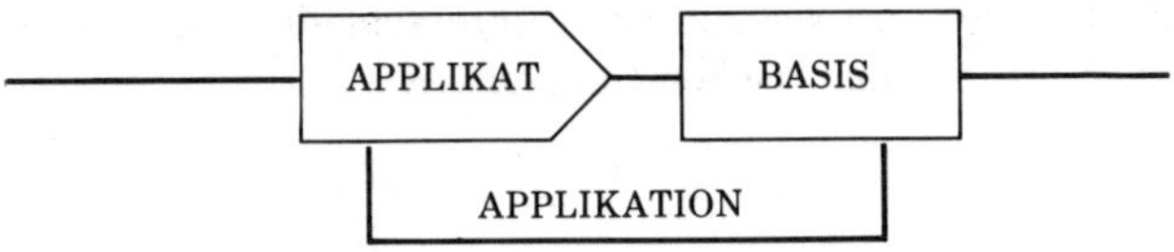

In diesem Beispiel ist das Tempus-Adverb *morgens* bereits Applikat des Verbs *wir arbeiten.* Nichtsdestoweniger soll es selber auch noch determiniert werden, hier als Basis einer weiteren Applikation mit dem Evaluations-Adverb *am liebsten* (Superlativ zu *gern*).

Neben der applikativen Funktion, die für die Sprachzeichenklasse des Adverbs zentral ist, treten manche Adverbien auch - allerdings viel seltener - in prädikativer oder attributiver Funktion auf. Das zeigt sich besonders bei den Positions- und Tempus-Adverbien, zum Beispiel:

/wo bist du eigentlich? ÷ ich bin hier/

/das Wetter heute ist ziemlich unangenehm/

In beiden Beispielen sind die Adverbien *hier* und *heute* deutlich unterschieden von den (flektierbaren) Adjektiven *hiesig* und *heutig,* die von ihnen abgeleitet werden können. Gleichwohl sind sie unter bestimmten Bedingungen prädikativ (*bin - hier*) oder attributiv (*das Wetter heute*) verwendbar.

Andererseits sind Adverbien nicht die einzigen Sprachzeichen, die in applikativer Funktion vorkommen. Diese Funktion wird nicht selten auch von Adjektiven oder Präpositional-Adjunkten wahrgenommen, so daß sich in Texten oft eine applikative Funktionsgemeinschaft zweier Ausdrücke zeigt.

(1) Applikative Funktionsgemeinschaft Adverb/Adjektiv

/die neue Hilfskraft arbeitet gern und gut/

Hier ist die Verbform *arbeitet* Applikationsbasis sowohl für das Adverb *gern* als auch für das Adjektiv *gut.* Die Unterscheidung zwischen beiden gereihten Applikaten beruht formal nur darauf, daß *gut* in anderer Verwendung auch flektiert werden kann (zum Beispiel: *gute Arbeit*), *gern* hingegen nicht.

(2) Applikative Funktionsgemeinschaft Adverb/Adjunkt

/man findet heute, und überhaupt am Wochenende, nur schwer einen Reparaturdienst/

In diesem Beispiel wird die Verbform *man findet* zweifach applikativ determiniert, zuerst durch das Tempus-Adverb *heute,* dann durch das gleichfalls temporale Präpositional-Adjunkt *am Wochenende,* das die erste Zeitbestimmung ausweitet.

Hinsichtlich beider applikativer Funktionsgemeinschaften gibt es Übergangsfelder, in denen die Unterscheidung zwischen den Sprachzeichenklassen unscharf ist.

(1) Übergangsfeld Adverb/Adjektiv

/dieses Buch ist bestimmt interessant zu lesen/

Es gibt das flektierbare Adjektiv *bestimmt* (zum Beispiel: *ein bestimmter Autor*). Gleichwohl wird das Applikat *bestimmt* hier zu den Adverbien gerechnet, da es in dieser Funktion eine andere Bedeutung hat als das gleichlautende Adjektiv. Es ist ein Argumentations-Adverb.

(2) Übergangsfeld Adverb/Präpositional-Adjunkt

/ich bin im allgemeinen an Reiseführern nicht interessiert/

Dies ist ein Grenzfall. Die Präposition *in* steht vor dem nominalisierten Adjektiv *das Allgemeine* und bildet mit ihm formal (ausgenommen die orthographische Kleinschreibung) ein Präpositional-Adjunkt. Diese Verbindung hat sich jedoch im Wortschatz so gefestigt, daß man den ganzen Ausdruck besser als zweiteiliges Adverb analysiert. Aber auch in diesem Fall ändert sich an der applikativen Funktion nichts.

Einige weitere Beispiele für lexikalisch verfestigte Präpositional-Adjunkte (man beachte auch die stereotypen Abkürzungen):

im folgenden	*vor allem (v.a.)*
im Prinzip	*ohne weiteres*
im übrigen	*unter Umständen (u.U.)*
in der Regel (i.d.R.)	*bei weitem*
im engeren Sinne (i.e.S.)	*zum Beispiel (z.B.)*
zum Teil (z.T.)	*unter anderem (u.a.)*
mit Recht	*aufs neue*

Manche Adverbien sind annähernd bedeutungsgleich mit derartigen Präpositional-Adjunkten, zum Beispiel:

ADVERBIEN	PRÄPOSITIONAL-ADJUNKTE
gegebenenfalls	*unter Umständen*
unbedingt	*unter allen Umständen*
beispielsweise	*zum Beispiel*
eigentlich	*im Grunde*

Außer Präpositional-Adjunkten nehmen auch verschiedene Akkusativ- und Genitiv-Ausdrücke als »Kasus-Adjunkte« an der applikativen Funktionsgemeinschaft teil, zum Beispiel:

tagsüber – *den ganzen Tag*
morgens – *des Morgens*

Historische Anmerkung: Das »Adverb-*s*« wie in *morgens* ist aus dem Genitiv-Flexiv *-s* wie in *des Morgens* entstanden.

6.2 Formen des Adverbs

Im Unterschied zu den Sprachzeichenklassen der Nomina, Verben und Adjektive, die definitionsgemäß nur aus Lexemen bestehen, setzt sich die Klasse der Adverbien aus Morphemen und Lexemen zusammen, zum Beispiel:

MORPHEME	LEXEME
hier	*schrittweise*
bald	*krankheitshalber*
gestern	*sonntags*
nur	*rücklings*

Ob sie nun Morpheme oder Lexeme sind, die Adverbien sind im Regelfall unveränderlich, sie mögen applikativ, attributiv oder prädikativ gebraucht werden. Für einige Adverbien besteht allerdings die Möglichkeit der Veränderung durch Graduierung.

Morphematische Adverbien haben vielfach eine kurze Form (zum Beispiel: *bald, oft, schon*). Es gibt jedoch auch eine Anzahl von zusammengesetzten Formen, die sich aus der Verbindung zweier Adverbien ergeben (zum Beispiel: *dahin*). Auch Bildungen mit Präpositionen an erster oder zweiter Stelle können zu den Adverbien gehören, wie zum Beispiel *unterwegs, auswärts, vorher, damit, tagsüber* und *kurzum*. Wesentlich häufiger ist jedoch die Bildung von Adverb-Lexemen durch Derivation mittels eines Adverb-Suffixes. Die wichtigsten Adverb-Suffixe sind die folgenden: *-s* (»Adverb-*s*«), *-ens* (nur im Superlativ), *-lich, -weise, -maßen, -halber, -wärts, -lings* (vgl. 9.2.4).

Einige Adverbien können gesteigert werden, zum Teil geschieht das »unregelmäßig«:

POSITIVSTUFE	KOMPARATIVSTUFE	SUPERLATIVSTUFE
viel/sehr	*mehr*	*am meisten*
gern	*lieber*	*am liebsten*
wenig	*weniger*	*am wenigsten*
wohl	*wohler*	*am wohlsten*
(bald)	*eher*	*am ehesten*
oft	*öfter(s)*	*(am häufigsten)*

Viel und *sehr* haben die gleichen Steigerungsformen, das Adverb *gern* und das Adjektiv *lieb* in applikativer Verwendung ebenfalls. Die Form *am ehesten* ist nur als Superlativ zu *eher* in der Bedeutung ›vielmehr‹ gebräuchlich, nicht in der Bedeutung ›früher‹.

Statt der morphologischen Steigerung gibt es bei den Dimensions-Adverbien (vgl. 6.4.1.2) und einigen Direktions-Adverbien (vgl. 6.4.1.3) auch die Möglichkeit einer lexikalischen Steigerung mit *weiter* (zum Beispiel: *weiter oben*).

Wegen einer häufigen applikativen und fehlenden attributiven Verwendung werden die folgenden Formen oft zu den Adverbien gerechnet:

am besten	*aufs höchste*
am lustigsten	*aufs äußerste*
am sichersten	*aufs genaueste*
am nächsten	*aufs übelste*

Diese Formen sind als Präpositional-Adjunkte mit nominalisierten Adjektiven in Superlativform gebildet, die jedoch kleingeschrieben werden. Bildungen nach dem Muster *am besten* sind bei der Mehrzahl der Adjektive möglich, Bildungen nach dem Muster *aufs höchste* treten nur als Deskriptions-Adverbien auf und haben stark intensivierende Bedeutung (»Elativ«).

Einige Adverbien bilden selber wiederum die Grundlage für die Ableitung von Adjektiven, die nur attributiv zu gebrauchen sind. Diese Adjektive werden meist mit dem Adjektiv-Suffix *-ig* gebildet, zum Beispiel:

heutig	*baldig*	*ehemalig*
hiesig	*alleinig*	*auswärtig*
jetzig	*oftmalig*	*diesseitig*
sofortig	*jeweilig*	*jenseitig*

6.3 Stellung des Adverbs

Bei der Stellung des Adverbs ist auf die Funktion (applikativ, prädikativ oder attributiv) und auf die Sprachzeichenklasse der Basis zu achten.

(1) Bei einem Adjektiv oder Adverb als Applikations-Basis geht das adverbiale Applikat seiner Basis immer voraus:

/das Wetter ist sehr gut/

/ich habe noch gestern den Rasen gemäht/

In diesen Beispielen wird ein Adjektiv (*gut*) oder ein Adverb (*gestern*) jeweils von einem vorangestellten Adverb her (prä-)determiniert.

(2) Bei einem Verb als Applikations-Basis kommt für das Adverb hauptsächlich entweder das Vorfeld oder das Mittelfeld der Verbalklammer in Frage, kaum das Nachfeld. Dabei zeigt sich oft, je nach dem Informa-

tionsprofil, ein Stellungswechsel zwischen Subjekt und Adverb, zum Beispiel:

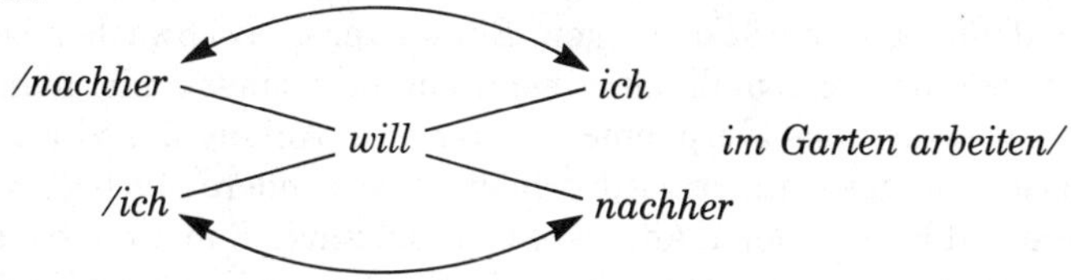

Die Graphik veranschaulicht, daß sich das Subjekt und das Adverb um das Vorverb herum »drehen« können.

Steht das Adverb im Vorfeld einer Verbalklammer, so bietet es dort oft eine situative Vororientierung für die im Kontext nachfolgende Handlung. Insbesondere wird durch die Vorfeldstellung des Adverbs oft eine gewisse Groborientierung der Handlung bewirkt, die dem Hörer die Situierung in Raum und Zeit und die Einordnung in verschiedenen Wertordnungen und Normsystemen erleichtert:

/meistens kaufen wir unsere Pflanzen im Garten-Center; dort sind sie nicht so teuer/

/eigentlich müßten die Kirschbäume veredelt werden, aber leider gibt es zur Zeit keine Edelreiser/

Tritt das Adverb jedoch ins Mittelfeld, so muß es sich mit anderen Sprachzeichen arrangieren, die möglicherweise dort ebenfalls ihren Platz haben. Dabei richtet sich die Stellung der Sprachzeichen in erster Linie nach dem Informationsprofil, das der Sprecher seiner Äußerung geben will. Die allgemeine Regel der Informationsverteilung besagt, daß am Anfang des Mittelfeldes die unauffälligeren (thematischen), an seinem Ende die auffälligeren Sprachzeichen stehen. Das gilt auch für die Adverbien; bei unauffälliger Textbedeutung stehen sie weiter vorne, bei auffälliger Textbedeutung weiter hinten im Mittelfeld. Zum Vergleich:

UNAUFFÄLLIGES ADVERB	AUFFÄLLIGES ADVERB
/wir haben hier vor allem Zuckererbsen angebaut/	*/wir haben Zuckererbsen vor allem hier angebaut/*

Das Adverb *hier* steht im linken Beispiel unauffällig am Anfang der Verbalklammer *haben – angebaut*. Auffällig ist dadurch die Stellung des Objektes *Zuckererbsen*. Im rechten Beispiel sind die Auffälligkeiten umgekehrt verteilt. Dementsprechend steht das Adverb *hier* am Ende des Mittelfeldes. Diesem Informationsprofil folgt jeweils auch die Intonation.

Phonetische und graphische Charakteristika der jeweiligen Zeichenkörper sind ebenfalls bei der Stellung der Sprachzeichen im Mittelfeld einer Verbalklammer zu berücksichtigen. Ein kurzer und schwacher Zeichenkörper steht im Normalfall näher beim Vorverb; daher findet man kurze applikative Adverbial-Morpheme meistens am Anfang des Mittelfeldes. Längere und gewichtigere Adverbien, insbesondere auch Adverbial-Lexeme und Präpositional-Adjunkte in applikativer Funktion, treten hingegen eher am Ende des Mittelfeldes in Erscheinung, sofern das übergeordnete Prinzip des Informationsprofils nicht eine andere Stellung verlangt. Zum Vergleich:

ADVERB	PRÄPOSITIONAL-ADJUNKT
/wir sollten demnächst die Hecke schneiden/	*/wir sollten die Hecke unbedingt an einem der nächsten Tage schneiden/*

Die semantischen und die phonetisch-graphischen Faktoren stehen im Zusammenhang. Eine auffällige Information wird meistens mit einem größeren Aufwand an Sprachzeichen ausgedrückt als eine unauffällige Information. Für eine auffällige Applikation wählt man aus diesem Grund eher Präpositional-Adjunkte als Adverbien. Solche Präpositional-Adjunkte mit ihrer größeren Bedeutsamkeit für das Informationsprofil des Textes und gleichzeitig mit einem relativ gewichtigen Zeichenkörper stehen gewöhnlich am Ende des Mittelfeldes, während die meistens kurzen und weniger bedeutungshaltigen Adverbien eher die Stellung am Anfang einnehmen. Auf diese Weise kommen der semantische und der phonetisch-graphische Einflußfaktor in vielen Fällen zur Deckung.

Treten im Mittelfeld einer Verbalklammer (oder auch verteilt auf das Vor- und Mittelfeld) mehrere Adverbien verschiedener Bedeutungsklassen nebeneinander auf, so richtet sich ihre Abfolge gleichfalls grundsätzlich nach dem jeweilig angestrebten Informationsprofil. Bei neutralem Informationsprofil ist jedoch die Tendenz zu verzeichnen, beim Zusammentreffen eines Tempus- und eines Positions-Adverbs dem Tempus-Adverb Voranstellung einzuräumen:

/ich habe gestern hier angefangen/

/morgen will ich dort weitermachen/

Befindet sich im Mittelfeld ein Negations-Morphem, so stehen die Adverbien im allgemeinen diesem voran, zum Beispiel:

/es wird hoffentlich heute noch nicht regnen/

Soll jedoch ein Adverb spezifisch negiert werden, was insbesondere bei Positions-, Tempus- und Evaluations-Adverbien vorkommt, so tritt das Negations-Morphem vor das zu negierende Adverb:

/Palmen wachsen nicht hier, sondern in südlicheren Ländern/

/die Rosen haben wir in diesem strengen Winter nicht umsonst abgedeckt/

Ebenso wie bei Adjektiven sind auch bei Adverbien Reihung und Stufung zu unterscheiden.

(1) Adverb-Reihung

/hier und heute muß gehandelt werden/

/ich werde mich wahrscheinlich, ja sogar höchstwahrscheinlich morgen entscheiden/

/vorsichts- und sicherheitshalber frage ich übermorgen noch mal nach/

Das letzte Beispiel zeigt, daß in der Reihung das gleiche Suffix normalerweise nur einmal, und zwar beim zweiten Vorkommen, gesetzt wird (Bindestrich als Kürzungszeichen!). Das kommt jedoch nur bei den Suffixen *-weise, -halber, -wärts* und *-wegen* vor.

(2) Adverb-Stufung

Die Determination, die durch ein Applikat ausgeübt wird, kann gestuft werden. Beispiel:

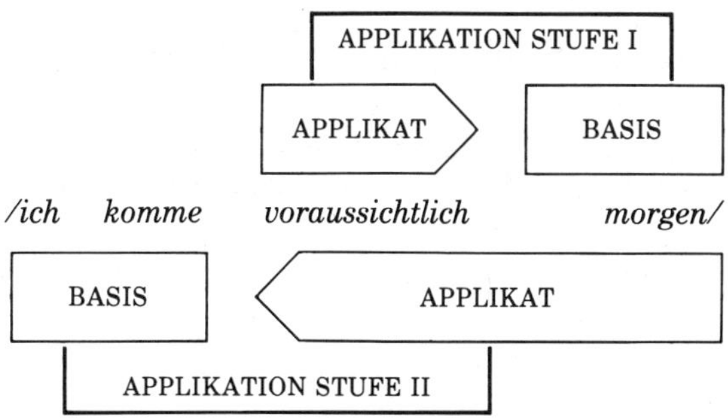

Die Applikation der ersten Stufe bildet als ganze das Applikat der zweiten Determinationsstufe.

Die Stufung kann mehrfach wiederholt werden, zum Beispiel:

/das		
/das sehr		
/das oft sehr	*feuchte*	*Klima*
/das leider oft sehr		
/das hier leider oft sehr		
APPLIKATIVE ADVERBIEN	ATTRIBUTIVES ADJEKTIV	NOMEN

Auch Adjektive und Präpositional-Adjunkte in applikativer Funktion können mit Adverbien gestuft zusammentreten:

/Rhododendren müssen besonders gut gewässert werden/

/genau an dieser Stelle können wir die Tomaten pflanzen/

Im ersten Beispiel wird die erste Stufe der Applikation von einem Adjektiv (*gut*), im zweiten von einem Präpositional-Adjunkt (*an dieser Stelle*) eingenommen.

(3) Zum relativ seltenen Gebrauch eines Adverbs in attributiver Funktion ist hinsichtlich der Stellung anzumerken, daß es außer bei einem Nomen auch bei einem (meistens rhematischen) Pronomen stehen kann, und zwar nachgestellt:

/der Apfelbaum hier trägt dieses Jahr gut, der dort nicht/

6.4 Semantische Subklassen des Adverbs

Adverbien ähnlicher Bedeutung lassen sich zu semantischen Subklassen zusammenfassen. Es gibt die folgenden Subklassen des Adverbs:

Positions-Adverbien (6.4.1)
Tempus-Adverbien (6.4.2)
Status-Adverbien (6.4.3)
Argumentations-Adverbien (6.4.4)

6.4.1 Positions-Adverbien

Die Positions-Adverbien dienen dazu, die Gesprächssituation nach ihren räumlichen Bedingungen zu charakterisieren. Dabei geht es grundsätzlich nicht, wenigstens nicht primär, um den abstrakt-geometrischen Raum, sondern um den konkret-anschaulichen (»deiktischen«) Kommunikationsraum, wie er durch die leibliche Konfiguration der miteinander sprechenden Personen gebildet ist. Prototypische Bedeutung hat auch in dieser Hinsicht die kommunikative Dyade mit Blickstellung des Sprechers und Hörers. Diese ist gegenüber allen (»monadischen«) Einzelpositionen, die durch spezifizierende Zusätze ausgesondert werden können, prioritär.

Wir unterscheiden im folgenden die einfachen Positions-Adverbien (6.4.1.1) von den Dimensions- (6.4.1.2) und Direktions-Adverbien (6.4.1.3). Diese drei Subklassen können auch zu komplexeren Formen kombiniert werden (6.4.1.4). Häufig werden sie auch mit Präpositionen zu Präpositional-Adverbien kombiniert (6.4.1.5).

6.4.1.1 Einfache Positions-Adverbien (*da, hier, dort*)

Die deutsche Sprache hat drei einfache Positions-Adverbien. Es sind die Formen *da, hier* und *dort.*

(1) Das Situations-Adverb *da*

Das Adverb *da* ist das bei weitem häufigste und für die Verständigung in der Gesprächssituation wichtigste Positions-Adverb. Es bezeichnet die Position der kommunikativen Dyade schlechthin, also die ganze Gesprächssituation in ihrer leiblich-räumlichen Konfiguration. Die Bedeutung dieses Adverbs ist daher mit dem semantischen Merkmal ⟨SITUATION⟩ erschöpfend angegeben. Das impliziert eine Neutralität gegenüber den Einzelpositionen der Sprecher-, Hörer- und Referenzrolle. Daher kann man das Adverb *da* als Situations-Adverb bezeichnen.

Mit den primären Gesprächsrollen Sprecher und Hörer wird das Situations-Adverb *da* vor allem prädikativ gebraucht. Mit den Kopulaverben *bin* und *bleibe* bildet es fast ein zweiteiliges Verb. Beispiele:

/ich rufe nur mal an, um zu sehen, ob du da bist ÷ ja, komm nur vorbei, ich bin bestimmt da/

/es kann bei mir aber noch etwas dauern ÷ das macht nichts, ich bleibe auf jeden Fall da/

Ziemlich häufig, insbesondere beim (leicht unhöflichen) An- oder Aufrufen einer Person, findet man auch die Verbindung *du da/ihr da/Sie da.* Mit der Sprecherrolle ist die Verbindung nicht möglich. Das hat seinen Grund ebenfalls in der dyadischen Bedeutung des Situations-Adverbs *da*: wenn eine Person in der Hörerrolle angesprochen wird, ist ja immer auch ein Sprecher da, eben die gerade sprechende Person. In einer Selbstansprache des Sprechers fehlt hingegen die zweite Rolle der kommunikativen Dyade.

In Situationen, die durch Präpositional-Adjunkte gekennzeichnet sind, ist der Gebrauch des Positions-Adverbs *da* gleichfalls möglich:

/wo wohnt ihr jetzt? ÷ in Magdeburg, ich habe da eine neue Stelle gefunden/

/ich arbeite auf dem Finanzamt, da werden Spezialisten für elektronische Datenverarbeitung gebraucht/

In diesen Beispielen führt das Situations-Adverb *da* eine vorher mittels Präpositional-Adjunkten (*in Magdeburg, auf dem Finanzamt*) gegebene Situationsangabe als Pro-Form weiter.

Auch Referenz-Pronomina können durch *da* hinsichtlich ihrer Position spezifiziert werden, und zwar die rhematischen eher als die thematischen Referenz-Pronomina:

/kennst du eigentlich den da?/

/was soll denn das da schon wieder!/

Bei Personen ist die überdeutliche Bezeichnung durch das rhematische Referenz-Pronomen in Verbindung mit dem Situations-Adverb *da* latent unhöflich.

Das Situations-Adverb *da* kann auch ganze Texte oder Textabschnitte zusammenfassend wieder aufgreifen. Wenn das der Fall ist, steht es gerne in Vorfeldstellung im unmittelbaren Anschluß an einen Vortext, oft mit Sprecherwechsel im Dialog:

/der Hausbesitzer hat uns die Wohnung nicht gegeben, weil jemand anders ihm mehr Miete zahlen will ÷ da kann man nichts machen/

/was sollte die Wohnung denn ursprünglich kosten? ÷ da muß ich erst mal nachdenken/

Eine besondere Aufmerksamkeit erweckt das Situations-Adverb *da,* wenn es als Pro-Form einen lexikalischen Ausdruck des Vorfeldes weiterführt.

/schau mal, in dieser Nische, da würde sich eine kleine Holzfigur gut machen/

/haben Sie noch immer keine neue Installation? ÷ ach, auf die Handwerker, da wartet man ja ewig!/

/können wir nicht morgen zum Baumarkt fahren? ÷ das geht nicht, denn morgen, da wird der Teppichboden geliefert/

In diesen Beispielen wird die unauffällige (thematische) Information des Vorfeldes durch *da* in eine auffällige Referenz-Position gebracht und dadurch profiliert.

Die Situation, die durch das Adverb *da* in ihrer räumlichen Konfiguration gekennzeichnet wird, hat immer auch eine – allerdings nicht dominante – zeitliche Komponente: eine Situation als Ereignis. So kann auch in diesem Fall das Adverb *da* gebraucht werden:

/ich lese gerade in der Zeitung, da fällt mein Blick plötzlich auf eine Wohnungsanzeige, die . . ./

/was machst du denn an diesem Wochenende? ÷ da ziehen wir doch um!/

Im mündlichen Erzählen, insbesondere von Kindern, bezeichnet das Adverb *da,* oft in der Kombination *und da* (in selteneren Fällen auch *und dann*), einen Erzählschritt in der Handlungsfolge. Das wird in der nachfolgenden Erzählung eines Kindes deutlich. Die vorkommenden Adverbien *da* (16mal) und *dann* (nur einmal) sind unterstrichen und durchnumeriert.

TEXT:

Äh ich / Die kleine Edda, ne', die hat mal radfahren gelernt. Und da, da (1) / *die sauste da* (2) *so wie der Wind los. Und da* (3) *plötzlich da* (4) *fuhren wer da* (5) *so den Bahnhof runter. Und da* (6) *ist dann* (7) *da* (8) *so 'ne Stufe. Und da* (9) *fuhr die gegen, und platsch da* (10) *lag se. Und da* (11) *wußt' ich nicht, daß die schon aufsteigen konnte. Die konnte nämlich da* (12) *noch nicht aufsteigen. Und da* (13) *(kam) wollt' ich grade Vater Bescheid sagen, daß er ihr wieder hilft. Plötzlich da* (14) *war ich kaum da* (15), *da* (16) *kam sie auch schon mit ihrem Rad wieder angesaust. Da* (17) *ist se schnell aufgestiegen.*[1]

TEXTGRAMMATISCHER KOMMENTAR:

(1) Nachdem der Erzähler zunächst eine einleitende Bemerkung mit *mal* als Rahmeninformation eingeführt hat, kennzeichnet er den Übergang zur eigentlichen Handlung mit dem doppelt verwendeten *da.* Der Erzähler unterbricht seinen Gedankengang jedoch, um noch eine Hintergrundinformation anzufügen.
(2/5/8): Hier dient *da* eher dazu, als Pro-Adverb global auf die Situation zu verweisen. Das wird durch die Verbindung mit dem Rahmen-Adverb *so* unterstrichen.
(3) Erneut versucht das Kind, mit *und da* zum eigentlichen Kern seiner Erzählung überzuleiten.
(4) Der Erzähler hebt den unvorhergesehenen Eintritt der eigentlich interessanten Handlung durch die Verbindung mit dem Sequenz-Adverb *plötzlich* hervor. Dieses wird zusätzlich dadurch fokussiert, daß es mit *da* wieder aufgenommen wird.
(6) Hier ist *da* als Pro-Form verwendet und bezieht sich auf das Nomen *Bahnhof.*
(7) *Dann* kennzeichnet die zeitliche Abfolge der Erzählschritte.
(9) Wie in (6) hat *da* eine situative Bedeutung: es ist Teil des in diesem Text in Distanzstellung verwendeten Direktions-Adverbs *dagegen,* das sich auf *Stufe* bezieht.
(10) Hier gilt Ähnliches wie in (4): *da* wird verwendet, um ein Element vor dem verbalen Vorfeld (*platsch*) wieder aufzugreifen.
(11/12) Hier scheint *da* eher ähnlich wie das Präpositional-Adjunkt *zu dieser Zeit* verwendet zu sein, also auf die Zeitspanne zu verweisen, in der der Text situiert ist.
(13) *Da* ist hier - vergleichbar mit *dann* - gebraucht, um eine Abfolge von Handlungen zu bezeichnen.
(14) Diese Verwendung von *da* entspricht der in (10) und (11). Die mit dem Adverb eingeleitete Äußerung ist ein erklärender Einschub.
(15) Das situative *da* kann in dieser Äußerung als Nachverb des zweiteiligen Verbs *bin - da* angesehen werden.

1) Dietrich Pregel/Gert Rickert: *Kindliche Redetexte,* Düsseldorf 1975, S. 81.

(16) Ähnlich wie in (4) und (9) nimmt *da* das durch den Einschub getrennte Adverb *plötzlich* wieder auf, wodurch die überraschende Wende deutlich hervorgehoben wird.
(17) *Da* verweist hier zusammenfassend auf die ganze Situation.

(2) Das Positions-Adverb *hier*

Das Positions-Adverb *hier* wird gebraucht, um eine Äußerung innerhalb der kommunikativen Dyade ausdrücklich beim Sprecher zu situieren. Daher wird das Merkmal ⟨POSITION⟩ durch das zusätzliche Merkmal ⟨SPRECHER⟩ spezifiziert:

/die Gegend ist schön, hier gefällt es mir/

/ich rufe dich an, weil hier gerade eine Wohnung zu mieten ist, ganz romantisch und gar nicht teuer!/

Die Einbeziehung des Hörers in die Sprecher-Position ist beim Positions-Adverb *hier* ohne weiteres möglich, jedoch für die Positionsangabe irrelevant.

Neben der primär applikativen Verwendung sind auch der prädikative und der attributive Gebrauch von *hier* möglich:

PRÄDIKATIVER GEBRAUCH	ATTRIBUTIVER GEBRAUCH
/das Wohnungsamt ist nicht hier, sondern im Nebengebäude/	*/die Wohnung hier ist noch nicht ganz bezugsfertig/*

Als Attribut kann *hier* zu Nomina oder zu Pronomina hinzutreten. In der Referenzrolle wird *hier* in der Regel nur dann verwendet, wenn es sich um ein rhematisches Referenz-Pronomen handelt (also *der hier* eher als *er hier*).

Da sich das Positions-Adverb *hier* primär auf die Position des Sprechers bezieht, der im Sprachspiel mit dem Hörer Zeit verbringt, wird dieses Positions-Adverb nicht nur räumlich verwendet. Es kann wie *da* auf einen Zeitpunkt in der Rede oder eine Stelle im geschriebenen Text verweisen, zum Beispiel:

/ich muß Ihnen widersprechen; das ist hier nicht das Problem!/

/Entschuldigung, aber hier steht doch schwarz auf weiß, was ich gesagt habe/

/die Zeit drängt, wir müssen die Diskussion hier abbrechen und zur Abstimmung schreiten/

Auch in diesen Verwendungsweisen ist die Sprecher-Position der Orientierungspunkt für den Gebrauch des Positions-Adverbs *hier*.

(3) Das Positions-Adverb *dort*

Das Positions-Adverb *dort* wird vergleichsweise selten verwendet. Es wird jedoch besonders dann gebraucht, wenn die Sprecher-Position ausdrücklich ausgeschlossen werden soll. In der Blickstellung ist damit die Hörer-Position in der Regel ebenfalls ausgeschlossen, da in dieser Konfiguration die beiden Positionen des Sprechers und des Hörers nahe beieinander liegen. *Dort* bezeichnet also in erster Linie die Referenz-Position. Die semantischen Merkmale lauten entsprechend ⟨POSITION⟩ und ⟨REFERENZ⟩.

/die Wohnungsuchende fuhr in die Schillerstraße, dort hatte sie sich mit dem Makler verabredet/

Bei räumlicher Trennung von Sprecher und Hörer – zum Beispiel bei Telefongesprächen oder im brieflichem Kontakt – kann auch die Hörer-Position mit *dort* bezeichnet werden:

/ich rufe jetzt aus Dessau an ÷ aber was machen Sie denn dort?/

Wenn ein vergangener oder ein zukünftiger Sachverhalt angesprochen wird, kann *dort* auch mit der zeitversetzten Sprecherrolle in Beziehung treten:

/haben Sie den Makler nicht getroffen? ÷ nein, ich war leider zu spät dort/

Wie *da* und *hier* kann *dort* auch auf eine Textstelle oder den voraufgehenden Kontext verweisen. Darin zeigt sich deutlich, daß die Positions-Adverbien nicht nur auf den geometrischen Raum bezogen sind.

/meine Frau hat sich das Grundbuch angesehen, dort ist die Eintragung noch nicht vorgenommen worden/

/der zuständige Sachbearbeiter war in einer Konferenz, man konnte ihn dort nicht stören/

Das Positions-Adverb *dort* wird auch prädikativ und attributiv gebraucht. In attributiver Funktion wird es hauptsächlich mit nominalen oder pronominalen Referenten verbunden, zum Beispiel:

PRÄDIKATS-ADVERB	ATTRIBUTIVES ADVERB
/wir müssen aufbrechen, der Makler ist sicher schon dort/	*/sehen Sie, das Haus dort ist es/*
/in dem Neubauviertel gibt es keine gute Infrastruktur, dort ist nicht einmal ein Altenheim/	*/ich habe auf dem Rathaus nachgefragt, ob die dort zuständig sind/*

6.4.1.2 Dimensions-Adverbien (*oben, unten . . .*)

Die Dimensions-Adverbien bilden eine Subklasse der Positions-Adverbien, die dadurch gekennzeichnet ist, daß die Position nach den Dimensionen der Leiblichkeit spezifiziert ist:

Frontalität:	*vorne/hinten*	Lateralität:	*rechts/links*
Vertikalität:	*oben/unten*	Interiorität:	*innen/außen*

Die Übersicht zeigt zugleich, daß die Dimensions-Adverbien nach Oppositionspaaren organisiert sind. Zur Bedeutungsbeschreibung benutzen wir das semantische Grundmerkmal ⟨POSITION⟩ und jeweils zusätzlich das Dimensionsmerkmal, wie es im einzelnen bei den entsprechenden Präpositionen beschrieben wird (vgl. 7.1.3), also zum Beispiel ⟨POSITION⟩ und ⟨VORDERSEITE⟩ für das Adverb *vorne*, ⟨POSITION⟩ und ⟨NIEDRIG⟩ für das Adverb *unten*. Beispiele:

/das Haus hat vorne einen Erker und hinten einen Balkon/

/die Vorderfront ist oben mit Holz verkleidet und unten weiß getüncht/

Spezifikationen der Bewegung werden durch die Verbindung mit Präpositionen wie *von* und *nach* ausgedrückt:

/die Wände sind auch von innen isoliert/

/können wir mal nach oben gehen?/

Die lateralen Dimensions-Adverbien *links* und *rechts* sind in der Regel vom Sprecher her gedacht. In der Blickstellung kann daraus ein Verständigungsproblem entstehen. Denn was für den Sprecher *links* ist, das kann für den Hörer *rechts* sein und umgekehrt. Um dieses Verständigungsproblem zu beheben, muß man bisweilen semantisch spezifizieren: *von dir aus gesehen links, in Fahrtrichtung rechts.*

Bei den anderen Dimensions-Adverbien werden fallweise die natürliche Vorder- oder Rückseite, Ober- oder Unterseite, Innen- oder Außenfläche eines Gegenstandes als Referenz zur situativen Orientierung herangezogen.

/*die Küche ist unten, das Bad ist oben*/

/*das Haus ist innen hochmodern eingerichtet, obwohl es von außen einen eher rustikalen Eindruck macht*/

/*die Waschmaschine muß gleich vorne, links neben der Tür stehen*/

Zu den Dimensions-Adverbien, die auch attributiv verwendet werden können, gibt es entsprechende Adjektive, die morphologisch zum Teil Komparative sind und nur attributiv gebraucht werden:

ATTRIBUTIVE ADVERBIEN	ATTRIBUTIVE ADJEKTIVE
/*die Tür vorne schließt nicht gut*/	/*die vordere Tür schließt nicht gut*/
/*unten die Isolierung läßt zu wünschen übrig*/	/*die untere Wohnung ist schwer zu heizen*/
/*das Haus rechts gefällt mir*/	/*das rechte Haus gefällt mir*/

6.4.1.3 Direktions-Adverbien (*hin, her . . .*)

Direktions-Adverbien sind eine weitere Subklasse der Positions-Adverbien, die zusätzlich zur Position eine Richtung angeben. Dabei wird die Sprecher-Position als Ausgang oder Ziel der Bewegung zugrunde gelegt. Die wichtigsten Direktions-Adverbien sind *hin* und *her*. Das Adverb *hin* zeigt an, daß die Bewegung von der Sprecherrolle ausgeht und auf den Adressaten zuläuft; bei dem Adverb *her* ist der Sprecher selber Adressat der Bewegung, die auf ihn zuläuft. Wir beschreiben die Bedeutungen dieser beiden Adverbien, zusätzlich zu dem Merkmal ⟨POSITION⟩, mit den semantischen Merkmalen ⟨HIN⟩ und ⟨HER⟩. Beispiele:

/ich muß heute noch zum Makler hin, um den Mietvertrag abzuholen/

/der Makler hat gerade angerufen, er kommt gleich selber her/

Das letzte Beispiel zeigt zugleich das Direktions-Adverb in der Funktion als Nachverb. Mit der stereotypen Junktion *hin und her* wird eine nicht gerichtete, oft ziellose Bewegung ausgedrückt:

/ich bin heute den ganzen Vormittag in der Stadt hin und her gelaufen (oder orthographisch als Nachverb gekennzeichnet: *hin- und hergelaufen*)/

Nicht an die Sprecher-Position gebunden sind die Direktions-Adverbien *weg, fort* und *los,* die eine Bewegung bezeichnen, die von irgend einer Referenz-Position ihren Ausgang nimmt. Zum Ausdruck der Gegenbewegung dient das Adverb *zurück* und, sofern die Referenz-Position das Wohnhaus oder die Wohnung ist, *heim* (in Norddeutschland statt dessen: *nach Hause*). Alle diese Direktions-Adverbien werden auch sehr oft als Nachverben gebraucht. Beispiele:

/wenn man dich anruft, bist du immer weg (oder: *fort*)/

/ich komme fast nie von zu Hause (oder: *von daheim*) *los/*

/ich gehe kurz einkaufen und bin gleich zurück/

/bringst du mich heute abend heim (oder: *nach Hause*)*?/*

Hin und *her* können auch attributiv zu Nomina gebraucht werden, besonders in Verbindung mit Präpositional-Adjunkten. Dabei ist *her* nur mit der Präposition *von* kompatibel, *hin* ist mit den Präpositionen *zu* und *nach* kompatibel:

/nach Süden hin ist die Aussicht wunderbar, aber vom Fenster her zieht es ganz heftig/

Her kann bei Verben der Fortbewegung und in Verbindung mit den Präpositionen *vor, hinter* und *neben* den Verlauf der Bewegung ausdrükken:

/als ich heute auf der Baustelle war, lief der Polier die ganze Zeit neben mir her/

Idiomatisch ist die Wendung *vor sich hin*: in Verbindung mit Verben der Fortbewegung kann damit eine gewisse Ziellosigkeit der Bewegung, bei Kommunikationsverben Ungeselligkeit angezeigt werden. Beispiel:

/jetzt schimpf doch nicht immer so vor dich hin!/

Wie die Positions-Adverbien lassen sich auch die Direktions-Adverbien *hin* und *her* in zeitlichem Kontext gebrauchen. In dieser Verwendung treten sie nur verbunden mit einer Zeitangabe als Prädikamente auf; *hin* ist dabei immer mit *noch, her* oft mit *schon* verbunden. In einem solchen zeitlichen Kontext verweist *her* auf einen Zeitpunkt in der Vergangenheit, *hin* auf einen Zeitpunkt in der Zukunft.

VERGANGENHEIT	ZUKUNFT
/es ist jetzt (schon) zwei Wochen her, daß der Makler uns versprochen hat, die Unterlagen zu schicken/	*/nun sind es nur noch fünf Tage hin, bis wir der Bank den Kaufvertrag vorlegen müssen/*

6.4.1.4 Kombinierte Positions-Adverbien (*dahin . . .*)

Verschiedene Positions-Adverbien können miteinander kombiniert werden. Es kommen vor allem Kombinationen aus den einfachen Positions-Adverbien (*da, hier, dort*) mit den Direktions-Adverbien *hin* und *her* in Frage:

dahin	*daher*
hierhin	*hierher*
dorthin	*dorther*

Diese kombinierten Adverbien werden in der mündlichen Umgangssprache auch gerne diskontinuierlich gebraucht, so daß dann eine Adverbklammer entsteht, besonders in Verbindung mit *da-*. Beispiele:

/würden Sie bitte einmal hierher kommen?/

/schauen sie doch einmal dorthin!/

/ich fahre nach Dresden ÷ da wollte ich auch schon immer hin/

In den meisten Fällen verbindet sich die Adverbklammer jedoch mit einer Verbalklammer:

/was wird denn dort gebaut? ÷ da bauen sie ein Einkaufszentrum hin/

/gehst du bitte zur Post? ÷ da komme ich doch gerade her/

In diesen beiden Beispielen überlagert die Adverbklammer (*da – hin, da – her*) die jeweilige Verbalklammer (*baue – hin, komme – her*) in ihrem Positionswert.

Das Präpositional-Adverb *daher* wird im Unterschied zu den anderen derartigen Lexemen vornehmlich kausal als Nexus-Adverb (vgl. 6.4.4.2) gebraucht; es wird dann meistens auf der ersten Silbe betont. Die positionale Bedeutung läßt sich jedoch in Wendungen wie *das kommt daher, daß* . . . noch deutlich erkennen.

Kombinationen einfacher Positions-Adverbien mit Dimensions-Adverbien sind seltener. Lediglich das Adverb *da* kann mit einem Dimensions-Adverb verbunden werden, sofern dies auf einen Vokal anlautet. Es hat dann die Form *dr-*, verkürzt aus *dar-*, zum Beispiel *draußen* und *drinnen, droben* und *drunten.* Weiterhin gehört zu dieser Gruppe das analog gebildete Adverb *drüben,* das nur in der lexikalisierten Form *hüben und drüben* eine Entsprechung der Hier-Position hat. Zu all diesen Adverbien gibt es heute keine Vollformen mehr.

/wo wohnen Sie? ÷ ich wohne drüben auf der anderen Straßenseite/

/arbeiten Sie heute draußen oder drinnen? ÷ ich arbeite droben in der oberen Etage/

/wo ist die Leiter? ÷ sie steht drunten im Keller (oder: im Keller drunten)/

Der positionale Einschlag in den kombinierten Positions-Dimensions-Adverbien kommt in dem folgenden Kontrastbeispiel deutlich zur Geltung:

POSITIONS-ORIENTIERUNG DES DIMENSIONS-ADVERBS	REFERENZ-ORIENTIERUNG DES DIMENSIONS-ADVERBS
/draußen im Garten steht ein Geräteschuppen/	*/der Geräteschuppen ist außen grün angestrichen/*

Als einziges Direktions-Adverb kann das Adverb *her* mit Dimensions-Adverbien, die auf Vokal anlauten, verbunden werden. Diese Bildungen sind allerdings weitgehend auf den süddeutschen und österreichischen Sprachgebrauch beschränkt; in anderen Sprachgebieten wird meistens die einfache Form des Dimensions-Adverbs oder die Form mit *dr-* verwendet. In der Regel sind die *her*-Adverbien kombiniert mit einem anderen Adverb, insbesondere mit dem Positions-Adverb *hier*:

/hier heroben wird es im Sommer sicher zu heiß/

/herinnen im Zimmer ist es kühl, wenn man die Fenster schließt/

Her hat in diesen Verbindungen keine direktionale Komponente. Es zeigt jedoch an, daß die jeweilige Dimension auf die Sprecher-Position bezogen werden muß.

Im weiteren Sinne können zu den kombinierten Positions-Adverbien auch die folgenden Formen gerechnet werden:

überall	*irgendwo*
allseits	*anderswo*
allenthalben	*unterwegs*
ringsum	*nirgends*
nebenan	*nirgendwo*

Diese sind, wenn es zur Bedeutung paßt, wiederum mit *hin* und *her* kombinierbar (zum Beispiel: *überallhin, anderswoher*).

Abgeleitete Positions-Adverbien werden häufig mit dem Suffix *-wärts* gebildet, das dem Adverb eine Positions- oder Direktions-Bedeutung im Sinne der jeweiligen Grundform gibt:

vorwärts	*seitwärts*	*landeinwärts*
rückwärts	*auswärts*	*flußabwärts*

6.4.1.5 Präpositional-Adverbien (*daneben, daran . . .*)

Sehr gebräuchlich sind des weiteren die Kombinationen aus Positions-Adverbien und den geläufigen Präpositionen, wobei diese in den meisten Fällen die zweite Stelle einnehmen. Wir unterscheiden die folgenden Fallgruppen:

(1) Einfache Positions-Adverbien kombiniert mit Präpositionen

Das Situations-Adverb *da* bietet hinsichtlich der Präpositionen die reichsten Kombinationsmöglichkeiten. Es ist mit allen geläufigen Präpositionen kombinierbar und hat dabei vor Konsonant die Form *da-*, vor Vokal die Form *dar-*. Zu beachten ist, daß in dieser Kombination bei den Präpositionen nicht die freien Formen *ab* und *ein*, sondern die normalen (gebundenen) Formen *von* und *in* gebraucht werden (*davon, darin*). Sehr viel seltener wird hingegen das Positions-Adverb *hier* mit Präpositionen kombiniert, und Kombinationen mit *dort* kommen gar nicht vor. Beispiele:

/*hier ist das Eßzimmer, dahinter liegt die Küche*/

/*das Haus liegt nicht schlecht, leider wird gerade daneben gebaut*/

/*ach, daran habe ich gar nicht gedacht*/

Oft dienen die aus einem einfachen Positions-Adverb und einer Präposition zusammengesetzten Adverbien als Pro-Formen (»Pronominal-Adverbien«) für unterschiedlich lange Textstücke:

/*die Behörden haben den Bauantrag immer noch nicht bearbeitet ÷ wir müssen uns endlich darum kümmern*/

/*die Formulare sind sehr kompliziert ÷ ich helfe Ihnen, sich damit vertraut zu machen*/

/*wir müssen eine Haftpflichtversicherung abschließen ÷ gut, daß du mich daran erinnerst*/

In all diesen Beispielen resümiert das mit *da-* (vor Vokal *dar-*) gebildete Präpositional-Adverb (*damit, darum, daran*) die ganze voraufgehende Äußerung des Gesprächspartners.

Oft dienen diese Adverbien mit *da/dar-* als erstem und einer Präposition als zweitem Element als Vorsignale für ein Inhalts-Adjunkt mit *daß*, wobei Korrelationen vom Typus *dadurch/daß* entstehen, zum Beispiel:

/*man hat die Lebensqualität in dieser Stadt dadurch erhöht, daß man die Altstadt für den Autoverkehr gesperrt hat*/

/*eine gute Verwaltung erkennt man daran, daß sie auch unpopuläre Maßnahmen nicht scheut*/

Das Präpositional-Adverb als Vorsignal eines *daß*-Adjunkts kann auch in attributiver Funktion nach einem Nomen stehen:

/*der Hinweis darauf, daß . . .*/

/*die Warnung davor, daß . . .*/

Die Bedingungen für den Gebrauch dieser adverbialen Vorsignale werden genauer bei der Besprechung der *daß*-Adjunkte beschrieben (vgl. 7.3.2.2).

Die Form *dar-*, die das Positions-Adverb *da* vor Vokal annimmt, kann vor einigen Präpositionen zu *dr-* verkürzt werden. Kurzformen wie *dran, drauf, drüber* und *drunter* kommen aber vor allem in der gesprochenen Sprache vor, und zwar meistens als Nachverben. Dabei entsteht manchmal - ebenfalls umgangssprachlich - eine Redundanz mit der gleichen Präposition:

/liegt unter diesem Schrank wirklich nichts drunter?/

/da auf diesen Vorsprung könnte man eine Vase draufstellen/

(2) Direktions-Adverbien kombiniert mit Präpositionen

Die Direktions-Adverbien *hin* und *her* lassen sich mit vielen geläufigen Präpositionen kombinieren. Bei den Präpositionen *in* und *von* treten in diesem Fall die freien Formen *ein* und *ab* auf. Zum Vergleich:

hindurch	*hinab/herab*	*heran*
hinzu	*hinauf/herauf*	*herbei*
	hinaus/heraus	*herum*
	hinein/herein	*hervor*
	hinüber/herüber	
	hinunter/herunter	

Bei diesen Formen ist die semantische Kompatibilität dafür maßgeblich, ob die Adverbien beide oder nur eines von ihnen tatsächlich mit einer bestimmten Präposition kombinierbar sind. In den folgenden Beispielen ist durch die direktionale Komponente jeweils die Richtung bezeichnet, in der die Anweisung der Präposition wirken soll:

/das Dach scheint undicht zu sein, wir müssen unbedingt hinauf und nachsehen/

/der Weg hinüber zu dir ist genau so weit wie der Weg herüber zu mir/

Auch diese Präpositional-Adverbien können zu passenden Präpositional-Adjunkten oder Nachverben hinzutreten und deren Anweisungen direktional spezifizieren, wobei die Stellung unterschiedlich sein kann. Zum Vergleich:

ADVERB/ADJUNKT	ADJUNKT/ADVERB	ADJUNKT/NACHVERB
/hinunter in den Keller können wir nicht gehen/	*/in den Keller hinunter können wir nicht gehen/*	*/in den Keller können wir nicht hinuntergehen/*

Vielfach bedarf aber die Richtungsangabe keines verdeutlichenden Präpositional-Adjunkts; die bloße, in dem kombinierten Adverb enthaltene Präposition ist von sich aus deutlich genug und wird gegebenenfalls vom Kontext oder der Situation her spezifiziert. Beispiele:

(Situation: es klopft an der Tür) */herein!/*

(Situation: man trifft einen Bekannten vor dem Büro) */darf ich Sie einen Augenblick hereinbitten?/*

In beiden Fällen ist kein erläuternder Kontext nötig, da die Situation genügend Determination gibt.

Manchmal wird ein Verb, das ein komplexes Adverb mit *hin* oder mit *her* als Nachverb aufweist, auch mit einem Maß-Objekt (vgl. 2.5.4.3) verbunden, durch das die Richtung genauer angegeben wird.

/an unserem Haus wächst Efeu die Wand hinauf/

/es kommt jemand den Weg herauf/

Von Nomina abgeleitet, gibt es ferner solche Positions-Adverbien wie *bergab* und *querfeldein.*

Neben den Präpositional-Adverbien mit *hin* und *her* existiert bei den Bildungen, in denen die Präposition auf einen Vokal anlautet (mit Ausnahme von *ab*), eine weitere Bildung mit *r-*. Diese Formen (wie *raus, rein, rum*) sind als Verkürzungen von Bildungen mit *her* entstanden; sie treten hauptsächlich in der gesprochenen Sprache auf. Entscheidend ist dabei, daß in diesen Formen die Richtungsopposition *hin* vs. *her* neutralisiert wird; insofern sind Formen mit *r-* als richtungsneutral zu betrachten. Zum Vergleich:

RICHTUNG *hin*	NEUTRALISIERUNG	RICHTUNG *her*
/ich gehe oft zu unseren Nachbarn hinüber/	*/ich gehe mal eben zu den Nachbarn rüber/*	
	/sie schauen dauernd rüber/	*/sie schauen dauernd herüber/*

Kombinationen von Präpositionen mit *hin* und *her* an zweiter Stelle kommen seltener vor; sie sind weitgehend idiomatisiert. Rein räumliche Bedeutung hat lediglich die nur als Nachverb verwendete Form *umher,* beispielsweise in dem zweiteiligen Verb *laufe – umher*:

/ich laufe schon seit Monaten in der Stadt umher, um eine passende Wohnung zu finden/

Aus der oben beschriebenen Verwendung von *her*, das den Weg betont (vgl. 6.4.1.3), lassen sich die Bildungen *nebenher, hinterher* und (veraltet) *einher* erklären. Nur noch als Tempus-Adverbien (vgl. 6.4.2) werden *nachher, seither, vorher, bisher, vorhin* und *hernach* verwendet. *Umhin* tritt lediglich in der festen Verbindung *kann nicht umhin* auf.

6.4.2 Tempus-Adverbien

Die Tempus-Adverbien haben primär die Funktion, einen Sachverhalt von der Zeit her zu determinieren. Sie stehen in einem engen Determinations-Zusammenhang mit den Tempora des Verbs (vgl. 3.1). Man unterscheidet drei Gruppen von Tempus-Adverbien. Die Tempus-Adverbien im engeren Sinne zeigen ein Verhältnis von Text- und Handlungszeit an, sie lassen sich der Tempus-Perspektive und dem Tempus-Register zuordnen (6.4.2.1). Die Sequenz-Adverbien drücken aus, in welcher Abfolge Sachverhalte im Text aufeinander bezogen sind, sie bezeichnen also eine Relation innerhalb der Handlungszeit (6.4.2.2). Die Frequenz-Adverbien informieren den Gesprächspartner darüber, wie häufig ein Sachverhalt auftritt (6.4.2.3).

6.4.2.1 Tempus-Adverbien: Perspektive und Register

Wir haben die Tempora des Verbs nach zwei Gesichtspunkten charakterisiert, nach der Tempus-Perspektive und dem Tempus-Register. Auch einige Tempus-Adverbien richten sich in ihrem Gebrauch nach der Perspektive und dem Register. Nach den Adverbien dieser Gruppe kann man mit dem Fragemorphem *wann* fragen.

Die Tempus-Adverbien werden in erster Linie applikativ verwendet; sie können jedoch in selteneren Fällen auch prädikativ und attributiv gebraucht werden.

APPLIKATION	PRÄDIKATION	ATTRIBUTION
/der Pianist hat zunächst einen Fehler gemacht, dann aber brillant gespielt/	*/wann ist das nächste Konzert? ÷ das ist schon übermorgen/*	*/das Solo vorhin hat alles übertroffen, was ich je gehört habe/*

Manchmal werden die Tempus-Adverbien mit genaueren Zeitangaben in Form von Präpositional-Adjunkten kombiniert. Beispiel:

/das Konzert findet morgen um 20 Uhr statt/

(1) Adverbien der Tempus-Perspektive

Die Tempus-Perspektive beruht auf der Opposition von Rück-Perspektive (Merkmal ⟨RÜCKSCHAU⟩) und Voraus-Perspektive (Merkmal ⟨VORAUSSCHAU⟩), mit der Möglichkeit einer Neutralisierung dieser Opposition in Form einer Neutral-Perspektive (vgl. 3.1.3). Diesen Perspektiven kann auch eine Anzahl von Tempus-Adverbien zugeordnet werden, zum Beispiel die folgenden:

RÜCKSCHAUENDE TEMPUS-ADVERBIEN	NEUTRALE TEMPUS-ADVERBIEN	VORAUSSCHAUENDE TEMPUS-ADVERBIEN
gestern	*heute*	*morgen*
vorgestern	*jetzt*	*übermorgen*
neulich	*nun*	*bald*
unlängst	*derzeit*	*nächstens*
kürzlich	*einst*	*(so-)gleich*
damals	*irgendwann*	*demnächst*
vorhin	*einmal*	*sofort*
eben/soeben/gerade		

Diese Tempus-Adverbien werden häufig kongruent mit den verbalen Tempora der gleichen Perspektive verwendet:

RÜCK-PERSPEKTIVE	NEUTRAL-PERSPEKTIVE	VORAUS-PERSPEKTIVE
/neulich habe ich einen alten UFA-Film wiedergesehen/	*/heutzutage steht der Film in Konkurrenz zum Fernsehen/*	*/bald wird jeder sein Kino zu Hause haben/*

In diesen Beispielen liegt jedoch, was die Voraus- und die Rück-Perspektive betrifft, Redundanz vor, da das Perspektivenmerkmal doppelt auftritt, einmal am Adverb und einmal am Verb. Diese Redundanz wird aber in vielen Fällen dadurch vermieden, daß nur beim Tempus-Adverb das Merkmal der Perspektive erscheint, während das verbale Tempus diese Merkmale neutralisiert (Neutral-Perspektive). Zu beachten sind insbesondere die beiden folgenden Fallgruppen:

(A) Ein Tempus-Adverb der Voraus-Perspektive verbindet sich mit dem Präsens (Neutral-Perspektive):

/*nächstens komme ich dich besuchen*/

/*am besten kommst du schon morgen*/

Dies ist eine sehr geläufige Kombination zur Bezeichnung einer Handlung in der überschaubaren Zukunft. Es ist nicht von der Uhr oder vom Kalender her ein für allemal festgelegt, wie weit sich die Überschaubarkeit in die Zukunft hinein erstreckt; das hängt von der Situation des Einzelfalls ab. Wichtig ist jeweils für den Verzicht auf das Tempus Futur neben einem Tempus-Adverb der Voraus-Perspektive nur, daß die Handlungszeit für die Planung der Handlung als erreichbar und insofern als disponibel erscheint. Die Beibehaltung der Redundanz (*morgen werde ich . . .*) würde hingegen die ganze Redeweise auffällig machen und beim Hörer vielleicht einen leisen Zweifel wecken, ob die Vorausschau wirklich so sicher ist, wie es die Übercharakterisierung glauben machen will.

(B) Ein Tempus-Adverb der Rück-Perspektive verbindet sich mit dem Präsens:

/*stell dir vor: gestern gehe ich in der Stadt spazieren und wen treffe ich da?*/

Hier wird die rückschauende Perspektive minimal, nämlich nur am Tempus-Adverb ausgedrückt. Man greift zu dieser Ausdrucksweise, wenn ein Sachverhalt, wie in diesem Beispiel durch die Einleitung nahegelegt ist, lebhaft vorgestellt werden soll. Er rückt dadurch näher an die Sprechsituation heran (»Zoom-Effekt«).

Eine Perspektiven-Kombination besonderer Art liegt vor, wenn sich ein Tempus-Adverb der Voraus-Perspektive mit dem Rückschau-Tempus Perfekt verbindet, zum Beispiel:

/*morgen habe ich die Arbeit bestimmt fertiggestellt*/

Hier wird eine zukünftige Handlung (*morgen*) in Gedanken »überholt«, so daß man auf sie schon als ein Faktum zurückschauen kann. Damit drückt man die modale Nuance ›Gewißheit der Erwartung‹ aus.

Eine besondere Erwähnung verdient in diesem Zusammenhang das Rück-Futur (»Futur II«, »Exakt-Futur«). Es wird in der deutschen Sprache fast nur »modal« gebraucht und bezeichnet eine Vermutung in der Rückschau:

/*sie wird schon gestern angekommen sein*/

Da in diesem Tempus die Rückschau-Perspektive dominant ist, kann es sich, wie das Beispiel zeigt, ohne weiteres mit Adverbien der gleichen Perspektive verbinden.

(2) Adverbien des Tempus-Registers

Das Tempus-Register beruht auf der binären Opposition der besprechenden und der erzählenden Einstellung mit den entsprechenden Merkmalen ⟨BEREITSCHAFT⟩ und ⟨AUFSCHUB⟩ (vgl. 3.1.2). Es tritt ansatzweise auch bei den Tempus-Adverbien auf. Einige der Tempus-Adverbien lassen sich nämlich tendenziell eher dem besprechenden Tempus-Register zuordnen. Zum Ausdruck des erzählenden Registers werden hingegen außer dem Adverb *damals* vorwiegend Präpositional-Adjunkte verwendet, z. B.:

BESPRECHENDES REGISTER	ERZÄHLENDES REGISTER
heute (morgen)	*damals*
morgen (früh)	*an jenem Tag(e)*
gestern (abend)	*am nächsten Tag/ anderntags*
neulich	*am Vorabend*
vorhin	*in jenem Augenblick*
heutzutage	*in jener Zeit*
derzeit	*in jenem Jahr*
heuer (nur süddeutsch)	*in dieser Zeit*

Auch im Hinblick auf das Tempus-Register gibt es Affinitäten zwischen Tempus-Adverbien und verbalen Tempusformen, so daß besprechende Adverbien oder Präpositional-Adjunkte vor allem im Kontext besprechender Tempusformen und erzählende Adverbien oder Präpositional-Adjunkte vor allem im Kontext erzählender Tempusformen auftreten, zum Beispiel:

BESPRECHENDES REGISTER	ERZÄHLENDES REGISTER
/gestern bin ich zum Arzt gegangen/	*/am Tage zuvor war er zum Arzt gegangen/*
/heute fühle ich mich schon wieder ganz wohl/	*/damals fühlte er sich schon wieder ganz wohl/*
/morgen kann ich wieder zur Arbeit gehen/	*/am nächsten Tag konnte er wieder zur Arbeit gehen/*

Interessant sind nun die Fälle, in denen bestimmte Tempus-Adverbien und verbale Tempusformen unterschiedlichen Registers zusammen auftreten. Hier sind vor allem die folgenden zwei Fallgruppen zu beachten:

(A) Ein besprechendes Tempus-Adverb der Rück- oder Neutral-Perspektive verbindet sich mit dem Erzähltempus Präteritum:

∕gestern abend (heute morgen) ging ich in der Stadt spazieren, da sah ich auf einmal . . . ∕

Hier bindet das entsprechende Tempus-Adverb das Erzählen, das vom Präteritum signalisiert wird, an die aktuelle Sprechsituation an und signalisiert dadurch eine realistische Alltagserzählung.

(B) Ein besprechendes Tempus-Adverb der Voraus-Perspektive verbindet sich mit dem Erzähltempus Präteritum:

∕er hatte noch ziemlich viel zu tun, war aber dennoch bei guter Stimmung, denn morgen war ja Samstag∕

Es handelt sich auch bei diesem Beispiel, wie die Tempusformen des Präteritums ausweisen, um ein Stück erzählter Welt. Erzählt werden am Ende des Textsegments Gedanken, die den Ereignissen vorauseilen, und zwar als Innenschau und »erlebte Rede« (vgl. 8.4.2.4). Würde der Erzähler statt des besprechenden Tempus-Adverbs *morgen* das Präpositional-Adjunkt *am nächsten Tage* wählen, das ihm im erzählenden Register entspricht, so bliebe die Erzählung objektiver Bericht, und die Nuance der erlebten Rede wäre gelöscht.

(C) Die Umkehrung dieser Perspektiven-Kombination ist ebenfalls zu belegen. Sie liegt dann vor, wenn ein erzählender Tempus-Ausdruck, meistens in Gestalt eines Präpositional-Adjunkts, zum besprechenden Tempus Präsens tritt. Beispiele:

∕wenn man öffentlich aufgetreten ist, hat man am nächsten Tag immer Angst vor den Kritiken dazu, wie man am Vorabend gespielt hat∕

Hier verleihen die erzählenden Tempus-Ausdrücke dem besprechenden Kontext eine Nuance, die Erzählbarkeit ausdrückt.

6.4.2.2 Sequenz-Adverbien (*vorher, zuerst, schon . . .*)

Sequenz-Adverbien setzen entweder zwei Sachverhalte innerhalb der Handlungszeit zueinander in Beziehung, oder sie beziehen einen Sachverhalt auf die Erwartungen eines Gesprächspartners. Sequenz-Adverbien sind nicht nach den Dimensionen Register und Perspektive gekennzeichnet; das Verhältnis von Text- und Handlungszeit ist bei ihnen nicht relevant.

(1) Temporaler Bezug zwischen zwei Sachverhalten

Die Sequenz-Adverbien, die einen temporalen Bezug zwischen zwei Sachverhalten ausdrücken, können als Abfolge vom Früheren zum Späteren oder vom Anfang zum Ende beschreiben werden.

(A) Die Abfolgemerkmale ⟨FRÜHER⟩ und ⟨SPÄTER⟩ kennzeichnen Sequenz-Adverbien, durch die eine temporale Abfolge von Sachverhalten oder Handlungen unter den Gesichtspunkten der Vorzeitigkeit oder Nachzeitigkeit geordnet wird:

VORZEITIGKEIT	NACHZEITIGKEIT
vorher	*dann/sodann*
zuvor	*nachher*
davor	*danach*
eher	*darauf/daraufhin*

Mit dem weiteren Sequenz-Adverb *plötzlich* wird – besonders in erzählenden Kontexten – angezeigt, daß der bisherige Handlungsverlauf durch das mehr oder weniger überraschende Eintreten eines Ereignisses unterbrochen wird. Dieses Adverb markiert besonders häufig den Übergang von der Exposition zur Haupthandlung einer Erzählung:

/die Manege war in gedämpftes Licht getaucht, und das Publikum hielt gespannt den Atem an, als plötzlich ein Löwe wild wurde/

Die Opposition des Früheren und Späteren ist neutralisiert in folgenden, nur applikativ verwendeten Adverbien:

inzwischen	*zugleich/gleichzeitig*
unterdessen	*einstweilen*
währenddessen	*mittlerweile*

Mit diesen Adverbien wird die Gleichzeitigkeit zweier Handlungen dargestellt, zum Beispiel:

/nehmen Sie schon die Plätze ein, ich besorge inzwischen ein Programm/

(B) Ein Sachverhalt kann durch Sequenz-Adverbien auch hinsichtlich seiner zeitlichen Begrenzung, das heißt nach dem Anfang oder Ende des Handlungsverlaufs, gekennzeichnet werden. Zur Beschreibung der Bedeutung dieser Sequenz-Adverbien dient daher das Merkmalpaar ⟨ANFANG⟩ vs. ⟨ENDE⟩.

zuerst	*schließlich*
anfangs	*endlich*
zunächst	*zuletzt*

Ein Beispiel, das beide Grenzbereiche mittels Sequenz-Adverbien aufeinander bezieht:

/ich bin anfangs öfter ins Theater gegangen, zuletzt weniger, weil ich soviel zu tun hatte/

Das Adverb *seitdem* verbindet die semantischen Merkmale ⟨ANFANG⟩ und ⟨VERLAUF⟩, das Adverb *bisher* ⟨ENDE⟩ und ⟨VERLAUF⟩:

/wir sind vor einem Jahr nach Berlin gezogen; seitdem haben wir schon viele Ausflüge ins märkische Land gemacht, aber bisher noch nicht in die Altmark/

In diesem Beispiel wird der Verlauf des in Berlin verbrachten Jahres zuerst von seinem Anfang (*seitdem*), dann von seinem Ende (*bisher*) aus betrachtet.

Auch durch bedeutungsähnliche Präpositional-Adjunkte mit den Präpositionen *seit*, *ab* und *von – an* sowie *bis*, die häufig mit Tempus-Adverbien verbunden sind, können Anfang und Ende einer Handlung ausgedrückt werden:

/seit gestern kommt im Hörfunk regelmäßig das Theaterprogramm/

/ab Mai wird der Kulturteil unserer Zeitung erweitert/

/bis jetzt hat er seine Arbeit als Regisseur immer sehr ernst genommen/

Die Adverbien *frühestens*, *spätestens* und *längstens* treten immer zusammen mit einer Zeitangabe auf. *Frühestens* und *spätestens* dienen dazu, einen Zeitraum anzuzeigen, der nicht vor beziehungsweise nach dem angegebenen Zeitpunkt liegt. Mit dem Adverb *längstens* wird eine Zeitspanne angezeigt, deren Dauer nicht überschritten wird:

/*mit den Proben für das neue Stück können wir frühestens nächste Woche anfangen*/

/*bis spätestens übermorgen sollte die Besetzung feststehen*/

/*in längstens drei Wochen muß das neue Programm fertig sein*/

Mit dem Adverb *längst* wird ausgedrückt, daß eine bestimmte Handlung schon seit geraumer Zeit ausgeführt ist. Beispiel: *die Premiere ist längst ausverkauft.*

(2) Bezug zwischen einem Sachverhalt und Erwartungen

Um die Beziehung eines Sachverhalts zu den Erwartungen eines Gesprächspartners zu kennzeichnen, gibt es eigene Adverbien: *noch, erst* und *schon* (dieses mit seinem Synonym *bereits*). In ihren Bedeutungen kommt hier zu den Merkmalen ⟨FRÜHER⟩ oder ⟨SPÄTER⟩ das Merkmal ⟨ERWARTUNG⟩ hinzu. Diese Adverbien treten häufig applikativ zu anderen Adverbien hinzu. Sie können vor oder nach ihrer Basis stehen:

/*die Ausstellung wurde schon gestern* (oder: *gestern schon*) *eröffnet*/

/*wir haben jetzt erst* (oder: *erst jetzt*) *den Katalog bekommen*/

Wir beschreiben die Bedeutung zunächst in zeitlichen Kontexten.

(A) Das Adverb *erst* drückt aus, daß ein Sachverhalt ›später als erwartet‹ eintritt:

/*das Konzert findet nicht morgen, sondern erst übermorgen statt*/

Manchmal wird *erst* auch in der Bedeutung von *zuerst* gebraucht:

/*wir gehen erst* (oder: *zuerst*) *ins Kino, dann in die Disco*/

(B) Das Adverb *schon* drückt aus, daß ein Sachverhalt ›früher als erwartet‹ eintritt:

/*wir brauchen nicht an der Abendkasse anzustehen, ich habe die Karten schon im Vorverkauf besorgt*/

Das Adverb *bereits* hat die gleiche Bedeutung, gehört aber einem etwas höheren Stilregister an und wird seltener gebraucht.

(C) Das Adverb *noch* drückt aus, daß eine Handlung ›mehr (länger) als erwartet‹ andauert:

/warte einen Augenblick auf mich, ich muß mich noch umziehen/

Häufig verbindet sich das Adverb *noch* mit der Negation *nicht* oder mit den Adverbien *erst* und *schon*:

/bist du denn noch nicht fertig?/

/es dauert noch etwas, ich muß mich erst noch rasieren/

/du wirst es schon noch lernen, dich zu beeilen/

In diesem Fall kann *bereits* nicht für *schon* eintreten.

Durch die Kombination von *immer* und *noch* wird die Dauer betont, die der Erwartung zuwiderläuft, durch andere Tempus-Adverbien kann sie begrenzt werden:

/stehst du immer noch (oder: *noch immer) vor dem Spiegel?/*

/ich werde wohl noch bis morgen auf dich warten/

/noch gestern abend hast du mir doch versprochen, daß .../

Die Adverbien *erst, schon (bereits)* und *noch* können auch in einem nichtzeitlichen Kontext gebraucht werden. Dann beziehen sie sich meistens auf eine Vergleichsskala, auf der Elemente in der Richtung von ›klein‹ nach ›groß‹ aufsteigend anzuordnen sind. Beispiele:

/wir haben für unsere Aufführung erst zwei Proben gehabt/
(= ›weniger als erwartet‹)

/wir haben schon (oder: *bereits) hundert Eintrittskarten verkauft/*
(= ›mehr als erwartet‹)

/ich wünsche viel Erfolg, noch mehr Erfolg als beim letztenmal/
(= ›gesteigert gegenüber der bisherigen Erwartung‹)

Die Verbindung mit einem Komparativ (*noch mehr*) ist für diesen Sprachgebrauch charakteristisch. Mit dem Superlativ zusammen wirkt das Adverb *noch* einschränkend:

/verglichen mit den anderen Aufführungen war diese noch die beste/

Affirmation und Negation können als Grenzwerte einer Vergleichsskala aufgefaßt werden. Dann stehen einander in Opposition gegenüber:

noch	vs.	*nicht mehr*
schon	vs.	*noch nicht*

/*wir könnten heute noch mit der zweiten Szene anfangen* ÷ *nein, ich habe heute leider keine Zeit mehr*/

/*haben Sie Ihren Text schon gelernt?* ÷ *ja schon, nur beim letzten großen Monolog bin ich noch nicht ganz sicher*/

6.4.2.3 Frequenz-Adverbien (*immer, oft . . .*)

In der Gruppe der Frequenz-Adverbien fassen wir diejenigen Adverbien zusammen, die über die Dauer oder über die Wiederholbarkeit einer Handlung Auskunft geben. Sie antworten auf die Frage *wie lange* oder *wie oft*. Diese Adverbien haben daher in ihrer Bedeutung entweder das Merkmal ⟨VERLAUF⟩ oder das Merkmal ⟨WIEDERHOLUNG⟩, je nach der spezifischen Bedeutung. Die folgende Übersicht zeigt einige der wichtigsten Frequenz-Adverbien:

LANGE DAUER ODER GROSSE HÄUFIGKEIT	KURZE DAUER ODER GERINGE HÄUFIGKEIT
immer	*selten*
stets	*zeitweise* DI TANTO IN TANTO
zeitlebens	*gelegentlich*
fortwährend	*zuweilen*
meistens/meist	*mitunter*
oft	*bisweilen* TALVOLTA
öfter(s)	*niemals (nie)*

Die wichtigsten Frequenz-Adverbien verteilen sich also auf einer Skala der Häufigkeit, deren Pole von den Adverbien *immer* und *nie* (*niemals*) gebildet werden.

/*wenn der Leipziger Thomanerchor hier gastiert, bemühe ich mich immer um eine Karte, aber ich habe noch nie eine bekommen*/

Die Frequenz-Adverbien *normalerweise* und das seltenere *gemeinhin* zeigen an, daß das mehrmalige Eintreten eines Sachverhalts der Erwartungsnorm entspricht:

/*normalerweise kaufe ich die Eintrittskarten im Vorverkauf, da bekomme ich gemeinhin bessere Karten als an der Abendkasse*/

Das Frequenz-Adverb *wieder* zeigt die Rekurrenz eines Sachverhalts an. *Wieder* erscheint auch als Nachverb (zum Beispiel *komme – wieder*) und besonders als Verbpräfix (zum Beispiel *wiederhole*):

/*der Kirchenchor singt in der Passionszeit wieder die Matthäus-Passion*/

/*er kommt schon zum drittenmal wieder*/

Eine weitere Gruppe von Frequenz-Adverbien ist von Nomina mit zeitlicher Bedeutung abgeleitet:

täglich	*mittags*	*montags*
tagsüber	*morgens*	*freitags*

Diese Adverbien zeigen an, daß sich etwas zu einem bestimmten Zeitpunkt regelmäßig wiederholt:

/*wir veranstalten abends Führungen durch das Museum*/

/*sonntags ist der Besucherandrang besonders groß*/

Umgekehrt wird in Verbindung mit dem Negations-Morphem *nicht* angezeigt, daß eine wiederholte Handlung für diesen Zeitpunkt ausgeschlossen ist. Beispiel:

/*samstags arbeite ich normalerweise nicht und sonntags nie*/

Ein Teil der Frequenz-Adverbien ist mittels des Suffixes *-mal* von Numeral-Artikeln abgeleitet (*einmal, hundertmal*). Das gleiche Suffix hat das Frequenz-Adverb *manchmal,* das von einem Schätz-Artikel abgeleitet ist. Sonst haben die adverbialen Ableitungen von Schätz-Artikeln eher das Suffix *-mals* (*mehrmals, vielmals*). In diese Reihe gehören ihrer Bedeutung nach auch die Frequenz-Adverbien *nochmals* und *abermals,* die eine zweite Wiederholung applikativ kennzeichnen.

6.4.3 Status-Adverbien

Status-Adverbien dienen dazu, einen Sachverhalt auf verschiedene Aspekte der Situation einzustellen. Der Sachverhalt erhält dadurch im Text einen hinsichtlich seiner Form, Qualität, Quantität oder bezüglich seines Informationswertes gekennzeichneten Status. Das wichtigste Adverb dieser Gruppe ist das Rahmen-Adverb *so* (6.4.3.1). Den qualitativen Status, objektiv oder subjektiv betrachtet, drücken Modal-Adverbien aus (6.4.3.2). Der quantitative Status wird durch Grad-Adverbien zum Ausdruck gebracht (6.4.3.3). Und dem Ausdruck des spezifischen Informationswertes dienen schließlich die Fokus-Adverbien (6.4.3.4).

6.4.3.1 Das Rahmen-Adverb *so*

Das sehr häufig gebrauchte Adverb *so* rahmt die Bedeutung eines Verbs, Adjektivs oder Adverbs ein. Dadurch wird diese inhaltliche Bedeutung formal begrenzt und profiliert. Dementsprechend beschreiben wir die Bedeutung dieses Adverbs mit dem semantischen Merkmal ⟨RAHMEN⟩. Beispiel:

/ich bin heute so aufgeregt, es ist alles so neu für mich/

In diesem Beispiel wird der Bedeutungsinhalt der Prädikats-Adjektive *aufgeregt* und *neu* durch das ihnen vorangestellte Adverb *so* profiliert. Das ändert zwar den Bedeutungsinhalt der Prädikationen nicht, stellt jedoch die Geltung der Prädikamente in einen bestimmten formalen Rahmen, der als Appell an die Erfahrung oder Vorstellungskraft die Aufmerksamkeit des Hörers weckt und der Bedeutung dieses Adjektivs Nachdruck verleiht. Zwei weitere Beispiele stammen aus Goethes Ballade »Erlkönig«:

/wer reitet so spät durch Nacht und Wind?/

/mein Sohn, was birgst du so bang dein Gesicht?/

In diesen Versen werden die Adjektive *spät* und *bang* eindrucksvoll gerahmt und in ihrer Bedeutung für die Stimmung des Gedichts »bildhaft« hervorgehoben.

Die Aufmerksamkeit, die durch die Rahmung auf den eingerahmten Inhalt gelenkt wird, kann suggestiv wirken, zumal wenn die Rahmung auch intonatorisch durch eine emphatische Längung des Adverbvokals unterstrichen wird, zum Beispiel:

/ich habe mich so [zó::] *über deine Blumen gefreut!/*

/das war eine so [zó:] *schöne Idee von dir!/*

/ich habe so [zó:] *oft an dich gedacht!/*

In diesen drei Beispielen wird jeweils ein bestimmter Bedeutungsinhalt, und zwar der eines Verbs (*habe mich – gefreut*), eines Adjektivs (*schön*) oder eines Adverbs (*oft*), umrahmt und dadurch emphatisch hervorgehoben.

Das Rahmen-Adverb *so* kann sich auch auf ein Element der Situation beziehen, das dann eventuell durch eine ikonische Zeigegeste in seinen Konturen umrissen wird:

/*das neue Haus sieht ungefähr so aus*/ (begleitende Zeigegeste etwa eines spitzgiebligen Hauses)

/*also eine Wendeltreppe, die geht so*/ (begleitende Zeigegeste in Spiralform)

Auf diese Weise kann auch eine – gegebenenfalls längere – Handlungssequenz in einen Rahmen gestellt und dadurch abgeschlossen werden, so daß gleichzeitig ein neuer Ansatz möglich ist:

/*hier sind die Unterlagen, und hier haben Sie die Adressenliste ÷ so, dann können wir uns ja an die Arbeit machen*/

Dieses *so* nimmt nicht selten eine ungeduldige Nuance an:

/*so, nun aber schnell!*/

Auch ein voraufgehender Textabschnitt, der kürzer oder länger sein kann, läßt sich mit dem Rahmen-Adverb *so* prägnant zusammenfassen, wobei man in älteren Texten auch gelegentlich die archaische Variante *also* findet:

/*das ist ja alles schön und gut, was Sie mir da erzählt haben, aber so geht das doch nicht*/

/*ach ja, das ist ja nun mal so*/ (resignative Schlußformel)

/*also sprach Zarathustra*/ (stereotype Schlußformel in den einzelnen Reden Zarathustras, die Nietzsches gleichnamiges Werk bilden)

Mit seiner Bedeutung ›Rahmen‹ bereitet das Adverb *so* oft auf eine Erläuterung des Inhalts vor. Besonders häufig sind die Korrelate *so/wie* (auch in der Umkehrung *wie/so*) und *so/daß* (auch zusammengezogen zu der konsekutiven Konjunktion *so daß*). Beispiele:

/wir sind mit der Lage nicht ganz so zufrieden, wie Sie meinen/

/wie man sich bettet, so liegt man/ (Sprichwort)

/ich habe so (sehr) auf eine Änderung gehofft, daß ich jetzt ganz verzweifelt bin/

/es kommen immer wieder neue Vorschriften, so daß sich niemand mehr zurechtfindet/

In diesen Beispielen wird der mit *so* konturierte Inhalt entweder durch Vergleichs-Adjunkte mit dem Junktor *wie* oder durch Inhalts-Adjunkte mit dem Junktor *daß* präzisiert. Auch die Konsekutivität ist eine kurzgeschlossene Rahmen/Inhalt-Korrelation (vgl. 7.3.3). Eine besonders enge Beziehung besteht zwischen der konditionalen Konjunktion *wenn* (oder anderen Ausdrücken der Konditionalität) und dem Adverb *so*. Die Konjunktion und das Adverb haben ja die Bedeutung ›Rahmen‹ gemeinsam. Doch setzt die Konjunktion *wenn*, die ein satzförmiges Adjunkt einleitet (zum Beispiel: *wenn es regnet*), einen ›Geltungsrahmen‹, das Adverb *so*, das einen nicht-satzförmigen Inhalt betrifft (zum Beispiel: *so regnerisch*), »nur« einen ›Bedeutungsrahmen‹. Allerdings kennt die ältere deutsche Sprache *so* auch als konditionale Konjunktion, zum Beispiel in der Sprache der Bibel:

/so ihr nicht werdet wie die Kinder, werdet ihr in das Himmelreich nicht eingehen/

In der heutigen Sprache spielt das Adverb *so* gleichwohl eine erhebliche Rolle im Konditionalgefüge. Immer dann nämlich, wenn der konditionale Geltungsrahmen nicht von der Konjunktion *wenn* oder einer anderen konditionalen Konjunktion, sondern durch Spitzenstellung des Verbs im vorangestellten Adjunkt ausgedrückt wird, steht in der Regel das Adverb *so* einleitend in der nachgestellten Basis. Das Bedingung-Folge-Verhältnis wird dann nicht - oder jedenfalls nicht deutlich - an der Bedingung, sondern an der Folge gekennzeichnet. Beispiele:

/weht in Deutschland der Wind von Osten, so ist meistens schönes Wetter/

/dreht er hingegen nach Westen, so bringt er oft Regen/

Auch eine redundante Kennzeichnung des Bedingung-Folge-Verhältnisses durch das Rahmen-Korrelat *wenn/so* kommt gelegentlich vor; ein Beispiel bietet der unten besprochene *Buddenbrooks*-Text (vgl. 6.5):

/wenn wir in Gesellschaft fahren, so müssen wir eine Mietkutsche nehmen/

Grundsätzlich kann der Inhalt, der einen *so*-Rahmen füllt, dem Rahmen voraufgehen (anaphorisches *so*) oder ihm auch nachfolgen (kataphorisches *so*). Zum Vergleich:

ANAPHORISCHES *so*	KATAPHORISCHES *so*
/mit heftigem Herzklopfen und zitternden Knien: so betrat er das Rednerpult/	*/nun, wir haben das so gemacht: wir haben erst eine Bürgerinitiative gegründet, und dann .../*

Kataphorisches *so* (neben *solch*) verbindet sich gerne mit dem kataphorischen Artikel:

/so ein (verkürzt: *so'n,* oder: *solch ein*) *Glückspilz wie du!/*

Kataphorisches *so* kann auch durch das Adverb *folgendermaßen* oder den invarianten Ausdruck *wie folgt* vertreten werden:

/bei der Kraftfahrzeugsteuer wird folgendermaßen (oder: *wie folgt*) *verfahren: wenn man das Fahrzeug angemeldet hat, erhält man .../*

Wenn der mit *so* gesetzte Rahmen ohne Inhalt bleibt, dient das Adverb als Ausdruck der Vagheit. Es ist in dieser Funktion immer unbetont:

/was haben Sie denn in den letzten Jahren so gemacht?/

/was halten Sie denn so von der neuen Regierung?/

Daher findet man auch oft die Verbindung *so etwa* oder *so ungefähr*. Im Dialog bedeutet eine Replik mit dem bloßen Rahmen-Adverb *so* ohne inhaltliche Füllung oft eine skeptische (bei der verdoppelten Form *soso* sogar eine skeptisch-kritische) Meinungsenthaltung:

/unser Parteiprogramm ist sehr erfolreich! ÷ so? ÷ unsere Programmpunkte werden die Wähler überzeugen! ÷ soso!/

6.4.3.2 Modal-Adverbien

Die Modal-Adverbien dienen dazu, den qualitativen Status eines Sachverhalts zu bezeichnen. Der qualitative Aspekt kann objektiv oder subjektiv betrachtet werden. Dementsprechend können die Modal-Adverbien in Deskriptions-Adverbien (6.4.3.2.1) und Evaluations-Adverbien (6.4.3.2.2) unterteilt werden.

6.4.3.2.1 Deskriptions-Adverbien (*umsonst, vergebens, insgeheim . . .*)

Deskriptions-Adverbien werden vornehmlich dazu verwendet, die Art und Weise eines Sachverhalts differenziert zu kennzeichnen. Diese Subklasse umfaßt unter anderem folgende Formen:

eilends	*flugs*
kurzerhand	*unversehens*
insgeheim	*hinterrücks*
anstandslos	*unverrichteterdinge*
vergebens	*umsonst*
rücklings	*bäuchlings*
kopfüber	*blindlings*

In den meisten Fällen wird eine Bestimmung der Art und Weise allerdings durch ein applikativ gebrauchtes Adjektiv oder ein applikatives Präpositional-Adjunkt zum Ausdruck gebracht.

Die Deskriptions-Adverbien werden in der Regel dazu verwendet, ein Verb zu determinieren, können aber auch innerhalb einer Nominalklammer applikativ zu einem Partizip auftreten:

/die Abgeordnete hat vergebens versucht, Einspruch zu erheben/

/die insgeheim durchgeführte Untersuchung hat erstaunliche Ergebnisse erbracht/

Die Adverbien *vergebens* und *umsonst* können neben der applikativen Verwendung auch prädikativ gebraucht werden:

/die Befragung war völlig umsonst und vergebens, ich habe nichts herausgefunden/

Die folgende Gruppe von Deskriptions-Adverbien dient dazu, anzuzeigen, daß eine Handlung eher beiläufig geschieht:

obenhin	*nebenhin, -her*
leichthin	*nebenbei*

Diese Adverbien werden häufig mit Kommunikationsverben (»verba dicendi«) verbunden:

/*auf diese prekäre Frage gab er leichthin eine Antwort*/

Deskriptions-Adverbien können auch mit dem Suffix *-weise* von Nomina abgeleitet werden. Einige so gebildete Deskriptions-Adverbien sind:

zwangsweise — *literweise*
ausnahmsweise — *stufenweise*
beispielsweise — *länderweise*
schrittweise — *haufenweise*

Die Bedeutung dieser Deskriptions-Adverbien richtet sich nach dem jeweiligen Nomen:

/*nach den Steuererhöhungen erhielten unsere Abgeordneten stapelweise Zuschriften von verärgerten Bürgern*/

Mit dem Deskriptions-Adverb *irgendwie,* das nur applikativ verwendet wird, zeigt der Sprecher an, daß er keine genauere Auskunft über einen Sachverhalt geben kann oder will. Aufgrund dieser Bedeutung kann *irgendwie* als Vagheitsanzeiger dienen:

/*irgendwie muß die Presse von unseren Plänen erfahren haben*/

Mit dem nur applikativ zum Verb gebrauchten Adverb *sonstwie* bringt der Sprecher zum Ausdruck, daß es auf die Art und Weise der Handlung nicht so genau ankommt. Andere Handlungswege sind vorstellbar:

/*ob Sie es nun mit Bitten, Drohen oder sonstwie versuchen, ich gebe keine Antwort*/

Das Deskriptions-Adverb *anders,* das applikativ oder prädikativ gebraucht werden kann, zeigt an, daß ein Sachverhalt nicht in der erwarteten Weise verläuft:

/*wir haben die Information nicht weitergegeben, um die Öffentlichkeit nicht zu beunruhigen ÷ die Presse sieht das aber ganz anders; man befürchtet, die Sache sollte vertuscht werden*/

6.4.3.2.2 Evaluations-Adverbien (*gern, leider, hoffentlich ...*)

Mit Evaluations-Adverbien, die im einzelnen eine sehr differenzierte Bedeutung haben können, wird eine wertende Einstellung ausgedrückt. Der Sprecher zeigt dem Hörer an, wie die Qualität eines Sachverhalts subjektiv einzuschätzen ist:

/leider hat unsere Partei bei den Jungwählern kaum Stimmen erhalten/

/die Mehrheit im Parlament ist uns glücklicherweise immer noch sicher/

Die meisten Evaluations-Adverbien werden mit dem Adverbsuffix *-weise* von Adjektiven abgeleitet. Die Beurteilung durch das Evaluations-Adverb beruht dann auf der Bedeutung des Adjektivs, von dem das Adverb abgeleitet ist.

(1) Eine Gruppe der Evaluations-Adverbien ist dadurch gekennzeichnet, daß die Beurteilung des Sachverhalts eindeutig positiv oder negativ ausfällt, zum Beispiel:

POSITIV WERTEND	NEGATIV WERTEND
gern (gerne)	*ungern*
hoffentlich	*leider*
glücklicherweise	*unglücklicherweise*
dankenswerterweise	*bedauerlicherweise*

Der Sprecher zeigt sich also entweder angenehm oder unangenehm berührt von dem Eintreten dieses Sachverhalts:

/welches Wahlergebnis würden Sie denn gerne sehen?/

/erfreulicherweise lagen die ersten Hochrechnungen der Wahlergebnisse schon sehr früh vor, aber dummerweise sind sie sehr knapp ausgefallen/

Mit dem Evaluations-Adverb *hoffentlich* wertet der Sprecher das mögliche Eintreten eines Sachverhalts als wünschenswert:

/hoffentlich ist die Wahlbeteiligung diesmal höher ÷ das will ich auch hoffen/

Das sehr häufige Evaluations-Adverb *gern* findet sich besonders in Verbindung mit der Modalform *möchte*:

/ich möchte gerne in eine politische Partei eintreten, weiß aber nicht, in welche/

(2) Eine weitere größere Gruppe von Evaluations-Adverbien zeichnet sich dadurch aus, daß auf eine Erwartung Bezug genommen wird. Der Sprecher gibt dem Hörer zu erkennen, ob das Eintreffen eines Sachverhalts erwartbar ist oder nicht:

UNERWARTET	ERWARTET
überraschenderweise	*verständlicherweise*
erstaunlicherweise	*begreiflicherweise*
sonderbarerweise	*notwendigerweise*
seltsamerweise	*erwartungsgemäß*

Wie die vorher besprochene Gruppe besteht auch diese Gruppe der Evaluations-Adverbien vorwiegend aus Formen, die durch das Suffix *-weise* von einem Adjektiv abgeleitet sind. Das jeweilige Adjektiv zeigt dann an, wie der Sachverhalt qualitativ beurteilt wird:

/es gibt interessanterweise in diesem Jahr nur wenige Wechselwähler/

/erwartungsgemäß haben sich alle Parteivorsitzenden zu einer Fernsehrunde versammelt/

(3) Mit einigen Evaluations-Adverbien wird nicht nur der Handlung, sondern auch dem Subjekt der Handlung eine bestimmte Qualität zugeschrieben:

freundlicherweise	*(un-)vernünftigerweise*
netterweise	*leichtsinnigerweise*

/die Parteien haben vernünftigerweise einen Fahrdienst zu den Wahllokalen organisiert/

/der Abgeordnete hat leichtsinnigerweise nicht wieder kandidiert/

6.4.3.3 Grad-Adverbien

Die Grad-Adverbien determinieren einen Sachverhalt hinsichtlich seines quantitativen Status. Dabei ist zu unterscheiden, ob nach Art der Schätz-Adverbien (6.4.3.3.1) auf einen quantitativen Umfang oder nach Art der Intensitäts-Adverbien (6.4.3.3.2) auf die quantitative Ausprägung einer Eigenschaft Bezug genommen wird.

6.4.3.3.1 Schätz-Adverbien (*etwa, fast . . .*)

Schätz-Adverbien dienen im allgemeinen dazu, einen quantitativen Umfang zu bezeichnen. Der Sprecher gibt mit diesen Adverbien seinem Hörer zu verstehen, daß er einer möglichen Erwartung nach einer exakten Maßangabe nicht entsprechen wird und sich der Hörer deshalb mit einem ungenaueren Schätzwert zufrieden geben muß.

Die meisten dieser Sprachzeichen treten vor numerale Maßangaben. Oft besitzt der Sprecher selber nicht genügend Informationen für eine genaue Angabe. Es kann jedoch auch der Fall sein, daß er selber den genauen quantitativen Umfang zwar kennt, aber eine derart detaillierte Information in der gegebenen Situation nicht für angebracht hält.

Die Schätz-Adverbien lassen sich in zwei Gruppen unterteilen. Eine erste Gruppe zeigt lediglich an, daß der angegebene Wert nicht ganz exakt bemessen ist, so daß Abweichungen nach oben oder unten möglich sind; die andere Gruppe bringt zum Ausdruck, daß der angegebene Wert etwas zu hoch angesetzt ist.

UNBESTIMMTE SCHÄTZUNG	ANNÄHERNDE SCHÄTZUNG
etwa	*beinahe*
ungefähr	*fast*
schätzungsweise	*nahezu*
circa (ca.)	*kaum*

Die Schätz-Adverbien der linken Spalte treten in der Regel nur attributiv zu Nomina mit einem Numeral-Artikel auf.

/wir haben ca. zwei Wochen Zeit für den Auftrag/

/Sie werden mit der Lieferung etwa zehn Stunden unterwegs sein; für das Ausladen muß man zusätzlich ungefähr eine halbe Stunde rechnen/

Hinzu kommen einige Adjektive in applikativer Funktion wie: *gut zwei Stunden; rund, knapp ein Jahr*. Mit *gut* wird hier ein Schätzwert leicht über, mit *knapp* leicht unter dem erwarteten Maß ausgedrückt; *rund* bleibt im Umkreis dieses Maßes.

Die Schätz-Adverbien, die eine Annäherung an den vollen Umfang zum Ausdruck bringen, können sowohl vor Numeral-Artikeln als auch vor Summativ-Artikeln stehen:

NUMERAL-ARTIKEL	SUMMATIV-ARTIKEL
/wir haben vor nahezu zwei Monaten den Rundbrief an unsere Mitarbeiter ausgegeben/	*/dieses Jahr haben wir an fast alle* (oder: *fast an alle) Kunden Weihnachtskarten versandt/*

Diese Schätz-Adverbien können applikativ auch vor Adjektiven, Adverbien und Verben stehen. Dann zeigen die Adverbien *beinahe, fast* und *nahezu* an, daß eine Handlung nicht bis zum vollen Abschluß gelangt ist:

/wir haben die Buchprüfung beinahe abgeschlossen/

/die nahezu fertigen Abrechnungen liegen im Tresorraum/

In Verbindung mit dem restriktiven Konjunktiv kann durch *beinahe* und *fast* auch angedeutet werden, daß am Eintreten eines Ereignisses nur wenig gefehlt hat. Umgekehrt zeigt *(ganz) knapp* als Applikat eines Verbs an, daß nur wenig am Ausbleiben eines Ereignisses gefehlt hat:

EINTREFFEN UM EIN GERINGES VERFEHLT	AUSBLEIBEN UM EIN GERINGES VERFEHLT
/ich hätte beinahe unseren wichtigsten Anzeigenkunden auf der Messe übersehen/	*/mit unserem Zeitplan sind wir nur ganz knapp hingekommen/*
/fast wäre ich schon gestern abgereist/	*/die neuen Fertigteile sind etwas klein, aber sie haben dann doch knapp gepaßt/*

Die Schätz-Adverbien *größtenteils, meistenteils, vorwiegend* und *teilweise* zeigen, wenn sie vor einem Nomen stehen, daß eine Aussage nicht ganz, aber doch für eine beträchtliche Menge zutrifft:

/bei der Betriebsversammlung waren größtenteils die organisierten Arbeiter da/

Die Schätz-Adverbien *viel, wenig, genug* und *ein bißchen* können nur applikativ zu Verben und zu Partizipien verwendet werden. In manchen Fällen haben sie eine den Frequenz-Adverbien ähnliche Funktion:

/mit der bisher wenig benutzten Maschine konnte man nicht genug produzieren/

6.4.3.3.2 Intensitäts-Adverbien (*sehr, ziemlich . . .*)

Die Intensitäts-Adverbien zeigen an, in welchem Grad eine bestimmte Eigenschaft ausgeprägt ist. Als Determinanten eines Verbs kommen die Intensitäts-Adverbien selten vor, da sie nur mit bestimmten Verben verbunden werden können, bei deren Bedeutung man überhaupt von einem mehr oder weniger starken Intensitätsgrad sprechen kann. Das ist zum Beispiel bei solchen Verben der Fall, die eine Empfindung ausdrükken.

Treten diese Adverbien applikativ zu Verben auf, so stehen sie meistens im Mittelfeld der Verbalklammer (Beispiel: *das hat mir sehr gefallen*). Der Hauptverwendungsbereich der Intensitäts-Adverbien liegt jedoch in der Applikation zu Adverbien und besonders zu Adjektiven (Beispiel: *das ist sehr schön*).

(1) Verstärkung

Die Gruppe der Intensitäts-Adverbien, die einen Sachverhalt als bemerkenswert stark ausgeprägt kennzeichnen (semantisches Merkmal ⟨AUSWEITUNG⟩), umfaßt Formen wie die folgenden:

HOHES MASS	HÖCHSTMASS
sehr	*höchst*
ungemein	*äußerst*
ausgesprochen	*überaus*

Eine suggestive Nuance haben *derart, derartig* und *dermaßen*. Einige Beispiele für verstärkende Adverbien:

/er leidet sehr unter seinem Chef/

/die neue Mitarbeiterin kann ausgesprochen gut zeichnen/

/die Bewerbungsunterlagen sind höchst interessant/

Die Adverbien *weitaus, ungleich* und *bei weitem* haben die Besonderheit an sich, daß sie nur mit Komparativ- oder Superlativformen des Adjektivs verbunden werden können, während die anderen Intensitäts-Adverbien ausschließlich zur Positivstufe hinzutreten. Beispiele:

/eine Ausschreibung der Stelle in den überregionalen Tageszeitungen wird weitaus (oder: *ungleich*) *teurer als eine interne Ausschreibung/*

/auf diese Weise finden wir aber auch bei weitem die besten (oder: *die weitaus besten*) *Mitarbeiter/*

Einen Sonderfall stellen die Intensitäts-Adverbien *gar, überhaupt* und *beileibe* vor, die dazu dienen, den durch Negations-Morpheme ausgedrückten Erwartungsstopp (vgl. 8.2.2) zu verstärken:

/ich sehe gar keine Notwendigkeit, die Stelle auszuschreiben/

/bei der Neubesetzung der Stelle wurde der Abteilungsleiter überhaupt nicht gefragt/

/ich denke nicht an einen Wechsel im Amt, beileibe nicht/

(2) Abschwächung

Die Gruppe derjenigen Intensitäts-Adverbien, die anzeigen, daß eine Eigenschaft nicht in vollem Maße ausgeprägt ist (semantisches Merkmal ⟨EINSCHRÄNKUNG⟩), umfaßt wesentlich weniger Elemente. Dazu gehören die folgenden Morpheme:

recht	*einigermaßen*
ziemlich	*vergleichsweise*
relativ	*halbwegs*

Auch diese Intensitäts-Adverbien werden hauptsächlich applikativ zu Adjektiven verwendet.

/das ist ja recht schön/

/diese Skizze ist mir tatsächlich einigermaßen gelungen/

/bei diesem ziemlich wichtigen Kunden ist jedoch ein Kunstwerk angebracht/

Die Adverbien *ziemlich* und *recht* werden auch als flektierte Adjektive gebraucht, jedoch entweder selten (bei *ziemlich*) oder in anderer Bedeutung (bei *recht*).

(3) Normative Korrektur

Zur Korrektur eines Sachverhalts vor dem Hintergrund einer geltenden Norm (Merkmale ⟨KORREKTUR⟩, ⟨NORM⟩) dient vor allem das Adverb *zu*, das als freie Form der Präposition *zu* angesehen werden kann. Mit diesem teilt es in seiner Bedeutung das semantische Merkmal ⟨ZIEL⟩, verbindet es jedoch mit einer kritischen Nuance, insofern ein Sachverhalt - nach oben oder auch nach unten - »über ein Ziel hinausschießt«.

Die Form *zu* (verstärkt auch: *allzu*) wird applikativ vor Adjektiven der Positivstufe (*zu groß, zu klein*) und Adverbien (*zu gern, zu ungern*) gebraucht. Zur Applikation von Verben gebraucht man die erweiterte Form *zu viel* oder *zu sehr*. Als Prädikats-Adverb (selten) dient *zuviel*. In allen Fällen kann die Korrektur durch vorangestelltes *viel* verstärkt werden. Beispiele:

/*das ist zu schön, um wahr zu sein*/ (Redensart)

/*wer zu sehr liebt, muß zu viel leiden*/

/*das ist viel zuviel gewesen*/

Man kann Kombinationen mit *zu/allzu* auch synthetisch betrachten und sie neben der Komparativstufe und der Superlativstufe als »Exzessivstufe« des Adjektivs auffassen (vgl. 5.3).

6.4.3.4 Fokus-Adverbien (*nur, auch, besonders . . .*)

Fokus-Adverbien dienen dazu, ein Element aus einer Menge vergleichbarer Elemente hervorzuheben. Sie tragen daher das Merkmal ⟨AUFFÄLLIGKEIT⟩. Die Fokus-Adverbien können applikativ zu Verben, Adjektiven und anderen Adverbien verwendet werden. Bei attributivem Gebrauch zu Nomina wird die Stellung vor der Nominalklammer bevorzugt. Die Fokus-Adverbien lassen sich in mehrere Untergruppen unterteilen.

(1) Eine erste Gruppe dieser Adverbien wird dazu gebraucht, ein Element aus einer im Kontext genannten oder aus ihm erschließbaren Menge ähnlicher Elemente in den Vordergrund zu rücken:

hauptsächlich	*besonders*
insbesondere	*vornehmlich*
vorzugsweise	*namentlich*

Zu diesen Fokus-Adverbien gehören auch die zu Formeln gewordenen Präpositional-Adjunkte *vor allem* und *in erster Linie*.

Diese Adverbien betonen, wenn sie mit einem Adjektiv verbunden sind, daß eine bestimmte Eigenschaft von besonderem Belang ist. Applikativ zu einem Verb zeigen sie an, daß ein Sachverhalt mehr als andere mögliche Sachverhalte beachtet werden soll. Ähnliches gilt für den attributiven Gebrauch bei Nomina; das Fokus-Adverb weist nämlich den Hörer darauf hin, daß er das so determinierte Element mit erhöhter Aufmerksamkeit behandeln soll:

/die Tarifverhandlungen drehen sich vornehmlich um die Arbeitszeitverkürzung/

/die Gewerkschaft hat den Entwurf als unvollständig und vor allem unsozial abgelehnt/

/besonders die Wiedereinführung der Samstagsarbeit ist bei den Tarifpartnern umstritten/

(2) Mit den Fokus-Adverbien *gesondert, eigens* und *extra* zeigt der Sprecher an, daß eine Handlung nicht im Zusammenhang mit vergleichbaren Handlungen steht. Diese Adverbien können applikativ zum Verb und zum Partizip verwendet werden; *extra* kann darüber hinaus andere Adverbien determinieren:

/wir bringen die Daten zur Wirtschaftsentwicklung gesondert in der nächsten Nummer unserer Zeitschrift/

/Ihre Spesen werden wir extra abrechnen/

/die eigens für diese Besprechung angelegten Unterlagen sollten wir zuerst durcharbeiten/

(3) Bei einer anderen Gruppe von Fokus-Adverbien wird durch das Adverb auf eine Erwartung Bezug genommen. Entspricht die Äußerung der Erwartung, so gebraucht man die Adverbien *eben* oder *genau*:

/haben Sie mich hierher gebeten? ÷ eben das (habe ich getan)/

/wo haben wir uns eigentlich für morgen verabredet? ÷ genau hier/

Läuft die Äußerung hingegen der Erwartung zuwider, so bedient man sich der Adverbien *gerade* oder *ausgerechnet*:

/die Verhandlungen nahmen anfangs einen guten Verlauf, aber ausgerechnet (oder: *gerade) beim wichtigsten Verhandlungspunkt konnte keine Einigung erzielt werden/*

Zur Überbietung einer Erwartung eignen sich die Adverbien *sogar* oder *selbst*:

/man dachte sogar (oder: *selbst*) *daran, auf der Stelle eine Schlichtungskommission einzusetzen/*

(4) Eine ähnliche Bedeutung hat die nächste Gruppe der Fokus-Adverbien, die eine Unter- oder Obergrenze bezeichnen. Sie haben dementsprechend die spezifizierenden Merkmale ⟨ANFANG⟩ oder ⟨ENDE⟩. Wenn diese Adverbien vor einem Numeral-Artikel stehen, sind sie ebenfalls den Schätz-Adverbien vergleichbar.

UNTERE BEGRENZUNG	OBERE BEGRENZUNG
zumindest	*höchstens*
mindestens	*allenfalls*
wenigstens	*bestenfalls*
zum wenigsten	*schlimmstenfalls*

Die Gruppe der rechten Spalte drückt aus, daß nicht mehr als das Angegebene, sondern eher weniger gelten soll. Die Ausdrücke der linken Spalte hingegen zeigen an, daß der angegebene Wert die unterste, nicht zu unterschreitende Grenze darstellt:

/angeblich sollen mindestens zweitausend Arbeitsplätze geschaffen werden, aber wahrscheinlich wird es bestenfalls tausend neue Stellen geben/

/man wird den Arbeitnehmern wenigstens einen Teil ihrer Forderungen erfüllen/

/die Arbeitgeber können sich allenfalls weigern, in neue direkte Verhandlungen einzutreten/

(5) Im Unterschied zu den bisher genannten Fokus-Adverbien hat die nächste Gruppe die Funktion, einen Ausdruck dadurch hervorzuheben, daß alle anderen in Frage kommenden Elemente ausgeschlossen werden. Das sind die folgenden Morpheme, die auch als Teilnegationen aufgefaßt werden können:

nur	*bloß*
lediglich	*ausschließlich*

Der Hörer wird durch diese Adverbien angewiesen, seine bisherige Erwartung einzuschränken (Merkmal: ⟨EINSCHRÄNKUNG⟩):

/den Vorschlag braucht man nur (oder: *bloß*) *dem Aufsichtsrat zur Entscheidung vorzulegen/*

/der Betriebsrat nimmt lediglich dazu Stellung/

(6) Eine letzte Gruppe der Fokus-Adverbien umfaßt Morpheme, die dem Hörer anzeigen, daß er ein zusätzliches Element beachten soll (Merkmal: ⟨AUSWEITUNG⟩). Dazu gehören:

auch	*außerdem*
gleichfalls	*überdies*
ebenfalls	*zudem*
desgleichen	*ferner*

Ferner und *desgleichen* determinieren fast ausschließlich Verben. Die anderen Elemente dieser Gruppe können auch sonst applikativ verwendet werden. Nur *auch* wird oft attributiv gebraucht:

/man hat auch (ebenfalls, gleichfalls) versucht, Anreize für Investitionen zu schaffen/

/die teuren und zudem (überdies) komplizierten Maschinen können menschliche Arbeitskraft nur zum Teil ersetzen/

/aufgrund der kritischen Situation wurden keine Dividenden ausgeschüttet, auch hielt man die Aktionäre dazu an, ihre Kapitaleinlagen zu erhöhen/

/auf diese Weise wurde das Unternehmen saniert, und die Jahresbilanz fiel außerdem positiver aus als zunächst angenommen/

Diese Gruppe der Fokus-Adverbien teilt die jungierende Eigenschaft mit den Nexus-Adverbien (vgl. 6.4.4.2).

6.4.4 Argumentations-Adverbien

Argumentations-Adverbien dienen dazu, Argumente zu einer Argumentationskette zu verbinden. Dafür ist es zum einen von Bedeutung, ob der betreffende Sachverhalt überhaupt zutrifft und damit als Argument geltend gemacht werden kann. Das wird mit den Geltungs-Adverbien gekennzeichnet (6.4.4.1). Zum anderen muß der Stellenwert eines Sachverhalts als Argument in Beziehung zu anderen Argumenten geklärt werden. Zu diesem Zweck stehen dem Sprecher die Nexus-Adverbien zur Verfügung (6.4.4.2).

6.4.4.1 Geltungs-Adverbien (*wirklich, vermutlich . . .*)

In der deutschen Sprache bilden die freien Geltungs-Morpheme *ja* und *nein* sowie die gebundenen Geltungs-Morpheme Ø und *nicht* jeweils strenge Zweierparadigmen mit binärer Opposition der Merkmale ⟨ZUSPRUCH⟩ und ⟨EINSPRUCH⟩ (vgl. 8.2). Diese Merkmal-Opposition bildet nun die semantische Grundlage für die ganze Gruppe der Geltungs-Adverbien. Das Paradigma *ja* vs. *nein* kann nämlich im Text nuanciert werden durch den Gebrauch verschiedener Geltungs-Adverbien, durch die der Sprecher dem Hörer anzeigt, mit welchen Nuancen eine Prädikation seiner Ansicht nach gilt oder nicht:

/wird der neue Torhüter wirklich das Schlimmste verhüten können? ÷ er wird kaum in der Lage sein, die Mängel in der Abwehr auszugleichen/

/wie kann man einen weiteren Abstieg der Mannschaft verhindern? ÷ man wird wahrscheinlich den Trainer auswechseln/

Entsprechend dem Grad der Gewißheit, die der Sprecher über die Geltung einer Feststellung hat, lassen sich die Geltungs-Adverbien in zwei Gruppen einteilen. Einige dieser Adverbien kommen in selteneren Fällen auch - allerdings oft mit veränderter Bedeutung - als flektierbare Adjektive vor:

BEKRÄFTIGTE GELTUNG		EINGESCHRÄNKTE GELTUNG	
NUR ALS ADVERBIEN	AUCH ALS ADJEKTIVE	NUR ALS ADVERBIEN	AUCH ALS ADJEKTIVE
zweifellos	*sicher*	*höchstwahrscheinlich*	*wahrscheinlich*
selbstredend	*bestimmt*	*ausreichend*	*scheinbar*
bekanntlich	*selbstverständlich*	*wohl*	*eventuell*
freilich	*natürlich*	*vielleicht*	*vermutlich*
durchaus	*tatsächlich*	*möglicherweise*	*voraussichtlich*
allerdings	*offensichtlich*	*womöglich*	
erwiesenermaßen	*wirklich*	*schwerlich*	
		kaum	

Die Geltungs-Adverbien, mit deren Hilfe man die Affirmation eines Sachverhalts bekräftigt, werden vielfach dazu verwendet, beim Gesprächspartner Zweifel an ihrer Geltung auszuräumen:

/der Nachwuchsschwimmer hat diesmal wenig Chancen ÷ doch, er wird bestimmt einen guten Platz belegen/

/hat er denn genug trainiert? ÷ er denkt anscheinend an nichts anderes/

Einige Geltungs-Adverbien haben eine zusätzliche Bedeutungskomponente. So wird durch *bekanntlich* und *offensichtlich* die Affirmation durch den Hinweis auf die Bekanntheit des Sachverhalts hervorgehoben.

Alle Geltungs-Adverbien können in applikativer Funktion Verben, Adverbien und Adjektive determinieren:

/in der Nordischen Kombination wird die österreichische Mannschaft dieses Jahr sicher eine Medaille holen/

/der offensichtlich verletzte Mittelstürmer fällt für das nächste Spiel aus/

/sie ist eine neue Hoffnung; und sie läuft die Kür wirklich gern/

Einige der Geltungs-Adverbien können auch als Antworten auf Fragen oder als Rückfragen nach prädikativen Feststellungen gebraucht werden:

/ist sie mit ihrem Erfolg im Hürdenlaufen zufrieden? ÷ (wohl) kaum, sie ist ja nur zweite geworden/

/er hat im Freistilschwimmen sein Bestes gegeben ÷ tatsächlich?/

In Fragen können Geltungs-Adverbien leicht die erwartete Antwort suggerieren:

/halten Sie Leistungssport wirklich für gesund?/ (suggerierte Antwort: *nein*)

/hat dieser Sportarzt vielleicht Dopingmittel gegeben?/ (suggerierte Antwort: *wohl möglich*)

6.4.4.2 Nexus-Adverbien (*deswegen, nämlich . . .*)

Nexus-Adverbien (»Konjunktional-Adverbien«) haben die Aufgabe, eine Feststellung so in den Argumentationsgang einzubinden, daß sie zu dem voraufgehenden Kontext oder zur Situation in Beziehung gesetzt wird. Diese Adverbien bringen eine Begründungsbeziehung zwischen zwei Prädikationen zum Ausdruck. Sie haben daher das primäre Merkmal ⟨BEGRÜNDUNG⟩. Mit Nexus-Adverbien kann der Sprecher zum Beispiel seinem Gesprächspartner mitteilen, daß der zuvor festgestellte Sachverhalt als Stütze seiner Argumentation anzusehen ist. Umgekehrt kann er aber auch anzeigen, daß ein vielleicht naheliegendes Argument von einem Sachverhalt nicht gestützt wird.

Nexus-Adverbien nehmen durch ihre jungierende Kraft eine Zwischenstellung zwischen Adverbien und Konjunktionen ein. Sie eröffnen jedoch im Unterschied zu den Konjunktionen keine Adjunktklammer mit einem Junktor als klammeröffnendem und dem Verb in der Endstellung als klammerschließendem Element. Deshalb ist bei den Nexus-Adverbien auch die Beziehung zwischen den beiden verbundenen Äußerungen nicht so eng wie bei den Junktionen. Zur Unterscheidung:

ARGUMENTATIONS-ADVERBIEN	KONJUNKTIONEN
/morgen ist Rückmeldung, ich muß deswegen früh in die Universität/	*/ich muß früh in die Universität, weil morgen Rückmeldung ist/*
/sie hat wenig freie Zeit, trotzdem geht sie in jeden Vortrag/	*/obwohl sie wenig freie Zeit hat, geht sie in jeden Vortrag/*

Bei einer Verknüpfung durch ein Nexus-Adverb wird im Regelfall zuerst die Voraussetzung, dann die daraus abgeleitete Handlung genannt. Dazu paßt, daß eine größere Gruppe der Nexus-Adverbien mit einem anaphorischen Element gebildet ist (zum Beispiel: *deshalb*, *trotzdem* und *dessenungeachtet*).

Nexus-Adverbien werden nur applikativ verwendet, und zwar vor allem zu Verben mit ihren Determinanten. In selteneren Fällen stehen sie als Applikate zu Adjektiven, zumal Partizipien.

/die Mittel sind weiter gekürzt worden, insofern können wir nur einen Teil der benötigten Bücher anschaffen/

/das Referat war interessant, die trotzdem geringe Beteiligung an der Diskussion war enttäuschend/

Im Unterschied zu den Konjunktionen stehen die Nexus-Adverbien, sofern sie ein Verb determinieren, entweder im Mittelfeld oder - in der Mehrzahl der Fälle - im Vorfeld der Verbalklammer. Für die konzessiven und adversativen Nexus-Adverbien ist auch eine Stellung noch vor dem Vorfeld der Verbalklammer nicht ausgeschlossen. Dann sind diese Morpheme in der Schrift nach den Regeln der Orthographie durch einen

Doppelpunkt, einen Gedankenstrich oder ein Komma abgetrennt. Das entspricht der Tatsache, daß man sie in der gesprochenen Sprache oft durch eine kleine Pause von der satzförmigen Äußerung absetzt.

Man kann die Nexus-Adverbien ihrerseits semantisch wie folgt untergliedern:

(1) Begründung und Folgerung

Eine argumentative Beziehung zwischen Begründung und Folgerung (die eine kausale Ursache-Wirkung-Beziehung überlagern kann) läßt sich mit syntaktischen Mitteln entweder bei der Begründung oder bei der Folgerung kennzeichnen. Die Junktoren, also solche Präpositionen wie *wegen* oder solche Konjunktionen wie *weil* markieren explizit die Begründung und damit implizit die Folgerung. So kann man auch mit gewissen Adverbien verfahren, insbesondere mit dem kausalen Adverb *nämlich*:

/ich habe das Praktikum unterbrechen müssen, ich bin nämlich krank geworden/

Hier ist die Folgerung vorangestellt. Die nachgeschobene Begründung ist durch das kausale Adverb *nämlich*, das seinen Platz im Mittelfeld der Verbalklammer hat, deutlich gekennzeichnet.

Eine weitere Gruppe kausaler Adverbien wird mit dem Adverb-Suffix *-halber* von Nomina abgeleitet. Dazu gehören beispielsweise folgende Formen:

interessehalber	*umständehalber*
spaßeshalber	*krankheitshalber*

Diese Adverbien unterscheiden sich dadurch von den bisher aufgeführten Nexus-Adverbien, daß sie in gedrängter Form den Grund für den dargestellten Sachverhalt nennen:

/er konnte die Klausur krankheitshalber nicht mitschreiben/

Diese Adverbien stellen eine kausale Beziehung komprimierter dar, als das sonst mittels kausaler Adjunkte (mit *wegen* oder *weil*) möglich ist.

In den meisten Fällen kennzeichnet man mit Nexus-Adverbien jedoch nicht die Begründung, sondern die Folgerung. Die wichtigsten Nexus-Adverbien zum Ausdruck der Folgerung sind *daher, darum, deshalb* und *deswegen*. Beispiele:

/*es haben sich zu viele Teilnehmer gemeldet, deshalb wurde das Seminar geteilt*/

/*ein guter Kontakt unter den Studenten ist wichtig, man sollte sich darum in einer Fachschaft organisieren*/

Wenn nun mittels einer kausalen Konjunktion die Begründung und mittels eines Nexus-Adverbs die Folgerung gekennzeichnet ist, so wird durch das Korrelat aus Konjunktion und Adverb diese Beziehung besonders deutlich markiert. Beispiele:

/*der Vortrag war deshalb so interessant, weil der Gastredner eine neue Theorie vorstellte*/

/*da der Redner für einen sehr lebendigen Vortragsstil bekannt war, hatte er allein schon deswegen viele Zuhörer*/

Die Beispiele zeigen, daß bei Nexus-Adverbien sowohl ein Korrelat Folgerung/Begründung (*deshalb/weil*) als auch ein Korrelat Begründung/Folgerung (*da/deswegen*) möglich ist.

Für einen Argumentationsschritt, der eine längere Argumentationskette mit einer Folgerung abschließt, gebraucht man neben den bisher genannten die folgenden, eher makrosyntaktisch instruierenden Nexus-Adverbien:

also	*infolgedessen*
folglich	*demzufolge*
demnach	*insofern*
mithin	*somit*

Im formalen Syllogismus stehen *also* oder *folglich* für lat. *ergo*.

(2) Konzessivität und Adversativität

Bei einem Teil der Nexus-Adverbien wird die Argumentationsrichtung umgekehrt. Mit diesen Signalen gibt der Sprecher dem Hörer zu verstehen, daß eine naheliegende Folgerung nicht vorschnell gezogen werden soll. Die Spezifik dieser Adverb-Bedeutungen wird mit dem semantischen Merkmal ⟨ÜBERRASCHUNG⟩ zum Ausdruck gebracht.

Bei den Nexus-Adverbien mit konzessiver Bedeutung wird angezeigt, daß die zuvor getroffene Feststellung zwar als mögliche Begründung in Frage kommt, aber nicht durchschlägt. Dem Hörer wird also zu verstehen gegeben, daß er aus dem Gesagten einen anderen als den möglicherweise erwarteten Schluß ziehen soll. Sehr häufig sind hier vor allem die Adverbien *dennoch* und *trotzdem*, während die Adverbien *gleichwohl, nichtsdestoweniger* und *dessenungeachtet* eher einem gehobenen Register angehören. Beispiele:

/die Studenten haben ein Interesse an einem frühen Studienabschluß, gleichwohl verzögert sich dieser oft durch die Notwendigkeit, nebenbei zu arbeiten/

/die Studentenschaft hat heftig gegen das neue Hochschulgesetz protestiert, die dennoch eingeführte Regelstudienzeit wird vor allem die sozial Schwächeren belasten/

Diese konzessiven Nexus-Adverbien werden häufig mit dem Adversativ-Junktor *aber* verbunden:

/ich brauche keinen Seminarschein mehr, möchte aber trotzdem als Gast am Seminar teilnehmen/

Mit den adversativen Nexus-Adverbien, die das semantische Merkmal ⟨WENDUNG⟩ gemeinsam haben, bringt der Sprecher zum Ausdruck, daß im Gang der Argumentation noch ein Zusatz- oder Gegenargument bedacht werden soll:

allerdings
doch, jedoch
indes, indessen
freilich
andererseits
dagegen
hingegen
hinwiederum
immerhin
nur, bloß

/der Konkurrenzkampf an den Hochschulen wird immer stärker, die Arbeitsmarktsituation hat sich freilich auch drastisch verschlechtert/

/eine Zulassungsprüfung kann zur eigenen Kontrolle dienen, allerdings ist sie auch ein Mittel, die Studentenzahlen zu reduzieren/

Das Adverb *immerhin* ist das einzige Element dieser Gruppe, mit welchem dem Hörer angezeigt wird, daß der als Gegenargument genannte Sachverhalt positiv einzuschätzen ist:

/im Lesesaal einer Bibliothek kann man sich manchmal schwer konzentrieren, (aber) immerhin hat man dort alle wichtigen Werke zur Hand/

Die Form *doch* kann als Nexus-Adverb im Vorfeld der Verbalklammer oder aber als Adversativ-Junktor vor dem Vorfeld stehen:

ADVERB-STELLUNG	JUNKTOR-STELLUNG
/er war ausgesprochen begabt, doch versagte er leider in den Prüfungen/	*/er war ausgesprochen begabt, doch er versagte leider in den Prüfungen/*

Die Sonderstellung von *doch* zeigt sich auch darin, daß es nicht im Mittelfeld der Verbalklammer gebraucht werden kann. Hier wird es durch *jedoch* ersetzt. Im mündlichen Sprachgebrauch ist die Junktor-Stellung vor dem Vorfeld allerdings auch für einige weitere Nexus-Adverbien (zum Beispiel: *nur, trotzdem, obwohl, also*) möglich.

(3) Bedingung und Folge

Auch in einem konditionalen Bedingung-Folge-Verhältnis kann man entweder die Bedingung oder die Folge kennzeichnen. Die konditionalen Konjunktionen wie *wenn* kennzeichnen mit ihrer Bedeutung grundsätzlich die Bedingung (Merkmal: ⟨RAHMEN⟩ – vgl. 7.3.5). Daraus ergibt sich dann die Folge. Man kann die Bedingung aber auch, zumal bei fehlender Konjunktion und Spitzenstellung des Verbs, durch das Rahmen-Adverb *so* kennzeichnen (vgl. 6.4.3.1). Daneben besteht aber auch die Möglichkeit, nicht die Bedingung, sondern die Folge zu kennzeichnen, was eine stillschweigende Kennzeichnung der Bedingung impliziert. Von dieser Möglichkeit macht man besonders dann Gebrauch, wenn die Nichterfüllung einer Bedingung zu einer unerwünschten Folge führt. Beispiele:

/man muß die Studienbedingungen verbessern, sonst wird vielen jungen Menschen der Zugang zum Beruf erschwert/

/einige Fächer sind mit einer Zulassungsbeschränkung belegt worden, man hätte andernfalls neue Universitäten gründen müssen/

Nicht selten lösen diese Nexus-Adverbien, wie das letzte Beispiel zeigt, den restriktiven Konjunktiv (hier in der Rück-Perspektive den Rück-Restriktiv) aus.

6.5 Adverbien im Text

Abschließend sollen die Aufgaben und Leistungen der Sprachzeichenklasse Adverb an einem Text gezeigt werden. Es handelt sich um einen Abschnitt aus dem Roman »Buddenbrooks« von Thomas Mann. Die jung verheiratete Antonie Grünlich beschreibt in einem Brief an ihre Mutter, die Konsulin Buddenbrook, ihre neue Lebenssituation. Die Mutter soll meinen, es gehe ihr *sehr gut.* Der Leser merkt jedoch schon an den angestrengten Formulierungen der Briefschreiberin und der darin verborgenen Ironie des Erzählers, daß es um ihre bürgerliche Wohlsituiertheit nicht gut bestellt ist. In diesem zwielichtig-ironischen Erzählklima haben die ungewöhnlich zahlreichen Adverbien ihren stilistischen Wert. Im Text sind die Adverbien fortlaufend durch Ziffern, die applikativ gebrauchten Adjektive, mit denen sie eine Funktionsgemeinschaft bilden, durch Buchstaben bezeichnet.

TEXT:

Grünlich selbst ist viel (1) *beschäftigt, fährt morgens* (2) *mit unserem kleinen gelben Wagen zur Stadt und kommt oft* (3) *erst* (4) *spät* (A) *nach Hause. Manchmal* (5) *sitzt er bei mir und liest die Zeitung.*
Wenn wir in Gesellschaft fahren, zum Beispiel zu Kesselmeyer oder Konsul Goudsticker am Alsterdamm oder Senator Bock in der Rathausstraße, so (6) *müssen wir eine Mietkutsche nehmen. Ich habe Grünlich schon* (7) *oft* (8) *um Anschaffung eines Coupés gebeten, denn das ist nötig hier* (9) *draußen* (10). *Er hat es mir auch halb und halb* (11) *versprochen, aber er begibt sich merkwürdigerweise* (12) *überhaupt* (13) *nicht gern* (14) *mit mir in Gesellschaft und sieht es augenscheinlich* (15) *nicht gern* (16), *wenn ich mich mit den Leuten in der Stadt unterhalte. Sollte er eifersüchtig sein? Unsere Villa, die ich Dir schon* (17) *eingehend* (18) *beschrieb, liebe*

TEXTGRAMMATISCHER KOMMENTAR:

(1) *viel*: Schätz-Adverb mit dem Prädikats-Adjektiv *beschäftigt* als Applikationsbasis.
(2) *morgens*: Tempus-Adverb mit dem Verb *fährt* als Applikationsbasis.
(3/4/A/5) *oft erst spät*: Dreifach gestufte Applikation. Erste Basis ist das Verb *kommt – nach Hause.* Es wird von dem Adjektiv *spät* applikativ determiniert. Applikat zur Basis *spät* ist das Sequenz-Adverb *erst*: Grünlich kommt ›später als erwartet‹ heim. Beide Applikate bilden zusammen die Basis für das vorangestellte Frequenz-Adverb *oft.* Es korrespondiert, in leichtem Kontrast, mit dem nachfolgenden Frequenz-Adverb *manchmal.*
(6) *so*: Das Rahmen-Adverb *so* ist hier (redundantes) Korrelat der konditionalen Konjunktion *wenn* und bezeichnet mit ihr zusammen die Besuche »in Gesellschaft« als Bedingungsrahmen für die Benut-

Mama, ist wirklich (19) sehr (20) hübsch und hat sich durch neuerliche Möbelanschaffungen noch (21) verschönert. Gegen den Salon im Hochparterre hättest Du nichts einzuwenden: ganz (B) in brauner Seide. Das Eßzimmer nebenan (22) ist sehr (23) hübsch (C) getäfelt; die Stühle haben 25 Kurantmark das Stück gekostet. Ich sitze im Penséezimmer, das als Wohnstube dient. Dann (24) ist da (25) noch (26) ein Rauch- und Spielkabinett. Der Saal, der jenseits des Korridors die andere Hälfte des Parterres einnimmt, hat jetzt (27) noch (28) gelbe Stores bekommen und nimmt sich vornehm aus. Oben (29) sind Schlaf-, Bade-, Ankleide- und Dienerschaftszimmer. Für den gelben Wagen haben wir einen kleinen Groom. Mit den beiden Mädchen bin ich ziemlich (30) zufrieden. Ich weiß nicht, ob sie ganz (D) ehrlich sind; aber Gott sei Dank (31) brauche ich ja nicht auf jeden Dreier zu sehen! Kurz (E), es ist alles, wie es unserem Namen zukommt.[1]

zung einer Mietkutsche: Sie sind verarmt und haben kein eigenes standesgemäßes Fahrzeug.

(7/8) *schon oft*: Kombination eines Sequenz- und eines Frequenz-Adverbs. ›Mehr als erwartet‹ hat Antonie ihre Bitte wiederholen müssen.

(9/10) *hier draußen*: Kombination zweier Positions-Adverbien; das erste ist ein einfaches Positions-, das zweite ein zusammengesetztes *(dr- + außen)* Dimensions-Adverb. Basis der Applikation ist die Prädikation *ist – nötig*.

(11) *halb und halb*: Schätz-Adverb in Form einer lexikalisierten *und*-Junktion.

(12/13/14) *merkwürdigerweise überhaupt nicht gern*: Dreistufige Applikation zur verbalen Basis *begibt sich*. Erste Stufe: das (negierte) Evaluations-Adverb *gern*. Zweite Stufe: das Intensitäts-Adverb *überhaupt*, das die Negation *nicht (gern)* verstärkt. Dritte Stufe: das mit Hilfe des Adverb-Suffixes *-weise* von dem Adjektiv *merkwürdig* abgeleitete Evaluations-Adverb *merkwürdigerweise*.

(15/16) *augenscheinlich nicht gern*: Parallele Konstruktion mit der verbalen Basis *sieht*.

Das Adverb *augenscheinlich* (Adverb-Suffix *-lich*!) gehört zur Gruppe der Geltungs-Adverbien: die Geltung wird eingeschränkt.

(17/18) *schon eingehend*: Gestufte Applikation zur verbalen Basis *beschrieb*. In Nächststellung zum Verb steht das Grad-Adverb *eingehend*, das auch als applikativ gebrauchtes Adjektiv aufgefaßt werden könnte, da es – allerdings selten – als attributives Adjektiv vorkommt: *eine eingehende Untersuchung*. Ein typischer Grenzfall. Vorangestellt ist das

1) Thomas Mann: »Buddenbrooks«, in: *Gesammelte Werke in Einzelbänden*. Frankfurter Ausgabe, hg. von Peter de Mendelssohn, Bd. III, Frankfurt a. M. 1981, S. 174 f.

Sequenz-Adverb *schon*, das nun die komplexe Basis *eingehend beschrieb* determiniert.
(19/20) *wirklich sehr hübsch*: Gestufte Applikation mit dem Prädikats-Adjektiv *hübsch* als Basis. Wie alle Stufungen ist auch diese vom Späteren zum Früheren (»von rechts nach links«) zu lesen. Erste Applikationsstufe also: das Grad-Adverb *sehr*. Zweite Stufe: das bekräftigende Geltungs-Adverb *wirklich*.
(21) *noch*: Sequenz-Adverb zur verbalen Basis *hat sich – verschönert*. Die in der Bedeutung dieses Verbs implizierte Steigerung (›schöner‹) soll ›mehr als erwartet' gelten.
(B) *ganz*: Adjektiv in applikativer Funktion mit dem Präpositional-Adjunkt *in brauner Seide* als Applikationsbasis.
(22) *das Eßzimmer nebenan*: Positions-Adverb, hier in attributiver Funktion und seiner nominalen Attributionsbasis *das Eßzimmer* nachgestellt.
(23/C) *sehr hübsch*: Gestufte Applikation zur verbalen Basis *ist – getäfelt*. Erste Stufe: das applikativ gebrauchte Adjektiv *hübsch*. Zweite Stufe: das Grad-Adverb *sehr*.
(24/25/26) *dann ist da noch*: *dann* ist Sequenz-Adverb, *da* Situations-Adverb, *noch* ebenfalls Sequenz-Adverb, jedoch mit Bezug auf die Erwartung des Hörers (hier: der Briefleserin): die aufzählende Beschreibung dauert ›länger als erwartet‹ an, da Antonie den Eindruck von bürgerlichem Wohlstand aufrecht erhalten will.
(27/28) *jetzt noch*: Doppelte Applikation zur verbalen Basis *hat – bekommen*, einmal durch das Tempus-Adverb *jetzt*, dann durch das Sequenz-Adverb *noch*: der Reichtum wächst weiter an!
(29) *oben*: Dimensions-Adverb in prädikativer Funktion, zur Kopula *sind* gehörig.
(30) *ziemlich*: Abschwächendes Intensitäts-Adverb mit dem Prädikats-Adjektiv *zufrieden* als Applikationsbasis.
(D) *ganz*: Applikativ gebrauchtes Adjektiv mit adjektivischer Basis: *ehrlich*.
(31) *Gott sei Dank*: Evaluations-Adverb mit verbaler Applikationsbasis: *brauche ich*. Das Adverb ist der Form nach ein stereotyp gebrauchtes Syntagma, das als lexikalisiert gelten kann.
(E) *kurz*: Applikativ gebrauchtes Adjektiv, hier in makrosyntaktischer Bedeutung als Schlußsignal für die lange (!) Aufzählung der Glücksgüter.

Insgesamt bestätigt der Text die applikative Funktion als Funktionszentrum der Sprachzeichenklasse Adverb. Nur zwei Adverbien haben im Text eine andere Funktion und werden prädikativ oder attributiv gebraucht.

7 Syntax der Junktion

Im Text stehen alle Sprachzeichen in einem Zusammenhalt. Dieser Zusammenhalt ist jedoch von je verschiedener Art. Eine besondere Art des textuellen Zusammenhalts ist die Junktion. Eine Junktion ist ein Determinationsgefüge, in dem eine (Junktions-)Basis nach der expliziten Anweisung eines Junktors von einem Adjunkt her determiniert wird. Die Basis ist also das determinationsbedürftige Glied einer Junktion (determinandum, Merkmal: ⟨BESTIMMBAR⟩), während das Adjunkt, dem auch der Junktor angehört, das determinationskräftige Glied der Junktion ist (determinans, Merkmal: ⟨BESTIMMEND⟩). Die Bedeutung des Junktors spezifiziert diese Determination semantisch (»species determinationis«).

Das Determinationsgefüge einer Junktion wird wie folgt symbolisch ausgedrückt:

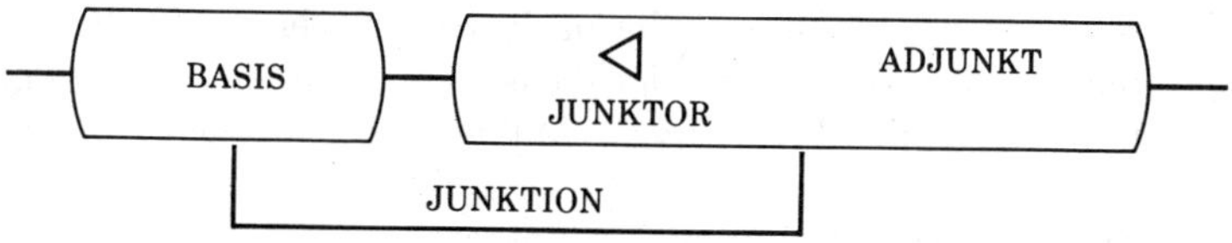

In diesem Schaubild ist eine Abfolge Basis/Adjunkt angenommen, wie sie als Normalstellung für Junktionen gelten kann. Bei einer solchen Abfolge wird der Junktor durch ein Dreieck symbolisiert, das mit der Spitze nach links weist. Dadurch soll die Determinationsrichtung ausgedrückt werden, die rückläufig zum Textverlauf vom Adjunkt zur Basis verläuft. Manche Junktionen haben jedoch die umgekehrte Abfolge Adjunkt/Basis. In diesem Fall wird der Junktor durch ein Dreieck dargestellt, das mit der Spitze nach rechts weist:

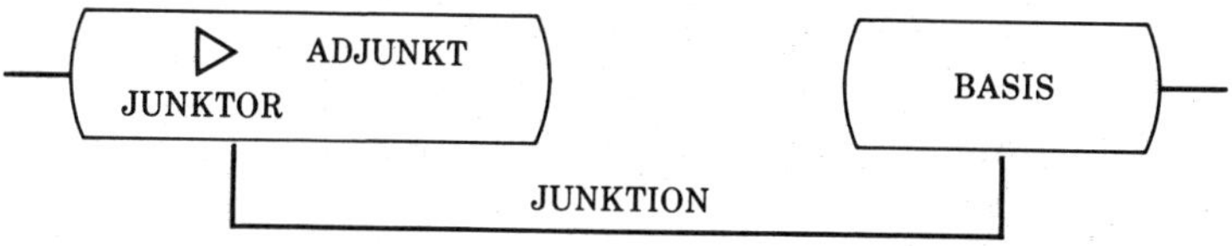

Schließlich gibt es bei Junktionen auch noch eine besondere Abfolge, die dann gegeben ist, wenn ein Adjunkt durch eine zweiteilige Basis eingerahmt wird. Der Junktor wird dann durch zwei zusammengesetzte Dreiecke symbolisiert, die mit ihren Spitzen nach beiden Seiten weisen:

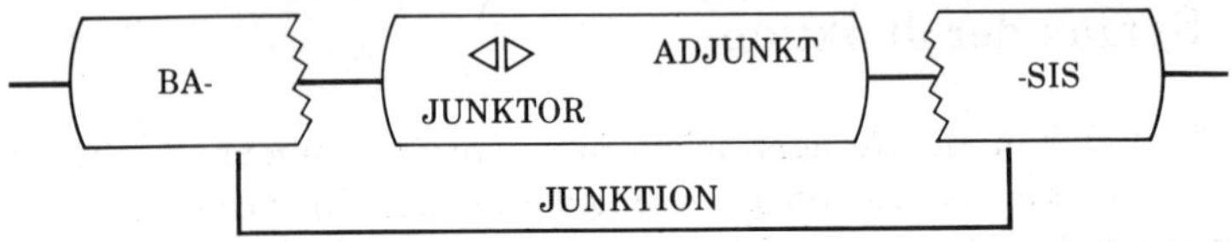

Welche Stellung der Junktionsglieder eine Junktion im Einzelfall aufweist, hängt von den allgemeinen Kontextbedingungen ab, wie sie innerhalb der Junktion und in ihrem textuellen Umfeld bestehen. Präferenzen für eine bestimmte Stellung der Junktionsglieder, soweit sie sich aus der Bedeutung des Junktors ergeben, werden bei der Besprechung der einzelnen Junktoren mitbesprochen.

Die Sprachzeichen, aus denen die Junktionsglieder einer Junktion gebildet sind, haben jeweils ihre lexikalische Eigenbedeutung. Erst durch die Junktion treten diese beiden Eigenbedeutungen in eine Beziehung zueinander, und der Hörer wird vom Sprecher angewiesen, dem Adjunkt Gesichtspunkte zu entnehmen, die nach der Anweisung des Junktors zum genaueren Textverständnis der Basis dienen können. Daraus ergibt sich, daß die folgenden Bedeutungen unterschieden werden müssen:

- die grammatische Bedeutung des Junktors,
- die lexikalischen Bedeutungen der beiden Junktionsglieder (Basis und Adjunkt),
- die grammatisch-lexikalische Gesamtbedeutung der Junktion.

Die Junktionen werden gegliedert nach den Gebrauchsregeln, die für ihre Junktoren prototypisch gelten. Durch sie sind die Junktoren wie folgt zu unterscheiden:

(1) Präpositionen verknüpfen prototypisch eine beliebige Basis mit einem nominalen oder pronominalen Adjunkt (7.1).

(2) Einziger Flexions-Junktor der deutschen Sprache ist der Genitiv. Er verknüpft prototypisch eine nominale Basis mit einem nominalen Adjunkt (7.2).

(3) Konjunktionen verknüpfen prototypisch eine satzförmige Basis mit einem satzförmigen Adjunkt (7.3).

(4) Relativ-Junktoren verknüpfen prototypisch eine nominale oder pronominale Basis mit einem satzförmigen Adjunkt (7.4).

(5) Die Parajunktoren stellen eine Restkategorie dar. Sie werden nach Komparativ-Junktoren, Selektiv-Junktoren und Adversativ-Junktoren subkategorisiert (7.5).

Quer zu dieser gleichzeitig auf der Basis und dem Adjunkt beruhenden Typologie kann man, wenn man stattdessen nur den Charakter der Basis berücksichtigt, auch bei den Junktionen die drei Determinationstypen (»syntaktische Funktionen«) wiederfinden, die oben bei der Determination durch Adjektive unterschieden worden sind (vgl. 5.1). Am Beispiel der Präpositional-Junktionen kann man demzufolge unterscheiden:

(1) Attributive Funktion

/*ein Gemüsehändler aus der Türkei*/ (Basis: ein Nomen)

(2) Prädikative Funktion

/*er ist von großer Freundlichkeit*/ (Basis: Subjekt + Kopula)

(3) Applikative Funktion

/*er arbeitet mit Ausdauer*/ (Basis: ein Verb)

Auch bei sonstigen Adjunkten findet man diese drei Determinationstypen:

(1) Attributive Funktion

/*die Befürchtung, ihn als Mitarbeiter zu verlieren, erwies sich als grundlos*/

(2) Prädikative Funktion

/*der Mensch ist, wie er aussieht*/

(3) Applikative Funktion

/*als er anfing, waren wir nur fünf Mitarbeiter im Labor*/

Für Konjunktional-Adjunkte ist das Auftreten in applikativer Funktion prototypisch.

Außerdem können bestimmte Konjunktional-Adjunkte, vornehmlich solche mit *daß*, auch die Subjekt- oder Objektrolle einnehmen:

SUBJEKTROLLE

/*wie der neue Mitarbeiter auftrat, hat uns alle überrascht*/

OBJEKTROLLE

/*keiner wußte, daß er bereits einen Betrieb geleitet hatte*/

7.1 Die Präpositionen

Die Präpositionen bilden eine Subklasse der Junktoren. Sie teilen mit allen anderen Junktoren die Aufgabe, aus einer Basis und einem Adjunkt ein Determinationsgefüge zu bilden, in dem die Basis vom Adjunkt her determiniert wird. Die Spezifik dieser Determination (species determinationis) richtet sich nach der Bedeutung der jeweiligen Präposition. Eine Junktion, deren Junktor eine Präposition ist, soll im folgenden Präpositional-Junktion heißen.

In Präpositional-Junktionen ist die Basis gewöhnlich von einem Verb, Nomen oder Adjektiv, das Adjunkt von einem Nomen oder Pronomen besetzt:

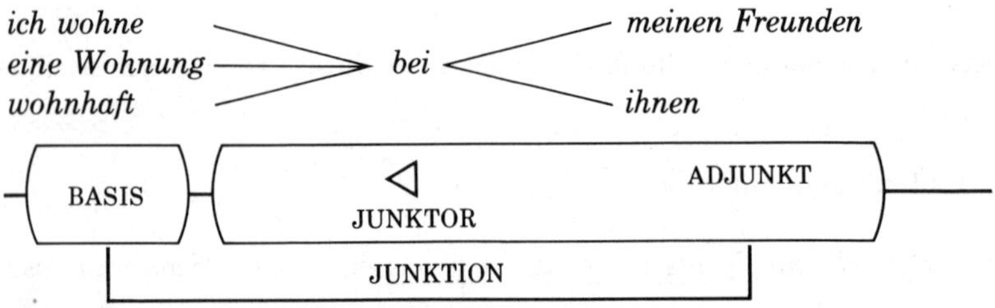

Je nach der Präposition und dem Kontext können die Junktionsglieder auch von Sprachzeichen anderer Klassen besetzt werden, vorzugsweise von Adverbien (*morgen bis übermorgen, überall außer hier*). Satzförmige Adjunkte sind jedoch in Präpositional-Junktionen ausgeschlossen.

In einer Reihe von Fällen ist die Präposition, die in einer bestimmten Junktion als Junktor dient, schon von der Bedeutung der Basis her mehr oder weniger erwartbar, vor allem wenn es sich um eine verbale Basis handelt (*denke an, hoffe auf*); doch stehen erwartbare Präpositionen auch nach einer nominalen Basis (*Besuch bei, Erfahrungen mit*) oder nach einer adjektivischen Basis (*vorteilhaft für, standhaft gegenüber*).

Obwohl diese Erwartungen in keinem Fall absolut sicher sind, wollen wir hier von festen Verbindungen Basis/Präposition sprechen, sofern die Präposition von der Basis her mit hoher Wahrscheinlichkeit zu erwarten ist. In einigen Fällen sind auch zwei oder drei Präpositionen mit annähernd gleich hoher Wahrscheinlichkeit zu erwarten (zum Beispiel: *freue mich auf/freue mich über*). Die wichtigsten Wahrscheinlichkeiten dieser Art werden bei den einzelnen Präpositionen aufgelistet.

Von den Präpositionen her gesehen, ist ebenfalls in vielen Fällen mit mehr oder weniger festen Erwartungen zu rechnen. Sie erstrecken sich auf den Kasus des Nomens oder Pronomens, mit dem zusammen die betreffende Präposition ein Adjunkt bildet. Diese feste Kasus-Erwartung, die mit einer bestimmten Präposition verbunden ist, nennt man Rektion. Die meisten Präpositionen der deutschen Sprache regieren einen der drei Kasus Akkusativ, Dativ oder Genitiv. Einige der wichtigsten Präpositionen der deutschen Sprache regieren mehrere Kasus, was auf die Bedeutung Einfluß haben kann oder auch nicht. Eine besonders bemerkenswerte Gruppe bilden diejenigen Präpositionen, die je nachdem, ob das Verb auf die Frage *wo?* oder auf die Frage *wohin?* antwortet, entweder den Dativ oder den Akkusativ regieren (*trage in der Tasche/ stecke in die Tasche*). Einige andere Präpositionen lassen ohne Veränderung der Bedeutungsbedingungen, jedoch gegebenenfalls mit Folgen für das Stilregister, eine mehrfache Kasusrektion zu (*wegen der Steuern/ wegen den Steuern*). Schließlich gibt es noch eine Gruppe von Präpositionen, die im allgemeinen kasusfrei gebraucht werden, das heißt, nur vor solchen Nomina, die - etwa weil sie keinen Artikel und kein attributives Adjektiv bei sich haben - einen Kasus nicht erkennen lassen.

Im folgenden werden zunächst die Formen der Präpositionen besprochen (7.1.1). Eine Textanalyse gibt sodann Gelegenheit, Stellungsbedingungen für Präpositional-Adjunkte zu erörtern (7.1.2). Besonders ausführlich werden schließlich, geordnet nach den Rektionen und innerhalb der Rektionen nach dem Alphabet, die Bedeutungen der einzelnen Präpositionen beschrieben (7.1.3).

7.1.1 Formen der Präpositionen

Präpositionen sind ihrer Form nach invariant. Die 20 primären Präpositionen sind kurze, ein- bis zweisilbige Morpheme (zum Beispiel: *an, aus, mit, durch, über, unter*), die allesamt eine sehr hohe Frequenz in der Sprache haben. Zu diesen primären Präpositionen, die sich in ihren

Bedeutungen unmittelbar am Anschauungszentrum der kommunikativen Dyade orientieren, kommt eine mehrfach so große Zahl sekundärer Präpositionen, die ihre Bedeutungen nicht unmittelbar aus den anschaulichen Strukturen der Blickstellung im Dialog herleiten, sondern sie aus komplexeren und komplizierteren Sozial- und Argumentationsstrukturen übernehmen. Diese Präpositionen, die oft den Genitiv regieren, sind auch in ihrer Form meistens komplexer gebildet, entweder mit den Mitteln der Wortbildung (*seitens, einschließlich, unbeschadet . . .*) oder als Syntagmen, die selber aus Junktionen entstanden sind (*im Hinblick auf, mit Rücksicht auf, anhand von, aufgrund von*).

Die meisten Präpositionen nehmen die Stellung an der Spitze des Adjunkts ein (*der Hut auf der Stange*). Einige wenige Präpositionen stehen jedoch als »Postpositionen« am Ende des Adjunkts (*ein Zitat dem Sinne nach*). Noch seltener sind in der deutschen Sprache zweiteilige Präpositionen, die das Lexem des Adjunkts als »Zirkumpositionen« umklammern (*leiden um der Gerechtigkeit willen*). Wesentlich häufiger kommt es indes vor, daß Präpositionen durch gleich- oder ähnlichlautende, von ihnen selber abgeleitete Adverbien verstärkt werden, mit denen sie ebenfalls eine klammerförmige »Zirkumposition« bilden (*ein Sprung ins kalte Wasser hinein, ein Marsch durch den Wald hindurch*). Doch können auch andere Präpositionen zu einer bestimmten Präposition in gleicher Weise hinzutreten, sofern die Bedeutungen kompatibel sind (*eine Wanderung auf Freiburg zu*). Schließlich können in bestimmten Fällen auch zwei Präpositionen unmittelbar zusammentreten und ihre Bedeutungen kombinieren (*Kosten bis zu 1 000 Mark, Preise je nach Gewicht*).

Unter bestimmten Bedingungen werden einige Präpositionen mit einem nachfolgenden anaphorischen, umgangssprachlich auch einem kataphorischen Artikel zu einer einzigen Form verschmolzen (»amalgamiert«). Normgemäß sind dabei die nachfolgenden Verschmelzungen (bei den Formen mit * im schriftsprachlichen Gebrauch eingeschränkt):

am (= an dem), ans (= an das)
aufs (= auf das)
beim (= bei dem)
durchs (= durch das)
fürs (= für das)
gegens (= gegen das)*
hinterm (= hinter dem), hintern* (= hinter den), hinters* (= hinter das)*
im (= in dem), ins (= in das)
überm (= über dem), übern* (= über den), übers* (= über das)*

ums (= um das)
unterm (= unter dem), untern* (= unter den), unters**
(= unter das)
vom (= von dem)
vorm (= vor dem), vors* (= vor das)*
zum (= zu dem), zur (= zu der)

Hinzu kommen einige weitere Verschmelzungsformen, die von der Norm nicht anerkannt sind, aber mündlich-umgangssprachlich dennoch nicht selten zu hören sind. In der schriftlichen Wiedergabe setzt man dann einen Apostroph zur Rechtfertigung der Verschmelzung. Es sind hauptsächlich solche Formen wie diese:

an'n [an:]	*für'n* [fy:rn]
auf'ne [a͜ofnə]	*in'ne* [ɪn:ə]
durch'n [dʊrçn]	*mit'm* [mɪtm]

Sie ergänzen das oben gegebene Inventar um eine offene Liste.

Man macht nun von all diesen Verschmelzungen (statt der getrennten Formen von Präpositionen und Artikel) umso eher Gebrauch, je normaler die Text-Bedeutung des Adjunkts im Sinne des Wörterbuchs zu verstehen ist und durch den Kontext wenig oder gar nicht determiniert ist. Hat das Adjunkt hingegen eine spezifische und von der lexikalischen Bedeutung mehr oder weniger abweichende Text-Bedeutung, wie sie vor allem durch hinzugefügte Determinanten im Kontext bestimmt wird, so läßt man Präposition und Artikel unverschmolzen. Man unterscheide also:

NORMALE TEXT-BEDEUTUNG DES ADJUNKTS	SPEZIFISCHE TEXT-BEDEUTUNG DES ADJUNKTS
/*ein Konzert am Sonntag* (auch: *am vergangenen Sonntag, am Sonntag nach Ostern)*/	/*ein Konzert an dem schrecklich langweiligen Sonntag nach unserem Urlaub*/
/*ein heiteres Musizieren beim Adagio*/	/*ein Taktfehler bei dem sehr schwierigen Adagio*/
/*angenehm fürs Publikum*/	/*ärgerlich für das höchst kunstverständige Publikum*/

Die Beispiele der linken Spalte spiegeln eine unspezifische Normalität, für deren Verständnis man sich auf sein allgemeines Wort- und Weltwissen verlassen kann. Daher sind hier solche Verschmelzungsformen wie *am, beim* und *fürs* angebracht. In der rechten Spalte hingegen lassen die Beispiele spezifische Abweichungen vom Gewöhnlichen oder sogar Störungen der Normalität erkennen, die eigens vermerkt werden. In einem solchen Fall bleiben Präposition und Artikel getrennt (*an dem, bei dem, für das*).

Aus dem Gesagten ist auch verständlich, daß sich Verschmelzungen von Präpositionen und Artikel überproportional häufig in idiomatischen Ausdrücken und stereotypen Redensarten finden:

jemanden zum Narren halten	*etwas fürs Gemüt tun*
jemanden zur Verzweiflung bringen	*jemanden ans Messer liefern*
vom Regen in die Traufe kommen	*jemanden hinters Licht führen*

Sprichwörter zeigen ebenfalls oft diese Verschmelzungen:

/Spinne am Morgen, Kummer und Sorgen/

/der Krug geht so lange zum Wasser, bis er bricht/

Schließlich zeigen auch die Funktionsverben charakteristische Verschmelzungen von Präposition und anaphorischem Artikel:

stelle – zur Verfügung	*gehe – ans Werk*
nehme – zur Kenntnis	*setze mich – ins Benehmen mit*

Üblich sind Verschmelzungen von Präpositionen und anaphorischen Artikeln schließlich bei nominalisierten Infinitiven (*beim Tanzen, zum Lachen*) und – vollständig grammatikalisiert – bei applikativen Superlativen (*am besten, am lustigsten*).

Zu den einfachen Präpositionen gehören semantisch ferner adverbiale Pro-Formen mit *da-* (vor Vokal *dar-*), mit denen das jeweilige Adjunkt im Text fortgeführt werden kann. Bei *wegen* wird diese adverbiale Pro-Form mit *des-* gebildet. Beispiele:

/ich glaube an das Gute im Menschen ÷ ich hingegen glaube nicht immer daran/

/wartest du denn niemals auf ein Wunder? ÷ darauf verlasse ich mich nicht gerne/

/was steckt bloß hinter deiner Skepsis? ÷ es steckt nur ein bißchen Erfahrung dahinter/

/du redest nur so wegen deiner schlechten Laune ÷ nein, nicht deswegen/

Abweichend werden gebildet: *außerdem, ohnedem, seitdem* und *deshalb.* Von den selteneren und fachsprachlichen Präpositionen lassen sich keine adverbialen Pro-Formen dieser Art bilden.

Die genannten adverbialen Pro-Formen der einfachen Präpositionen werden im Text auch vielfach als Vorsignale für konjunktionale Adjunkte gebraucht, insbesondere vor der Konjunktion *daß* (vgl. 7.3.2.2).

7.1.2 Die Stellung von Präpositional-Junktionen im Text

Präpositional-Junktionen kann man grundsätzlich danach unterscheiden, ob die Basis dem Adjunkt oder das Adjunkt der Basis voraufgeht. Im großen und ganzen kann die Abfolge Basis/Adjunkt als Normalstellung gelten, insbesondere bei attributiver und prädikativer Funktion des Adjunkts. Zum Vergleich:

PRÄPOSITIONAL-ADJUNKT IN ATTRIBUTIVER FUNKTION	PRÄPOSITIONAL-ADJUNKT IN PRÄDIKATIVER FUNKTION
/gute Wünsche für deine Gesundheit!/	*/bist du wieder bei guter Gesundheit?/*

In Präpositional-Junktionen mit applikativer Funktion des Adjunkts bestehen größere Freiheiten für die Stellung der Junktionsglieder. Allerdings ist auch hier die Abfolge Basis/Adjunkt die häufigste Wortstellung:

/spiel nicht mit dem Feuer!/

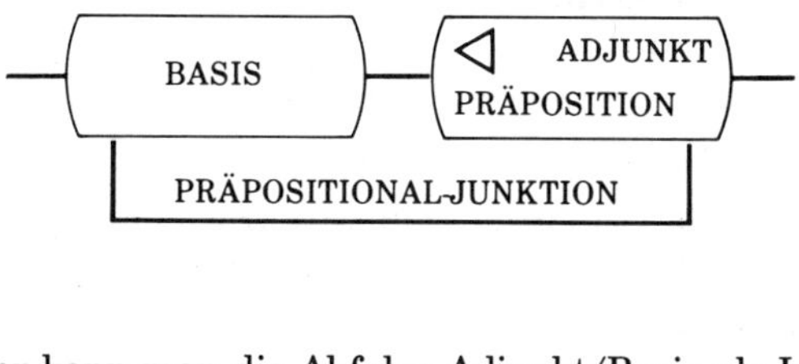

Demgegenüber kann man die Abfolge Adjunkt/Basis als Inversionsstellung ansehen:

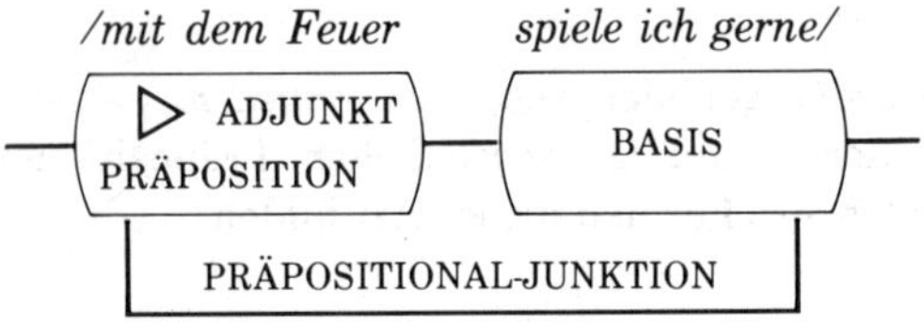

Hier muß die Determinations-Anweisung, die mit dem (determinationskräftigen) Adjunkt verbunden ist, einen Augenblick im Kontextgedächtnis gespeichert werden, bis sie nach dem Vernehmen der (determinationsbedürftigen) Basis ausgeführt werden kann. Dieser kleine Stau im Gedächtnis lenkt die Aufmerksamkeit des Hörers auf die Basis und bringt diese somit in eine rhematische Position.

In vielen Fällen, insbesondere bei einer verbalen Basis von einiger Komplexität, findet man das Adjunkt in die komplexe Basis eingefügt:

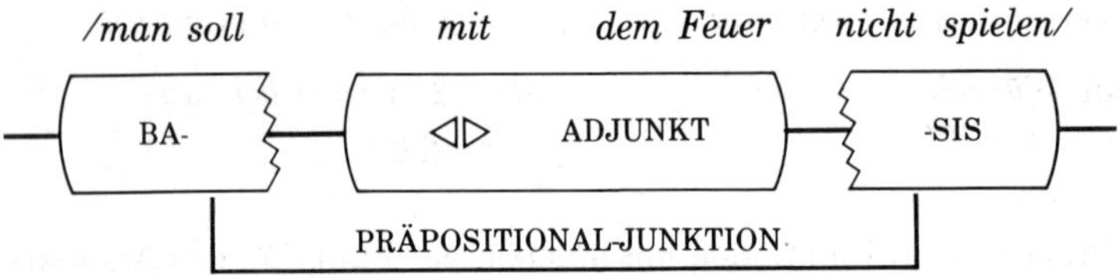

Hier ist die Basis der Junktion eine Modalklammer (*soll – spielen*), und in das Mittelfeld einer solchen Klammer schiebt man das Adjunkt einer Präpositional-Junktion ein.

Zum Thema der Präpositional-Adjunkte betrachten wir einen Abschnitt aus dem Roman »Die Fassade« der Schriftstellerin Libuše Moníková. In dem ausgewählten Abschnitt wird eine Filmszene nacherzählt. Die Präpositional-Adjunkte sind unterstrichen und durchlaufend numeriert. Sie werden in der Gegenüberstellung textgrammatisch kommentiert:

TEXT:

Der Film läuft.
Von einer Insel (1) *löst sich im Morgengrauen* (2) *ein Boot.*
Es beginnt als dunkler Punkt, der sich vor dem grauen Horizont (3) *ruckend verschiebt. Am linken Rand* (4) *wächst das Festland ins Bild* (5), *während das Boot sich ihm nähert. Im Boot* (6) *sitzen ein Mann und ein Kind, sie sprechen nicht, man hört das Plätschern der Ruder. Als sie das Ufer erreichen, geht die Sonne über dem Meer* (7) *auf. Der Junge geht mit seinem Ranzen* (8) *zur Schule* (9), *der Mann nimmt leere Eimer aus dem Boot* (10) *und füllt sie nahe dem Ufer* (11) *mit Süßwasser* (12). *Auf der Insel* (13) *wartet seine Frau; als er ankommt, hängen sie jeder zwei Eimer ans Joch* (14) *und tragen sie über einer Schulter* (15) *vorsichtig den steilen Hang hinauf. Oben fangen sie an, mit einer Holzkelle* (16) *das Wasser auszuschöpfen und in winzigen Mengen* (17) *die Pflanzen auf ihrem Feld* (18) *zu begießen, jeder Keimling bekommt ein paar Tropfen. Es ist eine stumme, endlose Arbeit, das Wasser versickert augenblicklich in den trokkenen Boden* (19). *Wenn das Kind aus der Schule* (20) *kommt, vom Boot* (21) *abgeholt, wobei wieder Wasser vom Festland* (22) *mitgenommen wird, hilft es zusammen mit dem Jüngeren* (23) *beim Gießen* (24).[1]

TEXTGRAMMATISCHER KOMMENTAR:

(1/6/13) Die Erzählung bringt nacheinander ins Bild, anfangs durch den kataphorischen Artikel als rhematisch gekennzeichnet: ein Boot, einen Mann und ein Kind, schließlich die Frau des erwähnten Mannes. Und jedesmal wird die Einführung des neuen Erzählelements durch ein vorangestelltes Präpositional-Adjunkt mit Positionsbedeutung vorbereitet: *von einer Insel, im Boot, auf der Insel.* Die vorangestellten Adjunkte (Inversion!) erlauben, die neu eingeführten Erzählelemente in die rhematisch günstige Endstellung zu bringen. Daraus folgt gleichzeitig, daß diese für den ganzen Erzählabschnitt relevanten Adjunkte nicht nur die ihnen jeweils unmittelbar folgenden Verben *löst sich, sitzen,* und *wartet* als Basis haben, sondern sich darüber hinaus makrosyntaktisch auf größere Textsegmente beziehen und Erzählschritte bezeichnen.

(2) Der Textanfang wird überdies auch durch ein Adjunkt mit temporaler Bedeutung ausgezeichnet: *im Morgengrauen.* Dieses Adjunkt steht eingeklammert zwischen dem Verb *löst sich* und dem rhematisch hervorgehobenen Subjekt in der Endstellung *ein Boot.* Auch dieses Adjunkt determiniert nicht nur seine unmittelbare Basis (*löst sich – ein Boot*), sondern setzt für das ganze Textstück, insbesondere seine Rhematik, den Zeitrahmen fest.

1) Libuše Moníková: *Die Fassade,* München 1987, S. 24.

(4/5) Die Erzählung beschreibt eine Filmszene. Daran erinnern die beiden Adjunkte *am linken Rand* und *ins Bild*, die sich auf die einleitende Feststellung *der Film läuft* beziehen: daher die mit dem anaphorischen Artikel verschmolzenen Formen *am* und *ins*. Während das nachgestellte Adjunkt *ins Bild* eng zu dem Verb *wächst* gehört, leistet das vorangestellte Adjunkt *am linken Rand* mit seiner Positions-Bedeutung einen weiteren Beitrag zur Rahmenbildung für das ganze Textstück, was gleichzeitig den »Bild«-Charakter der Erzählung unterstreicht.
(7/12/18/19) Nachdem der Erzählrahmen deutlich genug herausgebildet ist, stehen die nachfolgenden Positions-Adjunkte des Textes in integrierter Stellung, etwa bei dem ersten Beispiel in der Verbalklammer: *geht die Sonne über dem Meer auf* (7). Hier determiniert das Adjunkt ein Verb. Demgegenüber determiniert das Adjunkt in dem Textsegment *die Pflanzen auf ihrem Feld* (18) ein Nomen. Man kann diese Fälle als applikativ und attributiv gebrauchte Adjunkte unterscheiden.
(8/9) Eine komplexe Präpositional-Junktion mit einem Adjunkt (*mit seinem Ranzen*), das von einer komplexen Basis umschlossen wird. Diese (*geht – zur Schule*) ist ihrerseits eine Präpositional-Junktion mit sehr enger Fügung; man beachte auch die Verschmelzung der Präposition mit dem Artikel in der Form *zur*.
(10/11/12/14) Drei nachgestellte Adjunkte gehören eng zu ihren vorangestellten verbalen Basen: *nimmt aus dem Boot*; *füllt mit Süßwasser*; *hängen ans Joch*. In allen drei Fällen werden andere Textelemente zwischen Basis und Adjunkt eingeschoben, im ersten Fall das Objekt *leere Eimer*, im zweiten Fall die Positionsbestimmung *nahe dem Ufer*, im dritten Fall die Handlungsrollen Subjekt und Objekt: *sie jeder zwei Eimer*.
(15) Das Adjunkt *über einer Schulter* steht integriert in der Verbalklammer *tragen – hinauf*, die zusammen mit ihren weiteren Klammerelementen die komplexe Basis dieses Adjunkts bildet.
(16/17) Das Verb *fangen – an* und die beiden angeschlossenen Infinitive *auszuschöpfen* und *zu begießen* umklammern die beiden Adjunkte *mit einer Holzkelle* und *in winzigen Mengen*, die dazu dienen, die Situation instrumentell und quantitativ zu präzisieren.
(20) Das Adjunkt *aus der Schule*, das semantisch eng zur verbalen Basis *kommt* gehört, ist in die satzförmige Adjunktklammer mit der Konjunktion *wenn* integriert.
(21) Das Rück-Partizip *abgeholt* gehört als Apposition zu dem voraufgehenden Nomen *Kind*. Das Adjunkt *vom Boot* steht eingeklammert zwischen ihnen.
(22) Das Adjunkt *vom Festland*, das semantisch zu dem Verb *nehme – mit* gehört, ist hier in die satzförmige und daher großräumigere Adjunktklammer *wobei – mitgenommen wird* integriert.
(23/24) Es gehören semantisch eng zusammen die verbale Basis *hilft* und

das nachgestellte Präpositional-Adjunkt *beim Gießen*. Diese Junktion bildet ihrerseits die Basis für das von ihr umklammerte weitere Adjunkt (*zusammen*) *mit dem Jüngeren*. Die beiden Präpositional-Adjunkte sind also gestuft.

7.1.3 Rektion und Bedeutung der Präpositionen

Wir gruppieren die Präpositionen der deutschen Sprache nach ihren Rektionen. Einige Präpositionen regieren als Wechsel-Präpositionen den Dativ oder Akkusativ (7.1.3.1), andere als Präpositionen mit mehr oder weniger fester Kasus-Rektion den Dativ (7.1.3.2), den Akkusativ (7.1.3.3) oder den Genitiv (7.1.3.4). Einige Präpositionen werden kasusfrei gebraucht (7.1.3.5).

7.1.3.1 Wechsel-Präpositionen mit dem Dativ oder Akkusativ

Die Wechsel-Präpositionen regieren mit Positions-Bedeutung (Ruhelage, Frage: wo?) den Dativ, mit Direktions-Bedeutung (Richtung »hin«, Frage: wohin?) den Akkusativ. Es sind die folgenden Präpositionen: *an, auf, hinter, in, neben, über, unter, vor* und *zwischen*. Über deren Kasus-Rektion entscheidet also die Bedeutung des Verbs, Adjektivs oder Nomens in der Basis. Zum Vergleich:

/man steht am Schwimmbecken und tritt auf das Sprungbrett/

/versteckt hinter dem Vordermann, aber vor den Zuschauern/

/die Angst vor dem Sprung in das kalte Wasser/

Die beteiligten Verben, Adjektive und Nomina legen bereits von ihren lexikalischen Bedeutungen her eine Positions- oder Direktions-Bedeutung des Adjunkts nahe.

7.1.3.1.1 Die Präposition *an* (KONTAKT)

Die Präposition *an*, die häufig auch als Nachverb auftritt (*fange – an, nehme – an*), ist eine Wechsel-Präposition, die mit dem Dativ (*ich liege am Strand*, Frage: wo?) oder dem Akkusativ (*ich lege mich an den Strand*, Frage: wohin?) gebraucht wird. Ihre Bedeutung kann mit dem Merkmal ⟨KONTAKT⟩ ausgedrückt werden:

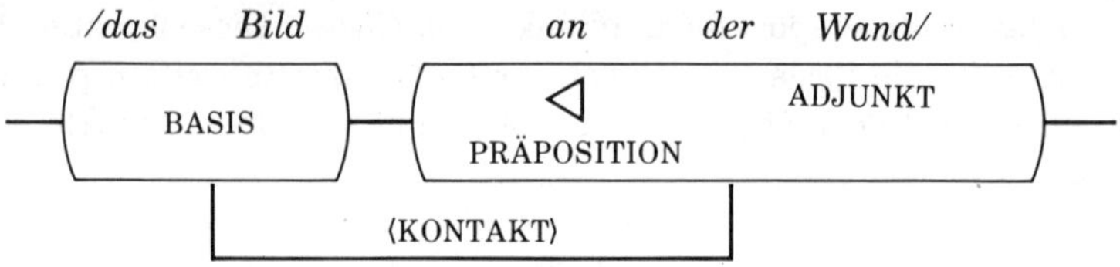

Das *Bild* (= Basis) hat Kontakt (»Berührung«) mit der *Wand* (= Adjunkt): so wird die Basis vom Adjunkt her determiniert.

Prototypisch für die ›Kontakt‹-Bedeutung der Präposition *an* ist die körperliche Berührung, im weiteren Sinne auch der Kontakt durch Sinnesorgane:

/ich habe mich an einem Glassplitter verletzt/

/rühre nicht an diese schmerzende Wunde! (übertragen meistens: *an diesen wunden Punkt*)*/*

/an solchen Schmerzen leidet man, aber man stirbt nicht an ihnen/

/Odysseus wurde an seiner Narbe erkannt/

Auf dieser anthropologischen Grundlage ist *an* auch eine Präposition des Sozialkontaktes, insbesondere des kommunikativen Kontaktes geworden:

/ich denke ständig an meine Kinder/

/bisher habe ich mich noch nie direkt an Sie gewandt/

Um eine nicht gering zu achtende Nuance unterscheiden sich die folgenden Konstruktionen:

KONTAKT	ZUWENDUNG
/warum schreibst du nicht einfach an ihn?/	*/warum schreibst du ihm nicht einfach?/*

Im Beispiel der linken Spalte soll das Schreiben dazu dienen, einen kommunikativen Kontakt herzustellen, daher das Kontakt-Adjunkt *an ihn*. Das Beispiel der rechten Spalte zeigt hingegen bei dem gleichen Verb die Handlungsrolle des Adressaten, ausgedrückt in dem Pronomen *ihm* (Dativ). Die ›Zuwendung‹ ist in diesem Fall um eine Bedeutungsnuance unmittelbarer und intensiver als der ›Kontakt‹.

Die Präposition *an* ist auch nach bestimmten Adjektiven zu finden:

/*arm an Geld, doch reich an Phantasie*/

/*jung an Jahren, aber alt an Erfahrung*/

Die Präposition *an* stellt hier den Kontakt zwischen verschiedenen Eigenschaften und ihren Geltungsbereichen her.

Eine besonders bemerkenswerte Form des Sozialkontaktes ist der Kontakt mit und bei der Arbeit, wenn also Hand »angelegt« wird, zum Beispiel:

/*jetzt gehe ich endlich an die Arbeit* (oder: *ans Werk*)/

/*ich arbeite fast den ganzen Tag am Rechner* (oder: *am Bildschirm*)/

/*ich bin an der Universität tätig, und zwar am Institut für Mikrobiologie*/

Man unterscheide ein *an*-Adjunkt und ein Objekt als Determinanten des gleichen Verbs:

KONTAKT	DISPOSITION
/*wann haben Sie an dem Bild gemalt (an dem Buch geschrieben?)*/	/*wann haben Sie das Bild gemalt (das Buch geschrieben)?*/

Das Beispiel der linken Spalte drückt den Sachverhalt »oberflächlicher« aus als das der rechten Spalte. Denn die *an*-Junktion stellt nur einen Oberflächen-Kontakt zum Werk her; gemeint ist nur irgendein Handanlegen. Anders im Beispiel der rechten Spalte: da geht es darum, ein Werk (Bild, Buch) durch gezieltes Handeln fertigzustellen und somit verfügbar zu machen.

Formelhaft verwendet man die Präposition *an* (neben der Präposition *ein*) bei elektrischen Geräten. Sie steht dann der Präposition *aus* gegenüber: *Licht an* vs. *Licht aus.*

Es ist für den Gebrauch der Präposition *an* im Prinzip gleichgültig, ob der Kontext räumlich oder zeitlich ist. Beides verträgt sich mit der Kontakt-Anweisung dieser Präposition. Zum Vergleich:

RAUMKONTAKT	ZEITKONTAKT
/Berlin liegt an der Spree und an der Havel/	*/ein Besuch am Sonntag, ein Ausflug am 1. Mai/*
/wir holen dich am Bahnhof ab/	*/Ankunft am Morgen, Abfahrt am Abend/*

Raum- und Zeitkontakt besagt hier, daß einer Handlung enge räumliche oder zeitliche Bedingungen gesetzt sind. Diese bezeichnen daher eher einen genau bestimmten Ort als ein weites Feld, eher eine handlungsrelevante Ereigniszeit als einen längeren Zeitraum.

Auch wenn man einem bestimmten Zeitpunkt nur nahekommt, so kann dieses »Beinahe« gleichfalls mit der Präposition *an* zum Ausdruck gebracht werden:

/wie alt mag er wohl sein? ÷ ich glaube, er ist (so) an die fünfzig (Jahre alt)/

Grammatikalisiert gibt es die Präposition *an* in der invarianten Form *am* als Bestandteil des prädikativen und applikativen Superlativs:

/am besten wäre es, wenn du . . . /

/die deutsche Sprache lernt man am leichtesten, indem man . . . /

Mit der gleichen invarianten Form *am* bildet man umgangssprachlich, hauptsächlich in Nord- und Westdeutschland, eine Art englischer »progressive form«:

/es ist schon wieder am regnen (oder: *am Regnen*)/

/wir sind gerade die Wäsche am trocknen (oder: *am Trocknen*)/

Standardsprachlich gilt diese Verbform jedoch nicht als normgerecht, zumal im schriftlichen Gebrauch nicht. Daher ist auch ihre Orthographie nicht geregelt.

Feste Verbindungen mit der Präposition *an* bestehen sowohl mit Dativ- als auch mit Akkusativ-Rektion. Den Dativ regieren die folgenden festen Verb-Präposition-Verbindungen:

arbeite an
bereichere mich an
beteilige mich an
büße – ein an
erfreue mich an
erkenne an
erkranke an
fehlt an
gewinne an
habe – Spaß an
habe – teil an
hänge an
halte – fest an
hindere an
leide an
liegt an
mangelt an
messe mich an
nehme – teil an
nehme – zu an
räche mich an
reibe mich an
sterbe an
störe mich an
stoße mich an
verliere an
verzweifle an
wirke – mit an
zerbreche an
zweifle an

Den Akkusativ regieren hingegen die folgenden Verben mit fester Präposition *an:*

adressiere an
appelliere an
denke an
erinnere (mich) an
gewöhne mich an
glaube an
grenzt an
halte mich an
knüpfe – an an
liefere an
mache mich an
passe mich – an an
richte (mich) an
schicke an
schließe (mich) – an an
schreibe an
verkaufe an
verrate an
verteile an
verweise an
wende mich an

Das zur Präposition *an* gehörige Adverb lautet *daran.* Es steht oft als Vorsignal für ein *daß*-Adjunkt (*glaube fest daran, daß . . .*). In argumentativen Kontexten steht manchmal auch *hieran.* Das entsprechende Frage- und Relativ-Morphem lautet *woran.*

7.1.3.1.2 Die Präposition *auf*

Die Präposition *auf,* die auch bei vielen zweiteiligen Verben als Nachverb vorkommt (*stehe – auf, passe – auf*), regiert als Wechsel-Präposition bald den Dativ (*ich bleibe auf meinem Zimmer,* Frage: wo?), bald den Akkusativ (*du kommst auf mein Zimmer,* Frage: wohin?).

Die Bedeutung der Präposition *auf* ist von der Blickstellung abzuleiten, wobei die kommunikative Dyade gleichzeitig als interaktive Dyade angesehen wird. Denn die Präposition *auf,* die ihr anthropologisches Anschauungszentrum bei der offenen (Arbeits-)Hand hat – wenn die Hand also »auf« ist –, muß auf das tätige Handeln bezogen werden. Sie drückt eine Bereitschaft oder Bereitstellung für Handlungszwecke aus. Wir beschreiben ihre Bedeutung mit dem Merkmal 〈ZUGÄNGLICHKEIT〉:

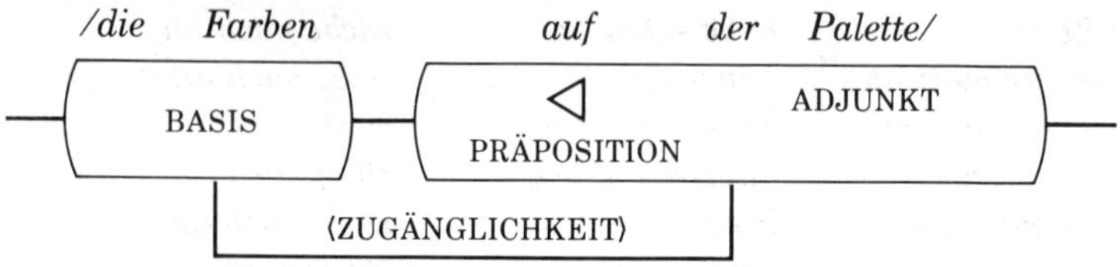

Diese Präpositional-Junktion ist in expliziter Beschreibung folgendermaßen zu verstehen: Die *Farben* (= Basis) sind »auf« der *Palette* (= Adjunkt) so angebracht, daß sie für die Tätigkeit des Malens (bequem) zugänglich sind. Das kann der Hörer aus der Anweisung der Präposition *auf* entnehmen.

Im elementar-leiblichen Sinne ist die ›Zugänglichkeit‹, zu der die Präposition *auf* anweist, prototypisch als ›Handlichkeit‹ zu verstehen, das heißt als Position, die für die (Arbeits-)Hand am günstigsten ist, zum Beispiel:

/ich mache eine Skizze auf dem Zeichentisch/

/ich übertrage die Skizze auf das Millimeterpapier/

Die beiden Beispiele lassen erkennen, daß es für die Bedeutung der Präposition *auf* keinen relevanten Unterschied ausmacht, ob die »Zugänglichkeit« besteht (Dativ) oder hergestellt wird (Akkusativ).

Die Beispiele zeigen weiterhin, daß die Präposition *auf* gerne im Kontext von (Arbeits-)Flächen gebraucht wird, wobei es für ihren Gebrauch gleichgültig ist, ob sich die Fläche in waagerechter Position befindet oder in irgendeiner anderen »handlichen« Position, die für eine Tätigkeit gut zugänglich ist. »Auf« heißt also nicht notwendig ›oben auf‹. Zum Vergleich:

/die Skulptur auf dem Sockel/	(= ›oben auf‹)
/die Farben auf dem Wandbild/	(= ›seitlich auf‹)
/die Figuren auf dem Deckenfresko/	(= ›unten auf‹)

Weitere (Arbeits-)Flächen, die im Zusammenhang von Tätigkeiten als leicht zugängliche Positionen aufgefaßt werden können, sind zum Beispiel:

auf dem Pult | *auf dem Teller*
auf der Kreditkarte | *auf dem Türschild*
auf der Straße | *auf dem Platz*
auf dem Markt | *auf dem Lande*

Man sagt sogar: *auf der Welt*. Redensartlich sagt man ferner: *das liegt auf der Hand* ›das ist offensichtlich‹.

Da es bei der Präposition *auf* grundsätzlich um einen Zusammenhang des tätigen Handelns geht, wird diese Präposition besonders gern mit Bezug auf sozial definierte Tätigkeitsfelder gebraucht, zu denen jemand Zugang hat. Beispiele:

/die Jäger gehen auf die Jagd/

/Schüler sind auf dem Ausflug, auf der Wanderung/

/Verwandte gehen auf Reisen, sind auf Besuch bei . . ./

/wann gehst du wieder auf Arbeit?/ (umgangssprachlich)

Institutionen können als rechtlich verfestigte Tätigkeitsfelder aufgefaßt werden. Sie machen ihre Dienste zugänglich und ermöglichen auf diese Weise ein geregeltes Handeln. Beispiele:

/haben Sie schon Ihre Mittlere Reife gemacht, oder gehen Sie noch auf die Schule?/

/es liegt für Sie ein Einschreibebrief (oder: *ein Einschreiben*) *auf der Post/*

/Sie müssen auf dem Einwohnermeldeamt Ihren Paß verlängern lassen/

/einen Urlaubsantrag muß man immer auf dem Dienstweg stellen/

Der Sprachgebrauch rechtfertigt es, die Präposition *auf* in besonderem Maße eine Präposition des Sozialverhaltens zu nennen. So gebraucht man bei der Zugehörigkeit zu Institutionen oft die Präposition *auf*, bei räumlichen Angaben zu Innenräumen von Gebäuden hingegen *in*. Zum Vergleich:

INSTITUTION	GEBÄUDE
/ich bin schon seit zwei Semestern auf der Universität/	*/ich warte schon seit zwei Uhr in der Universität auf Sie/*

Das Beispiel der linken Spalte bedeutet explizit: ›ich bin schon seit zwei Semestern Student(in)‹; die Präposition *auf* drückt hier also die Zugänglichkeit zur sozialen Institution aus. Im Beispiel der rechten Spalte ist der räumliche Aufenthalt im Innern des Universitätsgebäudes gemeint.

Kommunikative und argumentative Tätigkeiten eignen sich ebenfalls gut für den Gebrauch der »sozialen« Präposition *auf*:

/*wann antwortest du endlich <u>auf</u> meinen Brief?*/

/*bist du noch immer böse (zornig, wütend, eifersüchtig) <u>auf</u> mich?*/

/*verlaß dich (berufe dich, beziehe dich) nicht <u>auf</u> andere!*/

/*ich warte (hoffe, freue mich) <u>auf</u> dich*/

Mit der Präposition *auf* drückt man ferner aus, daß man Zugang zu einer Sprache (als Sozialgebilde) hat:

/*wir verständigen uns <u>auf</u> deutsch, <u>auf</u> italienisch*/ (aber: *<u>in</u> deutscher, <u>in</u> italienischer Sprache*)

Das gilt ähnlich auch für andere semiotische Kodes:

/*verlassen Sie sich <u>auf</u> mein Wort!*/

/*ich sage Ihnen das <u>auf</u> Ehre und Gewissen*/

/*das ist eine Abmachung <u>auf</u> Treu und Glauben*/

Auch im zeitlichen Kontext hat die Präposition *auf* ihren Platz, sofern es sich um eine zeitliche Zugänglichkeit handelt:

/*wir bleiben <u>auf</u> ein Jahr zusammen, aber wohl nicht <u>auf</u> immer*/

/*wir versuchen es noch einmal <u>aufs</u> neue miteinander*/

/*also dann: <u>auf</u> Wiedersehen*/

Der Handschlag beim Abschied und Wiedersehen bekräftigt hier noch einmal den Zusammenhang mit der offenen Hand als der leiblichen Basis dieser Präpositional-Bedeutung.

Fachsprachlich gebraucht man die Präposition *auf*, um das Maß für eine Leistung anzugeben:

/der neue Wagen hat einen Benzinverbrauch von 6 Liter(n) auf 100 Kilometer/

/eine Anstellung auf Probe, auf Lebenszeit/

Wir finden die Präposition *auf* des weiteren auch als Bestandteil komplexer Junktoren, und zwar in der zweiteiligen Präposition *auf – zu,* die ein zugängliches Ziel bezeichnet (*auf das Ziel zu*), sowie in der – leicht veralteten – Konjunktion *auf daß* (bisweilen mit Konjunktiv), bei der die ›Zugänglichkeit‹ eines ›Inhalts‹ final aufgefaßt wird (vgl. 7.3.4).

Die Präposition *auf* kann gelegentlich auch als Adverb dienen, jedoch nur in prädikativer Funktion und nur mit der elementar-leiblichen Bedeutung ›Offenheit‹, die ebenfalls von der offenen Hand abgeleitet ist (zum Beispiel: *die Hand ist auf, die Tür bleibt auf*).

Die festen Verbindungen von Verben mit der Präposition *auf* haben fast alle Akkusativ-Rektion:

achte auf
antworte auf
arbeite – hin auf
baue auf
beläuft sich auf
bereite (mich) – vor auf
berufe mich auf
beschränke mich auf
besinne mich auf
beziehe mich auf
deutet auf
dränge auf
einige mich auf
endet auf
erhebe – Anspruch auf
erstreckt sich auf
fluche auf
folge auf
freue mich auf
führe – zurück auf
gebe – acht auf
gehe – ein auf
gründet auf
hoffe auf
höre auf
kommt – an auf
komme – zurück auf
konzentriere mich auf
lasse mich – ein auf
läuft – hinaus auf
lege es – an auf
lege – Wert auf
lenke auf
mache – aufmerksam auf
nehme – Rücksicht auf
passe – auf auf
pfeife auf
poche auf
reagiere auf
rede mich – hinaus auf
reimt sich auf
schaue auf
schieße (feuere) auf
schimpfe auf
schwöre auf
sinne auf
spekuliere auf
spiele – an auf
stelle mich – ein auf
stoße auf
stoße – an auf
trinke auf
verfalle auf
verlasse mich auf
verlege mich auf
verstehe mich auf
vertraue auf
verweise auf
verzichte auf
warte auf
weise – hin auf
wende – an auf
wirke – ein auf
zähle auf
ziele auf
ziele ab – auf

Feste *auf*-Verbindungen mit Dativ-Rektion sind seltener:

basiert auf	*beruht auf*	*fußt auf*
beharre auf	*bestehe auf*	*laste auf*

Als Adverbien, die zur Präposition *auf* gehören, sind zu verzeichnen: *darauf* (umgangssprachlich auch: *drauf*), das auch gerne als Vorsignal eines satzförmigen Adjunkts mit *daß* benutzt wird (*es kommt darauf an, daß* ...), sowie das seltenere Adverb *hierauf,* das hauptsächlich in argumentativen Zusammenhängen verwendet wird (*hierauf entgegnete sie* ...). Das entsprechende Frage- und Relativ-Morphem lautet *worauf.*

7.1.3.1.3 Die Präposition *hinter*

Die Präposition *hinter* bildet mit der Präposition *vor* (vgl. 7.1.3.1.8) ein Oppositionspaar. Wie ihr Oppositionspartner ist auch die Präposition *hinter* eine Wechsel-Präposition, entsprechend den Fragen *wo?* und *wohin?* (Dativ: *stehe hinter dem Pult* vs. Akkusativ: *trete hinter das Pult*). Als Nachverb wird die Präposition *hinter* nicht gebraucht, wohl hingegen das Adverb *hinterher* (*laufe – hinterher*).

Die Bedeutung der Präposition *hinter* leitet sich, ebenso wie die der Präposition *vor,* aus den leiblichen Bedingungen der Blickstellung ab. Wir beschreiben ihre Bedeutung mit dem Merkmal ⟨RÜCKSEITE⟩.

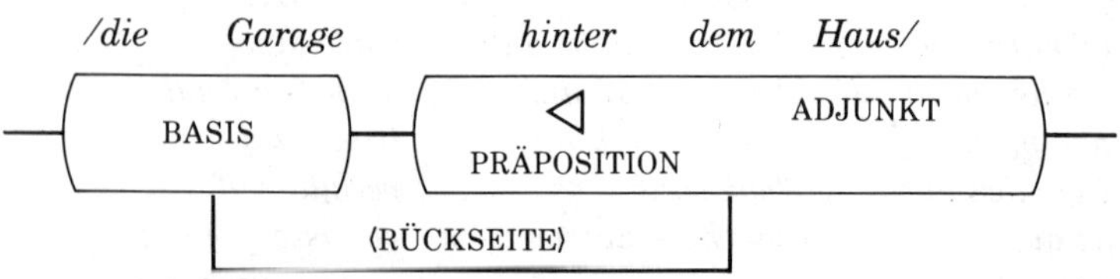

In dieser Junktion wird der *Garage* (= Basis) durch die Präposition *hinter* eine Position rückseitig zum *Haus* (= Adjunkt) zugewiesen. Dabei ist vorausgesetzt, daß an dem Haus eine »Frontseite« zu erkennen ist, die der Straße zugewandt ist. Das Haus »blickt« zur Straße. Das ist auch normalerweise die Seite, von der man sich dem Haus nähert. Deren Gegenseite ist die Rückseite.

Die Rückseitigkeit, die vermittels der Präposition *hinter* ausgedrückt wird, wirkt sich in vielen Situationen als Blickhindernis und Erschwernis für die Kommunikation aus. Von daher kommen solche häufig metaphorischen Ausdrücke wie:

/die Bühne hinter dem Vorhang/

/die Intrigen hinter unserem Rücken/

/das Gesicht hinter der Maske/

/der Neid hinter seinen freundlichen Worten/

Doch kann diese Rückseitigkeit auch als Schutz und Sicherung verstanden werden:

/das Land hinter dem Deich/

/die Augen hinter der Sonnenbrille/

Bei Geräten, die von ihrer Konstruktion her eine Vorder- oder Bedienungsseite haben, gibt die Präposition *hinter* die für den normalen Benutzer nichtfunktionale Rückseite an:

/die Kabel hinter dem Fernseher/

/eine Abgaswolke hinter dem Auto/

In einer Reihe, verstanden als Abfolge von Positionen, bezeichnet die Präposition *hinter* die Stellung des »Hintermannes«, der sich ja in rückseitiger Position zu seinem »Vordermann« befindet:

/er lief mit guter Lauftechnik hinter seinem Vereinskameraden her/

/wir haben den Gegner weit hinter uns gelassen/

Von der Abfolge in der Reihe ist es auch bei der Präposition *hinter* nur ein Schritt zur Zeitreihe, die ebenfalls mit der Präposition *hinter* aus der Reihe heraus gegliedert werden kann:

/die schwierigste Phase haben wir hinter uns/

/niemand wird uns nachsagen können, daß wir hinter unserer Zeit zurückgeblieben sind/

Zu der Präposition *hinter* gehören die Adverbien *dahinter* und *hinterher*; ersteres bezieht sich rückseitig auf die Blickstellung, letzteres rückläufig auf die Abfolge in der Reihe.

7.1.3.1.4 Die Präposition *in*

Die Präposition *in* regiert als Wechsel-Präposition den Dativ (*ich wohne in der Stadt,* Frage: wo?) oder den Akkusativ (*ich ziehe in die Stadt,* Frage:

wohin?). Als Nachverb wird die Präposition *in* durch die gleichbedeutende freie Form *ein* vertreten (*trete – ein, steige – ein*).

Die Bedeutung der Präposition *in* kann mit dem semantischen Merkmal ⟨INNEN⟩ bezeichnet werden:

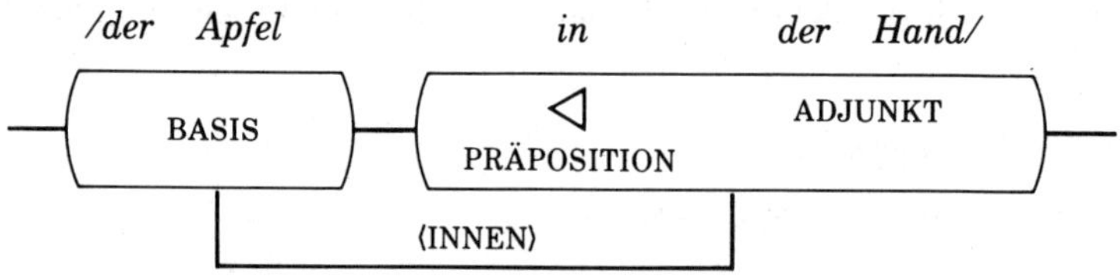

Der Apfel (= Basis) wird in dieser Junktion von *der Hand* (= Adjunkt) her determiniert, was nach der Anweisung der Präposition *in* als Position in einer nach innen gekrümmten Hand zu verstehen ist. Die vollständige Schließung des Innenraumes ist für den Gebrauch der Präposition *in* nicht gefordert. Minimal ist die Bedingung der ›Innenstellung‹ bereits durch eine zweiseitige Begrenzung erfüllt:

/unser Chemiesaal liegt im Neubauflügel der Schule/

/der Chemielehrer füllt Schwefelsäure in ein Reagenzglas/

/ein Schüler klemmt das Reagenzglas in die Halterung/

Die Bedeutungsbedingung, die das Merkmal der Innenstellung zum Ausdruck bringt, kann auch schon dadurch erfüllt werden, daß ein Stoff eine Form erkennen läßt:

/der Abdruck der Münze im Wachs/

/das Wasserzeichen im Briefpapier/

/die Neugierde steht euch im Gesicht geschrieben/

In der Geographie und Topographie kommt eine Innenstellung (Binnenlage) durch die natürlichen oder politischen Grenzen zustande:

/wir wandern im Gebirge und schauen weit ins Tal/

/ich wohne in Deutschland (in der Schweiz, in den Vereinigten Staaten)/

/wir reisen in die Schweiz (in die Vereinigten Staaten, in die Türkei)/

So sagt man bei allen Ländernamen, die mit dem Artikel gebraucht werden. Bei Städte- und Ländernamen, die ohne Artikel gebraucht werden, wechselt man, je nachdem ob es sich um eine Ruhelage (Dativ-Rektion) oder um eine Bewegungsrichtung (Akkusativ-Rektion) handelt, zwischen den Präpositionen *in* und *nach*. Zur Unterscheidung:

RUHELAGE	BEWEGUNGSRICHTUNG
/meine Familie wohnt in Schwerin/	*/ich fahre zu Besuch nach Regensburg/*
/wir leben in Mecklenburg/	*/wir reisen nach Bayern/*

Im Sinne einer alten, aber für gemeinsprachliche Kommunikation nach wie vor maßgeblichen Anthropologie ist auch der Leib als ein Innenraum, in dem sich die wichtigsten Lebensprozesse abspielen, sowie als »Sitz der Seele« zu verstehen. Daraus ergeben sich zahlreiche Präpositional-Junktionen mit *in*:

/diese Frau hat Temperament im Blut/

/sie hat aber auch klare Gedanken im Kopf/

Das Kommunikationsgeschehen, das zwischen zwei oder mehr Personen spielt, eröffnet durch die Konstellation der Blickstellung weitere Innenstellungen:

/wir treten jetzt in die Diskussion ein/

/ist jemand in der Gesprächsrunde, der sich zu Wort melden möchte?/

Auch Systeme und andere geistige Zusammenhänge können metaphorisch als Behälter für Inhalte aufgefaßt werden:

/ein Aufbaustudium im Fach (oder: *in*) *Betriebswirtschaftslehre/*

/in der Hegelschen Philosophie herrscht die Dialektik/

/ausgedehnte Lektürekenntnisse in der neueren Literatur/

/wir haben Unterricht in Deutsch (oder: *im Fach Deutsch*)*/*

Das gilt mit gleicher Metaphorik auch für Sprachen als Sprachsysteme und für ihre sprachlichen Inhalte. Man sagt also:

/*wir unterhalten uns in deutscher Sprache* (aber: *auf deutsch*)/

/*im Japanischen gebraucht man mehr Höflichkeitsformen als im Deutschen*/

/*wir übersetzen aus dem Chinesischen ins Deutsche*/

Aus argumentativen Zusammenhängen, die sich durch häufigen Gebrauch eingeschliffen haben, sind die folgenden, mit der Präposition *in* gebildeten Ausdrücke und Redensarten zu verzeichnen, die ursprünglich Nominalisierungen sind, heute aber nicht mehr in allen Fällen als nominal empfunden werden (Kleinschreibung!). Einige Beispiele:

im Grunde
im Prinzip
in der Regel
im Normalfall
im Gegenteil
im Zusammenhang mit
im Sinne von

insbesondere
im allgemeinen
im einzelnen
im wesentlichen
im folgenden
im großen und ganzen
in bezug auf

Die Präposition *in* ist auch in zeitlichen Kontexten gebräuchlich, wobei die Bedingung der Innenstellung schon durch das Vorhandensein von Anfang und Ende einer Zeitspanne erfüllt ist, insbesondere bei längeren Zeitspannen. Hier findet man fast immer Dativ-Rektion nach *in*. Beispiele:

in der Vergangenheit, in der Gegenwart, in der Zukunft
im 21. Jahrhundert, im 2. Jahrtausend
im Frühling, im Sommer, im Herbst, im Winter
im (Monat) März, im (Monat) Dezember, Tanz in den Mai
in der letzten Woche, in den nächsten acht Tagen
in der Morgenfrühe, in der Mittagszeit
in der Unterrichtsstunde, in der Pause

Zu beachten ist folgender Unterschied:

MIT DEM WORT *Jahr*

/*Goethe wurde im Jahre 1749 geboren und starb im Jahre 1832*/

OHNE DAS WORT *Jahr*

/*Schiller wurde 1759 geboren und starb 1805*/ (kein *in*!)

Zeitangaben mit *in* + Dativ vom Typus *in drei Wochen, in zehn Jahren* sind mehrdeutig. Sie können einerseits, im Einklang mit der Beispielreihe oben, eine Zeitspanne, andererseits aber auch das Ende der betreffenden Zeitspanne zum Ausdruck bringen. Zum Vergleich:

ZEITSPANNE VON ANFANG BIS ENDE	ENDE EINER ZEITSPANNE
/dies ist eine Arbeit, die in vier Wochen gut zu bewältigen ist/	*/diese Arbeit muß (spätestens) in vier Wochen fertig sein/*

Ob das *in*-Adjunkt hier im Sinne der linken oder der rechten Spalte aufzufassen ist, entscheidet der Kontext.

Verben mit fester Präposition *in* lösen teils den Dativ, teils den Akkusativ aus. Dativ-Rektion haben:

besteht in	*irre mich in*	*täusche mich in*
differiert in	*sehe in*	*übe mich in*
drückt sich – aus in	*stimme – überein in*	*unterscheide mich in*

Akkusativ-Rektion haben:

ergebe mich in	*mische mich – ein in*	*verliebe mich in*
füge mich in	*schicke mich in*	*verwandle (mich) in*
gerate in	*setze – über in*	*vertiefe mich in*
greife – ein in	*verfalle in*	*willige – ein in*

Das zur Präposition *in* gehörige Adverb lautet *darin* mit den Nebenformen *drin* und *drinnen,* in argumentativen Kontexten auch *hierin.* Als Frage-Morphem und Relativ-Junktor dient die Form *worin.*

In der Direktions-Bedeutung hat die Präposition *in* die freie Form *ein* neben sich. Diese wird beispielsweise im Situationskontext als Anweisung zum »Einschalten« eines elektrischen Gerätes gebraucht: EIN vs. AUS. Von der freien Form *ein* werden auch die Richtungs-Adverbien *herein* und *hinein* gebildet, deren Richtungsopposition umgangssprachlich gerne neutralisiert wird. Die neutralisierte Form lautet *rein.*

7.1.3.1.5 Die Präposition *neben*

Die Wechsel-Präposition *neben,* die nicht als Nachverb vorkommt, steht mit dem Dativ (*ich sitze neben dir,* Frage: wo?) oder mit dem Akkusativ (*ich setze mich neben dich,* Frage: wohin?). Sie drückt in der kommunikativen Dyade die laterale Dimension aus, wobei die Opposition zwischen den Positionen ›rechts‹ und ›links‹ neutralisiert ist. Wir beschreiben die Bedeutung dieser Präposition mit dem Merkmal ⟨SEITLICHKEIT⟩.

/die Buchhandlung neben der Universität/

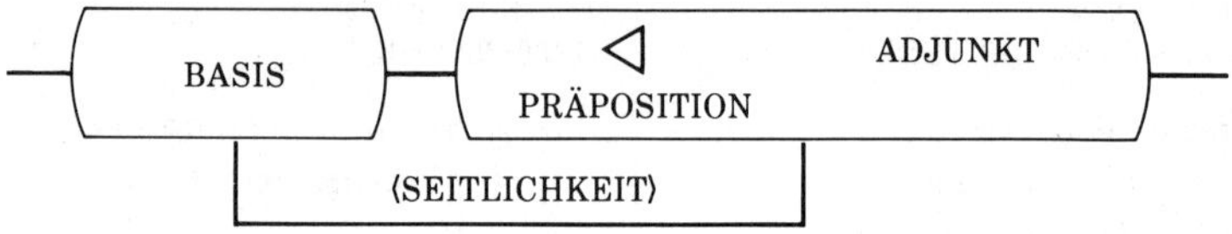

In dieser Junktion wird eine einfache Lateralität (Seitlichkeit) ausgedrückt: die *Buchhandlung* (= Basis) befindet sich an der Seite der *Universität* (= Adjunkt), wobei offen bleibt, ob die Buchhandlung rechts oder links von der Universität liegt. Will man diese Neutralisierung rückgängig machen, so kann man die Präposition *neben* durch die Adverbien *rechts* oder *links* präzisieren: *rechts neben* (oder: *rechts von*) *der Universität* vs. *links neben* (oder: *links von*) *der Universität.*

Je nach dem Kontext kann die Seitenstellung, die mit der Präposition *neben* bezeichnet wird, unterschiedlich interpretiert werden, wobei die leiblichen Bedingungen der Lateralität jedoch prototypische Geltung behalten. Beispiele:

/wenn man an die Weimarer Klassik denkt, stellt man sich Schiller immer neben Goethe vor/

/neben seiner Existenz als Dichter war Goethe auch Wissenschaftler und Staatsminister/

/neben seiner »Geschichte des Abfalls der Niederlande« schrieb Schiller schon an seinem »Wallenstein«/

/Schiller war neben Goethe der größere Philosoph, jedoch der weniger universale Denker/

Adverbien, die zur Präposition *neben* gehören, sind *daneben, nebenher, nebenan* und zur Bezeichnung einer »Nebensache« in argumentativen Kontexten *nebenbei* (formelhaft: *nebenbei bemerkt, nebenbei gesagt*).

7.1.3.1.6 Die Präposition *über*

Die Wechsel-Präposition *über,* die auch als Verbpräfix (*übertrete, übersetze*) und als Nachverb (*trete – über, setze – über*) gebraucht wird, steht mit dem Dativ (*ich wohne über den Dächern,* Frage: wo?), oder mit dem

SI AGGIUNGE X I NOMI CHE AL PLUR. FINISCONO IN E Tiere, R Dächer, Ø Vögel

Akkusativ (*ich schaue über die Dächer,* Frage: wohin?). Im zeitlichen Kontext kann sie auch in der Nachstellung (als »Postposition«) auftreten, jedoch nur bei Akkusativ-Rektion (*den ganzen Sommer über*). Die Präposition *über* steht in binärer Opposition zur Präposition *unter.*

Die Bedeutung der Präposition *über* setzt die vertikale Dimension in der Blickstellung voraus und bezeichnet in ihr die Hochstellung als kopfseitige Position. Damit ist in der Regel gute Wahrnehmbarkeit (Evidenz) verbunden. Wir beschreiben die Bedeutung der Präposition *über* mit dem semantischen Merkmal ⟨HOCH⟩:

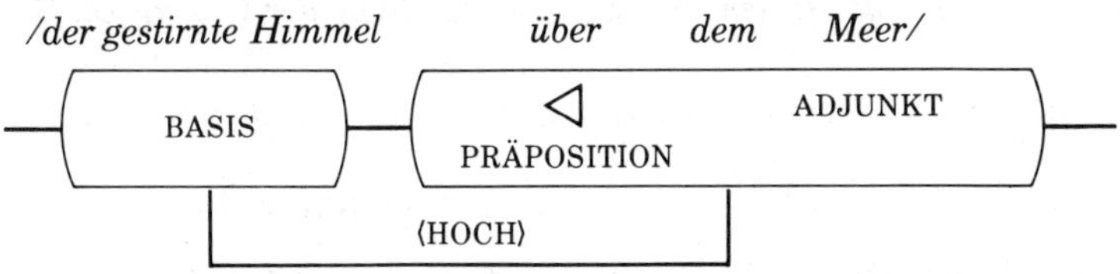

Der gestirnte Himmel (= Basis) wird in dieser Junktion von *dem Meer* (= Adjunkt) her determiniert, und zwar kopfseitig zu einem Beobachter, der in der Blickstellung eine vertikale Position einnimmt. So befinden sich die Sterne am Himmel in für die Augen blickgünstiger Hochstellung.

Die Hochstellung verschafft einen weiten Überblick. Sie hat demnach Folgen auch für die Horizontale und bedeutet in dieser Dimension größere Reichweite. So ergibt sich der folgende Sprachgebrauch:

/wir schauen weit übers Land/

/Schiffe fahren über das Meer/

Besonders sinnfällig ist die Bedeutung der Präposition *über,* wenn Bewegungen über Zwischenpositionen hinwegführen oder Hindernisse zu »über«-winden sind:

/sie gehen über die Straße, über die Brücke/

/sie springen über Zäune und über Mauern/

/sie setzen über den Fluß/

/sie fliegen von Frankfurt über Moskau nach Peking/

/sie setzen sich über alle Schwierigkeiten hinweg/

Die Hochstellung, die in der Bedeutung der Präposition *über* zum Ausdruck kommt, kann Macht und Übermacht bedeuten: *verfüge über, herrsche über, siege über, habe die Aufsicht über.* Vielfältiger ist noch der Gebrauch von *über* in Kontexten, in denen die Präposition *über* eine intellektuelle oder emotionale Übersicht voraussetzt.

/wir reden (sprechen, schreiben, diskutieren, denken – nach) über die Parteien/

/wir spotten (schimpfen, erregen uns, entrüsten uns, entsetzen uns) über die Wahlversprechungen/

/ein Buch (ein Aufsatz, ein Vortrag) über die Rolle der Gewerkschaften/

Man unterscheide den Gebrauch der Präpositionen *über* und *auf*:

ÜBERSICHT	ZUGÄNGLICHKEIT
/ich freue mich über das Geschenk/	*/ich freue mich auf das Geschenk/*

Der Unterschied zwischen den beiden Junktionen ist erheblich. Im Beispiel der linken Spalte ist das Geschenk bereits angekommen, der Beschenkte kann es in Händen halten und überblicken. Im Beispiel der rechten Spalte ist das Geschenk hingegen noch nicht angekommen, jedoch angekündigt. Es ist der Vorfreude schon zugänglich. Nur wenige Verben dieser Bedeutungsgruppe lassen jedoch gleichzeitig die Präpositionen *über* und *auf* zu. In den meisten Fällen ist schon von der Verbbedeutung her nur eine der beiden Präpositionen zugelassen. So sagt man einerseits nur *hoffe auf, warte auf,* andererseits nur *staune über, wundere mich über.* Ähnliches gilt auch für Adjektive; einerseits sagt man: *gespannt auf, neugierig auf,* andererseits heißt es: *froh (glücklich, erleichtert) über, ärgerlich (deprimiert, betrübt, traurig) über.*

In Kontexten mit Maßangaben kann die Präposition *über* anzeigen, daß ein gegebenes Maß überschritten wird oder bereits überschritten ist:

/die Kiste ist über einen Zentner schwer/

/das geht über meine Kräfte/

/ihre Leistungen liegen weit über dem Durchschnitt/

Auch in zeitlichen Kontexten geht es bei der Präposition *über* um ein Maß, das Zeitmaß. Die Präposition *über* wird (oft als »Postposition«)

vornehmlich dann gebraucht, wenn ein Zeitmaß in seiner ganzen Ausdehnung erfüllt wird, so daß man es voll »über«-schauen kann:

/den ganzen Sommer über haben wir auf Ihren Besuch gewartet/

/bleiben Sie wenigstens über Nacht?/

/kommen Sie übers Jahr wieder?/

Die Verben, die mit der Präposition *über* eine feste Verbindung eingehen, regieren sämtlich den Akkusativ. Es sind im wesentlichen die folgenden:

ärgere mich über
äußere mich über
arbeite über
beklage mich über
berichte über
beschwere mich über
bestimme über
bricht – herein über
denke über
denke – nach über
diskutiere über
empöre mich über
entrüste mich über
ereifere mich über
errege mich über
falle – her über
fluche über
freue mich über
gebiete über
gräme mich über
grüble über
herrsche über
informiere mich über
jammere über
juble über
klage über
lache (lächle) über
lästere über
mache mich – lustig über
meditiere über
murre über
philosophiere über
rede über
referiere über
rege mich – auf über
regiere über
schimpfe über
schreibe über
spotte über
spreche über
spreche mich – aus über
staune über
stöhne (seufze) über
täusche mich über
trauere über
unterhalte mich über
urteile über
verfüge über
verhänge über
wache über
weine über
weiß – Bescheid über
wundere mich über
ziehe – her über
zürne über

Adverbien, die zur Präposition *über* gehören, sind *hinüber* und *herüber* (umgangssprachlich neutralisiert zu *rüber*), ferner *darüber* (in argumentativen Kontexten auch *hierüber*). Das zugehörige Frage- und Relativ-Morphem heißt *worüber*.

7.1.3.1.7 Die Präposition *unter*

Die Präposition *unter* ist eine Wechsel-Präposition, die mit dem Dativ (*ich sitze unter dem Sonnenschirm,* Frage: wo?) oder mit dem Akkusativ (*ich setze mich unter den Sonnenschirm,* Frage: wohin?) gebraucht wird.

Als Präfix wird die Präposition *unter* ziemlich häufig verwendet (*unterschreibe, Untergewicht*), als Nachverb hingegen ziemlich selten (*gehe – unter*).

Die Präposition *unter* steht in binärer Opposition zur Präposition *über*. Der ›kopfseitigen‹ Orientierung bei der Präposition *über* entspricht eine ›fußseitige‹ Orientierung bei der Präposition *unter*. Das drücken wir mit dem Merkmal ⟨NIEDRIG⟩ aus. Diese »Tiefstellung« bedeutet auch schlechte Wahrnehmbarkeit.

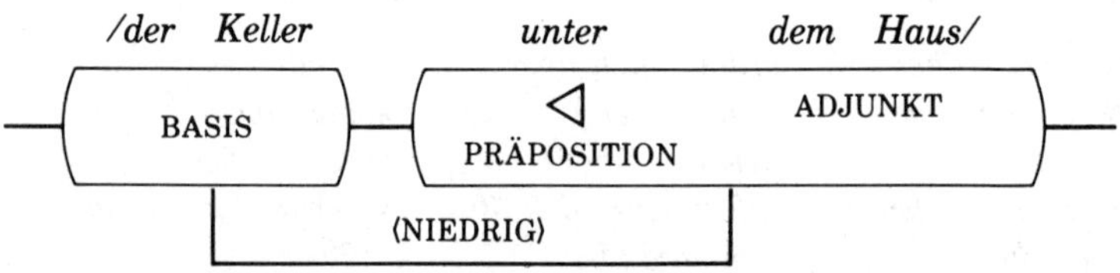

Durch diese Junktion wird der *Keller* (= Basis) als ›fußseitig‹ charakterisiert und ›niedriggestellt‹; er wird folglich im Verhältnis zum *Haus* (= Adjunkt) als schlecht wahrnehmbar oder sogar als verborgen (latent) gekennzeichnet. Man vergleiche auch: *unter Tage* ›im Bergwerk‹, *unter der Hand* ›heimlich‹, *sie stecken unter einer Decke* ›sie sind Komplizen‹, *jemanden unter die Erde bringen* ›jemanden begraben‹.

Die mit der Tiefstellung verbundene Latenz kann, ausgehend von der leiblich-räumlichen Position und der damit häufig verbundenen Bedecktheit, gelegentlich »Schutz« bedeuten:

/wir warten unter der Brücke den Gewitterregen ab/

/wir begeben uns unter den Schutz der Polizei (unter Polizeischutz)/

Andererseits kann diese Tiefstellung auch besagen, daß jemand einer (konkreten oder abstrakten) Herrschaft ausgesetzt ist:

/wir stehen unter seiner Führung und Leitung, tun alles unter seiner Verantwortung/

/wir leiden sehr unter seinem herrischen Wesen/

/wir stehen unter Verdacht, denn wir arbeiten unter falschem Namen, segeln unter falscher Flagge/

Das Gesagte gilt auch für Zeichen der Gemütsbewegung:

/unter Tränen ein Geständnis ablegen/

/unter dem Beifall der Zuhörer freigesprochen werden/

Wenn man sich einen Maßstab vorstellt, dessen Werte von unten nach oben ansteigen, so kann die Präposition *unter* ein Zurückbleiben hinter der quantitativen oder qualitativen Norm anzeigen:

/Kinder unter sechs Jahren/

/10° (Grad) unter Null/

/Kleider unter 100 Mark/

/wir verkaufen heute alles unter Wert/

/das ist unter meiner Würde/

Seltener findet man die Präposition *unter* bei Zeitmaßen, hauptsächlich in solchen Ausdrücken wie *unter der Woche* ›irgendwann, solange das Zeitmaß der Woche gilt‹ oder im geschäftlichen Briefstil:

/Sie schrieben mir unter dem 12. April, daß . . ./ (= ›in einem Brief, *über* dem dieses Datum steht‹)

Die aus der Tiefstellung hergeleitete ›Latenz‹-Bedeutung der Präposition *unter* erweist sich auch dann, wenn ein Element sich in einer Menge befindet und in ihr fast verschwindet (»untergeht«). Man beachte an den folgenden Beispielen die Unauffälligkeit und schlechte Bemerkbarkeit:

/es ging ein Mann von Jerusalem nach Jericho und fiel unter die Räuber/

/die Juden wurden gezwungen, zerstreut unter den Völkern zu leben/

Dieser Sprachgebrauch (vgl. engl. *among,* franz. *parmi*) findet sich auch bei Sachen:

/eine Wahl unter vielen gleich schlechten Möglichkeiten/

/ich bin u.a. (= unter anderem) deshalb unzufrieden, weil . . ./

Man vergleiche auch, mit einer Nuance der Heimlichkeit: *unter vier Augen miteinander reden; unter uns gesagt; das bleibt unter uns.*

Die Präposition *unter* hat als zugehörige Adverbien die Formen *hinunter* und *herunter* (umgangssprachlich neutralisiert zu *runter*), ferner das Adverb *darunter,* sowie das Frage- und Relativ-Morphem *worunter.* Feste Verbverbindungen mit der Präposition *unter* sind selten (aber zum Beispiel *leide unter*).

7.1.3.1.8 Die Präposition *vor*

Die Präposition *vor,* die auch als Nachverb gebraucht wird (*trete – vor, lese – vor*), ist eine Wechsel-Präposition, die bald den Dativ (*ich stehe vor dem Spiegel,* Frage: wo?), bald den Akkusativ regiert (*ich trete vor den Spiegel,* Frage: wohin?). Je nach dem Kontext steht sie bald der Präposition *hinter* (*vor oder hinter dem Haus*), bald der Präposition *nach* (*vor oder nach Weihnachten*) oppositiv gegenüber.

Die Bedeutung der Präposition *vor* ist ebenfalls von der Blickstellung der kommunikativen Dyade her zu verstehen. In ihr hat der Sprecher den Hörer im Blick (und umgekehrt). Daraus ergibt sich die anthropologische Kategorie der Vorderseite als Blickrichtung, die in allgemeiner Kennzeichnung als Frontalität natürlich gleichzeitig auch für die anderen Kommunikationsorgane gilt. Bei der Präposition *vor* wird diese Frontalität jedoch ausdrücklich (»selbstähnlich«) als Bedeutungsanweisung eines Sprachzeichens genommen. Demzufolge kann die Bedeutung der Präposition *vor* mit dem semantischen Merkmal ⟨VORDERSEITE⟩ beschrieben werden:

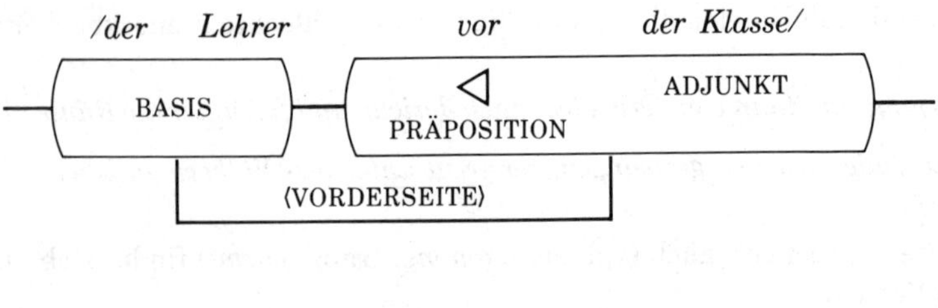

In diesem Beispiel ist eine frontale Blickstellung zwischen dem Lehrer und der Klasse vorausgesetzt (»Frontalunterricht«). Die Bedeutungsanweisung der Präposition *vor* legt nun dem Hörer ein Situationsverständnis nahe, demzufolge sich *der Lehrer* (= Basis) in der Blickrichtung der *Klasse* (= Adjunkt) befindet: seine Position ist, von der Klasse her gesehen, blickseitig. Steht der Lehrer hingegen *hinter* der Klasse, so hat diese ihn nicht im Blick.

Natürlich kann diese Situation auch umgekehrt vorgestellt werden: *die Klasse vor dem Lehrer.* Nun gibt die Präposition *vor* mit der ihr eigenen Bedeutung zu verstehen, daß die Klasse sich im Blickfeld des Lehrers befindet. In der Tat kann jede Gesprächssituation »von Angesicht zu Angesicht« in den Blickrichtungen beider Gesprächsteilnehmer gesehen werden.

Viele Verwendungsweisen der Präposition *vor* beziehen sich direkt und ausdrücklich auf eine Gesprächssituation mit frontaler Blickstellung zweier oder mehrerer Personen, zum Beispiel:

/ich schäme mich vor meinen Eltern/

/wie soll ich mich bloß vor Ihnen verantworten?/

/ich hoffe, wir werden uns nicht vor Gericht wiedersehen/

Bisweilen ist das, was in der Blickrichtung an der Vorderseite des Körpers wahrzunehmen ist, besorgniserregend oder bedrohlich; dann findet man die Präposition *vor* mit einem reflexiven Verb als Basis:

/wer fürchtet sich vorm (= vor dem) Schwarzen Mann?/ (Kinderspiel)

/Gott schütze mich vor meinen Freunden, vor meinen Feinden werde ich mich selber schützen/ (Bismarck)

Da nach den Vorstellungen einer alten Psychologie die Gefühle und Empfindungen im Innern des Leibes (Herz, Milz . . .) lokalisiert sind, jedoch bei bestimmten Anlässen nach außen drängen und dann sinnlich wahrnehmbar werden, kann die Präposition *vor* das Hervortreten des Seelischen zum Ausdruck bringen:

/zuerst wußten wir vor Schreck nicht, was wir tun sollten/

/vor Aufregung sind wir wie die Hühner hin- und hergelaufen/

/am Ende haben wir vor Freude geweint/

Formal ist für diese Fallgruppe charakteristisch, daß man das Nomen im Adjunkt (*vor Schreck, vor Aufregung, vor Freude*) immer ohne Artikel findet.

Anstatt eine Empfindung mittels der Präposition *vor* durch ihre sinnfällige Erscheinung an der Körperaußenseite zu beschreiben, kann man mit der Präposition *aus* (vgl. 7.1.3.2.1) für eine bestimmte Gefühlsäußerung auch die Quelle im Innern betonen und sie solcherart ihrer Entstehung nach erklären. Zum Vergleich:

SINNFÄLLIGES ERSCHEINEN EINER EMPFINDUNG	INNERE QUELLE EINER EMPFINDUNG
/ich habe vor Schmerzen geschrien/	*/ich habe aus Angst geschrien/*

Im Beispiel der linken Spalte wird von einer Empfindung nur gesagt, daß sie sinnlich erfahrbar wird (Frontalität der Hörrichtung), im Beispiel der rechten Spalte wird hingegen eine Empfindung als Quelle und Grund zur Erklärung eines hörbaren Verhaltens angegeben.

Nun ist die für die Präposition *vor* maßgebliche Frontalität gewiß nicht immer bedrohlich zu verstehen, vielfach kommt jedoch in *vor*-Adjunkten eine Autoritätsinstanz zum Ausdruck:

/vor einer klugen Frau haben alle Männer Respekt/

/Verantwortung hat man vor Gott, Rechenschaft wird vor Menschen abgelegt/

Auch für den Umgang mit Bauwerken oder technischen Geräten ist vielfach eine Seite als Vorder- und Blickseite maßgeblich, wobei man vom Normalgebrauch ausgeht. Die Bedeutung der Präposition *vor* bezieht sich dann auf die Vorderseite der brauchbaren Sache, die etwa bei einem Kraftfahrzeug durch die Fahrt- und Aufmerksamkeitsrichtung des Fahrers, bei Gebäuden oder Geräten durch die Blickrichtung des Betrachters oder das Hantieren des Nutzers bestimmt ist. Daraus ergibt sich für die Präposition *vor* beispielsweise folgender Sprachgebrauch:

/steh nicht immer vor den Schaufenstern!/

/lauf nicht vor den Autobus!/

/sitz nicht ständig vor dem Fernseher!/

Grundsätzlich gilt für alle Verwendungsweisen der Präposition *vor*, zumal bei Sachen, daß sie situationsabhängig zu verstehen sind, je nach der Beschaffenheit des gegebenen oder vorgesehenen Blickfeldes.

Eine gewisse Variante kommt nun für die Bedeutung der Präposition *vor* dann zustande, wenn eine Runde oder Reihe gebildet wird. In der Runde kann man den Blick von einer Person oder Sache zur andern schweifen lassen und auf diese Weise durch Veränderung des Blickfeldes eine veränderte Aufmerksamkeit oder Wertschätzung zu erkennen geben:

/wer von diesen Patienten ist vor mir an der Reihe?/

/ich schätze diesen Mitarbeiter vor allen andern/

Die Reihenfolge der Beachtung ist also auch als Rangfolge interpretierbar. Weitere Beispiele:

/als Repräsentant des Staates hat der Präsident des Bundestages eine Stellung noch vor dem Bundeskanzler/

/vor den Erfolg haben die Götter den Schweiß gesetzt/ (Redensart)

Die Bedingungen der Reihe gelten auch für die Zeichenfolge im Text. Daher sagt man:

/im Deutschen steht das Adjektiv in der Regel vor dem Nomen/

/Präfix nennt man in der Wortbildung eine Bestimmungsform, die ihren Platz vor der Grundform hat/

Die Reihe, verstanden als Abfolge von Positionen, ist zugleich die anthropologische Basis aller Zeitreihen. Man kann sich das auf folgende Weise an einer Reihenfolge von Personen anschaulich klarmachen: Wenn zwei Personen eine Reihe bilden, um etwas »der Reihe nach« zu tun, so ist der erste gleichzeitig der früher Handelnde, während der zweite, der noch einen anderen *vor* sich hat, der später Handelnde ist. Das ist nun ebenso für alle Zeitreihen maßgeblich. Das Frühere liegt in der Blickrichtung des Späteren, nicht umgekehrt. Das drückt wiederum die Präposition *vor* aus. Beispiele:

/Ostern liegt fünfzig Tage vor Pfingsten/

/der Vormittag umfaßt die Morgenstunden vor der Mittagszeit/

In diesen Beispielen bilden die Tage des Jahres und die Stunden des Tages jeweils eine Zeitreihe, in der die frühere Zeitposition (*Ostern, Vormittag*) von der späteren Zeitposition (*Pfingsten, Mittagszeit*) her determiniert wird, dergestalt daß man von der späteren die frühere Zeit in den Blick nimmt.

In allen Fällen der Zeitreihenbildung steht die Präposition *vor* der Präposition *nach* gegenüber: Pfingsten kommt also *nach* Ostern, der Mittag kommt *nach* dem Vormittag (vgl. 7.1.3.2.4).

Schließlich ist beim Gebrauch der Präposition *vor* in Junktionen mit zeitlicher Gesamtbedeutung noch der Tempus-Kontext zu berücksichtigen. Je nachdem nämlich, ob der Kontext die Tempus-Perspektive der Vorausschau oder der Rückschau zum Ausdruck bringt, kann sich der Sprecher mit der Präposition *vor* auf Zukünftiges oder auf Vergangenes beziehen. Je nach der Tempus-Perspektive wendet er sich in die eine oder in die andere Richtung. Zur Unterscheidung:

VORAUSSCHAU: ZUKUNFT	RÜCKSCHAU: VERGANGENHEIT
/Jugend heißt, das Leben noch vor sich (zu) haben/	*/das habe ich vor vierzig Jahren auch gesagt/*

In beiden Beispielen weist der lexikalische Kontext (*Jugend, Jahre*) eindeutig auf eine zeitliche Gesamtbedeutung der Junktion. Im Beispiel der linken Spalte wird nun aus dem verwendeten Tempus (Präsens: *heißt*) in Verbindung mit der Partikel *noch* (= ›länger als erwartet‹) deutlich, daß es sich um den normalen Zeitverlauf handelt, der von der Gegenwart in die Zukunft verläuft. Im Beispiel der rechten Spalte kommt es hingegen durch die Rückschau-Perspektive des anders gewählten Tempus (Perfekt: *habe – gesagt*) zu einer Umkehrung der Blickrichtung, die nun von der Gegenwart aus der Vergangenheit zugewandt ist. Die Präposition *vor* kann in beiden Fällen gebraucht werden, da sie als ihre Bedeutung nur das Merkmal ⟨VORDERSEITE⟩ hat, das nichts darüber aussagt, ob der Kontext vielleicht andere grammatische Instruktionen enthält, die zu einer Wendung und damit zu einer Umkehr der Blickrichtung einladen.

Feste Verb-Präposition-Verbindungen mit *vor* (sämtlich mit dem Dativ) sind im wesentlichen die folgenden:

ängstige mich vor	*flüchte vor*	*scheue mich vor*
behüte vor	*fürchte mich vor*	*schrecke – zurück vor*
beschütze vor	*habe – Angst vor*	*schütze (mich) vor*
bewahre vor	*hüte mich vor*	*verberge mich vor*
drücke mich vor	*nehme mich – in Acht vor*	*verstecke (mich) vor*
ekle mich vor	*rette (mich) vor*	*verteidige (mich) vor*
erschrecke vor	*schäme mich vor*	*warne vor*
fliehe vor		*zögere vor*

Die der Präposition *vor* entsprechenden Adverbien heißen *davor, hervor* und *vorher* (dieses nur zeitlich), das Frage- und Relativ-Morphem *wovor.*

7.1.3.1.9 Die Präposition *zwischen*

Die Wechsel-Präposition *zwischen* steht zum Ausdruck einer Position mit Dativ-Rektion (*die Wicken blühen zwischen den Geranien,* Frage: wo?), oder zum Ausdruck einer Direktion mit Akkusativ-Rektion (*ich pflanze die Wicken zwischen die Geranien,* Frage: wohin?). Die Präposition, deren Bedeutung mit dem semantischen Merkmal ⟨SPANNE⟩ wiedergegeben werden kann, setzt ein Adjunkt im Plural voraus. Der Plural kann auch durch eine Junktion mit *und* zum Ausdruck kommen:

/die Probleme zwischen (dem) Vater und (dem) Sohn/

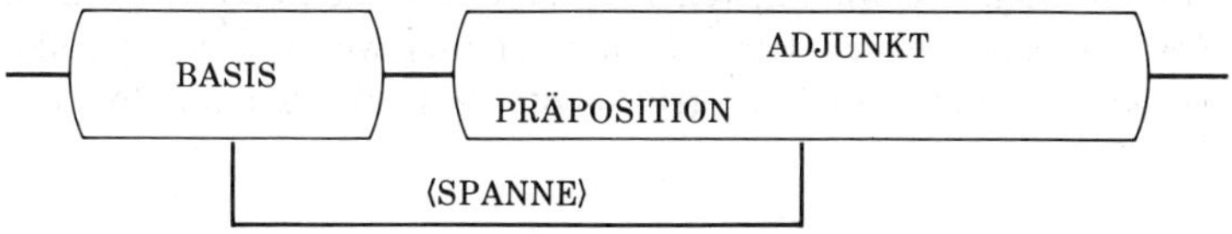

Die determinationsbedürftige Basis ist in dieser Junktion der nominale Ausdruck *die Probleme.* Diese Probleme beziehen sich laut Anweisung der Präposition *zwischen (– und)* auf die beiden im Adjunkt genannten Personen *Vater* und *Sohn.* Der Kontext dieses Beispiels legt es nahe, darunter die Spanne der kommunikativen Dyade zu verstehen, so daß *die Probleme* zwischen den beiden Personen als Kommunikationsprobleme spezifiziert werden.

Die Präposition *zwischen* tritt aber auch in räumlichen, zeitlichen und abstrakten Kontexten auf:

/setz dich zwischen meine beiden Schwestern!/

/die Mädchen dürften (so) zwischen 20 und 22 Jahre alt sein/

/komm zwischen Weihnachten und Neujahr zu uns!/

/zwischen Hoffen und Zweifeln, Freude und Trauer/

Die Präposition *zwischen* wird nur gebraucht, wenn eine deutliche Zuordnung der Adjunkt-Elemente gegeben ist. Bei undeutlicher Zuordnung und fehlender Spanne gebraucht man statt dessen die Präposition *unter* (vgl. 7.1.3.1.7). Zum Vergleich:

DEUTLICHE ZUORDNUNG	UNDEUTLICHE ZUORDNUNG
/zwischen uns dreien gibt es manchmal heftigen Streit/	*/unter so vielen fremden Leuten fühle ich mich nicht wohl/*

Neben der einfachen Präposition *zwischen* gibt es als freie Formen die Adverbien *dazwischen* und *inzwischen* sowie das kombinierte Adverb *zwischendurch* mit meistens zeitlicher Bedeutung. Neuerdings hört man auch öfter das Tempus-Adverb *zwischenzeitlich*.

7.1.3.2 Präpositionen mit dem Dativ

Die Präpositionen dieser Gruppe haben feste Dativ-Rektion, unabhängig von der Positions- oder Direktions-Bedeutung, die ihnen im Einzelfall zukommen mag. Die wichtigsten Präpositonen mit Dativ-Rektion sind: *aus, bei, mit, nach, von, zu.* Hinzu kommen einige weitere, weniger häufig und vorwiegend fachsprachlich gebrauchte Präpositionen mit dem Dativ.

7.1.3.2.1 Die Präposition *aus*

Die Präposition *aus,* die auch als Nachverb vorkommt (*stelle - aus, schreibe - aus*), ist mit ihrer Dativ-Rektion ein Gegenstück zur Präposition *in,* insofern diese Akkusativ-Rektion hat (vgl. 7.1.3.1.4). Zu deren Merkmal ⟨INNEN⟩ steht auch das Merkmal ⟨AUSSEN⟩ in Opposition, das zusammen mit dem Merkmal ⟨ABLÖSUNG⟩ die Bedeutung der Präposition *aus* konstituiert.

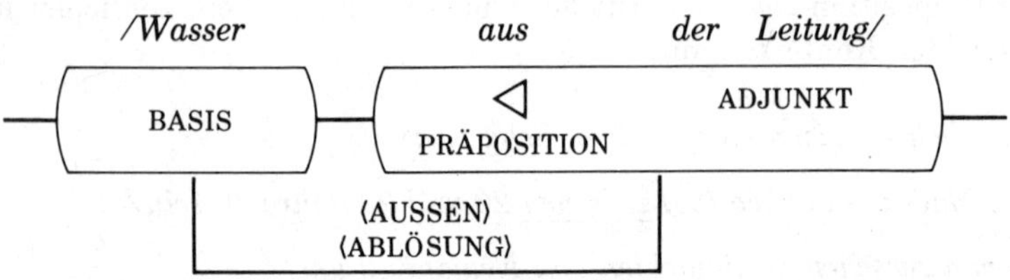

In diesem Beispiel wird das *Wasser* (= Basis) von der *Leitung* (= Adjunkt) her in doppelter Weise determiniert. Das erste Merkmal nennt die Endposition, das zweite die Bewegung zu ihr hin:

/Tee und Kaffee trinkt man <u>aus</u> Tassen, Wein und Bier <u>aus</u> Gläsern/

Zur Unterscheidung der Präpositionen *aus* und *in* (letztere mit Akkusativ-Rektion) vergleiche man auch die folgenden Beispiele, die eine gegensätzliche Richtung ausdrücken:

ABLÖSUNG (NACH AUSSEN)	RICHTUNG (NACH INNEN)
/ich falle vor Schreck aus dem Bett/	*/ich falle abends erschöpft in mein Bett/*
/ich komme aus dem Staunen nicht heraus/	*/ich gerate leicht ins Staunen/*

Die ›Ablösung nach außen‹ kann auch einen geformten Gegenstand bezeichnen, der aus dem Innern eines Stoffes herausgelöst ist: *eine Tasche aus Leder, ein Pullover aus Baumwolle.*

In zeitlichen Kontexten setzt die Präposition *aus* Kontextbedingungen voraus, wie sie bei der Behandlung der Präposition *in* beschrieben worden sind (vgl. 7.1.3.1.4). Wenn nämlich eine (vorzugsweise längere) Zeitspanne gegeben ist, die nach Anfang und Ende begrenzt ist, so kann man mit der Präposition *aus* eine Ablösung ausdrücken, die im Innern dieser Zeitspanne ihren Anfang nimmt und nach außen führt:

/eine Handschrift aus dem Mittelalter/

/Geschichten aus der Jugendzeit/

/Schnappschüsse aus dem letzten Urlaub/

Auch Entwicklungsprozesse können als Entfaltungen und insofern als allmähliche Ablösungen in der Richtung nach außen angesehen werden:

/sieh mal, aus der häßlichen Raupe ist ein hübscher Schmetterling geworden/

/diese Redensart ist heute aus der Mode gekommen/

/ich bin mit meinem Deutsch ganz aus der Übung/

Ebenso wie bei der Präposition *in* gilt auch für den Gebrauch der Präposition *aus* eine alte Anthropologie, derzufolge die Seelenkräfte ihren Sitz im Innern des Leibes haben, sich jedoch von dort ablösen und nach außen drängen können. Eine *aus*-Junktion kann dafür die Quelle angeben:

/aus welchen Motiven (Gründen) haben Sie protestiert?/

/ich habe aus Zorn und Empörung gehandelt/

Desgleichen sind Junktionen mit der Präposition *aus* bei textuellen oder begrifflichen Zusammenhängen möglich, sofern diese eine Bewegung von innen nach außen erkennen lassen:

/das Zitat »das also war des Pudels Kern« stammt aus Goethes »Faust«/

/aus der Chemie ist bekannt, daß Atome unterschiedliche Valenzen haben/

/dieses Argument ist aus dem Zusammenhang gerissen/

/aus meinen Ausführungen ergibt sich (oder: *resultiert*), *daß . . ./*

Alltagssprachlich steht AUS als Anweisung zum »Ausschalten« des Lichtes (AUS vs. AN) oder auch eines elektrischen Gerätes (AUS vs. EIN).

Als Adverb gebraucht, kann die Präposition *aus* auch zu verstehen geben, daß sich alle Hoffnungen aufgelöst haben:

/verdammt, jetzt ist alles aus!/

/aus der Traum!/

Die folgenden Verben haben eine feste Verbindung mit der Präposition *aus* entwickelt:

befreie (mich) aus	*ergibt sich aus*	*mache mir nichts aus*
besteht aus	*ersehen aus*	*resultiert aus*
entnehme aus	*folgt aus*	*schließe aus*
entsteht aus	*folgere aus*	*setzt sich – zusammen aus*
entwickelt sich aus	*helfe aus*	
erfahre aus	*lerne aus*	*übersetze aus*

Die Präposition *aus* hat als Adverb die Form *daraus* bei sich. Hinzu kommen die Richtungs-Adverbien *heraus* und *hinaus* mit der umgangssprachlichen Neutralisierungsform *raus*. Die Form *raus* wird auch situativ als Warnung oder barsches Kommando gebraucht (*bloß raus hier!; raus mit dir!*). Das zugehörige Frage- und Relativ-Morphem lautet *woraus*.

7.1.3.2.2 Die Präposition *bei*

Die Präposition *bei*, die auch als Nachverb gebraucht wird (*stehe – bei, trage – bei*), regiert fest den Dativ. Durch sie erhält der Hörer die Anweisung, die Bedeutung des Adjunkts als Rahmen für die Bedeutung der Basis anzusehen. Wir beschreiben daher die Bedeutung dieser Präposition mit dem Merkmal ⟨RAHMEN⟩:

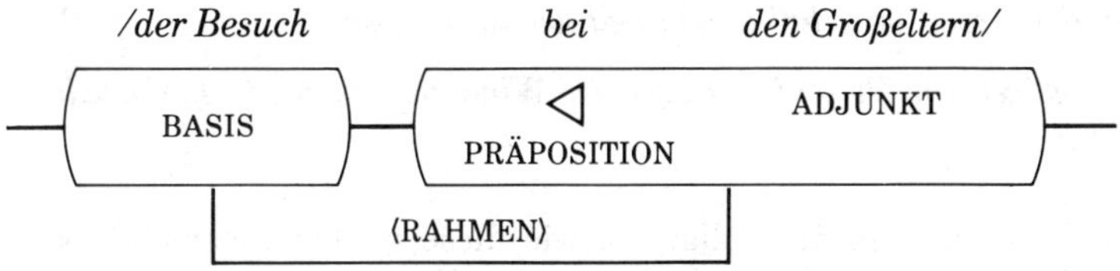

Das Beispiel ist in ausführlicher Beschreibung folgendermaßen zu lesen: *Die Großeltern* (= Adjunkt) geben mit ihrem zugehörigen Kommunikationsbereich (Haus, Wohnung, Aufenthaltsort) den Rahmen ab, in dem sich *der Besuch* (= Basis) abspielt. Der Rahmen ist prototypisch als kommunikativer Rahmen zu verstehen. In der Tat folgt auf die Präposition *bei* besonders oft ein Adjunkt, das eine Person, eine Institution oder ein Symbol bezeichnet und insofern Kommunikation voraussetzt. Beispiele:

/haben Sie sich schon bei der Direktion vorgestellt?/

/die Einstellungsformulare erhalten Sie bei der Verwaltung/

/gibt es bei Ihnen zu Hause auch eine solche Bürokratie?/

/bei Gott ist kein Ding unmöglich/ (Bibelzitat)

/bei Schiller lesen wir: »Ernst ist das Leben, heiter ist die Kunst«/

Zu unterscheiden sind die Bedeutungen der zwei Präpositionen *bei* und *neben*:

RAHMEN-BEDEUTUNG	LAGE-BEDEUTUNG
/der Rechtschreibduden steht im Regal bei all den anderen Wörterbüchern/	*/der Rechtschreibduden steht im Regal neben den Kochbüchern/*

Nur im Beispiel der linken Spalte kommt es durch die Wörterbuch-Abteilung der Bibliothek zu einer Rahmenbildung, die im Beispiel der rechten Spalte durch das bloße Nebeneinanderstehen zweier beliebiger Bücher nicht gegeben ist.

Je nach dem Kontext der gesamten Junktion kann der Rahmen, den die Präposition *bei* bezeichnet, unterschiedlich spezifiziert werden. Besonders gerne nimmt man eine (zeitlich begrenzte) Tätigkeit oder eine bestehende Wetterlage als Rahmen:

/bei der Arbeit vergeht mir die Zeit wie im Fluge/

/bei schlechtem Wetter (bei Regen, bei Wind, bei Sturm ...) arbeite ich am liebsten/

Die Voranstellung des Adjunkts, wie diese beiden Beispiele erkennen lassen, ist für Junktionen mit *bei* charakteristisch und paßt gut zur Rahmen-Bedeutung dieser Präposition: der Rahmen geht seinem Inhalt voran.

Auch psychische »Rahmenbedingungen« können mittels der Präposition *bei* zum Ausdruck gebracht werden:

/bei deiner Veranlagung (bei deinem Temperament, bei deinem Leichtsinn) wundere ich mich über nichts mehr/

/bist du noch bei Verstand (bei Sinnen, bei Trost)?/

Eine besondere Erwähnung verdienen die argumentativen »Rahmenbedingungen«, die ebenfalls mittels der Präposition *bei* ausgedrückt werden. Auf diese Weise kann eine Präpositional-Junktion mit *bei* eine konditionale Bedeutung annehmen und einer Konjunktional-Junktion mit *wenn* oder *falls* äquivalent sein. Zum Vergleich:

PRÄPOSITIONAL-JUNKTION	KONJUNKTIONAL-JUNKTION
/bei Widerspruch dürfen Sie nicht sofort nachgeben/	*/wenn man Ihnen widerspricht, dürfen Sie nicht sofort nachgeben/*
/bei Nichtgefallen wird die Ware ohne weiteres zurückgenommen/	*/falls Ihnen die Ware nicht gefällt, wird sie ohne weiteres zurückgenommen/*

Mit der Präposition *bei* wird der Rahmen nominal, mit der Konjunktion *wenn* (*falls*) verbal ausgedrückt.

Der Rahmen, der durch die Präposition *bei* bezeichnet wird, kann unter geeigneten Kontextbedingungen (Negation!) auch als Einräumung verstanden werden. Dann entspricht die Präpositional-Junktion mit dem Junktor *bei* einer Konjunktional-Junktion mit dem Junktor *obwohl* oder einer anderen konzessiven Konjunktion. Zum Vergleich:

PRÄPOSITIONAL-JUNKTION

/bei allem Verständnis für Ihre Lage kann ich Ihrem Wunsch leider doch nicht entsprechen/

KONJUNKTIONAL-JUNKTION

/obwohl ich volles Verständnis für Ihre Lage habe, kann ich Ihrem Wunsch leider doch nicht entsprechen/

Mit *bei* wird die Konzessivität nominal, mit *obwohl* verbal ausgedrückt. Eine feste Verbindung mit *bei* haben hauptsächlich die folgenden Verben:

bedanke mich bei	*bleibe bei*	*mache – mit bei*
beklage mich bei	*entschuldige mich bei*	*melde mich bei*
beschwere mich bei	*helfe bei*	*wirke – mit bei*

Zur Präposition *bei* gehören die Adverbien *dabei* (ziemlich häufig gebraucht), *hierbei* (seltener und eher in argumentativen Kontexten gebraucht) und *anbei* (fachsprachlich für Anlagen eines Briefes), ferner das Frage- und Relativ-Morphem *wobei*. Das Direktions-Adverb *herbei* (zum Beispiel: *komm herbei!*) hat kein entsprechendes Adverb mit *hin-* neben sich.

7.1.3.2.3 Die Präposition *mit*

Die Präposition *mit*, die vielen zweiteiligen Verben auch als Nachverb dient (*fahre – mit, rede – mit*), regiert den Dativ als festen Kasus. Ihre Bedeutung kann mit dem Merkmal ⟨ERGÄNZUNG⟩ beschrieben werden, wobei offen bleibt, ob es sich um Personen oder Sachen handelt. Im nachfolgenden Beispiel tritt zu einer Person eine andere Person hinzu:

/Goethe mit seinem Sekretär Eckermann/

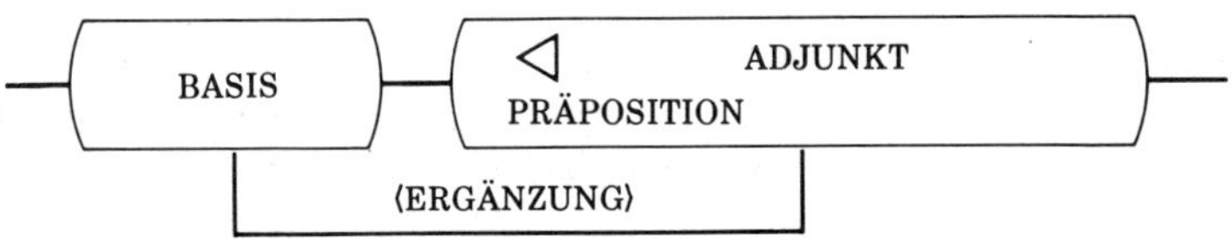

In dieser Junktion wird *Goethe* (= Basis) nach der Anweisung der Präposition *mit* dadurch charakterisiert, daß seine Person durch *seinen Sekretär Eckermann* (= Adjunkt) ergänzt wird. Es ist leicht einzusehen, daß eine Vertauschung der beiden Junktionsglieder bei weitergeltender Anweisung durch die Präposition *mit* zu einer ganz anderen und in diesem Kontext abwegigen Gesamtbedeutung der Junktion führen würde. In der Kennzeichnung des Adjunkts als Ergänzung ist also gleichzeitig eine Bekräftigung der Basis-Perspektive enthalten. Beispiele:

/Werthers erstes Zusammentreffen mit Lotte/

/Fausts Pakt mit Mephisto/

/es ist der Vater mit seinem Kind/ (Erlkönig)

Viele *mit*-Adjunkte betreffen die am körperlichen Befinden oder seelischen Habitus des Menschen beteiligten Körperteile, Organe und Seelenkräfte, auch in der Sprache der konventionellen Höflichkeit, so etwa in den folgenden Beispielen:

/je lebhafter das Temperament, um so mehr reden die Menschen mit Händen und Füßen/

/die beiden bilden ein ideales Paar: er ist ein Mann mit Gefühl und sie eine Frau mit kühlem Verstand/

/darf ich Sie um einen Gefallen bitten? ÷ ja, gerne, mit Vergnügen/

/mit (lebhaftem) Bedauern muß ich Ihnen mitteilen, daß .../

/(so verbleibe ich für heute) mit den besten Wünschen für das Neue Jahr und (mit) herzlichen Grüßen Ihr .../ (Briefschlußformel)

Werkzeuge gelten in der Anthropologie als Organverstärkungen. Sie werden daher in *mit*-Junktionen wie Organe behandelt (»Instrumentalis«):

/man kämpft besser mit der Zunge als mit den Waffen/

/man muß nicht immer mit dem Hammer dreinschlagen/

Allerhand sonstige Ausstattungen einer Person oder Sache sowie Ergänzungen vielfältiger Art können auf ähnliche Weise nach Anweisung der Präposition *mit* einer Person oder Sache hinzugefügt werden (»Ornamentalis«):

/der Rektor mit seiner Amtskette/

/der hl. (= heilige) Hieronymus mit dem Löwen/

/Mozart mit seiner »Kleinen Nachtmusik«/

/die Linde mit ihren duftenden Blüten/

In all diesen Beispielen übermittelt die Präposition *mit* dem Hörer die Anweisung, der jeweiligen Basis-Bedeutung (*Rektor, Hieronymus, Mozart, Linde*) von einer Adjunkt-Bedeutung her (*Amtskette, Löwe, Nachtmusik, Blüten*) etwas hinzuzufügen und sie dadurch zu determinieren.

Steht in Junktionen dieser Art das Adjunkt ohne Artikel, so ist die Ergänzung besonders eng:

/seit heute bin ich eine Frau mit Auto/

/suche Drei-Zimmer-Wohnung mit Balkon und Garage/

Darüber hinaus kann grundsätzlich jede Situation, in der ein Element zu einem anderen ergänzend hinzutritt, durch eine *mit*-Junktion strukturiert werden:

/eine schwere Erkältung mit Husten und hohem Fieber/

/Kuchen mit Schlagsahne/

/ein Nomen mit attributivem Adjektiv/

/»ein bißchen« schreibt man mit kleinem b/

Will der Sprecher einer Handlung ein Zeitmaß hinzufügen, so kann er dazu gleichfalls die Präposition *mit* benützen:

/mit dem Glockenschlag 10 Uhr kommt jeden zweiten Tag der Musiklehrer ins Haus/

/wer es zum Musikvirtuosen bringen will, muß schon mit fünf Jahren ein Instrument lernen/

Die Bedeutung ›Ergänzung‹ erklärt ferner, warum die Präposition *mit*, insbesondere vor einem kataphorischen Artikel, auch als Grad-Adverb auftreten kann und dann das nachfolgende Nomen in seiner Geltung abschwächt: hier wird »nur« etwas hinzugefügt, zum Beispiel:

/dieser Umstand ist mit ein Grund dafür, daß . . ./ (= ›ein Grund, der zu anderen, wichtigeren Gründen hinzutritt‹)

Sehr viele Verben der deutschen Sprache (unter ihnen eine große Zahl von Verben mit dem Präfix *be-*) haben *mit* als feste Präposition bei sich. Es sind im wesentlichen die folgenden:

beauftrage mit
beeile mich mit
befasse mich mit
beginne mit
begnüge mich mit
belästige mit
beschäftige (mich) mit
betrüge mit
blamiere (mich) mit
diskutiere mit
einige mich mit
ende mit
experimentiere mit
fange – an mit
finde mich – ab mit
fühle mit
gebe – an mit
gebe mich – ab mit
gebe mich – zufrieden mit
gehe – um mit
handle mit
höre – auf mit
komme – aus mit
korrespondiere mit
mühe mich – ab mit
plage (mich) mit
prahle mit
rechne mit
rede mit
setze mich – auseinander mit
spiele mit
spreche mit
spreche mich – aus mit
statte – aus mit
stimme – überein mit
stoße – zusammen mit
streite (mich) mit
tausche mit
tröste mich mit
telefoniere mit
überrasche mit
umgebe mich mit
unterhalte mich mit
verabrede mich mit
verbinde mit
vergleiche mit
verhandle mit
verheirate mich mit
verkehre mit
verlobe mich mit
versehe (mich) mit
versorge (mich) mit
verstehe mich mit
vertrage mich mit
wetteifere mit
zanke mich mit
zögere mit

Abgesehen von dem oben erwähnten Grad-Adverb *mit* heißt das der Präposition *mit* zugehörige Adverb *damit* (*was fange ich damit an?*), in argumentativen Kontexten auch *hiermit* (*hiermit kündige ich* . . .). Das zugehörige Frage- und Relativ-Morphem lautet *womit*.

7.1.3.2.4 Die Präposition *nach*

Die Präposition *nach*, die man bei vielen Verben auch als Nachverb findet (*laufe – nach, denke – nach*), regiert fest den Dativ, obwohl sie in den meisten Fällen Direktions-Bedeutung hat.

Die Bedeutung der Präposition *nach* ist nicht direkt von der (statischen) Blickstellung abzuleiten, sondern von der (dynamischen) Reihe, verstanden als Abfolge von Positionen. In einer bewegten Reihe bezeichnet die Präposition *nach* die Bewegungsrichtung, gesehen aus der Perspektive derjenigen Person oder Sache, die einer anderen (›nach‹-)folgt. Wir beschreiben daher die Bedeutung der Präposition *nach* mit dem Merkmal ⟨RICHTUNG⟩:

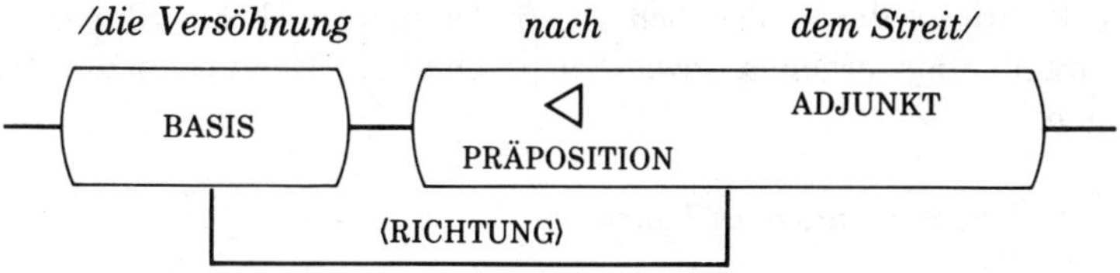

Das Beispiel dieser Junktion ist im Sinne einer Reihenbildung zu verstehen, dergestalt daß die *Versöhnung* (= Basis) als ein Zustand gekennzeichnet wird, auf den *der Streit* (= Adjunkt) hier zuläuft. Die Reihenfolge in der Handlungswelt ist gleichzeitig als Umkehrung (»Inversion«) der Zeichenfolge im Text aufzufassen; denn der Hörer vernimmt ja zuerst das Wort *Versöhnung,* danach erst das Wort *Streit.* Er soll aber verstehen, daß in der Handlungswelt zuerst der Streit da ist und dann erst die Versöhnung folgt. Das ist die Richtung der Wirklichkeit.

Dieser Bedeutung entsprechend wird die Präposition *nach* häufig in Junktionen gebraucht, die eine Zeitfolge ausdrücken. Die Zeit wird hier als linear gerichtet angesehen:

/nach der Klassik kommt die Romantik/

/es ist schon 10 (Minuten) nach 12 (Uhr)/

/nach ›brauche‹ steht normgerecht der Infinitiv mit ›zu‹/

Die Richtung der Reihe ist unter bestimmten (konventionellen) Bedingungen auch als Rangfolge interpretierbar:

/in der Gehaltsstufe kommt der Inspektor nach dem Oberinspektor/

Im räumlichen Kontext bezeichnet die Präposition *nach* eine Zielrichtung, besonders bei Städten und bei Ländern, deren Name ohne Artikel gebraucht wird:

/eine Reise nach Deutschland (aber: in die Vereinigten Staaten, in die Schweiz)/

/eine Fahrkarte nach Dresden/

/eine Straße von Westen nach Osten/

Das letzte Beispiel läßt gleichzeitig das Zusammenwirken der beiden Präpositionen *von* und *nach* erkennen, das insbesondere für Himmelsrichtungen und Richtungsangaben im Verkehrswesen charakteristisch ist.

Eine Richtung, die maßgeblich ist, findet man auch bei Sinnes- und Kommunikationsorganen sowie bei psychischen Neigungen und Strebungen:

/ein Blick nach vorne, nach hinten/

/die Sehnsucht nach Ruhe und Ordnung/

Man unterscheide den Sprachgebrauch bei dem gleichen Verb *rufe* (und Verben mit ähnlicher Bedeutung):

RICHTUNG	OBJEKTROLLE
/das Kind hat nach der Mutter gerufen/	*/das Kind hat die Mutter gerufen/*

Im Beispiel der linken Spalte ist die Verbform *hat – gerufen* nur in der Weise determiniert, daß die Mutter sich nach dem Ruf des Kindes richten soll. Das Beispiel der rechten Spalte ist demgegenüber schärfer dadurch gekennzeichnet, daß im Rufen des Kindes bereits über die Mutter kommunikativ ›verfügt‹ wird (vgl. 2.5.4).

Eine ähnliche Situation ist bei der Präposition *nach* weiterhin gegeben, wenn ein Maß, Muster, Modell oder Vorbild »vor«gegeben ist, nach dem sich eine bestimmte Person oder Sache richten soll. So ist also ein Sprachgebrauch wie dieser zu verstehen:

/ein Anzug genau nach Maß/

/eine Zeichnung getreu nach der Wirklichkeit/

/ein Dirndlkleid nach alter Sitte/

/ein Singspiel frei nach Mozart/

/ein Taler ist nach heutiger Währung etwa 50 Mark wert/

In bestimmten Kontexten findet man die Präposition *nach* bisweilen auch in der Nachstellung, also am Ende des Adjunkts (als »Postposition«), und man kann gleichermaßen normgemäß sagen, sofern nur der Dativ deutlich gekennzeichnet ist:

VORANSTELLUNG	NACHSTELLUNG
/ich beurteile die Lage nach meinem Gefühl/	*/ich beurteile die Lage meinem Gefühl nach/*

In idiomatischer Verfestigung hat sich oft die Nachstellung durchgesetzt: *meiner Meinung nach, dem Vernehmen nach, dem Augenschein nach.*

Verben, die mit der Präposition *nach* eine feste Verbindung eingehen, sind im wesentlichen die folgenden:

beurteile nach	*klingt nach*	*sehe mich - um nach*
erkundige mich nach	*richte mich nach*	*sieht - aus nach*
fiebere nach	*rieche (dufte) nach*	*sehne mich nach*
forsche nach	*rufe (schreie) nach*	*strebe nach*
frage nach	*schaue (gucke) nach*	*suche nach*
grabe nach	*schicke nach*	*trachte nach*
greife nach	*schmeckt nach*	*urteile nach*
hungere nach	*sehe nach*	*verlange nach*

Zur Präposition *nach* gehören semantisch die Adverbien *danach, nachher* und *hernach* (selten) sowie das Frage- und Relativ-Morphem *wonach.*

7.1.3.2.5 Die Präposition *von*

Die Präposition *von,* die nicht als Nachverb vorkommt, sondern in dieser Funktion durch die bedeutungsähnliche Präposition *ab* vertreten wird (*gebe - ab, fahre - ab*), regiert fest den Dativ. Ihre Bedeutung kann durch das semantische Merkmal ⟨ABLÖSUNG⟩ beschrieben werden:

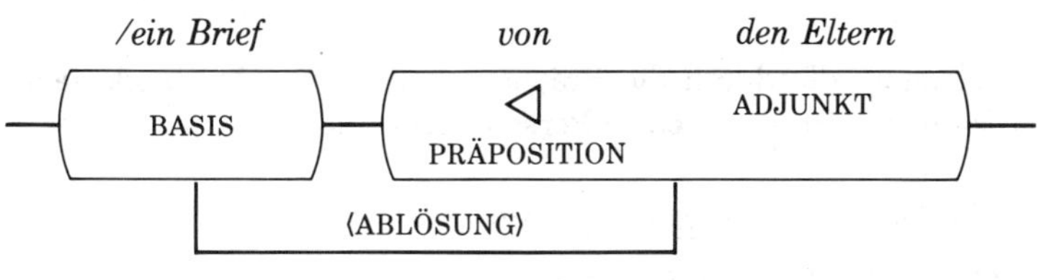

Das Beispiel ist in expliziter Beschreibung so zu verstehen, daß *ein Brief* (= Basis) sich ›von‹ *den Eltern* (= Adjunkt) ablöst, um seinen Adressaten zu erreichen.

In vielen Fällen ihres Gebrauchs bezeichnet die Präposition *von* die Richtung ›her‹ und steht demnach in Opposition zu anderen Präpositionen, die eine Richtung ›hin‹ anzeigen oder implizieren. Zum Vergleich:

RICHTUNG ›HER‹

/Ankunft des Zuges von Potsdam/

/wo kommen Sie denn her? ÷ vom Schloß Sanssouci/

RICHTUNG ›HIN‹

/Abfahrt des Zuges nach Leipzig/

/wo fahren Sie denn hin? ÷ zur Leipziger Messe/

Die Richtungen ›her‹ und ›hin‹ kommen im Text nicht selten zusammen vor und bezeichnen dann eine Strecke nach ihrem Anfangs- und Endpunkt:

/von Nürnberg nach Fürth/

/von der Ostsee (bis) zu den Alpen/

/von der Elbe (bis) an den Rhein/

/von Mittenwald auf die Zugspitze/

/von Wien ins Burgenland/

Bei bloßer Angabe der Richtung ›her‹ findet man nicht selten Verstärkungen durch andere Präpositionen oder durch Adverbien wie zum Beispiel: *vom Kirchturm aus, vom Himmel her (herab).*

Mit ihrer ›Her‹-Bedeutung hat die Präposition *von* eine besondere Affinität zu allen Verben, die in ihrer lexikalischen Bedeutung ebenfalls die Richtung ›her‹ ausdrücken. Es sind solche Verben wie *hole, nehme, kriege, empfange, erhalte, beziehe, fordere, erbitte, lerne,* in den meisten Kontexten auch *komme.*

Die Ablösung, die durch die Präposition *von* zum Ausdruck gebracht wird, kann die Herkunft einer Person bezeichnen:

/viele Berliner stammen von Hugenotten ab/

/die Hugenotten haben sich eher von ihrer französischen Heimat als von ihrem protestantischen Glauben getrennt/

So erklärt sich auch das Adelsprädikat *von* bei Eigennamen: *Johann Wolfgang von Goethe, Heinrich von Kleist, Annette von Droste-Hülshoff.*

Das Merkmal ⟨ABLÖSUNG⟩ hat die Präposition *von* nicht nur mit der (seltenen) Präposition *ab* (vgl. 7.1.3.5), sondern auch mit der Präposition *aus* gemeinsam, die sich jedoch von ihr durch das zusätzliche semantische Merkmal ⟨AUSSEN⟩ unterscheidet (vgl. 7.1.3.2.1). Der Unterschied ist wie folgt zu beschreiben: Die Präposition *von* drückt eine Trennung schlicht aus, während die Bedeutung der Präposition *aus* spezifischer ist und sich in vielen Fällen auf das Verlassen einer Örtlichkeit bezieht, bei der Innen und Außen zu unterscheiden sind. Zum Vergleich:

SCHLICHTE ABLÖSUNG	ABLÖSUNG INNEN → AUSSEN
/mein Mann kommt meistens um 6 Uhr vom Geschäft (= von der Arbeit) nach Hause/	*/pünktlich um 6 Uhr kommt mein Mann aus dem Geschäft (heraus)/*

Bei Angaben der Herkunft kommen sich die Präpositionen *von* und *aus* jedoch manchmal recht nahe; zum Vergleich:

/ich komme von Berlin, aber ich stamme aus Leipzig/

Ein weites Anwendungsfeld hat die Präposition *von* ferner im Bereich der Psyche, insofern nach einer alten Psychologie und Erkenntnistheorie das geäußerte oder auch nur gedachte Sprachzeichen als eine Art Bildchen (»Eidolon«) aufgefaßt wird, das sich vom Gegenstand ablöst und diesen im Geiste repräsentiert:

/wovon habt ihr gerade gesprochen? ÷ von der Politik/

/habt ihr schon etwas von den Wahlergebnissen gehört? ÷ nein, davon weiß man noch nichts/

In Kontexten dieser Art kommen sich die Bedeutungen der Präpositionen *von* und *über* nahe. Man muß jedoch unterscheiden:

EINFACHES VORSTELLUNGSBILD	AUSDRÜCKLICHE THEMATISIERUNG
/was wissen Sie von der brandenburgisch-preußischen Geschichte?/	*/ich habe neulich einen Vortrag über den Großen Kurfürsten gehört/*
/alle Welt spricht von Friedrich dem Großen/	*/über Friedrich Wilhelm I. sprechen nur die Historiker/*

Mit *von* wird ein beliebig vorstellbarer, mit *über* ein ausdrücklich thematisierter Gegenstand des Nachdenkens, Wissens oder Argumentierens bezeichnet.

Ähnlich anschaulich wie das Ablösen eines Bildes von seinem Gegenstand ist die Handlung des Maßnehmens zu verstehen. Das Maß wird zunächst angelegt und dann abgenommen. So erklärt sich sinnfällig ein weiterer Anwendungsbereich der Präposition *von;* sie verbindet einen Gegenstand mit einem geeigneten Maß:

/ein Kleiderstoff von 2 Metern Breite/

/ein Bauernhof von 300 Morgen/

/eine Reiseschreibmaschine von 3 Kilo(-gramm) Gewicht/

/eine Busfahrt von sechs Stunden/

/eine Körpertemperatur von 37° (Grad)/

/die Zeitung von Montag, vom letzten Wochenende/

/das ist ja Schnee vom vergangenen Jahr/ (Redensart)

Es genügt auch die bloße Angabe der Maßeinheit (*eine Frau von Format, ein Argument von Gewicht*).

Besonders häufig verbinden sich Verben, die im Passiv stehen, mit *von*-Adjunkten. Passivisch gebrauchte Verben lenken nämlich die Aufmerksamkeit des Hörers von der Quelle der Handlung (»Agens«) ab und leiten sie auf die Handlung selber, sei es in ihrem Vollzug (= Vorgangspassiv – vgl. 2.6.1.1.1), sei es in ihrem Ergebnis (= Zustandspassiv – vgl. 2.6.1.1.2). Das gilt aber nur für das einfache Passiv. Daneben gibt es noch das erweiterte, und zwar meistens durch eine *von*-Junktion erweiterte Passiv (vgl. 2.6.1.2). In dieser Junktion bildet das Verb im Passiv die Basis und bringt mit Hilfe des *von*-Adjunkts zum Ausdruck, von welcher Quelle die Handlung ausgeht oder, anders ausgedrückt, von welchem Urheber sie sich ›ablöst‹. Zum Vergleich:

EINFACHES PASSIV	ERWEITERTES PASSIV
/ich werde recht oft angerufen/	*/ich werde recht oft von Unbekannten angerufen/*
/ich bin äußerst beansprucht/	*/ich bin von meinem Beruf äußerst beansprucht/*

In den passivischen Beispielen der linken Spalte ist keine Quelle der Handlung erkennbar; die Handlung selber steht im Zentrum der Aufmerksamkeit. In den passivischen Beispielen der rechten Spalte werden hingegen ausdrücklich die Quellen benannt, bei denen die Anrufe oder

Anstrengungen ihren Anfang nehmen. Das geschieht durch Adjunkte mit der Präposition *von,* die kraft ihrer Bedeutung ›Ablösung‹ diese Funktion übernehmen kann.

Während beim erweiterten Passiv die Quelle der Handlung mit einem *von*-Adjunkt bezeichnet wird, gibt ein *durch*-Adjunkt für das erweiterte Passiv das Medium der Handlung an. Das Medium ist hier die ›Strecke‹, welche die Handlung zu passieren hat, um an ihr Ziel zu gelangen. Zum Vergleich:

QUELLE DER HANDLUNG	MEDIUM DER HANDLUNG
/Gesetze werden vom Parlament verabschiedet/	*/Gesetze können durch Gerichtsentscheidungen interpretiert werden/*

Bei *von* findet man eher eine personale (auch institutionale), bei *durch* eher eine sächliche Besetzung des Adjunkts.

In zeitlichen Kontexten ist die Präposition *von* seltener anzutreffen, und wenn, dann eher in Verbindung mit anderen Präpositionen:

/Ihr Brief vom 9. März/
/die Nachrichten von heute/
/meine Ansichten von gestern/
/die Mode von anno dazumal/
/vom 1. Mai bis 31. Juli/
/vom 1. August an/
/von Anfang an/
/von Jugend auf/

Fester *von*-Anschluß ist im wesentlichen für die folgenden Verben zu verzeichnen:

befreie von
bekomme von
berichte von
bringe – ab von
distanziere mich von
entbinde von
entferne mich von
erfahre von
erhalte von
erhole mich von
ernähre mich von
erwarte von
erzähle von
fordere von
gehe – aus von
hänge – ab von
halte von
halte – ab von
handelt von
höre von
komme – ab von
komme – los von
kriege von
lasse von
lasse – ab von
lasse mich – scheiden von
lebe von
lenke – ab von
rede von
sage mich – los von
schreibe von
schwärme von
sehe – ab von
spreche von
spreche – frei von
stamme – ab von
träume von
trenne mich von
überzeuge (mich) von
unterscheide von
verlange von
weiß von
weiche – ab von
wende mich – ab von

Zur Präposition *von* gehört das Adverb *davon* (seltener *hiervon*). Als Frage- und Relativ-Morpheme findet man: *von wo, von wann* und *wovon*.

Die Funktionen der Präposition *von* als Suppletivform im Paradigma des Genitivs werden im Genitiv-Kapitel gesondert besprochen (vgl. 7.2.1.2).

7.1.3.2.6 Die Präposition *zu*

Die Präposition *zu*, die auch bei vielen zweiteiligen Verben als Nachverb vorkommt (*schließe - zu, greife - zu*), regiert fest den Dativ. Wir beschreiben ihre Bedeutung mit dem semantischen Merkmal ⟨ZIEL⟩.

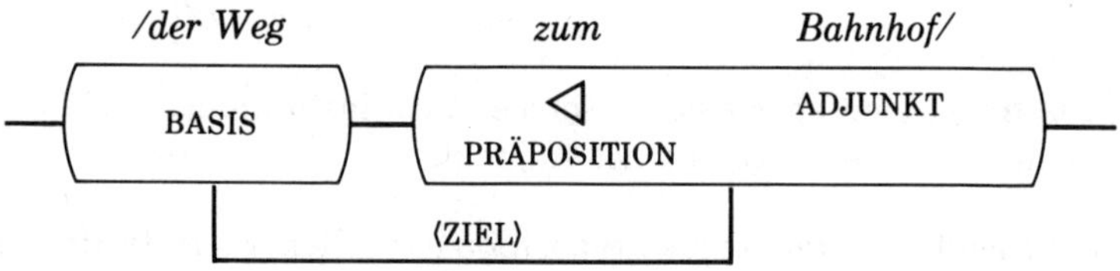

Dem *Weg* (= Basis) wird hier, vermittelt durch die Präposition *zu*, der *Bahnhof* (= Adjunkt) als ›Ziel‹ zugewiesen.

Prototypisch verwirklicht sich die Bedeutung der Präposition *zu* in der Blickstellung, wenn die Kommunikationsorgane der Gesprächsteilnehmer aufeinander »zielen«, so daß die beteiligten Personen einander von Angesicht »zu« Angesicht gegenüberstehen. Das ist eine kommunikative Gestaltschließung. Man gebraucht daher die Präposition *zu* besonders häufig im Kontext von Personen und Institutionen, die das Ziel eines Gesprächskontaktes bilden:

/geh endlich mit deinen Beschwerden zum Arzt!/

/ich hatte bisher keine Zeit, ich mußte erst noch zum Institut (zur Universität, zur Post, zum Einwohnermeldeamt, zum Reisebüro) gehen/

/mußt du nicht auch noch zum Konsulat, um dir ein Visum zu besorgen?/

/wenn ich nur zu meinem Bruder nach Sevilla (nach Spanien) fahren will, brauche ich kein Visum/

Das letzte Beispiel der Reihe zeigt besonders deutlich, daß die Präposition *zu* gut in eine persönliche Situation paßt, die eine Gesprächsbereitschaft der beteiligten Personen einschließt, während eine allgemeine, unter Gesprächsgesichtspunkten nicht näher spezifizierte Richtung mit der Präposition *nach* ausgedrückt wird, besonders bei Städten und Ländern. Zu beachten ist auch der Ausdruck der Zielrichtung in der kommunikativen Zuwendung, wobei die emotionale Färbung, positiv oder negativ, offen bleibt:

/*seien Sie auf jeden Fall freundlich* (oder: *nett, höflich, liebenswürdig* . . .) *zu den Kunden!*/

/*warum sollte ich frech* (oder: *dreist, unhöflich, schnippisch* . . .) *zu ihnen sein?*/

So werden mit der Präposition *zu* auch viele Ausdrücke gebildet, die eine Situation danach beurteilen, ob das Kommunikationsziel erreicht ist oder nicht. Es sind solche – häufig mehr oder weniger lexikalisierten – Ausdrücke wie:

zu meiner vollen Zufriedenheit, zu unser aller Erstaunen
Ihnen zu Ehren, zum Dank für Ihre Mühe
zu meinem größten Bedauern
zum Weinen, zum Heulen, zum Verzweifeln
zum Vergnügen, zum Spaß, zum Lachen

Desgleichen sind viele Funktionsverben, die aktivisch oder passivisch ein kommunikatives Geschehen ausdrücken, mit der Präposition *zu* gebildet, oft in der mit dem anaphorischen Artikel verschmolzenen Form *zum* oder *zur*:

AKTIVISCHER GEBRAUCH	PASSIVISCHER GEBRAUCH
/*ich bringe es zur Sprache*/	/*es kommt (durch mich) zur Sprache*/
/*du bringst es zum Ausdruck*/	/*es kommt (durch dich) zum Ausdruck*/
/*sie bringt es zur Geltung*/	/*es kommt (durch sie) zur Geltung*/

Die ›Ziel‹-Bedeutung der Präposition *zu* impliziert in den meisten Fällen eine Bewegungsrichtung, entweder ›hin‹ (*geh zu ihr!*) oder ›her‹ (*komm zu mir!*). In wenigen Fällen, die stark idiomatisiert sind, kann man mit der Präposition *zu* auch eine Ruhelage bezeichnen, die in einer stereotypen Situation das normale Ziel ist. Zum Vergleich:

RUHELAGE	BEWEGUNGSRICHTUNG
/*wir sitzen zu Tisch* (auch: *bei Tisch*)/	/*wir setzen uns jetzt bitte zu Tisch*/
/*wir sind schon lange zu Bett* (auch: *im Bett*)/	/*legt euch zu Bett* (auch: *ins Bett*)!/

In einem Fall hat sich die Präposition *zu* sogar auf den Ausdruck der Ruhelage spezialisiert. Zum Vergleich:

RUHELAGE	BEWEGUNGSRICHTUNG
/*bleibst du zu Hause?*/ (süddeutsch: *daheim*)	/*wann kommst (gehst) du nach Hause?*/ (süddeutsch: *heim*)

Ähnlich sagt man manchmal noch, mit altertümelnder Konnotation, bei alten und geschichtsträchtigen Städten: *zu Köln am Rhein, zu Heidelberg, zu Straßburg auf der Schanz* (Volkslied). In diesen pragmatischen Zusammenhang gehören auch solche traditionsreichen Gaststättennamen wie beispielsweise: *Zum Hirschen, Zum Weißen Rössl, Zum Wilden Mann.*

Eine Zielrichtung kann sich auch in einem pragmatischen Zusammenhang äußern: *Lieder zur Gitarre, das Buch zum Film, die Predigt zum Sonntag, Zucker zum Kaffee.*

Im zeitlichen Kontext drückt die Präposition *zu* einen pragmatisch auffälligen Zeitpunkt aus, auf den eine Handlungszeit als ihr Ziel zuläuft. Das kann eine pragmatisch markierte Ereigniszeit im Tages- oder Jahresablauf sein (Mahlzeit, Festtag ...) oder auch ein situativ festgelegtes zeitliches Ziel (Frist, Termin ...), auf das hin die verlaufende Zeit pragmatisch als Vorbereitungszeit interpretiert wird:

zu Mittag, zu Abend essen, zum Frühstück einladen
zu Weihnachten, zu Ostern, zum Geburtstag etwas schenken
die Prüfungsarbeit (bis) zum Wochenende fertigstellen und (bis) spätestens zum 30. Juni abgeben
zu Beginn der Woche, die Ferien gehen zu Ende (aber: *am Anfang der Woche, am Ende der Ferien*)
alles zu seiner Zeit und am besten immer zur rechten Zeit

Das Ziel (oder Zwischenziel) einer Entwicklung oder Laufbahn kommt in den folgenden Ausdrücken ebenfalls mittels der Präposition *zu* zum Ausdruck:

/sie wurde schon recht jung zur Regierungsrätin ernannt/

/schon bald wurde sie zur Ministerialrätin befördert/

/wegen ihrer besonderen Befähigung hat man sie zur Verbandsvorsitzenden gewählt/

/sie hat sich seitdem zu einer sehr erfolgreichen Politikerin entwickelt/

Weitere Verben, die ähnliche Bedeutung haben und sich gleichfalls mit der Präposition *zu* verbinden, sind: *werde zu, mache (mich) zu, erziehe zu, erkläre (mich) zu, werde gekrönt zu*; auch bei Sachen: *baue die Garage zu einer Werkstatt um*. In all diesen Fällen wird eine neue Rolle oder Funktion als Zielpunkt eines vorher bestehenden Zustands oder Vorgangs ausgedrückt.

Als Ziel kann auch die Einordnung in ein System angesehen werden, die einen Prozeß des Nachdenkens »zum« Abschluß bringt. Dann handelt es sich um eine Klassifikation, deren Vollzug ebenfalls oft mit Hilfe der Präposition *zu* bezeichnet wird. Beispiele:

/Wale gehören zu den Säugetieren/

/früher rechnete (oder: *zählte*) *man die Walfische, wie dieser alte Name sagt, zu den Fischen/*

/zum Beispiel/ (oft abgekürzt: *z. B.*)

/zu den Akten, z.d.A./ (Ausdruck der Verwaltungssprache)

Ähnliches gilt für Gegenstände, die auf irgendwelche Vergleichswerte oder auf eine Werteskala projiziert werden:

/das Spiel steht 3:1/ (lies: *drei zu eins*)

/die zweite Halbzeit war im Vergleich zur ersten langweilig/

/Eintrittskarten zu (oder: *zum Preis von*) *DM 50,– /*

/das ist mir viel zu teuer/

Das Übermaß, das im letzten Beispiel zum Ausdruck kommt, bezeichnet an der Bedeutung eines Adjektivs das, was über ein Ziel hinausschießt.

Im Maße wie sich die Zielprojektion, die durch die Bedeutungsanweisung der Präposition *zu* übermittelt wird, mit einer im Kontext explizit oder implizit enthaltenen Intention verbindet, kann eine *zu*-Junktion in ihrer Gesamtheit finale Bedeutung annehmen:

/ich gehe zum Studium nach Deutschland/

/zu welchem Zweck tun Sie das?/

/es soll ein Studienaufenthalt zum Deutschlernen werden/

Eine nicht geringe Zahl von Verben hat *zu* als feste Präposition bei sich. Es handelt sich im wesentlichen um die folgenden:

beglückwünsche zu	*gratuliere zu*	*tauge zu*
bekenne mich zu	*halte zu*	*trage – bei zu*
bringe zu	*halte – an zu*	*treibe zu*
dient zu	*hole – aus zu*	*trete – an zu*
dränge zu	*lade – ein zu*	*überrede zu*
eigne mich zu	*neige zu*	*überwinde mich zu*
entschließe mich zu	*passe zu*	*veranlasse zu*
ermahne zu	*raffe mich – auf zu*	*verführe zu*
ermuntere zu	*rate zu*	*verhelfe zu*
ermutige zu	*rechne zu*	*verleite zu*
fordere – auf zu	*rege – an zu*	*verlocke zu*
fordere – heraus zu	*reize zu*	*verpflichte zu*
führt zu	*sage zu*	*verurteile zu*
gehöre zu	*setze – an zu*	*zähle zu*
gelange zu	*stehe zu*	*zwinge zu*

In Verbindung mit den Präpositionen *nach* und *auf* kann die Präposition *zu* eine zweiteilige Klammer-Präposition (»Zirkumposition«) ausbilden, und zwar sowohl in örtlichen wie in zeitlichen Kontexten: *wir segeln nach Norden zu; es geht auf den Herbst zu.*

Die Präposition *zu* kann mit der Bedeutung ›geschlossen‹ auch als Adverb gebraucht werden und steht dann dem Adverb *auf* mit der Bedeutung ›offen‹ gegenüber, zumal bei der Bedienung von Behältern mit Verschlüssen, die entweder AUF oder ZU sind. Sonst lautet das der Präposition *zu* entsprechende Adverb *dazu,* in argumentativen Kontexten auch *hinzu.* Als Frage-Morphem und Relativ-Junktor wird *wozu* gebraucht.

Außer ihrer bisher beschriebenen Funktion in prototypischen Präpositional-Junktionen übernimmt die Präposition *zu,* ohne dabei ihre Bedeutung zu ändern, noch verschiedene andere syntaktische Aufgaben. Es sind die folgenden:

- Kennzeichnung eines Infinitivs mit *zu* (*mit der Arbeit anzufangen* – vgl. 3.4);

- Kennzeichnung eines modalen Infinitivs (*habe zu arbeiten; bin nicht zu sprechen* - vgl. 3.4.4);
- Kennzeichnung eines Modal-Partizips, auch Gerundiv genannt (*ein nicht zu beschreibender Zustand* - vgl. 5.5.3.2);
- Kennzeichnung der Exzessivstufe bei der Steigerung des Adjektivs (*viel zu groß* - vgl. 5.3);
- Mitwirkung bei der Bedeutungsbildung der Infinitiv-Konjunktionen (*um - zu, ohne - zu, anstatt - zu* - vgl. 7.3.8).

Die Leistung der Präposition *zu* in diesen syntaktischen Bereichen wird an den jeweils entsprechenden Stellen erörtert.

7.1.3.2.7 Weitere Präpositionen mit dem Dativ

Weitere Präpositionen, die in den meisten Fällen den Dativ regieren, sind: *außer, entgegen, entlang (lang), entsprechend, gegenüber, gemäß, nächst, samt (mitsamt), seit, zufolge, zugunsten/zuungunsten, zuliebe, zuwider*. Im einzelnen ist zu diesen Präpositionen folgendes zu sagen:

(1) Die Präposition *außer*

Die Präposition *außer*, die mit der Präposition *aus* formal und inhaltlich verwandt ist und mit ihr auch die Dativ-Rektion gemeinsam hat, bezeichnet eine ›Ausgrenzung‹:

/*alle außer dir sind schon da*/

/*außer dem Visum fehlen uns jetzt keine weiteren Reisedokumente mehr*/

Stattdessen kann man auch sagen:

/*nichts fehlt mehr, ausgenommen das Visum* (oder: *das Visum ausgenommen*)/

In vielen Kontexten wird die Präposition *außer* kasusfrei und oft idiomatisch gebraucht:

/*ich bin Beamter a.D.* (= *außer Dienst*)/

/*man hat die Maschine außer Betrieb gesetzt*/

/*geraten Sie leicht außer Fassung?* ÷ *ich bin oft außer Atem*/

Ebenso: *bin außer Sicht, bin außer Gefahr, laufe außer Konkurrenz, setze außer Kraft, das steht außer Frage* (= ›ist selbstverständlich‹). Nur in wenigen Fällen wird die Dativ-Rektion formal erkennbar: *komme außer der Reihe, bin außer mir vor Zorn.*

(2) Die Präposition *entgegen*

Die Präposition *entgegen* regiert im Unterschied zu der Präposition *gegen,* von der sie abgeleitet ist, nicht den Akkusativ, sondern den Dativ. Sie wird hauptsächlich in argumentativen Zusammenhängen gebraucht und bezeichnet eine ›Gegenposition‹:

/*die Lage hat sich entgegen meinen Erwartungen entwickelt*/

/*ich werde nicht entgegen meinem Plan handeln*/

Die Bedeutung von *entgegen* bringt einen Gegensatz weniger stark zum Ausdruck als die von *zuwider* (vgl. Ziffer 13).

(3) Die Präposition *entlang (lang)*

Die Präposition *entlang,* die einen Verlauf in ›gleicher Richtung‹ bezeichnet, steht bald in der Voranstellung, bald in der Nachstellung (als »Postposition«). In der Nachstellung hat sie die Kurzform *lang* neben sich. In räumlichen Kontexten steht vorangestelltes *entlang* mit dem Dativ (*entlang den Gräben*) oder mit dem Genitiv (*entlang des Deiches*). Nachgestelltes *entlang* steht immer mit dem Akkusativ (*den Weg entlang*); das gilt auch für die Nebenform *lang* (*einen Tag lang*).

(4) Die Präposition *entsprechend*

Die Präposition *entsprechend,* ursprünglich eine Partizipialform, regiert in der Voranstellung oder der Nachstellung (letzeres als »Postposition«) den Dativ. Sie drückt eine ›Übereinstimmung‹ aus, insbesondere mit einem Muster: *entsprechend dem Abkommen/dem Abkommen entsprechend.* Verbreitet ist auch das von dieser Präposition gebildete Adverb *dementsprechend.*

(5) Die Präposition *gegenüber*

Die Präposition *gegenüber,* die aus den beiden Präpositionen *gegen* und *über* zusammengefügt ist und prototypisch die ›Gegenüberstellung‹ in der kommunikativen Dyade bezeichnet, regiert den Dativ und wird in der

Voranstellung oder in der Nachstellung (als »Postposition«) gebraucht. Bei pronominalem Adjunkt ist Nachstellung die Regel: *mir/dir/Ihnen gegenüber* ›im Verhältnis zu mir/dir/Ihnen‹. Die frontale ›Gegenüberstellung‹ kann auch dem (Kontrast-)Vergleich dienen:

/*der Dollar notierte heute an der Frankfurter Börse DM 1,52 gegenüber DM 1,51 am Vortag*/

(6) Die Präposition *gemäß*

Die Präposition *gemäß*, die von dem Nomen *Maß* abgeleitet ist, regiert den Dativ und wird meistens in der Nachstellung (als »Postposition«) gebraucht. Sie charakterisiert ein Adjunkt als Muster, an dem die Basis Maß nimmt: *meinem Wunsch gemäß/gemäß meinem Wunsch.* Aus der nachgestellten Präposition *gemäß* hat sich das gleichlautende Adjektiv-Suffix *-gemäß* entwickelt: *der Natur gemäß* > *naturgemäß.*

(7) Die Präposition *nächst*

Die Präposition *nächst* hat sich aus dem Superlativ des Adjektivs *nahe* entwickelt und wird fast ausschließlich zum Ausdruck einer (›nahen‹) Nachrangigkeit in der Reihenfolge verwendet. Sie regiert immer den Dativ.

/*nächst der Bundespolitik ist die Landes- und Kommunalpolitik von großer Bedeutung für die Entwicklung des demokratischen Bewußtseins*/

(8) Die Präposition *samt* (*mitsamt*)

Die Präposition *samt,* ebenso wie ihre Variante *mitsamt,* hat etwa die gleiche Bedeutung wie die komplexe Präposition *zusammen mit* und bezieht das Adjunkt in den Zusammenhang der Basis ein:

/*die Eltern samt Sohn und Tochter*/

/*eine Familie mitsamt ihrem ganzen Gepäck*/

Die Kurzform *samt* wird bei kasusfreiem Gebrauch vorgezogen.

(9) Die Präposition *seit*

Die Präposition *seit,* etymologisch verwandt mit dem Nomen *Zeit,* regiert den Dativ. Sie bezeichnet einen ›Anfang‹ in der Zeit und steht auch vielfach in nichtnominalen Adjunkten:

seit Sonntag	*seit dem 1. Januar*	*seit gestern*
seit kurzem	*seit alters*	*seit wann?*

Die Präposition *seit* kommt dementsprechend nur in zeitlichen Kontexten vor; selbst Junktionsglieder mit räumlicher Bedeutung werden in Junktionen mit *seit* im zeitlichen Sinne verstanden:

/*seit Stalingrad war der Krieg für Hitler verloren*/ (= ›von dem Zeitpunkt der Schlacht von Stalingrad an‹)

(10) Die Präposition *zufolge*

Diese Präposition, die aus der Präposition *zu* und dem Nomen *Folge* gebildet ist, hat ungefähr die gleiche Bedeutung wie *gemäß* und *nach* und steht mit Dativ-Rektion meistens nachgestellt (als »Postposition«): *dem Vertrag zufolge*. Selten ist die Voranstellung, die bisweilen auch Genitiv-Rektion auslöst: *zufolge eines Versehens.*

(11) Die Präposition *zugunsten/zuungunsten*

Diese Präposition, die mitsamt ihrem negativen Gegenstück aus der Präposition *zu* und dem Nomen *Gunst* abgeleitet ist, wird in der Voranstellung gebraucht und steht mit dem Dativ:

/*ein Testament zugunsten (zuungunsten) der Ehefrau*/

(12) Die Präposition *zuliebe*

Die Präposition ist aus der Präposition *zu* und dem Nomen *Liebe* abgeleitet. Sie regiert den Dativ und steht nur nachgestellt (als »Postposition«), und zwar hauptsächlich mit pronominalem Adjunkt: *mir zuliebe, euch zuliebe,* aber auch: *dem Verein zuliebe.*

(13) Die Präposition *zuwider*

Auch diese Präposition wird nur in der Nachstellung (als »Postposition«) verwendet und regiert den Dativ. Von den beiden einfachen Präpositionen *zu* und *wider* ›gegen‹ hat sie ihre Bedeutung ›Gegensatz‹: *der Anordnung zuwider, der öffentlichen Meinung zuwider.* Bei dieser Präposition ist der Gegensatz schärfer ausgeprägt als bei der Präposition *entgegen* (vgl. oben Ziffer 2).

7.1.3.3 Präpositionen mit dem Akkusativ

Die Präpositionen, die dieser Gruppe angehören, haben feste Akkusativ-Rektion. Sie regieren den Akkusativ unabhängig von der Frage, ob sie Positions- oder Direktions-Bedeutung haben. Zu dieser Gruppe gehören die Präpositionen *durch, für, gegen/wider, ohne, um.*

7.1.3.3.1 Die Präposition *durch*

Die Präposition *durch,* die auch als Nachverb (*gebe – durch, schaue – durch*) und als Verbpräfix (*durchlaufe, durchschaue*) dient, regiert fest den Akkusativ. Bei einem konkret-sinnfälligen Kontext kann sie zur zweiteiligen Präposition *durch – hindurch* (mündlich-umgangssprachlich auch: *durch – durch)* erweitert werden. Die Bedeutung der Präposition *durch* wird im folgenden mit dem semantischen Merkmal ⟨STRECKE⟩ bezeichnet:

/ein Gang durch den Wald (hindurch)/

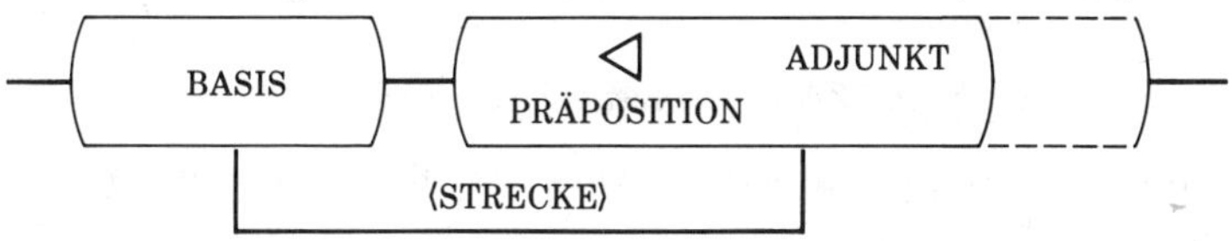

In diesem Beispiel wird die Junktionsbasis *ein Gang* vom Adjunkt *durch den Wald* her so determiniert, daß der Wald die Strecke vorgibt, um die der Gang ausgedehnt wird. Die mögliche Erweiterung mit *hindurch* oder *durch* am Ende des Adjunkts verstärkt noch den Eindruck einer Erstrekkung.

Häufig gehört zur *durch*-Strecke, daß sie ein Medium passieren muß und dabei eine Schwierigkeit zu bewältigen, ein Hindernis zu überwinden hat:

/früher schwamm sie jeden Morgen durch den Fluß/

/jetzt kämpft sie sich jeden Morgen durch den dichten Verkehr (hindurch) zum Büro/

/durch Nacht zum Licht/ (Redensart)

/durch diese hohle Gasse muß er kommen/ (= geflügeltes Wort, nach Schiller, Wilhelm Tell)

Es kann sich in einer *durch*-Junktion, wenn der Kontext es nahelegt, immer auch um eine Zeitstrecke handeln. Doch tritt in diesen Fällen anstelle der Präposition *durch* meistens nur das zweite Element der zweiteiligen Präposition *durch – hindurch/durch* auf, das somit als »Postposition« erscheint. Diese Form der Junktion tritt besonders bei längeren Zeitstrecken auf:

/*ich habe mein ganzes Leben hindurch* (oder umgangssprachlich: *durch*) *gearbeitet*/

/*du hast aber auch viele Nächte hindurch* (oder: *durch*) *auf Partys getanzt*/

Zu merken ist auch die Ausdrucksweise: *es ist schon 8 Uhr durch* (= ›es ist schon über 8 Uhr hinaus‹).

Die kommunikative Bedeutung ist bei der Präposition *durch* im allgemeinen weniger stark ausgeprägt. Sie tritt jedoch immer dann zutage, wenn das Kommunikationsmedium aus irgendeinem Grunde ausdrücklich bewußt gemacht wird. Dieses Medium wird dann mit dem *durch*-Adjunkt bezeichnet:

/*er hatte sie durch eine Zeitungsanzeige kennengelernt*/

/*sie sprach gerne durch die Blume mit ihm*/ (= Redensart mit der Bedeutung ›verhüllt‹)

Aus der genannten Bedeutung der Präposition *durch* ergibt sich, daß sie besser mit Sachen und Sachverhalten verträglich ist als mit Personen. Nur wenn Personen ausdrücklich als Vermittler auftreten und in dieser Eigenschaft eine (hinderliche) Strecke zu durchmessen haben, findet man gelegentlich personale Adjunkte mit *durch*:

/*am besten schicken wir Ihnen diesen Brief durch Eilboten*/

/*noch schneller erreicht mich der Brief, wenn Sie ihn durch (einen) Kurier zustellen lassen*/

Fachsprachlich-alltagssprachlich sagt man in diesem Fall bisweilen statt *durch* auch *per*, zum Beispiel: *per Luftpost*.

Mit beträchtlicher Frequenz steht die Präposition *durch* (nun aber ohne Erweiterung zur zweiteiligen Präposition) im Dienste der Finalität. Denn wenn irgend ein Ziel (Zweck) gesetzt ist, so müssen in der Regel verschiedene Mittel bereitgestellt und eingesetzt werden, die zu diesem Ziel hinführen. Zwischen dem anfänglich gesteckten und dem endlich erreichten Ziel liegt also eine kürzere oder längere Strecke, auf der Mittel eingesetzt werden müssen. Beispiele:

DURCH = PER MEZZO DI

/mehr Leistung durch bessere Ausbildung/

/mehr Umweltschäden durch unkontrolliertes Wachsen der Wirtschaft/

/durch Verwaltungsmaßnahmen allein kann man politische Programme nicht erfüllen/

/die Wähler wollen durch Argumente überzeugt werden/

/Bundesgesetze werden durch Verkündigung im Bundesgesetzblatt rechtskräftig/

Deverbal gebildete Nomina auf *-ung* oder nominalisierte Infinitive sind besonders reichlich in Adjunkten mit der Präposition *durch* zu finden; sie repräsentieren in nominaler Form eine Handlung und deren Erstrekkung im Vollzug.

Eine besonders häufige Anwendung ergibt sich für Junktionen mit der Präposition *durch* im Kontext des Passivs, vor allem des Vorgangs-Passivs (vgl. 2.6.1.1.1). Der passivisch ausgedrückte Vorgang kann mittels eines *durch*-Adjunkts als (Handlungs-)Strecke determiniert werden. Dieser Sprachgebrauch ist besonders für Fachsprachen charakteristisch:

/ein Knochenbruch kann heute durch eine Röntgenaufnahme leicht diagnostiziert werden/

/ein Magengeschwür sollte nicht nur durch Medikamente, sondern auch durch eine Änderung der Lebensweise geheilt werden/

Auf einer Handlungsstrecke ist, wie die Beispiele zeigen, Platz für den Einsatz von Mitteln zu einem Zweck.

Bei personaler Besetzung des Adjunkts eröffnet das Passiv eine gewisse Wahlmöglichkeit zwischen *durch-* und *von*-Adjunkten, die sich in diesem Kontext nur um Nuancen unterscheiden:

PASSIV MIT *durch*-ADJUNKT	PASSIV MIT *von*-ADJUNKT
/die Operation muß auf jeden Fall durch einen Facharzt ausgeführt werden/	*/ich hoffe, die Operation wird von dem besten Arzt Ihrer Klinik vorgenommen/*

Das Beispiel der linken Spalte betont die Funktionalität der Operation und die Rolle des Operateurs als eines Vermittlers der medizinischen Behandlung. Im Beispiel der rechten Spalte tritt die Person des Arztes, in dessen Hand die Operation liegt, stärker als Quelle der Handlung in den Vordergrund (vgl. 7.1.3.2.5). Beim Zusammentreffen eines personalen und eines sächlichen Adjunkts gebraucht man jedoch die Präposition *von* immer für die Person, die Präposition *durch* für die Sache oder den Sachverhalt:

/*der Nierenstein wurde vom Oberarzt der Urologischen Klinik durch Ultraschall zertrümmert*/

Wenn jedoch ein verbaler Ausdruck zu einer Genitiv-Junktion nominalisiert wird, so ist neben dem Genitiv-Adjunkt nur ein *durch*-Adjunkt, kein *von*-Adjunkt möglich. Zum Vergleich:

VERBALER AUSDRUCK: ADJUNKT MIT *von* ODER *durch*	NOMINALER AUSDRUCK: GENITIV-ADJUNKT + *durch*
/*die Frankfurter Messe wurde vom Bundeswirtschaftsminister eröffnet*/	/*Die Eröffnung der Frankfurter Messe durch den Bundeswirtschaftsminister*/
/*die Investitionen werden von der* (oder: *durch die*) *Zinspolitik der Bundesbank stark beeinflußt*/	/*die starke Beeinflussung der Investitionen durch die Zinspolitik der Bundesbank*/

Für die verbalen Ausdrücke der linken Spalte (Passiv) bieten sich zwei Möglichkeiten der Erweiterung an: ein *von*-Adjunkt zur Angabe der Handlungsquelle oder ein *durch*-Adjunkt zur Angabe des Handlungsmediums. Diese Wahlmöglichkeit ist in der rechten Spalte unter den Bedingungen der Nominalisierung aufgehoben. Man kann das deverbale Nomen außer mit einem Genitiv-Adjunkt nur mit einem *durch*-Adjunkt erweitern. Zu beachten ist jedoch, daß im Genitiv-Adjunkt suppletives *von* auftreten kann (vgl. 7.2.1.2).

Relativ wenige Verben gehen mit der Präposition *durch* eine feste Verbindung ein. Es sind im wesentlichen die folgenden:

ersetze durch	*unterscheide mich durch*
teile (dividiere) durch	*verleite (verlocke) durch*
überzeuge durch	*zeichne mich – aus durch*

Als freie Formen gehören zur Präposition *durch* die Adverbien *hindurch, dadurch, durchaus* und *durchweg* sowie das Frage- und Relativ-Morphem *wodurch.* Mit der Inhalts-Konjunktion *daß* verbindet sich das Adverb *dadurch* gerne zu der zweiteiligen Konjunktion *dadurch daß,* die gewöhnlich eine längere (länger ›gestreckte‹) Begründung ankündigt.

7.1.3.3.2 Die Präposition *für*

Die Präposition *für,* die fest den Akkusativ regiert, hat sich erst in der Neuzeit von der ursprünglich mit ihr identischen Wechsel-Präposition *vor* abgelöst, was noch an einigen idiomatischen Relikten zu erkennen ist (zum Beispiel: *Mann für Mann* = ›Mann vor Mann‹, *Schritt für Schritt* = ›Schritt vor Schritt‹). Aus dieser Herkunft erklärt sich auch eine gewisse Arbeitsteilung zwischen den beiden Präpositionen. Während die Präposition *vor* mit ihrer Bedeutung ⟨VORDERSEITE⟩ eher in räumlichen und zeitlichen Kontexten vorkommt und auch als einzige dieser beiden Präpositionen als Nachverb auftreten kann, drückt die Präposition *für* ein spezifisches kommunikatives Handeln aus, das die Blickstellung voraussetzt.

Wir beschreiben die Bedeutung der Präposition *für* mit dem semantischen Merkmal ⟨TAUSCH⟩. Diese Bedeutung, die eine fundamentale anthropologische Geste ausdrückt, interpretiert die Interaktion der kommunikativen Dyade als einen Tauschverkehr des Gebens und Nehmens (Zeichentausch, Wertetausch, Warentausch).

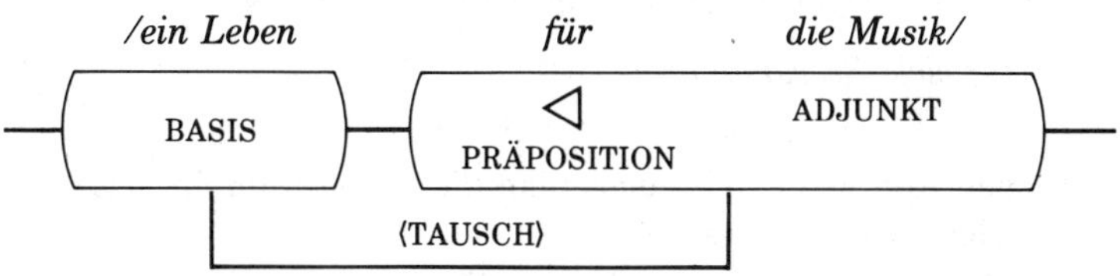

Der *Musik* (= Adjunkt) wird hier ein *Leben* (= Basis) geboten. So ist diese Junktion nach der Anweisung der Präposition *für* zu verstehen.

Die prototypische Orientierung des (An-)Bietens im Tauschverkehr der kommunikativen Dyade als Grundform der Interaktion schließt die Möglichkeit ein, daß eine Person sich selber anbietet, indem sie sich anderen zur Verfügung stellt:

/du weißt, daß ich immer für dich da bin/

/wenn jeder nur für sich selber sorgte, wäre das Zusammenleben eine Plage/

Eine grundlegende Sozialform des Tausches ist auch die Stellvertretung eines Anderen:

/soll ich für dich zum Ausländeramt gehen?/

/ich muß wohl selber hingehen, weil man nicht für andere unterschreiben kann/

Auf dem Prinzip der Stellvertretung beruht auch der gesamte Zeichenverkehr: das sinnfällige Zeichen (der Signifikant als Symbol, Wertmarke oder Geld) steht für etwas anderes (das Signifikat als Sache, Gut oder Ware), das in einer gegebenen Situation als gleichwertig angesehen wird:

/was verlangen Sie für diese alte Kommode?/

/für 200 Mark können Sie das Möbelstück haben/

/für »Antiquitätenmesse« kann man auch »Flohmarkt« sagen/

Die Gleichwertigkeit der Güter, die Grundlage jedes Tauschverkehrs ist, unterliegt der Schätzung und Bewertung. Daher werden viele Verben, die eine Evaluation anbieten, mit einem *für*-Adjunkt verbunden:

/ich halte dieses Argument für erwägenswert/

/das gilt für viele Begründungen/

In zeitlichen Kontexten gebraucht man die Präposition *für* seltener. Es gibt aber Beispiele wie diese:

/ich möchte die Wohnung für ein Jahr mieten/

/da ich für heute abend noch einen Interessenten bestellt habe, kann ich Ihnen erst morgen Nachricht geben/

Es ist charakteristisch für Beispiele dieser Fallgruppe, daß der zeitliche Kontext bestimmte Fristen ausdrückt. Diese Fristen sind Bestandteil des Bietens im sozialen Tauschverkehr.

Feste Verbindungen mit der Präposition *für* gehen hauptsächlich die folgenden Verben ein:

bedanke mich für
begeistere mich für
bereite (mich) - vor für
bin für
bürge für
büße für
danke (bedanke mich) für
entschädige (mich) für
entscheide mich für
entschuldige mich für
erkläre (mich) für
garantiere für
gebe - aus für
gebe - her für
hafte für
interessiere mich für
kämpfe für
komme - auf für
lebe (nur) für
mache - verantwortlich für
opfere mich (- auf) für
plädiere für
schäme mich für
schwärme für
setze mich - ein für
sorge für
spreche mich - aus für
stimme für
trete - ein für
verbürge mich für
verwende (mich) für

Als Adverb gehört zur Präposition *für* die Form *dafür*, als Frage- und Relativ-Morphem die Form *wofür*.

7.1.3.3.3 Die Präpositionen *gegen* und *wider*

Die Präposition *gegen*, die nicht als Nachverb vorkommt, regiert fest den Akkusativ. Ihre Bedeutung kann mit dem semantischen Merkmal ⟨NÄHE⟩ ausgedrückt werden. Damit ist eine Engstellung gemeint. In der kommunikativen Dyade, die auch für diese Bedeutung das anthropologische Modell abgibt, liegt eine Engstellung dann vor, wenn der Normalabstand, der für die Blickstellung zweier miteinander sprechender Personen üblicherweise zwischen ein und zwei Armlängen beträgt, bis zum Grenzwert der körperlichen Berührung unterschritten wird. Dadurch entsteht ein kritischer Nahabstand, der je nach den Umständen unterschiedlich interpretiert werden kann. Prototypisch ist eine antagonistische Interpretation der Nähe und Engstellung, entweder als Ernstfall (Feindschaft) oder als Spiel (Gegnerschaft):

/Widerstand gegen die Staatsgewalt/

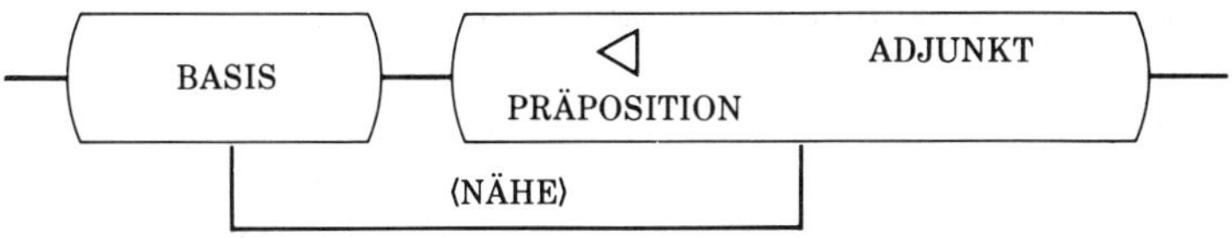

Der *Widerstand* (= Basis) wird hier von der *Staatsgewalt* (= Adjunkt) her determiniert, was sinnfällig als ›Zusammenstoßen‹ vorgestellt werden kann. Weitere Beispiele:

/Friedrich der Große kämpfte im Siebenjährigen Krieg gegen Maria Theresia/

/in Kleists Novelle hat Michael Kohlhaas die ganze Welt gegen sich/

/der Höfling Antonio intrigiert in Goethes Drama gegen den Dichter Tasso/

/unsere Mannschaft spielt am nächsten Samstag gegen den Tabellenführer/

Eine ausgesprochen freundliche Konnotation verbindet sich in der heutigen Sprache (in der älteren Sprache war das anders) nur selten mit der Bedeutung der Präposition *gegen*. Man kann jedoch sagen:

/wenn du müde bist, lehne dich gegen mich (oder: *an mich*)*!/*

Bei Sachen und Sachverhalten wird die Engstellung in der Regel neutral bewertet. Das gilt auch für Vergleiche, die eine Engstellung der Vergleichsgegenstände voraussetzen, oder für Tauschsituationen, die mit dem Geben auch das Nehmen schon ins Auge fassen. Beispiele:

/kannst du mal dieses Dia gegen das Licht halten?/

/gegen den alten Projektor ist der neue viel leistungsfähiger/

/du solltest lieber deine Kamera gegen einen Malkasten eintauschen/

Im Kontext von Junktoren mit numerischer oder zeitlicher Bedeutung drückt die Präposition *gegen* einen etwas ungenauen Wert aus, der aber eng an den genauen Wert herankommt:

/auf dem Platz wurden gegen (auch: *an die, um die*) *fünftausend Demonstranten gezählt/*

/gegen Mittag war die Demonstration zu Ende/

Feste Verbindungen mit der Präposition *gegen* ergeben sich bei Verben mit passenden Bedeutungen wie zum Beispiel:

arbeite gegen
bin gegen
entscheide mich gegen
erhebe mich gegen
kämpfe gegen
klage gegen

lehne mich – auf gegen
protestiere gegen
richte mich gegen
schreite – ein gegen
spreche mich – aus gegen
sträube mich gegen

stimme gegen
tausche gegen
verstoße gegen
verteidige mich gegen
verwahre mich gegen
wehre mich gegen

Zur Präposition *gegen* gehören die Adverbien *dagegen* und *hingegen* mit der aus der letztgenannten Form entwickelten Konjunktion *wohingegen*. Zugehöriges Frage- und Relativ-Morphem ist *wogegen*.

Neben der Präposition *gegen* steht die gleichbedeutende, aber im heutigen Sprachgebrauch veraltete Präposition *wider*. Diese ist erst seit Beginn der neuhochdeutschen Zeit von dem Adverb *wieder* orthographisch unterschieden worden. Man findet die Präposition *wider* heute nur noch in älteren Texten oder lexikalisierten Verbindungen:

/wer nicht für mich ist, der ist wider mich/ (Bibelsprache)

/die meisten Sünden werden wider besseres Wissen (und Gewissen) begangen/

Zur Angabe der angestrebten Himmelsrichtung dient ferner gelegentlich, aber immer mit archaischer Konnotation, die Präposition *gen*:

/die Schwalben ziehen schon wieder gen Süden/

7.1.3.3.4 Die Präposition *ohne*

Die Präposition *ohne*, die nicht als Nachverb gebraucht wird, regiert fest den Akkusativ (*kein Tag ohne dich*). Ihrer Bedeutung nach stellt die Präposition *ohne* die Negation der Präposition *mit* (Dativ-Rektion!) dar; sie negiert nämlich die Erwartung einer ›Ergänzung‹. Wir beschreiben ihre Bedeutung daher mit dem auch für die Präposition *mit* geltenden Merkmal ⟨ERGÄNZUNG⟩, zu dem nun das Negations-Merkmal ⟨EINSPRUCH⟩ hinzutritt:

/ein König *ohne* *Königreich/*

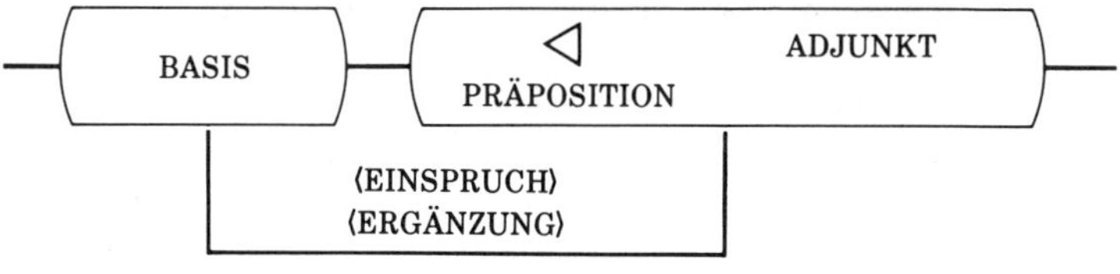

In diesem Beispiel ist aus dem nominalen Ausdruck *ein König* (= Basis) die Erwartung einer Ergänzung ableitbar, die dem König ein Königreich zuspricht. Eben diese naheliegende Erwartung wird durch den Einspruch der Negation, die in der Bedeutung der Präposition *ohne* enthalten ist, gestoppt und enttäuscht: *dieser* König hat wider Erwarten kein Königreich (= Adjunkt). Immer ist also in einer *ohne*-Junktion eine plausible Ergänzungs-Erwartung vorausgesetzt, die sich aus dem voraufgehenden Kontext, aus der gegebenen Situation oder aus der Plausibilität des Wort- und Weltwissens nährt. Plausibel ist beispielsweise die Erwartung, daß der Fahrer eines Autos durch einen Führerschein ausgewiesen ist. In diesem Erwartungsrahmen kann man fragen:

/fahren Sie hier vielleicht ohne Führerschein?/

/haben Sie etwa ein Auto ohne Bremsen?/

Zum Zusammenhang der Präpositionen *mit* und *ohne* vergleiche man die folgenden Beispiele:

ERGÄNZUNG	ERGÄNZUNG NEGIERT
/Fernsehen mit Kabelanschluß/	*/Fernsehen ohne Antenne/*
/Fahrkarte mit Zuschlag/	*/Fahrkarte ohne Wert/*

Im Beispiel der linken Spalte wird eine Ergänzung, die nicht selbstverständlich ist, durch eine *mit*-Junktion ausdrücklich zur Kenntnis gebracht. Das Beispiel der rechten Spalte kann hingegen nur in einer Situation vorgestellt werden, in der eine solche Ergänzung erwartbar ist, aber dennoch fehlt. Darum wird die Erwartung dieser Ergänzung ausdrücklich negiert.

Wenn nun eine Ergänzung in der Schwebe bleibt, können die beiden Präpositionen *mit* und *ohne,* sofern sie durch *und* oder durch *oder* verbunden sind, nebeneinander gebraucht werden. Dabei ist die unterschiedliche Rektion der beiden Präpositionen zu beachten. Denn nur wenn der Kasus unmarkiert ist, kann man die beiden Präpositionen mit dem gleichen Nomen verbinden. Ist der Kasus hingegen markiert, so muß man das Adjunkt in ein Nomen und ein Pronomen als Träger für die beiden verschiedenen Kasus aufspalten. Zum Vergleich:

KASUS UNMARKIERT	KASUS MARKIERT
/Zimmer mit und ohne Frühstück/	*/eine Reise mit den Kindern oder ohne sie/*

Im Beispiel der linken Spalte paßt das Nomen *Frühstück,* weil ohne Kasusmarkierung, zu *mit* und *ohne,* während im Beispiel der rechten Spalte bei *mit* ein kasusmarkiertes Nomen im Dativ und bei *ohne* ein ebenfalls kasusmarkiertes Pronomen im Akkusativ erforderlich ist. Anmerkung: Die Verbindung der Präposition *ohne* mit dem Pronomen *es* (Akkusativ) ist ungebräuchlich.

Besonders häufig dient die Präposition *ohne* zum Ausdruck evidenter Leerstellen oder Mängel, die leicht als enttäuschte Erwartungen interpretierbar sind:

/eine junge Frau ohne Arbeit/

/ein Arbeitsverhältnis ohne festen Vertrag/

/eine Lehrstelle ohne Aussicht auf Weiterbeschäftigung/

/ein Leben ohne Zukunft/

Fachsprachlich bezeichnet man mit einem *ohne*-Adjunkt die Nichtberücksichtigung eines Teilbetrags, zum Beispiel:

/der Preis des Gerätes ist DM 180,– ohne Mehrwertsteuer (ohne MWSt.)/

Je enger dabei der Erwartungsrahmen ist, umso eher bietet sich die Präposition *ohne* zum Gebrauch an; sie steht daher sehr oft mit nachfolgendem Null-Artikel, also unter den Bedingungen besonders enger Zusammengehörigkeit von Basis und Adjunkt. Das zeigen auch die folgenden *ohne*-Adjunkte, die lexikalisiert zu adverbialen Ausdrücken verfestigt sind und bisweilen den Adjektiv-Ableitungen mit dem Suffix *-los* entsprechen:

ohne Zweifel (= *zweifellos*)
ohne Zögern
ohne Unterlaß (= *unentwegt*)
ohne Mühe (= *mühelos*)
ohne Verzug (= *unverzüglich*)
ohne Frage (= *fraglos*)

Semantisch ist an diesen Ausdrücken besonders bemerkenswert, daß die beteiligten Nomina bereits von sich aus eine Abweichung von der glatten Normalität ausdrücken, so daß die *ohne*-Ausdrücke fast als doppelte Negationen und insofern als indirekte Affirmationen anzusehen sind (vgl. 8.2). Das ist in ähnlicher Weise auch bei verschiedenen anderen Junktionen mit der Präposition *ohne* zu beobachten, zum Beispiel:

/ich kann ohne dich nicht leben/

/ich sage das nicht ohne Grund/

Zu beachten ist auch die umgangssprachliche Redensart:

/oho, das ist (ja) gar nicht (so) ohne!/

Diese Redensart gibt zu verstehen, daß man bei einem Sachverhalt einen interessanten, bisher noch nicht genügend beachteten Gesichtspunkt hinzufügen muß (doppelte Negation, daher affirmative Bedeutung!).

Als Negation einer *mit*-Erwartung kann eine Junktion mit der Präposition *ohne* einer Konjunktional-Junktion mit konditionaler Bedeutung entsprechen, sofern diese ebenfalls negiert ist. Zum Vergleich:

PRÄPOSITIONAL-JUNKTION MIT DER PRÄPOSITION *ohne*	KONJUNKTIONAL-JUNKTION MIT KONDITIONALER BEDEUTUNG
/ohne Bücher kann ich nicht leben/	*/wenn ich keine Bücher habe, kann ich nicht leben/*
/ohne Wörterbuch hätte ich den Text nicht verstanden/	*/hätte ich kein Wörterbuch gehabt, so hätte ich den Text nicht verstanden/*

Der Ausdruck der Konditionalität kann in beiden Spalten, wie die Beispiele zeigen, durch den Gebrauch des restriktiven Konjunktivs beeinflußt werden (vgl. 7.3.5).

Mit ihrer Bedeutung ›Einspruch gegen eine erwartbare Ergänzung‹ geht die Präposition *ohne* auch in die Konjunktion *ohne daß* (meistens mit restriktivem Konjunktiv) und in die Infinitiv-Konjunktion *ohne – zu* ein (vgl. 7.3.8). Beide Konjunktionen drücken mit verbalen Mitteln die Anweisung aus, eine naheliegende Ergänzung zu unterlassen:

/der Verkäufer drückte mir den Kaufvertrag in die Hand, ohne daß ich Zeit gefunden hätte, alle Paragraphen zu studieren/

/ich habe dummerweise den Kaufvertrag unterschrieben, ohne das Kleingedruckte genauer gelesen zu haben/

Die Form *ohne – zu* wird bei gleichem Subjekt der Form *ohne daß* vorgezogen.

Die freie Form der Präposition, die (jedoch selten) als Adverb gebraucht wird, lautet ebenfalls *ohne*:

/alle bringen ihr Badezeug mit, du bist der einzige, der ohne kommt/

In argumentativen Zusammenhängen gebraucht man das Adverb *ohnehin* mit der Bedeutung ›unter Nichtberücksichtigung der erwähnten Bedingungen‹.

7.1.3.3.5 Die Präposition *um*

Die Präposition *um,* die auch als Nachverb (*stelle - um, steige - um*) und als Verbpräfix (*umarme, umstelle*) vorkommt, regiert fest den Akkusativ. Sie kann bei konkret-sinnfälligem Kontext durch das Morphem *herum* (mündlich-umgangssprachlich auch: *rum*) zu einer zweiteiligen Präposition (»Zirkumposition«) *um - herum* oder *um - rum* erweitert werden. Die Bedeutung der Präposition *um* soll mit dem semantischen Merkmal ⟨UMGEBUNG⟩ bezeichnet werden:

/der Schal um den Hals/

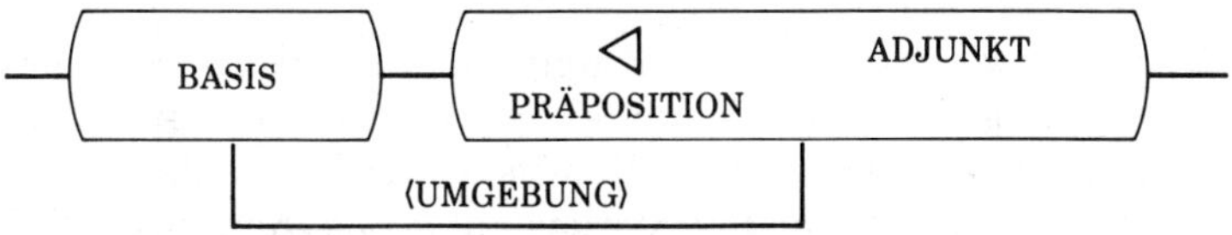

Der *Schal* (= Basis) wird hier nach der Anweisung der Präposition *um* vom Adjunkt determiniert: er soll die Umgebung des *Halses* (= Adjunkt) bilden.

Prototypisch für die Bedeutung der Präposition *um* ist der Bewegungsraum des Leibes (Arme, Beine, Blicke) in den drei Dimensionen der Frontalität, Vertikalität und Lateralität:

/hast du gerne viele Bücher um dich (herum)?/

Von diesem Anschauungsmodell ausgehend können auch Umgebungen anderer Zentren mit der Präposition *um* ausgedrückt werden:

/wir setzen uns um den Tisch (herum)/

/das Mühlrad dreht sich um seine Achse/

Bei Verben, die eine Ruhelage ausdrücken, setzt *um* eine Basis im Plural oder im Kollektiv-Singular voraus:

/Sicherheitsbeamte haben sich um das Flugzeug (herum) aufgestellt/

/eine größere Menschenmenge hat sich um das Flughafengebäude (herum) versammelt/

Von den drei Dimensionen, die für die Bildung einer ›Umgebung‹ in Frage kommen, ist die Dimension der Frontalität besonders handlungsrelevant. Sie kann daher, wenn die lexikalische Bedeutung des Verbs in diese Richtung weist, bei der Präposition *um* dominant werden, besonders im Kontext von Kampf und Spiel:

/wir spielen hier nicht um Geld/

/wir kämpfen um den Pokal/

/wir bitten um die Unterstützung des Publikums/

/wir werden die Meisterschaft gewinnen, um was wetten wir?/

/ich hoffe, wir werden nicht um unsere Aussichten betrogen/

In Beispielen wie diesen ist die Erweiterung mit *herum* (*rum*) ausgeschlossen. Das gilt auch für die zahlreichen reflexiven Verben mit fester Präposition *um,* die ebenfalls die Dimension der Frontalität dominant setzen und demzufolge eine Erweiterung mit *herum* (*rum*) ausschließen:

/soll ich mich um diese freie Stelle bewerben?/

/um eine so schlecht bezahlte Stelle würde ich mich nicht bemühen/

/wer sich um nichts kümmert, bringt auch nichts Ordentliches zuwege/

Auch der Horizont hat Umgebungsstruktur. Er ist der Handlungsumkreis in seinem weitestmöglichen Umfang. Daher findet man viele »unpersönliche« (oft überdies reflexive) Verben mit dem Horizont-Pronomen *es,* die ein Adjunkt mit *um* fokussieren. Beispiele:

/um was (oder: worum) *handelt es sich bei diesem Roman?/*

/es dreht sich alles um die Liebe/

/es geht immer um das gleiche/

Da die Präposition *um* mit ihrer Bedeutung ›Umgebung‹ die Frontalität des Handelns in der Richtung ›hin‹ einschließt, verändert ein Verb, das kraft seiner Lexik eine ›Her‹-Bedeutung mitbringt, die Handlungssituation von Grund auf. Nun geht es nicht mehr um einen frontalen Ausgriff in den Handlungskreis hinein, sondern um eine Umkehr des Handelns in der Form des Erleidens:

/der Börsenkrach hat ihn um sein Vermögen gebracht/

/er ist dabei wenigstens nicht ums Leben gekommen/

/um verlorenes Geld soll man nicht lange trauern (klagen, weinen, jammern)/

Man vergleiche auch die mit dem Nachverb *um* gebildeten zweiteiligen Verben *bringe – um* ›töte‹ und *komme – um* ›sterbe‹. Sie haben sich ebenfalls aus einfachen Verben mit ›Her‹-Bedeutung konstituiert.

Da sich das Handeln in vielen Fällen an Maßen orientiert, ziehen einige weitere Sprachzeichen die Präposition *um* in auffälliger Weise an. Mit der Präposition *um* wird insbesondere derjenige Umkreis bezeichnet, innerhalb dessen ein Maß »Spiel« hat:

/die Kopie ist im Vergleich zum Original um einige Farbstiche dunkler (zu dunkel)/

/wir verkaufen diese Stücke um fünf Mark billiger/

In Verbindung mit Unschärfe-Partikeln wie *so* oder anderen Vagheitssignalen kann die Präposition *um* auch einen ›Hof‹ bezeichnen, der eine Norm oder ein bestimmtes Maß umgibt:

/der Photoapparat kostet (so) um die 500 Mark (herum)/

/es muß (so) um sechs Uhr (herum) gewesen sein, als plötzlich ein furchtbarer Knall .../

Die Angaben der Uhrzeit mit *um* bedürfen einer kleinen kulturgeschichtlichen Erklärung. Vor Erfindung der mechanischen Uhren war für die arbeitenden Menschen die Tageszeit vom Mittag als der Mitte des Tages her strukturiert. Wenn die Sonne am höchsten stand, unterbrach man die Arbeit und aß »zu« Mittag (Bedeutung ›Ziel‹ – vgl. 7.1.3.2.6). Alle Zeitverhältnisse des Vormittags und des Nachmittags (vgl. lat./engl. *ante/post meridiem*) lagen daher im mittäglich halbierten Umkreis des Arbeitenden. So bildete sich die Gewohnheit heraus, die Stunden, ausgedrückt in der Maßeinheit *Uhr* (< lat. *hora*, ital. *ora* ›Stunde‹), durch die größere oder geringere Abweichung vom Meßpunkt des Mittags zu kennzeichnen. Die Zählung der Stunden in der Maßeinheit ›Uhr‹ situiert also die jeweilige »Tageszeit« im arbeitsrelevanten »Um«-Feld des Meßpunktes Mittag, und zwar entweder auf diesen zu oder von ihm weg. Daher gebraucht man auch nach der Erfindung mechanischer oder elektronischer Uhren, die ganz genaue Angaben der Uhrzeit erlauben, die Präposition *um*:

/wir hatten uns doch (heute morgen) um 11 (Uhr) verabredet!/

/ich bin erst (heute abend) um 7 (Uhr) frei/

Auch ohne jeden erkennbaren Bezug auf den alten Meßpunkt des Mittags steht nun die Präposition *um*:

/die Raumfähre erhob sich planmäßig um 7 Uhr 17 vom Boden/

/der Intercity verspätet sich heute um sechs Minuten und wird erst um 18 Uhr 43 eintreffen/

Zu beachten ist auch, daß man mit einem *um*-Adjunkt nicht unmittelbar auf die Frage nach der Uhrzeit antwortet. Man sagt vielmehr:

/wieviel Uhr (oder: *wie spät) ist es?* ÷ *(es ist) 10 Uhr/*

Andere als tageszeitliche Zeitangaben können mit Hilfe der bloßen Präposition *um* nicht bezeichnet werden. Mit der erweiterten Form *um – herum*, seltener auch mit *um* alleine, kann man jedoch einen zeitlichen Umkreis vage bezeichnen, insbesondere bei unscharfen Kalenderangaben in der Umgebung der Feste, an denen sich früher das jahreszeitliche Handeln ebenso orientierte wie das tageszeitliche Handeln am Mittag:

/ich besuche euch wahrscheinlich um Ostern (herum), aber sicher nicht genau zu Ostern/

/um Weihnachten (herum) sind die Geschäfte immer überfüllt/

Auch die Zeitreihe, die im Vergleich zu einem bestimmten Zeitpunkt des Handelns die Zeit nur unscharf bezeichnet, benutzt gerne die Präposition *um*:

/sie hat mich Tag um Tag vertröstet/

/sie wird dich noch Jahr um Jahr warten lassen/

Fest verbunden mit der Präposition *um* sind hauptsächlich die folgenden Verben:

ängstige mich um	*drücke mich um*	*sorge mich um*
bange um	*ersuche um*	*spiele um*
bekümmere mich um	*flehe um*	*streite mich um*
bemühe mich um	*geht um*	*trauere um*
beneide um	*handelt sich um*	*weine um*
bewerbe mich um	*kämpfe um*	*weiß um*
bitte um	*klage um*	*werbe um*
dreht sich um	*kümmere mich um*	*wette um*

Zur Präposition *um* gehört das Adverb *darum*, das oft kausale Bedeutung hat. Mit *her* gibt es sowohl *herum* als auch *umher*, mit *hin* nur das seltene *umhin* (fast nur in der lexikalisierten Verbindung *ich kann/komme nicht umhin, zu . . .*). Frage- und Relativ-Morphem ist mit positioneller Bedeutung *worum*, mit kausaler Bedeutung *warum*.

7.1.3.4 Präpositionen mit dem Genitiv

Es gibt in der deutschen Sprache etwa 50 Präpositionen, die den Genitiv regieren. Doch haben sie fast alle eine relativ niedrige Frequenz in der Sprache. Nur die Präpositionen *während* (mit temporaler Bedeutung), *wegen* (mit kausaler Bedeutung) und *trotz* (mit konzessiver Bedeutung) haben eine etwas erhöhte Frequenz in der Gemeinsprache. Viele Präpositionen, die den Genitiv regieren, haben ihren eigentlichen Platz in Fachsprachen, besonders in der Rechts- und Verwaltungssprache. Von dieser aus dringen sie allerdings zunehmend in die Gemeinsprache ein.

Wir gliedern die Präpositionen, die den Genitiv regieren, nach vier Gruppen.

(1) Präpositionen im Positions-Kontext

Im Positions-Kontext werden die folgenden Präpositionen mit dem Genitiv gebraucht: *abseits, außerhalb, beiderseits, diesseits/jenseits, inmitten, innerhalb, längs(seits), nördlich/südlich/westlich/östlich, oberhalb/unterhalb, rechts/links, seitlich, unweit/unfern*. Einige dieser Präpositionen eignen sich auch für den Gebrauch in zeitlichen Kontexten, so zum Beispiel: *außerhalb, diesseits/jenseits, inmitten, innerhalb*. Unter formalen Gesichtspunkten ist zu beachten, daß die Genitiv-Flexion bisweilen auch dann durch das Suppletiv-Morphem *von* aufgefüllt wird, wenn es eine markierte Genitivform gibt: *links der Isar/links von der Brücke*.

(2) Präpositionen im zeitlichen Kontext

Zu nennen sind hier die Präpositionen *binnen* (auch mit dem Dativ), *während* (auch mit dem Dativ), *zeit* (fast nur in der Wendung *zeit meines Lebens*, vgl. das Adverb *zeitlebens*). Die Präposition *während* wird auch als Konjunktion gebraucht (vgl. 7.3.6.2). Das zugehörige Adverb lautet *währenddessen*, seltener *währenddem*.

(3) Präpositionen im Kontext von Ordnungssystemen

Im mehr oder weniger fachsprachlichen Kontext von Ordnungssystemen gebraucht man hauptsächlich die Präpositionen: *abzüglich/zuzüglich, angesichts, anhand (an Hand), anläßlich, anstatt (statt), anstelle (an Stelle), behufs* (veraltet), *betreffs, bezüglich, einschließlich/ausschließlich, hinsichtlich, inklusive/exklusive, namens, seitens/von seiten, unbeschadet, ungeachtet, vorbehaltlich*. Verschiedene dieser Präpositionen entstammen der Rechts- und Verwaltungssprache und gehören deren Ordnungssystemen an. Die zunehmende Verrechtlichung der Lebensbedingungen erlaubt jedoch keine ganz scharfe Grenzziehung zwischen dieser Fachsprache und der Gemeinsprache.

(4) Präpositionen als Ausdruck von Abhängigkeiten

Zu dieser Gruppe gehören die Präpositionen: *aufgrund* (< *auf Grund*), *dank* (auch mit dem Dativ), *halber* (nur nachgestellt, »Postposition«), *infolge* (oft auch kasusfrei), *kraft* (oft auch kasusfrei), *mangels* (oft auch kasusfrei), *mittels/vermittels(t), ob* (veraltet), *trotz* (auch mit dem Dativ), *um – willen* (zweiteilig, »Zirkumposition«), *vermöge, von – wegen* (zweiteilig, »Zirkumposition«), *wegen* (auch nachgestellt, »Postposition«).

Bei der relativ häufig gebrauchten kausalen Präposition *wegen* ist zu beachten, daß sie in der Voranstellung auch Dativ-Rektion haben kann (*wegen des schlechten Wetters/wegen dem schlechten Wetter*) und bisweilen auch kasusfrei gebraucht wird (*gesperrt wegen Unfall*). Nachgestellt hat sie immer Genitiv-Rektion (*eines schweren Unfalls wegen gesperrt*). Bei pronominalem Adjunkt verwendet man die abweichend gebildeten Formen *meinetwegen/euretwegen/Ihretwegen . . .;* in der Voranstellung gibt es dann nur die eher umgangssprachlich wirkende Dativ-Rektion (*wegen uns, wegen euch*). Man beachte auch den idiomatischen Ausdruck der widerwilligen Zustimmung:

/bist du endlich auch einverstanden? ÷ meinetwegen macht, was ihr wollt/

Ähnliches gilt für die Präpositionen *halber* und *um – willen*. Hier folgen die Formen mit pronominalem Adjunkt dem gleichen Typus mit *meinethalben* und *um meinetwillen*.

Es entsprechen einander in dieser Gruppe die folgenden Präpositionen und Adverbien: *halber* und *deshalb, trotz* und *trotzdem, wegen* und *deswegen*; diese Adverbien werden jedoch nur mit neutralisierter Gesprächsrolle gebraucht und geben einen maßgeblichen (*deshalb, deswegen*) oder beiseite geschobenen Grund (*trotzdem*) an. Mit Bezug auf eine maskuline oder feminine Gesprächsrolle kann man jedoch sagen: *deretwegen* (Feminin/Singular oder Genusneutral/Plural), *um deretwillen* (Feminin/Singular oder Genusneutral/Plural). Die den genannten Adverbien entsprechenden Frage- und Relativ-Morpheme lauten *weshalb* und *weswegen,* beide mit neutralisierter Gesprächsrollen-Bedeutung gebraucht:

/*weshalb* (oder: *weswegen*) *hast du mich nicht eingeladen?* ÷ *weil du beim letzten Mal nicht gekommen bist, deshalb* (oder: *deswegen*) *habe ich dich nicht eingeladen*/

Zu den hier genannten Präpositionen können weitere zusammengesetzte Präpositionen hinzutreten, die oft auch ad-hoc-Bildungen sind. Die meisten von ihnen, zumal in der Rechts- und Verwaltungssprache, regieren wie die oben verzeichneten Präpositionen den Genitiv, zum Beispiel: *auf Geheiß, aus Anlaß, in Anbetracht, mit Ausnahme, unter Zuhilfenahme.* Man findet sie im einzelnen im Wörterbuch verzeichnet.

7.1.3.5 Kasusfrei gebrauchte Präpositionen

Es gibt in der deutschen Sprache einige Präpositionen, die vorzugsweise kasusfrei gebraucht werden, das heißt in solchen Adjunktausdrücken, die den Kasus nicht erkennen lassen. Diese Bedingung ist insbesondere dann gegeben, wenn ein Nomen im Adjunkt ohne Artikel und attributives Adjektiv steht. In einigen Kontexten läßt sich allerdings die Wahl eines Kasus nicht umgehen, was dann leicht zu Unsicherheiten in der Kasuswahl führt. In diesem Sinne kasusfrei sind die Präpositionen *ab, bis, je, laut, nebst, per, pro* und *zwecks.*

(1) Die Präposition *ab*

Die Präposition *ab* ist in vielen zweiteiligen Verben als Nachverb zu finden (*fahre – ab, stimme – ab*) und vertritt in dieser Funktion die Präposition *von.* Als Präposition findet man *ab* hauptsächlich in Junktionen mit nichtnominalem Adjunkt (*ab hier, ab morgen, ab 1995*) oder vor einem Nomen ohne Kasusmarkierung (*ab Magdeburg, ab 500 Gramm, ab Mittwoch*). Wenn allerdings unbedingt ein Artikel oder ein attributives Adjektiv zu setzen ist, so daß der Kasus erkennbar wird, steht nach *ab* mit Artikel meistens der Dativ (*ab dem nächsten Jahr*), ohne Artikel der Akkusativ (*ab nächstes Jahr*). Im Zweifel, ob der Dativ oder der Akkusativ zu setzen ist, weicht man am besten auf die zweiteilige Präposition *von – an* aus (*vom nächsten Jahr an*).

Damit ist schon die Bedeutung der Präposition *ab* angegeben. Sie teilt mit der Präposition *von* das Merkmal ⟨ABLÖSUNG⟩ und gibt einen Ausgangspunkt an, wobei es dem Kontext oder der Situation überlassen bleibt, ob es sich um einen räumlich oder einen zeitlich bestimmten Ausgangspunkt handelt. Die Präposition *ab* wird auch gerne zur Orientierung auf einer Skala gebraucht. Einige Beispiele:

/der Zug führt ab Frankfurt einen Speisewagen/

/das Restaurant ist ab 18 Uhr geöffnet/

/der Wagen kostet DM 30.000,– ab Werk (a.W.)/

/ab hier gilt die Fahrkarte nicht mehr/

Insgesamt ist zu sagen, daß die Präposition *ab* vorwiegend umgangssprachlich und fachsprachlich gebraucht wird. In gepflegter Sprache sagt man eher *von – an*, das allerdings auch gelegentlich normwidrig mit *ab* zu der Form *von – ab* kontaminiert wird.

(2) Die Präposition *bis*

Die Präposition *bis* ist in den meisten Fällen ihres Gebrauchs eine »Halb-Präposition«, die zu anderen Präpositionen mit Direktions-Bedeutung hinzutritt und kraft ihres Merkmals ⟨ENDE⟩ den Endpunkt einer Richtung bezeichnet. Man kombiniert also: *bis an, bis auf, bis hinter, bis in, bis nach, bis neben, bis über, bis unter, bis zu,* und der Kasus eines nachfolgenden Nomens richtet sich jeweils nach der zweiten Präposition (Dativ: *bis zum Tode,* Akkusativ: *bis ins Grab*). Vor nichtnominalen Morphemen steht *bis* allerdings alleine, speziell vor Zahlen (*in 3 – 4 Tagen,* zu lesen: *in drei bis vier Tagen*), vor Adverbien (*bis morgen, bis hierher, von oben bis unten*) und vor Frage-Morphemen (*bis wann?, bis wohin?*). Umgangs- und fachsprachlich zeigt sich die Tendenz, die Präposition *bis* ohne weitere hinzutretende Präposition auch vor einem Nomen zu verwenden, vorzugsweise wenn das Nomen ohne Artikel steht:

/wie weit fährst du mit der U-Bahn? ÷ bis Marienplatz/

/Kinder bis 6 Jahre(n) halbe Preise/

Die Unsicherheit der Kasuswahl im letzten Beispiel ist als Grenzfallproblem einer sonst kasusfrei oder in Kasusabhängigkeit von anderen Präpositionen gebrauchten »Halb-Präposition« anzusehen. Ähnlich auch, mit üblicher Akkusativ-Rektion:

/*also auf Wiedersehen, bis Donnerstag!* ÷ *ja, dann bis nächste Woche!*/

Beachtenswert ist auch folgender Sonderfall:

/*hast du dein Geld bis auf den letzten Pfennig* (= ›ganz, auch den letzten Pfennig‹) *ausgegeben?* ÷ *ja, bis auf 2 Mark* (= ›außer diesem Restbetrag‹) *ist alles weg*/

In beiden Fällen wird hier der Endpunkt des Geldausgebens bezeichnet, einmal mit inklusiver und einmal mit exklusiver Rechnung.

(3) Die Präposition *je*

Die Präposition *je* mit der Bedeutung ›einzeln gerechnet‹ ist ebenfalls eine »Halb-Präposition«. In Verbindung mit der Präposition *nach* oder auch, jedoch nur fachsprachlich, für sich alleine steht sie bei Berechnungen von Beziehungen:

/*das muß je nach den Umständen entschieden werden*/

/*50 Pfennig Pfand je Flasche*/

(4) Die Präposition *laut*

Die Präposition *laut* (oft abgekürzt *lt.* oder *l.*) wird nur fachsprachlich gebraucht, und zwar vorzugsweise in der Rechts- und Verwaltungssprache sowie in journalistischen Nachrichtentexten. Sie bezieht sich auf eine modellhafte Vorlage, meistens in Gestalt eines maßgeblichen Textes, dessen »Wortlaut« zu befolgen ist:

/*die Universität ist laut Gesetz verpflichtet ...*/

/*lt. Auskunft der Verwaltung muß bis zum 31. Dezember ...*/

In ihrer Bedeutung kann die Präposition *laut* als eine fachsprachlich präzisierte Variante der Präpositionen *nach* und *gemäß* aufgefaßt werden. In seltenen Fällen findet man die Präposition *laut* auch vor kasusmarkiertem Nomen; es steht dann gewöhnlich der Dativ (*lt. Ihrem Schreiben vom 8.3. ds. J. = dieses Jahres*), doch kommt auch gelegentlich der Genitiv vor (*lt. unseres Protokolls*).

(5) Die Präposition *nebst*

Die Präposition *nebst* ist eine - ursprünglich superlativische - Formvariante der Präposition *neben*. Sie steht in ihrer Bedeutung zwischen den Präpositionen *neben* und *mit* und bezeichnet eine ›Zugabe‹. Sie wird nur in gepflegter und etwas gezierter Rede oder fachsprachlich gebraucht:

/*mein Onkel Dagobert nebst Familie*/

/*eine Krankenversicherung nebst Zusatzversicherung*/

In seltenen Fällen steht die Präposition *nebst* auch vor einem kasusmarkierten Nomen, und zwar mit dem Dativ (*nebst einfacher Zusatzversicherung*).

(6) Die Präpositionen *per* und *pro*

Die lateinischen Präpositionen *per* ›durch, entlang‹ und *pro* ›für, im Verhältnis zu‹ werden fach- und umgangssprachlich auch als Präpositionen der deutschen Sprache gebraucht. Beispiele:

/*ich schicke Ihnen das Buch per Post*/ (= ›durch die Post‹)

/*wieviele Bücher lesen die Deutschen wohl pro Kopf und Jahr?*/ (= ›bezogen auf jede einzelne Person und jedes einzelne Jahr‹)

(7) Die Präposition *voller (voll)*

Die invariante Adjektivform *voller* mit der Variante *voll* ist in vielen Fällen zur kasusfrei gebrauchten Präposition geworden. Sie wird nur in pluralischen oder kollektiv-singularischen Adjunkten gebraucht und gibt für die Junktionsbasis den ›Inhalt‹ an. Beim Plural steht eher die Form *voller*, beim Kollektiv-Singular eher die Form *voll*:

/*eine Turnhalle voller Kinder, voller Turngeräte*/

/*ein Eimer voll Wasser, voll Sand*/

Wenn die Setzung des Kasus nicht zu umgehen ist, steht bei *voller* der Genitiv (*voller lärmender Kinder*), bei *voll* ebenfalls der Genitiv oder auch der Dativ (*voll heißen Wassers, voll heißem Wasser*), doch weicht man in beiden Fällen eher auf kombinierte Präpositionen wie *voll mit* oder *voll von* aus.

(8) Die Präposition *zwecks*

Die Präposition *zwecks* (abgeleitet von dem Nomen *Zweck*) ist eine fach- und umgangssprachlich gebrauchte Präposition mit finaler Bedeutung. Sie kommt ebenfalls fast nur kasusfrei vor:

/das Museum ist zwecks Renovierung vorübergehend geschlossen/

Ist ein Kasus nicht vermeidbar, so steht der Genitiv (*zwecks einer gründlichen Renovierung*), doch weicht man eher auf eine periphrastische Präposition aus (*zum Zweck der Renovierung*).

7.2 Der Genitiv

Nach dem Nominativ, Akkusativ und Dativ ist der Genitiv der vierte Kasus der deutschen Grammatik. Von den drei erstgenannten Kasus unterscheidet er sich dadurch, daß er keine Handlungsrolle bezeichnet (vgl. 2.5). Mit dem Akkusativ und Dativ hat er jedoch gemeinsam, daß er von gewissen Präpositionen regiert wird (vgl. 7.1.3.4). Zum Vergleich:

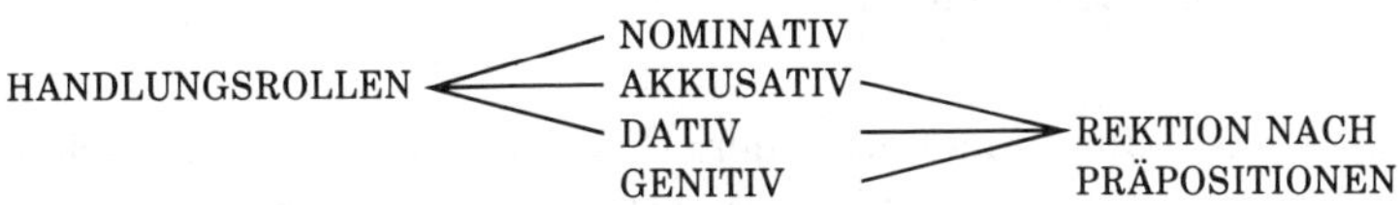

In einer bestimmten Hinsicht ist der Genitiv jedoch ein besonderer Kasus. Als einziger Kasus hat er nämlich die Möglichkeit, eine Junktion zu bilden: die Genitiv-Junktion. Das ist sogar seine Hauptfunktion.

Im Unterschied zu anderen Junktionen, etwa Präpositional-Junktionen des Typus *Vorbereitungen für den Ausflug*, hat eine Genitiv-Junktion kein selbständiges Morphem als Junktor, sondern benutzt als Junktor die Flexions-Morpheme (Flexive) des Genitivs. Wir können daher die Genitiv-Junktion eine flexivische Junktion nennen. Ein Beispiel:

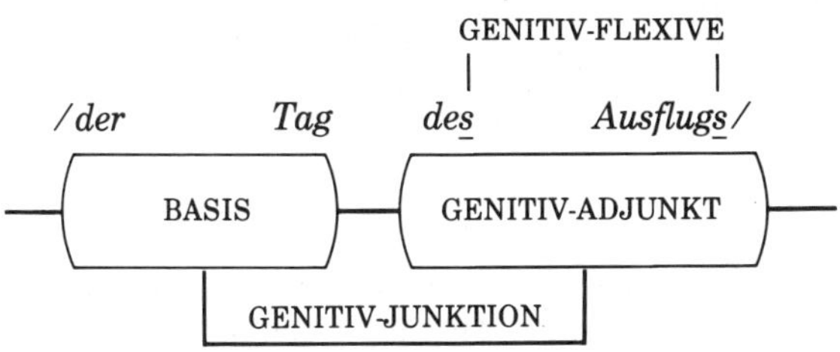

In diesem Beispiel werden eine nominale Basis (*der Tag*) und ein nominales Adjunkt (*der Ausflug*) durch den flexivischen Junktor »Genitiv« in Gestalt des Flexivs *-s*, hier am Artikel und am Nomen (Redundanz!), zu einer Junktion verbunden. Das Adjunkt »steht« nun im Genitiv und lautet: *des Ausflugs.*

Wenn, wie es die Regel ist, das Nomen des Genitiv-Adjunkts einen Artikel bei sich hat, ist die Abfolge Basis/Adjunkt als Normalstellung anzusehen. In der älteren deutschen Sprache war jedoch auch in diesem Falle die Inversions-Abfolge Adjunkt/Basis weit verbreitet. Das hat sich in der Literatur vielfach noch lange gehalten und gilt bis in die neueste Zeit hinein, insbesondere in der Lyrik, als poetische Lizenz:

/süß ist, fröhlicher Lenz, deiner Begeisterung Hauch/ (Klopstock)

/des Menschen Seele gleicht dem Wasser/ (Goethe)

/noch einmal das Ersehnte, den Rausch, der Rosen Du/ (Benn)

In der Prosa wirken vorangestellte Genitive dieser Art, wenn es sich nicht um Eigennamen handelt, betont edel oder archaisch; die moderne Literatur läßt sie nicht mehr zu.

Will man Genitiv-Junktionen nach dem Charakter der Basis unterscheiden, so lassen sich wieder die drei Determinationstypen oder syntaktischen Funktionen beobachten, die schon beim Adjektiv besprochen worden sind (vgl. 5.1).

(1) Attributive Funktion

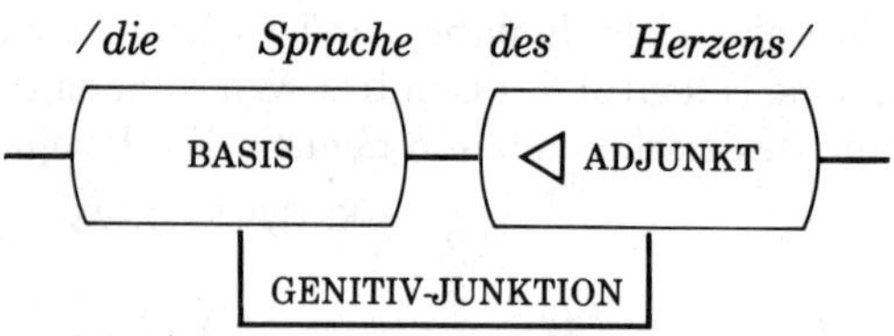

In verkürzter Ausdrucksweise kann man ein Genitiv-Adjunkt in attributiver Funktion auch ein Genitiv-Attribut nennen.

(2) Prädikative Funktion

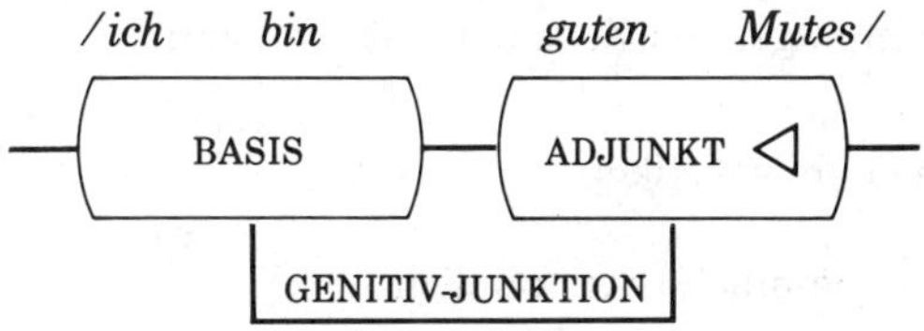

In prädikativer Funktion kommen Genitiv-Adjunkte jedoch sehr selten vor und zeigen fast immer formelhaften Gebrauch.

(3) Applikative Funktion

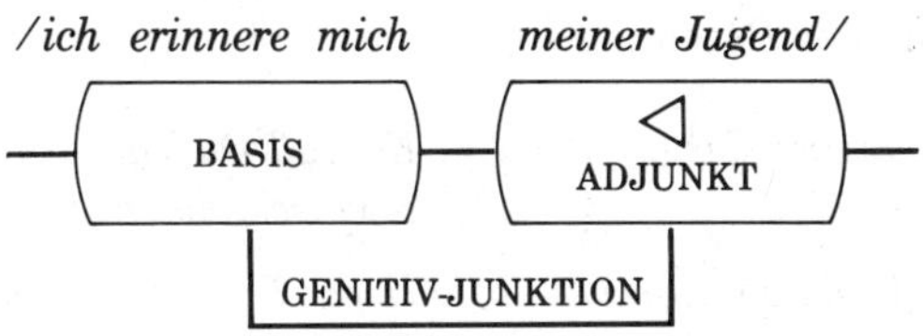

Genitiv-Adjunkte in applikativer Funktion sind in der deutschen Gegenwartssprache ebenfalls selten und kommen nur - in Konkurrenz zu präpositionalen Adjunkten (*erinnere mich an*) - nach einigen wenigen Verben vor (vgl. 7.2.4). Als eigene Handlungsrolle werden die »Genitiv-Objekte«, wie sie oft genannt werden, in dieser Grammatik nicht anerkannt.

Wir sehen nun zunächst vom Genitiv in prädikativer und applikativer Funktion ab und betrachten die attributive Funktion, die für den Genitiv prototypisch ist. Zu besprechen sind zunächst die Formen des Genitivs (7.2.1), dann seine Bedeutung (7.2.2), weiterhin die Regeln für die Stufung verschiedener Genitiv-Adjunkte (7.2.3) und erst am Ende der als nicht prototypisch angesehene Genitiv mit nicht-nominaler Basis (7.2.4); schließlich wird der Genitiv im Text behandelt (7.2.5).

7.2.1 Formen des Genitivs

Die Formen des Genitivs sind bereits bei der Flexion des Nomens (vgl. 4.2) und des Adjektivs (vgl. 5.2) besprochen worden. Sie werden hier noch einmal kurz in ihren wichtigsten Kennzeichen beschrieben.

Im Vergleich zu den anderen Kasus ist der Genitiv auffallend deutlich markiert. Sein auffälligstes Formmerkmal ist das Flexiv *-s* oder *-es* (Genitiv-*S*). Es tritt in folgenden Zusammenhängen auf:

(1) Eigennamen ohne Artikel

(A) Vornamen, männlich oder weiblich

/*Günters Bücherregal, Gerdas Zettelkasten, Iris' bunte Hefte*/

Das letzte Beispiel zeigt Zusammenfall des Genitiv-*S* mit einem auslautenden *-s* des Namens (Apostroph!).

(B) Familiennamen (Nachnamen)

/*Meyers Konversationslexikon*/

/*Konrad Dudens Rechtschreibregeln*/

/*Kaiser Karls Bildungsreform*/

/*Herrn Doktor Freuds berühmte Couch*/

In diesen Fällen erscheint das Genitiv-*S* nur am Familiennamen, nicht auch noch am Vornamen oder Rollentitel. Nur der Rollentitel *Herr* erhält vor dem Genitiv-*S* das Flexiv *-n*.

(C) Historische Namensformen

/*die Universität Wittenberg ist eine Gründung Friedrichs des Weisen*/

/*das Schloß Neuschwanstein war eine der verrückten Ideen Ludwigs II.* (lies: *Ludwigs des Zweiten*)/

Bei älteren adligen oder bürgerlichen Namensformen vor der Einführung von Familiennamen ist der Individualname, nicht die Herkunftsbezeichnung, Träger des Genitiv-*S*:

/*die politischen Lieder Walthers von der Vogelweide*/

Namen mit historischer oder fremdländischer Aura lassen statt des Genitiv-*S* an der Namensform auch einen Artikel mit Genitiv-Markierung zu, besonders gerne (aber nicht ausschließlich!) Namen auf *-s*:

/die Metaphysik des Aristoteles/ *der Moses des Michelangelo/*

/der Tod des Sokrates/ */der »Don Quijote« des Cervantes/*

(D) Ortsnamen ohne Artikel

/August der Starke: Sachsens und Polens gemeinsamer Herrscher/

/die Reformationsgeschichte Wittenbergs/

/Leipzigs Gewandhausorchester/ (aber: *das Leipziger Gewandhausorchester*)

(2) Gattungsnamen mit Artikel

Wenn ein Nomen im Maskulin/Singular oder Neutrum/Singular eine Form des einfachen oder spezifischen Artikels bei sich hat, so finden wir das Genitiv-*S* häufig redundant sowohl beim Artikel als auch beim Nomen (*des Hundes, des Pferdes*). Redundanz des Genitiv-*S* zeigt sich jedoch nicht bei allen Nomina (zum Beispiel nicht bei Nomina mit Obliquus-*N*: *die Regel des Menschen und Löwen*). Als besonders charakteristisch für den Genitiv kann die häufige Artikelform *des* gelten, die ausnahmslos diesen Kasus anzeigt und keine andere Funktion hat. Die Form *eines* ist hingegen nicht nur Genitiv-Anzeiger, sondern außerdem noch freier, als Pronomen gebrauchter kataphorischer Artikel im Neutrum/Singular (*eines sage ich dir: . . .*).

Da die Artikelform *des* den Genitiv so deutlich anzeigt, ist in der deutschen Gegenwartssprache eine Tendenz zu beobachten, bei Nomina, die Eigennamen nahestehen oder fremder Herkunft sind, das redundante Flexiv *-s* wegzulassen, und man kann gleichermaßen normgerecht die Formen ohne oder mit *s* gebrauchen: *des November(s), des Pazifik(s), des Vatikan(s), des Tenno(s), des Dollar(s)*.

Im Feminin/Singular und Genusneutral/Plural ist *-r* das Flexiv des Genitivs. Dieses Flexiv findet sich nur am Artikel, bei fehlendem Artikel (Null-Artikel) auch am Adjektiv, nicht jedoch am Nomen (*der Katze, der Tiere, ein Bild eindrucksvoller Wildheit*). Das Flexiv *-r* ist nicht so deutlich wie das Flexiv *-s* ein ausschließliches Formmerkmal des Genitivs, da es bei der Artikelform im Maskulin auch den Nominativ/Singular (*der Hund bellt*), im Feminin den Dativ/Singular anzeigt (*das gefällt der Katze*).

Wenn das Genitiv-*S* am Nomen auftritt, so wird das Flexiv *-s* bisweilen, damit im Wortauslaut keine schwer sprechbare Konsonantengruppe entsteht, zu *-es* erweitert. Diese Erweiterung ist obligatorisch nach [-s], [-ʃ], [-ts] und [-tst], und man sagt also: *des Hauses* [-zəs], *des Tisches* [-ʃəs], *des Schutzes* [-tsəs], *des Arztes* [-tstəs]. Nach manchen anderen Formen schwerer Konsonanz im Wortauslaut eines Nomens, insbesondere nach Dentalen, ist die Erweiterung *-s* > *-es* fakultativ, zum Beispiel findet man nebeneinander: *des Bluts/des Blutes, des Verlusts/des Verlustes, des Diensts/des Dienstes, des Dursts/des Durstes, des Werks/des Werkes*. Der Genitiv von *Gott* lautet jedoch immer *Gottes*.

Fürs erste sind im folgenden der vorangestellte Genitiv (7.2.1.1) und die *von*-Suppletion (7.2.1.2) näher zu besprechen.

7.2.1.1 Der vorangestellte Genitiv

In einer Genitiv-Junktion kann, wenn es sich um den Genitiv eines Eigennamens handelt, grundsätzlich statt der normalen Abfolge Basis/Adjunkt auch die Inversions-Abfolge Adjunkt/Basis gewählt werden. Bei kurzen Namensformen ist das sogar die Regel. Der Genitiv ersetzt dann für das Nomen der Basis den Artikel. Das bedeutet zugleich für ein etwaiges attributives Adjektiv dieses Nomens, daß der nun fehlende Artikel (Null-Artikel) die große Adjektiv-Flexion auslöst. Zum Vergleich:

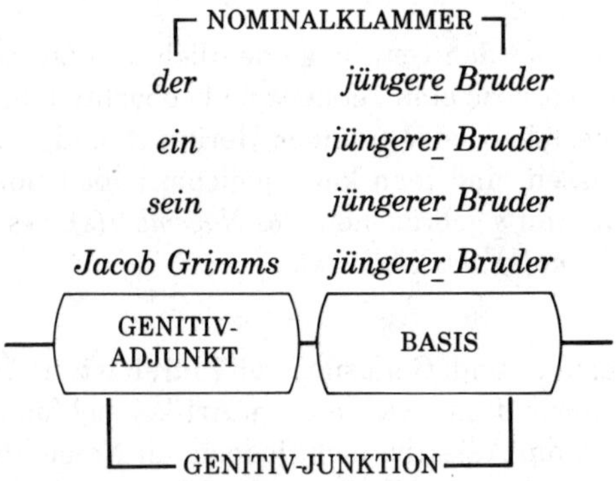

Der vorangestellte Genitiv ist in ähnlicher Form aus dem Englischen als »sächsischer Genitiv« bekannt: *St. Paul's Cathedral.* Weitere Beispiele im Vergleich mit anderen Formen des fehlenden oder Null-Artikels im Singular und Plural:

VORANGESTELLTER GENITIV	NULLFORM ALS ARTIKEL
/Kants aufklärerischer Optimismus/	*/Kant, das bedeutet: aufklärerischer Optimismus/*
/bei Schopenhauers tiefem Pessimismus/	*/von abgrundtiefem Pessimismus erfüllt/*
/Husserls phänomenologische Forschungen/	*/phänomenologische Forschungen seit Husserl/*

Die von einem vorangestellten Genitiv eröffnete Nominalklammer kann wie jede andere Nominalklammer mehr oder weniger gedehnt sein. Das folgende Beispiel zeigt vier verschieden lange Klammerdehnungen zum Vergleich:

Wedekinds Nachlaß
Wedekinds verstreuter Nachlaß
Wedekinds auf viele Bibliotheken verstreuter Nachlaß
Wedekinds umfangreicher, auf viele Bibliotheken verstreuter Nachlaß

NOMINALKLAMMER

Im Fall der am weitesten gedehnten Nominalklammer sind hier zwischen dem vorangestellten Genitiv, der die Klammer eröffnet, und dem Nomen *Nachlaß*, das sie schließt, fünf Sprachzeichen eingeschoben.

Vorangestellt wird der Genitiv insbesondere dann, wenn er von artikellosen Eigennamen gebildet ist. Die Hauptanwendungsbereiche des vorangestellten Genitivs sind demnach:

(1) Vornamen und ihre Koseformen

Bei Vornamen ist Voranstellung die Regel, zumal bei kurzen Namen:

Maskulin: *Peters neuer Ball*
Feminin: *Ingrids buntes Springseil*
Neutrum: *Hänschens lustiger Kreisel*

Endet der Name bereits auf *-s*, so kann dieses *-s* in der gesprochenen Sprache das Genitiv-*S* mitvertreten, meistens weicht man jedoch in ein nachgestelltes Adjunkt mit suppletivem *von* aus. In der Schrift setzt man zur Kennzeichnung des ausgefallenen Genitiv-*S* einen Apostroph:

/*Klaus'* [-s] *alte Rollschuhe*/ /*Iris'* [-s] *neue Schlittschuhe*/

In der älteren Sprache findet man bei einigen häufig vorkommenden Vornamen Erweiterungen mit *-en-* als Träger des Genitiv-*S*:

/*Fritzens Tagebuch, Franzens Geige, Maxens Malkasten*/

Heute gebraucht man solche erweiterten Formen nur noch in einem sehr gewählten Stilregister der Schriftsprache.

(2) Familienrollen, ausgedrückt durch Verwandtschaftsnamen

In einer vertrauten Familiensituation werden familiäre Lebensrollen wie Vornamen behandelt und dementsprechend regelmäßig als vorangestellte Genitive gebraucht:

/*Vaters (Vatis, Papas) Geschäft*/

/*Mutters (Muttis, Mamas) Beruf*/

/*Großvaters (Opas) Wohnung*/

/*Großmutters (Omas) Garten*/

/*Schwesterchens ständiges Geschrei*/

Das gilt ebenso für den Namen Gottes, und man sagt: *Gottes Sohn, mit Gottes Hilfe*. Hier ist auch ohne Artikel Nachstellung des Genitivs möglich: *das wahre Wort Gottes*.

(3) Familiennamen, gegebenenfalls mit Vornamen und Rollentiteln

/*Bismarcks »Gedanken und Erinnerungen«*/

/*Bundeskanzler Adenauers christliches Weltbild*/

/*Willy Brandts Ostpolitik*/

/*Professor Unrats Blauer Engel*/ (Heinrich Mann)

/*Dr. Murkes gesammeltes Schweigen*/ (Buchtitel von Böll)

/*Camus'* [kamy:s] *Dramen*/

Die Vornamen und Rollentitel erhalten hier kein Genitiv-Flexiv.

(4) Städte- und Ländernamen ohne Artikel

/Kursachsens Geschichte/ *>/Schwerins Theater/*

/Pommerns Küsten/ */Merseburgs Archiv/*

Längere und erweiterte sowie alle mit Artikel versehenen Ortsnamen werden jedoch in der Regel nachgestellt:

/die Geschichte Mitteleuropas/

/eine Besteigung des Brocken(s)/

In allen Fällen wählt man die Nachstellung des Genitivs, wenn der Name im Text referentiell weitergeführt wird:

/die Relativitätstheorie Einsteins, der schon als junger Angestellter am Zürcher Patentamt aufsehenerregende Entdeckungen machte/

/die Gastfreundschaft Amerikas, wo Einstein als Emigrant Zuflucht fand/

7.2.1.2 Suppletives *von* im Genitiv-Paradigma

Der deutlichen und bisweilen sogar redundanten Markierung des Genitivs durch seine Flexive, insbesondere durch das Genitiv-*S*, stehen auf der anderen Seite auffällige Lücken im Genitiv-Paradigma gegenüber. Dieses ist nämlich in verschiedener Hinsicht defektiv und greift, um den Kasus Genitiv immer ausreichend deutlich bezeichnen zu können, auf die Präposition *von* zurück, die als Suppletivform (Ergänzungsform) dient, jedoch nur in der Nachstellung. Dabei wird die mit dem Merkmal ⟨ABLÖSUNG⟩ ausgedrückte Bedeutung der Präposition *von* weiter grammatikalisiert und bezeichnet nur noch den semantischen Sachverhalt, daß sich in einem Determinationsgefüge eine Menge von lexikalischen Merkmalen vom *determinans* ›ablöst‹ und zum *determinandum* hin wandert. Suppletives *von* behält jedoch auch im Genitiv-Paradigma seine Dativ-Rektion bei (vgl. 7.1.3.2.5).

Die defektiven und durch suppletives *von* aufgefüllten Bereiche des Genitiv-Paradigmas sind die folgenden:

(1) Kataphorischer Artikel im Plural (Null-Artikel)

NOMINATIV	GENITIV
Ø Äpfel	*der Verkauf von Äpfeln*

Hat das Nomen jedoch ein attributives Adjektiv bei sich, so kann dieses Träger des Genitiv-Flexivs werden, und das suppletive *von* wird entbehrlich (*die Einfuhr spanischer Aprikosen*). Dennoch kommt auch in diesem Fall suppletives *von* oft vor und ist nicht normwidrig.

(2) Kataphorischer Artikel numerusneutral (Null-Artikel) bei Stoff- und Kollektivbezeichnungen

NOMINATIV	GENITIV
Ø Wein	*der Anbau von Wein*

In diesem Fall kann, wenn das Nomen ein attributives Adjektiv bei sich hat, das Genitiv-Flexiv entweder am Adjektiv hörbar werden (*die Haltbarkeit sterilisierter Milch*) oder - nach einem *n*-Flexiv am Adjektiv - am Nomen selber (*die Herstellung alkoholfreien Bieres*). Das macht ebenfalls eine Suppletion mit *von* entbehrlich. Doch kommen auch in diesem Fall nicht selten *von*-Suppletionen vor und sind nicht normwidrig.

(3) Kataphorische Kardinalzahlen ab ›4‹

NOMINATIV	GENITIV
vier Wochen	*ein Zeitraum von vier Wochen*

Kardinalzahlen unter ›4‹ haben flexivische Genitive (*eines/einer, zwei/zweier, beide/beider, drei/dreier*); doch sind daneben auch *von*-Suppletionen möglich (*die Lektüre von zwei oder drei Büchern*).

(4) Suppletives *von* bei Reihungen

Sind im Genitiv-Adjunkt mehrere Nomina - unverbunden oder verbunden - gereiht, so steht häufig statt eines anaphorischen oder kataphorischen Artikels vor jedem einzelnen Nomen ein suppletives *von* als summarisches Genitiv-Signal vor dem ersten Nomen, das dann für die ganze Reihe gilt:

/der Anblick von Sonne, Mond und Sternen/

/das ewige Spiel von Liebe und Leid/

(5) Suppletives *von* bei metasprachlichen Ausdrücken

Metasprachliche oder sonstwie aus dem Textzusammenhang herausgelöste Ausdrücke erhalten im Genitiv ebenfalls suppletives *von*:

/die Bedeutung von »ja« als Partikel/

/die Aussprache von »sch« ist im Deutschen [ʃ]/

/der Zahlenwert von π in der Mathematik ist 3,14159 . . ./

(6) Suppletives *von* bei nicht hörbarem Genitiv-*S*

Endet ein Eigenname auf *-s, -sch, -x* oder *-z*, so daß ein Genitiv-*S* nicht hörbar wäre, so wird der Genitiv in den meisten Fällen, außer bei vorangestelltem Genitiv, durch suppletives *von* hörbar gemacht:

/die Freunde von Iris, von Max, von Franz/

/der erste Roman von Günter Grass/

/die Altstadt von Cottbus/

(7) Suppletives *von* in der Umgangssprache

Ausgehend von vielen deutschen Dialekten, die keine Kasusflexion des Genitivs mehr kennen, überschreitet das suppletive *von* in der Umgangssprache manchmal seine oben beschriebenen Strukturgrenzen und zeigt eine Neigung, alle möglichen Formen des Genitivs zu ersetzen. So kann man im Alltag beispielsweise hören:

/die Schulden von dem Kerl möchte ich nicht haben!/

/kennst du eigentlich die Freundin von dem Typen da?/

In Verbindung mit umgangssprachlich ausdrucksstarken Nomina wie *Kerl* oder *Typ* würde der Flexions-Genitiv sogar geziert klingen. Es wäre aber ein Irrtum, aus Beobachtungen dieser Art auf eine umfassende Tendenz zur Schwächung des Genitivs in der deutschen Gegenwartssprache zu schließen.

Im Kontext von Numeral-, Schätz- und Summativ-Artikeln kann ein suppletives *von*-Adjunkt seiner Basis vorangehen, allerdings nur in der Distanzstellung, das heißt, wenn es durch andere Sprachzeichen von ihr getrennt ist:

/von diesen Büchern nehme ich einige mit in die Ferien/

/von den Filmen dieser Filmkunstwoche kenne ich schon die meisten/

Mit flexivischem Genitiv sagt man jedoch in einem gehobenen und leicht pedantischen Stil:

/wissen Sie, der Probleme sind heutzutage so unendlich viele!/

Außer bei Nomina hat suppletives *von* auch bei Pronomina eine starke Stellung, und zwar in Ausdrücken wie diesen:

/er ist ein guter Freund von mir/

/bin ich auch ein guter Freund von dir?/

7.2.2 Zur Bedeutung des Genitivs

Als Junktor hat der Genitiv eine (*eine!*) Bedeutung, die als Anweisung des Sprechers an den Hörer aufzufassen ist, zwischen einer determinationsbedürftigen Junktions-Basis und einem determinationskräftigen Genitiv-Adjunkt ein Determinationsgefüge herzustellen, das zugleich einen Referenz-Zusammenhang ausdrückt. Wir geben daher die Bedeutung des Junktors »Genitiv« mit den semantischen Merkmalen ⟨BESTIMMEND⟩ und ⟨REFERENZ⟩ an.

Junktion als Referenz-Zusammenhang heißt prägnant Determination eines Referenten durch einen Referenten (= »3. Person«). Da die Referenzrolle als Restkategorie im Unterschied zu den scharf konturierten Gesprächsrollen des Sprechers und des Hörers von Natur aus vage ist, ist sie im Text in besonderem Maße auf Referenz, also auf spezifische Determination ihrer Rollenbedeutung, angewiesen. Das geschieht primär durch den nominalen Wortschatz, der insgesamt als ein hochdifferenziertes Determinationsangebot für die Gesprächsrolle des Referenten gelten kann. Alle Nomina sind daher als virtuelle Besetzungen der Referenzrolle anzusehen. Der Genitiv dient nun dazu, weitere Nomina für sekundäre Präzisierungen dieser Rollen-Determination bereitzustellen. Das ist hier mit Referenz-Zusammenhang gemeint.

Mit seiner Funktion als Referenzgeber ist der Genitiv folglich prototypisch dem nominalen Wortschatz zugeordnet, und man findet sowohl als Basis wie auch als Adjunkt einer Genitiv-Junktion in den meisten Fällen ein Nomen. Selbst Rollen-Pronomina sind als Besetzungen für die Junktionsglieder einer Genitiv-Junktion äußerst selten; in der Basis sind sie gar nicht zugelassen, und im Genitiv-Adjunkt findet man nur die relativ seltenen rhematischen Formen *dessen* und *deren* – in allen anderen Fällen stehen Possessiv-Pronomina, die aber nicht für die Referenzrolle spezifisch sind (*mein, dein, sein* . . .).

Daraus ergibt sich als prototypische Funktion des Genitivs, für einen nominalen Referenten in der Referenzrolle weitere nominale Referenz herbeizuschaffen und dadurch den betreffenden Referenten im Text noch genauer zu determinieren, als das ohnehin schon durch die nominale Besetzung der Referenzrolle der Fall ist. Denn häufig reicht die lexikalische Determinationskraft eines einzigen Nomens nicht aus, um die an einer bestimmten Textstelle gewünschte Präzision der Bedeutung vollständig zu erreichen. Dann geht der Determinationsprozeß mit dem Genitiv weiter.

Als Beispiel diene der Anfang eines Briefes, den der Schriftsteller Karl Philipp Moritz (1756-1793) auf seiner Italienreise unmittelbar nach seiner Ankunft in Rom geschrieben hat:

/das Ziel meiner Wünsche hätte ich also nun erreicht/

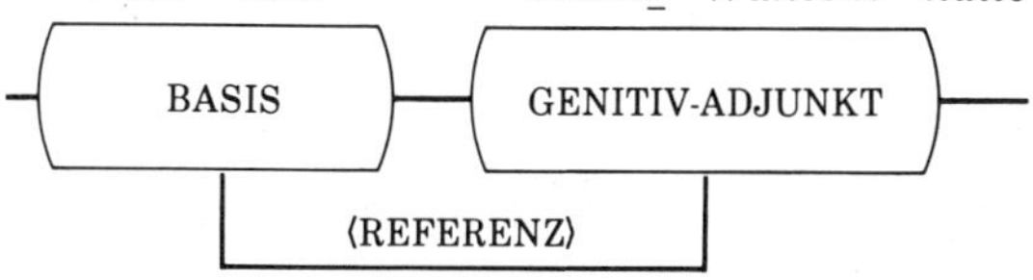

Der Leser dieses Briefes weiß aus der Angabe *Rom, 27. Oktober 1786,* die dem Briefanfang vorangeht, daß mit dem *Ziel* die Stadt Rom gemeint ist. Aber diese Information ist selber noch durch weitere Referenz spezifizierbar. Das leistet das attributiv gebrauchte Genitiv-Adjunkt *meiner Wünsche.* Der Leser weiß nun, daß es sich um ein selbstgewünschtes, nicht auferlegtes Ziel handelt.

Die als ›Referenz-Zusammenhang‹ bezeichnete spezifische Bedeutung des Genitivs ist relativ weit. Sie ist ja zunächst nur durch die vage Referenzrolle eingegrenzt. Aber der Genitiv kann sich diese relativ weite Bedeutung ohne weiteres leisten, da er als Vermittler für die relativ engen lexikalischen Bedeutungen der von ihm zusammengeführten Nomina fungiert.

Ihnen kann die weitergehende Spezifik der Determination ganz überlassen bleiben. Das läßt sich besonders deutlich an einem Vergleich zwischen dem Verbalbereich und dem Nominalbereich der deutschen Sprache zeigen. Während im Verbalbereich das finite Verb recht genaue syntaktische Unterscheidungen ermöglicht, werden im Nominalbereich alle diese feinen Unterschiede in der relativ weiten und vagen Bedeutung des Genitivs zusammengefaßt und neutralisiert. Zum Vergleich:

VERBALBEREICH:	NOMINALBEREICH:
SUBJEKT MIT VERB IM AKTIV	GENITIV
/unser Flugzeug startet/	*/der Start unseres Flugzeugs/*
SUBJEKT MIT VERB IM PASSIV	GENITIV
/der Atlantik wird überflogen/	*/die Überfliegung des Atlantik(s)/*
SUBJEKT MIT HABITUS-OBJEKT	GENITIV
/das Flugzeug hat drei Triebwerke/	*/die drei Triebwerke des Flugzeugs/*
SUBJEKT MIT MASS-OBJEKT	GENITIV (MIT *von*!)
/der Flug dauert sechs Stunden/	*/eine (Flug-)Dauer von sechs Stunden/*
SUBJEKT MIT PRÄDIKATS-ADJEKTIV	GENITIV
/das Flugzeug ist verspätet/	*/die Verspätung des Flugzeugs/*

Einer lexikalisch und kontextuell nicht spezifizierten Genitiv-Junktion mit einer Basis *x* und einem Adjunkt *y* würde man nicht anhören oder ansehen, was dem jeweiligen Genitiv im Verbalbereich entspricht. Nur daß es sich um einen Referenz-Zusammenhang, also um die (weitere) Determination eines Referenten in der Referenzrolle handeln muß, das kann der Hörer allemal wissen, da dies die allgemeine Instruktion des Sprachzeichens »Genitiv« ist.

Beim Vergleich zwischen dem Verbalbereich und dem Nominalbereich ist besonders anzumerken, daß die Opposition von Aktiv und Passiv im Verbalbereich keine Entsprechung beim Genitiv hat. Der Genitiv neutralisiert diese verbale Opposition:

AKTIV	PASSIV
/das Reisebüro stellt den Flugschein aus/	*/der Flugschein wird vom Reisebüro ausgestellt/*

/die Ausstellung des Flugscheins/

NEUTRALISIERUNG
IM GENITIV

Hat jedoch die Basis einer Genitiv-Junktion ein doppeltes Adjunkt bei sich, eines davon (als personaler Genitiv) in der Voranstellung und ein anderes in der Nachstellung, so ist das erste immer als »genitivus subiectivus«, das zweite als »genitivus obiectivus« zu verstehen:

/Heinrich Bölls Verteidigung der kleinen Leute/

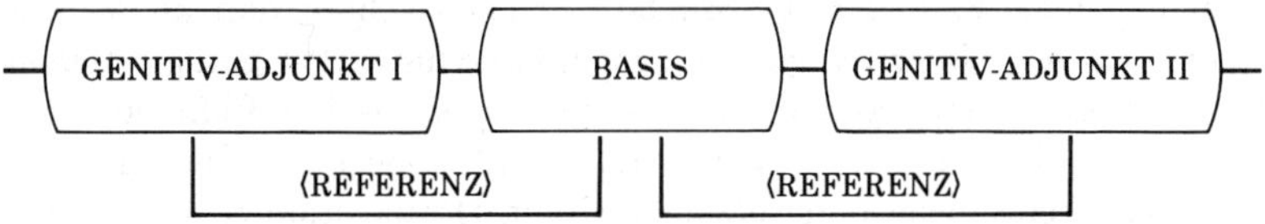

In den Verbalbereich übersetzt, ist diese doppelte Genitiv-Junktion wie folgt aufzulösen:

(1) *Heinrich Böll verteidigt* (Aktiv)

(2) *die kleinen Leute werden verteidigt* (Passiv)

Nachstellung ist bei zwei Genitiv-Adjunkten, von denen eines Subjekt- und das andere Objekt-Bedeutung hat, nicht möglich. Stattdessen wird der Genitiv mit Subjekt-Bedeutung durch ein nachgestelltes Präpositional-Adjunkt mit *durch* ersetzt:

/die Verteidigung der kleinen Leute durch Heinrich Böll/

Im Zweifelsfall bringt gerade ein nachgestelltes Präpositional-Adjunkt Klarheit darüber, ob ein voraufgehendes Genitiv-Adjunkt als subjektiv oder objektiv aufzufassen ist. Zur Unterscheidung:

GENITIVUS SUBIECTIVUS	GENITIVUS OBIECTIVUS
/die Kritik der Regierung an der Opposition/	*/die Kritik der Regierung durch die Opposition/*

Der Genitivform selbst ist die Subjekt- oder Objektbedeutung nicht anzusehen.

Von der Frage nach der Bedeutung des Genitivs als Junktor, wie sie hier als ›Referenz-Zusammenhang‹ beschrieben worden ist, muß die Frage nach der Genitiv-Rektion bestimmter Präpositionen methodisch scharf getrennt werden. So wie es einige Präpositionen mit Akkusativ-Rektion und andere mit Dativ-Rektion (manche auch mit einer zwischen beiden Kasus wechselnden Rektion) gibt, so ist auch für eine bestimmte Gruppe von Präpositionen festzustellen, daß sie den Genitiv regieren, zum Beispiel: *kraft seines Amtes*. Diese Präposition ist zwar historisch aus einer Genitiv-Junktion entstanden, nämlich: *aus der Kraft* (oder: *durch die Kraft*) *seines Amtes*. Dennoch ist für die Präposition *kraft* wie auch für die anderen Präpositionen dieser Gruppe zu betonen, daß sie in der heutigen Sprache eine feste Kasusbindung an den Genitiv haben, die als solche bedeutungsneutral ist – nicht anders, als es bei den anderen Kasusrektionen auch der Fall ist. Immerhin läßt sich beobachten, daß die Präpositionen, die den Genitiv regieren, zusammen eine locker gefügte Bedeutungsgruppe bilden, deren gemeinsamer semantischer Rahmen ungefähr durch das Genitiv-Merkmal ⟨REFERENZ⟩ angegeben werden kann; man vergleiche insbesondere solche Genitiv-Präpositionen wie *betreffs, hinsichtlich, bezüglich*, die in ihren Bedeutungen auf fachsprachliche Referenz-Zusammenhänge spezialisiert sind.

Der zusätzliche Referenz-Zusammenhang, den ein Genitiv-Adjunkt mit sich bringt, kann die Bedeutung eines nominalen Referenten in der Referenzrolle so eingrenzen, wie es den Erwartungen entspricht, die durch den Kontext oder die Situation beim Hörer geweckt worden sind. Der Sprecher kann jedoch eine Genitiv-Junktion auch dazu benutzen, eine bestimmte Erwartung des Hörers zu durchkreuzen. Das geschieht durch eine Genitiv-Metapher, wie sie gemeinsprachlich, fachsprachlich und literatursprachlich sehr häufig vorkommt. Eine Genitiv-Metapher ist eine Genitiv-Junktion, bei der die Determination, die das Adjunkt mit sich bringt, von der Basis her nicht (oder kaum) zu erwarten ist (»Konter-Determination«). Beispiel:

/der Zahn des Zufalls/

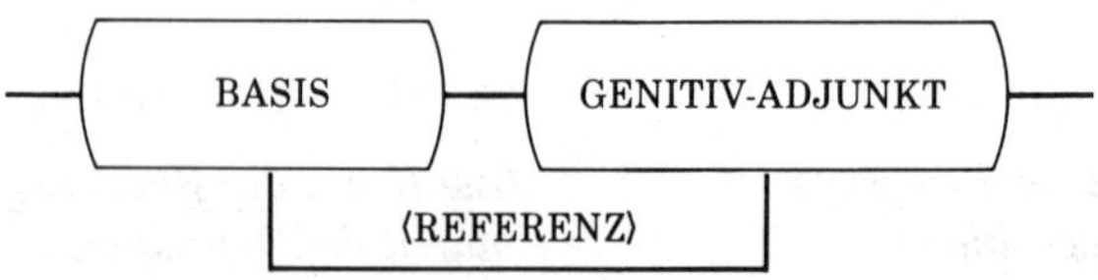

Es ist für dieses Beispiel mit Absicht keine bekannte, durch häufigen Gebrauch schon habituell gewordene Metapher gewählt worden (etwa: *der Zahn der Zeit*). Da es aber jedem Sprecher im Prinzip freisteht, zwei beliebige Referenten durch eine Genitiv-Junktion zu verbinden, ist auch diese Genitiv-Metapher statthaft. Der Hörer muß nur, wenn er die Anweisung des Genitivs ausführen will, das Nomen *Zahn* mit Hilfe des Nomens *Zufall* so determinieren, daß ein unerwarteter und dennoch sinnvoller Referenz-Zusammenhang entsteht. Dabei hilft natürlich der weitere Kontext, gegebenenfalls auch die Situation. Zu erwähnen ist in diesem Zusammenhang auch noch der genitivische Superlativ vom Typus: *das Buch der Bücher* (= ›die Bibel‹). Diese Form ist selber biblischen Ursprungs und bleibt auf ein gehobenes Stilregister beschränkt.

7.2.3 Reihung und Stufung von Genitiv-Adjunkten

Genitiv-Adjunkte können fast nach Belieben gereiht werden. Dabei wird in der Regel bei unverbundener Reihung der Genitiv-Artikel wiederholt, bei verbundener Reihung nur, wenn der Kasus wechselt oder wenn die Genitiv-Adjunkte deutlich unterschieden oder sogar in einen Gegensatz gebracht werden sollen:

/*die Kommentare des Fernsehens, des Hörfunks und der überregionalen Presse*/

/*die Meinungen der Jasager und Lobredner, der Neinsager und Kritiker*/

Das letzte Beispiel zeigt, wie man mit dieser Unterscheidung Genitiv-Adjunkte semantisch bündeln kann.

Genitiv-Adjunkte können ferner untereinander gestuft werden, auch mehrfach, jedoch nur in der Nachstellung, nicht in der Voranstellung. Man vermeidet dabei jedoch die Stufung von Genitiv-Adjunkten mit formgleichen Flexiven, außer wenn ebendies aus parodistischer Absicht zu künstlerischen Zwecken geschieht wie in den folgenden Beispielen:

/*der Schatten des Körpers des Kutschers*/ (Buchtitel von Peter Weiss)

/*die Innenwelt der Außenwelt der Innenwelt*/ (Buchtitel von Peter Handke)

Sind jedoch die Genitiv-Adjunkte formal unterschiedlich gebildet, so ist eine Stufung zweier oder sogar (äußerstenfalls!) dreier Genitiv-Adjunkte tolerabel:

/ich unternehme den historisch gerichteten Versuch einer Rekonstruktion der Vorgeschichte des neueren Positivismus/ (Habermas)

Gehören zu einer Junktions-Basis zwei nachgestellte Adjunkte, ein Genitiv-Adjunkt und ein Präpositional-Adjunkt, so geht das Genitiv-Adjunkt immer dem Präpositional-Adjunkt vorauf. Diese Regel gilt auch dann, wenn das Genitiv-Adjunkt mit suppletivem *von* gebildet ist:

/die politische Kritik Heinrich Manns an seinem Bruder Thomas/

/die Emigration Lion Feuchtwangers aus Hitler-Deutschland/

/die Verfolgung von Oppositionellen unter dem Stalinismus/

Häufungen von Genitiv-Adjunkten und anderen Adjunkten gelten insgesamt als Indikatoren des Nominalstils und sind eher fachsprachlich als gemeinsprachlich zu finden.

Bei appositiver Determination eines Genitivs gilt die grundsätzliche Regel, daß ein Nomen im Genitiv auch für eine anschließende Apposition den Genitiv verlangt:

/die Wahl Friedrich Eberts, eines aufrechten Sozialdemokraten, zum ersten Reichspräsidenten der Weimarer Republik/

Steht jedoch der Eigenname selber als (enge) Apposition, so erhält er kein Genitiv-*S*:

/die Leistungen des langjährigen Außenministers der Weimarer Republik, Gustav Stresemann, für den Frieden Europas/

Zu beachten ist auch die Schreibung und Aussprache bei regierenden Fürsten:

/die Abdankung Kaiser Wilhelms II./ (lies: *Wilhelms des Zweiten*)

Ein Normproblem besonderer Art ergibt sich dann, wenn ein Genitiv mit suppletivem *von* durch eine Apposition fortzuführen ist. Aus der Tatsache, daß *von* einerseits als Präposition den Dativ regiert, andererseits aber suppletiv für den Genitiv steht, ergibt sich die doppelte Möglichkeit, die Apposition entweder im Dativ oder im Genitiv weiterzuführen. Der Sprachgebrauch läßt beide Möglichkeiten zu. Zum Vergleich:

SUPPLETIVES *von* MIT APPOSITION IM DATIV

/die Verwendung von Phosphat, einem sehr wirksamen Düngemittel/

SUPPLETIVES *von* MIT APPOSITION IM GENITIV

/die Produktion von Plutonium, eines bekanntlich äußerst radioaktiven Stoffes/

Im Feminin/Singular ist dieses Problem aufgehoben, da die Formen des Genitivs und des Dativs nicht zu unterscheiden sind.

Ein Normproblem ähnlicher Art besteht beim Genitiv im Bereich der Vergleichs-Appositionen mit *als*. Unproblematisch sind diese Appositionen nur dann, wenn das *als*-Adjunkt ohne Artikel steht, so daß der Kasus nicht erkennbar ist:

/die Einführung der Kreditkarte als Zahlungsmittel/

Eine Kennzeichnung nur des Nomens durch ein Genitiv-*S* ist in diesem Fall nicht üblich. Ist jedoch der Kasus am Artikel erkennbar, so verlangt die strenge Sprachnorm eine Apposition im Genitiv, die allerdings mitunter recht steif klingen kann:

/die Benutzung der Kreditkarte als eines bargeldlosen Zahlungsmittels/

In diesem Fall weicht der Sprachgebrauch nicht selten - am Rande der Norm - in den Nominativ oder - noch außerhalb der Norm - in den Dativ aus.

7.2.4. Genitiv-Junktionen mit nicht-nominaler Basis

Der Gebrauch des Genitivs in attributiver Funktion ist für das heutige Deutsch prototypisch. Daneben findet sich der Genitiv auch noch - mehr oder weniger marginal - in applikativen Junktionen mit nicht-nominaler Basis:

(1) Der Genitiv in applikativer Funktion

In applikativer Funktion kann der Genitiv eine verbale oder eine adjektivische Basis haben.

(A) Verbale Basis (»Genitiv-Objekt«)

In der älteren deutschen Sprache wurde der Genitiv bei vielen Verben als »Genitiv-Objekt« gebraucht. Dieser applikative Sprachgebrauch ist in der Gegenwartssprache stark zurückgegangen. Man vergleiche zwei Bibelübersetzungen zu Psalm 119, 61:

LUTHER-BIBEL	MODERNE FASSUNG
/aber ich vergesse deines Gesetzes nicht/	*/doch ich vergesse niemals dein Gesetz/*

Hier ist ein älteres »Genitiv-Objekt« (*deines Gesetzes*) in der Gegenwartssprache durch ein akkusativisches Objekt (*dein Gesetz*) ersetzt worden. Ähnlich haben sich viele Verben der deutschen Sprache verändert, so daß es in der heutigen Sprache nur noch wenige Gruppen von Verben gibt, die einen Genitiv verlangen, und das auch nur in einem einigermaßen gepflegten Stilregister. Es handelt sich, wie die folgenden Beispiele erkennen lassen, um Verben der folgenden Bedeutungsgruppen:

▶ Ausstattung (vorhanden oder fehlend):

/ich bediene mich (entbehre) jeglicher Hilfe/

/ich entledige mich (erwehre mich) sämtlicher Verpflichtungen/

/ich bemächtige mich (beraube dich) deiner Ersparnisse/

/das bedarf einer längeren Erklärung/

/ich erfreue mich einer robusten Gesundheit/

▶ Gedächtnis und Erinnerung:

/wir erinnern uns (entsinnen uns) all unserer Torheiten/

/wir vergewissern uns der Richtigkeit seiner Aussage/

/wir schämen uns (rühmen uns) unserer Schwächen/

/wir würdigen euch keines Blickes (keiner Antwort)/

/wir wollen uns lieber des Urteils enthalten/

Formelhaft wird gebraucht:

/laßt uns der Toten gedenken!/

/Herr, erbarme dich deiner Gläubigen!/

► Strafrechtlicher Status (»genitivus criminis«):

/wen verdächtigt Dorfrichter Adam der Tat, den Krug zerbrochen zu haben?/

/der Richter bezichtigt zunächst den Flickschuster Leberecht des nächtlichen Überfalls/

/Eva weiß, wer den Krug zerschlagen hat, möchte sich aber nicht des Meineids schuldig machen/

/der Dorfrichter wird selber des Verbrechens überführt/

/am Schluß der Komödie von Kleist wird der Schuldige seines Amtes enthoben/

Viele dieser Wendungen mit dem Genitiv sind mehr oder weniger zu festen idiomatischen Ausdrücken verfestigt, zum Beispiel:

/ich will jetzt der Ruhe pflegen/

/soll ich mich meiner Haut nicht wehren?/

/laßt uns der Dinge harren, die da kommen sollen!/

Charakteristisch für den Rückgang des »Genitiv-Objekts« in der Gegenwartssprache ist, daß im letzten Beispiel nur das veraltete Verb *harre* (zumal in einem biblisch klingenden Kontext wie hier) mit dem Genitiv gebraucht wird, nicht aber das heute übliche Verb *warte,* das normalerweise ein *auf*-Adjunkt bei sich hat, oder das transitive Verb *erwarte,* das ein Objekt verlangt.

Insgesamt rechtfertigen die wenigen und semantisch eng eingegrenzten Beispiele von Verben mit applikativ gebrauchtem Genitiv-Adjunkt nicht, für diesen Fall in der deutschen Gegenwartssprache eine eigene Handlungsrolle »Genitiv-Objekt« anzusetzen. Aus diesem Grunde wird der Genitiv in dieser Grammatik konsequent nicht bei der Verbvalenz, sondern im Rahmen der Junktion behandelt.

(B) Adjektivische Basis

Außer bei Kopulaverben findet man den Genitiv marginal auch bei einigen Adjektiven, meistens Prädikats-Adjektiven. Diese Adjektive gehören im wesentlichen zu den gleichen Bedeutungsfeldern, wie sie oben für Verben mit Genitiv-Adjunkten beschrieben worden sind. Beispiele:

/bist du der deutschen Sprache mächtig (kundig)?/

/bist du dir denn überhaupt deiner Mängel bewußt?/

/diese Ansichten sind bar jeder Vernunft/

Ähnlich: *bin - ansichtig, bin - eingedenk, bin - fähig, bin - gewärtig, bin - gewahr, bin (mir) - gewiß, bin (mir) - sicher, bin - ledig, bin - müde, bin - geständig, bin - verdächtig, bin - schuldig, bin - (un)würdig.*

Für alle Genitive bei (Prädikats-)Adjektiven gilt jedoch ebenfalls, daß sie formelhaft gebraucht werden und in der Grammatik der deutschen Sprache nur eine marginale Stellung einnehmen.

(2) Der Genitiv in prädikativer Funktion (Prädikats-Genitiv)

Der Gebrauch des Genitivs in Kopula-Prädikationen, dergestalt daß Genitiv-Adjunkte mit dem Kopulaverb *bin* zusammen ein Prädikat bilden, ist nur noch formelhaft anzutreffen:

/sind wir eigentlich gleichen Alters?/

/er ist katholischer (evangelischer, mosaischer) Konfession/

/ich bin immer guten Glaubens gewesen/

/ich bin (bleibe) da anderer Meinung (Ansicht, Auffassung, Überzeugung)/

/sie ist seit drei Monaten guter Hoffnung/ (= ›schwanger‹)

Abgesehen von diesen (und einigen anderen) Ausdrücken ist der Prädikats-Genitiv in der deutschen Gegenwartssprache nicht mehr produktiv.

Im weiteren Sinne gehören zu den Genitiven mit nicht-nominaler Basis auch die freien (»absoluten«) Genitive, die als Genitiv-Adjunkte ohne ausdrückliche Basis gebraucht werden. Sie sind jedoch ebenfalls stark lexikalisiert und können über die im folgenden verzeichneten Ausdrücke hinaus kaum frei gebildet werden.

(1) Freie Genitive der Tageszeit

eines Tages	*eines schönen Tages*
eines/des Morgens	*eines/des Abends*
eines Nachmittags	*des(!) Nachts*

Es handelt sich um Ausdrücke der Handlungszeit, die zur textuellen Rahmenbildung dienen. Ihre Basis ist also jeweils ein größeres Textsegment, das als Rahmen mit Referenz ausgefüllt wird, wobei je nach dem gewählten Artikel diese Textbasis ihrem Adjunkt entweder voraufgeht oder nachfolgt:

/er kam immer des Morgens, eines Tages aber geschah es, daß . . ./

Aus genitivischen Zeitausdrücken dieser Art sind vielfach temporale Adverbien entstanden, in denen das Genitiv-*S* als Adverb-*S* überlebt hat:

des Morgens > morgens *des Mittags > mittags*

des Abends > abends *des Nachts > nachts*

Von anderen Zeiten (etwa *Monat* oder *Jahr*) können freie Genitive dieses Typus nicht gebildet werden.

(2) Freie Genitive der Position

linker Hand, rechter Hand *geh nur deiner Wege!*

höheren Ortes anfragen *wohin (woher) des Wegs?*

Diese Ausdrücke sind stark formelhaft und klingen heute veraltet.

(3) Freie Genitive der leiblichen oder seelischen Befindlichkeit

eiligen (schnellen, gemessenen, leichten) Schrittes

trockenen Fußes

erhobenen (gesenkten) Hauptes

leichten (schweren, beklommenen) Herzens

guten (frohen, festen) Mutes

ruhigen Gewissens

Auch diese freien Genitive sind stark formelhaft und lassen für kontextuelle Varianten nur einen schmalen Spielraum.

(4) Freie Genitive der Argumentation

meines Erachtens *unseres Wissens*

Neubildungen gebrauchen hier Präpositional-Adjunkte wie zum Beispiel: *nach meinem Dafürhalten, meiner Ansicht nach.*

7.2.5 Der Genitiv im Text

Das Vorkommen des Genitivs im Text soll im folgenden an der Textsorte »Inhaltsverzeichnis« aufgezeigt werden. Es handelt sich um das Werk »Herrschaft und Vereinbarung« von Dolf Sternberger. Die Genitivformen und ihre Suppletivformen sind fortlaufend numeriert.

TEXT:

Der alte Streit um den Ursprung der Herrschaft (1)

Machiavellis (2) *»Principe« und der Begriff des Politischen* (3)

Herrschaft und Vereinbarung

Max Weber und die Demokratie

Das Parlament als historisches Lebewesen

Kritik der dogmatischen Theorie (4) *der Repräsentation* (5)

Edmund Burkes (6) *Verteidigung der Repräsentation* (7) *gegen die Demokratie*

Die Erfindung der »Repräsentativen Demokratie« (8)

Eine Untersuchung von Thomas Paines (10) *Verfassungs-Ideen* (9)

Die Geburt der Assemblée Nationale (11)

Opposition des Parlaments (12) *und Parlamentarische Opposition*

TEXTGRAMMATISCHER KOMMENTAR:

Die zahlreichen Genitive dieses Inhaltsverzeichnisses halten wie Wegmarken die Thematik des Buches durch. Beispiele:
(1) *der Herrschaft,* (3) *des Politischen* (nominalisiertes Adjektiv im Neutrum), (6,7) *der Repräsentation,* (8) *der »Repräsentativen Demokratie«.*
Varianten dieser Thematik sind die zugehörigen Theorien und Institutionen:
(4) *der dogmatischen Theorie,*
(9) *von (...) Verfassungs-Ideen* (Genitiv des kataphorischen Artikels im Plural mit *von*-Suppletion), (13) *einer allgemeinen Theorie* (Genitiv des kataphorischen Artikels im Singular), (11) *der Assemblée Nationale,* (12) *des Parlaments.*
Zur bezeichneten Thematik gehören ferner die Eigennamen, deren Genitive, mit Genitiv-*S* gekennzeichnet, ihrer Basis jeweils vorangestellt sind:

Vorschlag und Wahl, Umriß einer allgemeinen Theorie (13)[1]	(2) *Machiavellis,* (6) *Edmund Burkes,* (10) *Thomas Paines* (eingeschachtelt in ein anderes Genitiv-Adjunkt).

Die Basis all dieser Genitiv-Adjunkte wird hauptsächlich von Ausdrücken des methodischen Zugriffs und der politischen Argumentation gebildet: (3) *der Begriff des Politischen,* (4) *Kritik der dogmatischen Theorie,* (5) *Theorie der Repräsentation,* (7) *Verteidigung der Repräsentation,* (9) *eine Untersuchung von (. . .) Verfassungs-Ideen,* (12) *Opposition des Parlaments,* (13) *Umriß einer allgemeinen Theorie.*
Zwei Ausdrücke kennzeichnen Phasen einer historischen Entwicklung: (8) *die Erfindung der »Repräsentativen Demokratie«* und (11) *die Geburt der Assemblée Nationale.*
Zu beachten ist noch, daß die Genitiv-Adjunkte (4) und (5) in sich gestuft sind: das Adjunkt (4) ist zugleich die Basis für das Adjunkt (5).

Insgesamt kann man an den Genitiv-Junktionen dieses Inhaltsverzeichnisses ein umfassendes Forschungsprogramm zur Ermittlung von historischen Determinationsgefügen ablesen.

7.3 Die Konjunktionen

Konjunktionen als Junktoren bilden Junktionen, die prototypisch die folgenden drei Bedingungen erfüllen:

- Das Adjunkt enthält ein finites Verb und ist satzförmig.
- Das Verb des Adjunkts ist in die Endstellung versetzt, so daß die Konjunktion mit ihm zusammen eine Klammer bilden kann. Das Adjunkt ist demnach klammerförmig (Adjunktklammer).
- Die Basis enthält ebenfalls ein finites Verb, sie ist folglich auch satzförmig. Ihr gegenüber nimmt das Adjunkt applikative Funktion wahr:

/ich brauche eine Brille, weil ich neuerdings schlecht sehe/

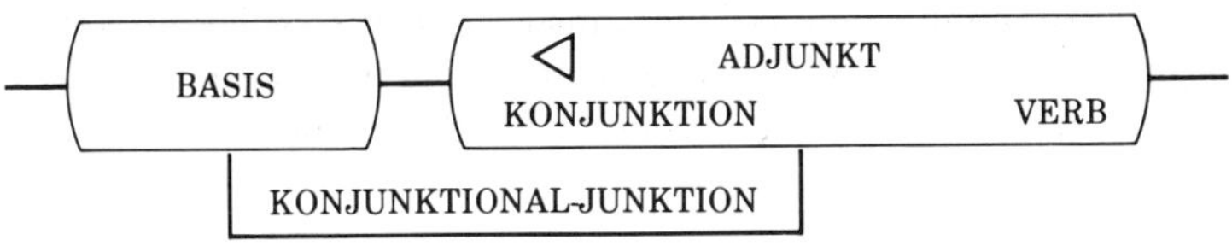

1) Dolf Sternberger: *Herrschaft und Vereinbarung* (= Schriften III), Frankfurt a. M. 1980.

Im Beispiel dieser Konjunktional-Junktion sind die drei genannten Bedingungen wie folgt erfüllt:

- Die Basis enthält das finite Verb *brauche*. Sie ist daher satzförmig.
- Das Adjunkt ist ebenfalls satzförmig, da es das finite Verb *sehe* enthält.
- Das finite Verb *sehe* ist in die Endstellung am Ende des Adjunkts versetzt, so daß die Adjunktklammer *weil – sehe* entsteht.

Im Umfeld dieses prototypischen Beispiels sprechen wir auch dann noch von Konjunktional-Junktionen, wenn die genannten drei Bedingungen nur teilerfüllt sind, wie in den folgenden Fallgruppen:

(1) Es gibt einige wenige Konjunktionen, die das Verb nicht in die Endstellung versetzen. Das Adjunkt bildet dann keine Adjunktklammer. Das gilt beispielsweise für die Konjunktion *denn*:

/ich brauche eine Brille, denn ich sehe neuerdings schlecht/

(2) Die drei Konjunktionen *um – zu, ohne – zu, anstatt – zu* sind Infinitiv-Konjunktionen. Sie haben statt des finiten Verbs eine Infinitivform bei sich; das Adjunkt ist also nicht satzförmig. Aber dieser Infinitiv wird gleichwohl in die Endstellung am Ende des Adjunkts versetzt, so daß die Konjunktion mit ihm eine Adjunktklammer bilden kann. Beispiele:

/ich kaufe mir eine Brille, um besser zu sehen/

/ich bin heute ins Kino gegangen, ohne meine Brille mitzunehmen/

/ich habe mir Kontaktlinsen anpassen lassen, anstatt mir eine neue Brille zu kaufen/

Die Adjunkte in diesen drei Beispielen sind klammerförmig, aber nicht satzförmig.

(3) Bei bestimmten Konjunktionen, insbesondere solchen mit konditionaler, kausaler oder konzessiver Bedeutung, kann das Adjunkt um sein Subjekt und sein finites Verb gekürzt werden, sofern diese aus dem Kontext leicht zu ergänzen sind:

/wenn ohne Hörgerät, ist dieser Mann ganz hilflos/

/sie ist eine mißtrauische, weil seit ihrer Jugend schwerhörige Person/

/er ist ein liebenswürdiger, wenn auch meistens stummer Gast/

(4) Bei einigen Konjunktionen, zumal der Konjunktion *daß*, kann die Basis der Junktion auch nicht-verbal sein, doch macht man von dieser Ausdrucksmöglichkeit nur dann Gebrauch, wenn die Basis von einem deverbalen Nomen gebildet ist oder jedenfalls eine verbale Entsprechung hat, die auch sonst die betreffende Konjunktion zulassen würde. Zum Vergleich:

NOMEN + *daß*	VERB + *daß*
/meine Überzeugung (davon), daß . . ./	*/ich bin (davon) überzeugt, daß . . ./*
/deine ständige Angst (davor), daß . . ./	*/du hast immer Angst (davor), daß . . ./*

In den Beispielen der linken Spalte nimmt das Adjunkt mit *daß* attributive Funktion, in den Beispielen der rechten Spalte applikative Funktion wahr.

Konjunktional-Junktionen zeigen hinsichtlich ihrer Junktionsglieder grundsätzlich die gleichen Stellungsbedingungen, wie sie auch für andere Junktionstypen zu verzeichnen sind:

(1) Abfolge Basis/Adjunkt (Normalstellung)

/ich weiß, daß ich nichts weiß/

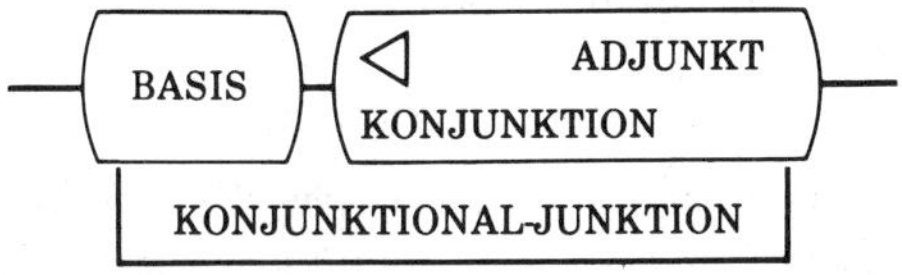

Das determinationsbedürftige Element (= determinandum) geht vorauf, das determinationskräftige Element (= determinans) folgt nach und bewirkt die Determination.

(2) Abfolge Adjunkt/Basis (Inversion)

/daß ich nichts weiß, weiß ich selber am besten/

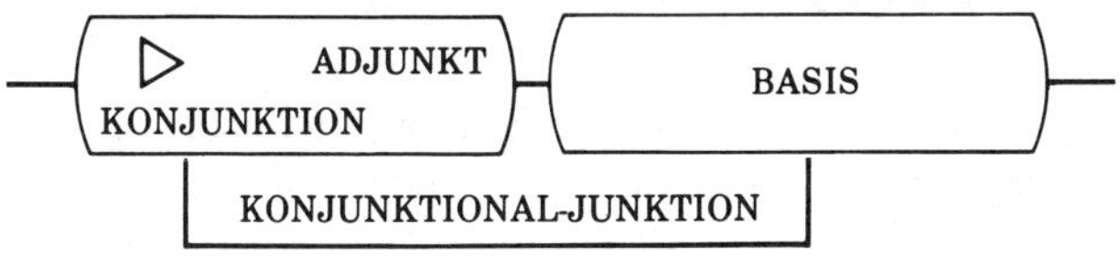

Hier geht die Determinante, die im Adjunkt enthalten ist, der Basis vorauf. Das führt zu einem kleinen Aufmerksamkeitsstau im Kontextgedächtnis, da der Hörer die Determinationsanweisung der Konjunktion *daß* erst dann ausführen kann, wenn er die nachgestellte Basis der Junktion vernommen hat.

(3) Einschub des Adjunkts in die Basis (Parenthese)

/ich kann, wenn ich schon nichts weiß, mein Unwissen erkennen/

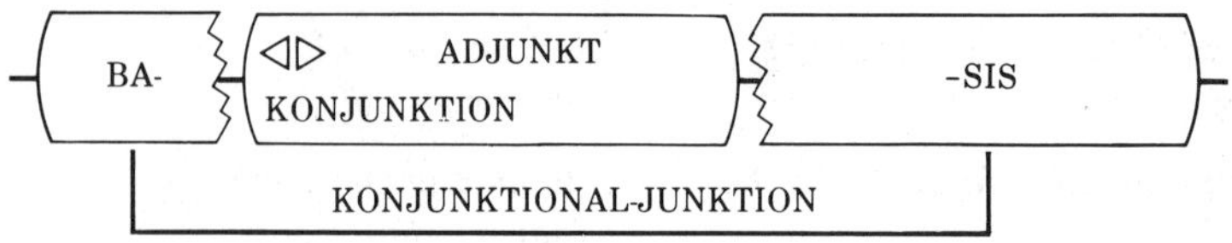

Hier umschließt die Basis das Adjunkt. Auch in diesem Fall kann der Hörer die Determinationsanweisung erst dann ausführen, wenn er die ganze Basis, zumal ihren lexikalisch wichtigen Teil am Ende, vernommen hat.

Viele Konjunktionen haben mit entsprechenden Präpositionen die Bedeutung gemeinsam, so daß man den gleichen Sachverhalt entweder verbal mit Hilfe von Konjunktionen oder nominal mit Hilfe von Präpositionen ausdrücken kann. Zum Vergleich:

KONJUNKTION	PRÄPOSITION
/da (weil) die Konjunktur anhält, stellt unsere Firma neue Arbeitskräfte ein/	*/wegen der anhaltenden Konjunktur stellt unsere Firma neue Arbeitskräfte ein/*
/obwohl die Zahl der Arbeitslosen steigt, wird die Arbeitszeit nicht verkürzt/	*/trotz der steigenden Arbeitslosenzahl wird die Arbeitszeit nicht verkürzt/*

Die oberen Beispiele haben die kausale, die unteren die konzessive Bedeutung gemeinsam. Weitere Bedeutungsentsprechungen werden bei den einzelnen Konjunktionen verzeichnet.

Nach einem Blick auf Probleme der Reihung und Stufung bei Konjunktional-Adjunkten (7.3.1) werden in den folgenden Kapiteln die wichtigsten Konjunktionen in ihren Bedeutungsgruppen beschrieben (7.3.2-7). Eine formale Sondergruppe bilden die Infinitiv-Konjunktionen (7.3.8).

7.3.1 Reihung und Stufung von Konjunktional-Adjunkten

In satzförmigen Junktionen, deren Junktor eine Konjunktion ist, kann – wie bei allen anderen Junktionen auch – die Basis mehrere Adjunkte bei sich haben. Wir unterscheiden dabei Reihung und Stufung der Adjunkte.

(1) Von einer Reihung konjunktionaler Adjunkte sprechen wir dann, wenn eine Basis durch mehrere Adjunkte mit der gleichen Konjunktion (oder mit mehreren Konjunktionen ähnlicher Bedeutung) determiniert wird. Die Adjunkte selber können entweder unverbunden gereiht oder durch einen Koordinativ-Junktor (*und, oder*) miteinander verbunden sein. Beispiele:

/*wenn du Zeit hast, wenn dir das Briefpapier nicht ausgegangen ist und wenn du noch an mich denkst, (dann) schreib mir mal einen Brief!*/

/*ich schreibe Dir heute einen langen Brief, obwohl ich von Dir schon lange nichts mehr gehört und Dir erst kürzlich noch geschrieben habe*/

Das letzte Beispiel zeigt überdies, daß bei gleicher Konjunktion die zweite Form weggelassen werden kann, zumal wenn die beiden Adjunkte einen gewissen syntaktischen oder semantischen Parallelismus erkennen lassen. Im vorliegenden Beispiel ist der Parallelismus zugleich syntaktisch (*ich, habe* gilt für beide Adjunkte) und lexikalisch (Opposition: ›mein Schreiben‹ vs. ›Dein Schreiben‹).

Gereihte Adjunkte mit konditionaler Bedeutung (Konjunktion *wenn*), die ihrer Basis voraufgehen, können beim zweiten Adjunkt, sofern die Konjunktion *wenn* nicht wiederholt wird, von der Klammerförmigkeit des Adjunkts abweichen:

/*wenn wieder Frühling ist und die Vögel singen wieder, (dann) machen wir einen schönen Ausflug ins Grüne*/

Üblicher ist jedoch die Klammerförmigkeit, auch bei weggelassener zweiter Konjunktion:

/*wenn ich ein Vöglein wär' und auch zwei Flügel hätt', flög' ich zu dir*/ (Volkslied)

Orthographische Anmerkung: Gereihte Adjunkte werden durch Kommasetzung getrennt; sind sie jedoch durch *und* oder *oder* verbunden, so steht kein Komma.

In seltenen Fällen findet man Konjunktional-Adjunkte auch mit bedeutungsähnlichen Präpositional-Adjunkten gereiht, wobei dann in der Regel die Konjunktional-Adjunkte, weil umfänglicher, am Ende stehen:

/*wegen meiner Schreibfaulheit und weil ich einige Zeit verreist war, antworte ich Dir erst heute auf Deinen langen Brief*/

In diesem Beispiel haben die Präposition *wegen* und die Konjunktion *weil* die kausale Bedeutung gemeinsam. Die Adjunkte können daher gereiht werden, obwohl sie von verschiedener syntaktischer Struktur sind.

(2) Von einer Stufung der Konjunktional-Adjunkte sprechen wir dann, wenn eine Basis über eine Konjunktion mit einem Adjunkt verbunden ist und mit ihm zusammen eine neue Basis bildet, die ihrerseits über eine andere Konjunktion mit einem zweiten Adjunkt verbunden ist. Wir unterscheiden ein Adjunkt erster Stufe von einem Adjunkt zweiter Stufe.

/*schreib mir, daß du mir hilfst, wenn du mir helfen willst!*/

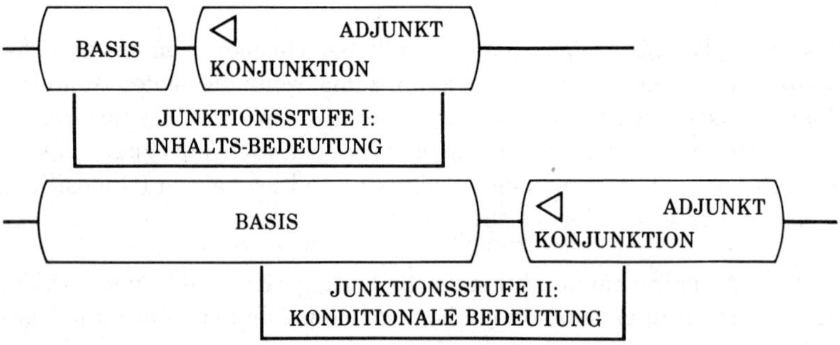

In diesem Beispiel gehört das Inhalts-Adjunkt *daß du mir hilfst* zur imperativischen Basis *schreib mir*; es ist ein Adjunkt erster Stufe. Das konditionale Adjunkt *wenn du mir helfen willst* gehört hingegen zur komplexen, selber schon eine Junktion enthaltenden Basis *schreib mir, daß du mir hilfst* und ist daher ein Adjunkt zweiter Stufe.

Gestufte Adjunkte werden nicht durch Junktoren des Typus *und, oder* verbunden. Orthographisch sind sie immer durch Kommasetzung getrennt. Auch mehrstufige Konjunktional-Junktionen sind möglich; sie sind ein Kennzeichen des Periodenstils. Der nachfolgende Textabschnitt gibt ein Beispiel dafür. Er stammt aus Heinrich von Kleists Novelle »Michael Kohlhaas«. Es handelt sich um eine mehrfach gestufte Satzperiode, deren Adjunkte überdies so ineinandergeschoben sind, daß der

Eindruck eines »Schachtelsatzes« entsteht. Die kunstvolle Stufung und Schachtelung der Periode, die in dieser Form fast nur in (älterer) literarischer Prosa vorkommt, wird im folgenden durch die typographische Anordnung verdeutlicht, wobei der Grad der Stufung durch die unterschiedliche Einrückung und die beigegebenen Ziffern ausgedrückt wird:

Der Kämmerer,
__ (1) *der Mühe hatte,*
____ (2) *seine Verlegenheit zu verbergen,*
versicherte ihn[1]:
__ (1) *daß,*
____ (2) *falls dieser Zettel einigen Wert für ihn hätte,*
__ (1) *nichts auf der Welt notwendiger wäre,*
____ (2) *als dem Kohlhaas diesen Umstand zu verschweigen;*
______ (3) *indem,*
________ (4) *sobald derselbe*[2] *durch eine unvorsichtige Äußerung Kenntnis davon nähme*[3],
______ (3) *alle Reichtümer,*
________ (4) *die er besäße,*
______ (3) *nicht hinreichen würden,*
________ (4) *ihn aus den Händen dieses grimmigen, in seiner Rachsucht unersättlichen Kerls zu erkaufen.*[4]

In der heutigen Sprache sind solche Perioden selten geworden, selbst in literarischer Prosa. Insbesondere die Verschachtelung von Adjunkten, die wie in diesem Beispiel zweimal zum Nacheinander zweier Konjunktionen führt (*daß, falls* und *indem, sobald*), gilt in der modernen Stilistik nicht mehr als normgerecht.

7.3.2 Die Konjunktion *daß*

Die Konjunktion *daß* ist die häufigste Konjunktion der deutschen Sprache. Sie ist historisch identisch mit dem Fokus-Pronomen *das* und hat sich funktional und orthographisch von ihm getrennt (vgl. 4.4.2).

1) Heutiger Sprachgebrauch: *versicherte ihm.*
2) Heutiger Sprachgebrauch: *dieser.*
3) Heutiger Sprachgebrauch: *Kenntnis davon erhielte.*
4) Heutiger Sprachgebrauch: *freizukaufen.*
(Heinrich von Kleist: »Michael Kohlhaas«, in: *Sämtliche Werke und Briefe,* hg. von Helmut Sembdner, Bd. II, München ^{2}1961, S. 84.)

Die Konjunktion *daß* tritt nur in satz- und klammerförmigen Adjunkten auf (7.3.2.1). Sie bildet oft Korrelationen mit anderen Morphemen, insbesondere mit *es, so* und Präpositional-Adverbien (7.3.2.2).

7.3.2.1 *Daß* als Inhalts-Konjunktion

Die Bedeutung der Konjunktion *daß* kann mit dem semantischen Merkmal ⟨INHALT⟩ bezeichnet werden:

/siehst du, daß ich zu tun habe?/

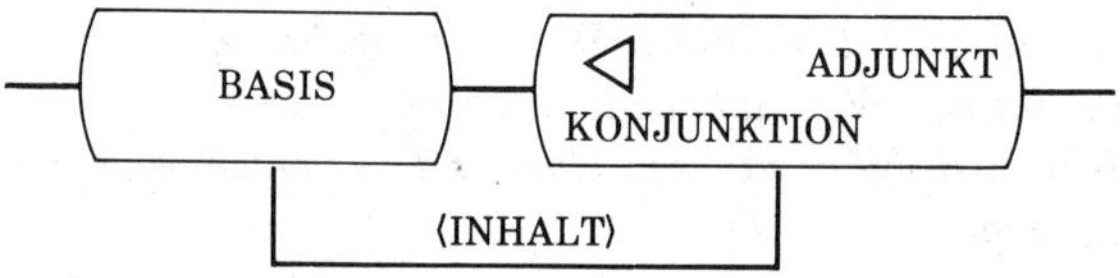

In dieser Junktion ist die sinnliche Wahrnehmung des ›Sehens‹ ausgedrückt in der Basis, in die der Hörer den Inhalt ›ich habe zu tun‹ einfügen soll. Diese korrelative Determination wird von der Inhalts-Konjunktion *daß* gesteuert.

Adjunkte mit der Konjunktion *daß* treten nach jedweder Basis auf, die als ›Form‹ für einen ›Inhalt‹ aufgefaßt werden kann. Alle Sinneswahrnehmungen erfüllen beispielsweise diese Bedingung:

/hörst du nicht, daß unser Telefon klingelt?/

/schmeckst du nicht, daß der Tee schon gesüßt ist?/

/riechst du nicht, daß die Milch angebrannt ist?/

Ähnliches gilt für psychische Prozesse der verschiedensten Art, es mag sich dabei um Befindlichkeiten oder um Strebungen handeln:

/ich merke, daß ich schlecht geschlafen habe/

/ich hoffe, daß du mich richtig verstanden hast/

/ich fürchte, daß du dir über unsere Lage nicht im klaren bist/

/ich will nur, daß man uns endlich in Ruhe läßt/

Auch Gedanken, Mitteilungen und Erklärungen in indirekter Rede fallen unter diese Bedingungen (vgl. 8.4.2.3):

/alle haben gemeint, daß du mit zur Party kommen sollst/

/weißt du auch, daß ich dort die einzige Ausländerin wäre?/

/das bedeutet erst recht, daß du mitkommen mußt!/

In all diesen Fällen kann die Basis der *daß*-Junktion, in der die ›Form‹ ausgedrückt ist, auch nominal sein:

die Wahrnehmung, daß
das Gefühl, daß
die Sorge, daß
die Hoffnung, daß
die Befürchtung, daß
die Meldung, daß

Feststellungen oder erzählte Ereignisse können gleichfalls mit Hilfe der Konjunktion *daß* inhaltlich charakterisiert werden:

/es kommt nicht selten vor, daß Flugzeuge Verspätung haben/

/die Verspätung einer Maschine hat oft zur Folge, daß man die Anschlußmaschine verpaßt/

/habe ich dir schon erzählt, daß ich neulich mein Flugzeug nur erreicht habe, weil es Verspätung hatte?/

In all diesen Beispielen wird in der Basis eine formale Kategorie oder Betrachtungsweise genannt (›Geschehen‹, ›Folge‹, ›Erzählung‹), deren Rahmen im Adjunkt inhaltlich ausgefüllt wird. Dieser Gebrauch der Konjunktion *daß* ist von besonderer Bedeutung für viele Äußerungen, in denen Inhalte nach den Rahmenbedingungen anerkannter Denkkategorien beschrieben werden:

/wir beobachten also, daß Wasser im Gebirge schon bei weniger als 100° (lies: *Grad*) *kocht!/*

/ich muß leider kritisieren, daß Ihre Erklärung unvollständig ist/

Die Denkkategorien, die von den Adjunkten her inhaltlich determiniert werden, sind hier die Geistestätigkeiten des ›Begründens‹ und ›Kritisierens‹.

In selteneren Fällen steht das Verb eines *daß*-Adjunkts im Konjunktiv, und zwar entweder im Restriktiv beim Anschluß an eine negative Basis oder im Indirektiv oder Restriktiv bei indirekter Rede:

/ich hatte nicht mehr damit gerechnet, daß sie noch an mich dächte/

/sie hat mir geschrieben, daß sie mir alles verzeihe (oder: *verzeiht*)/

Nach einer imperativischen Basis geht deren Anweisung auf das Inhalts-Adjunkt mit *daß* über:

/*komm her, daß ich dich aus der Nähe betrachte!*/

Bei einigen frei, das heißt ohne Junktionsbasis gebrauchten *daß*-Adjunkten, ist aus der Situation, unterstützt durch eine drängende Intonation, ein Wunsch oder eine Befürchtung zu ergänzen:

/*daß du (mir) aber heute abend rechtzeitig wieder zu Hause bist!*/

/*daß du (mir) nur nicht wieder betrunken nach Hause kommst!*/

In ritueller oder zeremonieller Sprache ist hier der indirektive Konjunktiv, meistens in der *möge*-Form, obligatorisch:

/*daß ihr noch manche glückliche Stunde miteinander verbringen möget!*/

Auch als Ausruf mit dem Ausdruckswert der Verwunderung kann ein freies *daß*-Adjunkt dienen:

/*daß die deutsche Sprache tatsächlich so leicht ist!*/

Konjunktional-Adjunkte mit *daß* können hinsichtlich ihrer Basis die Funktion von Handlungsrollen wahrnehmen. Dafür kommen jedoch fast nur die Subjekt- und die Objektrolle in Frage. Zum Vergleich:

daß-ADJUNKT IN DER SUBJEKTROLLE	*daß*-ADJUNKT IN DER OBJEKTROLLE
/*sehr überraschend war für uns alle, daß der neue Mitarbeiter so tüchtig sein würde*/	/*keiner von uns hatte geahnt, daß der neue Mitarbeiter so tüchtig sein würde*/

Bezüglich ihrer Stellungsbedingungen bieten die *daß*-Junktionen ein relativ einheitliches Bild, das mit der Bedeutung der Inhalts-Konjunktion *daß* zusammenhängt. Denn die semantische Abfolge ›Form‹/›Inhalt‹, ausgedrückt in der Stellung Basis/Adjunkt, bietet der Informationsverarbeitung leichtere Konditionen als die Inversion ›Inhalt‹/›Form‹. Aus diesem Grunde ist in *daß*-Junktionen die Abfolge Basis/Adjunkt bei weitem die häufigere Stellung der Junktionsglieder und kann als Normalstellung gelten. Die Inversion Adjunkt/Basis setzt hingegen in jedem Einzelfall besondere Kontextverhältnisse voraus. Zum Vergleich:

ABFOLGE BASIS/ADJUNKT	ABFOLGE ADJUNKT/BASIS
/ich sehe ein, daß du recht hast/	*/daß du recht hast, sehe ich zwar ein, aber . . . /*

In der Normalstellung (linke Spalte) erhält der Hörer zuerst Information über die kognitive ›Form‹ (›Einsicht‹), dann über den Inhalt der Einsicht. Die Inversionsstellung (rechte Spalte) liefert ihm hingegen zuerst Information über den Inhalt und dann erst über die kognitive Form. Das rechte Beispiel zeigt jedoch zugleich, daß der vorangestellte Inhalt hier nur als Teilargument (*zwar*) gelten soll und das Hauptargument noch aussteht (*aber*). So erklärt sich in diesem Kontext die Abweichung von der Normalstellung.

Im übrigen findet man eine Voranstellung des *daß*-Adjunkts besonders häufig in Verbindung mit wertenden Äußerungen, bei denen die Tatsacheninhalte des *daß*-Adjunkts bereits als bekannt vorausgesetzt werden. Beispiele:

/daß du die Postkarten eingeworfen hast, ist nett von dir!/

/daß du die Briefe durch Eilboten geschickt hast, muß ich sehr loben/

In diesem Fall kann das vorangestellte *daß*-Adjunkt durch das ihm wiederum voraufgehende Nomen *die Tatsache* abgestützt werden:

/durch die Tatsache, daß du das Protokoll sofort gefaxt hast, haben wir einen Tag gewonnen/

In gewisser Weise kann der ganze Ausdruck *die Tatsache, daß* (trotz des Kommas!) als eine komplexe Variante der Konjunktion *daß* angesehen werden.

Wir betrachten im folgenden die Bedeutung der Konjunktion *daß* in einem Text. Er stammt aus der Feder von Heinrich von Kleist und ist überschrieben »Rätsel«. Die *daß*-Junktionen, die sämtlich die Abfolge Basis/Adjunkt zeigen, sind fortlaufend numeriert.

TEXT:

Ein junger Doktor der Rechte und eine Stiftsdame, von denen kein Mensch wußte, daß (1) sie mit einander in Verhältnis standen, befanden sich einst bei dem Kommandanten der Stadt, in einer zahlreichen und ansehnlichen Gesellschaft. Die Dame, jung und schön, trug, wie es zu derselben Zeit Mode war, ein kleines, schwarzes Schönpflästerchen im Gesicht, und zwar dicht über der Lippe, auf der rechten Seite des Mundes. Irgend ein Zufall veranlaßte, daß (2) die Gesellschaft sich auf einem Augenblick aus dem Zimmer entfernte, dergestalt, daß (3) nur der Doktor und die besagte Dame darin zurückblieben. Als die Gesellschaft zurückkehrte, fand sich, zum allgemeinen Befremden derselben, daß (4) der Doktor das Schönpflästerchen im Gesicht trug; und zwar gleichfalls über der Lippe, aber auf der linken Seite des Mundes.[1]

TEXTGRAMMATISCHER KOMMENTAR:

(1) *wußte, daß*: Das (Nicht-)Wissen gilt als die kognitive Form, für die nun die Konjunktion *daß* einen (nicht gewußten) Inhalt ankündigt.
(2) *veranlaßte, daß*: Die Basis der *daß*-Junktion ist eine leere Form und bedarf einer Auffüllung, die inhaltlich darüber Auskunft gibt, was denn genau geschah.
(3) *dergestalt, daß*: Hier finden wir die Konjunktion *daß* zu der erläuternden Konjunktion *dergestalt, daß* (vgl. 7.3.3) erweitert. Die Erweiterung mit *dergestalt* (< *der Gestalt*) gibt deutlich zu erkennen, daß die Inhaltserwartung von einer Form (»Gestalt«) ausgeht. Das Zurückbleiben des Doktors und der Dame bildet nun den »Inhalt« des Adjunkts.
(4) *fand sich, daß*: Das Verb *fand sich* drückt zunächst rein formal ein abstraktes Handlungsschema aus, das sogleich mit einem konkreten Inhalt gefüllt wird. Das ist zugleich die (inhaltliche) Pointe der kleinen Anekdote.

7.3.2.2 Die Korrelate *es/daß, da-/daß* und *so/daß*

Semantisch betrachtet, weist die Konjunktion *daß* den Hörer an, die betreffende Junktion als ein Form/Inhalt-Korrelat aufzufassen. Der Inhalt kann nun im Text durch das Zusammenwirken mit anderen Sprachzeichen unterschiedlich profiliert und fokussiert werden.

1) Heinrich von Kleist: »Rätsel«, in: *Sämtliche Werke und Briefe*, hg. von Helmut Sembdner, Bd. II, München ²1961, S. 269.

(1) Die *es/daß*-Korrelation

Die Form/Inhalt-Korrelation der *daß*-Junktionen in der Normalstellung Basis/Adjunkt ist gut kompatibel mit der Horizont/Fokus-Korrelation und wird daher oft von dieser überlagert (vgl. 4.4.4.1.2). Eine solche Struktur haben die in der deutschen Sprache sehr häufigen *es/daß*-Korrelate. Der (»unpersönliche«) Horizont-Ausdruck mit *es* als Platzhalter eröffnet einen Horizont, vor dem dann das *daß*-Adjunkt fokussiert wird. Beispiel:

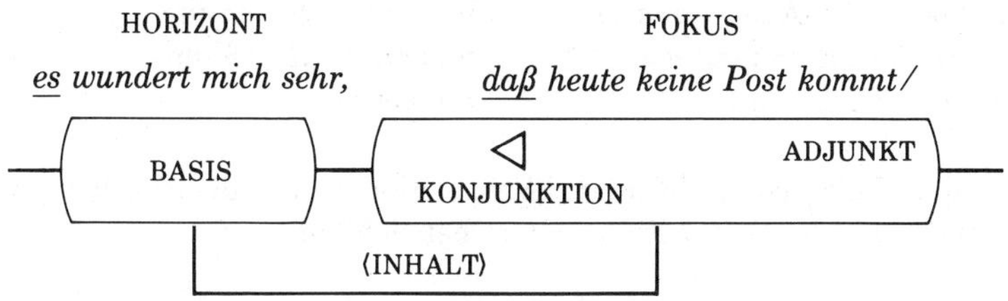

In diesem Beispiel eröffnet die Junktionsbasis, eingeleitet durch das Horizont-Pronomen *es*, einen formalen Bedeutungshorizont des ›Wunderns‹, vor dem dann der Inhalt *heute kommt keine Post* fokussiert wird. Weitere Beispiele:

/nehmen Sie es mir bitte nicht übel, daß ich Ihnen eine indiskrete Frage stelle!/

/wie haben Sie es nur geschafft, daß Sie zum Studium zugelassen sind?/

Im Vorfeld ist das Horizont-Pronomen *es* als Vorsignal obligatorisch, sofern das Vorfeld nicht anderweitig besetzt ist. Im Mittelfeld tritt es insbesondere dann auf, wenn das Verb ein adjektivisches oder nominales Nachverb hat:

/ich finde es gut, daß . . ./

/ich bin es leid, daß . . ./

/ich betrachte es als Fehler, daß . . ./

(2) Die Korrelation *da-/daß*

Eine hohe Frequenz haben in der deutschen Sprache auch Korrelationen, die aus einem Präpositional-Adverb mit *da-* (vor Vokal: *dar-*) und der

Inhalts-Konjunktion *daß* bestehen. Das Präpositional-Adverb wirkt dann als Vorsignal für ein *daß*-Adjunkt, dessen Inhalt von dem präpositionalen Element des Vorsignals her vorgesteuert wird. Auf diese Weise kann eine Konjunktional-Junktion mit *daß* und einem Präpositional-Adverb, das als Vorsignal dient, einer Präpositional-Junktion mit der gleichen Präposition semantisch entsprechen. Zum Vergleich:

KONJUNKTIONAL-JUNKTION MIT PRÄPOSITIONAL-ADVERB ALS VORSIGNAL	PRÄPOSITIONAL-JUNKTION
/ich möchte Sie daran erinnern, daß Sie Ihre Rechnung noch nicht bezahlt haben/	*/ich möchte Sie an die unbezahlte Rechnung erinnern/*

In beiden Fällen ist die Wahl der Präposition *an* von dem Verb *erinnere* abhängig, das die Präposition *an* fest bei sich hat.

In vielen Fällen dieser Art ist ein Präpositional-Adverb mit *da-* vor einem *daß*-Adjunkt obligatorisch, in anderen fakultativ. Zum Vergleich:

OBLIGATORISCHES VORSIGNAL	FAKULTATIVES VORSIGNAL
/ich verlasse mich darauf, daß die Arbeit bis heute abend fertig wird/	*/ich hoffe (darauf), daß die Arbeit bis heute abend fertig wird/*

Welche Verben ein obligatorisches und welche ein fakultatives Vorsignal in Gestalt eines Präpositional-Adverbs mit *da-* bei sich haben, hängt von der Semantik des Verbs ab. Die allgemeine Regel besagt, daß Verben mit relativ unspezifischer, insbesondere mit elementar-leiblicher Bedeutung ein Präpositional-Adverb obligatorisch bei sich haben, während dieses Adverb umso entbehrlicher wird, je spezifischer die Bedeutung des Verbs schon von sich aus ist. Die Verben der nachfolgenden Beispiele haben wegen ihrer unspezifischen Eigenbedeutung eine Obligatorik des Präpositional-Adverbs:

/ich bin schon lange dafür, daß . . ./

/ich bleibe fürs erste dabei, daß . . ./

/ich lebe hauptsächlich davon, daß . . ./

/ich sitze schon seit Wochen daran, daß . . ./

/ich stehe voll darauf, daß . . ./ (umgangssprachlich)

/ich stelle mich ganz darauf ein, daß . . ./

/ich komme nie dazu, daß . . ./

/ich gehe natürlich davon aus, daß . . ./

/mir liegt ziemlich viel daran, daß . . ./

/ich suche immer noch danach, daß . . ./

/ich finde nichts Besonderes dabei, daß . . ./

/ich halte nichts davon, daß . . ./

/ich hänge sehr daran, daß . . ./

/ich sehe streng darauf, daß . . ./

Diese Regel gilt auch für die Verben dieser Bedeutungsgruppe, wenn sie mit abstraktem oder unpersönlichem Subjekt zum Ausdruck einer Relation gebraucht werden, wobei dieses Verb fach- oder wissenschaftssprachlich auch zu einem zweiteiligen Verb oder Präfixverb weitergebildet sein kann:

/die Schwierigkeit liegt hauptsächlich darin, daß . . ./ (aber: *das liegt daran, daß . . .*)

/die Lösung (oder: *das*) *hängt vor allen Dingen davon ab, daß . . ./*

/die Schlußfolgerung (oder: *das*) *ergibt sich daraus, daß . . ./*

Hat das Verb hingegen von sich aus schon eine sehr spezifische Bedeutung, so ist das Präpositional-Adverb als Vorsignal eines *daß*-Adjunkts in den meisten Fällen fakultativ, zum Beispiel:

/ich freue mich lebhaft (darauf/darüber), daß . . ./

/ich ärgere mich ständig (darüber), daß . . ./

/ich lade dich herzlich (dazu) ein, daß . . ./

/ich verführe dich (dazu), daß . . ./

Bei diesen Verben wird die Bedeutung von der jeweiligen Präposition nur wenig beeinflußt, so daß bei verbalem Anschluß das Präpositional-Adverb fehlen kann. Zur Unterscheidung:

FAKULTATIVES VORSIGNAL	OBLIGATORISCHES VORSIGNAL
/ich zwinge niemanden (dazu), daß er mich bedient/	*/ich bringe niemanden dazu, daß er mich bedient/*

Die sehr spezifische Bedeutung des Verbs *zwinge* macht das Präpositional-Adverb entbehrlich, während die unspezifische leiblich-elementare Bedeutung des Verbs *bringe* der Spezifik des adverbialen Vorsignals bedarf.

Die bisher besprochene allgemeine Regel für die obligatorische oder fakultative Setzung eines Präpositional-Adverbs mit *da-* muß noch in einer Hinsicht ergänzt werden. Obligatorisch ist nämlich ein Präpositional-Adverb als Vorsignal eines *daß*-Adjunkts auch bei Verben mit spezifischer Bedeutung, wenn diese eine deutliche Hin- oder Abwendung ausdrücken:

/*ich kümmere mich schon darum, daß* . . ./

/*ich beschäftige mich seit einiger Zeit damit, daß* . . ./

/*ich sehne mich seit langem danach, daß* . . ./

/*ich strebe mit allen Kräften danach, daß* . . ./

/*ich tauge nicht besonders dazu, daß* . . ./

/*ich nehme leichten Herzens davon Abstand, daß* . . ./

Das gilt in besonderem Maße für diejenigen Verben, die fest die Präpositionen *für* oder *gegen* bei sich haben:

/*ich sorge nach Kräften dafür, daß* . . ./

/*ich wehre mich seit langem dagegen, daß* . . ./

/*ich kämpfe leidenschaftlich dafür* (oder: *dagegen*), *daß* . . ./

In all diesen Fällen soll es auf keinen Fall zu einer Verwechslung der beiden Richtungen kommen, was durch die Verbbedeutung alleine nicht gewährleistet ist.

Unter den Bedingungen der Inversion, wenn das Vorsignal zum Nachsignal wird, ist das Präpositional-Adverb jedoch auch dort obligatorisch, wo es sonst nur fakultativ ist:

/*daß Sie sich über mich wundern, darüber kann ich nur staunen*/

Faustregel für den ganzen Bereich der Präpositional-Adverbien mit *da-*: im Zweifel das Adverb setzen!

Bei gleichem Subjekt werden die Korrelate *da-/daß* jedoch in der Regel durch die Korrelate *da-/zu* (+ Infinitiv) ersetzt. In diesem Fall vermeidet man möglichst den Gleichklang *dazu/zu* und läßt deshalb das Präpositional-Adverb fallen, zum Beispiel:

/niemand kann mich (dazu) veranlassen zu lügen/

(3) Die *so/daß*-Korrelation

Eine eigenartige Veränderung erfährt die *daß*-Junktion dann, wenn sie mit einem *so/daß*-Korrelat (nicht zu verwechseln mit der Konjunktion *so daß* - vgl. 7.3.3) zusammentrifft. Die Form *so* ist ein Status-Adverb mit der Bedeutung ›Rahmen‹ (vgl. 6.4.3.1). Meistens steht dieses Adverb vor einem (attributiven, prädikativen oder applikativen) Adjektiv, dem damit die kontextuelle Bedeutung zugewiesen wird, den *so*-Rahmen inhaltlich zu füllen. Wenn nun das Rahmen-Adverb *so* vor einem Adjektiv steht, das zur Basis einer *daß*-Junktion gehört, erhält bereits die Basis mit dem eingerahmten Adjektiv ein inhaltliches Element, demgegenüber die Bedeutung des *daß*-Adjunkts als ein ›zweiter Inhalt‹ aufzufassen ist. Beispiel:

/der Wald ist so dunkel, daß Rotkäppchen sich fürchtet/

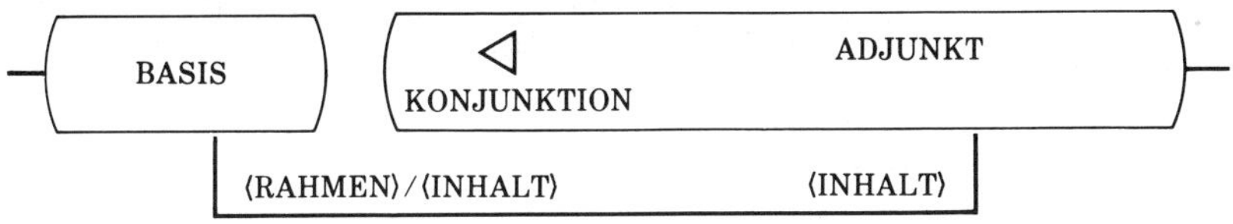

Die ›Rahmen‹-Bedeutung des Adverbs *so* gilt zunächst für das anschließende prädikative Adjektiv *dunkel,* das damit als ›Inhalt‹ dieses Rahmens gekennzeichnet wird. Dieser Inhalt wird sodann im nachfolgenden *daß*-Adjunkt noch weiter spezifiziert. Ein *so/daß*-Korrelat signalisiert damit dem Hörer einen ›konsekutiven Inhalt‹, das heißt, einen Inhalt, der sich an einen anderen Inhalt anschließt. Weitere Beispiele, unterschieden nach den drei syntaktischen Funktionen des Adjektivs (vgl. 5.1):

/Rapunzel hat so lange Haare, daß man sich an ihnen von einem Turm herablassen kann/ (= attributive Funktion)

/Rumpelstilzchen wird so wütend, daß er sich selber zerreißt/ (= prädikative Funktion)

/Schneewittchen sorgt so gut für die Zwerge, daß sie von allen geliebt wird/
(= applikative Funktion)

Auch Grad-Adverbien und Frequenz-Adverbien können durch *so* eingerahmt (*so sehr, so lange, so oft*) und mit *daß* konsekutiv fortgesetzt werden.

7.3.3 Die konsekutive Konjunktion *so daß*

Von dem Korrelat *so/daß* (vgl. 7.3.2.2) ist die Konjunktion *so daß* zu unterscheiden, obwohl beiden Formen die konsekutive Bedeutung gemeinsam ist. Während aber bei dem Korrelat *so/daß* die Konsekutivität durch die deutliche Trennung eines ›ersten Inhalts‹ von einem darauffolgenden ›zweiten Inhalt‹ eine Zwei-Element-Struktur hat, ist sie bei der (untrennbaren!) konsekutiven Konjunktion *so daß* zu einer ein-elementigen Struktur zusammengezogen: der ›Rahmen‹ des Adverbs *so* wirkt nun auf das unmittelbar anschließende *daß*-Adjunkt in der Weise, daß dieses zugleich ›Inhalt‹ und ›Folge‹ bedeutet. Beispiel:

/er kleidet sich extravagant, so daß er überall auffällt/

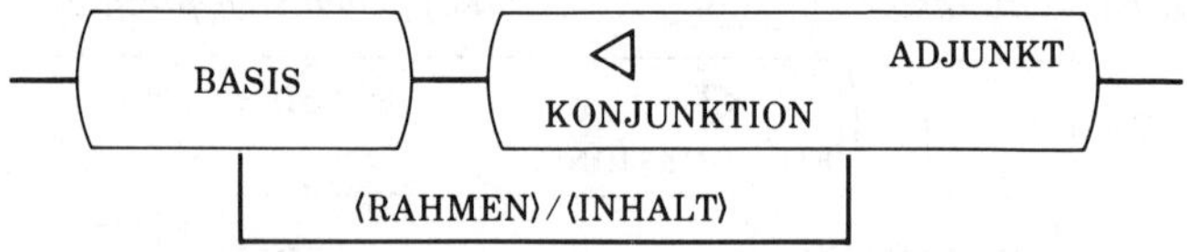

Zwischen der Bedeutung der Basis, insbesondere ihrem rhematischen Element *extravagant* (= applikatives Adjektiv), und der Bedeutung des Adjunkts (*fällt überall auf*) besteht hier ein semantischer Zusammenhang. Der Inhalt des Adjunkts füllt einen Rahmen aus, zu dem eine inhaltliche Verwandtschaft besteht. Unter dieser Voraussetzung ›folgt‹ eines aus dem anderen. Weitere Beispiele:

/er kommt immer zu spät, so daß ihn niemand übersehen kann/

/er gibt sich als Künstler, so daß manche ihn auch tatsächlich für einen Künstler halten/

Das auffällige Zuspätkommen und das künstlerische Gehabe ziehen jeweils bestimmte Folgen unmittelbar nach sich, weil sie von den beteiligten Bedeutungsinhalten her zu erwarten sind.

7.3.4 Finale Konjunktionen (*damit, auf daß*)

Finale Konjunktionen geben dem Hörer die Anweisung, die Bedeutung eines Adjunkts als das Ziel einer in der Basis ausgedrückten Handlung aufzufassen. Die wichtigste finale Konjunktion ist *damit*. Wir beschreiben ihre Bedeutung mit dem Merkmal ⟨ZIEL⟩, das die intendierte Wirkung bezeichnet:

/manch einer klagt, damit man ihn bedauert/

Das ›Bedauern‹ (= Adjunkt) wird dem ›Klagen‹ (= Basis) als Ziel zugeschrieben. Bedauert zu werden, ist - anders ausgedrückt - die intendierte Wirkung des Klagens. Das ist mit der Finalität der Konjunktion *damit* gemeint. In der Regel gebraucht man die Konjunktion *damit* nur dann, wenn Basis und Adjunkt nicht das gleiche Subjekt haben; bei gleichem Subjekt steht hingegen die Infinitiv-Konjunktion *um - zu* (vgl. 7.3.8). Zur Unterscheidung:

FINALE KONJUNKTION

/erklären Sie mir bitte diese Regel mit einem Beispiel, damit ich sie richtig verstehe!/

FINALE INFINITIV-KONJUNKTION

/ich brauche zu dieser Regel unbedingt ein Beispiel, um sie richtig zu verstehen/

Im Beispiel der linken Spalte wechselt die Gesprächsrolle des Subjekts (*Sie - ich*). So gebraucht man die finale Konjunktion *damit*, die eine finite Verbform (*verstehe*) bei sich hat. Im Beispiel der rechten Spalte hingegen, in dem Basis und Adjunkt das gleiche Subjekt haben (*ich; ich*), bildet man das Adjunkt meistens mit der Infinitiv-Konjunktion (*um - zu verstehen*). Es kann jedoch in etwas steiferer Ausdrucksweise auch in diesem Fall die Konjunktion *damit* gebraucht werden. Neben der finalen Konjunktion *damit* findet man, jedoch recht selten, die gleichfalls finale Konjunktion *auf daß*, die etwas feierlich-archaisch klingt:

/alle Regeln brauchen Beispiele, damit die Sprache anschaulich wird/

/ich wünsche Ihnen viel Erfolg beim Lernen, auf daß Sie die deutsche Sprache bald vollkommen beherrschen/

Nach finalen Konjunktionen steht in der heutigen Sprache in den meisten Fällen nicht der Konjunktiv. Sofern er in einigen Texten dennoch vorkommt, handelt es sich um archaischen oder zeremoniellen Sprachgebrauch:

/*du sollst Vater und Mutter ehren, auf daß es dir wohlergehe und du lange lebest auf Erden*/ (Bibelsprache, Viertes Gebot)

Die finalen Konjunktionen *damit* und *auf daß* erübrigen sich jedoch immer dann, wenn bereits in der Basis der Junktion die Intention lexikalisch zum Ausdruck kommt. In diesem Fall steht die einfache Inhalts-Konjunktion *daß*, die schon zur Genüge dafür sorgt, daß die Intention der Basis für das Adjunkt »inhaltlich« weitergilt. Unterscheide:

FINALE KONJUNKTION	INHALTS-KONJUNKTION
/*ich arbeite (strenge mich an, mühe mich ab), damit du glücklich wirst*/	/*ich will (möchte, bemühe mich), daß du glücklich wirst*/

Im Beispiel der linken Spalte drückt die Basis eine Handlung aus, für die anschließend - vermittelt durch die finale Konjunktion *damit* - das Ziel, also die intendierte Wirkung, genannt wird. Anders im Beispiel der rechten Spalte. Da ist schon in der Basis die Intention lexikalisch ausgedrückt, und so braucht diese nur noch durch die Vermittlung der Konjunktion *daß* zum ›Inhalt‹ des Adjunkts gemacht zu werden.

7.3.5 Konditionale Konjunktionen (*wenn, falls* . . .)

Die konditionalen Konjunktionen, unter denen die Form *wenn* die weiteste Verbreitung hat, geben mit ihrem Adjunkt einen ›Rahmen‹ an, der die Bedingung für die Geltung der Basis bezeichnet. Das verbindet sie mit der Präposition *bei* und mit dem Adverb *so* (das in archaischer Bedeutung auch als konditionale Konjunktion auftritt). Wir beschreiben die Bedeutung der Konjunktion *wenn* mit dem semantischen Merkmal ⟨RAHMEN⟩:

/*man braucht eine Steuerkarte, wenn man eine Arbeit annimmt*/

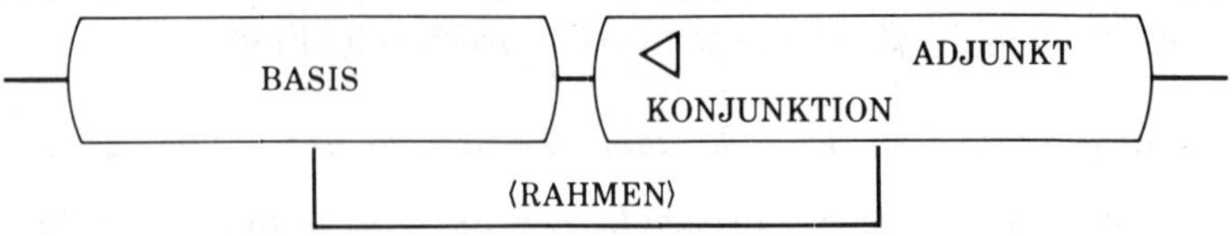

Diese konditionale Junktion, die in ihrer Gesamtbedeutung von der Konjunktion *wenn* gesteuert wird, besagt folgendes: Die Basis *man braucht eine Steuerkarte* gilt nicht absolut, sondern nur in dem ›Rahmen‹, der vom Adjunkt gesetzt wird. Der Rahmen lautet: *wenn man eine Arbeit annimmt.* Das ist die vom Gesetzgeber festgesetzte Bedingung (Kondition), von der die Geltung der Basis abhängt. Diese gilt also nur ›bedingt‹.

Die Konjunktion *wenn* teilt ihre ›Rahmen‹-Bedeutung mit der Präposition *bei* (vgl. 7.1.3.2.2). Sie ist deren konjunktionale Entsprechung. Zum Vergleich:

KONJUNKTION *wenn*	PRÄPOSITION *bei*
/*wird der Lohn fortgezahlt, wenn man längere Zeit krank ist?*/	/*gibt es Lohnfortzahlung bei längerer Krankheit?*/

Die konjunktionale Junktion mit *wenn* (linke Spalte) drückt verbal den gleichen Sachverhalt aus wie die präpositionale Junktion mit *bei* (rechte Spalte), die eine nominale Ausdrucksweise möglich macht.

Da der (Bedingungs-)Rahmen, innerhalb dessen ein Sachverhalt gilt, in der Regel vorgegeben ist, steht das Adjunkt in *wenn*-Junktionen meistens vor der Basis. In der somit nachgestellten Basis findet man oft das Adverb *dann* (seltener: *so*) als Korrelat der Konjunktion *wenn*, zumal in solchen Junktionen, in denen der Basis ein längeres *wenn*-Adjunkt voraufgeht.

/*wenn Sie Geld verdienen, (dann) müssen Sie natürlich auch Einkommensteuer zahlen*/

/*wenn man ledig ist und ein hohes Einkommen hat, dann* (oder: *so*) *hat man auch einen ziemlich hohen Steuersatz*/

/*immer dann, wenn berufsbedingte Kosten auftreten, kann man diese von der Steuer absetzen*/

Das letzte Beispiel zeigt eine Konditional-Junktion, bei der die Basis das Adjunkt einrahmt, und zwar so, daß die Konjunktion *wenn* sich unmittelbar auf ihr vorgezogenes Korrelat *dann* beziehen kann.

Konditionale Junktionen lassen bei vorangestelltem Adjunkt überdies die Besonderheit zu, daß die nachgestellte Basis mit dem Subjekt beginnen kann. Im nachfolgenden Beispiel wird das Vorfeld des Verbs *gäbe* in der Basis doppelt besetzt, einmal durch das vorangestellte *wenn*-Adjunkt und außerdem durch das Subjekt *ich* vor restriktivem Konjunktiv:

/*wenn ich morgen in der Lotterie gewinnen würde, ich gäbe dir bestimmt die Hälfte ab*/

Diese Stellung ist aber nur die seltene Variante der Normalstellung, die durch einfache Besetzung des Vorfeldes gekennzeichnet ist.

Es hängt bei konditionalen Junktionen jeweils vom Kontext und von der Situation ab, in welchem genauen Sinne der Rahmen zu verstehen ist. Es kann sich dabei etwa auch um einen zeitlichen Rahmen handeln:

/*immer* (oder: *jedesmal*) *wenn ich meine Steuererklärung machen muß, bin ich drei Tage schlecht gelaunt*/

/*im nächsten Frühjahr, wenn wieder eine Steuererklärung fällig wird, nehme ich mir einen Steuerberater*/

Die Konjunktion *wenn* hat in diesen beiden Beispielen keine andere Bedeutung als sonst. Sie gibt auch hier einen ›Rahmen‹ an, innerhalb dessen die jeweilige Basis gilt. Nur der Kontext (*immer/jedesmal, drei Tage, im nächsten Frühjahr*) spezifiziert jeweils, daß die Geltung der Basis durch einen zeitlichen und nicht durch irgend einen Rahmen begrenzt ist. Beispiele:

/*schon wenn ich zu rechnen anfange, weiß ich, daß ich mich verrechnen werde*/ (= Gegenwart)

/*morgen, wenn ich die Steuererklärung fertig habe, gehe ich mit dir tanzen*/ (= Zukunft)

/*immer wenn er die Steuererklärung fertig hatte, war er vor Freude außer Rand und Band*/ (= Vergangenheit)

Zu unterscheiden ist jedoch die konditionale Konjunktion *wenn* (häufig iterativ verstärkt: *immer wenn, jedesmal wenn*) im Zeitkontext der Vergangenheit von der temporalen Konjunktion *als* in ihrer narrativen Funktion, ein einmaliges Ereignis mit seiner Umgebung gleichzustellen:

ERZÄHLTER ZEITRAHMEN	ERZÄHLTES EREIGNIS
/*(immer) wenn er seinen Steuerbescheid erhielt, war er in schlechter Stimmung*/	/*als er seinen Steuerbescheid erhielt, war es um seine gute Stimmung geschehen*/

Das Beispiel der linken Spalte orientiert erzählend in allgemeiner Form über die (wiederholbaren) zeitlichen Rahmenbedingungen für die schlechte Stimmung unseres Steuerzahlers, wohingegen das Beispiel der rechten Spalte, ebenfalls erzählend, ein einmaliges Ereignis in seiner narrativen Umgebung situiert.

Mit genauerem Blick auf die Tempusformen der Verben, die in der Basis und im Adjunkt von Konditional-Junktionen vorkommen können, lassen sich diese wie folgt unterscheiden und in ihren Leistungen spezifizieren:

(1) In der Basis und im Adjunkt einer Konditional-Junktion treten die besprechenden Tempora Präsens oder Perfekt auf: eine ›Rahmenbedingung‹ wird besprochen.

/*wenn du deine Ausbildung abgeschlossen hast, bewirbst du dich am besten sofort um eine Stelle*/

(2) In der Basis und im Adjunkt einer Konditional-Junktion treten die erzählenden Tempora Präteritum oder Plusquamperfekt auf: der Rahmen wird erzählt.

/*(jedesmal, immer) wenn sie sich um eine Stelle bewarb, erhielt sie eine Absage*/

Als Variante der Konjunktion *(immer) wenn* ist in diesem Fall die Form *wann immer* möglich.

(3) In der Basis und im Adjunkt einer Konditional-Junktion treten Formen des restriktiven Konjunktivs auf: der Rahmen wird erwogen, aber – je nach dem Kontext – als hypothetisch oder unwirklich (»Potentialis«, »Irrealis«) hingestellt, so daß auch die Geltung der Basis nicht »wirklich« eingegrenzt wird:

/*wenn ich ein besseres Schulzeugnis vorweisen könnte, hätte ich bessere Berufsaussichten*/

/*auch wenn ich zehn Absagen erhielte, würde ich es immer wieder versuchen*/

Hinsichtlich der Formen des restriktiven Konjunktivs gelten auch hier die allgemeinen Regeln zur Wahl zwischen dem synthetisch flektierten und dem mit *würde* analytisch gebildeten Restriktiv (vgl. 3.2.1.3). Wählt man statt der Präteritumformen des restriktiven Konjunktivs die entsprechenden Formen des Plusquamperfekts, so wird der Rahmen ganz in die »irreale« Rückschau-Perspektive verschoben:

/wenn mir diese Schwierigkeiten schon früher bekannt gewesen wären, (so) hätte ich bestimmt einen anderen Beruf gewählt/

An der allgemeinen Rahmen-Bedeutung der konditionalen Junktion ändert sich durch die verschiedenen Tempus-Konstellationen grundsätzlich nichts.

Eine häufige Verwendung der Konjunktion *wenn* ist auch für Junktionen mit normativer oder evaluativer Bedeutung zu verzeichnen. In ihnen wird die Geltung einer Beurteilung oder Einschätzung auf den konditionalen Rahmen eingeschränkt. Das geschieht meistens nachträglich, woraus sich für diese konditionale Junktion die normale Stellung Basis/Adjunkt ergibt. Beispiel:

/es ist für den Betrieb gut, wenn Sie Ihren Urlaub schon vor der allgemeinen Reisezeit nehmen/

Zu unterscheiden ist ein Rahmen-Adjunkt mit *wenn* von einem Inhalts-Adjunkt mit *daß*:

RAHMEN-ADJUNKT	INHALTS-ADJUNKT
/es ist schön, wenn wir zusammen reisen können/	*/es ist schön, daß wir zusammen reisen können/*

Im Beispiel der linken Spalte soll die in der Basis ausgedrückte Bewertung *es ist schön* nur in dem Rahmen gelten, der durch das Adjunkt *wenn wir zusammen reisen können* gesetzt ist. Das ist die Bedingung ihres Geltens. Im Beispiel der rechten Spalte hingegen gibt das Adjunkt *daß wir zusammen reisen können* die inhaltliche Füllung der (formalen) Basis *es ist schön*. Nur das Beispiel der linken Spalte kann in den »Potentialis« oder »Irrealis« verschoben werden:

/es wäre schön, wenn wir zusammen reisen könnten/

Der (Bedingungs-)Rahmen einer konditionalen Junktion kann durch Adverbien eingeschränkt oder sonstwie durch den Kontext näher bestimmt werden. Präzisierende Adverbien stehen in diesem Fall entweder bei der Konjunktion *wenn* oder bei dem adverbialen Korrelat *dann*. Beispiele:

/selbst (oder: *sogar*) *wenn ich Urlaub hätte, würde ich jetzt nicht verreisen/*

/ich verreise selber auch nur dann, wenn ich Begleitung finde/

In der Fachsprache der Logik benutzt man häufig adverbiale Präzisierungen der folgenden Art:

/dieser Satz ist genau dann (oder: *dann und nur dann*) *logisch wahr, wenn er widerspruchsfrei ist/*

Außer der Form *wenn* werden als konditionale Konjunktionen die folgenden, in Nuancen abweichenden Formen gebraucht: *sofern; wofern* (veraltet); *soweit; so* (veraltet); *angenommen (,daß); vorausgesetzt (,daß); unter der Bedingung (,daß); unter der Voraussetzung (,daß); falls; im Falle (,daß); gesetzt den Fall (,daß).* Die einfachen Formen dieser Konjunktionen werden eher gemeinsprachlich, die komplexen eher fachsprachlich gebraucht. Bei den letzteren ist das in Klammern gesetzte Fortsetzungselement (*,daß*) als fakultative Erweiterung anzusehen. Mit dieser Erweiterung haben die genannten konditionalen Konjunktionen ein klammerförmiges, sonst ein nicht klammerförmiges Adjunkt. Beispiele:

/bitte besuchen Sie mich einmal, falls Sie Zeit haben!/

/gesetzt den Fall, Sie wollen (oder: *wollten*) *mich sprechen* (oder weniger geläufig: *daß Sie mich sprechen wollen*), *so rufen Sie mich bitte vorher an!/*

/ich bin immer für Sie zu sprechen, vorausgesetzt ich bin überhaupt im Lande (oder weniger geläufig: *vorausgesetzt, daß ich überhaupt im Lande bin*)*/*

Konditionale Junktionen können auch ohne Konjunktion gebildet werden. In diesem Fall steht das Vorverb des Adjunkts klammeröffnend in Spitzenstellung, das Nachverb steht klammerschließend. Ein einteiliges Verb steht ganz in Spitzenstellung. Konditionale Junktionen mit Spitzenstellung des Vorverbs oder Verbs haben meistens die Inversions-Stellung Adjunkt/Basis; in der Basis steht dann gerne als Korrelat das Rahmen-Adverb *so* oder das Sequenz-Adverb *dann*. Von den nachfolgenden Beispielen sind das zweite und das dritte aus der Wissenschaftssprache gewählt, wo dieser Junktionstypus besonders beliebt ist:

/ist der Ruf erst ruiniert, lebt es sich ganz ungeniert/ (Redensart)

/hat man in der Öffentlichkeit erst einmal sein gutes Ansehen verspielt, so bewegt man sich in einem gesellschaftlichen Freiraum ohne besondere moralische Ansprüche/

/*wird der Verstoß gegen eine Norm zu einem bestimmten Zeitpunkt durch Sanktionen geahndet, so* (oder: *dann*) *fallen die Sanktionen bei allen späteren Verstößen gegen diese Norm entweder stärker oder schwächer, nicht aber gleich aus*/

Die Beispiele zeigen gleichzeitig, daß diese Form der konditionalen Junktion wissenschaftssprachlich gerne zur Formulierung von konditionierten Gesetzen (»wenn-dann-Sätzen«) benutzt wird.

Gemeinsprachlich findet man konjunktionsfreie Konditional-Junktionen besonders oft in Verbindung mit dem restriktiven Konjunktiv des Modalverbs *soll*, also mit der Form *sollte*. Beispiele:

/*solltest du dich verspäten, ruf bitte an!*/

/*sollte das der Fall sein, so warte nicht auf mich!*/

Daneben findet man *sollte* jedoch auch in *wenn*-Adjunkten, zum Beispiel:

/*wenn das der Fall sein sollte, so warte nicht auf mich!*/

Nach einer imperativisch formulierten Basis kann die konditionale Bedeutung einer Junktion ebenfalls konjunktionsfrei mit Hilfe eines entsprechenden Adverbs, etwa *sonst* oder *andernfalls*, ausgedrückt werden:

/*gib mir die Puppe wieder, sonst rufe ich meinen großen Bruder!*/

Freie, das heißt ohne textuelle Basis gebrauchte konditionale Adjunkte, entweder mit der Konjunktion *wenn* oder mit Spitzenstellung des (Vor-)Verbs, bilden in Verbindung mit Formen des restriktiven Konjunktivs Ausrufe mit Wunschbedeutung:

/*wenn ich doch ein Fahrrad hätte!*/

/*ach, wäre ich doch schon wieder zu Hause!*/

Der Besitz eines Fahrrades oder die ersehnte Heimkehr gelten hier eben nur im Wunschrahmen. Die Partikel *doch* ist für Wunsch-Ausrufe dieser Art besonders charakteristisch, da sie gegen ein vorausgesetztes Nein gerichtet ist: man hat ja kein Fahrrad und ist noch nicht zu Hause. Deswegen auch das Einschränkungssignal des restriktiven Konjunktivs.

Andere konditionale Junktionen als die mit der Konjunktion *wenn* und mit konjunktionsfreier Spitzenstellung des Verbs gebildeten können zu Wunschausrufen nicht gebraucht werden.

7.3.6 Die temporalen Konjunktionen

Die temporalen Konjunktionen beziehen sich mit ihren Bedeutungen auf das Tempus-System, wobei auch hier zwischen den beiden Dimensionen des Tempus-Registers (Besprechen vs. Erzählen - vgl. 3.1.2) und der Tempus-Perspektive (Rückschau vs. Vorausschau, mit der Neutral-Perspektive als Neutralisierung dieser Opposition - vgl. 3.1.3) zu unterscheiden ist. Die temporalen Konjunktionen differenzieren dieses System nach zwei Gesichtspunkten:

1) vom Früheren zum Späteren (7.3.6.1),

2) vom Anfang zum Ende (7.3.6.2).

7.3.6.1 Vom Früheren zum Späteren (*bevor, nachdem, als . . .*)

Die Abfolge der Sprachzeichen im Text, in der auf ein früheres Sprachzeichen jeweils ein späteres folgt, kann auf eine ebensolche Abfolge von Ereignissen in der Handlungswelt hindeuten. Wenn der Sprecher den Hörer in diesem Sinne instruieren will, kann er es mit den Konjunktionen *bevor* und *nachdem* tun, die in ihren Bedeutungen durch die Merkmale ⟨FRÜHER⟩ und ⟨SPÄTER⟩ gekennzeichnet sind. Die Opposition zwischen diesen beiden Merkmalen ist neutralisierbar; diejenige Konjunktion, die sich hinsichtlich der Gesichtspunkte des ›Früheren‹ und des ›Späteren‹ neutral verhält, ist *als*.

(1) Die Konjunktion *bevor*

Mit der Konjunktion *bevor* weist der Sprecher den Hörer an, die Bedeutung der Basis als vorzeitig gegenüber der Bedeutung des Adjunkts anzusehen. Wir drücken diese Vorzeitigkeit mit dem semantischen Merkmal ⟨FRÜHER⟩ aus:

/ruf mich an, bevor du kommst!/

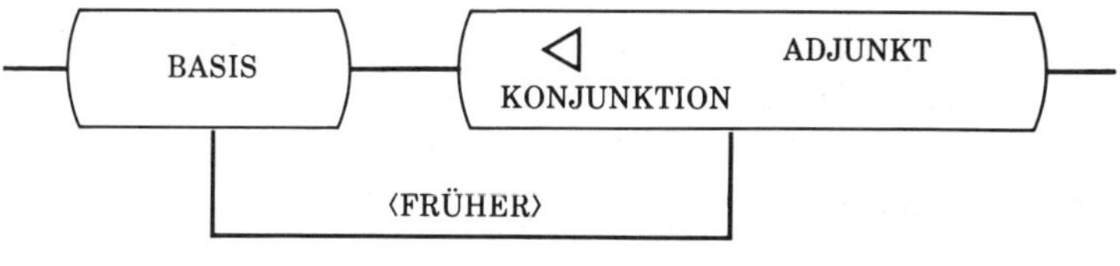

In der textuellen Abfolge dieser Junktion vernimmt der Hörer zuerst die Basis *ruf mich an,* sodann das Adjunkt *bevor du kommst.* Durch die Bedeutungsanweisung der Konjunktion *bevor* erfährt er nun, daß auch in der Handlungswelt das ›Anrufen‹ früher als das ›Kommen‹ stattfinden soll. Die Konjunktion *bevor* drückt also, vom Adjunkt her gesehen, eine ›Vorzeitigkeit‹ der Basis-Bedeutung aus. Mit dieser Bedeutung entspricht die Konjunktion *bevor* der Präposition *vor,* soweit diese ebenfalls in einem zeitlichen Kontext auftritt (vgl. 7.1.3.1.8). Zum Vergleich:

KONJUNKTION	PRÄPOSITION
/wir wollen noch in die Stadt gehen, bevor die Geschäfte schließen/	*/wir müssen noch vor Geschäftsschluß das Schaufenster neu dekorieren/*

Die verbale Ausdrucksweise (linke Spalte) unterscheidet sich von der nominalen Ausdrucksweise (rechte Spalte) durch ihre stilistische Konnotation; so paßt das linke Beispiel mehr zur Gemeinsprache, das rechte mehr zur Fach- und Verwaltungssprache. Mit ihrer größeren Ausführlichkeit findet man satzförmige Junktionen mit *bevor* häufig in narrativen Texten, wobei die ›Vorzeitigkeit‹ auch durch eine Abfolge in der Tempus-Perspektive unterstützt werden kann. Beispiele:

/lange bevor in das heutige Deutschland Germanenstämme einwanderten, war das Land schon von anderen Völkerschaften besiedelt/

/bevor die Germanen in die Schlacht zogen, ließen sie sich durch günstige Vorzeichen ermutigen/

Eine Negation in der Basis gilt fakultativ für ein *bevor*-Adjunkt weiter; geht das Adjunkt jedoch vorauf, so ist die Negation in beiden Junktionsgliedern obligatorisch:

BASIS/ADJUNKT	ADJUNKT/BASIS
/gib das Buch nicht zurück, bevor du es (nicht) ganz gelesen hast!/	*/bevor du das Buch nicht ganz gelesen hast, gib es nicht zurück!/*

Als weitere Konjunktion der ›Vorzeitigkeit‹ findet man neben der Form *bevor* die Form *ehe* (umgangssprachlich mitunter zu *eh'* verkürzt):

/Tacitus befragte viele Gewährsleute, ehe er seine ›Germania‹ schrieb/

/man muß das Lob des Tacitus für die Germanen hauptsächlich als Kritik an der römischen Gesellschaft verstehen, ehe man jedes seiner Worte für bare Münze nimmt/

(2) Die Konjunktion *nachdem*

Die Konjunktion *nachdem,* die von der Präposition *nach* abgeleitet ist (vgl. 7.1.3.2.4), bildet das Gegenstück zur Konjunktion *bevor* und steht zu ihr in binärer Opposition. Wir beschreiben ihre Bedeutung mit dem Merkmal ⟨SPÄTER⟩, das die Nachzeitigkeit ausdrückt:

/wir fuhren los, nachdem der Regen aufgehört hatte/

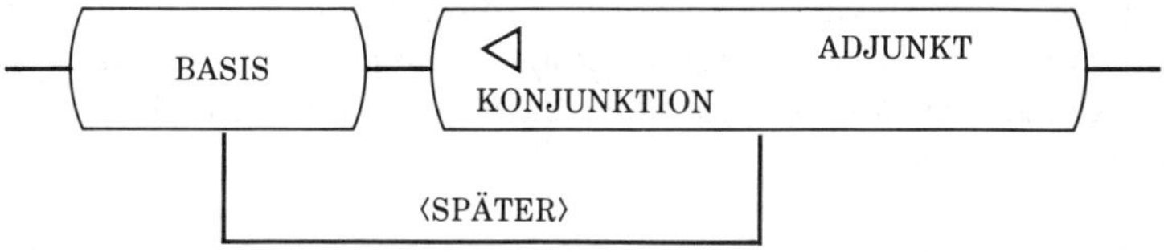

Die Konjunktion *nachdem* kann bezüglich der Bedeutungsabfolge als Inversions-Anweisung verstanden werden. Im vorstehenden Beispiel vernimmt der Hörer nämlich zuerst die Basis *wir fuhren los,* sodann das Adjunkt *nachdem der Regen aufgehört hatte.* Er wäre aber falsch instruiert, wenn er diese textuelle Abfolge mit der Abfolge in der Handlungswelt gleichsetzte. In dieser verhält es sich vielmehr umgekehrt, und das erfährt der Hörer aus der Konjunktion *nachdem,* die ihn anweist, die Umkehrung der textuellen Abfolge Basis/Adjunkt als diejenige Abfolge anzusehen, die für die Handlungswelt maßgeblich ist: das ›Losfahren‹ (=Basis) geschieht später als das ›Aufhören des Regens‹ (=Adjunkt). Die Bedeutung der Basis ist, von der Bedeutung des Adjunkts her gesehen, ›nachzeitig‹. Mit dieser Bedeutung entspricht die Konjunktion *nachdem* der Präposition *nach,* soweit diese in einem zeitlichen Kontext gebraucht wird. Zum Vergleich:

KONJUNKTION

/nachdem wir stundenlang gepackt hatten, ging die Reise endlich los/

PRÄPOSITION

/nach stundenlangem Packen ging für uns die Reise endlich los/

Was im Beispiel der linken Spalte mit einer gewissen Ausführlichkeit verbal ausgedrückt wird, kommt im Beispiel der rechten Spalte knapper gefaßt nominal zum Ausdruck. Zu einem narrativen Kontext paßt jedoch eher die Konjunktional-Junktion mit *nachdem*. Weitere Beispiele:

/*Tacitus wurde erst ein politischer Schriftsteller, nachdem er als Prätor und Konsul politisch gehandelt hatte*/

/*nachdem Tacitus die Germanen als faul beschrieben hatte, gaben sich die Deutschen große Mühe, der Welt als fleißig zu erscheinen*/

Häufig verbindet sich die Konjunktion *nachdem*, wie auch diese Beispiele zeigen, mit der Rückschau-Perspektive für das Verb des Adjunkts, was die Nachzeitigkeit der Basis noch unterstreicht.

In argumentativen Sprachspielen wird die Konjunktion *nachdem* gelegentlich auch zur Kennzeichnung einer Argumentenfolge gebraucht, so daß dann aus der Nachzeitigkeit der Basis (»post hoc«) eine Konsequenz wird (»propter hoc«):

/*nachdem es sich mit den Sitten der Germanen nicht ganz so bewundernswert verhält, wie Tacitus sie geschildert hat, wollen wir genauer untersuchen, warum* . . ./

Der argumentative Gebrauch der Konjunktion *nachdem* ist, wie auch dieses Beispiel zeigt, schon an der Kombination mit einem Präsens (*es verhält sich*) ziemlich sicher erkennbar.

(3) Die Konjunktion *als*

Die Konjunktion *als* neutralisiert die Opposition der vorher besprochenen Konjunktionen *bevor* und *nachdem*. In einer *als*-Junktion soll also die Basis gegenüber dem Adjunkt weder ein ›Früheres‹ noch ein ›Späteres‹ ausdrücken. Die beiden Junktionsglieder einer *als*-Junktion sollen vielmehr gar nicht unter dem Gesichtspunkt einer Abfolge beschreibbar sein, sondern einander zeitlich gleichgestellt werden. Die Zeit ist der Gestaltungsrahmen, in dem die Gleichstellung gilt. Wir beschreiben die Bedeutung der Konjunktion *als* mit den beiden semantischen Merkmalen ⟨GLEICHSTELLUNG⟩ und ⟨RAHMEN⟩. Es sind die gleichen Merkmale, die auch die Bedeutung des Komparativ-Junktors *als* bestimmen (vgl. 7.5.1.2). Von diesem unterscheidet sich die Konjunktion *als* nur durch die Zeitlichkeit des Gestaltungsrahmens. Dieser wiederum kommt durch die Kontextbedingungen zustande, unter denen die Verwendung der Konjunktion *als* (im Unterschied zum Komparativ-Junktor *als*) im Text steht. Die Konjunktion *als* verlangt nämlich einen narrativen Kontext, wie er prototypisch durch Tempora der erzählten Welt in beiden Junktionsgliedern zum Ausdruck gebracht wird. In selteneren Fällen kann ein narrativer Kontext jedoch auch auf anderen (zum Beispiel makrosyntaktischen) Signalen beruhen. Im nachfolgenden Beispiel ist die Zugehörigkeit zu einem erzählenden Text am Tempus Präteritum der Verben *war – überrascht* und *wiedersah* sowie an dem Tempus-Adverb *plötzlich* erkennbar, so daß der Hörer nicht im unklaren darüber sein kann, daß die Gleichstellung nicht schlechthin, sondern in einem narrativ gesetzten Zeitrahmen gelten soll:

/ich war überrascht, als ich dich plötzlich wiedersah/

Die Junktion verbindet mit ihrer Konjunktion *als* zwei Ereignisse, ein inneres, die ›Überraschung‹, und ein äußeres, das ›Wiedersehen‹. Diese beiden Ereignisse soll der Hörer, wenn er der Anweisung der Konjunktion *als* folgt, miteinander gleichstellen, und zwar im Geltungsrahmen der Ereigniszeit.

Mit der vorausschauenden Perspektive (Tempus Futur, Tempus-Adverbien wie *morgen*) ist die Konjunktion *als* nicht kompatibel. Was hingegen die Neutral- und die Rück-Perspektive betrifft, so ist nicht nur die Fortsetzung der gleichen Tempus-Perspektive, sondern auch ein Wechsel der Perspektive ohne weiteres möglich, wie die folgenden Beispiele zeigen:

/als Cäsar Gallien unterwarf, überschritt er auch mehrfach den Rhein/

/als Varus mit zwei Legionen in Germanien eingedrungen war, wurde er von dem Cheruskerfürsten Arminius in der Schlacht im Teutoburger Wald geschlagen/

/als Bonifatius, der »Apostel der Deutschen«, den Märtyrertod erlitt, hatten schon viele Germanen das Christentum angenommen/

Die Beispiele zeigen im ersten Fall gleichbleibende Tempus-Perspektive (Präteritum/Präteritum), in den beiden anderen Fällen Perspektivenwechsel (Plusquamperfekt/Präteritum, Präteritum/Plusquamperfekt). Daran zeigt sich, daß die Gleichstellung in der Situation mit einem

Wechsel der Tempus-Perspektive, ausgenommen die Vorausschau, ohne weiteres vereinbar ist.

In der Mehrzahl der *als*-Junktionen steht, wie die letzten Beispiele ebenfalls schon vorgeführt haben, das Adjunkt vor der Basis. Nicht selten wird dann die Situation, die eine Gleichstellung der gemeinten Ereignisse ermöglichen soll, in der nachgestellten Basis durch das Positions-Adverb *da* rhematisch zum Ausdruck gebracht. Das Korrelat *als – da* macht die Gleichstellung in der Situation besonders deutlich:

/*als Karl der Große den Sachsenherzog Widukind besiegt hatte, mußten sich alle Sachsen taufen lassen*/

/*als Karl der Große im Jahre 800 in Rom zum Kaiser gekrönt wurde, da hatte sein Reich eine zugleich weltliche und geistliche Form gefunden*/

In der älteren Sprache findet man die Form *da* nicht nur als Adverb, sondern auch als temporale Konjunktion mit der gleichen Bedeutung wie in der heutigen Sprache die Konjunktion *als*:

/*das Karolingische Reich umspannte zu der Zeit, da es noch ungeteilt war, Deutschland und Frankreich*/

Ein eingeengter Gebrauchsbereich ist dieser temporalen Konjunktion *da* auch in der heutigen Sprache geblieben, nämlich in nicht-narrativen Kontexten, in denen *als* nicht gebraucht wird:

/*zu einer Zeit, da niemand mehr an Herrscher von Gottes Gnaden glaubt, meint heute dennoch mancher Machthaber, daß er . . .*/

Die Gleichstellung in einer (erzählten) Situation, die durch die Konjunktion *als* ausgedrückt wird, kann durch verschiedene (Grad-)Adverbien nuanciert werden. Häufig findet man Nuancierungen der folgenden Art:

/*gerade als wir im Geschichtsunterricht das Karolingische Reich durchnahmen, (da) wurde unser Lehrer krank*/

/*wir sprachen in der Klasse eben über Karl den Großen, als plötzlich die Tür aufging und . . .*/

/*kaum hatten wir über die Karolingische Renaissance gesprochen, als wir auch schon über dieses Thema eine Klassenarbeit schreiben mußten* (oder: *da mußten wir auch schon über dieses Thema eine Klassenarbeit schreiben*)/

Umgangssprachlich wird in temporalen Junktionen auch der Komparativ-Junktor *wie* als Konjunktion gebraucht, dabei manchmal durch die Partikel *so* nuanciert:

/und wie wir (so) durch den Park spazierten, (da) fiel uns auf einmal ein, daß . . ./

In dieser Funktion ist die Konjunktion *wie,* die nur ›Gleichstellung‹ ausdrückt (vgl. 7.5.1.1), ebenfalls an einen narrativen Kontext gebunden, der die fehlende Spezifikation ausgleicht.

7.3.6.2 Vom Anfang zum Ende (*sobald, seitdem, bis, während . . .*)

Ein Vorgang der Handlungswelt kann nach seinem Anfang und Ende oder nach seinem Verlauf zwischen Anfang und Ende charakterisiert werden. Sofern das im Text in satzförmigen Junktionen geschieht, wird der Anfang mit den Konjunktionen *sobald* oder *seitdem,* das Ende mit der Konjunktion *bis* und der Verlauf zwischen Anfang und Ende schließlich mit der Konjunktion *während,* fachsprachlich auch mit *indem* bezeichnet.

(1) Die Konjunktionen *sobald* und *seitdem*

Die Konjunktion *sobald* (seltenere Nebenform *sowie*) deutet auf einen Vorgang hin, dessen ›Anfang‹ (= Basis) von der Bedeutung des Adjunkts bestimmt wird.

/ruf mich an, *sobald* *du Zeit hast!/*

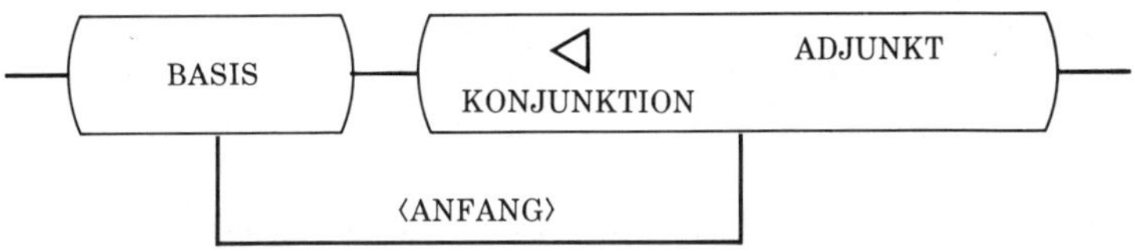

Die Junktion besagt nach der Anweisung der Konjunktion *sobald,* daß der ›Anruf‹ (= Basis) erst dann seinen Anfang nimmt, wenn das ›Zeithaben‹ (= Adjunkt) eingetreten ist. Junktionen mit *sobald* haben im Adjunkt oft ein Rückschau-Tempus:

/der Papst löste Kaiser Heinrich IV. vom Kirchenbann, sobald dieser in Canossa Buße getan hatte/

Bei der Konjugation *seitdem* mit der umgangssprachlich oft gebrauchten Kurzform *seit* kommt zum Merkmal ⟨ANFANG⟩ noch das Merkmal ⟨RÜCKSCHAU⟩ ausdrücklich hinzu:

/ich warte auf dich, seit(dem) du fort bist/

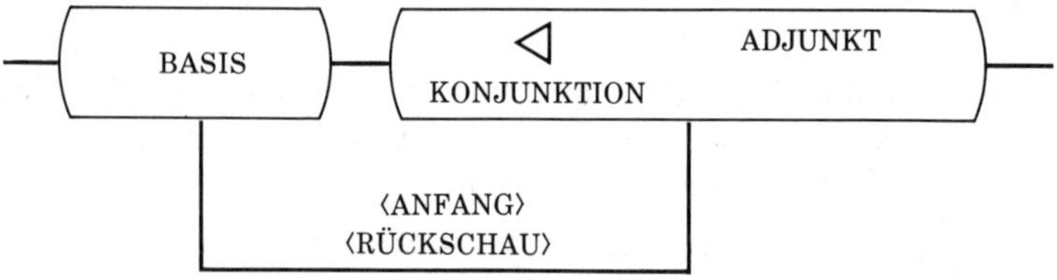

In diesem Beispiel ist das ›Warten‹ (= Basis), dessen Anfang vom ›Fortsein‹ (= Adjunkt) abhängt, gegenüber der Sprechzeit vorzeitig, so daß der Hörer sich zurückschauend darauf beziehen kann. Die Rückschau-Perspektive kann auch hier zusätzlich noch in den Tempusformen zum Ausdruck kommen:

/seitdem Kaiser Franz II. auf die deutsche Kaiserkrone verzichtet hat, existiert das Heilige Römische Reich Deutscher Nation nicht mehr/

In einem erzählenden Kontext würde es heißen: *verzichtet hatte* und: *existierte nicht mehr.*

Die temporale Konjunktion *seitdem/seit* hat die gleiche Bedeutung wie die Präposition *seit* (vgl. 7.1.3.2.7); sie ist deren konjunktionale Entsprechung. Zum Vergleich:

KONJUNKTION	PRÄPOSITION
/seitdem (oder: *seit*) *ich aus dem Urlaub zurück bin, arbeite ich in der Zentralverwaltung/*	*/seit meiner Rückkehr aus dem Urlaub arbeite ich in der Zentralverwaltung/*

Der Nominalstil, wie er im Beispiel der rechten Spalte durch die Präposition *seit* ermöglicht wird, erlaubt eine Verknappung des Ausdrucks. Der Verbalstil des linken Beispiels ist wegen seiner Satzförmigkeit etwas umständlicher.

(2) Die Konjunktion *bis (daß)*

Mit der Konjunktion *bis* (Langform: *bis daß*) deutet der Sprecher auf einen Vorgang hin, bei dem das ›Ende‹ dessen, was mit der Basis gemeint ist, von dem im Adjunkt Gemeinten abhängig zu machen ist. Wir beschreiben die Bedeutung dieser Konjunktion, ebenso wie die der gleichlautenden Präposition, mit dem semantischen Merkmal ⟨ENDE⟩:

/wartet, bis ich wiederkomme!/

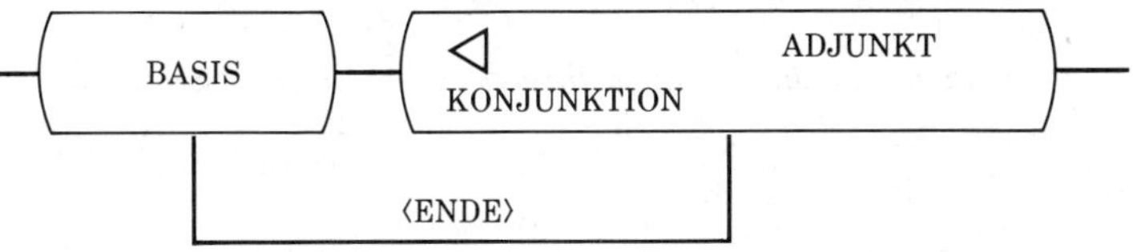

Das ›Warten‹ (= Basis) soll nach der Anweisung der Konjunktion *bis* sein Ende erst finden, wenn die Zeit des ›Wiederkommens‹ (= Adjunkt) da ist. In einer Junktion mit der Konjunktion *bis* sind alle Tempora zugelassen, auch die der Rückschau-Perspektive. Oft steht in der Basis das temporale Korrelat *so lange*:

/der Wiener Kongreß tanzte so lange, bis Metternich alle seine politischen Ziele erreicht hatte/

Ein eher archaischer Sprachgebrauch ist die »inhaltliche« Erweiterung von *bis* mit *daß*, etwa in der kirchlichen Formel für die Eheschließung:

/ihr sollt sein Mann und Frau, bis daß der Tod euch scheidet/

Die Konjunktion *bis (daß)* und die Präposition *bis* (vgl. 7.1.3.2.7) haben die gleiche Bedeutung und unterscheiden sich nur durch ihr Umfeld, das bei der Konjunktion verbal, bei der Präposition nominal ist. Zum Vergleich:

KONJUNKTION *bis (daß)*	PRÄPOSITION *bis (zu)*
/manche Paare nehmen sich viel Zeit, bis sie zum Standesamt gehen/	*/manche Paare nehmen sich viel Zeit bis zur standesamtlichen Hochzeit/*

Statt der Korrelation *so lange – bis* kann auch – mit weniger deutlich markiertem ›Ende‹ – die Konjunktion *solange* (zusammengeschrieben!) gebraucht werden:

/ich bleibe dir treu, solange du mir auch treu bleibst/

(3) Die Konjunktion *während*

Die Bedeutung der Konjunktion *während* (veraltete Nebenformen: *derweil, dieweil, indes, indessen*) ist als Anweisung an den Hörer anzusehen, beide Junktionsglieder auf Vorgänge zu projizieren, die zwischen den Polen Anfang und Ende gleichzeitig ablaufen. Die Konjunktion *während* kann also mit ihrem semantischen Merkmal ⟨GLEICHZEITIGKEIT⟩ als Neutralisierung der Opposition von *sobald* und *bis* mit ihren Merkmalen ⟨ANFANG⟩ und ⟨ENDE⟩ angesehen werden:

/*sie dachte nach,* *während* *sie ihn beobachtete*/

Das ›Nachdenken‹ (= Basis) und das ›Beobachten‹ (= Adjunkt) sind nach der Bedeutungs-Anweisung der Konjunktion *während* als gleichzeitige Vorgänge anzusehen, die Anfang und Ende gemeinsam haben:

/*die Mönche beten, auch während sie arbeiten*/

/*während die Mönche im Refektorium das Essen einnehmen, hören sie den Lesungen des Lektors zu*/

Die Konjunktion *während* hat die gleiche Bedeutung wie die homonyme Präposition *während*. Die beiden Junktoren entsprechen einander im verbalen und nominalen Bereich. Zum Vergleich:

KONJUNKTION	PRÄPOSITION
/*während gebetet wird, soll man die Kirche nicht besichtigen*/	/*während des Gottesdienstes ist die Besichtigung der Kirche nicht gestattet*/

Mit der Konjunktional-Junktion der linken Spalte kann man semantisch das gleiche ausdrücken, was in der Präpositional-Junktion der rechten Spalte einen nominalen Ausdruck findet.

Durch ein oppositives Arrangement des Kontextes können die beiden Junktionsglieder einer Junktion mit *während* auch einen Kontrast zum Ausdruck bringen (= »adversatives *während*«). Beispiele:

/*Maria betet, während* (oder: *wohingegen*) *Martha arbeitet*/

/*während die Benediktiner ein weltabgewandter Orden sind, haben sich die Jesuiten als militante Kämpfer für Christus verstanden*/

Das erste dieser beiden Beispiele steht, wenn es mit *während* gebraucht wird, auf der Grenze zwischen temporalem und adversativem Gebrauch; steht es hingegen mit *wohingegen* (stattdessen auch kombiniert: *während hingegen* ...), so ist es eindeutig adversativ. Im zweiten Beispiel ist der adversative Kontrast auf andere Weise gesichert, nämlich durch die kontrastive Lexik.

Der Konjunktion *während* steht die Konjunktion *sooft* (erweitert: *sooft wie*) nahe. Sie drückt ebenfalls Gleichzeitigkeit aus, jedoch nicht bei kontinuierlichen Vorgängen, sondern bei Wiederholungen:

/*tut dies, sooft ihr es tut, zu meinem Gedächtnis!*/ (Einsetzungsformel beim christlichen Abendmahl).

Fast nur fachsprachlich oder jedenfalls nur in ziemlich formeller Redeweise wird die Konjunktion *indem* gebraucht, mit deren Hilfe zwei gleichzeitig ablaufende Vorgänge nach Mittel und Zweck unterschieden werden können. Das Adjunkt bezeichnet die Gleichzeitigkeit von Mittel und Zweck:

/*der Katholik entlastet sich von seinen Sünden, indem er sie beichtet*/

/*entschuldige dich niemals, indem du andere beschuldigst!*/

In beiden Beispielen kann man die Konjunktion *indem* auch durch die Konjunktion *dadurch daß* (mit Komma zwischen den beiden Elementen) ersetzen, die allerdings von der Gleichzeitigkeit absieht.

7.3.7 Argumentative Konjunktionen

Die Konjunktionen dieser Gruppe stellen einen argumentativen Zusammenhang zwischen der Basis und dem Adjunkt her. Mit ihrer Hilfe sollen Verstehensprobleme des Hörers behoben werden. Wir behandeln nacheinander die kausalen (7.3.7.1-4) und die konzessiven (7.3.7.5) Konjunktionen.

7.3.7.1 Die kausale Konjunktion *weil*

Die argumentative Konjunktion *weil* hat kausale Bedeutung. Sie hat das semantische Merkmal ⟨GRUND⟩. Das Verstehensproblem des Hörers soll durch eine Begründung behoben werden, insbesondere wenn eine solche Begründung durch eine Frage erbeten worden ist. Mit dem nachfolgenden Beispiel einer *weil*-Junktion soll die angenommene Frage beantwortet werden: *Warum gibt es Tag und Nacht?*

/es gibt Tag und Nacht, weil die Erde sich dreht/

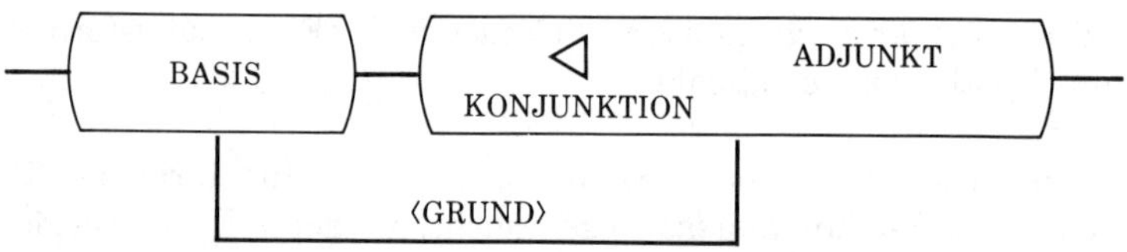

Hätte jemand die voraufgehende Frage im Dialog ausdrücklich gestellt, so wäre die Basis *es gibt Tag und Nacht* eigentlich nicht nötig; sie wäre dann ja semantisch in der Frage enthalten und könnte als redundant angesehen werden. Die anschließende kausale Konjunktion gibt nun jedenfalls für diesen – hier als erklärungsbedürftig angesehenen – Sachverhalt den ›Grund‹ an, enthalten in dem satzförmigen, klammerförmigen Adjunkt *weil die Erde sich dreht.*

Die Konjunktion *weil* teilt ihre kausale Bedeutung mit der Präposition *wegen* (vgl. 7.1.3.4). Zum Vergleich:

KONJUNKTION *weil*	PRÄPOSITION *wegen*
/man kann das Museum nicht besuchen, weil es renoviert wird/	*/das Museum ist wegen Renovierung geschlossen/*

Mit ihrer verbalen Ausdrucksweise ist die *weil*-Junktion (linke Spalte) ein etwas umständlicheres Äquivalent der knapperen *wegen*-Junktion (rechte Spalte), die vom fachsprachlichen Nominalstil bevorzugt wird.

Nur mit der Konjunktion *weil* kann man auf eine *Warum*-Frage (= Frage nach dem Grund) antworten. Die nachfolgenden Beispiele sind daher als Dialogausschnitte zu verstehen:

/warum wollen Sie Deutsch lernen? ÷ *weil diese Sprache so angenehm leicht ist/*

/weshalb ist Deutsch so leicht? ÷ weil es sehr klare Strukturen hat/

/aus welchem Grunde galt die deutsche Sprache früher als schwierige Sprache? ÷ weil man die deutsche Sprache mit einer lateinischen, französischen oder englischen Grammatik gelehrt hat/

In all diesen Beispielen wird mit Hilfe der Konjunktion *weil* zwischen der jeweiligen Basis (die in der Frage enthalten ist) und dem jeweiligen Adjunkt eine Kausalitäts-Beziehung hergestellt, dergestalt daß der Hörer die Bedeutung des Adjunkts als ›Grund‹ für die Bedeutung der Basis verstehen kann.

Wenn, wie in diesen Beispielen, mit Hilfe von kausalen Frage-Morphemen (*warum?, weshalb?, wieso?, aus welchem Grund?*) ausdrücklich nach dem Grund gefragt wird, kann auch ohne kausale Konjunktion ein Grund angegeben werden, zum Beispiel:

/warum lernen Sie gerne Fremdsprachen? ÷ Sprachen sind interessant/

Auch durch Argumentations-Adverbien mit kausaler Bedeutung, etwa *nämlich,* kann ohne Setzung einer kausalen Konjunktion ein kausales Determinationsgefüge hergestellt werden (vgl. 6.4.4.2); zum Beispiel:

/neue Wörter machen mir immer Spaß; ich bin nämlich von Natur aus neugierig/

Mit *nämlich* kann man jedoch nicht auf eine *Warum*-Frage antworten.

Adjunkte mit der kausalen Konjunktion *weil* ziehen gern kausale Adverbien wie *deshalb, deswegen, darum, daher, aus dem Grunde* als Korrelate an sich, die dann als Vorsignale in der Basis stehen. Diese Adverbien werden in der Junktions-Basis immer betont und verleihen der Kausalitäts-Beziehung besonderen Nachdruck:

/wir rufen deshalb [–́ –] *bei Ihnen an, weil Sie unsere Lieferung bis heute noch nicht bestätigt haben/*

/wir haben Ihre Lieferung aus dem [–́] *Grunde noch nicht bestätigt, weil beim Transport einige Schäden aufgetreten sind/*

/weil ich das schon befürchtet habe, genau deswegen [–́ – –] (oder: *eben deswegen) habe ich bei Ihnen angerufen/*

Die kausale Konjunktion *weil* tritt auch in nicht satzförmigen Adjunkten auf, zum Beispiel: *die lästigen, weil sehr zeitaufwendigen Formalitäten.*

Neben der Konjunktion *denn,* bei der die Endstellung des Verbs ausgeschlossen ist, unterbleibt heute in der mündlichen Umgangssprache auch bei der Konjunktion *weil* manchmal die Endstellung des Verbs, jedoch nur dann, wenn das Adjunkt nachgestellt ist. Beispiel:

/*ich muß mir jeden Tag den Wecker stellen, weil ich wache (nämlich) nie von alleine auf*/

Dieser Sprachgebrauch gilt jedoch in der Schriftsprache nicht als normgerecht.

7.3.7.2 Die situativ-kausale Konjunktion *da*

Neben der schlichten Kausal-Konjunktion *weil* sind weitere Konjunktionen zu verzeichnen, mit deren Hilfe eine argumentative Begründung in verschiedener Weise nuanciert werden kann. Unter ihnen gibt die Konjunktion *da* einen bekannten Grund an, der mit der Situation gegeben ist. Zum semantischen Merkmal ⟨GRUND⟩ tritt hier noch das Merkmal ⟨SITUATION⟩ hinzu. Die Konjunktion *da* ist bedeutungsverwandt mit dem Positions-Adverb *da,* das prototypisch die ›bekannte Situation‹ der kommunikativen Dyade bezeichnet (vgl. 6.4.1.1). Man findet die Konjunktion *da* demzufolge recht häufig in Kombination mit der Partikel *ja,* die ›Bekanntheit‹ signalisiert (vgl. 8.1.4.2). So kann man auch von Adjunkten mit der Konjunktion *da* generell sagen, daß sie eine bekannte Situation als Grund einführen. Zu dieser Bedeutung paßt gut, daß Adjunkte mit der Konjunktion *da* meistens vor ihrer Basis stehen (Inversions-Stellung). Man schließt im Text gern an eine bekannte Situation an. Die nachfolgenden Beispiele sind gebildet in Anlehnung an den Sprachgebrauch (natur-)wissenschaftlicher Fachsprachen, in denen man *da*-Junktionen besonders häufig findet:

/*da (ja) die Sonnenenergie eine sanfte Energieform ist, läßt sie sich nur sehr schwer speichern*/

/*da (bekanntlich) bei dieser Form der Energie die Speicherungsprobleme noch nicht befriedigend gelöst sind, bleibt die Sonnenenergie einstweilen noch vergleichsweise teuer*/

Die Beispiele lassen als fakultative Erweiterungen die Partikeln *ja* (eher gemeinsprachlich) oder *bekanntlich* (eher fachsprachlich) erkennen. In beiden Fällen könnte die Partikel auch von der Konjunktion durch ein Kontextelement getrennt stehen (*da die Sonnenenergie ja . . .*).

In wissenschaftlichen Fachsprachen, insbesondere denen der Geistes- und Sozialwissenschaften, findet man zur Einführung eines als bekannt angenommenen Grundes daneben auch konjunktionsfreie Adjunkte mit Spitzenstellung des Verbs oder Vorverbs und der Partikel *doch*:

/die neue Gesamtausgabe ist von großem Interesse für die Forschung, handelt es sich hier doch um die erste historisch-kritische Ausgabe dieses Autors/

Adjunkte dieses Typus stehen immer nach ihrer Basis.

7.3.7.3 Andere kausale Konjunktionen

Weitere kausale Konjunktionen mit spezifischer Bedeutung sind die Konjunktion *zumal* (erweitert: *zumal da*), die einen ›zusätzlichen Grund‹ angibt, und die komplexe Konjunktion *um so mehr als*, die einen ›vergleichsweise wichtigen Grund‹ bezeichnet. Beispiele:

/ich mag keinen Alkohol, zumal (da) Alkohol auch gesundheitsschädlich ist/

/ich trinke meiner Gesundheit zuliebe keinen Alkohol, umso mehr als ich das Zeug (auch) gar nicht mag/

In beiden Beispielen handelt es sich um gewichtige Gründe, die dem Hörer gleichwohl noch unbekannt sind. Einen nachgetragenen Grund kann man außerdem noch mit dem Relativ-Junktor *weshalb* anfügen:

/über die Gefahren des Alkohols weiß ich genau Bescheid, weshalb ich auch selber keinen trinke/

In all diesen Beispielen verdeutlicht die Kombination mit *auch*, daß es sich um zusätzlich angeführte Gründe handelt. Daraus ergibt sich auch die Nachstellung der Adjunkte.

Nach einer nominalen Basis gebraucht man als kausalen Junktor die Frage-Morpheme *warum*, *weshalb* oder *weswegen*:

/der Grund, warum ich frage/

/die Ursache, weshalb alles so ist, wie es ist/

Wird jedoch ein Präpositional-Adverb eingeschoben, so ist auch *daß* als kausal akzentuierte Inhalts-Konjunktion möglich:

/*die Begründung dafür, daß nichts mehr zu ändern ist*/

Es handelt sich hier um Adjunkte in attributiver Funktion.

7.3.7.4 Die Relief-Konjunktion *denn*

Im Unterschied zu einer Konjunktion wie *da,* die einen Grund als situativ gegeben und von daher bekannt einführt, gibt die Relief-Konjunktion *denn* eine Begründung für einen schwer verstehbaren Sachverhalt. Ihre Bedeutungsmerkmale sind daher ⟨GRUND⟩ und ⟨RELIEF⟩. ›Relief‹ hat eine Argumentation dann, wenn sie zwischen Auffälligkeit und Unauffälligkeit vermittelt. Diese Bedeutung verbindet die Konjunktion *denn* mit der Partikel *denn,* die ebenfalls Relief signalisiert (vgl. 8.1.4). Adjunkte mit *denn* sind nicht klammerförmig (= keine Endstellung des Verbs). Sie sind ihrer Basis immer nachgestellt (= keine Inversionsstellung). Des weiteren ist zu bemerken, daß *denn*-Adjunkte, insofern sie einen auffälligen Grund anführen, häufig eine relativ ausführliche Begründung geben. In diesem Fall verlangen die Regeln der deutschen Interpunktion, daß Basis und Adjunkt durch ein Semikolon getrennt werden. Bei sehr ausführlicher Begründung findet man *denn*-Adjunkte auch in syntaktischer Selbständigkeit (Interpunktion: nach einem Punkt). Beispiele:

/*wir haben auf unserer Auslandsreise lange nach Tankstellen gesucht, denn wir können mit unserem Wagen nur bleifreies Benzin tanken*/

/*alle Autos sollten heute Abgas-Katalysatoren haben; denn wenn wir nichts zum Schutze der Umwelt tun, zerstören wir die Grundlagen unseres Lebens*/

In beiden Beispielen handelt es sich bei den (nicht klammerförmigen!) *denn*-Adjunkten um längere oder wenigstens doch ziemlich inhaltsschwere Begründungen, die im jeweiligen informativ unauffälligen Kontext als auffällige Gründe nachgeschoben werden. Im zweiten Beispiel umfaßt das *denn*-Adjunkt sogar selber noch einmal eine *wenn*-Junktion (Stufung). In einem solchen Fall könnte man nach den Regeln der deutschen Interpunktion vor *denn* auch einen Punkt setzen (. . . *sollten heute Abgas-Katalysatoren haben. Denn wenn* . . .).

7.3.7.5 Konzessive Konjunktionen (*obgleich, obschon, obwohl . . .*)

Die konzessiven Konjunktionen stellen einen Sonderfall der Begründung dar. Sie geben im Adjunkt einen Grund an, der *nicht* handlungsbestimmend geworden ist. Ihre Bedeutung muß folglich, ebenso wie bei der konzessiven Präposition *trotz* (vgl. 7.1.3.4), mit zwei Merkmalen angegeben werden: dem Kausalitäts-Merkmal ⟨GRUND⟩ und dem Negations-Merkmal ⟨EINSPRUCH⟩:

/du läufst ständig zum Arzt, obwohl du kerngesund bist/

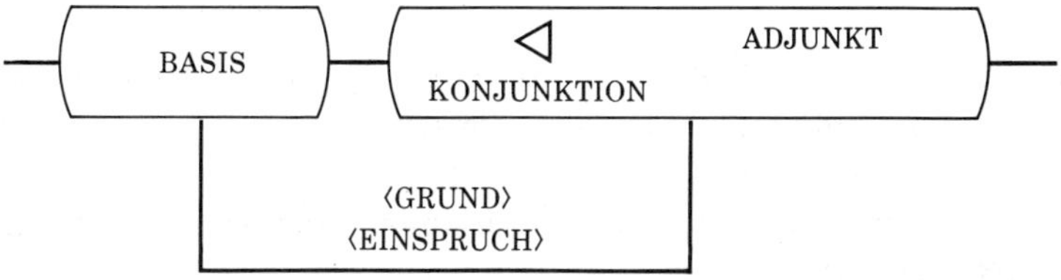

Das Adjunkt, in dem nur von ›Gesundheit‹ die Rede ist, könnte - so ist in dieser Situation einzuräumen - den handlungsbestimmenden Grund dafür angeben, daß die Person, von der in diesem Beispiel die Rede ist, ohne Arzt auskommt. Aber so verhält es sich eben nicht, und die konzessive Konjunktion *obwohl* weist den Hörer an, diesen Sachverhalt als zwar denkbaren, tatsächlich aber für das Handeln dieser Person nicht maßgeblichen Grund einzustufen. So wird die Basis *du läufst ständig zum Arzt* als dieser vernünftigen Kausalität zuwiderlaufend determiniert.

Da der angeführte Grund in konzessiven Junktionen nicht handlungsbestimmend wirkt, wird das konzessive Adjunkt gerne vorangestellt. Die nachgestellte Basis wird dann in ihrem Zuwiderlaufen gegen eine denkbare Kausalität oft durch ein konzessives Adverb wie *dennoch, trotzdem, doch, jedoch, nichtsdestoweniger* (normwidrig umgangssprachlich auch: *nichtsdestotrotz*) oder *gleichwohl* (eher fachsprachlich) gekennzeichnet. Als konzessive Konjunktionen treten die höchstens in Nuancen unterschiedenen Formen *obgleich, obschon, obwohl, obzwar* (selten), *wenn auch, wenngleich, wennschon* (selten), *wiewohl* (veraltet) auf. In älteren Texten (Fontane) wie auch in der heutigen mündlichen Umgangssprache findet man auch *trotzdem* als Konjunktion. Einige Beispiele für konzessive Junktionen:

/wenngleich die Europäische Gemeinschaft nicht alle europäischen Länder umfaßt, (so) trägt sie (doch, dennoch) zur Ausbildung eines gemeinsamen politischen Bewußtseins in ganz Europa bei/

/obschon das Europa-Parlament in Straßburg keine Gesetze verabschieden kann, hat es (doch, gleichwohl) wichtige politische Aufgaben zu erfüllen/

/wenn auch die Wahlbeteiligung bei Europawahlen üblicherweise gering ist, (so) mache ich doch (trotzdem) von meinem Wahlrecht Gebrauch/

In der mündlichen Umgangssprache verzichtet man in konzessiven Junktionen nicht selten auf die Klammerförmigkeit des Adjunkts und sagt etwa, ähnlich wie es auch bei *weil* zu verzeichnen war:

/tschüs, wir sehen uns heute abend auf dem Sportplatz, obwohl ich weiß eigentlich noch gar nicht, ob ich heute abend Zeit habe/

Dieser Sprachgebrauch, der sich nur bei nachgestelltem Adjunkt findet, gilt in der Schriftsprache nicht als normgerecht.

Weitere Formen und semantische Varianten der Konzessivität zeigen die nachfolgenden Beispiele:

(1) Vorangestelltes imperativisches Adjunkt vor einer Basis mit konzessivem Adverb:

/tu, was du willst, die Leute reden doch (oder: *trotzdem*)*!/*

(2) Vorangestelltes Adjunkt mit konzessivem Relativ-Junktor (*wer – auch, was – auch, wie – auch, wo – auch,* gegebenenfalls verstärkt zu *auch immer*) vor einer Basis mit konzessivem Adverb:

/was auch immer du dir vornimmst (oder: *was du dir auch vornimmst*)*, die Leute reden ja doch über dich/*

In sehr gepflegter Rede steht hier im Adjunkt der indirektive Konjunktiv (*was es auch sei*), der, wenn seine Form nicht erkennbar ist, durch einen modalen Konjunktiv mit *mag/möge* umschrieben werden kann (*wo auch immer du dich aufhalten magst/mögest*). Die Abfolge der Junktionsglieder kann bei diesem Typus auch umgekehrt sein.

(3) Vorangestelltes Adjunkt mit modalem Konjunktiv (*mag – auch, möge – auch*) vor einer Basis mit konzessivem Adverb:

/mögen die Leute auch reden, ich tue doch (oder: *dennoch*)*, was ich für richtig halte/*

(4) Vorangestelltes Adjunkt mit *so* vor einem Adjektiv oder Adverb, oft mit indirektivem Konjunktiv oder *mag/möge* als modalem Konjunktiv vor nachgestellter nicht-klammerförmiger Basis; ein konzessives Adverb kann hinzutreten:

/*so viel* (oder: *so sehr*) *die Leute auch reden mögen, ich tue doch, was ich für gut halte*/

In seltenen Fällen kann *so* im Adjunkt auch durch *wie* ersetzt werden; man vergleiche die formelhafte Wendung *wie dem auch sei.*

(5) Konzessiver Nachtrag, eingeleitet mit *es sei denn* zum Ausdruck eines eventuell handlungsleitenden Grundes:

/*ich tue, was mir Spaß macht, es sei denn, das Gerede der Leute nimmt überhand*/

Nach *es sei denn*, ist auch eine klammerförmige Fortsetzung mit der Inhalts-Konjunktion *daß* möglich.

(6) Konzessiver Nachtrag, ausgedrückt in einem konjunktionsfreien Adjunkt im indirektiven Konjunktiv oder im modalen Konjunktiv mit *mag/möge* (selten, formelhaft):

/*ich tue, was ich als notwendig erkannt habe, koste es, was es wolle* (oder: *es möge kosten, was es wolle*)/

(7) Konzessiver Nachtrag, ausgedrückt in einem Adjunkt mit der Alternative *ob – oder*:

/*ich tue, was ich für zweckmäßig erachte, ob das den Leuten (nun) gefällt oder nicht*/

Auf der Grenze zwischen den kausalen und den konzessiven Konjunktionen steht die Konjunktion *wo – doch.* Die feste Korrelation mit der Partikel *doch* läßt schon erkennen, daß diese Konjunktion korrigierend auf eine negative Erwartung Bezug nimmt. Sie gibt nämlich einen ›Grund‹ an, der handlungsbestimmend ist oder sein sollte (= Kausalität), und zwar entgegen einer plausiblen Erwartung, daß er es vielleicht *nicht* sein würde (= Konzessivität). Beispiele:

/*du solltest dich mehr anstrengen, wo es sich doch diesmal besonders lohnt!*/

/soll ich mich vielleicht wieder umsonst bemühen, wo es doch so viele Konkurrenten gibt?/

Konzessive Konjunktionen treten auch bei nicht satzförmigem Adjunkt auf:

/ein richtiges, wenn auch (obwohl, obschon) nicht ganz ungefährliches Verhalten/

7.3.8 Die Infinitiv-Konjunktionen (*um – zu, ohne – zu, anstatt – zu*)

Die deutsche Sprache kennt drei Infinitiv-Konjunktionen: *um – zu, ohne – zu, anstatt – zu*. Sie stehen ihrer Struktur nach zwischen den Präpositionen und den Konjunktionen. Von den Präpositionen haben sie die Form, da sie jeweils aus zwei Präpositionen gebildet sind (deren letzte immer die Präposition *zu* ist). Mit den Konjunktionen haben sie das klammerförmige Adjunkt gemeinsam: das Verb steht klammerschließend in Endstellung. Aber diese Verbform ist ein Infinitiv und wird von dem Morphem *zu* eingeleitet:

/er geht fort, < *um* / *ohne* / *anstatt* > *mit ihr zu sprechen/*

Da das Verb im Infinitiv steht (*sprechen*), ist das Adjunkt nicht satzförmig. Aber es ist klammerförmig. Die Adjunktklammer wird gebildet von der ersten Form der Infinitiv-Konjunktion (*um, ohne, anstatt*) als dem klammeröffnenden Element und dem Infinitiv (mit vorangestelltem *zu*) als dem klammerschließenden Element. Bei einem mehrteiligen Verb in der Endstellung (Stauung, Umkehrung) wird die Form *zu* in sie integriert (*anzusprechen, ins Gespräch zu ziehen*).

Alle Infinitiv-Junktionen setzen Identität des Subjekts voraus. Ist diese Bedingung nicht erfüllt, so nimmt man statt des Infinitivs mit *zu* eine »richtige« Konjunktion mit gleicher Bedeutung. Dabei entsprechen einander:

um – zu	*ohne – zu*	*anstatt – zu*
≈ *damit*	≈ *ohne daß*	≈ *anstatt daß*

Zum Vergleich:

SUBJEKT-IDENTITÄT	SUBJEKT-ALTERITÄT
/ich schweige, um einmal ernsthaft nachzudenken/	*/ich schweige, damit du einmal ernsthaft nachdenkst/*
/ihr redet, ohne darüber jemals nachgedacht zu haben/	*/ihr redet, ohne daß irgend jemand darüber nachgedacht hätte/*
/der Direktor entscheidet alles selber, anstatt seine Mitarbeiter mitentscheiden zu lassen/	*/der Direktor entscheidet alles selber, anstatt daß seine Mitarbeiter mitentscheiden dürfen/*

In den Beispielen der linken Spalte gilt das Subjekt (*ich, ihr, der Direktor*) auch für das anschließende Infinitiv-Adjunkt. Die Beispiele der rechten Spalte zeigen demgegenüber einen Wechsel des Subjekts (*ich/du, ihr/ irgend jemand, der Direktor/seine Mitarbeiter*). Das wird durch das satzförmige Adjunkt nach den »richtigen« Konjunktionen *damit, ohne daß* und *anstatt daß* ermöglicht.

Man kann jedoch bei transitiven Verben einen Wechsel vom Aktiv zum Passiv vornehmen und auf diese Weise, da nun das Subjekt nicht wechselt, an der Infinitiv-Konjunktion festhalten. Zum Vergleich:

SUBJEKT-IDENTITÄT: INFINITIV-KONJUNKTION MIT PASSIVEM INFINITIV	SUBJEKT-ALTERITÄT: KONJUNKTION MIT FINITEM VERB
/ich passe auf, um nicht betrogen zu werden/	*/ich passe auf, damit* (oder: *daß*) *mich niemand betrügt/*

Das Verb *betrüge* ist transitiv; daher ist der Übergang Sprecher/Aktiv → Sprecher/Passiv im linken Beispiel dem Übergang Sprecher/Aktiv → Referent/Aktiv im rechten Beispiel semantisch äquivalent.

Wann immer es textuell möglich ist, auch um den Preis eines Wechsels zwischen Aktiv und Passiv, ist die Infinitiv-Konjunktion der schwerfälligeren Konstruktion mit Konjunktion und finitem Verb vorzuziehen. Im einzelnen ist zu diesen Formen folgendes zu sagen:

(1) *um – zu*

Die Infinitiv-Konjunktion *um – zu* hat meistens finale Bedeutung und ist daher der Konjunktion *damit* äquivalent (vgl. 7.3.4). Mit ihrer Hilfe gibt der Sprecher dem Hörer die Anweisung, für die Bedeutung der Basis in der Bedeutung des Adjunkts eine Zielangabe zu erwarten. Das kommt auch in der Bildung dieser Infinitiv-Konjunktion zum Ausdruck; sie beschreibt einen Weg von der ›Umgebung‹ (*um*) in Richtung auf das ›Ziel‹ (*zu*):

/wir arbeiten hart, um weich zu leben/

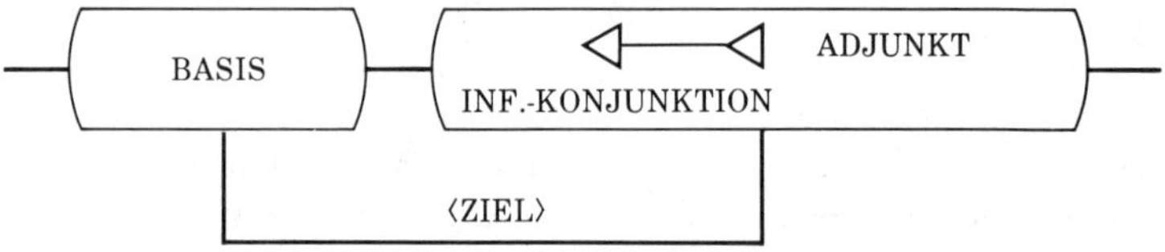

Basis und Adjunkt haben in diesem Beispiel das gleiche Subjekt: *wir* (Sprecher/Plural); folglich braucht diese Gesprächsrolle nur einmal, nämlich in der Basis, ausgedrückt zu werden und gilt unausgesprochen für das Adjunkt weiter. Deshalb genügt im Adjunkt statt einer finiten Verbform der Infinitiv.

Der Gebrauch der Infinitiv-Konjunktion *um – zu* ist auch bei einem Wechsel zwischen Aktiv und Passiv möglich. Zum Vergleich:

AKTIV/AKTIV

/ich habe dich überall gesucht,
um dich auszufragen/

AKTIV/PASSIV

/ich habe mich versteckt, um
nicht (von dir) gefunden zu werden/

Es ist für den Gebrauch der Infinitiv-Konjunktion *um – zu* nicht relevant, ob das handelnde Subjekt tatsächlich das genannte ›Ziel‹ intendiert hat, wenn nur durch den Kontext oder die Situation gesichert ist, daß der Hörer dieses Ziel erwarten kann. Hier sind im Zusammenwirken mit anderen Sprachzeichen, die sich gleichfalls auf Erwartungen beziehen, mancherlei Nuancen möglich. Das zeigt das folgende Kontrastbeispiel:

SUBJEKTIV INTENDIERTES ZIEL

/ich fahre schnell, um
möglichst früh am
Ferienort anzukommen/

OBJEKTIV PLAUSIBLES ZIEL

/du fährst viel zu schnell,
um noch die Landschaft
wahrnehmen zu können/

Es handelt sich in beiden Beispielen um ein erwartbares Ziel; daher ist die Infinitiv-Konjunktion *um – zu* in beiden Fällen final zu verstehen (vgl. lat. *finis* ›Ende, Ziel‹), jedoch in verschiedener Sichtweise. Im Beispiel der linken Spalte kann das Ziel deshalb erwartet werden, weil der Sprecher selber ein subjektiv intendiertes Ziel nennt. Anders verhält es sich im Beispiel der rechten Spalte. Da verlegt der gegen ihn argumentierende Sprecher schon in die Basis der Junktion ein normativ-kritisches Urteil (*zu schnell*), so daß sich das ›Schnellfahren‹ vor dem plausiblen Ziel (›Landschaftswahrnehmung‹) blamieren muß. Daher die implizit negative Bedeutung des Adjunkts: der rasende Fahrer wird die schöne Landschaft nicht wahrnehmen. Ein Ziel braucht also nicht unbedingt vom Handelnden intendiert zu sein. Es kann mit *um – zu* auch ein ›Ende‹ angezeigt werden, das nicht als ›Zweck‹ intendiert ist. Beispiel:

/sie kam nach Hause, um festzustellen, daß ihr Mann sie verlassen hatte/

(2) *ohne – zu*

Die Infinitiv-Konjunktion *ohne – zu* entspricht in ihrer Bedeutung der Präposition *ohne* (vgl. 7.1.3.3.4). Der Sprecher erhebt gegen die (beim Hörer angenommene) Erwartung einer Ergänzung Einspruch:

/lerne leiden, ohne zu klagen!/

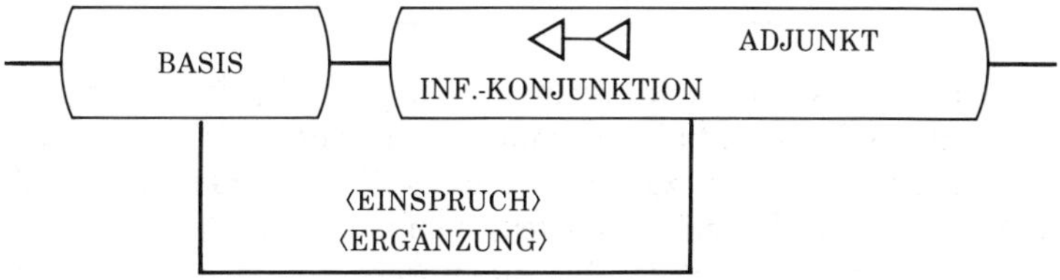

Basis und Adjunkt dieser Junktion sollen auf die gleiche, im Imperativ enthaltene Gesprächsrolle bezogen werden: den Hörer. So braucht beim Verb des Adjunkts (*klagen*) keine neue Instruktion bezüglich der Gesprächsrolle ausgewiesen zu werden, und die diesbezügliche Instruktion des Basis-Verbs (*lerne*) gilt weiter. Mit der Bedeutung der Basis *lerne leiden* ist nun eine aus allgemeiner Welterfahrung abgeleitete Erwartung verbunden, derzufolge dem ›Leiden‹ wohl ein ›Klagen‹ hinzuzufügen ist. Dieser Ergänzungs-Erwartung tritt nun der Einspruch in der Form *ohne – zu* entgegen.

Ist die Bedingung der Subjektgleichheit zwischen der Basis und dem Adjunkt der Junktion nicht erfüllt, so gebraucht man anstelle der Infinitiv-Konjunktion *ohne – zu* die Konjunktion *ohne daß*. Zum Vergleich:

SUBJEKT-IDENTITÄT: INFINITIV-KONJUNKTION	SUBJEKT-ALTERITÄT: KONJUNKTION MIT FINITEM VERB
/sie leidet viel, ohne je zu klagen/	*/nie leidet sie, ohne daß er klagt/*

Beim Gebrauch der Konjunktion *ohne daß* kann der Einspruch gegen die Erwartung einer Hinzufügung noch durch den Gebrauch des restriktiven Konjunktivs verstärkt werden (*ohne daß er klagte/klagen würde*).

(3) *anstatt – zu / statt – zu*

Die Infinitiv-Konjunktion *anstatt – zu* (Kurzform: *statt – zu*) determiniert die Basis einer Junktion dadurch, daß im Adjunkt eine (erwartbare) Alternative genannt und gleichzeitig ausgeschlossen wird. Wir beschreiben die Bedeutung von *(an)statt – zu* mit dem Merkmal ⟨WAHL⟩ in Verbindung mit dem Negations-Merkmal ⟨EINSPRUCH⟩:

/heute faulenze ich, (an)statt zu arbeiten/

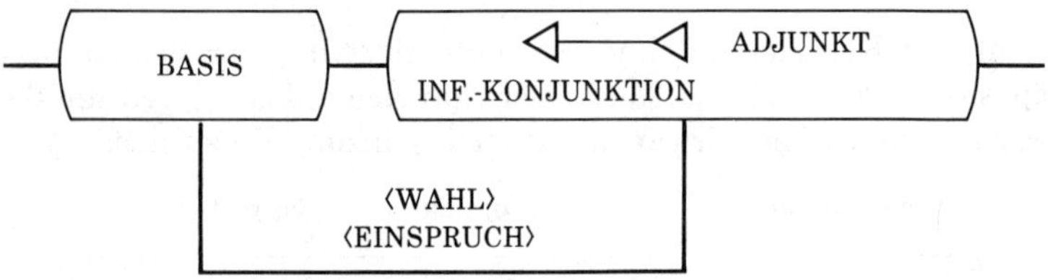

Zweierlei steht hier zur Wahl: entweder *faulenzen* (= Basis) oder *arbeiten* (= Adjunkt). Die Infinitiv-Konjunktion *anstatt – zu* oder *statt – zu* weist nun den Hörer an, zum Verständnis dieser Junktion die im Adjunkt ausgedrückte Tätigkeit (*arbeiten*) zugunsten der in der Basis ausgedrückten Alternative (*faulenzen*) zurückzuweisen.

Wenn die Subjekte der beiden Junktionsglieder nicht gleich sind, ersetzt man *(an)statt – zu* mit nachfolgendem Infinitiv durch die Konjunktion *(an)statt daß* mit nachfolgendem finiten Verb, wobei dieses zur Verstärkung des Einspruchs häufig noch in den restriktiven Konjunktiv versetzt wird. Zum Vergleich:

SUBJEKT-IDENTITÄT: INFINITIV-KONJUNKTION	SUBJEKT-ALTERITÄT: KONJUNKTION MIT FINITEM VERB
/die Leute telefonieren und telefonieren, (an)statt ein paar schöne Briefe zu schreiben/	*/alle paar Minuten klingelt das Telefon, (an)statt daß man mir ein paar schöne Briefe schickt* (oder: *schickte*)/

Bei *(an)statt* ist jedoch ein Wechsel in der Gesprächsrolle und in der Referenz-Identität relativ selten, so daß die Infinitiv-Konjunktion viel häufiger gebraucht wird als die entsprechende Konjunktion mit finitem Verb.

7.4 Die Relativ-Junktoren

Relativ-Junktoren sind Junktoren mit besonderen Referenzangaben. Sie bilden Relativ-Junktionen, deren Adjunkte satz- und klammerförmig sind (»Relativsätze«). Orthographisch sind Relativ-Adjunkte durch Kommasetzung von ihren Relativ-Basen getrennt. Die Klasse der Relativ-Junktoren ist nach folgenden Subklassen zu unterscheiden: Relativ-Pronomina (7.4.1), unspezifische Relativ-Junktoren (7.4.2) und komplexe Relativ-Junktoren (7.4.3). Abschließend wird die Funktion von Relativ-Junktionen im Text besprochen (7.4.4).

7.4.1 Relativ-Pronomina

Relativ-Pronomina sind gleichzeitig Relativ-Junktoren und Referenz-Pronomina. Als Relativ-Junktoren verbinden sie eine nominale Basis mit einem satz- und klammerförmigen Adjunkt. Als Pronomina führen sie die Bedeutung des Basis-Nomens fort und lassen sie für das Adjunkt weitergelten. Relativ-Pronomina sind für den ganzen Bereich der Relativ-Junktoren prototypisch.

Das Relativ-Pronomen ist in seiner Eigenschaft als Referenz-Pronomen mit dem Nomen der Basis, das es semantisch fortführt, durch eine Kongruenzbrücke im Genus und Numerus (nicht im Kasus!) verbunden. Sofern es die Subjektrolle einnimmt (Nominativ), ist es überdies mit dem Verb des Adjunkts durch die Kongruenzbrücke der Subjekt-Konjugation verbunden. Diese Kongruenz erstreckt sich aber nur auf den Numerus:

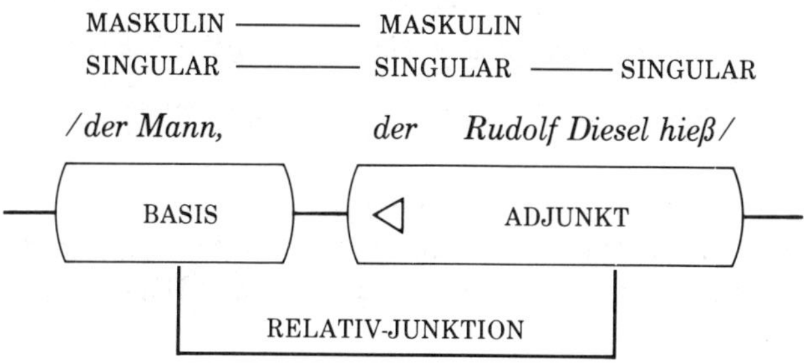

Steht das Relativ-Pronomen in einem anderen Kasus als dem Nominativ, so fällt die Kongruenzbrücke der Subjekt-Konjugation (»nach rechts«) aus, und es besteht nur die Kongruenzbrücke der Pronominalisierung (»nach links«).

Der Kasus des Relativ-Pronomens wird von der textuell maßgeblichen Valenz des Verbs im Adjunkt gesteuert, kann also etwa bei einem dreiwertigen Verb, das die drei Handlungsrollen Subjekt, Objekt und Partner zuläßt, wahlweise auf dem Subjektkasus Nominativ, dem Objektkasus Akkusativ oder dem Partnerkasus Dativ beruhen. Da nun auch das Nomen der Basis, je nach der Handlungsrolle, die es in der Basis wahrnimmt, in einem der drei genannten Kasus stehen kann, ergeben sich für das Verhältnis von Nomen und Relativ-Pronomen neun (3 mal 3) verschiedene Kasusübergänge, wie das folgende Schaubild zeigt:

/Diesel heißt der Mann,

/man kennt den Mann,

/Dank gebührt dem Mann,

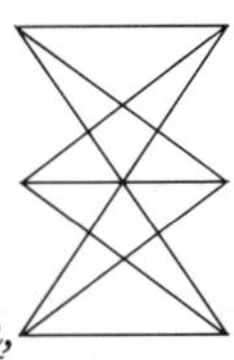

der im Jahre 1897 den Schweröl-motor erfunden hat/

den die Erfindung des Schweröl-motors weltberühmt gemacht hat/

dem die Erfindung des Schweröl-motors zuzuschreiben ist/

Die Wahl der Handlungsrolle und damit des Kasus wird auf der linken Seite des Schaubildes von den Verben der Basis (*heiße, kenne, gebührt*), auf der rechten Seite von denen des Adjunkts (*erfinde, mache – berühmt, schreibe – zu*) gesteuert. Schaltstelle zwischen beiden Seiten ist das jeweilige Relativ-Pronomen, entweder im gleichen oder im ungleichen Kasusübergang.

In den verhältnismäßig seltenen Fällen, in denen sich der Genitiv an einer Relativ-Junktion beteiligt (vgl. 7.2), gilt diese Regel analog:

/das ist die Frau des Mannes, den wir eben getroffen haben/

/sie ist eine Frau, deren Phantasie nie zur Ruhe kommt/

Bei der Genus-Kongruenz ist ferner zu beachten, daß sie in Relativ-Junktionen unter allen Umständen als grammatische Kongruenz beachtet wird, auch gegen das biologische Geschlecht (*das Mädchen, das*).

Die Formen des Relativ-Pronomens sind identisch mit denen des rhematischen Pronomens (vgl. 4.4.2.2) und unterscheiden sich mit diesen zusammen nur um ein geringes, nämlich durch ihre (Lang-)Formen *denen* (Dativ) und *dessen/derer* (Genitiv), vom Artikel-Paradigma (vgl. 4.5.1). Sie lauten:

NUMERUS	SINGULAR			PLURAL
GENUS / KASUS	MASKULIN	NEUTRUM	FEMININ	GENUS-NEUTRAL
NOMINATIV	*der*	*das*	*die*	*die*
AKKUSATIV	*den*	*das*	*die*	*die*
DATIV	*dem*	*dem*	*der*	*denen*
GENITIV	*dessen*	*dessen*	*derer*	*derer*

Der Anschluß durch ein rhematisches Referenz-Pronomen oder aber durch ein Relativ-Pronomen unterscheidet sich nur durch die Stellung des Verbs. Zum Vergleich:

RELATIV-PRONOMEN	REFERENZ-PRONOMEN
/Daimler suchte einen Geschäftspartner, den er in Benz fand/	*/Daimler suchte einen Geschäftspartner; den fand er in Benz/*

Nur das Relativ-Pronomen eröffnet eine Verbalklammer: die Adjunktklammer. Zwischen den beiden Anschlüssen ist jedoch der weitere Unterschied zu beachten, daß das Relativ-Pronomen, anders als das rhematische Pronomen, hinsichtlich des Informationsprofils (Thema/Rhema) neutral ist.

Außer einem Nomen kann – was jedoch selten vorkommt – ein Pronomen Basis einer Relativ-Junktion sein (zum Beispiel: *er, der; ihr, die; ihnen, denen*). Recht selten kommt das jedoch bei einem Pronomen der Sprecher- oder Hörerrolle vor: Diese beiden Gesprächsrollen bedürfen gewöhnlich keiner textuellen Determination, da sie von der Blickstellung her ausreichend determiniert sind. Soll gleichwohl ausnahmsweise ein Pronomen in der Sprecher- oder Hörerrolle durch ein Relativ-Adjunkt näher bestimmt werden, so gilt die Besonderheit, daß man das Pronomen der Basis nach dem Relativ-Pronomen wiederholt:

/was machen denn Sie, der Sie doch mit der Technik nichts im Sinn haben, im Deutschen Museum?/

/wo sollten wir, die wir uns über die Geschichte der Technik informieren möchten, bessere Auskünfte erhalten als im Münchner Deutschen Museum?/

Da nun das Relativ-Pronomen und das rhematische Pronomen das gleiche Formenparadigma haben, können in einem Text leicht die gleichen Formen aufeinanderfolgen (zum Beispiel: *der, der gesagt hat* oder: *die, die gemeint hat*). Eine solche Doppelsetzung der gleichen Form gilt als nachlässiger Stil, zumal im schriftlichen Sprachverkehr, der keine Differenzierung durch die Betonung (´,–) kennt. Daher vermeidet man meistens das Aufeinandertreffen zweier gleichlautender Formen, indem man für die Basis möglichst ein Pronomen anderer Art wählt (etwa: *einer, der gesagt hat* oder: *diejenige, die gemeint hat*). Oder man schiebt, was in gewissen Grenzen gestattet ist, ein weiteres Textelement zwischen das Pronomen der Basis und das Relativ-Pronomen des Adjunkts ein (etwa: *der also, der das gesagt hat* oder: *die da, die immer gemeint hat*).

Es ist darüber hinaus jedoch auch vom System her dafür gesorgt, daß es unter den Relativ-Pronomina zu einer Differenzierung der Formen kommen kann. Dazu dienen die Relativ-Pronomina der Formenreihe *welcher/welche/welches*. Die Junktoren dieser Formenreihe, die übrigens mit den Frage-Pronomina *welcher?/welche?/welches?* gleichlautend sind, können als Formvarianten der Reihe *der/die/das* angesehen werden. Sie werden in der heutigen Sprache (früher war das anders) fast ausschließlich zu dem Zweck gebraucht, das Zusammentreffen zweier (oder dreier) Formen der letztgenannten Reihe zu verhindern. Beispiele:

/der Atomphysiker Max Planck ist der, welcher der Max-Planck-Gesellschaft als Namenspatron dient/ (statt: *der, der der*)

/Otto Hahn und Lisa Meitner, sind das die, welche die Atomforschung begründet haben?/ (statt: *die, die die*)

Die Relativ-Pronomina der *welch*-Reihe erlauben darüber hinaus eine ordinale Spezifizierung:

/wichtige Institutionen der wissenschaftlichen Großforschung in Deutschland sind die Max-Planck-Gesellschaft und die Joseph-von-Fraunhofer-Gesellschaft, welch letztere sich allerdings auf die naturwissenschaftliche Forschung beschränkt/

Es hängt vom jeweiligen Kontext und der jeweiligen Situation ab, wie stark in einer Relativ-Junktion die Bedeutung der Basis durch die Determinationskraft des Adjunkts eingeschränkt wird. Nur im Grenzfall, bei einem in dieser Hinsicht sehr aussagekräftigen Kontext, kann man binär zwischen Einschränkung (»restriktiver Relativsatz«) und Nicht-Einschränkung (»nicht-restriktiver Relativsatz«) unterscheiden, etwa in diesem Vergleichsbeispiel:

RESTRIKTION	NICHT-RESTRIKTION
/auch die Atomenergie, die zu friedlichen Zwecken genutzt wird, bleibt immer eine höchst gefährliche Energieform/	*/die Atomenergie, die (ja bekanntlich) schwere Gefahren mit sich bringt, muß durch andere Energieformen ersetzt werden/*

Es ist jedoch zu betonen, daß die Relativ-Junktion als solche keine grammatischen Formunterschiede aufweist, ob nun der Bedeutungsumfang der Basis vom Adjunkt her eingeschränkt wird oder nicht. Dies ist in den meisten Fällen ein Unterschied des Mehr oder Weniger, der hauptsächlich von anderen Signalen im Text (hier: *ja, bekanntlich*) abhängt, eventuell auch vom allgemeinen Weltwissen.

Ein besonders deutliches Signal für die Restriktions-Bedeutung des Relativ-Adjunkts liegt jedoch immer dann vor, wenn dem Nomen der Basis eine Form des Determinativ-Artikels *derjenige/dasjenige/diejenige/diejenigen* voraufgeht oder wenn dieser Determinativ-Artikel ohne Nomen, also als freie Form, gebraucht wird. Dadurch wird ein nachfolgendes Relativ-Adjunkt für den Hörer erwartbar, und zwar im Sinne einer Restriktion:

/Gutenberg ist zwar strenggenommen nicht derjenige, der den Buchdruck erfunden hat (das waren die Chinesen), aber doch derjenige Buchdrucker, der zuerst mit beweglichen Lettern gearbeitet hat/

/der Bleisatz ist bei denjenigen, die heute die »schwarze Kunst« ausüben, durch den Fotosatz abgelöst/

Die gleiche Funktion kann auch das rhematische Pronomen der Reihe *der/die/das* oder der betonte Artikel vor einem Nomen wahrnehmen:

/das ist nicht der (´), den ich meine/

/das ist nicht die (´) Kunst, von der Sie sprechen/

7.4.2 Die globalen Relativ-Junktoren *was, wer, wo, wie*

Die Relativ-Junktoren dieser Gruppe sind keine Relativ-Pronomina, da sie in der Regel auf kein Nomen oder Pronomen direkt Bezug nehmen. Daher ist bei ihnen auch keine Genus- und Numerus-Kongruenz zur Basis ausgebildet. Die Formen *was, wo* und *wie* sind flexivisch ganz invariant; nur der Relativ-Junktor *wer* hat die Kasus-Varianten *wen*

(Akkusativ) und *wem* (Dativ) und ermöglicht mit diesen Formen eine Anpassung an die Valenz des Verbs. Verglichen mit den spezifisch ausgeformten Relativ-Pronomina (vgl. 7.4.1), haben die globalen Relativ-Junktoren *was, wer, wo* und *wie* eine relativ unspezifische Bedeutung.

(1) Das Horizont-Relativ *was*

Der nach Genus, Numerus und Kasus invariante Relativ-Junktor *was* steht bei unspezifischen Sachverhalten; er bezieht sich auf den Horizont »alles Möglichen«. Wir bezeichen diesen Relativ-Junktor daher als Horizont-Relativ. Aufgrund seiner unspezifischen Referenz findet man das Horizont-Relativ *was* häufig nach Schätz- und Summativ-Ausdrücken oder deren Negationen, zum Beispiel:

/*alles, was produziert wird, schafft Abfall*/

/*wir dürfen nichts, was die Umwelt belastet, den nächsten Generationen aufbürden*/

Nach dem sächlichen Superlativ ist ein Schwanken zwischen den Relativen *was* und *das* zu beobachten:

/*das beste, was* (oder: *das*) *man der Natur antun kann, ist Schonung*/

Der Horizont alles Möglichen, der in den bisherigen Beispielen durch solche unspezifischen Basis-Ausdrücke wie *alles, nichts* (Negation) oder – leicht spezifiziert – *das beste* bezeichnet war, kann auch durch einen Verzicht auf jede spezifische Lexik ausgedrückt werden, so daß dem *was*-Adjunkt gar keine textuelle Basis voraufgeht:

/*was in den Büchern steht, stimmt nicht immer*/ (*was* = Nominativ)

/*was man auswendig weiß, hat man jederzeit zur Verfügung*/ (*was* = Akkusativ)

Da sich der Relativ-Junktor *was* auf einen Horizont mit sehr allgemeiner oder unspezifischer Lexik bezieht, eignen sich Relativ-Junktionen mit *was* gut zum Aufbau einer Thema/Rhema-Korrelation, wie sie meistens durch das Korrelat *was/das* explizit bezeichnet wird:

/*alles, was die Technik hervorbringen kann, das bringt sie auch hervor*/

/*was der Teufel zerstören will, das läßt er von Menschenhand zerstören*/

Durch seine Horizont-Referenz eignet sich der Relativ-Junktor *was* (mit oder ohne *das*-Korrelat) gut für Sentenzen, Maximen und Sprichwörter:

/*was Gott tut, das ist wohlgetan*/ (Kirchenlied)

/*was du nicht willst, das man dir tu, das füg auch keinem andern zu!*/ (Sprichwörtliche Sentenz)

Das Horizont-Relativ *was* wird zur Unterstreichung seiner Horizont-Bedeutung oft mit dem Adverb *auch*, mit dem Adverb *immer* oder mit der Adverb-Kombination *auch immer* verbunden, wobei ein Subjektausdruck im ersten Fall die Zwischenstellung einnimmt (*was er auch . . .*), im zweiten und dritten Fall nachgestellt wird (*was immer er . . ., was auch immer er . . .*). Alle diese Formen der Erweiterung lösen nicht selten den indirektiven Konjunktiv oder einen modalen Konjunktiv mit *mag/möge* aus:

/*was du auch tust, bedenke die Nebenfolgen!*/

/*was auch immer die Zeitungen schreiben, bilde dir deine eigene Meinung!*/ (seltenere Variante: *was die Zeitungen auch immer schreiben [mögen], . . .*)

Am Ende eines Argumentationsganges gebraucht man ein Relativ-Adjunkt mit *was* häufig zur abschließenden Zusammenfassung – oder auch zur Weiterführung des Gedankens in einem anderen Kontext:

/*die Ressourcen der Erde sind begrenzt, folglich muß man mit ihnen haushalten – was zu beweisen war*/ (= ›quod erat demonstrandum‹)

/*die technische Zivilisation kennt keinen Stillstand – was man übrigens auch von der kapitalistischen Wirtschaft sagen kann*/

(2) Das Kollektiv-Relativ *wer*

Das Kollektiv-Relativ *wer/wen/wem* ähnelt dem Horizont-Relativ *was* in der mangelnden Spezifik seiner Referenz. Doch ist die weite Horizont-Bedeutung bei dem Relativ *wer* auf einen global-personalen Bereich eingeengt, der (nur) jede mögliche Person umfaßt, so daß dieser Relativ-Junktor mit seiner sehr schwachen Spezifik Kollektiv-Relativ heißen kann.

Von dieser Eingrenzung auf den personalen Teilhorizont ›Kollektiv‹ abgesehen, ähnelt der Gebrauch des Kollektiv-Relativs *wer* dem des Horizont-Relativs *was*. Beispiele:

/*wer jetzt kein Haus hat, baut sich keines mehr*/ (Rilke)

/*wer andern eine Grube gräbt, fällt selbst hinein*/ (Sprichwort)

/*wer du auch bist* (oder: *seist, sein magst, sein mögest*), *du hast die Welt nur als Leihgabe*/

/*nach dem Verursacherprinzip muß, wer den Abfall produziert, ihn auch beseitigen*/

Bei einem Kasuswechsel zwischen Basis und Adjunkt steht in der nachgestellten Basis ein rhematisches Referenz-Pronomen als Korrelat und Träger der neuen Kasusmerkmale:

/*wer zu spät kommt, den bestraft das Leben*/ (Gorbatschow)

Eine erhebliche Rolle spielt das Kollektiv-Relativ *wer* in der Fachsprache des deutschen Strafrechts zur Bezeichnung einer unbestimmten Täterpersönlichkeit:

/*wer Banknoten nachmacht oder verfälscht oder nachgemachte oder verfälschte sich verschafft und in den Verkehr bringt, wird mit Freiheitsstrafe nicht unter zwei Jahren bestraft*/

(3) Das Positions-Relativ *wo*

Der nach Genus, Numerus und Kasus invariante Relativ-Junktor *wo* (allerdings mit den Direktions-Varianten *woher* und *wohin*) bezieht sich auf eine sonst nicht weiter spezifizierte Positionalität, also einen meistens räumlich verstandenen Horizont oder Teilhorizont. Wir nennen diesen Relativ-Junktor daher Positions-Relativ. Das Positions-Relativ *wo* korreliert gerne mit dem Positions-Adverb *da*:

/*überall da, wo die Wissenschaft nicht weiter weiß, muß sie ihr Nichtwissen bekennen*/

/*wo (auch immer) Wissenschaftler tätig sind* (oder: *sein mögen*), *(da) schauen ihnen die Kollegen kritisch über die Schulter*/

Das Positions-Relativ *wo* wird jedoch auch in zeitlichen Kontexten gebraucht, sofern diese ebenfalls relativ unspezifisch sind:

/*gerade heute, wo die Welt auf Forschung angewiesen ist, sind auch die Grenzen der Wissenschaft deutlich geworden*/

Gelegentlich wird anstelle des Positions-Relativs *wo* in zeitlichen Kontexten auch die Form *da* als Positions-Relativ gebraucht, was auf ein Bemühen um einen gehobenen Stil schließen läßt: *gerade heute, da* (vgl. 7.3.6.1).

Bei einer nominalen Basis von nicht allzu enger Bedeutung kann man zwischen dem wenig spezifischen Positions-Adverb *wo* und einem spezifischer referierenden Relativ-Pronomen wählen. Zum Vergleich:

POSITIONS-RELATIV	PRÄPOSITIONAL-RELATIV
/die Stadt, wo ich wohne/	*/die Stadt, in der ich wohne/*
/all die Jahre, wo ich hier tätig gewesen bin/	*/all die Jahre, in denen ich hier tätig gewesen bin/*

Bei artikellosen Ortsnamen ist nur *wo* möglich:

/in Greifswald, wo ich geboren bin/

In verschiedenen regionalen Umgangssprachen zeigt sich eine Tendenz, das Positions-Relativ *wo* als neutrale Form für alle sonst flexivisch unterschiedenen Relativ-Pronomina zu nehmen (*der Mann, wo gerade vorbeigekommen ist; die Frau, wo ich eben getroffen habe*). Diese unspezifische Referenz ist jedoch nicht normgerecht.

Das Positions-Relativ *wo* ist gleichlautend mit dem Frage-Morphem *wo?*. Die Grenze zwischen einem Relativ-Adjunkt mit *wo* und einer indirekten Frage mit *wo* ist nicht immer scharf bestimmbar und muß vom Kontext abhängig gemacht werden. In der Regel unterscheidet sich eine indirekte Frage mit *wo* von einem Relativ-Adjunkt mit *wo* durch Indikatoren der Fraglichkeit im Kontext oder in der Situation. Zur Unterscheidung:

POSITIONS-RELATIV *wo*	FRAGE-MORPHEM *wo?*
/ich gehe (dahin), wo du auch hingehst/	*/ich bin neugierig, wo du heute hingehst/*

Sichere Indikatoren für *wo* als Positions-Relativ sind vor allem die Korrelate mit *da* sowie in vielen Fällen Erweiterungen mit *auch* oder *immer* oder *auch immer.*

(4) Das Deskriptions-Relativ *wie*

Der Relativ-Junktor *wie* ist ebenfalls nach Genus, Numerus und Kasus invariant und bezieht sich mit schwach ausgeprägter Spezifik auf irgendeine Art und Weise, die nach näherer Spezifizierung durch Vergleichung verlangt. Dieser Junktor ist ein Deskriptions-Relativ. Beispiele:

/die Art und Weise, wie diese Firma ihre Betriebsgenehmigung erhalten hat, ist auf heftige Kritik gestoßen/

/wie der Betriebsrat sich in dieser schwierigen Situation verhalten hat, ist bewundernswert/

/wie auch immer die Rechtslage ist (oder: *sein mag), ich werde gegen diese Maßnahme Einspruch erheben/*

Vom Komparativ-Junktor *wie* ist das Deskriptions-Relativ *wie* nicht immer scharf zu trennen (vgl. 7.5.1.1).

7.4.3 Komplexe Relativ-Junktoren

Relativ-Junktoren können im Text mit anderen Determinanten zusammenwirken und auf diese Weise Relativ-Junktionen mit einem höheren Komplexitätsgrad realisieren. Die höhere Komplexität kommt im ersten Fall durch Präpositionen, im zweiten Fall durch Genitive und im dritten Falle durch Infinitive zustande.

(1) Präpositional-Relative

Präpositional-Relative nennen wir diejenigen komplexen Relativ-Junktoren, die aus einer Präposition und einem Relativ-Pronomen bestehen. Der Kasus des Relativ-Pronomens ist dabei von der Kasus-Rektion der Präposition abhängig, die ihrerseits wieder verbabhängig sein kann. Das folgende Schaubild zeigt ein Präpositional-Relativ mit Dativ-Rektion:

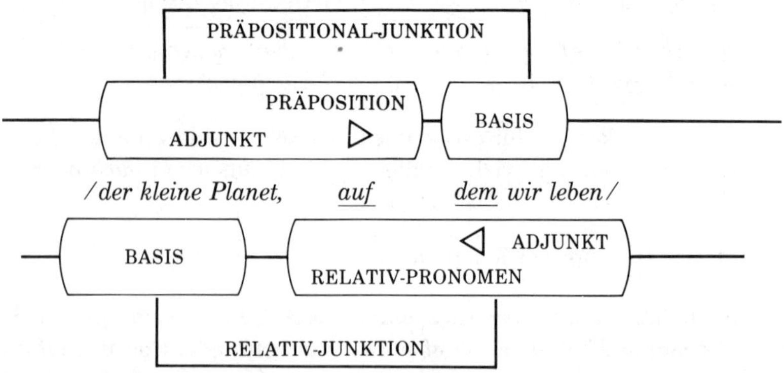

Dieses Textsegment zeigt zwei Junktionen, eine umfassende Relativ-Junktion mit Normalstellung der Junktionsglieder (Basis/Adjunkt), gesteuert von dem Relativ-Pronomen *dem,* und eine weniger umfängliche, durch Inversion der Junktionsglieder (Adjunkt/Basis) gekennzeichnete Präpositional-Junktion mit der Präposition *auf* als Junktor und dem Relativ-Pronomen *dem* als dativischer Pro-Form für den lexikalischen Ausdruck *der kleine Planet.* Will man die beiden ineinander verschränkten Junktionen zusammen analysieren, muß man auch die beiden Junktoren *auf* und *dem* als ein komplexes Präpositional-Relativ *auf dem* ansehen.

Alle Präpositionen der deutschen Sprache können mit entsprechenden Relativ-Pronomina Präpositional-Relative bilden, also etwa: *aus dem, bei denen, für die, gegen die, ungeachtet dessen.* Beispiele:

/die Firma, in der die ersten Anilinfarben hergestellt wurden, war das Bayer-Werk in Leverkusen/

/das Forschungsgebiet, auf das sich zur Zeit die größten Anstrengungen konzentrieren, ist die Gentechnologie/

/die Forschungspraktiken, hinsichtlich derer die Pharma-Industrie am meisten kritisiert worden ist, betreffen die Tierversuche/

In allen Fällen jedoch, in denen nicht auf einen bestimmten Gegenstand (Person oder Sache) Bezug genommen wird, sondern auf einen unspezifischen, etwa durch einen freien Schätz-Artikel gekennzeichneten Sachverhalt (vgl. 4.5.2.3.2), bildet man das Präpositional-Relativ nicht nach der soeben beschriebenen Regel auf »analytische«, sondern auf »synthetische« Weise, indem man der jeweiligen Präposition das Element *wo-* (vor Vokal: *wor-*) vorschaltet, also zum Beispiel: *womit, wodurch, wovon, woran, worauf, worin.* Bei den Präpositionen *wegen* und *halber,* die den Genitiv regieren, verwendet man jedoch zu dem gleichen Zweck das Element *wes-,* also *weswegen, weshalb.* Beispiele:

/daß die Ressourcen der Natur begrenzt sind, (das) ist etwas, woran die Naturforscher des 19. Jahrhunderts noch nicht gedacht haben/

/es gibt nichts, womit die Landwirtschaft stärker revolutioniert worden ist als mit der Einführung des Kunstdüngers/

/manches wäre noch zu nennen, weswegen man sich kritische Gedanken machen müßte/

Synthetische Präpositional-Relative mit *wo(r)-* können von allen primären Positionen mit Dativ- oder Akkusativ-Rektion außer *hinter, neben, zwischen* und *ohne* gebildet werden.

(2) Relativ-Artikel im Genitiv

Außer den Relativ-Pronomina (vgl. besonders 7.4.1) gibt es in der deutschen Sprache zwei Formen eines Relativ-Artikels. Diese Formen treten nur im Genitiv auf und lauten *dessen* (Maskulin/Singular und Neutrum/Singular) und *deren* (Feminin/Singular und Genusneutral/Plural). Sie gehören semantisch zur Subklasse der Possessiv-Pronomina.

Mit genitivischen Relativ-Artikeln kann man komplexe Junktionen bilden, in denen eine Relativ-Junktion eine Genitiv-Junktion umgreift:

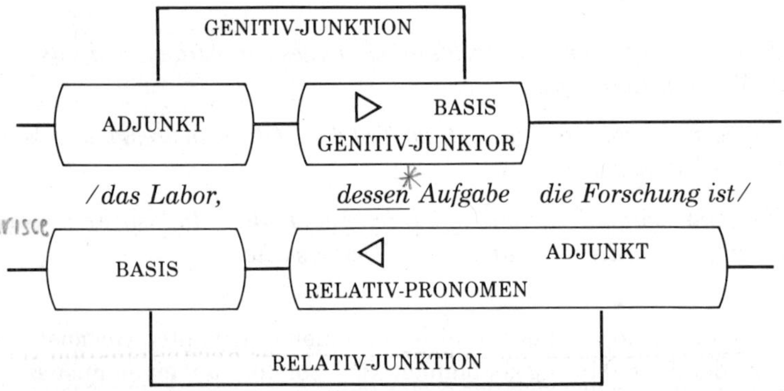

Das Schaubild ist wie folgt zu lesen: Eine Relativ-Junktion mit Normalstellung der Junktionsglieder (Basis/Adjunkt) umschließt eine Genitiv-Junktion mit Inversionsstellung (Adjunkt/Basis), die bei selbständiger Verwendung lauten würde: *die Aufgabe des Labors*. Im genitivischen Relativ-Artikel *dessen*, der beiden Junktionen gemeinsam ist, sind der Genitiv-Junktor und der Relativ-Junktor zugleich ausgedrückt (= Formen-Synkretismus). Weitere Beispiele:

/wir beginnen heute eine Untersuchungsreihe, deren Ergebnisse von weitreichender Bedeutung sind/

/beschreiben Sie bitte genau das Experiment, dessen Ablauf Sie protokolliert haben!/

Die hier besprochenen komplexen Junktionen mit einem genitivischen Relativ-Artikel (»Genitiv-Attribut«) sind sorgfältiv zu unterscheiden von einfachen Junktionen mit einem genitivischen Relativ-Pronomen (»Genitiv-Objekt«). Zum Vergleich:

GENITIVISCHER RELATIV-ARTIKEL (»GENITIV-ATTRIBUT«)

/die Doktorandin, deren Dissertation als Promotionsleistung angenommen worden ist/

GENITIVISCHES RELATIV-PRONOMEN (»GENITIV-OBJEKT«)

/die Promotion, derer man sich im Institut noch gut erinnert/

Als genitivisches Relativ-Pronomen hört man auch, weniger normgerecht, die Form *deren,* die analog zu der pronominalen Maskulin/Neutrum-Form *dessen* gebildet ist.

Junktionen mit Präpositional-Relativen und solche mit genitivischen Relativ-Artikeln oder -Pronomina sind miteinander kombinierbar. Beispiele:

/die Naturwissenschaften, in deren Labors empirisch geforscht wird, sind heute . . ./

/die Grundlagenforschung, hinsichtlich derer manche Lücken zu beklagen sind, gilt als . . ./

(3) Infinitiv-Relative

Auch Infinitiv-Ausdrücke mit *zu* können mit einer Relativ-Junktion verschränkt werden, wobei sich der Kasus des Relativ-Pronomens nach der Valenz des Verbs im Infinitiv richtet. Der Infinitiv (immer mit *zu*!) steht dann unmittelbar nach dem Relativ-Pronomen. Beispiele für die vier Kasus:

/als Universitätsrektor, der zu sein ich die Ehre habe, möchte ich Sie heute . . ./

/die Hochschule, die zu vertreten mir aufgetragen ist, wird . . ./

/das Kollegium, dem anzugehören mir ein Vergnügen ist, hat . . ./

/das historische Ereignis, dessen zu gedenken für uns eine stete Verpflichtung ist, muß . . ./

Der Gebrauch solcher Infinitiv-Relative ist, wie auch die Beispiele andeuten sollen, auf einen hohen und meistens ziemlich zeremoniellen Stil beschränkt.

7.4.4 Relativ-Junktionen im Text

Relativ-Junktionen bringen durch die Klammerförmigkeit ihrer Adjunkte wie auch durch das Zusammenwirken mit anderen Determinanten leicht eine gewisse Komplexität mit sich, die durch Reihung und Stufung noch gesteigert werden kann. Insbesondere in der älteren Literatursprache findet man in großer Zahl »Perioden«, die aus mehreren gereihten oder gestuften Relativ-Adjunkten bestehen. Als Beispiel dafür soll hier ein Abschnitt aus dem Roman »Anton Reiser« von Karl Philipp Moritz dienen. Der Textabschnitt, der aus einer einzigen langen Periode besteht, ist im folgenden so geschrieben, daß er die Abhängigkeiten der Relativ-Adjunkte von ihrer jeweiligen Basis in vierfacher Stufung typographisch zur Anschauung bringt:

In P., einem Orte,
(1) *der wegen seines Gesundbrunnens berühmt ist,*
lebte noch im Jahre 1756 ein Edelmann auf seinem Gute,
(1) *der das Haupt einer Sekte in Deutschland war,*
  (2) *die unter dem Namen der Quietisten oder der Separatisten bekannt ist,*
  (2) *und deren Lehren vorzüglich in den Schriften der Mad. Guion, einer bekannten Schwärmerin, enthalten sind,*
   (3) *die zu Fénelons Zeiten,*
    (4) *mit dem sie auch Umgang hatte,*
   in Frankreich lebte.[1]

Der hier abgedruckte Einleitungssatz des Romans ist ein Beispiel für einen »ciceronianischen« Periodenstil, wie er in der älteren literarischen Prosa besonders an markanten Textstellen, beispielsweise in der Exposition, gepflegt wurde. Das Textstück drängt allerhand Hintergrundinformationen, die zum Verständnis des Romans notwendig sind, in sechs Relativ-Adjunkten zusammen. Vier von ihnen sind mit einfachen Relativ-Pronomina gebildet (*der, der, die, die*), eines mit einem genitivischen Relativ-Artikel (*deren Lehren*) und eines schließlich mit einem Präpositional-Relativ (*mit dem*). Die sechs Relativ-Adjunkte sind unterschiedlich gestuft, nämlich ein bis vier Stufen weit vom syntaktisch dominanten Erzählstrang entfernt. Beachtenswert ist der häufige Einschub anderer Ausdrücke zwischen dem Nomen in der Basis und dem mit ihm kongruenten Relativ-Junktor:

1) Karl Philipp Moritz: »Anton Reiser« (1785/90), in: *Werke*, hg. von Horst Günther, Bd. I, Frankfurt a. M. 1981, S. 37.

▶ *ein Edelmann auf seinem Gute, der*

▶ *einer Sekte in Deutschland war, die*

▶ *in den Schriften der Mad. Guion, einer bekannten Schwärmerin, enthalten sind, die*

▶ *zu Fénelons Zeiten, mit dem*

Für die heutige Sprache sind die Stellungsregeln für Relativ-Junktionen enger zu formulieren, als sie in diesem Text zum Ausdruck kommen. Sie fixieren folgenden Sprachgebrauch:

(1) Das Nomen in der Basis einer Relativ-Junktion und das mit ihm kongruente Relativ-Pronomen stehen grundsätzlich so nahe beieinander wie möglich und folgen möglichst unmittelbar aufeinander:

/ich kaufe das Bild, das mir gefällt/

(2) Steht die Basis einer Relativ-Junktion im Mittelfeld einer Verbalklammer (Lexikalklammer oder Grammatikalklammer), so versetzt man das Adjunkt gerne ins Nachfeld dieser Klammer, dergestalt daß Basis und Adjunkt der Relativ-Junktion (nur!) durch das Nachverb getrennt sind:

LEXIKALKLAMMER

/ich kaufe dir gerne das Bild ab, das mir so gut gefällt/

GRAMMATIKALKLAMMER

/ich habe heute das Bild gekauft, das mir so gut gefallen hat/

(3) Längere Einschübe zwischen dem Nomen der Basis und dem mit ihm kongruenten Relativ-Junktor, zumal wenn es sich bei diesen Einschüben selber um Genitiv- oder Präpositional-Adjunkte handelt, setzen im Kontext besondere Vorkehrungen voraus, die trotz der Fernstellung eine richtige Auffassung des Zusammenhangs garantieren:

/ich habe dasjenige Bild aus der Ausstellung gekauft, das mir gefallen hat/

Hier ist zwischen dem Nomen *Bild* (= Basis) und dem Relativ-Pronomen *das* ein »störendes« Präpositional-Adjunkt mit *aus* eingeschoben; dennoch löst das Determinativ-Pronomen *dasjenige* beim Hörer eine Relativ-Erwartung aus, die ihn über diesen längeren Einschub hinwegträgt.

Ein moderner Text ist meistens anders strukturiert. Als Beispiel soll ein Zeitungsartikel dienen, in dem die erste Bundestagswahl von 1949 politisch kommentiert wird. Der Text soll nach dem gleichen Verfahren wie oben in seiner Struktur verdeutlicht werden:

Die Wahl zum Bundestag hat wieder einmal die ganze Problematik einer Partei-Demokratie aufgedeckt.
Das Volk,
(1)____ *das als Ganzes sehr wohl die Aufgaben kennt,*
(2)________ *auf die es jetzt ankommt,*
ist durch die spezifisch parteipolitische Fragestellung gezwungen worden, sich eine Repräsentanz zu wählen,
(1)____ *die für seine Wünsche nur teilweise repräsentativ ist.*
Denn die Alternative: Planwirtschaft oder Freihandel,
(1)____ *auf die sich die beiden stärksten Parteien festgelegt haben,*
ist ja keineswegs die für jeden Wähler im Hinblick auf alle Probleme und für die Dauer von vier Jahren entscheidende Frage.[1]

Bemerkenswert ist an diesem neueren Text im Vergleich zu dem vorher analysierten älteren Prosatext, daß die Informationen nicht zu einer »Periode« zusammengeschlossen sind. Dementsprechend halten sich drei der vier Relativ-Adjunkte (zwei davon mit Relativ-Pronomina und zwei mit Präpositional-Relativen gebildet) nur eine Stufe weit vom Hauptstrang der Information entfernt, und nur eines der Adjunkte befindet sich auf der zweiten Stufe der Abhängigkeit.

Die Zurückhaltung in der textuellen Nutzung von Relativ-Adjunkten ist hier dadurch möglich geworden, daß viele Informationen, die ohne weiteres durch Relativ-Adjunkte ausgedrückt werden könnten, tatsächlich zu komplexen nominalen Ausdrücken wie *Partei-Demokratie* zusammengedrängt sind. In diesem Nominalstil sind Genitiv-Adjunkte, Infinitive mit *zu* und vor allem Präpositional-Adjunkte Träger der meisten Zusatzinformationen geworden, besonders auffällig am Schluß, wo die Nominalklammer (*die – Frage*) mit Hilfe von fünf nicht-relativen Junktoren (*für, im Hinblick auf, und, für, von*) aufs äußerste gedehnt ist.

1) Marion Gräfin Dönhoff: »Koalition des Wiederaufbaus«, in: DIE ZEIT vom 25. 8. 1949, wiederabgedruckt in derselben Wochenzeitung am 25. 8. 1989.

Was nun die vier verbleibenden Relativ-Junktionen betrifft, so sind sie jeweils an die Nomina ihrer Basis recht eng angebunden, und zwar wie folgt:

- *das Volk, das* (= unmittelbarer Anschluß)
- *die Aufgaben kennt, auf die* (= Trennung nur durch ein Verb, das in der Endstellung steht)
- *eine Repräsentanz zu wählen, die* (= Trennung ebenfalls nur durch einen Infinitiv mit *zu* in der Endstellung)
- *die Alternative: Planwirtschaft oder Freihandel, auf die* (= Trennung durch eine alternativ spezifizierende Apposition)

7.5 Die Parajunktoren

Neben den Präpositionen, Konjunktionen, Relativ-Junktoren sowie dem Genitiv-Junktor bilden die Parajunktoren eine Restkategorie, deren Formen in sich recht unterschiedlich sind. Sie haben jedoch die Struktureigenschaft gemeinsam, in ihrem Gebrauch wenig von den Sprachzeichenklassen abhängig zu sein, die in den Junktionsgliedern auftreten. Wir unterscheiden die Klasse der Parajunktoren nach den folgenden Subklassen: Komparativ-Junktoren (7.5.1), Koordinativ-Junktoren (7.5.2), Selektiv-Junktoren (7.5.3) und Adversativ-Junktoren (7.5.4).

7.5.1 Komparativ-Junktoren

Die Komparativ-Junktoren sind Junktoren des Vergleichs. Sie bilden Vergleichs-Junktionen und dienen dazu, verschiedene Sachverhalte zu vergleichen. Alle Komparativ-Junktoren haben das semantische Merkmal ⟨GLEICHSTELLUNG⟩ gemeinsam. Die wichtigsten Komparativ-Junktoren sind *wie* (7.5.1.1) und *als* (7.5.1.2). Hinzu kommt der seltener gebrauchte Korrelativ-Junktor *je – desto* mit seinen Varianten (7.5.1.3). Eine kleine Textanalyse zum Gebrauch der Komparativ-Junktoren beschließt das Kapitel (7.5.1.4).

7.5.1.1 Offener Vergleich: *wie*

Der Vergleich, zu dessen Bildung der Komparativ-Junktor *wie* einlädt, wird »offen« genannt, weil dieser Junktor außer seinem Bedeutungsmerkmal ⟨GLEICHSTELLUNG⟩ nicht weiter semantisch markiert ist. Man kann also mit seiner Hilfe Beliebiges miteinander vergleichen, es mag von Natur aus ähnlich sein oder nicht:

/die Tochter malt wie die Mutter/

Die Vergleichs-Junktion besagt, daß die *Tochter* ihrer *Mutter* gleichzustellen ist, und zwar hinsichtlich des ›Malens‹.

So wie inhaltlich alles mit allem vergleichbar ist, so sind auch in einer Vergleichs-Junktion grundsätzlich alle Arten von Sprachzeichen zur Besetzung der Junktionsglieder zugelassen. Hier eine Auswahl:

/eine Farbgebung, wie man sie selten findet/ (Nomen/Verb)

/die Künstlerin malt, wie sie lebt/ (Verb/Verb)

/er zeichnet wie besessen/ (Verb/Adjektiv)

/verrückt wie ein Genie/ (Adjektiv/Nomen)

/die Kunstszene gestern wie heute/ (Adverb/Adverb)

Orthographische Anmerkung: Ist das Vergleichs-Adjunkt satzförmig, so wird es durch Kommasetzung von der Basis getrennt.

Da dem Vergleichen keine sprachlichen Grenzen gesetzt sind, kann sich in den *wie*-Adjunkten die Phantasie reich entfalten, und man kann in einer Situation etwa sagen:

/du bist (lebst, benimmst dich) wie
- *ein Nashorn/*
- *ein Berufssportler/*
- *ein Normalbürger/*
- *ein Einsiedler/*
- *ein Unterseeboot/*

Charakteristisch für die Offenheit des Vergleichens ist die hier zu beobachtende hohe Frequenz des kataphorischen Artikels in Komparativ-Adjunkten nach *wie*, zumal bei ungewöhnlichen und auffälligen Vergleichen, die von der thematischen Linie des Textes wegführen.

Eine seit alters in der Literatur bestehende Tradition des Vergleichens hat dazu geführt, daß phantasievolle und »bildhafte« Vergleiche, meistens mit der Morphem-Kombination *wie ein,* in der Sprache stereotyp und phraseologisch geworden sind, zum Beispiel diese:

flink wie ein Wiesel	*er freut sich wie ein Schneekönig*
stumm wie ein Fisch	*ich passe auf wie ein Luchs*
schlau wie ein Fuchs	*er redet wie ein Wasserfall*
arm wie eine Kirchenmaus	*sie raucht wie ein Schlot*
blind wie ein Maulwurf	*du arbeitest wie ein Pferd*
dumm wie Bohnenstroh	*sie hat Geld wie Heu*
schnell wie der Blitz	*er schreit wie am Spieß*

Diese stereotypen Verbindungen einer (adjektivisch oder verbal ausgedrückten) Vergleichs-Basis mit einem »bildhaften« Adjunkt sind als phraseologische Ausdrücke in fast beliebige Kontexte einsetzbar. Eben darin liegt ihre Stereotypie.

Da die Junktionsglieder einer Vergleichs-Junktion häufig unterschiedlich komplex sind, erstreckt sich der Vergleich, zu dem der Komparativ-Junktor *wie* anweist, nicht immer auf alle Sprachzeichen der Basis, sondern nur auf diejenigen, die eine gleiche syntaktische Struktur und eine zum Vergleichs-Adjunkt passende Bedeutung aufweisen. Das ist dann der Skopus (Erstreckungsbereich) des Vergleichs. Zur Unterscheidung des Skopus:

SUBJEKT ALS SKOPUS	VERB ALS SKOPUS	OBJEKT ALS SKOPUS
/*der Galerist verkauft seine Bilder* <u>*wie*</u> *ein Straßenhändler*/	/*der Galerist verkauft seine Bilder,* <u>*wie*</u> *er sie erworben hat*/	/*der Galerist verkauft seine Bilder* <u>*wie*</u> *warme Semmeln*/

In allen drei Beispielen entscheidet die syntaktische Struktur des Vergleichs-Adjunkts darüber, welches Segment der Vergleichs-Basis als Skopus des Vergleichs aktiviert werden soll. Das ist im linken Beispiel das Subjekt (Nominativ: *der Galerist/ein Straßenhändler*), im mittleren Beispiel das finite Verb (*verkauft/erworben hat*) und im rechten Beispiel das Objekt (Akkusativ: *seine Bilder/warme Semmeln*). Dabei sind auch Kombinationen möglich:

/*der Galerist verkauft seine Bilder* <u>*wie*</u> *ein Straßenhändler warme Semmeln*/ (Subjekt und Objekt)

Auch andere syntaktische Strukturen können in analoger Weise als Skopus eines Vergleichs aus der Vergleichs-Basis herausgehoben werden, zum Beispiel:

/er geht mit seinen Katalogen um wie mit seinen Kunstwerken/ (Präpositional-Adjunkt als Skopus)

/Mäzene sind heute genauso wichtig wie früher/ (Adverb als Skopus)

Vergleichs-Junktionen sind ferner danach zu unterscheiden, ob sie einen Vergleich schlechthin oder einen inhaltlich spezifizierten Vergleich ausdrücken. Die inhaltliche Spezifizierung geschieht prototypisch durch das Korrelat *so/wie,* das einen adjektivisch oder adverbial ausgedrückten ›Inhalt‹ umschließt:

OHNE VERGLEICHSINHALT	MIT VERGLEICHSINHALT
/ein Talent wie ein Naturereignis/	*/ein Talent, so kraftvoll wie ein Naturereignis/*
/man malt, wie man zeichnet/	*/man malt so gut, wie man zeichnet/*

In den Beispielen der linken Spalte enthalten die Junktionen eine Vergleichsanweisung schlechthin, ohne eine andere Spezifizierung, als sie der jeweilige lexikalische Kontext mit sich bringt. Der Hörer muß hier dem Kontext oder der Situation entnehmen, unter welchem Gesichtspunkt er Basis und Adjunkt vergleichen soll. In den Beispielen der rechten Spalte wird der Vergleichsinhalt hingegen mit Hilfe des Rahmen-Adverbs *so* eingegrenzt und konturiert. Ein gerahmter Vergleichsinhalt ist im Beispiel rechts oben das (appositive) Adjektiv *kraftvoll,* im Beispiel rechts unten das (applikative) Adjektiv *gut.*

Charakteristisch für Vergleichs-Junktionen mit einem *so/wie*-Korrelat sind Kopula-Prädikationen, die mit *so* ein Prädikats-Adjektiv und mit *wie* ein Nomen indizieren. Auch hier sind der Offenheit des Vergleichens keine Grenzen gesetzt:

		herrlich		*der Morgenhimmel/*
		schön		*ein Sonnenstrahl/*
/die heutige Kunst ist so	→	*veränderlich*	→ *wie* →	*der Wetterbericht/*
		trivial		*ein Regentag/*
		häßlich		*die Nacht/*

Neben dem Kopulaverb *ist* findet man in prädikativen Vergleichs-Junktionen vielfach auch solche Prädikationsverben wie: *scheint, wirkt, zeigt sich, riecht, schmeckt, sieht - aus, fühlt sich - an, kommt mir - vor.* Beispiele:

/das sieht (so) aus wie Gips/

/es fühlt sich (so rauh) an wie Leinwand/

/die Farbe riecht (so ätzend) wie ein Lösungsmittel/

/das kommt mir (so phantastisch) vor wie ein surrealistisches Bild/

Statt des einfachen Rahmen-Adverbs *so* kann zur genaueren Konturierung des Vergleichsinhalts auch eine - positive oder negative - Erweiterung dieser Form stehen, die eine ganze Vergleichsskala von der völligen Gleichheit bis zur völligen Ungleichheit eröffnet:

/Martin Schongauer ist → *ganz genau so* / *genau so* / *ebenso* / *so* / *fast so* / *kaum so* / *längst nicht so* → *bedeutend wie Dürer/*

Metaphern unterscheiden sich von Vergleichen dadurch, daß sie keinen expliziten Komparativ-Junktor haben. Zur Unterscheidung:

VERGLEICH	METAPHER
/der Restaurator arbeitet so fein wie ein Chirurg/	*/der Restaurator operiert das Bild mit feinem Skalpell/*

Das Beispiel der linken Spalte läßt alle Strukturelemente des expliziten Vergleichs erkennen: den Komparativ-Junktor *wie* und sein adverbiales Korrelat *so,* ferner die Vergleichs-Basis (*fein*) und das Vergleichs-Adjunkt (*der Restaurator*). Demgegenüber ist die Analogie ›Restaurieren/Operieren‹ im Metaphernbeispiel der rechten Spalte in eine Präpositional-Junktion (*operiert mit feinem Skalpell*) verlegt, wobei die Vergleichs-Basis in diesem Adjunkt als attributives Adjektiv (*fein*) versteckt ist. Dies ist der besondere Kontext, in dem der nur indirekt genannte Chirurg als »Bildspender« den *Restaurator* als den direkt genannten »Bildempfänger« in unerwarteter Weise determiniert (»konterdeterminiert«).

Da nun in einem Vergleich grundsätzlich alles mit allem verglichen werden kann, ist zwischen der Vergleichs-Basis und dem Vergleichs-Adjunkt auch ein Sprung zwischen Objektsprache und Metasprache möglich, so daß nun nicht ein Gegenstand mit einem anderen Gegenstand, sondern ein Gegenstand mit der Kommunikation über diesen Gegenstand verglichen wird. Auch dazu dient der Komparativ-Junktor *wie*, zumal in fachsprachlicher Argumentation. Einige Beispiele aus der Wissenschaftssprache des Kunsthistorikers:

/*vor der Erfindung des Kunstmarktes waren die Künstler, wie oben bereits erwähnt, von ihren fürstlichen Gönnern abhängig*/

/*seitdem es einen Kunstmarkt gibt, haben die Galeristen, wie jeder weiß, die Macht im Reich der Kunst übernommen*/

In beiden Beispielen kann der ganze gegenstandsbezogene Text als Vergleichs-Basis für das eingeschobene *wie*-Adjunkt gelten. Dieses vergleicht die hier gegebene Information mit einem anderen Informationsstand, sei es im voraufgehenden Text (*oben erwähnt*), sei es im allgemeinen Weltwissen (*jeder weiß*).

Oft gebraucht man den Komparativ-Junktor *wie*, um ein Beispiel oder eine (offene) Beispielreihe einzuführen:

/*Komplementärfarben wie zum Beispiel (z. B.) Rot und Grün*/

/*Porträtmaler wie etwa Menzel, Lenbach und Kaulbach*/

Ein (relativ seltener) Sonderfall für den Gebrauch des Komparativ-Junktors *wie* ist seine Verwendung als spezifizierte Variante der Inhalts-Konjunktion *daß*, hauptsächlich nach Verben der sinnlichen, manchmal auch der inneren Wahrnehmung (vgl. 7.3.2).

KONJUNKTION	KOMPARATIV-JUNKTOR
/*haben Sie gehört, daß sie laut um Hilfe gerufen hat?*/	/*haben Sie gehört, wie sie laut um Hilfe gerufen hat?*/

In den beiden Beispielen drückt das Verb der Basis (*höre*) den Sinneskanal aus, der die Form der Wahrnehmung bestimmt. Während aber im Beispiel der linken Spalte diese Form schlicht (»faktisch«) von einem spezifischen Wahrnehmungsinhalt gefüllt wird, drückt im Beispiel der rechten Spalte das *wie*-Adjunkt zwar ebenfalls eine inhaltliche Füllung der Wahrnehmungsform aus, behält aber dieser gegenüber einen bildhaften Vorstellungswert. Statt der inhaltlichen Protokollaussage mittels der Konjunktion *daß* erhält man also in *wie*-Adjunkten nach Verben der Wahrnehmung eine kleine Beschreibung des Wahrgenommenen, die häufig auch mehr Details zuläßt. Weitere Beispiele:

/ich spürte auf der Haut, wie mir die Kälte in alle Poren kroch/

/ich habe schon oft erfahren, wie mit einem Witterungsumschlag auch die Stimmung von einem Tag zum andern umschlägt/

Junktionen dieses Typus findet man besonders oft in Erzählungen.

7.5.1.2 Vergleich mit Geltungsanspruch: *als*

Der Komparativ-Junktor *als* hat mit dem Komparativ-Junktor *wie* das semantische Merkmal ⟨GLEICHSTELLUNG⟩ gemeinsam und bildet mit dieser Bedeutung ebenfalls eine Vergleichs-Junktion aus. Zusätzlich zu dieser Bedeutung hat der Komparativ-Junktor *als* aber noch das spezifizierende Merkmal ⟨GELTUNG⟩, das für den *als*-Vergleich eine Geltung festlegt, die der Geltung einer Prädikation gleichkommt:

/mein Bruder arbeitet als Werbegraphiker/

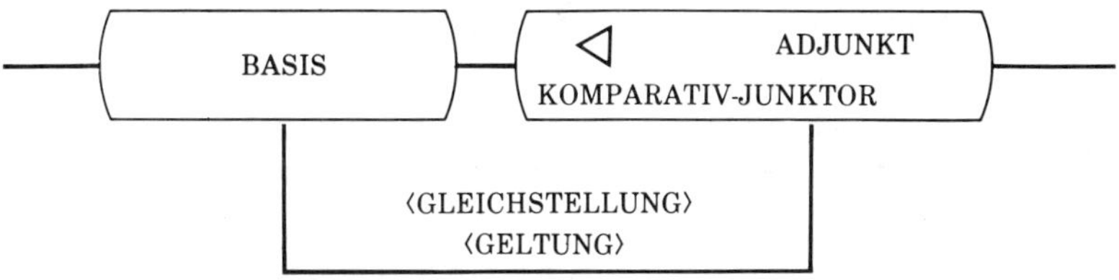

Diese *als*-Junktion lädt den Hörer zu einer Gleichstellung ein, die für eine Person (*Bruder*) und ihre Berufsrolle gelten soll (*Werbegraphiker*). Das ist der Geltungsanspruch, der mit dieser Gleichstellung verbunden ist. Viele *als*-Junktionen sind von dieser Art, oft auch ohne Beteiligung eines Verbs, zum Beispiel:

ich als Freizeitmaler
du als gläubiger Katholik
sie als Sozialdemokratin
wir als Jugendliche
ihr als Deutsche
die Deutschen als Europäer

Charakteristisch für *als*-Junktionen dieses Typus ist der Null-Artikel beim Nomen des Adjunkts sowie die Genus-, Numerus- und Kasus-Kongruenz zwischen dem Nomen oder Pronomen der Basis und dem Nomen des Adjunkts, wobei diese Kongruenz bei fehlendem Artikel durch das eventuell beigestellte attributive Adjektiv ausgedrückt wird (große Flexion!). Im Falle des Genitivs ist die Kasus-Kongruenz jedoch ungebräuchlich:

/*der Zöllner Rousseau als naiver Maler*/ (= Nominativ)

/*für dich als bekannten Bildhauer*/ (= Akkusativ)

/*mit dir als begabtem Zeichner*/ (=Dativ)

/*die Verarbeitung des Papiers als Material für Collagen*/ (= Genitiv, kasusfrei)

Fachsprachlich findet man gelegentlich mit hier streng beachteter Genitiv-Kongruenz:

AKKUSATIV-KONGRUENZ	GENITIV-KONGRUENZ
/*ich unterrichte Deutsch als zweite Fremdsprache*/	/*der Unterricht des Deutschen als zweiter Fremdsprache*/

Tolerabel ist aber auch hier der Verzicht auf die Genitiv-Kongruenz (*als zweite Fremdsprache*) oder auf jeden Fall das Ausweichen in eine kasusfreie Apposition (*der Unterricht Deutsch als Zweitsprache*).

Durch ihr zusätzliches Merkmal des ›Geltungsanspruchs‹ sind die *als*-Junktionen deutlich von den *wie*-Junktionen unterschieden:

VERGLEICH MIT GELTUNGS-ANSPRUCH	OFFENER VERGLEICH
/*das Tafelbild stellt Christus als Weltenrichter dar*/	/*das Tafelbild stellt Christus wie einen weltlichen Richter dar*/

Im linken Beispiel wird Christus mit einer in der Theologie und Ikonographie geltenden Rolle gleichgestellt. Die Geltung dieses Vergleichs steht nicht in Frage. Daher auch der Null-Artikel: der *Weltenrichter* gehört zum fachsemantischen Kode und bringt von daher seinen eigenen weitgehend kontextunabhängigen Geltungsanspruch mit. Anders ist der *wie*-Vergleich in der rechten Spalte zu verstehen. Hier handelt es sich um einen offenen Vergleich, der auch durch seinen kataphorischen Artikel anzeigt, daß die Geltung noch durch Nachinformation in Frage gestellt werden kann.

Die Komparativ-Junktoren *als* und *wie* haben dementsprechend auch unterschiedliche Affinitäten zu Verben ausgebildet. Für beide Formen gibt es charakteristische Verb-Junktor-Verbindungen, zum Beispiel:

GLEICHSTELLUNG MIT GELTUNGSANSPRUCH	GLEICHSTELLUNG ALS OFFENER VERGLEICH
das erweist sich als	*das sieht aus wie*
das erscheint als	*das hört sich an wie*
das stellt sich heraus als	*das schmeckt wie*
das zeigt sich als	*das riecht wie*
das gilt als	*das läuft wie*

In den Beispielen der linken Spalte wird jeweils von einem Gegenstand gesagt, er könne mit einem anderen gleichgestellt werden, und zwar mit dem Geltungsanspruch einer Prädikation. Mit einem solchen Anspruch sind die Beispiele der rechten Spalte nicht verbunden; ihre Gleichstellungen stehen im Belieben des Sprechers, der dabei seiner Phantasie keine Zügel anzulegen braucht.

Aus dem gleichen Grund findet man ferner den Komparativ-Junktor *als* regelmäßig nach Ausdrücken des Typus *betrachte als, sehe – an als,* deren Geltung sich auf eine bestimmte Ansicht bezieht:

/in der heutigen Vorlesung betrachten wir Altdorfer vor allem als Historienmaler/

/das Kopieren alter Meister wurde früher auf den Kunstakademien als unerläßlicher Bestandteil der Ausbildung angesehen/

In Verbindung mit *solch* verweist *als* auf die allgemeine Geltung des Lexikons oder eines Fachlexikons:

/der Mensch als solcher ist schon Künstler, hat Beuys gesagt/

/die moderne Kunst als solche ist nicht notwendig abstrakt/

Auch in der Argumentation spielt der Junktor *als* eine wichtige Rolle, so zum Beispiel dann, wenn einem Argument durch einen Beweis oder ein Beispiel eine besondere Geltung verschafft werden soll:

/als Beweis für meine Auffassung kann dienen, daß . . ./

/nehmen Sie dafür als Beispiel, daß . . ./

Die Geltungsbedingungen, unter denen der Komparativ-Junktor *als* zu einer Gleichstellung einlädt, können auch fiktiv oder fiktional sein. In diesem Fall wird *als* zur Konjunktion erweitert und hat dann meistens die komplexe Form *als ob* oder *als wenn,* durch die beim (endgestellten) Verb des Adjunkts der restriktive Konjunktiv ausgelöst wird. Mit höherem stilistischem Anspruch findet man neben diesen komplexen Formen die einfache Form *als,* sofern man sie mit einem unmittelbar anschließenden Verb (nicht Endstellung!) im Restriktiv oder Indirektiv gebraucht. In allen Fällen dieser Art steht in der Basis häufig das Rahmen-Adverb *so* als Korrelat. Beispiele:

/die Linien auf dieser Zeichnung sind so gerade, als wenn sie mit dem Lineal gezogen wären/

/dieser junge Maler verhält sich so, als ob er alle seine Bilder bereits verkauft hätte/

/sie tut (gerade) so, als wäre (oder: als sei) sie eine bekannte Künstlerin/

Einen besonders wichtigen Anwendungsbereich hat der Komparativ-Junktor *als* bei der Steigerung des Adjektivs und Adverbs auf der Komparativstufe. Beispiel:

/Erdfarben wirken wärmer als Anilinfarben/

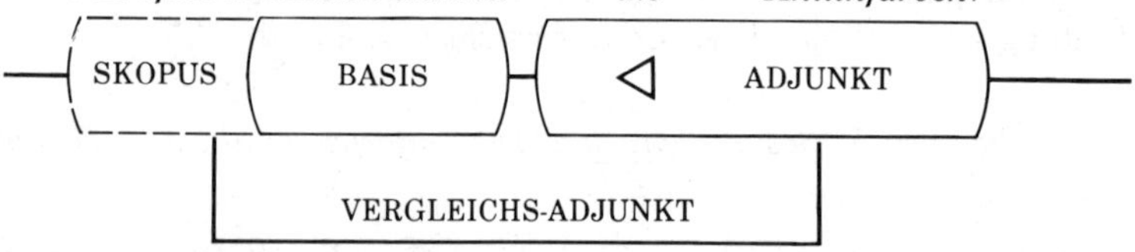

In diesem Beispiel ist die Basis des Vergleichs ein Prädikats-Adjektiv der Komparativstufe. Der nachfolgende Vergleich bezeichnet die Geltungsbedingungen der korrigierten Gleichstellung. Nur wenn nicht diskutiert wird, daß Anilinfarben in einer bestimmten Weise wirken, kann man eine diesbezügliche Gleichstellung mit der Wirkung von Erdfarben durch den Komparativ korrigieren. Der Komparativ-Junktor *als* steht auch beim Minderungs-Komparativ:

/Pastellfarben sind weniger haltbar als Ölfarben/

Der korrigierende Vergleich auf der Komparativstufe unterscheidet sich also auch durch die Wahl des Komparativ-Junktors von dem bestätigenden Vergleich auf der Positivstufe. Zur Unterscheidung:

KOMPARATIVSTUFE	POSITIVSTUFE
/ein Kupferstich ist wertvoller als ein Stahlstich/	*/dieser Stahlstich ist ebenso wertvoll wie ein Kupferstich/*

Im Vergleich der linken Spalte ist durch den Komparativ bereits vorentschieden, daß die Gleichstellung sich korrigierend auf den geltenden Wert eines Stahlstiches bezieht. Deswegen steht der Komparativ-Junktor *als*. Der Junktor *wie* im Beispiel der rechten Spalte wägt den Wert der beiden Stiche gegeneinander ab und hält insofern für beide den Wert in der Schwebe. Diese strenge Aufgabenverteilung der beiden Komparativ-Junktoren ist jedoch in der heutigen Sprache als konventionell anzusehen und wird in der Umgangssprache oft in der Weise mißachtet, daß der merkmalärmere Komparativ-Junktor *wie* auch nach dem Komparativ (also statt *als*) gesetzt wird. Die Umkehrung, also eine Ausdehnung des merkmalreicheren Komparativ-Junktors *als* auf den Normbereich von *wie* auf der Positivstufe, ist hingegen nicht zu beobachten.

Nach einem Adjektiv oder Adverb der Komparativstufe ist das *als*-Adjunkt manchmal auch satz- und klammerförmig:

/*die Van-Gogh-Ausstellung hatte mehr Besucher zu verzeichnen, als man sich je vorgestellt hatte*/

/*nie hat ein Maler mit seinen Bildern weniger Geld verdient, als das bei Van Gogh der Fall war*/

Orthographische Anmerkung: Ein satzförmiges *als*-Adjunkt wird durch Kommasetzung von seiner Basis abgetrennt.

Nach einem Ausdruck der Komparativstufe (Adjektiv oder Adverb) oder der positiven oder negativen Exzessivstufe (*zu groß, nicht groß genug*) kann sich der Komparativ-Junktor *als* mit der Inhalts-Konjunktion *daß* zu dem komplexen Junktor *als daß* verbinden, der im satzförmigen Adjunkt den restriktiven Konjunktiv auslöst:

/*eher verzichtet ein guter Maler auf die Anerkennung des Publikums, als daß er sich nach dessen Vorstellungen richtete* (oder: *richten würde*)/

/*dieser Kupferstich ist viel zu teuer, als daß ich ihn bezahlen könnte*/

Es kommt nun gelegentlich vor, daß *als* zum Ausdruck eines Vergleichs mit Geltungsanspruch und *als* nach einem Komparativ im Text zusammentreffen. In diesem Fall und immer vor *je* (stereotyp) wird das Komparativ-*als* durch das (sonst in dieser Funktion archaische) *denn* ersetzt:

/*Franz Lenbach war als Porträtmaler wesentlich erfolgreicher denn als Landschaftsmaler*/

/die Situation der Künstler ist heute schwieriger denn je/

Neben den bisher in diesem Kapitel besprochenen Funktionen dient der Komparativ-Junktor *als* mit gleicher Bedeutung auch als temporale Konjunktion für ein satzförmiges Adjunkt und stellt in dieser Funktion ein Erzählelement mit einer gegebenen Situation zeitlich gleich (vgl. 7.3.6.1).

7.5.1.3 Korrelativ-Komparatoren: *je – desto, je – um so*

Stehen beide Junktionsglieder einer Vergleichs-Junktion - satzförmig oder nicht - auf der Komparativstufe, so kann man sie korrelieren und gebraucht dann als Junktor statt der bisher besprochenen Komparativ-Junktoren *wie* und *als* den zweiteiligen Korrelativ-Komparator *je – desto* mit der fakultativen Variante *je – um so*. Das Morphem *je* leitet die Basis und das Morphem *desto* oder *um so* das Adjunkt des Vergleichs ein:

/je älter er wird, desto realistischer werden seine Bilder/

Es werden hier zwei Prozesse miteinander verglichen: das ›Älterwerden‹ (= Basis) und das ›Mehr an Realismus‹ (= Adjunkt). Der zweiteilige Komparativ-Junktor *je – desto* korreliert diese beiden Prozesse, die durch die parallele Struktur des Komparativs in beiden Junktionsgliedern als in gewisser Hinsicht vergleichbar ausgewiesen sind.

Die Stellung Adjunkt/Basis ist dabei ebenfalls möglich, aber nur mit der Form *um so – je*, wobei *um so* in das Adjunkt integriert ist:

/sie wird um so mehr Bilder verkaufen, je öfter sie in Galerien ausstellt/

Die Korrelation kann auch durch den Korrelativ-Junktor *je* allein zum Ausdruck gebracht werden. Dieser eröffnet dann das Adjunkt. In der Basis steht in diesem Fall gewöhnlich das Adverb *immer,* das in Verbindung mit dem Komparativ einen Prozeß anzeigt. Vergleichs-Junktionen dieser Art zeigen immer die Abfolge Basis/Adjunkt:

/das Künstlerdasein wurde immer gefährlicher, je länger die Nationalsozialisten an der Macht waren/

Veraltet ist heute die Junktorform *je – je*. Sie wird nur noch in idiomatischen Wendungen gebraucht wie: *je länger, je lieber* und: *je länger, je mehr* (auch: *je länger – desto mehr*).

7.5.1.4 Komparativ-Junktionen im Text

Der folgende Text zeigt einige Vorkommen von Komparativ-Junktoren. Er ist dem Roman »Therese« von Arthur Schnitzler entnommen. Der Textausschnitt handelt von Therese, einer als Erzieherin arbeitenden Frau, und ihrem Sohn Franz. Die Komparativ-Junktoren sind unterstrichen und mit A für *als* und W für *wie* fortlaufend numeriert.

TEXT:

Sie [Therese] faßte den festen Entschluß, im kommenden Herbst Franzl aus Enzbach fortzunehmen und in ihrer Nähe einzuquartieren. Rascher, als (A1) *sie selbst es für möglich gehalten, wurde diese Veränderung ins Werk gesetzt. Ohne sonderliche Mühe fand sie Unterkunft für ihren Sohn in der Familie eines in Hernals wohnenden Schneidermeisters, und so hätte Therese Gelegenheit gehabt, ihr Kind viel öfter zu sehen als* (A2) *bisher. Doch sie machte davon weniger Gebrauch, als* (A3) *sie sich vorgenommen hatte. Insbesondere die Sonntagnachmittage verbrachte sie regelmäßig mit Alfred, der indes Sekundararzt im Allgemeinen Krankenhaus geworden war.*

Im nächsten Frühjahr schon war sie genötigt, ihren Buben aus dem Hause des Schneidermeisters zu entfernen, weil er sich mit dessen Sohn, der etwas älter war als (A4) *Franz,*

TEXTGRAMMATISCHER KOMMENTAR:

(A1) *rascher als*: Der Komparativ-Junktor *als* steht an dieser Textstelle nach einem Komparativ des applikativen Adjektivs *rasch*. Das *als*-Adjunkt ist satzförmig (und deshalb durch Kommasetzung von der Basis getrennt). Das finite Verb in der Endstellung des Adjunkts ist hier jedoch ausgelassen. Das ist eine textuelle Ellipse als literarische Lizenz. Man kann wahlweise einsetzen: *gehalten hatte* oder *gehalten hätte*, da der Kontrast zwischen der (langsamen) Erwartung und der (raschen) Erfüllung fakultativ den restriktiven Konjunktiv auslösen kann.

(A2) *öfter als*: Wieder steht der Komparativ-Junktor *als* nach einer Basis, die einen Ausdruck auf der Komparativstufe enthält. Diesmal ist das *als*-Adjunkt nicht satzförmig.

(A3) *weniger als*: Es handelt sich um ein satzförmiges *als*-Adjunkt

durchaus nicht zu vertragen schien. Es kam zu einer Auseinandersetzung zwischen Theresen und der Schneidersgattin, in der diese unklare Andeutungen über gewisse Unarten Franzls vorbrachte, Andeutungen, die Therese vorerst nicht ernst nahm und geneigt war, als *(A5) Bosheiten aufzufassen. Sie fand bald ein anderes Quartier für ihn bei einer kinderlosen ältlichen Lehrerswitwe, das überdies in einem netteren Haus gelegen war, und so hatte Therese keinen Anlaß, sich über die Veränderungen zu beklagen. In der Schule kam Franzl leidlich vorwärts, in der Familie Knauer war er* so *gern gesehen* wie (W1) *früher, und niemand schien hier das geringste von den Ungezogenheiten und Ungebärdigkeiten zu bemerken, über die,* wie (W2) *früher die Schneidersfrau, sich bald die Lehrerswitwe, wenn auch in recht milder Weise, aufzuhalten Ursache hatte.*[1]

mit dem Rückschau-Tempus Plusquamperfekt. Der Komparativ-Junktor *als* steht wieder nach einer Komparativform, die diesmal eine Erwartung nach unten hin korrigiert (*weniger*).

(A4) *älter als*: Dies ist ebenfalls ein nicht-satzförmiges *als*-Adjunkt, bedingt durch die Komparativform *älter.*

(A5) *aufzufassen als*: Hier folgt der Komparativ-Junktor *als* nicht auf einen Komparativ, sondern gehört als fester Junktor zum Verb *fasse – auf,* das an dieser Textstelle im Infinitiv steht. Durch die Erwägung, ob man *gewisse Unarten* so behandeln soll, wie das allgemein für Bosheiten gilt, wird zwischen diesen beiden Verhaltensformen ein Vergleich vorgenommen, dessen Resultat geltungsrelevant ist: Sind diese *Unarten* nun *Bosheiten* oder nicht? Die Antwort auf diese Frage hat für die Person der Erzählung Handlungsfolgen.

(W1) *so gern wie*: Freier Vergleich auf der Positiv-Stufe. Der Komparativ-Junktor *wie* bildet hier ein Korrelat mit dem Rahmen-Adverb *so,* das dem folgenden Adverb *gern* die Funktion des Vergleichsthemas zuspricht. Das nicht-satzförmige *wie*-Adjunkt mit seinem Temporal-Adverb *früher* legt in der komplexen Basis den gleichfalls temporal zu verstehenden Ausdruck *in der Schule* als Skopus des Vergleichs fest.

(W2) *wie die Schneidersfrau*: Das ebenfalls nicht-satzförmige *wie*-Adjunkt *wie früher die Schneidersfrau* steht hier eingeschoben in seine Vergleichs-Basis *über die (. . .) Ursache hatte.* Das Vergleichsthema von (W1) wird, allerdings mit lexikalischer Variation, durch *Ungezogenheiten und Ungebärdigkeiten* fortgeführt. Der Vergleichsskopus wird ebenfalls einerseits fortgeführt (wie W1: *früher*), andererseits auf das Subjekt erweitert (*die Schneidersfrau/die Lehrerswitwe*).

1) Arthur Schnitzler: *Therese. Chronik eines Frauenlebens,* Kap. 66, Frankfurt a. M. 1962, S. 177.

7.5.2 Koordinativ-Junktoren

Gleichartige Sprachzeichen können im Text gereiht werden. Die Bedingung der (syntaktischen) Gleichartigkeit ist dann erfüllt, wenn die beteiligten Sprachzeichen entweder der gleichen Sprachzeichenklasse angehören (etwa: Nomen/Nomen) oder die gleiche syntaktische Funktion wahrnehmen (etwa: Prädikation/Prädikation). Die einfachste Form der Reihung ist die unverbundene Reihung. Sie kann zwei- oder mehrgliedrig sein:

/*Nietzsche liebte die scharf geschliffenen, witzigen, paradoxen Formulierungen*/

/*war er ein Schriftsteller, hat er als Philosoph zu gelten?*/

/*er war alles: Philosoph, Schriftsteller, Dichter, Moralist, Prophet, sogar Komponist*/

Die Gleichartigkeit der gereihten Elemente wird in mündlicher Rede durch eine parallele Intonation zum Ausdruck gebracht. In der Schrift werden die gereihten Elemente durch Kommasetzung getrennt.

Neben der unverbundenen (»asyndetischen«) Reihung, die immer eine besonders deutliche Gleichartigkeit der gereihten Elemente voraussetzt, gibt es die verbundene (»syndetische«) Reihung durch Koordinativ-Junktoren, prototypisch durch *und*. Diese Art der Reihung setzt ebenfalls Gleichartigkeit der gereihten Sprachzeichen voraus, macht aber die Reihung ausdrücklich zum Inhalt einer Bedeutungs-Anweisung. Wir beschreiben daher die Bedeutung aller Koordinativ-Junktoren mit dem semantischen Merkmal ⟨REIHUNG⟩. Dabei folgt aus der vorausgesetzten Gleichartigkeit des Gereihten, daß die Junktionsglieder einer Koordinativ-Junktion nicht, wie es sonst bei allen Junktionen der Fall ist, nach der determinationsbedürftigen Basis und dem determinationskräftigen Adjunkt zu unterscheiden sind. Ein Koordinationsgefüge (»Nebenordnung«) ist kein Determinationsgefüge (»Unterordnung«), allenfalls der Grenzfall eines solchen. Wir bezeichnen deshalb beide Junktionsglieder einer Koordinativ-Junktion als Konjunkte:

/*Mütter* *und* *Töchter*/

Dieses Beispiel ist wie folgt zu lesen: Der sehr geläufige Koordinativ-Junktor *und* (Symbol: △) reiht hier die beiden Konjunkte *Mütter* und *Töchter*. Die beiden Konjunkte sind gleichartig, weil sie in mehreren syntaktischen Merkmalen (Nomina, Plural, kataphorischer Artikel . . .) und überdies sogar in mehreren lexikalischen Merkmalen (›Verwandtschaft‹, ›Weiblichkeit‹ . . .) übereinstimmen. Das ist die (hier sehr reichlich erfüllte) Voraussetzung für eine Reihung durch einen Koordinativ-Junktor wie *und*. Zu beachten ist jedoch, daß die beiden Konjunkte einer Koordinativ-Junktion nicht aus der Linearität des Textes herausgenommen sind. Auch eine Koordinativ-Junktion ist eine gerichtete Junktion. Daher die Unterscheidung eines *ersten* und eines *zweiten* Konjunkts. Aus diesem Grunde wäre es auch ungewöhnlich und für den Hörer auffällig, wenn man die Reihenfolge der oben analysierten Koordinativ-Junktion umkehren und etwa sagen würde: *Töchter und Mütter*. Denn von ihrem Alter und ihrer Stellung in der Generationenfolge sind die Mütter vor ihren Töchtern »die früheren in der Reihe«.

Bei jeder Reihung ist also die Reihenfolge bedeutungsrelevant, und man sagt normalerweise: *Männer und Frauen* (was die Sprech- und Denkgewohnheiten einer männerorientierten Gesellschaft abbildet), aber als Anredeformel vor einem Auditorium: *meine Damen und Herren* (was die marginale Umkehr dieser Hierarchie unter den Sonderbedingungen der Höflichkeit zum Ausdruck bringt).

Wir betrachten zunächst einige formale Aspekte der Koordinativ-Junktionen (7.5.2.1), sodann die wichtigsten Koordinativ-Junktoren im einzelnen, und zwar: *und* und *sowie* (7.5.2.2) und schließlich die zweiteiligen Koordinativ-Junktoren *sowohl – als auch* und *weder – noch* (7.5.2.3).

7.5.2.1 Formen der Koordinativ-Junktion

Es ist für Koordinativ-Junktionen ohne Belang, aus welchen Sprachzeichenklassen die Konjunkte gebildet sind, sofern nur ihre syntaktische Gleichartigkeit garantiert ist. Zum Vergleich:

GLEICHHEIT DER SPRACHZEICHENKLASSE	GLEICHHEIT NUR DER SYNTAKTISCHEN FUNKTION
/groß <u>und</u> klein/	*/tagsüber <u>wie auch</u> bei Nacht/*
/halb ja <u>und</u> halb nein/	*/bei Regen <u>und</u> wenn die Sonne scheint/*

Während die Koordinativ-Junktionen der linken Spalte die Gleichartigkeit ihrer Konjunkte nicht nur funktional, sondern auch formal, nämlich durch die Zugehörigkeit zur gleichen Sprachzeichenklasse, zum Ausdruck bringen, liegt die Gleichartigkeit der Konjunkte in den Beispielen der rechten Spalte nur bei der Gleichheit der syntaktischen Funktion. Demzufolge können ein Adverb und ein Präpositional-Adjunkt wie auch ein Präpositional-Adjunkt und ein Konjunktional-Adjunkt das gleiche »besagen«, weshalb sie auch beim Zusammentreffen im Text ohne weiteres gereiht werden können.

Ob die Konjunkte einer Koordinativ-Junktion satzförmig sind oder nicht, ist für die Funktion der Reihung nicht relevant. Nur für die Interpunktion macht es einen Unterschied, ob das zweite Konjunkt satzförmig ist oder nicht. Denn nur ein satzförmiges zweites Konjunkt wird durch Kommasetzung von dem ersten Konjunkt abgetrennt (sofern nicht beide ihrerseits Konjunktional-Adjunkte sind). Zur orthographischen Unterscheidung:

ZWEITES KONJUNKT NICHT SATZFÖRMIG	ZWEITES KONJUNKT SATZFÖRMIG
/ich fahre nach Travemünde und du nach Warnemünde/	*/ich fahre nach Travemünde, und du fährst nach Warnemünde/*

Die syntaktische Gleichartigkeit der beiden Konjunkte in einer Koordinativ-Junktion erlaubt grundsätzlich Einsparungen gleichartiger Elemente im zweiten Konjunkt. Das im ersten Konjunkt Ausgedrückte gilt dann für das zweite Konjunkt weiter. Die nachfolgenden Beispiele von Koordinativ-Junktionen zeigen verschiedene Formen möglicher Einsparungen des Gleichartigen (textuelle Ellipse):

/Heidegger war als Phänomenologe ein Schüler und (ein) Fortsetzer Husserls/ (Ellipse eines Artikels)

/Heideggers philosophische Sprache weicht vor allem durch ihre eigenwilligen Wortbildungen und (durch ihre) privaten Etymologien von der deutschen Standardsprache ab/ (Ellipse einer Präposition und dazu eines Possessiv-Artikels)

/Heidegger hat in »Sein und Zeit« die Phänomenologie einerseits fortgesetzt, andererseits (hat er sie) in die Metaphysik zurückgeholt/ (Ellipse eines Vorverbs, eines Subjekts und eines Objekts)

Besonders bemerkenswert ist beim Koordinativ-Junktor *und* die Einsparung des anaphorischen Artikels in beiden Konjunkten, sofern die betreffenden Nomina als Paar aufgefaßt werden können und attributiv nicht weiter determiniert sind:

/die junge Wissenschaftlerin hat sich in Forschung und Lehre Ansehen verschafft/

/in der Übersetzung wurden Titel und Vorwort stark verfälscht wiedergegeben/

Daraus haben sich, zumal in der Fachsprache des Rechtswesens, viele idiomatische »Zwillingsformeln« entwickelt, die auch in die Gemeinsprache Eingang gefunden haben, zum Beispiel:

auf Treu und Glauben
auf Gedeih und Verderb
mit Kind und Kegel
mit Haus und Hof
um Kopf und Kragen
auf Spitz und Knopf

Die Konjunkte einer Koordinativ-Junktion werden in den meisten Fällen nicht durch andere Sprachzeichen getrennt; gelegentlich findet man jedoch das zweite Konjunkt ins Nachfeld einer Verbalklammer versetzt (»ausgeklammert«), so daß ein Nachverb zwischen die beiden Konjunkte zu stehen kommt:

/Heinrich Heine wurde dem Jungen Deutschland zugerechnet und Ludwig Börne desgleichen/

/Heine hat in Paris sowohl für deutsche Zeitungen geschrieben als auch für verschiedene französische Presseorgane/

Auch in der Wortbildung kann gereiht werden, wobei orthographisch der Bindestrich eine wichtige Signalfunktion zur Angabe des weggekürzten Elements hat (vgl. 9.1.2.1.2):

(1) Kürzung in der Komposition

Wenn die Bestimmungsformen oder die Grundformen zweier Komposita gleichartig sind, so können sie in der Reihung gekürzt werden. Zunächst drei Beispiele für die Reihung von jeweils zwei Bestimmungsformen und einer Grundform:

/Personal- und Sachmittel/

/*die Freizeit- und Konsumgesellschaft*/

/*weder privat- noch strafrechtlich*/

In diesen drei Beispielen ist jeweils eine Grundform weggekürzt (Bindestrich!). Es können jedoch auch die Bestimmungsformen weggekürzt werden:

/*Medizinstudenten und -studentinnen*/

/*eine Krankenversicherung und -zusatzversicherung*/

/*die Finanzinspektoren und -oberinspektoren*/

Kürzungen der Bestimmungsformen sind wesentlich seltener als Kürzungen der Grundformen.

(2) Kürzung in der Derivation

In der Derivation spielt die Kürzung der Grundform eine wesentlich geringere Rolle als in der Komposition. Sie kommt jedoch vor, aber fast nur bei Präfixen:

/*der Auf- und Abstieg*/

/*eine prä- und postmoderne Philosophie*/

/*das Er- und Verblühen*/ (Kontrastakzent [⩘ *und* ⩘ – –])

/*einen Wagen be- und entladen*/ (Kontrastakzent [⩘ *und* ⩘ – –])

(3) Kürzung in der Konstitution

In der Konstitution spielt die Reihung ebenfalls nur eine geringe Rolle, kommt jedoch gelegentlich als Kürzung des Vorverbs vor:

/*die Sonne geht morgens auf und abends unter*/

/*eine gute Uhr darf weder vor- noch nachgehen*/

Kürzungen des Nachverbs sind hingegen nicht üblich.

Hinsichtlich der Subjekt-Kongruenz gilt für alle Koordinativ-Junktoren die Regel, daß zwei Subjekte im Singular, die durch einen solchen Junktor gereiht werden, ein Verb im Plural verlangen. Werden zwei Subjekte mit unterschiedlichem Numerus gereiht, so wählt man nach Möglichkeit die Reihenfolge Singular/Plural. Beispiele:

/der Dekan und der Prodekan werden vom Fakultätsrat gewählt/

/weder die Universitätsbibliothek noch die Institutsbibliotheken sind am Wochenende geöffnet/

Nur wenn die Kontextbedingungen eine Einzelbetrachtung der gereihten Konjunkte nahelegen, weicht der Sprachgebrauch bisweilen von dieser Kongruenzregel ab, etwa in dem Beispiel:

/in diesem Fach kann der Magistergrad sowie eventuell zusätzlich der Doktorgrad erworben werden/

Die Abweichung von der sonst geltenden Kongruenzregel hat hier eine abstufende Wirkung.

7.5.2.2 Die Koordinativ-Junktoren *und* und *sowie*

Sprachzeichen können unverbunden gereiht werden, im Text oder in einer Liste. Bei einer unverbundenen Reihung (»asyndetische Reihung«) werden die gereihten Elemente, die in der Regel bedeutungsverwandt sind, durch Kommasetzung getrennt:

/Vater, Mutter, Schwestern, Brüder hab ich auf der Welt nicht mehr/ (Lortzing)

Explizit wird die Reihung jedoch durch einen Koordinativ-Junktor. Wichtigster und häufigster Koordinativ-Junktor ist die Form *und*; seine Bedeutung ist mit dem semantischen Merkmal ⟨REIHUNG⟩ erschöpfend wiedergegeben. Alle denkbaren Spezifizierungen der Reihung werden dem Kontext überlassen. Einfache Reihungen mit *und* werden »syndetisch« genannt, mehrere aufeinander folgende Reihungen mit *und* nennt man »polysyndetisch«:

/man unterscheidet Induktion und Deduktion/

/Deutschland galt im 19. Jahrhundert bei vielen als Land des Geistes und Frankreich als Land der Tat/

/mit Mann und Roß und Wagen hat sie der Herr geschlagen/ (Bibelsprache, sprichwörtlich)

Bei mehrgliedrigen Koordinativ-Junktionen ist es üblich, die ersten Reihungen ohne Junktor (Komma!) und nur die letzte mit *und* zu bilden:

/Jacob, Wilhelm und Ludwig Grimm waren Brüder/

/Röntgen wurde 1901, Planck 1918 und Einstein 1921 mit dem Nobelpreis für Physik ausgezeichnet/

In der gesprochenen Sprache gibt man dem Gesprächspartner meistens auch durch einen ebenen oder leicht ansteigenden Tonhöhenverlauf zu erkennen, daß noch etwas folgt. Der Junktor *und* ist dann gleichzeitig eine Ankündigung des letzten Konjunkts und rundet die ganze Reihung ab. Wenn der Sprecher dem Hörer signalisieren möchte, daß die Reihe noch erweiterbar ist, so gebraucht er feste Wendungen wie: *und so weiter* (abgekürzt: *usw.*), *und so fort* (abgekürzt: *usf.*), *und anderes mehr* (abgekürzt: *u. a. m.*) oder auch das lateinische *et cetera* (abgekürzt: *etc.*).

Normalerweise werden nur gleichartige, nicht aber gleiche Konjunkte gereiht. In seltenen Fällen und eher in der gesprochenen Sprache wird diese Art der Verknüpfung jedoch als Stilmittel genützt:

/es wird und wird nichts aus ihm/

/er hört und hört nicht auf zu reden/

/seine Vorträge werden immer länger und länger/

Die Reihung gleicher Verben unterstreicht hier die zeitliche Ausdehnung einer Handlung, die Reihung gleicher Adjektive in der Komparativform die unablässige Steigerung der Eigenschaft.

Wenn das zweite Konjunkt im Nachfeld steht, wird manchmal mit dem erweiterten Koordinativ-Junktor *und zwar* ein präzisierender Nachtrag eingeleitet. Dem Hörer wird durch diesen Junktor und ähnliche Verbindungen wie *und noch dazu* oder *und besonders* signalisiert, daß kein völlig neues Element angeschlossen, sondern das erste nur spezifiziert wird:

/dieses Thema sollte ausführlich behandelt werden, und zwar unter verschiedenen Aspekten/

Vor dem Ausdruck *und zwar* steht immer ein Komma.

Eine besondere Funktion kann das durch *und* verbundene zweite Konjunkt haben, wenn es mit einer Aufforderung verknüpft ist und einem Infinitiv mit *zu* entspricht:

KOORDINATIV-JUNKTION	INFINITIV-JUNKTION
/tun Sie mir bitte den Gefallen und reichen Sie mir das Buch herüber!/	*/tun Sie mir bitte den Gefallen, das Buch herüberzureichen!/*
/sei nicht so dumm und laß dich beirren!/	*/sei nicht so dumm, dich beirren zu lassen!/*
/fang an und lies!/	*/fang an zu lesen!/*

Das gilt manchmal auch für Prädikationen, in denen ein Adjektiv durch das Rahmen-Adverb *so* hervorgehoben wird oder in denen eine bestimmte Fähigkeit angesprochen wird:

/er ist so klug und hört mehr auf seine Gegner als auf seine Freunde/

/diese Leute sind imstande und mißachten die simpelsten Fakten/

Das zweite Konjunkt gibt hier jeweils eine Folge des ersten an.

Auch größere Texteinheiten kann man mit *und* makrosyntaktisch verknüpfen. So findet man in erzählenden Texten besonders oft die Erweiterungen *und da* oder *und dann* als Signale der Erzählfolge (vgl. 6.4.1.1). Ein *und* am Textanfang, wie man es ebenfalls besonders oft in erzählenden Texten findet, stellt die reihende Verbindung zur voraufgehenden Situation her. Das ist besonders charakteristisch für den biblischen Stil (nach hebräischem Vorbild):

/Und Gott sprach: Es werde Licht!/

Von besonderer Wichtigkeit ist der Koordinativ-Junktor *und* im Dialog, da ein Dialog im Prinzip aus gleichartigen Gesprächsschritten der Dialogteilnehmer aufgebaut ist. So kann einer der Sprecher etwa nach einem längeren Dialogbeitrag den anderen zu einem gleichartigen Dialogbeitrag stimulieren und beispielsweise sagen:

/und Sie, was sagen Sie dazu?/

Weitere Dialogbeispiele:

/ich möchte mich in diesem Semester mit der Scholastik befassen ÷ und wann wollen Sie sich in die neuere Philosophie einarbeiten?/

/ich schreibe eine Arbeit über die Philosophin Hannah Arendt ÷ sehr schön, und versuchen Sie doch auch, ihre Beziehungen zu Husserl und Jaspers kurz zu umreißen/

Manchmal gebraucht man den Junktor *und* alleine oder in Verbindung mit einer Partikel wie *ja, na* oder *naja,* um den Dialogpartner zu einer Erweiterung anzuregen:

/wir haben jetzt den Semesterplan aufgestellt ÷ und(,) was hat es gegeben?/

/heute haben wir endlich die Besprechung gehabt ÷ ja und, war sie ergiebig?/

/Sie haben bei der Konferenz gefehlt ÷ na und, ist das schlimm?/

Besonders nach einer Geltungsfrage wird manchmal mit der festen Verbindung *und ob* [– ˊ] eine bekräftigende Antwort eingeleitet. Diese Formel genügt auch schon für sich alleine als stark affirmative Reaktion.

/interessiert dich denn das Thema meiner Arbeit? ÷ und ob (mich das interessiert)!/

In Ausnahmefällen verbindet der Junktor *und* ironisch zwei argumentativ unvereinbare Konjunkte:

/Oswald Spengler und positiv denken!/

/dieses Buch und tiefgründig!/

Mit einer solchen Äußerung erhebt der Sprecher Einspruch gegen eine von seinem Gesprächspartner hergestellte oder ihm unterstellte Vereinbarkeit zweier Konjunkte, die ihm selber nicht zuzutreffen scheint.

Im Vergleich zu *und* wird der Koordinativ-Junktor *sowie* relativ selten gebraucht und gehört eher einem gehobenen Stilregister an. Seine Hauptfunktion besteht darin, in eine Reihung ein zusätzlich noch zu beachtendes Konjunkt einzuführen. Dieser Junktor steht daher der Bedeutung der Kombination *und auch* nahe:

/wichtige Bestandteile des Marxismus sind der Dialektische und der Historische Materialismus sowie (auch) die Lehre von Basis und Überbau/

Hier dient zunächst der Junktor *und* der Reihung bei grammatischer Gleichartigkeit (Adjektiv/Adjektiv), der dann folgende Junktor *sowie* reiht dazu ein außerdem noch hinzutretendes, doch lexikalisch-argumentativ durchaus dazu passendes Konjunkt. Auf diese Weise kann man auch längere Reihungen nach Gruppen gliedern:

/neuhumanistisches Gedankengut findet sich bei Herder und Humboldt sowie bei Lessing, Goethe und Schiller/

Hier sind jeweils die Denker und die Dichter untereinander durch *und* verbunden; durch *sowie* sind dann die beiden Gruppen zwar auch verbunden, aber doch ein wenig voneinander abgehoben.

Die zweite Aufgabe des Koordinativ-Junktors *sowie* ist, eine Häufung und unvermittelte Wiederholung von *und* zu vermeiden:

/Wilhelm und Alexander von Humboldt sowie Jacob und Wilhelm Grimm sind zwei berühmte Brüderpaare der deutschen Geistesgeschichte/

Man beachte dabei gleichzeitig die Gruppenbildung der Brüderpaare.

Statt des Koordinativ-Junktors *sowie* gebraucht man in manchen Fällen auch nur den Komparativ-Junktor *wie* oder (häufiger) die Kombination *wie auch*:

/die Beobachtung wie (auch) das Experiment sind wichtige Verfahren der Naturwissenschaften/

7.5.2.3 Die zweiteiligen Koordinativ-Junktoren *sowohl – als auch* und *weder – noch*

Der affirmative Koordinativ-Junktor *sowohl – als auch* (seltenere Variante: *sowohl – wie auch,* besonders bei einem Zusammentreffen mit dem Vergleichsjunktor *als*) unterstreicht durch seine Zweiteiligkeit stärker als der Koordinativ-Junktor *und* die Gleichartigkeit der Konjunkte und wird vorwiegend bei zweigliedrigen Reihungen gebraucht:

/sowohl in Frankreich als auch in Deutschland hat die Aufklärung großen Einfluß gehabt/

/innerhalb der Aufklärung gab es sowohl rationalistische als auch sensualistische Strömungen/

/viele Aufklärer waren sowohl literarisch begabt als auch naturwissenschaftlich gebildet/

Die Beispiele zeigen, daß *sowohl* das erste Konjunkt, *als auch* (*wie auch*) das zweite Konjunkt einleitet. Welcher Sprachzeichenklasse die Konjunkte angehören, ist für den Gebrauch dieses Koordinativ-Junktors nicht von Belang, doch ist das zweite Konjunkt nie satzförmig.

Dem affirmativen Koordinativ-Junktor *sowohl - als auch* steht als negatives Gegenstück die ebenfalls zweiteilige Form *weder - noch* zur Seite. In einer Koordinativ-Junktion gibt es zwar immer auch die Möglichkeit, die beiden Konjunkte mit *nicht* oder *kein* einzeln zu verneinen (vgl. 8.2.2); die Form *weder - noch* bietet jedoch darüber hinaus die Möglichkeit, beide Konjunkte gemeinsam zu verneinen. Sie kann daher in ihrer Bedeutung mit den zwei semantischen Merkmalen ⟨REIHUNG⟩ und ⟨EINSPRUCH⟩ beschrieben werden:

/weder in Vorlesungen *noch* *in Seminaren/*

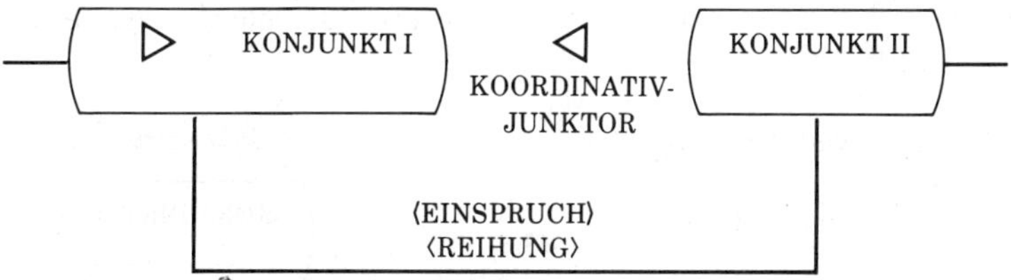

Der zweiteilige Koordinativ-Junktor *weder - noch* negiert hier beide Konjunkte zusammen.

Wenn der Koordinativ-Junktor *weder - noch* zwei satzförmige Konjunkte reiht, so stehen in der Regel beide Teile des Junktors im Vorfeld der jeweiligen Verbalklammer. Für *weder* (nicht für *noch*!) ist jedoch außerdem die Stellung im Mittelfeld der Verbalklammer zugelassen, sofern die beiden Konjunkte das gleiche Subjekt haben. Zum Vergleich:

weder IM VORFELD

/weder ist die Vorlesung ausgefallen, noch wurde die Sprechstunde verlegt, obwohl die Dozentin die Grippe hatte/

weder IM MITTELFELD

/das Buch gibt es weder in der Universitäts-Bibliothek, noch ist es in der Instituts-Bibliothek vorrätig/

Wenn in einer Negativ-Reihung das zweite Konjunkt mit größerem Nachdruck verneint werden soll als das erste, so gebraucht man die Negations-Morpheme *geschweige denn* oder *erst recht nicht* (vgl. 8.2).

7.5.3 Selektiv-Junktoren (*oder*)

Der wichtigste Selektiv-Junktor ist *oder*. Daneben gibt es die zweiteilige Form *entweder – oder* und einige andere Formen dieser Junktorenklasse. Alle diese Selektiv-Junktoren zeigen dem Hörer an, daß zwischen zwei Junktionsgliedern eine ›Wahl‹ zu treffen ist. Die Entscheidung über die zu treffende Wahl kann beim Sprecher oder beim Hörer liegen; bei Fragen und Aufforderungen liegt sie in der Regel beim Hörer. Die Bedeutung des Selektiv-Junktors *oder* wird mit dem semantischen Merkmal ⟨WAHL⟩ beschrieben (Symbol: ∇).

Jede Wahl setzt die Gleichartigkeit (nicht Gleichwertigkeit!) der zur Wahl stehenden Möglichkeiten voraus. Die Junktionsglieder einer Selektiv-Junktion sind daher, ebenso wie diejenigen einer Koordinativ-Junktion, Konjunkte. Sie gehören als solche entweder der gleichen Sprachzeichenklasse an oder haben doch wenigstens die gleiche syntaktische Funktion:

/*die Magisterprüfung* *oder* *die Doktorprüfung*/

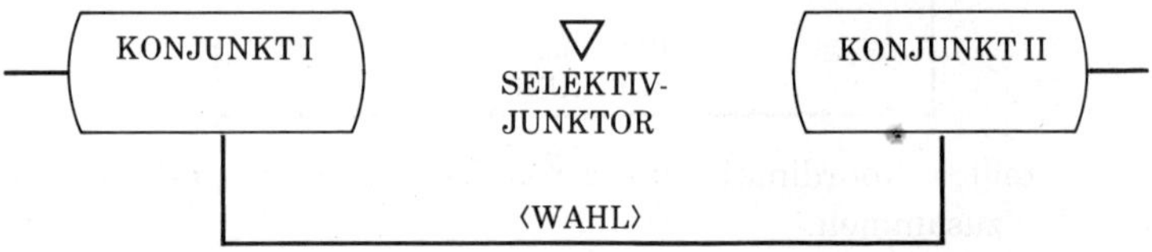

In diesem Beispiel sind die beiden Konjunkte syntaktisch gleichartig (Nomina, Singular, anaphorischer Artikel), sie sind darüber hinaus lexikalisch verwandt und gehören dem gleichen Bedeutungsfeld an. So ist die Voraussetzung erfüllt, daß man zwischen ihnen wählen kann, wie es die Instruktion des Selektiv-Junktors *oder* verlangt.

Es macht für die Bedeutung des Selektiv-Junktors *oder* keinen Unterschied, ob es sich um eine offene Wahl aus beliebig vielen Möglichkeiten (lat. *vel*) oder um eine binäre (alternative) Wahl aus genau zwei Möglichkeiten (lat. *aut*) handelt. Wenn man die Wahl in diesem Sinne spezifizieren will, kann man das durch eine kontextuelle Erweiterung zu der Form *oder auch* für die offene Wahl und zu der Form *oder aber* für die binäre Wahl zum Ausdruck bringen. Zum Vergleich:

OFFENE WAHL	BINÄRE WAHL
/*Disziplinen wie Physik oder Biologie gehören zu den Naturwissenschaften*/	/*Sein oder Nichtsein, das ist hier die Frage*/

/Erkenntnis kann man über Beobachtung oder (auch) über Experimente gewinnen/

/man kann die Dinge objektiv sehen, oder (aber) man betrachtet sie subjektiv/

Das zweite Beispiel rechts zeigt ein satzförmiges zweites Konjunkt, das durch Kommasetzung vor dem Junktor vom ersten Konjunkt getrennt ist. Hinsichtlich der Subjekt-Kongruenz ist jedoch zu beachten, daß nur in Selektiv-Junktionen der offenen Wahl das Verb nach zwei singularischen Subjekten im Plural stehen kann (zum Beispiel: *Weißbrot oder Graubrot sind* ...); sonst wird regelmäßig die Kongruenz im Singular gebildet (zum Beispiel: *ob Essen oder Trinken wichtiger ist*). Ebenso wie es bei dem Koordinativ-Junktor *und* der Fall ist, kann auch der Selektiv-Junktor *oder* eine mehrgliedrige Reihe von Wahlmöglichkeiten abschließen. In diesem Fall gilt die (offene) Wahl auch für die ersten, ohne expliziten Junktor gereihten Junktionsglieder:

/in den antiken Philosophenschulen verbrachten die Schüler ihre Tage mit Nachdenken, Lesen oder Disputieren/

Soll die Reihe für weitere Hinzufügungen offengehalten werden, so kann sich der Sprecher der Variante *oder ähnlich* (schriftlich meistens abgekürzt: *o. ä.*) bedienen.

In manchen Selektiv-Junktionen ist nur zwischen verschiedenen Formulierungen für einen Sachverhalt zu wählen; das zweite Konjunkt kann dann eine Periphrase oder Ausdrucksvariante des ersten einführen:

/das geozentrische oder (auch) ptolemäische Weltbild wurde von Kopernikus durch das heliozentrische abgelöst/

/die Entdeckung hatte eine völlige Neu- oder Umorientierung des bisherigen Weltbildes zur Folge/

In ähnlicher Funktion gebraucht man die Selektiv-Junktoren *beziehungsweise* (schriftlich meistens abgekürzt: *bzw.*), *das heißt* (schriftlich meistens abgekürzt: *d. h.*) und *genauer gesagt*. Alle diese Formen sind fachsprachlicher Herkunft, werden aber vielfach auch gemeinsprachlich gebraucht. Sie kündigen dem Hörer mit verschiedener Nuancierung eine Reformulierung an, bezeichnen also in einer Wahl die adäquatere Ausdrucksentscheidung:

/das menschliche Verhalten wird weitgehend durch Normen bestimmt bzw. durch Konventionen geregelt/

/der Begriff des Proletariers, d. h. des besitzlosen Arbeiters, der gezwungen ist, seine Arbeitskraft zu verkaufen, stammt von Marx/

/das Streben nach unbedingter Individualität ist eine westliche, genauer gesagt (eine) mittel- und nordeuropäische Eigenart/

Im Unterschied zu dem meistgebrauchten einfachen Selektiv-Junktor *oder* gibt der zweiteilige Selektiv-Junktor *entweder – oder* dem Hörer ausdrücklich zu verstehen, daß eine binäre (alternative) Wahl zu treffen ist, daß es also außer den zwei Möglichkeiten, wie sie in den beiden Konjunkten ausgedrückt sind, keine weiteren Wahlmöglichkeiten gibt:

/er ist entweder ein Genie oder ein Narr/

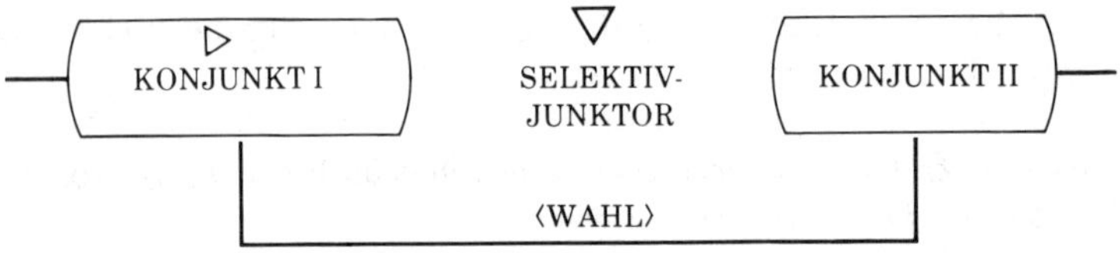

Von den beiden Konjunkten *ein Genie* und *ein Narr* soll nur eines als zutreffend gewählt werden, das ist die Instruktion dieses binären Selektiv-Junktors. Nur sehr selten wird diese Alternative noch für eine nachträglich in Erwägung gezogene dritte Möglichkeit geöffnet, dann aber meistens mit einer deutlichen Kennzeichnung als Zusatz, etwa durch *oder schließlich, oder höchstens* und dergleichen.

Die durch einen Selektiv-Junktor hergestellte Junktion kann eine konditionale Komponente haben. Die Wahlmöglichkeiten geben dann den ›Rahmen‹ an, der für eine Entscheidung maßgeblich ist:

/machen Sie doch in diesem Semester Ihre Zwischenprüfung, oder Sie verlieren ein Semester!/

/entweder Sie geben Ihre Seminararbeit termingerecht ab, oder ich kann sie nicht mehr annehmen/

7.5.4 Adversativ-Junktoren (*aber, doch, jedoch, sondern*)

Adversativ-Junktoren verbinden ebenfalls Konjunkte, die der gleichen Sprachzeichenklasse angehören oder zumindest die gleiche syntaktische Funktion haben. Sofern jedoch aus dieser syntaktischen Gleichartigkeit die Erwartung einer darüber hinausgehenden gleichen oder ähnlichen Bedeutung entsteht, wird diese Erwartung durch die Adversativ-Junktoren verändert und umgebogen. Diese Junktoren unterstreichen also die Ungleichheit des Gleichartigen und bringen auf diese Weise einen Kontrast oder eine Korrektur zum Ausdruck. Wir beschreiben die allgemeine Bedeutung der Adversativ-Junktoren mit dem Merkmal ⟨WENDUNG⟩ (Symbol: ⧖).

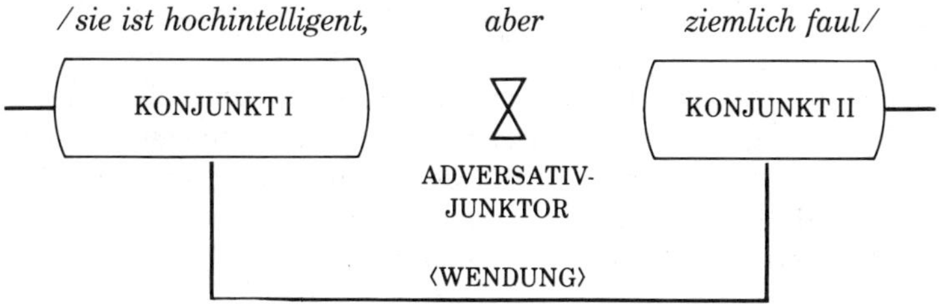

Bei den beiden Junktionsgliedern dieses Beispiels ist die Bedingung der syntaktischen Gleichartigkeit weitgehend erfüllt; es handelt sich in beiden Fällen um Prädikats-Adjektive. Sofern nun das Adjektiv des ersten Konjunkts die Erwartung weckt, das ihm syntaktisch gleichartige Adjektiv des zweiten Adjunkts sei ihm auch lexikalisch verwandt oder passe argumentativ zu ihm, wird enttäuscht: *ziemlich faul* paßt »eigentlich« gar nicht zu *hochintelligent*. In diesem Text sollen jedoch die beiden semantisch unpassenden Konjunkte dennoch zusammengestellt werden. Das zeigt dem Hörer der Adversativ-Junktor *aber* an. Die Instruktion dieses Junktors besagt also, daß der Hörer von der erwartbaren Linie des Textverständnisses abweichen und sich mit seinen Verstehensbemühungen in eine andere Richtung wenden soll.

Die Adversativ-Junktoren zerfallen in zwei Gruppen, deren erste (*aber, jedoch, doch*) einen Kontrast und deren zweite (*sondern*) eine Korrektur anzeigt.

(1) Kontrastierende Adversativ-Junktoren: *aber, doch, jedoch*

Die Adversativ-Junktoren dieser Gruppe, die allesamt einen Kontrast zwischen den Konjunkten anzeigen, sind in ihrer Bedeutung durch das bloße Merkmal ⟨WENDUNG⟩ zu beschreiben. Sie unterscheiden sich voneinander im wesentlichen nur durch ihr Stellungsverhalten gegenüber einem satzförmigen zweiten Konjunkt. Sie sind in drei verschiedenen Stellungen zu finden und teilen diese so untereinander auf, wie es die folgende Matrix zeigt:

VOR DEM VORFELD	IM VORFELD	IM MITTELFELD
/*die Araber brachten schon um 1200 das Papier ins Abendland, aber* (oder: *doch*) *die erste deutsche Papierfabrik wurde erst 1390 in Nürnberg gegründet*/	/*davor hatte man zwar das Pergament, doch* (oder: *jedoch*) *war dieses Material zu teuer, als daß eine größere Produktion interessant gewesen wäre*/	/*Papier war dagegen billig in der Herstellung, es erhielt aber* (oder: *jedoch*) *erst durch eine gesteigerte Nachfrage nach Büchern wirtschaftliche Bedeutung*/

Jeder der drei Adversativ-Junktoren hat demnach zwei Stellungen zu seiner Verfügung. Bei *aber* und *jedoch* kommt noch in einigen Fällen eine Sonderstellung hinzu, und zwar an der Grenze zwischen Vorfeld und Vorverb. Dadurch wird dasjenige Element, das im Vorfeld der Verbalklammer (Subjekt, Adverb . . .), besonders hervorgehoben:

/*Pergament ist haltbar, Papier aber kostet weniger*/

/*früher schrieb man alles mit der Hand, heute jedoch (schreibt man) nur noch Privatbriefe (mit der Hand)*/

Das letzte Beispiel zeigt zugleich, daß diese Stellungsbedingungen auch dann gelten, wenn bestimmte Teile eines satzförmigen ersten Konjunkts im zweiten Konjunkt eingespart werden (textuelle Ellipse).

Die ›Wendung‹, zu der die kontrastierenden Adversativ-Junktoren einladen, weist den Hörer in eine andere Richtung, nicht jedoch in die Gegenrichtung. Gegenwörter (»Antonyme«) können folglich nicht durch diese Adversativ-Junktoren verbunden werden. Das schließt indes nicht aus, daß entweder das erste oder das zweite Adjunkt verneint ist, wodurch die Erwartung des Hörers noch deutlicher zurückgewiesen wird. Bei einer Verneinung des ersten Konjunkts steht meistens die zur Zweiteiligkeit erweiterte Form *zwar – aber*:

/*dieses Buch ist nicht billig, aber gut*/

/*er ist zwar nicht genial, aber sehr talentiert*/

/*ihre Forschungsergebnisse wurden bekannt, sie selber jedoch nicht* (oder: *nicht jedoch sie selber*)/

Weitere Mitsteuerungen der zu kontrastierenden Erwartung kommen durch verschiedene Nexus-Adverbien wie *deshalb* und *daher*, Argumentations-Adverbien wie *immerhin, wenigstens, allerdings* und durch Modalpartikeln wie *doch* zustande.

Der Adversativ-Junktor *aber* wird häufig auch bei einem Sprecherwechsel verwendet, wenn ein Nachfolgesprecher die Erwartung des Gesprächspartners über den Fortgang des Gesprächs enttäuscht; manchmal hat er auch selber etwas anderes erwartet, was er nun erfragt.

/kannst du mir dein Wörterbuch leihen? ÷ ja, aber erst in ein paar Tagen, ich brauche es noch/

/also so etwas! ÷ was denn? ÷ aber du darfst doch in den Büchern nicht so viel anstreichen ÷ ja, aber warum nicht, wenn es doch meine eigenen sind?/

/ich würde sehr gerne zum Essen kommen ÷ aber? (was spricht dagegen?) ÷ ich muß doch arbeiten/

Mit der doppelten Verwendung von *aber* kann ein Verhalten des Gesprächspartners, das einer normativen Erwartung nicht entspricht, getadelt werden:

/ich habe heute vergessen, in der Leihstelle der Bibliothek die Bücher abzuholen ÷ aber aber, schon wieder!/

Eine weitere, recht häufige Funktion von *aber* ist es, einer affirmativen Antwort eine überraschende Wendung zu geben.

/kann ich die Bücher auch morgen abholen? ÷ aber ja, ohne weiteres!/

/reicht dir das denn zeitlich? ÷ aber natürlich (reicht mir das)!/

In diesen Beispielen kann der Antwortende die Besorgnis des Fragenden abwenden und ihn insofern beschwichtigen.

(2) Der korrigierende Adversativ-Junktor *(nicht –) sondern*

Der Adversativ-Junktor *sondern* hat mit den vorher besprochenen Adversativ-Junktoren die Bedeutung ⟨WENDUNG⟩ gemeinsam, wird jedoch nur dann gebraucht, wenn das erste Konjunkt verneint ist und durch eine korrigierende Neuformulierung im zweiten Konjunkt ersetzt werden soll. Wir drücken diese Bedeutung mit dem Merkmal ⟨KORREKTUR⟩ aus:

/nicht im Altertum, sondern im Mittelalter/

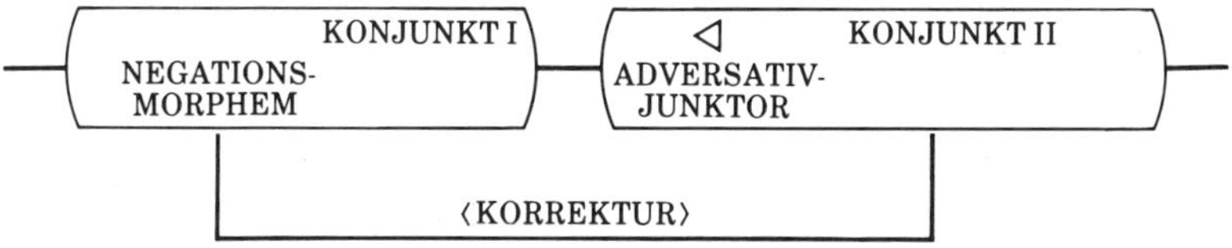

Daß die Zeitangabe *im Altertum* (= Konjunkt I) nicht zutreffen soll, ist durch den ›Einspruch‹ des Negations-Morphems *nicht* schon geklärt. Daß aber auf diese ›Abwendung‹ eine ›Zuwendung‹ zu einer neuen Zeitbestimmung, nämlich *im Mittelalter* folgen soll, das erfährt der Hörer erst aus dem korrigierenden Adversativ-Junktor *sondern*. Zu unterscheiden sind also die schlichte Abwendung (Kontrast: *aber*) und die mit einer anderen Neuzuwendung verbundene Abwendung (Korrektur: *sondern*).

KONTRAST	KORREKTUR
/er ist (zwar) nicht intelligent, aber fleißig/	*/er ist nicht intelligent, sondern (nur) fleißig/*

In beiden Beispielen wird die im ersten Konjunkt ausgedrückte ›Intelligenz‹ negiert. Aber während die semantische Wende im Beispiel der linken Spalte nur darin besteht, daß kontrastiv eine andere Eigenschaft (*fleißig*) genannt wird, dient diese andere Eigenschaft im Beispiel der rechten Spalte als Korrektiv der ersten Feststellung. Weitere Beispiele für korrigierend adversative Junktionen:

/Leibniz hat in seiner Theodizee nicht von der besten aller Welten, sondern nur von der besten aller möglichen Welten gesprochen/

/nicht durch sein Hauptwerk »Die Welt als Wille und Vorstellung«, sondern durch seine »Aphorismen zur Lebensweisheit« ist Schopenhauer zuerst berühmt geworden/

/das Streben nach individueller Entfaltung wird in manchen Kulturen nicht positiv, sondern ganz im Gegenteil höchst negativ bewertet/

Im ersten Konjunkt einer korrigierenden Adversativ-Junktion stehen also im Normalfall syntaktische Negationsträger. Seltener wird *sondern* nach lexikalischen Negationen verwendet:

/ich kann unmöglich morgen das Referat halten, sondern möchte es auf nächste Woche verschieben/

Einige Verben wie *vermeiden* und *verzichten*, die das Nicht-Ausführen einer Handlung bezeichnen, können ebenfalls als lexikalische Negationsträger dienen:

/er verzichtete darauf, sich der Kritik zu stellen und seine Ideen in Frage zu stellen, sondern zog es (stattdessen) vor, sich nur mit seinen Anhängern zu umgeben/

Bei einem Sprecherwechsel im Dialog leitet *sondern* im Gegensatz zu *aber* keinen Redebeitrag des Nachfolgesprechers ein. In einigen seltenen Fällen wird jedoch *sondern* gebraucht, um im Anschluß an einen negierten Sachverhalt seine positive Ersetzung anzumahnen:

/ich habe in diesem Semester keine Seminararbeit geschrieben ÷ sondern? ÷ ich habe (stattdessen) ein Referat gehalten/

/der neue Professor hält nun doch keine Vorlesung über Kant ÷ sondern worüber?/

Quantitative Korrekturen haben zum Teil eigene Formen. So gebraucht man nach *weniger* in der Regel statt der Form *sondern* die Form *als* oder verdeutlichend *als vielmehr*. Zum Vergleich:

KORREKTUR SCHLECHTHIN	QUANTITATIVE KORREKTUR
/ich interessiere mich (überhaupt) nicht für theoretische, sondern (nur) für praktische Philosophie/	*/ich interessiere mich weniger für Metaphysik als (vielmehr) für sprachanalytische Philosophie/*

Man beachte die Interpunktionsregel, daß vor *sondern* in allen Fällen ein Komma steht, vor *als (vielmehr)* nur dann, wenn ein satzförmiges Konjunkt folgt.

Der quantitativen Korrektur dient auch der häufig gebrauchte zweiteilige Adversativ-Junktor *nicht nur – sondern auch*, der dem ersten Konjunkt ein (nicht erwartetes) zweites Konjunkt als Teilkorrektur anfügt. Varianten von *nicht nur* sind *nicht bloß, nicht einfach*, Varianten von *sondern auch* sind *sondern gleichfalls, sondern gleichermaßen, sondern ebenfalls, sondern ebenso*. Beispiele:

/Einstein stellte nicht nur die Relativitätstheorie auf, sondern (er) entdeckte auch die Lichtquanten/

/er war nicht nur ein großer Denker, sondern (er war) ebenso ein sehr humorvoller Mensch/

Der Unterschied zwischen kontrastierender und korrigierender Adversativität kann an einem kurzen Textausschnitt aus Franz Kafkas »Fragmenten« veranschaulicht werden. Unterstrichen und fortlaufend numeriert sind die Adversativ-Junktoren:

TEXT:

Die Grundschwäche des Menschen besteht nicht etwa darin, daß er nicht siegen, <u>*sondern*</u> (1) *daß er den Sieg nicht ausnützen kann. Die Jugend besiegt alles, den Urtrug, die versteckte Teufelei,* <u>*aber*</u> (2) *es ist niemand da, der den Sieg auffangen könnte, lebendig machen könnte, denn dann ist auch schon die Jugend vorüber. Das Alter wagt an den Sieg nicht mehr zu rühren und die neue Jugend, gequält von dem gleich einsetzenden neuen Angriff, will ihren eigenen Sieg. So wird der Teufel zwar immerfort besiegt,* <u>*aber*</u> (3) *niemals vernichtet.*[1]

TEXTGRAMMATISCHER KOMMENTAR:

(1) *sondern*: Durch das Negationsmorphem *nicht* wird angezeigt, daß der in dem ersten *daß*-Adjunkt genannte Sachverhalt nicht zutrifft. Der Adversativ-Junktor *sondern* führt zur Korrektur ein zweites *daß*-Adjunkt als korrigierende Ersetzung des ersten ein. Beide Konjunkte enthalten ihrerseits Negations-Morpheme.

(2) *aber*: Der Adversativ-Junktor *aber* verbindet zwei satzförmige Konjunkte. Während das erste Konjunkt eine positive Erwartung weckt (*die Jugend besiegt alles*), wird dieser Erwartung im zweiten Konjunkt eine unerwartete Richtung gegeben (*es ist niemand da*). Im Unterschied zu (1) wird jedoch das erste Konjunkt durch *aber* nicht für unzutreffend erklärt. Die Wende bedeutet keine Abwendung, der Kontrast keine Korrektur.

(3) *aber*: Hier ist ähnliches zu sagen wie für (2). Zudem wird durch das Adverb *zwar* als Vorsignal im ersten Konjunkt ein kontrastierender Adversativ-Junktor angekündigt. Der Leser wird auf diese Weise schon darauf vorbereitet, daß der positiv bewertbare Sachverhalt (*immerfort besiegt*) nachfolgend in einem wichtigen Aspekt in Frage gestellt, jedoch nicht völlig annuliert wird (*niemals vernichtet*).

1) Franz Kafka: »Fragmente aus Heften und losen Blättern«, in: *Gesammelte Werke,* hg. von Max Brod, Bd. VII, New York 1953, S. 318.

8 Syntax des Dialogs

Prototypisch für den Gebrauch der Sprache in mündlichen Sprachspielen ist dialogisches, nicht monologisches Sprechen. Der dialogischen Funktion dient eine Klasse von Sprachzeichen in besonderem Maße. Es sind die Sprachzeichen des Dialogkontaktes (8.1), der Affirmation und Negation (8.2), der Frage und Antwort (8.3) sowie die Signale der Redewiedergabe (8.4).

8.1 Dialogkontakt

Damit ein Dialog zustande kommt, müssen verschiedene Bedingungen erfüllt sein. Zwei oder mehr Personen müssen nämlich zusammenkommen und zueinander die Blickstellung einnehmen mit dem Ziel, in einen Dialog einzutreten. Und nach einiger Zeit muß der Dialog wieder ein Ende finden. Dies alles erfordert in seinem Ablauf verschiedene Regelungen, von der Anrede und Begrüßung (8.1.1) über die Signale der Dialogorganisation (8.1.2) bis zu den Dialogpartikeln (8.1.3), Modalpartikeln (8.1.4) und Interjektionen (8.1.5).

8.1.1 Gruß und Anrede

Gruß und Anrede gehen im Dialog meistens zusammen. Der Gruß dient dazu, die Gesprächsbereitschaft zu erklären. Damit sind in der Regel nonverbale Signale der Zuwendung und des Blickkontaktes verbunden. Mit der Anrede wird der Gesprächspartner als bekannte Person bestätigt oder im Akt der Vorstellung bekannt gemacht.

Wir besprechen zunächst die gebräuchlichen Grußformeln (8.1.1.1) und Anredeformen (8.1.1.2), behandeln dann gesondert das Gruß- und Anredeverhalten im Brief (8.1.1.3) und schließlich einige Höflichkeitsformeln (8.1.1.4).

8.1.1.1 Formen und Formeln der Begrüßung

Wenn zwei oder mehr Personen sich begegnen und einander dabei (be)grüßen, erklären sie damit ihre Bereitschaft, in einen Dialog einzutreten. Diese Bereitschaft kann auf der Stelle verwirklicht werden, dann ist der wechselseitige Gruß der Auftakt des Dialogs. Aber auch wenn der

Dialog nicht sofort zustande kommt, geben sich die beiden Personen dennoch mit ihren Grußworten zu verstehen, daß sie weiterhin dialogbereit bleiben und diese Bereitschaft vielleicht bei der nächsten sich bietenden Gelegenheit verwirklichen werden.

Der gesprächseinleitende Gruß wird im Normalfall mit reziproken Grußformeln ausgeführt. Die wichtigsten Grußformeln sind:

/*guten Tag!* ÷ *guten Tag!*/ (zeitneutral bis zum Abend)

/*guten Morgen!* ÷ *guten Morgen!*/ (vormittags bis etwa 11 Uhr)

/*guten Abend!* ÷ *guten Abend!*/ (nach der Arbeitszeit)

Kurzformen sind: *('n) Tag!*, *('n) Morgen!* und *('n) Abend!*

Die Grußformel *grüß Gott!* ist nur im süddeutschen und österreichischen Sprachraum gebräuchlich. In der Schweiz heißt es *grüezi,* bei mehreren Adressaten *grüezi mitanand!*

In vertrauter Gesprächssituation, insbesondere unter Jugendlichen, sagt man auch *hallo!*, *grüß dich!/grüß euch!* oder (seltener) *servus!*

In der Arbeitswelt hat sich als Grußformel um die Mittagszeit herum auch *Mahlzeit!* (ursprünglich: *gesegnete Mahlzeit!*) ausgebreitet. Bei der Mahlzeit selber kommen die folgenden Wunschformeln hinzu:

/*guten Appetit!* ÷ *danke, gleichfalls!*/

/*wohl bekomm's!* ÷ *laß es dir auch schmecken!*/

/*zum Wohl(e)!* ÷ *(sehr) zum Wohl(e)!*/ (beim ersten Zutrunk, zeremoniell)

/*prost!* ÷ *prost!*/ (beim Zutrinken unter vertrauten Zechern, auch wiederholt, mit der feineren Nebenform: *prosit,* beides von lat. *prosit* ›es möge nützen‹)

Am Gesprächsende werden aufs neue Grußformeln ausgetauscht, die in der Regel ebenfalls reziprok sind. Mit ihnen erklärt man seine weiterbestehende Dialogbereitschaft, auch über das beendete Gespräch hinaus. Es sind im wesentlichen die folgenden Grußformeln:

/*(auf) Wiederseh(e)n!* ÷ *(auf) Wiederseh(e)n!*/

/*(auf) Wiederschau(e)n!* ÷ *(auf) Wiederschau(e)n!*/ (nur süddeutsch)

/auf Wiederhören! ÷ auf Wiederhören!/ (am Telefon und im Rundfunk)

/tschüs! ÷ tschüs!/ (früher nur in Verbindung mit dem Duzen, jetzt mit starker Tendenz zur Verallgemeinerung)

/servus! ÷ servus!/ (eher österreichisch/süddeutsch)

/ciao! [tʃao̯] ÷ *ciao!/* (italienisch und jugendsprachlich)

Fällt das Gesprächsende mit dem Schlafengehen zusammen, so wünscht man sich *gute Nacht!*. Die Gruß- und Wunschformel *leb wohl!/leben Sie wohl!* wird nur bei einem Abschied auf längere Zeit gebraucht. Dafür kann mit archaisch-poetischer Konnotation auch *ade!* gesagt werden:

/lebt wohl, ihr Felder, ihr geliebten Triften, ihr traulich stillen Wälder, lebet wohl!/ (Schiller, Jungfrau von Orleans)

/nun ade, du mein lieb Heimatland!/ (Liedvers)

Bei einem Abschied auf kürzere Zeit sagt man, besonders umgangssprachlich:

/bis bald!/

/bis dann!/

/bis gleich!/

/bis nachher!/

/bis morgen!/

/bis (zum) Sonntag!/

/bis nächste Woche!/

/bis demnächst!/

Situationsabhängig wird das Gesprächsende, und zwar ebenfalls formelhaft, auch durch einige weitere Wunschformeln markiert, zum Beispiel:

/mach's gut!/

/viel Glück!/

/viel Spaß (noch)!/

/viel Vergnügen!/

/(ich) wünsch' dir was!/

/(einen) schönen Tag (noch)!/

/(einen) schönen Abend (noch)!/

/(ein) schönes Wochenende!/

/schöne Feiertage!/

/(einen) erholsamen Urlaub!/

Vor hohen Fest- und Feiertagen ist es üblich, mit seinen Grüßen und Wünschen auf dieses Ereignis Bezug zu nehmen, und zwar gesprächseinleitend am Festtag selber, gesprächsausleitend vorher:

/fröhliche Weihnachten! ÷ danke, auch Ihnen ein frohes Fest!/

/auf Wiedersehen und frohe Ostern! ÷ danke, Ihnen das gleiche und auf Wiedersehen bis nach den Osterferien!/

/ein glückliches neues Jahr! ÷ danke, Ihnen auch einen guten Rutsch!/ (die letztgenannte Wunschformel nur umgangssprachlich)

Aus den Fachsprachen kommen die folgenden Wunschformeln, die Glück bei der Ausübung einer Tätigkeit bringen sollen:

Jagdwesen:	*Weidmannsheil!*
Fischereiwesen:	*Petri Heil!*
Bergbau:	*Glück auf!*
Sport:	*Ski Heil!, Hals- und Beinbruch!* (Segenswunsch!)

8.1.1.2 Formen der Anrede

Bei der Anrede ist die Strukturgrenze zwischen der Vertrautheitsform (»Duzen«: *du/ihr*) und der Distanzform (»Siezen«: *Sie*) zu beachten (vgl. 2.4.2.3). Mit der Vertrautheitsform geht in der Regel der Gebrauch des Vornamens einher. In Verbindung mit der Distanzform gebraucht man üblicherweise den Familiennamen, dem je nach dem Geschlecht *Herr* oder *Frau* vorangestellt wird. Die früher für jüngere und unverheiratete Frauen übliche Anrede mit *Fräulein* vor dem Familien- oder Vornamen ist heute kaum mehr gebräuchlich. Beispiele:

/hallo, Gisela, wie geht's? ÷ gut, und dir, Annette?/

/guten Tag, Frau Schirmer! ÷ ach, Sie sind's, guten Tag, Herr Wagner!/

Der Kombination *Herr/Frau* + Familienname als Anrede kann der akademische Doktorgrad (zum Beispiel: *Herr Dr. Winkelmann*) oder eine irgendwie angesehene Berufsbezeichnung (zum Beispiel: *Frau Professor Busch*) beigefügt werden. Dieser Sprachgebrauch ist jedoch veraltend.

Die Anrede mit *Herr/Frau* + Titel (ohne Namen) ist Situationen mit starker sozialer Asymmetrie, jedoch auch bei demokratischen Wahlämtern, vorbehalten, zum Beispiel:

/Herr Bundespräsident!/

/Frau Bundeskanzler(in)!/

/Herr Minister!/

/Frau Vorsitzende!/

/Herr Pfarrer!/

/Frau Abgeordnete!/

Hinzu kommen Sonderformen wie *Majestät!*, *Eminenz!*, *Exzellenz!*, *Magnifizenz!*, *Spectabilis!*, *Hochwürden!*, die im einzelnen vom Wörterbuch erklärt werden. Bedienungspersonal in Gaststätten wurde früher geläufig mit *Herr Ober!* und *Fräulein!* herbeigerufen. Heute vermeidet man diese Anredeformen nach Möglichkeit und macht eher mit *bitte!* oder *hallo!* auf seine Wünsche aufmerksam. Als veraltet muß auch die Anrede *gnädige Frau* (und a fortiori *gnädiges Fräulein*) gelten, und nur als Kunde eines (teuren) Geschäftes hört man die singularische Anredeform *meine Dame/mein Herr*.

Pluralische Anreden sind stärker formelhaft. Es sind häufig Rollen-Anreden, neuerdings immer häufiger mit Movierung (vgl. 4.2.1.2), zum Beispiel:

/meine (verehrten/sehr verehrten) Damen und Herren!/

/verehrte Kolleginnen und Kollegen!/

/liebe Zuhörerinnen und Zuhörer!/

/Kommilitoninnen und Kommilitonen!/

/liebe Vereinsmitglieder!/

In Verbindung mit der Vertrautheitsform hört man:

/hallo, Leute!/

/hallo, ihr (da)!/

/Tag zusammen!/

/'n Abend alle miteinander!/

Auch Kollektivanreden sind möglich (zum Beispiel: *hochverehrtes Publikum, liebe Gemeinde*).

Sind die virtuellen Gesprächspartner noch nicht miteinander bekannt, so kann ein Dritter sie miteinander bekannt machen:

/das ist (der) Max, und dies ist (die) Johanna/

/Frau Stein, darf ich Ihnen Herrn Krüger vorstellen?/

Das erste Beispiel zeigt ein – heute übliches – gegenseitiges Bekanntmachen, das zweite eine – älteren Höflichkeitsregeln entsprechende – asymmetrische Vorstellung: der »Herr« wird der »Dame« vorgestellt. Ist keine dritte Person da, die zwei Personen miteinander bekannt macht, so kann man sich auch selber vorstellen, formell oder weniger formell:

/darf ich mich Ihnen vorstellen: (Klaus) Sommerfeld ÷ *angenehm* (oder: *sehr erfreut*), *Wiedemann/*

/ich bin der Kurt, und wie heißt du? ÷ *Leni/*

Der Vorgang des Bekanntmachens oder Vorstellens ist häufig von diskret hinweisenden Gesten begleitet.

Eine besondere Form hat das Bekanntmachen der Namen am Telefon. Dort meldet sich im deutschen Sprachraum im Regelfall die angerufene Person mit ihrem Namen (steigende Intonation!), woraufhin der Anrufer seinen Namen nennt. Dann beginnt der Anrufer das telefonische Sprachspiel. Beispiele:

(Situation: Das Telefon läutet, der Angerufene nimmt den Hörer ab und meldet sich)

/Schreiber [↗] ÷ *(hier) Weber, guten Tag, ich wollte Sie einmal anrufen wegen . . . /*

/Hanna Korn [↗] ÷ *ach, du bist's selber, hier Edith, sag mal, hast du . . . ?/*

Eine Institution nennt sich mit ihrem Namen, eventuell zusätzlich (besonders bei Durchwahl) mit dem Namen des Mitarbeiters:

/Reisebüro Mediterran, (Schmidt) [↗] ÷ *guten Tag, Wegener, haben Sie vielleicht schon meine Flugkarte ausgestellt?/*

8.1.1.3 Gruß- und Anredeverhalten in Briefen

In Briefen (und anderen postalischen Sendungen) ist das Anrede- und Grußverhalten förmlicher als in mündlicher Kommunikation.

Briefe haben zwei relevante Anredestellen, auf dem Umschlag und auf dem Briefbogen. Ein Briefumschlag hat die folgende Normalform:

Herrn (Oberbürgermeister)
(Dr.) Korbinian Hauser
Leopoldstraße 31
D-80802 München

Bei der Anredeform *Herrn* ist das Dativ-*n* zu beachten. Der Doktorgrad wird immer abgekürzt.

Institutionen werden auf dem Briefumschlag mit vorangestellter Präposition *an* angeschrieben (zum Beispiel: *An das Finanzamt Dessau*), gegebenenfalls, wenn der Brief eine bestimmte Verwaltungsperson erreichen soll, mit dem Zusatz: *z. Hd. (von)* ›zu Händen von‹.

Auf dem Briefbogen beginnt der Brief obligatorisch mit einer Anrede des Adressaten. Bei Institutionen schreibt man grundsätzlich: *Sehr geehrte Damen und Herren.* Bei Personen lautet die Standardanrede in Verbindung mit der Distanzform des »Siezens«:

/Sehr geehrter Herr Pfeifer, . . ./

/Sehr geehrte (oder höflicher: *sehr verehrte*) *Frau Hagen, . . ./*

Statt des Kommas kann nach der Briefanrede auch ein Ausrufungszeichen stehen (veraltend).

Von dieser Standardform ausgehend sind viele Varianten je nach der Einstellung zum Adressaten des Briefes möglich, zum Beispiel:

/Lieber Herr Wendorf, . . ./

/Liebe und verehrte Frau Martens, . . ./

/Hochverehrter Herr Bundespräsident, . . ./

Noch größer ist der Spielraum bei der Briefanrede in Verbindung mit der Vertrautheitsform, zum Beispiel:

/Liebe Gerda, . . ./

/Bester Max, . . ./

/Hallo, Anne, . . ./

/Liebste Mutti, . . ./

/Mein lieber Franz, . . ./

/Ihr Lieben, . . ./

Während in Briefen einleitend keine Grußformeln gebraucht werden, treten diese briefausleitend sehr zahlreich und mehr oder weniger formelhaft auf. Gleichwohl bleibt auch hier viel Raum für Halbtöne und Nuancen zwischen Sympathie und Antipathie. Steigerungen der Sympathie drückt man aus mit der (nach oben ansteigenden) Skala:

lieben
herzlichen
mit — *schönen* — *Grüßen*
den besten
freundlichen

Höflich-neutrale Standardformel ist: *mit freundlichen Grüßen*. Sehr distanziert bis feindselig wirkt die knappe Grußformel: *hochachtungsvoll!*. Zu der Grußformel am Ende des Briefes kann eine Wunschformel hinzutreten:

/mit guten Wünschen und herzlichen Grüßen Ihr .../

/alles Liebe für Dich und schönste Grüße Dein .../

Die Beispiele zeigen zugleich, daß der namentlichen Unterschrift des Briefes bei vertrautem Briefpartner gerne *Dein/Deine, Euer/Eure* oder *Ihr/Ihre* vorangestellt wird. Nuancierend können Adjektive oder Adverbien hinzutreten:

/herzlich grüßend, immer (oder: *stets*) *Dein .../*

/mit freundlichen Grüßen Ihr (sehr) ergebener .../

Man unterschreibt vertraut mit dem Vornamen, distanziert-geschäftlich mit dem Familiennamen, bei bekannten Briefpartnern mit Vor- und Familiennamen.

Zu beachten ist bei allen Briefen außerdem immer, wie auch die vorangehenden Beispiele schon gezeigt haben, daß alle Pronomina und Possessiv-Artikel der Hörerrolle großgeschrieben werden, auch in der Vertrautheitsform:

/Liebe Thea, ich danke Dir für Deinen lieben Brief und .../

8.1.1.4 Höflichkeitsformeln

Ausdrücklich im Dienste der Höflichkeit, sowohl in mündlichen Gesprächen als auch in Briefen, stehen die Höflichkeitsformeln *bitte* und *danke* mit ihren vielfach abgestuften Varianten zur situationsspezifischen Nuancierung der Höflichkeit. Es handelt sich hier insbesondere um Ausdrucksmittel zur Regulierung von Gefälligkeiten im Austausch des Gebens und Nehmens.

/können Sie mir bitte einmal (oder: *mal*) *den Platz freihalten? ÷ ja, gern ÷ danke (schön, sehr, vielmals)/*

/würden Sie mir bitte einmal behilflich sein, den Koffer in das Gepäcknetz zu heben? ÷ ja, gern ÷ tausend Dank ÷ bitte, nichts zu danken (oder: *gern geschehn, keine Ursache*)*/*

/bitte schön, wie bedient man diesen Automaten? ÷ also, das geht so ... ÷ oh, ich danke vielmals ÷ bitte sehr/

Das letzte Beispiel zeigt zugleich, daß die Form *danke* (seltener die Form *bitte*) - ihrer Herkunft entsprechend - auch als Verbform gebraucht werden kann. Mit *(wie) bitte* erfragt man höflich eine nicht verstandene Äußerung:

/es ist ziemlich laut hier auf dem Bahnhof! ÷ (wie) bitte? ÷ ich sagte, es ist ziemlich laut hier/

Die Formen *bitte* und *danke* vertreten auch die Geltungs-Morpheme *ja* und *nein* als höfliche Antwort auf ein Angebot:

/möchten Sie noch eine Tasse Kaffee? ÷ (ja,) bitte/ (= man möchte Kaffee)

/möchten Sie noch ein Stück Kuchen? ÷ (nein,) danke/ (= man möchte keinen Kuchen)

Zu den Geboten der Höflichkeit gehört auch, daß man für eine Belästigung oder Störung bei dem »Opfer« um Vergebung bittet. Die einfachsten Ausdrücke sind *Entschuldigung!* (oft verkürzt: *'tschuldigung!*) und *Verzeihung*! (oft verkürzt: *'zeihung!*). Als höflicher gilt jedoch, dem Akt des Entschuldigens verbalen Ausdruck zu geben:

/bitte entschuldigen Sie vielmals, aber dürfte ich wohl mal ...? ÷ ja, gerne, bitte schön! ÷ danke sehr ÷ bitte/

/ich habe Ihnen den Weg versperrt, verzeihen Sie bitte! ÷ (das) macht nichts/

8.1.2 Dialogorganisation

Die Organisation des Dialogs hat unterschiedliche Formen und Ausdrucksmittel, vor allem in den Grenzbereichen des Dialogs, also an seinem Anfang und Ende (8.1.2.1), und in seinem Verlauf zwischen diesen beiden Grenzbereichen (8.1.2.2).

8.1.2.1 Beginn und Beendigung eines Dialogs

Der Anfang und das Ende eines Dialogs sind in der Regel bereits durch Gruß und Anrede markiert. Hinzu kommen jedoch einige weitere Grenz- und Übergangssignale.

Handelt es sich um ein formelles Gespräch mehrerer Personen, das unter der Gesprächsleitung eines Vorsitzenden oder Moderators steht, so obliegt diesem die ausdrückliche Markierung des Anfangs, etwa so:

/*wir sprechen heute über das Thema: . . .*/

/*bitte werfen Sie einen Blick auf die Tagesordnung, Sie finden dort unter Tagesordnungspunkt (TOP) 1 . . .*/

Auch das Dialogende wird durch die Gesprächsleitung förmlich markiert:

/*die Sitzung ist geschlossen*/

/*so, wir haben unser Problem zwar nicht gelöst, sind aber der Lösung ein gutes Stück nähergekommen, das genügt für heute, kommen Sie gut nach Hause!*/

In informellen Dialogen beginnt der Meinungsaustausch oft mit einem beiläufigen Gesprächsanlaß - das kann das Wetter sein:

/*gut, daß ich dich treffe, ich wollte dich schon lange mal fragen, ob . . .*/

/*du siehst aber gut erholt aus, warst du im Urlaub? ÷ ja, ich war in . . .*/

/*na, wie geht's denn so? ÷ danke gut, und dir? ÷ naja, ich hatte . . .*/

Am Ende des Dialogs ist es höflich, einen abrupten Abschluß des Gesprächs zu vermeiden und das Ende mit sprachlichen oder nichtsprachlichen (»nonverbalen«) Mitteln vorzubereiten. Nichtsprachlich ist vor allem eine bemerkbare Veränderung der Blickstellung von Belang, die hier nicht im einzelnen beschrieben werden kann. Sprachliche Signale des bevorstehenden oder gewünschten Gesprächsendes sind etwa:

/*also dann ist ja alles klar, und wir können nächstens . . .*/

/*ich bin ganz Ihrer Ansicht und freue mich, daß wir uns heute einmal . . .*/

/ich will nun Ihre Zeit nicht länger in Anspruch nehmen/

/also, das wär's für heute/

Am Telefon müssen diese Schlußsignale besonders deutlich ausfallen, da die nichtsprachlichen Signale zum Ausdruck der gelockerten Gesprächsspannung nicht zur Verfügung stehen.

8.1.2.2 Verlaufsregulierung im Dialog

Abgesehen von den stärker formalisierten Signalen der Gesprächssteuerung am Anfang und Ende eines Dialogs, bedarf auch die Gesprächsmitte vielfacher Regulierung, insbesondere im Hinblick auf den Sprecherwechsel. Zunächst sollen diese Verlaufsregulierungen an einem Text dargestellt werden (8.1.2.2.1). Sodann werden die dabei auftretenden Gliederungssignale nach der Sprecher- und der Hörerrolle aufgeschlüsselt (8.1.2.2.2).

8.1.2.2.1 Gliederungssignale in einem Dialogtext

Es handelt sich bei dem nachfolgenden Text um die Transkription eines Dialogs zwischen zwei Leitungspersonen einer Jugendgruppe, Hans und Lena, die zusammen eine Urlaubsfahrt mit ihrer Gruppe planen. Die Gliederungssignale sind unterstrichen und fortlaufend numeriert; sie werden nach dem Text textgrammatisch kommentiert. Die Haken über zwei Partiturzeilen hinweg markieren simultanes Sprechen der beiden Dialogpartner. Die Punkte bezeichnen kurze (.), mittlere (. .) oder längere (. . .) Sprechpausen.

TEXT:

Hans *wenn wir aber zum . <u>wenn wir zum</u>* (1) *Zelten fahrn dann brauch mer a . . ein . ein regen . sicheres . . . <u>irgendwie</u>* (3) *. . . Gebiet <u>oder so</u>* (4)

Lena *sicheres . <u>ja</u>* (2)

Hans *. . . und des is halt n Pfingsten schwer . deswegen hab ich gmeint vielleicht . . im Sommer <u>ne?</u>* (5)

Lena *da müßt . . da müßt ma se mal fragen wer in den Sommer/ <u>ich mein</u>* (6) *. . <u>verstehst</u>* (7) *die Sommerferien dauern hier immer den ganzen August . . und bißchen im September <u>gell?</u>* (8) *. . .*

Hans *mhm* (9) .. *naja . da sind se ja vielleicht schon wieder da .*
Lena *ab/*
im September dann aber *also* (10) *im September ob s da besser is als im Mai ..* *oder so* (11)
Hans *ja* (12) *hör mal* (13) *wie lang fahrn mer denn eigentlich . wie lang .*
Lena *also* (14) *zwei Wochen ham mer gsagt .*
Hans *(wenn wer sagen)* *zwei Wochen ..*
Lena *ja* (15)
Hans *mhm* (16) *des is schon viel . von fünf Wochen .. von fünf Wochen zwei Wochen* *ja* (18) . *ich mein* (19) . *da is natürlich*
Lena *ja* (17)
Hans *des Problem mit dem Geld* *ne?* (20) . . . *wenn die schon mit*
Lena *mhm* (21)
Hans *ihren Eltern wegfahrn . dann geben die Eltern vielleicht kein Geld mehr .* *äh* (22) . *für zwei weitere Wochen*
Lena *ja* (23)[1]

TEXTGRAMMATISCHER KOMMENTAR:

(1) *wenn wir aber zum/wenn wir zum*: Wiederholungen wie diese dienen dem Sprecher dazu, den Redefluß aufrechtzuerhalten, während er nach einer passenden Formulierung sucht.
(2) *ja*: Dies ist ein Unterstützungssignal; Lena zeigt damit Hans ihre Bereitschaft an, auch weiter zuzuhören. Mit *sicheres* führt sie den Sprecherbeitrag gleichlautend fort und signalisiert gleichzeitig mit *ja*, daß sie bisher einverstanden ist.
(3) *irgendwie*: Das Adverb wird hier gebraucht, um eine Formulierungsschwierigkeit zu überbrücken. Mit diesem Signal zeigt Hans an, daß er die Sprecherrolle weiter beibehalten möchte, es ist ein Fortsetzungssignal.
(4) *oder so*: Mit fallender Intonation ist dieser Ausdruck ein virtuelles Schlußsignal für den Dialogbeitrag. Hans gibt damit zu verstehen, daß er seinen Beitrag zunächst beendet hat und Lena jetzt weitersprechen könnte. Da Lena jedoch nicht darauf reagiert, fährt Hans nach einer längeren Pause zu sprechen fort.
(5) *ne?* [nə]: Dieses Signal – ausgesprochen mit steigender Intonation – ist hier ein deutliches Schlußsignal für einen Dialogbeitrag.
(6/7) *ich mein, verstehst*: Beide Signale wirken hier zusammen als Fortsetzungssignale nach einer Selbstunterbrechung. Die Sprecherin drückt

1) Transkription nach einer privaten Tonbandaufnahme von Maria Thurmair und Eva-Maria Willkop.

damit aus, daß sie die Sprecherrolle einstweilen behalten möchte. *Verstehst* appelliert zusätzlich an die Aufmerksamkeit des Partners.
(8) *gell?*: Mit diesem mit steigender Intonation ausgesprochenen *gell?* signalisiert Lena das Ende ihres Dialogbeitrags.
(9) *mhm*: Hans übernimmt hier nach einer längeren Pause die Sprecherrolle. Die Äußerung *mhm* verlängert die Zäsur zwischen den beiden Dialogbeiträgen und läßt dem neuen Sprecher Zeit zur weiteren Dialogplanung (man beachte auch das nachfolgende *vielleicht*).
(10) *also*: Fortsetzungssignal nach einer Selbstunterbrechung.
(11) *oder so*: Mit diesem Schlußsignal zeigt Lena an, daß sie jetzt die Sprecherrolle abgeben möchte, nachdem Hans auf ihre Frage bislang nicht reagiert hat.
(12/13) *ja, hör mal*: Beide Signale dienen Hans zur Eröffnung seines neuen Dialogbeitrags. Er hat somit die Sprecherrolle übernommen und appelliert gleichzeitig an Lenas Aufmerksamkeit.
(14) *also*: Auch dieses Signal ist ein Eröffnungssignal.
(15) *ja*: Unterstützungssignal, mit dem Lena bestätigend darauf reagiert, daß Hans ihre Antwort aufgreift und wörtlich wiederholt.
(16) *mhm*: Hans behält die Sprecherrolle bei und leitet zum nächsten Teilabschnitt seines Beitrags über.
(17) *ja*: Unterstützungssignal: Lena beläßt Hans die Sprecherrolle.
(18/19) *ja, ich mein* (= *ich meine*): Diese beiden Ausdrücke, die häufig kombiniert werden, dienen dem Sprecher als Fortsetzungssignale.
(20) *ne?* [nə]: In diesem Fall wegen der nachfolgenden Pause eher als Schlußsignal zu interpretieren.
(21) *mhm*: Unterstützungssignal: Lena reagiert auf *ne?* und gibt zu verstehen, daß sie die Sprecherrolle in diesem Fall nicht übernehmen will.
(22) *äh* [ɛː]: dient dem Sprecher zur Überbrückung einer Formulierungsschwierigkeit und ist insofern ein Fortsetzungssignal.
(23) *ja*: Parallel zu *äh* gesetztes Signal, das hier den Sprecher in seiner Sprecherrolle unterstützt.

Schon dieser kurze Dialogausschnitt hat deutlich gemacht, daß die gleichen Gliederungssignale im Dialog verschiedene Funktionen annehmen können, je nach der Stellung im Gesprächsverlauf und in der Sprecherwechselabfolge (vgl. *also* unter den Ziffern 10 und 14). Ferner ist zu beachten, daß diese Signale oft kombiniert auftreten und in ihrer Signalbedeutung zusammenwirken (vgl. 12/13: *ja, hör mal* und 18/19: *ja, ich mein'*).

8.1.2.2.2 Signale der Rollenverteilung im Dialog

Die einzelnen Beiträge, die einen Dialog bilden, werden von Sprecher- und Hörersignalen begleitet. Sprechersignale sind diejenigen Äußerungen eines Sprechers, mit denen dieser auf die Sprecherrolle Bezug nimmt, die er zur Zeit innehat (8.1.2.2.2.1). Sein Dialogpartner hat während der Sprechdauer des Sprechers die Hörerrolle inne, bleibt aber gleichwohl während dieser Zeit nicht stumm. Abgesehen von seinen nonverbalen Reaktionen auf die Dialogbeiträge des Sprechers (Zu- und Abwendung, Wechsel von An- und Wegblicken, Nicken, Kopfschütteln, Handzeichen ...) kann der Hörer mit seinen Hörersignalen im »Rückmeldekanal« dem Sprecher zu verstehen geben, ob er mit der Rollenverteilung im Dialog und der Wahrnehmung der Sprecherrollen durch den Dialogpartner einverstanden ist oder nicht. Von Hörersignalen spricht man also bei all denjenigen sprachlichen und parasprachlichen Äußerungen des Hörers, die sich auf die Rollenverteilung zwischen Sprecher und Hörer beziehen (8.1.2.2.2.2).

8.1.2.2.2.1 Sprechersignale

Die Sprechersignale lassen sich danach unterscheiden, ob der Sprecher sein Rederecht behalten oder an den Hörer abgeben will. Das erstere sind Fortsetzungs-, das letztere Schlußsignale.

(1) Fortsetzungsignale

Solche Signale kommen vom Sprecher hauptsächlich dann, wenn er mit seiner Sprechplanung in Formulierungsschwierigkeiten gerät oder eine »Redeeroberung« des Hörers abwehren will.

Eines der häufigsten Fortsetzungssignale ist *also,* das besonders an Gelenkstellen von Dialogbeiträgen gebraucht wird. In erzählenden Dialogbeiträgen, die sich nur dann entfalten können, wenn der Hörer (in der Rolle des »Zuhörers«) dem Sprecher (in der Rolle des »Erzählers«) ein gewisses Detaillierungsrecht zugesteht, kommen die Sprechersignale zur Aufrechterhaltung des Erzählflusses hinzu, vor allem *und da/und dann* (vgl. 3.1.4.6). Ausdrücklichere Fortsetzungssignale, oft nach einer Selbstunterbrechung, sind Ausdrücke wie *ich mein(e), ich glaub(e), ich find(e),* die als eingeschobene Ausdrücke vielfach Inversionsstellung haben: *mein' ich, glaub' ich, find' ich.*

Die Fortsetzungssignale können auch hörerbezogen sein und gleichzeitig dazu dienen, das Interesse des Hörers am Inhalt des Dialogbeitrags zu erhalten oder zu aktivieren. Solche Signale sind vor allem, mit steigender Intonation ausgesprochen: *weißt du, siehst du, verstehst du* mit den umgangssprachlichen Kurzformen *weißte, siehste, verstehste.* Die entsprechenden Distanzformen *wissen Sie, sehen Sie, verstehen Sie* kommen seltener vor. Es handelt sich bei diesen Sprechersignalen trotz der steigenden Intonation nicht um Frageformen, da entweder keine Antwort oder als Reaktion allenfalls ein Hörersignal im Rückmeldekanal erwartet wird.

Zur Überbrückung von momentanen Formulierungsschwierigkeiten und Wortfindungsproblemen dienen vor allem vokalische Lautäußerungen von unterschiedlicher Dehnung, die bei der Wiedergabe mündlicher Rede meistens durch solche Annäherungen wie *äh* [ɛː, ɛːː] oder *öh* [ə, əː, əːː] ausgedrückt werden. Man nennt solche Sprechersignale auch »gefüllte Pausen«, da sie dem Hörer signalisieren, daß der Sprecher trotz der Informationspause die Sprecherrolle (noch) zu behalten wünscht. Ausdrücklicher werden Schwierigkeiten der Wortfindung und Formulierung an solchen Zögerungsausdrücken kenntlich wie etwa *was soll ich sagen?* oder *wie soll ich mich ausdrücken?* Auch mit Ausdrücken der Vagheit kann sich ein Sprecher über eine momentane Ratlosigkeit hinweghelfen, beispielsweise mit den Adverbien *irgendwie/-wo/-was* oder mit formelhaften Wendungen wie *sagen wir mal* oder: *was weiß ich.*

(2) Beendigungssignale

Das einfachste Sprechersignal, das dem Hörer ein bevorstehendes Ende des Dialogbeitrags anzeigt, ist eine deutlich fallende Intonation, gegebenenfalls mit nachfolgender (nicht »gefüllter«!) Pause. Aber auch inhaltlich kann die Bereitschaft, die Rederolle abzugeben, zum Ausdruck gebracht werden, etwa durch Vagheitsanzeiger, die zu verstehen geben, daß der Vorrat an genaueren Informationen, die noch mitzuteilen wären, erschöpft ist. Solche Signale sind beispielsweise: *oder so, und so, und so weiter.* In Verbindung mit einer fallenden Intonation sind diese Sprecheräußerungen ziemlich sichere Signale dafür, daß nun das Rederecht an den Hörer gehen soll.

Dieser kann auch ausdrücklich animiert werden, von seinem Rederecht im Dialog Gebrauch zu machen. Das geschieht am deutlichsten durch Vergewisserungssignale, die mit steigender Intonation einer anderen Äußerung angehängt werden. Üblich sind beispielsweise:

nicht wahr?

klar?

oder?

oder (etwa) nicht?

gell? (süddeutsch)

verstanden?

meinen Sie nicht auch?

findste nich? (umgangssprachlich)

Es handelt sich auch hier trotz der steigenden Intonation (in der Standardschrift durch ein Fragezeichen wiedergegeben) nicht eigentlich um Fragen. Das Vergewisserungssignal soll zwar häufig eine bestätigende Antwort hervorlocken, dient aber in erster Linie dazu, dem Hörer einen Einstieg in die Sprecherrolle zu verschaffen.

8.1.2.2.2.2 Hörersignale

Die Hörersignale, die über den Rückmeldekanal an den Sprecher gelangen, sind ebenfalls von zweierlei Art, je nachdem ob mit ihnen ein Anspruch auf Übernahme der Sprecherrolle verbunden ist oder nicht. Wird dieser Anspruch nicht erhoben, so unterstützt der Hörer den Sprecher in seiner Rolle – was aber nicht notwendig auch inhaltliche Übereinstimmung mit seinen Ansichten bedeutet. Von anderer Art sind diejenigen Hörersignale, die der »Redeeroberung« dienen.

(1) Stützungssignale

Abgesehen von den sehr wichtigen nonverbalen Stützungssignalen (etwa aufmunterndes Kopfnicken), ist das häufigste Hörersignal zur Stützung des Sprechers in der Sprecherrolle ein konsonantischer, vokalisch nur schwach begleiteter Labialnasal, den man bei der Wiedergabe mündlicher Rede meistens mit *hm* oder *mhm* transkribiert. Gesprochen wird er einsilbig [ʔm, ʔmː] oder zweisilbig mit Betonung der zweiten Phonationsphase [ʔmʔḿ]. Mit beiden Varianten gibt dieses Hörersignal dem Sprecher über den Rückmeldekanal zu verstehen, daß seine Aufmerksamkeit für den augenblicklichen Dialogbeitrag anhält und daß der Sprecher somit in seiner Rede fortfahren kann.

Je nach der Phonation und Intonation, zumal in Verbindung mit anderen sprachlichen und nichtsprachlichen Signalen der Dialogsteuerung, kann der Hörer mit *hm* oder *mhm* aber auch Nuancen der Einstellung zu dem Gesagten vermitteln, von der Zustimmung (eher mit *mhm*) über viele Zwischenstufen bis zur Ablehnung (eher mit fallend intoniertem *hm*), was dann auch eine Übernahme der Sprecherrolle durch den Hörer vorbereiten kann.

(2) Übernahmesignale

Wünscht der Hörer seinerseits die Rederolle zu übernehmen, insbesondere bei abweichender Meinung, so wird er dem Sprecher, sofern es sich nicht um ein hitziges Streitgespräch handelt, nicht unvermittelt »in die Parade fahren«. Üblicher, zumindest aber höflicher ist es, die Übernahme der Sprecherrolle durch Übernahmesignale vorzubereiten, wobei wiederum nonverbale Signale (etwa eine zum Sprecher hin erhobene Hand) gleichfalls wichtige Funktionen haben.

Sprachliche Signale zum Zeichen des angestrebten Rederechts sind insbesondere solche appellativen Ausdrücke wie:

hör mal!	*schauen Sie!*
sieh mal!	*warten Sie mal!*
paß mal auf!	*einen Augenblick mal!*

Ausdrücklicher kann das Rederecht erbeten oder gefordert werden mit solchen Appellen wie:

/entschuldigen Sie, daß ich Sie unterbreche, aber . . ./

/darf ich vielleicht dazu bemerken, daß . . ./

/wenn Sie erlauben, möchte ich doch . . ./

/erlauben Sie bitte eine Zwischenfrage . . ./

/ich hätt' dazu mal 'ne Frage . . ./

Auch bei Signalen dieser Art sind Kombinationen mit anderen Gliederungssignalen (zum Beispiel: *also hör mal, ja schauen Sie*) nicht selten. Auf diese Weise kann der Sprecherwechsel im Dialog nuancenreich gesteuert werden.

8.1.3 Dialogpartikeln

Eine besondere Bedeutung für die Dialogsteuerung haben die Dialogpartikeln. Das sind kurze, invariante Sprachzeichen, die aber je nach ihrer Placierung im Dialog unterschiedlich gedehnt und intoniert sein können. Ihr Inventar wird im folgenden im einzelnen beschrieben.

(1) *ja*

Die häufigste Dialogpartikel ist *ja*. Die Dialogpartikel *ja* steht häufig als Einleitung eines Dialogbeitrags und bestätigt in dieser Stellung den bestehenden Gesprächskontakt sowie das Einverständnis mit der Rollenverteilung und dem Rollenwechsel im Dialog, beispielsweise am Telefon oder in einer Diskussionsrunde:

/Immobilien Krüger ÷ ja, guten Tag, (mein Name ist) Wenzel, ich rufe wegen der Zwei-Zimmer-Wohnung in Güstrow an/

/das Wort hat nun Herr Spiegel ÷ ja, ich darf vielleicht vorab bemerken, daß . . ./

Mit der Gliederungspartikel *ja* wird also oft nur ein unverbindlich positives Gesprächsklima unter den Dialogpartnern geschaffen; der Konsens ist eher atmosphärisch als argumentativ:

/nachher muß ich mit Herrn Sinkel noch den Monatsabschluß machen ÷ ja/

/jetzt habe ich schon wieder ein Kilo zugenommen ÷ ja, du mußt dich mehr bewegen/

Bestimmte Nuancen erhält dieser atmosphärische Konsens durch die Kombination mit anderen Sprachzeichen. Recht häufig ist beispielsweise die Kombination *ja also*; zum Vergleich:

/vielleicht möchten Sie zu dieser Kritik ein paar Worte sagen, Herr Fichte? ÷ ja, also, zu diesem Punkt kann ich nur eines bemerken, nämlich . . ./

/wo warst du denn gestern abend? ÷ ja, also, zuerst bei Freunden und dann noch . . ./

Lebhafte Zustimmung signalisiert *o ja*, begrenzte oder einlenkende Zustimmung *nun ja*, resignative Zustimmung *jaja*. Um einem erwartbaren Dissens oder Widerspruch vorzubeugen, sagt man (mit Nachdruck) *aber ja!* [- - -́].

(2) *naja, tja*

Die Dialogpartikeln *naja* und *tja* enthalten zwar in ihren Formen die Partikel *ja*, haben sich aber in ihren Bedeutungen von ihr entfernt.

Mit der Dialogpartikel *naja* [nají, nají:] wird der Dialogpartner angewiesen, das Gesagte nicht allzu wichtig zu nehmen und es aus dem Zentrum der Aufmerksamkeit zurückzuziehen. Damit ist nicht selten eine beschwichtigende oder resignative Konnotation verbunden. Auch kann mit *naja* eine abwartende, zögernde Einstellung signalisiert werden. Beispiele:

/ich kann heute leider nicht zu dir kommen, ich muß zum Arzt ÷ naja, da kann man nichts machen/

/ach, Herr Doktor (Beckmann), ich fühle mich im Frühjahr immer so schlapp ÷ naja, mal sehen, wir wollen zuerst mal den Blutdruck messen/

Eine skeptische, leicht zweifelnde Nuance kann gleichfalls mit *naja* zum Ausdruck kommen:

/ich verschreibe Ihnen hier ein Medikament zur Stärkung des Kreislaufs ÷ naja, das Mittel habe ich im letzten Jahr auch schon (ein-)genommen/

Die Dialogpartikel *tja* (mit Kurzvokal) hat eine ähnliche Bedeutung, zeigt jedoch nicht Beschwichtigung, sondern allenfalls Nachdenklichkeit und Unentschlossenheit an, zumal wenn es sich um einen unbeeinflußbaren Sachverhalt handelt. Beispiele:

/kann ich mit meinen Beschwerden trotzdem auf Reisen gehen? ÷ tja, das müssen wir noch abwarten/

/ich glaube, ich riskiere es einfach ÷ tja, das müssen Sie selber wissen/

(3) *ach, ah*

Die Dialogpartikeln *ach* und *ah*, die auch als Interjektionen gebraucht werden (vgl. 8.1.5), drücken Überraschung aus.

Die häufigere Form ist *ach* [aχ]. Mit ihr reagiert ein Dialogpartner auf einen für ihn unerwarteten Dialoginhalt. Die Überraschung kann sich auch auf ihn selber beziehen, wenn ihm etwa plötzlich etwas einfällt. Beispiele für beide Fälle:

/ich bin heute morgen beim Turnen auf den Hinterkopf gefallen ÷ ach, wie ist denn das passiert?/

/legen Sie sich ein paar Stunden ruhig hin; ach, ich gebe Ihnen vielleicht noch für alle Fälle ein Rezept für Kopfschmerztabletten mit ÷ gut, danke/

In der Kombination *ach was* verbindet sich mit der Überraschung eine Nuance des Herunterspielens oder sogar der Geringschätzung. *Ach so* drückt in Verbindung mit einem Überraschungsmoment Korrekturbereitschaft aus. Beispiele:

/die Rückenschmerzen werden durch die Krankengymnastik nur noch schlimmer ÷ ach was, das ist eine Täuschung am Anfang der Behandlung/

/die Bestrahlungen und die Massage müssen zusammenwirken ÷ ach so, das wußte ich nicht/

Die Dialogpartikel *ah* [a:] wird seltener gebraucht als *ach*. Sie drückt ebenfalls Überraschung aus, nicht selten mit einer freudigen Nuance:

/Ihre Röntgenaufnahme ist ohne Befund ÷ ah, das erleichtert mich/

Häufig ist die Kombination *ah ja* [ajá:], mit der man auf eine neue Information reagiert und dem Dialogpartner gleichzeitig mitteilt, daß man mit dem Verstehen nachkommt:

/die Blutwerte der Untersuchung erwarten wir erst nächste Woche vom Labor zurück ÷ ah ja, gut, ich rufe dann noch an/

Die stärkste Überraschung drückt *aha* [ahá] aus (»Aha-Effekt«). Zugleich besagt diese Dialogpartikel, daß die überraschende Information einen bestehenden Informationsmangel oder ein Unverständnis beseitigt hat:

/die Untersuchung hat ergeben, daß Ihre Beschwerden auf einen akuten Kalkmangel zurückzuführen sind ÷ aha!/

(4) *genau, eben, also*

Mehr noch als die Partikel *ja* drücken die Dialogpartikeln *genau* und *eben* ein Einverständnis mit den Äußerungen des Dialogpartners aus.

Bei der Partikel *genau* ist die angezeigte Übereinstimmung mit dem Sprecher partnerorientiert und bestätigt dessen Äußerungen ohne Einschränkung:

/haben Sie die Schmerzen hier? ÷ genau, Herr Doktor/

Die Dialogpartikel *eben* wird hingegen eher auf die eigene Erwartung und Vormeinung bezogen. Dadurch nimmt diese Partikel leicht eine etwas rechthaberische Konnotation an:

/die Leberschmerzen treten bei mir meistens nach einer reichlichen Mahlzeit auf ÷ eben, warum müssen Sie auch so üppig essen!/

Als Dialogpartikel dient auch die Form *also,* sofern sie in betonter Form einen Sprecherwechsel markiert. Man gebraucht sie vor allem an Gelenkstellen argumentativer Dialoge, um eine Äußerung des Dialogpartners, insbesondere ein Gegenargument, in den Dienst der eigenen Argumentation zu stellen:

/meine Hautallergie hat wieder zugenommen ÷ haben Sie viel in der Sonne gelegen? ÷ ja, gestern ÷ also, dann ist das kein Wunder/

Durch die Kombination *na also* deutet ein Dialogpartner an, daß ein erhoffter und erwarteter Sachverhalt endlich eingetreten ist.

/Frau Doktor, mit der neuen Lesebrille kann ich vorzüglich sehen ÷ na also!/

(5) *gut, schön*

Die ziemlich gleichbedeutenden Dialogpartikeln *gut* und *schön* (die erstere kommt etwas häufiger vor) drücken eine partielle Übereinstimmung mit einem Beitrag des Dialogpartners aus. In argumentativen Sprachspielen wird mit diesen Partikeln oft ein Sachverhalt bestätigt, ohne daß sich der Konsens auch auf die daraus zu ziehenden Folgerungen erstreckt. Häufig folgt auf *gut* und *schön,* entweder sofort oder nach einem Einschub, ein Gegenargument, das mit *aber* eingeleitet wird.

/ich mag diese salzlose Diät nicht mehr! ÷ gut, ich kann das ja verstehen, aber wie wollen Sie sonst Ihren hohen Blutdruck senken?/

/ich habe heute 38(°) Fieber ÷ dann sollten Sie unbedingt im Haus bleiben ÷ das halte ich nicht aus ÷ schön, (aber) dann werden Sie morgen 40(°) Fieber haben/

Häufig sind auch die Kombinationen *na gut* und *na schön* zu hören, mit denen man in einem argumentativen Sprachspiel einlenken kann. Idiomatisch ist die Verbindung *(das ist ja) gut und schön* (oder: *schön und gut*), die nach einer partiellen Zustimmung auf eine bevorstehende Gegenrede vorbereitet:

/du solltest mit deiner Migräne wirklich zu einem Neurologen gehen ÷ na gut (oder: *na schön*), *wenn du mich dann endlich in Ruhe läßt/*

/Tabletten schlucken, (das ist ja alles) gut und schön, aber man muß das Übel doch von der Wurzel her kurieren/

Aufforderungen werden ebenfalls oft mit *gut* oder *schön* quittiert. In diesem Fall sind diese Dialogpartikeln gleichzeitig Signale für das Ende des Dialogs:

/nehmen Sie von diesem Hustensaft dreimal täglich einen Eßlöffel! ÷ gut/

/melden Sie sich bei Ihrer Firma für drei Tage krank! ÷ schön/

(6) *nein, doch*

Die Negations-Morpheme *nein* und *doch* (vgl. 8.2) können auch als Dialogpartikeln gebraucht werden. Sie zeigen eine Änderung der Geltung an, *nein* (umgangssprachlich auch *nee*) gegenüber einer affirmativen, *doch* gegenüber einer negativen Äußerung des Dialogpartners. Beide Partikeln können verdoppelt und durch vorangestelltes *oh* im Sinne eines Erstaunens oder durch *aber* als Alteritätssignal nuanciert werden, wobei zwischen *aber* und *doch* allerdings ein *ja* eingeschoben wird: *aber ja doch!* [– – ́ –]. Beispiele:

/die Bären-Apotheke hat heute Sonntagsdienst ÷ nein, die Löwen-Apotheke/

/dieses Schlafmittel ist doch sicher frei verkäuflich, nicht wahr? ÷ o nein, das ist leider rezeptpflichtig/

/hol mir mal eben aus der Drogerie ein paar Vitamintabletten! ÷ nee, die hol dir mal selber!/

Das letzte Beispiel zeigt, wie die Dialogpartikel *nein* (hier umgangssprachlich etwas weniger schroff: *nee*) eine Handlungsaufforderung abwehrt.

Die Dialogpartikel *doch* reagiert auf einen negativ gefaßten Dialogbeitrag und behauptet gegen dessen Negation die entsprechende Affirmation. Die negative Feststellung soll nicht gelten. Die Partikel *doch* wird auch gesetzt, wenn die voraufgehende Äußerung zwar affirmativ gefaßt ist, aber eine negative Folgerung erwarten läßt (= implizite Negation). Beispiele:

/der Zahn muß hoffentlich nicht gezogen werden? ÷ leider doch/

/die anderen Zähne sind hoffentlich noch alle in Ordnung? ÷ doch, da kann ich Sie ganz beruhigen/

Mit der Dialogpartikel *doch* kann auch einer negativen Aufforderung (einem Verbot) trotzig begegnet werden:

/iß nicht soviel Süßigkeiten, das ist schlecht für die Zähne! ÷ (ich tue das) doch, ich mag die so gerne/

8.1.4 Modalpartikeln

Modalpartikeln sind textuelle Kontaktsignale. Sie dienen nicht ausdrücklich der Steuerung des Sprecherwechsels im Dialog, sind aber gleichwohl stark partnerbezogen und werden zwar nicht ausschließlich, aber doch vorzugsweise im mündlichen Sprachverkehr gebraucht. Durch Modalpartikeln gibt der Sprecher seinem Hörer insbesondere zu verstehen, wie die Geltung einer Feststellung »modalisiert«, das heißt, flexibel in den Kontext oder in die Situation eingebunden werden kann.

Modalpartikeln sind als Sprachzeichen invariant. Im Unterschied zu den Dialogpartikeln können sie nicht als Antwort auf eine Frage gebraucht werden. Ihr üblicher Platz ist im Mittelfeld der Verbalklammer. Wir beobachten zunächst einige der wichtigsten Modalpartikeln in einem Text (8.1.4.1) und beschreiben dann ihre Bedeutungen im einzelnen (8.1.4.2).

8.1.4.1 Modalpartikeln in einem Text

Der nachfolgende Text ist ein Dialog zwischen einer Mutter und ihrer erwachsenen Tochter Johanna/Hanna am Frühstückstisch. Der Dialog, der in seinem Ablauf auch durch zahlreiche Dialogpartikeln reguliert wird, hat einen scherzhaft-ironischen Duktus, der von der Mutter ausgeht. Die Modalpartikeln (nicht die Dialogpartikeln!) sind unterstrichen und fortlaufend numeriert:

TEXT:

Mutter *Ah, ich hab gut geschlafen heute.*

Johanna *Weißt du, ich hab Alpträume mit 'm Skifahren.*

Mutter *Das glaub ich.*

Johanna *Ich nehme heute gern nach ... Morgen früh um acht ist die Lore vor uns vor 'm Haus, weil die* doch (1) *Winterreifen hat, und ich kann* doch (2) *mit 'n Sommerreifen nich in die Stadt fahren, nich?*

Mutter *Och, in die Stadt* wohl (3) schon (4), *aber nicht auf den Berg, nich?*

Johanna *Neenee, weißt du, ich hab* ja (5), *ich kann* ja (6) *hab* ja (7) auch (8) *keine Möglichkeit, die Skier an 's Auto anzubringen.*

Mutter *Ach so.*

Johanna *Während die Lore Skihalterungen hat. Und da werden wir die Skier abholen.*

Mutter *Du, Hanna, hier der Rock gehörte* wohl (9) *der Mutter, gell?*

Johanna *Mm.*

Mutter *Nein?*

Johanna *Mm.*

Mutter *Doch, das war aber einmal ein großer Rock; das ist nicht . kein Minirock. Willst* mal (10) *sehen? ... Ja, bitte, hier, ja bitte, guck* doch (11) mal (12)! *Hier, das ist* doch (13) *schon ein alter Rock*

TEXTGRAMMATISCHER KOMMENTAR:

(1/2) *doch*: Die Tochter aktiviert bei der Mutter ein nicht mehr präsentes Vorwissen, demzufolge wohl die Freundin Lore, nicht aber sie selber Winterreifen am Wagen hat. So kann Johanna also im Winter bei Schnee und Eis ihren Wagen nicht benutzen. Mit dem zweimaligen Gebrauch der Modalpartikel *doch* weist Hanna die Mutter darauf hin, daß ihr die Sachverhalte des Nichthabens und Nichtkönnens eigentlich bekannt sein müßten. Damit wird zugleich möglichen daraus resultierenden Einwänden vorgebeugt.

(3/4) *wohl schon*: Partikel-Kombination, die im Zusammenwirken den Zweck hat, der letzten Negativ-Äußerung der Tochter *(kann nicht fahren)* eine partielle Affirmation entgegenzusetzen. Die Partikel *wohl* hat eine eingeschränkt affirmative Bedeutung, die durch die Partikel *schon* überdies als erwartbar gekennzeichnet wird.

(5/6/7) *ja*: Mit *ja* zeigt Johanna an, daß der Inhalt ihrer Äußerung der Mutter bereits bekannt sein muß.

(8) *auch*: Mit *auch* führt Johanna ein ergänzendes Argument an, warum ihr Auto in diesem Fall ungeeignet ist. Durch die Kombination mit *ja* (7) stellt sie dieses Argument gleichzeitig als auch der Mutter bekannt dar.

(9) *wohl*: Auch hier schränkt die Sprecherin die Gültigkeit ihrer Äußerung ein, sie äußert nur eine Vermutung. Daneben führt die Verwendung von *wohl* (neben der

gewesen, aber sieht natürlich wie neu aus. Hm? Siehst du? Bestimmt der Mutter gehört und das will sie eben (14) *nicht tragen.*

Johanna *Hm. Weiß nich.*

Mutter *Na, immerhin ist er sehr schön.*

Johanna *Mhm.*

Mutter *Ja, was machen wir bloß* (15) *heute? Backen für morgen? Was meinst du? Was soll ich backen?*

Johanna *'n Hausgang mal* (16) *staubsaugen!*

Mutter *Mach ich, mach ich, Johanna.*

Johanna *Ja, morgen kommt ja* (17) *der Herr Fahrner, ne?*

Mutter *Ja, der kommt morgen. Bin ich ja* (18) *neugierig.*[1]

Dialogpartikel *gell*) dazu, daß die Äußerung als Frage zu verstehen ist.

(10) *mal*: Mit dieser Modalpartikel spielt die Mutter die Bedeutung des »Beweisstückes« Rock herunter. Es soll ja deswegen keinen wirklichen Streit geben.

(11/12) *doch mal*: Partikel-Kombination mit unterschiedlichem Modalwert ihrer Teile. Die Partikel *mal* setzt hier die Intention des Herunterspielens (vgl. [10]) fort und ist nun, bezogen auf die Aufforderung *guck!*, noch wichtiger als in der voraufgehenden Frage. Die Modalpartikel *doch* reagiert auf die »Bockigkeit« der Tochter.

(13) *doch*: Die Partikel *doch* setzt den voraufgehenden Gebrauch der gleichen Partikel fort.

(14) *eben*: Mit dieser Modalpartikel wird ein Sachverhalt als offensichtlich und weithin geltend dargestellt. Die Mutter kostet ihre argumentative Überlegenheit genüßlich aus.

(15) *bloß*: Diese Partikel betont die Dringlichkeit der Frage; die Fragende ist wirklich ratlos.

(16) *mal*: Der Vorschlag stellt eine Zumutung dar, daher die abschwächende, ins Beiläufige verweisende Partikel.

(17) *ja*: Die Partikel unterstreicht, daß der Sachverhalt beiden Dialogpartnern bekannt ist.

(18) *ja*: In diesem Fall gebraucht die Mutter die gleiche Partikel mit ironischer Intention. Sie fingiert Bekanntheit, die im Kontrast zu dem Adjektiv *neugierig* steht.

In diesem Dialog zeigt sich deutlich, daß alle Modalpartikeln kontext- und situationsabhängig zu interpretieren sind. Sie wirken oft mit Dialogpartikeln und anderen Signalen der Dialogorganisation (zum Beispiel Adverbien) zusammen und sind im Text die wichtigsten Vermittler von

1) *Texte gesprochener deutscher Standardsprache*, erarbeitet im Institut für deutsche Sprache, Forschungsstelle Freiburg i. Br., Bd. III, München 1975, S. 73. (Nach Anhören der Bänder ergänzt und in der Transkriptionsweise modifiziert.)

Einstellungen, Erwartungen und den verschiedensten Konnotationen. Die Beherrschung ihrer Gebrauchsbedingungen komplettiert die Sprachkompetenz durch eine Nuancenkompetenz.

8.1.4.2 Die Modalpartikeln und ihre Bedeutungen

Auch für die Modalpartikeln gilt, daß jede von ihnen als Sprachzeichen eine einzige Bedeutung hat. Diese differenziert und nuanciert sich jedoch, wie das bei allen Sprachzeichen der Fall ist, nach den Determinanten des Kontextes und der Situation. Wir fassen bei der nachfolgenden Bedeutungsbeschreibung einzelne Modalpartikeln zu semantischen Gruppen zusammen.

(1) *ja*

Die Modalpartikel *ja* ist eine sehr häufig gebrauchte Form. Sie zeigt dem Hörer an, daß er den Sachverhalt als bekannt ansehen soll. Die Bedeutung der Partikel kann demnach mit dem semantischen Merkmal ⟨BEKANNT⟩ beschrieben werden. Beispiele:

(Situation: die erste Schulstunde nach den Ferien)
/nun wollen wir mal wieder mit der Arbeit anfangen, ihr habt euch ja bestimmt alle in den Ferien gut erholt/

/in der sechsten Stunde habt ihr frei, da ist Lehrerkonferenz ÷ wir haben ja heute sowieso nur fünf Stunden!/

Im ersten Beispiel appelliert der Lehrer mit der Partikel *ja* an ein plausibles Vorwissen, das er mit den Schülern teilt. Im zweiten Beispiel wird er selber von den Schülern an ein Wissen erinnert, das er eigentlich zur Verfügung haben sollte.

Aus der Bedeutung ›bekannt‹ folgt, daß die Modalpartikel *ja* mit Fragen (die immer einen Informationsmangel signalisieren) nicht kompatibel ist. Hingegen findet man diese Partikel sehr oft in Kombination mit der (kausalen) Konjunktion *da,* die einen ›bekannten Grund‹ angibt (vgl. 7.3.7.2):

/da ihr ja von diesem Schuljahr an zwei Fremdsprachen habt, könnt ihr diese Sprachen auch miteinander vergleichen/

Auch eignet sich die Partikel *ja* gut für Ausrufe, zum Beispiel wenn man überraschenderweise einen Bekannten trifft:

/*ach, schau mal, da ist ja unser alter Lehrer!*/

Die Partikel *ja* ist sehr kombinationsfreundlich, wobei ihr alle anderen Partikeln üblicherweise nachfolgen:

/*das ist ja* — *auch* / *doch* / *mal* / *überhaupt* / *eigentlich* / *wohl* / *schon* — *ziemlich interessant*/

Mit der bisher beschriebenen Bedeutung und Verwendung hat die Modalpartikel *ja* immer einen kurzen Vokal. In einer besonderen Variante jedoch, nämlich als betonte Partikel und mit langem Vokal, kommt *ja* in Aufforderungen vor und verleiht dann einer Aufforderung (als Gebot oder Verbot) eine drängende oder drohende Konnotation. Beispiele:

/*seid ja* [já:] *morgens immer pünktlich!*/

/*laßt euch ja* [já:] *nicht in der Turnhalle blicken, wenn ihr keinen Sportunterricht habt!*/

Die drängende oder drohende Nuance kommt dadurch zustande, daß den Adressaten implizit die ›bekannten‹ Sanktionen angedroht werden. Mit dieser Variante ähnelt *ja* der Modalpartikel *bloß* (s.u. Ziffer 10). Die fachsprachliche Variante von *ja* lautet *bekanntlich.* Beispiel:

/*der Julianische Kalender wurde bekanntlich durch den Gregorianischen Kalender abgelöst*/

(2) *doch*

Die Partikel *doch* ist die am häufigsten gebrauchte Modalpartikel der deutschen Sprache. Mit *doch* signalisiert der Sprecher (wie mit *ja*) ›Bekanntheit‹, aber diese Bekanntheit reicht zur Handlungssteuerung nicht aus, und die Äußerung bedarf einer Korrektur. Wir beschreiben daher die Bedeutung der Modalpartikel *doch* mit den zwei semantischen Merkmalen ⟨BEKANNT⟩ und ⟨WENDUNG⟩. Beispiele:

/wir sprechen heute über Manipulation durch Werbung ÷ darüber haben wir doch schon im Sozialkundeunterricht gesprochen!/

/als Schulaufgaben für morgen schreibt ihr . . . ÷ wir haben doch morgen Klassenausflug!/

In beiden Fällen appellieren die Schüler beim Lehrer an ein Wissen, über das er verfügt oder nach ihrer Auffassung verfügen sollte; damit verbindet sich jedoch ein Ansinnen an den Lehrer, sein Verhalten zu ändern, also etwa das Thema zu wechseln oder die Aufgaben zurückzunehmen. Mit dieser zweifach akzentuierten Bedeutung hat *doch* oft eine vorwurfsvolle Konnotation, die der Äußerung dann einen (leicht) exklamativen Ausdruck geben kann:

/wann bekomme ich endlich von dir die Projektarbeit? ÷ die habe ich doch längst abgeliefert!/

Hier wird, wie es oft geschieht, mit *doch* an ein vergessenes Wissen erinnert; die Partikel ist dann, positiv ausgedrückt, eine Einladung, sich zu erinnern.

Aufforderungen mit *doch* richten sich oft gegen eine offensichtliche bestehende Tätigkeit oder Untätigkeit, von der sich der Hörer im Sinne des Gebots oder Verbots abkehren soll:

/holt doch endlich eure Bücher!/

/laßt euch doch nicht immer durch das Geschrei ablenken!/

Fragen mit *doch* sind Vergewisserungsfragen (keine Inversion!); sie erfragen einen ungewissen Sachverhalt; die Antwort wird dann eher positiv als negativ erwartet.

/ihr habt doch heute alle eure Schularbeiten gemacht? ÷ natürlich, wie immer/

/wir haben doch schon die Mecklenburgische Seenplatte durchgenommen, nicht wahr? ÷ nein, als Sie neulich damit anfangen wollten, schellte es doch gerade zur Pause!/

Die Modalpartikel *doch* steht oft auch im Dienste der Ironie, wenn nämlich zum Schein an ein Vorwissen erinnert wird:

/du bist doch der schlaueste Schüler der Klasse, weißt du auch, wann . . .?/

Die Kombinationsfreundlichkeit der Partikel *doch* ist ebenso groß wie bei *ja,* man findet jedoch bei *doch* mehr Partikeln in der Voranstellung als vor *ja*:

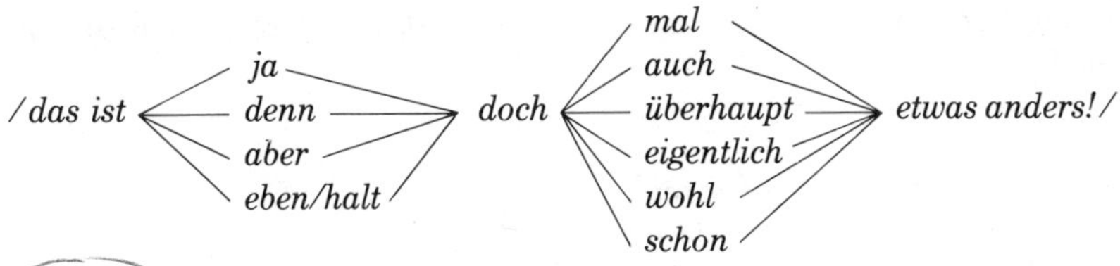

(3) *auch*

Mit der Modalpartikel *auch* stellt der Sprecher meistens eine Verbindung zu einer voraufgehenden Äußerung her. Es kann sich dabei um einen Beitrag des Dialogpartners oder um eine eigene Äußerung handeln. Die Partikel *auch* kennzeichnet diesem gegenüber einen Zusatz, der gleichwohl im Prinzip bekannt und insofern erwartbar ist. Wir beschreiben ihre Bedeutung daher mit den semantischen Merkmalen ⟨BEKANNT⟩ und ⟨ERGÄNZUNG⟩. Beispiele:

/du hast aber oft im Unterricht gefehlt! ÷ ich war aber dieses Jahr auch oft krank!/

Dies ist ein überraschender (*aber!*) Zusatz zu einer im Prinzip beiden Dialogpartnern bekannten Information. Weitere Beispiele:

/der Sprachlehrfilm war ziemlich langweilig ÷ das habe ich euch doch auch vorher gesagt!/

/das Sprachlabor wird von unserer Lehrerin fast nie benützt ÷ dafür wird sie wohl auch ihre Gründe haben/

In Fragen stellt *auch* eine Verbindung zu einer bestimmten Erwartung des Fragenden her. Die – positive oder negative – Antwort wird damit vorgesteuert. Beispiele:

/wenn ich dir den Videorecorder ausleihe, gehst du dann auch vorsichtig damit um? ÷ ja, bestimmt/

/wirst du ihn auch nicht weiterverleihen? ÷ nein, bestimmt nicht/

Oft sind Fragen mit *auch,* wenn sie aus einem gemeinsamen Wissensbestand nur eine zusätzliche Folgerung ziehen, rhetorische Fragen:

/mein Gott, ist das kalt heute! ÷ warum gehst du auch ohne Mantel auf den Schulhof?/

Hinsichtlich der Kombination mit anderen Modalpartikeln sind bei *auch* wenig Grenzen gesetzt, doch stehen die meisten anderen Partikeln vor *auch*:

/ein Lehrer braucht { *ja* / *aber* / *doch* / *wohl* / *eben/halt* / *schon* } *auch* { *mal* / *überhaupt* } *Ferien/*

Hinzu kommen in Fragen die Kombinationen:

/ist das { *denn* / *eigentlich* } *auch richtig?/*

(4) *eben, halt*

Die Modalpartikeln *eben* und *halt* haben die gleiche Bedeutung, die mit dem Merkmal ⟨ERWARTUNG⟩ beschrieben werden kann. Durch die Bedeutung dieser Modalpartikeln kann der Sprecher einer Feststellung den Charakter eines offensichtlich erwartbaren Sachverhalts verleihen. Beispiele, zunächst für *eben:*

/trotz meiner Krankheit mußte ich in der vergangenen Woche die Klassenarbeit mitschreiben ÷ dies ist eben ein strenges Gymnasium/

/heute morgen habe ich wieder den Autobus verpaßt ÷ dann steh eben nächstens früher auf!/

Wenn einer der Dialogpartner eine Äußerung mit Hilfe von *eben* als erwartbar charakterisiert, ohne daß sie es für den andern tatsächlich ist, nimmt diese Modalpartikel eine rechthaberische Note an und klingt manchmal etwas »naseweis«:

/mir fällt es immer so schwer, morgens aufzustehen ÷ du bist eben für das harte Arbeitsleben viel zu zart!/

Im Unterschied zu *eben* hat die Modalpartikel *halt* einen dialektalen Einschlag. Sie ist vorwiegend im süddeutschen Sprachraum heimisch. Mit der dialektalen Färbung ist *halt* weniger rechthaberisch. Ein Appell an die Erwartung mit *halt* wiegt daher weniger schwer und nimmt manchmal - auch außerhalb des süddeutschen Sprachraums - eine etwas resignative Konnotation an. Beispiele:

/*ich konnte den Text leider nicht vorbereiten ÷ dann kannst du halt heute nicht mitdiskutieren*/

/*die einen lernen, die anderen nicht ÷ jaja, das ist halt so!*/

In Aufforderungen ist fast nur *halt* gebräuchlich:

/*wenn dich die Schule langweilt, (dann) denk halt schon an das Wochenende!*/

Die Modalpartikeln *eben* und *halt* kommen nicht in Fragen vor. Sie lassen die Kombination mit fast allen anderen Partikeln zu. Unüblich sind nur Kombinationen mit *etwa* und *vielleicht.* Viele Partikeln können sowohl vor als auch nach *eben/halt* stehen.

(5) *wohl, schon*

Die Modalpartikeln *wohl* und *schon* dienen beide dazu, die Geltung einer Äußerung abzuschwächen. Der Bedeutung beider Partikeln kann daher das semantische Merkmal ⟨EINSCHRÄNKUNG⟩ zugewiesen werden. Die Partikel *wohl* hat nur diese Bedeutung, eine Einschränkung der Aussage auszudrücken.

/*wo ist denn die Landkarte von Mitteleuropa? ÷ die ist wohl noch in der Nachbarklasse*/

/*und wer hat den Globus gesehen? ÷ der ist wohl schon wieder kaputt*/

Fragen mit *wohl* zielen weniger auf ein gesichertes Wissen, sondern eher auf Vermutungen oder ungesicherte Meinungen:

/*warum haben die Menschen wohl so lange geglaubt, daß die Sonne sich um die Erde dreht?*/

/*was hat Kopernikus wohl bewogen, das ptolemäische Weltbild umzustoßen?*/

Aber auch Antworten können durch *wohl* abgeschwächt werden, etwa wenn man von seinem Wissen nicht viel Aufhebens machen will:

/ich weiß das wohl, aber . . ./

Vorwürfe können gleichfalls mit *wohl* abgeschwächt werden:

/du bist wohl (total) verrückt!/

Bei der Bedeutung der Modalpartikel *schon* [ʃoːn, ʃɔn] tritt zum semantischen Merkmal ⟨EINSCHRÄNKUNG⟩ noch das Merkmal ⟨FRÜHER⟩ hinzu. Beispiele:

/ich habe ziemlich viel Angst vor dem Abitur ÷ keine Sorge, das wirst du schon schaffen/

/ist die Prüfung sehr schwer? ÷ nein, aber etwas Mühe solltest du dir schon geben/

In beiden Beispielen liegt eine partielle Einschränkung vor, die zugleich als Minderung der erwarteten Besorgnisse zu verstehen ist.

Aufforderungen mit *schon* kennzeichnen die Tätigkeit, zu der aufgefordert wird, zusätzlich als weniger zeitaufwendig, als zu erwarten ist. Es geht nur um eine Kleinigkeit, um so weniger ist ein Zögern zu verstehen. Daher haben Aufforderungen mit *schon* oft Ungeduld an sich:

/na, nun komm schon an die Tafel!/

/laß uns nicht so lange warten, sag schon, was du bei der Aufgabe herausgekriegt hast!/

Fragen mit *schon* zeigen ihre Einschränkung und Herabstufung des fraglichen Sachverhalts darin, daß sie oft gar keine Antwort verlangen. Sie werden durch diese Partikeln zu rhetorischen Fragen:

/ich hatte mit einem Diktat gerechnet, und nun sollten wir plötzlich einen Aufsatz schreiben: wer denkt schon an so etwas!/

Hinsichtlich der Kombinierbarkeit verhalten sich *wohl* und *schon* ziemlich gleich. Die meisten Modalpartikeln stehen kombiniert mit *wohl* oder *schon* in der Voranstellung:

/das mußt du dir < *ja / doch / denn / aber* > [*wohl / schon*] < *mal / auch / überhaupt* > *gut überlegen/*

(6) *denn*

Die Modalpartikel *denn,* in enklitischer Stellung umgangssprachlich bisweilen zu *'n* verkürzt, hat eine ziemlich hohe Frequenz in der deutschen Sprache, hauptsächlich in Fragen. Wir beschreiben ihre Bedeutung mit Hilfe des semantischen Merkmals ⟨RELIEF⟩. Von der gleichlautenden und gleichbedeutenden Konjunktion *denn* (vgl. 7.3.7.4) unterscheidet sich die Partikel *denn* in erster Linie durch ihre Vorkommens- und Stellungsbedingungen.

In Fragen gebraucht man die Modalpartikel *denn* hauptsächlich, um in einer sonst relativ unauffälligen Situation eine Lücke auffällig zu machen. Dadurch gibt man der Frage Relief. Zum Vergleich:

EINFACHE FRAGE	RELIEF-FRAGE
/wo kommst du her?/	*/wo kommst du denn her?/*

Die Frage der linken Spalte drückt ein schlichtes Informationsbedürfnis aus. Gibt man der Frage jedoch ein Relief wie in der rechten Spalte, so muß in der Situation etwas vorgefallen sein (etwa eine vorzeitige Rückkehr), was zu dieser Frage besonderen Anlaß gibt. Weitere Beispiele:

(Situation: eine neue Schülerin ist in der Klasse)
/wer bist du [´] denn?/

/wo warst du denn früher?/

(Situation: ein Schüler hat ein Pflaster auf der Stirn)
/mit wem bist du denn zusammengestoßen?/

/hast du denn nicht aufgepaßt?/

(Situation: ein Schüler trägt zum erstenmal eine Brille)
/was schaut ihr mich denn so neugierig an?/

/habt ihr denn noch nie eine Brille gesehen?/

(Situation: eine Schülerin hat ein neues Fahrrad)
/was ist denn das für eine Marke?/

/willst du denn eine Rennfahrerin werden?/

Es kann sich in diesen Fällen auch um eine Kontrastsituation handeln:
/du bist aber nicht sehr sportlich! ÷ du [´] denn?/

Mit einer *denn*-Frage kann man auch auf eine unauffällig dargebotene Vorinformation reagieren, um sie als auffällig unbefriedigend zu charakterisieren. In diesem Fall ist *denn* betont:

/wenn du hier nicht Schülerin bist, was bist du denn [´]*?/*

/am Unterricht willst du nicht teilnehmen, was willst du denn [´] *(tun)?/*

Gerne verbindet sich *denn* mit einigen anderen Modalpartikeln, die nachgestellt sind:

/seid ihr denn — *etwa* / *auch* / *überhaupt* — *beurlaubt?/*

Rhetorische Fragen lassen gleichfalls die Partikel *denn* zu:

/war das denn alles wirklich nötig!/

Außerhalb von Fragesituationen kommt die Modalpartikel *denn* seltener vor, gibt aber in ambivalent verstehbaren Kontexten ihre Relief-Bedeutung ebenfalls gut zu erkennen:

/sein Verhalten empfinde ich denn doch als eine ziemliche Dreistigkeit/

/von dem lasse ich mich in Zukunft nicht mehr nach Hause bringen, es sei denn, er . . ./

Der Ausdruck *es sei denn(, daß)* mit nachfolgendem Indikativ oder Konjunktiv ist stereotyp; er bezeichnet eine ganz andere Alternative, die noch Aufmerksamkeit verdient. Archaisch-poetisch klingt eine Aufforderung mit der Kombination *so – denn,* zum Beispiel in einem berühmten Gedicht von Matthias Claudius:

/so legt euch denn, ihr Brüder, in Gottes Namen nieder!/

(7) *etwa, eigentlich, überhaupt*

Die Modalpartikeln *etwa, eigentlich* und *überhaupt* finden sich besonders häufig in Fragen. Die Partikel *etwa* fügt der Frage eine Nuance der Überraschung hinzu. Als semantisches Merkmal dient entsprechend: ⟨ÜBERRASCHUNG⟩. Beispiele:

/alle haben die Rechenaufgaben richtig gelöst; seid ihr nun allesamt gute Mathematiker, oder waren die Aufgaben etwa zu leicht?/

/die nächste Aufgabe muß mit dem Pythagoras gelöst werden, oder habt ihr den etwa schon wieder vergessen?/

Fragen mit *etwa* können leicht einen vorwurfsvollen Ton annehmen:

/findet ihr etwa Mathematik nicht schön?/

/Mathematik ist ein herrliches Fach, oder etwa nicht?/

Eine solche Nuance hat die Modalpartikel *eigentlich* nicht. Sie instruiert den Hörer über einen anstehenden Themawechsel (semantisches Merkmal: ⟨WENDUNG⟩):

/wenn wir uns jetzt einmal die römischen Zahlen ansehen: was konnten die Römer eigentlich damit rechnen und was nicht?/

/was ist eigentlich durch die Erfindung der Null in der Mathematik verändert worden?/

Die Modalpartikel *eigentlich* ist in ihrem Gebrauch nicht an Fragesituationen gebunden und kann auch in anderen Kontexten einen Themawechsel anzeigen:

/was ich eigentlich noch sagen wollte: die Erfindung der Mengenlehre durch Cantor ist . . ./

/seitdem es Taschenrechner gibt, sind wir eigentlich auf die Logarithmentafel nicht mehr angewiesen/

Mit der Modalpartikel *überhaupt*, die gleichfalls besonders gerne in Fragen gebraucht wird (vgl. jedoch auch die Negationsverstärkung *überhaupt nicht* – 8.2.2.1.2), ruft man eine begründende und gegebenenfalls rechtfertigende Antwort ab. Das semantische Merkmal lautet dementsprechend: ⟨BEGRÜNDUNG⟩. Beispiele:

/wo verläuft denn überhaupt die Grenze zwischen der organischen und der anorganischen Chemie?/

/kann denn der Walfisch überhaupt zu den Fischen gerechnet werden?/

Die Kombinatorik mit anderen Modalpartikeln ist bei *etwa, eigentlich* und *überhaupt* begrenzt. Oft findet man jedoch in Fragen die Kombinationen *denn etwa, denn eigentlich* und *denn überhaupt.*

(8) *aber, vielleicht*

Die Modalpartikel *aber* tritt hauptsächlich in Ausrufen auf, die Partikel *vielleicht* findet man ebenfalls in Ausrufen und außerdem noch in rhetorischen Fragen.

Mit der Partikel *aber* drückt der Sprecher seine positive oder negative Überraschung darüber aus, daß ein Sachverhalt sich anders darstellt als erwartet. Wir beschreiben die Bedeutung dieser Partikel mit den semantischen Merkmalen ⟨ÜBERRASCHUNG⟩ und ⟨WENDUNG⟩. Beispiele:

/heute verläuft die Diskussion aber ziemlich lebhaft!/

/gut, daß ihr den Fehler bemerkt habt, da habt ihr aber gut aufgepaßt!/

/das ist aber schön!/

Äußerungen mit der Partikel *aber* drücken eher eine neutrale oder positive Überraschung aus, während man die Partikel *vielleicht* (nicht zu verwechseln mit dem Geltungs-Adverb *vielleicht* – vgl. 6.4.4.1), deren Bedeutung wir mit den gleichen semantischen Merkmalen beschreiben, eher bei einer negativen Überraschung verwendet. Zum Vergleich:

POSITIVE ÜBERRASCHUNG	NEGATIVE ÜBERRASCHUNG
/diesmal sind die Klassenarbeiten aber wirklich gut ausgefallen!/	*/diesmal sind die Klassenarbeiten vielleicht schlecht ausgefallen!/*

Im Bereich der rechten Spalte wäre auch *aber* möglich, nicht jedoch umgekehrt. Weitere Beispiele:

/das ist ja vielleicht ein kompliziertes Experiment!/

/glaubt ihr vielleicht, das Experimentieren sei so leicht wie Kaffeekochen?/

Im letzten Beispiel suggeriert die Modalpartikel *vielleicht* eine negative Antwort: *natürlich nicht.*

Die Partikel *vielleicht* wird verhältnismäßig wenig mit anderen Partikeln kombiniert (außer mit *denn*). Bei *aber* findet man vor allem: *ja aber, aber mal, aber auch, aber doch, aber wohl, aber schon* und *aber überhaupt.*

(9) *mal*

Die Modalpartikel *mal*, die in mündlichen Sprachspielen eine sehr hohe Frequenz hat, dient dazu, die Dringlichkeit einer Frage oder Aufforderung herunterzuspielen. Beim schriftlichen Sprachverkehr gilt *mal* als nicht ganz normgerecht und wird häufig in der Form *einmal* rephrasiert. Diese darf dennoch nicht mit dem Kardinal-Adverb *einmal* verwechselt werden (vgl. 4.5.2.3.1.1). Wir beschreiben die Bedeutung der Modalpartikel *mal* mit dem semantischen Merkmal ⟨UNAUFFÄLLIGKEIT⟩. Damit soll zum Ausdruck gebracht werden, daß ein Sachverhalt, der im Kontext mit *mal* steht, seine scharfen Konturen verliert und eine vage, verwischte Horizont-Bedeutung annimmt. Mit dieser Eigenschaft ist die Modalpartikel *mal* besonders geeignet, höfliche Indirektheit zu kennzeichnen, insbesondere in Verbindung mit Imperativen:

/nun sagt mir doch mal, welche Bedeutung der Rückversicherungsvertrag mit Rußland für die Politik Bismarcks hatte!/

/schreibt mal auf, was euch zu Bismarcks »Kulturkampf« einfällt!/

Auch Fragen, hinter denen sich eine Bitte oder Aufforderung verbirgt, nehmen gerne aus Höflichkeitsgründen die Partikel *mal* auf:

/wer kann mir mal sagen, welche Ziele Bismarck im deutsch-französischen Krieg 1870/71 verfolgt hat?/

Auch in mancherlei mehr oder weniger höflichen, jedoch allemal unverbindlichen Formeln der Alltagssprache findet man *mal*:

/schau mal!/ | */sag mal!/*
/hör mal zu!/ | */erklär mir mal!/*
/denk mal nach!/ | */gib mal!/*

Hier kann das Gebot in anderen Sprachfomen impliziert sein:

/ich hab' da mal 'ne Frage/

/kann ich mal bitte (oder: *bitte mal*) *austreten?/*

In Verbindung mit einer Negation drückt *mal* die Geringfügigkeit des negierten Sachverhalts aus:

/könnt ihr denn nicht mal einen einzigen Augenblick ruhig sein?/

Resignierend-ausweichende Antwort: *das ist nun mal so*. Ausweichende Antwort auf ein Gebot/Verbot:

/lies mal das ganze Buch durch! ÷ mal sehen/

Die Modalpartikel *mal* ist mit allen anderen Partikeln kombinierbar. Fast immer ist dann die Partikel *mal* nachgestellt (*doch mal, wohl mal, denn mal, eigentlich mal ...*).

(10) *ruhig*

Die Modalpartikel *ruhig* dient dazu, ein Sprachspiel zu »beruhigen«. Sie tritt besonders oft in Verbindung mit dem Imperativ auf und nimmt diesem die Spitze. Vielfach gibt die Partikel *ruhig* zu erkennen, daß die Handlung, zu der aufgefordert wird, ohnehin dem Üblichen entspricht. Wir beschreiben die Bedeutung der Partikel mit dem semantischen Merkmal ⟨NORM⟩. Beispiele:

/komm ruhig nach vorne an die Tafel, wir wissen auch nicht mehr als du!/

/du kannst dir ruhig Zeit zum Nachdenken nehmen/

Unter dem Gesichtspunkt der Kombinatorik paßt *ruhig* besonders gut zu *mal* (*mal ruhig* oder *ruhig mal*).

(11) *nur, bloß*

Die Modalpartikeln *nur* und *bloß* haben die gleiche Bedeutung, die mit dem semantischen Merkmal ⟨AUFFÄLLIGKEIT⟩ zu beschreiben ist. Die Partikel *bloß* ist um eine Nuance umgangssprachlicher als *nur*. Mit ihrer fokussierenden Bedeutung eignen sich diese beiden Partikeln gut für Fragen, Ausrufe oder Wünsche:

/wer war nur Nikolaus von Kues?/

/wenn ich mir nur besser Geschichtszahlen merken könnte!/

/ach, hätten wir nur andere Lehrer!/

/tu bloß nicht so, als ob das viel ändern würde!/

Das letzte Beispiel zeigt zugleich, wie eine (hier negative) Aufforderung durch *bloß* den Charakter eines Verweises, gelegentlich auch einer Warnung oder Drohung, annehmen kann. Mit *nur/bloß* findet man oft die Partikel *doch* (*wenn ich doch nur ...!*).

(12) *mir*

Die Modalpartikel *mir* ist aus dem gleichlautenden Rollen-Pronomen entstanden. Man hat sie früher als »ethischen Dativ« (= Dativ der inneren Anteilnahme) analysiert. Sie ist aber eine invariante Modalpartikel, die an den Hörer appelliert, für die Äußerung des Sprechers Interesse aufzubringen. Die Bedeutung dieser Partikel kann demnach mit den semantischen Merkmalen ⟨INTERESSE⟩ und ⟨SPRECHER⟩ beschrieben werden. Beispiele:

/*gib mir nur acht, daß dir kein Unfall passiert!*/

/*komm mir nur nicht mit der Entschuldigung, ich hätte dich nicht gewarnt!*/

/*du bist mir aber einer* (oder: *du bist mir ein sonderbarer Heiliger*)!/

Die Modalpartikel *mir* wird, wie auch die Beispiele zeigen, fast nur in Aufforderungen und Ausrufen gebraucht.

8.1.5 Interjektionen

Interjektionen sind Sprachzeichen, deren Bedeutung darin besteht, beim Hörer ein lebhaftes Interesse für die gegebene Situation zu erzeugen. Sie haben daher alle das semantische Merkmal ⟨INTERESSE⟩ gemeinsam, das jeweils situationsspezifisch nuanciert wird. Dabei sind situative, expressive und imitative Interjektionen zu unterscheiden. Gebildet sind sie manchmal aus lexikalischen Einheiten des sprachlichen Vokabulars, manchmal auch aus mehr oder weniger konventionalisierten Lautverbindungen, die in der Sprache sonst nicht als Bedeutungsträger dienen. Interjektionen stehen in der Regel außerhalb der Verbalklammer mit ihren drei Feldern oder schneiden in diese ein.

Der Hörerbezug ist bei allen Interjektionen stark entwickelt. Der Sprecher, der eine Interjektion äußert, erwartet, daß der Hörer darauf reagiert und sein Interesse bekundet, sei es, daß er handelnd reagiert, sei es, daß er wenigstens seine innere Beteiligung zu erkennen gibt. In Grenzfällen (Überraschung, Schmerz . . .) kann eine Interjektion auch »einsam« geäußert werden, sie dient dann der Triebabfuhr.

(1) Situative Interjektionen

Diese Gruppe von Interjektionen zeichnet sich durch eine besonders starke Situationsbindung aus. Die situativen Interjektionen weisen den Hörer nachdrücklich auf die Situation oder ein Element dieser Situation hin und reklamieren dafür sein Interesse. Es kann sich dabei auch um den Sprecher selber handeln, der das Interesse des Hörers auf sich lenken will, indem er ihn beispielsweise anruft:

hallo! [hálo, haló] (neutral und vertraut)

he (du da)! (drängend, latent unhöflich)

huhu! [húhu] (meistens gegenüber einer Person außer Sicht)

Direkt oder indirekt implizieren diese Interjektionen eine Einladung, für ein mögliches Gespräch die Blickstellung einzunehmen.

Ist eine bestehende oder angestrebte Gesprächssituation durch Lärm behindert, so bedient man sich einer Interjektion, die je nach der Form oder dem Grad der Störung verschiedene Lautform annehmen kann. Ihre Bedeutung ist: ›sei(d) still!‹ Üblicherweise besteht diese Interjektion aus einem Reibelaut zwischen einem labialen und einem dentalen Verschlußlaut. Man umschreibt sie meistens als:

pst!	*st!*
pscht!	*scht!*

Die Form *pst* kann als Standard-Umschreibung gelten.

Warn- und Hilferufe können als situative Interjektionen gelten:

halt!	*Achtung!*	*Hilfe!*
stop!	*Vorsicht!*	*Feuer!*

Mit dem Situationswert einer Aufforderung, aufzubrechen oder fortzugehen, benutzt man die Interjektionen:

los! *ab!* *weg!* *fort (mit dir)!*

Im Sport gebraucht man als Startzeichen die dreistufige, formelhafte Interjektion: *Achtung – fertig – los!*

Hinzu kommen verschiedene Direktions-Adverbien mit dem Anlaut *r-*:

raus (aus dem Bett)!	*rauf (auf den Berg)!*
rein (in den Zug)!	*runter (ins Tal)!*

(2) Expressive Interjektionen

Mit Hilfe von expressiven Interjektionen gibt der Sprecher mehr oder weniger intensiv eine Gefühlslage zu erkennen und versucht damit meistens gleichzeitig, ein entsprechend emotionales Interesse beim Hörer zu erzeugen. Das Inventar der expressiven Interjektionen besteht zum großen Teil aus Lautkomplexen, die sonst nicht als sprachliche Zeichen gebraucht werden und daher auch verschieden transkribiert werden. Sie lassen sich nur grob klassifizieren. Die meisten der expressiven Interjektionen drücken allerdings Überraschung aus:

Neutral:	*ah, oh, ach, oha, öha, hoi, hui, huch, nanu, hoppla, Mensch, Menschenskind (nochmal)*
Positiv:	*ah, oh, ui, ach, öha, oho, hoi, eiei, Junge Junge*
Negativ:	*o je, o weh, auweia, au Backe, ogottogott, (du) meine Güte, um Gottes willen, mein Gott, Gott bewahre*

Weitere Bedeutungsgruppen expressiver Interjektionen sind:

Schmerz: *au, aua, autsch*

Bedauern / Seufzer: *oh, ach, hach, o jeh, o weh, auweia, o mei* (letzteres süddeutsch)

Erleichterung: *uff, puh, Gott sei Dank*

Gleichgültigkeit: *phh, pf, pah, ba*

Rechthaberei: *ätsch, bätsch*

Triumph: *ha, haha*

Ekel: *ih, bäh* [bɛ], *puh, pfui, igitt* (verstärkt: *igittigitt*)

Tadel / Ablehnung: *ts, na na* [naná], *buh*

Überraschung: *huch, hoppla, nanu* [nanú]

Die Bedeutung dieser expressiven Interjektionen kann durch bestimmte Intonationskonturen modifiziert oder nuanciert werden; so können beispielsweise auch Ungeduld, Schreck, Enttäuschung oder Resignation angezeigt werden, wenn Interjektionen der negativen Überraschung oder des Bedauerns mit der situativ passenden Intonation versehen werden.

Ausschließlich negative Empfindungen drücken die Flüche als Sondergruppe der expressiven Interjektionen aus. Ihre Verwendung ist weitgehend auf Gesprächssituationen mit vertraut-saloppem Umgangston beschränkt, denn das Vokabular der Flüche ist zum Teil einerseits dem sakralen Bereich, andererseits der Fäkalsprache entnommen. Beispiele:

(zum) Donnerwetter (nochmal)! (= Unwillen, schwächste Form des Fluchens)

verdammt (nochmal)! (= schwacher Fluch, situationsbezogen)

verflucht (und zugenäht)! (= stärkerer Fluch, situationsbezogen)

verflixt! (= schwacher, leicht komischer Fluch, meistens selbstbezogen)

Schweinerei! (= tadelnder Fluch, situationsbezogen)

Sauerei! (= stärker tadelnder Fluch, situationsbezogen)

(verdammter) Mist! (= schwacher Fluch, sachbezogen)

(verdammte) Scheiße! (= starker Fluch, sachbezogen)

Scheibenkleister! (= verhüllend für *Scheiße*)

Jesses! (= Überraschung zeigender, leichter Fluch, verhüllend für *Jesus!*)

Herrje!/Herrjemine [- ́- - -] (= unwirscher leichter Fluch, verhüllend für *Herr Jesus (mein)!*)

zum Teufel/zur Hölle/zum Henker mit...! (= Fluch als negativer Wunsch)

(3) Imitative Interjektionen

Eine dritte Gruppe von Interjektionen bedient sich onomatopoetischer Ausdrucksmittel und »malt« mit ihnen charakteristische Verhaltensformen, Bewegungen und Geräusche, an denen der Hörer ein bestimmtes Interesse nehmen soll.

Lachen: *haha, hihi, hoho*

Niesen: *hatschi* [hatʃi]

Aufprall: *klatsch, patsch*

Reißen / Schneiden: *(ritsch-)ratsch*

Tempo: *zack, hui*

Plötzlichkeit: *schwups*

Schritte: *tapp tapp*

Fall: *plumps, bums*

Stoß: *rums, wumm*

Knall: *peng, bum*

Uhr: *ticktack*

Glocke: *bim-bam-bum*

Schelle: *klingeling* [- - ´]

Signalhorn: *tatü tata* [- ´ - ´]

In Comics kommen gattungstypische Interjektionen hinzu, die aus verkürzten Imperativen gebildet und oft verdoppelt sind: *ächz!* ›Stöhnen‹, *würg!* ›Ekel‹, *seufz!* ›Klage‹, *röchel!* ›dem Tode nahe‹. Solche Interjektionen werden im jugendsprachlichen Register gelegentlich auch mündlich gebraucht.

8.2 Affirmation und Negation

Jede Äußerung im Dialog verrät beim Sprecher und weckt beim Hörer mehr oder weniger deutliche Sinnerwartungen, die das gerade geäußerte Textsegment begleiten oder ihm vorauseilen. Für das richtige Verständnis des Textes ist es daher wichtig, daß die Dialogpartner ihre Erwartungen immer wieder miteinander abstimmen und sie entweder bestätigen oder zurückweisen. Das geschieht durch die Sprachzeichen der Affirmation und der Negation, durch die über die Berechtigung der Erwartung entschieden wird.

Affirmation und Negation können mit lexikalischen, morphologischen und syntaktischen Mitteln ausgedrückt werden, zum Beispiel:

(1) Lexikalische Mittel

AFFIRMATION	NEGATION
/der Angeklagte gibt die Tat zu/	*/der Angeklagte streitet die Tat ab/*

Zwischen den Verben *gebe – zu* und *streite – ab* besteht eine lexikalische Opposition im Sinne von Affirmation und Negation: Der Prozeß beruht auf der Vermutung einer Straftat, und die Geltung dieser Erwartung wird nun entweder bestätigt oder zurückgewiesen.

(2) Morphologische Mittel

Auch mit den morphologischen Mitteln der Wortbildung kann über die Affirmation oder Negation einer Erwartung entschieden werden.

AFFIRMATION	NEGATION
/*der Belastungszeuge ist selber verdächtig*/	/*der Belastungszeuge ist selber unverdächtig*/

Träger der Negation ist hier das Negationspräfix *un-* (vgl. 9.2.1.2.1), während das Fehlen dieses Präfixes bei dem Adjektiv *verdächtig* affirmative Bedeutung anzeigt.

(3) Syntaktische Mittel

Am wichtigsten für den Ausdruck von Affirmation und Negation sind die syntaktischen Mittel der Affirmation und Negation, zum Beispiel die Morpheme *ja* und *nein*, durch die eine fragliche Geltung entweder bestätigt oder bestritten wird:

AFFIRMATION	NEGATION
/*ist der Angeklagte schuldig?* ÷ *ja*/	/*ist der Angeklagte schuldig?* ÷ *nein*/

Die dem Prozeß zugrunde liegende Vermutung, daß der Angeklagte schuldig sein könnte, wird durch *ja* ausdrücklich in Geltung, durch *nein* ausdrücklich außer Geltung gesetzt.

Durch das Zusammenwirken zweier verschiedener Negationszeichen, insbesondere aus verschiedenen der drei genannten Bereiche, kann man eine »doppelte Negation« mit affirmativer Bedeutung erzeugen. Diese steht oft im Dienste verhüllender oder höflich-indirekter Ausdrucksweise:

/*ich mißtraue Ihnen nicht, aber...*/

/*ich finde Ihre Ansichten nicht (gerade) unbegründet, aber...*/

Umgangssprachlich hat die doppelte Negation in einigen Fällen emotionaler Rede den Wert einer verstärkten Negation:

/*das kann doch kein Mensch nicht ahnen, daß du...*/

Zum Ausdruck der Affirmation stehen insgesamt verhältnismäßig wenige Sprachzeichen zur Verfügung (8.2.1). Reichhaltiger ist das grammatische Inventar im Bereich der Negation (8.2.2).

8.2.1 Formen der Affirmation

In den meisten Sprachäußerungen eines Dialogs entwickeln die Dialogpartner im Rollentausch ihrer Dialogbeiträge weitgehend gleichgerichtete Sinnerwartungen, so daß deren Übereinstimmung keiner ausdrücklichen Bestätigung bedarf. Die meisten Sprachzeichen sind also, indem sie eine bestimmte Bedeutung »setzen«, implizit affirmativ. Das ist a fortiori von den Prädikationen zu sagen, die eine bestimmte Determination ausdrücklich in Geltung setzen. In einer Prädikation wie *die Welt ist rund* ist also, ohne daß es mit einem eigenen Affirmations-Morphem gesagt zu werden braucht, eine implizite Affirmation enthalten. Erst wenn die Geltung der Prädikation in Frage gestellt wird, tritt als Antwort auf die Geltungsfrage - oft durch Partikeln verstärkt - das Affirmation-Morphem *ja* auf, dessen Bedeutung wir mit dem Merkmal ⟨ZUSPRUCH⟩ wiedergeben. Zum Vergleich:

IMPLIZITE AFFIRMATION	EXPLIZITE AFFIRMATION
/*der Angeklagte wird freigesprochen*/	/*wird der Angeklagte freigesprochen?* ÷ *ja*/

Die implizite ebenso wie die explizite Affirmation können durch Geltungs-Adverbien (vgl. 6.4.4.1) im Sinne einer Verstärkung oder Abschwächung vielfältig nuanciert werden, beispielsweise:

/*wird der Angeklagte vielleicht freigesprochen?* ÷ *ja, bestimmt*/

Eine verstärkte Form der Affirmation lautet *jawohl.* Sie wird hauptsächlich in asymmetrischen Gesprächssituationen gebraucht und ist in der militärischen Kommandosprache die Regelform. Beispiele:

/*sind die Betten schon gemacht?* ÷ *jawohl!*/

/*nehmen Sie Haltung an!* ÷ *jawohl, Herr Unteroffizier!*/

Daß sich die Morpheme der Affirmation, ebenso wie die der Negation, immer auf eine bestehende Erwartung beziehen, kann man besonders deutlich dann erkennen, wenn eine negative Erwartung besteht:

/*die Entlastungszeugin ist nicht zum Termin erschienen* ÷ *doch, die Zeugin ist wohl* [´] *erschienen!*/

Hier bildet sich für den Hörer des ersten, negativ formulierten Dialogbeitrags eine negative Erwartung (›Nicht-Erscheinen der Zeugin‹), gegen die sich dann die betonte Affirmation richtet. Diese wird zunächst durch das freie, in die Verbalklammer nicht integrierte Affirmations-Morphem *doch*, dann durch das gebundene, in die Verbalklammer integrierte Affirmations-Morphem *wohl* (betont!) ausgedrückt.

Die Form *doch* kann auch gebunden gebraucht werden (*die Zeugin ist doch gekommen*). Den Gebrauch von *wohl* [voːl, vɔl] als freier Form gibt es nur dialektal in einigen Gebieten Nordwestdeutschlands.

8.2.2 Formen der Negation

Jede Negation erhebt Einspruch gegen eine bestehende Erwartung und setzt diese außer Kraft. Durch den »Erwartungsstopp« wird das Sprachspiel umorientiert: es ist nun wieder alles offen für neue Bedeutungen und neue Feststellungen. Wir beschreiben daher die allen Negations-Morphemen gemeinsam zugrunde liegende Bedeutung mit dem semantischen Merkmal ⟨EINSPRUCH⟩. Zwischen Affirmation und Negation oder – auf der Merkmalebene – zwischen ⟨ZUSPRUCH⟩ und ⟨EINSPRUCH⟩ besteht eine binäre Opposition, derzufolge eine bestehende Erwartung beim Dialogpartner entweder akzeptiert oder angehalten wird.

Wir unterscheiden eine einfache Negation (8.2.2.1) von einer spezifischen Negation (8.2.2.2). Abschließend wird das Wirken verschiedener Negationsformen in einem Text beobachtet (8.2.2.3).

8.2.2.1 Einfache Negation

Von einer einfachen Negation soll dann die Rede sein, wenn das Negations-Morphem selber keine Hinweise darauf enthält, welche Erwartung durch die Negation gestoppt wird. Das muß der Hörer anderen Hinweisen im Kontext oder in der Situation entnehmen. Wir unterscheiden bei der einfachen Negation die freie Form *nein* (8.2.2.1.1) von der gebundenen Form *nicht* (8.2.2.1.2).

Die abgeschwächte Negation *kaum* kann sowohl frei als auch gebunden gebraucht werden:

/interessiert dich das überhaupt? ÷ kaum/

8.2.2.1.1 Negation mit *nein*

Das Negations-Morphem *nein,* das zu dem Affirmations-Morphem *ja* in binärer Opposition steht, ist eine freie Form, die nicht in eine Verbalklammer eingebunden wird. Daß es sich bei diesem Morphem um eine Form der einfachen, nicht-spezifizierten Negation handelt, kann man daran erkennen, daß der mit *nein* ausgesprochene Erwartungsstopp fallweise auf ein einzelnes Sprachzeichen, auf eine Prädikation oder auf die komplexe Vorinformation eines ganzen Textes oder einer Situation bezogen sein kann. Beispiele:

/Paß? ÷ nein/

/besitzen Sie einen gültigen Reisepaß? ÷ nein/

(Situation: jemand kommt zum Einwohnermeldeamt und sieht dort eine unerträglich lange Schlange von Menschen, die alle einen Paß haben wollen) */nein!/*

Wie das Sprach- und Handlungsspiel nun jeweils weitergeht, wird von der Negation her nicht gesteuert; klar ist nur, daß jemand seine Erwartungen ändern und sie an eine Situation anpassen muß, die anders als erwartet ausgefallen ist.

Am häufigsten reagiert man mit *nein* auf eine Geltungsfrage, eine Aufforderung oder auch eine Feststellung, die eine inadäquate Erwartung enthalten:

/haben Sie schon ein Visum? ÷ nein/

/besorgen Sie sich unbedingt ein Visum! ÷ nein, ich reise nach Tunesien/

/da braucht man wahrscheinlich auch ein Visum ÷ nein, da kann man als Deutscher ohne Visum einreisen/

Verstärkende und zugleich in verschiedenem Sinne nuancierende Partikeln vor *nein* sind: *oh nein!, ach nein!, aber nein!.*

Ist die in einer Frage, einer Aufforderung oder einer Feststellung ausgedrückte Vorinformation selber bereits mit einer Negation versehen, so bestätigt das Morphem *nein* die voraufgehende Negation:

/es ist also nicht nötig, eine Aufenthaltsgenehmigung zu beantragen? ÷ (aber) nein (, das ist nicht nötig)/

/lassen Sie sich nicht entmutigen! ÷ (oh) nein (, das tue ich bestimmt nicht)/

/es ist noch nichts definitiv entschieden ÷ nein/

Zur nochmaligen Negation einer bereits negierten Vorinformation und damit zur Affirmation verwendet man allerdings das Affirmations-Morphem *doch*. Zum Vergleich:

ERWARTUNG	AFFIRMATION/NEGATION
/ist das richtig?	*÷ ja (, das ist richtig)/*
	÷ nein (, das ist nicht richtig)/
/ist das nicht richtig?	*÷ doch (, das ist richtig)/*
	÷ nein (, das ist nicht richtig)/

In bestimmten Fällen kann *nein* auch dazu dienen, eine Korrektur des Sprechers anzuzeigen und gleichzeitig die Erwartung des Hörers in bezug auf die Geltung einer Feststellung zu korrigieren. In diesem Fall steht *nein* nach einem Äußerungsabbruch und vor einem Neuansatz; in der nachfolgenden Äußerung wird dann das zutreffende Sprachzeichen eingesetzt:

/ich versichere Ihnen, daß ich den Antrag schon am 17. März, (ach) nein, am 16. März gestellt habe/

Auch in der Verwendung von *nein* vor einem Ausruf drückt der Sprecher aus, daß er seine bisherige Erwartung korrigiert. Hier besteht die Korrektur allerdings lediglich in einem Überbieten der Sprechererwartung.

/nein, das ist ja unerhört!/

/nein, das hätte ich von Ihnen nicht gedacht!/

Als stärkere Varianten von *nein* kann man auch die Negations-Morpheme *keineswegs, keinesfalls* und *auf keinen Fall* gebrauchen. Hinzu kommt noch als archaische und heute fast nur noch mit leicht komischer Konnotation gebrauchte Form *mitnichten*.

8.2.2.1.2 Negation mit *nicht*

Das Morphem *nicht* ist das häufigste Negationszeichen der deutschen Sprache. Es ist ein gebundenes Morphem und wird normalerweise in Verbindung mit einem Verb gebraucht:

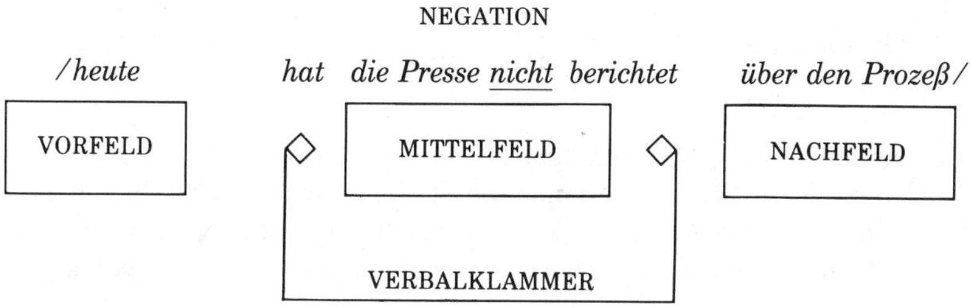

Die Negation *nicht* ist in diesem Beispiel in die Verbalklammer eingebunden und erstreckt ihren Wirkungsbereich (Skopus) auf die gesamte Klammer mit ihren drei Feldern. Sie ist eine »Satznegation« (genauer: Verbalklammer-Negation). Das besagt folgendes: Der Sprecher nimmt beim Hörer eine bestimmte Erwartung an, derzufolge die Presse heute wohl über den Prozeß berichten wird. Eben dieser Erwartung verleiht der Sprecher selber Worte und äußert sie in Form einer Feststellung, deren Geltung jedoch durch die in sie eingebundene Negation *nicht* auf der Stelle außer Kraft gesetzt wird. Das ist der Erwartungsstopp, den die Negation bewirkt. Weitere semantische Instruktionen enthält die Negation nicht; insbesondere gibt sie selber keine positiven Informationen über das Verhalten der Presse.

Die Stellungsbedingungen der Negation *nicht* lassen sich in der folgenden Regel zusammenfassen: Die Negation *nicht* steht in der Verbalklammer unmittelbar vor dem Nachverb oder, sofern vorhanden, vor den auffälligen (rhematischen) Applikaten des Verbs am Ende des Mittelfeldes. Beispiele:

/der Staatsanwalt hat den Zeugen nicht verhört/

/der Anwalt hat den Angeklagten nicht überzeugend verteidigt/

/der Richter hatte nicht mit dieser überraschenden Beweislage gerechnet/

Im ersten Beispiel steht die Negation *nicht* unmittelbar vor dem Nachverb *verhört.* Im zweiten Beispiel steht sie vor dem Applikat *überzeugend* (applikatives Adjektiv). Und im dritten Beispiel findet man die Negation vor dem Adjunkt *mit dieser überraschenden Beweislage,* das in applikativer Funktion zu der Verbform *hatte - gerechnet* gehört. Beide Applikate haben im Informationsprofil der Verbalklammer einen beträchtlichen Auffälligkeitswert (Rhematik).

Hat das Verb mehrere Applikate bei sich, so steht die Negation, je nach dem Informationsprofil, entweder vor oder zwischen diesen Applikaten:

/das Publikum war < *nicht sehr mit dem Urteil* / *mit dem Urteil nicht sehr* > *einverstanden/*

Bei einem einteiligen Verb, das in der Verbalklammer die Stelle des Nachverbs frei läßt, ermittelt man die Stellung der Negation, indem man von dem Verb eine Grammatikalklammer bildet (etwa mit dem Perfekt oder Futur). Dann ist die oben beschriebene Regel leicht anwendbar, zum Beispiel:

/der Richter verteidigt den Zeugen nicht/ ∅
hat den Zeugen nicht verteidigt/

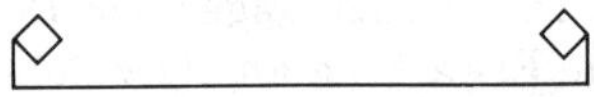

VERBALKLAMMER

Alle übrigen Elemente der Stellungsregel bleiben unverändert in Kraft.

Abweichungen von der bisher beschriebenen Stellungsregel für die Negation mit *nicht* sind nur unter bestimmten Bedingungen möglich. Sie engen dann nämlich den Wirkungsbereich des Negations-Morphems *nicht* ein und fokussieren den Erwartungsstopp auf dasjenige Sprachzeichen, dem das Negations-Morphem unmittelbar voraufgeht (»Teilnegation«). Häufig kommt dadurch eine scharfe Kontrastopposition zu einer bestehenden Erwartung zum Ausdruck:

/nicht immer muß das Gericht in seinem Urteil dem Antrag der Staatsanwaltschaft folgen/

/der Verteidiger hat nicht umsonst für seinen Mandanten mildernde Umstände beantragt/

In beiden Beispielen wird durch das (abweichend von der sonst geltenden Stellungsregel) unmittelbar vorangestellte Negations-Morphem ein Adverb fokussiert. Nur für das Adverb *immer* im ersten Beispiel und für das Adverb *umsonst* im zweiten Beispiel gilt jetzt der Erwartungsstopp. Zu beachten ist bei dem ersten Beispiel noch, daß *nicht* in der Begleitung eines anderen Sprachzeichens, auf das es sich bezieht, durchaus auch im Vorfeld (und im Nachfeld) der Verbalklammer stehen kann.

Die nachfolgenden Beispiele, zur Unterscheidung einander gegenübergestellt, haben in der linken Spalte eine einfache Negation in der Stellung vor dem Nachverb, in der rechten Spalte eine kontrastbildende Negation, die jeweils vor der kontrastiv auffälligen Handlungsrolle steht.

EINFACHE NEGATION	KONTRAST-NEGATION
/*das Gericht hat dem Antrag der Verteidigung* <u>*nicht*</u> *stattgegeben*/	/*das Gericht hat* <u>*nicht*</u> *dem Antrag der Verteidigung stattgegeben, sondern* (oder: *wohl aber*) *dem des Staatsanwalts*/
/*der Angeklagte wollte den Pflichtverteidiger* <u>*nicht*</u> *anhören*/	/*der Angeklagte wollte* <u>*nicht*</u> *den Pflichtverteidiger anhören, sondern nur einen Verteidiger seiner Wahl*/

Die korrigierende Fortsetzung in den Beispielen der rechten Spalte ist ein deutliches Indiz für den Kontrastwert der voraufgehenden Negation.

Als Antwort auf eine Geltungsfrage kann statt *nein* auch *nicht* gesagt werden, sofern die Negation durch Adverbien erweitert ist, zum Beispiel:

/*haben Sie den Angeklagten zur Tatzeit gesehen?* ÷ *absolut* <u>*nicht*</u> (oder: *gewiß* <u>*nicht*</u>, *sicher* <u>*nicht*</u>, *natürlich* <u>*nicht*</u>)/

/*hat Sie diese Aussage überzeugt?* ÷ *vielleicht* <u>*nicht*</u> (oder: <u>*nicht*</u> *ganz*, <u>*nicht*</u> *unbedingt*) /

Negierte Aufforderungen weisen einen Handlungsplan zurück, der beim Hörer zu erwarten ist. Je nach dem Kontext kann es sich dabei um ein Abraten, eine Warnung oder im Extremfall um ein Verbot handeln:

/*rufen Sie* <u>*nicht*</u> *mit jeder Kleinigkeit die Gerichte an!*/

/*machen Sie ja* [já:] <u>*nicht*</u> *noch einmal diesen Fehler!*/

/*vergessen Sie (bitte) diesen Rat* <u>*nicht*</u>*!*/

Im letzten Beispiel kommt die Endstellung des Negations-Morphems *nicht* dadurch zustande, daß es sich bei dem Verb *vergesse* um ein einteiliges Verb handelt; *nicht* steht also unmittelbar vor einem Nachverb »Null«.

Verbote mit *nicht* werden nur dann mit dem Imperativ gebildet, wenn ein erkennbarer Adressat da ist; bei unbestimmten Adressaten, insbesondere in administrativen Verboten, steht in der Regel der Infinitiv oder eine verneinte Nominalform.

PRIVATES VERBOT	ÖFFENTLICHES VERBOT
/*rauch* <u>*nicht*</u> *schon wieder!*/	/*bitte* <u>*nicht*</u> *rauchen!* (oder: *Nichtraucher*)

Durch negativ gefaßte Geltungsfragen kann ein Sprecher leicht eine affirmative Antwort nahelegen:

/ist das nicht ein klarer Fall von Bestechung? ÷ ja, das ist tatsächlich so/

/sind Sie nicht auch der Meinung, daß manche Zeugen ein schlechtes Gedächtnis haben? ÷ ja, das denke ich auch/

Viele Fragen dieser Art sind rhetorische Fragen:

/ist das (denn) nicht unerhört!/

Häufige Verbindungen mit *nicht* sind:

- *noch nicht; nicht mehr* (vgl. 6.4.2.2)
- *(zwar) nicht - aber; nicht - sondern* (vgl. 7.5.4)
- Partikelverbindungen wie *nur nicht, bloß nicht, schon gar nicht, erst recht nicht* (vgl. 8.1.4)
- Verbindungen mit Geltungs-Adverbien wie *vielleicht nicht, gewiß nicht, überhaupt nicht, (ganz und) gar nicht* (vgl. 6.4.4.1).

Ersetzt werden kann *nicht* mit verstärkender Wirkung in Feststellungen durch *keineswegs* und *keinesfalls*, in Aufforderungen nur durch *keinesfalls*.

Eine Besonderheit ist beim Gebrauch des Negations-Morphems *nicht* in Verbindung mit den Konjunktionen *bis, ehe* und *bevor* zu beachten, wie die folgenden Beispiele zeigen:

ABFOLGE BASIS/ADJUNKT	ABFOLGE ADJUNKT/BASIS
/das Gericht verkündet das Urteil nicht, bevor (nicht) alle Zeugen gehört sind/	*/bevor nicht alle Zeugen gehört sind, verkündet das Gericht das Urteil nicht/*

Der Vergleich zeigt, daß die Wiederholung des Negations-Morphems *nicht* bei der Abfolge Basis/Adjunkt unterbleiben kann, bei der Inversion Adjunkt/Basis nicht. Das gleiche gilt für Junktionen mit *bis* oder *ehe*.

8.2.2.2 Spezifische Negation

Von spezifischer im Unterschied zu einfacher Negation sprechen wir dann, wenn das Negations-Morphem, zusätzlich zu dem semantischen Merkmal ⟨EINSPRUCH⟩, weitere Bedeutungsmerkmale enthält, aus denen der Hörer genauere Hinweise auf den Wirkungsbereich (Skopus) des Erwartungsstopps entnehmen kann.

Das wichtigste der spezifischen Negations-Morpheme ist der Negations-Artikel *kein* (8.2.2.2.1). Weitere spezifische Negations-Morpheme sind Pronomina, Adverbien und Junktoren (8.2.2.2.2).

8.2.2.2.1 Der Negations-Artikel *kein*

Im Unterschied zum anaphorischen Artikel hat der kataphorische Artikel eigene Formen für die Negation. Auch für die Nullform des kataphorischen Artikels gibt es Negations-Artikel als hörbare Lautformen. Der Negations-Artikel hat das folgende Paradigma (in Klammern jeweils die freien, als Pronomina gebrauchten Formen):

NUMERUS	SINGULAR			PLURAL
GENUS / KASUS	MASKULIN	NEUTRUM	FEMININ	GENUS-NEUTRAL
NOMINATIV	*kein* *(keiner)*	*kein* *(keines/ keins)*	*keine* *(keine)*	*keine* *(keine)*
AKKUSATIV	*keinen* *(keinen)*	*kein* *(keines/ keins)*	*keine* *(keine)*	*keine* *(keine)*
DATIV	*keinem* *(keinem)*	*keinem* *(keinem)*	*keiner* *(keiner)*	*keinen* *(keinen)*
GENITIV	*keines* *(-)*	*keines* *(-)*	*keiner* *(-)*	*keiner* *(-)*

Beispiele zum Vergleich der gebundenen und der freien Formen:

/*kein* *Mensch denkt an mich, wirklich* *keiner*/

/*du hast* *kein* *Glück, ich habe auch* *keines*/

Der Negations-Artikel *kein* hat im Singular die gleichen Flexionsformen wie *ein* und im Plural sowie numerusneutral die gleichen Flexionsformen wie *sein*. Nur die flexivlose Form *kein* im Maskulin/Singular und Neutrum/Singular löst die große Adjektivflexion aus (vgl. 5.2.2).

Der Negations-Artikel *kein* ist ein kataphorischer Artikel. Der Erwartungsstopp, der von ihm ausgeht, erstreckt sich folglich auf die Nachinformation.

/*kein Mensch muß müssen*/ (Lessing)

/*wer jetzt kein Haus hat, baut sich keines mehr*/ (Rilke)

/*trau keinem über dreißig!*/ (Volksmund, 1968)

Der Erwartungsstopp, der dem Hörer mit diesen Formen des Negations-Artikels (in den ersten beiden Fällen gebunden, in den letzten beiden frei) bedeutet wird, wehrt Nachinformationen bezüglich Mensch und Haus sowie hinsichtlich aller Personen von über dreißig Jahren ab.

Folgende Besonderheiten sind hinsichtlich des kataphorischen Negations-Artikels zu beachten:

(1) Wenn ein Nomen ohne Artikel Nachverb ist oder zum Nachverb gehört, handelt es sich bei dem fehlenden Artikel nicht um die Nullform des kataphorischen Artikels. Es steht folglich auch in der Regel nicht der Negations-Artikel *kein,* sondern das Negations-Morphem *nicht*:

/*er tut Unrecht, sie tut nicht Unrecht*/

(2) In einem Präpositional-Adjunkt, das semantisch fest zum Verb gehört, kann ein Nomen mit kataphorischem Artikel entweder durch einen Negations-Artikel explizit verneint werden oder durch die Verb-Negation *nicht* mitverneint werden. Zur Unterscheidung:

NEGATION DES NOMENS	NEGATION DES VERBS
/*sie hat bisher noch mit keinem Anwalt gesprochen*/	/*sie hat bisher noch nicht mit einem Anwalt gesprochen*/

(3) Steht ein Prädikats-Nomen, weil es klassifizierende Bedeutung hat, affirmativ ohne Artikel, so wird es auch negativ ohne Artikel gebraucht und mit *nicht* verneint:

/*er ist nicht Rechtsanwalt und Notar, sondern nur Rechtsanwalt*/

In diesem Fall kommt jedoch – weniger normgerecht – auch der Negations-Artikel *kein* vor.

(4) Soll die Negation eines Nomens mit kataphorischem Artikel auffällig gemacht werden (Rhematisierung), so kann man das Nomen ins Vorfeld und die Negation *nicht* ans Ende des Mittelfeldes setzen. Bei dieser Spreizstellung ist jedoch, sofern das Nomen - im Singular oder Plural - den Null-Artikel bei sich hat, auch die freie Form des Negations-Artikels am Ende des Mittelfeldes möglich. Beispiele:

/einen guten Anwalt kann sie sich nicht leisten/

/mildernde Umstände will sie keine beanspruchen, sie will Gerechtigkeit/

(5) Statt des Negations-Morphems *kein* kann mit verstärkender Wirkung auch die invariante Form *keinerlei* mit der Bedeutung ›keine Art von‹ verwendet werden:

/seine Arbeit hat bisher keinerlei Grund zur Beanstandung gegeben/

8.2.2.2.2 Negations-Pronomina, -Adverbien und -Junktoren

Einige Negations-Morpheme mit spezifischer Bedeutung haben den festen Status von Pronomina, Adverbien oder Junktoren. Es sind:

NEGATIONS-PRONOMINA	NEGATIONS-ADVERBIEN	NEGATIONS-JUNKTOREN
niemand	*nie/niemals*	*weder - noch*
nichts	*nirgends/nirgendwo*	*ebensowenig*

Die Negations-Pronomina beziehen sich auf die Referenzrolle, die Negations-Adverbien auf Zeit und Raum, die Negations-Junktoren auf koordinierende Junktionen.

(1) *niemand*

Unter den drei Gesprächsrollen ist die Referenzrolle die einzige, die sowohl von Personen als auch von Sachen ausgefüllt werden kann. Das Negations-Pronomen *niemand* hat als Wirkungsbereich (Skopus) diese Referenzrolle, insofern sie - durch die Zufuhr nominaler oder pronominaler Referenz - auf Personen festgelegt ist. Diese personale Referenz wird mit einem Erwartungsstopp belegt. Das Negations-Morphem *niemand* ist invariant hinsichtlich des Genus und Numerus, kann aber nach den vier Kasus differenziert werden: *niemand/niemanden/niemandem/niemandes.* Im Akkusativ und Dativ werden die Kasusflexive *-en* und *-em* jedoch oft weggelassen, in der mündlichen Umgangssprache fast immer. Der Genitiv (*niemandes Haus*) ist selten. Beispiele (frei nach den Grimmschen Märchen):

/*ach, wie gut, daß niemand weiß, daß ich Rumpelstilzchen heiß'*/

/*es gab niemand(en) mit so langem Haar wie Rapunzel*/

/*Schneewittchen wurde an Schönheit von niemand(em) übertroffen*/

Das Negations-Morphem *niemand* steht in kontradiktorischer Opposition zu *jemand,* in konträrer Opposition zu *jeder/alle.* In abgeschwächter Negation sagt man *kaum jemand.* Im Dienste der Fokussierung einer Identität steht (als Negierung von Alterität) *niemand anders als.*

(2) *nichts*

Das Negations-Morphem *nichts* hat als seinen Wirkungsbereich ebenfalls die Referenzrolle, jedoch mit der Spezifik sächlicher Referenz. Alle Sachen, die als Referenz für die Referenzrolle in Frage kommen, werden mit einem Erwartungsstopp belegt und abgewehrt. Die Form *nichts* ist genus-, numerus- und kasusneutral. Umgangssprachlich wird *nichts* [nɪçts] auch [nɪks] gesprochen und dann gelegentlich *nix* transkribiert.

/*Aschenputtel konnte ihrer Mutter nichts* (gesteigert: *nichts im Leben*) *recht machen*/

/*nichts* (gesteigert: *nichts auf der Welt*) *schien unwahrscheinlicher, als daß gerade sie ihren Prinzen finden würde*/

Das Negations-Pronomen *nichts* steht in kontradiktorischer Opposition zu *etwas,* in konträrer Opposition zu *alles.* In abgeschwächter Negation sagt man *kaum etwas* oder *fast nichts.* Häufig schließt man an *nichts* ein Adjektiv im Neutrum an (Großschreibung: *nichts Neues, nichts Gutes*). *Nichts als* bedeutet soviel wie *nur* (zum Beispiel: *nichts als Verdruß*).

(3) *nie/niemals*

Das Negations-Adverb *nie* (erweiterte Variante *niemals* für ein höheres Stilregister) richtet seinen Erwartungsstopp gegen alle temporalen Bestimmungen, seien sie nun durch Adverbien (*heute, jetzt*) oder durch temporale Adjunkte (*am Morgen, wenn der Hahn kräht*) ausgedrückt.

Abgesehen von der angegebenen Variante ist das temporale Negations-Adverb invariant.

/alle meinten, Dornröschen würde nie (oder: niemals) *wieder aus ihrem Schlaf aufwachen/*

/Dornröschen ist aufgewacht ÷ das hätte ich nie *(im Leben) gedacht!/*

Außer der Verstärkung *nie im Leben* ist auch mit verstärkender Bedeutung *nie und nimmer* gebräuchlich.

In kontradiktorischer Opposition steht den Formen *nie/niemals* das Paar *je/jemals* gegenüber, in konträrer Opposition *immer*. Die erstgenannten Formen finden auch bei abgeschwächter Negation Verwendung: *kaum je(mals)*.

(4) *nirgends, nirgendwo*

Zur Negation aller denkbaren Positionen, sie seien adverbial (*hier, dort*) oder durch Adjunkte (*in Italien, wo die Zitronen blühn*) ausgedrückt, gebraucht man das Negations-Adverb *nirgends* mit der Variante *nirgendwo*. Die letztere läßt eine Spezifizierung nach der Richtung zu: *nirgendwohin/nirgendwoher*. Beispiele:

/nirgends findet man so schöne Märchen wie bei den Brüdern Grimm/

/Märchen haben auch ihre Quellen, oder meinst du, Märchen kämen von nirgendwoher?/

Als kontradiktorische Opposition zu *nirgends/nirgendwo* ist *irgendwo* zu erwähnen, während in konträrer Opposition dazu *überall* gebraucht wird. Abgeschwächte Negation: *kaum irgendwo*.

(5) *weder – noch*

Das zweiteilige Negations-Morphem *weder – noch* ist ein Negations-Junktor. Er verneint beide Konjunkte einer *und*-Junktion:

/im wirklichen Leben gibt es weder Hexen noch Feen/

/weder bin ich »einer, der auszog, das Fürchten zu lernen«, noch bin ich ein »Hans im Glück«/

Das letzte Beispiel zeigt den Gebrauch dieses Negations-Junktors bei satzförmigen Konjunkten.

Auch die Form *ebensowenig* mit der superlativen Steigerungsform *am (aller)wenigsten* ist ein Negations-Junktor, und zwar mit der Bedeutung ›und auch (ganz und gar) nicht‹. Auf diese Weise verneint man einen Zusatz:

/*Wilhelm Grimm hat die Fertigstellung des »Deutschen Wörterbuches« nicht mehr erlebt, ebensowenig (wie) der nach ihm gestorbene Jacob Grimm*/

Geläufiger sagt man jedoch heute: *auch nicht, gleichfalls nicht* oder *ebenfalls nicht.*

Mit dem invarianten Ausdruck *geschweige denn* liegt ein komplexer Negations-Junktor vor, der eine voraufgehende Negation noch verstärkt:

/*ein so großes Wörterbuch wie das der Brüder Grimm wurde seither in Deutschland nicht mehr angefangen, geschweige denn fertiggestellt*/

8.2.2.3 Negationen in einem Text

Der Roman »Stiller« von Max Frisch beginnt mit einer negativen Feststellung: *Ich bin nicht Stiller!* Diese nachdrückliche Feststellung des Ich-Erzählers richtet sich gegen eine Erwartung, wie sie vom Titel des Romans geweckt worden ist. Daran entzündet sich ein Identitätsproblem: Stiller lebt gegen bestimmte Rollenerwartungen, denen er nicht entsprechen will oder kann. Am Ende des Romans nimmt er wie unbeteiligt von seiner toten Frau Abschied. Das schildert der nachfolgende Textabschnitt, dessen unterstrichene und fortlaufend numerierte Negations-Morpheme textgrammatisch kommentiert werden:

TEXT:	TEXTGRAMMATISCHER KOMMENTAR:
Die Klinik hatte, wiewohl seit meinem Verlassen der Klinik fast eine Stunde vergangen war, nicht (1) *angerufen; aber als er mich erblickte, wußte er es, und ich glaubte, Stiller sprach meine Mitteilung sogar selber aus; ich möchte nicht* (2) *sagen: gefaßt, denn es war die erschreckende Gefaßtheit eines Geistesabwesenden.*	(1) *nicht angerufen*: Das Negations-Morphem *nicht* steht am Ende eines langen, durch ein satzförmiges Konjunktional-Adjunkt stark gedehnten Mittelfeldes unmittelbar vor dem Nachverb der Grammatikalklammer. (2) *möchte nicht sagen*: Selbstkorrektur mit *nicht* vor dem Kommu-

Ich wartete dann lange auf Stiller, um ihn hinzufahren. Er war in sein Zimmer hinaufgegangen, um seinen Rock zu holen, wie er sagte. Wir hörten *überhaupt nichts* (3), *keine* (4) *Schritte,* *kein* (5) *Schluchzen, nur draußen die lärmigen Vögel, und mit der Zeit hatte meine Frau offenbar Angst, unser Freund könnte sich etwas antun. Daran glaubte ich* *nicht* (6) *einen Atemzug lang, ging aber dennoch hinauf, als er immer und immer noch* *nicht* (7) *kam, und klopfte an seine Türe. Als* *keinerlei* (8) *Antwort erfolgte, trat ich ein. Stiller stand mitten im Zimmer, seine Hände in den Hosentaschen wie so oft. »Ich komme«, sagte er. Ich fuhr ihn in die Klinik und wartete im Wagen draußen. Das Bild der Toten war so viel stärker als alles, was ich mit offenen Augen zu sehen vermochte; als Bild eines vergangenen Wesens, das in seiner Zeit von* *niemand* (9) *erkannt worden ist,* *am allerwenigsten* (10) *von dem, der mit seiner menschlichen Liebe um sie gerungen hat. Schon nach einer Viertelstunde kam Stiller zurück, um sich neben mich in den Wagen zu setzen. »Sie ist schön«, sagte er. Ich verlängerte meinen Urlaub und blieb, nach der Abreise meiner Frau, noch einige Tage in Glion, um ihm allerlei abzunehmen, was es bei einem Todesfall zu tun gibt. Im übrigen hatte ich* *nicht* (11) *das Gefühl, daß Stiller mich brauchte, und zu Gesprächen kam es* *nicht* (12) *mehr. Das Medizinische interessierte ihn* *nicht* (13), *und sonst gab es* *kaum*

nikationsverb *sagen* (Nachverb einer Modalklammer). Die Negation richtet sich gegen die konventionelle Erwartung, man habe im Todesfall »gefaßt« zu sein.

(3) *überhaupt nichts*: Negations-Pronomen, durch das Geltungs-Adverb *überhaupt* verstärkt, in der Handlungsrolle des Objekts.

(4/5) *keine Schritte/kein Schluchzen*: Das voraufgehende Negations-Pronomen *nichts* mit seiner generellen Bedeutung wird nun spezifiziert durch zwei Nomina mit dem kataphorischen Negations-Artikel *keine/kein* (Affirmativ würden hier Nullformen stehen.) Das nachfolgende Adverb *nur* hebt den Erwartungsstopp teilweise wieder auf.

(6) *nicht einen Atemzug lang*: Negiertes Nomen mit Numeral-Artikel. Der ganze Ausdruck kann auch als Negationsverstärkung aufgefaßt werden.

(7) *noch nicht kam*: In der Verbindung mit *noch* erstreckt sich der Erwartungsstopp auf die Spezifik ›mehr als erwartet‹. Das Negations-Morphem steht in der Adjunktklammer unmittelbar vor dem Verb in der Endstellung.

(8) *keinerlei Antwort*: Semantische Variante des kataphorischen Negations-Artikels *kein* mit der Bedeutung ›keine Art von‹.

(9) *von niemand*: Negations-Pronomen mit personaler Bedeutung, hier im Dativ ohne Kasusflexiv!

(10) *am allerwenigsten*: Negations-Junktor, verstärkte Negation einer Zusatzinformation.

(14) *etwas zu sagen; es war alles entschieden.*[1]

(11) *hatte ich nicht*: Die Negation richtet sich gegen die konventionelle Erwartung, daß Hinterbliebene Trost brauchen.

(12) *nicht mehr*: Erwartungsstopp wie (11), mit der temporalen Komponente durch *mehr*: ›Stopp für ein Mehr an Erwartung‹.

(13) *interessierte ihn nicht*: Das Interesse wäre in dieser Situation vielleicht erwartbar gewesen. Diese Erwartung wird aber abgewehrt.

(14) *kaum etwas*: Abgeschwächtes Negations-Pronomen, der unabgeschwächten Form *nichts* entsprechend. Die Kommunikation mit dem Hinterbliebenen beschränkt sich wider Erwarten auf ein paar Worte.

8.3 Frage und Antwort

In einem Dialog werden ständig Informationen getauscht. Dadurch kommt es mit der Zeit zu einem Ausgleich des Informationsstandes zwischen den Dialogpartnern. Dieser Ausgleich kann dadurch gefördert und beschleunigt werden, daß ein Sprecher den Hörer ausdrücklich auf eine Informationslücke aufmerksam macht und um eine Zusatzinformation zur Füllung dieser Lücke bittet. Diesem Zweck dient die Frage in ihren verschiedenen Erscheinungsformen. Gibt der Hörer dann, indem er selber die Sprecherrolle übernimmt, die erbetene Zusatzinformation, so ist die Frage damit beantwortet.

Frage und Antwort sind also grundsätzlich paarige Äußerungen in einem Dialog zwischen Dialogpartnern mit ungleichem Informationsstand. Ihr Informationsstand ist aber nicht Null; wer über keine Vorinformationen verfügt, kann auch keine Fragen stellen. Wer jedoch Fragen stellt, verbessert seinen Informationsstand. Fragen sind daher wichtige sprachliche Instrumente in allen Lernprozessen, in denen eine ›Lücke‹ auszufüllen ist. Allen Fragen ist als Grundmerkmal ihrer Bedeutung das semantische Merkmal ⟨LÜCKE⟩ eingeschrieben.

Man kann sprachlich gestellte Fragen auch nichtsprachlich (»nonverbal«) beantworten. Die wichtigsten der im deutschen Sprachraum üblichen Antwortgesten sind (mehrmaliges) Kopfnicken mit der Bedeutung ›ja‹ und (mehrmaliges) Kopfschütteln mit der Bedeutung ›nein‹. Ratlosigkeit gegenüber der gestellten Frage wird durch hochgezogene Augen-

1) Max Frisch: »Stiller«, in: *Gesammelte Werke in zeitlicher Folge,* hg. von Hans Mayer unter Mitwirkung von Walter Schmitz, Bd. III, 2, Frankfurt a. M. 1976, S. 779 f. (Es folgen bis zum Ende des Romans noch vier Sätze.)

brauen und hochgezogene Schultern, bisweilen in Verbindung mit einer öffnenden Bewegung der beidseitig nach außen geführten Hände ausgedrückt.

Für die Markierung einer sprachlichen Äußerung als Frage ist die Intonation besonders wichtig: Steigende Intonation (Symbol: ↗) kann grundsätzlich als Indikator für eine Frage gelten, fallende Intonaton (Symbol: ↘) als Indikator für eine Antwort, sofern nicht andere Indikatoren diesen Signalen widersprechen. In der Orthographie steht nach (direkten) Fragen ein Fragezeichen. Rhetorische Fragen indes, die nicht unbedingt eine Antwort des Hörers hervorrufen, haben in der Regel ein Ausrufungszeichen. Indirekte Fragen werden später besprochen (vgl. 8.4.2.3).

Die Antwort, die auf eine Frage gegeben wird, braucht nicht alle Informationen zu wiederholen, die in der Frage enthalten sind. Diese gelten für die Antwort weiter, so daß der Antwortende nur die angegebene Informationslücke auszufüllen braucht:

/hast du Geld von deinem Sparkonto abgehoben? ÷ ja, zweihundert Mark/

Das ist keine »elliptische«, sondern eine völlig adäquate Antwort, die den Fragenden wahrscheinlich zufriedenstellen wird, da die Geltung der Feststellung nicht nur bestätigt, sondern sogar präzisiert wird. Anders ist die folgende Antwort zu beurteilen:

/hast du Geld von deinem Sparkonto abgehoben? ÷ ja, ich habe (schon wieder) Geld von meinem Sparkonto abgehoben/

Die Redundanz in der Antwort ist hier ein deutlicher Indikator für eine Verärgerung bei dem Befragten.

Nicht alle Fragen werden also zufriedenstellend beantwortet. Manche Antworten weichen aus oder treffen aus anderen Gründen den erfragten Sachverhalt nicht. Bisweilen ist die Frage selber schon »falsch gestellt«. Dann kann der Dialogpartner eine Rück- oder Zwischenfrage stellen, nach deren Beantwortung er erst in der Lage ist, seinerseits die gewünschte Antwort zu geben. Auf diese Weise kann ein Frage-Antwort-Paar in ein anderes Frage-Antwort-Paar eingebettet werden. Beispiel:

//ist hier eine Bank in der Nähe? ÷ wollen Sie Geld wechseln? ÷ nein, ein Konto eröffnen ÷ dann gehen Sie am besten zur .../

Wir unterscheiden die Fragen nach Geltungsfragen (8.3.1), Alternativfragen (8.3.2), Fokusfragen (8.3.3) und dem Sonderfall der rhetorischen Fragen, denen wir auch die Ausrufe zuordnen (8.3.4). Abschließend werden Formen der Frage in einem Text betrachtet (8.3.5).

8.3.1 Geltungsfragen

Von Geltung spricht man bei Prädikationen, also bei feststellenden (»fest-stellenden«) Determinationen, die Gegenstand einer Argumentation werden können (vgl. 2.5.1). Dabei ist die wichtige Frage zu klären, ob eine Feststellung gilt oder nicht. Das geschieht mit Geltungsfragen. Wir unterscheiden dabei zwei Typen: die einfache Geltungsfrage (8.3.1.1) und die Vergewisserungsfrage (8.3.1.2).

8.3.1.1 Einfache Geltungsfragen

Einfache Geltungsfragen (»Entscheidungsfragen«, »Totalfragen«) sind der Form nach »Inversionsfragen«. Das sind Verbalklammern mit offenem Vorfeld, wodurch das Vorverb (bei einteiligen Verben: das Verb) in die Spitzenstellung versetzt wird. Wir beschreiben die Bedeutung von Geltungsfragen, diesem Begriff entsprechend, mit den Merkmalen ⟨LÜCKE⟩ (= Grundmerkmal) und ⟨GELTUNG⟩.

/hier ist der Scheck ÷ haben Sie den Scheck auch unterschrieben?/

Die Vorinformation, die bei jeder Frage vorauszusetzen ist, liegt im ersten Dialogbeitrag. Aber sie reicht dem Hörer offenbar nicht aus, es besteht für ihn noch eine Informationslücke hinsichtlich der für die Gültigkeit des Schecks wichtigen Feststellung: ›der Scheck ist unterschrieben‹. Ebendiese fragliche Geltung wird mit der Geltungsfrage geklärt. Deshalb schließt die Frage mit ihrem Vorverb *haben* auch unmittelbar, ohne Vermittlung durch irgendeine Vorfeldbesetzung, an die lückenhafte Vorinformation an, und dadurch bedingt werden alle Sprachzeichen, die sonst gerne im Vorfeld einer Verbalklammer stehen (Adverbien, Subjekt . . .), in das Mittelfeld verwiesen.

Das wichtigste formale Kennzeichen der einfachen Geltungsfrage ist also die Spitzenstellung des Verbs bei freibleibendem Vorfeld (nicht ganz adäquat »Inversion« genannt). Eine steigende Intonation am Ende der Frage tritt in der Regel hinzu und wird vom Hörer als Einladung interpretiert, den Dialog mit einer Antwort (fallende Intonation!) weiterzuführen.

/ist die Unterschrift echt [↗]? ÷ ja [↘]/

Doch könnte der Fragende in diesem Fall auch auf die steigende Intonation verzichten; die Frage ist durch die Spitzenstellung des Verbs ausreichend markiert. Wichtig ist hingegen die steigende Intonation immer dann, wenn Verwechslung zwischen einer Frage und einem Imperativ (der auch Spitzenstellung des Verbs hat) droht. Diese Gefahr besteht besonders in der Hörerrolle (Distanzform). Zum Vergleich:

FRAGE	AUFFORDERUNG
/bezahlen Sie die Rechnung bar?/ [↗]	*/bezahlen Sie die Rechnung bar!/* [↘]

In diesen Beispielen beruht die Opposition zwischen der Frage und der Aufforderung (Imperativ) nur auf der Intonation, da das Verb in beiden Fällen die Spitzenstellung einnimmt. In der Realität des Sprachgebrauchs kommt dieser Oppositionsfall jedoch sehr selten vor; meistens bewirkt schon eine Partikel (beispielsweise *denn* in der Frage, *doch* in der Aufforderung) die Diskrimination, so daß nur selten die ganze Fragebedeutung an der steigenden Intonation hängt.

Im Normalfall ist die mit einer Frage verbundene Erwartung relativ offen: die Antwort kann so oder so ausfallen. Ebendarum fragt man ja. In manchen Fällen ist der Fragende jedoch daran interessiert, daß eine Antwort eher so als anders ausfällt. Dann kann er mit der Form der Frage, insbesondere durch ein eingefügtes Negations-Morphem oder durch Modalpartikeln, eine bestimmte Antwort suggerieren, etwa so:

/willst du etwa dein ganzes Bargeld bei dir tragen? ÷ nein, gewiß nicht/

/sind nicht Reiseschecks viel sicherer als Bargeld? ÷ ja, bestimmt/

Nachdenkliche (deliberative) Fragen, die oft Selbstfragen sind, werden gerne mit dem Frage-Morphem *ob* eingeleitet, das seinen eigentlichen Platz bei den indirekten Geltungsfragen hat (vgl. 8.4.2.3). Man überlegt sich also:

/ob ich mir (wohl) meine Devisen schon vor Antritt der Reise besorge?/

Die abschwächende Modalpartikel *wohl* ist ein wichtiger Indikator für diese Art Fragen. Mit dem Frage-Morphem *ob* bildet man auch die sogenannten Echo-Fragen, die beim Antworten Zeit zum Nachdenken verschaffen. Beispiel:

/haben Sie schon ein Girokonto angelegt? ÷ ob ich schon ein Girokonto angelegt habe [↗]? ÷ ja ÷ ja, längst/

Geltungsfragen stehen auch oft im Dienste der Höflichkeit und ersetzen Imperative, die eine Bitte oder ein Gebot sonst allzu direkt ausdrücken würden. Modalverben treten dabei gerne hinzu. Beispiele:

/würden Sie hier bitte Platz nehmen? ÷ danke/

/könnten Sie sich bitte noch einen Augenblick gedulden? ÷ bitte/

8.3.1.2 Vergewisserungsfragen

Vergewisserungsfragen sind ebenfalls Geltungsfragen. Sie legen dem Hörer jedoch nahe, die Geltung zu bestätigen. Von den einfachen Geltungsfragen unterscheiden sie sich weiterhin dadurch, daß sie die Normalstellung der Verbalklammer beibehalten. Das Vorfeld ist bei Vergewisserungsfragen besetzt, so daß man das Vorverb nicht in Spitzenstellung findet. Die Frage ist als solche folglich nur an der steigenden Intonation erkennbar, die damit von einem zusätzlichen zum hauptsächlichen Fragesignal aufrückt. Modalpartikeln (vgl. 8.1.4) können verdeutlichend und nuancierend hinzutreten. Beispiel:

/der Kurs des Dollars ist schon wieder gefallen [↗]? ÷ ja, um drei Punkte/

Das Beispiel zeigt eine Verbalklammer (*ist – gefallen*) mit Besetzung des Vorfeldes (*der Kurs des Dollars*), jedoch mit steigender Intonation (in der Schrift: Fragezeichen). Die affirmative Antwort ist von der Form der Frage her schon in großen Zügen bekannt. Wir beschreiben daher die Bedeutung von Vergewisserungsfragen generell mit der Merkmalkombination ⟨LÜCKE⟩ und ⟨BEKANNT⟩.

Oft bedient man sich solcher Vergewisserungsfragen in Interviews, Verhören und anderen Befragungen, um einem vorausgesetzten gemeinsamen Vorwissen eine öffentliche Geltung oder authentische Bestätigung zu verschaffen:

/Sie waren seit Gründung der Bank als Kassierer tätig? ÷ ja/

/Sie sind nicht vorbestraft? ÷ nein/

Vergewisserungsfragen können nicht an Stelle von Aufforderungen gebraucht werden.

8.3.2 Alternativfragen

Einen Sonderfall der Fragen bilden die Alternativfragen (»Wahlfragen«, »disjunktive Fragen«), deren Bedeutung mit der Merkmalkombination ⟨LÜCKE⟩ und ⟨WAHL⟩ zu beschreiben ist. Alternativfragen stellen mit Hilfe des Selektiv-Junktors *oder* die Geltung von zwei oder mehr Möglichkeiten zur Wahl (vgl. 7.5.3). Als Antwort scheiden deshalb die Geltungs-Morpheme *ja* und *nein* aus, und der Hörer muß in seiner Antwort diejenige Feststellung nennen, der er Geltung verschaffen will, zum Beispiel:

/soll ich die Rechnung bar bezahlen, oder wollen Sie den Rechnungsbetrag überwiesen haben? ÷ besser in bar/

Häufig betrifft jedoch die Wahl, die der Dialogpartner mit seiner Antwort treffen soll, nur einen Teil der Vorinformation. Dann setzt man gerne die fragliche Alternative oder eine ihrer Möglichkeiten ins Nachfeld:

/wie soll ich Ihnen den Betrag überweisen, mit Zahlkarte oder (mit) Postanweisung? ÷ mit Postanweisung, bitte/

Die Antwort kann dann zu derjenigen Feststellung ergänzt werden, die Geltung haben soll. Es können auch beide Möglichkeiten in der Antwort zurückgewiesen werden. Dann antwortet man: *weder noch.*

Ein Sonderfall der Alternativfrage ist dann gegeben, wenn eine der in der Frage angebotenen Möglichkeiten die Negation der anderen ist:

/haben Sie Geld, oder haben Sie keines? ÷ etwas habe ich schon/

/wollen Sie nun das Darlehen oder nicht? ÷ doch, ich will es/

8.3.3 Fokusfragen

Fokusfragen (»Ergänzungsfragen«) sind spezifische Fragen, die durch die besondere Form des Frage-Morphems die Aufmerksamkeit des Hörers auf denjenigen Teilbereich der Vorinformation lenken, der die Informationslücke enthält. Durch diese Fokussierung wird die Antwort so gelenkt, daß sie genau die bestehende Informationslücke trifft. Wir beschreiben die Bedeutungen der Fokusfragen, je nach ihrer Spezifik, mit dem Grundmerkmal ⟨LÜCKE⟩ und jeweils hinzutretenden spezifischen Merkmalen, beispielsweise ⟨REFERENZ⟩ oder ⟨POSITION⟩.

Die Frage-Morpheme, mit denen man einen spezifischen Bereich der Vorinformation als fraglich fokussiert, lauten in der deutschen Sprache sämtlich mit *w-* an. Man spricht daher auch von »W-Fragen«. Da somit die Fokusfrage immer eindeutig durch ein Frage-Morphem gekennzeichnet ist, erübrigt sich bei ihr die steigende Intonation. Das Frage-Morphem einer Fokusfrage steht meistens im Vorfeld der Verbalklammer und schließt damit unmittelbar an die Vorinformation an. Nur selten und eher mündlich-umgangssprachlich erscheint es betont im Mittelfeld einer Vergewisserungsfrage. Zum Vergleich:

FRAGE-MORPHEM IM VORFELD	FRAGE-MORPHEM IM MITTELFELD
/wann haben Sie über den Kredit gesprochen?/	*/Sie haben über den Kredit wann gesprochen?/*

Die Stellung im Beispiel links ist die Normalstellung, diejenige im Beispiel rechts wird eher bei Nach- und Rückfragen gewählt und hat oft eine drängende oder drohende Konnotation.

Das Frage-Morphem einer Fokusfrage kann auch als freie Form gebraucht werden:

/ich will den Kauf des Wagens ohne Kredite finanzieren ÷ (aber) wie? ÷ von meinen Ersparnissen ÷ welchen?/

Ähnlich wie bei den Geltungsfragen kann man auch bei Fokusfragen mit Echofragen die Antwort hinauszögern:

/wie sind Sie auf die Idee mit dem Bausparvertrag gekommen? ÷ wie ich darauf gekommen bin [↗]? ÷ ja ÷ das kam so . . ./

Wir unterscheiden die Fokusfragen nach den folgenden Untergruppen: Verbfragen (8.3.3.1), Rollenfragen (8.3.3.2) und Applikationsfragen (8.3.3.3).

8.3.3.1 Verbfragen

Wenn das Informationsdefizit einer Vorinformation bei der Bedeutung des Verbs liegt, fragt man mit dem Frage-Morphem *was* in Verbindung mit einem passenden Pro-Verb. Pro-Verben sind Verben mit maximalem

Bedeutungsumfang und minimalem Bedeutungsinhalt. Die wichtigsten Pro-Verben der deutschen Sprache sind *mache* und *tue*. Beispiele:

/was machen Sie denn auf dem Standesamt? ÷ ich bestelle mein Aufgebot/

/und was tun Sie hier, Sie sind doch schon verheiratet ÷ ich melde die Geburt meiner ersten Tochter an/

Die Antwort ersetzt hier jeweils das Pro-Verb durch ein spezifisches Verb.

Enthält die erwartete Antwort ein Modalverb, so kann dieses auch schon als Pro-Verb in der Frage gebraucht werden:

/was wollen Sie denn auf dem Finanzamt? ÷ ich will meine Steuern bezahlen/

Wenn man über fast keine Vorinformationen zu einer Situation verfügt, kann man nur in allgemeiner Form nach dem Geschehen fragen, indem man das Frage-Morphem *was* mit Pro-Verben verbindet wie:

geschieht	*ereignet sich*	*geht – vor sich*
passiert	*ist – los*	*spielt sich – ab*

Beispiele für solche Situationsfragen:

/was ist passiert? ÷ ich habe meinen Ausweis verloren/

/was ist denn mit Ihnen neuerdings los? ÷ ich bin so vergeßlich geworden!/

Die Antworten auf diese Fragen skizzieren in Form knapper Feststellungen die erfragte Situation.

8.3.3.2 Rollenfragen

Rollenfragen sind Fragen zu den Handlungsrollen Subjekt, Partner, Objekt. Erfragt wird eine Antwort, die diesen Handlungsrollen eine Gesprächsrolle (Sprecher-, Hörer- oder Referenzrolle) und im Falle der Referenzrolle überdies nominale oder pronominale Referenz zuordnet. Die jeweils entsprechenden semantischen Merkmale treten hier folglich zu dem Grundmerkmal ⟨LÜCKE⟩ spezifizierend hinzu. Da bei einer personalen Rollenbesetzung alle drei Gesprächsrollen in Frage kommen, bei einer sächlichen Rollenbesetzung jedoch nur die Referenzrolle, muß bei Rollenfragen jeweils nach Personen und Sachen unterschieden werden.

(1) Fragen nach der Person

Nach einer Person fragt man mit dem genus- und numerusneutralen Frage-Pronomen *wer/wen/wem/wessen*. Die Antwort kann mit jeder der drei Gesprächsrollen gegeben werden, im Falle des Genitivs aber meistens mit Hilfe eines Possessiv-Artikels:

/wer hat das Taxi bestellt? ÷ ich/

/wen wollen Sie sonst noch mitnehmen? ÷ meine beiden Schwestern/

/mit wessen Wagen soll ich fahren? ÷ mit Ihrem eigenen (Wagen)/

Bei der Frage nach einem Prädikats-Nomen im Plural verbindet sich *wer* auch mit einem Verb im Plural:

/wer sind denn diese Leute hier? ÷ das sind alles unsere Verwandten/

(2) Fragen nach der Sache

Nach einer Sache fragt man mit dem ebenfalls genus- und numerusneutralen Frage-Pronomen *was*. Es wird nur in den Kasus Nominativ und Akkusativ gebraucht und hat für beide Kasus die gleiche Form *was*. Als Antwort kommt nur eine Referenz für die Referenzrolle in Frage, weil nur bei der Referenzrolle eine sächliche Referenz möglich ist.

/was haben Sie zu verzollen? ÷ nichts/ (*was* = Akkusativ)

/was befindet sich in diesem Koffer? ÷ nur Kleidungsstücke/ (*was* = Nominativ)

Fragt man mit *was* nach einem Prädikats-Nomen, so erfragt man – anders als bei *wer* – nicht eine Identität, sondern eine Partikularität, etwa einen Beruf, eine Religionszugehörigkeit oder eine Nationalität. Zum Vergleich:

IDENTITÄTSFRAGE	PARTIKULARITÄTSFRAGE
/wer sind Sie eigentlich? ÷ ich bin der neue Mitarbeiter und heiße .../	*/was sind Sie eigentlich (von Beruf)? ÷ ich bin Autoschlosser und arbeite bei .../*

Eine sehr hohe Frequenz hat in der Sprache die allgemeine Sachfrage *was ist (denn) das?*. Bei Dienstleistungen fragt man oft: *was wünschen/ möchten/wollen Sie?*. Auch bei Interviews, im Unterricht und in Prüfungen finden sich viele Fragen mit *was*:

/was halten Sie denn eigentlich von .../

/was ist tausendmal schwerer als ein Gramm?/

/was nennt man in der Physik ein Quark?/

(3) Fragen nach der Referenz

Wenn in der Referenzrolle die zugeführte nominale Referenz als eine lückenhafte Information angesehen wird, fordert man mit dem Frage-Artikel *welcher* genauere Referenz an. Der Frage-Artikel *welcher*, der auch ohne nachfolgendes Nomen, also als Frage-Pronomen, gebraucht werden kann, ist nach Genus, Numerus und Kasus differenziert und hat die gleichen Flexive wie der Demonstrativ-Artikel *dieser* (vgl. 4.5.2.2).

/welche Wohnung gefällt Ihnen besser, die im Parterre oder die im ersten Stock?/

/mit welchen Nebenkosten muß ich außer der Miete rechnen?/

(4) Fragen nach der Spezifik einer Referenz

Um Informationen über die Spezifik einer Referenz zu erhalten, fragt man mit dem komplexen Frage-Morphem *was für* in Verbindung mit dem kataphorischen Artikel. Die ganze Form lautet also im Singular *was für ein/eine/einen/einem/einer*, im Plural und numerusneutral *was für* (Null-Artikel!).

/was für eine Heizung hat die Wohnung?/

/was für Sonderabmachungen muß man im Mietvertrag aushandeln?/

Mündlich-umgangssprachlich wird das komplexe Frage-Morphem *was für (ein)* oft auf das Vorfeld und das Mittelfeld einer Verbalklammer verteilt:

/was hast du denn da für ein Zimmer gemietet?/

Dieses Frage-Morphem kann auch pronominal gebraucht werden; im Plural steht dann die Form *was für welche*.

/in der Zeitung waren viele Wohnungsangebote ÷ was für welche?/

(5) Fragen nach der Quantität

Nach der Quantität fragt man mit dem quantitativen Frage-Artikel *wieviel.* Damit löst man in der Regel eine Zahl als Antwort aus. Der Frage-Artikel *wieviel* ist also die interrogative Entsprechung des Numeral-Artikels (vgl. 4.5.2.3.1).

Der Frage-Artikel *wieviel,* der auch als Frage-Pronomen gebraucht werden kann, ist im Singular invariant nach dem Genus und Kasus. Mit dieser Eigenschaft löst er die große Adjektiv-Flexion aus. Im Plural wird *wieviel* ebenfalls oft invariant ohne Flexive gebraucht, läßt aber auch die Plural-Flexive *wieviele/wievielen/wievieler* zu. Im Genitiv ist das Kasusflexiv obligatorisch. Beispiele:

/mit wieviel Haushaltsgeld mußt du im Monat auskommen? ÷ mit 800 Mark/

/wieviel(e) Apfelsinen können wir uns heute leisten? ÷ ich denke, ein Kilo/

So wie es bei den Numeral-Artikeln kardinale und ordinale Zahlen gibt, so kann man bei den quantitativen Frage-Artikeln neben den bisher erwähnten kardinalen auch ordinale Formen verzeichnen. Man verwendet sie besonders bei Fragen nach dem Datum:

/den wievielten haben wir heute eigentlich? ÷ den dritten (Oktober)/

8.3.3.3 Applikationsfragen

Mit den verschiedenen Arten von Applikationsfragen erfragt man Applikate. Die Antworten werden meistens in Form von applikativen Adjektiven, Adverbien oder Adjunkten gegeben.

(1) Fragen nach der Zeit

Nach der Zeit fragt man mit dem temporalen Frage-Adverb *wann* oder einem spezifischer auf die Informationslücke zielenden Frage-Adjunkt wie *an welchem Tag, in welchem Jahrhundert.*

/wann hast du deinen Zahnarzttermin? ÷ morgen mittag um 13 Uhr 15/

/bis zu welchem Termin soll die Rechnung bezahlt sein? ÷ die Rechnung hat vier Wochen Zeit/

Nach der Uhrzeit fragt man jedoch anders:

/*wieviel Uhr* (oder: *wie spät*) *ist es?* ÷ *viertel nach fünf*/

Für Fragen nach der Dauer oder Frequenz sagt man:

/*wie lange bleibst du noch in Wismar?*/

/*wie oft hast du hier im Monat beruflich zu tun?*/

(2) Fragen nach der Position

Für Fragen nach der Position gibt es das Frage-Adverb *wo*, das nach der Richtung (*woher, wohin*) differenziert werden kann. Auch mit Frage-Adjunkten kann man die Position erfragen (*an welchem Ort, in welcher Stadt*). Beispiele:

/*wo bist du eigentlich geboren?* ÷ *in Greifswald*/

/*in welchem Bundesland liegt Greifswald?* ÷ *in Mecklenburg-Vorpommern*/

Die Formen *woher* und *wohin* werden mündlich-umgangssprachlich oft diskontinuierlich gebraucht und dann mit ihren beiden Teilen auf das Vor- und Mittelfeld der Verbalklammer verteilt. Bei einem semantisch passenden Verb wird das Element *hin* oder *her* dem Nachverb zugeschlagen:

/*wo willst du denn mit diesem alten Auto hin?* ÷ *wo soll ich denn das Geld hernehmen, um mir ein neues zu kaufen?*/ (Gegenfrage)

(3) Fragen nach der Begründung

Nach dem Grund fragt man mit den kausalen Frage-Adverbien *warum, wieso, weshalb* oder *weswegen*. Die Form *warum* kann als Standardform gelten. Man antwortet meistens mit einem begründenden Adjunkt, etwa einem Präpositional-Adjunkt mit *wegen* oder einem Konjunktional-Adjunkt mit *weil* (nicht mit *da* oder *denn*!). In spezifischerer Form kann auch schon die Frage selber Adjunktform haben (*aus welchem Grunde, mit welcher Begründung*):

/*warum hast du eine Haftpflichtversicherung abgeschlossen?* ÷ *weil ich kein Risiko eingehen will*/

/*weshalb dann noch zusätzlich eine Haftpflichtversicherung für den Wagen?* ÷ *das ist Pflicht*/

Das letzte Beispiel zeigt zugleich, daß die Antwort ohne kausale Markierung bleiben kann, wenn die Frage selber schon kausal markiert ist.

Die Umgangssprache trennt nicht immer scharf zwischen einer kausalen und einer finalen Begründung. Doch wird mit dem Frage-Adverb *wozu* deutlicher auf den Zweck hingewiesen:

/*wozu* (oder: *zu welchem Zweck*) *soll man eine Rentenversicherung abschließen?* ÷ *um im Alter versorgt zu sein*/

(4) Fragen nach den Umständen

Will man verhältnismäßig unspezifisch nach den Umständen fragen, so benutzt man das Frage-Morphem *wie*. Die Antwort kann entsprechend umständlich ausfallen und eventuell in eine ganze Geschichte einmünden. Beispiele:

/*na, wie geht es Ihnen?* ÷ *ach, wissen Sie, seit ein paar Tagen ...*/

/*wie war der Film gestern abend?* ÷ *also, die Schauspieler haben mir ganz gut gefallen, aber ...*/

Auch genauere und eventuell längere Beschreibungen sowie Erklärungen ruft man mit *wie* ab:

/*wie funktioniert eigentlich dieser Drucker?* ÷ *also, Sie müssen vor allen Dingen zuerst ...*/

/*wie macht man Pfannkuchen?* ÷ *für Pfannkuchen braucht man ...*/

Die allgemeinste Frage dieser Art lautet: *wie geht das?* oder *wie macht man das?*.

Weiterhin ruft man mit *wie* Benennungen und Meinungsäußerungen ab:

/*wie heißt noch der beliebte Weihnachtskuchen?* ÷ *Christstollen*/

/*wie denken Sie über die süddeutsche Küche?* ÷ *also, eine richtige Schweinshaxe ...*/

Mehr auf Prädikats-Adjektive hin orientiert sich eine *wie*-Frage, wenn sie mit der Kopula *bin* gebildet ist:

/*wie ist das Wetter heute?* ÷ *ziemlich windig*/

/*wie sind die weiteren Aussichten?* ÷ *nicht sehr angenehm*/

Graduierbare Adjektive und Adverbien werden ebenfalls gerne dem Frage-Morphem *wie* beigestellt. Die Antwort gibt dann für das Adjektiv oder Adverb einen bestimmten Grad an:

/*wie zuverlässig ist heutzutage der Wetterbericht?* ÷ *ziemlich verläßlich*/

/*wie lange hält das schlechte Wetter noch an?* ÷ *bis das schöne Wetter kommt*/

Mit isoliertem *wie?* (höflicher: *wie bitte?*, unhöflicher: *was?*) reagiert man auch auf eine Frage, die man nicht verstanden hat. Damit erbittet man zugleich eine Wiederholung des unverstandenen Textabschnittes.

/*Sie haben Ihr Konto überzogen und müssen leider Überziehungszinsen zahlen* ÷ *wie bitte?* ÷ *ja, leider gehören Überziehungszinsen zu unseren Geschäftsbedingungen*/

(5) Junktionsfragen

Junktionsfragen kommen dadurch zustande, daß man einem Frage-Morphem eine Präposition beigibt. Dadurch lockt der Fragende als Antwort normalerweise ein Adjunkt mit ebendieser Präposition hervor:

/*mit wem willst du spazierengehen?* ÷ *mit meinem Vetter*/

/*für wann habt ihr euch verabredet?* ÷ *für 4 Uhr*/

Viele Präpositionen haben für diesen Ausdruckszweck eigene Formen mit *wo-* (vor Vokal: *wor-*) ausgebildet. Es sind die Formen:

wobei	*womit*	*woraus*	*worunter*
wodurch	*wonach*	*worin*	*wovon*
wofür	*woran*	*worüber*	*wovor*
wogegen	*worauf*	*worum*	*wozu*

Man fragt mit diesen Frage-Präpositionen nach Sachen und komplexen Sachverhalten (in die Personen involviert sein können). Für die Identifikation von Personen gebraucht man hingegen das Frage-Pronomen *wer* in Verbindung mit Präpositionen. Zum Vergleich:

REFERENZ

/woran erinnert Sie dieses Bild? ÷ an Lenbach/

REFERENZ-IDENTIFIKATION

/an wen erinnert Sie dieses Bild? ÷ an Lenbach/

Im Beispiel links wird eine Malweise erfragt, im Beispiel rechts die Person des Malers Franz von Lenbach. Will man die Referenz auf Personen ausdrücklich ausschließen, fragt man: *an was.*

8.3.4 Rhetorische Fragen und Ausrufe

Rhetorische Fragen sind Fragen, auf die man keine informative Antwort erwartet (Orthographie: Ausrufungszeichen). Sie dienen dazu, beim Hörer Interesse für einen in Frageform ausgedrückten Sachverhalt zu erzeugen. Wir beschreiben rhetorische Fragen daher mit dem Grundmerkmal ⟨INTERESSE⟩, dem sich das semantische Merkmal ⟨LÜCKE⟩ erst in zweiter Linie zugesellt.

Rhetorische Fragen (die nicht selten von Interjektionen eingeleitet werden) können die Form von einfachen Geltungsfragen (immer mit Spitzenstellung des Verbs!) oder von Fokusfragen haben. Beispiele:

/ach, ist das ein spannender Roman! (÷ ja, wirklich!)/

/wer hätte das dem Autor zugetraut! (÷ tatsächlich keiner!)/

Ihre besondere Färbung und damit zugleich eine deutliche Markierung im Sinne eines »rhetorischen« Verzichts auf informative Antwort erhalten die rhetorischen Fragen in vielen Fällen durch Modalpartikeln, die in ihnen besonders reichlich auftreten. Beispiele:

/wofür soll denn das alles bloß gut sein!/

/was kann ich schon dafür, daß wieder mal alles . . . !/

/bin ich denn etwa für alles verantwortlich!/

Sehr rechthaberisch klingt, wenn der andere in Schwierigkeiten gerät, eine rhetorische Frage wie diese:

/ha, was habe ich dir wohl schon hundertmal gesagt!/

Ausrufe (Exklamationen) zielen ebenso wie rhetorische Fragen auf eine starke emotionale Reaktion des Hörers. Ihr wichtigstes Signal ist eine emphatische Intonation mit fallender Tonkontur. Mit diesem Signal kann jede beliebige Äußerung zum Ausruf werden (Interpunktion: Ausrufungszeichen oder expressiv: mehrere Ausrufungszeichen). Ausrufe werden nur mit dem semantischen Merkmal ⟨INTERESSE⟩ beschrieben. Beispiele:

/das war ja eine herrliche Party! ÷ ja, eine ganz tolle Stimmung!!/

/sollen wir nicht bald wieder eine Party machen? ÷ ja!!!/

Besonders häufig nehmen Ausrufe jedoch Frageform an, und zwar sowohl als (oft verneinte) Geltungsfrage wie auch als Fokusfrage:

/ach, ist das aber ein netter Kerl!/

/diese Tänzerin da, wie ist sie doch zierlich!/

Vielfach findet man jedoch als Ausrufe verbale Ausdrücke, die das Verb in der Endstellung haben:

/wie temperamentvoll sie (doch) ist!/

/wie gut er (doch) tanzt!/

/was du dir jetzt schon wieder denkst!/

Ein nur exklamativ gebrauchtes Morphem ist der Exklamativ-Artikel *welch ein*, der im Singular wie der kataphorische Artikel *ein* nach dem Genus und Kasus flektiert wird:

/welch ein Vergnügen!/

/mit welch einer Ausdauer sich alle amüsiert haben!/

Im Plural lautet die (ebenfalls flektierbare) Form *welche* und stimmt also mit dem Frage-Morphem *welche* überein.

Auch bei Ausrufen sind Modalpartikeln als Träger expressiver oder emotionaler Signale von großer Wichtigkeit. Sehr häufig treten dabei, wie auch verschiedene Beispiele schon gezeigt haben, die Partikeln *doch* und *aber* auf, mit deren Hilfe sich die exklamative Äußerung von allen vorher möglichen Feststellungen abhebt.

8.3.5 Fragen in einem Text

Der nachfolgende Dialog zwischen einem Mann und einer Frau stellt den Anfang des Dramas »Groß und Klein« von Botho Strauß dar. Die Frage-Morpheme (bei Geltungsfragen die Verben in Spitzenstellung) sind unterstrichen und durchnumeriert. Sie werden fortlaufend kommentiert.

TEXT:

Frau	fährt aus dem Schlaf. *Was ist?* (1)
Mann	*Ruhig. Schlaf nur. Nichts ist.*
Frau	*Hast du nicht eben gerufen?* (2)
Mann	*Nein.*
Frau	*Was machst du in meinem Zimmer?* (3)
Mann	*Ich sitze hier.*
Frau	*Seit wann?* (4)
Mann	*Die ganze Nacht.*
Frau	*Die ganze Nacht?* (5) *Mußt du dich nicht fertig machen?* (6)
Mann	*Ich gehe heute nicht.*
Frau	*Ist irgend etwas?* (7)
Mann	*Nein.*
Frau	*Warum liegst du nicht in deinem Bett?* (8)
Mann	*Ich mochte nicht.*
Frau	*Ich muß heute die Kinder abholen. Wie ist das Wetter draußen?* (9)
Mann	*Nebel. Ich glaube, es ist Nebel.*
Frau	*Mist. Ich fahre nicht gern bei Nebel.*
Mann	*Ich könnte fahren.*
Frau	*Willst du die Kinder abholen?* (10)
Mann	*Wir könnten gemeinsam fahren.*

TEXTGRAMMATISCHER KOMMENTAR:

(1) Verbfrage als (schreckhaft konnotierte) Frage nach der Situation. Das Verb *ist* dient als Pro-Verb. Die Antwort hat den Charakter einer Beschwichtigung in Echo-Form: *Nichts ist.*

(2) Einfache Geltungsfrage, deren negative Form eine affirmative Antwort erwarten läßt. Diese Erwartung wird jedoch enttäuscht: *Nein.*

(3) Verbfrage mit der Verbform *machst* als Pro-Verb. Die Antwort substituiert dieses Pro-Verb durch ein spezifisches Verb: *Ich sitze hier.*

(4) Eine Applikationsfrage mit temporaler Bedeutung. Die Frage besteht (»elliptisch«) nur aus Präposition und Frage-Morphem: *Seit wann*? Das weitere ist aus dem voraufgehenden Gesprächszug zu ergänzen: . . . *sitzt du hier*?

(5) Eine Echo-Frage, mit der die Fragende eine Antwort des Mannes wortgleich wiederholt, jedoch nun mit steigender Intonation. Der Form nach handelt es sich bei der Frage um ein Temporal-Objekt im Akkusativ (vgl. 2.5.6.2).

(6) Einfache Geltungsfrage, negiert. Die mit dieser Frageform verbundene Erwartung einer affirmativen Antwort wird wiederum

Frau *Rosa hat keinen Mantel dabei.*

Sie hebt die Decke weg und setzt sich auf.

Wie spät ist es genau? (11)

Mann *Acht Uhr und vierzig Minuten.*

Frau *Du müßtest längst fort sein. Habe ich was gesagt?* (12) *Habe ich im Schlaf gesprochen?* (13)

Mann *Nein.*[1]

durch die tatsächlich negative Antwort des Mannes enttäuscht.

(7) Wiederaufnahme der Frage (1), mit *irgend* variiert, daher noch besorgter klingend als am Anfang.

(8) Kausale Applikationsfrage, negiert. Das zu begründende Verhalten wird durch die Negation als ungewöhnlich und legitimationsbedürftig gekennzeichnet.

(9) Themawechsel mit einer Applikationsfrage nach dem Wetter. Das Frage-Antwort-Spiel wird in der Folge für einen Moment unterbrochen.

(10) Formal eine einfache Geltungsfrage. Aus dem voraufgehenden Kontext ergibt sich jedoch, daß der Ton auf dem Pronomen *du* liegt und es sich deshalb implizit um eine Rollenfrage handelt. Diese Rollenfrage wird durch die Antwort lexikalisch verneint (*gemeinsam*).

(11) Applikationsfrage nach der Tageszeit. Die Antwort gibt das gewünschte Applikat in Form einer genauen Uhrzeitangabe.

(12,13) Zwei einfache Geltungsfragen als Selbstfragen. Sie kennzeichnen das ganze voraufgehende Sprachspiel als somnolent. Das *Nein* des Mannes ist wiederum als Beschwichtigung zu verstehen.

8.4 Redewiedergabe

Von Redewiedergabe spricht man dann, wenn in ein Sprachspiel ein anderes Sprachspiel als Referenz eingeblendet ist. »Rede« wird dabei im weitesten Sinne des Wortes verstanden und umfaßt nicht nur lautsprachliche Äußerungen, sondern auch Bewußtseinsinhalte aller Art. In der erzählenden Literatur spielt die Redewiedergabe eine große Rolle; wir beginnen daher mit der Besprechung eines literarischen Textes (8.4.1). Sodann werden die Formen der Redewiedergabe im einzelnen erörtert (8.4.2).

1) Botho Strauß: *Groß und Klein. Szenen,* München 1978, S. 23f.

8.4.1 Redewiedergabe in einem Text

Der nachfolgende Text stammt aus dem Roman »Katzengold« von Birgitta Arens. Die Erzählerin gibt einen Brief wieder, den die nach Amerika ausgewanderte Lene an ihre Freundin Lina in Deutschland geschrieben hat. Die Formen der Redewiedergabe werden abschnittsweise kommentiert:

TEXT:

Mir geht es gut, wie geht es dir, hat Lene am 21. August 1921 aus Richmond Hill, New York, geschrieben und einen Dollar beigelegt. Du kannst ihn sicher gut gebrauchen. (1)
Doch hoffentlich gut, hat Lene geschrieben. Und was macht Dein lb. Mann. Ihr müßt ja ganz glücklich sein. (2)
Daß Amerika ihr eine zweite Heimat geworden ist. Und wie gerne sie noch einmal mit Lina reden möchte: aber es soll nicht sein. (3)
Du wirst Dich wundern, schreibt sie, ich heiße jetzt Mrs. John Platt. Zuerst wollte ich ja wieder heimfahren, aber dann entschloß ich mich zum Heiraten. (Vielleicht, weil beides mit »hei« anfängt, schreibt sie. Und: Weißt Du noch, wie wir immer zusammen gelacht haben.) (4)
Ihr Mann ist gut und brav, sehr sparsam. Und sie verstehen einander gut. Ich sage Dir ganz aufrichtig: Ich bin glücklich und zufrieden. (5)
Wir haben eine große Villa mit großem Garten rundherum und soweit gut eingerichtet. Mein Mann verdient viel und ist sehr sparsam. Und daß Lina es nicht glauben wird. (6)
Du wirst es nicht glauben, schreibt sie, aber meine Schwiegereltern sind

TEXTGRAMMATISCHER KOMMENTAR:

(1) Die Redeeinleitung *hat – geschrieben* mit genauen Angaben zum Datum und Absendeort des Briefes setzt makrosyntaktisch den Rahmen für die ganze nachfolgende Redewiedergabe und deren Kennzeichnung als Referat eines Briefes. Die Redewiedergabe selber ist wörtliches Zitat, hat also den Charakter direkter Rede. Zusätzliches Signal für die Wörtlichkeit der Redewiedergabe ist die Floskelhaftigkeit des Eingangs: *mir geht es gut, wie geht es dir*. Das fehlende Fragezeichen trägt zur (kunstvollen!) Konturlosigkeit der Redewiedergabe bei.
(2) Die Redewiedergabe wird noch einmal formal identisch gekennzeichnet (*hat – geschrieben*). Der Briefinhalt wird weiterhin als direkte Rede wiedergegeben, am Anfang fragmentarisch, wodurch die Floskelhaftigkeit aufs neue als Stilmittel eingesetzt wird: *(es geht dir) doch hoffentlich gut*. Auch die schematische Abkürzung *lb.* = *lieber (Mann)* kennzeichnet die Redewiedergabe als authentisches Zitat aus dem Brief einer einfachen Frau, die kunstlos schreibt.
(3) Abrupter Übergang in die Redewiedergabe als indirekte

Rh. Pfältzer. Mein Mann ist hier geboren. Er war sogar zwanzig Monate mit den Amerikanern in Frankfurt und machte verschiedene heiße Schlachten mit. Kam aber Gott sei Dank gesund wieder heim. Er spricht ein bißchen Deutsch, kann aber nicht Deutsch schreiben. (7)
Sonst geht es uns sehr gut. (8)
Ich bin ganz untröstlich, schreibt Lene, und ob Lina schon gehört hat, daß ihr Bruder Albert im Februar gestorben ist: er wurde an meinem Hochzeitstag beerdigt. (9)
Und wie schön es wäre, wenn Lina einmal kommen könnte. Wie würde ich mich freuen, wenn wir nochmal miteinander plaudern könnten. (Wie lange ist es jetzt schon her!) Aber die Reise kostet ein Vermögen. (10)
Ich schicke Dir hier ein paar Fotos mit. Du wirst mich nicht mehr erkennen. (11)
Genug für heute, später mehr. Hoffe bald von Dir zu hören. Und ganz herzliche Grüße auch an Deinen lb. Mann. Deine Freundin Lene (Mrs. John Platt, 1120–117th str. Richmond Hill New York.) (12)[1]

Rede, kenntlich an den Junktoren *daß* und *wie*. Als Basis der Junktion gilt *hat – geschrieben* weiter. Danach wieder ein floskelhaftes wörtliches Briefzitat: *aber es soll nicht sein,* fatalistisch zu verstehen.

(4) Erneuerte formale Kennzeichnung der Redewiedergabe, nun im Präsens und mit der Stellung Verb/Subjekt eingeschoben: *schreibt sie* (zweimal). Die Redewiedergabe hat aufs neue den Charakter direkter Rede mit dem Witzchen *heimfahren/heiraten* als Authentizitätssignal.

(5) Abrupter Wechsel in die Referenzrolle (*ihr Mann, sie*). Die Redewiedergabe ist nun, durch den Kontext und die altertümliche Lexik (*brav!*) gestützt, als erlebte Rede aufzufassen. Danach sofort wieder Rückkehr in die direkte Rede (*ich, Dir*).

(6) Weiterhin direkte Rede mit dem floskelhaften Ausdruck *soweit gut* als Authentizitätssignal. Am Ende abrupter Übergang in die indirekte Rede, erkennbar an der Konjunktion *daß,* die einen ›Inhalt‹ anzeigt.

(7) Lange Redewiedergabe in direkter Rede, gestützt durch die Wiederaufnahme des Referenzsignals *schreibt sie.* Die »Inversion«, also die Abfolge Verb/Subjekt, ist für solche kurzen, in den Textfluß eingeblendeten Referenzsignale charakteristisch. Für die Authentizität des wörtlichen Briefzitats soll insbesondere die Abkürzung *Rh. Pfältzer* (= *Rheinpfälzer,* mit authentisch wirkendem Schreibfehler!) sprechen.

(8) Direkte Rede, mit der erneuerten Versicherung, daß es ihr gut geht. Formelhaft für umgangssprachlichen Briefstil steht: *sonst.*

1) Birgitta Arens: *Katzengold,* München 1982, S. 120 f.

(9) Wieder das Referenzsignal *schreibt Lene,* mit scharfen Übergängen direkte Rede/indirekte Frage/direkte Rede.
(10) Am Anfang ein indirekt wiedergegebener Ausruf, der direkt lauten würde: *wie schön wäre es!* Es folgen zwei direkt wiedergegebene Exklamationen, ebenfalls mit *wie.* Am Ende, mit *aber* eingeleitet, eine resignative Feststellung, gleichfalls direkt wiedergegeben.
(11) Direkte Rede. Zu ihren Indikatoren gehört auch das Positions-Adverb *hier,* das sich auf den Brieftext mit seiner Schreiberperspektive bezieht.
(12) Der ganze Briefschluß ist weiterhin direkt wiedergegeben, mit stark floskelhaften Formulierungen sowie aufs neue mit der Abkürzung *lb.* als Authentizitätssignal. Auch der Verzicht auf das Pronomen *ich (hoffe)* ist authentisch im Briefstil einfacher Leute, die mit ihrem Ich bescheiden umgehen. Schließlich weist die Absenderangabe noch einmal makrosyntaktisch auf den Brief als Rahmenform der Redewiedergabe hin.

8.4.2 Formen der Redewiedergabe

Die Redewiedergabe, wie sie an diesem Text bereits in allgemeiner Weise beschrieben worden ist, unterscheidet sich nach verschiedenen formalen Ausdrucksmitteln. Alle Formen der Redewiedergabe sind von bestimmten Referenzsignalen abhängig (8.4.2.1). Die Redewiedergabe selber kann die Form der direkten Rede und des inneren Monologs (8.4.2.2), der indirekten Rede (8.4.2.3) oder der erlebten Rede (8.4.2.4) haben. Alle Formen der Redewiedergabe haben das semantische Merkmal ⟨REFERENZ⟩ gemeinsam.

8.4.2.1 Referenzsignale

Als Referenzsignal einer Redewiedergabe dient in den meisten Fällen ein Kommunikationsverb. Unter diesem Begriff wollen wir die Verben des Sagens (*verba dicendi*), des Fühlens (*verba sentiendi*) und des Meinens (*verba putandi*) zusammenfassen. Die Einbeziehung auch der beiden letztgenannten Untergruppen unter den Begriff der Kommunikationsverben ist deshalb gerechtfertigt, weil es sich ja hier um Redewiedergabe ebenfalls im weiten Sinne des Wortes »Rede« handelt. Im allgemeinen geht das Referenzsignal der wiedergegebenen Rede vorauf; doch kann es ihr auch nachfolgen oder in sie eingeschoben sein:

/Lene schreibt in ihrem Brief auffällig oft: »Mir geht es gut«/

/ob es wohl ihrer Freundin Lina, möchte sie natürlich wissen, genausogut geht wie ihr?/

/daß sie jetzt Mrs. John Platt heißt, wiederholt sie noch einmal am Ende des Briefes/

Im zweiten Beispiel ist zu beachten, daß die wiedergegebene Rede im Vorfeld derjenigen Verbalklammer (*möchte – wissen*) steht, die hier als Referenzsignal fungiert.

Semantisch lassen sich die verbalen Referenzsignale danach unterscheiden, ob sie eine Feststellung treffen (*sage, erkläre, teile – mit, meine, denke, spüre*), eine Frage aufwerfen (*frage, erkundige mich, will – wissen*) oder zu einer Handlung auffordern (*bitte, verlange, ordne – an, befehle*).

Weiterhin können die Referenzsignale etwas über die Dialogsequenz aussagen, in der die wiedergegebene Äußerung ihren Platz hat (*fange – an, unterbreche, antworte, erwidere*). Auch die Art und Weise, wie die Äußerung vorgebracht worden ist, kann angedeutet werden (*flüstere, rufe, schreie*). Dabei können auch Gefühle oder Gefühlsäußerungen als Referenzsignale dienen (*triumphiere, lache, lächle, stöhne*), und schließlich kann der Sprecher, der eine Rede wiedergibt, auch seine subjektive Stellungnahme zum Inhalt der wiedergegebenen Rede in das Referenzsignal hineinlegen (*übertreibe, gebe – vor, lüge*). Auf der Hörerseite findet man die entsprechenden konversen Verben (*höre, erfahre, bemerke, erkenne*).

Kurze Referenzsignale, die – eventuell rekurrent – in eine direkt wiedergegebene Rede eingeblendet sind, haben in der Regel die Stellung Verb/Subjekt (*sagte er, erwiderte ich, schreibt sie* – vgl. den Text in 8.4.1).

Nicht nur Kommunikationsverben, sondern auch Nomina, die von ihnen abgeleitet sind, können als Referenzsignale der Redewiedergabe genommen werden:

/die Nachricht, daß Sie sich selbständig gemacht haben, hat mich .../

/die Besorgnis, ob der Betrieb auch Gewinn abwerfen wird, ist wohl nicht .../

Bei einem Dialog, der in direkter Rede wiedergegeben wird, beispielsweise in einem Dramentext oder einem Protokoll, reicht der Eigenname als Referenzsignal aus (*Wallenstein: ...; Thekla: ...*). Nominale Referenzsignale stehen immer vor der Redewiedergabe.

Eine besondere Form des Referenzsignals liegt dann vor, wenn es in ein Adjunkt eingebettet ist, so daß aus diesem Adjunkt und der Redewiedergabe als Basis eine Junktion gebildet wird. Das Verb steht dann im Indikativ, nicht im Konjunktiv der indirekten Rede. Beispiele:

/*laut* (manchmal abgekürzt: *lt.*) *Meldung unseres Korrespondenten haben sich die Tarifparteien immer noch nicht geeinigt*/

/*nach Meinung vieler Abgeordneter muß sich die Regierung in den Tarifstreit einschalten*/

/*der Bundeskanzler hat, wie von dpa gemeldet wurde, einen Vermittlungsvorschlag gemacht*/ (*dpa* = ›Deutsche Presse-Agentur‹)

Wenn hierbei Unsicherheiten bestehen, wird das durch das Modalverb *soll* zum Ausdruck gebracht:

/*wie soeben bekannt wurde, soll es zu einer Einigung gekommen sein*/

8.4.2.2 Direkte Rede und innerer Monolog

Bei einer direkten Redewiedergabe übernimmt der wiedergebende Sprecher die Originaläußerung in der (tatsächlichen oder vorgeblichen) Originalform. Spezifisch dialogische Elemente der Originaläußerung wie Gliederungssignale (vgl. 8.1.2), Dialogpartikeln (vgl. 8.1.3), Modalpartikeln (vgl. 8.1.4) und Interjektionen (vgl. 8.1.5) sowie Grußformeln (vgl. 8.1.1), Wunschformeln, Kraftausdrücke und ähnliches können bei einer direkten Redewiedergabe erhalten bleiben. Korrekturen und Abbrüche des Originalsprechers werden jedoch in der Regel vernachlässigt. Die zitierte Rede kann auch eine Frage, ein Ausruf oder eine Aufforderung sein. Der Anfang einer direkten Redewiedergabe wird meistens mit intonatorischen Ausdrucksmitteln (kleine Sprechpause, Abbruch und Neuansatz der Tonkontur) markiert. In der geschriebenen Sprache gibt es für die direkte Rede feste Konventionen der Interpunktion. Die wörtliche Rede wird durch doppelte Anführungszeichen hervorgehoben und vom vorausgehenden verbalen Referenzsignal durch Doppelpunkt und großen Anfangsbuchstaben abgesetzt. Ist das Referenzsignal eingeschoben oder folgt es der direkten Rede nach, so wird die Abgrenzung durch Kommasetzung (bei einer Frage durch das Fragezeichen) vorgenommen. Beispiele:

/Sie wiederholte immer wieder die Worte: »Das ist doch nicht zu glauben, das ist doch nicht zu fassen!«/

/»Noch nie«, rief sie mir entgegen, »ist mir so etwas passiert!«/

/»Was habe ich bei diesem Computer nur falsch gemacht, daß ich den ganzen Text gelöscht habe?« fragte sie mich verzweifelt/

Die moderne Literatur weicht jedoch häufig von diesen Interpunktionsregeln ab und läßt die direkte Rede weniger deutlich hervortreten (vgl. das Textbeispiel in 8.4.1).

Das originale Zitieren einer fremden Äußerung bietet für den wiedergebenden Sprecher zwei Vorteile:

(1) Es ist »bequem«, da der Sprecher an der Form der Originaläußerung, sofern er sie im Gedächtnis hat, nichts zu ändern braucht und etwa auf komplizierte Angleichungen des Situationsbezugs verzichten kann.

(2) Es entbindet den wiedergebenden Sprecher von der Verantwortung, für die angemessene inhaltliche Wiedergabe der Originaläußerung einstehen zu müssen. Indem er die Originalform wählt und dies zu erkennen gibt, kann er sich hinter der Meinung des Originalsprechers verstekken und kann folglich, außer wenn ihm ein Irrtum oder eine bewußte Entstellung nachgewiesen wird, nicht zur Rechenschaft gezogen werden.

Das Originalsprachspiel ist also bei der direkten Redewiedergabe schärfer vom Wiedergabesprachspiel abgegrenzt; Originalsprecher und -hörer treten deutlicher in Erscheinung. Daraus resultiert im Vergleich zur indirekten Redewiedergabe der Eindruck größerer Lebendigkeit und geringerer Distanz, eben Direktheit.

Im Zusammenhang mit den besonderen Eigenschaften der direkten Redewiedergabe sind auch ihre beiden hauptsächlichen Anwendungsbereiche zu sehen. Die Lebendigkeit macht neben der bequemen Handhabung durch den wiedergebenden Sprecher die direkte Redewiedergabe einerseits besonders geeignet für den mündlichen Gebrauch, insbesondere für das besprechende Register. Die Entbindung des wiedergebenden Sprechers von der Verantwortung für die Sprachform läßt die direkte Redewiedergabe andererseits für solche Texte geeignet erscheinen, in denen die Unterscheidung zwischen dem Inhalt der Originaläußerung und der Hinzufügung des wiedergebenden Sprechers besonders geboten ist: beim journalistischen und wissenschaftlichen Zitieren. Im Unterschied etwa zu einem sinngemäßen Zitat, bei dem ein Autor zusammenfassend in groben Zügen den Inhalt einer öffentlichen Äußerung, eines wissenschaftlichen Werkes oder einer Textpassage mit eigenen Worten wiedergibt, braucht er beim wörtlichen Zitieren keine formale Eigenleistung einzubringen, man wird ihn also schwerlich der Fehlinterpretation zeihen können. Solche direkten Zitate können auch mitunter Titel oder sonstige kurze Redeteile betreffen und in sinngemäße Zitate eingebaut sein.

/bei Wittgenstein gilt der Satz als »Modell der Wirklichkeit, so wie wir sie uns denken«/

/Wirklichkeit wiederum wird im »Tractatus« definiert als »das Bestehen und Nichtbestehen von Sachverhalten«/

In der modernen Erzählliteratur kann die direkte Rede auch dazu dienen, seelische Zustände ohne vermittelndes oder kommentierendes Dazwischentreten des Erzählers »direkt« zum Ausdruck zu bringen. Man spricht dann von einem »inneren Monolog«. Ein berühmtes Beispiel dafür ist der Anfang der Novelle »Leutnant Gustl« von Arthur Schnitzler. Die Situation: Der junge und ziemlich amusische Leutnant sitzt in einem Wiener Konzertsaal und hört sich zerstreut ein Oratorium an. Der Text wird in der Gegenüberstellung summarisch kommentiert:

TEXT:	TEXTGRAMMATISCHER KOMMENTAR:
Wie lange wird denn das noch dauern? Ich muß auf die Uhr schauen ... schickt sich wahrscheinlich nicht in einem so ernsten Konzert. Aber wer sieht's denn? Wenn's einer sieht, so paßt er gerade so wenig auf, wie ich, und vor dem brauch' ich mich nicht zu genieren ... Erst viertel auf zehn? ... Mir kommt vor, ich sitz' schon drei Stunden in dem Konzert. Ich bin's halt nicht gewohnt ... Was ist es denn eigentlich? Ich muß das Programm anschauen ... Ja, richtig: Oratorium? Ich hab' gemeint: Messe. Solche Sachen gehören doch nur in die Kirche. Die Kirche hat	Das auffälligste Signal für erlebte Rede ist typographischer Art: Die häufig wiederkehrenden drei Punkte, die »Denkpausen« markieren. Ein weiteres typographisches Signal ist der häufig verwendete Apostroph bei Verbformen (*brauch', sitz', hab'*) und dem enklitischen Horizont-Pronomen *es* (*sieht's, wenn's, bin's*). Die gedachte Rede soll weniger förmlich erscheinen, als es die tatsächlich ausgesprochene Rede wäre. Dazu passen die fragmentarischen (»elliptischen«) Ausdrücke: ein Verb ohne Subjekt (*schickt sich nicht*), eine Zeitangabe ohne Verb (*erst*

auch das Gute, daß man jeden Augenblick fortgehen kann.[1]

viertel auf zehn). Sehr deutliche Signale des inneren Monologs sind ferner die zahlreichen Selbstfragen; hier geht einer, so gut er kann, mit sich zu Rate. Höchst auffällig sind des weiteren die zahlreichen, über den ganzen Textabschnitt verstreuten Dialogpartikeln (*aber, ja, richtig*) und Modalpartikeln (*denn, halt, doch, auch*), die dem Text einen spontanen und authentischen Charakter verleihen.

Von der erlebten Rede (vgl. 8.4.2.4) unterscheidet sich der innere Monolog vor allem dadurch, daß seine Verbformen nicht nach der Gesprächsrolle und dem Tempus in den Erzählfluß einbezogen sind.

8.4.2.3 Indirekte Rede

Bei der indirekten Redewiedergabe zitiert der Sprecher eine Äußerung nicht in ihrer Originalfassung, sondern in einer abgewandelten, an den Kontext angepaßten Form. Ein Referenzsignal ist natürlich bei der indirekten Rede ebenso erforderlich wie bei der direkten Rede. Der Unterschied zwischen beiden beruht auf der syntaktischen Anpassung, die sich folgender Indikatoren bedienen kann:

- Inhalts-Junktoren (*daß, ob*)
- Formen des Konjunktivs
- Transposition der Gesprächsrollen
- Temporale Transpositionen
- Transpositionen situativer Indikatoren

(1) Inhalts-Junktoren

Die Konjunktion *daß* kündigt einen ›Inhalt‹ an (vgl. 7.3.2). Mit dieser Bedeutung ist sie besonders geeignet, zwischen einem Referenzsignal, das meistens die Form eines Kommunikationsverbs hat, und der ihrem Inhalt nach wiedergegebenen Rede eine Verbindung herzustellen. Referenzsignal und Redewiedergabe bilden dann zusammen eine Inhalts-Junktion mit der Konjunktion *daß* als Junktor. In Geltungsfragen übernimmt das auf indirekte Fragen spezialisierte Frage-Morphem *ob,* das gleichfalls ›Inhalt‹ bedeutet, diese Funktion. In Fokusfragen bleibt jedoch das auch in direkter Rede gebräuchliche Frage-Morphem bei der

1) Arthur Schnitzler: »Leutnant Gustl«, in: *Meistererzählungen,* Frankfurt a. M. 1969, S. 149.

indirekten Redewiedergabe erhalten. Indirekte Aufforderungen werden in das modale Register übersetzt (mit Ausdrücken wie *soll, muß, darf nicht, habe – zu, ist – zu* . . .). Beispiele:

/*ich muß dir leider mitteilen, daß ich mit dir nicht in die Ferien fahren kann*/

/*ich möchte dich noch einmal fragen, ob du nicht wenigstens eine Woche Zeit hast*/

/*ich weiß nicht, woher ich die Zeit nehmen soll*/

Die beiden letzten Beispiele zeigen zugleich, daß man bei indirekten Fragen auf das Fragezeichen verzichtet. Indirekte Fragen haben auch nie steigende Intonation. Ein Beispiel noch für eine Aufforderung in indirekter Rede:

/*sie hat mir geraten, daß ich mit meiner Zeit nicht so geizig umgehen soll* (oder: *mit meiner Zeit nicht so geizig umzugehen*)/

Recht häufig, besonders in mündlichen Sprachspielen, wird allerdings die Verbindung zwischen dem Referenzsignal und der indirekt wiedergegebenen Rede durch einen Null-Junktor hergestellt. Dabei ist eine syntaktische Nahstellung zwischen dem verbalen Referenzsignal und dem Verb oder Vorverb der eindeutigen Redewiedergabe förderlich. Zum Vergleich:

INHALTS-JUNKTOR	NULL-JUNKTOR
/*die Kinder haben erzählt, daß sie gestern bei einer Geburtstagsfeier waren*/	/*die Kinder haben erzählt, sie waren gestern bei einer Geburtstagsfeier*/

Die mündliche Umgangssprache bevorzugt den Null-Junktor. Bei indirekten Fragen ist ein Null-Junktor nicht möglich.

(2) Formen des Konjunktivs

Alle Konjunktivformen drücken eine Einschränkung der Geltung aus. Sie werden daher ihrer Bedeutung nach sämtlich mit dem semantischen Grundmerkmal ⟨EINSCHRÄNKUNG⟩ beschrieben. Beim Indirektiv kommt als Spezifikum noch das Merkmal ⟨REFERENZ⟩ hinzu. Mit diesen semantischen Eigenschaften sind die Konjunktivformen besonders geeignet für eine indirekte Wiedergabe, bei der ein Sprecher die Verantwortung für die referierte Nachricht von sich fernhält und sie in diesem Sinne einschränkt.

Unter den Konjunktivformen dient der Indirektiv fast nur der indirekten Redewiedergabe (vgl. 3.2.2). Er ist demnach ein sehr starkes Signal der indirekten Rede, so daß in den meisten Fällen ein Null-Junktor ausreichend ist:

/der Lehrer hat auf dem Elternabend gesagt, er sei mit den Leistungen unserer Tochter nicht recht zufrieden/

/er hat sehr deutlich gemacht, Ina müsse sich in Zukunft mehr anstrengen/

Der Indirektiv wird jedoch nur dann gebraucht, wenn er sich von den entsprechenden indikativischen Verbformen deutlich unterscheidet. Das ist, wie im Abschnitt über die Formen des Konjunktivs im einzelnen beschrieben (vgl. 3.2.2.1), vornehmlich bei dem Hilfsverb *bin* sowie bei vielen Modalverben der Fall. In allen anderen Fällen, auch bei dem Hilfsverb *habe,* wird der Indirektiv fast nur noch in der Referenzrolle/Singular gebraucht. Wenn diese Bedingungen nicht gegeben sind, kann man die indirekte Rede durch die für diesen Zweck weniger spezifischen synthetischen Formen des restriktiven Konjunktivs kennzeichnen (vgl. 3.2.1.1), wobei ebenfalls in den meisten Fällen, zumal in mündlichen Sprachspielen, ein Null-Junktor stehen kann:

/ich habe allen erzählt, ich hätte mit Gitarrenstunden angefangen/

/hast du mir nicht neulich gesagt, du müßtest Nachhilfestunden nehmen?/

Im ersten Beispiel würde die Indirektivform *habe* mit der gleichlautenden Präsensform des Indikativs zusammenfallen, und im zweiten Fall würde die Indirektivform *müssest* (Hörerrolle!) sehr geziert klingen.

Eine dritte Möglichkeit ist dann gegeben, wenn auch die synthetischen Formen des restriktiven Konjunktivs als sichere Indikatoren indirekter Rede ausfallen, weil sie – zumal bei den schwachen Verben – mit den Präteritumformen des Indikativs zusammenfallen oder sonstwie ungebräuchlich sind. Dann kann man auf die analytischen Formen des Restriktivs ausweichen (vgl. 3.2.1.2). Auch in diesem Fall ist der Null-Junktor üblich:

/sie sagte wohl dreimal, die anderen würden mir das nie glauben/

/sie meint, ich würde mir nicht genug Mühe geben/

Im ersten Beispiel würde die Restriktivform *glaubte* mit der gleichlautenden Präteritumform des Indikativs zusammenfallen. Im zweiten Beispiel existiert zwar die Restriktivform *gäbe*, die von der indikativischen Präteritumform *gab* deutlich unterschieden ist; doch ist die Form *gäbe*, da sie nicht zur oben genannten Gruppe der Hilfs- und Modalverben gehört, in mündlichen Sprachspielen nicht sehr gebräuchlich und wird daher mündlich-umgangssprachlich nicht selten durch die zweiteilige Verbform *würde – geben* ersetzt. Zu beachten ist, daß diese Konjunktivform hier hinsichtlich der Tempus-Perspektive neutral ist (keine Voraus-Perspektive! – vgl. aber unten Ziffer 4).

Alle drei Formen des Konjunktivs schließen jedoch den Gebrauch des Inhalts-Junktors *daß* nicht aus. Es kommt dann zu einer Übercharakterisierung der indirekten Rede. Bei indirekten Fragen bleibt der interrogative Frage-Junktor allemal nötig:

/*er gab dem Klavierlehrer gleich in der ersten Stunde zu verstehen, daß er gar nicht musikalisch sei*/

/*der Klavierlehrer fragte ihn, ob er das nicht seinen Eltern klarmachen könne*/

Wird eine indirekte Rede im Konjunktiv durch ein Adjunkt mit *daß* fortgesetzt, so kann dabei der Konjunktiv eingespart werden:

/*er fragte mich noch, ob ich wisse, daß man musikalisch nicht nur sein, sondern auch werden kann* (oder: *könne*)/

(3) Transposition der Gesprächsrollen

Bei einem verbalen Referenzsignal in der Referenzrolle (*er sagte, sagte er*) werden die referierten Gesprächsrollen des Sprechers und des Hörers, die in einem Dialog ständig getauscht werden, in die Referenzrolle transponiert. Zum Vergleich:

DIREKTE REDE	INDIREKTE REDE
Hermann zu Dorothea: /*ich weiß gar nicht, woher du stammst*/ Dorothea zu Hermann: /*ich kenne dich auch nicht*/	/*Hermann sagte zu Dorothea, er wisse gar nicht, woher sie stamme, und sie erwiderte darauf, sie kenne ihn auch nicht*/

Gelegentlich kommt es dabei, zumal wenn Genus und Numerus gleich sind, zu unklarer Referenz, die jedoch durch eine nominale Apposition geklärt werden kann:

/Eckermann sagte zu Goethe, er, Eckermann, höre gerne bayerische Volksmusik/

Die Anpassung der Gesprächsrollen an die Referenzrolle in der indirekten Rede betrifft ferner die Possessiv-Artikel (»Gesprächsrollen-Artikel«):

/Goethe gab Eckermann zu verstehen, sein (, Goethes,) Geschmack sei etwas anders geartet/

(4) Temporale Transposition

Bei den Tempora gibt es in der indirekten Rede nur begrenzte Möglichkeiten der Transposition, da beim Konjunktiv der indirekten Rede die Opposition des Tempus-Registers, Besprechen vs. Erzählen, neutralisiert ist. Die Rück- und die Voraus-Perspektive können jedoch, wie bei der Vorstellung der Konjunktivformen (vgl. 3.2) beschrieben, ausgedrückt werden (*er sei/sei gewesen/werde sein*). Man kann diese Formen Rück- und Voraus-Indirektiv, Rück- und Voraus-Restriktiv nennen. Im Maße wie sich die indirekte Rede indes der indikativischen Tempusformen bedient, bleiben alle Dimensionen des Tempussystems auch in der indirekten Rede ausdrückbar.

Was nun das Tempus-Register betrifft, dessen Opposition im Konjunktiv neutralisiert ist, so besteht die Möglichkeit, es mit applikativen Ausdrükken (Adverbien, Adjunkten) zur Geltung zu bringen, soweit diese Applikate nach dem Tempus-Register differenziert sind (vgl. 6.4.2.1). Zum Vergleich:

DIREKTE REDE

/ich habe gestern angerufen/

INDIREKTE REDE: BESPRECHENDES REGISTER	INDIREKTE REDE: ERZÄHLENDES REGISTER
/er sagt, er habe gestern angerufen/	*/er sagte, er habe am Vortage angerufen/*

Es entsprechen einander in den beiden Tempus-Registern zum Beispiel:

BESPRECHENDES TEMPUS-REGISTER	ERZÄHLENDES TEMPUS-REGISTER
heute	*(noch) am gleichen Tag*
gestern	*am Vortag/Tag davor*
morgen	*am nächsten Tag/Tag danach*
vorhin	*kurz zuvor*
gleich	*kurz danach*
neulich	*einige Zeit zuvor/davor*
(am) vorigen Mittwoch	*am Mittwoch zuvor*
(am) nächsten Sonntag	*am Sonntag darauf*

(5) Transpositionen situativer Indikatoren

Im gleichen Maße, wie bei einem Referenzsignal in der Referenzrolle die Gesprächsrollen des Sprechers und des Hörers in die Referenzrolle transponiert werden (vgl. oben Ziffer 3), wird auch das Positions-Adverb *hier*, das der Sprecher-Position zugeordnet ist, in das Adverb *da*, das die Gesprächssituation schlechthin bezeichnet, oder in das Positions-Adverb *dort*, das der Referenzrolle noch nähersteht, transponiert. Zum Vergleich:

DIREKTE REDE	INDIREKTE REDE
/er rief: »Wenn ich mich hier nicht wohlfühle, wo denn sonst!«/	*/er rief, wenn er sich dort* (oder: *da*) *nicht wohlfühle, wo denn sonst/*

Andere dialogspezifische Redeweisen und Floskeln können in der indirekten Rede nur dadurch wiedergegeben werden, daß man sie mit den Ausdruckmitteln der Redeerwähnung (vgl. 8.4.2.1) interpretiert und in diese Art indirekter Redewiedergabe »übersetzt«. Einige Beispiele:

DIREKTE REDE	REDEERWÄHNUNG
Signale des Dialogkontaktes (vgl. 8.1.1)	
/Max: *»guten Tag, Moritz«/*	*/Max begrüßte Moritz/*
/Max: *»hallo, Bruder!«/*	*/Max begrüßte Moritz herzlich/*
Gliederungssignale (vgl. 8.1.2)	
/Max: *»naja«/*	*/Max äußerte seine Zweifel/*
/Max: *»klar«/*	*/Max erklärte seine Zustimmung/*
/Max: *»ach!«/*	*/Max drückte seine Überraschung aus/*
/Max: *»sicher!«/*	*/Max stimmte zu/*

Interjektionen (vgl. 8.1.5)

/Max:	*»ätsch!«/*	*/Max äußerte seine Schadenfreude/*
	»au!«/	*/Max schrie vor Schmerzen auf/*
	»oh je!«/	*/Max stöhnte entsetzt/*
	»halt!«/	*/Max warnte Moritz/*
	»Verzeihung«/	*/Max bat Moritz um Verzeihung/*
	»nanu?«/	*/Max äußerte seine Überraschung/*
	»pst!«/	*/Max gebot Moritz, still zu sein/*
	»verdammt!«/	*/Max fluchte/*

Allerdings können nicht alle Partikeln und Interjektionen, die in der Originalsituation direkt geäußert werden, in der indirekten Redewiedergabe in den Referenzrahmen einbezogen und im Verb ausgedrückt werden. Die Umformung wird dabei immer durch die subjektive Interpretation und Einmischung des wiedergebenden Sprechers gesteuert. In eine Redewiedergabe eingeschobene Korrekturen und Erläuterungen, die mit Wendungen wie zum Beispiel *genauer gesagt, mit anderen Worten, das heißt* eingeleitet sind, werden eher dem wiedergebenden Sprecher zugeschrieben als dem Originalsprecher.

8.4.2.4 Erlebte Rede

Seit dem 19. Jahrhundert findet man in der erzählenden Literatur (nur selten in anderen literarischen Gattungen und äußerst selten in mündlichen Sprachspielen) die erlebte Rede. Das ist eine Form der indirekten Rede, die auf die Signalwirkung von Inhalts-Junktoren und konjunktivischen Verbformen als Indikatoren indirekter Redewiedergabe verzichtet. Es wird statt dessen, formal betrachtet, die gleiche Sprache gesprochen wie im Bericht des Erzählers. Das unterscheidet die erlebte Rede als Form der indirekten Rede deutlich vom inneren Monolog als einer Form der direkten Rede (vgl. 8.4.2.2). Im Unterschied zum inneren Monolog ist die erlebte Rede vom Erzählerbericht nur durch feine Abgrenzungssignale getrennt. Lediglich aus den gelegentlich (oft mit makrosyntaktischem Skopus) auftretenden Referenzsignalen und einigen anderen auffälligen Signalen der Authentizität und Spontaneität kann man nämlich entnehmen, daß nun nicht mehr der Erzähler spricht, sondern die Gedanken oder Gefühle einer erzählten Person »erlebt« werden.

Man kann das am besten im Textzusammenhang studieren. Der nachfolgende Text ist der Novelle »Tonio Kröger« von Thomas Mann entnommen. Die Situation: Tonio Kröger, der »Künstler«, ist nach langen Jahren in seine Heimatstadt Lübeck zurückgekehrt und begegnet seinem alten Freund Hans und dessen jetziger Frau, der blonden Ingeborg, »die Tonio Kröger einstmals heiß geliebt hatte«. An dieser Stelle setzt der Textausschnitt ein. Die finiten Verbformen sind unterstrichen und fortlaufend numeriert. Sie werden auch in dieser Reihenfolge textgrammatisch kommentiert.

TEXT:

Hier, ganz nahe bei ihm, saßen (1) *Hans und Ingeborg. Er hatte* (2) *sich zu ihr gesetzt, die vielleicht seine Schwester war* (3), *und umgeben von anderen rotwangigen Menschenkindern aßen* (4) *und tranken* (5) *sie, schwatzten* (6) *und vergnügten sich* (7), *riefen* (8) *sich mit klingenden Stimmen Neckereien zu und lachten* (9) *hell in die Luft. Konnte* (10) *er sich ihnen nicht ein wenig nähern? Nicht an ihn oder sie ein Scherzwort richten, das ihm einfiel* (11), *und das sie ihm wenigstens mit einem Lächeln beantworten mußten* (12)? *Es würde* (13) *ihn beglücken, er sehnte* (14) *sich danach; er würde* (15) *dann zufriedener in sein Zimmer zurückkehren, mit dem Bewußtsein, eine kleine Gemeinschaft mit den beiden hergestellt zu haben. Er dachte* (16) *sich aus, was er sagen könnte* (17); *aber er fand* (18) *nicht den Mut, es zu sagen. Auch war* (19) *es ja wie immer: sie würden* (20) *ihn nicht verstehen, würden* (21) *befremdet auf das horchen, was er zu sagen vermöchte* (22). *Denn ihre Sprache war* (23) *nicht seine Sprache.*[1]

TEXTGRAMMATISCHER KOMMENTAR:

(1) *saßen*: Der Textanfang könnte als Erzählerbericht aufgefaßt werden, wenn nicht einleitend das Positions-Adverb *hier* wäre, das nur zu der Position des erzählten Ich paßt. Wir sehen also die ganze Szene mit den Augen dieser Person.

(2) *er hatte sich*: Wenn dies ein Erzählerbericht wäre, könnte *er* auch Tonio sein; aus dessen Perspektive kann *er* aber nur Hans sein.

(3) *die vielleicht – war*: Das mutmaßende Geltungs-Adverb *vielleicht* (nicht Modalpartikel!) ist hier sehr deutliches Signal für die personale Perspektive. Es gibt in diesem Text keinen »allwissenden Erzähler«, sondern wir erleben die seelischen Zustände des Protagonisten mit, die in erlebter Rede wiedergegeben werden.

(4–9) Beobachtungen des Protagonisten, zugleich Äußerungen seines Leidens. Die erlebte Rede erlaubt eine leichte Ironie, die hier in der Reihung und Steigerung der verbalen Ausdrücke liegt.

(10) *konnte – nähern/richten*: Negierte Selbstfrage als erlebte Rede.

1) Thomas Mann: »Tonio Kröger«, in: *Gesammelte Werke in Einzelbänden.* Frankfurter Ausgabe, hg. von Peter de Mendelssohn, Bd. IV, Fankfurt a. M. 1981, S. 336.

Das ist ein besonders sicherer Indikator für einen erlebbaren psychischen Zustand, hier: Nachdenklichkeit und Selbstzweifel. Das Modalverb hat zwei Infinitive bei sich.
(11/12) *einfiel/beantworten mußten*: Die erlebte Rede wird auch in diesen zwei Relativ-Junktionen durchgehalten.
(13/14/15) Übergang in die Voraus-Perspektive, die in erlebter Rede immer mit dem analytischen Restriktiv (*würde - beglücken, würde - zurückkehren*) signalisiert wird. Dazwischen ein Präteritum (*sehnte sich*), das wiederum seinen Seelenzustand erlebbar macht.
(16/17/18) Nun kommt zum erstenmal die Erzähler-Perspektive zur Geltung (Innenschau: *er dachte sich aus*). Dies ist zugleich ein Referenzsignal, von dem eine indirekte Frage im synthetischen Restriktiv abhängig ist (*was er sagen könnte*). Das nächste Verb mit nachfolgendem Kommunikationsverb im Infinitiv (*sagen*) negiert den Sprechversuch. Auch dieses Verb ist aus der Erzähler-Perspektive (wieder Innenschau!) geäußert und bestätigt dem Leser, daß es beim Erleben seelischer Zustände bleibt.
(19/20/21) Nun wird wieder in der erlebten Rede erzählt. Dafür ist die Partikel *auch* in Vorfeldstellung ein deutliches Signal. Von der Neutral-Perspektive (*war*) Übergang in die Voraus-Perspektive (*würden - verstehen, würden - horchen*) als Ausdruck von Befürchtungen.
(22) *vermöchte*: Von der erlebten Rede im analytischen Restriktiv mit dem Kommunikationsverb *würde - horchen* ist eine indirekte Frage im synthetischen Restriktiv abhängig.
(23) Der Textausschnitt endet mit einer resigniert resümierenden Feststellung, die Tonio Kröger in seinem Kopf formuliert. Seine personale Perspektive, die dem Leser als erlebte Rede vermittelt wird, ist an der Konjunktion *denn* zu erkennen, die den Anschluß an die ganze voraufgehende erlebte Rede herstellt. Der Erzähler (»Thomas Mann«) ist für diese abschließende Feststellung nicht verantwortlich, spürbar ist vielmehr deutlich in der ganzen erlebten Rede des Textabschnitts eine feine Ironie gegenüber dem Helden und seinem romantischen Seelenschmerz.

9 Wortbildung

Der Wortschatz einer natürlichen Sprache bildet kein stabiles abgegrenztes Inventar, sondern ist einer beständigen Umgestaltung durch die Sprecher der Sprachgemeinschaft unterworfen. Durch Wandel in der Welt der uns umgebenden Gegenstände, durch neue Handlungsweisen, durch veränderte Einschätzung von Zusammenhängen und Strukturen in dieser Welt, aber auch durch spezifische Anforderungen an Texte wie etwa Abwechslung, Straffung oder poetische Wirkung ergibt sich ein kontinuierliches Bedürfnis nach neuen Sprachzeichen. Zur Erweiterung des Lexeminventars tragen in nicht geringem Maße die Fachsprachen bei, in denen parallel zu technologischen Innovationen eine geradezu explosionsartige Entwicklung von Fachausdrücken stattfindet, die mitunter auch wieder in die Gemeinsprache eindringen können.

Das Bedürfnis nach neuen Benennungen kann grundsätzlich auf zwei Arten befriedigt werden. Zum einen können bereits existierende Sprachzeichen, die einen festen Platz im Wortschatz der deutschen Sprache haben, mit neuen Bedeutungen verbunden werden, wobei insbesondere der Bedeutungsübertragung (Metapher) eine wichtige Rolle zukommt. Auf solche Bedeutungsübertragungen gehen etwa Wörter wie *Strom* zur Bezeichnung der Bewegung von elektrischer Ladung oder *Knie* als Fachausdruck für eine Krümmung in einem Rohr zurück. Zum anderen können Sprachzeichen neu gebildet werden. Zum geringsten Teil geschieht der Ausbau des Wortschatzes dabei durch »künstliche« Bildung neuer Lexeme, die an einer mehr oder minder willkürlichen (»arbiträren«) Zuordnung von Bedeutung und Zeichenkörper zu erkennen sind, wie etwa *Gas*, das sich an das griechische *Chaos* anlehnt. Zu den seltenen längerlebigen Kunstbildungen gehört auch die Bezeichnung *Quarks* für die im Jahre 1964 neu entdeckten Elementarbausteine von Materie. Von größerer Bedeutung ist hingegen die Übernahme von fremdsprachigen Lexemen ins Deutsche, wie sie in früheren Jahrhunderten aus dem Lateinischen oder Französischen, in jüngster Zeit besonders ausgeprägt aus dem Englischen und Amerikanischen zu beobachten ist.

Das wichtigste Instrument zur Erweiterung des Wortschatzes einer Sprache ist schließlich das Verfahren der Wortbildung. Dabei können auf der Grundlage vorhandener Lexeme und Morpheme des Deutschen nach geregelten Wortbildungsmustern neue Sprachzeichen (Lexeme und – in geringem Maße – Morpheme) zusammengesetzt oder aus bereits vorhandenen Sprachzeichen abgeleitet werden. Das Verfahren der Wortbildung ist gegenüber den genannten Verfahren der Bildung von Kunstwörtern und der Entlehnung aus Fremdsprachen nicht nur in wesentlich größerem Umfang einsetzbar, sondern auch ökonomischer, da auf vorhandene, den Sprechern bekannte Bestandteile zurückgegriffen werden kann. Auf diese Weise werden neue komplexe Sprachzeichen großenteils selbstdeutend (»durchsichtig«), oder es wird wenigstens die verbleibende Vagheit in der Bedeutungsbeziehung zwischen den einzelnen Bestandteilen einer Neubildung im Kontext so eingegrenzt, daß die Bildung damit in ihrer Bedeutung für den Hörer relativ leicht zu erschließen und im Gedächtnis zu behalten ist.

Nun gilt allerdings nicht für alle komplexen Sprachzeichen, daß sich ihre Bedeutung regelhaft aus den Bedeutungen der einzelnen Bestandteile herleiten läßt, so daß sie durch diese »motiviert« sind. Lexeme und Morpheme, die das Resultat von Wortbildungsverfahren sind, lassen sich vielmehr auf einer Skala zwischen den Polen »Motiviertheit« und »Demotiviertheit« einordnen. Spontan neu gebildete Sprachzeichen sind im gegebenen Kontext immer motiviert, damit sie für den Hörer, der diese Bildung ja noch nicht in seinem Gedächtnis gespeichert hat, überhaupt verstehbar sind. Wird einmal eine Bildung, die in einem bestimmten sprachlichen oder situativen Kontext neu geschaffen ist, durch häufigen Gebrauch zu einer für alle Sprecher des Deutschen üblichen Bildung und geht sie somit in den Wortschatz der Sprache ein, dann geht der Zusammenhang zu dem ursprünglich bedeutungsdeterminierenden sprachlichen oder situativen Kontext verloren, und die Bildung wird mit einer vergleichsweise weniger vagen, relativ eindeutigen, auf jeden Fall aber üblich (»usuell«) gewordenen festen Wortbedeutung assoziiert. Der ursprüngliche determinierende Kontext ist dann zum Verständnis einer solchen Bildung nicht mehr notwendig, und der Ausdruck wird damit ins Lexikon der Sprache aufgenommen.

Komplexe Sprachzeichen können im Laufe der Zeit völlig demotiviert werden, so daß sich ihre Bedeutung überhaupt nicht mehr auf die Bedeutung der einzelnen Bestandteile zurückführen läßt. Demotivierung kann beispielsweise eintreten durch Sachwandel in der Objektwelt. So ist der *Walfisch* nach dem heutigen Stand des Wissens kein Fisch, sondern ein Säugetier. Demotivierung kann ferner auf den Untergang eines Lexems in der Verwendung außerhalb des komplexen Sprachzeichens zurückzuführen sein. Das ist etwa der Fall bei Wörtern wie *die Nachtigall, die Heuschrecke, die Pausbacke* und *drollig,* in denen heutigen Sprechern meist nur noch einer der beiden Bestandteile als Lexem oder Morphem mit eigener Bedeutung bekannt ist.

Schließlich kann durch Lautwandel überhaupt verdunkelt werden, daß ein Sprachzeichen keine Simplexform, sondern ein komplexes Lexem aus mehreren Bestandteilen ist. Für die Sprecher des heutigen Deutsch ist ohne sprachhistorische Kenntnisse eine Beziehung zwischen dem Nomen *Zucht* und dem Verb *ziehen,* zwischen dem Adjektiv *fertig* und dem Verb *fahren* oder zwischen dem Nomen *Geselle* und dem Nomen *Saal* kaum mehr ersichtlich. Demotivierte Bildungen sind in ihrer Bedeutung für die Sprecher der Gegenwart also den Simplexformen vergleichbar. Sie können nur als feste und nicht mehr als textuell erschließbare Bedeutungseinheiten gespeichert werden. Solche Sprachzeichen zu beschreiben, ist weniger Aufgabe einer Grammatik als vielmehr die des Lexikons.

Mit »produktiven« Wortbildungsverfahren hingegen lassen sich spontan neue komplexe Sprachzeichen bilden. Im Deutschen gibt es vier solcher produktiver Wortbildungsverfahren, die jedoch für die verschiedenen Lexemklassen unterschiedliches Gewicht haben:

(1) Komposition

Bei der Komposition (»Zusammensetzung«) wird in einem Text aus zwei Lexemen ein neues komplexes Lexem, das Kompositum (Plural: Komposita) gebildet. Ein Kompositum ist ein Determinationsgefüge, bestehend aus einer Grundform, die als Basis dient und zu determinieren ist (»determinandum«), sowie einer Bestimmungsform, von der die Determination ausgeht (»determinans«). Im Deutschen steht bei einem Kompositum die Bestimmungsform immer vor der Grundform. So ist also beispielsweise in dem Kompositum *Weltliteratur* das Lexem *Welt-* die determinierende Bestimmungsform, *-literatur* die determinierte Grundform. Das Wortbildungsverfahren der Komposition ist besonders wichtig für den Nominalbereich des Wortschatzes.

(2) Derivation

Eine andere Form der Wortbildung ist die Derivation (»Ableitung«). Bei der Derivation (Symbol: →) wird in einem Text aus einem Lexem und einem Morphem ein neues komplexes Sprachzeichen, das Derivat, gebildet. Das Lexem dient als Grundform, das Morphem als Ableitungsform des Derivats. Auch Derivate sind Determinationsgefüge, die sich jedoch in unterschiedlicher Abfolge darstellen, je nachdem ob die Ableitungsform ein Präfix oder ein Suffix ist. Präfix ist die Bezeichnung für eine der Grundform vorangestellte Ableitungsform. So enthält beispielsweise das Derivat *verschreibe* im Vergleich zu dem Simplexverb *schreibe* eine vorangestellte Ableitungsform in Gestalt des Präfixes *ver-*, das die nachfolgende Grundform *-schreibe* in bestimmter Weise determiniert. Die Präfigierung, verstanden als Derivation mittels Präfix, ist in erster Linie beim Verb ausgeprägt, spielt aber auch in der Wortbildung des Adjektivs eine Rolle (vgl. *unklar* vs. *klar*).

Die Suffigierung ist demgegenüber eine Derivation durch Suffixe. Ein Suffix ist eine Ableitungsform, die ihrer Grundform nachgestellt ist. Das Derivat *lesbar* ist beispielsweise so gebildet, daß zuerst (als Lexemstamm des Verbs *lese*) die Grundform *les-* kommt, sodann das Suffix *-bar* als nachgestellte Ableitungsform. Auch Suffix-Derivate sind Determinationsgefüge, in denen die Grundform determinationsbedürftig, die Ableitungsform determinationskräftig ist. Die Suffigierung spielt eine besondere Rolle in der Wortbildung der Adjektive, ist jedoch in bestimmter Hinsicht auch für nominale Wortbildung wichtig.

Präfixe und Suffixe können bei der Derivation zusammenwirken, auch in Form von zweiteiligen Ableitungsformen, die eine Grundform umklammern (»Zirkumfigierung«). Eine zweiteilige, klammerförmige Ableitungsform findet man beispielsweise in dem Derivat *Gerede*, in dem die Grundform *-red-* (= Lexemstamm des Verbs *rede*) von der zweiteiligen Ableitungsform *ge–e* umklammert wird.

(3) Konstitution

Konstitution wird in dieser Grammatik eine Form der Wortbildung genannt, die nur beim Verb - dort aber in der deutschen Sprache sehr häufig - auftritt. Bei der Konstitution wird eine einfache Verbform mit einem anderen - einfachen oder komplexen - Sprachzeichen zu einem zweiteiligen Verb verbunden, so daß es mit diesem zusammen eine Verbalklammer bilden kann (zum Beispiel: *fange – an, stelle – zur Verfügung*). Vorverb und Nachverb einer Konstitution bilden ebenfalls ein Determinationsgefüge, bei dem sich jedoch die beiden Teile des zweiteilig konstituierten Verbs wechselseitig determinieren. Vom Vorverb geht dabei in den meisten Fällen eine stärker syntaktische, vom Nachverb eine stärker lexikalische Determination aus, doch sind in dieser Hinsicht Unterschiede je nach den Verbklassen zu verzeichnen.

(4) Konversion

Die Konversion ist das - äußerlich gesehen - einfachste Wortbildungsverfahren. Von Konversion eines Sprachzeichens spricht man dann, wenn dieses nicht nach den Gebrauchsregeln seiner eigenen Sprachzeichenklasse, sondern nach denen einer anderen Sprachzeichenklasse gebraucht wird. Das ist zum Beispiel dann der Fall, wenn ein Verb beim Gebrauch im Text nicht die typischen Verbal-Morpheme bei sich hat, mit denen es sonst insbesondere nach der Gesprächsrolle, dem Numerus und nach dem Tempus-Register charakterisiert wird (etwa: *du hast – geschrieben*), sondern als Infinitivform in einen nominalen Kontext versetzt wird und dort die typischen Nominal-Morpheme wie Genus, Numerus und Kasus annimmt (etwa: *mit dem Schreiben*) und dementsprechend nach den Regeln der deutschen Orthographie auch groß geschrieben wird. Durch Konversion können nicht nur einzelne Sprachzeichen, sondern sogar ganze Textsegmente in eine bestimmte, und zwar meistens die nominale Sprachzeichenklasse versetzt werden (zum Beispiel: *das Immer-schreiben-müssen*).

9.1 Wortbildung des Nomens

Die Wortbildung spielt im Bereich des Nomens eine besonders wichtige Rolle. Denn der nominale Wortschatz der deutschen Sprache besteht zu mehr als der Hälfte aus komplexen, das heißt mehr als ein Sprachzeichen umfassenden Wörtern. Wir beobachten nun die nominale Wortbildung zunächst an einem Text (9.1.1). Sodann werden nacheinander die drei nominalen Wortbildungsverfahren besprochen, nämlich die Komposition (9.1.2), die Derivation (9.1.3) und die Konversion (9.1.4). Schließlich wird die nominale Wortbildung in einem fachsprachlichen Text betrachtet (9.1.5).

9.1.1 Nominale Wortbildung im Text

Komplex gebildete Wörter, die viel gebraucht werden, gehen als solche in den Wortschatz ein und werden vielfach beim Gebrauch gar nicht mehr als komplex wahrgenommen (zum Beispiel der soeben verwendete Ausdruck *Wortschatz*). Aber die deutsche Sprache gestattet es ihren Sprechern in sehr freier Manier, auch von spontanen Wortbildungen (»ad hoc«) Gebrauch zu machen. Wie aber werden diese vom Hörer verstanden? Das leistet im wesentlichen der Kontext, da er häufig in ausführlicherer Formulierung zum Ausdruck bringt, was – vorher oder hinterher – in der Verdichtung einer Wortbildung knapp ausgedrückt wird. Wir untersuchen diese Zusammenhänge an einem Beispieltext. Es handelt sich um einen Abschnitt aus der programmatischen Schrift »Architektur. Wege zu einer optischen Kultur« des Architekten und

Bauhaus-Gründers Walter Gropius (1883–1969). Dabei geht es um die Verbindung von Kunst und Handwerk mit den industriellen Techniken des 20. Jahrhunderts. Der Textabschnitt, dessen Wortbildungen (ohne deren Wiederholungen) unterstrichen und fortlaufend numeriert sind, lautet, mit gegenübergestelltem textgrammatischen Kommentar:

TEXT:

Wohnhaus-Industrie

Der Mensch besitzt die unzweifelhaften Möglichkeiten (1), *seine Wohnung* (2) *ausreichend und gut zu bauen, aber eigene innere Trägheit* (3) *und sentimentales Hängen* (4) *an Vergangenem* (5) *hindern ihn bisher an der Durchführung* (6). *Die Härte* (7) *der Weltereignisse* (8) *zwingt heute die Staaten und die einzelnen zur Überwindung* (9) *dieser Trägheit. Durch Umstellung* (10) *auf die veränderten Weltverhältnisse* (11) *gilt es endlich die alte Idee zu realisieren, typische Behausungen* (12) *billiger, besser und zahlreicher als bisher zu bauen und jeder Familie die gesunde Lebensbasis* (13) *zu schaffen. Allgemein brauchbare Lösungen* (14), *die der modernen Zeit wirklich entsprechen, sind deshalb noch nicht entstanden, weil das Problem des Wohnungsbaues* (15) *an sich noch nirgends in seinem ganzen soziologischen, wirtschaftlichen, technischen und formalen Gefüge* (16) *erfaßt und danach planmäßig und im großen von Grund auf gelöst wurde. Immer blieb man bisher in tendenziösen Teilproblemen* (17), *in Ersatz- und Sparbaufragen* (18), *in bodenkulturellen oder ästhetischen Erwägungen* (19) *stecken. Ist aber erst einmal der ganze Um-*

TEXTGRAMMATISCHER KOMMENTAR:

(1) *Möglichkeiten*: Dieses Nomen ist aus dem Adjektiv *möglich* mit Hilfe des Nominalsuffixes *-keit* abgeleitet. Auf das gleiche Wortbildungsverfahren geht auch das Nomen *Bequemlichkeit* (42) zurück. Ein anderes Suffix, mit dem von Adjektiven und Rückpartizipien abstrakte Gattungsnamen abgeleitet werden können, ist das gleichbedeutende Suffix *-heit* in *Trägheit* (3) und *Verschwommenheit* (30).

(2) *Wohnung*: Durch Suffigierung des Simplexverbs *wohne* mit dem Nominalsuffix *-ung* ist hier eine Gegenstandsbezeichnung entstanden. Weit häufiger aber drücken die Derivate auf *-ung* Handlungen oder Handlungsergebnisse aus wie in *Lösungen* (14) oder wie in *Forderungen* (21).

(4) *sentimentales Hängen*: Durch einfache Versetzung in eine andere Textumgebung wird der Infinitiv des Verbs *hänge* zu einem Nomen im Neutrum: *das Hängen*. Nominalisierte Infinitive werden wie Nomina dekliniert, so in unserem Text beispielsweise auch die Genitiv-Form *falschen Denkens* (35). Von einem präfigierten Verb durch Konversion gebildet ist ferner *im Vertrauen* (38). Konversion eines Rück-Partizips zum Nomen liegt vor in: *an Vergangenem* (5),

fang (20) *der geistigen Forderungen* (21), *von denen das Wohnbauproblem* (22) *abhängt, klar erkannt und scharf umrissen, dann wird die taktische Durchführung nur mehr eine Frage* (23) *der Methoden und der großangelegten Regie sein.*
Dieser Generalplan (24), *das »Wie wollen wir wohnen?«* (25) *als allgemeingültiges, aus den geistigen und materiellen Möglichkeiten der Gegenwart* (26) *gefundenes Denkergebnis* (27), *existiert noch nicht. Die chaotische Uneinheitlichkeit* (28) *der Wohnhäuser* (29) *beweist die Verschwommenheit* (30) *der Vorstellungen* (31) *von der richtigen, dem modernen Menschen gemäßen Behausung.*
Entspricht es etwa der menschlichen Lebensweise (32), *daß jedes Individuum eine ganz andere Wohnstätte* (33) *als das andere hat? Ist es nicht ein Zeichen geistiger Armut* (34) *und falschen Denkens* (35), *wenn man seine Wohnung in Rokoko oder Renaissance einrichtet, während man doch in allen Teilen der Welt das gleiche moderne Gewand des heutigen Menschen trägt? Die Fortschritte* (36) *der Technik in den letzten drei Generationen übertreffen diejenigen, die Jahrtausende* (37) *vor uns gemacht haben. Entschließe man sich also im Vertrauen* (38) *darauf zu kühnen Forderungen, damit durch Organisierung* (39) *aller materiellen Arbeit der Geist immer freier wird. Vielleicht sind mobile Wohngehäuse* (40), *mit deren Hilfe* (41) *wir alle Bequemlichkeit* (42) *eines wirklichen Wohnkomforts* (43) *sogar bei jedem Ortswechsel* (44) *mit*

wobei das nominalisierte Rück-Partizip wie ein Adjektiv je nach dem Auslöser groß oder klein flektiert wird.

(6) *Durchführung*: Hier handelt es sich um ein Nomen, das mit Hilfe des Suffixes *-ung* aus dem zweiteiligen Verb *führe – durch* gebildet ist. Bei der Ableitung von einem zweiteiligen Verb fixiert das Nomen die Inversion Nachverb/Vorverb. Auf diese Weise sind auch gebildet: *Umstellung* (10) aus *stelle – um* und *Vorstellung* (31) aus *stelle – vor.* Das Nomen *Umgestaltung* (55) läßt sich sowohl als Präfigierung des Nomens *Gestaltung* mit dem Präfix *um-* beschreiben, wie auch als Suffigierung des zweiteiligen Verbs *gestalte – um* mit dem Nominalsuffix *-ung.* Die Analyse als Präfigierung eines Nomens ist bei *Umstellung* (10) und *Vorstellungen* (31) nicht möglich, da diese Nomina nicht mit den entsprechenden präfixlosen Nomina in einem Bedeutungszusammenhang stehen.

(7) *Härte*: Dieses Nomen ist mit Hilfe des Suffixes *-e* aus dem Adjektiv *hart* abgeleitet. Auch von Verben können nach diesem Muster abstrakte Gattungsnamen gebildet werden, so etwa *Frage* (23) aus *frage* und *Hilfe* (41) aus *helfe.* Bei starken Verben kann dabei das Nomen in der Ablautform erscheinen, bei deadjektivischen Ableitungen tritt auch Umlaut auf. Die *e*-Suffigierung von Verben ist ein heute kaum mehr produktives Wortbildungsverfahren.

(8) *Weltereignisse*: Bei diesem Nominalkompositum ist die Bestim-

uns nehmen können, gar keine allzu ferne Utopie mehr.
Die menschliche Behausung ist eine Angelegenheit (45) *des Massenbedarfs* (46). *Genauso, wie es heute 90 Prozent der Bevölkerung* (47) *nicht mehr einfällt, sich ihre Beschuhung* (48) *nach Maß* (49) *anfertigen zu lassen, sondern Vorratsprodukte* (50) *bezieht, die infolge verfeinerter Fabrikationsmethoden* (51) *die meisten individuellen Bedürfnisse* (52) *befriedigen, so wird sich in Zukunft der einzelne auch die ihm gemäße Behausung vom Lager bestellen können. Die heutige Technik wäre vielleicht schon dafür reif, die heutige Bauwirtschaft* (53) *aber ist noch fast ganz an die alten handwerklichen Baumethoden* (54) *gebunden, die Maschine spielt in ihr erst eine geringe Rolle. Die grundlegende Umgestaltung* (55) *der gesamten Bauwirtschaft nach der industriellen Seite hin ist daher zwingendes Erfordernis* (56) *für eine zeitgemäße Lösung des wichtigen Problems.*[1]

mungsform eine Simplexform. Die Grundform, die bei Nominalkomposita immer ein Nomen ist, ist mit Hilfe des Suffixes *-nis* aus dem präfigierten Verb *ereignet sich* abgeleitet; vgl. auch *Bedürfnisse* (52). Nominalkomposita aus zwei nominalen Gliedern liegen auch vor bei den Nomina *Weltverhältnisse* (11), *Lebensbasis* (13), *Teilprobleme* (17), *Lebensweise* (32), *Ortswechsel* (44) und *Massenbedarf* (46). Eine nominale Bestimmungsform kann selber auch komplex sein; so etwa in *Wohnungsbau* (15), *Wohnbauproblem* (22), *Vorratsprodukte* (50) und *Fabrikationsmethode* (51).

(9) *Überwindung*: Die Grundform dieser Ableitung mit dem Suffix *-ung* ist hier das präfigierte Verb *überwinde*. Ebenfalls aus präfigierten Verben mit dem Nominalsuffix *-ung* sind gebildet *Behausungen* (12), *Erwägungen* (19), *Organisierung* (39), *Bevölkerung* (47) und *Beschuhung* (48). Bei den mit *be-* präfigierten Nomina kann man eine Ableitungsreihe vom Nomen *Haus* über das Verb *behause* zum Nomen *Behausung* annehmen. Ebenso auch: *Volk* ⟶ *bevölkere* ⟶ *Bevölkerung* und *Schuh* ⟶ *beschuhe* ⟶ *Beschuhung.*

(16) *Gefüge*: Hier liegt einer der seltenen Fälle von Zirkumfigierung vor: Mit dem Zirkumfix *ge–e* ist hier ein Nomen von dem Verb *füge* abgeleitet. Die Grundform des Kompositums *Wohngehäuse* (40) ist mit diesem Zirkumfix aus dem Nomen *Haus* abgeleitet. Dieser Wortbildungstyp ist heute allerdings kaum mehr produktiv.

(18) *Ersatz- und Sparbaufragen*: In diesem komplexen Ausdruck sind zwei dreiteilige Nominalkomposita zusammengefaßt, die je eine verschiedene Bestimmungsform *(Ersatz-* und *Spar-)* und zwei identische zweiteilige Grundformen *(-baufragen)* aufweisen. In solchen Fällen kann die Grundform des ersten Kompositums wegfallen, und es kann durch den Binde-

1) Walter Gropius: *Architektur. Wege zu einer optischen Kultur,* Frankfurt a. M. 1956, S. 116 f.

strich signalisiert werden, daß die Grundform für beide Bestimmungsformen gilt.
(20) *Umfang*: Dieses Nomen ist durch implizite Derivation aus dem präfigierten Verb *umfange* abgeleitet. Beim Wortbildungsverfahren der impliziten Derivation wird ohne Anfügung eines Suffixes oder Präfixes - aber gegebenenfalls unter phonetischer Veränderung des Lexems - ein Verb wie bei der Konversion nominalisiert. Dieser Typ liegt auch vor in den Nomina: *Fortschritte* (36) aus *schreite - fort* und *Maß* (49) aus *messe*. Auch die Grundform *Bau* in *Wohnungsbau* (15) ist durch implizite Derivation aus dem Verb *baue* abgeleitet. Zu *Bau* als Bestimmungsform vgl. (8).
(24) *Generalplan*: Es handelt sich um ein Nominalkompositum mit der Grundform *Plan* und der adjektivischen Bestimmungsform *General-*. Das entsprechende lexematische Adjektiv heißt *generell*. Da aber die beiden Adjektiv-Suffixe *-ell* und *-al* als Varianten angesehen werden können, die nur selten zur Bedeutungsdifferenzierung herangezogen werden (vgl. 9.2.1.1.2), werden alle Adjektive mit diesen beiden Suffixen, wenn sie als Bestimmungsformen dienen, auf das Suffix *-al* hin normiert (vgl. auch *konventionell* und *Konventionalstrafe*).
(26) *Gegenwart*: Nomina wie *Gegenwart*, die für Sprecher des heutigen Deutsch nicht mehr auf sinnvolle Bestandteile zurückzuführen sind, werden in diesem Kapitel nicht als komplexe Sprachzeichen beschrieben. Das gilt auch für das Nomen *Armut* (34), bei dem der Suffixcharakter von *-ut* heute nicht mehr erkennbar ist.
(27) *Denkergebnis*: Dieses Nominalkompositum ist mit einer verbalen Bestimmungsform gebildet. Vergleichbare Bildungen sind *Wohnhäuser* (29), *Wohnstätte* (33), *Wohngehäuse* (40), *Wohnkomfort* (43) und die komplexe Bestimmungsform des Kompositums *Wohnbauproblem* (22). Bei den Komposita *Bauwirtschaft* (53) und *Baumethoden* (54) kann auch eine nominale Bestimmungsform angenommen werden.
(37) *Jahrtausende*: Dieses Kompositum setzt sich aus einer nominalen Bestimmungsform und einem nominalisierten Numeral-Artikel als Grundform zusammen.
(52) *Bedürfnisse*: Von dem präfigierten Verb *bedarf (bedürfen)* ist hier mit dem Suffix *-nis* ein Nomen abgeleitet. Eine solche Suffixableitung ist auch *Erfordernis* (56) von dem präfigierten Verb *erfordere*. Reflexive präfigierte Verben liegen den in diesem Text nur als Grundformen auftretenden Suffixableitungen *Weltereignisse* (8) (aus *ereignet sich*), *Weltverhältnisse* (11) (aus *verhält sich*) und *Denkergebnis* (27) (aus *ergibt sich*) zugrunde. Das Suffix *-nis* bildet vorwiegend abstrakte Gattungsnamen und ist heute kaum mehr produktiv.

Mit diesem textgrammatischen Kommentar ist jedoch die Textualität der Wortbildung für diesen Text noch nicht zureichend beschreiben. Es fehlt noch das wichtigste: der Zusammenhang zwischen Wortbildung und Kontext. Der bisher eher punktuell argumentierende wortgrammatische Kommentar wird daher im folgenden durch einen textgrammatischen Kommentar ergänzt.

Dabei ist als erstes, was bisher noch nicht geschehen ist, der Titel des Textabschnitts zu berücksichtigen, der bereits eine interessante Wortbildung erkennen läßt. Der Titel lautet: *Wohnhaus-Industrie.* Das ist ein Kompositum, das in dieser Form in keinem Wörterbuch der deutschen Sprache zu finden ist. Wir nennen es daher Spontan-Kompositum. (Spontan-Komposita kann man häufig schon an der Schreibung mit Bindestrich erkennen.) Der Leser des Textes kennt zwar aus seinem lexikalischen Wissen die Wörter *Industrie* (ein Lehnwort) und *Wohnhaus,* das selber ein Kompositum ist, aber eben ein lexikalisiertes Kompositum, das als solches dem Verstehen des Lesers keine besonderen Probleme aufgibt, da er es mitsamt seiner Bedeutung aus seinem Wörtergedächtnis abrufen kann. Anders verhält es sich jedoch mit der Verbindung von *Wohnhaus* als Bestimmungsform und *Industrie* als Grundform des Kompositums *Wohnhaus-Industrie.* Dieses ist ganz neu für den (nicht eingeweihten) Leser, da der Autor des Textes dieses Kompositum spontan für seine Argumentationszwecke gebildet hat. Dennoch kann der Leser dieses Kompositum ebenso spontan verstehen, wie der Autor es gebildet hat, einmal weil ihm das Wortbildungsprinzip bekannt ist, zum andern weil der ganze Text, dem dieses Kompositum als Titel dient, dem Leser reichliche Verständnishilfen bereitstellt, und zwar die folgenden:

Die Grundform *-Industrie* des Spontan-Kompositums *Wohnhaus-Industrie,* die dem Leser bekannt sein muß, wird nur an einer Stelle des Textes ausdrücklich wieder aufgenommen, und zwar erst am Ende des Textes, wo mit dem suffigierten Adjektiv *industriell* (55) die Verbindung zur Überschrift hergestellt wird. Es finden sich jedoch auch schon vorher im Text Ausdrücke, die dieses Nomen lexikalisch variieren, zum Beispiel: *Fortschritte der Technik* (36), *Angelegenheit des Massenbedarfs* (45/46), *Vorratsprodukte* (50), *verfeinerte Fabrikationsmethoden* (51), sämtlich Ausdrücke, die auf industrielle Fertigung hindeuten. Wichtiger zum Verständnis des Spontan-Kompositums *Wohnhaus-Industrie* sind noch die textuellen Wiederaufnahmen der (ihrerseits ein lexikalisiertes Kompositum bildenden) Bestimmungsform *Wohnhaus.* Es sind die folgenden Wörter und Variationen: *Wohnung* (2), *Behausung* (12), *Wohnungsbau* (15), *Wohnbauproblem* (22), *Wohnhäuser* (29), *Wohnstätte* (33) und

Wohnkomfort (43). An einer anderen Stelle im Text wird mit dem Bestandteil *Wohn-* wiederum ein Spontan-Kompositum *Wohngehäuse* (40) gebildet. Alle diese Stellen belegen ein textuelles Wortbildungsverfahren, das als Dekomposition bezeichnet werden kann. Unter Dekomposition ist die textuelle Entfaltung eines an den Textanfang gesetzten Kompositums zu verstehen.

Auch das umgekehrte Verfahren in Gestalt einer textuellen Rekomposition ist an diesem Text zu belegen. Rekomposition soll die Raffung eines umfangreicheren Vortextes zu einem ans Ende des Textes oder eines Textabschnitts gestellten Kompositum genannt werden. So handelt beispielsweise eine längere Textstelle von dem *Problem des Wohnungsbaues (...) in seinem ganzen soziologischen, wirtschaftlichen, technischen und formalen Gefüge* (15, 16) mitsamt *seinen Teilproblemen* (17), *Ersatz- und Sparbaufragen* (18), *bodenkulturellen oder ästhetischen Erwägungen* (19). Dieses ganze Textstück wird am Ende stark raffend zusammengefaßt in dem Spontan-Kompositum *Wohnbauproblem* (22), das als Rekomposition eines so umfänglichen Vortextes dem Leser natürlich keine Schwierigkeiten mehr bereitet. Deutlich raffende Funktion hat in diesem Text auch das Kompositum *Generalplan* (24), das - unterstützt durch das Rekodierungssignal des Demonstrativ-Artikels *dieser* (vgl. 4.5.2.2) - eine ganze Reihe von voraufgehenden Ausdrücken wie *taktische Durchführung* und *eine Frage der Methoden und der großangelegten Regie* (23) rekomponiert, was gleichzeitig belegt, daß die Rekomposition eine für die Wortbildung spezifische Form der Rekodierung ist.

Das Kompositum *Generalplan* (24) wird im unmittelbaren Anschluß durch eine Apposition weitergeführt: *das »Wie wollen wir wohnen?«*. Dieses Textsegment ist die Konversion einer satzförmigen Frage zu einem Nomen mit Hilfe des vorangestellten Artikels *das*. Man kann sagen, daß in einer hochkomplexen Wortbildung wie dieser die beiden Verfahren, Dekomposition und Rekomposition, zusammenfallen, da einerseits ein Stück Text zu einem Nomen gerafft ist (= »Rekonversion«), andererseits dieses Nomen sich in textueller Entfaltung darstellt (= »Dekonversion«).

Bei der Derivation sind die beiden Verfahren der textuellen Wortbildung nicht in der gleichen Deutlichkeit zu unterscheiden. Doch tragen gleichwohl solche Suffix-Ableitungen wie *Umgestaltung* (55) und *Uneinheitlichkeit* (28) erheblich zur differenzierten Textbildung bei, da sie einerseits umständlichere Ausdrücke komprimieren, andererseits als Nomina eine weitere kontextuelle Entfaltung durch Präpositional- und Genitiv-Adjunkte ermöglichen.

Der textgrammatisch analysierte Text zeigt somit das komplexe und differenzierte Zusammenspiel aller drei nominalen Wortbildungsverfahren - Komposition, Derivation und Konversion - beim Aufbau eines Textgefüges. Wortbildung erweist sich als verdichtete Textbildung.

9.1.2 Komposition beim Nomen

Bei der Komposition des Nomens wird eine lexematische Grundform durch eine lexematische Bestimmungsform determiniert. Für das syntaktische Verhalten des Kompositums im Text ist allein die Grundform entscheidend: deren grammatische Merkmale Sprachzeichenklasse, Genus, Numerus, Kasus und Flexionstyp gelten für das gesamte Kompositum. Die Grundform ist deshalb bei einem Nominalkompositum immer ein Nomen, die Bestimmungsform kann auch einer anderen Sprachzeichenklasse angehören. Zwischen Bestimmungsform und Grundform des Kompositums können Fugenelemente auftreten.

Die lexematischen Bestandteile des Kompositums sind beide Träger wichtiger lexikalischer Information und stehen in der Weise miteinander in Beziehung, daß die Bedeutung der Grundform im Kompositum durch die Bedeutung der Bestimmungsform eingegrenzt und präzisiert wird.

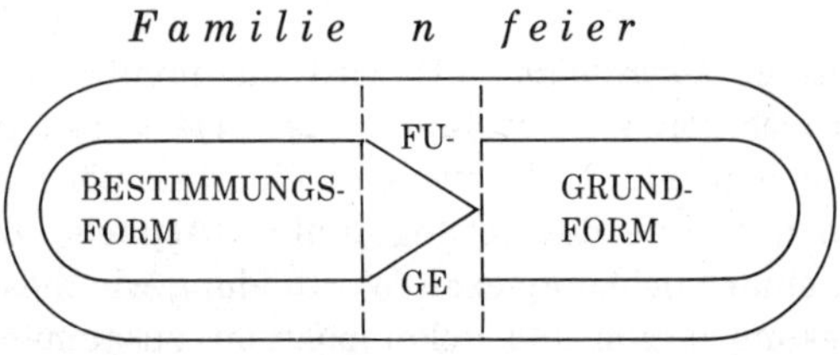

Ein Kompositum bildet eine feste lexikalische Verbindung, die nur als Ganzes durch ein Attribut, etwa durch das Adjektiv *große* weiter determiniert werden kann. Scherzbildungen wie *Reitende Artilleriekaserne* (nicht die Kaserne, sondern die Artillerie reitet) zeigen, daß die Bestimmungsform eines Kompositums nicht für sich allein Basis eines adjektivischen Attributs sein kann. Möglich sind hingegen Attributionen, bei denen das adjektivische Attribut nur eine klassifizierende Bedeutung hat. Dieser Fall tritt insbesondere bei denominal abgeleiteten Adjektiven auf, etwa in Bildungen wie *französische Literaturgeschichte* oder *psychologische Beratungsstelle.*

9.1.2.1 Formen der Komposition

Bei Nominalkomposita kann die Bestimmungsform ein Nomen, ein Adjektiv oder ein Verb sein. In seltenen Fällen treten auch Pronomina oder andere Sprachzeichen auf. In allen Fällen erscheint die Bestimmungsform im Kompositum als reines Lexem und trägt keine Flexionsmorpheme. Die Elemente, die zwischen die Bestimmungsform und das determinierte Nomen als Grundform treten können, sind synchron gesehen reine Fugenelemente, auch wenn sie mit einem zum Flexionsparadigma der Bestimmungsform gehörenden Flexionsmorphem identisch sind.

	BESTIMMUNGS-FORM	FUGEN-ELEMENT	GRUND-FORM	FLEXIONS-MORPHEM
NOMEN:	*die junge Pate*	*n*	*tante*	
ADJEKTIV:	*einige Klein*	*Ø*	*kind*	*er*
VERB:	*in feinen Ausgeh*	*Ø*	*kleid*	*ern*
ADVERB:	*ein großer Allein*	*Ø*	*unterhalter*	
PRONOMEN:	*das größere Selbst*	*Ø*	*bewußtsein*	
INTERJEKTION:	*ein echtes Aha-*	*Ø*	*Erlebnis*	
NUMERAL-ARTIKEL:	*wilde Zwei*	*Ø*	*kämpf*	*e*

Der Wortakzent liegt bei Komposita immer auf der Bestimmungsform. Beginnt die Grundform mit einem Vokal, wird die Lexemgrenze in der Regel durch einen Glottisschlag (»Knacklaut«) markiert.

Da der Wortschatz des Deutschen wesentlich weniger lexematische Simplexformen als tatsächlich existierende Wörter enthält und ein und dasselbe Lexem mehreren Wörtern unterschiedlicher Sprachzeichenklassen zugrunde liegen kann, ist bei Nominalkomposita mitunter nicht eindeutig, welcher Sprachzeichenklasse die Bestimmungsform angehört.

BESTIMMUNGS-FORM	GRUND-FORM
die junge Tauf	*patin*
die kleinen Spiel	*kameraden*

Ob in diesen komplexen Nomina die Bestimmungsform *Tauf-* auf das Nomen *Taufe* oder auf das Verb *taufe* zurückgeht und ob die Bestimmungsform *Spiel-* auf das Nomen *Spiel* oder das Verb *spiele* zurückzuführen ist, ist vom heutigen Sprachbewußtsein her nicht zu entscheiden und spielt auch für die Bedeutung der Komposita hier keine Rolle.

Die in diesen Beispielen aufgeführten Formen können allesamt auch als Lexeme frei in Texten vorkommen. Nun treten jedoch in der Komposition vereinzelt auch Lexeme auf, die lexemtypische Form und Bedeutung haben, außerhalb des Kompositionsgefüges aber nicht als Wörter im Text vorkommen. Beispiele:

ganz reizende Schwiegereltern	*der alte Stiefvater*
die vietnamesische Adoptivtochter	*ein schrecklicher Argwohn*

Obwohl die Ausdrücke *Schwieger-*, *Stief-*, *Adoptiv-* und *-wohn* nur in Komposita auftreten, können sie nicht als Präfixe oder Suffixe angesehen werden, da ihnen entscheidende Eigenschaften von Morphemen fehlen, wie zum Beispiel gering ausgeprägte lexikalische Bedeutung, Zugehörigkeit zu einem abgegrenzten grammatischen Paradigma oder formale Kürze.

9.1.2.1.1 Komplexe Komposita

Das Wortbildungsverfahren der Komposition kann bei Nomina auch mehrfach angewendet sein. Dadurch entstehen Mehrfach-Komposita. Sowohl die Bestimmungsform als auch die Grundform können nämlich ihrerseits bereits Komposita sein. So kann eine Grundform durch zunehmende Komposition in ihrer Bedeutung immer weiter eingegrenzt werden. Der Bedeutungsumfang (Extension) eines solchermaßen determinierten Nomens wird in dem Maße enger, wie sein Bedeutungsinhalt (Intension) größer wird. Ein Beispiel:

BESTIMMUNGSFORMEN GRUNDFORM

Vertrag
Tarifvertrag
Angestelltentarifvertrag
Bundesangestelltentarifvertrag

Solche mehrgliedrigen Bildungen finden sich besonders in der Fachsprache des Rechts und der Verwaltung, wo das Wortbildungsverfahren der Komposition zum Aufbau von Nomenklaturen genutzt wird. Mehrfach-Komposita sind hier ein relativ einfaches Mittel, eine notwendige terminologische Prägung mit der höchstmöglichen Durchsichtigkeit der Form zu vereinbaren. Dabei kann auch die Grundform bereits ein komplexes Nomen sein und von einer einfachen oder komplexen Bestimmungsform determiniert werden.

	BESTIMMUNGS-FORM	HAUPT-FUGE	GRUNDFORM
der	*Bund*	*es*	*gerichtshof*
der	*Altglas*	*Ø*	*sammelbehälter*
das	*Bund*	*es*	*ausbildungsförderungsgesetz*
das	*Jugend*	*Ø*	*arbeitsschutzgesetz*
das	*Krankenkasse*	*n*	*kostendämpfungsgesetz*
das	*Lohnsteuer-jahresausgleich*	*s*	*antragsverfahren*

Die mehr oder weniger komplexe Bestimmungsform eines Kompositums kann auch eine durch einen expliziten Junktor verbundene Junktion aus mehreren nominalen Lexemen sein. Beispiele:

das Hausfrau-und-Mutter-Dasein

mit der Berg-und-Tal-Bahn

beim Mutter-und-Kind-Turnen

ein Feld-Wald-und-Wiesen-Arzt

Dabei kann mitunter ein expliziter Junktor auch fehlen, und die Lexeme werden nur mit einem Durchkoppelungs-Bindestrich verbunden.

die Rhein-Main-Donau-Aktien-Gesellschaft

die schwierige Eltern-Kind-Beziehung

Die Komplexität und der Umfang eines Kompositums sind im Prinzip nur durch die Grenzen des Kontextgedächtnisses begrenzt; gemeinsprachlich treten aber im Gespräch nur sehr selten Bildungen auf, die aus mehr als drei Lexemen bestehen; die Fachsprachen nehmen sich allerdings oft größere Freiheiten heraus.

Einen Sonderfall komplexer Komposition bilden die textförmigen Komposita. Sie setzen sich im Unterschied zu den bisher besprochenen Formen von Komposita aus Textteilen zusammen, die auch außerhalb des Kompositums in textueller Verbindung stehen. Das sind zum einen Bildungen, die in der geschriebenen Sprache mit einem Durchkoppelungs-Bindestrich erscheinen und bei denen Textteile als komplexe Bestimmungsform mit einer Grundform verbunden sind:

die Hinaus-mit-dem-alten-Jahr-Stimmung

die Eine-deutsche-Frau-schminkt-sich-nicht-Epoche

Weiterhin gehören hierher die »Zusammenrückungen« von Textteilen, deren letzter Bestandteil kein Nomen zu sein braucht. Insofern bilden Zusammenrückungen einen Grenzfall nominaler Komposition:

das Vaterunser	*ein winziger Dreikäsehoch*
ein blaues Vergißmeinnicht	*der charmante Tunichtgut*
das Blümchen Rührmichnichtan	*ein echter Neunmalklug*

9.1.2.1.2 Kürzungsverfahren

Wenn hochkomplexe Komposita aus einem speziellen Fachwortschatz in die Gemeinsprache eindringen, entsteht das Bedürfnis nach einem ökonomischeren Ausdruck. Auch mehrgliedrige Komposita der Gemeinsprache werden mitunter gekürzt. Solche Ausdruckskürzungen lassen sich im Deutschen auf vielfache Weise erzielen:

(1) Kopfwörter

Das wichtigste Kürzungsverfahren bei mehrgliedrigen Nomina besteht in der Weglassung der Grundform, so daß die Bestimmungsform allein die Bedeutung des Kompositums ausdrückt. Dabei ändern sich gegebenenfalls Genus und Flexionstyp:

das Auto ← das Automobil	*der Ober ← der Oberkellner*
die Tram ← die Trambahn	*das Foto ← die Fotografie*
ein Selters ← ein Selterswasser	*die Oper ← das Opernhaus*

Kürzungen kommen in der Alltagssprache außerdem bei einigen nichteinheimischen Lexemen vor, die keine Komposita sind:

das Abi ← das Abitur	*der Krimi ← der Kriminalroman*
die Uni ← die Universität	*die Lok ← die Lokomotive*

(2) Codawörter

Läßt man bei einem Kompositum aus Kürzungsgründen die Bestimmungsform weg, so entstehen Codawörter mit der gleichen Bedeutung wie das Kompositum. Der situative oder sprachliche Kontext gewährleistet hier, daß der Hörer das Lexem in der intendierten Bedeutung versteht:

das Rad ← das Fahrrad	*die Bahn ← die Eisenbahn*
das Cello ← das Violoncello	*der Schirm ← der Regenschirm*

(3) Klammerformen

Klammerformen entstehen dann, wenn die Grundform zusammen mit der vordersten Bestimmungsform eines mehrgliedrigen Kompositums zu einem neuen zweigliedrigen Kompositum zusammengezogen wird:

der Tankwart ← der Tankstellenwart	*die Laubsäge ← die Laubholzsäge*
das Fernamt ← das Fernsprechamt	*die Damenuhr ← die Damenarmbanduhr*

(4) Silbenwörter

Durch Kürzung von Bestimmungsform und Grundform eines Kompositums zu einem Lexem mit vokalisch auslautenden Silben entstehen Silbenwörter. Von dieser Kürzung kann auch das Präfix *trans-* betroffen sein:

die Stabi ← die Staatsbibliothek	*die Kripo ← die Kriminalpolizei*
die Jusos ← die Jungsozialisten	*der Trafo ← der Transformator*

(5) Buchstabenwörter

Werden die Initialen der Formen, die ein Kompositum bilden, zu einer Buchstabenabkürzung zusammengesetzt und in Buchstabierweise gesprochen, so entstehen silbische Buchstabenwörter. Übliche Abkürzungen sind beispielsweise:

PKW (sprich: [pé:ka:ve:]) für *Personenkraftwagen*

LKW (sprich: [ɛ́lka:ve:]) für *Lastkraftwagen*

Die nichtabgekürzten Komposita werden allerdings gemeinsprachlich fast nie gebraucht.

Solche Abkürzungen werden auch für Wortgruppen verwendet:

USA für *United States of America* = *Vereinigte Staaten von Amerika* (mit Kongruenz im Plural auch bei der Abkürzung)

EG für *Europäische Gemeinschaft*

SPD für *Sozialdemokratische Partei Deutschland*

FDP für *Freie Demokratische Partei*

CDU für *Christlich Demokratische Union*

Nicht silbisch getrennt, sondern phonetisch gebunden werden die Abkürzungen gesprochen, die der Silbenstruktur einheimischer Lexeme entsprechen:

DIN (sprich: [di:n])	für *Deutsche Industrienorm* oder *Deutsches Institut für Normung*
TÜV (sprich: [tyf])	für *Technischer Überwachungsverein*
BAföG (sprich: [bá:fœk])	für *Bundesausbildungsförderungsgesetz*

Gebräuchlich sind weiterhin Abkürzungswörter, in denen nur die Bestimmungsform auf die Initiale verkürzt ist:

U-Bahn ← *Untergrundbahn*

D-Zug ← *Durchgangszug* (früher für Schnellzug)

S-Bahn ← *Schnellbahn*

U-Boot ← *Unterseeboot*

R-Gespräch ← *Rückgespräch* (Telefongespräch mit Bezahlung der Gebühren durch den Angerufenen)

Alle Kurzwörter dieser Art können ihrerseits wiederum als Bestimmungs- oder Grundformen eines Kompositums auftreten:

eine rostige Diesellok

eine gefährliche Bahnfahrt

das fällige TÜV-Gutachten

der besorgte U-Bahn-Fahrer

Mitunter kommen solche Kurzwörter überhaupt nur als Bestimmungsformen von Komposita vor und nähern sich damit Präfixen:

die neue Eurowährung

ein gefährdetes Ökosystem

die Telekommunikation

der Biorhythmus

Die Form *Öko-* bezieht sich dabei immer auf *Ökologie*, nicht auf *Ökonomie.*

9.1.2.1.3 Die Kompositionsfuge

Bei den Nominalkomposita ist zwischen der Bestimmungsform und der Grundform die Kompositionsfuge zu beobachten. Beispiel:

Bund es kanzler

BESTIMMUNGSFORM GRUNDFORM
KOMPOSITIONSFUGE

In weitaus den meisten Fällen kommt der Kompositionsfuge keine eigene Bedeutung zu. Sie dient dann nur als Grenzsignal zwischen den Bestandteilen des Kompositums.

Die Fugenelemente nominaler Bestimmungsformen gehen ursprünglich auf Flexions-Morpheme der Deklination zurück, haben aber im Laufe der Sprachgeschichte ihre Bindung an die Deklination zum großen Teil verloren. Immerhin besteht auch heute noch für einige Fugenelemente der Kompositionsfuge eine formale Verwandtschaft mit den Deklinationstypen (vgl. 4.2.2.3). Wir können uns daher in der Beschreibung an diesen orientieren. Somit gibt es, ebenso wie es fünf Deklinationstypen gibt, fünf Fugentypen (Merkwort: *NERS*/Null):

(1) *N*-Fuge	*-n-*	*der Rosenkavalier*
	-en-	*die Frauenbewegung*
(2) *E*-Fuge	*-e-* [-ə-]	*die Folgekosten*
(3) *R*-Fuge	*-er-*	*die Männerherrschaft*
(4) *S*-Fuge	*-s-*	*das Geltungsbedürfnis*
	-es-	*der Verstandesmensch*
	-ns-	*das Friedensangebot*
	-ens-	*die Herzensangelegenheit*
(5) Null-Fuge	*-Ø-*	*die Paarbeziehung*

Für die Distribution dieser Fugenelemente lassen sich die folgenden »Faustregeln« angeben:

(1) *N*-Fuge

Die *N*-Fuge, realisiert als *-n-* oder mit Gleitvokal als *-en-*, findet man vor allem bei den zahlreichen femininen Nomina, die in der Numerus-Deklination der *N*-Deklination folgen:

der Sonnenschein *das Tortenstück*
der Rosenstrauch *ein Wespenstich*

Gelegentlich tritt bei den Nomina dieses Deklinationstyps jedoch alternativ die Null-Fuge (mit Tilgung des *-e* beim Stamm) auf. Zur Unterscheidung:

N-FUGE	NULL-FUGE
eine gute Birnenernte	*der alte Birnbaum*
die Kirchenbesucher	*ein verregneter Kirchgang*

Maskuline Nomina mit *N*-Plural und Obliquus-*N* (vgl. die »Regel des Menschen und Löwen«; 4.2.3) sowie nominalisierte Adjektive haben regelmäßig die *N*-Fuge:

eine gute Menschenkenntnis	*die Krankenschwester*
eine richtige Löwenmähne	*im Altenheim*

Einige Komposita mit archaisch-poetischer Konnotation zeigen gleichfalls die *N*-Fuge, typischerweise als *-en-* realisiert:

im Sternenlicht	*ihr Schwanenhals*
beim ersten Hahnenschrei	*im Greisenalter*

(2) *E*-Fuge

Die *E*-Fuge, die immer als *-e-* [-ə-] realisiert wird, tritt in Komposita mit nominaler oder verbaler Bestimmungsform auf. Für ein Nomen als Bestimmungsform korrespondiert die *E*-Fuge oft mit dessen *E*-Plural, gegebenenfalls mit Umlaut:

eine Hundehütte	*die Pferdetränke*
die leere Mausefalle	*die Gänsehirtin am Brunnen*
im Geräteschuppen	*der Getränkeautomat*

Es sind jedoch auch Abweichungen von dieser Faustregel zu verzeichnen. Zum Vergleich:

E-FUGE	*S*- ODER NULL-FUGE
ein kräftiger Händedruck	*ein wildes Handgemenge*
großer Kräfteverschleiß	*eine gewaltige Kraftanstrengung*
das neue Gästezimmer	*im Gasthaus*
das geheime Tagebuch	*die Tageszeitung*
ein saftiger Schweinebraten	*ein fetter Schweinsbraten*

Charakteristisch ist die *E*-Fuge auch für eine Reihe von Komposita (oft fachsprachlichen Gebrauchs) mit verbaler Bestimmungsform:

das Ratespiel	*die Hebebühne*
die Wartezeit	*der Schwebebalken*
die Tragetasche	*der Beugemuskel*
der Liegeplatz	*die Lesegewohnheit*

(3) *R*-Fuge

Die *R*-Fuge, die immer als *-er-* realisiert wird, findet sich nur nach solchen nominalen Bestimmungsformen im Maskulin (seltener) oder Neutrum (häufiger), die ihren Plural nach der *R*-Deklination bilden.

MASKULIN	NEUTRUM
eine Männerherrschaft	*der Kinderwagen*
	der Hühnerstall
	die Kleiderbügel

Allerdings haben die Nomina, die der *R*-Deklination folgen, als Bestimmungsformen nicht immer die *R*-Fuge. Es gibt auch Komposita mit anderen Fugen. Zum Vergleich:

R-FUGE	*S*- ODER NULL-FUGE
ein guter Rinderbraten	*ein Stück Rindsbraten*
ein hübsches Bilderbuch	*ein teurer Bildband*
die kleine Bücherstube	*hinten in der Buchhandlung*

(4) *S*-Fuge

Die *S*-Fuge hat eine sehr hohe Frequenz in der deutschen Sprache. Sie wird meistens als *-s-*, seltener als *-es-* und nur in einigen wenigen Fällen als *-ns-* oder *-ens-* realisiert.

In der Variante *-s-* läßt sich die *S*-Fuge in der Mehrzahl der Fälle über Regeln vorhersagen. Das Fugenelement *-s-* tritt immer dann auf, wenn die Bestimmungsform ein abgeleitetes Nomen ist, das eines der folgenden Suffixe aufweist:

EINHEIMISCHE SUFFIXE		LEHNSUFFIXE	
-ung:	*eine kleine Verdauungsstörung*	*-ion:*	*im Operationssaal*
-heit:	*im Krankheitsfall*	*-är:*	*die Millionärsgattin*
-(ig)keit:	*der Flüssigkeitsbedarf*	*-um:*	*im Klinikumsbereich*
-schaft:	*der Bereitschaftsdienst*	*-ität:*	*der Sanitätsdienst*
-tum:	*Eigentumsform*	*-thek:*	*der Bibliothekskatalog*
-ling:	*die Säuglingsschwester*		

Bei entlehnten Bestimmungsformen mit anderen Suffixen ist das Fugenelement *-s-* selten.

Regelmäßig tritt die *S*-Fuge jedoch weiterhin auf, wenn die Bestimmungsform ein nominalisierter Infinitiv ist:

eine stehende Redensart *die große Vertrauenskrise*

eine gesunde Lebensweise *zur Schlafenszeit*

Einige Nomina mit dem Genus Maskulin oder Neutrum treten als Bestimmungsformen immer mit dem Fugenelement *-s-* auf. In manchen Fällen entspricht das Fugenelement dabei dem Genitiv-*S* der Kasus-Flexion (vgl. 4.2.3), was aber nicht als singularische Bedeutung der Bestimmungsform aufgefaßt werden darf:

mangelnde Ortskenntnis *das neue Ortsverzeichnis*

ein reges Gefühlsleben *reine Gefühlsduselei*

in der Gebirgslandschaft *das rauhe Gebirgsklima*

Vereinzelt tritt die *S*-Fuge in der Variante *-s-* auch nach femininen Nomina auf. Dabei kann ein *-e* des Stammes im Auslaut wegfallen. Beispiele:

viele Liebesbriefe *ein langer Arbeitstag*

ein Heiratsantrag *in einem Mietshaus*

die Hochzeitsglocken *ohne Hilfspersonal*

In der Variante *-es-* tritt die *S*-Fuge nur nach solchen Nomina mit dem Genus Maskulin oder Neutrum auf, die in ihrer Kasusflexion den Genitiv ebenfalls auf *-es* bilden. Beispiele:

der Bundesbürger	*im Bundestag*	*die Bundesbahn*
der Freundeskreis	*die Freundeshand*	*ein Freundesdienst*
zum Jahreswechsel	*ein Jahresgehalt*	*der Jahresbericht*

Die *S*-Fuge ist jedoch bei den Nomina dieses Deklinationstyps nicht regelmäßig zu beobachten.

In einigen Fällen gibt die *S*-Fuge mit der Realisierung *-es-*, in Opposition zur Null-Fuge, eine archaisch-poetische Konnotation des Kompositums zu erkennen. Zum Vergleich:

auf Bergeshöhen	*ein Bergarbeiter*
tosendes Sturmesbrausen	*wiederholte Sturmwarnung*
die Meeresbrandung	*in der Meerenge*
erholsame Waldesruh	*die nützlichen Waldameisen*
steigende Kampfeslust	*keine Kampfbereitschaft*

In den Varianten *-ns-* oder *-ens-* schließlich gibt es die *S*-Fuge nur bei einigen wenigen Nomina des Genus Maskulin oder Neutrum, die sämtlich den Genitiv/Singular auf *-ns* bilden:

die Friedensbewegung	*der Namenszug*
die Glaubensfrage	*die Herzensgüte*
die Willensfreiheit	*das Schmerzensgeld*

Die Bestimmungsformen der rechten Spalte haben in anderen Komposita auch die *N*- oder Null-Fuge (*Namenverzeichnis, Schmerzgrenze, Herzblut*).

(5) Null-Fuge

Die Null-Fuge tritt in Komposita regelmäßig dann auf, wenn deren Bestimmungsformen einer der nachfolgenden Sprachzeichenklassen angehören:

ADJEKTIVE	*mitten durch die Großstadt* *unbequeme Vordersitze*
PARTIZIPIEN	*in einem klapprigen Gebrauchtwagen* *ein beträchtliches Lebendgewicht*
PRONOMINA	*ein ausgeprägtes Selbstbewußtsein* *in der Du-Form*
PARTIKELN	*ein echtes Aha-Erlebnis* *kein rechtes Wohlbehagen*
KOSEFORMEN	*ein richtiges Mamakind* *ein schwarzer Bubikopf*
ABKÜRZUNGSWÖRTER	*im alten Fotoalbum* *ein kleiner ABC-Schütze* *der zukünftige Lokführer*

Ebenfalls sehr häufig ist die Null-Fuge bei Verben als Bestimmungsformen. Nach einem Verbstamm auf *-b, -d* oder *-g* kommt jedoch auch die *E*-Fuge in Frage, die eine Desonorisierung dieser stimmhaften Konsonanten (»Auslautverhärtung«) in der Kompositionsfuge verhindert. Zur Unterscheidung:

NULL-FUGE	*E*-FUGE
das Startgeräusch	*das Klebeband*
das Hupkonzert	*die Ladefläche*
schrille Pfeiftöne	*der Liegesitz*

In den folgenden Fällen haben Komposita mit nominalen Bestimmungsformen immer eine Null-Fuge:

► Die nominale Bestimmungsform ist ein Stoffname oder eine Kollektivbezeichnung und damit in der Gemeinsprache nicht pluralfähig:

ein kräftiges Butterbrot	*ein Holzbrettchen*
eine reiche Käseplatte	*eine volle Weinflasche*

► Die Bestimmungsform ist ein Nomen mit Null-Plural oder lautet auf *-el* aus:

ein Jägerschnitzel	*einige zähe Muskelfasern*
mehrere Knochensplitter	*lieber ein Apfelstrudel*
eine Messerspitze Zimt	*einige Stachelbeeren*

► Die Bestimmungsform ist ein nominales Lehnwort mit *S*-Plural:

ein Stück Kiwitorte	*der Desserttteller* [-ɛʁt-]
ein Mokkatäßchen	*ein richtiger Hobbykoch*

► Nomina mit *E*-Plural als Bestimmungsformen werden eher mit einer Null-Fuge als mit einer *E*-Fuge angeschlossen:

ein spannender Ballwechsel	*gute Netzarbeit*
der entscheidende Satzball	*ein nasses Handtuch*

Bei Nomina dieser Flexionsklasse erscheint aber mitunter auch die *E*-Fuge. Wird dabei der Stammvokal im Plural umgelautet, so tritt die umgelautete Form auch im Kompositum auf. Zur Unterscheidung:

NULL-FUGE	*E*-FUGE
das Kraftwerk	*das Kräftespiel*
die Handarbeit	*der Händedruck*

Abweichend von der Grundregel, daß die Form der Kompositionsfuge kein Bedeutungsträger ist, kann in einigen Fällen die Numerus-Opposition Singular vs. Plural durch die Form der Kompositionsfuge ausgedrückt werden. Wir sprechen dann von einer Numerusfuge. Bei den Erscheinungsformen der Numerusfuge kommt es zu folgender Funktionsverteilung:

S-Fuge, Null-Fuge } Singular

N-Fuge, *E*-Fuge, *R*-Fuge } Plural

Die Numerus-Oppositionen sind wie folgt zu bilden:

SINGULAR *S*-FUGE	PLURAL *N*-, *E*-, *R*-FUGE
der Geburtstag	*die Geburtenkontrolle*
das Staatsexamen	*der Staatenbund*
die Tageszeitung	*das Tagebuch*
das Standesamt	*der Ständestaat*
die Volkskunde	*die Völkerkunde*
die Landessprache	*das Länderspiel*

NULL-FUGE	*N-, E-, R*-FUGE
der Zeitpunkt	*die Zeitenfolge*
die Arztpraxis	*der Ärztekongreß*
die Stadtverwaltung	*eine Städtepartnerschaft*
ein Lichtschein	*der Lichterglanz*
mit Gottvertrauen	*die Götterdämmerung*

Vorausgesetzt ist bei den Komposita mit der Numerusfuge, daß die Fugenelemente mit den Flexiven der Numerus-Deklination übereinstimmen. Zum Vergleich:

NUMERUS-DEKLINATION	NUMERUSFUGE
das Bett/die Betten	*die Bettdecke/die Bettenzahl*
das Spiel/die Spiele	*das Spielbrett/die Spielesammlung*
das Haus/die Häuser	*der Hausflur/das Häusermeer*

Einige nominale Lehnwörter weichen allerdings von dieser Regel ab. Sie erhalten, wenn sie als Bestimmungsformen in einem Kompositum gebraucht werden, eine *N*-Fuge, realisiert als *-en-*, obwohl sie in der Numerus-Deklination dem Typus der *E*-Deklination folgen:

der Zitatenschatz	*der Instrumentenbauer*
die Dokumentenmappe	*die Inseratenannahme*

In diesen Komposita hat die Bestimmungsform ebenfalls pluralische Bedeutung.

9.1.2.2 Bedeutungen von Komposita

Nominalkomposita lassen sich als Raffungen von mehr oder minder umfangreichen Textsegmenten beschreiben. Sie sind daher mehrdeutiger als diese, da sie die Bedeutungsbeziehungen vielfach nicht spezifisch ausdrücken und deren Oppositionen neutralisieren. Wir besprechen nacheinander Komposita mit nominaler Bestimmungsform (9.1.2.2.1), mit adjektivischer Bestimmungsform (9.1.2.2.2) und schließlich mit Bestimmungsformen anderer Sprachzeichenklassen (9.1.2.2.3).

9.1.2.2.1 Komposita mit nominaler Bestimmungsform

Komposita, die aus zwei Nomina zusammengesetzt sind, ähneln in ihrer Beziehung dem Determinationsgefüge bei nominalen Attributionen. Da Komposita jedoch relativ unspezifische Determinationsanweisungen enthalten, ist die in einem gegebenen Kontext intendierte Bedeutungsbeziehung zwischen Bestimmungsform und Grundform nur aus den Bedeutungen der Bestandteile des Kompositums und aus dem Kontext erschließbar. Bei spontan gebildeten und nicht lexikalisierten Komposita kann deshalb die Text-Bedeutung je nach dem Kontext variieren.

Als Minimalbedingung der Bedeutungsbeziehung kann allerdings für jedes Kompositum gelten, daß die durch Bestimmungsform und Grundform bezeichneten Referenten im weitesten Sinne »etwas miteinander zu tun haben« müssen. Vielfach läßt sich die nächstliegende und wahrscheinlichste Art des Bedeutungszusammenhangs auch ohne Zuhilfenahme des Kontextes über prototypische Eigenschaften oder pragmatische Verwendungszusammenhänge erschließen. Das gemeinsame Hintergrundwissen, das Sprecher und Hörer über Gegenstände und rekurrente Geschehensabläufe in ihrer Umwelt haben, ermöglicht oder erleichtert ihnen vielfach das Erkennen von Bedeutungsbeziehungen im Kompositum.

So erklärt sich zum Beispiel die Bedeutung des Kompositums *Stahlmesser* gegenüber der des Kompositums *Brotmesser.* Gegenstände sind gewöhnlich gekennzeichnet nach intrinsischen Eigenschaften wie Größe, Farbe, Form usw. oder aber nach ihrer Verwendungsweise. Zu den prototypischen Eigenschaften von Messern gehört, daß sie aus hartem Material sind und dazu verwendet werden, relativ weiche Gegenstände zu schneiden. Es ist also näherliegend, bei *Stahlmesser* eine Determination anzunehmen, bei der die Grundform *Messer* durch die Bestimmungsform *Stahl* hinsichtlich des Materials charakterisiert wird, bei *Brotmesser* dagegen eine Determination, durch die eine zweckdienliche Verwendungsweise, das Brotschneiden, gekennzeichnet wird. Mit ebendiesen Bedeutungen sind die beiden Komposita in den Wortschatz der Sprache eingegangen. Ähnlich läßt sich auch in den folgenden Komposita als nächstliegende Bedeutung diejenige erschließen, die sich pragmatisch ergibt.

MATERIAL	VERWENDUNGSWEISE
ein ländliches Ziegelhaus	*ein kahles Bürohaus*
ein bequemer Polsterstuhl	*ein harter Bürostuhl*
ein praktisches Holzregal	*ein volles Bücherregal*
ein Papierhut für die Kinder	*ein leerer Papierkorb*
ein schwerer Eichenschrank	*ein sperriger Aktenschrank*

Besonders leicht erkennbar ist die Bedeutungsbeziehung von Bestimmungs- und Grundform in einem Kompositum, wenn die Grundform von einem transitiven Verb abgeleitet ist. Dann ist die Bestimmungsform als Objekt für ein in der Grundform enthaltenes Verb interpretierbar:

die neue Englischlehrerin — *im Deutschunterricht*

die Lehrmittelsammlung — *ein richtiger Märchenerzähler*

Eine Spontanbildung dieses Typus liegt in dem folgenden kurzen Textstück von Elias Canetti in der Form des Kompositums *Tränenwärmer* vor. So lautet auch die Überschrift des Textes:

TEXT:

Der Tränenwärmer geht täglich ins Kino. Es muß nicht immer etwas Neues sein, ihn zieht es auch zu alten Programmen, Hauptsache ist, daß sie ihren Zweck erfüllen und ihm reichlich Tränen entlocken. Da sitzt man von anderen ungesehen im Dunkel und wartet auf Erfüllung. Es ist eine kalte, herzlose Welt und ohne das warme Naß auf den Wangen zu fühlen, möchte man nicht leben. Sobald die Tränen zu strömen beginnen, wird einem wohl zumute, man ist sehr still und man rührt kein Glied, man hütet sich davor, mit dem Taschentuch etwas wegzuwischen, jede Träne soll ihre Wärme bis zur Neige spenden und ob sie nun bis zum Mund gelangt oder bis zum Kinn, ob es ihr gar gelingt, übern Hals und bis auf die Brust zu fließen, – er nimmt es mit dankbarer Zurückhaltung an und erhebt sich erst wieder nach einem ausgiebigen Bade.[1]

TEXTGRAMMATISCHER KOMMENTAR:

Bei dem Kompositum *Der Tränenwärmer* in der Überschrift ist, da die Grundform von dem transitiven Verb *wärme* abgeleitet ist, eine Subjekt-Objekt-Valenz naheliegend. Die Bedeutung dieser Spontanbildung läßt sich aber auch aus dem Kontext erschließen. Denn das im Titel eingeführte Kompositum wird im Text in den einzelnen Bestandteilen weitergeführt und teilweise lexikalisch variiert. So klingt die Bestimmungsform *Tränen* im Text noch mehrfach an; auch in den Verbformen *strömen* und *fließen* sowie in dem Präpositional-Adjunkt *nach einem ausgiebigen Bade* wird darauf Bezug genommen. Die Grundform *Wärmer* wird im Nomen *Wärme* wiederaufgenommen und in den Ausdrücken *nicht immer etwas Neues, zu alten Programmen* thematisiert. Auch das antonyme Adjektiv *kalt* gehört dazu. In der Nominalklammer *das warme Naß* schließlich treten die beiden

1) Elias Canetti: »Tränenwärmer«, in: *Der Ohrenzeuge. Fünfzig Charaktere,* München 1974, S. 17.

semantischen Bestandteile wieder in unmittelbarer kontextueller Nachbarschaft auf.

Unter bestimmten Bedingungen kann die Determinationsanweisung zwischen Bestimmungsform und Grundform eines Kompositums auch eine räumliche Situierung betreffen: in diesem Fall wird mit der Bestimmungsform eine Position des durch die Grundform bezeichneten Gegenstands angegeben:

die Stadtautobahn

eine kurvenreiche Landstraße

ein Strauß Feldblumen

die gesperrte Rheinbrücke

das alte Dorfgasthaus

ein echter Weltenbummler

Mitunter drückt die Determinationsbeziehung auch eine Vergleichs-Relation zwischen Bestimmungsform und Grundform nach Form, Beschaffenheit oder Farbe aus:

ein Kilo Steinpilze

ein Fenster aus Milchglas

goldgelbe Butterblumen

eine mächtige Hakennase

Hier sind die Pilze ›wie‹ Steine, das Glas ›wie‹ Milch, die Blumen ›wie‹ Butter, die Nase ›wie‹ ein Haken.

Gehören in Nominalkomposita mit nominaler Bestimmungsform beide Lexeme der gleichen Bedeutungsklasse (Personenbezeichnung, Gegenstandsbezeichnung, Ortsbezeichnung o. ä.) und überdies dem gleichen Wortfeld an, so ist die Bedeutungsbeziehung nicht im Sinne einer einfachen Determination zu verstehen. Da nämlich nun beide Bestandteile des Kompositums gleichrangig sind, wird der Hörer angewiesen, beide Bedeutungen in gleicher Weise gelten zu lassen. Im Grenzfall ergeben sich dann »Koordinativ-Komposita«, bei denen der Hörer beide Bestandteile gleichermaßen wichtig nehmen muß, um den gemeinten Sachverhalt zu identifizieren. Bei diesen Koordinativ-Komposita liegt der Wortakzent entweder auf der Grundform, oder beide Bestandteile des Kompositums tragen ungefähr gleich starke Akzente. Häufigere Koordinativ-Komposita sind etwa die Doppelnamen geographischer Bezeichnungen:

das Bundesland Baden-Württemberg

die Hauptstadt von Nordrhein-Westfalen

die westfälische Stadt Wanne-Eickel

der Wintersportort Garmisch-Partenkirchen

Auch Berufsbezeichnungen für einen Doppelberuf oder Titelnamen können bisweilen die Form von Koordinativ-Komposita haben.

der Dichter-Komponist Richard Wagner

der Schauspieler-Regisseur Rainer Werner Fassbinder

ein Gott-König

der Fürstbischof

Dagegen überwiegt die Determinationsbeziehung in den folgenden Komposita, die vorwiegend dem Bereich der Modesprache angehören und Kleidungsstücke bezeichnen:

ein bequemer Hosenrock

eine Kleiderschürze

ein elegantes Kostümkleid

der Inselstaat

Da die Bestimmungsform in diesen Bildungen die Grundform in ihrer Formbeschaffenheit näher spezifiziert, sollen diese Komposita im strengen Sinne nicht als Koordinativ-Komposita, sondern ebenfalls als Determinativ-Komposita gelten. Auch im Wortakzent unterscheiden sich diese Bildungen nicht grundsätzlich von anderen Nominalkomposita: die Bestimmungsform trägt den Wortakzent.

9.1.2.2.2 Komposita mit adjektivischer Bestimmungsform

Mit Adjektiven als Bestimmungsformen von Komposita wird in der Regel eine Determination bewirkt, die auf eine Eigenschaft des von der Grundform bezeichneten Gegenstands zielt. Hochfrequente, in Kleinstparadigmen stehende, oft polar angeordnete und wenig spezifische Adjektive treten dabei am häufigsten auf.

Schwarzbrot/Weißbrot

Schwermetall/Leichtmetall

Vollmilch/Magermilch

Fremdkapital/Eigenkapital

Hochland/Flachland

Althochdeutsch/Neuhochdeutsch

Einen besonderen Typus unter den Nominalkomposita mit adjektivischen Bestimmungsformen stellen die sogenannten Pars-pro-toto-Komposita (»Possessiv-Komposita«) dar. Zwar läßt sich auch bei diesen Bildungen die Determinationsbeziehung als Zuschreibung einer Eigenschaft auffassen, das gesamte Kompositum wird jedoch (»synekdochisch«) als Übertragung eines Teils auf das Ganze verwendet. Auf diese Weise werden über die Nennung eines besonders augenfälligen Merkmals hauptsächlich Personen oder Tiere bezeichnet:

PERSONEN	TIERE
der Dummkopf	*das Rotkehlchen*
der Grünschnabel	*das Rotschwänzchen*
der Dickschädel	*das Neunauge*

Das Genus wandelt sich hier nicht mit dem natürlichen Geschlecht. So ist *der Blaustrumpf* eine ›weibliche Intellektuelle‹ (veraltend, leicht pejorativ), und *der Blondschopf* kann ohne weiteres ein Mädchen sein. Wesentlich seltener sind Komposita, in denen eine adjektivische Bestimmungsform nicht in einer attributiven, sondern in einer applikativen Beziehung zur Grundform steht. In der Regel ist in diesen Komposita die nominale Grundform von einem Verb abgeleitet - häufig mit Hilfe des Suffixes *-er* (vgl. 9.1.3.2.1.1) - wie in den Komposita *der Hochstapler, der Freischwimmer.* Mitunter muß der Hörer ein Verb auch aus seinem pragmatischen Wissen ergänzen wie im Kompositum *die Schnellstraße* (›Straße, wo man schnell fahren darf‹).

9.1.2.2.3 Komposita mit Bestimmungsformen anderer Sprachzeichenklassen

Als weitere Sprachzeichenklassen, aus denen Bestimmungsformen für Komposita genommen werden können, kommen hauptsächlich Verben und Adverbien in Frage. Sonstige Sprachzeichen können nur zitatweise diesem Zweck dienen:

(1) Bei Komposita mit verbaler Bestimmungsform konstituiert die Determinationsbeziehung in der Regel einen Handlungszusammenhang: durch die Bestimmungsform wird der von der Grundform bezeichnete Gegenstand bezüglich einer für ihn charakteristischen Tätigkeit oder hinsichtlich eines typischen Verwendungszwecks näher spezifiziert:

ein richtiger Basteltyp	*das Wohnzimmer nebenan*
die Bohrmaschine	*das Schwimmbad im Keller*
der neue Rasierapparat	*der große Tapeziertisch*

(2) Komposita mit einem lexematischen Adverb als Bestimmungsform sind im Deutschen selten und hauptsächlich auf Spontanbildungen beschränkt. Weit häufiger finden sich hingegen Kombinationen mit morphematischen Adverbien. Da in Bildungen mit solchen morphematischen Adverbien die jeweilige Klassenbedeutung relativ stark ins Gewicht fällt, werden sie im Kapitel 9.1.3.1 bei der Präfigierung behandelt. Bei den hier in Frage kommenden Komposita ist die adverbiale Bestimmungsform selber bereits ein komplexes Sprachzeichen. Solche komplexen Adverbien fügen sich im allgemeinen schlecht in den Verband eines Kompositums; das ist vielfach auch an der Bindestrich-Orthographie erkennbar:

auf einem Querfeldeinpfad	*ein Unterwegs-Geplauder*
eine Rückwärtsbewegung	*ein Nebenbei-Ergebnis*

(3) Bei einer Grenzfallgruppe von Nominalkomposita dient ein Morphem zitatweise als Bestimmungsform:

die Anrede in der Du-Form	*das Ja-Wort der Braut*
ein Roman in der Ich-Form	*ein Aha-Erlebnis*

9.1.3 Derivation beim Nomen

Während am Wortbildungsverfahren der Komposition (mindestens) zwei Lexeme beteiligt sind, bedarf die Derivation (»Ableitung«) eines Lexems und (mindestens) eines Morphems. Durch deren Verbindung zu einem Determinationsgefüge entsteht ein Derivat. Determinationsbedürftig ist in diesem Gefüge grundsätzlich die lexematische Grundform, determinationskräftig die morphematische Ableitungsform, die bald als Präfix (vor der Grundform) und bald als Suffix (nach der Grundform), in seltenen Fällen auch als »Zirkumfix« (vor und nach der Grundform) realisiert wird. Bei einigen Derivaten ist auch eine gewisse Determinationswirkung von der Grundform auf die Ableitungsform zu verzeichnen, insbesondere dann, wenn diese an der Grenze zwischen Morphem und Lexem steht. Man spricht in solchen Fällen von Halbpräfixen und Halbsuffixen.

Präfixe und Suffixe können auch gemeinsam bei einer Grundform auftreten. Dabei kann es, zumal in Fachsprachen, geschehen, daß eine lexematische Grundform von mehreren (gestuften) Ableitungsformen eingeklammert wird; so beispielsweise bei den folgenden Derivaten, deren Grundform jeweils von vier Ableitungsformen umgeben ist, zwei Präfixen und zwei Suffixen, die allerdings jeweils gestuft sind:

Un	*ver*	*füg*	*bar*	*keit*
Vor	*an*	*künd*	*ig*	*ung*
\	/	|	\	/
PRÄFIXE		GRUNDFORM	SUFFIXE	

Wir trennen jedoch im folgenden die beiden Formen der Ableitung und besprechen zunächst die präfigierte (9.1.3.1), dann die suffigierte Derivation des Nomens (9.1.3.2):

9.1.3.1 Präfix-Derivation

Bei der Präfigierung des Nomens wird eine nominale Grundform durch ein morphematisches Präfix als Ableitungsform determiniert.

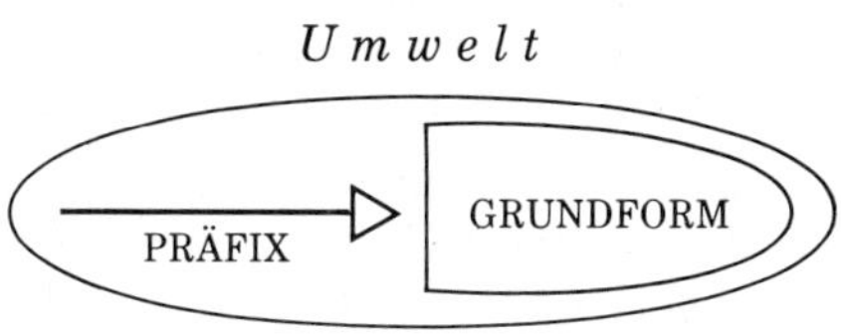

Fugenelemente treten zwischen Präfix und Grundform nicht auf.

Ebenso wie bei Komposita ist auch bei präfigierten Derivaten die Grundform ausschlaggebend für die Sprachzeichenklasse, das Genus und den Deklinationstyp des ganzen Derivats. Präfigierte Nomina haben deshalb immer eine nominale Grundform. Neben morphematisierten Lexemen können als Präfixe von Nomina auch Morpheme auftreten, die in anderer kontextueller Nachbarschaft als Präpositionen (*der Nachtisch*), als Negations-Morpheme (*ein Nichtraucher*) oder als Adverb-Morpheme (*die Außentemperatur*) fungieren, ferner eine Reihe von Morphemen, die ausschließlich als Präfixe gebraucht werden (*Unsinn*). Der Wortakzent liegt bei Präfix-Nomina immer auf dem Präfix (zum Beispiel: *Auftakt* [ˊ –]). Beginnt die Grundform mit einem Vokal, so wird in der gesprochenen Sprache in der Regel ein Glottisschlag (»Knacklaut«) vorgeschaltet (*Verordnung* [fɛɐ̯ˀɔrtnʊŋ]).

Derivate, die durch Präfigierung eines Simplex-Nomens entstanden sind, können in ihrer Struktur Suffixableitungen oder Konversionen gleichen, deren Grundform bereits ein komplexes Sprachzeichen (präfigiertes Adjektiv oder zweiteiliges Verb mit einem morphematischen Nachverb) ist. Welches dieser Wortbildungsverfahren dem komplexen Nomen sprachgeschichtlich zugrundeliegt, ist ohne etymologisches Wissen auf den ersten Blick oft nicht zu entscheiden. Eindeutig auf Präfigierung gehen Präfix-Nomina zurück, deren nominale Grundform nicht ihrerseits aus dem Lexem einer anderen Sprachzeichenklasse abgeleitet ist. Existiert dagegen zu einem Präfix-Nomen ein entsprechendes zweiteiliges Verb, dann handelt es sich eher um ein komplexes Nomen, das durch Konversion aus diesem abgeleitet ist:

PRÄFIGIERUNG EINES SIMPLEX-NOMENS	KONVERSION ODER SUFFIGIERUNG EINES ZWEITEILIGEN VERBS
das Vorwort	*ein ausgezeichneter Vortrag (trage – vor)*
kein Nachruhm	*ein kurzer Nachtrag (trage – nach)*
ein weites Umfeld	*ein gewaltiger Umbruch (breche – um)*

Da bei der Präfix-Ableitung des Nomens immer das Präfix den Akzent des Wortes erhält, sind komplexe Nomina mit nicht betontem Präfix hingegen auf ein präfigiertes Verb als Grundform zurückzuführen:

/das <u>Betreten</u> des Rasens ist nicht gestattet/ (vgl. das Verb *betrete*)

/das <u>Verlassen</u> der Wege schadet der Umwelt/ (vgl. das Verb *verlasse*)

/wir danken für Ihre <u>Unterstützung</u>/ (vgl. das Verb *unterstütze*)

Eine Ausnahme gibt es allerdings von dieser Regel. Es handelt sich dabei um das unbetonte Präfix *ge-*, das in einigen Bildungen auch in Form einer Präfix-Suffix-Kombination (»Zirkumfix«) *ge–e* auftritt. Es gibt zahlreiche Bildungen mit diesem Präfix, von denen ein Großteil allerdings demotiviert ist. Von einer nominalen Grundform kann *ge-* oder *ge–e* Kollektivbezeichnungen ableiten, die nur im Singular vorkommen und eine nicht-strukturierte Menge von Elementen bezeichnen. Diese Präfix-Nomina haben als Genus immer das Neutrum. Präfigierung oder Zirkumfigierung eines Nomens mit *ge–(e)* ist ein heute nicht mehr produktives Wortbildungsverfahren:

ein massives Gebirge	*ein kleineres Gehölz*
kalkhaltiges Gestein	*im Gebüsch*
im flachen Gelände	*alles fliegende Getier*

Nur im Genusneutral / Plural gibt es die Nomina *Geschwister* und *Gezeiten.*

Ge–(e) ist auch das einzige Nominal-Präfix, bei dem die Präfigierung mit einem Wortartwechsel der Grundform verbunden sein kann. Auf diese Weise können von Simplex-Verben Präfix-Nomina zum Ausdruck von Handlungen abgeleitet werden. Das Wortbildungsmorphem *ge–(e)* zeigt dabei gegenüber dem nominalisierten Infinitiv an, daß diese Handlung häufig, unter Umständen sogar in einem nicht mehr normgerechten Maß wiederholt wird. Aus dieser Normabweichung resultiert die bei *ge*-Nomina häufige leicht pejorative Note. Zum Vergleich:

NOMINALISIERTER INFINITIV	PRÄFIGIERUNG MIT *ge-*
ein heiseres Bellen	*lautes Hundegebell*
ein kurzes Zappeln	*dein dauerndes Gezappel*
ein lautes Brüllen	*dieses ewige Gebrüll(e)*
sein Tun und Lassen	*sein affektiertes Getue*

Wie der nominalisierte Infinitiv haben auch diese deverbalen Ableitungen auf *ge–(e)* als Genus das Neutrum. Spontanbildungen sind hier ohne weiteres möglich (zum Beispiel: *das Gefaxe,* zu dem Verb *faxe*).

Die Präfixe des Nomens lassen sich einteilen in die Subklassen der Negationspräfixe (9.1.3.1.1), Steigerungs- und Minderungspräfixe (9.1.3.1.2) und der Präfixe der Orientierung (9.1.3.1.3). Diese Subklassen setzen sich in erster Linie aus elementaren Adverb-Morphemen und Präpositionen zusammen.

9.1.3.1.1 Negationspräfixe

Die wichtigsten Negationspräfixe beim Nomen sind *nicht-, un-, miß-, fehl-* und *schein-*. Dazu kommen die entlehnten Präfixe *non-, in-, dis-* und *des-*, die sich nur mit einer gleichfalls entlehnten Grundform verbinden. Die einzelnen Negationspräfixe unterscheiden sich zum Teil in ihrer Bedeutung um Nuancen voneinander; sie haben aber alle eine Grundbedeutung, die in dem Merkmal ⟨EINSPRUCH⟩ zum Ausdruck kommt (vgl. 8.2.2).

(1) Das Negationspräfix *nicht-*

Das Negationspräfix *nicht-* kann sich mit Nomina, Adjektiven und Verben verbinden. Es signalisiert für die nachfolgende Grundform einen Erwartungsstopp ohne jede weitere wertende Bedeutungsnuance. Es weist den Hörer an, die Bedeutung der Grundform außer Geltung zu setzen und die richtige Bedeutung in einer anderen semantischen Richtung zu suchen. Als wertneutrale Form eignet sich das Negationspräfix *nicht-* besonders gut zum Aufbau binärer Oppositionsreihen und findet sich deshalb auch vorzugsweise in fachsprachlichen, vor allem verwaltungssprachlichen Texten mit objektiven und nicht bewertenden Klassifizierungen. Das Präfix *nicht-* kann sich dabei sowohl mit deverbalen abstrakten Gattungsnamen als auch mit Personen- und Sachbezeichnungen als Grundformen verbinden:

/bei Nichtgefallen Geld zurück!/

/Eintritt für Mitglieder DM 2,–, für Nichtmitglieder DM 4,–/

/Sein oder Nichtsein, das ist die Frage/

/Nichtzutreffendes bitte streichen/

/Raucherabteil oder Nichtraucherabteil?/

/in der Chemie teilt man Stoffe in Halbleiter und Nichtleiter ein/

Mit dem Negationsmorphem für sächliche Handlungsrollen *nichts* werden die beiden komplexen Lexeme *der Nichtstuer* und *der Nichtsnutz* gebildet, die zwar der Bildungsweise nach keine Präfigierungen eines Simplex-Nomens, sondern Zusammenrückungen sind (vgl. 9.1.2.1.1), die aber mit Negationspräfixen das Merkmal ⟨EINSPRUCH⟩ teilen. *Nicht-* ist ein sehr produktives Negationspräfix, mit dem auch spontan komplexe Nomina gebildet werden können (etwa: *der Nicht-Milchtrinker*).

(2) Das Negationspräfix *un-*

Un- ist das frequenteste deutsche Negationspräfix. Es kann sich allerdings nur mit Nomina und Adjektiven, nicht mit Verben verbinden. Ebenso wie mit dem Präfix *nicht-* wird der Hörer auch mit dem Präfix *un-* angewiesen, die Bedeutung der Grundform im Text außer Geltung zu setzen. Über den reinen Erwartungsstopp hinaus kann *un-* aber auch eine wertende Komponente zum Ausdruck bringen: Der Hörer wird angewiesen, für den bezeichneten Sachverhalt die unerwünschte Abweichung von einer anerkannten Norm abzuweisen. So kann auch ein sonst wertneutrales Nomen (wie etwa *Mensch, Tat, Wetter, Kraut*) durch die Präfixbildung mit *un-* in einen abwertenden Zusammenhang gestellt werden:

ein wahrer Unmensch | *ein schreckliches Unwetter*
eine entsetzliche Untat | *Unkraut vergeht nicht*

In der Verbindung mit Mengenbezeichnungen signalisiert das Präfix *un-* dem Hörer, daß die Quantität des gemessenen Gegenstands über ein erwartbares Normalmaß hinausgeht. Solche Präfixformen haben Ähnlichkeit mit Steigerungsbildungen, wobei letztere allerdings oft einem eher umgangssprachlichen Register angehören. Zum Vergleich:

PRÄFIX *un-*	STEIGERUNGSPRÄFIXE
/es war eine Unmenge von Leuten gekommen/	*/eine Mordsmenge Leute war(en) da/*
/eine Unzahl von Autos versperrte die Anfahrtswege/	*/eine Riesenzahl von Autos stand herum/*
/Unmassen von Flugblättern wurden verteilt/	*/sie haben wahre Rekordmassen von Flugblättern verteilt/*
/für die Organisation wurden Unsummen ausgegeben/	*/Mammutsummen muß das gekostet haben!/*

Verbindet sich das Präfix *un-* mit einer Grundform, die ihrerseits einen üblicherweise positiv oder negativ bewerteten Sachverhalt bezeichnet, so bewirkt diese Ableitung für die Bewertung eine »Umkehrung der Vorzeichen«. Die Änderung von einem negativ zu einem positiv bewerteten Nomen ist dabei allerdings seltener als die umgekehrte Erscheinung. Man findet diesen Sprachgebrauch besonders oft in Sprichwörtern und Redensarten:

POSITIV → NEGATIV	NEGATIV → POSITIV
/des einen Unglück ist des anderen Glück/	*/besser zehn Schuldige freisprechen als einen Unschuldigen verurteilen/*
/Einigkeit vermehrt, Uneinigkeit verzehrt/	*/Uneigennützigkeit gilt als eine der größten Tugenden/*

(3) Das Negationspräfix *miß-*

Als einziges Negationspräfix tritt *miß-* nicht nur im nominalen und adjektivischen Bereich auf, sondern verbindet sich auch mit Verben. Wie *un-* kommt auch *miß-* ausschließlich als Präfix vor und erhält fast immer den Wortakzent. Der mit diesem Negationspräfix ausgedrückte Erwartungsstopp bezieht sich auf eine für die Grundform als mehr oder minder

»normal« geltende Bedeutung, von der im Text nach unten hin abgewichen wird:

/Erfolg verbindet, Mißerfolg trennt/

/das muß ein Mißverständnis sein/

/auf einmal macht sich eine drückende Mißstimmung breit/

/manchmal schleichen sich deutliche Mißtöne in die Freundschaft ein/

(4) Das Negationspräfix *fehl-*

Das Negationspräfix *fehl-* verbindet sich meistens mit Nomina und nur selten mit Adjektiven. Bei Verben tritt *fehl-* nicht als Präfix, sondern nur als Nachverb auf (*gehe – fehl*), zum Teil beschränkt auf die Inversionsstellung der infiniten Verbformen (*man kann – fehlinterpretieren, es wurde – fehlinterpretiert*). Wie *miß-* und *un-* bezeichnet auch das Präfix *fehl-* die deutliche Verletzung einer anerkannten Norm:

/dieser leidenschaftslose Schauspieler war als Tasso eine Fehlbesetzung/

/auch die musikalischen Intermezzi waren ein Fehlgriff des Regisseurs/

(5) Entlehnte Negationspräfixe

Entlehnte, in der deutschen Sprache nicht einheimische Negationspräfixe werden dazu verwendet, bei einem entlehnten Lexem einen partiellen Erwartungsstopp zu signalisieren. Das wichtigste Negationspräfix dieser Art ist *in-*, ferner die Präfixe *non-*, *dis-* und *des-*. Sie treten in erster Linie bei Adjektiven und Nomina auf. Beispiele:

/die Inkompetenz des neuen Abteilungsleiters ist beispiellos/

/am Arbeitsklima in seiner Abteilung zeigt der Mann nur Desinteresse/

/in seiner Abteilung hat er ein Klima der Disharmonie geschaffen/

Vor *-r*, *-l* und *-p* tritt das Negationspräfix *in-* mit den Varianten *ir-*, *il-* und *im-* auf (vgl. *Irrealität, Illegalität, Improvisation*).

(6) Wertende Negationspräfixe

Mit dem Gebrauch von Negationspräfixen und Halbpräfixen wie *schein-*, *beinahe-*, *möchtegern-*, *pseudo-* oder *quasi-* verbindet der Sprecher meistens eine kritische Wertung. Diese Präfixe eignen sich besonders gut für Spontanbildungen:

/dieses Ergebnis läßt sich allenfalls als eine Beinahelösung bezeichnen/

/da stellt sich manchmal ein Quasi-Automatismus ein/

/das sind doch alles nur Scheinargumente!/

/mit dieser Pseudo-Logik kann man einem so komplexen Thema nie gerecht werden/

/solche Möchtegernwissenschaftler richten oft den größten Schaden an/

Anders als bei den reinen Negationspräfixen sind hier auch Kombinationen von einheimischen und entlehnten Sprachzeichen möglich.

9.1.3.1.2 Steigerungs- und Minderungspräfixe

Mit Hilfe von Steigerungs- und Minderungspräfixen kann ein Sprecher bei einem Nomen ähnlich wie mit der Superlativ-Form eines Adjektivs einen impliziten Vergleich ohne ausdrückliche Nennung des Vergleichsstandards zum Ausdruck bringen. Durch einen solchen Vergleich kann der Sprecher Erwartungen des Hörers hinsichtlich der Qualität einer Sache nach oben oder nach unten hin korrigieren. Während für die Unterbietung der Erwartung im Deutschen solche Minderungssuffixe wie *-chen* oder *-lein* eine wichtige Rolle spielen, kann die Steigerung beim Nomen nur mittels Präfigierung ausgedrückt werden. Steigerungsbildungen sind besonders in spontaner Rede beliebt und weisen oft einen hohen Gefühlsgehalt auf. Die Steigerungspräfixe bilden daher auch kein fest abgrenzbares Paradigma: sie sind Halbpräfixe und bestehen vielfach aus morphematisierten Nomina, die in Verbindung mit der Grundform Konnotationen aufweisen, von denen die eigentliche lexikalische Bedeutung deutlich überlagert wird. Viele Steigerungsbildungen sind deshalb vorwiegend auf ein umgangssprachliches Register beschränkt:

/eine Affenhitze (oder: *eine Bullenhitze) ist das heute wieder!/* [´ - ´ -]

/ich hab' einen Mordsdurst [´ ´] (oder: *einen Wahnsinnsdurst*)! /

/das war eine Bombenstimmung (oder: *eine Superstimmung*) *neulich auf der Party!/* [´ - ´ -]

/und ein Höllenlärm obendrein: haben sich die Nachbarn nicht beschwert?/ [´ - ´]

Charakteristisch für Bildungen dieser Art ist auch, wie bei den Beispielen angezeigt, der Doppelakzent. Sehr gebräuchlich und daher auch nicht im gleichen Maße stilistisch beschränkt sind ferner die Steigerungspräfixe *Riesen-* und *Spitzen-*:

/der neue HX 10 verspricht ein Spitzengeschäft zu werden!/

/da braut sich aber ein Riesenskandal bei der Konkurrenz zusammen!/

Auch die Steigerungspräfixe *Haupt-*, *Grund-*, *Kern-* und *Erz-* zeigen keine Beschränkung auf ein umgangssprachliches Register. Mit ihrer Hilfe kann aus einer normalen Vergleichsmenge ein Element als besonders bedeutend hervorgehoben werden:

/das Grundproblem bei dieser Konstruktion liegt in der hohen Belastung des Achslagers/

/der Kerngedanke war, daß man die entstehende Reibungsenergie wieder als Nutzenergie rückführt/

/die Hauptdüse darf nicht den gleichen Durchmesser wie die anderen Düsen aufweisen/

/die Korrosion ist hier sozusagen unser Erzfeind/

Die Korrektur einer Erwartung nach unten wird hingegen nur selten durch Präfixe ausgedrückt. Es gibt aber die entlehnten Präfixe *Mini-* und (seltener) *Mikro-*:

/ich fahre ein Mini-Auto mit Mini-Benzinverbrauch/

/ich habe hier einen Mikro-Kopierer/

Abwertende Schimpfwörter holen sich ihre Bestimmungsformen vorzugsweise aus der Fäkalsprache:

/warum klemmt denn dieser Mistkühlschrank schon wieder?/

/dauernd fällt dieser Scheißgriff runter!/

/so ein verdammtes Sauwetter heute!/

9.1.3.1.3 Präfixe der Orientierung

Präfixe der Orientierung dienen dazu, die Bedeutung der nominalen Grundform in irgendeinen Orientierungsrahmen einzuordnen. Dieser Orientierungsrahmen kann sich auf Verhältnisse des Raums, der Zeit, des Handlungszusammenhangs oder auf die Konventionen einer Norm oder hierarchischen Ordnung beziehen. Die Subklasse der orientierenden Präfixe setzt sich zusammen aus Morphemen, die in anderer Kontextumgebung als Präpositionen (*der Umweg*), als morphematische Adverbien (*die Außenwelt*) oder als Adjektive mit elementarer räumlicher Bedeutung (*die Oberfläche*) fungieren.

Die wichtigsten produktiven Nominalpräfixe einheimischer Herkunft sind: *vor-, nach-, vorder-, hinter-, über-, ober-, unter-, neben-, zwischen-, innen-, außen-, mit-, bei-, rück-, ur-, gegen-* und *wider-*. Wesentlich seltener sind beim Nomen *an-, ab-, auf-, aus-* und *zu-*. Lehnpräfixe sind: *prä-, post-, inter-, ad-, trans-, sub-, super-, supra-, extra-, intra-, vize-, ko- (kon-)* und *kontra-*. Die Präfixe tragen hier den Wortakzent: *Zwischenraum* [´ – –], *Extrablatt* [´ – –].

(1) Einordnung in einen räumlichen Rahmen

Die Einordnung eines Sachverhalts in einen räumlichen Rahmen der Position, Dimension oder Direktion leisten insbesondere die folgenden Nominalpräfixe, die einander oft in Oppositionspaaren gegenüberstehen:

Inland / Ausland	*Vorderhaus / Hinterhaus*
Hinflug / Rückflug	*Einzug / Auszug*
Aufwind / Abwind	*Oberfranken/Unterfranken*

In den meisten Fällen entspricht die Determinationsbeziehung zwischen Präfix und nominaler Grundform der von Nominalkomposita mit einer adjektivischen Bestimmungsform (vgl. 9.1.2.2.2). Das Merkmal des Präfixes wird also wie bei einer attributiven Beziehung der Bedeutung der nominalen Grundform zugewiesen, so daß sich beispielsweise für ein präfigiertes Nomen wie *das Umfeld* eine Bedeutungsbeziehung wie bei der Attribution *das umgebende Feld* ergibt.

(2) Einordnung in einen zeitlichen Rahmen

Zur Einordnung eines Sachverhalts in einen zeitlichen Rahmen dienen in erster Linie die Nominalpräfixe *vor-, nach-* und *zwischen-*:

nur ein Vorspiel	*ein böses Nachspiel*	*ein kleines Zwischenspiel*
einige Vorbemerkungen	*eine letzte Nachbemerkung*	*eine kurze Zwischenbemerkung*

Vereinzelt dienen auch die Präfixe *an-, aus-, auf-* und *ab-* zur Kennzeichnung eines Sachverhalts nach Anfang oder Ende:

im Anlaut	*ein stürmischer Auftakt*
im Auslaut	*beim Abpfiff*

Diese Präfixe sind allerdings im Bereich des Nomens kaum produktiv. Den Erstbeginn eines Ereignisses kann auch das Präfix *ur-* signalisieren (*Uraufführung, Urerlebnis*).

An Lehnpräfixen sind in dieser Gruppe insbesondere *prä-* und *post-* zu nennen:

eine Prädestination	*die Postmoderne*
ein Präludium	*das Postskriptum*

(3) Einordnung in einen Rahmen der Normativität

Der Rahmen der Normativität wird hier in erster Linie durch das Oppositionspaar *über-* und *unter-* konstituiert. Diese Präfixe bringen zum Ausdruck, daß ein Sachverhalt von einem als Norm geltenden Grad quantitativ nach oben oder unten hin abweicht:

starkes Übergewicht	*leichtes Untergewicht*
der Überdruck	*der Unterdruck*
leichte Übertemperatur	*leichte Untertemperatur*
die Überfunktion	*die Unterfunktion*

Negative Normabweichung wird in einigen Präfixnomina mit dem heute im Nominalbereich nicht mehr produktiven Präfix *ab-* signalisiert:

eine Abart des Schilfs	*ein wahrer Abgott*

Normneutrale Bedeutung hat hier das Lehnpräfix *extra-*, zum Beispiel: *Extravorstellung, Extraleistung.*

(4) Einordnung in einen hierarchischen Rahmen

Präfigierte Nomina mit den Präfixen *ober-* und *unter-* können auf eine Rangordnung verweisen, in die man einen durch die nominale Grundform bezeichneten Sachverhalt eingliedert. Besonders häufig finden sich solche Bildungen bei den Berufsbezeichnungen, wobei dann auf eine gesellschaftliche Hierarchie Bezug genommen wird. Beispiele:

ein Oberabschnitt	*ein Unterabschnitt*
der Oberbegriff	*ein Unterbegriff*
der Oberarzt	*unser Untermieter*
der Oberkellner	*der Unteroffizier*

Entsprechende Lehnpräfixe sind *sub-* und die seltener vorkommenden Formen *super-* und *vize-*:

ein Substandard	*das Subproletariat*
eine Subklasse	*der Superintendent*
die Subkultur	*der Vizekanzler*

(5) Einordnung in einen Handlungsrahmen

Mit Hilfe des Nominalpräfixes *mit-* wird das Handeln einer Person in einen Rahmen von Handlungen anderer Personen eingeordnet. Als nominale Grundform erscheinen deshalb in komplexen Nomina mit diesem Präfix vorzugsweise Personenbezeichnungen oder abstrakte Handlungsnomina:

unsere Mitschüler	*ein Mitbewerber*
die Mitmenschen	*die Miterben*
tatkräftige Mithilfe	*tiefe Mitschuld*
heftiges Mitleid	*tiefes Mitgefühl*

Auch durch die Nominalpräfixe *gegen-* und *wider-* kann eine solche Einordnung in einen Handlungsrahmen signalisiert werden, nun allerdings, anders als bei dem Nominalpräfix *mit-*, eine in bezug auf den Rahmen ablehnende »Gegenhandlung«.

das Gegenteil	*ein bemerkenswerter Gegenvorschlag*
der Gegenkandidat	*die erzwungene Gegendarstellung*
die Gegenreformation	*Gegenmaßnahmen*

Als echtes Nominalpräfix tritt *wider-* wesentlich seltener auf als in präfigierten Verben oder Adjektiven:

ohne Widerrede	*nur mit Widerwillen*
eine Angel mit Widerhaken	*beim Widerschein der Lampe*

Entsprechende Lehnpräfixe, die eine Einordnung in einen Handlungsrahmen signalisieren, sind *ko-* (mit den Varianten *kon-, kol-* und *kom-*), *konter-, kontra-* und *anti-*:

echte Kooperation	*die Konterrevolution*
unser Konfrater	*eine Konterattacke*
die Kollaborateure	*Kontrapositionen*
reiner Konformismus	*Kontraindikationen*
das Prinzip der Koedukation	*ein Antialkoholiker*
die einzelnen Konstituenten	*der Antikolonialismus*

9.1.3.2 Suffix-Derivation

Neben Präfixen stehen auch Suffixe im Dienste der nominalen Wortbildung. Durch Ableitung mit einem morphematischen Suffix werden Lexeme verschiedener Sprachzeichenklassen in die Sprachzeichenklasse des Nomens überführt. In erster Linie werden durch Suffigierung Verben und Adjektive nominalisiert; Suffigierung von Nomina ohne Wechsel der Sprachzeichenklasse ist demgegenüber seltener.

Der Wortakzent liegt bei Bildungen mit einheimischen Suffixen meistens auf der Grundform, zum Beispiel: *Gleichgültigkeit* [´ - - -], bei solchen mit Lehnsuffixen auf dem Suffix, zum Beispiel: *Differenz* [- - ´].

Die Determinationsbeziehung zwischen einer Grundform und einem Suffix ist von besonderer Art:

L i e f e r u n g

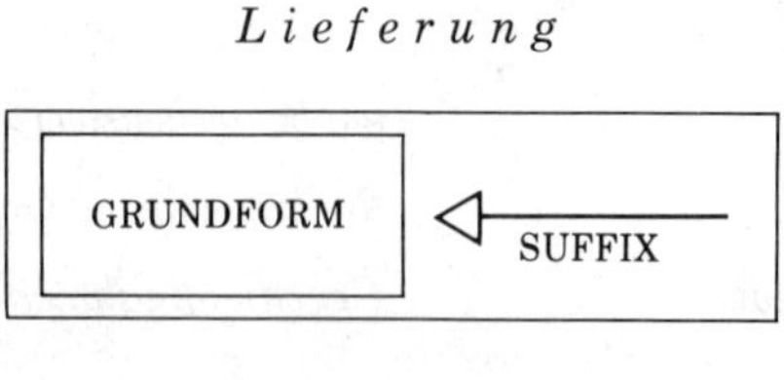

Die Determination ist hier in gewisser Weise wechselseitig. Für die syntaktische Determination ist zwar, ebenso wie bei Nominalkomposita und präfigierten Nomina, auch bei suffigierten Nomina das zweite Element ausschlaggebend; denn das Suffix (hier: *-ung*) bestimmt die Sprachzeichenklasse, das Genus und die Flexionsklasse des ganzen Nomens. Neben dieser rein syntaktischen Determination leistet das Suffix auch eine (grobe) semantische Determination hinsichtlich der Klassenbedeutung des suffigierten Nomens. In einem komplexen Nomen signalisiert das Suffix nämlich in der Regel, unterstützt vom Kontext, ob das Nomen ein abstrakter Gattungsname ist wie *Lieferung*, eine Personenbezeichnung wie *Liebling*, eine Kollektivbezeichnung wie *Nachbarschaft* oder ob es irgendeiner anderen Bedeutungsklasse angehört.

Die eigentliche lexikalische Bedeutung wird demgegenüber von der (vorangestellten) Grundform in das komplexe Nomen eingebracht. Diese Grundform kann eine Simplexform sein (*Gesundheit*), ein Kompositum (*Kurzsichtigkeit*) oder selber schon eine Ableitung (*Erholung*).

Im Unterschied zu Grundformen von Komposita können die meisten Suffixe nicht frei als Wörter im Text vorkommen, sondern nur in Verbindung mit einem vorangestellten Lexem. Zwischen Komposition und Suffigierung besteht jedoch insofern eine unscharfe Grenze, als Lexeme, die auch als selbständige Wörter vorkommen können, im Verband eines komplexen Nomens eine eher reduziert-morphematische Bedeutung annehmen und dadurch Suffixcharakter erhalten können (»Halbsuffixe«):

LEXEMATISCHER GEBRAUCH EINES NOMENS	MORPHEMATISCHER GEBRAUCH EINES NOMENS
ihr angenehmes Wesen	*das Gesundheitswesen*
ein interessantes Werk	*dichtes Laubwerk*
sein ganzes Hab und Gut	*ein wichtiges Gebrauchsgut*

Durch Demotivierung kann sich die Bedeutung des suffigierten Nomens von der Bedeutung der Grundform entfernen, so daß Grundform und Ableitung heute nur noch morphologisch, nicht aber semantisch aufeinander bezogen werden können. Die Bedeutungsbeziehung zwischen Grundform und Suffix kann in diesen Fällen nicht auf Neubildungen übertragen werden. Demotivierte Ableitungen sind zum Beispiel:

der verregnete Frühling	*eine unangenehme Eigenschaft*
der kleine Däumling	*keine Barschaft*

Die Suffixbildungen der deutschen Gegenwartssprache sind nach der Produktivität des Suffixes auf einer semantischen Skala graduierbar. Nicht mehr produktiv sind Suffixe, deren Morphemcharakter für Sprecher des heutigen Deutsch fast nicht mehr erkennbar ist, wie etwa in den Ausdrücken *sein Schicksal, ein großes Rätsel, undurchdringliches Dickicht.* Schwach produktiv sind solche Suffixe, die zwar in vielen komplexen Nomina des Lexikons auftreten, aber kaum noch neue Ableitungen nach dem gleichen Wortbildungstyp bilden, wie etwa die Suffixe *-e* in *Suche, -nis* in *Vermächtnis* und *-ei* in *Bäckerei.* Als voll produktiv werden diejenigen Suffixe bezeichnet, die auch bei Neubildungen verwendet werden können, wie etwa *-er* in *Lerner, -keit* in *Lesbarkeit* oder *-ung* in *Verlangsamung.*

Die verschiedenen Nominalsuffixe lassen sich in einheimische Suffixe (9.1.3.2.1) und Lehnsuffixe (9.1.3.2.2) einteilen.

9.1.3.2.1 Einheimische Suffixe

In der Regel gilt, daß einheimische Lexeme mit einheimischen Suffixen (*Maler*), entlehnte Lexeme mit Lehnsuffixen (*Parfümerie*) verbunden werden. Abweichungen von dieser Grundregel treten meist nur in einer Richtung auf: Lehnwörter, die in der deutschen Sprache fest eingebürgert sind, können ein einheimisches Suffix (*Philosophiererei*) annehmen. Da mitunter innerhalb einer Bedeutungsklasse mehrere Suffixe miteinander konkurrieren, lassen sich jedoch nur begrenzt Regularitäten für die Affinitäten zwischen den Grundformen einer bestimmten Sprachzeichenklasse und bestimmten Suffixen angeben.

Die einheimischen Suffixe werden im folgenden nach ihren heutigen Ableitungszentren unterschieden. Sie haben ein deverbales Ableitungszentrum (9.1.3.2.1.1), wenn sie vorwiegend Nomina von Verben ableiten, ein deadjektivisches Ableitungszentrum (9.1.3.2.1.2), wenn durch Suffixe Adjektive nominalisiert werden, und ein denominales Ableitungszentrum (9.1.3.2.1.3), wenn sie Nomina suffigieren.

9.1.3.2.1.1 Suffixe mit deverbalem Ableitungszentrum

Am häufigsten dienen Nominalsuffixe dazu, Nomina aus Verben abzuleiten. Es entsteht dann ein deverbales Nomen. Dieser Wechsel der Sprachzeichenklasse ermöglicht es, die mit einem Verb bezeichneten Vorgänge oder Handlungen im Text so auszudrücken, daß die lexikalische Information des Verbs in den Vordergrund gerückt wird, während alle sonstigen Merkmale eines finiten Verbs - Gesprächsrolle, Numerus und Tempus-Register - wegfallen. Da diese deverbalen Nomina in sehr enger Beziehung zu »verbalen« Inhalten stehen, werden sie auch Handlungs-Nomina (»nomina actionis«) genannt.

Das folgende Beispiel stammt aus einem »Merkblatt für Patentanmelder«, das Anweisungen für die sprachliche Gestaltung von Patentanträgen gibt.

> *Technische Begriffe und Bezeichnungen sowie Bezugszeichen sind in der gesamten Anmeldung einheitlich zu verwenden, es sei denn die Verwendung verschiedener Ausdrücke ist sachdienlich.*[1]

Das Beispiel illustriert den textuellen Übergang von einer komplexen Verbform (hier Modal-Passiv: *sind - zu verwenden*) zu einem abstrakten Gattungsnamen (*die Verwendung*), durch den die mit dem Verb bezeichnete Handlung im Text kompakt wiederaufgenommen wird.

Wir besprechen im folgenden die wichtigsten der deverbalen Nominalsuffixe:

(1) Das Suffix *-ung*

Das Suffix *-ung* ist eines der produktivsten Nominalsuffixe der deutschen Gegenwartssprache. Es leitet feminine Nomina von Verben ab (*störe* → *die Störung*). Weit häufiger als von Simplexverben ist jedoch die Ableitung von präfigierten (*benutze* → *die Benutzung*) oder zweiteiligen Verben (*kläre - auf* → *die Aufklärung*). Unter den letzteren sind es vor allem die transitiven Verben, die mit Hilfe dieses Suffixes nominalisiert werden. Dabei können die Nomina, die im Umfeld des Verbs die Handlungsrollen Subjekt und Objekt besetzen, im Determinationsbereich des deverbalen Nomens für beide Handlungsrollen als Genitiv-Adjunkte auftreten. Da der Genitiv lediglich einen nicht näher spezifizierten Referenz-Zusammenhang signalisiert (vgl. 7.2.2), kann der Hörer nur mit Hilfe des Kontextes entscheiden, welcher Valenz im verbalen Umfeld das Genitiv-Adjunkt entspricht. Zum Vergleich:

---

1) Münchner Patentamt: *Merkblatt für Patentanmelder,* München 1981.

UMFELD DES VERBS: SUBJEKT-OBJEKT-VALENZ	UMFELD DES NOMENS: DER GENITIV ENTSPRICHT DEM SUBJEKT	UMFELD DES NOMENS: DER GENITIV ENTSPRICHT DEM OBJEKT
/das Gerät strahlt Wärme aus/	*/die Ausstrahlung des Geräts kann mit einem Zentesimalthermometer gemessen werden/*	*/die Ausstrahlung von Wärme sollte durch geeignete Isolierung verhindert werden/*
/der Kunde hat die Mängel am Gerät beanstandet/	*/die Beanstandung des Kunden kann unangenehme Konsequenzen haben/*	*/die Beanstandung der Mängel soll so schnell wie möglich bearbeitet werden/*

Sollen beide Handlungsrollen zugleich in den Determinationsbereich des deverbalen Nomens übernommen werden, so entspricht dem Subjekt des Verbs beim deverbalen Nomen ein Adjunkt mit der Präposition *durch,* dem Objekt des Verbs weiterhin ein Genitiv-Adjunkt: *die Beanstandung der Mängel durch den Kunden.*

Auch wenn intransitive Verben nominalisiert werden, kann die Handlungsrolle des Subjekts beim Nomen als Genitiv-Adjunkt erscheinen. Applikative Präpositional-Adjunkte eines Verbs lassen sich beim Nomen als Präpositional-Attribute mit der gleichen Präposition realisieren. Zum Vergleich:

VERBALER AUSDRUCK	NOMINALER AUSDRUCK
/das Rote Kreuz bemüht sich um die durch den Erdrutsch eingeschlossenen Bewohner des Tals/	*/die Bemühungen des Roten Kreuzes um die Bewohner des unzugänglichen Tals werden durch Spenden unterstützt/*
/die Bevölkerung konnte ausreichend mit Nahrungsmitteln versorgt werden/	*/die Versorgung der Bevölkerung mit Nahrungsmitteln konnte garantiert werden/*
/ein Rettungshubschrauber landete auf dem schmalen Gebirgsplateau/	*/die Landung des Rettungshubschraubers auf dem schmalen Gebirgsplateau ist gelungen/*

Die Handlungsrollen des Subjekts und des Objekts – nicht aber die des Partners – können ferner nominalisiert als Bestimmungsformen eines Kompositums erscheinen, dessen Grundform die Ableitung auf *-ung* ist. Durch eine solche Kombination der Wortbildungsverfahren Derivation und Komposition kann die lexikalische Information eines mehrgliedrigen verbalen Ausdrucks in einem komplexen Nomen komprimiert werden. Zum Vergleich:

VERBALER AUSDRUCK	NOMINALER AUSDRUCK
/Abgase verschmutzen die Luft immer mehr/	*/der zunehmenden Luftverschmutzung muß entgegengewirkt werden/*
/Schadstoffe verschiedener Art belasten heute weltweit unsere Flüsse/	*/die Schadstoffbelastung unserer Flüsse wird immer bedenklicher/*
/man sollte den Industriemüll umweltschonend beseitigen/	*/die Industriemüllbeseitigung ist noch immer ein ungelöstes Problem/*

Deverbale Nomina mit dem Suffix *-ung* sind hinsichtlich ihrer Klassenbedeutung zum überwiegenden Teil abstrakte Gattungsnamen, die dem nominalen Ausdruck von Handlungen dienen (»Verbalabstrakta«, »nomina actionis«):

/die Bedienung des Geräts ist nicht schwer zu erlernen/

/wir setzen uns für die Vertretung unserer Interessen ein/

Sie können aber auch – demotiviert – konkrete Gegenstände oder Institutionen (im Grenzfall: Einzelpersonen) bezeichnen:

GEGENSTÄNDE	INSTITUTIONEN/PERSONEN
eine schöne Zeichnung	*die neue Regierung*
die Briefmarkensammlung	*die Leitung der Firma*
eine renovierte Wohnung	*die Gemeindeversammlung*
die neue Heizung	*eine Urlaubsvertretung*

(2) Das Suffix *-er*

Ähnlich häufig wie *-ung* wird auch das deverbale Suffix *-er* gebraucht. Es leitet maskuline Nomina von Verben ab. Bei einer Ableitung von starken Verben kann der Vokal des Verbstammes umgelautet oder abgelautet werden (*laufe → der Läufer, singe → der Sänger*).

Die deverbalen Ableitungen auf *-er* teilen sich auf in Personenbezeichnungen (»nomina agentis«) und Sachbezeichnungen. Mit Personenbezeichnungen auf *-er* wird einer Person eine Handlung, die durch die verbale Grundform bezeichnet wird, als charakteristische habituelle Tätigkeit zugeschrieben. Besonders häufig finden sich unter diesen Ableitungen deshalb auch Berufs- oder Rollenbezeichnungen:

ein geborener Lehrer	*willkommene Besucher*
ein surrealistischer Maler	*ein begeisterter Leser*
Dichter und Denker	*Sprecher und Hörer*
ein erfolgreicher Verleger	*Sender und Empfänger*

Man unterscheide die habituelle Bedeutung einer Ableitung auf *-er* von der okkasionellen Bedeutung eines Neutral-Partizips, die heute für Spontanbildungen bevorzugt wird:

HABITUELL: ABLEITUNG	OKKASIONELL: NEUTRAL-PARTIZIP
ein Leser	*ein Lesender*
die Lehrer	*die Lehrenden*

Nomina auf *-er* sind zum überwiegenden Teil lexikalisiert. Manchmal ist die deverbale Ableitung mit diesem Suffix aber auch heute noch produktiv; das zeigen etwa solche Neubildungen wie *der Lerner, der Macher* sowie *der Auf-, Ab-* und *Aussteiger,* die sich erst in jüngster Zeit verbreitet haben.

Einige Ableitungen auf *-er,* insbesondere solche von transitiven Verben, treten auch häufig als Grundformen von Komposita auf, deren Bestimmungsformen der Handlungsrolle des Objekts beim Verb entsprechen. Besonders produktiv und auch für Spontanbildungen geeignet ist dieser Wortbildungstyp bei elementaren Verben wie *gebe, nehme, mache, halte* und *schreibe* (*Arbeitgeber, Arbeitnehmer, Filmemacher, Fahrzeughalter, Stückeschreiber*). Komplexe Bildungen auf *-er* können auch mit einem Adjektiv zusammengesetzt sein (*Langschläfer, Schwerarbeiter, Wichtigtuer, Hellseher*).

Personenbezeichnungen auf *-er* werden gern als »generische« Nomina für beide Geschlechter verwendet und zwar sowohl im Singular (*der Käufer* = ›die Klasse der Käufer und Käuferinnen‹) als auch im Plural (*die Schriftsteller* = ›sämtliche männlichen und weiblichen Personen, die

Bücher schreiben‹). Heute wird allerdings vielfach vorgezogen, für die Bezeichnung von Frauen eigens die movierte Form mit dem Suffix *-in* (*die Leserin*) zu verwenden und gegebenenfalls die feminine und maskuline Form zu »splitten« (*meine Hörerinnen und Hörer; liebe Wähler und Wählerinnen*).

Neben Personenbezeichnungen werden deverbal mit dem Suffix *-er* auch Bezeichnungen für (technische) Gegenstände gebildet:

der Vergaser des Autos	*der Anlasser am Wagen*
ein moderner Regler	*der neue Fernseher*
der große Schraubenzieher	*der Hauptschalter*

Nicht mehr produktiv sind heute Ableitungen auf *-er* von intransitiven Verben, die menschliche Lautäußerungen bezeichnen:

ein schwerer Seufzer	*ein lauter Lacher*
ein unterdrückter Schluchzer	*ein kräftiger Nieser*

(3) Das Suffix *-ei/-erei*

Das (immer betonte) Suffix *-ei* mit der Variante *-erei* ist heute nicht mehr uneingeschränkt produktiv. Es dient vorwiegend der Nominalisierung von einteiligen oder zweiteiligen Verben; wesentlich seltener werden präfigierte Verben mit diesem Suffix abgeleitet. Die Derivate haben immer feminines Genus. Die Wahl der einen oder der anderen Variante richtet sich nach dem Auslaut der verbalen Grundform. Lautet diese auf *-er* oder *-el* aus, so wird das Nomen mit dem Suffix *-ei* gebildet (*Plauderei, Schmeicheleien*), in allen anderen Fällen mit der Variante *-erei* (*Vielschreiberei*).

Durch das Nominal-Suffix *-ei/-erei* wird signalisiert, daß eine nominal ausgedrückte Handlung wiederholt ausgeführt wird, wobei der Grad der Wiederholung oft ein normgerechtes Maß überschreitet. Daraus ergibt sich eine häufig pejorative Konnotation der Ableitungen auf *-ei/-erei:*

eine endlose Rennerei	*eine einzige Heuchelei*
die ewige Kopiererei im Büro	*reine Wichtigtuerei*

Ableitungen mit dem Suffix *-ei/-erei* können außer Handlungen und Handlungsresultaten auch den Ort bezeichnen, an dem eine berufliche Tätigkeit ausgeführt wird:

die Wäscherei um die Ecke	*eine kleine Bäckerei*
die neue Offset-Druckerei	*die Gärtnerei*
eine Leihbücherei	*eine Münchner Brauerei*

(4) Das Suffix *-e*

Dieses Suffix ist heute kaum noch produktiv. Es leitet feminine Nomina ab, und zwar von Simplexverben (*eine unglaubliche Hetze*), von präfigierten (*die Vergabe von Zimmern*) oder von zweiteiligen Verben (*eine überraschende Zusage*). Auch Funktionsverben mit dem Vorverb *nehme* werden mit diesem Suffix nominalisiert und dabei stark komprimiert (*die Inbetriebnahme*). Mit diesem Suffix werden sowohl abstrakte Gattungsnamen als auch Sachbezeichnungen gebildet:

ABSTRAKTE GATTUNGSNAMEN	SACHBEZEICHNUNGEN
eine langwierige Suche	*die Liege im Garten*
aufopfernde Pflege	*eine wackelige Stiege*
bis zur Selbstaufgabe	*eine schwere Schulaufgabe*
die Aufnahme in den Vorstand	*eine Momentaufnahme*

In der Gegenwartssprache nicht mehr produktiv ist das Suffix *-e* bei deadjektivischen Ableitungen. Die lexikalisierten Bildungen sind abstrakte Gattungsnamen, die sich zum Teil zu Sachbezeichnungen weiterentwickelt haben:

ABSTRAKTE GATTUNGSNAMEN	SACHBEZEICHNUNGEN
die Messung der Höhe	*eine dunkle Höhle*
unendliche Weite	*eine fruchtbare Ebene*
eine plötzliche Schwäche	*die Entwicklung von Säure*

(5) Das Suffix *-nis*

Mit dem Suffix *-nis* sind hauptsächlich von präfigierten Verben neutrale und feminine Nomina abgeleitet. Deverbal bildet *-nis* abstrakte Gattungsnamen, die einen Vorgang (*ein unvergeßliches Erlebnis*) oder einen Zustand (*ein gutes Verhältnis*) bezeichnen können. Wie bei anderen deverbalen Suffixbildungen sind auch hier mitunter Resultatsbezeichnungen (*seine ganzen Ersparnisse*) möglich. Manchmal werden auch Adjektive und Rück-Partizipien mit diesem Suffix nominalisiert, wodurch deadjektivisch sowohl abstrakte Gattungsnamen als auch Sachbezeichnungen zustande kommen:

ein großes Geheimnis	*erfüllt mit Bitternis*
tiefste Finsternis	*wie im Gefängnis*

Das Suffix *-nis* ist heute nicht mehr produktiv.

9.1.3.2.1.2 Suffixe mit deadjektivischem Ableitungszentrum

Ähnlich wie bei der Nominalisierung von Verben wird auch bei der Nominalisierung von Adjektiven von allen adjektivischen Funktionen abgesehen, so daß allein die lexikalische Information des Adjektivs in das Nomen eingeht. Das folgende Beispiel stammt aus einem »Merkblatt für Patentanmelder« des Münchner Patentamtes.

> *In einer Anmeldung darf nur eine Erfindung beschrieben werden (§ 35 Abs. 1 Satz 2 PatG); für untereinander nicht einheitliche Erfindungen sind deshalb mehrere Anmeldungen nötig. Die Einheitlichkeit einer Erfindung ist vor allem dann gegeben, wenn das zugrundeliegende Problem (Aufgabe) in sich einheitlich ist und alle ihre Merkmale zur Lösung notwendig oder geeignet sind.*[1]

Man sieht, wie in diesem Textstück das deadjektivische Nomen *Einheitlichkeit* kontextuell gestützt wird von seinen Herkunfts-Adjektiven in attributiver (*einheitlicher*) oder prädikativer Form (*einheitlich*).

Wir besprechen im folgenden die wichtigsten deadjektivischen Nominalsuffixe im einzelnen:

(1) Die Suffixe *-heit, -keit* und *-igkeit*

Die Suffixe *-heit, -keit* und *-igkeit* sind in der deutschen Gegenwartssprache bei weitem die produktivsten Suffixe aller Adjektiv-Ableitungen. Mit Ausnahme weniger lexikalisierter Minimalpaare (*Kleinheit* vs. *Kleinigkeit*) stellen diese drei Suffixe rein morphologische Varianten dar, deren Verteilung wie folgt geregelt ist: Rück-Partizipien und die meisten morphologisch einfachen – insbesondere einsilbigen – Adjektive werden mit

1) Münchner Patentamt: *Merkblatt für Patentanmelder,* München 1981.

dem Suffix *-heit* nominalisiert. Komplexe Adjektive, die schon von sich aus mit den Adjektiv-Suffixen *-ig, -lich, -sam* oder *-bar* suffigiert sind, verbinden sich bei der Nominalisierung mit *-keit.* Komplexe Adjektive auf *-haft* und *-los* werden mit dem Suffix *-igkeit* kombiniert. Alle drei Suffixe bilden feminine Eigenschafts-Nomina.

ihre erstaunliche Klugheit	*eine besondere Fähigkeit*	*mit großer Lebhaftigkeit*
keine Verschwiegenheit	*die Frage der Beweisbarkeit*	*eine gewisse Boshaftigkeit*
sichtbare Betroffenheit	*trotz aller Freundlichkeit*	*spürbare Ruhelosigkeit*
die reine Wahrheit	*gespannte Aufmerksamkeit*	*allgemeine Sprachlosigkeit*

Wie bei deverbalen Nominalisierungen kann auch bei diesen deadjektivischen Nomina die Handlungsrolle des Subjekts im Determinationsbereich des Nomens entweder als Genitiv-Attribut oder als Possessiv-Pronomen erscheinen:

PRÄDIKATIVER AUSDRUCK	NOMINALER AUSDRUCK
/einige Angestellte der Firma sind unkündbar/	*/die Unkündbarkeit ist durch einen Zusatzvertrag geregelt/*
/sie sind dem Betrieb schon seit langem zugehörig/	*/der Grund dafür liegt in ihrer langen Betriebszugehörigkeit/*

Die durch die Suffixe *-heit, -keit* und *-igkeit* gebildeten deadjektivischen Nomina sind immer dann nicht pluralisierbar, wenn sie nur das Vorhandensein einer Eigenschaft zum Ausdruck bringen. Wird die Eigenschaftsbezeichnung jedoch auf menschliche Handlungen übertragen, die durch diese Eigenschaft charakterisiert sind, ist auch die Pluralbildung möglich. Zur Unterscheidung:

EIGENSCHAFTSBEZEICHNUNGEN: NICHT PLURALISIERBAR	HANDLUNGSBEZEICHNUNGEN: PLURALISIERBAR
/die Freiheit der Berufswahl ist im Grundgesetz garantiert/	*/er nimmt sich allerhand Freiheiten heraus/*
/gegen Dummheit ist kein Kraut gewachsen/ (Sprichwort)	*/mach bloß keine Dummheiten!/*

Vereinzelt können Nomina mit diesen Suffixen auch Personen oder Sachen bezeichnen. Ähnlich wie bei den deverbalen Ableitungen mit *-ung* wird auch hier eine Eigenschaftsbezeichnung auf eine Person oder Sache übertragen, die wesentlich durch diese Eigenschaft gekennzeichnet ist (»Metonymie«):

EIGENSCHAFTSBEZEICHNUNGEN: NICHT PLURALISIERBAR	PERSONEN-/SACHBEZEICHNUNGEN PLURALISIERBAR
/die klare Schönheit seiner Plastiken wurde von allen Kritikern gelobt/	*/zehn blonde Schönheiten nehmen dieses Jahr an der Miß-Wahl teil/*
/wegen der Kostbarkeit des Materials ist der Ausstellungsraum gut gesichert/	*/die Kostbarkeiten einer ganzen Epoche sind hier zu besichtigen/*

Völlig unproduktiv sind heute denominale Ableitungen mit dem Suffix *-heit.* Diese abstrakten Gattungsnamen haben durch Demotivierung die unterschiedlichsten Bedeutungen entwickelt, so daß für sie heute keine einheitliche semantische Klasse mehr angegeben werden kann:

die gesamte Menschheit — *seit frühester Kindheit*

die ganze Christenheit — *eine einzige Torheit*

(2) Das Suffix *-ling*

Dieses Suffix ist heute fast nur noch bei der Nominalisierung von Adjektiven produktiv. Es bildet maskuline Personenbezeichnungen, und zwar nur von Simplex-Adjektiven. Durch die Bezeichnung mit einem deadjektivischen Nomen auf *-ling* wird eine Person hinsichtlich eines irgendwie von einer Erwartungsnorm abweichenden Charakters oder Verhaltens charakterisiert. Oft drückt dabei bereits die adjektivische Grundform eine negativ bewertete menschliche Eigenschaft aus:

ein eitler Schönling — *dieser Naivling*

ein ziemlicher Schwächling — *im Grunde ein Feigling*

Diese pejorative, ursprünglich aus der Lexik des Adjektivs resultierende Komponente kommt auch in denominalen Ableitungen auf *-ling* zum Ausdruck:

ein mieser Schreiberling — *naive Dichterlinge*

Bei all diesen maskulinen Nomina ist es nicht möglich, die feminine Form durch das Movierungssuffix *-in* zu bilden. Als Spontanbildungen werden diese Ableitungen auf *-ling* meistens auch nur zur Bezeichnung von männlichen Personen verwendet.

Nicht mehr produktiv sind heute deverbale, deadjektivische und denominale Ableitungen auf *-ling*, die Personen-, Tier- oder Pflanzenbezeichnungen bilden:

ein fünf Monate alter Säugling — *der neue Lehrling*

aber Liebling! — *Bekämpfung von Schädlingen*

Auch in diesen Nomina ist das Suffix *-ling* bisweilen konnotativ aufgeladen, positiv oder negativ.

9.1.3.2.1.3. Suffixe mit denominalem Ableitungszentrum

Durch denominale Suffigierung wird die nominale Grundform nicht in eine andere Sprachzeichenklasse übergeführt, sondern nur innerhalb der gleichen Sprachzeichenklasse einer anderen Bedeutungsklasse zugeordnet. Das Suffix determiniert dabei die lexikalische Information der Grundform durch ein weiteres Merkmal, was zu einer semantischen Abwandlung (»Modifikation«) des Ausgangsnomens führt. So kann etwa durch das Movierungssuffix *-in* von maskulinen Personenbezeichnungen die feminine Form gebildet werden (*Frauen sind gute Autofahrerinnen*), oder es wird durch ein Diminuierungssuffix eine affektiv getönte Einstellung des Sprechers zur Bedeutung der Grundform ausgedrückt (*ein kurzes Aufsätzchen*).

(1) Das Suffix *-in* und andere Movierungssuffixe

Die Movierung, das heißt die Kennzeichnung weiblicher Geschlechtsrollen durch Ausdrucksmittel der Wortbildung, insbesondere durch das Movierungssuffix *-in* (Plural: *-innen*) ist wegen ihrer großen biologischen und sozialen Bedeutung bereits beim Genus des Nomens besprochen worden (vgl. 4.2.1.2). Hier werden noch einmal die dabei maßgeblichen formalen Gesichtspunkte zusammengefaßt.

Das Movierungssuffix *-in* wird an Simplexformen, Ableitungen auf *-er* und Lehnwörter angehängt:

eine sehr geschätzte Augenärztin — *die erfolgreiche Malerin* — *eine zuverlässige Beamtin*

eine ausgebildete Diätköchin — *die Schriftstellerin* — *zur Präsidentin gewählt*

unsere gemütliche Wirtin — *junge Wissenschaftlerinnen* — *einige bekannte Linguistinnen*

Auch Bewohnernamen können das Suffix *-in* annehmen:

eine blonde Polin — *eine Portugiesin aus Porto*

die Sächsinnen aus Dresden — *die Rostockerinnen*

Nicht moviert werden:

der Deutsche
die Deutsche → *die Deutschen*

In der älteren Sprache nahmen auch Familiennamen bei weiblichen Personen das Movierungssuffix *-in* an:

die Millerin (= ›die Frau des Herrn Miller‹)

Luise Millerin (= ›die Tochter des Herrn Miller‹, alter Titel des Dramas »Kabale und Liebe« von Schiller)

In einigen Fällen wird auch bei Tierbezeichnungen die weibliche Form mit diesem Suffix gebildet (*die Bärin, die Löwin, die Wölfin*).

Vereinzelt treten bei der Movierung von Personenbezeichnungen auch Lehnsuffixe auf (*die geübte Souffleuse* [-øːzə], *eine geschäftstüchtige Friseuse* [-øːzə], *die weitgereiste Stewardeß* [stjuːɐdɛs]). Hinzu kommt das Halbsuffix *-frau,* das die feminine Entsprechung des Halbsuffixes *-mann* bildet:

ein guter Barmann — *die Barfrau an der Theke*

unser Zeitungsmann — *die alte Zeitungsfrau*

ein Industriekaufmann — *eine Industriekauffrau*

Von dem Halbsuffix *-frau,* das lediglich die Bedeutung ›weibliche Person‹ zum Ausdruck bringt, ist die gleichlautende Grundform eines Kompositums zu unterscheiden. Letztere bezieht sich immer auf die Ehefrau desjenigen Mannes, der in der Bestimmungsform mit seinem Beruf oder Amt bezeichnet wird:

FRAUEN IN BERUFEN	EHEFRAUEN
eine hervorragende Ärztin	*die bekannte Arztfrau*
die Bürgermeisterin	*die Bürgermeistersfrau*
engagierte Akademikerinnen	*Probleme von Akademikerfrauen*

(2) Minderungssuffixe

Mit den Suffixen *-chen* und *-lein* werden Nomina im Neutrum gebildet, wobei *-lein* heute fast nur noch an Nomina tritt, die graphisch auf *-ch* oder *-g* enden (*ein plätscherndes Bächlein, ein grünes Zweiglein*). Andere Bildungen mit *-lein* haben oft eine archaische Stilnuance und treten vorwiegend in Märchen oder lyrischen Texten mit volkstümlichem Charakter auf, so etwa in den folgenden Liedanfängen:

/weißt du, wieviel Sternlein stehen/	*/wenn ich ein Vöglein wär'/*
/ein Männlein steht im Walde/	*/sah ein Knab' ein Röslein stehn/*

Hinsichtlich ihrer Bedeutung bilden diese Suffixe das Gegenstück zu den Steigerungspräfixen (vgl. 9.1.3.1.2). Während bei diesen die Erwartung des Hörers nach oben hin korrigiert wird, bringen die Minderungssuffixe eine Korrektur der Erwartung nach unten hin zum Ausdruck:

ein winziges Häuschen	*in einem Wäldchen*
ein kurzes Schläfchen	*kein Wölkchen am Himmel*
in unserem Gärtchen	*ein einladendes Bänkchen*

Ähnlich wie bei den Steigerungspräfixen ist auch bei den Minderungssuffixen die Erwartungskorrektur oft mit einer emotionalen Einstellung des Sprechers gegenüber der bezeichneten Person oder Sache verbunden. Dabei kann die affektive Komponente so stark sein, daß die Bedeutung der quantitativen Normunterbietung durch sie überlagert wird. Je nach der Bedeutung der Grundform und der Determination des jeweiligen Kontextes kann auf diese Weise Wertschätzung oder Geringschätzung zum Ausdruck gebracht werden:

WERTSCHÄTZUNG	GERINGSCHÄTZUNG
ein hübsches Städtchen	*diese ewigen Witzchen*
liebstes Tantchen	*paß auf, mein Freundchen!*
ein ganz reizendes Briefchen	*ein windiges Bürschchen*

Neben *-chen* und *-lein* bringt auch das seltenere Diminuitiv-Suffix *-i* eine affektive Einstellung des Sprechers einer Person gegenüber zum Ausdruck. Sowohl von Eigennamen wie von Personenbezeichnungen können auf diese Weise Kosenamen (»Hypokoristika«) gebildet werden, die auch eine gewisse Vertrautheit zwischen Sprecher und Hörer signalisieren können und in diesem Kontext als Rufnamen verwendet werden. Das Genus richtet sich dabei immer nach dem natürlichen Geschlecht:

liebe Mutti!	*servus, Evi!*
unser Vati	*hallo, Gitti!*

(3) Das Suffix *-er*

Dieses Suffix ist denominal heute nicht mehr voll produktiv. Es bildet sowohl Personen- und Tierbezeichnungen als auch Sachbezeichnungen. Die mit diesem Suffix abgeleiteten Nomina sind maskulin, sofern sie nicht moviert werden. Zum einen werden mit diesem Suffix Bewohnernamen von den jeweiligen geographischen Namen (»Toponymika«) abgeleitet. Lautet der geographische Name auf Vokal aus wie bei *Afrika,* so tritt in der Regel ein *-n-* zwischen Grundform und Suffix; ein *-en-* im Auslaut der Grundform (wie bei *Argentinien*) entfällt:

der Engländer	*ein Österreicher*
zwei Afrikaner	*ein Mexikaner*
der Norweger	*ein Hamburger*
eine Argentinierin	*die New-Yorkerinnen*

Die mit diesem Suffix abgeleiteten Bewohnerbezeichnungen werden zum Teil auch adjektivisch verwendet und dann trotzdem immer groß geschrieben (vgl. 9.2.1.1.1):

das Münchner Rathaus	*eine Berliner Weiße*
ein Wiener Kaffeehaus	*Schweizer Käse*

Neben *-er* tritt bisweilen auch *-e* (Plural *-en*) als Suffix für Bewohnernamen auf:

der Grieche	*ein Schwede*
der Pole	*die Letten*
der Franzose	*die Hessen*

Bei Movierung mit Hilfe des Suffixes *-in* fällt das *-e* weg: *die Griechin, die Schwedinnen.*

Neben Bewohnernamen werden mit *-er* auch Personenbezeichnungen gebildet, durch die eine Person ihrer Tätigkeit nach charakterisiert wird. Vereinzelt sind diese Personenbezeichnungen aus einheimischen Lexemen gebildet (*ein aufgeweckter Schüler, der zuverlässige Handwerker*), vielfach treten jedoch Lehnlexeme mit der Endung *-ik* als Grundformen auf. Diese Formen sind mit *-in* movierbar:

der berühmte Physiker	*unser schärfster Kritiker*
der Techniker	*eine heimliche Romantikerin*
ein guter Mathematiker	*viele Lyrikerinnen*

Aus diesen Bildungen ist das erweiterte Suffix *-iker* hervorgegangen, das sich mit Lehnlexemen verbindet, die nicht auf *-ik* enden:

ein junger Chemiker	*das Institut der Historiker*
der Satiriker	*ein ewiger Skeptiker*
eine gut Theoretikerin	*die Akademikerinnen von morgen*

Komplexe denominale Bildungen auf *-er* treten bei Tier- und Sachbezeichnungen auf. Dabei orientiert sich die Benennung, ähnlich wie bei den Pars-pro-toto-Komposita, an einem besonders typischen oder auffälligen Merkmal. Die komplexe Grundform ist ihrerseits ein Nominalkompositum mit einem Adjektiv oder Numeral-Artikel als erstem Element, das aber in anderer Kontextumgebung nicht frei als Wort vorkommt:

TIERBEZEICHNUNGEN	SACHBEZEICHNUNGEN
der Dickhäuter (Elefant)	*ein Fünfsitzer* (Wagen)
der Vierbeiner (Pferd, Hund)	*der Viermaster* (Schiff)
ein Zwölfender (Hirsch)	*der Zweireiher* (Anzug)

Vereinzelt werden auch Personenbezeichnungen nach diesem Muster gebildet: *ein Linkshänder, der Rechtshänder.*

Als Suffix von Numeral-Artikeln zur Bezeichnung von Geldscheinen oder Münzen eines bestimmten Werts gehört *-er* einem eher umgangssprachlichen Register an:

/können Sie mir einen Hunderter wechseln?/

/tut mir leid, ich habe selber keine Zwanziger und auch keine Zehner mehr/

Suffigierte »Zehner-Zahlen« bezeichnen eine Zeitspanne von zehn Jahren und beziehen sich entweder auf das ungefähre Alter einer Person oder auf eine geschichtliche Zeitspanne:

ein Mann in den Sechzigern

eine Mittvierzigerin

die goldenen Zwanziger Jahre

die unruhigen Sechziger Jahre

(4) Das Suffix *-ler*

Mit dem Suffix *-ler* werden hauptsächlich Personen-, Tier- und Pflanzenbezeichnungen von einheimischen Lexemen gebildet. Dieses Suffix hat maskulines Genus, kann aber bei weiblichen Personen das Movierungssuffix *-in* annehmen. Wie bei den Ableitungen auf *-er* wird auch durch das Suffix *-ler* eine Person hinsichtlich einer charakteristischen Tätigkeit oder eines auffälligen Merkmals gekennzeichnet:

ein Wissenschaftler

ein Schwergewichtler

ein begeisterter Sportler

eine große Künstlerin

In einigen Bildungen hat dieses Suffix eine pejorative Konnotation (*Kompromißler, Intelligenzler, Deutschtümler, Rohköstler*).

In Österreich und in der Schweiz wird diese pejorative Komponente auch heute noch bei dem Nomen *Wissenschaftler* gegenüber dem dort üblichen Ausdruck *Wissenschafter* empfunden. In Deutschland wird *Wissenschaftler* hingegen mit neutraler Bedeutung verwendet.

Mit dem Suffix *-ler* werden ferner Tier- und Pflanzenbezeichnungen durch Pars-pro-toto-Übertragungen gebildet. Das Bildungsverfahren ähnelt der Ableitung auf *-er*, allerdings treten hier auch Nomina als Bestimmungsformen auf:

TIERE	PFLANZEN
der Tausendfüßler	*die Familie der Lippenblütler*
der Zweiflügler	*die Korbblütler*

(5) Das Suffix *-schaft*

Dieses Suffix, das heute nur noch eingeschränkt produktiv ist, bildet feminine Nomina, und zwar vorwiegend von Personenbezeichnungen. Im wesentlichen lassen sich hier zwei Verwendungsweisen ausmachen.

Dem Hörer wird erstens durch *-schaft* nahegelegt, alle Elemente, welche die Bedeutung der Grundform gemeinsam haben, zu einer Menge zu bündeln und auf diese Weise einen Kollektiv-Singular zu bilden. Bisweilen treten dabei Fugenelemente auf, die immer einer pluralischen Grundform entsprechen (*-en-*, *-er-*):

die Genossenschaft	*in der Nachbarschaft*
ein Protest der Studentenschaft	*die Frankfurter Bürgerschaft*
die versammelte Arbeiterschaft	*unsere Wählerschaft*

Nomina, die mit dem Suffix *-schaft* von einer Personenbezeichnung abgeleitet sind, können zweitens auch abstrakte Verhältnisse zwischen zwei Personen oder zwischen einer Person und einer sozialen Institution ausdrücken:

eine enge Freundschaft	*erbitterte Feindschaft*
die Mitgliedschaft in der Partei	*eine Frage der Staatsbürgerschaft*
langjährige Mitwisserschaft	*treue Gefolgschaft*

Sprachzeichen, die nicht Personen bezeichnen, kennen heute keine produktive Suffigierung mit *-schaft* mehr. Für die lexikalisierten Bildungen dieses Wortbildungstyps läßt sich daher heute keine einheitliche Klassenbedeutung mehr erkennen:

eine malerische Landschaft	*kleinere Ortschaften*
heftige Leidenschaften	*neue Errungenschaften*
Geisteswissenschaft	*keinerlei Barschaft*

(6) Das Suffix *-tum*

Mit dem Suffix *-tum* werden abstrakte Nomina mit dem Genus Neutrum abgeleitet, und zwar ebenfalls hauptsächlich von Personenbezeichnungen:

das stille Heldentum	*das Bürgertum der Neuzeit*
das Christentum im Mittelalter	*das zunehmende Analphabetentum*

Einige Ableitungen mit diesem Suffix können auch ein wesenhaftes Verhalten benennen, das durch den betreffenden Bedeutungsinhalt zu charakterisieren ist. Diese Bildungen haben meistens eine pejorative Konnotation:

sein Spießbürgertum	*das Strebertum*
das Bürokratentum	*das Pfaffentum*

Auch dieses Suffix ist heute kaum mehr produktiv.

In einigen Fällen berühren sich bei den Bezeichnungen für Personengruppen die Suffixe *-schaft* und *-tum* (*die Bürgerschaft – das Bürgertum*). Wenn solche Doppelungen bestehen, sind Bildungen mit *-schaft* eher konkret-kollektiv, solche mit *-tum* eher abstrakt-wesenhaft zu verstehen:

KONKRETES KOLLEKTIV	ABSTRAKTES WESEN
die Priesterschaft in der »Zauberflöte«	*das Priestertum der Laien*
die versammelte Ritterschaft um König Artus	*das Rittertum während der Kreuzzüge*

Daneben können Ableitungen mit dem Suffix *-tum* auch Gebiete nach dem Titel des Herrschers benennen (*das Fürstentum Liechtenstein, das Großherzogtum Luxemburg, das Scheichtum Kuweit*).

Demotiviert sind hingegen Ableitungen von Adjektiven, Verben und Nomina, die keine Personenbezeichnungen sind:

das Altertum	*das ganze Besitztum*
großer Reichtum	*unser Eigentum*
ein schwerer Irrtum	*enormes Wachstum*

9.1.3.2.2 Lehnsuffixe

Neben den einheimischen Suffixen gibt es im Deutschen zahlreiche, hauptsächlich aus dem Griechischen, dem Lateinischen oder dem Französischen entlehnte Suffixe, deren Lehnwortcharakter auch heute noch deutlich ist. Diese Lehnsuffixe verbinden sich vorwiegend mit Lehnlexemen. Die Ableitungsrichtung ist im Bereich der Lehnwörter nicht immer eindeutig anzugeben, da häufig das Lexem bereits komplex ins Deutsche übernommen wurde. In dieser Form liefert es dann die Grundlage für weitere Suffixbildungen, obwohl die Grundform selber in der deutschen Sprache nicht frei vorkommt. Da die Lehnsuffixe ebenfalls abstrakte Gattungsnamen, Personen- oder Sachbezeichnungen bilden, werden sie im folgenden nach diesen Bedeutungsklassen aufgeführt, und es wird jeweils nach Möglichkeit ihre Ableitungsrichtung angegeben.

(1) Abstrakte Gattungsnamen

Abstrakte Gattungsnamen werden mit Hilfe von Lehnsuffixen aus Verben, Adjektiven und Nomina gebildet. Mit den Suffixen *-ion, -ation* [-atsjó:n], *-age* [-a:ʒə] und *-ur/-atur* [-úr] werden vor allem von Verben auf *-iere* Handlungsnomina abgeleitet. Die suffigierten Nomina haben feminines Genus. Beispiele:

die Konzentration der Gase — *eine schwierige Montage* — *eine Lipizzaner-Dressur*

die gefährliche Explosion — *der Verdacht auf Sabotage* — *keine Korrektur möglich*

die Information der Öffentlichkeit — *eine einzige Blamage* — *seine eigene Karikatur*

Einige dieser Nomina haben sich zu Sachbezeichnungen weiterentwickelt:

die Fußgängerpassage — *die Schreibmaschinentastatur*

die Bandage am Knie — *eine ausgezeichnete Reparatur*

Die (immer betonten) Suffixe *-enz/-anz* nominalisieren Verben auf *-iere* und Adjektive auf *-ent/-ant*. Bei diesen Bildungen läßt sich keine einheitliche Bedeutungsklasse angeben:

bestechende Eleganz — *ihre Korrespondenz*

keine Toleranz — *drastische Konsequenzen*

Das Suffix *-ismus* bildet denominal und deadjektivisch maskuline Nomina, die eine Geisteshaltung, insbesondere im Sinne einer politischen oder philosophischen Lehre, bezeichnen. Die Grundform bei denominalen Bildungen ist gelegentlich ein Personen- oder Eigenname:

DENOMINAL	DEADJEKTIVISCH
der Buddhismus	*der Feudalismus*
der Patriotismus	*Schillers Idealismus*
der Darwinismus	*der Liberalismus*
der Snobismus	*der Positivismus*

Bei vielen Bildungen mit dem Suffix *-ismus* kommt die Grundform nicht frei vor (*der Optimismus, der Mechanismus*). Diesen Nomina entspricht oft ein Adjektiv mit dem Suffix *-istisch* und eine (movierbare) Personenbezeichnung mit dem Suffix *-ist:*

ABSTRAKTE GATTUNGSNAMEN	ADJEKTIVE	PERSONEN-BEZEICHNUNGEN
der Realismus	*realistisch*	*der Realist*
der Atheismus	*atheistisch*	*der Atheist*
der Sozialismus	*sozialistisch*	*die Sozialistin*

Das Suffix *-ität* [- ˊ] bildet hauptsächlich deadjektivisch feminine Nomina, die je nach der Grundform eine Verhaltensweise oder Eigenschaft bezeichnen:

die Humanität	*große Spontaneität*
seine Aktivität	*ziemliche Naivität*
fast eine Banalität	*eine Frage der Legalität*

Mit dem Suffix *-ie/-erie* [ˊ, - ˊ] werden denominal oder deadjektivisch feminine Nomina abgeleitet. Die denominalen Bildungen bezeichnen oft eine (psychische) Verfassung oder eine (wissenschaftliche) Disziplin. Deadjektivisch bezeichnet dieses Suffix eher eine Eigenschaft oder ein (auffälliges) Verhalten. Zum Vergleich:

DENOMINAL	DEADJEKTIVISCH
die Philosophie	*eine Art von Sympathie*

die Ökonomie	*die Hysterie*
die Bürokratie	*ihre Koketterie*
seine Clownerien	*gewisse Pikanterien*

Vereinzelt werden auch Kollektivbezeichnungen für Personengruppen mit diesem Suffix gebildet:

die Aristokratie	*die Bourgeoisie*
die Artillerie	*die Kavallerie*

Das Suffix *-ik/-atik* (das je nach der Grundform bald betont und bald unbetont ist) bildet zum einen Bezeichnungen für wissenschaftliche oder künstlerische Disziplinen, zum anderen können Abstraktionen gebildet werden:

DISZIPLINEN		ABSTRAKTIONEN	
die Pädagogik	[– – –́ –]	*die Problematik*	[– – –́ –]
die Germanistik	[– – –́ –]	*die Thematik*	[– –́ –]
die Informatik	[– – –́ –]	*tiefe Symbolik*	[– –́ –]
die Mathematik	[– – – –́]	*die Methodik*	[– –́ –]
die Didaktik	[– –́ –]	*die Politik*	[– – –́]
die Musik	[– –́]	*die Kritik*	[– –́]

(2) Personenbezeichnungen

Personenbezeichnungen werden hauptsächlich von Nomina und Verben abgeleitet. Die Suffixe *-ent/-ant, -(at)or* und *-eur* [-œɐ] leiten vorwiegend von Verben auf *-iere* maskuline Nomina ab, die sämtlich movierbar sind. Zu unterscheiden sind folgende deverbalen Ableitungen:

der Korrespondent	*ein Kommentator*	*die Konstrukteurin*
die Studentinnen	*Illustratoren*	*unser Monteur*
ein Ignorant	*die Inspektorin*	*als Kontrolleur*

Beachtung verdienen die Betonungsverhältnisse: Die Suffixe *-ant/-ent* und *-eur* sind immer betont. Das Suffix *-or* ist im Singular unbetont: *Autor* [–́ –], *Kommentator* [– – –́ –], im Plural und moviert hingegen betont: *Autoren* [– –́ –], *Kommentatorin* [– – – –́ –].

Das Suffix *-ist* bildet movierbare Personen- und Berufsbezeichnungen, häufig in Entsprechung zu einem abstrakten Nomen auf *-ismus:*

der Journalist	*eine promovierte Romanistin*
keine Pessimistin	*wenige Realisten*
privat ein Humorist	*begeisterte Alpinistinnen*

Weitere denominale Personenbezeichnungen werden mit den Suffixen *-ier* und *-är/-ar* gebildet. Dabei wird *-ier* bisweilen in der deutschen Lautform [-íɐ], bisweilen auch in der französischen Lautform [-jé:] gesprochen. Alle diese Suffixe sind betont:

der Juwelier [-íɐ]	*ein Millionär*
der Hotelier [-jé:]	*der Funktionär*
der Bankier [-jé:]	*der Bibliothekar*

(3) Sachbezeichnungen

Auch diese Nomina werden vorwiegend denominal oder deverbal abgeleitet. Von Verben auf *-iere* werden mit den Suffixen *-ator* [–́ –] und *-ade* Sachbezeichnungen gebildet. Dabei kann bei den Ableitungen auf *-ade* je nach dem Kontext auch der Handlungsaspekt des deverbalen Nomens deutlich werden:

der Transformator	*eine Barrikade*
ein Generator	*die Blockade des Hafens*
der alte Ventilator	*die Promenade am Meer*

Von Berufs- und Funktionsbezeichnungen leitet das (betonte) Suffix *-at* denominal die Bezeichnung für einen Amtssitz ab, deverbal bezeichnen Bildungen mit *-at* einen Handlungsvorgang oder dessen Resultat:

DENOMINALE ABLEITUNG	DEVERBALE ABLEITUNG
das Rektorat	*ein Diktat in Deutsch*
das Kommissariat	*das hohe Konzentrat*
das Konsulat	*ein Filtrat*

Kollektivbezeichnungen für spezifische Sachen und Orte werden mit den Suffixen *-atur* [– –́] und *-arium* [–́ – –] gebildet:

SACHBEZEICHNUNGEN	ORTSBEZEICHNUNGEN
die Muskulatur	*das Planetarium*
die Tastatur	*das Aquarium*

Zum Aufbau von Nomenklaturen in der Medizin und Chemie werden schließlich zahlreiche Suffixe mit normativ festgelegter Bedeutung verwendet. Die einsilbigen Suffixe sind sämtlich betont. Beispiele:

die Glukose	*das Jodit*	*das Bromid*
das Methanol	*das Sulfit*	*das Zyanid*
das Sulfat	*das Strychnin*	*das Sulfid*

9.1.4 Konversion beim Nomen

Durch das Wortbildungsverfahren der Konversion können Lexeme und Morpheme beliebiger Sprachzeichenklassen und - in den Grenzen des Kontextgedächtnisses - beliebiger Komplexität dadurch nominalisiert werden, daß sie ohne sonstige Veränderungen ihres Zeichenkörpers mit nominalen Flexions-Morphemen versehen und dabei gegebenenfalls in einen Kontextzusammenhang mit typischen Nominal-Morphemen, insbesondere Artikeln und attributiven Adjektiven, gebracht werden. Daran kann der Hörer dann das zum Nomen »konvertierte« Sprachzeichen erkennen.

ARTIKEL	ATTRIBUTIVES ADJEKTIV	ZU EINEM NOMEN KONVERTIERTES VERB	GENITIV-ATTRIBUT
/das	*sorgfältige*	*Überspielen*	*der Tonkassette/*

└──── NOMINALKLAMMER ────┘

Man beachte hier die Artikelform *das,* ferner das attributive Adjektiv *sorgfältige* und das Genitiv-Attribut *der Tonkassette,* die in ihrem Zusammenwirken den Hörer nicht im Zweifel lassen, daß er es nicht mit dem Verb *überspiele,* sondern mit dem Nomen *Überspielen* zu tun hat.

Die wichtigsten Ableitungsrichtungen sind die Konversion eines Nomens vom Verb (9.1.4.1) und vom Adjektiv her (9.1.4.2). Konversionen eines Nomens von Adverbien, Partikeln oder Pronomina her (9.1.4.3) spielen demgegenüber eine eher marginale Rolle.

9.1.4.1 Deverbale Konversion

Beim Wortbildungsverfahren der deverbalen Konversion, die also von einem Verb ausgeht, erscheint ein Verb in einer für das Nomen typischen Umgebung als nominalisierter Infinitiv. Zweiteilige Verben treten dabei immer in der Inversionsstellung Nachverb/Vorverb auf. Das gilt ebenso für lexikalisch zweiteilige Verben (*das Anfangen*) wie für reflexive Verben (*das Sich-Gehenlassen*), modalisierte Verben (*das Vergessenwollen*) und Kopula-Prädikationen (*das Dasein*).

Nominalisierte Infinitive haben als Genus immer das Neutrum und können - sofern sie nicht lexikalisiert sind - keinen Plural bilden. Sie werden immer mit großen Anfangsbuchstaben geschrieben. Dieses Wortbildungsverfahren ist uneingeschränkt produktiv, so daß grundsätzlich von jedem Verb spontan ein nominalisierter Infinitiv gebildet werden kann:

/wann hören Sie endlich mit dem Rauchen auf?/

/vielleicht unterhalten wir uns einmal über das Trinken/

Die nominalisierten Infinitive haben aber in der Sprachgemeinschaft sehr unterschiedliche Gebrauchswerte. Besonders häufig finden sich nominalisierte Infinitive in Sprichwörtern und Sentenzen:

/Reden ist Silber, Schweigen ist Gold/

/mit Austeilen gewinnt man Freunde/

/Geben ist seliger denn Nehmen/ (Bibel)

/wer das Reiten gewohnt ist, dem wird das Gehen sauer/

Nominalisierte Infinitive nehmen eine Zwischenstellung zwischen Nomina und Verben ein, was auch in geläufigen Bezeichnungen wie »nomina actionis«, »Verbal-Nomina« oder »Verbal-Abstrakta« zum Ausdruck kommt. Einerseits sind sie Nomina, da sie in einer für das Nomen typischen Kontextumgebung auftreten und nicht mehr nach der Gesprächsrolle, dem Numerus und dem Tempus-Register determiniert sind, andererseits sind sie Verben und bezeichnen als solche Handlungen und Vorgänge, die auch Verlaufsstrukturen haben. Die Zwischenstellung zwischen den beiden Sprachzeichenklassen zeigt sich auch daran, daß an der Textstelle eines nominalisierten Infinitivs auch eine lexikalisierte deverbale Ableitung oder ein Infinitiv mit *zu* auftreten kann. Zum Vergleich:

LEXIKALISIERTE ABLEITUNG	NOMINALISIERTER INFINITIV	INFINITIV-ADJUNKT
/die Beschriftung der Tabellen überlassen wir dem Lehrling/	*/das Beschriften der Tabellen überlassen wir dem Lehrling/*	*/die Tabellen zu beschriften, überlassen wir dem Lehrling/*
/unsere Lagerarbeiter sind pünktliche Auslieferung gewohnt/	*/unsere Lagerarbeiter sind pünktliches Ausliefern gewohnt/*	*/unsere Lagerarbeiter sind es gewohnt, pünktlich auszuliefern/*
/vergessen Sie nicht die Eintragung in die Kundenkartei!/	*/vergessen Sie nicht das Eintragen der Kunden in die Kundenkartei!/*	*/vergessen Sie nicht, den neuen Kunden in die Kartei einzutragen!/*

Daß nominalisierte Infinitive verbale und nominale Eigenschaften in sich vereinigen, zeigt sich schließlich auch an ihren Determinanten. Sie können nämlich sowohl attributiv durch flektierte Adjektive als auch applikativ durch Adverbien und unflektierte Adjektive determiniert werden. Die applikative Determination ist dabei der seltenere Fall. Mitunter verbindet sich auch ein Adverb mit einem nominalisierten Infinitiv zu einem Kompositum:

ATTRIBUTIVE DETERMINATION	APPLIKATIVE DETERMINATION
/hier ist kostenloses Parken möglich/	*/hier ist gratis Parken* (oder: *Gratisparken) möglich/*
/durch zweimaliges Drücken machen Sie den Befehl wieder rückgängig/	*/durch zweimal Drücken können Sie den Ausgangszustand wieder erreichen/*
/allzu schnelles Fahren wirkt sich schädlich auf die Umwelt aus/	*/ständiges Schnellfahren verursacht erhebliche Umweltschäden/*

In seiner Wirkung im Text ist das Wortbildungsverfahren der deverbalen Konversion vergleichbar mit der Suffixableitung von Verben. Dadurch nämlich, daß es ein verbales Umfeld mit Nomina und weiteren Nominal-Determinanten (attributiven Adjektiven, Präpositional-Attributen und Genitiv-Attributen) anfüllt, ermöglicht es beträchtliche textuelle Raffungen, die den »Nominalstil« kennzeichnen.

In Verbindung mit Präpositionen können nominalisierte Infinitive auf kompaktere Weise das gleiche ausdrücken wie satzförmige Adjunkte mit Konjunktionen. Insbesondere in den Fach- und Wissenschaftssprachen bedient man sich gerne dieser Raffungs- und Straffungsmöglichkeit:

PRÄPOSITIONAL-ADJUNKT MIT NOMINALISIERTEM INFINITIV	KONJUNKTIONAL-ADJUNKT MIT FINITEM VERB
/mit dem Eintreten der Sonne in das Sternzeichen des Widders beginnt der Frühling/	*/sobald die Sonne in das Sternzeichen des Widders eintritt, beginnt der Frühling/*
/unter beständigem Schütteln wird die Legierung langsam erhitzt/	*/die Legierung wird langsam erhitzt, wobei man sie beständig schüttelt/*
/durch Zugeben von Königswasser wird das Silber in Form von weißen Flocken aus der Legierung ausgefällt/	*/indem man Königswasser zugibt, wird das Silber in Form von weißen Flocken aus der Legierung ausgefällt/*

Idiomatisierte Wendungen sind die folgenden Präpositional-Adjunkte, die vorwiegend als Applikate eines Verbs verwendet werden:

etwas aus Versehen tun	*mit Behagen*	*ohne Bedenken*
mit größtem Vergnügen	*im Vorbeigehen*	*ohne Zögern*
im Vertrauen gesagt	*ohne Erbarmen*	*auf Wiedersehen*

Ist der nominalisierte Infinitiv von einem transitiven Verb abgeleitet, findet die Handlungsrolle des Objekts beim Nomen ihre Entsprechung entweder als Genitiv-Adjunkt (gegebenenfalls mit suppletivem *von*) oder als Bestimmungsform eines Kompositums. Wird die Objektrolle des Verbs ihrerseits durch ein Nomen mit weiteren Attributen besetzt, ist die Bildung eines solchen Kompositums allerdings nicht möglich:

OBJEKTROLLE ≈ BESTIMMUNGSFORM EINES KOMPOSITUMS	OBJEKTROLLE ≈ GENITIV-ADJUNKT
/die Hygiene beim Händewaschen/	*/das Waschen von Fahrzeugen aller Art ist hier nicht gestattet/*
/zum Rostentfernen nimmt man am besten eine dünne Feile/	*/das Entfernen größerer Roststellen kann sehr kostspielig werden/*

/beim Reifenwechseln ist etwas manuelle Kraft vonnöten/

/beim Wechseln der Autoreifen sollte man besonders auf das Festdrehen der Radmuttern achten/

Auch präpositionale Adjunkte eines Verbs können bei der Konversion unter Verzicht auf die Präposition als Bestimmungsformen eines Nominal-Kompositums auftreten:

ein Wettkampf in Fallschirmspringen (vgl. *springe mit dem Fallschirm ab*)

nur unter Zähneknirschen (vgl. *knirsche mit den Zähnen*)

Solche Komposita existieren allerdings nur als lexikalisierte Bildungen und bieten kein Muster für einen produktiven Wortbildungstyp. Vielmehr wird bei spontanen Nominalisierungen von Verben mit Applikaten ein Kompositum bevorzugt, das explizite Präpositionen enthält. Längere Spontanbildungen haben dabei die typische Bindestrich-Orthographie:

das In-den-Wind-Schlagen meiner Ratschläge

durch längeres Nachdenken und In-den-Akten-Blättern

die Gefahren des Von-der-Hand-in-den-Mund-Lebens

das ist wirklich ja zum In-die-Luft-Gehen!

Bei der Nominalisierung von zweiteiligen Verben, deren Nachverb eine Präposition erhält, erscheint der nominalisierte Infinitiv mitunter auch in der Inversionsstellung orthographisch verschmolzen:

das Inkrafttreten des Gesetzes

beim Nachhausegehen

beim Instandsetzen alter Häuser

frühes Zubettgehen

Nominalisierte Infinitive können durch Demotivierung ihren Verb-Charakter verlieren und sich in jeder Hinsicht wie typische Nomina verhalten. Sie bezeichnen dann häufig konkrete Gegenstände und können folglich auch pluralisiert werden; ein Handlungsaspekt ist bei diesen Nomina nicht mehr erkennbar:

ein gutgehendes Unternehmen

ein mittleres Einkommen

neuere Verfahren der Glasherstellung

unsere Guthaben auf der Bank

ein Schreiben aus dem Ausland

ein gewaltiges Vermögen

die Leiden des jungen Werther

grauenvolle Verbrechen

Die Handlungsbedeutung des nominalisierten Infinitivs fehlt auch, wenn deverbale Nomina kein charakteristisches Suffix haben. Solche »impliziten Ableitungen« sind vorzugsweise von starken Verben gebildet. Das Verb kann dabei phonologische Veränderungen des Vokals (Ablaut) oder des Auslautkonsonanten erfahren. Implizite Ableitungen sind oft demotiviert, und der Wortbildungstyp ist heute nicht mehr produktiv. Zum überwiegenden Teil haben diese Ableitungen maskulines Genus. Sie können ihrer lexikalischen Bedeutung nach Sachen oder Sachverhalte bezeichnen.

ein großartiger Erfolg	*kein Vergleich mit früher*
ein schneller Schnitt	*ein eigenwilliger Zug*
der dunkle Gang	*in schwieriger Lage*
ein Bund rote Nelken	*ein kürzerer Aufsatz*
Beschränkungen der Einfuhr	*unter Einsatz aller Kräfte*
ein schwerer Vorwurf	*ein Freispruch*
der erste Angriff	*schnelle Fortschritte*

Wenn ein Verblexem und ein Nomen ohne Formunterschied im Lexikon nebeneinander vorkommen, so ist mitunter nicht eindeutig zu entscheiden, ob das Nomen als implizite Ableitung vom Verb oder das Verb als Ableitung vom Nomen stammt. In diesem Fall sind Verb und Nomen im Lexikon der Sprache in ihren Bedeutungen heute aufeinander bezogen, ohne daß die Herleitungsrichtung eine Rolle spielt:

spotte ↔ der Spott	*spiele ↔ das Spiel*	*rate ↔ der Rat*
falle ↔ der Fall	*schreie ↔ der Schrei*	*stoße ↔ der Stoß*
krache ↔ der Krach	*blicke ↔ der Blick*	*rufe ↔ der Ruf*

9.1.4.2 Deadjektivische Konversion

Bei der spontanen Konversion von Adjektiven (einschließlich Partizipien) zu Nomina behalten diese deadjektivischen Nomina in der Regel die für Adjektive typische Differenzierung nach der großen und der kleinen Flexion bei (vgl. 5.2.1). Lediglich einige lexikalisierte Nomina, die von unflektierten Adjektivlexemen abgeleitet sind, werden wie andere Nomina unabhängig von der Form des Flexionsauslösers einheitlich flektiert. Zum einen betrifft das eine Reihe von Farbadjektiven, zum anderen eine kleine Restgruppe von lexikalisierten Nomina. Diese deadjektivischen Nomina haben als Genus immer das Neutrum und können nur attributiv, nicht aber applikativ determiniert werden:

ein leuchtendes Blau	*ein kräftiges Rot*
ein Hoch über dem Atlantik	*ein seelisches Tief*
im Dunkel der Nacht	*das kleinere Übel*
das bewegliche Gut	*mit großem Stolz*
keine Bange	*das Erdenrund*
das erquickende Naß	*schreckliches Elend*

Lexikalisiert sind auch die von unflektierten Adjektiven abgeleiteten Kollektivbezeichnungen in den nachfolgenden idiomatischen Zwillingsformeln. Aufgrund des Idiomcharakters erscheint hier neben der Großschreibung teilweise auch Kleinschreibung:

bei Jung und Alt	*jenseits von Gut und Böse*
mit Arm und Reich	*für Groß und Klein*
gleich und gleich gesellt sich gern	*durch dick und dünn*

Die Nominalisierung von flektierten Adjektiven ist demgegenüber ein unbeschränkt produktives Wortbildungsverfahren. Diese nominalisierten Adjektive bewahren in mehrfacher Hinsicht noch deutlich einen adjektivischen Charakter. Sie weisen nämlich die Flexions-Morpheme von Adjektiven auf, werden also je nach dem Auslöser bald groß und bald klein flektiert. Sie haben kein festes Genus, sondern können je nach ihrem Bezug Maskulin, Feminin oder Neutrum sein. Schließlich lassen sich insbesondere nominalisierte Partizipien applikativ durch Adverbien oder durch unflektierte Adjektive in applikativer Funktion determinieren:

ATTRIBUTIVE DETERMINATION VON NOMINALISIERTEN ADJEKTIVEN	APPLIKATIVE DETERMINATION VON NOMINALISIERTEN ADJEKTIVEN
die glücklichen Verheirateten	*die glücklich Verheirateten*
die ernsthafte Blonde	*nichts ernsthaft Bezweifeltes*
meine hiesigen Bekannten	*alle hier Anwesenden*

Bei kurzen Adverbien oder applikativen Adjektiven als Determinanten eines Partizips besteht eine Tendenz zur Lexikalisierung in der Form eines Kompositums:

die Leichtgläubige [-́ - - -]	*etwas Niegefühltes* [- - -́ -]
ein Neugeborenes [-́ - - - -]	*die Frischvermählten* [- - -́ -]
ein Besserverdienender [-́ - - - - -]	*der Langersehnte* [- - -́ -]

Besonders zahlreich existieren solche lexikalisierten Bildungen unter den Partizipien und bei einigen Farbadjektiven:

die Illustrierte	*unser Vorgesetzter*
der Gefangene	*Herr Vorsitzender!*
der Angestellte	*Frau Abgeordnete!*
meine Bekannten	*ein Gelehrter*
der Gesandte aus Wien	*ein Helles* (= Bier)
deine Verwandten	*ein kleiner Brauner* (= österr. ›Milchkaffee‹)

Hierzu zählen auch adjektivische Sprachennamen wie *das Deutsche, das Englische, das Italienische, das Lateinische* (mit der Nebenform *das Latein*).

9.1.4.3 Andere Konversionen

Durch Konversion können – in seltenen Fällen – auch Adverbien nominalisiert und wie Nomina durch Artikel oder Attribute näher determiniert werden. Allerdings ist dieses deadverbiale Wortbildungsverfahren wenig produktiv. Nur von wenigen Adverbien existieren lexikalisierte Nominalisierungen:

mein Gegenüber	*im Diesseits und im Jenseits*
ein ewiges Hin und Her	*unser neues Zuhause*
das Hier und Heute	*ein kleines Extra*

Auch Pronomina werden durch einfache Konversion nominalisiert, jedoch selten. Bestandteile des Lexikons sind im wesentlichen nur die folgenden nominalisierten Pronomina:

/Freud unterscheidet in der menschlichen Psyche das Ich, das Über-Ich und das Es/

/über einen gewissen Jemand haben wir uns letzte Woche wieder sehr geärgert/

/erst nach langer Zeit der Zusammenarbeit bot der ältere Kollege dem jüngeren das Du an/

Regelmäßig nominalisierbar ist auch der Numeral-Artikel: *eine Eins, die Zwei, die Drei, die Vier* ... Mit den Numeral-Artikeln von *1* (*eins*) bis *6* (*sechs*) in nominalisierter Form werden im deutschen Schulsystem auch die verschiedenen Zeugnisnoten von »sehr gut« bis »ungenügend« bezeichnet.

Von dialogspezifischen Partikeln, also insbesondere Antwortpartikeln, Negationspartikeln und Interjektionen läßt sich spontan Gebrauch machen, wenn man diese Partikeln in einem »metasprachlichen« Sprachspiel als objektsprachliche Lexeme anführt:

ein gehauchtes Ja	*ein entschiedenes Nein*
ein lautes Hurra	*ein nachdenkliches Hm*

9.1.5 Nominale Wortbildung und der fachsprachliche Nominalstil im Text

Für Fachsprachen ist charakteristisch, daß sie einem nominalen gegenüber einem verbalen Ausdruck den Vorzug geben. Das nennt man den fachsprachlichen Nominalstil, der insbesondere in solchen Fach- und Wissenschaftssprachen anzutreffen ist, die vieles zu klassifizieren und zu systematisieren haben. Die Fachsprache der Verwaltung ist von dieser Art, so daß man gerade in ihr einen reich entfalteten Nominalstil findet, der auch, sofern er in seinen fachsprachlichen Grenzen bleibt, durchaus berechtigt ist. Wenn er jedoch von dort in die Gemeinsprache vordringt und sich in ihr allzu breit macht, muß er als normwidrig gelten.

Der fachsprachliche Nominalstil kommt vornehmlich durch die Verfahren der nominalen Wortbildung zustande, also durch Komposition, Derivation und Konversion. Dabei ist die deverbale Wortbildung überproportional häufig beteiligt. Auf diese Weise wird viel lexikalische Information aus dem verbalen in den nominalen Bereich der Sprache verlagert. Zu diesem Zweck eignen sich in besonderem Maße die Funktionsverben. Diese können in ihren Nachverben komplexe und hochkomplexe Informationen zusammendrängen und zugleich, was für das Informationsprofil eines Textes wichtig sein kann, dieses Informationsbündel rhematisieren. Zum Vergleich:

EIN- ODER ZWEITEILIGES VERB	FUNKTIONSVERB MIT NOMINALISIERTEM NACHVERB
/*die bilateralen Gespräche entwickelten sich gut*/	/*die Gespräche nahmen eine ausgesprochen günstige Entwicklung*/
/*die Parteien schlossen die Konferenz für beide Seiten zufriedenstellend ab*/	/*die Verhandlungen wurden nach langen Beratungen erfolgreich zum Abschluß gebracht*/

Funktionsverben können ihrerseits wiederum nominalisiert werden, wobei das zweiteilige Verb in der Nominalisierung immer in der Inversionsstellung Nachverb/Vorverb erscheint. Da auch Handlungsrollen und Applikate des Verbs als attributive Determinanten eines deverbalen Nomens auftreten können, kann durch diese Form der Nominalisierung eine extreme Textkomprimierung erreicht werden:

FUNKTIONSVERB	NOMINALISIERTES FUNKTIONSVERB
/*der Vertreter unserer Firma führt Protokoll*/	/*es gibt genaue Richtlinien über die Protokollführung*/
/*ein guter Kundenbetreuer nimmt auch an den privaten Belangen seiner Kunden interessiert Anteil*/	/*die Anteilnahme an der Privatsphäre des Kunden durch einen unserer Mitarbeiter hat positive Auswirkungen*/
/*die neuen Bestimmungen treten für alle Mitarbeiter ab nächsten Monat in Kraft*/	/*von allen Angestellten ist das unverzügliche Inkrafttreten der Neuregelungen zu beachten*/

Die Beispiele der linken Spalte haben eine explizitere Syntax, diejenigen der rechten Spalte eine spezifischere Lexik.

Der nachfolgende Text entstammt einem Geschäftsbrief, in dem eine Bank dem Kunden gegenüber die Bedingungen für ein Darlehn erläutert. Es handelt sich dabei um Leihgeld, für das während eines bestimmten Zeitraums der »Festzinsperiode« ein fester, keinen Kursschwankungen ausgesetzter Zinssatz zu zahlen ist. Die deverbalen Nominal-Komposita und -Derivate sind fortlaufend numeriert, andere Komposita sind nicht berücksichtigt.

TEXT:

Eine Kündigung (1) des Darlehns kann vereinbarungsgemäß nur zum Ende einer Festzinsperiode (2) vorgenommen werden. Gemäß ausdrücklicher Vereinbarung (3) in der Schuldurkunde ist für die Dauer der neuen Festzinsperiode (2) das außerordentliche Kündigungsrecht (4) gemäß § 247 BGB bereits ausgeschlossen. Diese Vereinbarung (3) ist unerläßliche Bedingung (5) für die Fortsetzung (6) des Darlehnsverhältnisses, so daß wir, falls Sie ihr widersprechen sollten, das Darlehn von Ihnen zurückfordern müßten. Wenn Sie Ihrerseits von dem Ihnen zustehenden Kündigungsrecht (4) zum Ablauf (7) der jetzigen Festzinsperiode (2) Gebrauch (8) machen wollen, müßten Sie uns dies schriftlich unverzüglich mitteilen. Zu fernmündlichen oder persönlichen Beratungen (9) stehen wir Ihnen jederzeit zur Verfügung (10).

TEXTGRAMMATISCHER KOMMENTAR:

(1) *Kündigung*: Das zugehörige Verb *kann – vorgenommen werden* hat eine ziemlich nichtssagende Bedeutung und dient fast nur zur Herstellung einer Verbalklammer. Nahezu die gesamte lexikalische Bedeutung, die man gemeinsprachlich auch mit der Verbform *kann – gekündigt werden* ausdrükken könnte, ist in dem Derivat *Kündigung* zusammengedrängt, das durch sein Suffix *-ung* schon als deverbal gekennzeichnet ist. Die Nominalisierung erlaubt gleichzeitig, die *Kündigung* als Thema der nachfolgenden Ausführungen an die Spitze des ganzen Abschnitts zu stellen.

(2) *Festzinsperiode*: Dreier-Kompositum mit der (schon zusammengesetzten) Bestimmungsform *Festzins-* und der Grundform *-Periode*; gemeint ist nämlich die Periode, während der ein fester Zins *gilt.*

(3) *Vereinbarung*: Das gemeinsprachlich eher zu erwartende Vergleichs-Adjunkt: *wie ausdrücklich vereinbart worden ist* oder noch eher aktivisch: *wie wir ausdrücklich vereinbart haben* wird im Nominalstil der Verwaltungssprache durch das stärker kondensierte Präpositional-Adjunkt *gemäß ausdrücklicher Vereinbarung* vertreten. Das tragende Lexem dieses Adjunkts ist das deverbale Suffix-Derivat *Vereinbarung,* in dem kraft des Suffixes *-ung* die Bedeutung des Verbs *vereinbare* (das seinerseits schon ein Präfix-Derivat mit *ver-* ist) nominal aufgehoben ist.

(4) *Kündigungsrecht*: Das schon besprochene deverbale Derivat *Kündigung* (1) ist hier mit *s*-Fuge Bestimmungsform zu der Grundform *-Recht* und bildet mit ihr ein Kompositum höherer Komplexität. Mit dieser Wortbildung wird zugleich auf das Bürgerliche Gesetzbuch (BGB) verwiesen, das in seinem Paragraphen 247 eben dieses Kompositum als komprimiertes Begriffswort thematisch verwendet. Die grundsätzlich nominale Klassifizierung der Rechtsbegriffe im Gesetzestext ist der

Hauptgrund dafür, daß ein Text wie dieser möglichst nahe bei seiner rechtlichen Basis bleiben will.

(5) *Bedingung*: Formal eine Präfix-/Suffix-Ableitung von *Ding*, heute aber als Simplex-Nomen empfunden.

(6) *Fortsetzung*: Das Präpositional-Adjunkt *für die Fortsetzung* ist die nominale Entsprechung eines gemeinsprachlich an dieser Stelle eher erwartbaren satzförmigen Konjunktional-Adjunkts: *damit fortgesetzt werden kann* oder noch eher aktivisch: *damit Sie fortsetzen können.*

(7) *Ablauf*: Das Präpositional-Adjunkt *zum Ablauf* vertritt hier ein gemeinsprachlich an dieser Stelle wahrscheinlicheres satzförmiges Konjunktional-Adjunkt mit konditionaler Bedeutung: *sobald die Festzinsperiode abläuft.*

(8) *Gebrauch*: Statt des gemeinsprachlich eher zu erwartenden Verbs *gebrauche* steht hier das zweiteilige Funktionsverb *mache – Gebrauch (von).* Es besteht aus dem extrem bedeutungsschwachen Vorverb *mache* und dem bedeutungsstarken Lexem *Gebrauch,* einem deverbalen Derivat, das mit dem Präfix *ge-* gebildet ist.

(9) *Beratungen*: Das mit der Präposition *zu* eingeleitete Adjunkt vertritt ein gemeinsprachlich eher zu erwartendes satzförmiges Konjunktional-Adjunkt mit der Konjunktion *damit* oder noch eher, da das Subjekt gleichbleibt, mit der Infinitiv-Konjunktion *um – zu,* also: *um Sie zu beraten.*

(10) *Verfügung*: Das zweiteilige Funktionsverb *stehe – zur Verfügung* besteht aus dem elementaren Vorverb *stehe,* das in diesem Kontext ziemlich bedeutungsschwach ist (man könnte auch sagen: *halte mich*), und dem bedeutungsstarken (weil als Zusicherung rechtlich einklagbaren) Nachverb *zur Verfügung,* einem Suffix-Derivat auf *-ung* von dem Verb *verfüge* (das seinerseits ein Präfix-Derivat mit *ver-* ist). Das zweiteilige Funktionsverb *stelle – zur Verfügung* erlaubt überdies eine zum Abschluß dieses Textabschnitts offenbar erwünschte Endstellung und damit Rhematisierung der Wortbildung *Verfügung,* deren Bedeutung eine Fortsetzung des Kontaktes zwischen der Bank und dem Bankkunden garantiert.

9.2 Wortbildung des Adjektivs

Etwa ein Drittel des adjektivischen Wortschatzes der deutschen Sprache besteht aus Simplexformen. Adjektive wie *groß, klein, alt, jung, schnell, müde, arm, reich, gut, schlecht* und *böse* sind nicht aus anderen Lexemen zusammengesetzt oder abgeleitet, oder aber sie lassen für die Sprecher der heutigen Sprachgemeinschaft eine solche Herkunft nicht mehr erkennen. Häufig haben gerade diese Adjektive eine elementare Bedeutung und eine entsprechend hohe Frequenz in der Sprache.

Die meisten Adjektive der deutschen Sprache haben hingegen komplexe Formen und sind aus mehreren Lexemen und Morphemen anderer oder gleicher Sprachzeichenklassen gebildet. Die wichtigsten Wortbildungstypen beim Adjektiv sind vor allem die Derivation (9.2.1), daneben auch die Komposition (9.2.2). Im Gegensatz zur Wortbildung des Nomens ist die Konversion beim Adjektiv nicht mehr produktiv. Adjektive, die auf Konversion aus Verben (zum Beispiel: *rege, starr, wach, wirr*) oder Nomina (zum Beispiel: *angst, bang, gram, schuld, feind, not* in prädikativer Funktion) zurückgehen, machen daher bei der Wortbildung des Adjektivs nur einen verschwindend geringen Teil aus. Partizipien verhalten sich größtenteils wie Adjektive und werden deshalb hier nicht gesondert behandelt. Sie sind ebenfalls an den Wortbildungsverfahren Komposition und Präfigierung beteiligt; lediglich die Suffigierung kommt bei Partizipien nicht vor.

9.2.1 Derivation beim Adjektiv

Die Derivation ist das wichtigste Verfahren zur Bildung neuer Adjektive. Ganz in Entsprechung zum Nomen sind abgeleitete Adjektive aus einem Lexem als Grundform und mindestens einem Morphem als Ableitungsform gebildet, wobei je nach der Abfolge dieser Elemente zwischen Suffigierung (9.2.1.1) und Präfigierung (9.2.1.2) unterschieden wird. Die Derivationsregeln für Adjektive gelten grundsätzlich auch für Partizipien.

9.2.1.1 Suffix-Derivation

Adjektivsuffixe lassen sich ihrer Herkunft nach in einheimische Suffixe und Lehnsuffixe einteilen. Weiter unterscheiden sie sich danach, ob sie reine Morpheme sind, die in anderer Kontextumgebung nicht auftreten können, oder ob sie ursprünglich Adjektiv-Lexeme waren, die durch konventionellen Gebrauch in einer festen Kontextumgebung morphematisiert sind und damit eine eher morphematische Bedeutung angenommen haben (Halbsuffixe). Die Grundform kann bei suffigierten Adjektiven ein Nomen (*Riese* ⟶ *riesig*), ein Verb (*nehme – wahr* ⟶ *wahrnehmbar*), ein Adjektiv (*rund* ⟶ *rundlich*) oder ein Adverb (*damals* ⟶ *damalig*) sein. Von der Grundform wird wesentlich die lexikalische Bedeutung des ganzen Derivats bestimmt. Das Suffix des Adjektivs ist demgegenüber stärker für die grammatische Bedeutung des Derivats verantwortlich; es ist ausschlaggebend für die Zugehörigkeit des betreffenden Lexems zur Sprachzeichenklasse Adjektiv und - zumindest bei motivierten Bildungen - für spezifische Klassenbedeutungen von Adjektiven. Grundform und Suffix stehen somit beim adjektivischen Derivat in einem gewissen Verhältnis wechselseitiger Determination.

/ein g a s t l i c h e s Haus/

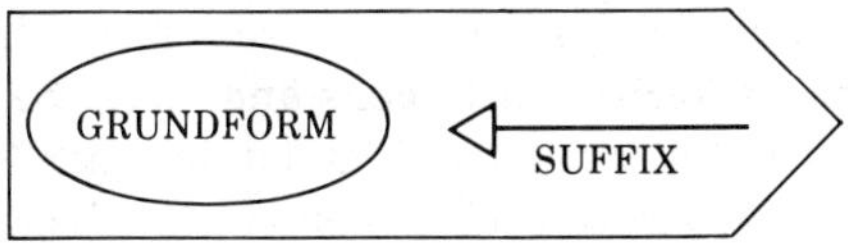

Im folgenden werden zunächst die einheimischen Suffixe (9.2.1.1.1), anschließend die Lehnsuffixe (9.2.1.1.2) und zuletzt die Halbsuffixe (9.2.1.1.3) behandelt.

9.2.1.1.1 Einheimische Suffixe

Am häufigsten sind in der deutschen Sprache die einheimischen Adjektiv-Suffixe *-ig, -isch, -lich, -bar, -haft, -sam, -en/-ern,* sowie das Suffix *-er* bei Adjektiven, die von Eigennamen abgeleitet sind. Diese Morpheme (außer *-er*) kommen außerhalb adjektivischer Derivate nicht vor. Bei Suffixen mit vokalischem Anlaut wird die Lexemgrenze in der gesprochenen Sprache nicht durch einen Glottisschlag markiert, und auch die Auslautverhärtung bei der Grundform unterbleibt. Die Grundform selber kann im Derivat in einer mehr oder minder veränderten Lautform auftreten (*böse* → *boshaft; schneide* → *schnittig; gehe* → *gangbar*). In aller Regel erscheint aber die Grundform im Suffix-Derivat in unflektierter Form, und es können allenfalls unregelmäßige lautliche Erweiterungen (»Epenthesen«) auftreten (*klebe* → *klebrig; flehe* → *flehentlich*). Bei Halbsuffixen kommen auch einzelne Fugenelemente vor (*Kind/Kinder* → *kinderlos*).

(1) Das Suffix *-ig*

Das Adjektiv-Suffix *-ig,* gesprochen vor Vokal [-ɪg], vor Konsonant und Sprechpause standardsprachlich [-ɪç], regional süddeutsch auch [-ɪk], ist nicht nur eines der produktivsten Adjektiv-Suffixe überhaupt, sondern es ist auch dasjenige mit der vielfältigsten Verwendung. Es leitet Adjektive von verschiedenen Sprachzeichenklassen ab, besonders häufig von Nomina (*Wind* → *windig*), aber auch von Verben (*glaube* → *gläubig*) oder von Adverbien (*jetzt* → *jetzig*). Dabei fällt gegebenenfalls unbetontes *-e* ([-ə]) im Auslaut der nominalen Grundform weg (*Erde* → *erdig*).

Adjektive auf *-ig* behalten im Regelfall - wie die meisten suffigierten Adjektive - die volle Bedeutung ihrer Grundform. Durch die Suffigierung mit *-ig* werden jedoch die Bedeutungsmerkmale der Grundform in attributiver, prädikativer oder applikativer Funktion zur Determination eines anderen Sprachzeichens herangezogen. Die Adjektive auf *-ig* bezeichnen vorzugsweise körperliche oder seelische Eigenschaften von Menschen oder charakterisieren Gegenstände oder Sachverhalte. Tritt ein Adjektiv auf *-ig* mit attributiver Funktion in einer Nominalklammer auf, so kann diese Attribution eine elementare Dispositions-Relation, eine »Haben-Perspektive«, ausdrücken.

Ein Großteil dieser Adjektive ist aus Nominalkomposita oder zusammengerückten Nominalklammern mit attributivem Adjektiv oder Numeral-Artikel abgeleitet, wie die folgenden Beispiele illustrieren:

SEELISCHE / KÖRPERLICHE EIGENSCHAFTEN	CHARAKTERISIERUNGEN VON GEGENSTÄNDEN / SACHVERHALTEN
ein kahlköpfiger Greis	*im zweireihigen Anzug*
ein kurzbeiniger Dackel	*ein vierblättriges Kleeblatt*
ein schwermütiger Blick	*ein 12-gängiges Rennrad*
ein scharfsinniger Denker	*ein breitkrempiger Hut*
ein vollbärtiger Mann	*eine felsige Gegend*
ein unruhiger Geist	*ein dorniger Weg*

Die Determinationsleistung der adjektivischen Attribution kann aber auch aus einem Vergleich bestehen, bei dem nicht alle lexikalischen Merkmale der Grundform, sondern nur seine sinnlich hervorstechenden Bedeutungsmerkmale die nominale Basis der Attribution determinieren: *ein milchiges Licht* = ›Licht wie Milch‹. Weitere Beispiele:

ein silbriger Glanz	*eine rauchige Stimme*
ein glasiger Blick	*ein feuriges Temperament*
eine blumige Rede	*ein sonniges Gemüt*

Seltener sind Adjektive auf *-ig* von einer verbalen Grundform abgeleitet. Ihrer Bedeutung nach sind sie oft nicht mehr durch die Grundform motiviert, sondern haben entweder engere oder weitere Bedeutung als diese. Je nachdem nun, ob die verbale Grundform mittels der Ableitung auf *-ig* dem zu determinierenden Nomen in einer aktivischen oder einer (modal-)passivischen Bedeutung attribuiert wird, lassen sich hier zwei Bedeutungsgruppen unterscheiden. Deverbale Ableitungen auf *-ig* mit passivischer Bedeutung sind dabei allerdings der wesentlich seltenere Fall:

DEVERBALE ABLEITUNG AUF *-ig* MIT AKTIVISCHER BEDEUTUNG	DEVERBALE ABLEITUNG AUF *-ig* MIT PASSIVISCHER BEDEUTUNG
eine gültige Abmachung	*ein süffiger Wein*
ein knausriger Mensch	*ein griffiger Vergleich*
zittrige Hände	*ein anstößiges Benehmen*
ein holpriges Gefährt	*eine unzulässige Frage*
ein findiger Kopf	*eine strittige Angelegenheit*

Eine wesentlich wichtigere Rolle spielt die Ableitung von Adjektiven auf *-ig* aus Tempus- und Positions-Adverbien. Diese deadverbialen Adjektive können allerdings nur attributiv verwendet werden:

ADJEKTIVE AUF *-ig* VON TEMPUS-ADVERBIEN	ADJEKTIVE AUF *-ig* VON POSITIONS-ADVERBIEN
auf baldige Genesung	*der hiesige Gemeinderat*
mit sofortiger Wirkung	*die dortigen Vorkommnisse*
die damaligen Zustände	*am jenseitigen Ufer*
das gestrige Ergebnis	*am rückwärtigen Ausgang*
die morgige Sitzung	*die obigen Ausführungen*

Adjektivische Ableitungen von Possessiv-Artikeln werden nur als nominalisierte Adjektive gebraucht: *der Meinige, die Deinige, das Seinige, die Unsrigen, das Eurige.* In den meisten Fällen werden mit diesen Ausdrükken Angehörige der eigenen Familie oder der gleichen Gruppe bezeichnet, aber auch das zugehörige Hab und Gut.

(2) Das Suffix *-isch*

Das Suffix *-isch* mit der Variante *-sch* dient insbesondere der Bildung von adjektivischen Herkunftsbezeichnungen, deren Grundform ein Eigenname oder ein Bewohnername ist:

ADJEKTIVE AUF *-isch* VON PERSONENNAMEN	ADJEKTIVE AUF *-isch* VON ORTS- UND BEWOHNERNAMEN
die sokratische Ironie	*die griechische Philosophie*
das augusteische Zeitalter	*lateinische Hexameter*
gregorianische Gesänge	*die vatikanische Bibliothek*
die napoleonischen Kriege	*die französische Literatur*
eine Freudsche Fehlleistung	*der bayerische Dialekt*
die Einsteinsche Relativitätstheorie	*ein amerikanisches Forschungszentrum*
die Bismarcksche Politik	*der europäische Gedanke*

Auch das Adjektiv *deutsch* (althochdeutsch *diutisk,* latinisiert *theotiscus*) ist mit Hilfe dieses Suffixes von einem heute nicht mehr existierenden Nomen *diut* mit der Bedeutung ›Volk, Heerbann‹ abgeleitet.

Bei den Ableitungen von Personennamen ist in bezug auf die Orthographie zu beachten, daß personennahe Ableitungen wie *die Goetheschen Werke* mit großen Anfangsbuchstaben, personenferne Ableitungen wie *die platonische Liebe* mit kleinen Anfangsbuchstaben geschrieben werden.

Vielfach ist bei der Ableitung von Personenbezeichnungen die Grundform selber ein abgeleitetes Nomen mit dem Suffix *-er* oder auch ein Nominalkompositum:

ADJEKTIV-ABLEITUNG VON SUFFIX-NOMINA	ADJEKTIV-ABLEITUNG VON NOMINAL-KOMPOSITA
spielerisches Lernen	*kaufmännische Angestellte*
eine dichterische Ader	*fachmännische Reparaturen*
zeichnerisches Geschick	*das eidgenössische Heer*
schöpferische Kräfte	*abendländische Moral*
ein verräterischer Zug	*zeitgenössische Moden*

Eine zentrale Rolle spielt das Suffix *-isch* bei der fachsprachlichen Begriffsbildung. Durch Suffigierung mit *-isch* können nämlich zu Lehnwörtern, die terminologisch wichtig sind, Herkunfts- und Zugehörigkeitsadjektive gebildet werden:

philosophische Abhandlungen	*mathematisches Denken*
demokratische Wahlen	*die politische Einstellung*
ethnische Minderheiten	*disziplinarische Maßnahmen*
linguistische Forschungen	*die klinische Medizin*
das humanistische Bildungsideal	*die sozialistische Abgeordnete*
artistische Leistungen	*theologische Fragen*

In dieser Funktion korrespondiert das Suffix *-isch* häufig mit mehr oder weniger gleichbedeutenden und manchmal auch ähnlich lautenden Suffixen in anderen europäischen Bildungssprachen, so daß Adjektive auf *-isch* in einem besonders intensiven Austausch über Sprachgrenzen hinweg stehen. Man vergleiche deutsch: *politisch,* griechisch: *politikós,* lateinisch: *politicus,* italienisch: *politico,* spanisch: *político,* französisch: *politique* und ähnliche Bildungen in anderen Sprachen.

Adjektive mit dem Suffix *-isch* haben jedoch nicht selten eine negative oder pejorative Konnotation. Zuweilen kontrastiert auch ein negativ konnotiertes Adjektiv auf *-isch* mit einem neutral konnotierten Adjektiv auf *-ig* oder *-lich.* Zur Unterscheidung:

ADJEKTIVE AUF *-isch* MIT NEGATIVER KONNOTATION	ADJEKTIVE AUF *-ig/-lich* MIT NEUTRALER KONNOTATION
ein launischer Mensch	*ein launiger Abend*
ein kindisches Verhalten	*kindliche Spiele*
ein weibisches Aussehen	*weibliche Lehrlinge*
ein bäurisches Benehmen	*ein bäuerliches Anwesen*

Das Suffix *-isch* ist deshalb bisweilen mit solchen Nomina verbunden, die bereits von sich aus eine negative Bedeutung oder pejorative Konnotation haben:

höllische Ängste	*teuflische Pläne*
neidische Augen	*hündischer Gehorsam*
idiotisches Benehmen	*argwöhnische Blicke*

(3) Das Suffix *-lich*

Wie mit den Suffixen *-ig* und *-isch,* so können auch mit dem Suffix *-lich* von Nomina jeder Art Adjektive abgeleitet werden, die – nun ohne jegliche bewertende Konnotation – eine semantische Zusammengehörigkeit zwischen der Grundform des abgeleiteten Adjektivs und seinem Nomen ausdrücken. Wenn also beispielsweise in der Fachsprache des Rechts von einer *eidlichen Aussage* gesprochen wird, so werden damit der Aussage die gleichen Merkmale wie einem Eid zugeschrieben. Weitere Beispiele:

geschwisterliche Liebe	*geschäftliche Beziehungen*
eine freundliche Antwort	*wissenschaftliche Mitarbeiter*
eine feindliche Gesinnung	*staatliche Zuschüsse*
ein väterlicher Rat	*sprachliches Handeln*
eine menschliche Schwäche	*eine schriftliche Prüfung*
ein fürstliches Mahl	*gesundheitliche Schäden*

Mit dem Suffix *-lich* können Adjektive auch von Verben abgeleitet werden. Es ist dabei zu unterscheiden zwischen Adjektiven, in denen die verbale Grundform dem zu determinierenden Nomen in aktivischer Bedeutung zugeschrieben wird, und solchen, in denen sie – mit unterschiedlicher Modalität – in passivischer Bedeutung aufzufassen ist. Letzteres tritt dabei weitaus häufiger auf:

DEVERBALE ABLEITUNG AUF *-lich* MIT AKTIVISCHER BEDEUTUNG	DEVERBALE ABLEITUNG AUF *-lich* MIT PASSIVISCHER BEDEUTUNG
ein vergeßlicher Mensch	*eine verwerfliche Handlung*
eine einträgliche Arbeit	*ein unlöslicher Stoff*
eine nachdenkliche Miene	*ein verzeihlicher Fehler*
eine empfindliche Seele	*ein unzertrennliches Paar*
eine hinderliche Angelegenheit	*eine unnachahmliche Geste*

Die wenigen Adjektive auf *-lich,* die von primären Adjektiven abgeleitet sind, haben der adjektivischen Grundform gegenüber häufig eine abgeschwächte und insofern diminutive Bedeutung. Wenn dabei eine Norm unterboten wird, kann unter Umständen auch eine pejorative Nuance entstehen:

eine säuerliche Miene	*ein süßliches Parfum*
rötliches Haar	*eine rundliche Gestalt*

kränkliche Blässe	*weichliche Züge*
schwächliche Konstitution	*diese kleinliche Einstellung*

Eine Reihe von Adjektiven auf *-lich* steht für die Sprecher der heutigen Sprachgemeinschaft nicht mehr in einem erkennbaren Bedeutungszusammenhang mit einer Grundform. Solche demotivierten Adjektive sind etwa *redlich, üblich, erheblich, erdenklich, ziemlich* und *häßlich.*

(4) Das Suffix *-bar*

Das Adjektiv-Suffix *-bar* leitet Adjektive von transitiven Verben ab. Das adjektivische Derivat enthält dabei die verbale Grundform in einer passivischen Bedeutung. Mit dieser passivischen Bedeutung geht oft zusätzlich eine modale Nuance im Sinne des Modalverbs *kann* einher (»Modal-Passiv«). Die Bedeutungskomprimierung kann bei diesen deverbalen Adjektiven auf *-bar* durch Präfigierung mit dem zusätzlichen Negationspräfix *un-* noch gesteigert werden:

AFFIRMATIVE ADJEKTIVE	NEGATIVE ADJEKTIVE
eine leicht heilbare Krankheit	*eine unheilbare Krankheit*
ein gut analysierbarer Stoff	*ein unanalysierbarer Stoff*
ein beheizbarer Raum	*ein unbeheizbarer Raum*
ein schwer vorhersehbarer Fall	*ein unvorhersehbarer Fall*

Diese Bedeutungskomprimierung macht die deverbalen Adjektive auf *-bar* für den Gebrauch in fachsprachlichen Texten vorzüglich geeignet, umso mehr als auch ihre passivische Bedeutung der fachsprachlichen Tendenz zu unpersönlicher Ausdrucksweise entgegenkommt.

Mit ihrer (modal-)passivischen Bedeutung überschneiden sich die Adjektive auf *-bar* bisweilen mit entsprechenden Adjektiven auf *-lich*. Zum Vergleich:

ADJEKTIVE AUF *-bar* MIT PASSIVISCHER BEDEUTUNG	ADJEKTIVE AUF *-lich* MIT PASSIVISCHER BEDEUTUNG
eine unfaßbare Nachricht	*ein unfaßlicher Gedanke*
sichtbare Erfolge	*sichtliche Fortschritte*
eine unlesbare Schrift	*eine unleserliche Schrift*

In der Regel ist jedoch bei solchen Adjektivpaaren die Form auf *-lich* in ihrer Bedeutung weiter vom zugrundeliegenden Verb entfernt als die Form auf *-bar*. Zum Vergleich:

ADJEKTIVE AUF *-bar*	DEMOTIVIERTE ADJEKTIVE AUF *-lich*
eine undenkbare Vorstellung	*seit undenklichen Zeiten*
ein unauflösbarer Stoff	*unauflösliche Widersprüche*
unsagbares Glück	*unsägliche Schmerzen*
in wenigen Worten ausdrückbar	*ein ausdrückliches Verbot*

Weitgehend unproduktiv ist hingegen das Wortbildungsmuster der Ableitung auf *-bar* von intransitiven Verben. Hier gibt es nur vereinzelte, durchweg lexikalisierte Bildungen, von denen der größere Teil in verwaltungssprachlichen Kontexten verwendet wird. Beispiele:

alle verfügbaren Mittel	*mein unverzichtbares Recht*
eine unkündbare Angestellte	*ein unnahbarer Chef*
ein unfehlbarer Rat	*ein unentrinnbares Schicksal*

Vereinzelt existieren auch Adjektive auf *-bar*, in denen die verbale Grundform – meistens ein einwertiges Verb – nicht passivische, sondern aktivische Bedeutung hat. Auch die modale Komponente ist hier nicht regelmäßig die des Modalverbs *kann*:

ein gerinnbares Material	*ein brennbarer Stoff*
eine streitbare Person	*für Schäden haftbar*

Nach diesem Muster entstehen heute allerdings kaum noch neue Ableitungen.

Ganz unproduktiv und nur noch lexikalisch zu verzeichnen ist schließlich auch die Ableitung von Adjektiven auf *-bar* von nominalen oder adjektivischen Grundformen.

ein wunderbares Buch	*eine schandbare Tat*
dienstbare Geister	*fruchtbarer Boden*
eine ehrbare Person	*ein offenbarer Verstoß*

Diese Bildungen sind semantisch von den vorher besprochenen deverbalen Ableitungen auf *-bar* isoliert.

(5) Das Suffix *-sam*

Mit dem Suffix *-sam* werden heute kaum mehr neue Adjektive gebildet. Bei den lexikalisierten Bildungen mit diesem Suffix kann die Grundform ein Nomen (*ein friedsamer Mensch*) oder ein Verb (*ein wachsames Auge*) sein. Zum überwiegenden Teil werden Adjektive auf *-sam* dazu verwendet, Eigenschaften und Verhaltensweisen einer Person zu charakterisieren. Bei den Ableitungen von transitiven Verben stehen dabei mitunter Adjektive auf *-sam* mit aktivischer Bedeutung solchen auf *-bar* mit passivischer Bedeutung gegenüber. So kann man unterscheiden:

ADJEKTIVE AUF *-sam* MIT AKTIVISCHER BEDEUTUNG	ADJEKTIVE AUF *-bar* MIT PASSIVISCHER BEDEUTUNG
ein heilsamer Schock	*eine heilbare Krankheit*
eine äußerst mitteilsame Person	*kein mitteilbares Ergebnis*
ein unduldsamer Mensch	*nicht mehr duldbare Zustände*

Deverbalen Adjektiven auf *-sam* kann jedoch bisweilen auch eine passivische Bedeutung zugrundeliegen, und es ergeben sich Überschneidungen mit deverbalen Adjektiven auf *-bar*. Zum Vergleich:

ADJEKTIVE AUF *-sam* MIT PASSIVISCHER BEDEUTUNG	ADJEKTIVE AUF *-bar* MIT PASSIVISCHER BEDEUTUNG
ein unbeugsamer Wille	*ein unbeugbarer Charakter*
ein unaufhaltsamer Aufstieg	*unaufhaltbare Fortschritte*
ein lenksamer Mensch	*ein gut lenkbarer Wagen*

(6) Das Suffix *-haft*

Das Suffix *-haft* leitet von Nomina und Verben Adjektive ab, die vorwiegend in Vergleichen verwendet werden. Dabei werden prototypische Bedeutungsmerkmale der Grundform im Fall einer attributiven Determination einem Nomen, im Fall einer applikativen Determination einem Verb, Adverb oder Adjektiv zugewiesen. In dieser Bedeutung konkurrieren die Adjektive auf *-haft* vielfach mit Adjektiven, die mit Hilfe des Halbsuffixes *-artig* gebildet sind (*ruckhafte Bewegungen* oder: *ruckartige Bewegungen*), sowie mit Nominalkomposita vom Typ der Vergleichsbildungen. Beispiele:

SUFFIX *-haft*	NOMINAL-KOMPOSITA
eine meisterhafte Leistung	*eine Meisterleistung*
eine laienhaft ausgeführte Arbeit	*eine Laienarbeit*
eine zwergenhafte Gestalt	*eine Zwergengestalt*
ein jungenhaftes Lachen	*ein Jungenlachen*

(7) Das Suffix *-en/-ern*

Mit Hilfe des Suffixes *-en* (Variante: *-ern*) können aus Stoffnamen Adjektive abgeleitet werden, mit denen sich Gegenstände hinsichtlich ihrer stofflichen Beschaffenheit charakterisieren lassen. Auch zu Metaphern und Vergleichen taugen Adjektive auf *-en/-ern*:

KONKRETE CHARAKTERISIERUNG	METAPHORISCHER GEBRAUCH
ein goldener Ring	*ein goldenes Herz*
eine hölzerne Bank	*eine hölzerne Ausdrucksweise*
eine eiserne Rüstung	*ein eiserner Wille*
eine steinerne Bank	*ein steinernes Herz*

(8) Das Suffix *-er*

Das Adjektiv-Suffix *-er* wird hauptsächlich zur Ableitung von Adjektiven aus Ortsnamen verwendet. Diese adjektivischen Herkunftsbezeichnungen dienen der Klassifizierung. Sie sind invariant, werden also nicht nach Genus, Numerus und Kasus flektiert. Sie werden immer groß geschrieben:

der Münchner Himmel	*der Kölner Dom*
Frankfurter Würstchen	*Veltliner Wein*

9.2.1.1.2 Lehnsuffixe

Die Suffixe von Adjektiv-Derivaten, die aus anderen Sprachen, hauptsächlich aus dem Lateinischen und dem Französischen, in die deutsche Sprache übernommen wurden, sind in ihr zum Teil selber produktiv geworden und haben sich in freier Reihenbildung mit anderen entlehnten Grundformen verbunden. Bei diesen entlehnten Suffixen haben sich in stärkerem Maße als bei den einheimischen Adjektivsuffixen Morphemvarianten herausgebildet, deren Verteilung nicht regelhaft vorhersagbar ist und im Einzelfall dem Wörterbuch entnommen werden muß.

(1) Das Suffix *-al/-ell*

Die mit dem (immer betonten) Suffix *-al* (Variante: *-ell*) gebildeten Adjektive sind den einheimischen Adjektiven mit den Suffixen *-isch, -ig* oder *-lich* insofern verwandt, als mit ihrer Hilfe die Bedeutungsmerkmale einer nominalen Grundform zur Determination eines anderen Sprachzeichens herangezogen werden können. Die Verteilung der Varianten *-al* und *-ell* unterliegt keiner strikten Regel; beide treten auch in Erweiterungsformen wie *-ial, -iell, -ual, -uell* auf:

ein genialer Einfall	*prinzipielle Überlegungen*
ein kollegiales Verhalten	*graduelle Übergänge*
eine horizontale Linie	*maschinelle Übersetzung*
fundamentale Fragen	*eine sensationelle Neuheit*

In einigen Fällen existieren beide Varianten ohne nennenswerte Bedeutungsunterschiede nebeneinander:

ein universales (oder: *universelles*) *Wissen*

die strukturale (oder: *strukturelle*) *Erzählforschung*

Bisweilen haben jedoch die beiden Suffixvarianten getrennte semantische Entwicklungen genommen und zeigen heute unterschiedliche Bedeutungen. Man unterscheidet also nach Ausweis des Wörterbuches in ihren Bedeutungen:

ein ideales Wetter	*ideelle Werte*
ein originaler Picasso	*ein origineller Einfall*
einige formale Probleme	*eine formelle Verabschiedung*
rationales Denken	*eine rationelle Arbeitsweise*

Als Bestimmungsformen von Komposita findet man nur Adjektive mit dem Suffix *-al*:

das Universalgenie

ein Spezialfall

die Existentialphilosophie

die Idealbesetzung

am Originalschauplatz

das Differentialgetriebe

(2) Weitere Lehnsuffixe

Mit Hilfe der (ebenfalls immer betonten) Suffixe *-iv, -esk, -ent, -ant, -är* (Variante: *-ar*) und *-ös* (Variante: *-os*) sind Adjektive gebildet, die semantisch wie diejenigen auf *-al* und *-ell* einen offenen Determinationszusammenhang zwischen der Grundform und einem anderen Sprachzeichen signalisieren. Die Wahl des Suffixes lehnt sich in den meisten Fällen an die Wortbildungsregeln der Herkunftssprache an:

ADJEKTIVE AUF *-iv*

ein attributives Adjektiv

ein aggressives Verhalten

effektive Arbeit

ADJEKTIVE AUF *-esk*

groteskes Theater

eine kafkaeske Novelle

danteske Szenen

ADJEKTIVE AUF *-ant*

ein charmanter Mensch

eine tolerante Einstellung

interessante Daten

ADJEKTIVE AUF *-är/-ar*

familiäre Atmosphäre

die lineare Algebra

molekulare Strukturen

ADJEKTIVE AUF *-ent*

konsequente Durchführung

resistente Bakterien

prominente Besucher

ADJEKTIVE AUF *-ös/-os*

eine mysteriöse Angelegenheit

religiöse Erziehung

in dubioser Begleitung

Das Lehnsuffix *-abel/-ibel* (vor Vokal: *-abl/-ibl*) ist seiner Bedeutung nach dem einheimischen Suffix *-bar* verwandt: Es leitet Adjektive von entlehnten Verben ab, die dem Derivat in passivischer Bedeutung zugrundeliegen:

sehr respektabel!

ein akzeptables Ergebnis

immer noch disponibel

kompatible Merkmale

9.2.1.1.3 Halbsuffixe

Wie bei der Wortbildung des Nomens gibt es auch bei der Wortbildung des Adjektivs Übergänge zwischen den Wortbildungstypen Derivation und Komposition. Solche Übergänge werden durch Bildungen mit Halbsuffixen abgedeckt. Halbsuffixe sind Adjektive, die in anderem Kontext als selbständige Lexeme gebraucht werden können, die aber als Ableitungsformen eines adjektivischen Derivats eine abgeschwächte, eher morphematische Bedeutung annehmen und semantisch kohärente Adjektivreihen ausbilden. Es gibt im Deutschen zahlreiche Halbsuffixe dieser Art. Im einzelnen ist die Grenze zwischen Adjektivkompositum und Adjektiv mit Halbsuffix nicht immer eindeutig zu ziehen. Es lassen sich mehrere Gruppen von Halbsuffixen unterscheiden:

(1) Halbsuffixe zum Ausdruck der Geltung

Unter Geltung wird in dieser Grammatik die semantische Skala zwischen den Polen der Affirmation (Bejahung) und der Negation (Verneinung) verstanden (vgl. 8.2). Stufen und Nuancen der Geltung können – außer durch Negationspräfixe – auch durch Halbsuffixe ausgedrückt werden.

Durch Halbsuffixe der Affirmation signalisiert ein Sprecher, daß die Bedeutung der – meist nominalen – Grundform Geltung hat in bezug auf die Person oder Sache, die semantisch zu determinieren ist:

HALBSUFFIX *-reich*

eine kinderreiche Familie

lehrreiche Erfahrungen

HALBSUFFIX *-voll*

ein eindrucksvoller Film

grauenvolle Szenen

HALBSUFFIX *-stark*

ihr willensstarker Charakter

lautstarker Protest

HALBSUFFIX *-kräftig*

die zahlungskräftige Firma

ein kapitalkräftiger Anleger

HALBSUFFIX *-schwer*

folgenschwere Ereignisse

eine sorgenschwere Zeit

HALBSUFFIX *-schwanger*

bedeutungsschwangere Miene

unheilschwangere Andeutungen

Ob das Halbsuffix-Derivat eine üblicherweise positiv bewertete Eigenschaft (*freudvolle Tätigkeit*) oder eine negativ bewertete (*qualvolle Langeweile*) bezeichnet, hängt von der Bedeutung der Grundform ab.

Die Halbsuffixe der Negation drücken, wie alle Negationsmorpheme, einen Erwartungsstopp aus. Sie signalisieren, daß die Bedeutung der Grundform für das zu determinierende Nomen keine oder nur minimale Geltung hat. Mit Negationsmorphemen wie *nicht, un-, miß-* teilen sie deshalb die negative Bedeutung. Die Halbsuffixe *-leer* und *-los,* die sich überwiegend mit solchen Nomina verbinden, die positiv bewertete Sachverhalte bezeichnen, stehen dabei dem Halbsuffix *-frei* gegenüber, das eher mit Grundformen kombiniert wird, die negativ Bewertetes bezeichnen:

HALBSUFFIX *-leer*

blutleere Wissenschaft

ein inhaltsleeres Studium

HALBSUFFIX *-arm*

salzarme Kost

die regenarme Jahreszeit

HALBSUFFIX *-frei*

ein schuldenfreies Haus

coffeinfreier Kaffee

HALBSUFFIX *-schwach*

geistesschwache Journalisten

nervenschwache Politiker

HALBSUFFIX *-los*

der endlose Horizont

ein würdeloses Verhalten

(2) Halbsuffixe der Gleichheit oder Ähnlichkeit

Die Halbsuffixe *-getreu, -gleich, -artig, -förmig* und *-mäßig* bringen in ihrer Bedeutung bereits eine Gleichheit, Ähnlichkeit oder Entsprechung zum Ausdruck. Steht ein Adjektiv mit einem solchen Halbsuffix als Attribut eines Nomens, so wird dadurch die Bedeutung des zu determinierenden Nomens mit der Bedeutung der Grundform des Adjektiv-Derivats verglichen. Bei dem Halbsuffix *-getreu* kommt noch hinzu, daß die Bedeutung dieser Grundform als Muster oder Modell gilt:

HALBSUFFIX *-getreu*

sinngetreue Wiedergabe

maßstabgetreue Zeichnungen

HALBSUFFIX *-gleich*

göttergleiche Gestalt

eine engelgleiche Erscheinung

HALBSUFFIX *-artig*

ein ruckartiger Aufbruch

ein fluchtartiger Rückzug

HALBSUFFIX *-förmig*

eine kugelförmige Gestalt

eine zickzackförmige Linie

Besonders produktiv ist in der deutschen Gegenwartssprache das Halbsuffix *-mäßig*, das – entweder in der attributiven Determination eines deverbalen oder in der applikativen Determination eines verbalen Ausdrucks – oft nur eine vage Zuordnung bezeichnet:

eine zweckmäßige Kleidung	*ein schulmäßiges Verhalten*
vorschriftsmäßige Anwendung	*die verfassungsmäßige Bestimmung*

Applikative Spontanbildungen mit dem Suffix *-mäßig* (zum Beispiel: *gefühlsmäßig geht es mir ganz gut, aber berufsmäßig gar nicht*) bewegen sich am Rande der Sprachnorm.

(3) Halbsuffixe der Einstellung

Äußerst zahlreich sind im Deutschen die Adjektivsuffixe, mit denen die Einstellung einer Person gegenüber einer anderen Person oder Handlung ausgedrückt wird. Grundform ist in diesen Bildungen meist ein Verb oder ein deverbal abgeleitetes Nomen. Die einzelnen Halbsuffixe decken dabei eine ganze Skala von Einstellungen ab von der Zuwendung (*lebenslustig*) bis zur Abwendung (*lebensmüde*).

-lustig:	*spottlustig, schreiblustig, unternehmungslustig*
-froh:	*lebensfroh, tatenfroh, schadenfroh*
-freudig:	*kontaktfreudig, risikofreudig, lernfreudig*
-eifrig:	*diensteifrig, arbeitseifrig, pflichteifrig*
-willig:	*arbeitswillig, böswillig, opferwillig*
-(be)gierig:	*mordgierig, lernbegierig, wißbegierig*
-lüstern:	*sensationslüstern, beutelüstern, kriegslüstern*
-süchtig:	*herrschsüchtig, prunksüchtig, klatschsüchtig*
-wütig:	*arbeitswütig, schießwütig, mordwütig*
-hungrig/-durstig:	*lebenshungrig, rachedurstig, tatendurstig*
-müde:	*amtsmüde, kampfesmüde, kriegsmüde*
-faul:	*denkfaul, mundfaul, schreibfaul*
-verdrossen:	*staatsverdrossen, eheverdrossen*

(4) Halbsuffixe der Disposition

Eine Reihe von Adjektiven mit Halbsuffixen, vorwiegend abgeleitet von verbalen oder deverbalen Grundformen, bezeichnet die Verfügbarkeit von Personen oder Gegenständen in einem gegebenen Handlungszusammenhang, und zwar entweder im aktivischen oder im passivischen Sinne. Aktivische Bedeutung tritt dabei eher dann auf, wenn das vom

Adjektiv zu determinierende Nomen eine Person bezeichnet (*ein einsatzbereiter Mitarbeiter*), passivische eher dann, wenn es einen Gegenstand bezeichnet (*ein einsatzbereites Flugzeug*). Letztlich sind aber hier immer Kontext und Situation für die jeweilige Derivat-Bedeutung entscheidend.

HALBSUFFIX *-bereit*

ein hilfsbereiter Mensch

verständigungsbereite Politiker

HALBSUFFIX *-fähig/-unfähig*

abzugsfähige Ausgaben

handlungsunfähige Regierungen

HALBSUFFIX *-fertig*

schlagfertiges Debattieren

versandfertige Ware

HALBSUFFIX *-pflichtig*

gebührenpflichtige Bescheinigung

unterhaltspflichtige Eltern

HALBSUFFIX *-fest*

eine trinkfeste Wirtin

ein rutschfester Teppich

HALBSUFFIX *-wert*

ein lesenswertes Buch

ein liebenswerter Mensch

HALBSUFFIX *-würdig*

eine denkwürdige Begebenheit

unglaubwürdige Geschichten

HALBSUFFIX *-bedürftig*

ein reparaturbedürftiges Auto

ein liebesbedürftiger Junge

HALBSUFFIX *-widrig*

vernunftwidriges Verhalten

vorschriftswidriges Parken

(5) Halbsuffixe der Orientierung

Halbsuffixe der Orientierung dienen der Einordnung in einen Orientierungsrahmen, der Positionen der menschlichen Lebenswelt bezeichnet.

HALBSUFFIX *-nah*

ein küstennahes Gelände

wirklichkeitsnahe Politik

HALBSUFFIX *-fern*

ein lebensferner Roman

realitätsferne Entscheidungen

HALBSUFFIX *-weit*

weltweite Proteste

ein bundesweiter Wahlkampf

HALBSUFFIX *-fremd*

berufsfremde Aufgaben

ortsfremde Autofahrer

HALBSUFFIX *-intern*

betriebsinterne Beschlüsse

parteiinterne Absprachen

HALBSUFFIX *-extern*

wissenschaftsexterne Probleme

fachexterne Forschungen

9.2.1.2 Präfix-Derivation

Bei der Präfigierung wird eine adjektivische Grundform durch ein morphematisches oder morphematisiertes Präfix determiniert.

u n g e s u n d

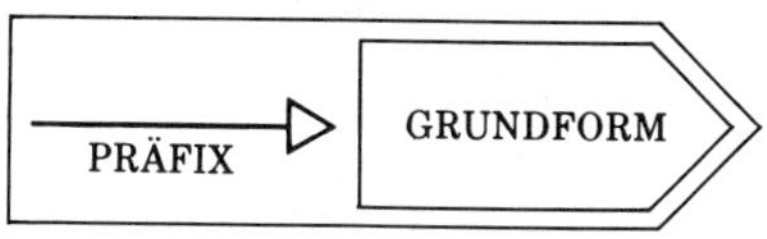

Ähnlich wie bei der Präfigierung von Nomina können auch bei der Präfigierung von Adjektiven sowohl Morpheme erscheinen, die nur als Präfixe vorkommen (*ungünstige Verhältnisse*), als auch Morpheme, die außerhalb der kontextuellen Nachbarschaft des Adjektivs als Präpositionen (*die nachrevolutionären Wirren*), als Adverbien (*außenpolitische Angelegenheiten*) oder als Adjektive (*innerparteiliche Auseinandersetzungen*) auftreten. Bei Steigerungsbildungen können darüber hinaus auch Nomina (*ein todtrauriger Mensch*) oder Verben (*ein stinkfeiner Smoking*) als (Halb-)Präfixe fungieren.

Einen Sonderfall stellen solche Adjektive dar, die der Form nach Rück-Partizipien gleichen und somit zugleich präfigiert und suffigiert sind (»Zirkumfixe«), die jedoch nicht auf eine verbale, sondern auf eine nominale Grundform zurückgehen (»Schein-Partizipien«). Es kommen hier die zweiteiligen Ableitungsformen vom Typus *gestreift*, *bebrillt*, seltener auch *verrunzelt* und *zernarbt* vor. Von entlehnten Nomina wird das Adjektiv gegebenenfalls nach dem Muster des Rück-Partizips der Verben auf *-iere* gebildet (*ein talentierter Erzähler*). Diese Adjektive determinieren ihre Attributionsbasis häufig im Sinne einer Disposition (»Haben-Relation«):

die befleckte Bluse

der gestiefelte Kater

eine gemusterte Hose

der gestirnte Himmel

Diese »Schein-Partizipien« können ihrerseits wiederum Bestandteile komplexerer Derivate sein (*die hochbetagte Großmutter, das blondgelockte Rotkäppchen*).

Präfixe von Adjektiven lassen sich hinsichtlich ihrer Klassenbedeutung in drei Gruppen einteilen: Negationspräfixe (9.2.1.2.1), Steigerungspräfixe (9.2.1.2.2) und Präfixe der Orientierung (9.2.1.2.3).

9.2.1.2.1 Negationspräfixe

Als Negationspräfixe von Adjektiven kommen die einheimischen Präfixe *nicht-, un-* und *miß-* vor; als Lehnpräfixe, die sich nur mit gleichfalls entlehnten Lexemen verbinden, sind *in-, a-, dis-/des-* und *non-* zu verzeichnen. Ebenso wie die Negationspräfixe der Nomina unterscheiden sie sich aber durch Nuancen voneinander.

(1) Das Negationspräfix *nicht-*

Die Form *nicht-* ist das neutralste Negationspräfix, das dem Hörer in bezug auf die Bedeutung der Grundform einen generellen Erwartungsstopp ohne jede weitere wertende Konnotation nahelegt:

eine nichtamtliche Mitteilung	*eine nichtöffentliche Sitzung*
nichtstaatliche Angelegenheiten	*nichtrostendes Metall*

Bei den lexikalisierten Adjektiv-Negationen dieses Typs ist die Zusammenschreibung des Morphems *nicht-* mit dem Adjektiv die Regel; bei weniger geläufigen, spontanen oder komplexen Bildungen ist auch die Schreibweise mit Bindestrich möglich:

die nicht-hauptamtlichen Lehrkräfte	*die nicht-aristotelische Dramaturgie*
nicht-wiederkäuende Pflanzenfresser	*nicht-ionische Tenside*

Durch die Negation eines beliebigen Adjektivs mit dem Präfix *nicht-* können leicht zweigliedrige Paradigmen hergestellt werden, die insbesondere in Fachsprachen zur binären Klassifizierung von Gegenständen oder Sachverhalten genutzt werden. Der Adjektiv-Wortschatz kann so fast beliebig vermehrt werden. Zum Vergleich:

AFFIRMATION	NEGATION
metallische Elemente	*nichtmetallische Elemente*
leitende Metalle	*nichtleitende Metalle*

die euklidische Geometrie	*die nicht-euklidische Geometrie*
indogermanische Sprachen	*nicht-indogermanische Sprachen*

Neben *nicht-* erscheint auch das Negationsmorphem *nichts-* in komplexen deverbalen Adjektiven und Neutral-Partizipien:

ein nichtsnutziger Ehemann	*ein nichtswürdiger Lump*
die nichtsahnende Ehefrau	*eine nichtssagende Antwort*

(2) Das Negationspräfix *un-*

Dieses Präfix ist das häufigste Negationspräfix bei Adjektiven. Es bringt ebenso wie das Präfix *nicht-* einen Erwartungsstopp hinsichtlich der Bedeutung der Grundform zum Ausdruck und kann auf diese Weise negative Gegenformen zu Adjektiven bilden, die im Lexikon keine eindeutigen Antonyme haben:

ein unsterbliches Kunstwerk	*mit unverdrossenem Fleiß*
ein unbequemer Stuhl	*der unbestimmte Artikel*

Im Unterschied zu dem normneutralen Präfix *nicht-* wird mit *un-* häufig auf eine Norm negativ wertend Bezug genommen. Das Fehlen einer Eigenschaft wird damit als negative Normabweichung charakterisiert. Zur Unterscheidung:

EINFACHER ERWARTUNGSSTOPP	NEGATIVE NORMABWEICHUNG
eine nicht-ästhetische Einstellung	*ein höchst unästhetischer Anblick*
die nichtchristlichen Einwohner	*ein sehr unchristliches Verhalten*
eine nichtberechenbare Kurve	*ein unberechenbarer Charakter*

Aus diesem Grund kann auch nicht jedes beliebige Adjektiv mit *un-* negiert werden. Dieses Negationspräfix ist vielmehr solchen Adjektiven vorbehalten, die zu irgendeiner (zum Beispiel sozialen, ethischen oder ästhetischen) Norm in Beziehung stehen. Die einfache, affirmative Form des Adjektivs (die durch das seltene Affirmationspräfix *wohl-* unterstrichen werden kann) gibt dann die normgemäße, ihre mit *un-* negierte Form die normwidrige Bedeutung an.

AFFIRMATIVES ADJEKTIV NORMGEMÄSS	NEGIERTES ADJEKTIV NORMWIDRIG
der (wohl-)vorbereitete Kandidat	*ein völlig unvorbereiteter Prüfling*
eine sichere Argumentation	*eine unsichere Argumentation*
ein ziemlich erfreuliches Ergebnis	*ein ziemlich unerfreuliches Resultat*

Nur in seltenen Fällen verbindet sich *un-* auch mit solchen elementaren Adjektiven, zu denen ein lexikalisches Antonym existiert. Da nun das mit *un-* negierte Adjektiv seiner Form nach nur die Geltung des affirmativen Adjektivs negativ abwehrt und somit einen weiteren Bedeutungsbereich abdeckt als das lexikalische Antonym, das seine eigene Geltung mitbringt, ist es auch weniger scharf konturiert als dieses und bringt folglich ein weniger scharfes Urteil zum Ausdruck. So kann man von der Norm der Höflichkeit bei einem *unfeinen* Benehmen vielleicht nur um ein geringes abgewichen sein, ohne daß es sich dabei notwendig schon um ein *grobes* Benehmen handeln müßte. Auf diesen Strukturgesetzen beruht auch die (»logische«) Unterscheidung zwischen einem (nur) kontradiktorischen und einem konträren Gegensatz. Man unterscheidet also:

AFFIRMATIVES ADJEKTIV	NEGIERTES ADJEKTIV KONTRADIKTORISCH	LEXIKALISCHES ANTONYM KONTRÄR
ein kluger Einwand	*ein unkluger Einwand*	*ein dummer Einwand*
ein gutes Gefühl	*ein ungutes Gefühl*	*ein schlechtes (böses) Gefühl*
schöne Kleidung	*unschöne Kleidung*	*häßliche Kleidung*

Das Präfix *un-* verbindet sich in diesen Fällen immer mit demjenigen Adjektiv, das die positive Geltung der Norm angibt. Entsprechend können Adjektive, die bereits mit den Halbsuffixen *-los, -leer, -frei* oder *-arm* negiert sind, nicht mit *un-* verbunden werden. In einigen Fällen konkurrieren allerdings Präfix- und Suffixnegationen:

PRÄFIXNEGATION	SUFFIXNEGATION
ein untreuer Freund	*ein treuloser Freund*
ein ungefährlicher Plan	*ein gefahrloser Plan*
ein unwirksames Medikament	*ein wirkungsloses Medikament*

In den meisten Fällen ist aber bereits durch das Lexikon vorentschieden, ob die Negation eines Adjektivs durch das Präfix *un-* oder durch eines der genannten Negationssuffixe bewirkt wird.

Farb- und Stoffadjektive brauchen gewöhnlich nicht negiert zu werden. Soll hier aber dennoch eine Negation ausgedrückt werden, so kann das nur mit dem Präfix *nicht-* geschehen, da diese Adjektive normalerweise nicht auf eine Norm bezogen sind, weshalb das Präfix *un-* nicht in Frage kommt: *alle nichtgelben Farben, ein nichtseidenes Material.*

Zu einigen Adjektiven, die mit *un-* präfigiert sind, gibt es keine affirmativen Antonyme:

eine ungestüme Geste	*die unersetzliche Vase*
eine ungeheure Beleidigung	*unaufhörliche Beschwerden*

Bertolt Brecht macht in seinem Dramentitel »Der aufhaltsame Aufstieg des Arturo Ui« von der poetischen Lizenz Gebrauch, ein neues Adjektiv zu bilden, denn es kommt in der deutschen Sprache sonst nur das negierte Adjektiv *unaufhaltsam* vor.

(3) Das Negationspräfix *miß-*

Das (immer betonte) Präfix *miß-* kommt in einigen Adjektiven vor, die von präfigierten Nomina mit dem gleichen Präfix abgeleitet sind (*ein mißtrauischer Mensch*), sowie als Präfix vor Adjektiven, die auch häufig Partizipien sind (*ein mißvergnügter Vorgesetzter*). Davon zu unterscheiden ist das (immer unbetonte) Präfix *miß-* bei Verben, das auch im deverbalen Rückpartizip nicht betont wird. In allen Verwendungen kann das Präfix *miß-* zusätzlich zur Negations-Bedeutung eine besonders starke Normabweichung nach unten charakterisieren und folglich eine pejorative Bedeutung indizieren.

BETONTES NOMINALPRÄFIX *miß-*	BETONTES ADJEKTIVPRÄFIX *miß-*	UNBETONTES VERBALPRÄFIX *miß-*
ein mißtrauischer Mensch [´ - - -]	*ein mißgestimmter Alter* [´ - - -]	*der mißratene Sohn* [- ´ - -]
mißgünstige Kollegen [´ - - -]	*ein mißtönender Pfeifton* [´ - - -]	*ein mißglückter Versuch* [- ´ -]

(4) Lehnpräfixe

Bei Lehnlexemen wird die Negation teils durch das einheimische Präfix *un-* (*eine undramatische Aufführung*), teils durch verschiedene Lehnpräfixe signalisiert. Unter diesen ist das Präfix *in-* mit seinen vom Anlaut des Adjektivs abhängigen Varianten *il-*, *im-* und *ir-* das häufigste. Seltener werden die Negationspräfixe *a-* (Variante vor Vokalen *an-*), *dis-/des-* und *non-* gebraucht:

NEGATION MIT *in-* UND SEINEN VARIANTEN	NEGATION MIT ANDEREN LEHNPRÄFIXEN
ein inoffizieller Besuch	*das apolitische Klima*
ein illegitimes Verlangen	*ein disharmonisches Verhältnis*
sein impertinentes Benehmen	*ein desinteressierter Partner*
ein irreales Vorhaben	*nonverbales Verhalten*

Teilweise sind diese Bildungen bereits aus der jeweiligen Herkunftssprache als fertige Derivate entlehnt worden, so daß im heutigen Deutsch keine entsprechende Grundform existiert.

Die Präfixe *quasi-* und *pseudo-* bringen neben der Negation außerdem noch zum Ausdruck, daß eine Norm, die für die Grundform gilt, nicht erreicht ist:

ein quasimoralischer Grundsatz	*eine pseudowissenschaftliche Argumentation*
quasiromantische Gefühle	*ein pseudokritischer Einwand*

Fachsprachlich werden die Präfixe *quasi-* und *pseudo-* vielfach nicht subjektiv wertend, sondern objektiv klassifizierend gebraucht:

quasikristalline Eigenschaften	*pseudomorphe Minerale*
quasioptische Brechungen	*pseudotuberkulöse Bakterien*

Beim Adjektiv sind die hier genannten die wichtigsten Präfixe für Ableitungen zum Ausdruck einer Minderung. Für die Kennzeichnung der Normunterbietung werden sonst beim Adjektiv eher Suffixe (*eine längliche Form, ein rötlicher Schimmer*) oder Adjektiv-Komposita (*blaßgrüne Farbgebung, lauwarmes Wasser*) verwendet.

9.2.1.2.2 Steigerungspräfixe

Mit Hilfe der verschiedenen Steigerungspräfixe wird der Hörer angewiesen, die Bedeutung der Grundform als deutlich über der Norm liegend anzusehen. Vorausgesetzt ist dabei eine Adjektivbedeutung, für die eine Norm vorhanden ist. Vom Intensitätsgrad der Steigerung her sind die präfigierten Adjektive mit Wortgruppen vergleichbar, die aus den Intensitäts-Adverbien *sehr* oder *recht* und der Positivstufe des Adjektivs bestehen; die Steigerungsbildungen weisen diesen gegenüber aber eine eher affektive oder expressive Komponente auf:

ADVERB + ADJEKTIV	STEIGERUNGSBILDUNG
ein sehr kalter Winter	*ein bitterkalter Wind*
eine sehr finstere Nacht	*ein stockfinsterer Wald*
ein sehr müder Junge	*das todmüde Kind*
ein recht eiliges Anliegen	*ein brandeiliger Ritt*

Die Klasse der Steigerungspräfixe bildet kein fest abgrenzbares Paradigma. Neben einigen Morphemen, die ausschließlich als Präfixe dienen (*eine urgemütliche Wirtschaft, der hypersensible Stammgast*), findet man hauptsächlich Nomina (*der grundehrliche Wirt*) und Adjektive (*ein hochvornehmer Wagen*).

Weitere Bildungen mit den Steigerungspräfixen *tief-, voll-, hoch-/höchst-* und *extra-* gehören inzwischen dem standardsprachlichen Stilregister an:

eine vollautomatische Küche	*tiefblaue Vorhänge*
ein extrabreites Fenster	*die hochmoderne Wohnung*

Steigerungsbildungen mit einem nominalen Präfix gehen zum großen Teil auf Vergleichsbildungen mit nominaler Bestimmungsform (vgl. 9.2.2.1) zurück. Diese Nomina sind aber in ihrer Bedeutung so sehr abgeschwächt, daß sie im Dienste der adjektivischen Wortbildung nur noch eine Steigerung oder Intensivierung der adjektivischen Grundbedeutung zum Ausdruck bringen. Solche Steigerungsbildungen sind in spontaner Sprache außerordentlich produktiv, bleiben aber häufig auf das umgangssprachliche Stilregister beschränkt. Nicht selten kommt es zu Lexikalisierungen. Ein Steigerungspräfix, das mit einer bestimmten Grundform lexikalisiert ist, kann sich daher nicht mehr unbeschränkt mit anderen Adjektiven verbinden:

ein mordshungriger Gast	*die stocktaube Bedienung*
ein blitzblanker Tisch	*eine riesengroße Portion*

Insbesondere in der Jugendsprache und der kommerziellen Werbesprache kommt es hier zu einem häufigen Wechsel der gerade als besonders ausdrücklich geltenden Steigerungsbildungen und ihrer modischen Konnotationen:

eine superscharfe Disco	*affenstarke Musik*
topmodische Kleidung	*knallrote Hosen*

Die Bedeutungen der solchermaßen verstärkten Adjektive nutzen sich jedoch schnell ab.

9.2.1.2.3 Präfixe der Orientierung

Diese Präfixe dienen der Situierung von Adjektiven in einem Orientierungsrahmen des Raumes, der Zeit oder der Argumentation. Die Klasse der Orientierungspräfixe enthält einheimische Präfixe (zum Beispiel *vor-*, *inner-*) und entlehnte Präfixe (zum Beispiel *sub-*, *extra-*). Die entlehnten Präfixe werden häufig zur Terminologiebildung in Fachsprachen verwendet.

(1) Einordnung in einen räumlichen Rahmen

Die Präfixe der räumlichen Orientierung determinieren eine Adjektivbedeutung unter dem Gesichtspunkt der Position. Das kann auch eine argumentativ geltende »Topik« sein. Diese Präfix-Adjektive stehen einander teilweise als Oppositionspaare gegenüber:

innerparteiliche Schwierigkeiten	*außerparlamentarische Opposition*
eine oberirdische Leitung	*unterirdische Bodenschätze*
überdurchschnittliche Begabung	*unterdurchschnittliche Leistungen*
internationale Verhandlungen	*die transsibirische Eisenbahn*
interdisziplinäre Forschung	*transuranische Elemente*
intravenöse Ernährung	*extraterritoriale Herrschaft*

(2) Einordung in einen zeitlichen Rahmen

In einen zeitlichen Rahmen werden Adjektive durch das Präfixpaar *vor-/nach-* beziehungsweise die Lehnpräfixe *prä-/post-* eingeordnet. Die

Grundform gibt hier meistens den Bezugspunkt an, an dem sich die zeitliche Situierung orientiert:

ein vorklassisches Werk | *die nachnapoleonischen Zeiten*
vorrevolutionäre Unruhen | *das nachkommunistische Rußland*
prähistorische Funde | *die postmoderne Architektur*
das präkolumbische Amerika | *eine postoperative Behandlung*

(3) Einordnung in einen Argumentationsrahmen

In einen Rahmen der Argumentation werden Adjektive hauptsächlich durch die Lehnpräfixe *pro-* und *anti-* eingeordnet. Durch sie wird die Bedeutung des Adjektivs auf öffentliche Zustimmung oder Ablehnung hin orientiert:

proislamische Tendenzen | *die antiautoritäre Erziehung*

Das Präfix *wider-* bringt eine scharf negative Argumentationslage zum Ausdruck:

ein widersinniger Plan | *widerwillige Zustimmung*

9.2.2 Komposition beim Adjektiv

Wenngleich für die Wortbildung des Adjektivs die Derivation das zentrale Verfahren ist, so gibt es doch im Wortschatz des Deutschen auch zahlreiche Adjektiv-Komposita, nach deren Muster »ad hoc« neue Zusammensetzungen gebildet werden können. Dadurch erfährt insbesondere der fachsprachliche Wortschatz eine beträchtliche Erweiterung. In jüngerer Zeit ist die Komposition mit Partizipien als Grundformen besonders beliebt. Als Bestimmungsformen von Adjektiv-Komposita treten Nomina, Adjektive, Verben und in seltenen Fällen auch morphematische Sprachzeichen auf.

9.2.2.1 Komposita mit nominaler Bestimmungsform

Ist die Bestimmungsform eines Adjektiv-Kompositums ein Nomen, so treten wie bei der Nominal-Komposition verschiedene Fugenelemente in der Kompositionsfuge auf. Es sind auch die gleichen Fugentypen wie dort (vgl. 9.1.2.1.3).

N-Fuge	*-n-*	*rosenrot, klassenbewußt*
	-en-	*menschenfreundlich, bärenstark*
E-Fuge	*-e-*	*hundemüde, jahrelang*
R-Fuge	*-er-*	*kinderlieb, göttergleich*
S-Fuge	*-s-*	*hilfsbedürftig, förderungswürdig*
	-es-	*landesüblich, bundesweit*
	-ns-	*willensschwach, friedensfähig*
	-ens-	*herzensgut, schmerzensreich*
Null-Fuge	*-Ø-*	*wasserscheu, umweltbewußt*

In einigen Fällen dienen die Kompositionsfugen auch als Numerusfugen. Dabei ist ebenso wie bei den Numerusfugen der Nominalkomposita formale Übereinstimmung mit den Flexiven der Numerus-Deklination vorausgesetzt. Zum Vergleich:

NUMERUS IN DER DEKLINATION	NUMERUSFUGE
die Welt/die Welten	*weltweit/weltenumspannend*
die Kraft/die Kräfte	*kraftsparend/kräftezehrend*

Mehrfach-Komposita treten bei Adjektiven in der Gemeinsprache seltener, in Fachsprachen häufiger auf:

seitenwindempfindlich	*warenzeichengeschützt*
glasfaserverstärkt	*mehrwertsteuerpflichtig*

Als Bestimmungsform kann, vor allem bei Partizipial-Komposita, auch ein Abkürzungswort oder – seltener – ein Eigenname dienen (Bindestrich!):

eine EDV-unterstützte Planung	(*EDV* = ›elektronische Datenverarbeitung‹)
die SPD-regierten Bundesländer	(*SPD* = ›Sozialdemokratische Partei Deutschlands‹)
Brecht-geschulte Leser	*Olympia-erfahrene Sportler*

In bezug auf die Bedeutung aller Adjektiv-Komposita ergeht zunächst an den Hörer die allgemeine Determinationsanweisung, für die genaue

Textbedeutung der adjektivischen Grundform die Bedeutung der nominalen Bestimmungsform als verdeutlichenden Gesichtspunkt heranzuziehen. Wie diese Determinationsbeziehung im einzelnen beschaffen ist, hängt von der lexikalischen Bedeutung der beiden Bestandteile und von dem weiteren Kontext ab; im Kompositum selber ist sie nicht ausgedrückt. So können selbst Adjektiv-Komposita mit gleicher Grundform je nach der Bedeutung der Bestimmungsform völlig unterschiedliche Bedeutungen erhalten. Den Ausdruck *ein lawinensicheres Gebiet* beispielsweise wird jedermann aufgrund seines Kontext-, Wort- oder Weltwissens auf das Ausbleiben von Lawinen beziehen, während man den in der Grundform gleichen Ausdruck *ein schneesicheres Gebiet* im Kontext des Wintersports selbstverständlich so verstehen wird, daß gerade das Vorhandensein von Schnee garantiert ist.

Eine vergleichbare Bedeutungsvielfalt gilt zum Beispiel auch für die folgende Reihe von Adjektiv-Komposita mit der Grundform *-blind*:

nachtblind	›blind bei Nacht‹
schneeblind	›blind vom Schnee‹
kriegsblind	›blind durch eine Kriegsverletzung‹
farbenblind	›blind hinsichtlich der Unterscheidung bestimmter Farben‹
betriebsblind	›blind gegenüber den Mängeln im eigenen Betrieb‹
geschichtsblind	›blind gegenüber den Lehren aus der historischen Entwicklung‹

Bei relationalen Adjektiven, bestimmten Partizipien und Adjektiven mit Valenz-Eigenschaften wie *kundig, ähnlich, abhängig* kann eine nominale Bestimmungsform diejenige Stelle besetzen, die einem Adjunkt oder einer Handlungsrolle zu diesem Adjektiv entspricht.

ein preiswerter Kauf
(›ist den Preis wert‹)

ein zweckdienliches Kleidungsstück
(›dient dem Zweck‹)

tropentauglicher Bewerber
(›taugt für Tropen‹)

erfolgsgewohnte Aufsteiger
(›ist den Erfolg gewohnt‹)

eine vernunftbegabte Person
(›mit Vernunft begabt‹)

eine menschenunwürdige Behausung
(›unwürdig für Menschen‹)

prüfungsrelevante Fragen
(›relevant für die Prüfung‹)

eine sachkundige Mitarbeiterin
(›in der Sache kundig‹)

Bei partizipialen Grundformen ist zu beachten, daß Neutral-Partizipien in der Regel aktivische, Rück-Partizipien hingegen, sofern sie von transitiven Verben gebildet sind, passivische Bedeutung haben. Dabei sind die Rück-Partizipien ihrer Bedeutung nach mit dem Zustands-Passiv, nicht mit dem Vorgangs-Passiv, vergleichbar:

PARTIZIPIAL-KOMPOSITA MIT AKTIVISCHER BEDEUTUNG: NEUTRAL-PARTIZIP	PARTIZIPIAL-KOMPOSITA MIT PASSIVISCHER BEDEUTUNG: RÜCK-PARTIZIP
normabweichendes Verhalten	*ein schneebedeckter Garten*
ein chromblitzender Wagen	*ein rosenbepflanzter Hang*
der freudestrahlende Gewinner	*schadstoffbelastete Flüsse*
postlagernde Sendungen	*die informationsüberflutete Gesellschaft*

Bei Partizipien aus transitiven Verben ist diese Unterscheidung häufig in einer regelhaften Beziehung zwischen Bestimmungsform und Grundform ausgeprägt. Die nominale Bestimmungsform eines aktivischen Neutral-Partizips entspricht in diesen Fällen dem Objekt des Verbs, während die nominale Bestimmungsform eines passivischen Partizipial-Kompositums häufig eine Instanz bezeichnet, die das verbale Handeln verursacht oder vermittelt und bei einem erweiterten Partizip in Form eines Präpositional- oder Genitiv-Adjunkts ausgedrückt würde (*bodenbedeckender Efeu ≈ von Efeu bedeckter Boden*). Vergleiche auch:

PARTIZIPIAL-KOMPOSITA MIT AKTIVISCHER BEDEUTUNG: NEUTRAL-PARTIZIP	PARTIZIPIAL-KOMPOSITA MIT PASSIVISCHER BEDEUTUNG: RÜCK-PARTIZIP
zeitraubende Verhandlungen	*gottgewolltes Schicksal*
vertrauensbildende Maßnahmen	*auf sturmgepeitschten Meeren*
bildungsfördernde Einrichtungen	*eine sagenumwobene Gegend*
ein rufschädigendes Verhalten	*ein blutgetränktes Hemd*
systemverändernde Ansätze	*tränenerstickte Klagen*
strafmildernde Umstände	*ein schmerzverzerrtes Gesicht*

Fachsprachlich ist insbesondere die Komposition mit einem Rück-Partizip ausgeprägt:

eine wechselstromdurchflossene Spule (›von Wechselstrom durchflossene Spule‹)

computerunterstützte Konstruktion (›vom Computer unterstützte Konstruktion‹)

eine sandstrahlgeputzte Fassade (›von Sandstrahl geputzte Fassade‹)

automatengesteuerte Fertigung (›von Automaten gesteuerte Fertigung‹)

Bei Adjektiven, die in ihrem Kontext nicht determinationsbedürftig sind und auch keine Valenz-Eigenschaften haben, ist die Bedeutungsbeziehung zwischen der nominalen Bestimmungsform und der Grundform häufig nicht weiter spezifiziert: die Bestimmungsform bezeichnet einen Bereich, hinsichtlich dessen die im Adjektiv ausgedrückte Eigenschaft Geltung hat. Solche Bildungen sind häufig in der Verwaltungs- und Werbesprache zu finden:

geburtenstarke Jahrgänge

formschöne Möbel

eine klangreine Wiedergabe

leistungsverstärkter Motor

verhaltensauffällige Kinder

ein aromafrisches Wäschestück

zinsverbilligte Kredite

ein karrierebewußter Aufsteiger

Besonders häufig sind unter den Adjektiv-Komposita mit nominaler Bestimmungsform Vergleichsbildungen zu finden. Bei ihnen bezeichnet die Bestimmungsform den Vergleichsgegenstand, mit dem die nominale Basis der Attribution verglichen wird (*Wie*-Vergleich):

stahlharte Kugeln

weizenblondes Haar

eine federleichte Turnerin

ein kornblumenblauer Pullover

seidenweiches Material

papierdünne Taschentücher

ein grasgrüner Anstrich

ein messerscharfes Urteil

Von den Adjektiv-Komposita mit nominaler Bestimmungsform weisen insbesondere einige fachsprachliche Bildungen ein hohes Maß an inhaltlicher Verdichtung auf, wobei der Verdichtungsgrad von Nominalkomposita erreicht oder sogar übertroffen werden kann. Die Bedeutung solcher lexikalisierter Adjektiv-Komposita läßt sich folglich nur umständlich umschreiben:

ein lohnintensives Produktionsverfahren	›ein Produktionsverfahren, das mit einem hohen Anteil der Lohnkosten an den Gesamtkosten verbunden ist‹
ein datenschutzsensibles Thema	›ein Thema, bei dem es um Daten geht, die besonders gut geschützt werden müssen‹
eine sternklare Nacht	›eine Nacht, die so klar ist, daß man die Sterne sehen kann‹

9.2.2.2 Komposita mit adjektivischer Bestimmungsform

Adjektivische Bestimmungsformen dienen häufig dazu, die Bedeutung eines Adjektivs mehr oder weniger fein zu skalieren. Diese applikative Nuancierungsleistung zeigt sich besonders ausgeprägt bei Farbadjektiven, die nach Helligkeitswerten oder Mischtönen differenziert sind.

ein blaßblaues Seidenband	*dunkelrote Rosen*
die hellgrünen Triebe	*eine zartgelbe Tönung*
ein mattweißer Schimmer	*ein rotbraunes Fell*
ein buntbedruckter Stoff	*blondgefärbte Haare*

Häufig entstammen adjektivische Bestimmungsformen dem binär geordneten Bereich elementarer Simplex-Adjektive, so daß auch die entsprechenden Adjektiv-Komposita Paare bilden:

weichgekocht/hartgekocht	*hochdeutsch/niederdeutsch*
dickflüssig/dünnflüssig	*heißblütig/kaltblütig*
gutgehend/schlechtgehend	*schwerverletzt/leichtverletzt*

Bei einer Reihe von lexikalisierten Adjektiv- und insbesondere Partizipial-Komposita hat die adjektivische Bestimmungsform eine Komparativ- oder Superlativ-Form. In diesen Fällen handelt es sich jedoch nicht um die Steigerung eines Kompositums mit adjektivischer Bestimmungsform, sondern vielmehr um Norm-Komparative oder Norm-Superlative, die sich in einer gegebenen Situation auf eine Gewohnheitsnorm beziehen (vgl. 5.3.4):

ein besserverdienender Herr	*tieferliegende Gründe*
längerfristige Planung	*höhergelegene Wälder*
weitergehende Forderungen	*weitestgehende Übereinstimmung*

Sofern von Adjektiv-Komposita mit adjektivischer Bestimmungsform überhaupt echte Komparative gebildet werden können, geschieht dies entweder mit Hilfe des Komparativ-Morphems *-er* an der Grundform, oder man steigert das Adjektiv und löst dabei gleichzeitig das Kompositionsgefüge auf:

/*dieser Klebstoff ist ziemlich dickflüssig, der andere ist aber noch etwas dickflüssiger*/

/*ich würde statt des kleingemusterten ein noch kleiner gemustertes* Design *vorziehen*/

Echte Superlative können von adjektivischen Bestimmungsformen nur sehr selten gebildet werden:

das bestmögliche Ergebnis	*die größtmögliche Summe*
der nächstfolgende Punkt	*die kürzestmögliche Strecke*

Eine Auflösung hochkomplexer Adjektiv-Komposita kommt auch bei Rück-Partizipien vor. Bei prädikativem Gebrauch sind diese Komposita nämlich manchmal höchstens orthographisch durch ihre Zusammenschreibung von einem Vorgangs- oder Zustands-Passiv zu unterscheiden. Da die Orthographie letztlich aber nur ein schwacher Anhaltspunkt für die Analyse und Beschreibung ist, wird hier auf eine eindeutige Trennung verzichtet:

ATTRIBUTIV GEBRAUCHTES PARTIZIPIAL-KOMPOSITUM	ZUSTANDS-PASSIV / PRÄDIKATIVES PARTIZIPIAL-KOMPOSITUM	VERBALES VORGANGS-PASSIV
/*der frischgestrichene Zaun*/	/*der Zaun ist frisch gestrichen* (oder: *frischgestrichen*)/	/*der Zaun ist frisch gestrichen worden*/
/*ein neuentwickeltes Material*/	/*das Material ist neu entwickelt* (oder: *neuentwickelt*)/	/*das Material ist neu entwickelt worden*/

Ist bei Adjektiv-Komposita die adjektivische Grundform ihrerseits ein komplexes, bereits suffigiertes Sprachzeichen (zum Beispiel *kleinbürgerlich/großbürgerlich, kleinstädtisch/großstädtisch*), so kann nicht immer zweifelsfrei entschieden werden, ob dieses Adjektiv auf die Komposition zweier Adjektive (*klein* + *bürgerlich*) oder auf Suffix-Ableitung eines Nominal-Kompositums mit adjektivischer Bestimmungsform zurückzuführen ist (*Kleinbürger* + *lich*).

Wenn in einem Kompositum Adjektiv + Adjektiv nur ein geringes Determinationsgefälle zwischen Bestimmungsform und Grundform besteht, da die beiden Adjektive dem gleichen Bedeutungsfeld entstammen und folglich nur einen geringen semantischen Abstand haben, so entsteht ein Koordinativ-Kompositum. In ihm wird der Hörer angewiesen, ähnlich wie in einer Junktion mit *und,* beide Eigenschaften als (fast) gleichgewichtig und gleichzeitig geltend anzunehmen. Die Bindestrich-Orthographie, die bei adjektivischen Koordinativ-Komposita die Regel ist, kann dabei als formaler Anhaltspunkt für das Vorliegen einer koordinativen Beziehung gelten. Besonders produktiv ist dieser Typ im Bereich der Farbadjektive, wo mit einem Koordinativ-Kompositum das unvermischte Nebeneinander mehrerer Farben bezeichnet werden kann:

die schwarz-rot-goldene Fahne — *der Fußballclub Rot-Weiß Essen*

ein grün-blau karierter Rock — *eine schwarzweiß gefleckte Katze*

Auch Adjektive, die von Orts- oder Bewohnernamen abgeleitet sind, treten häufig zu Koordinativ-Komposita zusammen:

die deutsch-spanischen Beziehungen — *entlang der deutsch-französischen Grenze*

Adjektivische Koordinativ-Komposita dienen ferner dem Ausdruck von abstrakten politischen oder sozialen Werten:

technisch-industrieller Fortschritt — *die Christlich-Soziale Union*

Auch bei der fachsprachlichen Klassifikation im Grenzbereich der Fächer verwendet man gerne Koordinativ-Komposita:

physikalisch-technische Assistentinnen — *die chemisch-pharmazeutische Industrie*

Werden Adjektive, die dem gleichen Bedeutungsfeld angehören, aber in ihm gegensätzliche Bedeutung haben, zu einem Koordinativ-Kompositum zusammengesetzt, so können durch diese mehr oder weniger paradoxe Beziehung die besonderen stilistischen Wirkungen eines »Oxymorons« erzielt werden:

eine bittersüße Romanze — *eine schaurig-schöne Geschichte*

Auch in der Sprache der Werbung sind adjektivische Koordinativ-Komposita sehr beliebt:

ein modisch-eleganter Mantel	*jugendlich-sportlicher Stil*
herb-trockener Wein	*fruchtig-rassiger Geschmack*

Lexikalisierte Koordinativ-Komposita sind etwa *naßkalt* ›naß und kalt‹, *dummdreist* ›dumm und dreist‹ sowie *taubstumm* ›taub und stumm‹.

9.2.2.3 Komposita mit verbalen und anderen Bestimmungsformen

Hier finden sich vor allem solche Bildungen, bei denen die adjektivische Grundform eine Einstellung oder Disposition ausdrückt; durch ihre verbale Bestimmungsform wird sie auf einen Handlungszusammenhang bezogen. Da diese Adjektivbildungen zum Teil serienhaft ausgebildet sind, so daß sich die Bedeutung des Adjektivs abschwächt, bilden diese Komposita einen stufenlosen Übergang zu den Halbsuffixen (vgl. 9.2.1.1.3). Bei verbaler Bestimmungsform kommt nur die Nullfuge vor:

EINSTELLUNG	DISPOSITION
lernwillige Schüler	*ein schreibgewandter Autor*
eine fernsehmüde Familie	*der fahrtüchtige Wagen*
ein raffgieriger Unternehmer	*kein tragfähiger Ansatz*

Es treten auch lexikalisierte Bildungen auf:

röstfrischer Kaffee	*kochechte Hemden*
tropfnasse Wäsche	*ein bettelarmer Student*

Morpheme kommen als Bestimmungsformen eines Adjektivs nur vereinzelt vor. Es handelt sich dabei vorwiegend um Pronomina, die in der kontextuellen Nachbarschaft des Adjektivs lexematische Bedeutung haben, sowie um Adverbien:

das ichsüchtige Kind	*eine wirbezogene Einstellung*
ein selbstgerechter Standpunkt	*selbstherrliche Eltern*
rechtsdrehende Milchsäure	*ein linksbündiger Schriftsatz*

Einige dieser Adjektive sind heute demotiviert, zum Beispiel *selbständig* und *selbstverständlich.*

9.2.3 Adjektivische Wortbildung im Text

Auch für den Bereich des Adjektivs gilt, daß die Wortbildung ihren eigentlichen Sinn erst zeigt, wenn man sie im Textrahmen betrachtet. Wir analysieren daher im folgenden einige Formen adjektivischer Wortbildung an einem Text. Er ist entnommen der Erzählung »Schischyphusch oder Der Kellner meines Onkels« von Wolfgang Borchert (1921–1947). In diesem Textabschnitt ist von zwei Personen gegensätzlichen Charakters die Rede; es sind der Kellner, an dem nicht nur der Körper, sondern auch die Seele klein ist, und der Onkel, der ihm mit imposanter Größe und festem Selbstbewußtsein gegenübersteht. Gemeinsam haben sie nur eines: ihren Sprachfehler. Sie haben beide »eine zu kurze Zunge« und sprechen daher den *s*-Laut als *sch* [ʃ] aus, also *Schischyphusch* statt *Sisyphus.* Der Kontrast der beiden menschlichen Dimensionen spiegelt sich nun auch in den Adjektiven, mit denen der Autor seine Personen beschreibt. Unter ihnen sind auffällig viele komplexe Bildungen. Sie sind im folgenden Text unterstrichen, fortlaufend numeriert und werden textgrammatisch kommentiert.

TEXT:

So standen sie nun und sahen sich an. Beide mit einer zu kurzen Zunge, beide mit demselben Fehler. Aber jeder mit einem völlig (1) *anderen Schicksal.*
Klein, verbittert (2), *verarbeitet* (3), *zerfahren* (4), *fahrig* (5), *farblos* (6), *verängstigt* (7), *unterdrückt* (8): *der Kellner. Der kleine Kellner. Ein richtiger* (9) *Kellner: Verdrossen* (10), *stereotyp* (11) *höflich* (12), *geruchlos* (13), *ohne Gesicht, numeriert, verwaschen* (14) *und trotzdem leicht schmuddelig* (15). *Ein kleiner Kellner. Zigarettenfingrig* (16), *servil* (17), *steril, glatt, gut gekämmt, blaurasiert* (18), *gelbgeärgert* (19), *mit leerer Hose hinten und dicken Taschen an der Seite, schiefen Absätzen und chronisch* (20) *verschwitztem* (21) *Kragen – der kleine Kellner.*

TEXTGRAMMATISCHER KOMMENTAR:

(1) *völlig*: Deadjektivische Ableitung von *voll* mit Hilfe des Adjektiv-Suffixes *-ig*. Das Derivat wird nur applikativ gebraucht und hat schon fast den Charakter eines Intensitäts-Adverbs angenommen.
(2/3/7/10/14/21) Die Adjektive *verbittert, verarbeitet, verängstigt, verdrossen, verwaschen* und *verschwitzt*, die mit Ausnahme des letzteren, das attributiv gebraucht ist, in einer Appositionsreihe stehen und daher keine Flexive haben, zeigen eine parallele Wortbildung. Sie haben alle die Form von Rück-Partizipien. Es gibt also neben ihnen die finiten Verben *verbittere, verarbeite, verängstige, verdrieße, verwasche* und *verschwitze*, doch sind diese viel seltener als die Rück-Partizipien, die für den gewöhnlichen Sprachgebrauch

Und mein Onkel? Ach, mein Onkel! Breit, braun, brummend, baßkehlig (22), *laut, lachend, lebendig* (23), *reich, riesig* (24), *ruhig* (25), *sicher, satt, saftig* (26) - *mein Onkel! Der kleine Kellner und mein großer Onkel. Verschieden wie ein Karrengaul vom Zeppelin. Aber beide kurzzungig* (27).[1]

längst den Wert von Adjektiven haben und sich als solche auch manchmal in ihren Bedeutungen von den entsprechenden Verben entfernt haben, wie das Wörterbuch im einzelnen ausweist. Charakteristisch für die Reihe dieser Adjektive ist auch die allen gemeinsame Präfigierung mit *ver-*, dessen Bedeutung die Kleinheit des Kellners ins Abwegige »ver-« schiebt.

(4) *zerfahren*: Lexikalisiertes Rück-Partizip, zu dem keine finite Verbform existiert. Das Präfix *zer-* trägt dazu bei, den kleinen Kellner als einen Menschen zu kennzeichnen, der keine klaren Charakterkonturen hat.
(5) *fahrig*: Derivations-Variante zu (4), gebildet mit dem Suffix *-ig*. Dieses trägt zwar von sich aus nicht zur »kleinen« Personencharakterisierung bei, bringt aber die Bedeutung der Grundform *fahr-* voll zur Geltung.
(6 / 13) *farblos/geruchlos*: Denominale Ableitungen mit Hilfe des Halbsuffixes *-los*, das oft eine pejorative Konnotation mit sich bringt, wie sie hier zur perspektivischen Beschreibung des Kellners paßt.
(8) *unterdrückt*: Adjektivisch gebrauchtes Rück-Partizip, das zum Verb *unterdrücke* gehört. Das Präfix *unter-*, das die niedrige gesellschaftliche Position des Kellners kennzeichnet, kann gleichermaßen als adjektivische wie als verbale Ableitungsform beschrieben werden.
(9) *richtiger*: Formal ein Derivat mit dem Adjektiv-Suffix *-ig*, aber für das Sprachbewußtsein längst eine Simplexform mit eigener Bedeutung neben dem Adjektiv *recht* und dem Verb *richte*. Hier dient das attributive Adjektiv *richtig* nur dazu, der Bedeutung des Nomens *Kellner* Prägnanz zu verleihen, so daß es sich fast um eine nominale Steigerungsform handelt.
(11) *stereotyp*: Applikativ gebrauchtes Adjektiv griechischer Herkunft mit der Bedeutung ›starr‹. Die griechische Wortbildung aus *stereo-* und *-typ* wird gemeinsprachlich nicht mehr als solche empfunden, so daß dieses Adjektiv für das allgemeine Sprachbewußtsein als Simplexform gilt.
(12) *höflich*: Etymologisch gesehen ein denominales Derivat von *(Fürsten-)Hof* mit dem Adjektiv-Suffix *-lich*, das die Bedeutung der Grundform zur Geltung bringt. Seitdem die Höflichkeit aber kein Privileg der Höfe mehr ist, wird das Adjektiv *höflich* vom allgemeinen Sprachbewußtsein nicht mehr als Derivat, sondern als Simplexform empfunden.

---

1) Wolfgang Borchert: »Schischyphusch oder Der Kellner meines Onkels«, in: *Das Gesamtwerk*, Hamburg 1982, S. 288.

(15) *schmuddelig*: Umgangssprachliches Adjektiv, das durch die Kombination eines Kurzvokals mit vielen weichen Konsonanten (kein stimmloser Verschlußlaut dabei!) lautmalerisch wirkt. Die Grundform *schmuddel-* kommt als freies Lexem selten vor; das Suffix *-ig* bringt hier also eine undeutliche Konnotation und keine klare Denotation zum Ausdruck, was ja auch der Thematik des Textes entspricht.
(16) *zigarettenfingrig*: Ein spontan gebildetes Kompositum, dessen Grundform *-fingrig* überdies ein denominales Derivat auf *-ig* ist. Der Leser muß die genaue Bedeutung dieser Ad-hoc-Form aus der Situation erschließen. Er kann wählen zwischen der (trivialen) Deutung, daß die Finger des Kellners braun vom Zigarettenrauchen sind, und der (thematisch) interessanten Deutung, daß seine Finger so schmal und dünn wie Zigaretten sind. Also ein Kompositum mit metaphorischer Bedeutung: eine »kühne Metapher« als Wortbildungsverfahren.
(17) *servil*: Als Lehnwort aus dem Lateinischen für das deutsche Sprachbewußtsein eine Simplexform. Aber das lateinische Derivationsmuster *servilis* [– ≐ –] aus *servus* ›Sklave‹ und *-ilis* kann gleichwohl auch im Deutschen als bis zu einem gewissen Grade produktiv angesehen werden. Das beweist das nächste Adjektiv *steril*, das gleichsam mit ihm reimt. Aber hier liegt eine lateinische Wortform zugrunde, die zwar ebenfalls mit dem Suffix *-ilis* gebildet ist, aber anders betont wird: *sterilis* [≐ – –]. Die Verlegung des Wortakzentes auf die Suffixform *-ilis* [≐ –] ist deutscher Wortbildung zuzuschreiben.
(18 / 19) *blaurasiert / gelbgeärgert*: Parallel gebildete Komposita. Bestimmungsform ist jeweils ein Farb-Adjektiv in unflektierter Form; Grundform ist in beiden Fällen ein Rück-Partizip. Die Komposita sind an dieser Textstelle spontan gebildet und aus dem Kontext ohne weiteres verständlich als anschauliche Charakterisierungen des Kellners in seiner »underdog«-Position.
(20) *chronisch*: Eine »hybride« Wortbildung, bestehend aus der griechischen Grundform *chron-* und dem in der deutschen Sprache einheimischen oder jedenfalls längst heimisch gewordenen Adjektiv-Suffix *-isch*, das aber überhaupt gerne bei Lehnwörtern gebraucht wird. Zum Verständnis des Adjektivs hilft es wenig, wenn man aus zahlreichen Parallelbildungen weiß, daß griech. *chronos* ›Zeit‹ bedeutet; für das allgemeine Sprachbewußtsein ist *chronisch* daher kein Derivat, sondern eine einfache Form.
(22) *baßkehlig*: Ein recht interessant gebildetes Spontan-Kompositum mit dem Nomen *Baß-* als Bestimmungsform und dem Adjektiv *-kehlig* (das selber bereits ein denominales Derivat aus *Kehle* mit dem Suffix *-ig* ist) als Grundform. Es ist im Text nun nicht mehr von dem »kleinen« Kellner, sondern von dem »großen« Onkel die Rede. Der Leser kann die Bedeutung, die der Autor dem Adjektiv *baßkehlig* geben wollte, leicht aus

den unmittelbar voraufgehenden Adjektiven *breit, braun* (= ›braungebrannt‹, ›gesund‹) und vor allem *brummend* erschließen. Der *Baß* des Spontan-Kompositums ist übrigens durch die dreifache *br*-Alliteration dieser Adjektive lautmalerisch vorbereitet.

(23 / 24 / 25 / 26) Die sämtlich mit dem Suffix *-ig* gebildeten Adjektive *lebendig, riesig, ruhig* und *saftig* haben allesamt nominale Grundformen, deren Bedeutungen das Suffix auch in der adjektivischen Form voll zur Geltung bringt: dieser Onkel ist ein *Riese,* und er steckt voller *Leben, Ruhe* und *Saft.* Die Reihe der Adjektiv-Appositionen mit dem positiven Suffix *-ig* für den präpotenten Onkel ist das Gegenbild zu der entsprechenden Reihe mit dem negativen Präfix *ver-* (*zer-*) als Bild für den kleinen Kellner.

(27) *kurzzungig*: Spontan-Kompositum mit dem Adjektiv *kurz-* als Bestimmungsform und dem Adjektiv-Derivat *-zungig* (gebildet aus dem Nomen *Zunge* und dem Suffix *-ig*) als Grundform. Dieses Spontan-Kompositum ist von zentraler Bedeutung für den ganzen Text, da es das einzige Adjektiv ist, das für beide Personen gilt und sie daher über alle Gegensätze ihrer Charaktere hinweg verbindet. Hier erweist sich die Wortbildung besonders deutlich als verdichtete Textbildung. Wenn dieses Spontan-Kompositum nun aber so bedeutsam für das Verständnis des ganzen Textes ist, wie kann der Leser es dann selber verstehen, da er seine Bedeutung ja nicht im Wörterbuch nachschlagen kann? Da hilft ihm nur der Kontext, der in diesem Fall schon am Anfang dieses Textstückes die beiden Personen wie folgt beschrieben hatte: *Beide mit einer zu kurzen Zunge, beide mit demselben Fehler.* Ebendies wird nun abschließend zu einem Spontan-Kompositum verdichtet (»Rekomposition«).

9.2.4 Derivation beim Adverb

Sofern Adverbien mit den Ausdrucksmitteln der Derivation gebildet werden, geschieht dies ausschließlich durch Suffixe. Es sind die folgenden:

(1) Das Morphem *-weise* ist das einzige Suffix, das sich in fast allen Adverbgruppen findet, so zum Beispiel bei den Positions-Adverbien (*stellenweise*), den Tempus-Adverbien (*zeitweise*), den Deskriptions-Adverbien (*löffelweise*), den Evaluations-Adverbien (*dummerweise),* den Schätz-Adverbien (*ansatzweise*) den Fokus-Adverbien (*vorzugsweise*) und den Geltungs-Adverbien (*möglicherweise*). Bei denominaler Ableitung werden mit *-weise* vor allem Deskriptions-Adverbien gebildet (zum Beispiel: *kreuzweise, stapelweise*), während deadjektivische Ableitungen, die mit

dem Fugenelement *-er* verbunden sind, vor allem zu Evaluations-Adverbien führen (zum Beispiel: *glücklicherweise, netterweise*). Denominale Adverbien mit dem Suffix *-weise* können heute zum Teil schon wie Adjektive verwendet werden: *ein schrittweiser Wiederaufbau, eine stundenweise Tätigkeit.* Das Suffix *-weise* ist in der Gegenwartssprache das einzig voll produktive Adverb-Suffix.

(2) Das Adverb-Suffix *-s* dient zur denominalen oder deadjektivischen Ableitung von Adverbien, zum Beispiel:

DENOMINAL	DEADJEKTIVISCH
anfangs	*längs*
nachts	*eigens*
eingangs	*bereits*

Seltener sind Ableitungen, die von Partizipien ausgehen wie *eilends* und *zusehends.*

(3) Das Suffix *-lich* bildet vor allem Adjektive; es gibt jedoch auch einige Adverbien mit diesem Suffix, das dann meistens mit einer Null-Fuge von einem Adjektiv abgeleitet ist, bisweilen mit Umlaut, zum Beispiel:

freilich	*neulich*
lediglich	*letztlich*
schließlich	*kürzlich*

Diese Sprachzeichen sind als Adverbien nicht flektierbar und unterscheiden sich dadurch von Adjektiven auf *-lich* wie zum Beispiel *erfreulich* oder *grünlich.*

(4) Ein Adverb-Suffix, das nicht nur von Adjektiven und Partizipien, sondern auch von Artikelformen Adverbien bildet, ist *-maßen,* zum Beispiel:

gewissermaßen	*solchermaßen*
folgendermaßen	*einigermaßen*
gezwungenermaßen	*dermaßen*

(5) Zu den Suffixen, die in denominaler Ableitung Adverbien bilden, gehören *-halber, -wärts* und *-lings,* zum Beispiel:

vorsichtshalber	*heimwärts*	*blindlings*
anstandshalber	*westwärts*	*rücklings*

(6) Einige weitere, kaum mehr produktive Adverb-Suffixe sind *-wegs* (*unterwegs*), *-falls* (*notfalls*), *-wegen* (*meinetwegen*), *-mals* (*oftmals*) und *-dings* (*neuerdings*).

(7) Das Adverb-Suffix *-ens* schließlich hat die Besonderheit, die Bildung von Adverbien ausschließlich in der Steigerungsform zu ermöglichen. Es wird mit der Superlativform des Adjektivs oder einer Ordinalzahl verbunden, zum Beispiel:

ehestens	*höchstens*	*genauestens*	*erstens*
frühestens	*mindestens*	*spätestens*	*drittens*

Eine weitere Adverbgruppe besteht aus Formen, die ebenfalls von der Superlativform eines Adjektivs abgeleitet sind. Diese Adverbien haben als Norm-Superlative eine andere Bedeutung angenommen als die entsprechenden Adjektive, zum Beispiel:

längst	*gefälligst*	*jüngst*	*äußerst*
freundlichst	*möglichst*	*höflichst*	*tunlichtst*

9.3 Wortbildung des Verbs

Das Verb trägt im Deutschen wesentlich zur Herstellung von Textualität bei. Das geschieht in erheblichem Maße durch die Verbalklammer, die zwischen Vorverb und Nachverb eine semantische Spannung aufbaut, da der Hörer das Vorverb so lange in seinem Kontextgedächtnis speichern muß, bis er es zusammen mit dem Nachverb dekodieren kann (vgl. 2.2). Die Verbalklammer ist also ein Gedächtnisphänomen.

Eine Form der Verbalklammer ist die Lexikalklammer (vgl. 2.2.2.1.1). Diese beruht auf dem Vorhandensein eines lexikalisch zweiteiligen Verbs. Die Bildung eines lexikalisch zweiteiligen Verbs (zum Beispiel: *stelle – fest*) durch die Verbindung eines Vorverbs (*stelle*) mit einem Nachverb (*fest*) kann nun als ein eigener und nur beim Verb auftretender Wortbildungstyp beschrieben werden. Er spielt für die Wortbildung des Verbs in der deutschen Sprache die zentrale Rolle. Dieser Wortbildungstyp wird im folgenden Konstitution (9.3.1) genannt.

Neben der Konstitution ist bei der Wortbildung des Verbs hauptsächlich die Derivation ausgeprägt (9.3.2), bei ihr allerdings lediglich die Präfigierung (9.3.2.1). Die Suffix-Derivation (9.3.2.2) ist demgegenüber im heutigen Deutsch beim Verb wenig produktiv. Die Konversion (9.3.3) einfacher oder komplexer Nomina zu Verben ist hinwiederum ein auch heute noch produktiver Wortbildungstyp. Die Komposition schließlich kann sich beim Verb nicht recht entfalten: die lexikalische Verbindung eines verbalen Lexems mit einem weiteren Lexem tendiert zur Zweiteiligkeit und fällt damit als Grenzfall unter die Konstitution. Abschließend wird die verbale Wortbildung in einem Text betrachtet (9.3.4).

9.3.1 Konstitution beim Verb

Durch das Wortbildungsverfahren der Konstitution kann im Deutschen ein lexikalisch einteiliges Verb zweiteilig und damit klammerfähig gemacht werden. Lexikalisch einteilig ist beispielsweise das Verb *trete*, zweiteilig sein Konstitut *trete – zusammen*:

/im Jahre 1949 trat in Bonn die erste Bundesregierung zusammen/

Das Vorverb *trat* ist hier der Pol, an dem die syntaktische Information des Verbs zentriert ist. Es ist ausschlaggebend für die Zugehörigkeit des Lexems zur Sprachzeichenklasse Verb, und es versammelt die Determinanten für Gesprächsrolle, Numerus und Tempus-Register. Die lexikalische Information ist hingegen auf Vorverb und Nachverb verteilt, jedoch mit einer mehr oder weniger deutlichen Bevorzugung des Nachverbs. Welche genaue Bedeutung und welche Valenz ein Verb hat, zeigt sich letztlich erst beim Nachverb; da aber häufig das Vorverb semantisch relativ blaß ist, ergibt sich durch eben diese Informationsverteilung die für die Verbalklammer typische Spannung beim Hörer.

Zweiteilig konstituierte Verben unterscheiden sich auch in der Bildung des Rück-Partizips und des Infinitivs mit *zu* von einteiligen Verben. Sie zeigen selbst in der Stauung und Umkehrung am Nachverb-Pol noch eine minimale Restklammer, die ein morphematisches Infix umschließt, und zwar beim Rück-Partizip mit Infigierung des Flexivs *-ge-* und beim Infinitiv mit Infigierung der Präposition *-zu-*. Besonders wichtig ist dies bei den Nachverben *über, unter, durch* und *um,* die auch als Präfixe einteiliger Verben auftreten können, als solche aber keine Infixbildung zeigen. Zur Unterscheidung:

ZWEITEILIG KONSTITUIERTE VERBEN	EINTEILIGE PRÄFIXVERBEN
/ich gehe nun zum nächsten Punkt der Tagesordnung über/	*/ich übergehe die Fragen meines Vorredners/*
/soeben ist jemand von der Presse hier durchgelaufen/ [´ - - -]	*/die Stationen seiner Karriere hat er schnell durchlaufen/* [- ´ -]
/er hat versucht, das Tonbandgerät im Medienraum unterzustellen/ [´ - - - -]	*/man hat vergeblich versucht, dem Abgeordneten Unredlichkeit zu unterstellen/* [- - - ´ -]

Auch in der Betonung unterscheiden sich also, wie die Beispiele zeigen, die zweiteilig konstituierten Verben von den entsprechenden Präfixverben. Während im Infinitiv von Präfixverben die Grundform den Wortakzent trägt, fällt er bei den zweiteiligen Verben auf das (durch Inversion vorangestellte) Nachverb.

Je elementarer und leiblicher ein Verb seiner Bedeutung nach ist, desto eher ist es für die Konstitution zu einem zweiteiligen Verb durch Erweiterung um ein Nachverb geeignet. Am stärksten ist die Eignung zur lexikalischen Zweiteiligkeit bei Verben ausgeprägt, die Grundformen des menschlichen Verhaltens und Handelns ausdrücken, wie etwa *mache, halte, führe, trage, bringe, gebe, nehme, setze, stelle, lege, sitze, stehe, liege, gehe, komme.* Das sei hier exemplarisch – und keineswegs erschöpfend – für Konstitutionen mit den Vorverben *trete, nehme* und *stelle* gezeigt:

ZWEITEILIGE VERBEN VORVERB *trete*	ZWEITEILIGE VERBEN VORVERB *nehme*	ZWEITEILIGE VERBEN VORVERB *stelle*
trete – ab	*nehme – ab*	*stelle – ab*
trete – an	*nehme – an*	*stelle – an*
trete – auf	*nehme – auf*	*stelle – auf*
trete – aus	*nehme – aus*	*stelle – aus*
trete – ein	*nehme – ein*	*stelle – ein*
trete – fest	*nehme – fest*	*stelle – fest*
trete – vor	*nehme – vor*	*stelle – vor*
trete – weg	*nehme – weg*	*stelle – weg*
trete – zurück	*nehme – gefangen*	*stelle – sicher*
trete – gegenüber	*nehme – auseinander*	*stelle – nebeneinander*
trete – zur Seite	*nehme – zur Kenntnis*	*stelle – in Rechnung*
tritt – in Kraft	*nehme – in Kauf*	*stelle – in Aussicht*

Die Übersicht zeigt eine weitere Regelmäßigkeit: die häufigsten Nachverben sind Morpheme, die in anderem Kontext als Präpositionen (9.3.1.1) oder Adverbien (9.3.1.2) auftreten. Sprachzeichen dieser zwei Sprachzeichenklassen können zu fast allen elementaren Verben als Nachverben hinzutreten und sind auch vielfach an Spontanbildungen beteiligt. Lexematische Nachverben wie Adjektive (9.3.1.3), Verben (9.3.1.4) und Nomina (9.3.1.5) oder komplexe syntagmatische Nachverben (9.3.1.6) sind demgegenüber seltener.

9.3.1.1 Zweiteilige Verben mit präpositionalen Nachverben

Als präpositionale Nachverben dienen die meisten elementaren Präpositionen der Leiblichkeit, die als Junktoren zur Orientierung im kommunikativen Umfeld dienen. Es sind dies die Präpositionen: *an, auf, aus, bei, durch, mit, nach, über, unter, um, vor* und *zu* (vgl. 7.1.3). Die Präpositionen *in* und *von* werden als Nachverben durch die (freien) Formen *ein* und *ab* vertreten. Die Nachverben können (im Unterschied zu den Präfixen mit mehr lexikalischem Eigenleben) grundsätzlich mit den gleichen Merkmalen beschrieben werden, die auch bei der Bedeutungsbeschreibung der Präpositionen auftreten. Die Präpositionen *neben, gegen, hinter* und *zwischen* treten als Nachverben nur in der Form komplexer Adverbien auf (*daneben, entgegen, gegenüber, dagegen, dahinter, dazwischen*). Präpositionen mit Genitiv-Rektion (*wegen, trotz, aufgrund* und andere) sowie fachsprachliche Präpositionen wie *infolge, hinsichtlich* oder *unbeschadet* werden nicht als Nachverben gebraucht. Einen Übergang vom Nachverb zu einem freien Adverb gibt es mitunter bei zweiteiligen Verben mit der Kopula *bin*; hier zeigt der Infinitiv gelegentlich die für zweiteilige Verben typische Zusammenschreibung (*umsein* neben *um sein*), während die flektierte Form nur in der Getrenntschreibung vorkommt (*weil die Zeit um ist*).

Durch die Verbindung mit einem präpositionalen Nachverb wird nicht nur die Bedeutung eines Verbs verändert, sondern häufig auch seine Valenz erhöht, oder es wird zu einem reflexiven Verb. Valenzminderung durch Konstitution ist dagegen vergleichsweise selten. Zum Vergleich:

VALENZERHÖHUNG

SUBJEKT-VALENZ	SUBJEKT-OBJEKT-VALENZ
/der Abgeordnete Adenauer trat ans Rednerpult des Bundestages/	*/als erster Bundeskanzler trat Konrad Adenauer im Jahre 1949 sein Amt an/*

VALENZERHÖHUNG

SUBJEKT-VALENZ	SUBJEKT-PARTNER-VALENZ
/*die Mehrheit stimmte für den Antrag*/	/*die Mehrheit stimmte dem Antrag zu*/

VALENZERHÖHUNG

SUBJEKT-OBJEKT-VALENZ	SUBJEKT-PARTNER-OBJEKT-VALENZ
/*der Fraktionsvorsitzende las sorgfältig die Beschlußvorlage*/	/*der Fraktionsvorsitzende las seiner Fraktion die Beschlußvorlage vor*/

VALENZMINDERUNG

SUBJEKT-OBJEKT-VALENZ	SUBJEKT-VALENZ
/*einige Fraktionsmitglieder begehrten Änderungen*/	/*einige Fraktionsmitglieder begehrten auf*/

REFLEXIVIERUNG

SUBJEKT-VALENZ	SUBJEKT-OBJEKT-REFLEXIVITÄT
/*der Ausschuß arbeitete bis tief in die Nacht*/	/*seine Mitglieder arbeiteten sich ab*/

Bezeichnet das Vorverb eines zweiteiligen Verbs eine Bewegung, so kann meistens noch ein präpositionales Adjunkt als Richtungsangabe hinzugefügt werden. Die Präpositionen des Adjunkts und das Nachverb sind dann häufig bedeutungsgleich, zum Beispiel:

/*ich trete (in einen Verein) ein*/

/*ich male einen Kreis (an die Tafel) an*/

/*ich gehe (durch den Park) durch*/

/*ich zeichne (von einer Vorlage) ab*/

Weit häufiger jedoch kann die Zielangabe aus dem Kontext oder der Situation erschlossen werden:

/*da kommt die Straßenbahn, steig schnell ein!*/

/*stellen Sie sich bei der Kasse bitte hinten an!*/

Präpositionale Nachverben dienen ebenso wie auch adverbiale Nachverben hauptsächlich der Ausgestaltung eines Kommunikations- oder Handlungsraums. Meistens geht mit der Konstitution eine Einschränkung in der Extension und textuellen Kombinierbarkeit des Verbs einher:

EINTEILIGES VERB			ZWEITEILIGES VERB
/ich lege	*ein Hemd* *ein Bild* *ein Buch* *die Mappe* *die Fotos*	*in den Koffer/*	*/ich lege eine Platte auf/* (nämlich auf den Plattenspieler)

In vielen lexikalisch zweiteiligen Verben modifiziert ein präpositionales Nachverb auch die »Aktionsart«, das heißt den Phasenablauf von Handlungen, und hebt etwa Anfang, Fortgang oder Ende einer Handlung besonders hervor:

schlafe → *schlafe – ein*
schlafe – durch
schlafe – aus

lese → *lese – an*
lese – durch
lese – aus

Im folgenden werden die wichtigsten präpositionalen Nachverben einzeln beschrieben:

(1) Die Präposition *ab* als Nachverb

Die freie Form *ab* entspricht der als Nachverb nicht gebräuchlichen Präposition *von* (vgl. 7.1.3.2.5) und vertritt sie als Nachverb. Beiden Formen ist das Merkmal ⟨ABLÖSUNG⟩ gemeinsam. Das Nachverb *ab* drückt mit dieser Bedeutung oft die Abwendung eines Gesprächspartners aus dem kommunikativen Umfeld oder die Entfernung eines Gegenstandes aus diesem aus. Der Ausgangspunkt kann dabei durch ein Adjunkt mit der Präposition *von* näher spezifiziert werden:

/der diplomatische Vertreter wird von seinem Posten abberufen/

/der Botschafter reist so bald wie möglich ab/

/die Regierung will im auswärtigen Dienst einige Stellen abbauen/

/die Tarifpartner haben die Vorschläge der Gegenseite abgelehnt/

/die Verhandlungen mußte man ergebnislos abbrechen/

(2) Die Präposition *an* als Nachverb

Das Nachverb *an* hebt eine elementare Grundlage der Kommunikation zwischen zwei Gesprächspartnern hervor: die Nähe. Ihr semantisches Merkmal ist: ⟨KONTAKT⟩. Am deutlichsten äußert sich dies in solchen zweiteiligen Verben wie *sehe - an, lächle - an, spreche - an, höre - an, fasse - an,* die prototypisch einen Kontakt von Kommunikationsorganen bezeichnen. Der Kontakt kann sich dabei sowohl auf Personen und Institutionen als auch auf die gegenständliche Umwelt beziehen:

/jeder Deutsche kann mit einer Verfassungsbeschwerde das Bundesverfassungsgericht anrufen/

/der Senat nimmt eine Beschwerde nur nach einer Vorprüfung an/

/das Bundesverfassungsgericht ist selbständig und keinem anderen Gerichtshof angegliedert/

Unter den zweiteilig konstituierten Verben mit *an* überwiegen die transitiven. Die selteneren intransitiven Verben mit *an* sind mitunter als Resultatsbezeichnungen auf transitive Verben zurückzuführen, denen sie nicht selten auch morphologisch ähneln. Zum Vergleich:

TRANSITIVE VERBEN	INTRANSITIVE VERBEN
/ich lege den Gurt an/	*/der Gurt liegt fest an/*
/du stellst mich fest an/	*/ich stehe am Schalter an/*
/ich schalte das Radio an/	*/das Radio ist schon lange an/*

Das Nachverb *an* kann auch den Handlungsbeginn, die Aufnahme eines Kontaktes, bezeichnen und macht dann das Verb seiner Aktionsart nach »inchoativ« oder »ingressiv«:

/im Jahre 1969 trat Willy Brandt sein Amt als Bundeskanzler an/

/in seiner Regierungserklärung kündigte Brandt ein Programm der inneren Reformen an/

/»Wir stehen nicht am Ende unserer Demokratie, wir fangen erst richtig an!«/ (Willy Brandt)

(3) Die Präposition *auf* als Nachverb

Die Präposition *auf* ist eines der häufigsten Nachverben und kann dem Verb je nach dem Kontext die verschiedensten Bedeutungsnuancen verleihen. Ihre Eigenbedeutung ist auch als Nachverb ›Bereitstellung‹ und die damit gegebene ›(gute) Zugänglichkeit‹. Dementsprechend beschreiben wir diese Bedeutung auch mit dem semantischen Merkmal ⟨ZUGÄNGLICHKEIT⟩. Optimale Zugänglichkeit besteht allemal in der Blickstellung (*blicke – auf, stehe – auf, horche – auf, falle – auf*). Der kommunikative Einschlag kommt in einigen anderen Verben mit diesem Nachverb noch deutlicher durch die Mitbeteiligung der Partner-Rolle zum Ausdruck (*trage/dränge/schwätze/nötige dir etwas auf*). Zugänglichkeit im gegenständlichen Umfeld besteht bei solchen Bildungen wie *schreibe – auf, zeichne – auf, klebe – auf*. Schließlich kann der Hörer durch das Nachverb *auf* auch darauf hingewiesen werden, daß ein Kommunikationsraum oder ein Gegenstandsbereich zugänglich gemacht wird (*mache – auf, schließe/sperre – auf, decke – auf, knöpfe – auf*). Die Zugänglichkeit wird hier prägnant als Offenheit interpretiert. In Kontexten dieser Art steht das Nachverb *auf* in Opposition zu dem Nachverb *zu*. Weitere Beispiele mit *auf*:

/wann stehst du endlich vom Schreibtisch auf?/

/ich muß noch die Akten aufarbeiten/

/kannst du in der Zeit schon das Essen aufwärmen?/

/jetzt hör aber mal endlich auf!/

(4) Die Präposition *aus* als Nachverb

Das Nachverb *aus*, das in binärer Opposition zum Nachverb *ein* steht, bringt zum Ausdruck, daß ein Element seine Innenstellung verliert und eine Außenstellung einnimmt, sei es, daß es diese selber aufgibt, sei es, daß es sie durch Einwirkung von außen aufgeben muß. Wir beschreiben die Bedeutung, ebenso wie bei der gleichlautenden Präposition, mit den beiden Merkmalen ⟨ABLÖSUNG⟩ und ⟨AUSSEN⟩. Auch bei Verben mit dem Nachverb *aus* wird die Umgebung häufig in Form eines Adjunkts mit der gleichlautenden Präposition oder mit der Präposition *von* spezifiziert:

/aus dem Hauptverfahren gliedert man einen Anklagepunkt aus/

/die Öffentlichkeit wird von der Verhandlung ausgeschlossen/

/niemand ist von dem Beschluß ausgenommen/

Aus dem Merkmal ⟨ABLÖSUNG⟩ läßt sich auch herleiten, daß verschiedene zweiteilig konstituierte Verben mit *aus* dem Hörer mitteilen, daß die im Verb ausgedrückte Handlung einen Abschluß erreicht hat (»egressive

Aktionsart«: *schlafe – aus, arbeite – aus, führe – aus, setze – aus, schalte – aus*).

(5) Die Präposition *bei* als Nachverb

Wie die gleichlautende Präposition, so bezeichnet auch das Nachverb *bei* den (kommunikativen) ›Rahmen‹. Das semantische Merkmal zur Bedeutungsbeschreibung heißt dementsprechend auch ⟨RAHMEN⟩. Deswegen verlangen zweiteilig konstituierte Verben mit dem Nachverb *bei* in vielen Kontexten eine Ergänzung, welche die Natur des Rahmens spezifiziert. Oft handelt es sich um einen institutionellen Rahmen:

/*unserem Verein tritt man durch einfache Willenserklärung bei*/

/*die Mitglieder sollten einen kleinen Beitrag beisteuern*/

/*alle Mitglieder sind eingeladen, zur Gestaltung des Vereinsprogramms beizutragen*/

(6) Die Präposition *durch* als Nachverb

Mit dem Nachverb *durch* wird zum Ausdruck gebracht, daß eine bestimmte räumliche oder zeitliche Erstreckung zwischen Ausgangs- und Zielpunkt liegt und durchschritten wird. Die Bedeutung wird mit dem semantischen Merkmal ⟨STRECKE⟩ angegeben:

/*der Rechnungshof führt eine genaue Prüfung durch*/

/*es sickern Gerüchte über Unregelmäßigkeiten bei der Abrechnung durch*/

/*die Verantwortlichen wollen diesmal scharf durchgreifen*/

(7) Die Präposition *ein* als Nachverb

Mit dem Nachverb *ein,* das als freie Form der Präposition *in* entspricht, wird zum Ausdruck gebracht, daß eine Person oder ein Gegenstand im Innenbereich einer Umgebung zu denken ist. Als semantisches Merkmal dient ⟨INNEN⟩. Die Bedeutung des Verbs kann dabei zusätzlich durch ein Adjunkt, meist mit der Präposition *in,* oder durch die Partner-Rolle näher spezifiziert werden:

/*das Gutachten bringt einen völlig neuen Aspekt in die Diskussion ein*/

/*in die Stellungnahme sind aktuelle statistische Daten eingegangen*/

/*die Vorschläge haben der Kommission neue Probleme eingetragen*/

Insofern zweiteilig konstituierte Verben mit dem Nachverb *ein* sowohl eine Bewegung hin zum Subjekt, als auch eine Bewegung weg vom Subjekt ausdrücken können, ist bei *ein* die Opposition zwischen *herein* und *hinein* neutralisiert:

BEWEGUNG AUF DAS SUBJEKT ZU	BEWEGUNG VOM SUBJEKT WEG
/*ich sammle für meinen Verein Geld ein*/	/*ich lege einen neuen Film (in die Kamera) ein*/
/*ich kaufe hier immer billig ein*/	/*er hat ein Manuskript (an den Verlag) eingesandt*/
/*die Großstadt hat alle Vororte eingemeindet*/	/*der Mechaniker setzt neue Zündkerzen (in den Motor) ein*/

Schließlich kann das Nachverb *ein* auch den Beginn einer Handlung ausdrücken; das Verb erhält dadurch eine »inchoative« oder »ingressive« Aktionsart: *gewöhne mich – ein, lese mich – ein, schalte – ein, schlafe – ein.* Die Form *in* tritt als Nachverb nicht auf.

(8) Die Präposition *mit* als Nachverb

Das Nachverb *mit* signalisiert ebenso wie die gleichlautende Präposition eine ›Ergänzung‹; dementsprechend lautet auch das semantische Merkmal: ⟨ERGÄNZUNG⟩. In den meisten Fällen deutet das Nachverb *mit* in einem zweiteilig konstituierten Verb darauf hin, daß neben der Subjekt-Rolle auch noch andere Instanzen an der gleichen Handlung mitwirken (*ich mache mit*). In einer kleinen Gruppe von zweiteiligen Verben kann das Nachverb *mit* auch signalisieren, daß einer Handlung eine weitere Handlung hinzugefügt werden soll (*ich gebe dir ein Buch mit*):

HINZUFÜGUNG EINES WEITEREN REFERENTEN	HINZUFÜGUNG EINER WEITEREN HANDLUNG
/*der Betriebsrat wird bei der Einstellung und Entlassung von Arbeitnehmern mitbeteiligt*/	/*wenn du willst, bringe ich dir das Protokoll der letzten Betriebsversammlung mit*/
/*auch in anderen sozialen Angelegenheiten bestimmt er ständig mit*/	/*hast du auch die Liste mit den neugewählten Vertretern mitgenommen?*/
/*teilweise kann er auch Betriebsumstellungen vorausschauend mitplanen*/	/*die Liste habe ich eurem Betriebsratsvorsitzenden mitgegeben*/

Das Nachverb *mit* ist eines der produktivsten Nachverben der deutschen Sprache. Es kann zu fast allen - auch komplexen - Verben hinzutreten, besonders in der infiniten Form. Allerdings gibt es hier eine unscharfe Grenze zum (gleichbedeutenden) freien Adverb *mit,* die sich insbesondere bei der weiteren Ergänzung bereits zweiteiliger Verben zeigt, wo graphisch in der infiniten Form mitunter Zusammenschreibung vorkommt, wo jedoch in der finiten Form *mit* immer als Adverb abgespalten wird. Zum Vergleich:

NACHVERB *mit*	ÜBERGANGSBEREICH	ADVERB *mit*
/ich gehe gerne mit/	*/ich will mitausteilen (ich teile mit aus)/*	*/das Versäumnis liegt mit an ihr/*
/ich arbeite bei dir mit/	*/könntest du mal mitanpacken (ich packe mit an)/*	*/die Buchhaltung gehört mit zu seinen Aufgaben/*

(9) Die Präposition *nach* als Nachverb

Da die Präposition *hinter* kein Nachverb ausgebildet hat, gibt es bei den Nachverben nur eine Opposition zwischen den Präpositionen *vor* und *nach.* Während nun die Präposition *vor* mit ihrem Merkmal ⟨VORDERSEITE⟩ die Blickrichtung bezeichnet, abgeleitet von der (statischen) Blickstellung (»face-to-face position«) der Gesprächsteilnehmer, leitet sich die Bedeutung der Präposition *nach* von der (dynamischen) Reihe ab und bezeichnet die Bewegungsrichtung aus der Perspektive derjenigen Person oder Sache, die hinter einer anderen nachfolgt. Wir beschreiben ihre Bedeutung daher mit dem Merkmal ⟨RICHTUNG⟩. In Verbindung mit Bewegungsverben kennzeichnen zweiteilig konstituierte Verben mit *nach* daher häufig eine Situation der Reihenfolge (*ich jage dir nach*). Das ist, da der Frühere auch einen zeitlichen Vorsprung vor dem Späteren hat, oft auch eine Zeitfolge. Beispiele:

/ich zeichne in meinem Vortrag die Entwicklung des modernen Staatsgedankens nach/

/wenn Sie etwas nicht verstanden haben, fragen Sie ruhig nach/

/gestatten Sie mir, daß ich noch eine kleine Anmerkung nachtrage/

(10) Die Präposition *über* als Nachverb

Das präpositionale Nachverb *über* bringt in Opposition zum Nachverb *unter* zum Ausdruck, daß ein Element besonders sinnfällig in Erscheinung tritt, oft durch Hochstellung; Merkmal: ⟨HOCH⟩. Das kann beispielsweise eine visuell auffällige Position sein (*der Felsen hängt – über, die Milch läuft – über*) oder auch eine bemerkenswerte Lageveränderung (*kippe – über, wechsle – über*). Weitere Beispiele:

/*wir gehen nun zu den Folgen dieser Entwicklung über*/

/*überleitend möchte ich zunächst ein Ereignis besonders herausgreifen*/

/*das übergeordnete Ziel meiner Untersuchungen ist die Begründung dieser Ereignisse*/

Bei einer Reihe von Verben drückt das Nachverb *über* die positive Abweichung von einem Normalmaß aus. In diesen Fällen entspricht *über* dem gleichlautenden Orientierungsspräfix bei Nomina, Adjektiven und präfigierten Verben, das ebenfalls auf einen Rahmen der Normativität bezogen ist. In den seltensten Fällen bilden diese zweiteiligen Verben allerdings tatsächlich eine Verbalklammer aus; in den meisten Fällen kommen sie nur im Rück-Partizip und Infinitiv vor sowie allenfalls noch flektiert in der Inversionsstellung (*bin – überbeansprucht, sind – überrepräsentiert, weil man – überbewertet*).

(11) Die Präposition *um* als Nachverb

Die Präposition *um* beschreibt als Nachverb einen Umkreis aller möglichen Bewegungsrichtungen und Handlungsweisen, die in der Reichweite einer kommunikativen Dyade liegen. Wir beschreiben ihre Bedeutung mit dem Merkmal ⟨UMGEBUNG⟩. Je nach dem Kontext können aus dieser Umgebung verschiedene Aspekte erfaßt sein.

Nicht selten geht das Handeln im jeweiligen Wirkungskreis von einem personalen Zentrum aus, das durch ein Reflexivpronomen kenntlich gemacht wird, wie zum Beispiel: *höre mich – um, hänge mir – um, sehe mich – um.* Einen bestimmten, aber nicht näher spezifizierten Ausschnitt aus der möglichen Umgebung eines handelnden Individuums bezeichnen solche zweiteilig konstituierten Verben, mit denen die Veränderung einer Handlungsweise zum Ausdruck gebracht wird, so etwa *schreibe – um, forme – um, denke – um, benenne – um.* Beispiele:

/*der Kanzler besetzt das Kabinett um*/

/*das Regierungsprogramm wird völlig umgeformt*/

/*einige Mitglieder müssen sich auf neue Aufgaben umstellen*/

Zweiteilige Verben mit *um* drücken schließlich auch Positionsveränderungen in der leiblich-räumlichen Dimension aus, etwa *wende/drehe/kehre (mich) - um*. Besonders auffällig ist die Veränderung von der vertikalen in die horizontale Dimension, wie etwa *falle - um, stoße - um, fahre - um*. Diese Verben können transitiv oder intransitiv sein.

(12) Die Präposition *unter* als Nachverb

Das Nachverb *unter* signalisiert die Tiefstellung und damit verbundene Unauffälligkeit eines Elements in einer Gesprächssituation; Merkmal: ⟨NIEDRIG⟩. Dieses Nachverb verbindet sich hauptsächlich mit Bewegungsverben und bringt dann zum Ausdruck, daß etwas dem Gesichtskreis entzogen ist:

/im Jahre 1912 ging die Titanic nach einem Zusammenstoß mit einem Eisberg unter/

/auf den großen Auswandererschiffen waren oft Tausende von Menschen im Zwischendeck untergebracht/

Wie das Nachverb *über*, so kann auch *unter* eine Normabweichung zum Ausdruck bringen, jedoch als Mangel. Solche Verben kommen ebenfalls nicht klammerförmig vor, sondern nur zusammengedrängt am Nachverb-Pol (*ist - unterernährt, sind - unterrepräsentiert, bin - unterbezahlt, weil man - unterbelichtet*).

(13) Die Präposition *vor* als Nachverb

Das Nachverb *vor* deutet auf die Vorderseite als Blickrichtung (»Frontalität«) hin, die gleichzeitig eine Aufmerksamskeitsrichtung bezeichnet. Wir beschreiben ihre Bedeutung, ebenso wie bei der gleichlautenden Präposition, mit dem semantischen Merkmal ⟨VORDERSEITE⟩. In Verbindung mit Bewegungsverben (*trete - vor, führe - vor*) wird durch das Nachverb *vor* eine (»frontale«) Bewegung in der Blickrichtung angezeigt. In einem zeitlichen Kontext wird mit *vor* entsprechend auf solche Ereignisse und Handlungen Bezug genommen, die unmittelbar anstehen und somit im Zentrum der Aufmerksamkeit stehen (*habe - vor, bereite - vor*). Schließlich kann durch die Konstitution eines zweiteiligen Verbs mit *vor* auch auf ein Sprachspiel hingewiesen werden, in dem die Handlung eines Kommunikationspartners direkt auf den anderen gerichtet ist. In diesen Fällen kann mit der Konstitution eine Valenzerhöhung um die Partner-Rolle verbunden sein (*ich spiele ein Stück* → *ich spiele euch ein Stück vor*). Weitere Beispiele:

/die allgemeinen Regeln des Völkerrechtes gehen den positiven Gesetzen einzelner Nationen vor/

/Handlungen, die geeignet sind und in der Absicht vorgenommen werden, das friedliche Zusammenleben der Völker zu stören, insbesondere die Führung eines Angriffskrieges vorzubereiten, sind verfassungswidrig/ (Grundgesetz für die Bundesrepublik Deutschland, Art. 26)

(14) Die Präposition *zu* als Nachverb

Das Nachverb *zu* bringt ebenso wie die gleichlautende Präposition zum Ausdruck, daß die im Vorverb bezeichnete Handlung auf ein bestimmtes Ziel hin gerichtet ist. So ist auch das semantische Merkmal formuliert: ⟨ZIEL⟩. Handlungsziel ist häufig der Kommunikationspartner (*ich wende mich dir zu*). Aber auch andere Personen oder (seltener) Sachen im kommunikativen Umfeld können Ziel sein (*höre ihr zu, stelle den Brief zu*). Das Richtungsziel wird bei zweiteiligen Verben mit der Präposition *zu* meist in einer Partner-Ergänzung ausgedrückt:

/dem Parlament steht in einer Demokratie die Entscheidung über die Gesetzgebung zu/

/der Bundespräsident nimmt Aufgaben wahr, die einem Staatsoberhaupt zukommen/

/dem Bundesrat ist bei der Gesetzgebung des Bundes ein Recht zur Mitwirkung zuerkannt/

In einer Reihe von verbalen Konstitutionen (*mache – zu, schließe – zu, sperre – zu, drücke – zu, knöpfe – zu*) gibt das Nachverb *zu* ein Ziel an, das den Abschluß einer Handlungskette darstellt, wie zum Beispiel in dem Ausdruck *die Tür ist zu*. Das Nachverb *zu* bringt überdies oft eine Gestaltschließung zum Ausdruck, wobei etwas Getrenntes abschließend zusammengefügt wird. Es bildet in dieser Hinsicht ein Oppositionspaar mit dem Nachverb *auf*. Einige Verben unterscheiden sich in der Valenz:

SUBJEKT-OBJEKT-VALENZ	SUBJEKT-PARTNER-OBJEKT-VALENZ
/ich werfe die Tür zu/	*/sie wirft dem Kind einen Ball zu/*
/ich drehe den Wasserhahn zu/	*/er dreht dem Fotografen das Profil zu/*
/sie schlägt die Tür zu/	*/ich schlage diese Summe den Verlusten zu/*

9.3.1.2 Zweiteilige Verben mit adverbialen Nachverben

Adverbiale Nachverben greifen bei zweiteiligen Verben weniger stark in die Bedeutung ein als präpositionale Nachverben. Am stärksten ist ihr Einfluß auf die Bedeutung, wenn das Vorverb ein Kopulaverb ist. In dieser Art Konstitution findet man hauptsächlich Positions- und Direktions-Adverbien. Hinzu kommen einige idiomatische Ausdrücke:

/Weihnachten ist noch lange hin/	*/das ist schon lange her/*
/jetzt ist alles hin!/	*/du bist jetzt dran/*
/jeder will dabeisein/	*/was ist denn hier los?/*

Beachtenswert ist hier, daß die flektierten Formen auch in der Nachverbstellung getrennt geschrieben werden (*weil ich dran bin*).

Für weitere Konstitutionen mit adverbialen Nachverben kommen wieder vor allem Verben mit elementar-leiblicher Bedeutung in Frage.

(1) Einfache Positions-Adverbien als Nachverben

Die Tendenz, zusammen mit einem Verb eine feste lexikalische Konstitution zu bilden, ist bei den einfachen Positions-Adverbien *da, hier* und *dort* (vgl. 6.4.1.1) unterschiedlich ausgeprägt. *Da* als Nachverb kann zu vielen Verben, die eine leibliche Position bezeichnen, hinzutreten und bezeichnet dann die jeweilige ›Situation‹ schlechthin: *ich liege – da (daliegen), ich stehe – da (dastehen), ich sitze – da (dasitzen), ich behalte – da (dabehalten).* Konstitutionen mit *hier* und *dort* sind seltener und weniger deutlich gebildet. Sie stehen im Übergangsbereich zwischen Nachverb und applikativem Adverb und zeigen auch in der Schreibweise des Infinitivs Schwankungen: *ich stehe – hier (hier stehen), ich sitze – dort, (dort sitzen), ich behalte – dort (dortbehalten).*

Während die Konstitutionen mit *hier* und *dort* sich auf die genauere Orientierung im kommunikativen Umfeld beziehen und in bestimmter Weise den einzelnen Gesprächsrollen zugeordnet sind, verweist das Nachverb *da* auf die situativen Gegebenheiten des jeweiligen Sprachspiels schlechthin (*wie stehe ich jetzt da!*).

(2) Direktions-Adverbien als Nachverben

Die binären Direktions-Adverbien *hin* und *her* (vgl. 6.4.1.3) dienen als Nachverben in erster Linie zur Ausgestaltung eines Paradigmas elementarer Bewegungsverben. Diese Nachverben sind insofern fast unbeschränkt produktiv, als sie auch solchen Verben, die von sich aus keine Bewegung bezeichnen, eine direktionale Bedeutungskomponente verleihen können (*ich bitte ihn herein*). Wie die Adverbien *hin* und *her* sind auch die mit ihnen zusammengesetzten zweiteiligen Verben nach den Positionen der Gesprächsteilnehmer differenziert: Verben mit *hin* bezeichnen eine Bewegung auf die Hörer- oder eine Referenten-Position zu, solche mit *her* eine Bewegung auf die Sprecher-Position zu:

ZWEITEILIGE VERBEN MIT *hin* BEWEGUNG ZUM HÖRER/ REFERENTEN	ZWEITEILIGE VERBEN MIT *her* BEWEGUNG ZUM SPRECHER
ich gehe – hin	*du kommst – her*
ich bringe – hin	*du bringst – her*
ich schaue – hin	*du schaust – her*
ich werfe – hin	*du wirfst – her*
ich führe – hin	*du führst – her*

Konstitutionen mit *hin* sind häufiger als solche mit *her*. Hier seien nur einige der wichtigsten Bedeutungsgruppen genannt. Bei einem reflexiven Adjunkt mit der Präposition *vor* bezeichnen zweiteilige Verben mit dem Nachverb *hin* eine Handlung, die nicht auf den Gesprächspartner zielt (zum Beispiel: *ich träume vor mich hin; ich starre vor mich hin; ich bummle vor mich hin*). Der Handelnde ist hier nicht ganz »bei sich«. Das Nachverb *hin* kann in Verbindung mit Vorverben, die das Ende einer Zeit- oder Lebensspanne ausdrücken, auch die Bedeutung der Vergänglichkeit verstärken (zum Beispiel: *die Zeit schwindet hin, der Kranke scheidet hin, der Verurteilte wurde hingerichtet*). Unter den Verben mit *her* gibt es eine kleine Gruppe von Kommunikationsverben, die implizit einen Hörerbezug negieren und insbesondere ein monotones Rezitieren signalisieren (zum Beispiel: *sage – her, bete – her, leiere – her*).

Die Formen *hin* und *her* können auch, wenn sie durch *und* verbunden sind, als ein einziges Nachverb auftreten. Die kontrastive Bedeutung der beiden Adverbien wird dabei neutralisiert:

/*ich bin den halben Nachmittag nervös im Zimmer hin- und hergelaufen* (orthographisch auch: *hin und her gelaufen*)/

Mit Verben, die eine Bewegung bezeichnen, konstituieren sich zu zweiteiligen Verben schließlich auch die Direktions-Adverbien *fort/weg, los, heim* und *zurück*. Beispiele:

gehe – fort/weg	*gehe – los*	*gehe – heim*	*gehe – zurück*
fahre – fort/weg	*fahre – los*	*fahre – heim*	*fahre – zurück*
bringe – fort/weg	*bringe – los*	*bringe – heim*	*bringe – zurück*
führe – fort/weg	—	*führe – heim*	*führe – zurück*
laufe – fort/weg	*laufe – los*	*laufe – heim*	*laufe – zurück*
lasse – fort/weg	*lasse – los*	*lasse – heim*	*lasse – zurück*
lege – fort/weg	*lege – los*	—	*lege – zurück*

(3) Präpositional-Adverbien als Nachverben

Die meisten Adverbien, die als Nachverben auftreten können, sind komplexer Natur und aus einem einfachen Positions-Adverb (*hin, her, da*) als erstem Bestandteil und einer Präposition (*zu, aus, ein*) als zweitem Bestandteil zusammengesetzt (*lege – dazu, komme – heraus, gehe – hinein,* vgl. 6.4.1.5). Für Präpositionen mit vokalischem Anlaut kommt für *hin(ein)* und *her(ein)* die Neutralisierungsform *r(ein)* hinzu (*schaue – rein*). Die umgekehrte Reihenfolge Präposition/Adverb kommt, außer in der idiomatischen Wendung *ich kann nicht umhin,* nur mit *her* vor (*gehe – umher*). Schließlich treten als Nachverben auch Verbindungen der einfachen Positions-Adverbien *da* und *hier* mit *hin* und *her* auf (*stelle – dahin, bemühe mich – hierher*). Alle zweisilbigen Nachverben dieses Typus tragen den Wortakzent – unabhängig von der Abfolge der Bestandteile – auf der zweiten Silbe. Die folgende Tabelle gibt eine Übersicht über die komplexen Adverbien, die nach solchen Vorverben wie *komme, gehe, bewege mich* als Nachverben auftreten:

hin + PRÄP.	*her* + PRÄP.	*r* + PRÄP.	*da* + PRÄP.	PRÄP + *her*
hinab	*herab*	—	—	—
—	*heran*	*ran*	*d(a)ran*	—
hinauf	*herauf*	*rauf*	*d(a)rauf*	—
hinaus	*heraus*	*raus*	*d(a)raus*	—
hinein	*herein*	*rein*	*drein*	*einher*
—	*herbei*	—	*dabei*	—
hindurch	—	—	—	—
—	—	—	*dagegen*	—
—	—	—	*daneben*	*nebenher*
hinüber	*herüber*	*rüber*	*d(a)rüber*	—
hinunter	*herunter*	*runter*	*d(a)runter*	—
—	*herum*	*rum*	*d(a)rum/ drumherum*	*umher*
—	*hervor*	—	*davor*	—
hinzu	—	—	*dazu*	—
—	—	—	*dazwischen*	—

Wir besprechen im folgenden die wichtigsten Konstitutionstypen im einzelnen:

(A) Präpositional-Adverbien mit *hin-*, *her-* und *r-* als Nachverben

Die Verbindungen mit *hin* als erstem Bestandteil verweisen auf Bewegungen weg von der Sprecherposition, diejenigen mit *her* auf diese zu. Sie verbinden sich als Nachverben hauptsächlich mit elementaren Verben wie *gehe, komme, lege, bringe, stelle*:

hin + PRÄPOSITION ALS NACHVERB: BEWEGUNG ZUM HÖRER/REFERENTEN	*her* + PRÄPOSITION ALS NACHVERB: BEWEGUNG ZUM SPRECHER
er geht – hinaus	*er kommt – herein*
sie geht – hinab	*sie kommt – herab*
sie trägt das Buch hinauf	*reich mir das Buch herauf!*
er schaut das Tal hinunter	*er schaut zu uns herunter*

Wie bei zweiteiligen Verben mit präpositionalen Nachverben, so kann auch bei solchen mit komplexen adverbialen Nachverben die Zielangabe in einem Präpositional-Adjunkt mit gleicher oder gleichbedeutender Präposition ausgedrückt werden:

/*auf die Dachterrasse sollten wir nicht hinaufgehen, weil doch alles verschneit ist*/

/*komm doch in die Stube herein!*/

Meist ergibt sich die Zielangabe jedoch aus dem Kontext:

/*der Boden ist jetzt trocken, geh ruhig hinein!*/

Wenn diese Verben mit einem Präpositional-Adjunkt zum genaueren Ausdruck der Position kombiniert sind, kann eine enge Verbindung des Nachverbs mit dem Präpositional-Adjunkt angenommen werden. Deshalb unterliegt das Nachverb auch besonderen Stellungsbedingungen. Im Gegensatz zu anderen Nachverben kann nämlich die komplexe Form mit *hin* oder *her* ebensogut vor wie nach dem Präpositional-Adjunkt stehen. Zum Vergleich:

VOR DEM ADJUNKT	NACH DEM ADJUNKT	NACHVERBSTELLUNG
/*hinunter in den Keller können wir nicht gehen*/	/*in den Keller hinunter können wir nicht gehen*/	/*in den Keller können wir nicht hinuntergehen*/

Bei diesen Nachverben finden sich auch valenzerhöhende Maß-Objekte:

/ich mußte mein kaputtes Fahrrad den ganzen Berg hinaufschieben/

/da kommt jemand den Weg herauf/

In den umgangssprachlichen Bildungen mit *r-* bei vokalisch anlautender Präposition (mittlere Spalte: *rüber*) ist die Opposition der Direktions-Adverbien *hin* vs. *her* (linke und rechte Spalte) neutralisiert:

RICHTUNG ZUM HÖRER/REFERENTEN	NEUTRALISIERUNG DER RICHTUNG	RICHTUNG ZUM SPRECHER
/ich gehe mal zu den Nachbarn hinüber/	*/ich gehe mal zu den Nachbarn rüber/*	
	/sie schauen dauernd rüber/	*/sie schauen dauernd herüber/*

Verbindungen mit *her* an zweiter Stelle haben eigene Bedeutungsgruppen entwickelt. Das Nachverb *umher* drückt ebenso wie *einher* eine nicht zielgerichtete Bewegung aus; *hinterher* bezeichnet eine nachgeordnete Stellung in der Reihenfolge und konkurriert hier mit *nach:*

gehe – umher	*gehe – einher*	*gehe – hinterher*
irre – umher	*schreite – einher*	*komme – hinterher*
reise – umher	*stolziere – einher*	*laufe – hinterher*
schaue – umher	*das geht – einher mit*	*schaue – hinterher*
schleiche – umher		*schicke – hinterher*
taste – umher		*hinke – hinterher*
ziehe – umher		*rufe – hinterher*

(B) Präpositional-Adverbien mit *da-* (*dar-, dr-*) als Nachverb

Komplexe Direktions-Adverbien mit dem Positions-Adverb *da* als erstem Bestandteil treten in einer Vollform (*daran, dazwischen*) oder, jedoch nur bei vokalisch anlautender Präposition, auch in einer Kurzform auf (*dran, drein*). Als Nachverben verbinden sich diese Formen mit Bewegungsverben ebenso wie mit Verben, die eine Ruhelage bezeichnen:

DIREKTIONALE VERWENDUNG	POSITIONALE VERWENDUNG
/stell doch die Vase (auf den Vorsprung) drauf!/	*/vielleicht liegt der Ring (unter dem Schrank) drunter/*
/der schöne Tisch! – leg doch beim Essen eine Decke drüber!/	*/alle wollen beim Feiern immer immer dabeisein/*

Die Kurzform wird insbesondere in der gesprochenen Sprache bevorzugt. Nicht in jedem Fall kann jedoch zwischen der Vollform und der Kurzform frei gewählt werden. So ist etwa in den folgenden zweiteiligen Verben nur die Kurzform möglich:

/ich mußte einen erheblichen Betrag draufzahlen/

/wenn er nichts weiß, redet er einfach drauflos/

/wie die Chefin heute wieder finster dreinschaut!/

/wer kommt als nächster dran? ÷ du bist dran!/

Zweiteilige Verben mit den Nachverben *dahin* und *daher* bezeichnen häufig eine nicht-zielgerichtete Bewegung oder eine nicht richtig auf den Hörer bezogene kommunikative Äußerung:

/ich rede - daher/	*/der Bach plätschert - dahin/*
/ich quatsche - daher/	*/ich ziehe - dahin/*
/ich komme - daher/	*/ich schleiche - dahin/*
/ich stolziere - daher/	*/er hat es so dahingesagt/*

Ähnlich wie zweiteilig konstituierte Verben mit dem Nachverb *hin* können auch solche mit dem Nachverb *dahin* Vergängliches bezeichnen (*ein Lebewesen stirbt - dahin, welkt - dahin, vegetiert - dahin, schwindet - dahin, scheidet - dahin*).

Zweiteilige Verben mit dem Nachverb *hierher* bezeichnen Bewegungen mit dem Sprecher als Ziel (*er bemüht sich - hierher, sie gelangt - hierher, ich hole dich - hierher*).

9.3.1.3 Zweiteilige Verben mit adjektivischen Nachverben

In zweiteilig konstituierten Verben mit adjektivischem Nachverb erscheint das Adjektiv unflektiert und in der Regel in der Positiv-Form (*trete - nahe*); gesteigerte Adjektive als Nachverben sind demgegenüber relativ selten (*trete - näher*). Bei Verben mit einer Subjekt-Objekt-Valenz ist das adjektivische Nachverb Prädikats-Adjektiv einer Objekt-Prädikation. Es bezeichnet nämlich eine Eigenschaft, die dem Objekt zugesprochen wird. Häufig erhöht sich dadurch die Valenz um die Handlungsrolle des Objekts (*ich spreche → ich spreche ihn schuldig*), oder das Objekt des zweiteiligen Verbs ist semantisch von anderer Art als das des einteiligen Verbs (*ich esse Salat → ich esse den Teller leer*). Besonders produktiv sind hier Verben mit Subjekt-Objekt-Reflexivität. Nicht alle Verbindungen dieser Art sind jedoch lexikalisiert, und es ergibt sich ein gleitender Übergang zu Syntagmen, die einem Objekt ein prädikatives Adjektiv zusprechen. Zum Vergleich die Beispiele:

SUBJEKT-OBJEKT-VALENZ	SUBJEKT-OBJEKT-REFLEXIVITÄT
/ich heiße die Sache gut/	*/ich lache mich tot (schief, dumm und dämlich)/*
/ich trinke das Glas leer/	*/ich esse mich satt (gesund, kugelrund, schlank, tot, dick und rund)/*
/ich tanke den Wagen voll/	*/ich arbeite mich krank (kaputt)/*
/ich lege das Baby trocken/	*/ich rede mich heiser (frei)/*
/ich stelle die Unterlagen sicher/	*/ich schwimme mich frei/*
/ich nehme den Fall leicht/	*/ich stelle mich dumm/*
/ich mache ihm die Sache schwer/	*/ich setze mich fest/*
/ich halte den Gedanken fest/	*/ich lege mich krumm/*
/ich schneide das Fleisch klein/	*/ich laufe mich warm/*

Unter den intransitiven Verben mit adjektivischem Nachverb überwiegen solche mit elementaren Befindlichkeitsverben als Vorverben:

halte – fern	*stehe – nahe*
sitze – still	*bleibe – übrig*
trete – näher	*lege – trocken*
komme – hoch	*stehe – still*

Die Bedeutung einer solchen Konstitution ähnelt der von Kopulaverb und prädikativem Adjektiv.

9.3.1.4 Zweiteilige Verben mit Infinitiven als Nachverben

Zweiteilig konstituierte Verben mit einem Verb in der Infinitivform als Nachverb sind Verfestigungen von Grammatikalklammern. Sie bestehen aus einem elementaren, morphematisierten Verb wie *bleibe, lasse, gehe* und seiner Infinitiv-Ergänzung. Durch häufigen Gebrauch sind diese Grammatikalklammern schließlich zu lexikalisch zweiteiligen Verben konstituiert worden:

bleibe – *sitzen*	*lasse* – *sitzen*	*gehe* – *verloren*
stehen	*stehen*	*holen*
liegen	*liegen*	*einkaufen*
stecken	*stecken*	*spazieren*
hängen	*laufen*	*baden*
kleben	*bleiben*	*schwimmen*
bestehen	*mich gehen*	*stiften*

Auch das zweiteilige Verb *lerne – kennen* folgt diesem Wortbildungstyp.

Den technischen Fachsprachen gehören einige terminologische Bildungen an, die nur im Infinitiv oder Rück-Partizip vorkommen. Das Verblexem erscheint dabei ohne Flexiv oder Fugenelement in der Stammform. Zum Teil sind diese Verben aus Nominalkomposita rückgebildet (*der Mähdrescher* → *mähdreschen*). Sofern die Bildung des Partizips möglich ist, erscheint das Partizipial-Flexiv *-ge-* als eine Art Infix zwischen den beiden Verbformen:

spritzgießen	*spritzlöten*	*spritzgebacken*
trennschleifen	*drehbohren*	*preßgeschweißt*

9.3.1.5 Zweiteilige Verben mit nominalen Nachverben

Zweiteilig konstituierte Verben mit nominalen Nachverben sind als verfestigte, lexikalisierte Konstitutionen aus einem Verb und einer nominalen Determinante dieses Verbs entstanden. Diese kann ursprünglich eine Handlungsrolle oder ein Präpositional-Adjunkt gewesen sein. Das prototypische nominale Nachverb ist artikellos, hat eine invariante Form und ist selber nicht mehr weiter determinierbar. Die Verbindung von Vorverb und Nachverb hat hier eine spezielle Bedeutung angenommen:

ZWEITEILIGES VERB MIT NOMINALEM NACHVERB	DETERMINATIONSGEFÜGE AUS VERB UND HANDLUNGSROLLE
/wir sagen Ihnen von Herzen dank/	*/ich möchte Ihnen meinen herzlichsten Dank aussprechen/*
/jedes Kind lernt gerne radfahren/	*/der Täter fuhr ein dunkelblaues Herrenrad Marke Viktor/*

Zum Kernbestand der zweiteiligen Verben mit nominalem Nachverb gehört etwa die folgende Gruppe:

mache – halt	*mache – recht*	*breche – Bahn*
gehe – heim	*habe – recht*	*fasse – Fuß*
findet – statt	*stehe – kopf*	*schreibe – Maschine*

Das Nachverb wird hier meist kleingeschrieben, doch ist die Orthographie in Einzelfällen schwankend (*fahre – rad/Rad*).

Besonders produktiv sind hier die Vorverben *gebe, nehme* oder *halte*:

gebe –	*nehme –*	*halte –*
kund	*teil*	*hof*
preis	*Platz*	*maß*
statt	*Maß*	*stand*
acht	*Abschied*	*Schritt*
Obacht	*Abstand*	*Wort*

Als zweiteilige Verben kann man auch Konstitutionen mit den Vorverben *spiele* oder *fahre* auffassen, wenn als Nachverb ein nicht erweitertes Nomen dient:

/er spielt ausgezeichnet Klavier/

/ich fahre nicht sehr gerne Auto/

/wir spielen am liebsten Fußball/

/die Kinder fahren heute Schlitten/

Diese Beispiele sind gleichzeitig Grenzfälle zu Verben mit innerem Objekt (vgl. 2.5.6.2).

Das Gros der zweiteiligen Verben mit nominalem Nachverb wird jedoch von den sogenannten Funktionsverben (vgl. 2.2.2.1.1) gebildet. Sie sind klammerfähige Konstitutionen, bestehend aus einem elementaren und daher relativ bedeutungsarmen Vorverb und einem einfachen oder komplexen Nachverb, das in seinem nominalen Bestandteil die wesentliche lexikalische Information des Funktionsverbs enthält. Das Vorverb gibt lediglich Auskunft darüber, ob das Funktionsverb insgesamt aktivische oder passivische Bedeutung hat:

AKTIVISCHES FUNKTIONSVERB	PASSIVISCHES FUNKTIONSVERB
/wir geben Ihnen in Kürze Nachricht/	*/Sie erhalten in Kürze von uns Nachricht/*
/wir erteilen dem Projekt Zustimmung/	*/das Projekt findet bei uns Zustimmung/*

Nicht immer ist das Nachverb bei diesen Funktionsverben ganz invariant. Es ist bisweilen von einem Artikel begleitet oder attributiv determiniert. Das ist dann ein Anzeichen dafür, daß dieses Funktionsverb noch nicht vollständig lexikalisiert ist und seinen syntagmatischen Charakter noch nicht ganz verloren hat. Die Bildung von Funktionsverben ist im Deutschen ein äußerst produktives Wortbildungsverfahren, das vorzugsweise in der Rechts- und Verwaltungssprache genutzt wird. Die nachfolgende Übersicht beschränkt sich auf einige der wichtigsten Funktionsverben:

(1) Aktivische Funktionsverben

erhebe –
- *Anklage*
- *Anspruch*
- *Einspruch*
- *Klage*

leiste –
- *Bürgschaft*
- *Dienst*
- *Ersatz*
- *Folge*
- *Gesellschaft*
- *Verzicht*
- *Widerstand*

habe –
- *Angst*
- *Anspruch*
- *Kenntnis*
- *(die) Hoffnung*

nehme –
- *Abschied*
- *Abstand*
- *Bezug*
- *Einblick*
- *Kenntnis*
- *Stellung*

hege –
- *Verdacht*
- *Zweifel*

gebe –
- *(die/eine) Antwort*
- *(den/einen) Auftrag*
- *(die/eine) Erlaubnis*
- *(das/ein) Versprechen*

übe –
- *Kritik*
- *Nachsicht*
- *Verrat*
- *Zurückhaltung*

treffe –
- *Vorbereitungen*
- *Vorsorge*
- *Vorkehrungen*
- *Maßnahmen*
- *eine Wahl*

halte –
- *Abstand*
- *Ausschau*
- *Wache*
- *eine Rede*

trage –
- *Bedenken*
- *Verantwortung*
- *Rechnung*

erteile –
- *Befehl*
- *den/einen Auftrag*
- *die/eine Erlaubnis*
- *den/einen Rat*

(2) Passivische Funktionsverben

finde –
- *Anerkennung*
- *Erwähnung*
- *Aufnahme*
- *Gehör*
- *Unterstützung*

genieße –
- *Achtung*
- *Anerkennung*
- *Ansehen*
- *Respekt*

bekomme –
- *(den/einen) Befehl*
- *Anregungen*
- *(die/eine) Nachricht*
- *(den/einen) Auftrag*

erfahre –
- *Bestätigung*
- *Förderung*
- *Zustimmung*
- *eine Verbesserung*
- *eine Änderung*

Bei einigen Funktionsverben trifft das Nomen mit einem bereits zweiteilig konstituierten Verb zusammen. In diesem Fall bleibt das zweiteilige Verb klammerförmig, und das Nomen des Funktionsverbs wird in die Klammer inkorporiert:

stelle – *Beobachtungen* / *Berechnungen* / *Untersuchungen* – *an*

nehme – *Beziehungen* / *Kontakt* / *Verbindung* – *auf*

Die zweiteiligen Verben mit nominalen Nachverben sind zu unterscheiden von denjenigen Verben, die von Nominalkomposita abgeleitet sind. Letztere sind nie zweiteilig und treten in der Regel nur im Rück-Partizip, allenfalls noch im Infinitiv auf. Dabei kann das Partizipial-Flexiv *ge-* sowohl Präfix als auch Infix werden:

ZWEITEILIG KONSTITUIERTES VERB	VON NOMINALKOMPOSITA ABGELEITETES VERB
/er versucht, an seinem neuen Wohnort Fuß zu fassen/	*/untersteh dich, den Kleinen zu ohrfeigen!/*
/er hat immer vernünftig maßgehalten/	*/er wurde mehrfach gemaßregelt/*
/die ganze Welt steht heute kopf/	*/ich bin in der Wüste notgelandet/*

Nach dem Muster dieser denominalen Verben mit defektivem Paradigma entstehen in den technischen Fachsprachen auch Neubildungen (*punktschweißen, lochfräsen*).

9.3.1.6 Zweiteilige Verben mit syntagmatischen Nachverben

Als zweiteilig konstituierte Verben mit syntagmatischen Nachverben werden hier solche Funktionsverben bezeichnet, die sich von den bisher besprochenen Funktionsverben dadurch unterscheiden, daß ihr Nachverb kein einfacher Nominalausdruck, sondern ein Präpositional-Adjunkt ist, das meist ein deverbal abgeleitetes Nomen enthält (vgl. 2.2.2.1.1). Als Vorverben treten in Funktionsverben dieser Art neben dem Kopulaverb *bin* vor allem die elementaren Verben der Leiblichkeit (*bringe, nehme, komme, gehe, setze, stelle, stehe, liege, trete . . .*) auf. Auch diese Funktionsverben lassen mit unterschiedlichen Vorverben eine Aktiv-/Passiv-Unterscheidung zu:

FUNKTIONSVERBEN MIT AKTIVISCHER BEDEUTUNG	FUNKTIONSVERBEN MIT PASSIVISCHER BEDEUTUNG
/wir bringen das Projekt noch in diesem Jahr zum Abschluß/	*/das Projekt kommt noch in diesem Jahr zum Abschluß/*
/wir stellen das Ergebnis zur Diskussion/	*/das Ergebnis steht jetzt zur Diskussion/*

Darüber hinaus können diese Funktionsverben auch nach der Handlungsphase (»Aktionsart«), die sie bezeichnen, differenziert werden. Sie signalisieren dann entweder den Beginn oder das Andauern einer Handlung.

BEGINN EINER HANDLUNG	ANDAUERN EINER HANDLUNG
/wir nehmen die neue Turbine sobald wie möglich in Betrieb/	*/die Turbine ist bei uns bereits seit einer Woche in Betrieb/*
/wir setzen uns baldmöglichst mit einem Subunternehmer in Verbindung/	*/wir stehen ständig mit unseren Subunternehmern in Verbindung/*

Weitere Funktionsverben, die den Beginn einer Handlung bezeichnen, sind:

AKTIVISCHE BEDEUTUNG

bringe –
- *zur Anwendung*
- *zum Ausdruck*
- *zur Deckung*
- *zu Ende*
- *zum Erliegen*
- *in Gefahr*
- *zur Geltung*
- *in Ordnung*
- *zur Sprache*
- *in Verlegenheit*
- *zur Vernunft*
- *zur Verzweiflung*

setze –
- *in Betrieb*
- *in Bewegung*
- *in Brand*
- *in Gang*
- *in Kenntnis*
- *außer Kraft*

stelle –
- *in Abrede*
- *in Aussicht*
- *unter Beweis*
- *zur Diskussion*
- *in Frage*
- *in Rechnung*
- *zur Verfügung*

nehme –
- *in Angriff*
- *in Anspruch*
- *in Betrieb*
- *in Empfang*
- *in Haft*
- *zur Kenntnis*

PASSIVISCHE BEDEUTUNG

kommt –
- *zur Anwendung*
- *zum Ausdruck*
- *in Bewegung*
- *in Betracht*
- *zum Erliegen*
- *in Fahrt*
- *in Frage*
- *in Gang*
- *zur Geltung*
- *in Mode*
- *zur Vernunft*
- *zum Vorschein*

gelangt –
- *zur Anwendung*
- *zur Darstellung*

gerät –
- *in Aufregung*
- *in Angst*
- *in Bedrängnis*
- *in Erregung*
- *ins Gerede*
- *ins Rollen*
- *in Vergessenheit*
- *in Verzug*
- *in Verlegenheit*

geht –
- *in Arbeit*
- *in Auftrag*
- *in Druck*
- *zu Ende*
- *in Erfüllung*
- *in Produktion*

Die folgenden Funktionsverben bezeichnen demgegenüber eher eine fortdauernde Handlung:

AKTIVISCHE BEDEUTUNG

halte – *in Angst*, *in Betrieb*, *in Bereitschaft*, *in Gang*, *in Ordnung*, *in Schwung*

PASSIVISCHE BEDEUTUNG

ist/bleibt – *in Anwendung*, *in Betrieb*, *in Bewegung*, *in Gang*, *in Ordnung*, *in Verbindung*

9.3.2 Derivation beim Verb

Außer an der Konstitution hat die Sprachzeichenklasse des Verbs auch am Wortbildungsverfahren der Derivation Anteil, und zwar ebenso wie bei den anderen Sprachzeichenklassen durch Präfixe und Suffixe. Im Unterschied zu zweiteilig konstituierten Verben sind die abgeleiteten Verben immer einteilig (*behalte, lächle*). Präfigierte und suffigierte Verben können aber ihrerseits durch das Wortbildungsverfahren der Konstitution zu Vorverben von zweiteiligen Verben werden:

halte → *behalte*
↳ *behalte - bei*

lache → *lächle*
↳ *lächle - an*

Wir unterscheiden bei der Derivation des Verbs wieder Präfix-Derivation (9.3.2.1) und Suffix-Derivation (9.3.2.2).

9.3.2.1 Präfix-Derivation

Bei der Präfigierung wird eine Grundform, die meistens schon verbal ist, durch ein Präfix als Ableitungsform determiniert.

viele Touristen *b e* *r e i s e n* *Österreich*

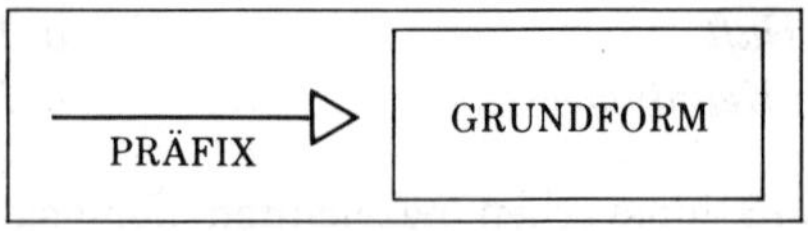

Das Inventar der verbalen Präfixe besteht aus zwei geschlossenen Klassen; die eine umfaßt Morpheme, die nur als Präfixe vorkommen (*die Landschaft verändert sich*), die andere enthält hauptsächlich solche Morpheme, die in anderer kontextueller Nachbarschaft auch als Präpositionen oder Nachverben vorkommen (*sie durchqueren das Gelände*).

Die jeweiligen Präfixe sind fest mit den Grundformen verbunden (»untrennbare Verben«) und sind immer unbetont. Weiterhin wird das Rück-Partizip der präfigierten Verben ohne das Morphem *-ge-* gebildet (*bereist*), der Infinitiv ohne das Infix *zu* (*um zu durchqueren*):

PRÄFIGIERTE VERBEN	ZWEITEILIGE VERBEN
ist – entkommen [- ´ -]	*ist – angekommen* [´ - - -]
hat – umfahren [- ´ -]	*hat – aufgeholt* [´ - -]
um – zu durchreisen [- ´ -]	*um – durchzureisen* [´ - - -]

Neben der lexikalischen Determination der Grundform ist mit der Präfigierung eines einfachen Verbs oft auch eine neue grammatische Funktion verbunden. Viele Verben ändern nämlich durch die Präfigierung ihre Valenz, wobei die Tendenz dahin geht, neue Verben mit Subjekt-Objekt-Valenz, insbesondere transitive Verben, auszubilden. Dabei kann sich das Handlungsrollenprofil auf unterschiedliche Weise verändern:

VALENZERHÖHUNG

SUBJEKT-VALENZ	SUBJEKT-OBJEKT-VALENZ
/wandern Sie im Frühling durch die Wachau!/	*/er durchwandert die Donau-Auen/*
/sie fahren nach Wien/	*/sie umfahren den Prater/*

SONSTIGE VALENZÄNDERUNGEN

SUBJEKT-PARTNER-VALENZ	SUBJEKT-OBJEKT-VALENZ
/am besten folgt man den Ratschlägen des Reisebüros/	*/befolgen Sie die Ratschläge des Touristenbüros!/*
/schenken Sie Ihrer Frau Wiener Konfekt!/	*/beschenken Sie Ihre Frau mit Wiener Konfekt!/*

REFLEXIVIERUNG

SUBJEKT-VALENZ	REFLEXIVITÄT
/morgen fahre ich zum Pferderennen nach Freudenau/	*/ich verfahre mich jedesmal auf dem Weg dorthin/*
/wir hoffen auf gutes Ausflugswetter/	*/ich erhoffe mir gute Unterhaltung/*

In lexikalischer Hinsicht dient die Präfigierung eines einfachen Verbs dazu, die im Verb ausgedrückte Handlung semantisch zu differenzieren oder ihr eine bestimmte situative Orientierung zu geben. Dabei haben die einzelnen Präfixe relativ weite Bedeutungen entwickelt, die sich zum Teil überlappen (*eine zerkratzte/verkratzte Schallplatte*). Sie bilden aber gelegentlich auch binäre Normparadigmen aus, soweit sie selber in binären Oppositionen stehen:

/die Kulturszene in Wien wird häufig < *überschätzt/* | *unterschätzt/*

Bei einigen Präfixen existieren Derivate, die nicht vollständig flektiert werden, sondern fast nur im Rück-Partizip vorkommen. Sie können als lexikalisiert angesehen werden.

ein verkaterter Morgen	*sein zerfurchtes Gesicht*
das benachbarte Grundstück	*eine überzüchtete Hunderasse*

Eine relativ große Gruppe von präfigierten Verben ist heute demotiviert (zum Beispiel: *bestelle, verstehe, überrede, unterhalte mich*). Die verschiedenen verbalen Präfixe sind im übrigen nur noch in geringem Maße produktiv; Neubildungen sind zwar grundsätzlich möglich, wirken aber oft stilistisch auffällig, nicht selten mit leicht pejorativer Tendenz (*sie wollen die Damen betanzen*).

Die Präfixe des Verbs lassen sich nach ihrer Klassenbedeutung in die Präfixe der Handlungsdifferenzierung (9.3.2.1.1.) und der Orientierung (9.3.2.1.2) einteilen.

9.3.2.1.1 Präfixe der Handlungsdifferenzierung

Diese Präfixe dienen dazu, die mit den Verben bezeichneten Handlungen in verschiedener Weise semantisch zu differenzieren. Die Präfixe der Handlungsdifferenzierung bilden eine überschaubare Klasse. Sie enthält die Morpheme *ver-, be-, ent-, er-, zer-* und *miß-*. Als Lehnpräfixe kommen *re-, de-* und *in-* hinzu. Nicht mehr produktiv sind die Präfixe *ge-* und *emp-*, die hauptsächlich bei Bildungen vorkommen, die heute demotiviert sind (*es gelingt; es gehört mir; es ist nicht gestattet; das empfehle ich Ihnen*). Im einzelnen sind die Präfixe dieser Klasse wie folgt zu beschreiben:

(1) Das Präfix *ver-*

Das Präfix *ver-* determiniert die Bedeutung der Grundform im Hinblick auf den vollständigen Verlauf der Handlung bis zu ihrem Abschluß. Es kann mit Verben aller Valenzen verbunden werden, kann aber auch selber eine veränderte Valenz bewirken. Beispiele:

SUBJEKT-VALENZ

/die alten Wiener Kaffeehäuser verschwinden immer mehr/

SUBJEKT-OBJEKT-VALENZ

/im Café Central verspeist man seinen Kuchen noch in traditioneller Atmosphäre/

SUBJEKT-PARTNER-VALENZ

/die Architekten Wagner, Loos und Hoffmann verhalfen der Stadt Wien zu hohem Ansehen als Zentrum des Jugendstils/

SUBJEKT-PARTNER-OBJEKT-VALENZ

/Grillparzer, Raimund und Nestroy haben dem österreichischen Theater Glanz verliehen/

Nicht selten ist im Handlungsabschluß auch impliziert, daß der Gegenstand, der im Objekt bezeichnet ist, aus dem Blickfeld gerät:

/wer einen Wertgegenstand beim Pfandleiher versetzt, hat nichts zu verschenken/

/die Wiener Pfandleihanstalt wurde 1786 in das ehemalige Dorotheakloster verlegt und heißt seitdem Dorotheum/

Des weiteren kann mit diesem Präfix zum Ausdruck gebracht werden, daß eine Handlung über einen normgemäßen Abschluß hinaus oder sonstwie nicht angemessen zu Ende geführt wird.

/wach doch mal auf, du verschläfst ja die ganze Stadtrundfahrt!/

/Herr Ober, das Schnitzel hier ist total versalzen, und die Kartoffeln sind völlig verkocht!/

Eine weitere Gruppe von Verben, die mit dem Präfix *ver-* von nominalen Grundformen abgeleitet ist, bezeichnet die vollständige Ausstattung einer Person oder Sache mit dem in der Grundform bezeichneten Material (»ornative Verben«): *verglase, verchrome, verbarrikadiere.*

(2) Das Präfix *be-*

Das Präfix *be-* verbindet sich besonders gerne mit transitiven Verben oder bewirkt selber die Transitivierung eines sonst intransitiven Verbs (*treibe* → *betreibe, wohne* → *bewohne*). Es kann sich sowohl mit einem personalen als auch mit einem sächlichen Objekt verbinden. Es drückt in seiner Bedeutung eine ›Formung‹ oder ›Prägung‹ dieses Objekts aus. Verben mit dem Präfix *be-* sind daher in den Fachsprachen der handwerklichen und industriellen Fertigung sehr beliebt und kommen dort entsprechend häufig vor (*beschrifte, beschichte, belichte*).

Ist das Ausgangsverb der Derivation bereits von sich aus transitiv, so kann es sein Objekt bei der Präfigierung mit *be-* gegen ein Präpositional-Adjunkt eintauschen, das meistens durch die Präposition *mit* eingeleitet wird. Falls aber das Ausgangsverb selber schon ein Präpositional-Adjunkt bei sich hat, so kann dieses das Objekt des präfigierten Verbs werden. Auf diese Weise kommt ein Austausch zwischen Handlungsrollen und Adjunkten zustande, der auch für das Informationsprofil des Textes genutzt werden kann. Zum Vergleich:

EINFACHES VERB	VERB MIT PRÄFIX
/der Barock-Architekt J. B. Fischer <u>arbeitete</u> lange an dem Entwurf für Schloß Schönbrunn/	*/da die Gelder des Staates für dieses Projekt nicht ausreichten, mußte der Architekt seinen Entwurf neu <u>bearbeiten</u>/*
/bei der späteren Renovierung <u>hat</u> man kostbare Stoffe an die Wände <u>gespannt</u> und Fresken an die Decken <u>gemalt</u>/	*/im Inneren <u>hat</u> man die Wände (mit kostbaren Stoffen) <u>bespannt</u> und die Decken (mit Fresken) <u>bemalt</u>/*
/man <u>hat</u> im Park die verschiedensten Blumen <u>(an-)gepflanzt</u>/	*/die Gärtner <u>haben</u> den Park (mit den verschiedensten Blumen) <u>bepflanzt</u>/*

Bei einigen Präfixverben mit *be-* ist die formende und prägende Einwirkung auf die Umwelt bereits in der Bedeutung der Grundform enthalten. Hier kann das Präfix *be-* mit dem Verbal-Suffix *-ig* zusammen die verbale Grundform als *be – ig* einrahmen (»Zirkumfix«):

/nur autorisierte Personen sind bevollmächtigt, die UNO-City in Wien zu betreten/

/in der Hofburg hat man den Rundgang durch die ehemaligen Wohn- und Repräsentationsräume der Kaiser neu beschildert/

/man hat den Flußlauf der Donau begradigt und die Uferpromenade begrünt/

Bei einem personalen Objekt wird der formende oder prägende Zugriff, wie er in den Verben mit *be-* zum Ausdruck kommt, gelegentlich als zudringlich empfunden, wenn der Sprecher es an Diskretion und Höflichkeit fehlen läßt. Ein übertrieben ausgedehnter Gebrauch solcher Verben wird daher als Indiz bürokratisch-funktionalen Denkens angesehen und muß als normwidrig gelten (*man beschult/bezuschußt/bevormundet uns*). Doch kann man mit dem Präfix *be-* auch spielerisch-ironisch umgehen:

/nachdem er nun alle heiligen Orte betreten und bebetet hatte, . . . / (Goethe)

Die Form *bebetet* ist hier eine Spontanbildung.

(3) Das Präfix *er-*

Auch dieses Präfix leitet vorwiegend Verben mit Subjekt-Objekt-Valenz ab. Derivate mit *er-* weisen in der Regel darauf hin, daß ein Anfang gesetzt und dadurch etwas neu hervorgebracht oder in einen neuen Zustand gebracht wird. In vielen Fällen ist mit der Hervorbringung von Anfang an gleichzeitig die materielle oder geistige Aneignung des jeweiligen Gegenstands durch die mit dem Subjekt bezeichnete Person verbunden:

/Sigmund Freud hat die Psychoanalyse im wesentlichen allein erdacht/

/Freud erarbeitete sich zunächst umfangreiche Kenntnisse auf dem Gebiet der Medizin und Neuropathologie/

/er bemühte sich, das Unbewußte seiner Patienten zu erforschen/

Bei Verben, die auf die Erfahrung der Umwelt Bezug nehmen, kann das Präfix *er-* eine Öffnung für neue sinnliche Wahrnehmungen signalisieren. Die Verben dieser Gruppe sind überwiegend intransitiv:

/in der Wachau erglänzt die Donau in der Abendsonne/

/über Nacht ist hier der Flieder erblüht/

/eine Melodie von Mozart erklingt/

Auch deadjektivisch abgeleitete Verben haben häufig diese Bedeutungskomponente (*ich ermüde, erfrische mich, erheitere mich*).

Einige Verben, die mit *er-* präfigiert sind, stehen in Opposition zu Verben mit dem Präfix *ver-*; erstere bezeichnen dann den Anfang eines Prozesses, letztere dessen Ende:

PRÄFIX *er-*: ANFANG	PRÄFIX *ver-*: ENDE
/zunächst erspielte er sich ein Vermögen/	*/in einer Nacht verspielte er Haus und Hof/*
/er erwirkte einen kurzen Zahlungsaufschub/	*/kurz danach hatte er alle Sympathien verwirkt/*
/vor dem Kasino erglühte ein schwacher Lichtschein/	*/langsam verglühte seine letzte Zigarette/*

(4) Das Präfix *ent-*

Verben, die mit diesem Präfix abgeleitet sind, geben an, daß sich das mit dem Subjekt oder Objekt Bezeichnete aus einem Bereich ablöst, in dem es sich vorher befunden hat. Der Ausgangsort der Ablösung steht entweder in der Partnerrolle oder wird durch ein Adjunkt mit der Präposition *aus* angegeben. Bei einigen Verben kann der Ausgangspunkt der Ablösung auch die Herkunft bezeichnen:

/die Habsburger entstammen einem schwäbischen Herrschergeschlecht am Oberrhein/

/während der Herrschaft Albrechts I. (1298–1308) entglitten den Wiener Bürgern die Möglichkeiten zur Selbstverwaltung immer mehr/

/der Versuch des Patriziats im Jahre 1308, den Habsburgern die Macht über die Stadt zu entreißen, mißlang/

Bei denominalen Verben bezeichnet die Grundform den abgelösten Gegenstand. Diese »privativen« Verben stehen teilweise in Opposition zu »ornativen« Verben. Zum Vergleich:

ANFANG ODER ABSCHLUSS EINER AUSSTATTUNG: *be-, ver-*	ABLÖSUNG: *ent-*
/so, jetzt habe ich mein neues Kleid mit Rotwein befleckt!/	*/ich habe ein Mittel gekauft, das soll alles entflecken/*

/bitte verkorken Sie die Flasche nach Gebrauch gut!/

/der Sekt muß gut gekühlt sein, bevor Sie ihn entkorken/

/bei hartem Wasser verkalken Haushaltsgeräte sehr schnell/

/unser neues Produkt entkalkt Ihren Teekessel/

Ist die Grundform ein Adjektiv, so wird durch das Verb mit dem Präfix *ent-* signalisiert, daß ein Zustand einen anderen ablöst (*ich entschärfe, entmutige, entsichere*).

(5) Das Präfix *zer-*

Verben mit dem Präfix *zer-* bringen zum Ausdruck, daß eine Form sich auflöst. Einige Verben mit diesem Präfix kommen sowohl transitiv als auch intransitiv vor:

TRANSITIVE PRÄFIXVERBEN	INTRANSITIVE PRÄFIXVERBEN
/sie zerreißt heimlich einen Brief/	*/die Butter zerfließt in der Sonne/*
/erbittert zerknüllt er die Zeitung/	*/ein Steak sollte auf der Zunge zergehen/*
/versehentlich zerbricht sie zwei Gläser/	*/seine ganzen Hoffnungen sind zerbrochen/*

Bei denominalen und deadjektivischen Ableitungen ist das Ergebnis des Auflösungsprozesses in der Grundform ausgedrückt (*ich zerstäube, zertrümmere, zerkleinere*).

(6) Das Präfix *miß-*

Dieses Negations-Präfix legt dem Hörer einen Erwartungsstopp nahe und erhebt Einspruch gegen die Geltung der in der Grundform ausgedrückten Bedeutung. Aufgrund der impliziten Kontrastierung mit einer andersartigen Erwartung trägt das Negationsmorphem *miß-* bisweilen einen Kontrastakzent. Da sich der Einspruch oft auf eine Norm bezieht, erhalten Verben mit dem Präfix *miß-* nicht selten eine pejorative Konnotation. Impliziert nun das Ausgangsverb von sich aus eine positive Wertung, so wird mit dem Präfix *miß-* die in der Grundform ausgedrückte Bedeutung in ihr Gegenteil verkehrt:

/heute ist uns alles mißglückt/

/der Chef hat unseren neuen Entwurf mißbilligt/

Ist die Grundform jedoch von sich aus wertneutral, so gibt die Präfigierung mit *miß-* zu verstehen, daß die im Ausgangsverb enthaltene Handlung auf verkehrte oder normwidrige Weise ausgeführt wird:

/die Kommission hat die schönsten Vorschläge mißdeutet/

/viel zu oft hat man schon unsere Gutmütigkeit mißbraucht/

(7) Lehnpräfixe

Die Lehnpräfixe *de-/des-* und *re-* treten nur vor einfachen Lehnwörtern auf. Häufig sind die entlehnten Verben bereits als Derivate ins Deutsche übernommen worden, so daß neben ihnen kein einfaches Verb existiert (*diffamiere, dementiere, revidiere*).

Das Präfix *de-* (Variante vor Vokal: *des-*) ist ein Negationspräfix und signalisiert daher Einspruch:

/einen Teil der Alarmanlage mußte er demontieren/

/nach langen Bemühungen konnte er den Kode dechiffrieren/

/jetzt ist dort alles desorganisiert/

Das Präfix *re-* bezeichnet in vielen Fällen die Wiederherstellung eines ursprünglichen Zustandes oder die Wiederholung einer früheren Handlung:

/nach dem letzten Währungsverfall reorganisierte der Staat seine Wirtschaft/

/man entschloß sich, die verstaatlichten Banken zu reprivatisieren/

/man wollte auf keinen Fall die gleichen Fehler reproduzieren/

9.3.2.1.2 Präfixe der Orientierung

Diese Präfixe orientieren die in einem Verb ausgedrückte Handlung nach einzelnen Positionen des Sprachspiels. Produktiv sind dabei heute noch die Präfixe *über-*, *unter-*, *um-* und *durch-*. Ableitungen mit *wider-*, *wieder-* und *hinter-* (*widerspreche, wiederhole, hintergehe*) sind hingegen heute kaum noch produktiv. Das gilt auch für das Halbpräfix *voll-* (*vollbringe, vollende, vollführe*), das in dieser Funktion mehr der Präposition als dem Adjektiv *voll* entspricht.

Die mit den Präfixen der Orientierung gebildeten Verben sind häufig demotiviert, so daß sich die textuelle Bedeutung nicht mehr aus der bloßen Kombination von Präfix und Grundform erschließen läßt. Das unterscheidet sie auch von zweiteiligen Verben mit den entsprechenden präpositionalen Nachverben.

Die Präfixe der Orientierung ändern oft die Valenz des Ausgangsverbs; dabei neigen sie zur Valenzerhöhung durch Ausbildung einer Subjekt-Objekt-Valenz. Ist das Ausgangsverb durch ein Präpositional-Adjunkt determiniert, so kann die Präposition dem Präfix entsprechen:

EINFACHES VERB MIT SUBJEKT-VALENZ	PRÄFIGIERTES VERB MIT SUBJEKT-OBJEKT-VALENZ
/sie schwimmt schnell durch den Fluß/	*/sie durchschwimmt schnell den Fluß/*
/das Pferd springt mit einem Satz über den Wassergraben/	*/es überspringt mit einem Satz den Graben/*
/der Satellit kreist seit gestern um die Erde/	*/er umkreist seit gestern die Erde/*

(1) Das Präfix *über-*

Dieses Präfix kann eine Handlung im Sprachspiel sowohl in der horizontalen als auch in der vertikalen Dimension orientieren. Eine bogenförmige Bewegung kann dabei auch beide Dimensionen verbinden. Je nach der Grundform und dem Kontext kann dabei entweder die horizontale oder die vertikale Dimension oder auch eher der sie beide verbindende Bogen in den Vordergrund treten. Bedingung für den Gebrauch des Präfixes *über-* ist jedoch eine bestimmte besondere Bemerkbarkeit, die häufig durch Hochstellung zustande kommt:

/Rettungshubschrauber überfliegen das überschwemmte Gebiet/

/es ist nicht gestattet, die Absperrung am Ufer zu übersteigen/

/das Fernsehen überträgt die neuen Meldungen aus dem Hochwassergebiet/

Einige Verben, die eine horizontale Bewegung zum Ausdruck bringen, können in spezifischen Kontexten eine rasche Augenbewegung über die Buchseite und damit ›flüchtiges Lesen‹ bezeichnen:

/der Kandidat überflog seine Aufzeichnungen/

/er überblätterte sein Manuskript nur und übersah deshalb entscheidende Fragen/

Wenn es bei einem Verb um die Orientierung in einem normativen Rahmen geht, so wird durch *über-*, ebenso wie beim Nomen und beim Adjektiv, eine Erwartung des Hörers nach oben hin korrigiert. Seine Erwartung kann sich dabei auf ein im Text selber genanntes Vergleichsmaß oder auch auf eine außertextuell geltende, übliche Norm beziehen:

ÜBERSCHREITUNG EINES MASSES	ÜBERSCHREITUNG EINER NORM
/mit dem Mikrophon übertönte der Redner das Stimmengewirr/	*/der Saal des Auktionshauses war völlig überfüllt/*
/das Halsband, das zu versteigern war, überstrahlte alle anderen Stücke/	*/sogar die Fachleute waren mit der genauen Schätzung überfordert/*
/die Interessenten überschrieen und überboten sich gegenseitig/	*/durch das letzte Gebot wurde das Schmuckstück überschätzt/*

(2) Das Präfix *unter-*

Das Präfix *unter-* bezieht sich in seiner kommunikativ-räumlichen Bedeutung auf die dem aufrechten Körper entsprechende vertikale Dimension und bezeichnet in ihr die fußseitige Position. Damit kann ›Verborgenheit‹ verbunden sein:

/man hat das Gebäude allseitig untermauert/

/der Plan, den Ärmelkanal zu untertunneln, hat lange auf die Verwirklichung warten müssen/

/die wichtigsten Textstellen sind unterstrichen/

Das Präfix *unter-* kann auch auf gesellschaftliche Hierarchien und Machtverhältnisse Bezug nehmen (*unterwerfe, unterdrücke, unterliege*).

In einem normativen Kontext weist dieses Präfix den Hörer an, seine Erwartung hinsichtlich der Geltung einer Norm nach unten hin zu korrigieren. Hier steht *unter-* in Opposition zu *über-*:

/die gesundheitsschädigende Wirkung der Autoabgase wurde lange Zeit unterschätzt/

/durch den Einbau von Katalysatoren können die bisherigen Schadstoffwerte unterschritten werden/

/dieses Angebot für den Einbau eines Luftfilters ist nicht zu unterbieten/

(3) Das Präfix *um-*

Dieses Präfix ordnet eine Bedeutung hauptsächlich in einen kommunikativ-räumlichen Wirkungskreis ein, wobei die Kreisförmigkeit keine Richtung privilegiert. Mit *um-* präfigierte Verben sind immer transitiv; das Subjekt bezeichnet dann den umschließenden, das Objekt den umschlossenen Gegenstand:

/schwarze Raben umflattern den Turm des Schlosses/

/ein weiter Umhang umhüllt seine hagere Gestalt/

/der Alkohol umnebelt seinen Geist/

(4) Das Präfix *durch-*

Die Form *durch-* als Präfix eines verbalen Derivats bezeichnet je nach der Grundform und dem Kontext das vollständige Durchmessen einer Raum- oder Zeitstrecke. Die jeweilig gemeinte Strecke ist in der Regel in der Objektrolle ausgedrückt:

RÄUMLICHER KONTEXT	ZEITLICHER KONTEXT
/früher durchzogen Handwerksgesellen Stadt und Land/	*/er hat kein Auge zugetan und die ganze Nacht durchwacht/*
/sie durchwanderten Wald und Flur/	*/sie hat ihre ganze Studienzeit durchbummelt/*
/heute durcheilen manche Leute als Jogger die Landschaft/	*/gemeinsam haben sie eine schöne Zeit durchlebt/*

Das Präfix *durch-* kann auch über die Vollständigkeit einer in der Grundform bezeichneten Handlungsstrecke instruieren; dabei rücken die mit *durch* präfigierten Verben eher das Ende der Strecke in den Vordergrund, während die vergleichbaren zweiteiligen Verben eher die Strecke selber betonen (vgl. 9.3.1.1).

PRÄFIXVERB: ENDE DER STRECKE	ZWEITEILIGES VERB: VERLAUF DER STRECKE
/man durchsägt den Baum/	*/man sägt den Baum durch/*
/er durchschlägt das Brett mit bloßer Hand/	*/er schlägt das Brett mit bloßer Hand durch/*
/sie hat ihre Handtasche durchwühlt/	*/sie hat ihre Handtasche durchgewühlt/*

9.3.2.2 Suffix-Derivation

Im Vergleich zu den Wortbildungsverfahren der Konstitution und der präfigierenden Derivation spielt die suffigierende Derivation bei der Wortbildung des Verbs im heutigen Deutsch nur eine geringe Rolle. Bei der Suffigierung des Verbs tritt ein Suffix an eine Grundform. Als Grundformen können Verben (*streiche* → *streichle*), Nomina (*Angst* → *ängstige mich*) und Adjektive (*konkret* → *konkretisiere*) auftreten. Die Flexive des Verbs treten noch am Ende zu dem Suffix hinzu und machen damit das ganze Derivat als Verb kenntlich:

sie *b l o n d* *i e r* *t* *ihre Haare*

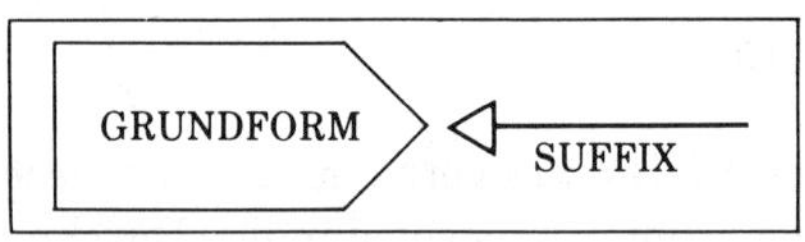

Zu den Suffixen des Verbs gehören einheimische und entlehnte Ableitungsformen. Wir besprechen zuerst die Lehnsuffixe, da sie die produktivere Klasse bilden.

(1) Entlehnte Suffixe

Die Lehnsuffixe *-ier, -isier* und *-ifizier* kommen besonders häufig vor. Sie gehen auf alte französische Infinitiv-Flexive zurück, die bei Entlehnung zahlreicher Derivate mit ins Deutsche übernommen wurden und nunmehr in Kombination mit deutschen Verbflexiven zur Verbalisierung von Sprachzeichen dienen können. Produktiv geworden sind diese Suffixe vor allem bei Ableitungen von Nomina und Adjektiven.

Das Suffix *-ier* kommt in dieser Funktion weitaus am häufigsten vor und leitet Verben sowohl von entlehnten als auch (seltener) von einheimischen Lexemen ab:

ENTLEHNTE LEXEME	EINHEIMISCHE LEXEME
/normalerweise rotiert das Amt des Vorsitzenden/	*/Demokratie buchstabiert sich nicht für jeden gleich/*
/die früheren Absprachen wurden ignoriert/	*/diesmal amtiert der Vorstand mehrere Sitzungsperioden/*
/der Vorfall wird in der Öffentlichkeit diskutiert/	*/vor seiner Absetzung stolzierte er ganz anders/*

Auch im fachsprachlichen Bereich ist dieses Suffix noch produktiv (*lackiere, grundiere, schattiere*).

Das Suffix *-isier* verbindet sich vorwiegend mit entlehnten Lexemen; es leitet ausschließlich transitive Verben ab:

/man hat diesen Zustand oft kritisiert/

/es ist Zeit, die Vorwürfe zu konkretisieren/

/diese Sache kann man auch anders organisieren/

Bei einigen dieser Verben ist eine resultative Komponente in der Bedeutung mitenthalten (*man atomisiert, pulverisiert*).

Das Suffix *-ifizier* ist vergleichsweise selten und kommt in transitiven Bildungen wie *identifiziere, mystifiziere, falsifiziere, qualifiziere* vor. Diese Verben haben eine ähnlich resultative Bedeutung wie die Verben auf *-isier.*

(2) Einheimische Suffixe

Als produktive einheimische Suffixe kommen in der Wortbildung des Verbs heute nur noch *-el* und vereinzelt *-ig* vor. Beide Suffixe treten auch in Kombinationen mit Präfixen (als »Zirkumfixe«) auf (*er verzärtelt sie; sie benachteiligt ihn*). Ein umlautfähiger Stammvokal der Grundform wird dabei meistens umgelautet (*krank → er kränkelt*). Das Suffix *-er* (*steigere, folgere*) ist im Bereich der verbalen Wortbildung heute nicht mehr produktiv.

Das Suffix *-el* ist ein verbales Diminutiv-Suffix. Es weist den Hörer an, die Erwartung hinsichtlich der Grundform-Bedeutung nach unten oder auch zum Kleineren, Unverbindlicheren hin zu korrigieren. Je nach der Grundform und dem Kontext läßt sich damit auch die ziellose und unplanmäßige Ausführung einer Handlung bezeichnen, was auch eine leicht negative Konnotation auslösen kann:

/das Pferd tänzelt elegant in der Manege/

/es herbstelt im Walde/

/sie süffeln schon seit heute nachmittag/

/der Wind säuselt in den Zweigen/

/mich fröstelt/

/heute blödelt er wieder die ganze Zeit/

Einige Verben, die einem umgangssprachlichen Stilregister angehören und deren Grundformen keinem standardsprachlichen Lexem entsprechen, bringen die – unter Umständen normwidrige – Ziellosigkeit einer Handlung oder eines Vorgangs vor allem lautmalerisch zum Ausdruck (Kurzvokal, umgeben von vielen Konsonanten). Die Kindersprache liebt diese Verben. Als Suffix tritt hier neben *-el* auch *-er* auf:

/Philipp zappelt auf seinem Stuhl und knabbert an seinem Brot/

/Maja trippelt unruhig auf und ab und plappert dabei die ganze Zeit/

Das Suffix *-ig* leitet Verben von Nomina (*peinige, schädige, ängstige mich*) und Adjektiven (*reinige, sättige, festige*) ab. Fachsprachlich tritt öfter »Zirkumfigierung« mit *be – ig* auf (*beglaubige, belobige, bescheinige*).

9.3.3 Konversion beim Verb

Durch das Wortbildungsverfahren der Konversion werden aus Nomina und Adjektiven Verben gebildet. Die Konversion von Nomina und Adjektiven in die Sprachzeichenklasse des Verbs kommt dadurch zustande, daß die Flexive des Verbs an den jeweiligen Lexemstamm angefügt werden. Schon dadurch nimmt das betreffende Sprachzeichen alle Eigenschaften des Verbs an. Die durch Konversion entstandenen Verben können transitiv, intransitiv oder reflexiv sein:

Filter → *du filterst den Kaffee*   *kühl* → *ich kühle den Wein*

Die durch Konversion gebildeten Verben sind im Prinzip einfach und einteilig; sie können aber ihrerseits wieder Ausgangspunkt für das Wortbildungsverfahren der Derivation oder der Konstitution werden:

faul → *der Apfel fault*
↳ *der Apfel verfault*

Blitz → *es blitzt*
↳ *es blitzt – auf*

Neben Nomina und Adjektiven treten in einigen Fällen auch Pronomina als Grundformen auf (*du* → *ich duze ihn; sie* → *er siezt sie*).

Bei einigen Verben, die eine psychische Befindlichkeit bezeichnen, existieren heute Nomen und Verb nebeneinander, ohne daß die Herleitungsrichtung eindeutig festgelegt werden kann:

Traum ↔ er träumt	*Trauer ↔ sie trauert*
Furcht ↔ wir fürchten uns	*Ärger ↔ ärgere dich nicht!*

Ihrer Bedeutung nach lassen sich die durch Konversion gebildeten Verben in verschiedene Untergruppen einteilen, die sich primär daran orientieren, ob das Verb aus einem Nomen (9.3.3.1) oder aus einem Adjektiv (9.3.3.2) konvertiert ist.

9.3.3.1 Denominale Konversion

Bei der denominalen Konversion werden einteilige Verben aus einfachen Nomina (*Feder → es federt*) oder aus komplexen Nomina (*Schauspieler → sie schauspielert*) konvertiert. Welcher Bedeutungsgruppe das so gebildete Verb zuzuordnen ist, hängt in erster Linie von der Bedeutung der nominalen Grundform ab. Verschiedene Bedeutungsgruppen sind zu unterscheiden:

(1) Denominale Verben drücken eine Handlung oder einen Vorgang aus, die für eine bestimmte Person, ein Tier oder eine Sache, die in der Grundform bezeichnet ist, charakteristisch ist. Bezeichnet die Grundform einen Beruf, so ist hier oft die Bedeutungskomponente des nichtprofessionellen Ausführens impliziert. Von Tiernamen abgeleitete Verben haben vielfach metaphorische Bedeutung:

PERSON ALS GRUNDFORM	TIER ALS GRUNDFORM	SACHE ALS GRUNDFORM
/sie schriftstellert/	*/wir büffeln Latein/*	*/das Rad eiert/*
/ein Hund strolcht hier herum/	*/er hechtet ins Wasser/*	*/das Sprungbrett federt/*
/er tischlert gern in der Freizeit/	*/sie aalt sich in der Sonne/*	*/der Sekt perlt im Glas/*

Das Verfahren, aus Eigennamen durch Konversion Verben zu bilden, ist besonders bei Spontanableitungen von den Eigennamen bekannter Persönlichkeiten produktiv. Diese Bildungen häufen sich in humoristischen oder satirischen Zeitungen und Zeitschriften. Heute lexikalisierte (und meistens im Infinitiv gebrauchte) Verben sind: *Wilhelm Conrad Röntgen → röntgen; Samuel Morse → morsen.*

(2) Bei den folgenden Verben wird ein Resultat von einer nominalen Grundform auf die Tätigkeit, die dieses Resultat hervorgebracht hat, zurückprojiziert. Transitive Verben beziehen sich dabei auf das Objekt, intransitive Verben auf das Subjekt.

TRANSITIVE VERBEN	INTRANSITIVE VERBEN
/die Kinder bündeln die Zweige/	*/Lisa textet und Peter filmt/*
/der Vater runzelt die Stirn/	*/er flucht die ganze Zeit/*

Andere Verben drücken hingegen als konvertierte Formen das Resultat selber aus, zu dem eine Veränderung führt: *der Spiegel splittert; das Laub modert.*

(3) Bei einer weiteren Gruppe von Verben bezeichnet die Grundform das Mittel oder Instrument, mit dem die jeweilige Tätigkeit ausgeführt wird (»Instrumentativa«). Auch hier gibt es transitive und intransitive Verben zu unterscheiden:

TRANSITIVE VERBEN	INTRANSITIVE VERBEN
/er leimt den Tisch/	*/sie geigt ausgezeichnet/*
/wir grillen die Würstchen/	*/er flötet den ganzen Tag/*
/der Bauer eggt sein Feld/	*/sie rudern über den See/*

(4) Die folgenden Verben bringen zum Ausdruck, daß die mit dem Objekt bezeichnete Person oder Sache mit dem, was in der Grundform genannt wird, ausgestattet wird (»ornative Verben«). Diese Verben sind alle transitiv:

OBJEKT = PERSON	OBJEKT = SACHE
/kleine Kinder muß man trösten/	*/den Salat muß man noch salzen und pfeffern/*
/sie küßt ihren Sohn/	*/er sattelt sein Pferd/*

Heute nicht mehr produktiv ist dieses Wortbildungsverfahren jedoch, wenn die Ablösung der in der Grundform genannten Sache von etwas anderem ausgedrückt werden soll (»privative Verben«: *er schält den Apfel, sie pellt die Kartoffeln).* Diese Bedeutungsfunktion haben vorwiegend die mit *ent-* präfigierten Verben (vgl. 9.3.2.1.1) übernommen.

Bei einer relativ kleinen Gruppe von Verben ist die jeweilige Handlung oder Tätigkeit durch die Grundform situiert:

/im Urlaub zelten wir/	*/das Flugzeug landet/*
/das Boot ist gestrandet/	*/er schultert den Rucksack/*

Ebenfalls mit dem Wortbildungsverfahren der denominalen Konversion sind viele Verben gebildet, die Witterungserscheinungen, Jahres- oder Tageszeiten bezeichnen:

/im April stürmt und hagelt es/	*/es blitzt und donnert/*
/endlich tagt es/	*/es weihnachtet sehr/*

9.3.3.2 Deadjektivische Konversion

Hier werden hauptsächlich aus einfachen Adjektiven durch Konversion Verben gebildet, wobei der Stammvokal der Grundform in der Regel umgelautet wird (*kurz* → *kürze*). Ihrer Bedeutung nach lassen sich diese Verben in zwei Gruppen einteilen, je nach der Art und Weise, wie die in der Grundform ausgedrückte Eigenschaft dem Subjekt oder Objekt zugeschrieben wird.

(1) Die größte Gruppe der deadjektivisch konvertierten Verben drückt durch ihre jeweilige Handlung aus, daß der im Objekt genannte Gegenstand die Eigenschaften der Grundform annimmt und so eine Zustandsveränderung erfährt (»Faktitiva«). Diese Verben sind alle transitiv. Teilweise können hier auch Komparative als Grundformen erscheinen:

/die Kinder säubern die Bänke/	*/sie glättet das Tischtuch/*
/der Ruß schwärzt sein Gesicht/	*/die Salbe mildert den Schmerz/*

(2) Eine zweite Gruppe von Verben bringt zum Ausdruck, daß das mit dem Subjekt Bezeichnete die in der Grundform ausgedrückte Eigenschaft annimmt und so in einen neuen Zustand übergeht (»Ingressiva«, »Inchoativa«). Diese Verben sind intransitiv:

/das Obst reift/	*/die Wunde näßt/*
/die Salatblätter welken/	*/das Handtuch trocknet/*

9.3.4 Verbale Wortbildung im Text

Im folgenden sollen die verschiedenen Wortbildungstypen, die im Bereich des Verbs ausgeprägt sind, im Textzusammenhang grammatisch kommentiert werden. Bei dem ausgewählten Textstück handelt es sich um einen Abschnitt aus einer kurzen Erzählung der österreichischen Schriftstellerin Ilse Aichinger. Die Geschichte trägt den Titel »Das Fenster-Theater« und berichtet von der Gebärdensprache, deren sich ein alter Mann und ein kleiner Junge an zwei einander gegenüberliegenden Fenstern bedienen. Der alte Mann wird dabei von einer Frau beobachtet, die ihrerseits aber den Jungen nicht im Blick hat. Die verbalen Wortbildungen, jedoch ohne deren Wiederholungen, sind im Text unterstrichen und fortlaufend numeriert.

TEXT:

Der Alte öffnete und nickte herüber (1). *Meint er mich? dachte die Frau. Die Wohnung über ihr stand leer* (2), *und unterhalb lag eine Werkstatt, die um diese Zeit schon geschlossen war. Sie bewegte* (3) *leicht den Kopf. Der Alte nickte wieder. Er griff sich dabei an die Stirne, entdeckte* (4), *daß er keinen Hut aufhatte* (5), *und verschwand* (6) *im Innern des Zimmers.*
Gleich darauf kam er in Hut und Mantel wieder (7). *Er zog den Hut und lächelte* (8). *Dann nahm er ein weißes Tuch aus der Tasche und begann zu winken. Erst leicht und dann immer eifriger. Er hing über die Brüstung, daß man Angst bekam* (9), *er würde vornüberfallen* (10). *Die Frau trat einen Schritt zurück* (11), *aber das schien ihn nur zu bestärken* (12). *Er ließ das Tuch fallen* (13), *löste seinen Schal vom Hals – einen großen bunten Schal – und ließ ihn aus dem Fenster wehen* (14). *Dazu lächelte er. Und als sie noch einen weiteren Schritt zurücktrat*

TEXTGRAMMATISCHER KOMMENTAR:

(1) *nickte – herüber*: Mit der ersten Verbform wird die Szene für die nun folgende Geschichte geöffnet. Der Leser wird durch die Her-Perspektive des zweiteilig konstituierten Verbs daran gewöhnt, das Geschehen mit den Augen der Frau zu sehen. Durch das Wortbildungsverfahren der Konstitution ist hier aus dem einfachen Verb *nicke* durch die Verbindung mit dem komplexen Adverb *her* + *über* ein zweiteiliges Verb gebildet, das klammerförmig ist, aber das Mittelfeld nicht besetzt hat.
(2) *stand – leer*: Die Szene wird beschreibend entfaltet. Das geschieht hier mit diesem zweiteiligen Verb. Es ist aus einem der frequentesten und elementarsten Simplexverben und einem adjektivischen Nachverb gebildet. In ihrer Bedeutung ähneln solche Konstitutionen einer Kopula-Prädikation mit prädikativem Adjektiv.
(3) *bewegte*: Präfix-Derivat mit einer für das Präfix *be-* charakteristi-

(15), *warf er den Hut mit einer heftigen Bewegung ab* (16) *und wand den Schal wie einen Turban um seinen Kopf. Dann kreuzte* (17) *er die Arme über der Brust und verneigte sich* (18). *Sooft er aufsah* (19), *kniff er das linke Auge zu* (20), *als herrsche zwischen ihnen ein geheimes Einverständnis. Das bereitete ihr so lange Vergnügen, bis sie plötzlich nur mehr seine Beine in dünnen, geflickten Samthosen in die Luft ragen sah. Er stand auf dem Kopf. Als sein Gesicht gerötet* (21), *erhitzt* (22) *und freundlich wieder auftauchte* (23), *hatte sie schon die Polizei verständigt* (24).[1]

schen transitiven Bedeutung. Die Grundform kommt nicht mehr als eigenes Lexem vor; das Derivat ist voll lexikalisiert.

(4) *entdeckte*: Dieses Derivat ist mit dem Präfix *ent-* gebildet, das eine Ablösung (aus der Verborgenheit) ausdrückt.

(5) *aufhatte*: Zweiteilige Verben mit dem Vorverb *habe* und einem präpositionalen Nachverb kommen in der Umgangssprache häufig vor. Die Autorin nähert sich hier in ihrer Literatursprache absichtlich der Umgangssprache. Die Schreibung solcher Formen wie dieser ist schwankend; sie werden in finiter Form nur selten so wie hier zusammengeschrieben.

(6) *verschwand*: Präfixverb, das mit der Bedeutung des Präfixes *ver-* die Wegbewegung des Mannes, die auch in der lexikalischen Bedeutung der Grundform *-schwand* enthalten ist, verstärkt.

(7) *kam – wieder*: Zweiteilig konstituiertes Verb mit dem Adverb *wieder* als Nachverb. Verben dieser Art haben im vorliegenden Text eine wichtige Funktion, um das bewegte Gebärdenspiel des Mannes in Beschreibungssprache zu verwandeln.

(8) *lächelte*: Durch Suffigierung mit dem Diminutivsuffix *-el* ist dieses Verb mit Umlaut vom Simplex *lache* abgeleitet und in dieser Form voll lexikalisiert.

(9) *bekam*: Präfixverb, transitiv. Von der Bedeutung der Grundform *-kam* ist in diesem Derivat nur noch die Richtung ›her‹ übriggeblieben. Darüber hinaus kann der Ausdruck *daß man Angst bekam* als zweiteilig konstituiertes Funktionsverb *bekomme – Angst* analysiert werden, das seinerseits als »inchoative« Form zu dem Funktionsverb *habe – Angst* gehört und in der gesprochenen Umgangssprache mit diesem zusammen, jedoch meistens in der geläufigeren Form *kriege – Angst*, das Normalverb für diesen Bedeutungsbereich ist und folglich auch eine hohe Frequenz in der Sprache hat.

1) Ilse Aichinger: »Das Fenster-Theater«, in: *Meine Sprache und ich. Erzählungen*, Frankfurt a. M. 1978, S. 61 f.

(10) *vornüberfallen*: Zweiteilig konstituiertes Verb, gebildet mit einem komplexen Adverb, das ausschließlich als (hier in der Inversion vorangestelltes) Nachverb vorkommt.
(11/15) *trat – zurück/zurücktrat*: Auch das komplexe Adverb *zurück* kommt heute hauptsächlich als Nachverb zweiteilig konstituierter Verben vor. Beide Verbformen leisten an dieser Textstelle wieder einen wichtigen Beitrag zur differenzierten Beschreibung der körperlichen Bewegungen, durch die der alte Mann mit dem Jungen stumm kommuniziert.
(12) *bestärken*: Deadjektivisches Präfixverb mit dem transitivierenden Präfix *be-*; personales Objekt.
(13) *ließ – fallen*: Dieses zweiteilig konstituierte Verb ist mit einem infiniten Verb als Nachverb gebildet. Während das Verb *lasse – fallen* in dieser Form lexikalisiert ist, gilt das für das im Text unmittelbar darauf folgende, ebenfalls zweiteilig konstituierte Verb *lasse – wehen* (14) nicht. Beide Verben stellen mit ihrer Konstitution einen für den Text wichtigen Zusammenhang zwischen der Absicht (*lasse*) und verschiedenen Bewegungsverben her.
(16) *warf – ab*: Zweiteiliges Verb mit der freien Form *ab*, die zur Präposition *von* gehört, als Nachverb. Dies ist ein weiteres, durch seine Konstitution zur differenzierten Beschreibung des Themas gut geeignetes Verb.
(17) *kreuzte*: Die einteilige Verbform *kreuzte* ist durch einfache Konversion aus dem Nomen *Kreuz* gebildet. Konvertierte Verben dieser Art behalten die stärkere Bildkraft des Nomens und haben daher einen besonderen Wert für die hier zu leistende Beschreibung.
(18) *verneigte sich*: Das Präfix-Derivat mit *ver-* hat gegenüber der Simplexform *neigte sich* eine präzisere und intensivere Bedeutung, die auf Kommunikation verweist. Das Derivat bringt überdies die für den Text an dieser Stelle wichtige Theater-Konnotation mit sich, die das Simplexverb nicht hat.
(19) *aufsah*: Das präpositionale Nachverb *auf* signalisiert in diesem zweiteilig konstituierten Verb die Eröffnung einer Blickstellung. Auch diese Bedeutung kommt dem thematischen Zusammenhang dieses Textabschnittes sehr zugute.
(20) *kniff – zu*: Das Verb *kneife* hat in der Konstitution mit der Präposition *zu* das stereotype Objekt *Auge* bei sich.
(21) *gerötet*: Rück-Partizip des einteiligen Verbs *röte*, das durch Konversion aus dem Adjektiv *rot* hervorgegangen ist.
(22) *erhitzt*: Dieses Rück-Partizip ist von dem einteiligen Präfixverb *erhitze* gebildet. Ein dabei zugrunde zu legendes, durch Konversion vom Adjektiv *heiß* hergeleitetes Verb *hitze* existiert als einfaches Verb heute allerdings nicht mehr.

(23) *auftauchte*: Zweiteilig konstituiertes Verb in der Endstellung eines satzförmigen Adjunkts mit der Konjunktion *als*. Das Bewegungs- und Gebärdenspiel des Alten geht demnach noch für einen Augenblick weiter.
(24) *verständigt*: Das mit dem Präfix *ver-* gebildete Derivat in Form eines Rück-Partizips beendet unvermittelt mit verwaltungssprachlicher Sperrigkeit das die Beobachterin beunruhigende, ganz von Bewegungen und Gebärden des alten Mannes lebende, wenn auch stumme Sprachspiel von Fenster zu Fenster.

Verzeichnis der semantischen Merkmale

Die semantischen Merkmale sind Bausteine der Grammatik. Sie stellen einfache (»atomare«) Anweisungen dar, die der Sprecher dem Hörer im Sprachspiel erteilt und deren Bedeutungen aus der Evidenz der Gesprächssituation leicht erfaßbar sind.

Alle semantischen Merkmale, die zur Bildung grammatischer Begriffe benutzt werden, sind paarig. Zwischen ihnen besteht eine zweigliedrige (binäre) Opposition. Wir beschreiben daher die Bedeutungen dieser Merkmale in expliziter Form jeweils als Anweisung und Gegenanweisung. Zu jedem dieser Merkmalpaare gehört ein neutrales Merkmal als seine Neutralisierungsform.

Der Syntax der deutschen Sprache liegen die folgenden, hier etwa in der Reihenfolge ihres Auftretens in dieser Grammatik angeordneten semantischen Merkmale zugrunde:

(1) ⟨BESTIMMBAR⟩ vs. ⟨BESTIMMEND⟩

Anweisung: Betrachte die Bedeutung des zugehörigen Sprachzeichens als determinationsbedürftig, so daß sie durch Determinanten im Text oder in der Situation näher bestimmt werden kann!

Gegenanweisung: Betrachte diese Bedeutung als determinationskräftig, so daß sie als Determinante benutzt werden kann, die eine andere Bedeutung textuell näher bestimmt!

Neutrales Merkmal: ⟨BESTIMMUNG⟩

(2) ⟨SPRECHER⟩ vs. ⟨HÖRER⟩

Anweisung: Stelle eine Beziehung zur Gesprächsrolle des Sprechers oder Schreibers (»Senders«) her!

Gegenanweisung: Stelle eine Beziehung zur Gesprächsrolle des Hörers oder Lesers (»Empfängers«) her!

Neutrales Merkmal: ⟨PERSON⟩

(3) ⟨FESTSTELLBAR⟩ vs. ⟨FESTSTELLEND⟩

Anweisung: Laß die Bedeutung eines Sprachzeichens im Text durch die Zuschreibung (»Prädikation«) einer anderen Bedeutung textuell feststellen, so daß der Gesprächspartner dazu argumentativ Stellung nehmen kann!

Gegenanweisung: Schreibe die Bedeutung eines Sprachzeichens im Text der Bedeutung eines anderen Sprachzeichens zu, damit diese textuell so festgestellt wird, daß der Gesprächspartner dazu Stellung nehmen kann!

Neutrales Merkmal: ⟨FESTSTELLUNG⟩

(4) ⟨ADRESSANT⟩ vs. ⟨ADRESSAT⟩

Anweisung: Betrachte die Bedeutung des zugehörigen Sprachzeichens als einer anderen Instanz zugewandt!

Gegenanweisung: Betrachte diese Bedeutung als Bezugsinstanz für eine andere Bedeutung!

Neutrales Merkmal: ⟨ZUWENDUNG⟩

(5) ⟨DISPONENT⟩ vs. ⟨DISPONIBEL⟩

Anweisung: Betrachte die Bedeutung eines Sprachzeichens als fähig, über etwas anderes zu verfügen!

Gegenanweisung: Betrachte diese Bedeutung unter dem Gesichtspunkt der Verfügbarkeit für etwas anderes!

Neutrales Merkmal: ⟨DISPOSITION⟩

(6) ⟨BÜNDELUNG⟩ vs. ⟨REIHUNG⟩

Anweisung: Bündele alles, was unter die Bedeutung des zugehörigen Sprachzeichens fällt, und bilde daraus eine Menge (von Elementen)!

Gegenanweisung: Nimm alles, was unter diese Bedeutung fällt, als Reihe und sieh darin zählbare Elemente (einer Menge)!

Neutrales Merkmal: ⟨WAHL⟩

(7) ⟨BEKANNT⟩ vs. ⟨UNBEKANNT⟩

Anweisung: Sieh die Bedeutung des zugehörigen Sprachzeichens als von der Vorinformation her gegeben an und greife daher auf den Speicher des (Kontext-)Gedächtnisses zurück!

Gegenanweisung: Erwarte zum Verständnis des zugehörigen Sprachzeichens keine Hilfen von der Vorinformation, sondern richte deine Erwartungen auf eine mögliche Nachinformation!

Neutrales Merkmal: ⟨REFERENZ⟩

(8) ⟨BEREITSCHAFT⟩ vs. ⟨AUFSCHUB⟩

Anweisung: Nimm die Bedeutung in gespannter Rezeptionshaltung auf, denn es gibt etwas zu besprechen, das dein Handeln unmittelbar betreffen kann!

Gegenanweisung: Rezipiere die Bedeutung mit Gelassenheit und entspannter Haltung, denn das Handeln ist nicht unmittelbar gefordert, sondern läßt eine zeitliche Zurückstellung zu!

Neutrales Merkmal: ⟨EINSTELLUNG⟩

(9) ⟨RÜCKSCHAU⟩ vs. ⟨VORAUSSCHAU⟩

Anweisung: Greife mit der Bedeutung des zugehörigen Sprachzeichens auf etwas Vorzeitiges im Text oder in der Situation zurück!

Gegenanweisung: Nimm mit dieser Bedeutung etwas Nachzeitiges im Text oder in der Situation vorweg!

Neutrales Merkmal: ⟨PERSPEKTIVE⟩

(10) ⟨AUFFÄLLIGKEIT⟩ vs. ⟨UNAUFFÄLLIGKEIT⟩

Anweisung: Ordne die Bedeutung des zugehörigen Sprachzeichens dem Vordergrund (Fokus) der Aufmerksamkeit zu und betrachte sie als rhematisch!

Gegenanweisung: Ordne diese Bedeutung dem Hintergrund (Horizont) der Aufmerksamkeit zu und betrachte sie als thematisch!

Neutrales Merkmal: ⟨RELIEF⟩

(11) ⟨POSITION⟩ vs. ⟨UMGEBUNG⟩

Anweisung: Beziehe die Bedeutung auf eine Raumstelle in der Konfiguration der Gesprächsrollen!

Gegenanweisung: Beziehe die Bedeutung auf das Umfeld dieser Raumstelle!

Neutrales Merkmal: ⟨SITUATION⟩

(12) ⟨FRÜHER⟩ vs. ⟨SPÄTER⟩

Anweisung: Verbinde mit der Bedeutung des zugehörigen Sprachzeichens eine relative Zeitvorstellung, derzufolge diese Bedeutung einer anderen voraufgeht (Anteriorität)!

Gegenanweisung: Verbinde mit dieser Bedeutung die relative Zeitvorstellung, daß sie einer anderen nachfolgt (Posteriorität)!

Neutrales Merkmal: ⟨GLEICHZEITIGKEIT⟩

(13) ⟨ANFANG⟩ vs. ⟨ENDE⟩

Anweisung: Betrachte die Bedeutung des zugehörigen Sprachzeichens als Anfang eines Prozesses in der Zeit!

Gegenanweisung: Betrachte diese Bedeutung als das Ende (Schluß) eines Prozesses in der Zeit!

Neutrales Merkmal: ⟨VERLAUF⟩

(14) ⟨ERWARTUNG⟩ vs. ⟨ÜBERRASCHUNG⟩

Anweisung: Verstehe die Bedeutung eines bestimmten Sprachzeichens als Erfüllung einer Erwartung!

Gegenanweisung: Betrachte diese Bedeutung als unerwartet!

Neutrales Merkmal: ⟨WAHRSCHEINLICHKEIT⟩

(15) ⟨VIEL⟩ vs. ⟨WENIG⟩

Anweisung: Schätze die Bedeutung eines Sprachzeichens quantitativ ab und nimm eine relativ große Quantität an!

Gegenanweisung: Nimm bei dieser Schätzung der Bedeutung eine relativ kleine Quantität an!

Neutrales Merkmal: ⟨MASS⟩

(16) ⟨IDENTITÄT⟩ vs. ⟨ALTERITÄT⟩

Anweisung: Betrachte die Bedeutung eines Sprachzeichens als gleichbedeutend mit der eines anderen Sprachzeichens!

Gegenanweisung: Betrachte die Bedeutung zweier Sprachzeichen unter dem Gesichtspunkt ihrer Verschiedenheit!

Neutrales Merkmal: ⟨GLEICHSTELLUNG⟩

(17) ⟨EINSCHRÄNKUNG⟩ vs. ⟨AUSWEITUNG⟩

Anweisung: Laß die Bedeutung des zugehörigen Sprachzeichens nur eingeschränkt (weniger als erwartet) gelten!

Gegenanweisung: Erweitere die Geltung des zugehörigen Sprachzeichens über das erwartete Maß hinaus (mehr als erwartet)!

Neutrales Merkmal: ⟨KORREKTUR⟩

(18) ⟨RAHMEN⟩ vs. ⟨INHALT⟩

Anweisung: Sieh die Bedeutung des zugehörigen Sprachzeichens als eine Form an, die durch einen Inhalt zu füllen ist!

Gegenanweisung: Sieh die Bedeutung als Inhalt an, der zur Füllung einer Form geeignet ist!

Neutrales Merkmal: ⟨LÜCKE⟩

(19) ⟨NÄHE⟩ vs. ⟨FERNE⟩

Anweisung: Richte deine Aufmerksamkeit auf einen Bedeutungsbereich, der für die Kommunikationsorgane oder das Kontextgedächtnis gut erreichbar ist!

Gegenanweisung: Berücksichtige auch einen solchen Bedeutungsbereich, der für die Kommunikationsorgane schwer erreichbar ist oder außerhalb des Kontextgedächtnisses liegt!

Neutrales Merkmal: ⟨KONTAKT⟩

(20) ⟨ABLÖSUNG⟩ vs. ⟨ZIEL⟩

Anweisung: Betrachte die Bedeutung des zugehörigen Sprachzeichens als in Bewegung befindlich von einem Ausgangspunkt weg!

Gegenanweisung: Betrachte diese Bedeutung als in Bewegung befindlich auf einen Zielpunkt zu!

Neutrales Merkmal: ⟨STRECKE⟩

(21) ⟨VORDERSEITE⟩ vs. ⟨RÜCKSEITE⟩

Anweisung: Beziehe die Bedeutung des zugehörigen Sprachzeichens auf die Blickrichtung in der kommunikativen Dyade (Frontalität)!

Gegenanweisung: Verstehe diese Bedeutung in der Gegenrichtung zur Frontalität (Tergalität)!

Neutrales Merkmal: ⟨RICHTUNG⟩

(22) ⟨HOCH⟩ vs. ⟨NIEDRIG⟩

Anweisung: Verstehe die Bedeutung des Sprachzeichens als Hochstellung, also als Position mit guter Wahrnehmbarkeit (Evidenz)!

Gegenanweisung: Betrachte die Bedeutung des Sprachzeichens als Tiefstellung mit schlechter Wahrnehmbarkeit (Latenz)!

Neutrales Merkmal: ⟨ZUGÄNGLICHKEIT⟩

(23) ⟨RECHTS⟩ vs. ⟨LINKS⟩

Anweisung: Ordne die Bedeutung im Sinne der Händigkeit der rechten oder geschickteren Hand zu!

Gegenanweisung: Ordne diese Bedeutung der linken oder weniger geschickten Hand zu!

Neutrales Merkmal: ⟨SEITLICHKEIT⟩

(24) ⟨INNEN⟩ vs. ⟨AUSSEN⟩

Anweisung: Verstehe die Bedeutung des zugehörigen Sprachzeichens im Sinne einer Innenstellung (Einschluß)!

Gegenanweisung: Verstehe diese Bedeutung im Sinne einer Außenstellung (Ausschluß)!

Neutrales Merkmal: ⟨SPANNE⟩

(25) ⟨GRUND⟩ vs. ⟨FOLGE⟩

Anweisung: Betrachte die Bedeutung des zugehörigen Sprachzeichens als geeignet, einen Sachverhalt zu begründen!

Gegenanweisung: Betrachte die Bedeutung des zugehörigen Sprachzeichens als geeignet, aus einem Grund hervorzugehen!

Neutrales Merkmal: ⟨BEGRÜNDUNG⟩

(26) ⟨ZUSPRUCH⟩ vs. ⟨EINSPRUCH⟩

Anweisung: Die Bedeutung des zugehörigen Sprachzeichens entspricht der Erwartung; so laß den Verstehensvorgang weiterlaufen!

Gegenanweisung: Die Erwartung ist inadäquat; nach dem Haltzeichen muß der Verstehensvorgang neu ansetzen!

Neutrales Merkmal: ⟨GELTUNG⟩

(27) ⟨TEIL⟩ vs. ⟨GANZHEIT⟩

Anweisung: Betrachte die Bedeutung des zugehörigen Sprachzeichens als unvollständig und insofern auf eine Vervollständigung hin angelegt!

Gegenanweisung: Betrachte diese Bedeutung als Ausdruck einer Ganzheit (Totalität)!

Neutrales Merkmal: ⟨ERGÄNZUNG⟩

(28) ⟨INTERESSE⟩ vs. ⟨GEBOT⟩

Anweisung: Zeige mit der Bedeutung dieses Sprachzeichens den eigenen Wunsch an, die Situation durch Handeln zu verändern!

Gegenanweisung: Betrachte die Bedeutung des zugehörigen Sprachzeichens als tatsächliche Anweisung, die gegebene Situation handelnd zu verändern!

Neutrales Merkmal: ⟨NORM⟩

(29) ⟨ÜBERGANG⟩ vs. ⟨WENDUNG⟩

Anweisung: Betrachte die lineare Abfolge der Sprachzeichen im Text als gleichsinniges Abbild der Handlungsfolge!

Gegenanweisung: Kehre das Nacheinander der Sprachzeichen um (Inversion), dann hast du die Handlungsfolge!

Neutrales Merkmal: ⟨WIEDERHOLUNG⟩

(30) ⟨HIN⟩ vs. ⟨HER⟩

Anweisung: Verbinde die Bedeutung des zugehörigen Sprachzeichens mit dem (»deiktischen«) Gestus einer Hinbewegung!

Gegenanweisung: Verbinde diese Bedeutung mit dem Gestus einer Herbewegung!

Neutrales Merkmal: ⟨TAUSCH⟩

Danksagung

Was muß alles zusammenkommen, daß an einer modernen Massenuniversität und an einem Institut mit weit mehr als tausend Studenten ein neues grammatisches Grundlagenwerk entstehen kann?

Die erste Voraussetzung ist, daß es in der Linguistik der deutschen Gegenwartssprache einen hohen Forschungsstand gibt. Das ist in der Tat in der internationalen Germanistik der Fall, und die vorliegende *Textgrammatik der deutschen Sprache* kann in mehrfacher Hinsicht an diesen Forschungsstand anknüpfen. Das im einzelnen zu dokumentieren, erlaubt die systematische Anlage einer solchen Grammatik jedoch nicht, und auch die Bibliographie, die wegen des begrenzten Raumes nur Bücher und keine Aufsätze umfaßt, kann davon nur ein unzureichendes Bild geben. Stellvertretend für viele andere Wissenschaftler, denen diese Grammatik zahlreiche Anregungen verdankt, will ich aber den 1909 in St. Petersburg geborenen Linguisten Wladimir Admoni nennen, der im Jahre 1934 als erster auf die Klammerstruktur der deutschen Sprache aufmerksam gemacht hat. Ihm und vielen anderen gebührt Respekt und Dank für alle Forschungsleistungen, die als »Vorarbeiten« in diese Grammatik eingegangen sind.

Für die eigentliche Arbeit an der *Textgrammatik der deutschen Sprache* mußte sich sodann eine Wissenschaftsstiftung finden, die bereit war, ein entsprechendes Forschungsprojekt zu finanzieren. Das ist im Fall dieser Grammatik die Fritz Thyssen Stiftung gewesen, die es möglich gemacht hat, am Institut für Deutsch als Fremdsprache der Universität München eine Arbeitsgruppe einzurichten, die zusammen mit mir als Projektleiter in den Jahren 1985-1988 die ersten Textfassungen der Grammatik erarbeitet hat. Dieser Arbeitsgruppe gehörten während der ganzen Laufzeit des Projekts Maria Thurmair, Eva Breindl und Eva-Maria Willkop an. Die erstgenannte Mitarbeiterin hat die Grammatik darüber hinaus bis zur Schlußredaktion begleitet. Während kürzerer Zeit haben Bettina Ehrhardt (Valenzgrammatik) und Magdalena Matussek (Wortbildung) an der Grammatik mitgewirkt. Ich bin der Fritz Thyssen Stiftung sehr dankbar, daß sie diese erfreuliche Team-Arbeit ermöglicht hat, und danke den genannten jungen Kolleginnen sehr für ihre kritische und konstruktive Mitarbeit.

Des weiteren habe ich der Volkswagenstiftung und dem Wissenschaftskolleg zu Berlin zu danken, daß sie mir in den Jahren 1983/84 und 1988/89 die Möglichkeit geboten haben, mich für jeweils ein akademisches Jahr beurlauben zu lassen, um mich ganz der Arbeit an der Grammatik zu widmen. Dank schulde ich ferner dem Deutschen Akademischen Austauschdienst für die Finanzierung eines einsemestrigen Gastaufenthaltes von Jean-Marie Zemb vom Collège de France in München, der zu vielen anregenden Diskussionen über Probleme der deutschen Grammatik Gelegenheit gegeben hat. Außer den genannten Institutionen ist es mehreren Einladungen an die Maison des Sciences de l'Homme in Paris zu danken, daß ich für die vielen vorläufigen und schließlich endgültigen Redaktionsarbeiten die nötige Zeit und Muße gefunden habe.

Wichtige Hilfe habe ich während dieser Jahre auch von den immer zuverlässigen studentischen Hilfskräften Karin Ehler, Lothar Mader, Christiane Feuser, Astrid Klocke, Judith Meier und Ana Ribeiro erfahren. Ihnen sei ebenfalls vielmals gedankt.

Schließlich war die Grammatik im Manuskript fertiggestellt und konnte dem erfahrenen Urteil einiger Kolleginnen und Kollegen ausgesetzt werden. Für kritische Anmerkungen und Korrekturvorschläge gilt hier mein besonderer Dank Günther Drosdowski, Ludwig M. Eichinger, Dietrich Krusche, Klaus Müller, Lorenz Nieder, Angelika Redder, Ottomar Willeke und meiner Tochter Lotte. So ist die *Textgrammatik der deutschen Sprache* ein Gemeinschaftswerk vieler Personen und Institutionen geworden. Für alle Mängel, die ihr gleichwohl noch anhaften werden, trage ich alleine die Verantwortung.

Harald Weinrich

AUSWAHLBIBLIOGRAPHIE (BÜCHER)

Abraham, Werner (Hg.): Satzglieder im Deutschen. Vorschläge zur syntaktischen, semantischen und pragmatischen Fundierung, Tübingen 1982. (Studien zur deutschen Grammatik, 15)

Abraham, Werner (Hg.): Erklärende Syntax des Deutschen, Tübingen 1985. (Studien zur deutschen Grammatik, 25)

Admoni, Wladimir: Der deutsche Sprachbau, 4. überarb. u. erw. Aufl., München 1982

Admoni, Wladimir: Die Entwicklungstendenzen des deutschen Satzbaus von heute, München 1973. (Linguistische Reihe, 12)

Admoni, Wladimir: Die Entwicklung des Satzbaus der deutschen Literatursprache im 19. und 20. Jahrhundert, Berlin 1987. (Bausteine zur Sprachgeschichte des Neuhochdeutschen, 62)

Admoni, Wladimir: Historische Syntax des Deutschen, Tübingen 1990

Althaus, Hans Peter / Henne, Helmut / Wiegand, Herbert Ernst (Hg.): Lexikon der Germanistischen Linguistik, 2. vollst. neu bearb. u. erw. Aufl., 4 Bände, Tübingen 1980

Altmann, Hans: Die Gradpartikeln im Deutschen. Untersuchungen zu ihrer Syntax, Semantik und Pragmatik, Tübingen 1976. (Linguistische Arbeiten, 33)

Askedal, John Ole: Innføring i tysk grammatikk, Oslo 1976

Augst, Gerhard: Untersuchungen zum Morpheminventar der deutschen Gegenwartssprache, Tübingen 1975. (Forschungsberichte des Instituts für deutsche Sprache, 25)

Ballmer, Thomas T / Brennenstuhl, Waltraud : Deutsche Verben. Eine sprachanalytische Untersuchung des deutschen Verbwortschatzes, Tübingen 1986. (Ergebnisse und Methoden moderner Sprachwissenschaft, 19)

Bartsch, Werner: Tempus, Modus, Aspekt. Die systembildenden Ausdruckskategorien beim deutschen Verbalkomplex, Frankfurt/M. 1980

Bausch, Karl-Heinz: Modalität und Konjunktivgebrauch in der gesprochenen deutschen Standardsprache, München 1979. (Heutiges Deutsch, I, 9.1)

Beaugrande, Robert-Alain de / Dressler, Wolfgang Ulrich: Einführung in die Textlinguistik, Tübingen 1981. (Konzepte der Sprach- und Literaturwissenschaft, 28)

Bech, Gunnar: Studien über das deutsche Verbum infinitum. 2. Aufl., Tübingen 1983. (Linguistische Arbeiten, 139)

Bergenholtz, Henning / Schaeder, Burkhard: Die Wortarten des Deutschen. Versuch einer syntaktisch orientierten Klassifikation, Stuttgart 1977

Bethke, Inge: *der die das* als Pronomen, München 1990. (Studien Deutsch, 11)
Bisle-Müller, Hansjörg: Artikelwörter im Deutschen. Semantische und pragmatische Aspekte ihrer Verwendung, Tübingen 1991. (Linguistische Arbeiten, 267)
Braun, Peter (Hg.): Deutsche Gegenwartssprache. Entwicklungen, Entwürfe, Diskussionen, München 1979
Braunmüller, Kurt: Referenz und Pronominalisierung. Zu den Deiktika und Proformen des Deutschen, Tübingen 1977. (Linguistische Arbeiten, 46)
Breindl, Eva: Präpositionalobjekte und Präpositionalobjektsätze im Deutschen, Tübingen 1989. (Linguistische Arbeiten, 220)
Brekle, Herbert E. / Kastovsky, Dieter (Hg.): Perspektiven der Wortbildungsforschung, Bonn 1977. (Schriftenreihe Linguistik, 1)
Brinker, Klaus: Linguistische Textanalyse. Eine Einführung in Grundbegriffe und Methoden, 2. durchges. u. ergänzte Aufl., Berlin 1988. (Grundlagen der Germanistik, 29)
Brinkmann, Hennig: Die deutsche Sprache. Gestalt und Leistung, 2. neubearb. u. erw. Aufl., Düsseldorf 1971
Bublitz, Wolfram: Ausdrucksweisen der Sprechereinstellung im Deutschen und Englischen. Untersuchungen zur Syntax, Semantik und Pragmatik der deutschen Modalpartikeln und Vergewisserungsfragen und ihrer englischen Entsprechungen, Tübingen 1978. (Linguistische Arbeiten, 57)
Bühler, Karl: Sprachtheorie. Die Darstellungsfunktion der Sprache, 3. Aufl., Stuttgart 1982. (1. Aufl. 1934)
Buscha, Joachim / Schröder, Jochen (Hg.): Linguistische und didaktische Grammatik. Beiträge zu Deutsch als Fremdsprache, Leipzig 1989. (Linguistische Studien)
Buscha, Joachim / Zoch, Irene: Der Infinitiv, Leipzig 1988. (Zur Theorie und Praxis des Deutschunterrichts für Ausländer)
Buscha, Joachim / Zoch, Irene: Der Konjunktiv, 2. Aufl., Leipzig 1988. (Zur Theorie und Praxis des Deutschunterrichts für Ausländer)
Bußmann, Hadumod: Lexikon der Sprachwissenschaft, 2. völlig neu bearb. Aufl., Stuttgart 1990

Calbert, Joseph P. / Vater, Heinz: Aspekte der Modalität, Tübingen 1975. (Studien zur deutschen Grammatik, 1)
Conrad, Rudi: Studien zur Syntax und Semantik von Frage und Antwort, Berlin 1978. (studia grammatica, XIX)
Conte, Maria-Elisabeth (Hg.): La linguistica testuale, Mailand 1977
Conte, Maria-Elisabeth / Petöfi, János S. / Sözer, Emel (eds.): Text and Discourse Connectedness: Proceedings of the Conference on Con-

nexity and Coherence, Urbino, July 16-21, 1984, Amsterdam 1989. (Studies in Language Companion Series, 16)
Coseriu, Eugenio: Textlinguistik. Eine Einführung, 2. durchges. Aufl., Tübingen 1981. (Tübinger Beiträge zur Linguistik, 109)

Daneš, František (Hg) : Papers on Functional Sentence Perspective, The Hague 1974
Daneš, František / Viehweger, Dieter (Hg.): Probleme der Textgrammatik, 2 Bände, Berlin 1976, 1977. (studia grammatica, XI und XVII)
Dijk, Teun A. van: Textwissenschaft. Eine interdisziplinäre Einführung. Dt. Übers. v. Christoph Sauer, Tübingen 1980
Donhauser, Karin: Der Imperativ im Deutschen. Studien zur Syntax und Semantik des deutschen Modussystems, Hamburg 1986. (Bayreuther Beiträge zur Sprachwissenschaft, 6)
Dorfmüller-Karpusa, Käthi / Petöfi, János S. (Hg.): Text, Kontext, Interpretation. Einige Aspekte der texttheoretischen Forschung, Hamburg 1981. (Papiere zur Textlinguistik, 35)
Drach, Erich: Grundgedanken der deutschen Satzlehre, 4. Aufl., Darmstadt 1963
Dressler, Wolfgang: Einführung in die Textlinguistik, 2. Aufl., Tübingen 1973. (Konzepte der Sprach- und Literaturwissenschaft, 13)
Dressler, Wolfgang (Hg.): Textlinguistik, Darmstadt 1978. (Wege der Forschung, 427)
Drosdowski, Günther: Rechtschreibung und Rechtschreibreform aus der Sicht des Dudens, Mannheim 1987
Duden: Grammatik der deutschen Gegenwartssprache, 4. völlig neubearb. u. erw. Aufl., hg. und bearbeitet v. Günther Drosdowski, Mannheim 1984

Ehlich, Konrad: Verwendung der Deixis beim sprachlichen Handeln. Linguistisch-philologische Untersuchungen zum hebräischen deiktischen System, 2 Bände, Frankfurt/M. 1979. (Forum Linguisticum, 24)
Ehlich, Konrad (Hg.): Erzählen im Alltag, Frankfurt/M. 1980
Ehlich, Konrad: Interjektionen, Tübingen 1986. (Linguistische Arbeiten, 111)
Eichinger, Ludwig M. (Hg.): Tendenzen verbaler Wortbildung in der deutschen Gegenwartssprache, Hamburg 1982. (Bayreuther Beiträge zur Sprachwissenschaft, 4)
Eichinger, Ludwig M.: Raum und Zeit im Verbwortschatz des Deutschen, Tübingen 1989. (Linguistische Arbeiten, 224)
Eichler, Wolfgang / Bünting, Karl-Dieter: Deutsche Grammatik. Form, Leistung und Gebrauch der deutschen Gegenwartssprache, 4. Aufl., Frankfurt/M. 1989

Eisenberg, Peter / Gusovius, Alexander: Bibliographie zur deutschen Grammatik 1965-1986, 2. überarb. u. erw. Aufl., Tübingen 1988. (Studien zur deutschen Grammatik, 26)
Eisenberg, Peter: Grundriß der deutschen Grammatik, 2. überarb. u. erw. Aufl., Stuttgart 1989
Engel, Ulrich: Syntax der deutschen Gegenwartssprache, 2. überarb. Aufl., Berlin 1982. (Grundlagen der Germanistik, 22)
Engel, Ulrich: Deutsche Grammatik, Heidelberg 1988
Engelen, Bernhard: Einführung in die Syntax der deutschen Sprache, 2 Bände, Baltmannsweiler 1984, 1986
Erben, Johannes: Deutsche Grammatik. Ein Leitfaden, Frankfurt/M. 1968
Erben, Johannes: Deutsche Grammatik. Ein Abriß, 12. Aufl., München 1980
Erben, Johannes: Deutsche Syntax. Eine Einführung, Bern 1984. (Germanistische Lehrbuchsammlung, 12)
Eroms, Hans-Werner: Valenz, Kasus und Präpositionen. Untersuchungen zur Syntax und Semantik präpositionaler Konstruktionen in der deutschen Gegenwartssprache, Heidelberg 1981. (Monographien zur Sprachwissenschaft, 11)
Eroms, Hans-Werner: Funktionale Satzperspektive, Tübingen 1986. (Germanistische Arbeitshefte, 31)

Flämig, Walter: Grammatik des Deutschen. Einführung in Struktur- und Wirkungszusammenhänge. Erarbeitet auf der theoretischen Grundlage der »Grundzüge einer deutschen Grammatik«, Berlin 1991
Fleischer, Wolfgang / Barz, Irmhild: Wortbildung der deutschen Gegenwartssprache, Tübingen 1992
Fleischmann, Klaus: Verbstellung und Relieftheorie. Ein Versuch zur Geschichte des deutschen Nebensatzes, München 1973. (Münchner Germanistische Beiträge, 6)
Fourquet, Jean: Prolegomena zu einer deutschen Grammatik, 5. Aufl., Düsseldorf 1977. (Sprache der Gegenwart, 7)
Franck, Dorothea: Grammatik und Konversation, Königstein/Ts. 1980. (Monographien Linguistik und Kommunikationswissenschaft, 46)
Fries, Norbert: Syntaktische und semantische Studien zum frei verwendeten Infinitiv und zu verwandten Erscheinungen im Deutschen, Tübingen 1983. (Studien zur deutschen Grammatik, 21)
Fries, Udo (ed.): The Structure of Texts, Tübingen 1987. (Swiss Papers in English Language and Literature, 3)

Gauger, Hans-Martin: Durchsichtige Wörter. Zur Theorie der Wortbildung, Heidelberg 1971

Gauger, Hans-Martin: Brauchen wir Sprachkritik? Marburg 1985

Gauger, Hans-Martin (Hg.): Sprach-Störungen. Beiträge zur Sprachkritik, München 1986. (Dichtung und Sprache, 4)

Gelhaus, Hermann / Latzel, Sigbert: Studien zum Tempusgebrauch im Deutschen, Tübingen 1974. (Institut für deutsche Sprache, Forschungsberichte 15)

Glinz, Hans: Deutsche Grammatik, 3 Bände, Frankfurt/M., Bd. 1: 3. Aufl. 1975; Bd. 2: 2. Aufl. 1975; Bd. 3 zusammen mit Wolfgang Boettcher und Horst Sitta: 1972. (Studienbücher zur Linguistik und Literaturwissenschaft, 2-4)

Glinz, Hans: Die innere Form des Deutschen. Eine neue deutsche Grammatik, 6. Aufl., Bern 1973. (Bibliotheca Germanica, 4)

Götze, Lutz: Valenzstrukturen deutscher Verben und Adjektive. Eine didaktische Darstellung, München 1979. (Heutiges Deutsch, III, 3)

Goody, Esther N.: Questions and Politeness. Strategies in Social Interaction, Cambridge 1978. (Cambridge Papers in Social Anthropology, 8)

Griesbach, Heinz: Neue deutsche Grammatik, Berlin, München 1986

Groeben, Norbert: Leserpsychologie: Textverständnis - Textverständlichkeit, Münster 1982

Gülich, Elisabeth: Makrosyntax der Gliederungssignale im gesprochenen Französisch, München 1970. (Structura, 2)

Gülich, Elisabeth / Raible, Wolfgang: Linguistische Textmodelle. Grundlagen und Möglichkeiten, München 1977

Halliday, M.A.K. / Hasan, Ruqaiya: Cohesion in English, 2. Aufl., London 1977. (English Language Series, 9)

Hartung, Wolfdietrich: Die zusammengesetzten Sätze, 7. Aufl., Berlin 1986. (studia grammatica, IV)

Harweg, Roland: Pronomina und Textkonstitution. 2. verb. u. ergänzte Aufl., München 1979

Heidolph, Karl Erich / Flämig, Walter / Motsch, Wolfgang: Grundzüge einer deutschen Grammatik, 2. Aufl., Berlin 1984. (= »Akademiegrammatik«)

Heinemann, Wolfgang / Viehweger, Dieter: Textlinguistik: Eine Einführung, Tübingen 1991. (Reihe Germanistische Linguistik, 115)

Helbig, Gerhard: Valenz - Satzglieder - semantische Kasus - Satzmodelle, Leipzig 1982. (Zur Theorie und Praxis des Deutschunterrichts für Ausländer)

Helbig, Gerhard: Studien zur deutschen Syntax, 2 Bände, Leipzig 1983, 1984. (Linguistische Studien)

Helbig, Gerhard: Probleme der Valenz- und Kasustheorie, Tübingen 1992. (Konzepte der Sprach- und Literaturwissenschaft, 51)

Helbig, Gerhard / Buscha, Joachim: Deutsche Grammatik. Ein Handbuch für den Ausländerunterricht, 14. Aufl., Berlin 1991
Helbig, Gerhard / Kötz, Werner: Die Partikeln, Leipzig 1981
Henne, Helmut / Rehbock, Helmut: Einführung in die Gesprächsanalyse, 2. verb. u. erw. Aufl., Berlin 1982
Hentschel, Elke / Weydt, Harald: Handbuch der deutschen Grammatik, Berlin 1990
Heringer, Hans Jürgen: Wege zum verstehenden Lesen. Lesegrammatik für Deutsch als Fremdsprache, München 1987
Heringer, Hans Jürgen: Lesen lehren lernen: Eine rezeptive Grammatik des Deutschen, Tübingen 1988
Heringer, Hans Jürgen: Grammatik und Stil. Praktische Grammatik des Deutschen, Frankfurt/M. 1989

Jacobs, Joachim: Syntax und Semantik der Negation im Deutschen, München 1982. (Studien zur Theoretischen Linguistik, 1)
Jung, Walter: Grammatik der deutschen Sprache, 10. neubearb. Aufl., Mannheim 1990

Kallmeyer, Werner / Klein, Wolfgang / Meyer-Hermann, Reinhard / Netzer, Klaus / Siebert, Hans-Jürgen: Lektürekolleg zur Textlinguistik, Bd. 1: Einführung, 4. Aufl., Königstein/Ts. 1986, Bd. 2: Reader, Frankfurt/M. 1974
Kalverkämper, Hartwig: Orientierung zur Textlinguistik, Neuaufl., Tübingen 1989. (Linguistische Arbeiten, 100)
Kishitani, Shoko: Die Person in der Satzaussage. Beiträge zur deutschen und japanischen Verbalkategorie, Wiesbaden 1985. (Veröffentlichungen des Ostasien-Instituts der Ruhr-Universität Bochum, 35)
Köpcke, Klaus-Michael: Untersuchungen zum Genussystem der deutschen Gegenwartssprache, Tübingen 1982. (Linguistische Arbeiten, 122)
Kohrt, Manfred: Theoretische Aspekte der deutschen Orthographie, Tübingen 1987. (Reihe Germanistische Linguistik, 70)
Kretzenbacher, Heinz Leonhard / Segebrecht, Wulf: Vom Sie zum Du – mehr als eine neue Konvention? Hamburg 1991
Kühnhold, Ingeburg / Putzer, Oskar /Wellmann, Hans: Deutsche Wortbildung. Typen und Tendenzen in der Gegenwartssprache. Dritter Hauptteil: Das Adjektiv, Düsseldorf 1978. (Sprache der Gegenwart, 43)
Kühnhold, Ingeburg / Wellmann, Hans: Deutsche Wortbildung. Typen und Tendenzen in der Gegenwartssprache. Erster Hauptteil: Das Verb, Düsseldorf 1973. (Sprache der Gegenwart, 29)
Kürschner, Wilfried: Studien zur Negation im Deutschen, Tübingen 1983. (Studien zur deutschen Grammatik, 12)

Lang, Ewald: Semantik der koordinativen Verknüpfung, Berlin 1977. (studia grammatica, XIV)
Latzel, Sigbert: Die deutschen Tempora Perfekt und Präteritum. Eine Darstellung mit Bezug auf die Erfordernisse des Faches »Deutsch als Fremdsprache«, München 1977. (Heutiges Deutsch, III, 2)
Latzel, Sigbert: Das deutsche Passiv als Lernproblem. Ein Überblick für den Lehrer, München 1982. (Publikationen der Projektgruppe »Lehrschwierigkeiten im Fach Deutsch als Fremdsprache«, 10)
Lehmann, Christian: Der Relativsatz. Typologie seiner Strukturen. Theorie seiner Funktionen. Kompendium seiner Grammatik, Tübingen 1984. (Language Universals Series, 3)
Löbel, Elisabeth: Apposition und Komposition in der Quantifizierung. Syntaktische, semantische und morphologische Aspekte quantifizierender Nomina im Deutschen, Tübingen 1986. (Linguistische Arbeiten, 166)
Lötscher, Andreas: Text und Thema. Studien zur thematischen Konstituenz von Texten, Tübingen 1987. (Reihe Germanistische Linguistik, 81)
Lohnes, Walter F.W. / Strothmann, F.W. / Petig, William E.: German. A Structural Approach, 4. Aufl., New York 1989
Lutzeier, Peter Rolf: Linguistische Semantik, Stuttgart 1985

Macheiner, Judith: Das grammatische Varieté oder Die Kunst und das Vergnügen, deutsche Sätze zu bilden, Frankfurt/M. 1991. (Die andere Bibliothek, 74)
Mattheier, Klaus J.: Pragmatik und Soziologie der Dialekte. Einführung in die kommunikative Dialektologie des Deutschen, Heidelberg 1980
Meinert, Roland: Die deutsche Deklination und ihre didaktischen Probleme, München 1989. (Studien Deutsch, 7)
Meinhold, Gottfried / Stock, Eberhard: Phonologie der deutschen Gegenwartssprache, 2. Aufl., Leipzig 1982
Meyer-Hermann, Reinhard / Rieser, Hannes (Hg.): Ellipsen und fragmentarische Ausdrücke, 2 Bände, Tübingen 1985. (Linguistische Arbeiten, 148)
Moskalskaja, O.I.: Textgrammatik. Übers. u. hg. von Hans Zikmund, Leipzig 1984
Motsch, Wolfgang (Hg.): Satz, Text, sprachliche Handlung, Berlin 1986. (studia grammatica, XXV)
Müller, Klaus: Rahmenanalyse des Dialogs. Aspekte des Sprachverstehens in Alltagssituationen, Tübingen 1984. (Tübinger Beiträge zur Linguistik, 232)

Naumann, Bernd: Einführung in die Wortbildungslehre des Deutschen, 2. neubearb. Aufl., Tübingen 1986. (Germanistische Arbeitshefte, 4)

Nieder, Lorenz: Lernergrammatik für Deutsch als Fremdsprache, München 1987

Öhlschläger, Günther: Zur Syntax und Semantik der Modalverben des Deutschen, Tübingen 1989. (Linguistische Arbeiten, 144)

Ortner, Hanspeter: Die Ellipse. Ein Problem der Sprachtheorie und der Grammatikschreibung, Tübingen 1987. (Reihe Germanistische Linguistik, 80)

Ortner, Hanspeter / Ortner, Lorelies: Zur Theorie und Praxis der Kompositaforschung, Tübingen 1984. (Forschungsberichte des Instituts für deutsche Sprache, 55)

Ortner, Lorelies / Müller-Bollhagen, Elgin u.a.: Deutsche Wortbildung. Typen und Tendenzen in der Gegenwartssprache. Vierter Hauptteil: Substantivkomposita, Berlin 1991. (Sprache der Gegenwart, 79)

Pörksen, Uwe / Weber, Heinz: Spricht die Jugend eine andere Sprache? Heidelberg 1984

Polenz, Peter von: Geschichte der deutschen Sprache, 9. überarb. Aufl., Berlin 1978

Polenz, Peter von: Deutsche Satzsemantik. Grundbegriffe des Zwischen-den-Zeilen-Lesens, 2. durchges. Aufl., Berlin 1988

Pregel, Dietrich / Rickheit, Gert: Kindliche Redetexte. Variablentypische Auswahl aus einem Korpus zur Sprache des Grundschulkindes, Düsseldorf 1975

Pütz, Herbert: Über die Syntax der Pronominalform ›es‹ im modernen Deutsch, 2. Aufl., Tübingen 1986. (Studien zur deutschen Grammatik, 3)

Pusch, Luise: Das Deutsche als Männersprache. Aufsätze und Glossen zur feministischen Linguistik, Frankfurt/M. 1984

Quasthoff, Uta M.: Erzählen in Gesprächen. Linguistische Untersuchungen zu Strukturen und Funktionen am Beispiel einer Kommunikationsform des Alltags, Tübingen 1980. (Kommunikation und Institution, 1)

Raabe, Horst: Apposition. Untersuchungen zum Begriff und zur Struktur der Apposition im Französischen unter weiterer Berücksichtigung des Deutschen und Englischen, Tübingen 1979. (Tübinger Beiträge zur Linguistik, 119)

Raible, Wolfgang: Satz und Text. Untersuchungen zu vier romanischen Sprachen, Tübingen 1972. (Beihefte zur Zeitschrift für Romanische Philologie, 132)

Rath, Rainer: Die Partizipialgruppe in der deutschen Gegenwartssprache, Düsseldorf 1971. (Sprache der Gegenwart, 12)

Rath, Rainer: Kommunikationspraxis. Analysen zur Textbildung und Textgliederung im gesprochenen Deutsch, Göttingen 1979

Rauh, Gisa (ed.): Approaches to Prepositions, Tübingen 1991. (Tübinger Beiträge zur Linguistik, 358)

Rausch, Rudolf / Rausch, Ilka: Deutsche Phonetik für Ausländer. Ein Lehr- und Übungsbuch, Leipzig 1988

Redder, Angelika: Modalverben im Unterrichtsdiskurs. Pragmatik der Modalverben am Beispiel eines institutionellen Diskurses, Tübingen 1984. (Reihe Germanistische Linguistik, 54)

Redder, Angelika: Grammatiktheorie und sprachliches Handeln: »denn« und »da«, Tübingen 1990. (Linguistische Arbeiten, 239)

Reis, Marga / Rosengren, Inger (Hg.): Fragesätze und Fragen. Referate anläßlich der 12. Jahrestagung der Deutschen Gesellschaft für Sprachwissenschaft, Saarbrücken 1990, Tübingen 1991. (Linguistische Arbeiten, 257)

Rieser, Hannes: Aspekte einer partiellen Texttheorie. Untersuchungen zur Textgrammatik mit »nicht-linear« festgelegter Basis, 2 Bände, Hamburg 1980

Rothkegel, Annely / Sandig, Barbara (Hg.): Text - Textsorten - Semantik, Hamburg 1984. (Papiere zur Textlinguistik, 52)

Saussure, Ferdinand de: Cours de linguistique générale, éd. Julio de Mauro, Nouv. édit., Paris 1989. Dt: Grundfragen der allgemeinen Sprachwissenschaft, hg. v. Bally, Charles / Sechehaye, Albert; übersetzt v. H. Lommel, mit neuem Register u. einem Nachwort v. P. von Polenz, 2. Aufl., Berlin 1967

Schanen, François / Confais, Jean-Paul: Grammaire de l'allemand. Formes et fonctions, Paris 1986

Schank, Gerd / Schoenthal, Gisela: Gesprochene Sprache. Eine Einführung in Forschungsansätze und Analysemethoden, Tübingen 1976. (Germanistische Arbeitshefte, 18)

Schecker, Michael (Hg.): Theorie der Argumentation, Tübingen 1977. (Tübinger Beiträge zur Linguistik, 76)

Schecker, Michael / Wunderli, Peter (Hg.): Textgrammatik. Beiträge zum Problem der Textualität, Tübingen 1975. (Konzepte der Sprach- und Literaturwissenschaft, 17)

Scherner, Maximilian: Sprache als Text. Ansätze zu einer sprachwissenschaftlich begründeten Theorie des Textverstehens, Tübingen 1984. (Reihe Germanistische Linguistik, 48)

Schlieben-Lange, Brigitte: Linguistische Pragmatik, 2. überarb. Aufl., Stuttgart 1979

Schlieben-Lange, Brigitte: Soziolinguistik. Eine Einführung, 3. überarb. u. erw. Aufl., Stuttgart 1991

Schulz, Dora / Griesbach, Heinz: Grammatik der deutschen Sprache, neubearb. v. Heinz Griesbach, 11. Aufl., München 1978
Schumacher, Helmut (Hg.): Verben in Feldern. Valenzwörterbuch zur Syntax und Semantik deutscher Verben, Berlin 1986. (Schriften des Instituts für deutsche Sprache, 1)
Seiler, Hansjakob: Relativsatz, Attribut und Apposition, Wiesbaden 1960
Sitta, Horst: Semanteme und Relationen. Zur Systematik der Inhaltssatzgefüge im Deutschen, Frankfurt/M. 1971
Sitta, Horst / Brinker, Klaus (Hg.): Studien zur Texttheorie und zur deutschen Grammatik. Festgabe für H. Glinz, Düsseldorf 1973. (Sprache der Gegenwart, 30)
Sowinski, Bernhard: Textlinguistik: Eine Einführung, Stuttgart 1983
Spillner, Bernd: Linguistik und Literaturwissenschaft. Stilforschung, Rhetorik, Textlinguistik, Stuttgart 1974
Steger, Hugo: Zwischen Sprache und Literatur, Göttingen 1967
Stickel, Gerhard: Untersuchungen zur Negation im heutigen Deutsch, Braunschweig 1970. (Schriften zur Linguistik, 1)

Tesnière, Lucien: Eléments de syntaxe structurale. 2. édit. revue et corrigée, Paris 1976. (1. Aufl. 1959) Dt: Grundzüge der strukturalen Syntax, hg. u. übers. v. Ulrich Engel, Stuttgart 1980
Teubert, Wolfgang: Valenz des Substantivs. Attributive Ergänzungen und Angaben, Düsseldorf 1979. (Sprache der Gegenwart, 49)
Thurmair, Maria: Modalpartikeln und ihre Kombinationen. Tübingen 1989. (Linguistische Arbeiten, 223)

Vater, Heinz: Das System der Artikelformen im gegenwärtigen Deutsch, 2. verbess. Aufl., Tübingen 1979. (Linguistische Arbeiten, 78)
Vater, Heinz (Hg.): Zur Syntax der Determinantien, Tübingen 1986. (Studien zur deutschen Grammatik, 31)

Wandruszka, Mario: Die Mehrsprachigkeit des Menschen, München 1979
Wegener, Heide: Der Dativ im heutigen Deutsch, Tübingen 1985. (Studien zur deutschen Grammatik, 28)
Weinrich, Harald: Linguistik der Lüge, 5. Aufl., Heidelberg 1974
Weinrich, Harald: Für eine Grammatik mit Augen und Ohren, Händen und Füßen – am Beispiel der Präpositionen, Opladen 1976
Weinrich, Harald: Sprache in Texten, Stuttgart 1976
Weinrich, Harald: Textgrammatik der französischen Sprache, Stuttgart 1982. Französische Version: Grammaire textuelle du français, Paris 1989

Weinrich, Harald: Tempus. Besprochene und erzählte Welt (1. Aufl., 1964), 4. Aufl., Stuttgart 1985. (Sprache und Literatur, 16)
Weinrich, Harald: Lügt man im Deutschen, wenn man höflich ist? Mannheim 1986. (Duden-Beiträge zu Fragen der Rechtschreibung, der Grammatik und des Stils, 48)
Weinrich, Lotte: Verbale und nonverbale Strategien in Fernsehgesprächen, Tübingen 1992. (Medien in Unterricht und Forschung, 36)
Wellmann, Hans: Deutsche Wortbildung. Typen und Tendenzen in der Gegenwartssprache. Zweiter Hauptteil: Das Substantiv, Düsseldorf 1975. (Sprache der Gegenwart, 32)
Weydt, Harald (Hg.): Die Partikeln der deutschen Sprache, Berlin 1979
Weydt, Harald (Hg.): Partikeln und Interaktion, Tübingen 1983. (Reihe Germanistische Linguistik, 44)
Willkop, Eva-Maria: Gliederungspartikeln im Dialog, München 1988. (Studien Deutsch, 5)
Wilss, Wolfram: Wortbildungstendenzen in der deutschen Gegenwartssprache, Tübingen 1986. (Tübinger Beiträge zur Linguistik, 304)
Winter, Werner (Hg.): Anredeverhalten, Tübingen 1984. (Ars Linguistica, 13)
Wolff, Gerhart: Deutsche Sprachgeschichte. Ein Studienbuch, 2. durchges. u. aktualis. Aufl., Tübingen 1990
Wunderlich, Dieter: Tempus und Zeitreferenz im Deutschen, 2. Aufl., München 1973. (Linguistische Reihe, 5)

Zemb, Jean-Marie: Les structures logiques de la proposition allemande. Contribution à l'étude des rapports entre le langage et la pensée, Paris 1968
Zemb, Jean-Marie: Satz, Wort, Rede. Semantische Strukturen des deutschen Satzes, Freiburg 1972
Zemb, Jean-Marie: Vergleichende Grammatik Französisch – Deutsch. Comparaison de deux systèmes, 2 Teile, Mannheim 1978 und 1984. (Duden-Sonderreihe Vergleichende Grammatiken, 1)
Zifonun, Gisela (Hg.): Vor-Sätze zu einer neuen deutschen Grammatik, Tübingen 1986. (Forschungsberichte des Instituts für deutsche Sprache, 63)
Zifonun, Gisela: Kommunikative Einheiten in der Grammatik, Tübingen 1987. (Forschungsberichte des Instituts für deutsche Sprache, 65)
Zimmermann, Ilse (Hg.): Syntax und Semantik der Substantivgruppe, Berlin 1991. (studia grammatica, XXXIII)

Register

A

B

C

D

E

F

G

H

I

J

K

L

M

N

O

P

T

U

V

W

Z